제 5 판

발달심리학

제 5 판

발달심리학

How Children Develop, 5th edition

Robert Siegler, Jenny R. Saffran, Nancy Eisenberg,
Judy DeLoache, Elizabeth Gershoff 지음
송길연, 장유경, 이지연, 유봉현 옮김

Σ 시그마프레스

발달심리학, 제5판

발행일 | 2019년 2월 15일 초판 1쇄 발행

저 자 | Robert Siegler, Jenny R. Saffran, Nancy Eisenberg, Judy DeLoache, Elizabeth Gershoff
역 자 | 송길연, 장유경, 이지연, 유봉현
발행인 | 강학경
발행처 | ㈜ 시그마프레스
디자인 | 강경희
편 집 | 문수진

등록번호 | 제10-2642호
주소 | 서울시 영등포구 양평로 22길 21 선유도코오롱디지털타워 A401~402호
전자우편 | sigma@spress.co.kr
홈페이지 | http://www.sigmapress.co.kr
전화 | (02)323-4845, (02)2062-5184~8
팩스 | (02)323-4197

ISBN | 979-11-6226-148-4

How Children Develop, Fifth Edition

* 책값은 책 뒤표지에 있습니다.
* 이 도서의 국립중앙도서관 출판예정도서목록(CIP)은 서지정보유통지원시스템 홈페이지 (http://seoji.nl.go.kr)와 국가자료공동목록시스템(http://www.nl.go.kr/kolisnet)에서 이용하실 수 있습니다.(CIP제어번호 : CIP2019003628)

역자 서문

발달심리학은 공부할수록 흥미로운 분야이다. 사람이 어떻게 생겨나고 태어나 자라며 나이 들어 가는지, 또 그 모습은 어떠한 형태로 나타나고 왜 그렇게 되는지, 건강한 사람으로 자라게 하는 요인들은 무엇인지에 대해 알려주기 때문이다.

이 책은 그러한 발달심리학 영역과 관련된 기존 연구 결과와 함께 최근의 새로운 연구 결과들을 포함하고 있다. 각 장은 그 분야의 권위 있는 학자들이 저술하였고 중요한 점들을 강조하여 현재 각 발달 분야의 흐름을 알 수 있게 해주었다. 또한 그 내용을 즐겁게 가르치고 배울 수 있는 방식으로 제시하였다. 학생들이 어려워하는 이론들의 배치를 예로 들면, 전통적인 방식의 구성에서 보아 왔던 큰 이론을 함께 모아놓은 하나의 장 대신에 각 이론들이 관련되는 영역에 들어가 있어 쉽게 이해하고 연결할 수 있게 구성하였다.

연구 결과의 제시는 마치 하나의 스토리를 읽는 것처럼 잘 연결되어 있다. 우리가 평소 이야기를 나눌 때처럼 "그래서 어떻게 되었는데?", "그런데~", "정말~" 같은 말을 내용들 사이에 넣어 가며 읽는다면 더 즐거울 수 있다. 발달 자체가 스토리이기 때문에 가능한 이야기이다. 발달심리학을 공부하면 인간의 삶에 대해 종적인 관점과 횡적인 관점을 모두 가질 수 있다. 전공과 관련해 이 책을 읽는 독자나 발달에 대한 관심으로 읽는 독자 모두 발달에 대한 지식 이상의 것을 갖게 되길 소망한다.

좋은 책을 번역하는 기회를 갖게 된 역자들 모두 행복했다. 이 책을 추천해주신 (주)시그마프레스 강학경 사장님과 세심한 편집에 수고해주신 분들께 감사드린다.

2019년 2월
역자대표

저자 서문

지금은 아동발달 분야에서 매우 흥미로운 때이다. 과거 10년 동안 이 분야에는 새로운 이론들과 새로운 사고방식과 새로운 연구 분야와 수많은 새로운 결과들이 제공되었다. 우리는 원래 아동과 그들의 발달에 대해 끊임없이 제공되는 지식을 기술하기 위해, 그리고 발달의 과정을 이해하는 데 있어 우리의 진전에 대한 흥분을 전달하기 위해 이 책을 출판했다. 그리고 이러한 노력을 이 책의 제5판에서 지속할 수 있어서 기쁘게 생각한다.

아동발달을 강의하는 강사로서 우리는 과거의 주요 이론과 발견들뿐 아니라 새로운 발전과 발견들을 한 학기 강의에서 다루고자 할 때의 도전을 이해한다. 따라서 백과사전식의 저술보다는 가장 중요한 발달적 현상을 밝히고 이들을 충분히 깊게 다루어 학생들에게 의미 있고 기억에 남도록 하는 데 더 주력했다. 다시 말하면 우리의 목표는 학생과 교사 모두에게 일관되고 즐거운 아동발달 강의를 가능하게 하는 교재를 만드는 것이다.

고전적 주제들

이 책의 기본 전제는 아동발달의 모든 영역이 몇 개의 지속적인 주제들로 통일된다는 것이다. 이 주제들은 아동발달의 연구들이 대답하고자 노력하는 질문의 형태들로 기술될 수 있다.

1. 천성과 육성은 어떻게 함께 발달을 형성하는가?
2. 아동은 어떻게 자신의 발달을 조성하는가?
3. 발달은 어떤 방식에서 연속적이고, 어떤 방식에서 비연속적인가?
4. 변화는 어떻게 발생하는가?
5. 사회문화적 맥락은 어떻게 발달에 영향을 주는가?
6. 아동들은 어떻게 서로 달라지는가?
7. 아동발달 연구는 어떻게 아동복지를 촉진할 수 있는가?

이상의 7개 주제는 이 책의 핵심 구조를 제공한다. 우리는 이 주제들을 제1장에서 소개하고 설명했으며 이후 14개의 장들에서 관계가 될 때마다 반복적으로 강조했고 마지막 장에서는 발달의 모든 영역으로부터 각 주제들과 관련된 결과들을 통합하기 위한 틀로서 사용했다. 이 주제들을 지속적으로 다루는 것은 시작(이 주제들의 소개), 중간(관련되는 특정 결과들의 논의), 그리고 결말(학생들이 이 주제들에 대해 학습해야 하는 것에 대한 개관)이 있는 이야기를 할 수 있게 했다. 우리는 이 주제적 강조와 구조가 학생들이 아동발달에 대한 지속적인 질문을 이해하도록 도울 뿐 아니라 학기 말에는 더 큰 만족감과 완성감을 줄 것이라 믿는다.

현대적 관점

아동의 발달에 대한 완전한 현대적 관점을 제공하려는 목표는 이 책의 내용뿐 아니라 구조에 영향을 주었다. 대부분의 오늘날 아동발달 교재들이 처음 만들어졌을 때는 거의 존재하지 않았던 완전히 새로운 영역과 관점들이 생겨났다. 이 책은 새로운 주제와 접근들을 더 이상 맞지 않는 구성에 억지로 구겨 넣는 대신에 현재 이 분야의 맥락에 맞게 제공하는 방법으로 기획되었다.

Piaget의 이론과 이와 관련된 현대의 연구들을 고려해보자. 종종 Piaget의 이론은 완전히 상세하게 기술하고 나머지 장에서 이 이론의 문제점을 보여주는 현대의 연구들을 제공하는 방법으로 소개된다. 이러한 접근을 보고 학생들은 현대의 연구들이 Piaget의 이론이 틀렸다는 것을 여러 방법으로 보여준다면 왜 Piaget 이론을 그렇게 길게 배우는지 궁금하게 만든다.

45년 전 Piaget의 이론에 도전하려는 노력으로 시작된 연구들, 즉 인지발달의 영역이 그 이후에는 그 자체로 중요해졌다는 것이 사실이다. 개념 발달의 연구는 인간, 식물, 동물, 그리고 물리적 세계와 같은 매혹적인 주제들에 대한 아동의 이해에 대해 광범위한 정보를 제공한다. 다른 연구 영역들과 마찬가지로 이 분야에서 대부분의 연구들은 주로 Piaget의 주장이 아니라 현재의 주장과 관련된 증거들을 발견하는 것을 목표로 삼는다.

우리는 이러한 변화하는 지적 풍경에 두 가지 방법으로 적용했다. 첫째, 우리는 '인지발달 이론들'(제4장)의 장에서 Piaget 이론의 근원적인 측면들을 깊이 있게 다루었고 가장 오랫동안 살아남은 그의 연구들에 초점을 맞추면서 그의 업적을 기념하였다. 둘째, 최초로 '개념의 발달'(제7장)이라는 장을 만들어 Piaget의 이론에 영감을 주었던 종류의 주제들을 현대적인 관점과 결과에 집중하여 제시했다. 이러한 접근으로 인해 이 분야에서 생겨난 수많은 흥미로운 제안들과 관찰들을 'Piaget 학파' 또는 'Piaget 반대파' 등으로 인공적으로 분류하지 않고 학생들에게 이야기할 수 있었다.

현대의 이해에 근거하여 교재를 만드는 기회는 후생유전학, 행동유전학, 뇌발달, 태내 학습, 영아 인지, 학습 기술의 습득, 정서발달, 친사회적 행동, 그리고 우정의 패턴과 같이 최근에 발생한 영역들을 중요하게 다룰 수 있도록 하였다. 이 영역들은 모두 최근에 중요한 발견이 이루어진 영역들이며 중요성의 증가로 인해 이번 판에서는 이들을 더 강조하게 되었다.

요점을 말하기

현대적이고 간결한 접근을 제공하려는 우리의 노력으로 인해 전통적인 구성과 또 다른 차이점들이 발생했다. 우리는 요즘 학생들이 다양한 실용적인 이유들 때문에 아동발달 강의를 택하고 아동에 대해 알기를 원한다는 것을 경험했다. 그러나 학생들은 아동에 대한 연구들을 실제로 접하기까지 전통적으로 2개나 3개 또는 4개의 장(역사, 주요 이론, 연구방법, 유전학)을 기다려야만 했다. 우리는 처음부터 그들의 초기 동기를 발판으로 삼고자 했다.

제1장에서 우리는 이 분야의 광범위한 역사를 조명하는 것으로 책을 시작하기보다 아동에 대한 과학적 연구가 발생하게 된 사회적이고 지적인 맥락에 대해 간략히 기술하고 이후 장들에서는 관계가 될 때마다 역사적 배경을 제공했다. 주요 인지와 사회성 발달 이론들을 한꺼번에 다루는 "초대형" 이론들의 장을 먼저 만들기보다(그 이론들이 적용되는 내용 부분들과 동떨어져서) 특정 인지발달에 대한 장들의 바로 전에 인지발달의 장을 제시하고 사회성 발달의 특정 측면들을 다루기 직전에 사회성 발달의 장을 제공하였다. 유전학에 대한 독립된 장을 두기보다 제 3장, "생물학과 행동"의 일부로 유전학의 기본적인 측면들을 포함하고 개인차에서 유전학의 공헌을 이 책 전체를 통해 논의하였다. 이러한 구성을 처음 선택했을 때 우리는 강의의 첫 몇 주부터 이러한 구성이 아동 발달에 대한 학생들의 열정에 불을 지피기를 바랐다. 학생들과 강사들로부터의 엄청난 긍정적인 반응으로 판단하건대 원하던 대로 된 것 같다.

특징들

이 책의 가장 중요한 특징은 가능한 한 분명하고 설득력 있는 설명이다. 이전 판들과 마찬가지로 우리는 다양한 배경의 학생들에게 쉽게 읽히도록 추가적으로 주의를 기울였다.

교재의 접근성을 향상시키기 위해 우리는 주제의 특별 관심사를 탐구하는 세 종류의 글상자를 사용하였다.

- '적용'은 아동발달의 연구들이 어떻게 아동의 복지를 향상시킬 수 있는지에 집중하였다. 이 글상자에 요약된 적용들 중에는 개인의 유전적 구성의 깊이를 탐구하는 유전학 검사, 취학전 아동의 수 이해를 향상시키는 보드 게임의 절차, Carolina Abecedarian Project, 아동 학대를 감소시키는 중재들, 거부된 아동들이 또래들로부터 수용될 수 있도록 돕는 PATHS와 같은 프로그램들, 문제행동을 감소시키고 긍정적인 행동을 증가시키는 Positive Youth Development and Service Learning Program 등이 있다.
- '개인차'는 논의가 되고 있는 특정 주제에서 평균과 다른 집단들 혹은 일반 전집의 아동들 중에서의 차이에 집중한다. 이들 중 일부는 자폐증, ADHD, 난독증, 특정 언어장애, 시각장애, 품행장애와 같은 발달적 문제들을 다루고 다른 한편으로는 애착 지위, 성, 사회경제적 지위, 문화적 차이에서의 발달적 차이를 다룬다.
- '자세히 살펴보기'는 중요하고 흥미로운 연구들을 더 자세히 다룬다. 뇌지도화 기법과 새로운 사회 뇌과학(social neuroscience) 분야로부터 성 정체성의 불일치(discrepant gender identity), 노숙과 빈곤과 건강 간 차이의 발달적 영향까지 다양한 주제를 다룬다.

학생들을 더 몰입시키기 위한 노력으로 각 장의 마지막에는 연습문제를 추가하였다. 학생들은 시험을 대비하거나 복습의 방법으로 간단히 자신들의 이해도를 테스트해볼 수 있다.

우리는 또한 학생들의 학습을 돕기 위해 다른 많은 특징들을 사용하였다. 이들은 볼드체의 주요 용어들, 본문에 제공되는 정의와 핵심용어, 각 장 전체의 요약, 그리고 주요 주제에 대한 깊은 사고를 촉진하기 위한 비판적 사고 질문들이다.

제5판에서 새로워진 부분

우리는 최근에 아동발달을 배우는 학생과 가르치는 사람들 모두에게 점차 중요해지고 있는 영역에서 더 많은 연구를 포함했다. 아래에서 우리는 제5판에서 강조한 것들의 개요를 설명한다. 여러분이 이것이 유용하고 매력적임을 알기 바란다.

새로운 확장 범위

발달에 대한 새로운 많은 발견들 가운데서 어떤 것을 다룰지 선택하는 일에서, 우리를 놀라게 한 가장 흥미롭고 중요한 연구들을 강조한다. 중요한 범위를 유지하고 전반적으로 갱신하는 반면, 이번 제5판은 지난 수년 동안에 큰 진전을 이룬 많은 매혹적인 연구를 계속 탐구한다. 다음은 이런 많은 영역의 간단한 표본이다.

■ 발달 과정의 생물학적 및 신경생물학적 근거
■ 특정 행동에서의 특이 유전변이의 역할
■ 발달에 대한 사회적, 경제적, 인종적 및 민족적, 문화적 영향
■ 특정한 특수 전집에서의 발달차
■ 뇌발달과 기능
■ 테크놀로지와 소셜미디어의 영향
■ 유전검사와 다른 유전자기반 공학의 커지고 있는 역할
■ 연구를 교육에 적용
■ 최근의 문화적 및 사회적 변화가 아동의 환경에 주는 영향
■ 아동의 사회적, 도덕적, 정서적 적응을 촉진하는 중재들

해당 영역의 다른 최근 발전 중에서 이러한 특수 연구 영역에 주목하는 것은 우리가 제5판에서 이룬 개정에 대해 알려준다. 각 장에 대한 더 중요한 변화의 일부는 다음을 포함한다.

제2장

• 미시간주 플린트 지역의 물 위기와 함께 항우울제와 지카 바이러스를 포함하는 기형유발요인에 대한 최신 논의
• 영아가 밤에 깨어 있는 것과 그것이 부모에게 요구하는 희생을 가능한 중재와 함께 새롭게 포함

제3장

- 유전자 검사에 대한 새로운 글상자 3.2와 빈곤과 건강 차이에 대한 새로운 글상자 3.4
- 글상자 3.3은 새로운 마음 매핑과 뇌 스캔 공학으로 갱신되었다.

제4장

- 핵심 지식 이론들에 대한 소개와 이 이론들의 교육적 적용(글상자 4.3)

제5장

- 지각적 협소화의 강조로 지각의 재조직화에 대한 논의
- 시각적 지각에서의 차이로부터 운동발달의 차이까지 영아의 인지와 지각발달에 영향을 주는 문화적 차이를 광범위하게 다룸
- 터치 스크린 기기와 스카이프에 대한 최근 연구에 대한 새로운 논의

제6장

- 글상자 6.1의 이중언어의 결과와 언어 혼용에 대한 새로운 결과들, 글상자 6.3의 테크놀로지와 언어 학습에 대한 최신의 논의
- 상징의 사용에 대한 문화적 변이에 대한 확장된 논의

제7장

- 시각장애인과 시각이 손상된 사람들의 공간 개념의 발달에 대한 새로운 글상자 7.4

제8장

- 환경요인이 지능발달에 주는 영향에 대한 최신 논의
- 문화가 수학능력의 발달에 주는 영향에 대한 새로운 부분

제9장

- 아동과 부모의 만연한 모바일 미디어 장치 사용을 포함해서 미디어의 효과에 관련 자료 갱신
- 아동학대의 결과에 대한 자료 갱신
- 부유함과 연합된 도전과제들에 대한 자료 갱신

제10장

- 만족지연과 장기적 발달 효과에 대한 새로운 내용
- 정서 표출규칙과 정서 조절에 대한 새로운 내용
- 우울증이나 불안과 같은 내면화된 정신장애와 그에 대한 치료에 관련된 새로운 내용
- 글상자 10.2에서 독성 스트레스와 부정적인 아동기 경험

제11장

- 자존감, 자기개념, 정체성 간 상호작용에 초점을 두고 자기와 정체성에 대한 논의를 재조직
- 성적 소수자의 정체성에 대한 새로운 내용

- 글상자 11.1에서 자폐증 아동의 자기인식 발달

제12장

- 가족구조에 대한 소개로 시작하며, 이것은 지난 수십 년간의 변화가 가져온 영향을 포함함
- 부모 훈육과 문화에 대한 최신 정보
- 가족생활에 주는 사회경제적 영향에 대한 최신 정보
- 부모로서의 동성 부모, 양부모, 조부모에 대한 새로운 논의
- 부모의 체벌에 대한 새로운 글상자 12.2와 가족휴직 정책에 대한 새로운 글상자 12.4

제13장

- 우정에서 테크놀로지와 소셜미디어의 역할에 대한 새로운 소개
- 괴롭힘과 피해자 만들기에 대한 확장된 논의
- 사이버 괴롭힘에 대한 새로운 글상자 13.2와 또래 수용을 촉진하는 개입에 대한 글상자 13.4

제14장

- 친사회적 행동에 대한 또래의 영향에 대한 새로운 논의

제15장

- 최근의 신경과학 연구와 행동 발달에서 성차에 대한 영향력으로서 유전자의 역할에 대한 새로운 토론
- 사회 정체성 이론의 맥락에서 교차성에 대한 새로운 논의
- 성차별에 대한 논의 갱신
- 의사소통과 사회적 행동에 대한 문화적 영향에 대한 논의 갱신

요약 차례

제 1 장   아동발달에 대한 소개 ·· 1

제 2 장   태내발달과 신생아기 ·· 41

제 3 장   생물학과 행동 ·· 89

제 4 장   인지발달 이론들 ·· 137

제 5 장   영아기의 보기, 생각하기와 행동하기 ···························· 181

제 6 장   언어와 상징 사용의 발달 ··· 229

제 7 장   개념의 발달 ··· 275

제 8 장   지능과 학업성취 ··· 313

제 9 장   사회발달 이론 ··· 357

제 10 장   정서발달 ··· 393

제 11 장   타인에 대한 애착과 자기 발달 ······································ 429

제 12 장   가족 ·· 463

제 13 장   또래관계 ··· 499

제 14 장   도덕성 발달 ·· 535

제 15 장   성 발달 ··· 567

제 16 장   결론 ·· 601

차례

CHAPTER **1**

아동발달에 대한 소개 ———————————— 1

아동발달에 관해 배워야 하는 이유 ·············· 3
아동양육 3 ǀ 사회정책의 선택 4

글상자 1.1 자세히 살펴보기 루마니아 입양 연구 6

인간 본질의 이해 6

아동발달 연구의 역사적 기초 ················· 8
아동발달에 대한 초기 철학자들의 견해 8 ǀ 사회개혁운동 9 ǀ 다윈의 진화론 10

연구에 기반한 아동발달 이론의 시작 10

아동발달에서 지속적인 주제 ················· 10
1 천성과 육성 : 천성과 육성은 어떻게 함께 발달을 형성하는가? 11

2 능동적인 아동 : 아동은 어떻게 자신의 발달을 조성하는가? 12

3 연속성/비연속성 : 발달은 어떤 방식에서 연속적이고, 어떤 방식에서 비연속적인가? 13

4 변화의 기제 : 변화는 어떻게 발생하는가? 16

5 사회문화적 맥락 : 사회문화적 맥락은 어떻게 발달에 영향을 주는가? 18

6 개인차 : 아동들은 어떻게 서로 달라지는가? 21

7 연구와 아동복지 : 아동발달 연구는 어떻게 아동복지를 촉진할 수 있는가? 22

글상자 1.2 개인차 아동들은 더 똑똑해지는 것을 배울 수 있을까? 23

아동발달의 연구방법 ····················· 24
과학적 방법 24 ǀ 아동에 관한 자료 수집 맥락 26

상관관계와 인과관계 29 ǀ 아동발달을 검증하기 위한 연구 설계 32

아동발달 연구에서의 윤리적인 문제 35

요약 36

CHAPTER

2

태내발달과 신생아기 ——————————— 41

태내발달 ·· 42

글상자 2.1 자세히 살펴보기 벵골인의 시작 43

수정 43 ㅣ 발달 과정 45

글상자 2.2 개인차 최초의 성차와 최후의 성차 46

초기발달 48 ㅣ 태내발달의 그림 요약 49

태아 행동 51 ㅣ 태내 경험 53 ㅣ 태아 학습 54

글상자 2.3 자세히 살펴보기 태내발달에 대한 비인간 동물 모델 56

태내발달의 위험요인 ························· 57

기형유발요인 58

글상자 2.4 적용 영아돌연사증후군 63

모성요인 65

출생 경험 ·· 68

다양한 아기 출산 실제 69

신생아 ·· 71

각성상태 71 ㅣ 출생 시 부정적 결과 77

요약 83

CHAPTER

3

생물학과 행동 ——————————————— 89

천성과 육성 ·· 91

유전적 힘과 환경적 힘 92

글상자 3.1 적용 장애의 유전적 전달 96

글상자 3.2 적용 유전자 검사 102

행동유전학 ·· 104

행동유전학 연구 설계 105 ㅣ 유전 가능성 107 ㅣ 환경적 영향 109

뇌발달 ·· 110

뇌의 구조 110 ㅣ 발달 과정 113

글상자 3.3 자세히 살펴보기 마음 매핑 114

경험의 중요성 117 ㅣ 뇌손상과 회복 121

몸 : 신체 성장과 발달 ························ 122

성장과 성숙 123 ㅣ 영양행동 124

글상자 3.4 자세히 살펴보기 빈곤과 건강 차이 130

요약 132

CHAPTER 4 인지발달 이론들 ——————————— 137

Piaget의 이론 ·· 140
아동의 천성에 대한 관점 140 ㅣ 발달의 주요 주제 141 ㅣ Piaget의 유산 149

글상자 4.1 적용 Piaget 이론의 교육적 적용 151

정보처리 이론들 ·· 151
아동의 천성에 대한 관점 153 ㅣ 발달의 주요 주제 153

글상자 4.2 적용 정보처리 이론들의 교육적 적용 160

핵심 지식 이론들 ·· 161
아동의 천성에 대한 관점 162 ㅣ 발달의 주요 주제들 : 선천론 대 구성주의 163

글상자 4.3 적용 핵심 지식 이론들의 교육적 적용 165

사회문화적 이론들 ·· 165
아동의 천성에 대한 관점 166 ㅣ 발달의 주요 주제 168

글상자 4.4 적용 사회문화적 이론들의 교육적 적용 170

역동적 – 체계 이론들 ······································· 171
아동의 천성에 대한 관점 172 ㅣ 발달의 주요 주제 174

글상자 4.5 적용 역동적 – 체계 이론들의 교육적 적용 175

요약 176

CHAPTER 5 영아기의 보기, 생각하기와 행동하기 ——————— 181

지각 ··· 183
시각 183

글상자 5.1 자세히 살펴보기 영아의 얼굴 지각 188

청지각 192

글상자 5.2 자세히 살펴보기 그림 지각 194

미각과 후각 197 ㅣ 촉각 197 ㅣ 양태 간 지각 197

운동발달 ·· 199
반사 199 ㅣ 운동 이정표 201 ㅣ 운동발달의 현대적 관점 203

글상자 5.3 자세히 살펴보기 '반사 실종 사건' 203

확장된 영아의 세계 204

글상자 5.4 자세히 살펴보기 "비키세요, 내려갑니다." 206

학습 ··· 209
습관화 209 ㅣ 지각 학습 210 ㅣ 통계적 학습 211 ㅣ 고전적 조건형성 211
도구적 조건형성 212 ㅣ 관찰학습/모방 213 ㅣ 합리적 학습 215 ㅣ 적극적 학습 216

인지 ·· 217
대상 지식 218 | 물리적 지식 219 | 사회적 지식 220 | 예측 224

요약 224

CHAPTER

6

언어와 상징 사용의 발달 ——————— **229**

언어발달 ·· 230
언어의 요소들 231 | 언어 습득을 위해 필요한 것들 232

　글상자 6.1 적용 두 언어가 하나보다 낫다 236

언어 습득의 과정 ·· 239
말소리 지각 239 | 단어 분절 242 | 산출을 위한 준비 244 | 첫 단어들 245

　글상자 6.2 개인차 언어발달과 사회경제적 지위 250

　글상자 6.3 적용 iBABIES : 테크놀로지와 언어 학습 252

단어들을 연결하기 257 | 대화의 기술 260 | 이후 발달 262

언어발달에서 이론적인 주제들 ···································· 262
Chomsky와 선천론 262 | 언어발달에서 지속되는 논쟁들 263

　글상자 6.4 자세히 살펴보기 "난 손을 쓰지 않고는 말을 못 하겠어" :
　　　　　　　　　　　　　　 몸짓이 언어에 대해 말해주는 것 264

　글상자 6.5 개인차 발달적 언어장애 266

비언어적 상징들과 발달 ···································· 267
상징을 정보로 이용하기 267 | 그리기와 쓰기 269

요약 271

NICOLA BEALING (CONTEMPORARY ARTIST) / Private
Collection / Bridgeman Images

CHAPTER

7

개념의 발달 ——————— **275**

사람 또는 사물의 이해 ···································· 277
사물들을 범주화하기 278 | 타인과 자신에 대한 지식 281

　글상자 7.1 개인차 자폐스펙트럼장애(ASD)를 가진 아동들 286

생물에 대한 지식 288

　글상자 7.2 개인차 상상의 친구 289

인과성, 공간, 시간, 수에 대한 이해 ···································· 293
인과성 293

　글상자 7.3 자세히 살펴보기 마술적 사고와 환상 296

공간 297

CHRISTIES IMAGES / Private Collection / Bridgeman Images

글상자 7.4 개인차 시각장애인과 시각이 손상된 사람들의 공간 개념 발달 299

시간 301 | 수 302 | 공간, 시간, 그리고 수 이해의 관계 306

요약 307

CHAPTER

8

지능과 학업성취 ———————————— 313

지능은 무엇인가? ·· 315
하나의 특질로서 지능 315 | 몇 개의 기본 능력으로서 지능 315
다수의 인지적 과정으로서 지능 316 | 제안된 해결책 316

지능 측정 ··· 317
지능검사의 내용 318 | 지능지수 318 | IQ점수의 연속성 320

중요한 성과의 예측요인으로서 IQ점수 ·················· 321
글상자 8.1 개인차 영재 322

성공의 다른 예측요인들 323

유전자, 환경, 그리고 지능발달 ····························· 323
아동의 자질 324 | 즉각적 환경의 영향 326 | 사회의 영향 329
글상자 8.2 적용 매우 성공적인 초기 중재 : Carolina Abecedarian Project 334

지능에 대한 대안적 관점 ····································· 336
Gardner의 이론 336 | Sternberg의 이론 337

학업기술의 획득 : 읽기, 쓰기, 수학 ······················ 337
읽기 338
글상자 8.3 개인차 난독증 342

쓰기 344 | 수학 346
글상자 8.4 적용 수학장애 351

요약 351

CHAPTER

9

사회발달 이론 ———————————— 357

정신분석 이론 ··· 359
아동발달에 대한 관점 359 | 중심 발달 이슈 360 | Freud의 심리성적 발달 이론 360
Erikson의 심리사회적 발달 이론 362 | 현재 조망 363

학습 이론 ··· 363
아동발달에 대한 관점 363 | 중심 발달 이슈 364 | Watson의 행동주의 364

Skinner의 조작적 조건형성 365 ┃ 사회학습 이론 366 ┃ 현재 조망 366

사회인지 이론 —————————————————— 367
아동발달에 대한 관점 367 ┃ 중심 발달 이슈 368 ┃ Selman의 역할수용 단계 이론 368
Dodge의 사회적 문제 해결 정보처리 이론 369
Dweck의 자기 귀인과 성취동기 이론 370 ┃ 현재 조망 371

생태학적 발달 이론 ————————————————— 372
아동발달에 대한 관점 372 ┃ 중심 발달 이슈 372 ┃ 비교행동학과 진화적 이론 372
생물생태학적 모델 375

　　글상자 9.1 개인차 주의력결핍 과잉행동장애 378

　　글상자 9.2 적용 아동학대 예방하기 381

현재 조망 386

요약 387

CHAPTER

10 정서발달 ————————————————— 393

CHRISTIES IMAGES / Private Collection / Bridgeman Images

정서발달 ————————————————————— 395
정서의 본질과 출현에 관한 이론들 396 ┃ 정서의 출현 397

정서 이해 ————————————————————— 402
타인의 정서 식별 403 ┃ 정서의 원인과 역동에 대한 이해 404

　　글상자 10.1 자세히 살펴보기 정서지능 405

진짜와 가짜 정서 이해하기 406

정서 조절 ————————————————————— 408
정서 조절의 발달 408 ┃ 사회적 유능성과 적응에 대한 정서 조절의 관련성 410

기질 ——————————————————————— 411
기질 측정 411 ┃ 사회적 기술과 부적응에서 기질의 역할 413

정서발달에서 가족의 역할 ——————————————— 415
부모-자녀 관계의 질 415 ┃ 자녀의 정서반응에 대한 부모의 사회화 417

정신건강, 스트레스 및 내재화된 정신장애 ————————— 419
스트레스 419 ┃ 내재화된 정신장애 420

　　글상자 10.2 적용 독성 스트레스와 부정적인 아동기 경험들 421

요약 424

CHAPTER
11 타인에 대한 애착과 자기 발달 ——————— **429**

양육자-아동 애착 관계 ··· 431
애착 이론 432 | 애착 안전성의 측정 434 | 애착 양식에서 문화차 437
애착 양식에서 개인차의 원천 438 | 애착과 사회정서 발달 440

자기 ··· 441
자기개념 442
　글상자 11.1 개인차　자폐증 아동의 자기인식 발달 444
자존감 448 | 정체성 452 | 성적 정체성 456

요약 459

CHAPTER
12 가족 ——————————————————— **463**

가족구조 ··· 465
미국 가족구조의 변화 466
　글상자 12.1 개인차　부모로서의 10대 468
동성 부모 470 | 이혼한 부모 471 | 양부모 474

가족역동 ··· 475
양육 475
　글상자 12.2 적용　부모는 자녀를 체벌해야 하는가? 478
어머니-자녀 상호작용과 아버지-자녀 상호작용의 차이 480
양육에 미치는 자녀의 영향 481 | 형제자매 관계 482

사회경제적 맥락 ··· 483
문화적 맥락 484 | 경제적 맥락 486 | 부모의 직장 근무 맥락 487
　글상자 12.3 자세히 살펴보기　노숙 488
　글상자 12.4 적용　가족휴직 정책 490
보육 맥락 490

요약 494

CHAPTER

13 또래관계 ————————————————————— **499**

Geoffrey Clements / Getty Images

우정 ·· 501

아동의 친구 선택 501

　글상자 13.1 개인차 문화와 아동의 또래 경험 502

초기 또래 상호작용과 우정 504 ｜ 우정의 발달적 변화 505

우정에서 기술의 역할 506

　글상자 13.2 자세히 살펴보기 사이버 괴롭힘 508

우정이 심리적 기능과 행동에 미치는 영향 509

또래 상호작용 ·· 514

아동 중기와 청소년 초기의 패거리와 사회관계망 514 ｜ 청소년기의 패거리와 사회관계망 515

패거리와 사회관계망의 부정적인 영향 516 ｜ 괴롭힘과 피해자 만들기 517

또래와의 낭만적 관계 518

또래집단에서의 지위 ··· 519

또래 지위의 측정 520 ｜ 사회측정적 지위와 관계된 특성들 521

　글상자 13.3 적용 아동의 또래 수용 높이기 523

또래 지위에 관계되는 요인들에서 비교문화적 유사성과 차이점 525

　글상자 13.4 자세히 살펴보기 또래관계를 조성하려는 부모의 전략 526

아동의 또래관계에서 부모의 역할 ························ 527

애착과 또래와의 유능감 527 ｜ 진행 중인 부모-자녀 상호작용의 질과 또래관계 529

요약 530

CHAPTER

14 도덕성 발달 ————————————————————— **535**

FINE ART PHOTOGRAPHIC LIBRARY, LONDON / ART RESOURCE, NY

도덕적 판단 ·· 537

Piaget의 도덕적 판단 이론 537 ｜ Kohlberg의 도덕적 추론 이론 540

친사회적 도덕 판단 544 ｜ 양심의 발달 545 ｜ 사회적 판단 영역들 546

친사회적 행동 ·· 548

친사회적 행동의 발달 549 ｜ 친사회적 행동에서 개인차의 기원 551

반사회적 행동 ·· 554

공격과 다른 반사회적 행동의 발달 555

아동과 청소년의 공격적·반사회적 행동 특징 556

공격성과 반사회적 행동의 근원 558

생물학과 사회화 : 아동의 반사회적 행동에 대한 공동 영향 561

요약 562

CHAPTER

15 성 발달 ──────────────────────────────── 567

성 발달에 대한 이론적 접근 ····················· 569
생물학적 영향 569 | 인지 및 동기적 영향 572

글상자 15.1 자세히 살펴보기 성 정체성 : 사회화를 넘어? 573

문화적 영향 578

성 발달의 이정표 ───────────────────── 579
영아기와 걸음마기 579 | 학령전기 580 | 아동 중기 581 | 청소년기 584

여아와 남아 간 비교 ───────────────── 585
신체 성장 : 태내발달부터 청소년기까지 586 | 인지능력과 학문적 성취 588
대인 간 목표와 소통 593

글상자 15.2 자세히 살펴보기 성과 아동의 소통 양식 595

요약 596

CHAPTER

16 결론 ────────────────────────────────── 601

주제 1 : 천성과 육성 : 모두가 항상 상호작용한다 ············· 602
천성과 육성은 출생 전에 상호작용을 시작한다 602
영아의 천성이 육성을 이끌어낸다 603 | 타이밍이 중요하다 603
천성은 자신을 한꺼번에 드러내지 않는다 604
모든 것은 모든 것에 영향을 미친다 605

주제 2 : 아동은 자신의 발달에서 능동적인 역할을 한다 ········ 605
자기주도 활동 605 | 경험에 대한 능동적인 해석 606
자기조절 607 | 다른 사람들로부터의 반응 유발 608

주제 3 : 발달은 연속적이고 또 비연속적이다 ·············· 608
개인차의 연속성/비연속성 609
전반적인 발달의 연속성/비연속성 : 단계에 대한 의문 609

주제 4 : 발달적 변화의 기제 ······························· 612
생물학적 변화기제 612 | 행동적 변화기제 613
인지적 변화기제 615 | 변화기제들은 함께 작동한다 616

주제 5 : 사회문화적 맥락이 발달을 조성한다 ·············· 617
다른 실행과 가치를 가진 사회에서의 성장 617
다른 시간과 장소에서의 성장 618
사회 내 다른 환경에서의 성장 619

주제 6 : 개인차 ·· 620

주어진 시기에서의 개인차의 폭 621 ∣ 시간에 걸친 안정성 622

다른 차원의 미래 개인차 예측 622 ∣ 개인차의 결정자 622

주제 7 : 아동발달 연구는 아동의 삶을 향상시킬 수 있다 ······ 623

양육의 의미 623 ∣ 교육의 의미 625

위험에 처한 아동을 돕는 일의 의미 625

사회정책 개선 627

용어해설 633
참고문헌 645
찾아보기 647

SIR JOHN EVERETT MILLAIS (1829–1896), *Bubbles* (oil on canvas, Britain, 1886)

아동발달에 대한 소개

아동발달에 관해 배워야 하는 이유

아동양육

사회정책의 선택

　글상자 1.1 : 자세히 살펴보기　루마니아 입양 연구

인간 본질의 이해

아동발달 연구의 역사적 기초

아동발달에 대한 초기 철학자들의 견해

사회개혁운동

다윈의 진화론

연구에 기반한 아동발달 이론의 시작

아동발달에서 지속적인 주제

1. 천성과 육성 : 천성과 육성은 어떻게 함께 발달을 형성하는가?
2. 능동적인 아동 : 아동은 어떻게 자신의 발달을 조성하는가?
3. 연속성/비연속성 : 발달은 어떤 방식에서 연속적이고, 어떤 방식에서 비연속적인가?

4. 변화의 기제 : 변화는 어떻게 발생하는가?
5. 사회문화적 맥락 : 사회문화적 맥락은 어떻게 발달에 영향을 주는가?
6. 개인차 : 아동들은 어떻게 서로 달라지는가?
7. 연구와 아동복지 : 아동발달 연구는 어떻게 아동복지를 촉진할 수 있는가?

　글상자 1.2 : 개인차　아동들은 더 똑똑해지는 것을 배울 수 있을까?

아동발달의 연구방법

과학적 방법

아동에 관한 자료 수집 맥락

상관관계와 인과관계

아동발달을 검증하기 위한 연구 설계

아동발달 연구에서의 윤리적인 문제

요약

이 장의 주제

- 천성과 육성
- 능동적인 아동
- 연속성/비연속성
- 변화의 기제
- 사회문화적 맥락
- 개인차
- 연구와 아동복지

19 55년에 일단의 아동발달 연구자들은 독특한 연구를 시작했다. 다른 많은 발달 연구자들과 마찬가지로 그들의 목표는 생물학적 요인과 환경적 요인이 어떻게 아동의 지적 성장이나 사회적 성장, 정서적 성장에 영향을 주는가를 발견하는 것이었다. 이 연구의 독특한 점은, 하와이의 카우아이섬에서 그 해(1955년)에 태어난 698명의 아기들 전체를 대상으로 앞서 언급한 다양한 측면에서의 발달을 조사했고 이후 40년 동안 그 연구를 계속해 왔다는 점이다.

Emmy Werner를 최고 책임자로 한 연구팀은 각 아동 부모의 동의하에 그 아동에 관한 다양한 많은 자료를 수집했다. 태아기나 출생 시에 나타날 수 있는 합병증을 알기 위해 의료기록을 조사했고, 가정에서의 가족 상호작용과 아동의 행동을 알기 위해 간호사와 사회복지사가 그 가족들을 관찰했으며, 아이가 1세일 때와 10세가 되었을 때 그 어머니를 면접했다. 연구자들은 또한 아동의 초등학교 때 학업성적과 교실에서의 행동을 알기 위해 교사를 면접했으며, 그가 가해자 또는 희생자로 되어 있는지 등을 알기 위해 경찰이나 가정법원, 사회보장기록 등을 조사했다. 마지막으로 연구자들은 대상 아동이 10세와 18세일 때 지능검사와 성격검사를 했고, 그들이 18, 32, 40세일 때 자신들의 발달을 어떻게 보는지 알기 위해 면접을 진행했다(Werner, 2005).

그 연구 결과는 생물학적 요인과 환경적 요인이 결합하여 아동발달을 산출해내는 많은 방식을 보여주었다. 예를 들면 태아기나 출생 시에 합병증을 앓았던 아동은 다른 아동에 비해 신체장애나 정신질환, 학습곤란을 겪을 가능성이 더 컸다. 그러나 그런 문제들이 실제 발현할지 — 또 발현한다면 어느 정도일지 — 는 거의 대부분 그들의 가정환경에 따라 달라졌다. 부모의 소득이나 교육 수준, 정신건강, 부부간의 관계의 질 등이 특히 아동의 발달에 영향을 주었다. 만 2세가 되었을 때, 태아기나 출생 시에 합병증을 앓았으나 가족 간의 사이가 좋은 중류층 가정에서 자란 걸음마기 아동은 언어나 운동 기술에서 그런 합병증을 앓지 않았던 아동들과 거의 마찬가지로 발달했다. 10세가 되었을 때도, 태아기나 출생 시에 합병증을 앓았던 것은 단지 그 아동이 빈약한 양육조건에서 자랐을 때만 심리적인 어려움과 연관되었다.

그렇다면 생물학적인 위험과 환경적인 위험을 동시에 — 태아기나 출생 시의 합병증과 함께 열악한 가정환경에서 자랄 때 — 겪는다면 어떻게 될까? 그런 아동들 대부분은 10세에 이르렀을 때 심각한 학습문제 또는 행동문제 등을 갖고 있었다. 그들이 18세에 이르렀을 때는 거의 대부분이 전과기록을 갖고 있었고 정신건강문제, 미혼 부모 문제 등을 갖고 있었다. 그러나 그런 위험군 아동들의 1/3 정도는 극적인 회복력을 보이면서, Werner의 말에 의하면, "사랑도 잘하고, 일도 잘하고, 놀기도 잘하는" 성인으로 성장했다(1989, p. 108D).

마이클은 그와 같이 회복력 있는 아동이었다. 조숙아라서 출생 몸무게가 모자랐고 10대 부모에게서 태어났기 때문에 그는 처음 3주간을 어머니와 떨어져 병원에서 보냈다. 8세가 되었을 때 그의 부모는 이혼했고 어머니는 가족을 버렸다. 마이클과 함께 3남매는 그들의 조부모의 도움하에 아버지에 의해 키워졌다. 그러나 18세가 된 마이클은 학교에서 성공적이며 자긍심이 높고 또래들에게 인기가 있으며 삶에 대해 긍정적인 태도를 가진 배려심 많은 젊은이로 자랐다. 마이클과 같은 아동들 — 고난이 닥쳐도 대단한 회복력을 보이는 — 이 많다는 사실은 아동발달 연구의 용기를 북돋는 발견이다. 세계에 흩어져 있는 마이클과 같은 아동들에 관해 알게 되는 것은 아동발달 연구자들에게 다음과 같은 질문에 대답하기 위한 연구를 계속하도록 한다 — 비슷한 환경에 대한 반응에서 아동들 간의 개인차가 왜 그렇게 큰가? 더 많은 아동들이 직면한 위험을 극복하도록 돕는 연구 결과를 어떻게 적용할 것인가?

이 장을 읽으면 아동발달에서의 이런저런 기본적인 의문들에 대한 여러분의 이해가 증진될 것이다. 이 장은 또한 여러분에게 기본적인 의문에 대한 역사적인 견해들을 소개할 것이며, 또한 현재의 연구자들이 그런 문제들을 다루기 위해 사용하는 연구방법 등을 소개할 것이다. 그러나 우선 여러분이 이 과목을 수강하는 이유에 대한 기본적인 질문을 생각해보자. 왜 아동발달을 연구하는가?

아동발달에 관해 배워야 하는 이유

부모이면서 동시에 연구자인 우리 저자들로서는 아동들을 관찰하는 순수한 즐거움과 그들을 이해하고자 노력하는 것만으로도 아동발달을 연구하는 충분한 이유가 된다. 한 아동의 발달보다 더 흥미로운 것이 있을 수 있을까? 그러나 또한 아동발달을 연구하는 데는 실제적이고도 지적인 이유들이 있다. 아동들이 어떻게 발달하는지를 알면 아동양육을 향상할 수 있고, 아동복지에 대한 더 현명한 사회정책을 채택할 수 있으며, 인간의 본질에 관한 아주 흥미로운 질문에 답할 수 있다. 이어지는 절에서 우리는 이 이유들 각각을 알아볼 것이다.

아동양육

좋은 부모가 된다는 것은 어려운 일이다. 그 많은 도전들 중에는 세월을 두고 끊임없이 계속되어 온 것들이 있다. 임신 중에 가끔 와인을 마시는 것은 태어나기 전의 아기에게 해로운가? 아기가 태어난 후 추운 날씨에 밖으로 데리고 나가는 것은 해로운가? 자녀의 발달을 위해서는, 태어나서 처음 몇 년 동안 집에서 키우는 것이 좋은가 혹은 주간보육시설에 보내는 것이 좋은가? 세 살짜리 자녀를 조기에 읽기를 가르쳐야 할까 아니면 준비가 되면 자연히 배우게 될까? 유치원 다니는 자녀에게 분노를 다스리는 방법을 어떻게 가르칠까? 이제 막 고등학교에 들어간 10대 자녀가 외로워 보이며 그 자신도 아무도 자기를 좋아하지 않는다고 말하는데, 어떻게 도와야 할까?

아동발달 연구는 위와 같은 질문들에 대답할 수 있게 해준다. 예를 들어 거의 모든 부모들이 직면한 하나의 문제는, 어떻게 하면 자녀들이 분노나 부정적 정서를 통제하도록 해줄 수 있는지다. 자녀가 싸우거나 욕하거나 말대꾸하기와 같은 부적절한 방식으로 자신의 분노를 표현할 때 부모가 사용하는 하나의 솔깃하고도 자주 쓰는 반응은 자녀의 엉덩이를 때려주는 일이다. 미국의 대표적인 표본을 대상으로 한 연구에서 유치원 자녀를 둔 부모들의 80%는 가끔 자녀를 때렸다고 보고했고, 27%의 부모들은 지난 주에 자녀를 때렸다고 보고했다(Gershoff et al., 2012). 사실 엉덩이를 때리는 일은 문제를 더 나쁘게 만든다. 부모가 유치원 자녀를 자주 때리면 때릴수록, 그 자녀는 초등학교 3학년에 이르기까지 학교에서 더 자주 다투고, 싸우고, 부적절하게 행동했다. 이 관련성은 흑인, 백인, 라틴계, 아시아계 모두 마찬가지였으며, 또한 부모의 수입이나 교육 수준 같은 다른 관련 요인들의 효과를 뛰어넘었다.

다행스럽게도, 연구들은 때리기에 대한 몇 가지 효과적인 대안을 제시한다(Denham, 1998, 2006). 그 하나는 공감을 표현하는 것이다. 부모가 자녀의 고충에 공감해주면, 자녀는 고충을 야기한 상황에 더 잘 대처할 수 있다. 다른 하나의 효과적인 접근법은 분노한 자녀로 하여금 그 분노를 표현할 수 있는 긍정적인 대안을 찾도록 돕는 것이다. 예를 들어 자녀로 하여금 그가 즐기는 어떤 것을 하도록 격려하면 자녀가 적대적인 감정에 대처하는 데 도움이 된다.

'거북이'처럼 한다는 것을

잊지 마세요

이와 같은 포스터들은 아동들에게 분노를 통제하는 방식을 생각나게 하는 거북이 기법에서 사용된다.

이런 전략 및 그와 유사한 것들(예 : 타임아웃)이 주간보육시설의 직원이나 교사들처럼 아동을 양육하는 사람들에 의해 효과적으로 사용될 수 있다. 이에 대한 하나의 실제 예가 분노 통제를 못하는 유치원 아동들(3~4세)을 위해 고안된 특수 교과과정에서 시연되었다(Denham & Burton, 1996). 이 교과과정은 유치원 교사들로 하여금 아동들이 아동들 자신 및 다른 아동들의 정서를 인식하도록 돕고, 또한 아동들에게 분노를 통제하고 다른 아동들과의 갈등을 평화롭게 해결하는 기법을 가르치도록 격려한다. 분노에 대처하도록 아동들에게 가르치는 하나의 접근법이 '거북이 기법'이었다. 아동이 자신의 분노를 느끼면, 다른 아동들에게서 떨어져 '거북이 껍질'이라 불리는 곳으로 가서 그 껍질에서 나올 때까지 그 상황에 대해 자세하게 생각해보도록 했다.

이 교과과정은 아주 성공적이었다. 여기에 참가한 아동들은 분노를 인식하고 또 조절하는 데 더욱 능숙해졌으며 전반적으로 덜 부정적이었다. 예를 들면 분노하면 자주 싸우던 한 아동은 다른 아동과 논쟁을 한 후에 교사에게 "선생님, 이번엔 주먹으로 싸우지 않고 말로 싸웠어요"라고 말했다(Denham, 1998, p. 219). 이 프로그램의 이점은 장기적일 수 있다는 것이다. 특수교육 교실에서 아동들에게 시험적으로 실시된 교과과정에서, 그 과정을 끝낸 아동들은 4~5년 후에도 그 긍정적인 효과가 명백히 지속되었다(Greenberg & Kusché, 2006; Jennings & Greenberg, 2009). 이런 예에서 알 수 있듯이, 아동발달 연구에 대한 지식은 아동양육에 종사하는 모두에게 도움이 될 수 있다.

사회정책의 선택

아동발달에 관해 배워야 하는 또 하나의 이유는, 자신의 자녀뿐만 아니라 전반적인 아동들에게 영향을 주는 광범위한 사회정책문제에 대한 현명한 결정을 내릴 수 있기 때문이다. 예를 들면 폭력적인 비디오 게임을 하는 것은 아동·청소년의 공격행동을 증가시키는가? 아동학대의 경우 판사와 배심원이 유치원 아동의 증언에 대해 얼마나 신뢰하는가? 학교 성적이 빈약한 아동을 유급시켜야 하는가, 아니면 같은 연령대의 다른 아동들과 함께 할 수 있도록 다음 학년으로 진급시켜야 하는가? 아동발달 연구는 이러한 논의나 다른 많은 정책 결정에 정보를 줄 수 있다.

폭력적인 비디오 게임을 하는 것이 아동·청소년의 공격성을 증가시키는지에 대한 이슈를 생각해보자. 이 이슈는 정치가, 지지 집단, 연구자들에 의해 치열하게 논의되었으며, 일부는 그런 게임들은 매우 해로우므로 미성년자에게 판매해서는 안 된다고 주장했다(예 : Winter, 2010). 이 논의에 대한 반응으로 캘리포니아를 비롯한 몇몇 주들은 폭력 비디오 게임을 미성년자에게 판매하는 것을 규제하는 법을 통과시켰다. 그러나 2011년에 미국 대법원은 캘리포니아 법을 폐지시켰으며 다른 주들에서의 입법도 금지했다. 대법원의 다수 의견은 증거로 제출된 연구들이 '설득력이 없다'였다.

상위분석 ■ 각각의 독립된 연구 결과들을 결합하여 그것들 모두에 근거한 결론에 이르는 방법

증거들에 대한 철저한 평가를 하기 위해서, Ferguson(2015; 또한 Furuya-Kanamori & Doi, 2016 참조)은 그 주제에 대해 수행된 연구 결과들을 검토했다. 그는 **상위분석**(meta-analysis)이라는 통

계 기법을 사용했는데, 이는 각각의 독립적인 연구 결과들을 결합하여 그것들 모두에 근거한 결론에 이르는 방법이다. 상위분석 결과, 폭력 비디오 게임이 아동·청소년의 공격성에 미치는 영향은 미미했다. 미미하다는 말은 없다는 것과는 다르다 — 폭력 비디오 게임을 하는 것은 아주 적은 양의 공격행동을 증가시키는 것으로 보인다 — 그러나 상위분석은 모순되게도 폭력 비디오 게임은 아동·청소년 공격성의 주요 원인이라고 주장한다(예 : Strasburger, Jordan, & Donnerstein, 2010). 이와 같이 다양한 활동들이 아동의 행동에 미치는 영향을 양적으로 분석하는 것은, 잠정적으로 해로운 행위를 금지함으로써 얻는 이득이 사람들이 원하는 행위를 할 자유를 억압하는 부담보다 더 클 것인지를 결정하는 데 유용한 증거이다.

아동발달 연구가 중요한 역할을 하는 또 하나의 사회정책 이슈는 유치원 아동들의 법정 증언을 얼마나 신뢰할 것인가와 관련이 있다. 현재 미국에서는 매년 약 10만 명의 아동들이 법정에서 증언하고 있다(CASA, 2012). 이 아동들의 많은 수가 매우 어리다. 예를 들면 성 학대 시도를 증언하는 아동들의 40% 이상이 5세 미만이다(Bruck, Ceci, & Principe, 2006; Gray, 1993). 그런 경우 위험성이 극도로 높다. 만일 배심원들이 성 학대를 당했다고 거짓으로 증언하는 아동을 믿는다면, 죄 없는 사람들이 감옥에서 몇 년을 보내야 한다. 만일 배심원들이 성 학대를 당했다고 정확하게 증언하는 아동을 안 믿는다면, 가해자들은 자유롭게 되어 아마도 다른 아동들을 성 학대할 수 있게 된다. 따라서 어린 아동들로부터 신뢰성 있는 증언을 촉진하면서 동시에 발생하지 않았던 일은 보고하지 않도록 하려면 어떻게 하면 될까?

심리학 연구는 그와 같은 질문에 대답할 수 있도록 도움을 주었다. 하나의 실험에서 연구자들은 아동 자신의 신체와 타인의 신체 부분을 만지는 사건에 대한 아동들의 기억이 왜곡된 질문에 의해 영향 받는지를 시험했다. 연구자들은 3~6세 아동들을 대상으로 '사이몬 가라사대' 게임과 유사한 게임을 하도록 했는데, 아동들로 하여금 자신 및 다른 아동의 여러 신체 부분을 만지라고 했다. 1개월 후, 연구자들은 사회복지사로 하여금 그 게임을 하는 동안의 경험에 대해 면접하도록 했다(Ceci & Bruck, 1998). 면접을 진행하기 전에, 사회복지사는 각 아동의 경험들에 대한 사전 정보를 받았다. 그 정보에는 사회복지사 몰래 정확한 정보뿐만 아니라 부정확한 정보도 포함시켰다. 예를 들면 한 특정 아동에 대해 말해주면서 그가 자신의 배를 만졌고 다른 아동의 코를 만졌다고 얘기해주었다(사실은 자신의 배를 만졌고 다른 아동의 발을 만졌다). 사회복지사는 이 왜곡된 정보를 받은 후 연구자들로부터, 법정에서 지시를 받듯이, '그 아동이 기억하는 것들을 찾아내라'는 지시를 받았다.

밝혀진 바와 같이, 사회복지사가 앞서 들었던 사건 설명이 흔히 그 자신의 질문에 영향을 주었다. 예를 들어 한 사건에 대한 아동의 설명이 사회복지사가 믿고 있었던 사건내용과 배치될 경우, 사회복지사는 그 사건에 대해 아동에게 질문을 반복하는 경향이 있었다("그의 발을 만졌다는 것이 확실하니?" "그의 몸의 다른 부분을 만질 수 있었니?"). 이와 같은 반복질문에 직면하게 되면, 3~4세 아동들의 34%는 결국 사회복지사의 잘못된 믿음을 뒷받침하게 되었다. 아동들은 실제로 발생하지 않았으나 그럴듯한 사건을 '기억해내도록' 유도되었을 뿐만 아니라, 사회복지사가 연구자들로부터 들었던 꾸며진 사건내용을 '기억해내도록' 유도되었다. 예를 들면 일부 아동들은 누가 자기 무릎을 핥았으며 자기 귀에 구슬을 넣었다고 '회상'했다.

이런 유형의 연구들은 법적 소송에서 아동들의 증언에 대한 수많은 결론을 얻었다. 하나의 중요한 발견은, 3~5세 아동들이 유도질문만 받지 않는다면 (비록 상당히 많은 양의 정보를 빠뜨리기는 하지만) 그 증언은 보통 정확하다(Bruck et al., 2006; Howe & Courage, 1997). 그러나 유도질

루마니아 입양 연구

과학적 연구가 인간의 본질에 대한 이해를 증진할 수 있는 방법 중 특별히 가슴 아픈 예로는, 초기 학대효과를 극복해내는 아동의 능력이 그 타이밍(학대가 발생한 연령)에 의해 어떻게 영향을 받는지를 연구하는 것이다. 여기에 소개하는 연구는 1980년대 후반부터 1990년대 초반에 걸쳐 루마니아의 고아원에서 생의 초기를 매우 부적절하게 보낸 아동들을 대상으로 이루어진 것이다(McCall et al., 2011; Nelson et al., 2007; Rutter, O'Connor, & The English and Romanian Adoptees Study Team, 2004). 이 고아원에 있던 아동들은 돌보는 이들과 거의 접촉이 없었다. 어떤 이유에서인지는 모르지만, 당시의 공산 독재정권은 고아원 직원들에게 우유를 줄 때조차도 아기와의 상호작용을 금지시켰다. 직원들이 아기들과의 신체적 접촉을 거의 하지 않아 아기들은 하루 18~20시간을 누워 있어야 했고 그러다 보니 아기들의 정수리는 평평해졌다.

루마니아의 공산정권 붕괴 직후, 이 아동들의 많은 수는 영국의 가정에 입양되었다. 이들이 영국에 도착했을 때 대부분은 심각한 영양결핍 상태였으며 그들

중 절반 이상은 키, 몸무게, 머리둘레 등에서 동일 연령대의 최하위 3% 내에 있었다. 또한 그들 대부분이 다양한 정도의 정신지체와 사회적 미숙함을 보였다. 입양한 부모들은 이 아동들의 결핍된 배경을 알고 있었기 때문에 루마니아에서의 초기 학대로 인한 파괴적 효과를 회복하도록 도우려 애썼다.

초기 결핍의 장기적인 효과를 평가하기 위해서 루마니아에서 입양되어 온 150명의 아동이 6세가 되었을 때 그들의 신체적, 지적, 사회적 발달을 조사했다. 이에 대한 비교기준을 마련하기 위해서, 연구자들은 또한 영국 태생으로 생후 6개월 이전에 영국 가정으로 입양된 아동집단을 추적 조사했다. 여기에서의 질문을 간단히 말하면, 인간의 본질은 충분한 탄력성이 있기 때문에 루마니아 태생의 고아 아동들은 초기의 극단적 박탈을 극복할 것인지와 만일 그렇다면 그 탄력성이 입양 당시 아동의 연령에 따라 감소할 것인지, 입양 당시 아동의 박탈 기간에 따라 감소할 것인지 등이다.

6세가 되었을 때, 루마니아 태생 입양아들은 신체발달에서 절대적인 면에서나 영국 태생 입양아들과

의 상대적인 비교 면에서나 상당한 개선이 있었다. 그러나 루마니아 태생 입양아들의 초기 박탈 경험은 그들의 신체발달에 계속 영향을 주었는데, 그 부정적 영향의 정도는 고아원에 수용된 기간에 비례했다. 생후 6개월 이전에 영국의 가족에게 입양된 루마니아 태생 입양아들(따라서 이들은 생의 초기에 고아원에서 최소한의 기간을 보냈다)은 만 6세가 되었을 때 영국 태생 입양아들과 같은 몸무게를 보였다. 그러나 생후 6~24개월에 입양된 루마니아 태생의 입양아들(따라서 이들은 생의 초기에 고아원에서 더 많은 기간을 보냈다)은 몸무게가 덜 나갔다. 생후 24~42개월 된 루마니아 태생 입양아들은 몸무게가 더욱 덜 나갔다(Rutter et al., 2004).

6세 때의 지적 발달 역시 비슷한 경향을 보였다. 생후 6개월 이전에 입양된 루마니아 태생 입양아들은 영국 태생 입양아들과 비슷한 수준의 지적 능력을 나타냈다. 생후 6~24개월에 입양된 루마니아 태생 입양아들은 약간 낮은 수준이었다. 생후 24~42개월 된 루마니아 태생 입양아들은 더욱더 낮은 수준이었다(Rutter et al., 2004). 생후 6개월 이후(6~42개월)

문에 의해서 답을 해야 할 때에는 (특히 유도질문이 반복적일 때) 어린 아동들의 증언은 종종 부정확해진다. 아동이 어릴수록 그의 회상은 면접자의 유도질문에 의해 왜곡된다. 더욱이, 성적 학대에 대한 회상을 돕기 위해 법정에서 사용되는 해부학적으로 정확한 인형이나 그림 같은 실제 소도구들은 발생된 사건의 회상에 도움이 되지 않는다. 그것들은 오히려 환상놀이와 실제 간의 경계를 흐릿하게 함으로써 부정확한 주장을 더 많이 만들어낸다(Lamb et al., 2008; Poole, Bruck, & Pipe, 2011).

아동의 목격 증언에 대한 연구는 법정 및 경찰 관계자들로 하여금 아동 목격자를 면접할 때, 연구의 교훈에 따라 계속 그 절차를 개선하도록 해 왔다(예 : State of Michigan, Governor's Task Force, 2011). 이와 같이 연구에 근거한 결론들은 법원이 어린 아동들로부터 더 정확한 증언을 듣도록 도울 뿐 아니라, 아동발달에 대한 지식이 어떻게 사회정책 전반에 대해 정보를 줄 수 있는지를 보여준다.

인간 본질의 이해

아동발달을 연구해야 하는 세 번째 이유는 인간의 본질을 더 잘 이해하기 위해서이다. 인간 본질에 관해 매우 흥미로운 질문들의 대부분은 아동과 관련된다. 예를 들어 학습은 아기가 태어난 후부터

에 입양된 루마니아 태생 입양아들의 지적 결함은 그들을 11세 때 재검사했을 때 매우 컸는데, 이는 생애 초기의 부정적 박탈효과는 좋은 가정으로 입양된 후에도 오랫동안 지속된다는 것을 보여준다(Beckett et al., 2006; Kreppner et al., 2007). 지속적으로 문제된 지적 결함으로는 시각기억 손상과 주의집중 손상 등이었다(Pollak, Nelson et al., 2010).

고아원에서의 초기 경험은 아동의 사회적 발달에 가장 파괴적인 영향을 미쳤다(Kreppner et al., 2007). 생후 6개월 이후에 입양된 루마니아 태생 아동들의 약 20%는 6세 때 극단적으로 비정상적인 사회적 행동을 보였다(예: 불안 야기 상황에서도 부모를 쳐다보지 않았으며 낯선 이를 따라갔다. 이에 비해 영국 태생의 입양아들은 3%만이 그렇게 했다). 15세 및 성인 초기에조차도 이들은 자신의 정서를 통제하거나 우정을 형성하는 데 어려움을 겪었다(Rutter et al., 2009). 이 이례적인 사회적 발달은 비정상적인 뇌활동을 동반했다. 이 아동들이 8세 때 찍은 뇌주사(brain scan) 사진을 보면, 상당 기간을 고아원에서 지낸 후 입양된 아동들은 **편도체**(amygdala)에서 대단히 낮은 수준의 신경활동을 보였다(Chugani et al., 2001). 후속 연구들은

러시아와 극동 지역의 질이 낮은 고아원에서 살았던 아동들 중에서 이와 유사한 뇌이상을 확인했다(Nelson et al., 2011; Tottenham et al., 2010).

이런 발견들은 인간 본질의 매우 다양한 측면과 연관된 아동발달의 기본 원리를 반영하는 것이며, 인간의 본질에 대해 선천론자와 경험론자들이 함께 동의하는 부분이다. *경험의 타이밍은 곧 그 경험의 결과에 영향을 준다.* 앞에서 예로 든 사례의 경우, 만일 사랑도 없고 사람을 멍청하게 만드는 고아원에서의 박탈기간이 6개월 미만이었

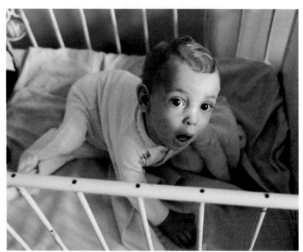

Peter Turnley / Getty Images

이 사진의 아기는 1990년대에 루마니아의 고아원에서 입양되었다. 이 아기가 얼마나 성공적으로 발달할 것인가는 입양 가정에서 그가 받는 양육의 질뿐만 아니라 그가 고아원에서 보낸 기간의 총량 및 입양 당시 그의 나이에 따라 달라진다.

다면 아동들은 그 효과를 충분히 극복할 수 있었을 것이다. 그러나 아동들이 그보다 더 오래 고아원에 있었다면, 입양 이후 오랜 기간을 사랑받고 자극을 주는 환경에서 보낸다 해도 극복하기 어려운 영향

을 받았을 것이다. 입양 가족들은 분명히 그 아동들의 삶에 커다란 긍정적인 기여를 했지만, 그 입양의 시기가 늦으면 늦을수록 초기 박탈의 장기적인 영향은 더 크다.

시작되는가 아니면 자궁 안에 있을 때부터 시작되는가? 생의 초기에 사랑이 없는 고아원에서 자라난 해로운 영향은 이후에 애정이 많은 가정에서 양육하면 극복이 가능한가? 아동들은 태어날 때부터 성격과 지적 능력이 서로 다른가 혹은 출생 시에는 비슷한데 서로 다른 경험을 하게 되면서 차이가 나타나는가?

2,000년 전 아리스토텔레스, 플라톤, 소크라테스 등이 활약했던 고대 그리스 문명 시대부터 아동발달은 인간의 본질을 이해하는 데 필수적이라고 여겨졌다. 영아와 어린 아동을 연구하는 것은 가족이나 사회로부터 수없이 많은 영향을 받기 전의 사람들이 어떠한지를 알 수 있는 기회를 제공한다. 현대 철학과 심리학의 한 주요 집단인 **선천론자**들은 인간은 진화에 의해서 놀랄 만한 능력, 특히 물리적 대상이나 식물, 동물, 다른 사람들의 기본적인 속성들을 이해하는 능력을 어린 아기들도 갖고 있다고 주장한다. 현대 철학과 심리학의 또 하나의 주요 집단인 **경험론자**들은 영아들이 많은 것들을 매우 빠르게 학습하는 일반적인 학습기제를 가졌지만 선천론자들이 말하는 특수한 능력을 갖고 있지는 않다고 주장한다.

사람들은 최근에 이르기까지 인간의 본질에 대해 단지 추측만 할 수 있었을 뿐이다. 그러나 현재에 이르러서는 발달과학자들이 발달의 과정을 관찰하고 기술하고 설명할 수 있도록 하는 방법들을 갖게 되면서 현재의 우리가 어떻게 되어 왔는지에 대해 더 깊이 이해시켜주고 있다. 글상자 1.1은 그런 방법들이 다룰 수 있는 대단히 흥미로운 예를 하나 제공하고 있다.

편도체 ■ 정서적 반응에 관여하는 뇌 영역

아동발달 연구의 역사적 기초

고대 그리스로부터 20세기 초에 이르기까지, 많은 심오한 사상가들은 아동들을 관찰하고 아동들에 관해 글을 썼다. 그들의 목표는 현대 연구자들과 같았는데 사람들이 더 좋은 부모가 되도록 돕고, 아동복지를 향상시키며, 인간의 본질을 이해하기 위해서였다. 그러나 현대 연구자들과 달리, 그들은 보통 자신의 일반적인 믿음이나 소수의 아동에 대한 비공식적인 관찰에 근거해서 결론을 내렸다. 그럼에도 불구하고 그들이 제기한 쟁점들은 매우 중요하고 그들의 통찰은 매우 깊기 때문에, 그들의 견해는 계속해서 흥미를 끈다.

아동발달에 대한 초기 철학자들의 견해

아동발달에 관한 생각을 기록한 아주 초기의 저자들로는 플라톤과 아리스토텔레스를 들 수 있다. 기원전 4세기에 살았던 이 두 그리스 고전 철학자들은 특별히 아동발달이 천성(유전)과 육성(환경)에 의해 어떻게 영향을 받는지에 관심을 두었다.

플라톤과 아리스토텔레스 모두 장기적인 사회복지는 아동양육의 적절성에 의해 좌우된다고 믿었다. 세심한 양육이 필수적인데, 왜냐하면 그렇게 하지 않으면 아동의 기본적 본질이 반항적이고 다루기 힘들어지기 때문이다. 플라톤은 남자아이의 양육이 특히 부모와 교사의 도전을 요구한다고 보았다.

> 모든 야생의 것들 중에서 남아를 다루기가 가장 어렵다. 다른 모든 것들보다 지능의 원천(아직까지 줄곧 '작동하지'는 않았지만)을 갖고 있기 때문에, 남아는 가장 교활하고 가장 짓궂으며 가장 다루기 힘든 야수이다. (*The Laws*, bk. 7, 1961, p. 1379)

이 견해와 일치하여 플라톤은 자기통제와 훈육을 교육의 가장 중요한 목표라고 강조했다(Borstelmann, 1983).

아리스토텔레스는 훈육이 필요하다는 점에서는 플라톤과 일치하지만, 아동양육은 각 개별 아동의 요구에 맞춰야 한다는 생각을 가졌다. 그의 말로 하면

> 개인의 특성을 연구하는 것은 교육을 완벽하게 만드는 최선의 방법으로 보인다. 왜냐하면 그래야 각 아동은 자기에게 맞는 대우를 받을 기회를 갖기 때문이다.
> (*Nicomachean Ethics*, bk. 10, chap. 9, p. 1180)

플라톤과 아리스토텔레스는 아동들이 지식을 습득하는 방법에 대한 견해에서 근본적으로 달랐다. 플라톤은 아동이 선천적인 지식을 갖고 있다고 믿었다. 예를 들면 플라톤은 아동이 '동물'에 대한 개념을 갖고 태어나서 그들이 보게 되는 개, 고양이, 다른 동물들이 동물이라는 것을 알게 된다고 믿었다. 이와 반대로, 아리스토텔레스는 모든 지식은 경험에서 오며, 영아의 마음은 아무것도 쓰여지지 않은 칠판과 같다고 믿었다.

그들로부터 약 2,000년 후, 영국 철학자인 존 로크(1632-1704)와 프랑스 철학자인 장 자크 루소(1712-1778)는 부모와 사회가 일반적으로 어떻게 하면 아동발달을 촉진할 수 있는가에 대해 다시 주의를 집중했다. 로크는, 아리스토텔레스와 마찬가지로, 아동을 백지(tabula rasa)라고 보고 아동

발달은 거의 아동의 부모 및 더 넓은 사회가 제공하는 육성을 반영하는 것이라고 보았다. 그는 아동양육의 가장 중요한 목표는 특성의 성장이라고 믿었다. 아동의 특성을 형성하기 위해서는 부모가 정직이나 안정성, 관대함 등의 좋은 시범을 보일 필요가 있다. 또한 부모는 자녀가 특히 초기 어린 시절에 제멋대로 하지 못하게 해야 한다. 그러나 일단 훈육과 이성이 주입된 후에는, 로크는 다음과 같이 되어야 한다고 믿었다.

> 아동의 연령이나 자유재량, 좋은 행동 등이 많아지면, 권위는 되도록 빨리 느슨해져야 한다. … 당신이 빨리 아동을 성인으로 대하면 대할수록, 그 아동은 더 빨리 성인이 되어 갈 것이다.
>
> (Borstelmann, 1983, p. 20에서 인용)

로크가 자유를 주기 전에 먼저 훈육을 해야 한다고 주장한 데 반해, 루소는 부모와 사회가 아동에게 처음부터 최대한의 자유를 주어야 한다고 믿었다. 루소는 아동들이 부모나 교사의 지도를 통해서보다는 1차적으로 대상이나 사람들과의 자발적인 상호작용을 통해서 배운다고 주장했다. 루소는 심지어 아동들이 12세가 될 때까지는 정규교육을 하지 말고 있다가 12세가 되어 '이성의 연령'이 되어 자기들이 듣는 것의 가치를 스스로 판단할 수 있을 때 시작해야 한다고 주장했다. 그 이전에는 아동들로 하여금 흥미로운 것들을 탐색하는 자유가 주어져야 한다.

아주 오래전에 공식화되었지만, 이런저런 철학적 입장들이 현대의 수많은 논쟁 저변에 깔려 있는데, 이에는 부모들이 명료한 지시를 통해 자녀의 특성을 형성해주어야 하는지 또는 부모 자신의 행동을 보여줌으로써 암시적인 지도를 통해 자녀의 특성을 형성해주어야 하는지뿐만 아니라, 아동들이 배우고 싶은 기술이나 지식을 직접적인 지도를 통해서 배우게 해야 할지 또는 그 기술이나 지식을 그들 스스로 발견하도록 최대한의 자유를 주어야 할지 등이 포함된다.

사회개혁운동

현재의 아동심리학 분야는 또한 아동의 생활조건을 변화시켜 그들의 생활을 향상시키려고 노력한 초기 사회개혁운동에 그 뿌리를 두고 있다. 1700년대부터 1900년대 초까지의 산업혁명 시기 동안 유럽과 미국의 수많은 아동들이 저임금과 법적 보호도 없는 채로 노동을 했다. 그중 일부는 5~6세였다. 많은 아동들이 하루 12시간씩 공장이나 광산에서 일했으며, 흔히 극단적으로 위험한 환경에서 일했다. 이런 가혹한 작업환경에 대해 많은 사회개혁가들은 걱정했으며, 그와 같은 환경이 아동발달에 어떻게 영향을 미치는지 연구했다. 예를 들어 1843년 영국 하원에서 행한 연설에서 섀프트베리 백작은 아동들이 석탄을 파내는 좁은 터널에 대해 다음과 같이 지적했다.

> 매우 열악한 배수시설과 천장이 낮아서 아주 작은 소년들만이 거기서 일할 수 있으며 그것도 흙탕물 안에서 벌거벗고 띠나 쇠줄로 썰매통을 끌고 있었다. … 귀여운 기질과 품성을 가진 7살의 아동들은 흔히 다음 시즌에는 매우 망가진 지옥같은 기질로 변한 채로 돌아온다.
>
> (Kessen, 1965, pp. 46-50에서 인용)

섀프트베리 백작의 사회개혁을 위한 노력은 부분적인 성공을 거두었다 — 10세 미만의 남녀 아동 고용 금지법. 초기의 이런저런 사회개혁운동은 최초의 아동 근로법 제정뿐만 아니라 아동을 위한 연구 전통을 수립했으며, 가혹한 환경이 아동들에게 미치는 부정적인 영향을 문서로 기록한 것들을 제공했다.

다윈의 진화론

19세기 후반 찰스 다윈의 진화에 대한 연구는 많은 과학자들로 하여금 아동발달에 대한 집중적인 연구가 인간 본질에 관한 중요한 통찰을 줄 수 있다는 영감을 주었다. 다윈 자신도 아동발달에 관심을 두었으며, 1877년에 「영아 약전(A Biographical Sketch of an Infant)」이라는 제목의 논문을 출판했다. 이 논문에서 다윈은 자신의 아들 윌리엄의 운동, 감각, 정서의 성장에 대한 면밀한 관찰을 제시했다. 다윈의 '육아 일지' ― 아들 윌리엄의 매일의 발달에 대한 체계적인 서술 ― 는 아동에 대한 초기 연구방법을 대표했다.

개별 아동의 성장에 대한 그와 같은 집중적인 연구들은 현대의 아동발달 분야에서 독특한 특징을 유지해 오고 있다. 다윈의 진화론은 변이, 자연도태, 유전 등을 기본 개념으로 사용하고 있는데, 그것은 또한 어머니에 대한 아기의 애착(Bowlby, 1969), 거미나 뱀 같은 자연 위험에 대한 선천적인 공포(Rakison & Derringer, 2008), 성별 차이(Geary, 2010), 공격성과 이타성(Tooby & Cosmides, 2005), 학습 근저의 기제(Siegler, 1996) 등 현대 발달학자들의 광범위한 주제에 영향을 미치고 있다.

연구에 기반한 아동발달 이론의 시작

1800년대 후반에서 1900년대 초반에 걸쳐, 연구 결과들을 통합한 첫 번째의 아동발달 이론들이 만들어졌다. Sigmund Freud의 유명한 이론은 그의 환자들의 꿈이나 어린 시절의 경험에 대한 기억에 근거해서 만들어졌다. 그의 **정신분석 이론**은 생물학적인 추동, 특히 성적인 추동은 발달에 중대한 영향을 미친다고 주장했다.

같은 시대에 미국 심리학자인 John Watson의 이론은 Freud와는 완전히 달리 동물과 아동의 학습을 조사한 실험 결과에 1차적인 기반을 두었다. Watson의 **행동주의 이론**은 아동발달이 환경적인 요인들, 특히 아동의 행동에 뒤따르는 보상과 벌에 의해 결정된다고 주장했다.

현재의 기준으로 보면, 앞의 두 이론들이 근거한 연구방법들은 거칠다. 그럼에도 불구하고 이 초기의 과학적 이론들은 전임자들보다 더 연구 결과에 근거했고, 이 장의 후반부에서 보겠지만, 발달과정에 대해 좀 더 정교한 아이디어를 제공했으며, 발달이 어떻게 발생하는가에 대해 좀 더 엄격한 연구방법을 사용할 것을 권고했다.

표 1.1

아동발달에 관한 기본적인 질문

1. 천성과 육성은 어떻게 함께 발달을 형성하는가?(천성과 육성)
2. 아동은 어떻게 자신의 발달을 조성하는가?(능동적인 아동)
3. 발달은 어떤 방식에서 연속적이고, 어떤 방식에서 비연속적인가?(연속성/비연속성)
4. 변화는 어떻게 발생하는가?(변화의 기제)
5. 사회문화적 맥락은 어떻게 발달에 영향을 주는가?(사회문화적 맥락)
6. 아동들은 어떻게 서로 달라지는가?(개인차)
7. 아동발달 연구는 어떻게 아동복지를 촉진할 수 있는가?(연구와 아동복지)

아동발달에서 지속적인 주제

아동발달에 대한 현대의 연구는 일련의 근본적인 질문으로부터 시작된다. 그 밖의 모든 것들(이론, 개념, 연구방법, 자료 등)은 그 질문에 답하기 위한 노력의 일부이다. 비록 이 분야의 전문가들마다 가장 중요한 질문이 무엇인지에 대해 서로 다를 수는 있지만, 광범위하게 받아들이는 7개의 질문이 표 1.1에 정리되어 있다. 이 질문들은 우리가 아동발달의 특정 측면을 연구할 때 이 책을 통해서 강조할 주제들이다. 이 절에서는 각 질문을 소개하고 간단히 논의하면서 그에 상응하는 주제를 소개하기로 한다.

1 천성과 육성 : 천성과 육성은 어떻게 함께 발달을 형성하는가?

아동발달에 관한 가장 기본적인 질문은 '발달 과정을 형성하기 위해서 어떻게 천성과 육성이 상호 작용하는가'이다. **천성**(nature)은 생물학적인 자질로서 특히 부모로부터 물려받은 유전자를 말한다. 이 유전은 우리를 형성하는 모든 측면에 영향을 미치는데, 신체 외형이나 성격, 지능, 정신건강 같은 광범한 특징부터 정치적 태도나 위험추구 성향 같은 특수한 선호까지 영향을 미친다(Plomin et al., 2012). **육성**(nurture)은 넓은 의미의 물리적·사회적 환경을 말하는데, 여기에는 우리가 태내기를 보내는 자궁이나 우리가 자라는 동안의 가정, 우리가 다니는 학교, 우리가 사는 지역, 우리가 상호작용하는 사람들이 포함된다.

대중적인 서술은 흔히 천성-육성 질문을 양자택일적 명제로 제시한다. "사람이 어떻게 발달하는지를 무엇이 결정하는가? 유전인가 아니면 환경인가?" 그러나 이와 같은 이분법적 문구는 매우 잘못되었다. 인간의 모든 특성(지능, 성격, 신체적 외모, 정서)은 천성과 육성의 합작품이다. 즉 우리의 유전자와 우리의 환경 간의 끊임없는 상호작용을 통해 형성된다.

조현병의 발달에 대한 연구 결과는 '이것이 올바른 질문이다'를 생생하게 나타내준다. 조현병은 심각한 정신병으로서 흔히 환각, 망상, 혼돈, 비합리적 행동을 동반한다. 이 병에는 명백히 유전적인 구성요소가 있다. 조현병 부모를 가진 아동은 그렇지 않은 아동에 비해 나중에 그 병을 앓게 될 확률이 훨씬 더 높다. 심지어 그들이 영아일 때 다른 부모에게 입양되어 원래 부모의 조현병 행동에 노출되지 않더라도 마찬가지다(Kety et al., 1994). 일란성 쌍생아 — 유전자가 동일한 쌍생아 — 들 중에서는, 만일 한 명이 조현병을 앓고 있다면 다른 한 명이 그 병을 앓을 확률이 약 40~50% 이다. 일반인 전체 모집단에서 조현병이 나타날 확률은 0.5~1%이다(Gottesman, 1991 ; Cardno & Gottesman, 2000 ; Gejman, Sanders, & Duan, 2010 ; 그림 1.1 참조). 이와 동시에 환경 또한 명백히 영향력이 큰데, 조현병을 앓는 일란성 쌍생아를 가진 다른 한쪽 쌍생아의 약 50~60%는 조현병을 앓지 않는다. 문제 가정에서 자라는 아동은 정상 가정에서 자라는 아동에 비해 조현병을 앓을 가능성이 더 높다. 그러나 가장 중요한 것은 유전자와 환경 간의 상호작용이다. 일부 생물학적 부모가 조현병인 입양아 연구에서 보면, 조현병을 앓을 가능성이 유일하게 높은 아동은 조현병 부모를 갖고 있으면서 또 문제 가정으로 입양된 아동들이었다(Tienari, Wahlberg, & Wynne, 2006).

주목할 만한 최근의 연구들이 천성과 육성이 상호작용하는 생물학적 기제를 밝혀냈다. 이 연구들은 **게놈** (genome) — 각 개인의 완전한 유전 정보 — 이 행동과 경험에 영향을 주듯이, 행동과 경험이 게놈에 영향을 준다는 것을 보여준다(Slavich & Cole, 2013 ; Meaney, 2010). 이는 아마 불가능해 보일 수도 있겠다. 왜냐하면 각 개인의 DNA는 일생에 걸쳐 변하지 않는다는 잘 알려진 사실이 있기 때문이다. 그러나 게놈은 DNA뿐만 아니라 유전자의 활동을 켰다 껐다 하여 유전자 발현을 조절하는 단백질을 갖고 있다. 이 단백질은 경험에 따라 변화하며, DNA 구조를 바꾸지 않고도 인지나 정서, 행동 등을 지속적으로 변화시킬 수 있다. 이 발견

천성 ■ 우리의 생물학적 자질. 부모로부터 물려받는 유전자

육성 ■ 우리의 발달에 영향을 주는 물리적·사회적인 환경

게놈 ■ 각 개인의 완전한 유전 정보 세트

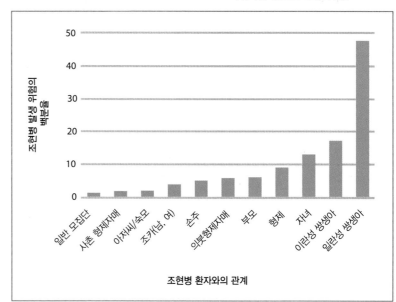

그림 1.1 유전적 관련성과 조현병 생물학적 관계가 가까울수록, 조현병을 가진 개인의 친척들이 동일한 정신병을 가질 확률은 더 높아진다(Gottesman, 1991).

후성유전학 ■ 환경에 의해 중재되는 유전자 발현에서의 안정적인 변화를 연구하는 학문

메틸화 ■ 생화학적 과정으로서 유전자의 활동과 발현을 억제해 행동에 영향을 줌

은 **후성유전학**(epigenetics)이라는 새로운 연구 분야를 탄생시켰는데, 이 연구는 환경에 의해 중재되는 유전자 발현에서의 안정적인 변화를 탐구한다. 간단히 말하면, 후성유전학은 경험이 어떻게 심화되는지를 연구한다.

지속적인 초기 경험과 행동의 후성유전학적 영향에 대한 증거는 **메틸화**(methylation)에 관한 연구에서 나오는데, 메틸화는 생화학적 과정으로서 다양한 유전자들의 발현을 감소시키고 스트레스에 대한 반응을 조절하는 역할을 한다(Lam et al., 2012). 한 최근의 연구에서 자녀가 영아기 동안에 경험한 스트레스의 양은 15년 후 그 아동의 게놈에 있는 메틸화의 양과 관련이 있었다(Essex et al., 2013). 다른 연구들은 우울한 어머니의 신생아 제대혈 DNA에서 증가된 메틸화가 있다는 것(Oberlander et al., 2008)과 아동기에 학대받은 성인에게서도 증가된 메틸화가 있다는 것(McGowan et al., 2009) 등을 보여주었는데, 이는 연구자들로 하여금 그와 같은 아동들은 성인이 되었을 때 우울증에 걸릴 높은 위험에 처해 있다고 추측하게 한다(Rutten & Mill, 2009).

이런 예들이 보여주듯이, 발달적 결과들은 천성과 육성의 지속적인 쌍방향적 상호작용에서 나타난다. 어느 하나가 다른 것보다 중요하다든가, 심지어 둘 다 똑같이 중요하다고 말하는 것은 발달 과정을 지나치게 단순화하는 것이다.

2 능동적인 아동 : 아동은 어떻게 자신의 발달을 조성하는가?

'유전인가 환경인가'라는 주제에 너무 집중되면서, 사람들은 아동발달에 기여하는 아동들 스스로의 활동방식을 간과한다. 심지어 영아기와 초기 아동기에도 우리는 이러한 기여를 많은 영역(주의집중, 언어 사용, 놀이 등)에서 볼 수 있다.

아동들은 우선 무엇에 주의집중할 것인지를 선택함으로써 자기 스스로의 발달을 조성하기 시작한다. 신생아조차도 이동하거나 소리가 나는 물체를 쳐다보는 것을 선호한다. 이 선호는 아동들로 하여금 사람, 다른 동물, 움직이는 무생물체(예 : 승용차, 트럭)와 같은 세상의 중요한 부분들에 관해 배우게 한다. 사람들을 쳐다볼 때 영아의 주의는 얼굴, 특히 어머니의 얼굴로 향한다. 낯선 얼굴과 어머니 얼굴 간의 선택을 비교해보면, 1개월 된 아기도 어머니 얼굴을 선택한다(Bartrip, Morton, & de Schonen, 2001). 처음에는 어머니 얼굴에 대한 영아의 주의집중에 눈에 띌 만한 정서반응이 동반되지 않으나, 2개월 끝부분이 되면 다른 때보다 더 어머니 얼굴을 의도적으로 보면서 미소 짓고 옹알이를 한다. 이 영아의 미소와 옹알이는 어머니의 미소와 말하기를 이끌어내며, 그것은 다시 영아의 미소와 옹알이를 이끌어낸다(Lavelli & Fogel, 2005). 이런 방식으로 영아가 어머니의 얼굴에 주의집중하는 것은 어머니-영아 유대를 강화하는 사회적 상호작용으로 이어진다.

일단 9~15개월 사이에 말하기 시작하면, 아기가 자기 자신의 발달에 기여하는 것이 명백해진다. 예를 들면 걸음마기 아동(1~2세)은 방에 혼자 있을 때도 흔히 말을 한다. 자신이 말하는 것에 반응해줄 사람이 아무도 없을 때도 말하기를 연습한다는 것은, 아동이 언어를 배우려고 내적으로 동기화되어 있을 때만이 가능하다. 많은 부모들이 이 '아기침대 언어'를 듣고 놀라며, 자기 자녀가 그런 이상한 행동을 하다니 뭔가 잘못된 게 아닌가 하고 걱정한다. 그러나 그런 행동은 지극히 정상적이며, 그 연습이 아마도 걸음마기 아동들이 자신의 말하기를 향상시키는 데 도움이 된다.

어린 아동들의 놀이는 내적으로 동기화된 행위가 어떻게 그들 자신의 발달에 기여하

아동이 자신의 발달을 조성하는 초기 방식은 어디를 볼 것인가를 스스로 선택하는 것을 통해서이다. 생후 1개월부터 어머니를 쳐다보는 것은 높은 우선권을 갖는다.

는지를 알려주는 많은 예를 제공한다. 아동들은 그렇게 노는 순수한 즐거움을 위해서 혼자서 논다. 그러나 또한 그 과정에서 매우 많은 것들을 배운다. 아기가 높은 의자에 있는 식판을 수저로 두들기거나 또는 의도적으로 음식을 바닥에 떨어뜨리는 것을 본 사람이라면 누구나 동의하듯이, 아기에게는 그 행위 자체가 보상이다. 이와 동시에 아기는 충돌하는 물체에 의한 소음, 물체가 떨어지는 속도, 부모의 인내심의 한계 등에 관해서 배운다.

놀이는 아동의 발달에 여러 가지 방식으로 기여하는데, 여기에는 공간 이해, 퍼즐을 완성하기 위해 요구되는 세부사항에의 주의집중이 포함된다.

　어린 아동들의 상상놀이는 그들 자신 및 다른 사람에 대한 지식에 크게 기여하는 것 같다. 만 2세경부터 시작해서 아동들은 때로 가상극 놀이에서 다른 사람인 척한다. 예를 들면 아동들은 괴물과 싸우는 슈퍼영웅 노릇을 하거나 아기를 돌보는 부모 역할을 한다. 그런 놀이들은 생래적으로 즐거울 뿐만 아니라 아동들에게 가치 있는 것들을 가르치는 것으로 보이는데, 예컨대 공포에 어떻게 대처할 것인지, 다른 사람들과 어떻게 상호작용할 것인지 등을 가르쳐준다(Howes & Matheson, 1992; Smith, 2003). 나이 든 아동들의 놀이는 전형적으로 더 체계적이고 규칙에 기반하는데, 그것들은 차례 지키기나 규칙 준수하기에 필요한 자기통제나 실패에 직면해서도 정서를 통제하기 등과 같이 부가적 가치가 있는 것들이다(Hirsh-Pasek et al., 2009). 이 장의 후반부에서 보겠지만, 아동들이 자신의 발달에 기여하는 것은 그들이 성장하면서 강화되고 넓어지며, 점증적으로 그들 자신의 환경을 선택하고 조성할 수 있게 해준다.

3　연속성/비연속성 : 발달은 어떤 방식에서 연속적이고, 어떤 방식에서 비연속적인가?

일부 과학자들은 아동발달을 소나무가 조금씩 커지듯이 작은 변화의 **연속적인**(continuous) 과정으로 상상한다. 다른 일부 과학자들은 아동발달을 애벌레에서 고치를 거쳐 나비로 변화하듯이 가끔씩 있는 급작스러운 **비연속적인**(discontinuous) 변화 과정으로 본다(그림 1.2). 어느 견해가 더 정확한지에 대한 논쟁은 수십 년 동안 계속되고 있다.

　발달이 **비연속적**이라는 견해를 가진 연구자들은 흔히 볼 수 있는 관찰에서 시작한다. 연령이 서로 다른 아동들은 질적으로 다르게 보인다. 예컨대 4세 아동과 6세 아동은 얼마나 세상에 대해 알고 있는지뿐만 아니라 세상에 대해 생각하는 방식에서도 차이가 나는 것으로 보인다. 이런 차이를 이해하기 위해서, 이 책의 저자 중 한 사람의 딸인 베스와 그 어머니와의 두 가지 대화를 살펴보자. 첫 번째 대화는 베스가 4세 때였고, 두 번째 대화는 베스가 6세 때였다. 두 대화는 베스의 어머니가 전형적인 물잔 하나에서 길고 좁은 물잔으로 물을 옮겨 붓고 이를 베스가 지켜본 후 이루어졌다. 먼저 베스가 4세 때 했던 대화를 보자.

엄마 : 이제 두 잔에는 같은 양의 물이 있니?

베스 : 아니요.

엄마 : 전의 것이 물이 많니, 아니면 지금 것이 물이 많니?

베스 : 지금 것이 많아요.

엄마 : 왜 그렇게 생각하니?

베스 : 여기 물이 더 높아요. 엄마도 보면 알잖아요.

엄마 : 자, 그럼 여기 키큰 잔에 있는 물을 원래 있던 잔에 부을게. 물이 원래 있던 잔으로 돌아가니까 같은 양의 물이 있을까?

연속적 발달 ■ 소나무가 세월과 함께 조금씩 커지듯이 작은 변화들이 점증적으로 나타난다는 아이디어

비연속적 발달 ■ 애벌레에서 고치를 거쳐 나비로 변화하듯이 가끔씩 있는 큰 변화가 연령과 함께 나타난다는 아이디어

그림 1.2 연속적 발달과 비연속적 발달
일부 연구자들은 발달을 나무가 매년 조금씩 커지듯이 연속적이고 점진적인 과정이라고 본다. 다른 일부 연구자들은 발달을 애벌레에서 고치를 거쳐 나비로 변화하듯이 급작스러운 극적인 변화를 수반하는 비연속적인 과정으로 본다. 각 견해는 아동발달의 일부 측면들과 일치한다.

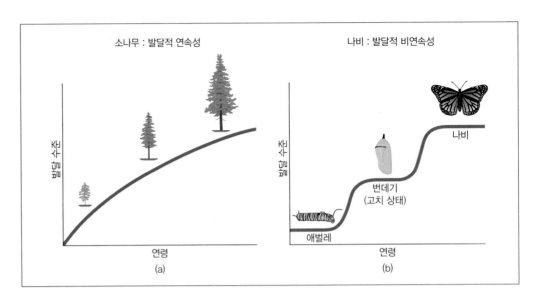

베스 : 네.

엄마 : 그러면 이제 다시 여기 있는 모든 물을 이 가는 키큰 잔에 부을게. 물의 양이 그대로 같을까?

베스 : 아니요, 아까 말했잖아요, 키 큰 잔에는 더 많은 물이 있어요.

2년 후에, 베스는 같은 문제에 대해 매우 다르게 반응했다.

엄마 : 여기 있는 물의 양이 그대로 같을까?

베스 : 물론이죠!

베스의 생각에서의 이 변화를 어떻게 설명할까? 베스가 날마다 물을 붓는 것을 관찰해서 알게 될 거라는 말은 답이 될 수 없다. 베스는 이미 4세 이전에 물을 붓는 장면을 수없이 많이 봤지만, 물의 양은 일정하다는 것을 이해하지는 못했다. 구체적인 과제와의 경험 역시 그 변화를 설명하지 못한다. 왜냐하면 베스는 첫 번째 대화와 두 번째 대화 사이의 기간 동안 그 과제를 해본 경험이 없었기 때문이다. 그렇다면 4세 때의 베스는 왜 높고 좁은 잔에 물을 부었을 때 물의 양이 더 많아진다고 확신했다가 6세 때에는 그렇지 않다고 확신했을까?

사실 이 액체량 보존 문제는 아동의 생각 수준을 알아보려고 설계한 고전적 기법이다. 이 기법은 전 세계의 수많은 아동들에게 사용되었으며, 연구에 참여한 거의 모든 아동들이 (그들이 속한 문화에 관계없이) 베스와 같은 유형의 변화를 보였다(다만 연령이 약간 더 높았다). 이와 같은 이해에서의 연령차이는 아동의 사고 분야에서 만연해 있다. 로저스 씨에게 쓴 다음의 두 가지 편지를 보자. 하나는 4세 다른 하나는 5세 아동이 보낸 것이다(Rogers, 1996, pp. 10-11).

로저스 씨께,
나는 아저씨가 어떻게 TV 속으로 들어갔는지 알고 싶어요.   (로비, 4세)

로저스 씨께,
나는 아저씨가 우연히라도 TV 밖으로 나와 우리집에서 나와 함께 놀았으면 좋겠다는 생각을 해요.
                                                          (조시아, 5세)

명백하게, 이런 이야기는 더 나이 든 아동이 즐겨 하는 생각은 아니다. 베스의 사례에서처럼, 우리는 "4~5세 아동들이 그와 같이 있음 직하지 않은 생각을 하도록 유도하는 것은 무엇이며, 어떤 변화가 6~7세 아동들로 하여금 그런 생각(4~5세 아동의 생각)을 웃음거리로 여기도록 하는가?"를 물어야 한다.

그런 질문에 답하는 하나의 보편적인 접근이 **단계 이론**(stage theories)인데, 이 이론은 발달이 뚜렷이 구분되는 연령 관련 단계의 순서로 진행된다고 주장한다(그림 1.2b에서 나비의 예처럼). 이 단계 이론에 따르면, 아동이 새로운 단계로 진입할 때는 상대적으로 급작스럽게 질적인 변화가 나타나는데, 그 변화가 광범하게 통일된 방식으로 아동의 생각이나 행동에 영향을 주며, 또한 아동으로 하여금 하나의 일관적인 방식으로 경험하던 세계로부터 또 다른 하나의 일관적인 방식으로 경험하는 세계로 이동하게 한다.

가장 잘 알려진 단계 이론은 Jean Piaget의 **인지발달**(cognitive development) 이론으로서 사고와 추론의 발달을 다룬다. 이 이론은 출생에서 청소년기에 이르는 시기에 아동들은 인지 성장의 네 가지 단계를 거치게 되는데, 각 단계는 뚜렷이 구분되는 지적 능력과 세상을 이해하는 방식에 의해 특징지어진다. Piaget의 이론에 따라 예를 들면 2~5세 아동들은 한 번에 어느 사건의 단 한 측면 또는 정보의 한 유형에만 집중할 수 있다. 7세가 되면 다른 단계로 들어가는데, 이 단계의 아동들은 어느 사건의 2개 이상의 측면을 동시에 집중하거나 조정할 수 있으며 다른 많은 과제에서도 그렇게 할 수 있다. 이 견해에 따르면, 베스에게 어머니가 제시한 문제에 닥치면 대부분의 4~5세 아동들은 '높이'라는 하나의 차원에만 집중하여 넓이가 좁은 잔의 물이 더 많다고 생각한다. 이와 반대로, 대부분의 7~8세 아동들은 문제와 관련된 2개 차원을 동시에 고려한다. 이로 인하여 그들은 비록 물의 높이는 높아졌지만 넓이는 좁아졌으므로 서로 상쇄된다는 것을 안다.

이 책을 읽는 과정에서 여러분은 다른 많은 단계 이론을 보게 될 것이다. 예컨대 Sigmund Freud의 심리성적 발달 이론, Erik Erikson의 심리사회적 발달 이론, Lawrence Kohlberg의 도덕발달 이론 등이 있다. 각 단계 이론은 어떤 주어진 연령대의 아동들은 많은 상황에 걸쳐 서로 유사함을 보이며, 다른 연령대의 아동들은 그들과는 판이하게 다른 행동경향을 보인다.

이와 같은 단계 이론은 그동안 매우 영향력이 컸었다. 하지만 지난 20년 동안에 많은 연구자들이 대부분의 발달적 변화가 급격하기보다는 점진적이며, 광범하게 통일된 방식이라기보다는 과제별 또는 기술별로 각각 발달이 일어난다고 결론지었다(Courage & Howe, 2002; Elman et al., 1996; Thelen & Smith, 2006). 발달에 대한 이런 견해는 단계 이론보다 덜 극적이지만, 아주 많은 증거들이 이를 지지하고 있다. 그와 같은 증거의 하나로는, 한 아동이 어떤 과제에서는 어느 한 단계에 있는 것처럼 행동하다가 다른 과제에서는 다른 단계에 있는 것처럼 행동한다는 것을 들 수 있다(Fischer & Bidell, 2006). 이렇게 여러 수준의 추론이 동시에 있다는 것은 한 아동이 '두 단계에 있다'는 견해여서 받아들이기 어렵다.

발달이 연속적이냐 비연속적이냐를 결정하는 데 어려움이 많은 이유는 똑같은 사실도 보는 사람의 관점에 따라서 매우 달라지기 때문이다. 아동의 키가 연속적으로 증가하는가 또는 비연속적으로 증가하는가라는 단순해 보이는 질문을 생각해보자. 그림 1.3a는 한 소년의 키를 출생 시부터 18세까지 매년 측정한 것이다(Tanner, 1961). 이 그래프를 보면, 발달은 매끄럽고 연속적으로 보인다. 다만 출생 후 초기의 키 성장은 급격하지만 이후에는 진행속도가 늦어진다.

그러나 그림 1.3b를 보면, 다른 측면이 나타난다. 이 그래프는 동일한 소년의 성장을 보여주는

Piaget의 액체량 보존문제에 대한 아동들의 행동은 흔히 발달이 비연속적이라는 생각의 예로 사용된다. 아동은 처음에 같은 모양의 잔 2개에 같은 양의 액체가 들어 있고 하나의 다르게 생긴 빈 잔을 본다. 그다음에는 액체가 들어 있는 잔 하나에서 다르게 생긴 잔으로 액체가 부어지는 것을 본다. 끝으로, 아동에게 액체의 양이 똑같이 남아 있는지 또는 어느 한 잔의 액체량이 더 많은지를 묻는다. 사진의 소녀와 같은 어린 아동들은 가늘고 긴 잔에 있는 액체의 양이 더 많다고 확고하게 믿는다. 1~2년 후에는 두 잔에 있는 액체의 양이 같다는 것을 확고하게 믿는다.

단계 이론 ■ 발달이 일련의 큰, 비연속적인, 연령 관련 국면을 포함한다고 주장하는 접근법

인지발달 ■ 사고와 추론의 발달

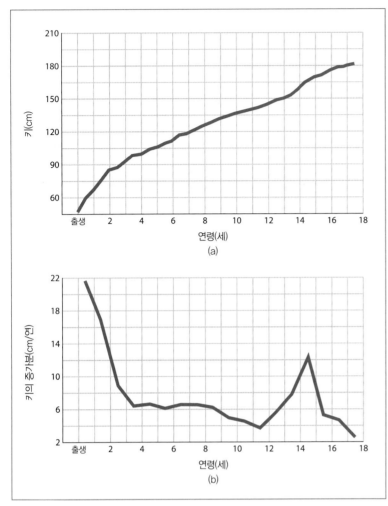

데, 다만 출생 첫해부터 18세에 이르기까지의 매년 성장 증가분을 나타낸다. 이를 보면 소년은 매년 성장하지만 두 시기에 급격히 성장한다(출생 시부터 2세 반, 13~15세 사이). 이런 종류의 자료를 보면, 우리는 비연속적 성장에 대해 얘기하게 되고, 신체적인 성장급등을 포함한 청소년기를 분리해서 얘기하게 된다.

그래서, 발달은 근본적으로 연속적인가 또는 근본적으로 비연속적인가? 가장 합리적인 대답은 '발달을 어떤 관점에서 보는가와 얼마나 자주 보는가'에 따라 달라진다고 말할 수 있다. 자신의 조카딸을 2~3년마다 보는 삼촌과 딸을 매일 보는 부모 사이의 관점 차이를 상상해보라. 삼촌은 저번에 보았을 때의 조카딸이 이번에 엄청나게 변했음을 보고 거의 매번 놀랄 것이다. 조카딸이 매우 달라졌기 때문에, 이는 더 높은 단계의 발달로 진행되었다고 생각될 것이다. 이와는 대조적으로, 부모는 딸의 발달의 연속성에 놀랄 것이다. 부모에게는 딸이 매일매일 조금씩 성장하는 것으로 보일 것이다. 이 책을 통해 우리 저자들은 크거나 작은 변화, 급작스럽거나 점진적인 변화를 고려할 것이다. 그런 변화들은 일부 연구자들에게는 발달에서의 연속성을, 다른 일부 연구자들에게는 비연속성을 강조하도록 할 것이다.

그림 1.3 연속적 성장과 비연속적 성장
보는 관점에 따라, 키에서의 변화는 연속적이라고 볼 수도 있고 비연속적이라고도 볼 수 있다. (a) 출생 시부터 18세까지의 키를 절대적 조건에서 조사하면, 성장은 점진적이고 연속적으로 보인다(Tanner, 1961). (b) 매년마다 키에서의 증가분을 조사하면, 출생 시부터 2세 반까지의 성장 증가가 급격하며 다음으로 청소년기에서 제2 성장급등이 나타난다. 그런 다음에는 성장에서의 증가가 급격히 떨어진다. 이 관점에서 보면, 성장은 비연속적으로 보인다.

4 변화의 기제 : 변화는 어떻게 발생하는가?

아동발달에 관해 풀리지 않는 수수께끼는 "변화는 어떻게 발생하는가?"이다. 다시 말하면, 아동들이 나이와 함께 겪거나 경험하는 주목할 만한 변화를 만들어내는 기제는 무엇인가? 다양한 힘들 — 유전 및 환경에서의 경험 같은 — 은 발달에 영향을 주기 위해 어떻게 협력하는가? 발달적 변화의 기제에 대한 하나의 특별히 흥미로운 분석에는 수고로운 주의집중(effortful attention) 발달에서의 뇌활동, 유전자, 학습 경험 등의 역할이 포함된다(예 : Rothbart, Sheese, & Posner, 2007). 수고로운 주의집중에는 자신의 정서와 사고를 자발적으로 통제하는 일이 포함된다. 거기에는 충동을 억제하는 과정(예 : 장난감 모두를 치우라는 요청에 따르기. 이는 일부만 치우고 분산되어 남은 것들을 가지고 노는 것에 반대된다), 정서 통제하기(예 : 목적 달성에 실패했을 때 울지 않기), 주의를 집중하기(예 : 다른 친구들이 밖으로 나와 놀자고 해도 자기 숙제에 집중하기)가 포함된다. 수고로운 주의집중 곤란은 행동문제와 연계되며 수학과 읽기 곤란, 정신질환 등과도 연계된다(Blair & Razza, 2007 ; Diamond & Lee, 2011 ; Kim et al., 2013).

사고와 정서의 통제를 요하는 과제를 수행하는 사람들의 뇌활동에 대한 연구를 보면, 변연 영역 (정서적 반응에서 큰 역할을 하는 뇌 부분)과 전측 대상회 및 전두엽 피질(목표를 세우고 그에 집중하는 뇌구조) 사이의 연결이 특히 활성화된다(Gazzaniga, Ivry, & Mangun, 2013). 이 뇌 영역들 간의 연결은 아동기에 현저히 발달하며, 그 발달은 아동기 동안의 수고로운 주의집중 향상의 기저에 있는 하나의 기제로 보인다(Rothbart et al., 2007). 이 영역들의 발달은 유전자뿐만 아니라 주변 환경도 반영한다. 예를 들어 아동기에 가난한 환경에서 자라면 나중에 성인기가 되었을 때 부정적인 정서를 억제하고 수고로운 주의집중을 향상시키는 데 필요한 뇌활동에 부정적인 영향을 미친다(Kim, Evans et al., 2013).

이 수고로운 주의집중 기제에 영향을 준다는 점에서 유전자와 학습 경험은 어떤 역할을 할까? 특정 유전자들은 핵심 **신경전달물질**(neurotransmitters) — 뇌세포 사이의 의사소통에 관여하는 화학물질 — 의 생성에 영향을 미친다. 이 유전자들에서 아동들 간의 차이는 수고로운 주의집중을 요하는 과제들에서 수행의 질에서의 차이와 연결된다(Canli et al., 2005; Diamond et al., 2004; Rueda et al., 2005). 그러나 이런 유전적 영향은 진공상태에서는 발생하지 않는다. 또다시, 이런 생물학적인 과정에서 환경은 결정적인 역할을 한다. 특정한 형태의 문제의 유전자를 가진 영아들은 자신들이 받는 양육의 질과 관련하여 수고로운 주의집중에서 차이를 보인다. 즉 낮은 질의 양육은 낮은 주의집중 조절능력과 연결된다(Sheese et al., 2007). 그런 형태의 유전자가 없는 아동들에서 양육의 질은 수고로운 주의집중에 덜 영향을 주었다.

학습 경험 역시 수고로운 주의집중을 생성하는 뇌 체계의 연결을 변화시킬 수 있다. Rueda와 동료들(2005)은 6세 아동들에게 수고로운 주의집중 역량을 향상시키는 5일간의 컴퓨터화된 훈련 프로그램을 실시했다. 전측 대상회에서의 전기 활동에 대한 연구 결과, 컴퓨터화된 훈련 프로그램을 마친 6세 아동들은 향상된 수고로운 주의집중을 보였다. 이 아동들은 또한 지능검사에서도 향상을 보였는데, 이는 그런 검사가 수고로운 주의집중을 요하는 검사라면 이해가 된다. 따라서 아동들이 받는 경험은 그들의 뇌처리 과정과 유전자 발현에 영향을 준다. 이는 마치 뇌처리 과정과 유전자가 경험에 대한 아동들의 반응에 영향을 주는 것과 마찬가지다. 좀 더 일반적으로 말하면, 발달적 변화를 생성하는 기제를 완전히 이해하려면 유전자, 뇌구조와 처리 과정, 경험 등이 상호작용하는 방식을 명시해야 한다.

발달기제의 또 하나의 명확한 예시로는 학습과 일반화를 촉진하는 잠의 변화하는 역할을 들 수 있다(Gómez & Edgin, 2015). 영아들은 생의 대부분을 잠으로 보낸다. 예를 들어 6개월 된 영아는 하루 14~15시간 잠을 잔다(Ohayon et al., 2004). 이 길어진 잠은 학습을 촉진하는 데 중요한 기능을 한다(Diekelmann & Born, 2010). 그러나 잠이 촉진하는 학습유형은 해마(hippocampus, 학습과 기억에 특히 중요한 뇌구조)의 성숙과 함께 변한다.

출생 후 첫 18개월 동안 잠은 일반적인, 자주 접하는 유형의 학습을 촉진하지만, 1~2번 나타난 세부사항의 학습은 촉진하지 않는 것으로 보인다(Gómez, Bootzin, & Nadel, 2006). 이와 반대로 24개월 후의 아동들은 반대 유형을 보인다. 낮잠을 잔 후 바로 검사했을 때, 이 아동들은 학습했던 세부사항들을 낮잠을 안 잔 아동들에 비해 더 잘 기억해냈다. 그러나 일반적인 유형에 대한 기억은 낮잠을 안 잔 또래들에 비해 높지 않았다(Kurdziel, Duclos, & Spencer, 2013).

Werchan과 Gómez(2014)는 영아로부터 학령전기로의 변화 기저에 있는 기제를 서술했다. 이 설명은 기억에 대한 주요 이론인 **능동 체계 응고화 이론**(Active Systems Consolidation Theory)에 기반을 두었는데(McClelland, McNaughton, & O'Reilly, 1995), 이 이론은 서로 연결된 두 뇌 영역(해마와 대뇌피질)이 학습하는 동안에 동시에 새로운 정보를 부호화한다고 주장한다(그림 1.4 참조). 해마는 1~2번의 경험 후에 새로운 정보의 세부사항을 학습할 수 있다. 대뇌피질은 많은 경험 후에 일반적 유형에 대한 추상개념을 생성한다. 이 두 뇌 영역은 서로 강하게 연결되어 있어서 이 이론의 주장은 다음과 같다. 나이 든 아동과 성인에서는 해마에 있는 기억들이 잠자는 동안 재생되어

신경전달물질 ■ 가지 세포들 사이의 소통에 관여하는 화학물질

그림 1.4 **인간의 대뇌피질** 대뇌피질의 4개 주요 엽 – 전두엽, 두정엽, 후두엽, 측두엽. 그림에서 보이는 해마는 실제로는 뇌 속 깊은 곳에 있으며 대뇌피질이 뇌의 외부를 감싸고 있다.

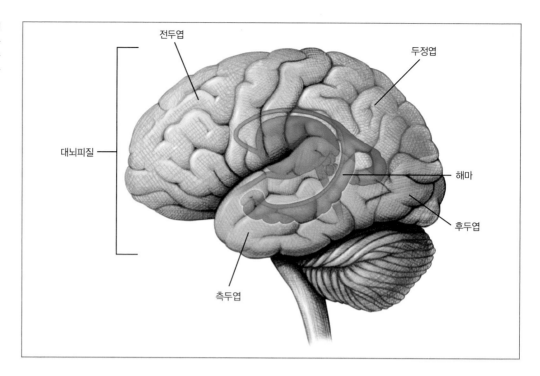

대뇌피질이 그 기억들로부터 일반적 유형을 추출해낼 기회를 얻게 된다. 이 기제는 또한 역방향으로도 작동하여, 일반적 유형의 학습은 새로운 경험의 세부사항에 대한 기억 유지를 향상시켜준다(Mullally & Maguire, 2014).

이런 발견과 이론을 바탕으로 Werchan과 Gómez(2014)는 일반적 유형에 대한 영아의 기억에 잠이 주는 이득은 대뇌 피질의 기능을 반영하며, 반면에 특정 경험에 대한 학령전기 아동의 기억에 잠이 주는 이득은 해마의 기능을 반영한다는 가설을 설정했다. 그들은 생후 18~24개월 전에는 영아의 해마가 너무 미성숙하여 특정 경험의 세부사항들을 빨리 학습할 수 없으므로 이 연령대에서의 잠은 특정 세부사항들의 기억에는 이득을 주지 못한다고 주장했다. 그러나 그 대신 대뇌피질은 일반적 유형을 추출하기에 충분히 성숙했다고 본다.

이 주장은 많은 연구들로부터 나온 증거에 의해 지지받는다. 예를 들어 새로운 단어 학습을 위해 필요한 노출 수는 18~24개월 사이에 현저하게 줄어든다(Goldfield & Reznick, 1990). 또한 아동들은 18개월 이전에는 단 한 번 본 임의로 연결된 사건의 순서를 거의 기억하지 못하는데, 24개월 이후에는 흔히 그 순서를 기억해냈다(Bauer et al., 1998). 18개월 이전의 어린 영아들을 대상으로 낮잠을 자기 전에 몇몇 비친숙한 단어들을 들려주었을 때, 이들은 낮잠을 자는 동안 대뇌피질의 학습 과정과 연결된 뇌 영역의 활동을 보였다(Friedrich et al., 2015). 끝으로, 해마에 알려진 손상을 입은 아동들은 그런 손상을 입지 않은 또래들에 비해 경험의 세부사항을 유지하는 데 매우 어려워 했다(Edgin et al., 2015). 따라서 잠은 시간의 낭비가 아니라, 학습 및 일반적인 건강한 발달을 위해 필수적이다(Edgin et al., 2015).

5 **사회문화적 맥락 : 사회문화적 맥락은 어떻게 발달에 영향을 주는가?**

아동들은 특정한 세트의 물리적·사회적 환경, 특정한 문화, 특정한 경제상황, 역사의 특정한 시대에 성장한다. 이 물리적, 사회적, 문화적, 경제적, 역사적 상황들은 함께 상호작용하여 한 아동의 삶의 **사회문화적 맥락**(sociocultural context)을 구성하며, 이 사회문화적 맥락이 아동발달의 모든 측면에 영향을 미친다.

사회문화적 맥락 ■ 아동의 환경을 구성하는 물리적, 사회적, 문화적, 경제적, 역사적 상황

　사회문화적 맥락의 구성요소에 대한 고전적인 서술은 Urie Bronfenbrenner(1979)의 생물생태학적 모델이다(제9장에서 자세히 논의함). 아동들의 사회문화적 맥락에서 명백히 가장 중요한 구성요소는 그들이 상호작용하는 사람들(부모, 조부모, 형제, 자매, 주간 보육자, 교사, 친구, 급우 등) 및 그들이 살고 있는 물리적 환경(집, 주간 보육원, 학교, 이웃 등)이다. 중요하지만 눈에는 덜 띄는 사회문화적 맥락의 구성요소로는 아동의 생활에 영향을 주는 기관들로, 교육기관, 종교시설, 스포츠 리그, 사회시설(예 : 소년/소녀 클럽) 등이다.

　여기에다 또 하나의 중요한 영향원은 아동이 살고 있는 사회의 일반적인 특징이다 — 그 사회의 경제적·기술적 발전, 그 사회의 가치, 태도, 신념, 전통, 그 사회의 법, 정치구조 등. 예를 들어 현재 미국에서 자라는 걸음마기 아동이나 학령전기 아동들 대부분이 집 밖의 보육시설이나 기관에 다닌다는 단순한 사실은 눈에 띄지 않는 이 많은 사회문화적 요인들이 있다는 것을 반영한다. 이 눈에 띄지 않는 사회문화적 요인들에는 다음과 같은 것들이 포함된다.

1. 역사적 시대(50년 전에는 보육시설에 다니는 미국 아동들이 거의 없었다)
2. 경제구조(현재 어린 자녀를 가진 여성이 집 밖에서 일할 수 있는 기회가 아주 많다)
3. 문화적 신념(예 : 가정 밖의 자녀 보육이 자녀에게 해가 되지 않는다)
4. 문화적 가치(예 : 어린 자녀의 어머니들이 원한다면 집 밖에서 일할 수 있어야 한다는 가치)

결국 아동보육센터에 다니는 것은 부분적으로 아동이 만나는 사람들과 아동이 하게 될 활동을 결정한다.

　사회문화적 맥락의 영향을 이해하기 위해 발달학자들이 사용하는 한 가지 방법은 서로 다른 문화권에서 자란 아동들의 삶을 비교하는 것이다. 이와 같은 **문화 간 비교**(cross-cultural comparison)는 흔히 자신의 문화에는 드물거나 없어서 낯설게 보이는 관습들이 다른 문화에서는 통상적이라는 것을 보여준다. 다음에 비교 서술할 서로 다른 사회에서의 어린 자녀 잠자리 준비는 그러한 문화 간 비교 연구의 가치를 보여줄 것이다.

　미국 대부분의 가정에서 신생아는 부모의 침실에서 잔다(유아용 침대나 부모 침대에서). 그러나 아기가 2~6개월이 되면 부모는 보통 아기를 다른 침실로 옮기며 거기서 아기는 홀로 잔다(Greenfield, Suzuki, & Rothstein-Fisch, 2006). 이는 미국에서 자란 대부분의 사람들에게는 자연스럽게 보이는데, 왜냐하면 그것이 미국인 또는 그가 아는 사람들이 자라온 방식이기 때문이다. 그러나 범세계적인 관점에서 보면 그와 같은 잠자리 준비는 매우 이례적이다. 대부분의 다른 사회에서(경제적으로 발전한 이탈리아, 일본, 한국 등을 포함해서), 거의 모든 아기들은 처음의 몇 년간 어머니와 같은 침대에서 잔다. 더 나이 든 아동들도 어머니와 같은 침실에서 자며 때로는 같은 침대에서 잔다(예 : Nelson, Schiefenhoevel, & Haimerl, 2000 ; Whiting & Edwards, 1988). 그러면 아버지는? 일부 문화에서 아버지는 어머니와 아기와 함께 잔다. 다른 문화에서는 다른 침대 또는 아예 다른 방에서 잔다.

　잠자리 준비에서의 이 차이는 아동들에게 어떤 영향을 줄까? 이를 알아보기 위해 연구자들은 미국 유타주 솔트레이크시티의 중류층 가족 어머니와 과테말라 시골의 마야족 어머니를 면접했다(Morelli et al., 1992). 면접 결과, 미국 아동들의 대다수는 생후 6개월이 되면 자신의 침실에서 잠

사회경제적 지위 ■ 소득과 교육 수준에 근거하여 측정된 사회계층

을 자기 시작했다. 영아기를 지나면서, 밤에 자녀와 부모 사이의 분리가 복잡한 의식이 되었다. 즉 자녀를 재우기 위해서 이야기해주기, 유아용 책 읽어주기, 노래 불러주기 등 자녀를 위안해줄 활동이 필요해졌다. 전체의 반 정도의 아동들은 위안물을 가졌는데, 예컨대 담요나 테디베어 등을 자기 침대로 가져가는 것으로 보고되었다.

이와는 대조적으로 마야족 어머니와의 면접 결과, 그들의 자녀들은 전형적으로 2~3세까지는 같은 침대에서 자며 그 이후에도 몇 년 동안은 같은 침실에서 잔다고 했다. 자녀들은 보통 부모와 같은 시간에 잤다. 마야족 부모의 누구도 잠잘 때의 의식에 대한 언급이 없었고, 자녀들이 인형이나 봉제 완구동물 같은 위안물을 침대로 가져가는 경우도 거의 없었다.

왜 잠자리 준비가 문화 간에 차이가 날까? 마야족 부모와 미국 부모에 대한 면접 결과는, 잠자리 준비에서 자녀를 위한 중요한 고려사항이 문화적 가치라는 것이다. 마야족 문화는 사람들 간의 상호의존성을 높이 평가한다. 마야족 부모는 어린 자녀를 어머니와 함께 재우는 것은 좋은 부모-자녀 관계를 발전시키는 데 중요하며, 자녀가 홀로 남겨져 고통스러워하는 것을 피하는 데 중요하고, 부모로 하여금 자녀가 가진 문제를 알아차리도록 하는 데 중요하다는 신념을 표현했다. 그들은 미국 영아들이 부모와 떨어져서 잠을 잔다는 말을 듣고 충격과 동정을 나타냈다(Greenfield et al., 2006). 이와는 대조적으로, 미국 문화는 독립성과 자립성을 높이 평가한다. 그래서 미국의 어머니는 아기나 어린 자녀를 홀로 자도록 하는 것은 그런 가치를 촉진하는 것뿐만 아니라 부부간의 친밀감을 허용하는 것이라는 신념을 표현했다(Morelli et al., 1992). 이런 차이들은 우리가 자연스럽다고 여기는 관례도 문화 간에 차이가 크며, 매일의 생활에서 보이는 단순한 관습도 흔히 깊은 가치를 반영한다는 것을 보여준다.

발달의 맥락은 문화 간에 차이가 날 뿐만 아니라 한 문화 내에서도 차이가 난다. 현대 다문화 사회에서는 많은 맥락적 차이들이 민족, 인종, **사회경제적 지위**(socioeconomic status, SES) ― 소득과 교육 수준에 근거한 사회계층 ― 와 관련된다. 사실상 아동 생활의 모든 측면(먹는 음식부터 부모의 훈육, 노는 게임까지)은 민족, 인종, SES에 따라 다르다.

사회경제적 맥락은 특히 아동의 삶에 지대한 영향을 미친다. 미국을 비롯한 경제적으로 발전된 사회에서 대부분의 아동들은 상당히 안락한 환경에서 성장하지만, 수백만 명의 다른 아동들은 그렇지 못하다. 2014년을 기준으로, 자녀가 있는 미국 가족의 18%가 빈곤선(성인 1명과 아동 2명으로 된 가족 기준 19,096달러, 연간 약 2,000만 원 정도) 미만의 소득 수준이다. 절대 숫자로 말하면, 1,600만 명 정도의 아동들이 가난 속에서 자라고 있다(U.S. Census Bureau, 2015). 표 1.2에서 볼 수 있듯이, 빈곤율은 흑인과 히스패닉 가족에서 특히 높고, 편모 가정인 경우의 빈곤율은 모든 인종에서 높다. 아동 자신이 이민자거나 또는 이민자 부모와 함께 사는 아동인 경우가 미국 전체 가족의 약 25% 정도인데, 이들 가족의 빈곤율이 특히 높아 본토박이 부모를 둔 아동 가족의 2배 정도 된다(DeNavas-Walt & Proctor, 2015).

빈곤한 가족의 아동들은 다른 아동들에 비해 여러 면에서 잘하지 못하는 경향이 있다. 영아기에는 심각한 건강문제가 있을 가능성이 높다. 3~20세까지는 평균적으로 그들의 뇌, 특히 음성언어나 읽기, 공간 기술을 지원하는 표면이 좁다(K. G. Noble et al., 2015). 그들은 아동기와 청소년기를 통해 정서적인 문제는 더 많고, 어휘 수는 더 적으며, 더 낮은 IQ 및 표준화된 성취검사에서 상대적으로 더 낮은 수학, 읽기 점수를 받는 경향이 있다(Evans, Li, & Whipple, 2013). 또한 청소년기에 부모가 되거나 학교를 그만둘 가능성이 높다(Penman-Aguilar et al., 2013).

이런 부정적인 결과들은 가난한 아동들이 마주하는 엄청나게 불리한 점들을 고려할 때 놀랍지

표 1.2

자녀 연령이 18세 미만이면서 생활이 빈곤선 미만인 미국 가족의 백분율

집단명	빈곤율(%)
미국 전체	18
백인(히스패닉 제외)	11
흑인	32
히스패닉	28
아시아인	11
기혼 부부	8
백인(히스패닉 제외)	5
흑인	11
히스패닉	19
아시아인	8
편부모 : 편모 가정	40
백인(히스패닉 제외)	32
흑인	46
히스패닉	46
아시아인	29

출처 : U.S. Census Bureau(2015).

않다. 더 풍부한 환경에서 자란 아동들과 비교해볼 때, 가난한 아동들은 위험한 이웃들과 함께 살고, 열악한 주간보육시설이나 학교에 다니고, 높은 수준의 공기·물 오염에 노출될 가능성이 높다(Bell & Ebisu, 2012; G. W. Evans, 2004). 더욱이, 그들의 부모들은 덜 읽어주고, 덜 말해주며, 책도 덜 사주고, 학업에 덜 관여한다(Hart & Risley, 2003). 가난한 아동들은 또한 편부모 혹은 양부모 가정에서 자랄 가능성이 높다. 발달 기간 동안에 이런 불리한 점들을 축적한 것을 **누적 위험**(cumulative risk)이라 하는데, 이는 가난한 아동들의 성공적인 발달에 가장 큰 걸림돌로 보인다(Evans & Cassells, 2014; Morales & Guerra, 2006).

그러나 우리가 이 책의 맨 앞 장에 서술된 카우아이족 아동들에 대한 Werner의 연구에서 보았듯이, 많은 아동들이 가난 때문에 생겨난 장애물을 극복한다. 이와 같이 회복력 있는 아동들은 다른 아동들에 비해 다음 3개의 특성을 가졌을 가능성이 높다 — (1) 높은 지능, 느긋한 성격, 미래에 대한 낙관적 견해 등과 같은 긍정적인 개인 자질, (2) 적어도 한 부모와의 밀접한 관계, (3) 부모 외의 적어도 한 성인(예 : 조부모, 교사, 코치, 가족 친지 등)과의 밀접한 관계(Chen & Miller, 2012; Masten, 2007). 이런 특성들이 시사하듯이, 아동들의 회복력은 그들 자신의 개인적 자질뿐만 아니라 자신의 환경 내에서 다른 사람들과의 상호작용이 있음을 반영한다(Masten, 2014). 따라서 빈곤이 비록 성공적인 발달에 상당한 장애물이지만, 많은 이동들은 그 도전을 극복한다 — 보통 그들의 삶 내에 있는 다른 사람들의 도움과 함께.

누적 위험 ■ 발달기간 동안에 걸쳐 불리한 점들을 축적한 것

6 개인차 : 아동들은 어떻게 서로 달라지는가?

아동과 함께 있어 본 사람이면 누구나 아동의 독특함에 충격을 받는다 — 외모뿐만 아니라 활동 수준이나 기질에서부터 지능, 고집, 정서성까지. 아동들 사이의 이런 차이는 빠르게 나타난다. 일부 영아들은 생애 첫해부터 수줍고, 다른 일부는 외향적이다. 일부 영아들은 긴 시간 동안 사물을 갖고 놀거나 쳐다본다. 다른 일부 영아들은 이 활동에서 저 활동으로 재빠르게 전환한다. 여러분에게 형제자매가 있다면 이미 알고 있겠지만, 심지어 동일한 가족 내의 아동이라도 상당히 다르다.

Scarr(1992)는 단일 가족(다른 가족들도 포함해서)의 아동들이라도 서로가 매우 다를 수 있게 만드는 4개 요인을 확인했다.

1. 유전적 차이
2. 부모나 다른 사람들로부터 받는 대우에서의 차이
3. 비슷한 경험에 대한 반응에서의 차이
4. 환경에서의 선택 차이

아동들 간의 차이에 대한 가장 명백한 이유는 각 개인 모두 유전적으로 독특하기 때문이다. 이는 소위 '일란성 쌍생아'에게도 적용되는 말이다. 임신 당시 쌍생아들의 유전체는 동일하지만, 돌연변이나 복제 오류 등이 나타나 결국 출생하기 전에도 몇백 개의 유전자 차이가 발생하기도 한다(Li et al., 2014). 다른 모든 아동들의 유전체는 서로 간에 훨씬 더 다르다. 예컨대 형제 간에도(이란성 쌍생아 포함) 인간이 가진 25,000개의 유전자들 중 약 50%가 다르다.

아동들 간 차이의 두 번째 주요 원천은 부모나 다른 사람들에게서 받는 대우에서의 차이다. 이 차이나는 대우는 종종 그 이전의 아동 특성에서의 차이와 연결된다. 예컨대 부모는 다루기 어려운 영아보다 느긋한 영아를 더 민감하게 돌보는 경향이 있다. 영아의 두 번째 해에는, 다루기 힘든

운동이나 다른 과외활동에 참가하는 청소년들은 그렇지 않은 또래들에 비해 고등학교를 졸업할 가능성이 높으며, 문제를 일으킬 가능성은 낮다. 이는 개인이 어떻게 자기 자신의 발달에 영향을 주는 것들을 선택할 수 있는지 보여주는 또 하나의 예이다.

영아의 부모는 즉각적인 상황에서 영아가 잘못하지 않았음에도 종종 영아에게 화를 낸다(van den Boom & Hoeksma, 1994). 교사들 역시 잘 배우고 행동이 바른 학생에게 긍정적인 주의를 기울여주거나 격려하는 경향이 있으며, 제대로 못하거나 파괴적인 아동들에게는 공개적으로 비판하거나 그 학생의 특별한 도움 요청을 거절하는 경향이 있다(Good & Brophy, 1996).

자신들이 받는 대우에서의 객관적인 차이에 의해 조성되는 것 외에도, 아동들은 또한 받는 대우에 대한 주관적인 해석에 의해 영향 받는다. 고전적인 예로는 두 형제 각자가 부모가 상대방을 더 좋아한다고 생각하는 것이다. 형제들 또한 종종 가족 전체에 영향을 주는 사건에 대해서 다르게 반응한다. 한 연구에서, 부모의 해고와 같은 부정적인 사건의 69%는 형제들로부터 다른 반응을 일으켰다(Beardsall & Dunn, 1992). 일부 아동은 부모의 실직에 대해 염려를 많이 했고, 다른 아동들은 모든 일이 잘될 거라고 확신했다.

아동들 간 차이의 네 번째 원천은 앞서 논의된 바 있는 **능동적인 아동** 주제와 관련된다. 아동들은 나이가 들면서 점증적으로 친구나 활동을 자기 스스로 선택하며 그리하여 자기 자신의 그후의 발달에 영향을 준다. 아동들은 또한 자신을 위한 틈새를 수용하거나 선택한다. 가족 내에서 한 아동은 '영리한 자녀'일 수 있고 다른 한 자녀는 '인기있는 자녀'일 수 있으며, 또 다른 아동은 '말썽꾸러기' 등일 수도 있다(Scarr & McCartney, 1983). 가족에 의해 '좋은 아이'라는 별칭이 붙은 아동은 그 별칭에 걸맞게 살려고 한다. 따라서 불행하게도 '문제아'라는 별칭이 붙은 아동도 문제아로 살려고 한다.

'천성과 육성' 및 '발달의 기제' 부분에서 논의했듯이, 생물학적 차이와 경험의 차이들은 복잡하게 상호작용하여 인간의 무한대에 가까운 다양성을 만들어낸다. 11~17세 아동들을 대상으로 연구한 결과, 학업에 아주 열성적으로 참여한 아동들은 그들의 유전적 배경이나 가족환경만을 가지고 예견했던 것보다 더 긍정적인 방향으로 변화했다(Johnson, McGue, & Iacono, 2006). 또한 같은 연구에서, 지능이 높은 아동들은 다른 아동들에 비해 어려운 가족환경에 의해 덜 부정적으로 영향받았다. 따라서 아동들의 유전자, 다른 사람에게 받는 대우, 경험에 대한 주관적인 반응, 환경에 대한 자기 선택 등은 아동 각각을 독특하게 만드는 방식으로 상호작용한다.

7 연구와 아동복지 : 아동발달 연구는 어떻게 아동복지를 촉진할 수 있는가?

아동발달에 대해 발전된 연구에 기반한 이해는 종종 실제적인 이득으로 연결된다. 몇 개의 예들이 이미 서술되었는데, 예컨대 아동의 분노조절을 돕는 프로그램, 어린 아동들의 목격증언 타당화 육성 권고안 등이다.

아동발달 연구에서 나오는 또 다른 유형의 실제적 이득은 교육개혁이다. 아동이 어떻게 추리하고, 기억하며, 개념을 형성하고, 문제 해결을 하는지 이해하는 것은 본질적으로 교육과 연결된다.

우리는 이 책 전반을 통해 아동발달 연구의 수많은 교육적 적용 예를 살펴볼 것이다(특히 제4장과 제8장에서). 하나의 매력적인 예로는, 지능에 대해 서로 다른 신념을 가진 아동들을 대상으로 그 신념이 그들의 학습에 어떻게 영향을 미치는지 연구한 것이 있다(글상자 1.2 참조).

이 다음에 이어지는 장들에서는 아동발달 연구가 어떻게 아동복지를 촉진하기 위해 사용되는지를 추가적인 예들을 통해 살펴볼 것이다.

글상자 1.2 | 개인차

아동들은 더 똑똑해지는 것을 배울 수 있을까?

Carol Dweck과 동료들(Dweck, 2006; Dweck & Leggett, 1988)은 일부 아동들은(성인들도) 지능이 고정된 요소로 되어 있다고 믿는 것을 발견했다. 그들은 각 개인이 출생 시에 일정량의 지능을 갖추고 태어나서 경험에 의해 바뀌지 않는다고 본다. 다른 아동들은(성인들도) 지능이 학습에 의해 변화 가능한 특성을 가졌으며, 사람들이 들인 시간과 노력이 지능의 핵심 결정자라고 본다.

지능이 학습에 의해 증가한다고 믿는 사람들은 실패에 닥쳤을 때 더 효과적인 방식으로 반응했다(Dweck, 2006). 문제 해결에 실패했을 때, 그들은 그 과제에 더 자주 매달렸고 더 열심히 노력했다. 실패에 직면해서의 그런 고집은 중요한 자질이다. 영국의 위대한 수상 윈스턴 처칠이 말했듯이, "성공이란 하나의 실패를 넘어서, 열정이 식지 않은 채로, 다음의 실패로 넘어가는 능력이다." 이와 대조적으로, 지능이란 고정된 자질이라고 믿는 사람들은 실패했을 때 포기하는 경향이 있다. 왜냐하면 그 문제가 자신이 해결하기에는 너무 어렵다고 생각하기 때문이다.

지능에 관한 신념과 곤경 앞에서의 인내 간의 관계에 대한 이런 연구에 기반을 두고, Blackwell, Trzesniewski와 Dweck(2007)은 저소득 가정의 중학생들을 위한 효과적인 교육 프로그램을 고안했다. 그들은 무선적으로 선발된 학생들에게 다음과 같은 연구 결과를 제시했다. 학습은 이후의 학습을 향상시키는 방식으로 뇌를 변화시켜 결국 '사람을 더 똑똑하게 만든다'. 같은 학급에서 무선적으로 선발된 다른 학생들에게는 기억이 어떻게 작동하는가에 관한 연구 결과를 제시했다. 연구자들은 학습이

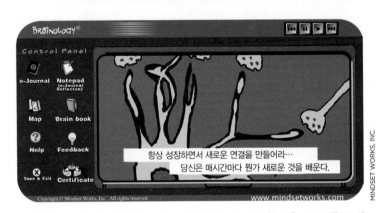

두뇌학(Brainology)의 화면사진. 이는 상업적으로 이용 가능한 교육 프로그램으로서 Blackwell, Trzesniewski와 Dweck(2007)의 연구 결과에 기반을 두었다. 이 프로그램은, 연구 목적과 마찬가지로, 학습이 뇌 안의 새로운 연결망을 구축하여 아동들로 하여금 더 똑똑해지게 만든다고 강조한다.

뇌에 영향을 준다는 이야기를 들은 학생들은 지능에 관한 자신들의 신념을 바꿔 실패에 직면해서도 버틸 것이라고 예견했다. 특히 변화된 신념은 학생들이 수학 학습에서의 향상을 가져올 것으로 예상되었는데, 이 수학 영역이 흔히 학생들이 최초의 실패를 경험하는 영역이기 때문이었다.

연구자들의 예견은 증명되었다. 학습이 뇌를 변화시켜 이후의 지능을 향상시킨다는 정보를 제시받은 학생들은 수학성적이 향상되었으나, 그런 정보를 제시받지 못한 학생들은 향상이 없었다. 처음에는 지능이 생래적이고 불변적이라고 믿었다가 지능이 학습을 반영한다고 믿게 된 학생들이 특별히 큰 향상을 보였다. 아마도 가장 놀라운 것은, 각 학생이 어떤 정보를 받았는지 모르는 교사에게 그의 학생들 중에서 동기나 수행에서 이례적인 향상을 보

인 학생이 있었는지를 질문했을 때, 학습이 지능을 형성한다는 정보를 받은 학생들이 그렇지 않은 학생들에 비해 3배나 더 지목받았다는 점이다.

학습이 뇌를 변화시켜 지능을 향상시킨다는 정보를 학생들에게 제공하는 것은, 물론, 학습동기를 향상시키는 단 하나의 방식은 아니다. 다른 하나의 효과적인 방법은 투쟁 이야기를 제시하는 것으로, 이는 유명하거나 주목할 만한 인물-아인슈타인이나 마리 퀴리 같은-들이 성공하기 위한 여정에서 얼마나 많은 실패와 곤경스러운 환경을 극복했는지를 제시하는 것이다. 미국과 중국에서 행해진 연구들에 의하면, 그와 같은 투쟁 이야기를 듣는 것은 학생들의 과학 학습을 향상시켰다(Hong & Lin-Siegler, 2012; Lin-Siegler et al., 2016).

아동발달의 연구방법

앞서 보았듯이, 현대의 과학적 연구는 아동발달에 관한 근본적인 질문에 대해 진전된 이해를 해 왔고 처음에 그런 질문을 제기한 역사적인 인물들을 넘어섰다. 이런 진전은 아동발달 연구에 과학적 방법을 성공적으로 적용했음을 의미한다. 이 절에서는 과학적 방법을 서술하고 그 방법을 사용한 것이 어떻게 아동발달의 이해를 진전시켰는지 알아보자.

과학적 방법

과학적 방법(scientific method)의 기본적인 가정은, 모든 믿음은 그것이 아무리 그럴듯해 보여도, 아무리 많은 사람들이 공유하더라도 잘못일 수 있다는 것이다. 따라서 믿음이 반복적으로 검증될 때까지 그 믿음은 **가설**(hypotheses)로 여겨져야 한다. 즉 진실이라기보다는 어떤 현상이나 관계의 존재 또는 부재에 대해 검증 가능한 예측이다. 하나의 가설이 검증되고 그 증거가 반복적으로 가설을 지지하지 못한다면, 그 가설이 아무리 합리적으로 보인다 해도 폐기되어야 한다.

과학적 방법을 사용한다는 것은 다음의 네 가지 기본 단계를 포함한다.

1. 답해야 할 질문 선택
2. 그 질문에 대한 가설 설정
3. 그 가설을 검증하기 위한 방법 개발
4. 그 가설에 대한 결론을 내리기 위한 결과자료 사용

이 단계들을 예시하기 위해 답해야 할 질문을 만들어보자. "어느 아동이 좋은 독자가 될 것인가를 어떤 능력들이 예견하는가?" 합리적인 가설은 "단어 내에서 분리된 소리를 식별할 수 있는 유치원생이 그렇지 못한 유치원생들에 비해서 좋은 독자가 될 것이다"이다. 이 가설을 검증하기 위한 직접적인 방법은 한 집단의 유치원생들을 선택하여 그들이 단어 내에서 분리된 소리를 식별하는 능력을 시험한 후에, 몇 년 뒤 동일한 아동들을 대상으로 독서 기술을 시험하는 것이다. 사실 연구에 따르면, 단어 내에서 요소 소리를 인식한 유치원생은 그 소리를 인식하지 못한 또래들에 비해 나중에 더 능숙하게 읽는 경향이 있었다. 이런 경향은 아동의 국적이 미국, 호주, 노르웨이, 스웨덴 어느 국가이든 상관없이 마찬가지였다(Furnes & Samuelsson, 2011). 이 결과는, 단어 내의 소리를 식별하는 유치원생의 능력이 나중에 그들의 읽기 기술을 예언한다는 **결론**을 지지한다.

앞의 1, 2, 4번 단계는 과학적 방법에만 고유한 것은 아니다. 이미 보았듯이, 과거의 위대한 사색가들은 또한 질문했고, 가설을 설정했으며, 증거가 가용했다면 합리적인 결론을 이끌어냈다. 과학적 연구와 비과학적 연구를 구별하는 것은 3번 단계이다. 가설검증을 위해 사용하는 방법이다. 이 연구방법은 엄격하게 적용될 때 높은 질의 증거를 얻게 되는데, 그 증거는 연구자들로 하여금 애초의 가설을 넘어 단단한 기반의 결론을 내리게 해준다.

과학적 방법 ■ 질문을 선택하고, 가설을 설정하고, 그 가설을 검증하고, 결론을 내는 신념을 시험하는 접근법

가설 ■ 현상이나 관계의 존재 또는 부재에 대한 검증 가능한 예언

적절한 측정의 중요성

과학적 방법이 작동되려면, 연구자들은 검증하려는 가설과 직접적으로 관련된 측정치를 사용해야 한다. 심지어 처음에는 합리적으로 여겨졌던 측정치가 때로는 정보력이 덜한 것으로 판명되기도

한다. 예를 들어 보완음식 프로그램이 영양부족으로 고생하는 아동들을 도울 것이라는 가설을 세운 연구자가 그 프로그램의 성과를 프로그램 시행 직전과 직후 간의 몸무게 증가분으로 하기로 했다고 하자. 그러나 몸무게는 영양의 측정치로는 부적합하다. 감자칩을 무제한으로 제공하면 몸무게 증가는 이룰 수 있으나 그것이 곧 영양개선은 아니다. 대량의 불량식품을 먹는 많은 사람들은 비만이지만 영양부족 상태이다(Sawaya et al., 1995). 영양의 더 좋은 측정치로는 연구 끝의 시기에 아동의 혈류에 존재하는 필수 영양분의 수준이 더 높아졌는지일 것이다(Shetty, 2006).

사용된 특정 측정치에 관계없이, 많은 동일기준이 하나의 측정치가 올바른지를 결정한다. 하나의 핵심 기준이 이미 지복되었다 — 측정치는 가설과 직접적으로 연관되어야 한다. 올바른 측정치가 가져야 할 다른 2개의 자질은 신뢰도와 타당도이다.

신뢰도   연구 중인 행동에 대한 독립적인 측정이 일관적인 정도를 **신뢰도**(reliability)라 한다. 일관성의 한 중요한 유형으로 **평정자 간 신뢰도**(interrater reliability)가 있는데, 이는 똑같은 행동을 목격한 서로 다른 평정자들 간의 관찰에서 얼마나 일치하는지를 표시해준다. 때로 관찰은 질적일 수 있는데, 예컨대 아기의 어머니에 대한 애착을 평정자가 '안정적' 또는 '불안정적'이라고 평정할 수 있다. 다른 때에는 관찰이 양적일 수도 있는데, 예컨대 친숙하지 않은 소리가 나는 장난감이나 시끄러운 낯선 사람이 나타날 때 아기들이 보이는 혼란스러운 정도를 10점 척도로 평정할 수 있다. 앞의 경우에서, 평정자들의 평가가 서로 밀접하게 가까우면 평정자 간 신뢰도가 얻어진다 — 예를 들어 관찰된 아기 A의 특정 행동은 평정자들로부터 일관적으로 6~7점을 받고, 아기 B는 3~4점, 아기 C는 8~9점을 받는 등. 그와 같이 서로 밀접하게 가까운 일치가 없다면, 어떤 평가가 정확한지를 말할 수 없다.

두 번째로 중요한 유형의 일관성은 **검사-재검사 신뢰도**(test-retest reliability)다. 이런 유형의 신뢰도는 동일한 검사에서 아동의 수행에 대한 측정치들이, 동일한 조건에서 2~3번 시행될 경우, 비슷할 때 얻어진다. 예를 들면 한 집단의 아동들에게 일주일 간격을 두고 똑같은 어휘력 검사를 실시했다고 생각하자. 만일 그 검사가 신뢰성 있다면, 첫 번째 검사에서 높은 점수를 기록한 아동들은 두 번째 검사에서도 높은 점수를 기록해야 한다. 왜냐하면 그와 같은 짧은 기간 동안에 아동의 어휘력이 급격히 변화할 수는 없기 때문이다. 평정자 간 신뢰도에서와 마찬가지로 검사-재검사 신뢰도가 낮다면, 어떤 검사가(둘 중 하나는 맞다면) 정확하게 아동의 지위를 반영하는지 알 수 없다.

타당도   검사나 실험에서의 **타당도**(validity)란 측정하고자 의도하는 것을 측정한 정도를 말한다. 연구자들은 두 가지 유형의 타당도, 즉 내적 타당도와 외적 타당도를 얻기 위해 노력한다. **내적 타당도**(internal validity)는 실험에서 관찰된 효과가 연구자가 시험하는 요인에 확실하게 귀인될 수 있는지를 의미한다. 예를 들어 한 연구자가 우울증에 대한 어느 한 유형의 심리치료 효과를 검증하기 위해 많은 우울한 청소년들에게 그 치료를 적용한다고 가정해보자. 만일 3개월 후 많은 청소년들이 더 이상 우울하지 않다면, 이 유형의 심리치료가 그 향상의 원인이었다고 결론 내릴 수 있을까? 아니다. 왜냐하면 청소년들의 회복이 단순히 시간이 지남으로써 이루어질 수 있기 때문이다. 기분 변동이나 어떤 특정 시기에 우울했던 청소년들이 심리치료 없이도 나중에 회복된다. 이 경우, 시간의 흐름이 내적 무효의 원천일 수 있는데, 왜냐하면 심리치료의 향상이라고 기대했던 요인이 아무 효과가 없었기 때문이다.

이와 대조적으로, **외적 타당도**(external validity)는 문제의 특정 연구를 넘어 연구 결과를 일반화

신뢰도 ■ 특정 행동에 대한 독립적인 측정이 일관적인 정도

평정자 간 신뢰도 ■ 같은 행동을 목격한 서로 다른 평정자들 간의 관찰에서 일치하는 정도

검사-재검사 신뢰도 ■ 한 참가자의 수행이 2번 이상의 경우에서 비슷한 정도

타당도 ■ 한 검사가 측정하고자 의도한 것을 측정한 정도

내적 타당도 ■ 실험에서 관찰된 효과가 연구자가 시험하는 요인에 귀인될 수 있는 정도

외적 타당도 ■ 연구 결과가 그 특정 연구를 넘어 일반화될 수 있는 정도

표 1.3

행동 측정의 핵심 특성

특성	관심 질문
가설과의 관련성	가설이 직접적인 방식으로 이 측정치들에서 어떤 일이 발생하는지를 예언하는가?
평정자 간 신뢰도	같은 행동을 관찰한 서로 다른 평정자들이 같은 방식으로 분류하거나 점수를 주는가?
검사–재검사 신뢰도	어느 한 시점에서 높은 점수를 받은 아동들이 다른 시기에 측정했을 때에도 역시 높은 점수를 받는가?
내적 타당도	실험 내에서 나타난 효과가 연구자가 의도적으로 조정한 변수들에 귀인될 수 있는가?
외적 타당도	연구 결과가 서로 다른 시기에 서로 다른 장소에서 서로 다른 아동들에게 얼마나 널리 일반화될 수 있는가?

하는 능력을 말한다. 아동발달 연구는 그 연구에 포함된 특정 아동이나 연구방법에만 적용하려는 것이 결코 아니며, 오히려 더 많은 아동들에게 일반적으로 적용되는 것이 목표이다. 따라서 하나의 실험 결과는 그 결과의 외적 타당도를 결정하는 첫걸음에 불과하다. 연구 결과의 외적 타당도를 수립하기 위해서는, 서로 다른 배경을 가진 참가자들 및 서로 다른 연구방법으로 구성된 추가적인 연구들이 변함없이 필요하다(표 1.3은 행동 측정의 핵심 특성들을 요약한 것이다).

아동에 관한 자료 수집 맥락

연구자들은 아동에 관한 자료를 세 가지의 주요 맥락에서 얻는다 — 면접, 자연관찰, 구조화된 관찰. 이후의 절에서 우리는 각 맥락에서 얻는 자료들이 어떻게 아동들에 관한 서로 다른 질문에 도움을 줄 수 있는지 고려할 것이다.

면접과 설문지

아동에 관한 자료를 수집하는 가장 명백한 방법은 직접 자료의 원천인 아동들에게 그들의 삶에 대해 묻는 것이다. 면접 유형의 하나인 **구조화된 면접**(structured interview)은 연구대상 모두에게서 동일한 주제에 대한 자기보고를 수집하는 것이 목표일 때 특히 유용하다. 예를 들어 Valeski와 Stipek(2001)은 유치원생들과 초등학교 1학년생들을 대상으로 일련의 사전에 결정된 질문을 했는데, 학교에 대한 그들의 느낌[선생님이 (대상학생)을 얼마나 챙겨주시나요? 학교에 있으면 어떤 느낌이 드나요?]이나 그들 자신의 학업역량에 대한 믿음(숫자에 대해 얼마나 알고 있나요? 읽기를 얼마나 잘하나요?) 등에 관한 질문이었다. 아동들의 학교에 대한 일반적인 태도 및 교사와의 관계에 대한 느낌은 수학과 읽기에서의 자신들의 역량에 대한 믿음과 정적인 상관이 있었다.

말로 하는 구조화된 면접의 대안으로서, 연구자들은 읽을 줄 아는 연령의 아동들에게 흔히 인쇄된 **설문지**(questionnaires)를 제시한다. 이 방법은 연구자들로 하여금 많은 아동들에게서 동시에 자료를 얻기 쉽게 해준다. 구조화된 면접이나 구조화된 설문지를 가지고 많은 아동들에게 그들의 느낌이나 신념, 행동에 대해 동일한 질문 — 또는 부모에게 아동자녀의 느낌이나 신념, 행동에 관해 동일한 질문 — 을 하는 것은 연구자들이 아동에 관해 알게 되는 빠르고 직접적인 방식이다.

두 번째 유형의 면접인 **임상면접**(clinical interview)은 아동 개인에 관한 심층 정보를 얻는 데 특히 유용하다. 이 접근법에서는 면접자가 처음에는 미리 준비한 질문으로 시작하지만, 만일 아동이 아

구조화된 면접 ■ 모든 참가자들이 똑같은 질문을 받고 그에 대답하는 연구절차

설문지 ■ 구조화된 면접과 유사한 방법으로서 대상자에게 동일한 질문을 제시해 대규모 참가자들로부터 동시에 정보를 얻는 방법

임상면접 ■ 피면접자가 제공하는 응답에 따라 그에 맞춘 질문을 하는 절차

주 흥미로운 말을 하면 대본에 있던 것을 떠나 아동이 이끄는 대로 갈 수 있다.

임상면접의 유용성은 10세인 보비의 사례에서 볼 수 있는데, 그는 우울증으로 진단받았다(Schwartz & Johnson, 1985). 면접자가 학교에 관해 묻자, 보비는 다른 애들이 자기를 싫어하고 자신은 운동을 못하기 때문에 학교가 싫다고 대답했다. 그의 표현대로 하면, "나는 어느 것도 잘하지 못해요"(p. 214). 이런 슬픈 자기묘사의 원천을 탐색하기 위해, 면접자는 보비에게 만일 세 가지 소망이 이루어질 수 있다면 어떤 것을 원하는지 물었다. 보비는 "부모님이 원하는 유형의 소년이었으면 좋겠고, 친구들이 있었으면 좋겠고, 슬픔을 너무 많이 느끼지 않았으면 좋겠어요"

사진에서와 같은 일대일 임상면접은 아동 개인의 고유한 심층 정보를 끌어낼 수 있다.

라고 답했다(p. 214). 이와 같이 애달픈 언급은 이 우울한 소년의 고통스러운 주관적 경험을 나타내는데, 이렇게 개인 맞춤형 방법이 아니면 얻기 어렵다.

자료 수집을 위한 모든 맥락과 관련하여, 면접방법은 강점과 약점 둘 다를 갖고 있다. 긍정적인 측면에서 보면, 많은 자료를 빨리 수집할 수 있으며 아동 개인에 관한 심층적인 정보를 제공할 수 있다. 부정적인 측면에서 보면, 질문에 대한 대답들이 종종 편향적일 수 있다. 아동들은(성인과 같이) 종종 자신들의 어두운 면을 공개하기를 피하며 사건이 일어난 방식을 왜곡하여 결국 자기 자신의 동기를 이해하지 못한다(Wilson & Dunn, 2004). 이런 한계로 인하여 많은 연구자들은 자신들이 관심을 가진 행동 그 자체를 볼 수 있는 관찰방법을 사용하려고 한다.

자연관찰법

연구의 1차 목표가 아동들이 평상시의 환경(가정, 학교, 운동장 등)에서 어떻게 행동하는지를 서술하는 것이라면, 자료를 수집하는 방법은 **자연관찰**(naturalistic observation)이다. 이 접근법에서 관찰자들은 주어진 상황에서 드러나지 않게 배경에 있으면서 자신들의 존재가 아동들의 행동에 영향을 주지 않도록 애쓰면서 관련 행동을 관찰한다.

자연관찰의 고전적인 예로는 Gerald Patterson(1982)의 '문제적' 가족과 '전형적' 가족들의 가족 역동에 대한 비교연구가 있다. 문제적 가족이란 적어도 한 자녀가 '통제 불능'으로 명명되어 학교나 법원, 정신건강 전문가에 의해 치료가 의뢰된 적이 있는 가족으로 정의되었다. 전형적 가족이란 어떤 자녀도 심각한 행동장애를 보인 적이 없는 가족으로 정의되었다. 소득 수준이나 자녀 연령 등은 양쪽 모두 동등했다.

자녀나 부모가 부정적인 행동(괴롭힘, 소리지름, 투덜거림, 비난함 등)을 하는 빈도를 관찰하기 위해서, 연구 보조원들은 반복적으로 문제적 가정과 전형적 가정 둘 다의 저녁시간 동안 가족 상호작용을 관찰했다. 관찰자의 존재를 부담스럽게 여기지 않도록 하기 위해, 각 가정의 관찰자는 자료 수집 시작 전에 그 집을 몇 번에 걸쳐 방문했다.

연구 결과, 문제적 가족의 부모와 자녀들의 태도나 행동은 전형적 가족의 그것들과 전혀 달랐다. 문제적 가족의 부모는 전형적 가족의 부모에 비해 자신에게만 몰두했으며 자녀에 대해 덜 반응적이었다. 문제적 가족의 자녀들은 부모의 벌에 대해 더 공격적으로 반응했는데, 이에 비해 전형적

자연관찰 ■ 연구자에 의해 통제받지 않는 환경에서 진행되는 행동을 연구

구조화된 관찰 ■ 각 참가자에게 동일한 상황을 제시하고 그 행동을 녹화하는 방법

가족의 자녀들은 덜 공격적으로 반응했다. 문제적 가족에서의 부모-자녀 상호작용은 종종 악순환의 고리에 빠졌는데

- 예를 들어 자녀 자신의 방을 치우라는 부모 요구에 반항함으로써 적대적으로 또는 공격적으로 행동했다.
- 부모는, 예를 들어, 자녀에게 복종하라고 소리치면서 화를 냈다.
- 자녀는 이에 대해 마주 소리치면서 적대감 수준을 높였다.
- 부모는 이에 대해 (아마도) 자녀를 때림으로써 공격성을 더 끌어올렸다.

앞의 Patterson 연구에서 보았듯이, 자연관찰은 매일의 사회적 상호작용(예 : 부모-자녀 상호작용)을 밝히는 데 특히 유용하다.

비록 자연관찰이 어떤 특정 아동의 일상생활에 관한 세부적인 정보를 얻을 수 있지만, 중요한 한계점도 갖고 있다. 그 하나는, 자연적으로 발생하는 맥락은 수많은 차원에서 서로 다르므로 어떤 것들이 관심 행동에 영향을 주었는지 알기 어렵다. 예를 들면 Patterson의 연구에서 문제적 가족의 상호작용과 조화로운 가족의 상호작용이 다르다는 것은 명백하지만, 그 상호작용과 가족사가 수많은 방식에서 다르기 때문에 현재 상황이 어떻게 발생했는지를 특정해내는 것은 불가능하다. 자연관찰 연구의 두 번째 한계는 많은 관심 행동이 일상의 환경에서 자주가 아니라 가끔씩 발생한다는 점인데, 이는 그 행동들에 대해 알고자 하는 연구자의 기회를 감소시킨다. 앞의 두 가지 한계를 극복하는 방법은 구조화된 관찰이라고 알려진 방법이다.

구조화된 관찰

구조화된 관찰(structured observation)을 할 때 연구자들은 가설과 관련된 행동을 유발하는 상황을 설계하고, 그 상황에서 서로 다른 아동들이 어떻게 행동하는지를 관찰한다. 그런 다음 연구자들은 관찰된 행동을 아동의 특성(예 : 연령, 성, 성격)과 연관짓거나, 또한 관찰되는 다른 상황에서의 행동과 연관짓는다.

유혹은 어디에나 있으나, 일반적으로 어머니가 있을 때 어머니의 요구에 순응하는 아동들은 어머니가 없을 때에도 유혹에 저항할 가능성이 높다(그런 아동들은, 사진에서 보이는 것과는 달리, 케이크 바로 앞에서 손을 멈췄다).

그런 한 연구에서 Kochanska, Coy, Murray(2001)는 2~3세 아동들을 대상으로 매력적인 활동을 포기하라는 어머니의 요구를 따르는 것과 매력 없는 활동에 참가하라는 어머니의 요구를 따르는 것 사이의 관계를 조사했다. 어머니들은 걸음마기 자녀를 실험실로 데려오는데, 거기에는 특별히 매력적인 많은 장난감들이 책장 위에 있고 더 많은 덜 매력적인 장난감들은 방의 여기저기에 흩어져 있다. 실험자는 각 어머니에게 요구하여 자기 자녀에게 장난감들을 갖고 놀아도 되지만 책장에 있는 장난감들은 안 된다고 말하게 했다. 평정자들은 다음 수 분 동안 일방경을 통해 아동들을 다음과 같이 분류했다—어머니 말에 전적으로 따름, 마지못해 따름, 전혀 따르지 않음. 그다음에는 어머니들을 실험실에서 나가게 한 후, 어머니가 사라진 후에 '금지된' 장난감을 갖고 노는지 여부를 관찰했다.

연구 결과, 처음 상황에서 어머니의 요구에 전적으로 따른 아동들은 두 번째 상황(어머니가 나간)에서도 금지된 장난감들을 오랜 시간 동안 피했다. 게다가 이 아동들은 어머니의 요구를 좇아 어머니가 실험실을 나간 후에도 바닥에 흩어진 장난감들을 치우는 경향이 있었다. 이 아동들이 4세 가까이 되었을 때 재조사를 해봤더니, 대부분의 아동들이 걸음마기 아동 때 보여줬던 순응 유형을 보여주었다. 전반적으로 볼 때, 어린 아동이 어머니의 요구에 따르는 순응의 질은 어느 정도 안정적이며, 모-자녀 관계의 일반적인 특성

이라고 보여진다.

이런 유형의 구조화된 관찰은 자연관찰 대비 중요한 이점을 제공한다. 그 이점은 모든 아동들이 동일한 상황을 경험한다는 것이다. 이는, 앞서 본 연구처럼, 주어진 상황에서 서로 다른 아동들의 행동을 직접 비교할 수 있으며, 또한 각 아동이 다른 상황에서 하는 행동의 일반성을 수립할 수 있게 해준다. 그러나 다른 한편으로 구조화된 관찰은 면접에 비해 개별 아동의 주관적 경험에 관한 포괄적인 정보를 주지 못하며, 자연관찰에 비해 개방적인 매일매일의 자료를 제공하지 못한다.

앞의 예들이 시사하듯이, 어떤 자료 수집 방법이 최선인지는 연구의 목표에 따라 달라진다.(표 1.4에는 자료 수집 방법인 면접, 자연관찰, 구조화된 관찰의 장단점이 요약되어 있다.)

상관관계와 인과관계

사람들은 무한하게 많은 **변수**(variable)들에서 다른데, 변수란 개인과 상황에 따라 달라지는 속성들 (예 : 연령, 성, 활동 수준, 사회경제적 지위, 특정 경험 등)을 말한다. 아동발달 연구의 주요 목표는 아동의 주요 특성들과 아동에게 미치는 영향의 주요 특성들이 서로 어떻게 관계되는가(상관적인 관계인가, 인과적인 관계인가)를 결정하는 것이다. 다음에는 관계의 유형을 결정하는 데 사용하는 연구 설계에 대해 알아볼 것이다.

상관 설계

상관 설계(correlational designs)를 이용하는 연구들의 1차 목표는 어느 한 변수에서 서로 다른 아동 들이 다른 변수에서도 또한 예측 가능한 방식으로 달라지는가를 결정하는 것이다. 예를 들어 한 연 구자는 걸음마기 아동의 공격행동이 주간보육기관에서 머문 시간과 관계있는지를 연구할 수 있으 며, 청소년의 인기가 자기통제와 관계있는지를 연구할 수 있다.

두 변수 간의 결합을 **상관관계**(correlation)라고 한다. 변수들이 강하게 상관된다면, 어느 한 변수 에서 아동의 점수를 알면 다른 변수에서의 그 아동의 점수를 예측할 수 있다. 예를 들어 아동이 읽 기에 보내는 시간(일주일당)은 읽기시험 점수와 매우 높게 연관된다(Guthrie et al., 1999). 이는 만

변수 ■ 연령, 성, 인기 등과 같이 개인과 상황에 따라 달라지는 속성들

상관 설계 ■ 2개의 변수들이 어떻게 서로 관련되는지를 알아보기 위한 연구

상관관계 ■ 2개 변수들 간의 관련성

표 1.4

세 가지 자료 수집 방법의 장점과 단점

자료 수집 상황	특징	장점	단점
면접/설문지	직접 응답 또는 설문지에 응답	아동의 주관적 경험을 알 수 있음. 구조화된 면접은 개인 관련 심층자료 수집에 비용이 적게 듬. 임상면접은 예기치 않던 반응을 추적할 수 있는 융통성이 있음.	보고서가 피면접자에게 유리한 편파 가능성. 피면접자의 기억이 흔히 부정확하고 불완전함. 미래 행동 예측이 자주 부정확함.
자연관찰	일상의 하나 이상의 상황에서 아동들의 활동 관찰	매일의 환경에서의 행동을 서술하는 데 유용. 사회적 상호작용을 밝히는 데 도움.	상황의 어떤 측면이 가장 영향력 있었는지 알기 어려움. 자주 나타나지 않는 행동 연구에 한계.
구조화된 관찰	아동을 실험실로 데려와 미리 준비된 과제 제시	모든 아동들의 행동을 동일한 맥락에서 관찰. 서로 다른 상황에서의 아동 행동을 비교 가능.	자연관찰에서보다 덜 자연적인 맥락. 면접보다 아동의 주관적 경험 경시.

일 아동이 읽기에 보내는 시간의 양을 알면 그 아동의 읽기시험 점수를 예측할 수 있다는 뜻이다. 이는 또한 만일 아동의 읽기시험 점수를 알면 그 아동이 읽기에 보내는 시간의 양을 예측할 수 있다는 뜻이다.

상관계수는 가장 강한 정적 상관인 1.00부터 가장 강한 부적 상관인 −1.00까지의 범위를 갖는다. 한 변수의 높은 값이 다른 변수의 높은 값과 연계되거나, 한 변수의 낮은 값이 다른 변수의 낮은 값과 연계되면 그 방향은 정적이고, 한 변수의 높은 값이 다른 변수의 낮은 값과 연계되면 그 방향은 부적이다. 따라서, 읽기에 보낸 시간과 읽기시험 점수 간의 상관관계는 정적이다. 왜냐하면 많은 시간을 읽기에 보낸 아동들은 읽기시험에서 높은 점수를 받는 경향이 있기 때문이다. 비만과 운동량 간의 상관관계는 부적인데, 더 비만인 아동은 운동을 덜 하는 경향이 있기 때문이다.

상관관계와 인과관계는 다르다

2개의 변수가 서로 강하게 연관되면서 그 둘 간의 원인-결과 관계가 그럴듯하면, 둘 중 하나가 다른 하나의 원인이라고 추론하는 유혹을 흔히 받게 된다. 그러나 그런 추론은 다음의 두 가지 이유에서 정당하지 않다. 첫 번째 이유는 **인과관계의 방향 문제**(direction-of-causation problem)이다. 상관관계는 어느 변수가 원인이고 어느 변수가 결과인지를 표시할 수 없다. 앞의 읽기에 보낸 시간과 읽기 성취 간의 상관관계 예에서, 읽기에 상당히 더 많은 시간을 보낸다면 향상된 읽기성취를 유발할 수도 있을 것이다. 다른 한편으로는 인과관계가 역방향일 수도 있다. 향상된 읽기 기술은 아동으로 하여금 더 많은 시간을 읽기에 쓰도록 할 수도 있다. 왜냐하면 빨리 읽으면서 이해력도 높으면 읽기가 더 재미있을 수 있기 때문이다.

두 번째 이유는 **제3의 변수 문제**(third-variable problem)이다. 두 변수 간의 상관관계는 사실 제3의 확인되지 않은 변수의 결과일 수 있다. 예를 들어 읽기 예에서, 많은 읽기시간이 높은 읽기성취의 원인이라기보다는(그 역도 마찬가지) 읽기의 그 두 측면이 지식과 지능에 가치를 두는 가족에서 자랐기 때문으로 볼 수도 있다.

상관관계가 인과관계를 뜻하지 않는다는 인식은 연구 결과를 해석하는 데 중요하다. 심지어는 명망 있는 학술지에 실린 발견들도 잘못 해석되기 쉽다. 예를 들어 야간등을 켜고 자는 2세 미만 아동들과 그들이 나중에 근시가 되는 것과의 상관관계에 근거하여, 명망 있는 학술지인 *Nature*의 한 논문이 빛은 시각발달에 해롭다고 결론지었다(Quinn et al., 1999). 이 주장은 당연히 대중매체를 통해 엄청나게 알려졌다(예 : Torassa, 2000). 그러나 뒤이은 연구에서 인과관계에 대한 추론이 잘못되었음이 밝혀졌다. 실제로는 근시인 영아는 근시 부모를 갖고 있었으며, 근시 부모는 무슨 이유에선지 다른 부모들보다 더 자주 영아 자녀 방에 야간등을 켜놓았다(Gwiazda et al., 2000; Zadnik et al., 2000). 이 예에서 보듯이, 상관관계의 증거에 기반해서 직접적인 인과관계가 보기에는 있는 듯한 추론들이 흔히 잘못된 것으로 판명된다.

상관관계가 인과관계를 시사하지 않는다면, 왜 연구자들은 흔히 상관 설계를 사용하는 걸까? 하나의 주요한 이유로는, 매우 큰 관심을 받고 있는 변수들(연령, 성, 인종, 사회적 지위)이 실험적으로 연구될 수 없기 때문이다(다음 절 참조). 왜냐하면 연구자들이 그 변수들을 조절할 수 없기 때문이다. 즉 연구자가 참가자들을 마음대로 한 성별이나 한 SES에 할당할 수 없다. 결국 그 변수들은 상관관계 방법을 통해서만 연구될 수 있을 뿐이다. 상관 설계는 또한 연구목표가 변수들 간의 인과관계를 확인하려는 게 아니라 변수들 간의 관계를 서술하려는 것일 때 아주 유용하다. 예를 들어 연구목표가 도덕판단, 공감, 불안, 인기 등이 서로 어떻게 관련되는지를 알고자 한다면, 상관 설계

인과관계의 방향 문제 ■ 두 변수들 간에 상관관계가 있다는 것이 어느 한 변수가 다른 변수의 원인이라는 뜻은 아니라는 개념

제3의 변수 문제 ■ 두 변수들 간의 상관관계가 그 두 변수들이 아닌 제3의 변수에 의해 영향 받을 수 있다는 개념

가 확실히 채택될 것이다.

실험 설계

상관 설계가 인과관계를 보여주는 데 불충분하다면, 어떤 유형의 접근법이 충분한가? 그 답은 실험 설계이다. **실험 설계**(experimental designs)의 논리는 아주 단순하게 요약될 수 있다. 어느 한 집단에 속한 아동들이 특정 경험에 노출되고 난 후, 그 경험에 노출되지 않았거나 다른 경험에 노출된 비교집단 아동들과 다른 행동을 한다면, 이후 행동에서의 차이는 이전에 서로 다른 경험을 했기 때문이다.

두 가지 기법이 실험 설계의 핵심이다. 즉 참가자들을 집단에 **무선할당**하는 것과 **실험통제**하는 것이다. **무선할당**(random assignment)이란 실험 참가자들을 실험집단이나 다른 집단에 처음부터 비교 가능한 확률로 배정되도록 하는 것을 말한다. 이 비교 가능성이 중요한데, 왜냐하면 실험에서 나중에 두 집단 간의 차이가 바로 앞의 서로 다른 경험에서 비롯됐다고 추론할 수 있기 때문이다. 그런 비교 가능한 확률이 보장되지 않는다면, 그 두 집단의 차이는 실험에 앞서 이미 있었던 차이에서 나타난 것일 수도 있다.

예를 들어 연구자들이 우울한 어머니들의 영아 자녀와의 관계를 향상시키기 위한 두 가지 중재의 효과를 비교해보려 한다 하자. 두 가지 중재 중 하나는 훈련된 치료자가 가정으로 어머니를 방문하는 것이고, 다른 하나는 마찬가지로 훈련된 치료자가 어머니에게 지지적인 전화를 하는 것이다. 만일 연구자들이 한 구역에서는 가정방문을 하고 다른 구역에서는 지지적인 전화를 한다면, 실험 후의 어머니-자녀 관계에서의 차이가 두 유형의 지지 간 차이에서 비롯된 것인지 또는 두 구역 간의 차이에서 비롯된 것인지를 알 수 없게 된다. 어느 한 구역에서 우울한 어머니들은 다른 구역에서의 우울한 어머니들보다 덜 심한 형태의 우울을 겪을 수도 있고, 또는 가까운 친척이나 정신건강센터, 양육 프로그램과 같은 지원자원에 더 쉽게 접근할 수도 있다.

이와는 대조적으로, 집단들이 무선할당을 통해 만들어지고 합리적 수준의 집단크기(한 집단당 20명 이상)를 갖는다면, 애초의 집단 간 차이는 최소화되는 경향이 있다. 예를 들어 우울증 어머니를 가진 40가족들을 무선적으로 2개의 실험집단으로 나누면, 각 집단에는 각 구역에서 온 가족의 수가 대략 같을 것이다. 이와 비슷하게, 각 집단에는 극심한 우울증인 어머니의 수는 적을 것이며 가벼운 우울증인 어머니의 수도 적을 것이고 그 중간에 있는 어머니들이 많을 것이다. 이와 마찬가지로, 어머니의 우울증에 의해 심하게 영향받은 영아의 수도 적을 것이며 영향을 별로 받지 않은 영아의 수도 적을 것이고 그 중간에 있는 영아들이 많을 것이다. 이 논리에 따르면, 무선할당에 의해 이루어진 집단은 거의 모든 변수에서 동등한데, 다만 실험 동안에 겪은 각 실험집단에서의 처치에서만 다를 뿐이다. 이와 같은 실험은 실제로 행해졌으며, 가정방문이 지지적인 전화통화보다 우울한 어머니들에게 더 도움이 된 것으로 나타났다(Van Doesum et al., 2008).

실험 설계의 두 번째 핵심적 특징은 **실험통제**(experimental control)인데, 이는 연구 동안에 각 집단의 아동들이 겪게 될 특정 경험을 결정하는 연구자의 능력에 해당된다. 가장 간단한 실험 설계는 2개의 조건만 갖는데, 하나는 '실험집단'이라 하고 다른 하나는 '통제집단'이라 한다. **실험집단**(experimental group)의 아동들은 연구자가 관심을 두는 경험을 하게 되며, **통제집단**(control group)의 아동들은 연구자가 관심을 두는 경험을 못하게 되거나 또는 연구자가 관심을 두는 경험에 거의 영향을 주지 않는 경험을 하게 한다.

실험집단의 아동들은 경험하지만 통제집단의 아동들은 겪지 못하는 경험을 **독립변수**(independ-

실험 설계 ■ 원인과 결과에 관한 추론을 이끌어내도록 허용하는 일련의 접근법

무선할당 ■ 실험 내에서 각 참가자가 각 집단에 할당될 확률이 동등한 절차

실험통제 ■ 실험 과정 동안 참가자에게 특정한 경험을 결정하는 연구자의 능력

실험집단 ■ 실험 설계에서 연구자가 관심을 두는 경험을 제시받는 참가자 집단

통제집단 ■ 실험 설계에서 연구자가 관심을 두는 경험을 제시받지는 않으나 다른 방식으로 실험집단과 유사하게 처치되는 참가자 집단

독립변수 ■ 실험집단 참가자들은 경험하지만 통제집단 참가자들은 경험하지 않는 경험

종속변수 ■ 독립변수에 노출됨으로써 영향을 받는지 여부를 결정하기 위해 측정되는 행동

ent variable)라 한다. 독립변수에 노출됨으로써 영향을 받을 것으로 가정되는 행동을 **종속변수** (dependent variable)라 한다. 따라서 만일 한 연구자가 학생들에게 왕따방지 영상을 보여주는 것이 학교에서의 왕따를 감소시킬 것이라는 가설을 세웠다면, 그 연구자는 한 학교의 학생들을 무선적으로 뽑아 일부는 그 영상을 보게 하고 다른 일부는 다른 주제의 영상을 보도록 할 것이다. 이 경우에 왕따방지 영상은 독립변수가 되고, 아동들이 영상을 본 이후 왕따시키는 행동을 한 양은 종속변수가 된다. 만일 독립변수가 예언된 효과를 갖는다면, 왕따방지 영상을 본 아동들은 그렇지 않은 (다른 영상을 본) 아동들에 비해 왕따시키는 행동을 덜할 것이다.

　실험 설계로 인해 연구자들이 연구에서 인과관계를 끌어내는 방법의 예시로 한 연구를 들 수 있는데, 이 연구는 전면이 아닌 배경에서 보여지는 TV 쇼가 영아나 걸음마기 아동의 놀이 질을 떨어뜨릴 것이라는 가설을 검증했다(Schmidt et al., 2008). 독립변수는 아동들이 놀고 있는 방에 TV 프로그램이 켜져 있느냐 꺼져 있느냐였다. 종속변수는 TV 프로그램에 대한 아동들의 다양한 주의집중 측정치와 그들의 놀이의 질에 대한 측정치였다. 배경에 켜져 있던 TV 프로그램은 '위기'였다! 이 TV 프로그램은 1~2세의 아동들에게는 거의 흥미를 유발하지 못하는 것이었다. 실제로, 걸음마기 아동들은 평균 1분에 1번 정도 TV 프로그램을 봤으며 한 번 볼 때도 단지 수 초 동안만 봤다. 그럼에도 불구하고 TV 쇼는 아동들의 놀이를 방해했는데, 놀이의 지속시간과 놀이에 집중하는 시간을 감소시켰다. 이런 발견들에 의하면, TV 쇼를 배경에 켜놓는 것과 어린 아동들의 놀이 질 사이에는 부적으로 인과적인 관계가 있음을 알 수 있다.

　실험 설계는 과학적 연구의 중심 목표인 인과관계를 수립하기 위한 선택 방법이다. 그러나, 앞서 보았듯이, 실험 설계가 관심 가는 모든 문제에 적용될 수는 없다. 예를 들어 왜 소년들이 소녀들보다 신체적으로 더 공격적인 경향인지에 관한 가설은 실험적으로 검증할 수 없다. 왜냐하면 성별은 아동들에게 무선적으로 할당할 수 없기 때문이다. 이에 더해 많은 실험연구들이 실험실 상황에서 수행되고 있다. 이는 실험통제를 향상시키기는 하지만 그 발견의 외적 타당성, 즉 실험실에서 나온 결과가 바깥 세계에서도 적용될 것인지에 대한 의혹을 불러일으킬 수 있다(상관 설계와 실험 설계의 장점과 단점들이 표 1.5에 요약되어 있다).

아동발달을 검증하기 위한 연구 설계

수많은 아동발달 연구들은 그들이 나이를 먹고 경험이 늘어가면서 어떻게 변화하는지 또는 어떻게

표 1.5

상관 설계와 실험 설계의 장점과 단점

설계유형	특징	장점	단점
상관 설계	현재의 아동집단 비교 또는 서로 다른 변수에서의 각 아동의 점수 간의 관계 연구	많은 관심집단을 비교할 수 있는 유일한 방식 (예 : 소년-소녀, 부자-빈자 등). 많은 관심변수들 사이의 관계를 수립하는 유일한 방식(IQ와 성취, 인기와 행복 등)	인과관계의 방향 문제. 제3의 변수 문제
실험 설계	집단에의 무선할당과 각 집단에 제시되는 절차의 실험통제	설계가 인과관계의 방향이나 제3의 변수 문제를 배제하므로 인과적 추론. 아동들이 겪는 경험에 대해 실험통제 허용	실험통제에 대한 요구는 흔히 인위적 실험상황으로 유도함. 관심을 둔 많은 차이나 변수들(연령, 성, 기질)을 연구하는 데는 부적합

그대로 있는지에 대해 초점을 둔다. 시간의 흐름에 따른 발달을 연구하기 위해서 연구자들은 세 가지 유형의 연구설계를 사용한다 — 횡단적, 종단적, 미시발생적 설계.

횡단적 설계

연령에 따른 변화와 지속을 연구하는 가장 흔하고도 쉬운 방식은 **횡단적**(cross-sectional) 접근이다. 이 방법은 서로 다른 연령대의 아동들을 대상으로 주어진 행동, 능력, 특성 등을 동시에(예 : 1개월 동안) 한꺼번에 연구하는 방법이다. 한 횡단적 연구를 통해 Evans, Xu와 Lee(2011)는 중국의 3, 4, 5세 아동들의 거짓말 발달을 연구했다. 아동들은 게임을 했는데, 게임에서 상을 타려면 엎어 놓은 종이컵 속에 숨겨진 사물이 무엇인지를 추측해야 했다. 그러나 아동이 추측을 말하기 전에, 실험자는 그 방을 나가면서 아동에게 컵 속을 훔쳐보면 안 된다고 말했다. 그 컵은 사탕으로 꽉 채워져 있었기 때문에 아동이 훔쳐보려 하면, 컵 밖으로 사탕 몇 개가 튀어나오고 그것들을 모두 컵 속으로 되돌려 놓기는 사실상 불가능했다.

　모든 연령대에 걸쳐 많은 아동들이 몰래 훔쳐봤으며, 그러고는 훔쳐봤음을 부정했다. 그러나 5세 아동들이 더 자주 거짓말을 했으며 그들의 거짓말이 더 교묘했다. 예를 들어 많은 5세 아동들은 테이블 위에 나와 있는 사탕들은 자신의 실수로 그 컵을 팔꿈치로 쳤기 때문이라고 설명했다. 다른 5세 아동들은 사탕을 먹어버림으로써 증거를 없앴다. 3세 아동들이 가장 어리숙한 거짓말로 변명했는데, 예를 들어 다른 아이가 방에 들어와 그 컵을 쳤다든가 또는 사탕이 저절로 튀어 나왔다고 말했다.

　횡단적 설계는 나이 든 아동과 어린 아동 사이의 유사성과 차이점을 나타내 보이는 데 유용하다. 그러나 이 설계는 시간의 흐름에 따른 행동의 안정성에 관한 정보나 각 개인 아동이 보이는 변화의 유형에 관한 정보를 얻지는 못한다. 이는 특히 종단적 설계를 통해서 얻어지는 정보이다.

종단적 설계

종단적(longitudinal) 접근은 일정한 기간 동안(최소 1년) 정해진 간격을 두고 동일한 아동을 추적하여 그 전체 기간 동안에 그 아동에게서 변한 것과 변하지 않고 지속된 것 등을 관찰하는 방법이다. 이 장의 앞에서 예를 들었던 하와이 카우아이 섬에서의 아동발달 연구(태내기부터 40세까지)는 종단적 연구의 한 예이다. 또 하나의 좋은 예로는 Brendgen과 동료들(2001)이 수행한 학급에서의 인기에 관한 연구이다. 이 연구에서는 각 개인 아동의 인기에 관해서 그들이 7세였을 때부터 12세에 이를 때까지 매년 1회씩 연구되었다. 이 기간 동안 대부분 아동들의 인기는 매우 안정적이었다. 상당한 수의 아동들이 전체 기간 동안에 인기가 있었고 다른 아동들은 인기가 없었다. 이와 동시에, 일부 아동들은 매년 특유한 유형의 변화를 보였다. 한 아동의 경우 8세 때는 인기가 있다가 10세 때는 인기가 없었고 12세 때는 평균 수준이었다. 그와 같은 개인차의 안정성에 관한 정보나 각 개인 아동의 변화 유형에 관한 정보는 오로지 종단적 설계에서만 얻을 수 있다.

　만일 종단적 설계가 시간에 따른 안정성과 변화에 대해 이처럼 유용한 정보를 제공한다면, 왜 횡단적 설계가 더 흔한

횡단적 설계 ■ 서로 다른 연령대의 참가자들을 대상으로 주어진 행동, 특성을 짧은 기간에 걸쳐 비교하는 연구방법

종단적 설계 ■ 동일한 참가자들이 상당한 기간 동안 2번 이상 연구되는 연구방법

따돌림을 당하는 것은 누구에게나 안 좋은 일이다. 종단적 연구는 동일한 아동이 매년 인기가 없는지 또는 인기가 세월에 따라 변화하는지를 결정하기 위해 사용되었다.

Masterfile / Masterfile

것일까? 그 이유는 주로 실제적인 것들이다. 같은 아동을 긴 기간에 걸쳐 연구하는 것은 재조사를 할 때마다 그 아동을 다시 찾아가야 하는 어려움이 있다. 불가피하게 일부 아동들은 이사를 가기도 하며 다른 이유로 인해 연구에 참여를 못하게 되기도 한다. 그와 같은 참가자 상실은 연구 결과의 타당성에 대해 의문을 제기할 수도 있는데, 왜냐하면 계속적으로 연구에 참가하지 못하는 아동들은 끝까지 계속 참가하는 아동들과 다를 수도 있기 때문이다. 종단적 설계의 타당성에 대한 또 하나의 위협은 반복조사의 효과가 있을 수 있기 때문이다. 예를 들어 반복적으로 IQ검사를 받게 되면, 아동은 그 검사항목에 친숙해짐으로써 IQ점수에서의 향상이 있을 수 있다. 이런 이유 때문에 종단적 설계는 1차적인 주요 쟁점이 개별 아동의 장기간에 걸친 변화와 안정성일 때 주로 사용되며, 이 문제는 종단적 설계를 통해서만이 해결될 수 있다. 중점적인 발달쟁점이 전형적인 수행에서의 연령 관련 변화일 때는 횡단적 설계 연구가 더 흔하게 사용된다.

미시발생적 설계

횡단적 설계와 종단적 설계 둘 모두의 중요한 한계는 둘 모두가 변화 과정에 대한 광범위한 개관만 제공한다는 점이다. 이와 대조적으로 **미시발생적 설계**(microgenetic design)는 변화를 유발하는 과정에 대한 심층적인 서술을 제공하기 위해 특별하게 설계되었다(Miller & Coyle, 1999; Siegler, 2006). 이 접근법의 기본적인 생각은 중요한 발달적 변화를 막 하려고 하는 아동들을 모집하여 그 변화를 유발한다고 생각되는 경험에의 노출빈도를 높여 거기에서 발생하는 변화를 집중적으로 연구한다는 것이다. 미시발생적 설계는 동일한 아동을 일정 기간에 걸쳐 반복적으로 검사한다는 점에서 종단적 설계와 유사하다. 그러나 미시발생적 설계가 종단적 설계에 비해 짧은 기간 동안 훨씬 더 많은 회기를 연구한다는 점에서 다르다.

Siegler와 Jenkins(1989)는 어린 아동들이 2개의 작은 수를 더하는 데 쓰는 **계산전략**(counting-on strategy)을 어떻게 발견하는지를 알기 위해 미시발생적 설계를 사용했다. 이 계산전략은 더 큰 덧셈수에서부터 더 작은 덧셈수가 가리키는 만큼을 세어내면 된다. 예를 들어 문제가 '3+5'라면, 아동은 덧셈수 5부터 시작하여 '6, 7, 8'을 세어낸 다음 '8'이라고 답할 것이다. 이 전략을 발견하기 전의 아동들은 더하기 문제를 보통 1부터 세기 시작한다. 1부터가 아니라 큰 덧셈수에서부터 세기 시작하면 셈의 양을 줄일 수 있어 더 빠르고 더 정확한 해결을 할 수 있다.

이 발견 과정을 관찰하기 위해 연구자들은 덧셈수 전략은 못쓰지만 1부터 세기 시작하여 덧셈을 해내는 4~5세의 아동들을 모집했다. 11주 이상의 기간 동안에, 이 아동들은 많은 덧셈 문제들을 받았으며—학교 입학 전에 정상적으로 받는 문제 수보다 훨씬 더 많은—각 아동의 행동은 모두 녹화되었다. 이 접근법은 연구자들로 하여금 각 개별 아동이 언제 덧셈수 전략을 발견하는지를 정확하게 알 수 있도록 해주었다.

전략 발견 직전의 문제를 연구한 결과 놀랄 만한 사실이 발견되었다. 필요가 항상 발명의 어머니는 아니었다. 이전에 1부터 셈으로써 올바르게 문제를 풀었던 쉬운 문제들을 가지고 푸는 동안에 덧셈수 전략을 발견한 아동은 매우 적었다.

미시발생적 방법은 또한 아동들이 새로운 전략을 처음 사용할 때는 흔히 통찰과 흥분이 동반된다는 것을 밝혀냈다. 이는 다음의 로렌의 예에서 알 수 있다.

미시발생적 설계 ■ 동일한 참가자들이 짧은 기간에 걸쳐 반복 연구되는 연구방법

계산전략 ■ 더 큰 덧셈수에서부터 더 작은 덧셈수가 가리키는 것만큼 더 셈하는 전략

> **실험자** : 6 더하기 3은 얼마죠?
> **로렌** :　(한참 있다가) 9요.

표 1.6

발달 연구를 위한 설계의 장점과 단점

설계	특징	장점	단점
횡단적 설계	서로 다른 연령대의 아동들이 어느 한 시점에 연구됨	연령집단들 간의 다른 점들에 관한 유용한 자료를 얻을 수 있음. 운영하기가 빠르고 쉬움	시간에 따른 개인차의 안정성에 관한 정보 부재, 개별 아동의 변화 유형에서의 유사점과 차이점에 관한 정보 부재
종단적 설계	아동들이 장기간에 걸쳐 반복적으로 연구됨	장기간에 걸친 개인차의 안정성 정도를 알려줌, 장기간에 걸친 개별 아동의 변화 양상을 밝혀줌	연구 참가자들 모두를 계속 유지하기 어려움, 아동을 반복적으로 검사하면 외적 타당도 위협
미시발생적 설계	변화가 발생하는 짧은 시점에서 집중적으로 아동을 관찰함	변화가 발생하는 시점에서의 집중적 관찰은 변화 과정을 명백히 밝혀줌, 개별 아동의 짧은 기간에 걸친 변화 양상을 상당히 자세하게 밝혀줌	장기간에 걸친 전형적인 변화 양상에 관한 정보를 제공하지 못함, 장기간에 걸친 변화 양상에 관한 자료를 못 얻음

실험자 : 그것을 어떻게 알았죠?

로렌 : 생각하고… 말하면서… 음, 7은 1, 8은 2, 9는 3이라고요.

실험자 : 그렇게 하는 것은 어떻게 알았죠? 왜 1, 2, 3, 4, 5, 6, 7, 8, 9라고 세지 않았죠?

로렌 : (흥분하면서) 그러려면 처음부터 모든 수를 다 세야 하니까요.

(Siegler & Jenkins, 1989, p. 66)

로렌의 덧셈수 세기에 대한 통찰력 있는 설명 및 그것을 발견했을 때의 흥분에도 불구하고, 로렌과 대부분의 아동들은 이어지는 문제들에서 새로운 전략을 전적으로 사용하지는 못하고 점증적으로 사용하다가 결국에는 빈번하게 사용했다. 다른 많은 미시발생적 연구들 또한 새로운 전략들을 일반화하는 데는 시간이 걸리는 경향이었다(Kuhn & Franklin, 2006).

앞의 예에서 보았듯이, 미시발생적 방법은 짧은 기간 동안의 변화 과정에 대한 통찰을 제공한다. 그러나 표준적인 종단적 방법과는 달리, 미시발생적 설계는 긴 기간 동안의 안정성이나 변화에 관한 정보는 얻지 못한다. 따라서 미시발생적 설계는 연령 관련 변화의 기본 유형은 전형적으로 이미 확립되어 있고, 설계의 목표가 그 변화가 어떻게 발생하는지를 알고자 할 때 사용된다(표 1.6은 연령과 경험에 따른 변화를 연구하는 세 가지 접근법의 장점과 단점을 요약해 놓았다 — 횡단적 설계, 종단적 설계, 미시발생적 설계).

아동발달 연구에서의 윤리적인 문제

인간을 대상으로 하는 모든 연구는 윤리적인 문제를 야기하며, 특히 그 대상이 아동들일 때 더 그렇다. 연구자들은 그들의 연구에서 아동들이 겪게 될 잠재적 위험을 예측할 필수적 책임이 있으며, 그런 위험을 최소화하고, 연구의 이득이 잠재적인 해보다 크다는 것을 확신시켜야 한다.

아동발달연구학회(Society for Research on Child Development, SRCD)는 아동 연구에 헌신하는 조직으로서 연구자들이 따라야 할 윤리적 품행규정을 제정했다(SRCD Governing Council, 2007). 규정 내의 아주 중요한 몇몇 윤리규정은 다음과 같다.

■ 연구가 아동들을 신체적으로 또는 정신적으로 해롭게 하지 않는다는 것을 확신하라.

■ 되도록 문서로 아동이 연구에 참가하는 데 대한 동의를 부모 또는 다른 책임 있는 성인에게 받

으라. 또한 아동 자신이 연구에 대한 설명을 이해할 수 있다면 아동에게서도 받으라. 실험자는 아동과 관련 성인에게 참가 의향에 영향을 줄 수 있는 연구의 모든 측면에 대해 알려주어야 하며, 실험 참가를 거절한다고 해서 그들에게 어떤 부정적인 결과도 생기지 않는다는 것을 알려주어야 한다.

■ 개별 참가자의 익명성을 보장하고, 승인받은 목적 외에는 어떤 정보도 사용하면 안 된다.

■ 참가 아동의 복지에 중요한 정보가 연구에 의해 얻어졌을 때는 그 아동의 부모 또는 보호자와 의논하라.

■ 연구 동안에 발생한 예기치 못한 부정적 결과에 대응하도록 하라.

■ 아동이 연구 과정에서 가질 수 있는 부정확한 인상들을 수정하라. 연구가 완료되었을 때, 참가 아동이 이해할 수 있는 수준으로 연구의 주요 결과를 설명해주어라.

위와 같은 윤리적인 문제들의 중요성을 인식하여, 대학이나 정부 관계기관들은 독립적인 과학자들이나 지역 사람들로 구성된 검토위원회를 설립했다. 이 위원회는 제출된 연구가 윤리지침을 위반하지 않는지 평가한다. 그러나 각 개별 연구자야말로 그 연구의 잠재적 문제점을 예측하고 자신의 연구가 높은 윤리적 기준에 맞는지를 감시하는 궁극적인 책임을 지는 위치에 있다.

요약

아동발달에 관해 배워야 하는 이유

■ 아동발달에 관해 배우는 것은 여러 가지 이유에서 가치 있는 일이다 — 우리가 좀 더 좋은 부모가 될 수 있도록 돕는다. 아동들에게 영향을 주는 사회적 문제에 관한 정보를 준다. 인간의 본질에 관한 우리의 이해를 향상시켜준다.

아동발달 연구의 역사적 기초

■ 플라톤, 아리스토텔레스, 로크, 루소 등 위대한 사상가들은 아동발달에 대한 기본적인 의문을 제기하고 또한 그에 대한 흥미로운 가설들을 제안했다. 그러나 그에 대답하기에는 과학적인 방법이 부족했다. 초기의 과학적 접근법들(예 : Freud와 Watson 등)은 아동발달에 현대의 연구기반 이론을 향한 움직임을 시작했다.

아동발달에서 지속적인 주제

■ 아동발달 분야는 다음과 같은 일련의 기본적인 질문에 대답하려고 한다.

1. 천성과 육성은 어떻게 함께 발달을 형성하는가?

2. 아동은 어떻게 자신의 발달을 조성하는가?

3. 발달은 어떤 방식에서 연속적이고, 어떤 방식에서 비연속적인가?

4. 변화는 어떻게 발생하는가?

5. 사회문화적 맥락은 어떻게 발달에 영향을 주는가?

6. 아동들은 어떻게 서로 달라지는가?

7. 아동발달 연구는 어떻게 아동복지를 촉진할 수 있는가?

■ 발달의 모든 측면(매우 특수한 행동에서부터 아주 일반적인 특징에 이르기까지)은 인간의 생물학적 자질(천성)과 지내 온 경험(육성)을 반영한다.

■ 심지어 영아나 어린 아동들도 주의집중 양상이나 언어 사용, 활동 선택 등을 통해 스스로의 발달에 능동적으로 기여한다.

■ 많은 발달이 얼마나 자주 및 얼마나 가까이서 보느냐에 따라 연속적으로 또는 비연속적으로 보일 수 있다.

■ 발달적 변화를 생성하는 기제들은 경험, 유전자, 뇌구조와 활동들 간의 복잡한 상호작용을 포함한다.

■ 발달을 조성하는 맥락들에는 아동이 직접 상호작용하는 사람(예 : 가족, 친구), 아동이 참가하는 기관(예 : 학교, 종교기

관), 사회적 신념과 가치(예 : 인종, 민족, 사회계층) 등이 포함된다.

■ 형제들 간에도 존재하는 개인차는 아동의 유전자, 다른 사람들의 그들에 대한 취급, 자신의 경험에 대한 해석, 환경에 대한 선택에서의 차이를 반영한다.

■ 아동발달 연구에서 나온 원리, 발견, 방법은 아동의 삶의 질을 향상시키기 위해 적용된다.

아동발달의 연구방법

■ 과학적 연구방법은 아동을 이해하는 데 지대한 발전을 해 왔다. 이에는 질문을 선택하고, 질문에 관련된 가설을 세우고, 그 가설을 검증하기 위한 방법을 개발하고, 그 가설이 올바른지를 결정하기 위한 자료를 사용하는 것 등이 포함된다.

■ 측정이 유용하기 위해서는, 그 측정이 검증되고 있는 가설과 직접적으로 연관되어야 하며 신뢰성 있고 타당해야 한다. 신뢰도란 특정 행동에 대한 독립적인 관찰이 일관적이어야 함을 의미한다. 타당도란 측정이 그것이 측정하려는 것을 제대로 평가하는 것을 뜻한다.

■ 아동에 관한 자료 수집을 위해 사용되는 주요 상황들로는 면접, 자연관찰, 구조화된 관찰 등이 있다. 면접은 아동의 주관적 경험을 밝히는 데 특히 유용하다. 자연관찰은 그 1차적인 목표가 매일의 환경에서 아동이 어떻게 행동하는지를 서술하고자 할 때 특히 유용하다. 구조화된 관찰은 그 주된 목표가 동일한 상황에 대해 서로 다른 아동들이 어떻게 반응하는지를 서술하고자 할 때 가장 유용하다.

■ 상관관계는 인과관계를 의미하지 않는다. 상관관계는 두 변수가 결합된 정도를 나타내는 것이라면, 인과관계는 한 변수의 값을 변화시키면 그것이 다른 변수의 값을 변화시킨다는 점에서 서로 다르다.

■ 상관 설계는 그 목표가 변수들 간의 관계를 서술하기 위해서거나, 관심을 둔 변수가 기법상으로나 실제적으로나 조정할 수 없을 때 특히 유용하다.

■ 실험 설계는 아동 행동의 원인을 밝히려 할 때 특히 가치가 있다.

■ 발달에 관한 자료는 횡단적 설계(서로 다른 연령의 서로 다른 아동들을 연구), 종단적 설계(동일 아동을 다른 연령이 되었을 때 연구), 미시발생적 설계(동일 아동에게 상대적으로 짧은 기간 동안 관련 경험을 반복시켜 그 변화 과정을 자세히 분석)를 통해 얻을 수 있다.

■ 연구자들은 높은 윤리적 기준에 맞추는 것이 필수적이다. 아주 중요한 윤리적 원리들 중에는 연구가 참가 아동에게 신체적으로 또는 정신적으로 해를 입히지 않는 것을 확신해야 하며, 부모로부터 명시된 동의를 받아야 하고(가능하다면 아동에게서도), 참가자의 익명성을 보장해야 하며, 연구기간 동안 아동이 형성할 수 있는 불명확한 인상을 주지 말아야 한다.

연습문제

1. '거북이' 기법은 학령전 아동들이 _____에 대처하기 위한 성공적인 기법이다.
   a. 소외감
   b. 당황스러움
   c. 또래로부터의 따돌림
   d. 스스로의 분노

2. 상위분석이란 무엇인가?
   a. 과거의 연구 결과를 동의 또는 반박하기 위해 재생하는 것
   b. 실험이나 사례연구에 대한 철학적 탐색
   c. 여러 독립적인 연구 결과들을 분석하고 결합하는 방법
   d. 연구의 특정 분야와 관련된 모든 출판된 논문의 목록

3. 연구들에 의하면 아동의 증언이 정확할 때는 아래 어떤 조건이 충족될 때인가?

   a. 면접자가 유도질문을 하지 않을 때
   b. 아동의 부모 중 한 명이 출석할 때
   c. 증언이 행해질 때 아동과 면접자 둘만 있을 때
   d. 아동이 면접 동안에 반복해서 독촉을 받을 때

4. Freud의 정신분석 이론은 발달이 생물학적 추동에 의해 크게 영향을 받는다고 주장한다. 이와 반대로, Watson의 행동주의 이론은 무엇에 의해 발달이 결정된다고 주장했는가?
   a. 기질　　　　　　　　　b. 보상과 벌
   c. 유전적 요인　　　　　　d. 생래적 기제

5. 발달학자들에 따르면 다음 중 어느 것이 진실인가?
   a. 발달은 천성(nature)에 의해 가장 많이 영향 받는다.
   b. 발달은 육성(nurture)에 의해 가장 많이 영향 받는다.
   c. 발달은 천성과 육성의 결합작용에 의해 영향 받는다.

d. 천성과 육성은 필연적으로 같다.

6. '능동적인 아동'의 개념은 다음 중 어느 것인가?

    a. 놀이 중인 아동 관찰

    b. 영아가 밤새 수면을 취하는지 여부

    c. 아동발달에서의 신체적 활동성의 중요성

    d. 어떻게 아동이 스스로의 발달에 기여하는가

7. 최근 수십 년간, 연구자들은 영아기 이후 대부분의 발달적 변화는 _____ 일어난다고 결론지었다.

    a. 점진적으로   b. 급격하게

    c. 비연속적으로   d. 외부적으로

8. 발달적 변화의 기제 맥락에서, '수고로운 주의집중(effortful attention)' 발달 연구는 _____에 통찰력을 제공한다.

    a. 연속적 vs 비연속적 발달

    b 뇌활동, 유전자, 학습 경험 등의 역할

    c. 아동의 사회문화적 환경의 복잡성

    d. 연구의 타당성을 판단하는 연구자의 역할

9. 아동의 환경을 구성하는 신체적, 사회적, 문화적, 경제적, 역사적인 환경을 _____(이)라고 한다.

    a. 발달적 기반   b. 사회문화적 맥락

    c. 발달 단계   d. 사회경제적 지위

10. 과학적 방법을 사용하기 위한 맨 처음 단계는 _____이다.

    a. 연구계획 개발   b. 질문 선정

    c. 가설 설정   d. 결론 도출

11. 연구에 참여한 개인들을 넘어 자신의 연구 결과를 일반화하기 위해서, 리우 박사는 다양한 배경을 가진 참가자들을 대상으로 추가 연구를 할 필요가 있다. 리우 박사는 연구의 어떤 측면을 다루고자 하는가?

a. 평정자 간 신뢰도   b. 내적 타당도

c. 검사-재검사 신뢰도   d. 외적 타당도

12. 실험집단의 아동은 그 경험을 받은 데 반해 통제집단의 아동은 그 경험을 받지 못하는 것을 _____(이)라 한다.

    a. 종속변수   b. 독립변수

    c. 무선할당   d. 상관 설계

13. 한 연구팀이 여러 연령층의 수면행동에서의 개인차가 안정적인가를 연구하고 있다. 그들은 3, 6, 9개월 된 영아들을 연구하기로 결정했다. 이들은 어떤 유형의 설계를 사용하는가?

    a. 종단적 설계   b. 횡단적 설계

    c. 자연관찰   d. 미시발생적 설계

14. 상대적으로 짧은 기간 동안 참가자들을 많은 횟수에 걸쳐 관찰함으로써 발달적 변화가 발생하는 것을 연구하는 데 사용되는 설계는 무엇인가?

    a. 종단적 설계   b. 횡단적 설계

    c. 구조화된 관찰   d. 미시발생적 설계

15. 아동발달연구학회(SRCD)에 따르면, 다음 중 어느 것이 아동을 대상으로 수행하는 연구의 윤리적 원리가 아닌가?

    a. 연구 과정을 통해 밝혀진 아동에 관한 정보는 그 아동의 복지를 위한 중요성에 관계없이 부모나 보호자에게 알려져서는 안 된다.

    b. 연구 동안에 발생한 예기치 못한 결과는 즉각 처리되어야 한다.

    c. 연구자는 연구의 결과로서 아동이 발달시킬 수 있는 부정확한 인상을 수정해야 한다.

    d. 연구가 아동을 신체적으로 또한 정신적으로 해롭게 해서는 안 된다.

비판적 사고 질문

1. 여러분은 아동발달의 어느 영역에 가장 관심이 가는가? 그 영역에 관한 중요한 질문과 그에 대한 대답을 할 수 있는가? 여러분이 제안한 실험은 어떤 연구방법을 사용하는가?

2. 여러분이 이 과목을 통해 배우고자 하는 것은 무엇인가? 육아방법, 아동을 돕기 위한 사회정책, 아동발달이 인간의 본질에 관해 이야기하는 것들 중에서 어느 것에 가장 관심이 가는가?

3. 여러분의 생에서 나타난 문제점들을 극복하는 데 회복력이 필요했는가? 그렇다면 여러분은 어떤 유형의 어려움을 극복했고, 어떻게 극복했으며, 여러분 생각에 무엇이 그렇게 하도록 했는가?

4. 아동들은 서로 다른 천성을 가졌는가, 아니면 아동들 간의 차이가 순전히 그들의 경험에서의 차이 때문인가? 개인적인 관찰, 연구 결과, 추리 등을 통한 여러분의 결론은 무엇인가?

5. 루마니아 고아원에서 6개월 미만을 보낸 아동들은 신체적, 지

적, 사회적으로 정상아들을 따라잡을 수 있었으나, 6개월 이상을 보냈거나 나이가 많아질 때까지 고아원에 남아 있던 아동들은 정상아들을 따라잡을 수 없었던 이유가 무엇이라고 생각하는가? 그들이 미래에는 따라잡을 것이라고 생각하는가?

6. 아동들이 자기 스스로의 발달을 상당한 정도까지 조성한다는 것이 어떤 방식에서는 행운이고 어떤 방식에서는 불행인가?

7. 미국에서의 잠자리 준비와 다른 문화에서의 잠자리 준비에 관한 내용을 읽고, 여러분이 자녀를 가졌다면 어떻게 하고 싶은가? 그렇게 하고 싶은 이유를 설명하라.

8. 아동발달 연구에 관해 이 장에서 배운 것들을 기반으로 할 때, 여러분은 실현 가능하고도 중요한 연구를 실제적으로 적용할 생각을 해볼 수 있겠는가? (이미 언급된 것들은 제외)

핵심용어

가설(hypotheses)
검사-재검사 신뢰도(test-retest reliability)
게놈(genome)
계산전략(counting-on strategy)
과학적 방법(scientific method)
구조화된 관찰(structured observation)
구조화된 면접(structured interview)
내적 타당도(internal validity)
누적 위험(cumulative risk)
단계 이론(stage theories)
독립변수(independent variable)
메틸화(methylation)
무선할당(random assignment)
미시발생적 설계(microgenetic design)
변수(variables)

비연속적 발달(discontinuous development)
사회경제적 지위(socioeconomic status, SES)
사회문화적 맥락(sociocultural context)
상관관계(correlation)
상관 설계(correlational designs)
상위분석(meta-analysis)
설문지(questionnaire)
신경전달물질(neurotransmitters)
신뢰도(reliability)
실험 설계(experimental designs)
실험집단(experimental group)
실험통제(experimental control)
연속적 발달(continuous development)
외적 타당도(external validity)
육성(nurture)

인과관계의 방향 문제(direction-of-causation problem)
인지발달(cognitive development)
임상면접(clinical interview)
자연관찰(naturalistic observation)
제3의 변수 문제(third-variable problem)
종단적 설계(longitudinal design)
종속변수(dependent variable)
천성(nature)
타당도(validity)
통제집단(control group)
편도체(amygdala)
평정자 간 신뢰도(interrater reliability)
횡단적 설계(cross-sectional design)
후성유전학(epigenetics)

연습문제 정답

1. d, 2. c, 3. a, 4. b, 5. c, 6. d, 7. a, 8. b, 9. b, 10. b, 11. d, 12. b, 13. b, 14. d, 15. a

JOSE ORTEGA, *Mother and Child*

태내발달과 신생아기

태내발달

수정

글상자 2.1 : 자세히 살펴보기 벵골인의 시작

발달 과정

글상자 2.2 : 개인차 최초의 성차와 최후의 성차

초기발달

태내발달의 그림 요약

태아 행동

태내 경험

태아 학습

글상자 2.3 : 자세히 살펴보기 태내발달에 대한 비인간 동물 모델

태내발달의 위험요인

기형유발요인

글상자 2.4 : 응용 영아돌연사증후군

모성요인

출생 경험

다양한 아기 출산 실제

신생아

각성상태

출생 시 부정적 결과

요약

이 장의 주제

- 천성과 육성
- 능동적인 아동
- 사회문화적 맥락
- 개인차
- 연속성/비연속성
- 연구와 아동복지

다음 시나리오를 상상해보라 : 발달심리학자는 매우 어린 연구 참가자의 지각능력과 학습능력을 연구하고 있다. 여기서 학습능력은 경험에서 배우는 능력을 말한다. 먼저 발달심리학자들은 어린 참가자들에게 사용하기 위해 넌센스 단어(tatata, 타타타)를 녹음한다. 참가자는 수개월에 걸친 과정 동안 이 단어를 하루에 여러 번 듣는다. 심리학자는 뇌반응으로 참가자의 새 단어 학습 여부를 알아내길 바란다. 그러나 심리학자가 뇌파를 측정할 수 있기 전에 매우 중요한 일이 일어나야 한다 — 참가자가 태어나야 한다!

이 시나리오는 절대로 공상이 아니다. 실제로 이 장의 뒤에서 발견하게 될 바와 같이, 이 시나리오는 태내발달의 과학적 이해를 바꾼 많은 현재의 개혁들 중 하나인 최근 연구를 정확하게 기술한 것이다(Partanen et al., 2013). 또한 이 장에서 발견하게 될 바와 같이, 연구자들은 태아의 감각과 학습역량에 대해 많은 질문을 해 왔다. 그들은 자궁 안에 있는 동안 태아가 외부세계와 어머니 몸 안에서 온 자극범위를 탐지할 수 있음을 발견하고 있다. 태아는 이러한 경험들로부터 학습하며 출생 후에 그 경험들에 의해 영향을 받는다.

이 장에서 우리는 놀랍게 빠르고 급격한 변화의 시기인 태내발달의 놀라운 과정을 연구할 것이다. 태내기 학습을 포함하는 태내발달에 포함된 정상적 과정에 대한 논의에 덧붙여, 우리는 이러한 과정이 환경적 위험요인에 의해서 붕괴되는 일부 방식을 알아볼 것이다. 우리는 또한 출산 과정과 이 역동적인 전환 시점에 영아가 경험하는 것도 알아볼 것이다. 마찬가지로 눈에 띄는 신생아 행동의 일부 측면도 알아본다. 마지막으로 조산에 관련된 주제들을 간단히 요약한다.

가장 이른 발달시기에 대한 논의에서는 제1장에서 기술한 대부분의 주제가 두드러진 역할을 할 것이다. 가장 주목할 만한 것은 **천성과 육성**이며, 생물학적 요인과 환경적 요인의 지속적인 상호작용의 결과로 출생전 발달의 모든 측면이 이루어지는 방식을 강조한다. **능동적인 아동** 주제도 중요한 역할을 한다. 왜냐하면 태아의 활동은 여러 중요한 방식으로 발달에 기여하기 때문이다. 실제로 여러분이 보게 될 바와 같이, 정상적 태내발달은 특정 태아행동에 따라 달라진다. 우리가 강조할 또 다른 주제는 태내발달과 출생의 **사회문화적 맥락**이다. 사람들이 생의 초기에 대해 생각하는 방식과 출생 과정을 다루는 방식에서 상당한 문화적 차이가 있다. **개인차** 주제는 많은 시점에서 활동하기 시작한다. 이것은 수정 시부터의 생존율에서의 성차로 시작한다. **연속성/비연속성** 주제도 두드러진다. 태내의 삶과 출생 후 삶 사이에 극적인 차이가 있음에도 불구하고 신생아 행동은 자궁 안에서의 아기의 행동 및 경험과 분명한 관련성을 보여준다. 마지막으로 **연구와 아동복지**의 주제는 조산된 영아의 건강한 발달을 촉진하기 위해 만들어진 중재 프로그램에 대한 기술에서 중요했던 것처럼 빈곤이 태내발달 및 출생결과에 영향을 줄 수 있는 방식에 대한 우리의 논의에서도 핵심이 된다.

태내발달

보이지 않는 태내발달 과정은 항상 신비하고 흥미롭다. 인간 삶의 기원과 출생 전 발달에 대한 신념은 모든 사회의 교훈과 전통의 중요한 부분이다(글상자 2.1은 서구 사회와 매우 다른 생의 초기에 대한 문화적 신념 중 하나를 기술한다).

역사를 되돌아보면 우리는 태내발달에 대해 생각하는 방식에서의 큰 변화를 볼 수 있다. BC 4세기에 아리스토텔레스는 태내발달에 대한 기본적인 질문을 제기했고 그 질문은 이후 15세기 동안 서구사상의 기초가 되었다 — 태내의 삶은 작은 부분들이 모여 전체가 된 이미 만들어진 새로운 개체로 시작되는가, 아니면 인간 신체의 많은 부분은 계속해서 발달하는가? 아리스토텔레스는 그가 **후성설**(epigenesis)이라고 부른 것에 찬성해서 전성의 개념을 거부했다. 후성설은 발달 동안 새로운 구조와 기능이 나타난다[이 개념을 제3장에서 더 현대적 형태인 **후성유전학**(epigenetics)으로 다시 만날 것이다]. 이 개념에 대한 지지를 찾기 위해 그는 매우 정통적인 단계를 택했다. 그는 여러 발달 단계를 관찰하기 위해 달걀을 열었다. 그럼에도 불구하고 전성 개념은 아리스토텔레스 이후 오랫동안 지속되었고, 미리 형성된 소형 인간이 어머니의 난자나 아버지의 정자 안에 들어 있는지 여부에 대한 논쟁이 되어 갔다(그림 2.1 참조).

전성 개념이 단순해서 여러분에게 충격을 주게 되지만 우리 옛 조상들은 세포, 유전자, 태내발달의 존재에 대해 알 방법이 없었다. 우리 조상들을 난감하게 한 많은 미스터리는 지금은 해결되었으나 항상 과학에서의 진실이 그렇듯이 새로운 미스터리가 그것들을 대체했다.

수정

우리들 각자는 매우 특수한 2개의 세포 — 아버지에게서 온 정자 하나와 어머니에게서 온 난자 하나 — 가 합쳐진 결과 생긴 단일세포로 시작한다. 이러한 **생식세포들**(gametes) 또는 성세포들은 기능에서뿐만 아니라 각 세포가 다른 세포들에서 발견되는 유전물질의 단지 반만을 포함하고 있다

후성설 ■ 발달하는 동안 새로운 구조와 기능이 나타남

생식세포(성세포) ■ 난자와 정자를 말하며, 이 세포는 다른 세포들에서 발견되는 유전물질의 단지 반만을 포함하고 있다.

글상자 2.1 | 자세히 살펴보기

벵골인의 시작

근년에 미국에서 언제 삶이 시작되는지 — 수정 순간, 출생 순간, 또는 그 사이 동안 때때로 — 에 대한 이슈보다 더 격렬한 논쟁과 다툼을 하게 만든 주제는 없다. 이 논쟁에 관계된 사람은 이 주제가 얼마나 복잡한지 또는 전 세계의 사회들이 이것에 대해 다른 관점을 갖는 정도를 인식하지 못한다는 점은 모순이다.

예를 들어 벵골인의 관점을 생각해보라. 서아프리카의 코트디부아르에 사는 벵골인은 모든 신생아는 조상의 환생이라고 믿는다(Gottlieb, 2004). 벵골인에 따르면, 출생 후 첫째 주 동안에 조상의 영혼(wru)은 완전히 이 세상의 삶에 전념하지 못하고 그래서 일상의 세계와 wrugbe 혹은 '영혼마을'[이 용어는 '내세(afterlife)'로 대강 번역할 수 있지만 '전생(before-life)'이 적절할 수 있다.] 사이를 왔다 갔다 하는 이중적 존재를 유지한다. 신생아가 전생에서 나타나 사람이 되는 것은 배꼽의 남은 부분이 떨어진 후일 뿐이다. 만약 신생아가 이 시점 전에 죽으면 장례는 없고 영아는 wrugbe로 돌아간다고 인식된다.

이러한 신념들은 벵골의 여러 측면의 영아양육 실제의 기초를 이룬다. 하나는 허브를 혼합한 것을 신생아 배꼽을 말라 떨어지도록 촉진하는 데 자주 사용하는 것이다. 게다가 영아가 wrugbe에서의 생활로 인해 향수병에 걸리게 되며 지상의 존재를 떠나려고 결정할 위험이 항상 있다. 이것을 막기 위해서 부모들은 아기를 편안하고 행복하게 만들어 이 생에 머물고 싶게 하려고 한다. 권고되는 많은 절차들 중 다른 사람의 긍정적 관심을 끌어내기 위해 영아의 얼굴과 몸을 정성들여 꾸미는 것이 있다. 때때로 예언자들은 충고를 했다. 특히 아기가 불행할 때 조언을 한다. 오랫동안 우는 것에 대한 통상적 진단은 아기가 — wrugbe에서의 전생의 한 형태인 — 새로운 이름을 원한다는 것이다.

그러면 벵골에서는 삶이 언제 시작하는가? 어떤 점에서 벵골인의 삶은 출생 전에 잘 시작한다. 그는 조상의 환생이기 때문이다. 그러나 다른 의미로는 삶은 때로 — 그 개인이 사람이 된 것으로 생각되는 시기인 — 출생 후에 시작한다.

Courtesy of Alma Gottlieb

이 벵골 아기의 어머니는 아기의 얼굴을 정교한 패턴으로 칠하는 데 많은 시간을 보냈다. 그녀는 아기가 다른 사람에게 예쁘게 보여서 다른 사람들이 이 세상에서 아기를 행복하게 지켜줄 수 있도록 이 일을 매일 한다.

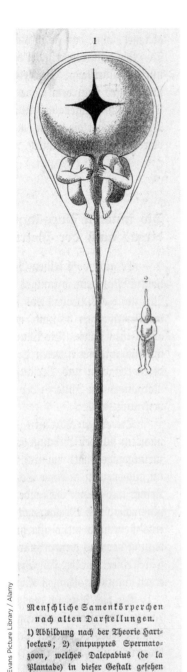

Menfchliche Samenkörperchen nach alten Darstellungen.

1) Abbildung nach der Theorie Hart-foekers; 2) entpuppttes Spermato-zoon, welches Dalepadius (be la Plantade) in biefer Gestalt gefehen haben wollte.

그림 2.1 전성설 정자 안에 이미 만들어진 존재가 들어 있는 17세기 그림. 이 그림은 새로 발명된 현미경으로 정액의 표본을 보았을 때 정자 머리 안에 구부리고 있는 하나의 작은 사람 모양을 볼 수 있다고 언명한 전성론자들의 주장에 바탕을 둔 것이다. 그들은 그 작은 사람이 난자 안에 들어간 후에 커질 것이라고 믿었다. 이 그림이 보여주듯이, 우리는 우리의 소중한 선입관이 너무 우리 생각을 지배해서 실제 있는 것이 아니라 우리가 보고 싶은 것을 보게 만들지 않도록 해야 한다(Moore & Persaud, 1993, p. 7).

는 사실에서도 독특하다. 생식세포는 **감수분열**(meiosis)을 통해 만들어진다. 감수분열은 난자와 정자가 다른 모든 체세포에 포함된 23개의 염색체쌍 각각으로부터 단 하나의 염색체만을 받아들이는 특별한 세포분열 유형이다. 각 생식세포 안에서 23개 염색체로의 감소는 생식을 위해 필요하다. 왜냐하면 난자와 정자의 결합은 정상적인 유전물질 양(23쌍의 염색체)을 포함해야 하기 때문이다. 이 두 유형의 생식세포 형성에는 큰 차이가 있다. 그것은 여자들이 항상 갖게 될 거의 모든 난자들은 태내기 동안 만들어지는 반면에 남자들은 많은 수의 새로운 정자를 지속적으로 생산한다는 사실이다.

생식 과정은 여성의 난소에 있는 난자 중 하나의 난자(여성의 몸에 있는 가장 큰 세포)가 나팔관(그림 2.2) 속으로 배출되는 것으로 시작한다. 난자가 나팔관을 통해 자궁으로 이동할 때, 난자는 정자를 난자로 끌어들이는 '도발적인' 신호로 작용하는 화학물질을 방출한다. 만약 성교가 난자가 배출되는 시기에 가깝게 일어나면, 정자와 난자의 결합인 **수정**(conception)이 가능하다. 매 사정마다 5억 마리의 정자가 여성의 질 안으로 주입된다. 남성의 유전자를 여성의 난자로 들여보내는 유선형의 수송수단인 각각의 정자는 유전물질(23개 염색체)로 가득 채워진 작은 머리와 여성의 생식체계를 통과해 정자가 급히 돌아 나아가게 하는 긴 꼬리로 이루어져 있다.

수정을 주도하는 후보자인 정자는 질에서 자궁을 통과해 난자를 갖고 있는 나팔관까지 이르는 6~7인치 거리를 거의 6시간 동안 여행해야 한다. 이 여행의 소모율은 크다. 질로 들어간 수백만 마리의 정자들 중 약 200마리만 난자 가까이 도달한다(그림 2.3 참조). 이러한 높은 실패율에는 여러 가지 이유가 있다. 일부 실패는 기회 때문이다. 많은 정자들이 떼를 지어 질 안으로 들어간 다른 정자들과 엉킨다. 다른 정자들은 현재 난자를 품고 있지 않은 나팔관 속으로 들어가게 된다. 다른 실패는 정자로 하여금 앞으로 나아가서 난자에 도달해 수정을 하는 것을 막는 정자의 기본적인 부분의 심각한 유전적 결함 또는 다른 결함이 있어서 일어난다. 그러므로 난자에 도달하는 정자는 상대적으로 건강하고 구조적으로 정상일 가능성이 높다. 이것은 수정 동안에 일어나는 다윈식 '적자생존' 과정을 보여준다(남성과 여성의 수정에서 보여지는 이러한 선별 과정의 결과는 글상자 2.2에 기술되어 있다).

정자가 난자의 바깥쪽 세포막을 통과하자마자, 화학적 반응이 세포막을 막아서 다른 정자가 들어오는 것을 막는다. 정자의 꼬리는 떨어지고 정자 머리에 들어 있는 내용물이 난자 안으로 흘러 들어가서 두 세포의 핵이 한 시간 내로 합쳐져 하나가 된다. 수정된 난자는 **접합체**(zygote)라고 하는데 아버지로부터 온 23개 염색체와 어머니로부터 온 23개 염색체로 이루어진 인간 유전물질 23개 쌍의 염색체 전량을 갖게 된다. 태내발달이 시작되었고 만약 모든 것이 정상적으로 진행된다면 발달은 약 9개월(평균, 38주 또는 266일) 동안 지속될 것이다.

감수분열 ■ 생식세포를 생산하는 세포분열

생식세포(성세포) ■ 난자와 정자를 말하며, 이 세포는 다른 세포들에서 발견되는 유전물질의 단지 반만을 포함하고 있다.

수정 ■ 어머니에게서 온 난자 하나와 아버지에게서 온 정자 하나가 합쳐짐

접합체 ■ 수정된 난자세포

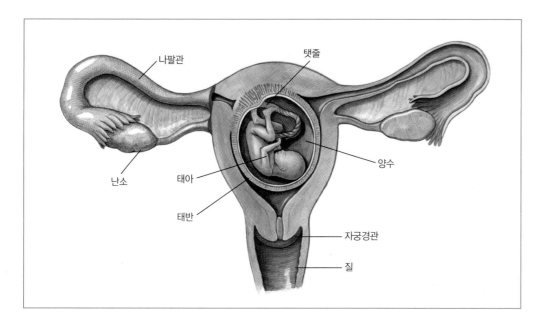

그림 2.2 여성 생식체계 여성의 생식체계를 단순화한 예시로, 태아가 자궁에서 자라고 있다. 탯줄이 태아로부터 태반까지 연결되어 있으며, 태반은 자궁벽 깊숙히 파묻혀 있다. 태아는 양막낭 안쪽의 양수에 떠 있다.

(그림 내 명칭: 나팔관, 탯줄, 난소, 태아, 태반, 양수, 자궁경관, 질)

발달 과정

태내발달경로를 기술하기 전에 접합체가 **배아**(embryo)가 되고 **태아**(fetus)로 변하는 것의 기저에 있는 4개의 주요 발달 과정을 간단히 요약할 필요가 있다. 처음엔 **유사분열**(mitosis)이라는 세포분열이 일어난다. 수정 후 12시간 이내에 접합체는 2개의 같은 부분으로 나뉜다. 나뉜 각 부분은 전체 수의 유전물질을 포함한다. 이 2개의 세포는 나뉘어서 4개가 되고, 다시 8개로 되며, 16개가 되는 식으로 계속 분열된다. 38주 과정에 걸쳐 계속되는 세포분열을 통해서, 겨우 볼 수 있을 만큼 작았던 접합체가 수조 개의 세포로 이루어진 신생아가 된다.

배아 ■ 태내발달에서 3~8주 사이에 발달하는 유기체에 붙인 이름

태아 ■ 태내발달에서 9주~출생까지에 발달하는 유기체에 붙인 이름

유사분열 ■ 2개의 동일 딸세포로 되는 세포분열

그림 2.3 (a) 난자 가까이 있는 정자 동시에 출발한 수백만 마리의 정자들 중에서 단지 적은 수의 정자들만이 난자 가까이에 도달한다. 난자는 가장 큰 인간 세포인 데 비해(육안으로 볼 수 있는 유일한 세포), 정자는 가장 작은 세포에 속한다.
(b) 난자에 침입하는 정자 사진 속 정자는 난자를 덮고 있는 바깥 표면을 뚫기 위해 맹렬하게 꼬리를 흔든다.

(a)

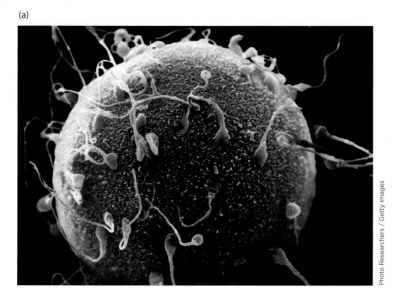

Photo Researchers / Getty Images

(b)

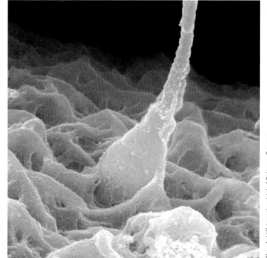

Clouds Hill Imaging Ltd. / Science Source

최초의 성차와 최후의 성차

수십 년 동안 과학자들은 수정이 시작될 때 남자 배아가 여자 배아보다 더 많이 수정된다고 생각했다. 사실 전 세계적으로 세대에 걸쳐서 출생 시 약간의 남자 편향(51.3%)이 있다. 남자 태아가 여자 태아보다 임신 첫 주와 마지막 수 주 동안 모두 자연유산되기 쉽다(여자 태아는 10~15주 동안 더 취약함에 주목하는 것이 중요하지만)(Orzack et al., 2015). 또한 남자 영아는 여자 영아에 비해서 출생 시 몸무게가 매우 가벼울 가능성이 많고 생존할 가능성이 작기도 하다(예 : Pecock et al., 2012). 남자 태아가 약하다는 점은 출생 시의 남자 편향과 함께 많은 연구자들에게 남자 배아가 여자 배아보다 훨씬 많아야 한다고 암시했다(Austad, 2015).

그러나 최근 연구는 실제로 남자 배아와 여자 배아가 같은 정도로 수정된다고 말한다(Orzack et al., 2015). 연구자들은 생식 기술(reproductive technology) 및 태내 유전자 검사의 사용 증가를 이용해서 약 14만 명의 3~6일 된 태아의 성을 확인했다. 연구자들은 임신 초기에 남자와 여자가 거의 정확히 50 대 50인 것을 발견했다. 약한 남자 태아 효과보다는, 여자 태아가 임신 초기에는 생존

가능성이 실제로 낮고 그 결과 출생 시 약간의 남자 편향이 생기는 것으로 나타난다.

여아들은 다음의 큰 생존경쟁에서 이긴다. 출산 동안 남아들은 여아들보다 태아고통(fetal distress)을 경험할 가능성이 더 큰데 심지어 태아의 크기와 머리둘레 크기를 통제했을 때도 그렇다(DiPietro, Costigan, Voegtline, 2015). 이것은 잘 이해될 수 없는 이유로 해서 남아의 생리적 체계가 여아보다 출생의 스트레스를 견디기 어렵다는 것을 시사한다(DiPietro, Voegtline, 2015). 실제로 수십 년 동안 그리고 여러 문화적 맥락에 걸쳐서 영아 사망률은 여아보다 남아가 더 높았다(Drevenstedt et al., 2008). 이러한 높은 취약성은 출산 후 기간의 생존에 국한되는 건 아니다. 남자 영아는 영아돌연사증후군(SIDS)으로 사망하는 경향이 여자 영아보다 높다(Mage & Donner, 2014). 영아돌연사증후군은 글상자 2.4에서 더 자세히 논의된다. 그리고 일부 기형유발요인이 남아들에게 불균형적으로 영향을 주는 것으로 나타난다. 예를 들어 캐나다의 태아알코올스펙트럼장애(fetal alcohol spectrum disorder, FASD) 연구는 남아의 발생률이 여아보다 1.4배 더

높다는 것을 발견했다(Thanh et al., 2014). 남아들은 또한 대부분의 발달장애로 인해 불균형적으로 고통을 받는데 이러한 발달장애에는 언어 및 학습장애, 난독증, 주의력결핍장애, 지적장애와 자폐증이 포함된다. 일생에 걸쳐 남아의 더 큰 취약성이 계속된다. 이것은 그래프에 나타나 있고 남자 청소년들이 여자 청소년들보다 더 충동적이고 더 많은 모험을 한다는 사실로도 반영된다. 남자 청소년들은 자살시도나 폭력으로 인한 사망도 더 많은 경향이 있다.

차별적 생존이 항상 자연의 손에서 이루어지는 건 아니다. 많은 사회에서 역사적으로나 현재나 남자 자손이 여자 자손보다 더 가치가 있으며, 부모들은 딸을 낳는 것을 피하기 위해 영아살해를 한다. 예를 들어 알래스카의 이누이트 가족은 전통적으로 식량을 얻기 위한 사냥에서 아들의 도움에 의존했다. 그래서 옛날에는 이누이트 여자아이들은 출생 시 종종 살해되었다. 2015년까지 중국 정부는 '한 자녀' 정책을 엄격히 강요했다. 한 자녀 정책은 부부가 한 자녀 이상 아이를 낳는 것을 금지하여 인구 증가를 감소시키기 위해 만들어진 기준이다. 이 정책은 많은 부모가 그들의 여자 아기를 죽이거나 포기하게(서구 가족에 입양시키기 위해 포기하는) 만들었다. 보다 더 기술적인 접근이 남자 자손에게 프리미엄을 두는 곳인 일부 국가에서 현재 실행되고 있다. 산전검사가 태아의 성별을 확인하는 데 사용되고 여자 태아는 선별적으로 유산된다. 이러한 경우들은 제1장에서 기술되는 사회문화적 발달모델을 극적으로 보여준다. 사회문화적 발달모델은 문화적 가치, 정부 정책, 가능한 기술 모두가 발달적 결과에 영향을 주는 방식을 보여준다.

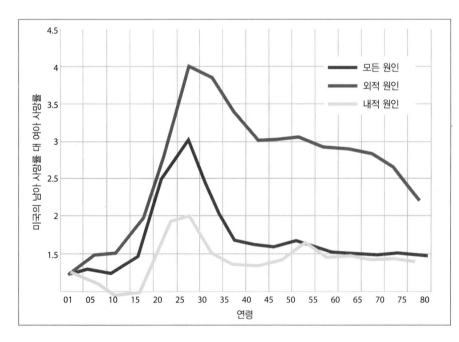

출생의 시작에서 일생 동안 미국의 남아 대 여아 사망률은 1을 넘는다. 청소년기와 성인 초기에 발생하는 뾰족한 모양 — 여자 사망 1건당 남자 사망 3건으로 높아진 — 은 대부분 사고, 살인, 자살 같은 외적 원인의 결과이다.

두 번째 주요 과정은 배아기 동안 발생하는 세포 이동(cell migration)인데 이것은 새롭게 형성된 세포가 원래 있던 곳에서 멀리 떨어져 가는 움직임을 말한다. 이동하는 많은 세포들 중에 뉴런이 있다. 포배아 뇌의 안쪽 깊은 곳에서 시작해서, 마치 새 영토로 이주하는 선구자처럼, 바깥 부분으로 여행하여 발달 중인 뇌에 도달한다.

태내발달의 세 번째 과정은 세포분화(cell differentiation)다. **배아줄기세포**(embryonic stem cell)로 불리는 초기에는 모든 배아세포들이 같고 교환 가능하다. 어떤 배아세포도 어떤 정해진 운명이나 기능을 갖는 건 아니다. 그러나 몇 번의 세포분열 후에 이런 세포들은 구조와 기능이 특수해지기 시작한다. 인간에게서 배아줄기세포는 서로 다른 350개 유형의 세포로 발달한다. 이 세포들은 유기체의 1/2에서 특정 기능을 수행한다(발달적 유연성 때문에 배아줄기세포는 현재 생식의학에서 많은 연구의 초점이다. 질병이나 상처로 고통 받는 사람에게 배아줄기세포를 주사하면 건강한 세포로 발달해서 병나거나 손상된 세포들을 대체할 것이라는 점이 희망이다).

분화 과정은 태내발달의 큰 미스터리 중 하나다. 몸에 있는 모든 세포가 동일한 유전자 세트를 갖게 된 이후에 주어진 줄기세포가 어떤 유형의 세포가 될지를 결정하는 요인은 무엇인가? 세포 속 유전자들이 '스위치를 켜거나' 발현되는 것이 하나의 중요한 결정인이다. 다른 결정인은 세포의 위치이다. 왜냐하면 세포가 앞으로 어떤 발달을 하는가는 주변 세포들에서 일어나는 것이 영향을 주기 때문이다.

초기 유연성과 뒤이어 일어나는 유연성은 위치의 중요성과 마찬가지로 개구리 배아로 실시한 전통적 연구에서 생생하게 보여진다. 만약 정상적으로 눈이 될 개구리 배아 영역이 태내발달의 초기에 복부 영역에 이식된다면 이식된 영역은 정상적인 복부 부분이 된다. 그러므로 초기에 눈이 될 적당한 영역에 있던 세포더라도 그 세포들은 아직 특수화되지는 않았다. 만약 이식이 태내발달의 더 나중 시기에 이루어진다면, 같은 작업이 개구리 배에 눈(하나이고 보이지 않는)이 박히는 결과를 가져온다(Wolpert, 1991).

네 번째 발달 과정은 여러분이 정상적으로는 발달이라고 전혀 생각하지 않을 것인 **죽음**(death)이다. 특정 세포들의 선별적 죽음은 우리가 기술하는 다른 발달 과정들에 '거의 변치 않는 동료'이다(Wolpert, 1991). 이 유전적으로 프로그램된 **세포소멸**(apoptosis)이라고 알려진 '세포자살(cell suicide)'의 역할은 연구 중인 발달에서 이미 명백하게 보여진다. 손가락의 형성은 손바닥 안의 융기 부분들 사이에 있는 세포죽음에 의해 일어난다. 다시 말하면 세포죽음은 손바닥에서 사라진 세포에 대해 미리 프로그램된 것이다.

이러한 네 가지 발달 과정에 덧붙여 호르몬이 태내발달에 주는 영향에 주목을 할 필요가 있다. 예를 들면 호르몬은 성분화에서 중요한 역할을 한다. 모든 인간 태아는 그들이 운반하는 유전자에 상관없이 남성 생식기나 여성 생식기를 발달시킬 수 있다. 테스토스테론을 포함하는 호르몬의 종류인 **안드로겐**의 존재 여부가 한 방향 또는 다른 방향으로 발달을 진행하게 만든다. 만약 안드로겐이 존재하면 남성의 성기관이 발달한다. 안드로겐이 없다면 여성의 성기관이 발달한다. 안드로겐의 원천은 남성 태아 자신이다. 수정 후 8주경에 고환이 이 호르몬들을 만들기 시작한다. 이 호르몬들은 발달 중인 육체를 영원히 변화시킨다. 이것은 태아가 자신의 발달에 영향을 주는 많은 방법 중 하나다.

이제 우리는 태내발달의 일반적 과정으로 관심을 돌린다. 태내발달은 다른 발달 과정과 같이 앞서 일어난 모든 영향의 결과이다.

배아줄기세포 ■ 어떤 유형의 체세포로도 발달할 수 있는 배아세포

세포소멸 ■ 유전적으로 프로그램된 세포 사망

일란성 쌍생아 ■ 하나의 접합체가 반으로 나뉘어 생기기 때문에 2개의 접합체가 똑같은 유전자 세트를 갖게 된 쌍생아

이란성 쌍생아 ■ 2개의 난자가 동시에 나팔관으로 방출되어 2개의 다른 정자에 의해 수정될 때 발생하는 쌍생아. 이란성 쌍생아는 공통 유전자의 절반만 갖고 있다.

신경관 ■ 배아의 분화된 세포의 최상층에 형성된 홈으로서 후에 뇌와 척수가 된다.

양막 ■ 투명하고 물같은 액체로 차 있는 막으로서 태아를 둘러싸고 보호한다.

태반 ■ 태아 지원기관. 태아와 어머니의 순환계를 분리한다. 그러나 태반막은 반투과성이기 때문에 어떤 요소들은 통과하고 어떤 요소들은 통과할 수 없다(산소, 영양소는 어머니에게서 태아에게, 태아에게서 생긴 이산화탄소나 배설물들은 태아에게서 어머니에게).

탯줄 ■ 태아와 태반을 연결하는 혈관이 들어있는 관

그림 2.4 신경관 4주가 되면, 신경관은 뇌와 척수로 발달하기 시작한다. 이 사진에서, 신경홈은 중앙에서 먼저 결합되고 두 지퍼가 닫히는 것처럼 양쪽 방향 바깥쪽으로 결합되는데, 상단의 열린 한 부분을 제외하고는 닫힌다. 이분척추는 척수의 피부가 완전히 닫히지 않는 선천성 장애로 이 시기에 시작될 수 있다. 닫힌 후, 신경관의 상단이 두뇌로 발전한다.

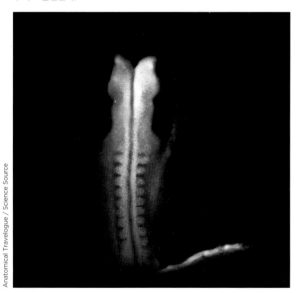

초기발달

나팔관을 통해 자궁으로 가는 여행에서 접합체는 세포 수가 대강 하루에 두 번 2배로 증가한다. 수정 후 4일째에는 세포들은 한쪽 면에 내부세포 덩어리(inner cell mass)라고 부르는 세포 덩어리를 갖는 속이 빈 공 모양으로 배열된다.

이것이 일란성 쌍생아가 가장 흔히 생기는 단계이다. **일란성 쌍생아**(identical twins)는 내부세포 덩어리가 반으로 나뉜 결과로 생기기 때문에 완전히 같은 유전적 구성을 갖는다. 이와 반대로 **이란성 쌍생아**(fraternal twins)는 난소에서 2개의 난자가 나팔관으로 배출되어 두 난자 모두 수정되었을 때 생긴다. 2개의 다른 난자와 2개의 다른 정자에서 만들어졌기 때문에 이란성 쌍생아는 같은 부모에게서 태어난 쌍생아가 아닌 형제들만큼 유전적으로 비슷하다.

수정된 뒤 첫 주 말경 만약 모든 게 잘 진행되면(이것은 수정된 접합체의 절반 이하에 해당되는 일이다), 중대한 일인 착상이 일어난다. 착상은 접합체가 자궁내막에 묻혀 생명유지를 위한 물질을 어머니에게서 받게 되는 것이다. 접합체는 둘째 주 말이 되기 한참 전에 자궁벽에 완벽하게 묻힌다.

착상 후 묻힌 세포공은 분화를 시작한다. 내부세포 덩어리는 배아가 되고, 나머지 세포들은 정교한 지원시스템이 된다. 지원시스템은 양막낭과 탯줄을 포함하는데 이것들은 배아가 발달할 수 있게 해준다. 내부세포 덩어리는 처음에는 한 층의 두께지만 두 번째 주 동안에 3개 층으로 된다. 각 층은 서로 다른 발달적 운명을 갖는다. 가장 위의 층은 신경계, 손톱, 발톱, 이, 내이, 눈의 수정체, 표피가 된다. 중간층은 근육, 뼈, 순환계, 피부 안쪽 층, 다른 내부기관이 된다. 가장 밑의 층은 소화계, 폐, 비뇨기계, 호르몬선으로 발달한다. 수일 내에 배아가 이러한 3개 층으로 분화되고 며칠 후에 U자 모양의 홈 모양들이 이 가장 위층의 중심에서 아래 부분으로 생긴다. 홈의 꼭대기에 있는 주름들은 합쳐져서 융합되어 **신경관**(neural tube)을 만든다(그림 2.4). 신경관의 한쪽 끝은 부풀어 올라서 뇌로 발달하고 나머지 부분은 척수가 된다.

배아를 따라 나타나는 지원시스템은 정교하며 배아 발달에 중요하다. 이 지원시스템의 핵심적 요소 하나는 **양막**(amniotic sac)이다. 양막은 깨끗하고 물같은 액체로 가득 차 있는 막으로 태아가 이 물속에 떠 있다. 양수는 비교적 고른 온도와 덜컹거림에 대한 쿠션을 제공하면서 발달 중인 태아를 보호하는 완충물 역할을 한다. 여러분이 간단히 보게 될 바와 같이 양수는 태아를 떠 있게 하기 때문에, 태아는 가늘고 약한 근육을 중력의 영향에 제약을 받지 않고 움직일 수 있다.

지원시스템의 두 번째 중요한 요소인 **태반**(placenta)은 태아와 어머니의 혈류에 운반되고 있는 물질을 교환하게 해주는 독특한 기관이다. 태반은 대단히 풍부한 혈관연결망으로 어머니의 자궁세포조직 속으로 곧 뻗어나갈 수 있는 혈관으로 이루어진다. 태반은 전체 표면적이 약 8.4m²에 이르며, 대략 집에서 사용하는 자가용이 차지하는 도로의 넓이와 같다(Vaughan, 1996). 태반에서 배아로 갔다가 다시 되돌아오는 혈관들은 **탯줄**(umbilical cord) 안에 들어 있다.

태반에서 어머니와 태아의 혈관시스템은 매우 밀착되어 있다. 그러나 태반은 그 혈관들의 혈액이 실제로 섞이는 것을 막는다. 그러나 태반막은 반투과성이기 때문에 어떤 요소들은 통과하고 어떤 요소들은 통과할 수 없다. 산소, 영양소, 미네랄, 어떤 항체들 — 그것들 모두는 여러분에게 중요한 것과

마찬가지로 태아에게도 중요하다 — 은 어머니의 혈류에 의해 태반으로 운반된다. 그것들은 태반을 지나 태아의 혈액시스템 안으로 들어간다. 태아에게서 생긴 배설물들[예 : 이산화탄소, 요소(단백질 대사로 생긴 질소화합물로 오줌의 성분)]은 반대로 태반을 지나 어머니의 혈액시스템 안으로 들어간 후 어머니의 정상적 배설처리를 거쳐 혈액으로부터 제거된다.

태반막은 어머니 몸에 서식하며 태아에게 해를 주거나 심지어 치명적일 수 있는 많은 위험한 독소와 감염원에 대해 방어벽 역할도 한다. 불행하게도 태반은 반투과적이어서 완벽한 방어벽이 아니다. 그래서 나중에 보게 되는 것처럼 다양한 해로운 요소들이 태반을 통과해서 태아를 공격할 수 있다.

태반의 다른 기능 하나는 에스트로겐을 포함하는 호르몬의 생산이다. 에스트로겐은 어머니 혈액이 자궁으로 흐르는 것을 증가시키고 프로게스테론은 조산을 하게 만들 수 있는 자궁수축을 억제한다.

두미발달 ■ 머리 근처의 영역이 머리에서 더 먼 영역보다 먼저 발달하는 성장 패턴

태내발달의 그림 요약

4주부터 태내발달 과정은 그림 2.5에서 2.11까지의 사진에서 볼 수 있으며 중요한 이정표는 본문 안에 강조되어 있다. (언급된 태내행동은 다음 절에서 자세히 언급될 것이다.) 초기 발달은 나중에 이루어지는 발달보다 더 빠른 속도로 일어나며, 머리에 가까운 영역들은 더 멀리 떨어진 영역들보다 더 일찍 발달한다(예 : 몸보다 머리가 먼저, 발보다 손이 먼저)는 점에 주목하라. 이것은 **두미발달**(cephalocaudal development)로 알려진 일반적 발달경향이다.

그림 2.5 : 수정 후 4주 된 배아는 매우 단단히 구부리고 있어서 머리와 고리 모양 구조가 거의 닿을 것 같다. 여러 개의 얼굴특징은 배아 머리 앞부분에 있는 4개 주름 세트에서 생겨난다. 이런 조직의 이동과 확장의 결과로 어떤 부분들은 융합하고 어떤 부분들은 분리되면서 점차 얼굴이 만들어진다. 머리의 꼭대기와 가까운 둥근 영역은 눈이 만들어지는 곳이다. '목'의 뒷부분 가까이 있는 둥근 회색 영역은 원시 내이(inner ear)이다. 원시 심장(heart)은 볼 수 있다. 이것은 이미 뛰고 있고 피를 순환시키고 있다. 팔의 싹이 배아의 옆에 보일 수 있고, 다리의 싹도 존재하지만 덜 분명하다.

그림 2.6 : (a) 5주 반이 된 태아는 코, 입, 입천장이 별개의 구조로 분화되기 시작한다. (b) 3주 만에 코와 입은 거의 모양이 다 만들어진다. 세계적으로 가장 자주 일어나는 출생결함인 구개파열(cleft palate)은 기형을 포함한다(때로는 작고, 때로는 큰). 이런 병은 이러한 구조가 발달하고 있는 때인 태내기 5주 반에서 8주 사이에 종종 시작한다.

그림 2.7 : 9주 된 태아의 머리는 몸의 나머지 부분보다 크다. 불룩해진 이마는 수 주 동안 진행되고 있는 매우 빠른 뇌성장을 반영한다. 초보적인 눈과 귀가 형성되고 있다. 더 발달을 계속해야 하긴 하지만 모든 내적 기관들이 존재한다. 성 분화가 시작되었다. 갈비뼈를 볼 수 있고, 손가락과 발가락이 출현했으며, 손톱과 발톱이 자라고 있다. 태아를 태반에 연결하는 탯줄을 볼 수 있다. 태아는 자발적인 운동을 하지만, 운동이 너무 작고 아기가 양수에 떠 있기 때문에 어머니는 태동을 느낄 수 없다.

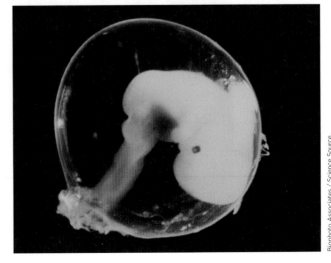

그림 2.5 **4주가 된 배아**

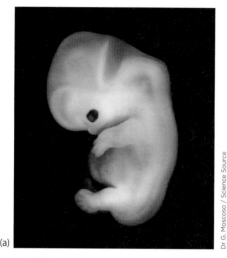

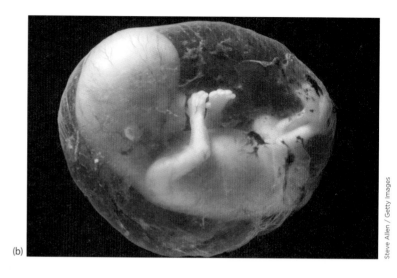

(a)

(b)

Dr. G. Moscoso / Science Source

Steve Allen / Getty Images

그림 2.6 얼굴 발달 (a) 5.5주 (b) 8.5주

그림 2.8 : 11주 된 태아는 심장을 분명히 보여준다. 이것은 기초적인 성인 구조를 이루었다. 여러 분은 발달하고 있는 척추와 갈비뼈도 볼 수 있고 뇌의 주요 부분도 볼 수 있다.

그림 2.9 : 태내발달의 마지막 5개월 동안에 신체 아랫부분의 성장이 빨라진다. 태동은 극적으로 증가한다. 태아 가슴은 호흡 움직임을 만들고, 일부 반사(파악, 삼킴, 빨기반사)가 존재한다. 16주 경 태아는 강한 발차기가 가능한데 어머니는 가벼운 '퍼덕임' 정도로 느낀다. 이 시기에는 외부 생 식기가 확실히 발달해서, 카메라로 각도를 바꾸어 찍으면 태아가 남아인지 여아인지를 알 수 있다.

그림 2.10 : 18주 된 태아는 아주 가는 털로 덮여 있고, 기름기 많은 코팅이 액체 속에 오랫동안 담겨 있는 피부를 보호한다. 얼굴표정의 요소들이 존재한다. 태아는 눈썹을 올려서 이마에 주름을 만들고 입을 움직일 수 있다. 태아의 무게가 급속히 늘어남에 따라 양막낭이 더 비좁아져서 태동이 줄어들게 된다.

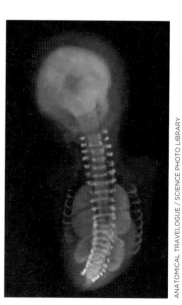

Alain Pol, CNRI / Science Photo Library / Getty Images

ANATOMICAL TRAVELOGUE / SCIENCE PHOTO LIBRARY

그림 2.7 9주 된 태아

그림 2.8 11주 된 태아

Anatomical Travelogue / Science Source

그림 2.9 16주 된 태아

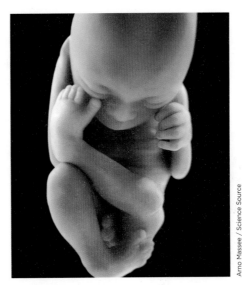

Arno Massee / Science Source

그림 2.10 18주 된 태아

　그림 2.11 : 28주는 뇌와 폐의 충분한 발달이 두드러진다. 이 시기에 태어난 태아는 의학적 중재 없이 자력으로 생존할 기회를 갖는다. 눈을 뜨고 움직일 수 있다. 특히 급속안구운동(REM) 기간 동안 그렇다. 청각 체계는 이제 작동해서 태아는 다양한 소리를 듣고 반응한다. 이 발달단계에서 태아의 신경활동은 신생아의 신경활동과 매우 유사하다. 태내기 마지막 3개월동안 태아는 크기가 극적으로 커지는데 기본적으로 무게가 3배가 된다.

　이 9개월 시기동안 빠르고 눈에 띄는 발달을 한 전형적인 결과가 건강한 신생아이다.

태아 행동

우리가 본 바와 같이 태아는 자신의 신체발달 및 행동발달에서 적극적 참여자이며 기여자이다. 실제로 정상적인 기관과 근육의 형성은 태동에 따라 달라지며 태아는 출생에 필요하게 될 행동목록을 시연한다.

그림 2.11 28주 된 태아

움직임

자궁 안에서 아이가 얼마나 빨리 움직이기 시작하는지 아는 어머니는 거의 없다. 수정 후 5, 6주부터 태아는 머리와 척추를 간단히 굽히는 것부터 시작해 자발적으로 움직인다. 그리고 이후 주들 동안 점점 더 복잡한 움직임의 시작이 뒤따른다(de Vries, Visser, & Prechtl, 1982). 가장 초기(7주경)에 나타나는 매우 충분하고 독특한 움직임 패턴 중 하나는 딸꾹질이다. 태내 딸꾹질을 하는 이유가 알려지지 않았음에도 불구하고, 최근 이론 중 하나는 딸꾹질이 본질적으로 트림반사라고 가정한다. 이 트림반사는 위에서 공기를 제거하고 젖이 들어갈 공간을 더 크게 만들어서 태아로 하여금 보살핌을 받을 준비를 시킨다(Howes, 2012).

MEDI-MATION / SCIENCE PHOTO LIBRARY

초음파 기술은 발달하는 태아의 건강과 안녕을 모니터하는 데 쓰인다.

삼킴반사(swallowing reflex)는 특히 중요한 또 다른 태아 움직임 형태다. 태아가 양수를 삼키면 이것은 위장관 체계를 통과해 지나간다. 대부분의 액체는 양막낭 속으로 다시 방출된다. 마시고 삼키는 일과 관련된 혀 움직임이 입천장의 정상발달을 촉진하는 것이 이 활동이 갖는 한 가지 이득이다. 게다가 양수의 신체 통과는 소화기계가 적절하게 성숙하는 것을 돕는다. 그래서 양수 삼키기는 자궁 밖에서 태아가 생존하도록 준비시킨다.

태아는 팔다리도 움직이고, 손가락을 흔들며, 탯줄을 움켜쥐고, 머리와 눈을 움직이며, 하품을 한다. 일종의 뒤로 공중제비를 해서 완전한 자세 변화가 이루어진다. 다양한 움직임들은 처음에는 미숙하고 협응이 안 되지만 점차 더 통합이 된다. 출생 시에 존재하게 될 대부분의 움직임은 12주경에 나타났다(de Vries et al., 1982). 어머니는 여전히 그 움직임들을 인식하지 못했다.

이후에, 어머니가 이미 태동을 느낄 수 있을 때, 어머니들의 보고는 태아가 움직이는 양은 시간이 흘러도 매우 일정하다고 보고한다. 어떤 태아들은 매우 활동적인 반면에 다른 태아들은 더 가만히 있다(Eaton & Saudino, 1992). 이러한 태내 일관성(continuity)은 적어도 남아의 경우에 출생 후 기간까지 연장된다. 더 활동적인 태아들은 더 활동적인 영아들로 성장한다(DiPietro et al., 2002). 가장 놀라운 것은 임신기간 동안 더 활동적인 태아들은 영아기 동안 더 큰 정서조절 수준을 시사하는 기질을 나타낸다는 점이다(DiPietro et al., 2002).

다른 형태의 태아 움직임은 출생 시 신생아가 호흡을 시작해야 한다는 사실에 예비한다. 호흡이 일어나기 위해서는 폐와 나머지 호흡기계 부분(횡격막을 안팎으로 움직이는 근육을 포함)이 성숙되어 기능해야만 한다. 이르면 수정 후 10주에 시작하는데 태아는 가슴벽을 안팎으로 움직이는 '태아호흡(fetal breathing)'을 통해 폐를 훈련함으로써 호흡 준비성을 촉진한다. 물론 공기가 안으로 들어오는 건 아니다. 대신에 적은 양의 양수가 폐로 들어오고 다시 배출된다. 지속적이고 일관적인 폐활동 패턴을 보이는 실제 호흡과는 다르게, 태아호흡은 초기에는 드물고 불규칙적이다. 그러나 임신 후기 동안에 특히 비율과 안정성이 증가한다(Govindan et al., 2007).

행동주기

일단 5~6주 사이에 태아가 움직이기 시작하면 그다음 달 정도 동안 거의 항상 움직인다. 그다음에 비활동 기간이 점점 생기기 시작한다. 휴식-활동 사이클(높은 활동의 폭발과 한 번에 수 분 동안 활동을 적게 하거나 활동하지 않는 것이 번갈아 오는)이 10주 정도에 빠르게 나타나서 임신 후반기 동안에 매우 안정적이 된다(Robertson, 1990). 태내기 후반에 태아는 약 10~30% 정도의 시간만 움직인다(DiPietro et al., 1998).

일상적 리듬(24시간 주기)을 포함하는 긴 간격패턴(longer-term pattern)은 분명해지는데 이른 아침에는 덜 활동적이고 늦은 저녁에는 더 활동적이 된다(Arduini, Rizzo, & Romanini, 1995). 이것은 대부분의 임신부들이 자신들이 자려고 할 때 태아가 깨어나서

"아, 남자아이네요. 그러고 보니 어머니 배 안에서 느끼시는 급작스러운 심한 통증에 대한 설명이 되겠네요."

곡예를 시작한다고 느끼는 것이 옳음을 입증해준다.

임신 말기가 가까워지면 태아는 시간의 3/4 이상을 신생아의 수면처럼 조용하고 활동적인 수면상태로 보낸다(James, Pillai, & Smoleniec, 1995)(72쪽 참조). 활동적인 수면상태는 영아와 어른에 서 있는 그대로의 REM의 특징을 갖는다.

태내 경험

학자에서 만화가에 이르기까지 모든 사람이 조장하는 인기있는 생각이 있다. 그 생각은 우리가 어머니 자궁에 있을 때 경험한 조용한 보호를 갈망하며 생활한다는 것이다. 하지만 자궁은 평화와 고요의 천국일까? 자궁과 양수가 어머니에게 주어지는 많은 자극으로부터 태아를 보호하긴 하지만, 연구는 태아가 감각자극을 많이 경험한다는 것을 분명히 보여준다.

시각과 촉각

자궁 안이 완전히 어두운 것은 아니지만 태아의 시각 경험은 아주 적다. 그러나 태아는 자신의 활동의 결과로 촉각 자극을 경험한다. 움직여 돌아다니는 과정에서 손이 다른 신체 부위에 닿게 된다. 태아는 자신의 탯줄을 잡는 것뿐만 아니라 얼굴을 만지고 엄지손가락을 빠는 것도 관찰되었다. 실제로 임신 후반기 동안의 태아 팔 움직임의 대부분은 손과 입 사이의 접촉을 가져온다(Myowa-Yamakoshi & Takeshita, 2006). 태아가 커지면서 더 자주 자궁벽에 부딪친다. 만삭이 되면 태아는 어머니의 움직임(반복된 진동과 흔들림)에 반응한다. 이것은 태아의 전정 체계 — 내이 안에 있는 감각기관으로 움직임과 균형에 대한 정보를 제공한다 — 도 출산 전에 기능함을 시사한다(Lecanuet & Jacquet, 2002)

미각

양수는 여러 가지 맛을 지닌다(Maurer & Maurer, 1988). 태아는 이런 맛을 감지할 수 있고, 어떤 맛을 다른 맛보다 더 좋아할 수 있다. 실제로 태아는 단 것을 좋아한다. 태아의 맛 선호에 대한 첫 번째 증거는 60년보다도 더 전에 수행된 의학연구에서 나왔다(Gandelman이 기술함, 1992). DeSnoo(1937)라는 의사가 과도한 양의 양수를 가진 여자들에 대한 독창적인 치료를 고안했다. 더 많은 양의 단 물을 태아가 소화시켜서 어머니의 양수를 줄이는 걸 돕길 바라면서 그는 양수에 사카린을 주사했다. 그리고 실제로 그 어머니들의 소변은 태아가 양수가 달아졌을 때 더 많이 소화시켰음을 보여주었다. 이것은 미각 민감성과 맛 선호가 둘 다 출생 전에 존재함을 보여준다.

후각

양수는 어머니가 먹은 것의 냄새를 포함하고 있다(Mennella, Johnson, & Beauchamp, 1995). 산부인과 의사들은 출산 동안 자신들이 최근에 카레를 먹거나 커피를 마신 여자들의 양수에서 카레와 커피 냄새를 맡을 수 있다는 보고를 오랫동안 해 왔다. 실제로 인간의 양수는 냄새가 많다는 걸 보여주었다(많은 것이 매우 매력적이진 않은 것으로 생각되지만 — 자극적으로 불쾌하고, 염소같은 것들을 포함하거나 '강한 똥 분위기'를 갖는다고 묘사된다; Schaal, Orgeur, & Rognon, 1995). 냄새는 액체를 통해 전달될 수 있고, 양수는 태아호흡을 통해 태아의 냄새 수용기와 접촉을 한다. 이것은 태아에게 후각경험을 할 기회를 제공한다. 실제로 글상자 2.3에서 논의된 것처럼 새끼쥐들은

습관화 ■ 반복되거나 연속된 자극에 대한 반응이 감소되는 형태의 단순 학습

탈습관화 ■ 새로운 자극의 도입은 반복된 자극에 대한 습관화 이후 관심을 다시 키운다.

출생 후 어미의 젖꼭지를 찾는 데 익숙한 어미 양수의 냄새를 사용한다.

청각

조용한 것과는 매우 거리가 먼 자궁은 소음으로 가득 차 있다. 산전환경은 어머니의 많은 소리들이 있다. 그 소리들은 어머니의 심장박동, 심혈관계를 통한 혈액 펌핑, 호흡, 삼킴, 소화기계가 만드는 거친 소음 등이다. 이러한 소리들은 조용하지 않다. 자궁 내의 소음 수준은 70~95데시벨 범위이다(이 범위는 대강 진공청소기 소리에서 잔디 깎는 기계 소리에 걸쳐 있다).

특히 현저하고 잦은 소리 자극의 원천은 어머니가 말하는 목소리이다. 어머니 목소리가 갖는 가장 분명한 측면은 어머니 말의 일반적 리듬과 고저이다.

마지막 삼분기 동안 외적인 소음은 태아 움직임과 심박동에서 변화를 이끌어내는데, 이것은 태아가 어머니 몸 밖에서 나는 소리도 지각한다는 것을 시사한다(Kisilevsky, Fearon, & Muir, 1998; Lecanuet, Granier-Deferre, & Busnel, 1995; Zimmer et al., 1993). 임신 말기쯤 되었을 때 태아의 심박동수 패턴 변화는 어머니 배 가까이에서 들리는 음악과 말소리를 구별할 수 있음을 보여준다(Granier-Deferre et al., 2011). 또한 태아의 심박동수는 어머니가 말을 시작할 때 잠시 감소한다(Voegtline et al., 2013). (이행적 심박동수 감소는 흥미의 표시다.) 태아가 여러 사람의 목소리를 듣는 넓은 청각 경험은 우리가 다음에서 논의할 얼마간의 지속적인 효과를 보인다.

태아 학습

이런 점에서 우리는 발달 초기 단계에서 태아가 보여주는 인상적인 행동역량과 감각역량을 강조한다. 심지어 더 인상적인 것은 중추신경계가 학습을 지원할 만큼 적절히 발달한 후에, 임신 말기 3개월 동안의 경험으로부터 태아가 배우는 정도이다.

인간 태아 학습에 대한 직접적 증거는 습관화 연구로부터 나온다. 습관화는 가장 간단한 학습 형태 중 하나이다. **습관화**(habituation)는 반복되거나 연속되는 자극에 대해 반응이 감소하는 것을 말한다(그림 2.12 참조). 만약 영아의 머리 옆에서 딸랑이를 흔들면, 아기는 아마 딸랑이 방향으로 머리를 돌릴 것이다. 동시에 영아의 심박동수는 일시적으로 느려지는데 이것은 영아가 흥미를 느낌을 나타낸다. 하지만 딸랑이를 반복해서 흔들면 머리 돌리기와 심박동률 변화는 줄어들고 결국 멈출 것이다. 이러한 감소된 반응은 학습과 기억의 증거이다. 영아가 한 번 제시되고 다음 번 제시될 때까지 그 자극을 기억하는 경우에 한해서 자극은 신기함을 잃는다(그리고 지루해진다). 자극 발생에서 지각할 수 있는 변화가 일어났을 때 영아는 다시 흥미를 갖게 된다. 이것을 **탈습관화**(dishabituation)라고 한다. 예를 들어 종 흔들기는 머리 돌리기와 심박동수 반응을 다시 회복한다. [발달심리학은 여러분이 나중의 장들에서 읽게 될 말소리 지각(speech perception)에서 영아의 수 지각(perception of numbers)까지의 범위에 이르는 매우 다양한 주제의 연구에 습관화를 이용했다.] 임신 30주 된 태아들은 시각 자극과 청각 자극 모두에 대해 습관화를 보여준다. 이것은 중추신경계가 이 시점에 충분히 발달해서 학습과 단기기억이 발생

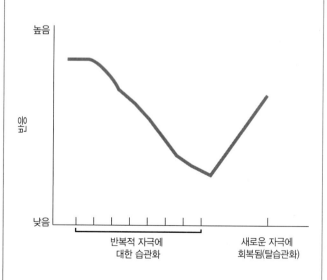

그림 2.12 습관화 하나의 자극이 반복해서 제시되면 그에 대한 반응에서 습관화가 발생한다. 첫 번째 자극이 반복되어 친숙해지면, 그에 대한 반응은 점차적으로 감소한다. 새로운 자극이 발생하면, 반응은 회복된다. 반복적 자극에 대해 감소된 반응은 그것에 대한 기억 형성을 나타낸다. 새로운 자극에 대해 증가된 반응은 새로움에 대한 일반적인 선호뿐만 아니라 친숙한 자극과의 구별을 나타낸다.

높음

반응

낮음

반복적 자극에 대한 습관화

새로운 자극에 회복됨(탈습관화)

하는 것을 보여준다(Matuz et al., 2012; Muenssinger et al., 2013).

계통발생적 연속성 ■ 공통적인 우리의 진화 역사 때문에, 인간은 다른 동물들 특히 포유동물과 많은 특성들, 행동, 발달 과정들을 공유한다는 견해

아마도 어머니의 목소리는 태아에게 빈번하게 들리는 가장 흥미 있는 소리일 것이다. 만약 태아가 출생 전에 어머니 목소리에 대해 어떤 것을 학습할 수 있으면, 이것은 출생 후에 계속해서 말소리의 다른 면의 학습을 시작하게 해준다. 이런 아이디어를 검증하기 위해, Kisilevsky와 동료들(2003)은 출산을 앞둔 태아들을 두 가지 조건 중 하나에서 검사했다. 태아의 반은 어머니가 시를 읽는 녹음내용을 어머니 배에 놓인 스피커를 통해 들었다. 나머지 반은 같은 시를 다른 여성이 녹음한 내용을 들었다. 연구자들은 어머니의 목소리에 대한 반응으로 태아 심박동수가 증가하고, 다른 여자의 목소리에 대한 반응으로 심박동수가 감소한다는 걸 알아냈다. 이런 결과들은 태아가 낯선 이 목소리와 비교해 자기 어머니 목소리를 인지한다(그리고 목소리를 듣고 각성된다)고 말한다. 이렇게 되기 위해 태아는 어머니 목소리를 학습해서 기억해야만 한다.

출생 후에 신생아는 태내 경험에 대해 무언가를 기억할까? 그 대답은 '그렇다'이다. 글상자 2.3에서 논의된 새끼 쥐들처럼, 갓 태어난 인간은 태내기에 그 안에서 살았던 양수의 냄새를 기억한다. 일련의 연구에서 신생아는 2개의 패드에 노출되었다. 하나의 패드는 신생아들 자신이 들어 있던 양수로 적신 것이고 다른 것은 다른 신생아가 있던 양수로 적신 것이다. 2개 패드를 머리의 어느 쪽에 두던지 간에 영아들은 자신들의 양수를 적신 패드 냄새를 향해 머리를 더 오래 향하는 것으로 자신의 양수에 대한 선호를 보여주었다(Marlier, Schaal, Soussignan, 1998; Varendi, Porter, & Winberg, 2002). 이러한 결과들은 어머니가 섭취한 특정 냄새에까지 확장된다. 예를 들면 임신중에 어머니가 아니스(감초 냄새가 남)를 먹었던 영아는 출생 시에 아니스 냄새를 선호했다. 반면에 어머니가 아니스를 먹지 않았던 영아들은 아니스 냄새에 중립적 반응이나 부정적 반응을 보였다(Schaal, Marlier, & Soussignan, 2000).

자궁 안에서의 경험이 지속적인 미각 선호를 하게 만들 수 있다. 한 연구에서 임신한 여성들은 임신 말기쯤의 3주 동안 당근 주스를 마셨다(Mennella, Jagnow, & Beauchamp, 2001). 약 5개월 반이 되었을 때 그들의 아기들은 물과 함께 준비된 시리얼보다 당근 주스와 함께 준비된 시리얼에 더 긍정적으로 반응했다. 그러므로 이 아기들의 냄새 선호는 수개월 전 자궁 속 경험의 영향을 나타낸다. 이러한 결과는 태내 학습의 지속적인 효과를 밝혀준다. 더 나아가 문화적 음식 선호의 기원과 강도를 밝혔다. 어머니가 임신 중에 칠리고추, 생강, 커민(요리용 향료)을 많이 먹은 아동은 그런 향이 나는 음식을 먹지 않았던 어머니의 아이보다 인도 음식에의 노출을 더 좋아하게 된다.

냄새와 마찬가지로 신생아는 자궁 안에서 들었던 소리도 기억한다. 전통적 연구에서 DeCasper와 Spence(1986)는 임신의 마지막 6주 동안 임신부들에게 *모자 속의 고양이(The Cat in the Hat)*(또는 다른 *Seuss* 박사의 책)를 하루에 두 번씩 큰 소리로 읽으라고 요청했다. 이런 식으로 그 임신부들의 태아들은 높은 리듬의 같은 말소리에 반복적으로 노출되었다. 질문은 그 태아들이 출생 후 뱃속에서 들었던 친숙한 이야기를 기억(재인)할 것인지다. 이것을 알아보기 위해 연구자들은 그 태아들이 신생아일 때 검사했다. 영아들에게 작은 헤드폰을 끼워 주고, 특수한 고무 젖꼭지를 물린다(그림 2.13 참조). 특정 패턴으로 젖꼭지를 빨 때, 영아

그림 2.13 태내 학습 이 사진의 신생아는 자신이 듣는 것을 통제할 수 있다. 아기의 고무 젖꼭지는 컴퓨터에 연결되어 있고, 그것은 다시 오디오 기기에 연결되어 있다. 만일 아기가 어떤 패턴(이것은 연구자에 의해 미리 설정되었다)으로 빨면, 어떤 하나의 녹음된 소리를 들을 수 있다. 만일 아기가 다른 패턴으로 빨면, 또 다른 녹음된 소리를 들을 수 있다. 연구자들은 이 기법을 이용해서 영아 능력에 대한 많은 질문들을 연구했다(태아 경험이 신생아 선호에 미치는 영향을 포함하여).

들은 헤드폰으로 친숙한 이야기를 들었다. 그러나 영아들이 다른 패턴으로 빨 때는 친숙하지 않은 이야기를 들었다. 아기들은 친숙한 이야기를 들을 수 있는 패턴으로 빠는 게 급속히 증가했다. 이런 식으로 이 신생아들은 자궁 속에서 들었던 이야기의 리듬 패턴을 분명히 알고 선호했다. 이 장의 시작 부분에서 말한 바와 같이, 영아들은 엄마 배 위에 놓인 오디오 스피커를 통해 외부에서 제공된 특정한 청각적 태내 경험(반복된 넌센스 단어 하나)도 기억한다(Partanen et al., 2013).

신생아들은 태내 경험에 근거해 여러 가지 추가적인 청각적 선호를 보여준다. 우선 첫째로 신생아들은 다른 여자의 목소리보다 자기 어머니의 목소리를 듣는 것을 더 좋아한다(DeCasper & Fifer, 1980). 그러나 이것이 출생 후 수 시간 또는 수일간의 경험에 의한 것이 아님을 어떻게 알 수 있을까? 신생아는 자궁 속에서 들렸던 방식으로 들리게 여과(필터링)를 한 엄마 목소리 버전을 듣는 것을 선호하는 것으로 나타났다(Moon & Fifer, 1990; Spence & Freeman, 1996). 예를 들어 어머니

글상자 2.3 ┃ 자세히 살펴보기

태내발달에 대한 비인간 동물 모델

이 책 전체에 걸쳐, 우리는 인간 발달에 관한 요점을 정리하기 위해 비인간 동물에 대한 연구를 이용할 것이다. 그렇게 함으로써 우리는 **계통발생적 연속성**(phylogenetic continuity)-공통적인 우리의 진화역사 때문에, 인간은 다른 생물들과 많은 특성이나 발달 과정들을 공유한다는 아이디어-의 원리에 동의한다. 실제로, 우리가 제3장에서 논의할 바와 같이, 여러분은 유전자의 대부분을 개나 고양이, 햄스터와 공유한다.

비인간 동물 모델의 행동과 발달이 인간 발달에 유익하고 유용한 정보를 줄 수 있다는 가정은 많은 연구에 기초를 두고 있다. 예를 들어 임신 여성의 알코올 소비의 위험성에 관한 지식의 많은 것은 비인간 동물에 대한 연구에서 나왔다. 과학자들은 임신 중 음주는 태아알코올스펙트럼장애를 일으킬 거라고 의심해 왔기 때문에, 실험적으로 태아 쥐를 알코올에 노출시켰다. 출생 시에 이 쥐들은 비전형적인 얼굴 모양을 하고 있었는데, 이는 어머니에 의해 자궁에서 심하게 알코올에 노출된 인간 아기의 얼굴 기형과 매우 유사했다. 이 사실은 *태아알코올증후군*이 다른 어떤 요인보다도 알코올이 그 원인일 것이라는 연구자들의 확신을 증가시켰다.

최근의 대단히 흥미로운 발견인 태아 학습의 존재 역시 비교심리학자들이 선호하는 동물(쥐)에 대한 연구에서 나왔다. 출생 후 살아남기 위해서, 신생 쥐는 우유를 생산하는 어미의 젖꼭지를 찾아야만 한다. 그들은 어떻게 어디로 가야 하는지를 알까? 답은, 자기들에게 친숙한 것을 찾는 것이다. 출

인간 발달에 관심이 있는 과학자들은 쥐의 모성행동연구에서 많은 것을 배운다.

WILDLIFE GmbH / Alamy

생 과정 동안, 어미 배에 있는 젖꼭지들은 양수로 뒤덮인다. 양수의 냄새는 새끼들에게 자궁에서부터 친숙하며, 그 냄새가 새끼들의 코와 입이 있어야 할 곳(젖꼭지 근처)에 있도록 한다(Blass, 1990).

신생 쥐가 양수 냄새를 인식함으로써 어미의 젖꼭지를 발견한다는 것을 어떻게 결정했을까? 한 예를 든다면, 연구자들이 어미의 배에서 양수를 씻어냈을 때, 새끼들은 어미의 젖꼭지를 찾지 못했다. 어미 젖꼭지의 반을 씻어냈을 때에는, 새끼들은 양수가 묻어 있는 나머지 반에 달라붙었다

(Blass & Teicher, 1980). 더 인상적인 것은, 연구자들이 향이나 향미를 양수에 주입했을 때(주사로 직접 주입하거나, 어미의 식사에 첨가하거나), 새끼들은 출생 후 그 향이나 맛을 선호했다(Hepper, 1988; Pedersen & Blass, 1982; Smotherman & Robinson, 1987). 설치류에서의 태아 학습에 대한 이런저런 예시들은 발달심리학자들로 하여금 인간 태아에서 그와 유사한 과정을 찾아보도록 영감을 주었다. 여러분이 후에 보게 되듯이, 그들은 그것들을 찾아냈다.

가 프랑스 어를 하는 신생아들은 러시아어보다 프랑스어를 듣는 걸 더 좋아한다. 그리고 이러한 선호는 자궁안에서 들리는 방식으로 소리가 나오게 여과되었을 때 유지된다.

인간 태아가 듣고 학습한다는 데 의문이 있을 수 없다. 이것은 예비부모가 아직 태어나지 않은 아이의 교육을 약속하는 프로그램에 등록해야만 함을 뜻하는가? 그런 프로그램들은 배에 부착한 스피커를 통해 예비엄마가 태아에게 말하고, 책을 읽어주고, 음악을 들려주는 것 등을 하라고 권한다. 어떤 프로그램은 신생아가 엄마 목소리와 마찬가지로 자신들의 목소리를 기억(재인)할 것이라는 희망으로 다른 가족들이 어머니의 불룩한 배에 메가폰으로 말을 하도록 재촉한다. 그런 시도들에 어떤 문제가 있는가?

아마도 없을 것이다. 다른 가족들의 목소리를 더 명백하게 더 자주 듣는 일은 신생아가 출생 후 친숙하지 않은 목소리보다 더 선호하게 만들 수 있다. 어찌되었건 그런 선호는 출생 후 매우 빠르게 발달한다. 그리고 광고하는 태내훈련의 유리함 중 어떤 부분은 일어나지 않을 것임은 명백하다. 첫째, 태아의 뇌는 언어적 의미를 많이 처리할 수 있을 정도로 충분히 발달하지 않는다(심지어 갓 태어난 영아도 단어의 의미를 학습할 수 없다). 게다가 자궁의 액체환경 — 양수가 제공하는 — 은 상세한 말소리를 여과해 버리고 음높이의 윤곽과 운율패턴만 남긴다. 뇌발달뿐만 아니라 이러한 청각적 환경은, 외부 세상에 대한 태아의 시각적 접근 부족과 함께, 태아가 단어의 뜻이나 어떤 종류의 사실적 지식을 학습하는 것을 불가능하게 만들었을 것이다. 이것은 예비엄마가 큰 소리로 얼마나 많이 읽어주었는지와 관계없다. 요약하면, 태아가 배우는 것은 엄마 목소리와 엄마 언어의 일반적인 패턴이지 어떤 특정한 내용이 아니다. '태아교육'에 대한 현재의 광기는 부모의 욕구에 맞추어 초기발달을 조성하려는 잘못된 계획의 시도가 될 것이다.

태내발달의 위험요인

지금까지 우리 태아는 출생 전 정상발달 과정에 있었다. 그러나 불행하게도 태내발달은 오류나 불행으로부터 항상 자유로운 것은 아니다. 가장 극단적이고 일반적인 불행은 단연 자연유산이다. 보통 이것을 유산이라고 말한다. 대부분의 유산은 임신부가 임신을 했다는 사실을 알기도 전에 일어난다. 예를 들면 중국인 표집을 사용한 Wang과 동료들(2003)은 약 1/3의 태아가 출산까지 생존하지 못했고, 그런 유산들 중 2/3가 임신이 임상적으로 탐지되기 전에 일어났다는 것을 알아냈다. 매우 일찍 유산되는 대다수의 배아는 더 이상의 발달을 불가능하게 만드는 심각한 결함이 있었다. 이런 심각한 결함은 염색체 소실(missing chromosome)이나 과잉 염색체(extra chromosome)를 갖는 것이다. 미국에서 임상적으로 인지된 임신의 15%가 유산으로 끝이 난다(Rai & Regan, 2006). 여러 해의 자녀양육 동안에 최소한 여성의 25%가 — 많이는 50%까지도 가능 — 적어도 한 번의 유산을 경험한다. 이런 경험이 얼마나 흔한지를 깨닫는 커플은 거의 없다. 그래서 유산을 하게 되면 더 고통스러워한다. 더 괴로운 것은 반복유산을 경험하거나 또는 3번 이상의 연속된 유산을 경험하는 약 1%의 커플이 하는 경험이다(Rai & Regan, 2006).

유산 위험 속에서도 생존하는 태아들에게는 뜻하지 않은 부정적 결과를 가져올 수 있는 요인들이 있다. 유전적 요인이 가장 흔하며, 다음 장에서 논의된다. 여기서는 태내발달에 해로운 영향을 줄 수 있는 많은 환경영향 중 일부를 알아본다.

기형유발요인

1956년 봄, 일본에서 두 명의 자매가 정신착란과 걷기 불능으로 병원에 왔다. 부모와 의사는 자매의 급작스러운 퇴화에 당혹스러웠다. 그 미스터리는 더 많은 아동과 성인들이 거의 같은 증상을 보여줌으로써 커졌다. 부모들 모두가 미나마타의 작은 해안 마을 출신이라는 발견은 공통적인 원인을 제시한다. 원인은 그 지역 석유화학제품 및 플라스틱 공장이 미나마타만으로 배출한 엄청난 수은이다. 수년 동안 미나마타 주민들은 오염된 미나마타만 물속의 수은을 흡수한 물고기를 먹어 왔다. 1993년경 2,000명 이상의 아동과 성인들이 '미나마타병' — 메틸수은 중독 — 이라고 알려진 진단을 받았다(Harada, 1995). 최소한 40명의 아동이 임신한 어머니가 먹은 물고기 속의 수은에 의해 태내 중독이 되어 뇌성마비, 지적장애, 많은 다른 신경학적 장애를 가지고 태어났다.

미나마타만의 비극은 환경요인이 태아발달에 미칠 수 있는 심각하게 해로운 영향에 대한 최초의 확실한 증거 중 일부를 제공했다. 여러분도 알게 되겠지만, **기형유발요인**(teratogens)이라 불리는 방대한 수의 환경요인이 태아에게 해를 가할 가능성이 있다. 그 결과 손상은 상대적으로 경미하고 쉽게 치료될 문제에서부터 태아 사망에까지 이른다.

잠재적인 기형유발요인이 주는 효과의 심각성에서 중요한 요인은 타이밍이다(제1장에서 논의된 기본적 발달원리 중 하나). 많은 기형유발요인들은 태내발달의 **민감기**(sensitive period)에 존재할 때만 손상을 초래한다. 주요 기관 체계들은 기관들의 기본 구조가 이루어지는 시기에 가장 손상을 받기 쉽다. 각 체계마다 그 타이밍이 다르기 때문에, 그림 2.14에서 보는 바와 같이 민감기는 각 체계마다 다르다.

1960년대 초의 탈리도마이드약과 관련된 출산 결과보다 타이밍의 중요성을 더 극적이고 직접적으로 보여주는 것은 없다. 탈리도마이드는 입덧(다른 것들 중에서)을 치료하기 위해 처방되었고 매우 안전해서 의사의 처방 없이 팔렸다. 그때는 그런 약들은 태반장벽을 통과하지 않는다고 믿었다. 그러나 이 안전하다고 여겨진 새로운 진정제를 복용한 많은 임신부들은 주요 사지 기형이 있는 아기를 낳았다. 어떤 아기들은 팔이 없이 어깨에서 자라난 지느러미 모양의 손을 가지고 태어났다. 민감기 효과의 충격적인 예에서, 심각한 결함은 임신부가 수정 후 4~6주 사이에 약을 복용했을 때만 발생했다. 그때가 태아의 사지가 출현해서 발달하는 시기다(그림 2.5에서 2.11까지 다시 한 번 보라). 사지가 발달을 시작하기 전이나 사지의 기본적 형태가 만들어진 후에는 탈리도마이드 복용이 해로운 효과를 주지 않았다.

여러분이 그림 2.14에서 볼 수 있는 것과 같이, 많은 기관 체계의 민감기 그리고 어머니가 한 일이나 경험한 일의 결과로 기형유발요인이 가장 중요한 손상을 줄 수 있는 시기는 여성이 임신했다는 것을 깨닫기 전에 일어난다. 상당수의 임신들은 계획된 것이 아니기 때문에, 임신 가능 연령으로 성생활을 활발하게 하는 사람들은 그들이 임신할 아이의 건강을 손상시킬 수 있는 요인을 알 필요가 있다.

기형유발요인 효과의 심각성에 영향을 주는 다른 중요한 요인은 노출기간의 양이다. 대부분의 기형유발요인은 **용량반응관계**(dose-response relation)를 보여준다. 잠재적 기형유발요인에 태아가 많이 노출될수록 태아는 손상으로 고통 받을 가능성이 커지고 손상은 더 심해질 가능성이 있다.

기형유발요인은 자주 결합되어서 발생하기 때문에 그것들의 효과를 분리하기 어렵게 만든다. 예를 들어 도시 빈민가에 거주하는 가족들에게는 부족한 모성영양, 오염에의 노출, 부적절한 산전관리, 심리적 스트레스의 효과를 나누는 것이 어렵다. 다중위험요인의

'미나마타병'의 희생자들은 태내에서 메틸수은에 노출된 사람들을 포함한다.

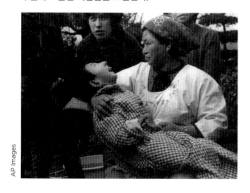

AP Images

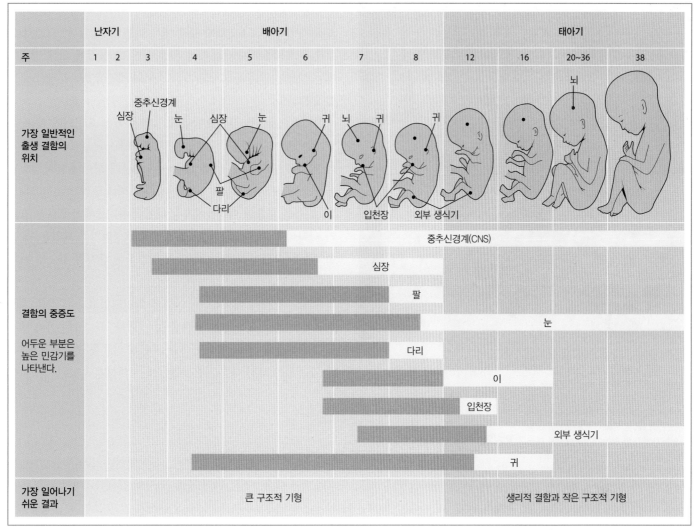

주	난자기		배아기						태아기			
	1 2	3	4	5	6	7	8	12	16	20~36	38
가장 일반적인 출생 결함의 위치		심장 중추신경계	눈 심장	눈	귀 뇌 귀	귀		뇌			
			팔 다리		이 입천장 외부 생식기						

결함의 중증도
어두운 부분은 높은 민감기를 나타낸다.

- 중추신경계(CNS)
- 심장
- 팔
- 눈
- 다리
- 이
- 입천장
- 외부 생식기
- 귀

가장 일어나기 쉬운 결과 | 큰 구조적 기형 | 생리적 결함과 작은 구조적 기형

그림 2.14 **태내발달의 민감기** 태내발달의 가장 민감기 또는 결정적 시기는 배아기다. 첫 2주 동안, 자궁에 착상하기 전에, 접합체는 일반적으로 환경요인들에 민감하지 못하다. 신체의 모든 주요 기관은 3~9주 사이에 발달한다. 그림에서 막대의 진한 초록색 부분은 주요 결함이 발생한 가장 빠른 발달시기를 나타낸다. 밝은 초록색 부분은 사소한 결함이 발생한 계속적이지만 덜 빠른 발달시기를 나타낸다(출처 : Moore & Persaud, 1993).

존재는 발달에 누적효과를 줄 수 있다. 이것은 이 장의 마지막 부분에 있는 다중위험모델에 대한 절에서 더 논의될 것이다.

태내 경험의 부정적 효과는 즉각적으로 증명되지 않을 수 있다. 태내 경험 효과의 늦은 출현은 태아 프로그래밍(fetal programming)을 나타낸다. 왜냐하면 태내기 동안의 경험은 '성인기 생리를 좌우할 생리학적 세트 포인트를 계획'하기 때문이다. 예를 들면 부적절한 태내영양의 경우에는 태아의 신진대사는 자궁에서 경험한 영양결핍 수준에 맞추어지고 출생 후 다시 설정되지 않는다. 열량 섭취의 많은 기회가 있는 출생 후 환경 안에서 이 프로그래밍은 과체중과 비만 주제의 발달 단계를 설정한다. 이 유형의 태아 프로그래밍을 지지하는 증거는 1944년 네덜란드 대기근(Dutch Hunger Winter) 당시 네덜란드에서 임신했던 사람들에 대한 연구에서 나온다(Schulz, 2010). 제2차 세계대전의 이 시점에 네덜란드를 점령한 독일은 하루에 400~800칼로리 정도로 식량을 제한했다. 기근 동안 임신 초기 단계에 있던 여성들은 정상 체중인 아기를 낳았다. 그러나 이 영아들은 비만비율이 높게 자랐다. 태아의 신진대사는 그들이 저영양을 경험하고 있던 출생 전에 분명히 설정되었다. 그리고 영양이 정상 수준에 도달했을 때 다시 설정되지 않았다. 그러므로 이런 사람들의 생리는 그들의 삶에서 나중에 제공되는 음식이 풍부한 환경에는 맞지 않아 비만 위험을 증가시킨다.

Paul Fievez / Getty Images

이 어린 예술가는 그 어머니가 탈리도마이드라는 약을 복용해서 자궁 안에 있는 동안 손상을 입었다. 어머니는 임신 2개월 때 그 약을 먹은 게 틀림없는데, 그 시기가 팔 새싹이 발달하는 시기이기 때문이다 — 이것은 환경요인이 태아발육에 어떻게 영향을 미칠 수 있는지에 대한 타이밍의 중요성에 대해 분명한 증거를 보여주는 불행한 사례이다.

기형유발요인의 효과는 유전적 감수성(아마도 어머니와 태아 모두에서)에서의 개인차에 따라 매우 다를 수도 있다. 그래서 대부분의 사람들에게 해롭지 않은 물질이 그 물질에 의해 영향을 받는 성향이 있는 유전자를 가진 소수의 개인에게는 문제를 유발할지 모른다.

마지막으로 기형유발요인의 확인은 주어진 요인의 영향이 수년 동안 보이지 않을 수 있는 **수면자 효과**(sleeper effects)로 인해서 더 복잡해진다. 예를 들면 1940~1960년대 사이에 디에틸스틸베스트롤(DES) 호르몬이 유산 방지를 위해 보편적으로 사용되었고 그 약을 사용한 여성들에게서 태어난 아기들에게 해로운 효과가 나타나지 않았다. 그러나 청소년기와 성인기가 되었을 때 이 아기들은 자궁경부암과 고환암의 발병률이 증가한 것으로 밝혀졌다.

수많은 잠재적 기형유발요인들이 확인되었으나 우리는 가장 보편적인 것들 중 일부에 초점을 둘 것이다. 표 2.1은 여러 부가적인 요인들과 함께 이 책에서 논의된 요인들을 포함하고 있다. 그러나 여러분은 태내발달에 해로운 것으로 알려진 다른 많은 요인, 또는 의심받고 있는 요인들이 있다는 것을 알아야 한다.

약물

많은 처방 약물과 비처방 약물들이 임신부에게 완전히 안전했지만, 일부 약물은 그렇지 않았다. 임신부(그리고 곧 임신할 거라고 생각할 만한 이유가 있는 여성들)는 의사의 감독하에서만 약을 복용해야 한다. 이 이슈는 2009년 H1N1[돼지 인플루엔자(swine flu)] 유행과 같은 보건 응급상황에서 특히 심각해질 수 있다. 이 시기에 심지어 일부 의사들은 임신한 여성에게 인플루엔자 백신과 아세트아미노펜(타이레놀)을 포함한 약들을 투약하는 것이 적절한지에 대해 혼란스러워했다(Rasmussen, 2012). 아이를 가진 여성들이 일상적으로 사용하는 여드름 약물인 이소트레티노인(어큐테인) 같은 다른 처방약들은 심한 출생결함이나 태아사망을 야기하는 인간 기형유발요인으로 알려져 있다. 실제로 어큐테인(Accutane)과 출생결함 사이의 불확실한 관계 때문에 의사들은 여성들이 약을 처방받기 전에 다양한 피임조치와 임신검사에 응하도록 요구한다.

항우울제 항우울제는 임신하려는 여성들에게 특히 도전적인 이슈를 만든다. 2014년 여성 중 8%가 지난 12개월 동안 적어도 한 차례의 우울증을 경험했다고 보고했다. 이는 남성 보고의 거의 2배다(Center for Behavioral Health Statistics & Quality, 2015). 항우울제 투약은 우울증을 겪

표 2.1

태아/신생아에 위험한 환경요인	
약물	**어머니 질병**
알코올	에이즈
어큐테인	수두
경구 피임약(성호르몬제)	클라미디아
코카인	사이토메갈로바이러스
헤로인	임질
마리화나	단순 포진(음부 헤르페스)
메타돈	인플루엔자
담배	볼거리
환경오염	풍진
납	매독
수은	톡소플라스마증
PCB	지카 바이러스

주 : 이 위험요인 목록은 종합적이지 않다. 발달 중인 태아나 출산 중인 신생아에게 부정적 영향을 줄 수 있는 많은 다른 요인들이 환경 속에 있다.

고 있는 사람들에게 대단히 이익이 될 수 있다. 임신 동안 우울증 치료는 산후 우울증의 위험을 줄여줄 수 있다. 산후 우울증은 거의 20%의 여성들에게 영향을 주고 기존의 우울증 병력이 있는 여성에게 특히 일어나기 쉽다(Di Florio et al., 2013). 출산 전후기의 우울증은 여성에게뿐만 아니라 그들의 아이에게도 문제가 된다. 우울한 여성들은 임신 결과가 나쁘며 그들의 아이들은 사회적 · 인지적 도전의 위험에 처한다. 이것은 부분적으로 모성-영아 상호작용에 의한 것으로 보인다(예 : Taylor, Cavanagh, & Strauss, 2016). (우리는 제10장에서 부모 우울증이 자녀에게 주는 영향을 다시 볼 것이다.)

불행히도 우울증을 치료하기 위해 일반적으로 사용되는 약물, 특히 선택적 세로토닌 재흡수 억제제(SSRIs)의 잠재적인 부정적 효과에 대한 염려가 생겼다. 이러한 염려들이 임신한 여성을 매우 어려운 입장에 처하게 만든다. 그들은 우울증에 약을 쓰고 투약으로 인한 부정적 결과를 감수하는 것을 선택해야만 하는가? 아니면 기분장애(우울증) 치료를 하지 않고 우울증 자체의 부정적 결과를 감수해야 하는가? 미국에서 대략 7%의 임신부들이 항우울제를 먹는다(Yonkers et al., 2014). 이 약들이 태아에게 해로운지 해롭지 않은지에 대한 증거들은 결정적이지 않다. 일부 보고서는 SSRIs를 복용한 여성의 태아들에서 심장기형의 위험이 증가했다고 주장한다. 다른 보고서들은 그렇지 않다(Becker et al., 2016). 유사하게, 조산, 저체중 출산, 단기위축(withdrawl) 증상이 SSRIs를 사용한 여성의 신생아들에 대한 일부 연구에서 관찰되었다. 그러나 다른 연구들은 모성 우울증 영향 외에 약물의 영향을 발견하지 못했다(Becker et al., 2016). 최근 연구는 SSRIs에 대한 태내 노출과 이후의 자폐스펙트럼장애(autism spectrum disorder, ASD) 진단 사이에 관련이 있음을 발견했다(Boukhris et al., 2016). 이 연구의 결과는 즉각적으로 의문을 불러일으켰다(JAMA Pediatrics 웹사이트의 Comment & Response 부분 참조).

우울한 임신 여성들은 비약물치료에 대한 강한 선호를 나타낸 것이 가장 중요할 것이다(Dimidjian & Goodman, 2014). 인지행동치료와 마음챙김(mindfulness) 기반 인지치료를 포함하는 행동적 중재가 약을 사용하지 않는 출산 전후 우울증 치료 방법으로 발전할 가능성을 갖고 있다(예 : Dimidjian et al., 2016; Taylor et al., 2016).

아편 염려가 많아지고 있는 다른 이슈는 아편 처방 약물(예 : 바이코딘, 퍼코셋, 옥시콘틴)의 사용이다. 통증관리를 위해 처방된 이러한 약들은 태아에게 많은 손상을 주어서 태아 자신이 중독될 수 있다. 신생아 금단증후군(neonatal abstinence syndrome, NAS)은 자궁 내에서 아편에 노출되었던 태아가 태어났을 때 보이는 약물 금단증상의 한 형태다. NAS의 공통적인 결과는 저체중 출산, 호흡과 수유의 문제, 뇌전증이 있다. NAS의 유병률 증가는 너무 극적이어서 2015년에는 미국 국회가 「영아보호법(Protecting Our Infants Act)」을 만장일치로 통과시켰다. 「영아보호법」은 이 문제를 예방과 치료 관점 모두에서 언급하려고 한다.

불법약물 불법약물(illegal drug)도 태아발달에 큰 위협이 된다. 2013년 미국 5.4%의 임신부들이 이전 달에 불법약물을 사용했다고 보고했다(Slater, Haughwout, & Castle, 2015). 남용되는 대부분의 약물이 태내발달에 위험하거나 또는 위험할 수 있다는 의심을 받아 왔다. 그러나 그 약물들은 신경전달물질의 효과를 모방하기 위해 만들어진 것이기 때문에 뇌발달에 큰 손상을 가할 가능성이 있다(예 : Behnke et al., 2013).

마리화나는 연구자들의 특별한 관심을 받고 있다. 왜냐하면 미국의 생식가능연령 여성들이 가장 일반적으로 사용하는 불법약물이고 더 많은 주들에서 합법화됨에 따라 사용이 늘어나는 경향이 있기 때문이다. 마리화나는 30일까지 몸속에 존재하며 발달 중인 태아에 대한 마리화나의 잠재적인 부정적 효과는 증가한다(Viteri et al., 2015). 아마도 이런 복합적 효과 때문에 임신 중 마리화나 사용은 사산의 위험이 2배 이상이다(NIDA Substance Use in Women Report, 2015). 출산 전에 마리화나에 노출되었던 신생아들은 비노출 영아들보다 더 저체중으로 태어나며 신생아 집중 치료실(NICU)에서 보내는 시간이 더 많은 경향이 있다(Gunn et al., 2016). 출산 전 마리화나 노출은 더 나이 든 아동들이 주의집중, 충동성, 학습과 기억에서 문제가 생기는 것과도 관련이 있다(Behnke et al., 2013). 그러나 많은 마리화나 사용자들이 담배를 피우고 술을 마시기도 하기 때문에 다른 약물들의 효과로부터 마리화나의 효과를 분리하는 것은 어렵다.

실제로 가장 광범위하게 태아발달 손상을 가져오는 두 가지 약물인 담배(니코틴)와 알코올은 성인들에게 합법적이다. 이러한 물질의 사용은 특정 질환에 대한 약물처방(독감예방주사, 항뇌전증약, 어큐테인 같은)이라기보다 라이프스타일 선택을 나타내므로, 그 약물들의 영향은 특히 많이 퍼져 있다.

흡연 흡연은 흡연자 건강에 좋지 않다. 그리고 흡연자 태아에게 좋지 않다는 증거도 많다. 임신부가 담배를 피면, 임신부는 산소를 덜 흡수하게 되고 그녀의 태아 또한 그렇다. 실제로 태아는 어머니가 흡연 중일 때 숨쉬는 움직임이 더 적어진다. 이에 더해 흡연자의 태아는 담배에 포함된 상당한 암유발 물질을 대사시킨다. 그리고 어떤 사람이 가까이서 흡연을 할 때 어머니가 담배연기를 흡입하기 때문에 간접흡연은 태아의 산소에 간접적 영향을 준다.

모성흡연의 주된 발달적 결과들은 느린 태아발달과 저체중 출산이다. 이 두 가지 모두 신생아 건강을 손상한다. 이에 더해 증거는 흡연이 영아돌연사증후군(SIDS) 위험의 증가(글상자 2.4에서 논의됨) 및 낮은 지능, 듣기결함, ADHD(글상자 9.1 참조)와 암을 포함하는 다양한 다른 문제들의 증가와 관련이 있을 수 있다고 주장한다. 다른 기형유발요인들처럼 흡연은 용량반응관계로 작용한다. 더 큰 흡연 강도(하루에 피는 담배 개비 수로 측정되는)는 사산을 포함하는 더 나쁜 결과를 예언한다(예 : Marufu et al., 2015). 또한 다른 기형유발요인들처럼 시기도 중요하다. 흡연의 효과는 임신 초기에 가장 크다(예 : Behnke et al., 2013). 그러나 모성 흡연이 태아발달에 주는 부정적 효과에 대해 관련 증거가 많고 널리 알리는데도 불구하고, 미국 여성의 약 9%가 임신기간 중에 흡연을 하는 것으로 추정된다(Child Trends DataBank, 2015).

알코올 모성 알코올 사용은 태아 뇌손상의 주원인이며 일반적으로 가장 예방할 수 있는 원인으로 간주된다. 2011~2013년 사이에, 임신한 여성 10명 중 1명이 이전 달에 알코올을 사용했다고 보고했다(Tan et al., 2015). 임신 중 가장 높은 음주율은 35세 이상의 단과대학 학력 고용여성들 사이에서 보인다. 이것은 더 낮은 학력의 임신부들 사이에 우세한 경향이 있는 보다 더 전형적인 모성 기형유발요인 노출과 반대로 고학력 여성에서 나타난다. 학력이 낮은 임신부들은 경제적 및 사회적 자원을 더 적게 갖기 쉽다.

미국에서 임신가능연령 여성의 약 반이 적어도 한 달에 한 번 술을 마신다(Tan et al., 2015). 많은 여성이 임신이 된 직후 수 주 동안 계속 술을 마신다. 이것은 부분적으로는 생리주기에 생리를 하지 않는 임신 4주 이후까지 임신했다는 걸 알지 못하기 때문이다. 비계획 임신에 초점을 둔 연구에서 임신 중인 여성의 반 이상이 자신들이 임신한 것을 알

사진의 이 여성은 자신의 태아의 건강을 위험하게 하고 있다.

Jamie Grill / GETTY IMAGES

영아돌연사증후군

부모에게 자녀의 죽음을 생각하는 것보다 더 두려운 일은 없다. 새로 부모가 된 사람들은 특히 **영아돌연사증후군**(sudden infant death syndrome, SIDS)의 공포에 놀란다. SIDS는 1세 이하 영아의 급작스럽고, 예측하지 못한, 설명할 수 없는 죽음을 말한다. 가장 흔한 SIDS 시나리오는 보통 2~5개월 사이의 건강한 아기가 밤에 잠들었는데 아침에 죽은 채 발견되는 것이다. 미국에서 SIDS 발생률은 10,000번의 출산당 56번이다. 이것이 SIDS를 28일에서 1년 사이의 영아사망을 가져오는 큰 원인이 되게 한다(Task Force on Sudden Infant Death Syndrome, 2011). 아프리카계 미국인과 미국 원주민 영아들이 SIDS로 죽는 경향이 가장 높고, 히스패닉계 미국인과 아시아계 미국인 영아들이 SIDS로 죽는 경향이 가장 낮다. 이런 패턴은 양육에서의 문화적 차이를 말해주며 양육은 영아를 SIDS로부터 보호할 수 있다.

SIDS의 원인은 아직 잘 이해되고 있지 않다. 하나의 가설은 SIDS가 호흡 차단에 대한 부적절한 반사반응 — 즉 코와 입을 덮은 것을 제거하거나 그것으로부터 멀어지는 능력이 없다 — 을 포함할지도 모른다는 것이다(Lipsitt, 2003). 영아는 특히 2~5개월 사이에 SIDS에 취약한데, 그 시기가 뇌의 낮은 부분(뇌간)의 통제 아래에 있는 신생아 반사로부터 뇌의 더 높은 영역(대뇌피질)에 의해 매개되는 학습된 행동으로 이행하는 때이기 때문이다. 이 이행기간 동안의 약해진 호흡차단반사는 영아가 그들의 머리를 부드러운 베개에서 멀어지게 하거나 얼굴에서 담요를 밀어내는 걸 효율적으로 할 수 없게 만든다.

SIDS 원인이 분명하지 않음에도 불구하고, 연구자들은 아기에게 위험을 감소시키기 위해 취할 수 있는 여러 단계를 확인했다. 가장 중요한 것은 영아를 누워 자게 하는 것이다. 이것은 호흡을 방해할 가능성을 줄여준다. 엎드려 자는 것은 다른 어떤 요인보다도 SIDS의 위험을 더 많이 증가시킨다(예 : Willinger, 1995). [위에서 언급한 SIDS 발생률에서의 문화적 차이 측면에서, 히스패닉계 미국

"깨어날 때 얼굴을 위로." 이 영아의 부모는 전 세계적인 SIDS 발생률을 낮추기 위한 좋은 충고를 따르고 있다. 이 캠페인이 시작된 후로 미국 내 SIDS는 이전에 비해 반으로 줄어들었다(Task Force on Sudden Infant Death Syndrome, 2011).

인 부모들은 영아들을 누워 자게 하는 경향이 가장 높고(73%), 아프리카계 미국인 부모들은 가장 낮다(53%).] 부모들에게 영아를 누워 자게 하라고 격려하는 운동 — '누워 자기(back to sleep)' — 은 SIDS 희생자 수의 극적인 감소에 기여했다.

둘째로, SIDS 위험을 낮추기 위해 부모들은 담배를 피우지 말아야 한다. 만약 부모가 담배를 피운다면 아기 주위에서 피워서는 안 된다. 임신 중이나 또는 출산 후에 흡연을 하는 어머니의 영아는 가정에서 흡연에 노출되지 않는 영아들보다 SIDS로 죽을 가능성이 3.5배 더 많다(Anderson, Johnson, & Batal, 2005).

셋째로, 아기들은 베개나 아기침대 범퍼가 없는 평평한 매트리스 위에서 자야 한다. 부드러운 침구는 영아 얼굴 주위로 공기를 끌어들인다. 그래서 아기가 산소 대신에 자신의 이산화탄소를 들이마시게 만든다. 넷째로, 영아들은 많은 담요나 옷으로 싸여 있어서는 안 된다. 지나치게 따뜻한 것은 SIDS와 관련이 있다.

다섯 번째, 모유수유를 하는 영아들은 SIDS로 죽을 가능성이 적다(예 : Hauck et al., 2011). 모유수유는 왜 영아를 SIDS로부터 보호하는가? 하나의 가

능한 이유는 모유수유를 하는 영아들은 인공수유를 하는 영아들보다 더 쉽게 각성되기 때문이다. 그래서 그들의 공기흐름이 차단되었을 때 호흡을 방해하는 것에서 더 쉽게 떨어질 수 있다(Horne et al., 2004). 여섯 번째, 고무 젖꼭지 사용은 SIDS 위험을 줄이는 것으로 나타난다(Hauck, Omojokun, & Siadaty, 2005). 그 이유는 모유수유 영아와 같은 것이다. 수면으로부터의 각성역치가 더 낮다. 다른 설명으로는 고무 젖꼭지 사용이 혀가 이상한 모양으로 있을 때 호흡에 더 익숙해지도록 도울 수도 있다.

마지막으로, 침대는 같이 쓰지 않고 같은 방에서 자는 것이 미국소아과학회에서 권고되었다. 같은 방에서 자는 것은 같은 침대에서 자는 것과 관련된 부가적인 위험 없이 부모가 아기를 살필 수 있다(Moon, 20011).

'누워 자기' 운동의 한 가지 예측하지 못한 결과는 북미 영아들이 이전 세대보다 약간 늦게 기기 시작하는 것이다. 아마도 매트리스를 밀치는 것으로 근육이 강해질 기회가 줄었기 때문일 것이다. 부모들은 낮에 근육훈련을 하기 위해 잘 보살피면서 'tummy time(아기의 상체 힘을 길러주기 위한 엎어 놓기)'을 아기에게 주라고 격려된다.

영아돌연사증후군(SIDS) ■ 확인할 수 없는 원인으로 1세 미만의 영아에게서 일어나는 급작스럽고 예측하지 못한 죽음

그림 2.15 FAS의 얼굴 특징 이 두 아동은 태아알코올증후군의 주요 얼굴 특징 세 가지를 보여준다 — 작은 눈(가로로 잼), 코와 입술 사이의 인중이 없거나 평평함. 윗입술이 얇음. 이런 특징들이 알코올의 영향을 받은 아동들에서 현저할수록 아동들이 태내 뇌손상을 경험할 가능성이 더 크다. 미국에서는 1,000명의 영아당 약 1명이 FAS이다.

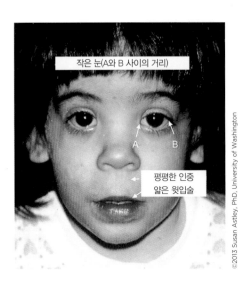

작은 눈(A와 B 사이의 거리)

평평한 인중
얇은 윗입술

©2013 Susan Astley, PhD, University of Washington

Rick's Photography / Shutterstock

기 전의 이전 달에 술을 마셨다고 보고했다(Roberts et al., 2014). 심지어 임신하려는 계획이 있는 여성들도 종종 술 소비를 줄이지 않는다. 최근 연구는 '가능한 빨리' 임신하기를 바라는 여성 4명 중 3명이 계속 술을 마신다는 것을 알아냈다(Green et al., 2016). 앞에서 본 바와 같이 임신 초기의 몇 주는 태아발달에 중요하다.

임신부가 술을 마실 때, 임신부 혈액 속의 알코올은 탯줄을 통해 태아의 혈류와 양수 속으로 들어간다. 그러므로 태아는 직접적으로는 혈류를 통해서 간접적으로는 양수 칵테일을 마심으로써 알코올을 받아들이게 된다. 어머니와 태아 혈액 내 알코올의 농도는 빠르게 똑같아진다. 그러나 태아는 혈액 내 알코올을 대사시키고 제거하는 능력이 낮아서 알코올은 태아의 체계 내에 더 오래 남아 있다.

모성 음주는 **태아알코올스펙트럼장애**(fetal alcohol spectrum disorder, FASD)를 가져올 수 있다. 이것은 알코올 관련 출생결함 연속체를 구성한다. 알코올에 중독된 여성에게서 태어난 아기들은 **태아알코올증후군**(FAS)으로 알려진 종종 극단적인 부정적 결과를 보인다(Jacobson & Jacobson, 2002; Jones & Smith, 1973; Streissguth, 2001; Streissguth et al., 1993). 가장 분명한 FAS의 증상은 그림 2.15에서 보여지는 것과 같은 얼굴 기형이다. FAS의 다른 형태는 다양한 정도의 지적장애, 주의집중문제, 과잉활동을 포함한다.

심지어 임신 중 중간 정도의 음주조차도(예 : 하루에 한 번 이하로 마시는 음주) 발달에 장·단기적인 부정적 효과를 줄 수 있다. 만약 임신 중 폭음(binge drinking, 한 번에 4잔 이상 마시는 음주)을 하면 간헐적 음주(occasional drinking)가 될 수 있다. 2011~2013년 사이에 미국의 임신부 중 3%가 이전 달에 적어도 한 번의 폭음을 했다고 보고했다(Tan et al., 2015). 부정적 효과는 저체중 출산, ADHD가 될 위험 증가, 인지발달 지연, 학업성취 지연을 포함한다(예 : Behnke et al., 2013).

알코올의 잠재적 결과와 임신부에게 안전한 알코올 소비 수준을 아무도 모른다는 사실을 생각하면, 임신한 여성들에게 최선의 방법은 술을 전혀 마시지 않는 것이다.

환경오염

대부분의 미국인(가임연령 여성을 포함하는)의 몸과 혈류는 독성 금속, 합성 호르몬 및 여러 플라

태아알코올스펙트럼장애(FASD) ■ 태아가 발달하는 동안 어머니의 알코올 사용의 해로운 결과. 태아알코올증후군(FAS)은 얼굴기형, 정신지체, 주의집중 문제, 과잉활동, 다른 결함들을 포함하는 다양한 결과를 가져온다. 태아알코올효과(FAE)는 FAS의 표준적인 결과 모두가 아닌 일부를 보여주는 사람들에게 사용되는 용어다.

스틱, 농약, 제초제 성분들의 해로운 혼합물을 포함하고 있다(Moore, 2003). 미나마타병의 스토리를 되풀이하는, 폴리염화바이페닐(PCB)이 높게 함유된 미시간호 어류를 먹은 어머니들은 소두인 신생아를 낳는다는 증거가 축적되었다. 산전에 PCB에 많이 노출된 아이들은 11년 후 약간 낮은 IQ 점수를 보였다(Jacobson & Jacobson, 1996; Jacobson et al., 1992). 중국에서는 경제적 성공으로 이끈 급속한 현대화가 전반적인 건강에 큰 피해를 주고 규제 없는 석탄 연소, 수질오염, 농약에 의한 오염 관련 출생결함이 극적으로 증가하게 만들었다(예 : Ren et al., 2011). 미국 내에서 일부 오염물질의 근절이 진행되고 있지만, 미시간주의 플린트강 근처 도시들에서의 물 위기는 환경적 유해요인들이 지속적으로 위험을 주고 있음이 분명하다는 증거를 제공한다. 예를 들면 돈을 아끼기 위한 시도로 이루어진 2014년의 정책 변화는 플린트 강물이 주택의 수도관들을 부식시켜서 지역에 공급되는 물속 납의 수준을 높게 만들었다. 이 증가한 납 수준은 빈민 지역에 사는 가족들에게 불균형하게 영향을 주었다(Hanna-Attisha et al., 2016). 납은 강력한 신경독소로 그 효과는 지적 및 학업적 성취 측정치에서 가장 눈에 띄게 관찰되며(Amato et al., 2012), 납에 대한 노출은 ADHD 증상의 전개와 관련있다(Nigg et al., 2016). 임신위험과 관련해서는 용량반응관계가 있다. 어머니의 높은 납 수준은 유산, 조산, 저체중률의 위험을 증가시킨다(Ettinger & Wengrovitz, 2010). 이와 같은 경우는 개인, 집단, 지자체가 하는 결정이 환경요인에 줄 수 있는 영향을 강조한다. 그 환경요인들은 다시 태내발달과 아동발달에 때로 큰 재앙이 되는 결과를 가져올 수 있다.

모성요인

임신부들은 태아에게 가장 직접적인 환경을 제공하기 때문에, 임신부의 어떤 특성들은 태내발달에 영향을 줄 수 있다. 연령, 영양상태, 건강, 스트레스 수준이 그런 요인들이다.

연령

임신부의 연령은 임신 결과와 관련이 있다. 15세 이하의 소녀가 낳은 영아들은 23~29세 사이의 어머니에게서 태어난 영아들보다 첫돌이 되기 전에 죽을 가능성이 3~4배 높다(Phipps, Blume, & DeMonner, 2002). 그러나 10대 임신율이 최근에 사실상 감소했다. 2014년 10대들의 출산율은 미국에서 가장 낮은 수준을 기록했다(20세 이하 여성 1,000명당 24명 출산). 어린 엄마가 낳은 아기의 위험에 대한 우려가 미국 내에서 어느 정도 약해진 반면, 10대 출산율은 세계의 다른 곳, 특히 개발도상국들에서 여전히 높다. 예를 들어 니제르(아프리카 서부의 공화국)에서는 10대 소녀들 5명 중에서 1명 이상이 어머니다(United Nations Population Division, n.d.).

많은 여성들이 임신을 하게 되는 연령이 증가하는 것도 걱정을 하게 만든다. 최근 수십 년간 많은 여성들이 30대나 40대가 될 때까지 임신을 기다리는 걸 선택한다. 동시에 불임을 치료하는 기술이 계속 향상되었고 나이 든 부모들의 수정 가능성이 증가하고 있다. 나이 든 임신부들은 자신과 태아들에게 많은 부정적 결과를 가져올 위험이 더 크다. 부정적 결과에는 태아 염색체 기형(제3장 참조)과 출산 합병증이 포함된다. 예를 들어 나이 든 어머니에게서 태어난 아이들은 자폐스펙트럼장애(ASD) 위험이 높아진다(예 : Sandin et al., 2012). 흥미롭게도 어머니의 연령만큼 강력하지는 않지만 아버지의 연령도 ASD 진단율을 예언해준다(Idring et al., 2014). 예측요인으로서의 어머니 연령과 아버지 연령을 구별하는 것은 나이가 많은 것 — 어머니에 국한된 — 과 관련된 태내요인이나 출산요인들(어머니의 연령과 관련이 있는)이 나이 든 부모가 갖게 되는 더 일반적인 결과(연령

요인의 효과)에 더해져 결과에 나쁜 영향을 줄 수 있다는 것을 말한다(Idring et al., 2014).

영양

태아는 필요한 모든 영양분을 어머니에게서 받는다. 만약 임신부가 적절한 식사를 하지 않으면 아직 태어나지 않은 아기도 영양결핍이 될 수 있다. 특정 영양분이나 비타민의 부적절한 공급은 극적인 결과를 가져올 수 있다. 예를 들어 너무 적은 엽산(비타민의 한 종류)을 섭취한 여성은 이분척추 같은 신경관 결함이 있는 영아를 낳을 위험이 크다(그림 2.4 참조). 전반적인 영양실조는 태아 뇌의 성장에 영향을 준다. 자궁에 있는 동안 적절한 영양분을 섭취하지 못한 신생아는 영양을 잘 섭취한 신생아보다 뇌세포 수가 적은 더 작은 뇌를 갖게 되는 경향이 있다.

영양실조는 가난한 가족들에서 더 흔하기 때문에 빈곤과 관련된 다른 많은 위험요인들과 자주 일치한다. 이것이 영양실조가 태내발달에 주는 영향을 분리하기 어렵게 만든다. 그러나 매우 극단적인 환경에서의 발달을 연구한 독특한 연구는 사회경제적 지위와 관련없는 영양실조가 주는 특정 효과의 평가를 가능하게 만들었다. 앞에서 논의했듯이 제2차 세계대전 중 네덜란드 일부 지역에서는 수입과 교육 수준이 다른 모든 사람이 심한 기아로 고통을 받았다. 네덜란드 대기근 기간 동안 수정된 아이들을 성인기까지 추적 관찰했다. 중년기 후반이 되었을 때, 태아 때 영양실조를 경험한 사람들은 영양실조를 경험하지 않은 사람들에 비해 주의과제에서 수행이 좋지 않았다(de Rooij et al., 2010). 이러한 자료들은 영양과 혼입될 수 있는 SES와 기타 환경요인들을 통제하기 위해 형제쌍을 사용한 최근 연구 결과와 일치한다. 큰 규모의 종단연구에서 연구자들은 임신 동안의 칼로리 섭취를 추적하고 임신기간 동안 칼로리 섭취가 달랐던 경우에 형제들이 보인 결과를 비교했다(Connolly & Beaver, 2015). 그 결과는 5세에 나타나는 수학과 읽기능력에서의 개인차를 임신 동안 어머니가 섭취한 칼로리로 예측할 수 있음을 보여주었다.

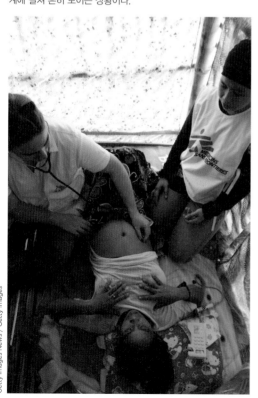

볼리비아의 가난한 부모가 어떻게 자녀를 먹일 것인지를 걱정하고 있다 — 이는 전 세계에 걸쳐 흔히 보이는 상황이다.

질병

임신 중 발생한 대부분의 어머니 질병은 태아에게 영향을 주지 못하지만 일부는 영향을 준다. 예를 들면 만약 임신 초기에 풍진(3일 홍역이라고도 부름)에 걸리게 되면 큰 기형, 난청, 실명, 지적장애를 포함하는 황폐한 발달적 결과를 가져올 수 있다. 질병통제센터는 풍진에 면역이 안 된 여성들은 임신 전에 풍진 예방주사를 맞아야 한다고 권고한다.

성병(STIs)도 태아에게 매우 해롭다. 거대세포바이러스는 헤르페스 바이러스의 일종으로 미국 생식가능 여성의 50~70%에게 존재하며 가장 흔한 선천성 감염의 원인이다(출산의 1~5%에 영향을 줌; Manicklal, 2013). 이것은 태아의 중추신경계에 영향을 줄 수 있고 청력 상실 같은 다양한 다른 심한 결함을 유발할 수 있다. 성기단순포진(genital herpes)도 매우 위험하다. 만약 영아가 산도에 있는 활성 헤르페스 병소에 접촉하게 되면 실명하거나 심지어 사망할 수 있다. HIV 감염은 종종 자궁 내에서 혹은 출산 중에 태아에게 전달되지만, HIV양성 또는 AIDS에 걸린 여성이 낳은 다수의 영아들은 그 병에 감염되지 않는다. HIV는 출산 후 모유를 통해서도 전달될 수 있으나, 최근 연구는 모유가 HIV 감염으로부터 영아를 실제로 보호할 수 있는 탄수화물(carbohydrate)을 포함하고 있다고 주장한다(Bode et al., 2012). 어머니의 질병이 이후에 아이의 **정신병리** 발달에 주는 효과에 대한 증거들이 축적되어 왔다. 예를 들어 조현병 발병은 어머니가 임신 1분기에 독감을 앓았던 사람들에서 3배 더 높다(Brown et al., 2004). 어머니의 독감과 다른 유형의 감염들은 유전적 요인과 상호작용하여 정신질환이 생기게 한다. 감염은 사람을 정신질환 위험에 취약하게 만드는 유전자에 영향을 줄 수 있다. 반대로 감염에 대한 면역 체계 반응에 중요한 유전자가 뇌발달에도 관여하며 이것이 정신질환 위험을 높일 수 있다(예 : Brown & Derkits, 2010). 특히 주목할 점은 입원을 해야 할 정도로 충분히 심각한 어머니의 감염은 ASD의 발달 요인이 될 수도 있다는 것이다(Atladóttir et al., 2010; Lee et al., 2015). 어머니의 감염은 유전적으로 취약한 아동들에게서 이후에 자폐증을 유발할 수 있다(제3장에서 보게 될 바와 같이 ASD는 가장 유전 가능한 발달장애 중 하나다). 아마도 발달 중인 뇌 속의 사이토킨(cytokines, 혈액 속의 면역단백 중 하나) 수준이 높은 것이나 자가면역반응 때문일 것이다(예 : Libbey et al., 2005).

모기매개 감염인 지카 바이러스(Zika virus)는 1947년 우간다에서 발견되었고 2016년 세계에 병이 창궐하여 WHO가 국제공중보건 비상사태를 선포했다. 지카 바이러스는 병 자체는 가볍고 종종 탐지되지 않은 채로 지나가는 반면에, 소두증이라 불리는 심각한 출산결함을 야기할 수 있다. 이것은 아기 머리가 예상보다 훨씬 작은 병이다. 심각성에 따라 뇌발달의 문제가 감각문제(청력상실, 시각 문제)로부터 뇌전증과 지적장애까지의 범위에 걸쳐 있다. 지카 바이러스는 태아의 피질-신경 전구세포(cortical-neural progenitor cells)를 감염시키고 뇌성장을 방해하는 것으로 나타난다(Tang et al., 2016). 풍진, 많은 성병들, 독감과는 달리 지카 바이러스로부터 여성들을 보호할 백신은 없다. 단 하나의 예방 방법은 지카 바이러스가 퍼진 지역에서 모기에 물리지 않도록 하는 것뿐이다. 생식가능연령의 여성들은 지카 바이러스가 성관계로 전달되고 심지어 키스로 전달될 수 있다는 사실도 유념해야만 한다(D'Ortenzio et al., 2016).

어머니의 정서상태

수 세기 동안 사람들은 여성의 정서가 태아에게 영향을 줄 수 있다고 믿었다. 이러한 가정은 검증하기 어렵다. 왜냐하면 어머니의 걱정거리를 측정하기 힘들기 때문이다(DiPietro, 2012). 만약 어머니가 자신의 정서상태를 평가하고 자신의 태아나 영아에 대한 정보를 제공한다면 — 즉 어머니가 독립변인과 종속변인 둘 다를 제공한다면 — 이 변인들 간의 관계는 어머니 자신의 관점이 혼입될 수 있다.

이러한 해석상의 문제는 직접 태아행동을 측정하여 피할 수 있다. 예를 들어 임신 동안 높은 수준의 스트레스를 받고 있다고 보고한 여성의 태아는 스트레스를 덜 느끼는 여성의 태아보다 임신기간 전반에 걸쳐 신체적으로 더 활동적이었다(DiPietro, Hilton et al., 2002). 이 증가한 활동은 어머니가 스트레스에 대한 반응으로 분비한 아드레날린과 코르티솔 같은 호르몬과 관련되기 쉽다(Relier, 2001). 그러나 태아 자신이 모성상태에 영향을 주는 것으로도 나타난다. 태동 변화와 태아 심박동수는 나중에는 어머니의 심박동수를 포함하는 생리적 상태에서의 변화를 유발한다(DiPietro, Costigan, & Voegtline, 2015).

이 브라질 영아는 소두증인데, 아마도 어머니가 임신 중에 지카 바이러스에 감염되어서 그럴 것으로 보인다.

[e]AE / Newscom / Xinhua News Agency / RIO DE JANEIRO

laflor / Getty Images

요가나 명상 수업뿐만 아니라, 출생 전 운동 수업도 임신 관련 스트레스를 감소시키는 데 도움이 된다.

그러한 효과는 출산 후에도 지속된다. 7,000명 이상의 임신부와 그들의 영아에 대한 한 연구는 임신기간 동안 모성 불안과 우울을 측정했다. 임신부가 보고한 고통의 수준이 높을수록 그들의 자녀가 4세일 때 행동문제 발병률이 더 높았다. 남아에서는 과잉활동과 부주의, 여아에서는 품행장애, 남아와 여아 모두에서 정서문제가 많이 발병했다(O'Connor et al., 2002). 출산 전 모성 스트레스와 출산 후 자녀의 행동문제를 연결하는 이와 같은 연구 결과는 스트레스에 의해 분비되는 코르티솔 같은 모성 호르몬에 의해서도 매개되기 쉽다(Susman et al., 2001; Susman, 2006). 산전 요가와 명상의 인기 증가는 임신 관련 스트레스를 줄이는 방법이 있음을 말해준다. 이것은 어머니와 태아 모두에게 잠재적으로 이익이 된다.

다른 기형유발요인 유형과 마찬가지로, 모성 스트레스의 효과를 스트레스와 함께 일어나는 다른 요인들의 효과와 분리하는 것은 어렵다. 예를 들면 임신 동안에 스트레스를 받는 예비 엄마들은 출산 후에도 여전히 스트레스를 받기 쉽다. 유전적 요인들도 모성 스트레스 및 출산 후 결과 둘 다와 관련이 있을 수 있다. 한 똑똑한 연구는 이러한 요인들을 분리해내기 위해 보조적 생식기술인 체외수정(in vitro fertilization, IVF)의 사용 증가를 이용했다(Rice et al., 2010). 이 연구에서 어머니들은 그들의 태아와 유전적으로 관련있거나 또는 관련이 있지 않았다. 연구 결과는 모성 스트레스가 출생 몸무게와 이후의 반사회적 행동에 주는 효과를 밝혀주었다. 유전적으로 관련된 어머니-태아 쌍과 유전적으로 관련되지 않은 어머니-태아 쌍 모두에서 유전적인 면을 공유하지 않는 태내환경이 이후 결과의 가장 강력한 예측요인이었다. 그러나 아동불안 측정치에서 연구 결과는 출산 전 모성 스트레스가 아닌 출산 후 모성 스트레스가 이후 결과에 대한 가장 강력한 예측요인이었다.

이 연구는 산전 모성 정서상태와 산후 모성 정서상태 사이의 복잡한 상호작용을 보여준다. 그리고 실제로 이 장의 앞부분에서 논의한 산전 우울증에서 이와 유사한 복잡한 관계를 보았다. 임신 중 우울했던 여성들은 산후 우울증의 잠재적 황폐 효과를 가장 경험하기 쉽다. 이것은 다시 영아발달에 영향을 줄 수 있다.

출생 경험

수정된 지 대략 38주 후에 아기 출산에 앞서 자궁근육의 수축이 시작된다. 전형적으로 아기는 자신의 몸을 돌려서 머리를 아래로 한 정상적인 자세를 만듦으로써 출산 과정에 기여한다. 게다가 태아의 성숙하고 있는 폐는 출산 시작을 유발하는 단백질을 분비한다. 아기가 산도를 통과해 나가면서 자궁수축이 어머니에게 고통스럽다. 그래서 출산을 하는 여성들은 종종 고통완화 약물을 사용한다. 임신 초기에 아기 출산에 대해 많이 두렵다고 보고한 여성은 출산 과정 중에 에피듀랄(epidurals, 경막외 마취제) 같은 진통제를 선택하는 경향이 더 많다(Haines et al., 2012). 이러한 약물들은 고통을 줄이는 데 매우 효과적이고 제왕절개율을 증가시키거나 신생아에게 부정적 효과를 주는 것으로 나타나지 않았다. 하지만 약물이 출산시간을 연장하고 질을 통과하는 출산 과정에서 도구 사용(예: 겸자)을 증가시킬 수 있다(Anim-Somuah, Smyth, & Jones, 2011).

출산은 어머니만큼 신생아에게도 고통스러울까? 실제로 출산이 아기에게 특히 고통스럽지는 않

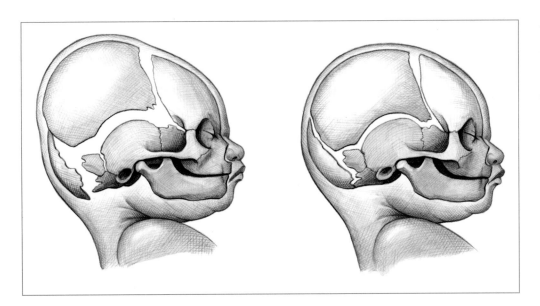

그림 2.16 머리판 출산 동안에 머리에 가해지는 압력은 두개골의 분리된 판을 중첩되게 하여 일시적으로 기형 머리가 된다. 다행히 출생 후에 그 상태는 급속히 수습된다. '부드러운 부분', 즉 천문은 아기 머리 꼭대기에서 분리된 두개골 판 사이의 일시적인 공간이다.

다고 믿을 만한 좋은 이유가 있다. 팔의 피부를 꼬집어 당길 때 느끼는 고통과 팔을 손으로 둘러싸고 온힘을 다해 꽉 밀어젖히며 나갈 때의 고통을 비교해보라. 잡아당기는 것은 고통스럽지만 밀어젖히며 나아가는 것은 그렇지 않다. 어머니는 조직이 크게 잡아당겨지는 데서 고통을 느끼지만, 아기는 밀려나가는 것을 경험하고 있다. 그러므로 두 사람의 경험은 정말로 비교할 수 없다(Maurer & Maurer, 1988). 출산이 신생아에게 고통스럽고 외상적이 되는 걸 막기 위해 설계된 출산 프로그램은 아마도 잘못된 전제에 근거한 것이다.

더 나아가 출산 동안 태아가 경험하는 밀어젖히며 나아가는 것은 몇 가지 중요한 기능을 한다. 첫째, 이것은 태아의 불균형하게 큰 머리의 전반적 크기를 감소시킨다. 이 일은 아기가 어머니의 골반뼈를 무사히 통과하게 해준다. 두개골이 출산 동안 약간 다른 판 위에 중첩될 수 있는 분리된 판들로 구성되어 있기 때문에 이것이 가능하다(그림 2.16 참조). 또한 출산 동안 태아 머리를 힘을 주어 미는 것은 태아가 가벼운 산소결핍을 견디고 출산 후 호흡을 조절하도록 돕는 호르몬 생산을 자극한다. 태아의 몸을 힘을 주어 밀어내는 것은 폐에서 양수를 나오게 하여 신생아가 첫 번째 중요한 호흡을 준비하게 만든다(Lagercrantz & Slotkin, 1986; Nathanielsz, 1994). 이 첫 번째 호흡은 보통 출산 울음의 방식으로 나타난다. 이것은 점프 시동 호흡(jump-starting respiration)의 매우 효율적인 기제다. 점프 시동 호흡은 얼마간의 중요한 산소를 얻을 뿐만 아니라 폐에 있는 작은 공기주머니를 열도록 힘을 가한다. 이것은 뒤이은 호흡을 쉽게 만든다. (제왕절개 분만이 가져오는 중요한 불이익은 수술을 해서 아기를 자궁에서 꺼내는 것은 아기에게서 정상분만의 힘주어 밀어주는 행위를 빼앗아서 신생아로 하여금 호흡문제를 경험할 가능성을 증가시킨다는 점이다.)

다양한 아기 출산 실제

출산의 생물학적 측면은 어디에서나 동일하지만 아기 출산의 실제는 매우 다양하다. 많은 인간 행동처럼 한 사회에서 정상적이고 바람직한 관습으로 간주되는 것이 다른 사회에서는 이상하거나 정상이 아닌 — 심지어 위험한 — 것으로 보일 수 있다.

모든 문화는 어머니와 아기 둘 다의 **생존**과 건강을 안전하게 지키고 새로운 아기를 **사회에 통합시**

켜야 하는 두 가지 목표를 추구한다. 그러나 집단은 이러한 목표들에 두는 상대적 중요성에서 서로 다르다. 발리의 남태평양 섬들에 사는 예비엄마들은 이미 낳은 자녀와 함께 남편과 다른 친척들 모두가 새 아이를 출산하는 기쁜 때에 모두 함께 있기를 바란다. 여성 친척들은 산파와 함께 집에서 이루어지는 출산 동안 적극적으로 산모를 돕는다. 이미 많은 출산에 함께했었던 발리 여성들은 출산에서 기대하는 것이 무엇인지 안다. 심지어 그녀의 첫 번째 출산에서도 알고 있다(Diener, 2000).

미국에서는 매우 다른 시나리오가 전통이 되었다. 출산을 하는 여성은 통상적으로 거의 모든 일상생활에서 물러난다. 대부분의 경우 출산하기 위해 병원에 입원하며 가족이나 가까운 친구로 이루어진 작은 집단이 출산 시 함께 있다. 출산은 여러 의료진이 감독하며 그 사람들은 대부분 낯선 사람들이다. 발리의 경우와 달리 첫 번째 출산인 미국 어머니는 출산을 목격한 적이 없다. 그래서 산모는 출산 과정에 대해 매우 현실적인 기대를 하지 않을 수 있다. 또한 대부분의 사회의 산모들과 달리 출산을 하는 미국 여성들은 32%가 제왕절개 수술을 한다 — 다른 나라에 비해 상대적으로 높은 비율이지만 수 세기에 걸쳐 처음으로 2014년에 감소했다(Martin, Hamilton, & Osterman, 2015).

제왕절개는 출산 합병증에 직면한 영아와 어머니를 돕기 위한 것으로 실제로 많은 수의 생명을 구했다. 그러나 미국 내에서 이루어지는 많은 수의 제왕절개 출산에는 다른 이유들이 있다. 쌍생아 출산의 급격한 증가(다음 장에서 논의됨), 의사와 부모의 스케줄상 편리함, 모성비만, 이전의 제왕절개(미래의 제왕절개가 필요할 수 있는), 질을 통한 출산에서 문제를 일으키는 의료사고를 걱정하는 의사가 소송위험을 줄이기 위한 시도로 하는 수술이 그것들이다(예 : Yang et al., 2009). 실제로 최근 연구는 제왕절개를 한 여성들 표본에서 거의 절반이 임신합병증을 보이지 않았음을 발견했다(Witt et al., 2015). 이 연구에서 제왕절개를 예언하는 가장 강력한 예측요인은 이전의 제왕절개다. 이것은 수술출산이 감소함(미국 정부의 2020년 건강인 발의의 핵심 목표 중 하나)에 따라서 미래의 수술출산에 큰 폭의 감소효과를 가져올 것이다.

출산에 대한 발리식 접근의 기저에는 신생아를 즉각적으로 가족과 공동체에 합류시켜야 한다는 사회적 목표에 대한 강조가 있다. 따라서 많은 친척과 친구들이 산모와 아기를 지원하기 위해 참석한다. 반대로 현대 서구집단은 다른 무엇보다도 산모와 신생아의 신체적 건강을 향상시켰다. 병원 출산이 더 안전하다는 믿음은 병원 출산의 결과로 오는 산모와 아기의 사회적 고립보다 중요하다.

미국에서는 출산의 의료모델이 우세하다.

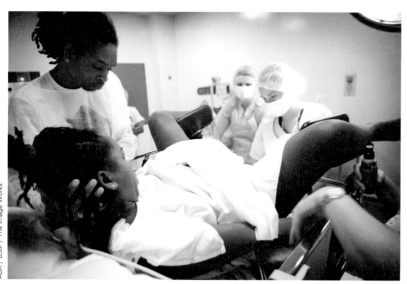
ABK / BSIP / The Image Works

실제로 가정 출산이 미국에서 증가하고 있는데(2012년 전체 출산의 0.9%; MacDorman, Mathews, & Declerq, 2014), 가정 출산이 병원 출산보다 여전히 더 위험하다. 최근 연구는 미국에서 자격 있는 조산원이 참여하는 병원 출산의 영아사망률은 자격 있는 조산원이 참여한 가정 출산의 영아사망률보다 현저히 낮다는 것을 발견했다(Grünebaum et al., 2016). 그러나 캐나다 온타리오주에서는 가정 출산이 더 흔하고(전체 출산의 20%), 건강관리 체계에 잘 통합되어 있으며, 가정 출산과 병원 출산의 사망률이 동일하다는 점에 주목할 필요가 있다. 이는 아마도 가정 출산 중인 임산부가 합병증이 발생하면 병원으로 이송되는 표준절차 때문일 것이다(이 캐나다 표본의 가정 출산 중 25%에 해당하는 경우; Hutton et al., 2015).

　미국과 발리 모두에서 실제가 어느 정도 변화했다. 미국에서는 출산의 사회적 차원이 의사나 병원에 의해 점차 인정되고 있으며, 지금은 덜 의료적인 출산계획을 선호하는 예비부모를 위해 대체 전문가로서 자격을 획득한 간호사-조산원을 종종 고용한다. 발리에서와 같이 여러 가족 구성원들 — 때로는 심지어 부모의 다른 자녀들도 포함 — 이 출산하는 임산부를 지원하고 가족 경험을 공유하기 위해 참석하도록 격려된다. 미국에서 증가하고 있는 다른 공통적인 실제는 둘라(doulas, 임산부에게 조언을 해주는 출산 경험이 있는 여자 — 역주)의 사용인데, 둘라는 분만 동안에 임산부의 정서적·신체적 편안함을 돕도록 훈련된 사람들이다. 이러한 변화는 분만약물의 더 적당한 사용과 함께 이루어졌다. 그것으로 아이 출산에서 여성의 참여 및 임산부가 신생아와 상호작용하는 능력을 독려한다. 이런 일들에는 피부접촉이 포함되는데 피부접촉은 자궁에서 외부세계로 나가는 과정에서 생리적 안정을 촉진한다(예 : Rutgers & Meyers, 2015).

　더욱이 많은 예비부모가 출산교육에 참가한다. 그곳에서 예비부모들은 발리 사람들이 일상적으로 출산에 참가하는 것을 통해 얻는 것의 일부를 배운다. 사회적 지지는 이러한 프로그램의 핵심요소다. 임신한 여성의 배우자 또는 일부 다른 지지적인 사람은 출산 동안 임산부를 돕는 훈련이 되어 있다. 그러한 아이 출산 프로그램들은 일반적으로 유익하고, 산부인과 의사들은 일상적으로 예비부모들에게 이 프로그램들에 등록하라고 권한다. 이러한 변화들이 미국 내에서 일어나고 있는 동시에 발리처럼 전통적이고 비산업화된 사회에서 신생아의 생존율을 높이기 위한 노력으로 서구의 의료실제가 채택되고 있다.

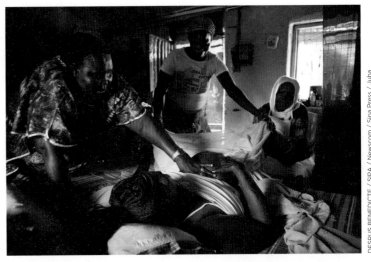

남수단의 출산은 미국의 규범과는 매우 다르다. 아기는 집에서 태어나는데, 이때 조모나 숙모, 숙련된 조산원이 돕는다.

신생아

건강한 신생아는 새로운 환경 속에서 발달적 모험을 계속할 준비가 되어 있고 또 할 수 있다. 아기는 환경과 즉각적으로 상호작용을 시작하고 새로 발견된 물리적·사회적 실체에 대해 탐색하고 배우기 시작한다. 이 미지의 영역에 대한 신생아의 탐색은 그들의 각성상태에 의해 많이 영향을 받는다.

각성상태

각성의 연속체를 **상태**(state)로 표현하는데, 깊은 수면상태에서부터 강한 활동상태까지의 범위에 걸쳐 있다. 여러분이 잘 아는 바와 같이, 여러분의 각성상태는 환경 — 여러분이 주목하고, 실행하고, 배우고, 생각하는 것 — 과의 상호작용에 극적으로 영향을 준다. 그것은 또한 여러분과 상호작용하는 다른 사람의 능력에도 영향을 준다. 각성상태는 어린 영아가 자신을 둘러싼 세상을 경험하는 방식을 강력하게 매개한다.

상태 ■ 깊은 수면에서 강렬한 활동에 이르는 환경에서의 각성과 참여 수준 급속안구운동(REM) 수면 ■ 눈꺼풀이 덮인 아래서 빠르고 격한 눈 움직임이 특징인 활동적인 수면상태이며 성인에서는 꿈과 관련된다.

non-REM 수면 ■ 운동 활동이나 눈 움직임이 없고 더 규칙적이고 느린 뇌파, 호흡, 심박동이 특징인 조용하고 깊은 수면이다.

그림 2.17은 24시간 중에서 신생아가 조용한 수면에서 울음까지의 범위에 걸친 6개 각성상태에서 보내는 전형적인 시간의 양을 그림으로 보여준다. 그러나 이 일반적인 패턴에는 큰 개인차가 있다. 어떤 영아들은 상대적으로 거의 울지 않는 반면, 다른 영아들은 매일 수 시간씩 운다. 그림에서 나타나는 평균 16시간보다 어떤 영아들은 매우 많이 자는 반면에 다른 아이들은 매우 적게 잔다. 어떤 영아들은 평균인 2.5시간보다 더 많은 시간을 깨어 있는 각성상태로 보내는데 별로 움직이지 않으면서 환경에 주목한다. 이러한 차이가 부모-영아 상호작용에 어떻게 영향을 주는지 이해하려면, 여러분 자신을 평균보다 더 많이 울고, 적게 자고, 각성-경계상태로 더 적은 시간을 보내는 신생아의 부모라고 상상해보라. 이제 여러분 자신을 비교적 덜 울고, 잘 자며, 평균 이상의 시간을 여러분과 주변환경에 조용히 주목하며 보내는 아기와 있다고 상상해보라(그림 2.18 참조). 분명히 여러분은 두 번째 신생아와 함께 즐거운 상호작용을 할 기회를 더 가지게 될 것이다.

두 신생아의 부모에 대한 특정 상태(수면과 울음)는 둘 다 집중적으로 연구되었다.

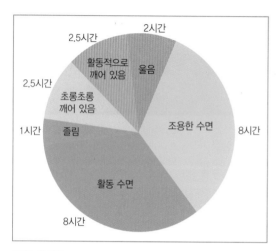

그림 2.17 신생아의 상태 이 그림은 하루 24시간에서의 평균 비중을 보여주는데, 서구 신생아는 6개의 각성상태를 보낸다. 아기들이 서로 다른 상태에서 얼마나 시간을 보내느냐는 상당한 개인차 및 문화차이가 있다.

수면

그림 2.19는 수면과 수면발달에 대해 요약하고 있다. 그 둘은 특히 중요하다. 첫째, '아기처럼 잠자기'는 부분적으로 많이 자는 것을 의미한다. 평균적으로 신생아는 젊은 성인이 자는 것의 2배를 잔다. 전체 수면시간은 아동기 동안 일정하게 줄어들고 전 생애에 걸쳐 더 느리긴 하지만 계속해서 감소한다.

둘째, 2개의 다른 수면상태의 패턴(REM 수면과 non-REM 수면)은 연령에 따라 극적으로 바뀐다. **급속안구운동(REM) 수면**[rapid eye movement(REM) sleep]은 성인에서는 꿈과 관련된 활동수면 상태이다. REM 수면은 눈꺼풀이 덮인 아래서 빠르게 움직이는 눈 움직임, 독특한 뇌활동 패턴, 몸 움직임, 불규칙적인 심장박동과 호흡이 특징이다. **Non-REM 수면**은 이와 반대로 운동 활동이나 눈 움직임이 없고 더 규칙적이고 느린 뇌파, 호흡, 심박동이 특징이다. 그림 2.19에서 보는 바와 같이 REM 수면은 신생아 수면시간의 50%를 차지한다. REM 수면의 비율은 3세나 4세경에 단지 20%까지 매우 급격히 감소하며 생의 나머지 기간에는 낮은 수준을 유지한다.

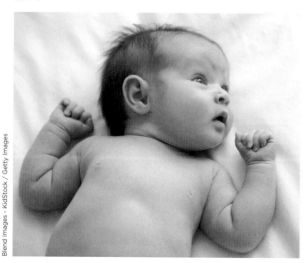

그림 2.18 조용히 깨어 있는 상태 이 조용히 깨어 있는 신생아의 부모는 아기와 즐거운 상호작용을 할 수 있는 훌륭한 기회를 갖는다.

영아는 왜 그렇게 많은 시간을 REM 수면으로 보내는 것일까? 어떤 연구자들은 이것이 영아의 시각 체계 발달을 돕는다고 믿는다. 뇌의 시각 영역을 포함하는 인간 시각 체계의 정상발달은 시각 자극에 좌우된다. 하지만 자궁 안에서는 상대적으로 시각 자극을 경험하기 어렵다(특히 태아 청각 자극과는 대조적으로). 더욱이 신생아가 그렇게 많은 시간을 잠을 잔다는 사실은 그들이 깨어서 시각 경험을 축적할 기회가 많지 않다는 것을 의미한다. REM 수면 동안 발생하는 내적으로 발생한 높은 수준의 뇌활동은 자연적인 시각 자극의 결핍을 보충하도록 도울 수 있다. 이것은 태아와 신생아 모두의 시각 체계의 초기 발달을 촉진한다(Roffwarg, Muzio, & Dement, 1966).

REM 수면이 신생아에게 적응적일 수 있는 다른 측면은 오로지 REM 수면 동안에만 발생하는 자연스러운 빠른 움직임이 영아에게 감각운동 지도를 구축할 기회를 제공한다는 점이다(Blumberg, 2015). 이러한 갑작스

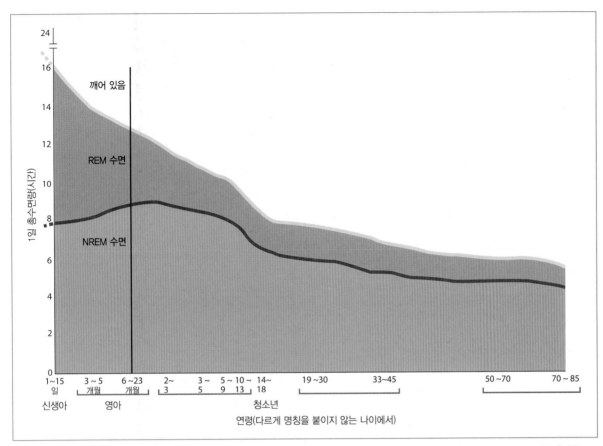

그림 2.19 일생에 걸친 총수면량 및 REM 수면과 non-REM 수면의 비율 신생아는 하루 평균 16시간을 자며, 대략 그 반이 REM 수면이다. 수면의 총량은 아동 초기에 급격히 감소하며, 일생에 걸쳐 아주 천천히 계속 감소한다. 청소년기에 오면, REM 수면은 전체 수면량의 약 20%를 차지한다(자료 출처 : Roffwarg et al., 1966, 그후 저자들에 의해 개편됨).

럽게 잡아당기는 움직임은 초기 발달 동안 가장 빈번한데 영아가 운동패턴과 그 운동패턴을 일으키는 구체적 감각을 연결하는 어려운 문제를 도와준다.

신생아기 동안의 독특한 수면특징은 낮잠을 자는 신생아는 자는 동안 실제로 학습을 하는 것인지도 모른다는 점이다. 이러한 가능성을 조사한 한 연구에서 영아들은 신생아실에서 잠자며 시간을 보내는 동안 핀란드 모음 소리 녹음을 들었다. 아침에 검사했을 때 그 영아들의 뇌활동이 그들이 자는 동안 들었던 소리를 인식한다는 것을 밝혀주었다(Cheour et al., 2002). 자고 있는 신생아들은 고전적 조건형성이 될 수도 있다(Fifer et al., 2010). 훈련 단계 동안 신생아들은 훅 부는 입김 바로 전에 한 가지 톤(음색)을 반복해서 들었다. 이런 경험을 하고 신생아들은 그 소리가 난 후에 입김이 분다고 기대하는 걸 빨리 학습했는데, 아기들은 그 소리에만 반응하는 눈 움직임을 보여주는 것으로 입증했다. 흥미롭게도 신생아 수면 조건화는 조건자극이 영아가 친숙한 것일 때 가장 잘 작용한다 — 자극이 배경 말소리나 음(tone)일 때와는 반대로 자극이 사람 목소리일 때 학습이 더 강하다(Reeb-Sutherland et al., 2011). 신생아는 자는 동안에 배울 수 있는 것으로 보인다. 왜냐하면 신생아의 잠자는 뇌는 더 나이 든 사람들의 뇌가 하는 것과 같은 정도로 외적 자극으로부터 분리되지 않기 때문이다.

어린 영아의 수면과 더 나이 든 사람 수면(그림 2.19에는 나타나지 않은) 사이의 또 다른 차이는 수면-각성 주기(sleep-wake cycles)이다. 일반적으로 신생아는 24시간 동안 수면과 각성상태 사이를 여러 번 순환하는데 밤에는 낮보다 잠을 더 조금 잔다(Whitney & Thoman, 1994). 신생아가 부모의 정상적 수면시간의 일부분에 깨어 있기 쉽기는 하지만, 그들은 밤 동안에 점차 더 성숙한 수면패턴을 발달시킨다.

영아의 수면패턴이 성인 수면패턴과 일치하는 나이는 문화적 풍습과 압력에 따라 매우 다르다. 실제로 피곤한 부모는 밤 동안 영아가 자도록 여러 개의 다른 전략들을 사용한다. 전략은 정교하면서 종종 의도적으로 연장된 취침시간 의식에서부터 아기를 달래서 꿈나라로 들어가게 하기, 이를 악물고 아기가 잘 때까지 울도록 내버려두기까지에 이른다. 첫해가 지나가면서 밤시간에 깨어 있는 일은 일반적으로 줄어든다. 그러나 주기적으로 깨기를 계속하는 영아들의 하위집합이 있다. 미국 전역의 10개 지역에서 수집한 자료로 이루어진 큰 규모의 연구에서 6개월 영아의 부모 중 1/3은 아기가 매일 밤 적어도 한 번 이상 깬다고 보고했다(Weinraub et al., 2012). 이러한 영아들은 더 성마르고, 건강문제가 더 많으며, 모유수유를 하는 경향이 더 있다. 이런 영아의 어머니는 일반적으로 밤새도록 자는 영아의 어머니들보다 우울 징후를 더 많이 보이고 모성 민감성을 더 나타내 보였다.

이러한 자료에서 인과관계를 분리하는 것은 어렵다. 예를 들어 어머니의 우울이 영아의 수면문제를 가져왔을까? 아니면 수면 부족이 어머니로 하여금 우울하게 만들었을까? 인과적 연결과 상관없이 이런 패턴은 잠재적으로 도전적인 상황을 가리킨다. 이런 상황에서는 기질적으로 까다로운 영아와 짝지어진 긍정적 양육행동(모유수유, 모성 민감성)이 가족의 삶의 질에 영향을 줄 수 있다. Weinraub와 그녀의 동료들(2012)은 일반적으로 민감한 어머니들은 처음 몇 개월이 지난 후에 그들의 영아가 수면에 문제가 있으면 개입하는 경향이 있다고 말한다. 그렇게 함으로써 양육자들은 영아들에게 자기진정 행동을 배울 기회를 주지 못할 수 있다. 게다가 비수면 행동(위로가 되는, 돌보아주는)을 잠재적으로 강화할 수 있다.

수면과 싸우고 있는 부모와 영아들을 돕기 위해 많은 수면 기법이 제안되었다. 수면문제는 가족생활의 모든 측면에 큰 피해를 줄 수 있다. 그러나 어떤 가족들은 강력한 증거가 있는 방법을 쓰는 걸 삼간다(Mindell et al., 2006). 이 방법은 조작적 조건형성인데 부모는 영아의 울음을 무시하거나(소거) 혹은 반응을 점차 느리게 한다(점진적 소거). 최근에 행동적 수면 중재가 효과가 있는지 여부와 그 방법들이 부모와 영아에게 과도한 스트레스를 유발하는지 여부를 결정하기 위해 무선통제 연구가 실시되었다(Gradisar et al., 2016). 결과는 수면 교육 통제집단과 비교해서 점진적 소거집단

대부분의 미국 부모는 이 아버지의 운명처럼 새벽 2시에 깨어나는 것을 피하고자 한다. 그들은 밤새 자는 아기를 발달상의 승리로 간주한다 — 빠를수록, 더 좋아한다.

의 영아들이 수면행동에서 더 큰 향상을 보여주었다. 그들은 영아 스트레스(코르티솔 수준)나 영아-어머니 애착에 부정적 영향을 받지 않으면서 향상을 보여주었다. 연구는 또 다른 행동적 방법인 수면시간 연기의 성공적 결과도 보여주었다. 수면시간 연기에서는 영아가 침대에 있는 시간이 점차 줄어든다. 두 집단 모두 야간에 잘 깨는 것이 크게 감소했는데 부수적으로 모성 스트레스에 대한 긍정적 효과도 있었다.

미국 부모와 대비해서 케냐 시골에 사는 킵시기스족(Kipsigis) 부모는 상대적으로 자기 영아의 수면패턴에 관심이 없다. 킵시기스족 아기들은 거의 항상 어머니와 함께 있다. 낮 동안 영아들은 어머니가 일상 활동을 위해 다닐 때 어머니 등에 업혀 다니고, 밤에는 어머니와

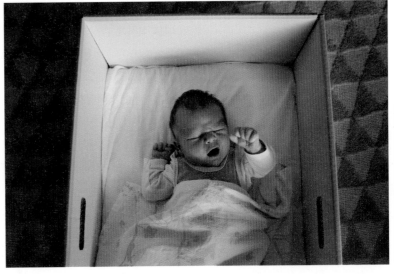

ILVY NJIOKIKTJIEN / The New York Times / Redux

함께 자며, 깰 때마다 보살핌을 받는다. 그 결과 이 아기들은 수개월 동안 밤과 낮 전체에 잠을 분포시킨다(Harkness & Super, 1995; Super & Harkness, 1986). 그러므로 아기가 잠을 자는 곳뿐만 아니라, 여러분이 제1장에서 알게 된 바와 같이 아기가 잘 때 부모들이 얼마나 강력하게 영향을 주려고 하는지에서도 문화마다 다르다.

사진의 아기는 핀란드 아기상자에서 자고 있다. 임신 첫 4개월 동안 건강검진을 받는 모든 임산부에게 핀란드 정부가 제공하는 아기상자에는 침구 및 아기용 의류를 포함한 추가 아기용품이 함께 제공된다. 이런 노력은 다른 노력과 함께 핀란드의 유아사망률을 세계에서 가장 낮은 수준으로 낮추는 데 도움이 되었다(Rosenberg, 2016). 침대 공유가 아닌 이런 유형의 방 공유는 아기의 첫 번째 생일까지 SIDS 예방을 위해 미국소아과학회에 의해 권장된다(AAP Task Force on Sudden Infant Death Syndrome, 2016).

울음

아기가 우는 걸 들을 때 여러분은 어떻게 느끼는가? 진화론적 관점에서 영아 울음에 대한 성인의 강한 반응은 적응적 가치를 가질 수 있었다. 영아들은 양육자의 관심을 요구하는 여러 가지 이유로 운다. 이 이유들에는 질병, 고통, 배고픔이 포함된다. 부모들은 영아의 요구를 달래주며 우는 영아를 조용히 만들려고 한다. 그렇게 함으로써 영아의 생존을 촉진한다. 진화론적 이론가들은 모든 종들에서 어머니는 아버지에 비해 특히 자신의 영아 울음에 맞추어져 있다고 제안한다. 왜냐하면 어머니들은 아버지는 갖고 있지 않은 행동성향과 자원(모유)을 갖고 있기 때문이다. 이러한 관점은 자신의 영아들이 울 때 어머니가 아버지보다 더 잘 인식한다고 주장하는 여러 연구에 의해 지지받는다(예 : Wiesenfeld, Malatesta, & Deloach, 1981). 그러나 이런 연구들은 중요한 혼입변인을 놓쳤다. 어머니들은 아버지들보다 어린 영아들과 더 많은 시간을 보내는 경향이 있다. 그리고 실제로 영아들과 보내는 시간이 고려되었을 때, 자신의 영아 울음소리와 낯선 영아의 울음소리를 구별하는 것을 어머니와 아버지는 동일하게 잘했다(Gustafsson et al., 2013). 그리고 울음 인식은 모든 양육자에게 학습 과정의 한 부분으로 보인다.

불편하긴 하지만 울음은 정상행동이다. 울음은 많은 새 부모들이 기대하는 것처럼 첫 수개월 동안 줄어드는 대신 실제로는 증가해서 생후 6~8주경에 절정에 도달한다. 울음행동은 생후 3~4개월경에 줄어드는 경향이 있다. 왜냐하면 제5장의 영아 인지 및 운동발달에 대한 논의에서 보게 될 바와 같이, 영아는 환경을 어느 정도 더 통제한다. 이 기간 동안에 울음 수(crying bouts)는 늦은 오후와 저녁에 증가하는 경향이 있다. 이것은 어린 영아를 키우는 대부분의 양육자들에게 익숙한 현상이다.

부모, 특히 처음 부모가 된 사람들은 그들의 아기가 우는 이유 그리고 특히 영아 울음 수가 처음 두 달 동안 빈도 — 그리고 때로 강도에서 — 가 증가하는 이유에 대해 당혹해하고 걱정한다. 이런

감싸기 ■ 많은 문화에서 사용되는 달래기 기법으로서 아기를 천이나 담요로 단단히 감싼다.

매우 정상적인 행동이 부모에게 주는 영향은 무력감과 죄의식에서부터, 극단적인 경우들에서 결국 아기 뇌를 심하게 손상시키거나 죽게 만드는, 흔들린 아기 증후군(shaken baby syndrome)으로 알려진 아동학대까지의 범위에 걸쳐 있다(예 : Barr et al., 2015). 국립 흔들린 아기증후군 센터(National Center on Shaken Baby Syndrome)에서 개발하여 출산 후 병원과 공교육 아웃리치 프로그램을 통해 제공되는 비교적 최소한의 부모교육이 영아울음의 수수께끼를 풀어주는 중요한 역할을 할 수 있다. 최근에 실시된 한 연구는 이러한 정보중재가 울음에 대한 걱정으로 응급실을 오는 일을 감소시키는 데 매우 효과적이라는 것을 보여주었다(Barr et al., 2015). 울음이 정상적 발달 과정임을 이해하는 것이 부모 스트레스와 극단적 경우에서 부모가 영아에게 주는 상해를 크게 줄일 수 있다.

달래기 우는 아기를 달래는 가장 좋은 방법은 무엇일까? 대부분의 전통적인 대비 — 흔들기, 자장가, 아기를 어깨 위에 올려 안기, 아기에게 고무 젖꼭지 주기 — 는 꽤 잘 작용한다(R. Campos, 1989; Korner & Thoman, 1970). 많은 효율적인 달래기 기법은 중간 정도 강도의 지속적이거나 반복적인 자극을 포함한다. 안기, 흔들기, 말하기나 노래하기의 결합은 그중 하나만 사용했을 때보다 영아 고통을 더 잘 풀어준다(Jahromi, Putnam, & Stifter, 2004).

가장 일반적인 달래기 기법은 **감싸기**(swaddling)로 이것은 어린 아기를 천이나 담요로 단단히 감싸서 아기의 팔다리 움직임을 제한하는 것이다. 단단히 감싸기는 높은 수준의 촉각 자극과 따뜻함을 제공한다. 이 기법은 미국의 남서부 나바호와 호피(Chisholm, 1983), 페루의 케추아(Tronick, Thomas, & Daltabuit, 1994), 터키의 지방마을(Delaney, 2000)에서 이루어지는 방법들처럼 다양하고 넓은 문화에서 실천되고 있다. 또 다른 전통적 접근인 우는 아기를 흥미로운 물건이나 일로 관심을 분산시키는 것도 달래는 효과를 가질 수 있다. 그러나 고통은 흥미로운 자극이 제거되자마자 다시 시작된다(Harman, Rothbart, & Posner, 1997).

접촉도 영아에게 진정효과를 가질 수 있다. 성인과 상호작용할 때 성인이 토닥이고, 비비고, 쓰다듬어 주면 영아는 덜 소란을 떨고 덜 울며 더 많이 미소짓고 소리를 낸다(Field et al., 1996; Peláez-Nogueras et al., 1996; Stack & Arnold, 1998; Stack & Muir, 1992). 전 세계의 많은 사회에서 일상적으로 이루어지듯이 어린 영아를 데리고 다니는 것은 아기들의 울음의 양을 줄인다(Hunziker & Barr, 1986). 사실 우는 영아는 어머니 무릎에 안겨 있을 때보다 어머니가 데리고 다닐 때 심박동, 신체적 움직임, 울음이 가파르게 줄어든다. 조용해지는 비슷한 반응은 다른 종족의 모성 운반(maternal carrying)에서 보이는데(새끼사자가 어미사자가 데려갈 때 얼마나 가만히 있는지 생각해보라) 이것은 어머니의 운반노력을 촉진하는 내적 협동적 기제가 된다(Esposito et al., 2013).

다른 실험실 연구에서 작은 단물질 한 방울을 고통스러워하는 신생아 혀에 놓는 것이 극적인 진정효과를 갖는다는 걸 보여준다(Barr et al., 1944; Blass & Camp, 2003; Smith & Blass, 1966). 자당맛은 고통민감성에 동일한 극적 효과를 준다. 포경수술 동안 단맛의 진정제를 빨아먹게 한 신생아 남아들은 이러한 간단한 중재를 받지 못한 아기들보다 훨씬 덜 운다(Blass & Hoffmeyer, 1991).

고통에 대한 반응 종종 부모를 걱정시키는 한 가지 질문은 자신의 영아가 보내는 고통신호에 어떻게 반응해야 하는지다. 그들은 신속하고 일관적인 지지반응

아기를 부모의 신체 가까이에 두면서 데리고 다니는 것은 아기를 덜 울게 만든다. 많은 서구 부모들은 이제 전 세계 다른 사회의 전통적 운반 방법을 모방하고 있다.

이 소란스럽게 우는 영아를 강화해서 이런 행동을 증가시킬 것인지 아니면 영아에게 안전감을 주어서 소란스럽게 우는 걸 덜하게 만들 것인지를 궁금해한다. 문헌들은 두 가지 관점 다 타당하다고 말한다. 전통적인 한 연구에서 Bell과 Ainsworth(1972)는 우는 영아에 대한 반응의 촉진이 수개월 후에 덜 우는 것을 예언해줌을 발견했다. 더구나 또 다른 전통적 연구에서 Hubbard와 van IJzendoorn(1991)은 처음 9주 동안 무시된 울고 있는 영아들은 다음 9주 동안 덜 운다는 것을 발견했다.

산통 부모가 영아들을 진정시키려고 노력했느냐 또는 얼마나 노력했느냐와는 상관없이 어떤 영아들은 처음 수개월 동안 분명한 이유 없이 심하고 달랠 길 없이 우는 경향이 있다. 이것은 **산통**(colic)이라고 말하는 상태다. '산통을 일으킨' 아기는 많이 울 뿐만 아니라, 높은 소리로 특히 불쾌하게 우는 경향이 있다(Stifter, Bono, & Spinrad, 2003). 산통의 원인은 알려지지 않았는데 어머니 식사(모유를 통해 전달되는)에 대한 알려지 반응, 유아용 조유에 대해 참지 못하는 것, 미숙한 내장 발달, 또는 가스가 과도하게 찬 것을 포함할 수 있다. 불행하게도 산통은 드문 상태는 아니다. 어린 미국 영아(그리고 그들의 부모) 10명 중 1명 이상이 산통으로 고통 받는다. 다행스럽게도 이것은 전형적으로 3개월경에 끝나고 병적인 결과를 남기진 않는다(Stifter & Braungart, 1992; St James -Roberts, Conroy, & Wilsher, 1998). 산통이 있는 영아의 부모가 할 수 있는 최선의 일 중 하나는 사회적 지지를 찾는 것이다. 그것은 부모들이 아기의 고통을 줄여 줄 수 없는 데서 느끼게 되는 스트레스, 좌절, 부적절감, 무능감을 줄여줄 수 있다.

출생 시 부정적 결과

산업화된 사회에서 가장 인정받는 임신이 건강한 아기의 만기출산임에도 불구하고, 때로 결과는 덜 긍정적이다. 가장 나쁜 결과는 분명히 영아의 죽음이다. 더 일상적인 부정적 결과는 저체중 출산인데 이것은 장기적 영향을 가질 수 있다.

영아사망

영아사망(infant mortality) — 출생 후 첫 1년 동안의 죽음 — 은 산업화된 세계에서 지금은 드문 일이다. 공중보건과 전반적인 경제 수준의 향상이 수십 년간 이루어진 덕분이다. 미국의 2015년 영아 사망률은 1,000명의 정상출산 중 5.87로 미국 역사상 최저였다(Central Intelligence Agency, 2015).

미국 영아사망률이 절대치로 본다면 전례없이 낮긴 하지만, 다른 산업화된 국가의 영아사망률과 비교해보면 높다(표 2.2는 미국 영아사망률이 2015년 가장 높은 나라와 가장 낮은 나라들의 사망률에 비해 정체되어 있음을 보여준다). 미국의 상대적인 순위는 지난 수십 년간 더 나빠졌다. 왜냐하면 많은 다른 국가의 영아사망률은 더 높은 비율로 개선되었기 때문이다.

왜 세계에서 가장 부자 나라인 미국에서 그렇게 많은 아기가 죽는가? 많은 이유가 있는데 대부분이 빈곤과 관련이 있다. 예를 들면 많은 저소득층 예비엄마들은 건강보험이 없어서 좋은 의학적 태내관리에 접근이 제한된다. 2014년 건강보험개혁법(Affordable care Act, 오바마 케어로도 알려짐) 통과로 이런 집단의 접근이 향상되었다. 태내관리에 대한 일부 장벽 제거가 미국 영아사망률을 감소시켜서 낮거나 최저 비용으로 태내관리를 보장하는 다른 국가들 수준이 되었다.

저개발국가, 특히 전쟁, 기근, 큰 전염병, 지속적인 극단적 빈곤으로 사회조직이 붕괴된 국가들

산통 ■ 분명한 이유 없이 과도한. 달래기 어려운 어린 영아의 울음

영아사망 ■ 출생 후 첫해 동안의 사망

저체중 출산(LBW) ■ 출산 시 2,500g 미만의 몸무게로 태어남

미숙아 ■ 수정 후 37주나 그 이전에 태어난 아기(38주를 채운 정상아에 대비해서)

임신주수 대비 작은 아기 ■ 임신주수에 비해 정상 대비 작게 태어난 아기

에서는 영아사망률이 흔들린다. 예를 들어 아프가니스탄, 말리, 소말리아 같은 나라들에서는 대략 10명 중 1명의 영아가 1살이 되기 전에 죽는다(Central Intelligence Agency, 2015).

저체중 출산

미국의 평균적 신생아는 2,500g 미만의 체중이다(대부분이 2,500~4,500g 사이다). 출생 시 체중이 2,500g 미만인 영아들은 **저체중 출산**(low birth weight, LBW)으로 간주된다. 일부 LBW 영아들은 **미숙아**(premature)거나 조산아이다. 즉 그 영아들은 수정 후 37주나 그 이전에 태어난다. 다른 LBW 영아들은 **임신주수 대비 작은 아이**(small for gestational age)를 의미한다. 그들은 조산 혹은 정상 만기분만일 수 있다. 그러나 그 아기들은 체중이 그들의 수정에서부터 계산된 주수인 임신주수의 정상적인 체중보다 가볍다.

미국 전체 신생아의 8%가 LBW이다(Hamilton et al., 2015). 집단으로 볼 때 LBW 신생아는 높은 수준의 의학적 합병증을 가지고 있다. 마찬가지로 더 높은 비율의 신경감각적 결함, 더 많은 빈도의 질병, 더 낮은 IQ 점수, 더 낮은 교육적 성취도 나타낸다. 심한 LBW 아기들(VLBW; 체중이 1,500g 이하인 아기들)은 특히 취약하다. 이런 영아들이 2014년 미국 내 정상출생의 1.4%를 차지한다(Hamilton et al., 2015).

LBW와 미숙의 원인은 많다. 기형유발요인 부분에서 논의된 여러 가지 요인인 흡연, 음주, 납과 수은 같은 환경오염들이 포함된다. 중국처럼 급속히 발전하고 있는 나라들에서는 높은 수준의 공기오염이 LBW와 미숙아 출생 모두에 관련이 있다. 이것은 태반을 통한 산소 운반이 손상된 것 때문일 가능성이 있다(Fleischer et al., 2015). 다른 원인은 성공적 불임치료의 발달 결과로 두쌍둥이, 세쌍둥이 등 다태아 출산율 이 급격하게 상승한 것이다[임신약의 사용은 배란기에 여러 개의 난자가 배출되도록 한다. 체외수정은 보통 시험관에서 수정된 여러 개의 배아(embryo)를 자궁에 착상시키는 것을 포함한다. 1980년에는 미국에서 53명 영아 출생당 1명이 두쌍둥이였다. 2014년에는

표 2.2

영아사망률*(2015년 최고 10개국, 최저 10개국)

국가(최고 10개국)	영아사망률	국가(최저 10개국)	영아사망률
아프가니스탄	115.08	모나코	1.82
말리	102.23	아이슬란드	2.06
소말리아	98.39	일본	2.08
중앙아프리카 공화국	90.63	싱가포르	2.48
기니비사우	89.21	노르웨이	2.48
차드	88.69	버뮤다	2.48
니제르	84.59	핀란드	2.52
앙골라	78.26	스웨덴	2.60
부르키나파소	75.32	체코 공화국	2.63
나이지리아	72.70	홍콩	2.73

주 : 미국의 영아사망률은 5.87이다.

* 1,000명 출생당 영아사망 수
출처 : The World Factbook (2015 est.), Country Comparison: Infant Mortality Rate, Central Intelligence Agency, Accessed on June 27, 2016 from https://www.cia.gov/library/publications/the-world-factbook/rankorder/2091rank.html

아프가니스탄은 세계에서 영아사망률이 가장 높다. 그 원인들 가운데는 극심한 빈곤, 빈약한 영양, 열악한 위생 등이 있다. 거의 대부분의 사람들은 깨끗한 물을 얻기 어려우며 이질, 심한 설사, 다른 질병과 관련된 영아사망이 굉장히 많다.

30명 영아 출생당 1명이 두쌍둥이다(Hamilton et al., 2015)]. 더 많은 아이 출산(세쌍둥이 이상)이 최근에 급격히 증가했다. 다태아들에서의 LBW 비율이 매우 높기 때문에 이것은 우려스럽다. 두쌍둥이에서는 LBW가 55%이고 세쌍둥이 이상에서는 95% 이상이다(Hamilton et al., 2015).

모든 새로운 부모들은 자신의 영아를 돌보는 일에 대해 배울 것이 많은 반면, LBW 아기의 부모들은 시작부터 특수한 도전에 직면해 있다. 첫째, 부모는 그들이 바라던 완벽한 아기를 갖지 못했다는 사실에 대한 실망감을 받아들여야 한다. 그리고 그들은 죄책감("내가 무엇을 잘못했지?"), 부적절감("그렇게 작고 약한 아기를 내가 어떻게 돌볼 수 있지?"), 두려움("우리 아기가 살 것인가?")도 극복해야만 한다. 게다가 LBW 아기를 돌보는 일은 특히 시간이 많이 걸리고, 스트레스를 주며, 만약 영아가 연장 치료를 필요로 한다면 비용이 많이 들 수 있다.

장기적 결과 생존한 LBW 신생아에 대해 예측할 수 있는 결과는 무엇인가? 이 질문은 늘 낮은 출산 체중(일부는 450g 이하의 체중)인 신생아들이 현대의학 기술로 계속 살아 있을 때 점차 더 중요해진다. 그에 대한 답은 나쁜 소식과 좋은 소식 둘 다를 포함한다.

나쁜 소식은 집단으로 볼 때 LBW 영아였던 아동들은 발달문제를 갖는 경우가 더 많다. 그들은 체중이 적을수록 지속적인 어려움을 갖는 경향이 더 크다(예 : Muraskas, Hasson, & Besinger, 2004). 예를 들어 LBW로 태어난 8세 오스트레일리아 아동들은 만기출산한 또래들보다 감각손상 빈도가 높고, 학업성취가 더 낮으며, 행동문제가 더 많았다(Hutchinson et al., 2013). 다른 연구들은 VLBW와 아동기 정신의학적 문제, 특히 부주의, 불안, 사회적 어려움과 관련이 있다고 주장한다(예 : ADHD, 자폐장애; Johnson & Marlow, 2011). LBW와 이러한 부정적 결과들 사이에 가정된 경로에는 백질(white-matter) 감소, 심실 확장, 다른 비정상적 뇌발달 결과가 포함된다.

그러나 이러한 비교는 종종 저체중 상태와 함께하는 SES와 혼입됨을 주목하는 것이 중요하다. 예를 들어 앞에 말한 Hutchinson과 동료들(2013)의 연구에서 만기출산아 가

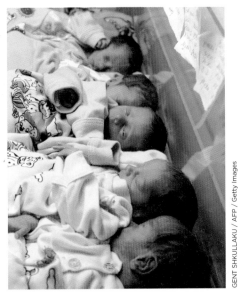

사진의 다섯쌍둥이는 2004년 알바니아에서 태어났다. 2015년에는 47회의 다섯쌍둥이 또는 그 이상의 출생이 미국에서 일어났다.

족 표본은 조산아 가족 표본보다 더 높은 학업적 달성과 고용지위를 갖고 있다. 실제로 독일 연구는 VLBW 영아의 결과를 가장 강력하게 예언해주는 요인이 어머니의 교육이라는 것을 보여준다(Voss et al., 2012). 저자들은 위험에 처한 영아가 있는 낮은 교육적 배경 가족에게 특수 서비스와 부가적 지원이 특히 중요하다고 결론 내렸다.

좋은 소식은 LBW 아동 대부분은 매우 잘 지낸다는 것이다. 그 아이들의 출생상태의 부정적 효과는 점차 줄어들어서, 신생아일 때 약간에서 중간 정도 저체중이던 아이들은 대부분의 발달측정치에서 정상 범위에 들어가게 된다(Kopp & Kaler, 1989; Liaw & Brooks-Gunn, 1993; Meisels & Plunkett, 1988; Vohr & Garcia Coll, 1988). 그림 2.20은 이런 사실의 매우 놀라운 예를 보여준다(Teoh et al., 2006). 실제로 극도로 LBW인 영아(몸무게 1,000g 이하)들에 대한 최근의 추적연구는 18~22개월경 16%는 손상이 없었고 22%는 단지 약간의 손상만 있었음을 알아냈다(Gargus et al., 2009).

중재 프로그램 LBW 영아가 생의 불리한 출발을 극복하는 것을 돕기 위해 할 수 있는 것은 무엇인가? LBW 신생아를 위한 다양한 중재 프로그램이 아동복지를 향상시키는 데서 연구의 역할에 대한 우리 주제에 훌륭한 예를 제공한다. 프로그램 중 많은 것이 적극적인 참여자들이다. 이것은 과거 방법에서 눈에 띄게 달라진 변화다. 감염에 대한 걱정 때문에 병원은 공식적으로 부모가 그들의 LBW 영아와 어떤 접촉도 하지 못하게 했다. 지금은 부모가 입원한 영아와 영아 컨디션이 허락하는 한 많은 신체적 접촉과 사회적 상호작용을 하도록 격려받는다. 실제로 캥거루 케어 — 앞에서 논의된 다양한 피부접촉(skin-to-skin) 케어로 영아의 피부온도를 유지하는 것을 돕고 모유수유를 촉진하기 위해 부모를 인큐베이터처럼 사용한다 — 는 사망률을 줄이고 성장, 모유수유, 애착을 증가시킨다는 것을 보여주었다(Conde-Agudelo & Diaz-Rossello, 2014).

접촉(껴안기, 어루만짐, 업거나 안아서 데리고 다니기)이 신생아 삶의 활력 부분이라는 생각은 피부접촉과 캥거루 케어와 일치한다. 많은 LBW 영아들은 이런 종류의 자극을 적게 경험한다. 왜냐하면 그들에게 실시해야만 하는 예방책들 때문이다. 여기에는 그들을 특별하고 다양한 생명유지기계가 걸려 있는 특수 미숙아보육기 안에 두는 것이 포함된다. 이러한 일상의 접촉 경험 부족을 보완하기 위해 Field와 그녀의 동료들(Field, 2001; Field, Hernandez-Rief, & Freedman, 2004)

그림 2.20 작은 기적 사진에 보이는 루마이사와 히마는 2004년 시카고에서 15주나 미숙아로 태어났다. 루마이사는 출생 당시 몸무게가 261그램으로 세계 최소 몸무게로 생존한 아기이다. 자매인 히마는 좀 더 무거운 578그램이었다. 생의 초기에 직면한 엄청난 도전에도 불구하고, 이 자매들은 운동과 언어능력에서 적절한 발달 이정표에 도달했는데, 이는 아마도 어머니 자궁에서 25주나 있었기 때문으로 보인다(Rochman, 2011).

은 LBW 아기를 마사지하고 그들의 팔다리를 구부려주는 특수치료를 개발했다(그림 2.21). 이런 치료를 받은 LBW 아기들은 마사지를 받지 않은 아기들보다 더 활발하며 각성되고, 몸무게가 늘었다. 그 결과 더 빨리 집으로 갔다. 최근 결과들도 부모가 LBW 신생아에게 병원에 있는 동안 노래를 불러주면 비슷하게 신생아의 건강이 증진되고 부모의 불안도 진정시킨다고 말한다(Loewy et al., 2013).

그들의 영아가 집으로 왔을 때 부모는 매우 수동적이고 비반응적인 아기에 대처해야 하며 한편으론 어떤 반응을 유발하기 위해 영아를 과도하게 자극하지 않도록 조심해야 한다. LBW 영아는 평균 아기들보다 더 소란스럽고 각성되었을 때 진정시키는 게 더 어려울 가능성이 있다(Greene, Fox, & Lewis, 1983). 설상가상으로 영아들은 그들이 특히 불쾌할 때 높은 소리로 운다(Lester et al., 1989).

부모에게 또 다른 문제는 LBW 영아는 정상 출생 체중인 영아들보다 잠이 들고, 깨어나고, 각성상태로 있는 데 더 문제가 있으며 그들의 수유 스케줄은 덜 규칙적이라는 사실이다(DiVitto & Goldberg, 1979; Meisels & Plunkett, 1988). 그러므로 그런 아기에 대한 예측 가능한 스케줄을 얻는 데 시간이 더 걸린다. 이것이 부모의 생활을 더 바쁘게 만든다. 조산 영아의 부모는 그들 아기의 초기 발달이 만기출산 영아의 시간표와 같은 시간표를 따르지 않는다는 것도 이해할 필요가 있다. 발달이정표는 지연되고, 출생 후 생활연령보다 출생 시 임신주수 연령과 더 강하게 관련된다. 예를 들면 그들의 영아는 약 6주경에 미소 짓기 시작하지 않을 것이다. 6주는 만기출산 영아들이 통상 이 미소 짓기 이정표에 도달하는 시기다. 대신에 그들의 아기가 눈으로 보고 마음을 녹이는 미소가 터지려면 수 주를 더 기다려야 할 것이다. 그래서 조산 영아들을 돌보는 일은 상호작용을 덜 강화하는 반면 잠재적으로 더 도전이 된다. 조산을 한 아동들은 만기출산 영아보다 부모 아동학대의 피해자가 되기 더 쉽다는 점도 하나의 결과이다(예 : Spencer et al., 2006).

입원하고 있는 동안과 집에 돌아온 후 모두 LBW 영아나 또는 조산 영아의 부모에게 도움이 될 수 있는 단계는 영아발달에 대한 더 많은 학습이다. 아동발달에 대한 훈련을 부모에게 제공하거나 그들의 LBW 영아에게 부모가 더 반응적이 되도록 돕는 데 초점을 둔 중재들은 많은 긍정적 효과가 있음이 밝혀졌다. 여기에는 그들의 LBW 또래들에 비해 개선된 행동 결과, 더 큰 체중 증가, 더 높은 IQ, 기타 여러 가지 향상된 결과가 포함된다(McCormick et al., 2006; Nordhov et al., 2012; Wassenaer-Leemhuis et al., 2016).

더욱이 LBW 아기나 다른 문제가 있는 영아를 다루려고 노력하는 부모는 배우자나 파트너, 다른 가족 구성원, 친구, 또는 공적 지원집단에게서 사회적 지원을 잘 얻게 된다. 심리학에서 가장 잘 증명되는 현상은 우리가 다른 사람을 지원할 때 우리 모두 어떤 생활문제든 사실상 더 잘 극복한다는 것이다. 실제로 성공적 중재 프로그램의 잠재적으로 중요한 한 가지 요소는 중재 프로그램이 지원 회기를 포함한다는 것이다. 이 지원 회기는 병원과 가정방문 동안에 부모로 하여금 그들의 경험에 대해 말하고 감정에 대해 표현하도록 격려하기 위해 설계된 것이다.

그러나 많은 중재 프로그램들이 이익을 주지만 종종 그 이익은 상대적으로 크지 않고 시간이 흐르면 줄어듦을 아는 것이 중요하다(예 : McCormick et al., 2006). 두 번째 중요한 점은 어떤 중재든 성공은 영아의 초기 건강상태에 따라 달라진다는 것이다. LBW 아기들을 위한 많은 프로그램들은 출생 시 덜 작은 영아들에게 가장 도움이 된다. 이런 사실이 걱정의 원인이다. 현대 의학 기술은 영구적이고 심각한 손상 위험이 높은 매우 작은 영아의 생명을 구하는 일을 점점 더 가능하게 만들기 때문이다. 세 번째 강조는 누적된 위험의 중요성이다. 영아가 더 많은 위험을 견뎌야 할수록 좋은 결과의 기회는 낮아진다. 이런 원리가 모든 측면의 발달에 매우 중요하기 때문에 우리는 다음 부분에서 더 자세히 알아볼 것이다.

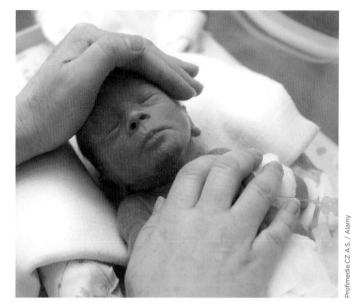

그림 2.21 영아 마사지 누구나 좋은 마사지를 즐기지만, 병원에 입원해 있는 신생아는 추가적인 접촉에서 특별히 이득을 얻는다.

Profimedia.CZ A.S. / Alamy

발달적 탄력성 ■ 중다적이고 보기에 압도적인 발달 위험에도 불구하고 성공적인 발달

다중위험모델

위험요인들은 함께 발생하는 경향이 있다. 예를 들어 임신을 했음에도 불구하고 지속적으로 약물남용을 하는 알코올, 코카인, 헤로인 중독 여성들은 큰 스트레스를 받기 쉽고, 잘 먹지 않으며, 비타민 섭취를 잘 하지 않고, 수입이 좋지 않으며, 산전관리를 잘 받지 않는 경향이 있고, 강력한 사회적 지지망이 없으며, 다른 면에서도 자신을 잘 돌보지 못하는 경향이 있다. 게다가 이러한 산전 위험요인들의 누적된 결과가 무엇이든지 출산 후에도 어머니의 건강하지 못한 생활 유형과 그 결과로 자녀를 잘 돌보지 못하는 것과 혼입된다.

이 책 전반에 걸쳐 반복적으로 보게 될 바와 같이, 부정적인 발달적 결과 — 태내기간이든 이후의 발달이든 — 는 다중위험요인들이 있을 때 더 큰 경향이 있다. 이러한 사실의 전통적 예시로 Michael Rutter(1979)는 4개 이상의 위험요인(어머니의 고통, 낮은 SES, 아버지의 범죄, 어머니의 정신의학적 질병 포함)이 있는 가족에서 자란 영국 아동들의 정신의학적 문제 발생이 높다고 보고했다(그림 2.22). 그러므로 장애가 발달할 가능성은 많이 싸우는 부모의 자녀들에서 약간 상승하지만 그 아이의 가족이 가난하고, 아버지가 범죄행동에 연루되며, 어머니가 정서적 문제로 고통받고 있다면 그 아이의 위험은 거의 10배가 된다. 여러 발달 영역에 걸쳐서 위험요인의 누적효과가 있다. 위험요인이 많을수록 잠재적 결과는 더 나빠진다. 이러한 누적 위험 효과는 애착부터 언어발달, 안녕(well-being)에 이르는 범위의 아동 기능 측면들에 영향을 준다(Evans, Li, & Whipple, 2013).

발달의 위험요인인 빈곤

이것은 중요한 점으로 다중위험의 존재가 SES와 강한 관련이 있음은 아무리 강조해도 지나치지 않다. 우리가 앞에서 논의한 태아발달에 위험하다고 알려진 몇몇 요인을 생각해보라 — 부적절한 산전관리, 영양부족, 질병, 정서적 스트레스, 흡연, 약물남용, 환경적·직업적 위해요소에의 노출. 이 요인들 모두 중류층 여성들보다 빈곤선(poverty line) 아래에서 생활하는 여성들이 더 많이 경험하기 쉽다. 전체적으로 임신의 결과가 중류층 부모에게서 태어난 아기들보다 낮은 SES 부모에게서 태어난 영아들에게 긍정적이지 않음은 당연하다.

마찬가지로 슬픈 사실은 미국을 포함한 많은 나라에서 소수민족 가족들이 더 낮은 SES 수준에 너무 많다는 점이다. 2014년 자료를 사용하여 국가빈곤아동센터(National Center for Children in Poverty)가 수행한 연구는 18세 이하 미국 아동의 21%가 수입이 빈곤선(2014년 4인 가족 기준 24,008달러) 이하인 가족에서 생활한다(Jiang, Ekono, & Skinner, 2016). 그러나 아프리카계 미국인, 히스패닉, 북미 원주민 아동들이 가난하게 사는 비율은 각각 38%, 32%, 35%이다. 이런 식으로 역사적으로 경제적 성공을 하는 데 장애에 직면했던 인종적 및 민족적 소수집단에서는 빈곤 속에서 자라는 아동들이 불균형적으로 더 많이 나온다.

탄력성

이 장의 많은 논의는 초기 발달 과정이 나쁜 쪽으로 갈 수 있는 많은 방식에 초점을 두었다. 물론 여러 개의 엄청난 발달적 위험요인들을 경험했는데도 잘사는 사람들이 있다. 그런 아동들을 연구하면서 연구자들은 **발달적 탄력성**(developmental resilience) 개념을 사용했다(Garmezy, 1983; Masten, Best, & Garmezy, 1990; Sameroff, 1998). 탄력적인 아동들

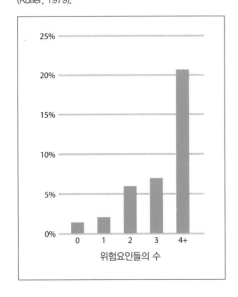

그림 2.22 다중위험요인 다중위험요인들을 가진 가족에서 자라는 아동들은 하나 또는 2개의 문제적 특성을 가진 가족의 아동들에 비해 정신질환을 앓을 가능성이 높다 (Rutter, 1979).

— 제1장에서 논의된 카우아이 연구의 아동들 같은 — 은 종종 그들에게 유리한 두 가지 요인을 갖는다 — (1) 특정 개인적 특성, 특히 지능, 다른 사람들에 대한 반응성, 그들의 목표가 달성 가능하다는 느낌, (2) 어떤 사람으로부터의 반응적인 돌봄.

요약하면, 수정된 순간부터 출산까지 발달은 매우 복잡하다. 이 책 전반에 걸쳐 보게 될 바와 같이 그런 복잡성은 그 후 수년 동안 계속된다. 초기 사건과 경험들이 이후 발달에 심각한 영향을 줄 수 있긴 하지만, 발달적 결과는 미리 결론을 내리지 못한다.

요약

태내발달

■ 천성과 육성은 함께 태내발달을 밀고 나간다. 이 발달의 많은 부분은 태아 자체에 의해 생기며 그것은 태아가 자신의 발달에서 능동적인 역할을 하게 만든다. 영아가 자궁에서 일어난 일의 결과를 보여준다는 점에서 출산 전과 출산 후에 진행되는 것들 사이에 확실한 연속성이 존재한다.

■ 태내발달은 어머니로부터 온 난자와 아버지로부터 온 정자가 합쳐져서 하나의 단일세포 접합체가 되는 수정을 통해 세포 수준에서 시작한다. 접합체는 나팔관을 통해 가면서 증식과 분열을 한다.

■ 접합체는 세포분열, 세포 이동, 세포분화, 세포죽음 과정을 겪는다. 이러한 과정들은 태내발달 동안 계속된다.

■ 접합체가 자궁벽에 착상되면 이것은 배아가 된다. 그 시점부터 태반을 통해 영양분과 산소를 얻고 배설물을 제거하기 위해 어머니에게 의존하게 된다.

■ 태아행동은 수정 후 5주나 6주에 간단한 움직임으로 시작되는데 어머니는 느끼지 못한다. 간단한 움직임은 점점 복잡해지고 조직화되어서 패턴이 된다. 이후에 태아는 독립적으로 살기 위한 생명유지 행동을 실행한다. 생명유지 행동은 삼키기와 '자궁 내 호흡(intrauterine breathing)' 형태를 포함한다.

■ 태아는 자궁 안과 외부환경 모두로부터 풍부한 자극을 경험한다. 태아는 이런 경험으로부터 배운다. 태아와 신생아가 익숙한 소리와 새로운 소리, 특히 말소리를 변별하고 자궁에서 발달된 지속적인 맛 선호를 보여줌을 연구가 증명한다.

태내발달의 위험요인

■ 많은 태내발달의 위험요인들이 있다. 수정된 난자의 가장 공통적인 운명은 자연유산(유산, miscarriage)이다.

■ 넓은 범위의 환경요인들이 태내발달에 해로울 수 있다. 이것은 외적 세계 및 특정 모성특성으로부터 오는 기형유발요인을 포함한다. 여기에는 나이, 영양상태, 신체적 건강, 행동(특히 합법 또는 불법약물의 사용)과 정서상태가 포함된다.

출생 경험

■ 수정 후 약 38주에 가까워지면 아기는 태어날 준비가 된다. 보통 태아의 행동은 출산 과정의 시작을 돕는다.

■ 산도를 통과해 밀려나가는 것은 영아가 첫 번째 호흡을 준비하게 하는 것을 포함한 여러 가지 이로운 효과를 신생아에게 준다.

■ 아기 출산을 둘러싼 문화적 실제는 크게 다르고 부분적으로 그 문화가 강조하는 목표와 가치와 관계된다.

신생아

■ 신생아의 각성상태는 깊은 수면부터 활발한 울음에 이르기까지의 범주에 있다.

■ 영아가 다른 각성상태로 보내는 시간의 양은 개인과 문화에 따라 매우 다르다.

■ REM 수면은 자궁이 어두워서 시각 자극이 부족한 것과 신생아가 많은 시간을 눈을 감고 잠을 잔다는 사실을 보상하는 것으로 보인다.

■ 아기 울음소리는 매우 듣기 싫을 수 있어서 성인들은 고통스러운 영아를 달래는 많은 전략을 사용한다.

■ 미국의 영아사망률은 다른 선진국에 비해 높다. 이것은 낮은 SES 부모에게 태어난 아기들에서 더 높다.

■ 2,500g 이하의 체중으로 태어난 영아는 저체중 출산에 속한다. LBW 영아들은 여러 가지 발달문제의 위험에 처한다. 그리고 출생체중이 더 가벼울수록 지속적인 어려움의 위험이 더 크다.

■ 다양한 중재 프로그램이 LBW 아기들의 발달 과정을 향상시키기 위해 설계되었다. 이 프로그램들은 병원에 있는 시간과 영아로 집에 돌아온 후의 시간을 모두 중재한다.

■ 다중위험모델은 위험요인들을 많이 갖는 영아들은 지속적인 발달적 문제의 가능성이 높다는 사실을 말한다. 빈곤은 발달에 특히 나쁜 영향을 주는 위험이다. 부분적으로 빈곤이 많은 부정적 요인과 관련있기 때문이다.

■ 일부 아동들은 상당한 도전에 직면해서도 탄력적이다. 탄력성은 특정 개인적 특성과 어떤 사람이 나타낸 반응의 결과인 것으로 보인다.

연습문제

1. 수정 동안 2개 생식세포가 합쳐질 때 생기는 단일세포는 _____이다.
   a. 접합체　　　　　　　　b. 난자
   c. 정자　　　　　　　　　d. 배아

2. 어떤 태내발달 과정이 세포의 전문화에 중요한가?
   a. 세포분열　　　　　　　b. 시냅스 형성
   c. 세포분화　　　　　　　d. 세포소멸

3. 해리와 론은 유전적으로 동일한 쌍생아이며 _____로 부른다. 앨시아(여아)와 스티븐(남아)도 쌍생아다. 그러나 분명히 _____ 쌍생아이다.
   a. 단일접합체, 일란성
   b. 이접합체(2개의 수정란에서 자람), 이란성
   c. 이접합체, 단일접합체
   d. 단일접합체, 이접합체

4. 다음 체계 중에서 어떤 것이 발달 중인 배아를 위험한 독소들로부터 보호하는가?
   a. 양막　　　　　　　　　b. 태반
   c. 탯줄　　　　　　　　　d. 신경관

5. 안드레아는 첫 아이를 임신한 지 5개월이다. 초음파 검사를 하는 중에 그녀는 아기의 머리가 몸의 나머지 부분보다 훨씬 큰 것을 보았다. 의사는 불균형하게 큰 머리가 정상적인 _____의 결과라고 설명했다.
   a. 두미발달
   b. 중심-말초발달
   c. 측면 발달
   d. 상향발달

6. 태아가 자궁 안에 있는 동안 다음 감각들 중에서 가장 적은 것은 무엇인가?
   a. 청각　　　　　　　　　b. 후각
   c. 미각　　　　　　　　　d. 시각

7. 로건의 아빠는 그가 배를 누르면 삑삑소리를 내는 원숭이 인형인 새로운 장난감을 로건에게 보여줄 때마다 웃으면 기쁘다. 삑삑거리는 원숭이에 반복 노출된 후에, 로건은 지루해지고 더 이상 웃지 않는다. 이러한 과정은 _____으로 알려져 있다.
   a. 습관화　　　　　　　　b. 탈습관화
   c. 고전적 조건형성　　　　d. 조작적 조건형성

8. 임신 마지막 6주 동안에 임신부가 같은 책을 하루에 두 번씩 크게 읽는 것을 연구한 DeCasper와 Spence연구는 _____을 평가하기 위해 설계되었다.
   a. 태아 주의집중　　　　　b. 태아학습
   c. 영아 주의집중　　　　　d. 영아학습

9. 다음 중 어떤 것이 기형유발요인이 발달 중인 태아에게 주는 효과의 심한 정도에 영향을 주지 않는가?
   a. 노출시간　　　　　　　b. 노출량
   c. 노출기간　　　　　　　d. 어머니의 이전 임신 수

10. 다음 중 태아알코올증후군의 증상이 아닌 것은 무엇인가?
   a. 얼굴 기형　　　　　　　b. 지적장애
   c. 저활동성　　　　　　　d. 주의집중 문제

11. 연구들은 분만 중에 태아가 경험하는 (산도로) 밀려나감은 여러 가지 중요한 기능에 도움이 된다고 주장한다. 다음 중 아닌 것은 무엇인가?

a. 이것은 골반뼈를 통해 아기 머리가 안전하게 통과하도록 일시적으로 영아의 머리 크기를 감소시킨다.

b. 아기가 듣도록 이도에 있는 액체를 짜낸다.

c. 태아가 가벼운 산소결핍을 잘 견딜 수 있게 돕는 호르몬 생산을 자극한다.

d. 아기의 첫 번째 호흡에 대한 준비로 양수가 허파 밖으로 나오게 밀어낸다.

12. 다음 중 non-REM 수면의 특징은 무엇인가?

a. 불규칙한 심박동

b. 불규칙한 호흡

c. 빠르고 갑작스러운 눈 움직임

d. 느린 뇌파

13. 다음 중 산통으로 가장 고통 받을 가능성이 있는 영아를 기술한 것은 무엇인가?

a. 비비안은 설명할 수 없는 이유로 하루에 수 시간 동안 운다.

b. 제레미는 배고플 때 크게 운다.

c. 라토샤는 아기침대에 두면 운다.

d. 에밀리는 별로 울지 않는다.

14. 저체중 출생 영아의 부모에게 발달을 지원하고 생존을 촉진하는 데 사용하도록 권장하는 직접적인 피부접촉을 포함하는 중재 프로그램들은 무엇인가?

a. 아기를 감싸안기 케어   b. 마사지 케어

c. 캥거루 케어   d. 파우치(주머니) 케어

15. 다중위험모델이 부정적인 발달적 결과에 대해 주장하는 것은 무엇인가?

a. 각각의 위험요인은 독특한 부정적 결과를 만들게 된다.

b. 하나의 위험의 존재는 다른 위험요인이 미래에 나타날 가능성을 높인다.

c. 존재하는 위험요인이 많을수록 잠재적인 결과의 가능성이 더 많고 더 나쁘다.

d. 더 많은 위험요인의 존재는 아동이 탄력성을 발달시킬 가능성을 높여준다.

비판적 사고 질문

1. 최근 한 만화는 매우 큰 헤드폰 세트를 불쑥 나온 배 둘레에 고정시킨 MP3를 갖고 거리를 걸어 내려가는 임신부를 보여주었다. 이것이 보여주려는 요점은 무엇인가? 그 여성이 그렇게 행동하도록 근거를 제공한 연구는 무엇이며, 그 행동의 결과에 대해 갖고 있는 가정은 무엇인가? 만약 여러분이나 여러분 배우자가 임신했다면, 이와 같은 일을 했을 것이라고 생각하는가?

2. 우리는 코카인 같은 불법약물이나 AIDS 같은 질병이 태내발달에 줄 수 있는 무섭고 슬픈 효과에 대해 많이 들었다. 이 장에서 담배와 알코올 사용은 미국에서 가장 일반적인 해로운 행동 두 가지이다. 이러한 다양한 물질의 효과는 서로 어떻게 다르고, 임신부가 그것들을 사용하는 것을 사회가 어떻게 생각하는지에 영향을 줄 것인가?

3. 여러분이 미국의 태내발달을 개선하기 위한 보건 캠페인을 책임지고 있으며 한 가지 요인에만 초점을 둘 수 있다고 가정하자. 무엇을 목표로 할 것이며 이유는 무엇인가?

4. 여러분에게 친숙하지 않은 나라나 문화를 하나 선택하라. 그리고 수정, 임신, 출산에 대한 공통적인 신념과 실제를 조사하라. 그들의 실제는 여러분이 친숙한 실제보다 더 매력적인가? 여러분이 친숙한 것들에 도움이 될 수 있는 신념과 실제가 있는가?

5. 영아 중재 프로그램의 결과들에 의해 더 고무되거나 더 실망스러운가? 중재 프로그램의 이익이 더 크고 길게 유지되도록 무엇을 해야 하는가?

6. 미국의 영아사망률이 다른 나라에 비해 계속 더 나빠지는 이유를 생각하라. 이러한 원인을 언급하게 돕는 어떤 잠재적인 정책 변화나 건강관리시도를 말하라.

7. 다중위험모델의 기본 개념과 빈곤이 태내발달과 출산 결과에 어떻게 관련되는지 설명하라.

핵심용어

감수분열(meiosis)

감싸기(swaddling)

계통발생적 연속성(phylogenetic continuity)

급속안구운동[rapid eye movement(REM) sleep]

기형유발요인(teratogens)

두미발달(cephalocaudal development)

미숙아(premature)

민감기(sensitive period)

발달적 탄력성(developmental resilience)

배아(embryo)

배아줄기세포(embryonic stem cell)

산통(colic)

상태(state)

생식세포들(gametes)

세포소멸(apoptosis)

수정(conception)

습관화(habituation)

신경관(neural tube)

양막(amniotic sac)

영아돌연사증후군(sudden infant death syndrome, SIDS)

영아사망(infant mortality)

용량반응관계(dose-response relation)

유사분열(mitosis)

이란성 쌍생아(fraternal twins)

일란성 쌍생아(identical twins)

임신주수 대비 작은 아기(small for gestational age)

저체중 출산(low birth weight, LBW)

접합체(zygote)

탈습관화(dishabituation)

태반(placenta)

태아(fetus)

태아알코올스펙트럼장애(fetal alcohol spectrum disorder, FASD)

탯줄(umbilical cord)

후성설(epigenesis)

non-REM 수면(non-REM sleep)

연습문제 정답

1. a, 2. c, 3. d, 4. b, 5. a, 6. d, 7. a, 8. b, 9. d, 10. c, 11. b, 12. d, 13. a, 14. c, 15. c

Tilly Willis, *Waiting* (oil on canvas, 2005)

생물학과 행동

천성과 육성

유전적 힘과 환경적 힘

글상자 3.1 : 적용 장애의 유전적 전달

글상자 3.2 : 적용 유전자 검사

행동유전학

행동유전학 연구 설계

유전 가능성

환경적 영향

뇌발달

뇌의 구조

발달 과정

글상자 3.3 : 자세히 살펴보기 마음 매핑

경험의 중요성

뇌손상과 회복

몸 : 신체 성장과 발달

성장과 성숙

영양행동

글상자 3.4 : 자세히 살펴보기 빈곤과 건강 차이

요약

이 장의 주제

- 천성과 육성
- 능동적인 아동
- 연속성/비연속성
- 변화의 기제
- 개인차
- 연구와 아동복지

이 장면을 상상해보라 — 유전적으로 동일한 두 아이가 다른 도시에서 성장해 어른이 되어 만난다. 떨어져 자란 일란성 쌍생아의 주제는 로마 고전에서부터 시작해 셰익스피어의 걸작 실수의 연속(The Comedy of Errors)에서 절정에 도달한다. '페어런트 트랩(Parent Trap)' 같은 고전적 영화를 포함하여, 출생 시 분리된 쌍생아의 극적인 잠재력은 현대 청중들을 계속 매혹시킨다. 그러나 분리 양육된 일란성 쌍생아는 아동발달에 대해 무엇을 말해줄 수 있는가? 드물긴 하지만 그런 상황들은 천성과 육성(동일한 유전자와 다른 환경)을 떼어낼 매우 귀중한 기회를 잠재적으로 제공한다.

오스카와 잭은 1933년 트리니다드에서 태어난 후 곧 분리된 일란성 쌍생아였다. 오스카는 독일에서 할머니가 키웠는데 가톨릭 신자이고 나치가 되었다. 잭은 카리브해에서 아버지가 유태인으로 키웠다. 그들의 매우 다른 배경에도 불구하고 형제가 미니애폴리스의 조사연구에 모집되어 중년 남자로 처음 만났을 때, 그들은 그들 사이의 많은 유사성을 발견했다.

> 그들은 매운 음식과 단 음료를 좋아하고, 건망증이 있고… 사람들 사이에서 재채기하는 걸 재미있어 하고…, 변기를 사용하기 전에 물을 내리고, …잡지를 뒤에서부터 앞으로 읽고, 커피에 버터를 바른 토스트를 적신다. 오스카는 여자들에게 권력을 휘두르며 아내에게 소리를 지른다. 이 행동은 잭이 아내와 헤어지기 전에 했던 것이다.   (Holden, 1980, p. 1324)

지금은 둘 다 사망한 잭과 오스카는 미네소타 분리 양육 쌍생아 연구의 참가자였다. 이 연구는 생의 초기에 분리 양육된 일란성 쌍생아에 대한 집중적 조사연구다(Bouchard et al., 1990). 그렇게 자란 쌍생아 100쌍 이상을 찾아내어 미니애폴리스로 데려와 생리학적 검사와 심리검사 배터리를 실시했다. 많은 쌍생아 형제들이 영아기 이후 처음으로 만났다(왼쪽 아래 사진에 있는 다시 만난 쌍생아들은 잭과 오스카가 그랬듯이 놀라운 유사성을 많이 보여주었다. 그들은 여러 가지 비슷한 직업을 가졌었고 자원 소방관이었다). 미네소타 연구팀은 분리 양육된 쌍생아에게서 발견한 유사성의 정도에 놀랐다. 그들은 '반응시간에서부터 독실함에 이르기까지 조사된 거의 모든 행동특질'에 대한 유전적 기여를 확인했다(Bouchard et al., 1990).

분리 양육된 쌍생아들 사이의 유사성이 놀라운 것과 마찬가지로, 이런 유사성을 유전적 요인에 자동적으로 귀인시킬 수 있다고 가정하는 것은 여러 문제가 있다. 한 가지 문제는 분리 양육된 쌍생아가 공유한 유사한 특질 모두를 유전적인 것이라고 말하는 것은 큰 과잉단순화가 되는 것이다. 예를 들어 사진에 있는 남자들은 그 둘 다를 소방관이 되게 성향지워진 유전자 세트를 공유한다. 이 장에서 논의하게 될 바와 같이, 유전자 코드는 직업(또는 수염의 선택)처럼 복잡한 것이 아니라 단백질에 대한 것이다. 부가적인 문제는 선택적 배치의 실제다. 입양기관들은 일반적으로 아동들을 전반적 배경이 동일한 가족에 보내려고 한다. 그래서 분리 양육된 형제들의 환경은 여러 면에서 종종 비슷하다. 분리 양육된 쌍생아가 다른 언어, 신앙심, 문화를 가진 잭과 오스카처럼 양육되는 일은 매우 드물다. 실제로 대부분의 행동유전자 연구에 참가한 대다수의 쌍생아들은 서구 국가의 주류인 백인, 중류층 가족 출신이다. 분리 양육된 쌍생아 집단에 초점을 둔 새롭게 출현하고 있는 연구들은 이러한 잠재적 혼입변인을 언급하게 해줄 수 있다. 예를 들어 한 예기적 종단연구(prospective longitudinal study)는 국제입양된 중국 출생의 분리 양육 쌍생아에 초점을 두었다(Segal, Stohs, & Evans, 2011). 현재 진행되고 있는 다른 연구들은 극단적인 환경적 차이 효과에 초점을 두었는데, NASA가 실시한 일란성 쌍생아 우주인인 마크와 스콧 켈리에게 연장된 우주여행 기간이 주는 영향에 대한 연구가 그것이다.

둘다 자원봉사 소방관인 일란성 쌍생아 제럴드와 마크는 출생 시 분리되어 뉴욕의 중류층 유태인 가정에서 양육되었다. 31세에 다시 만났을 때, 그들은 다른 많은 유사성 가운데서 늘어진 콧수염을 가진 자원봉사 소방관이고, 긴 구레나룻을 가지고 있으며 사냥, 고기잡이, 존 웨인 영화를 보는 취미를 가지고 있음을 발견했다. 그들은 심지어 동일한 맥주 브랜드를 캔으로 마시는데, 바닥에 새끼손가락을 접어 올려서 맥주캔을 잡고, 다 마신 후에 캔을 눌러서 납작하게 만들었다.

Thomas Wanstall / The Image Works

유전자와 환경이 상호작용하는 방식을 이해하는 일은 인생주기(life span)의 어느 시점에서의 발달을 이해하는 데 핵심이다. 이 장의 초점은 수정 순간부터 청소년기를 거치는 동안에 끊임없이 작용하는 중요한 생물학적 요인에 있다. 여기에는 유전과 유전자의 영향, 뇌의 발달과 초기 기능, 신체적 발달과 성숙의 중요한 측면이 포함된다. 우리 몸의 모든 세포는 수정 시에 유전된 유전물질을 나르고 일생을 통해 우리 행동에 계속 영향을 준다. 우리가 개입하는 모든 행동은 우리 뇌에 의해 지시를 받는다. 모든 나이에서 우리가 하는 것 모두는 항상 변화하고 있는 신체적 몸이 매개한다. 신체는 생의 처음 수년 동안과 청소년기에 매우 빠르고 극적으로 변화한다. 그러나 다른 시기에는 더 느리고 미묘하게 변화가 이루어진다.

제1장에서 시작한 여러 주제가 이 장에서 현저히 나타난다. 천성과 육성 이슈는 아동들 사이의 개인차만큼 이 장 전체, 특히 첫 번째 절에서 중요하다. 첫 번째 절은 발달에서 유전요인과 환경요인의 상호작용에 초점을 둔다. 변화기제는 유전요인의 발달적 역할과 뇌기능과 행동 사이의 관계에 포함된 과정의 발달적 역할 논의에서 두드러진다. 발달에서 연속성/비연속성은 장 전반에 걸쳐서 강조된다. 우리는 한 번 더 발달 과정의 활동 의존적 특성과 자신의 발달 과정에서 능동적인 아동의 역할을 강조한다. 마지막으로 특히 우리가 유전자기반 장애와 건강한 신체적 성장과 발달에 영향을 주는 요인들에 초점을 둔 바와 같이, 연구와 아동복지의 주제도 두드러진다.

NASA Photo / Alamy

일란성 쌍생아인 Mark Kelly와 Scott Kelly는 쌍생아 연구 연보(학회지)의 독보적인 장을 더해주었다. 둘 다 우주비행사이고 Scott이 국제우주정거장에서 거의 1년을 머무는 동안 그의 형은 확장된 우주여행 효과의 획기적인 연구 기회를 NASA로부터 제공받았다. 이런 우주여행 효과에는 방사선, 일산화탄소, 극미중력(micro-gravity, 인력이 거의 없는 우주궤도의 상태)에 대한 노출을 포함한다.

천성과 육성

유전원리에 대한 어떤 이해가 있기 오래전에, 사람들은 어떤 특질과 특성들은 '유전되며' 이런 경향은 어쨌든 생식과 관련된다는 것을 알고 있었다. 예를 들어 가축을 기르는 동안 농부들은 가축의 어떤 특성(말의 크기, 양, 소, 낙타의 젖 생산 같은)을 향상시키기 위해 선별 번식시켰다. 사람들은 또한 발달에 환경도 역할을 한다는 것을 알고 있었다 — 예를 들어 영양가 있는 먹이는 가축이 양질의 젖 공급이나 양질의 모(wool)를 생산하는 데 필요하다. 과학자들이 처음 유전과 환경이 발달에 기여하는 바를 연구하기 시작했을 때, 그들은 일반적으로 주영향으로 유전이나 환경, 천성이나 육성 중 하나의 요인이나 다른 요인을 강조했다. 예를 들어 19세기 영국에서 Charles Darwin의 사촌인 Francis Galton(1869/1962)은 여러 분야에서 '탁월함'을 이룬 사람들을 확인하고 재능은 가족으로 전달된다고 결론 내렸다. 왜냐하면 뛰어난 사람들과 덜 가까운 사람들보다 매우 가까운 친척이 더 높은 성취자일 가능성이 높았기 때문이다.

Galton의 경우 가까운 뛰어난 친척 중에 John Stuart Mill과 그의 아버지가 있다. 두 사람 모두 영국 철학자로 존경받았다. 그러나 Mill 자신은 Galton의 뛰어난 친척들 대부분이 부유한 가족의 구성원이었음을 지적했다. 그의 관점에서 보면 이러한 뛰어난 사람들의 성취와 그들의 혈연관계 사이의 관계는 생물학적 연결과 관련이 적다. 오히려 그들이 경제적 복지, 사회적 계층, 교육, 다른 유리함과 기회에서 비슷하다는 사실과 관련이 크다. 요약하면, Mill에 의하면 Galton의 주제는 뛰어나게 되는 것은 유전적 요인보다는 환경적 요인 때문이라는 것을 제기했다.

특성이 부모로부터 자녀에게 전달되는 방식에 대한 현대의 이해는 Gregor Mendel이 이룬 통찰에 기원한다. 그는 19세기 오스트리아 수도승으로, 수도원 정원에 교잡한 콩식물의 독특한 유전패턴을 관찰했다. 이 장의 나중(100~101쪽 참조)에 유전자 발현의 논의에서 보게 될 바와 같이 이러한

위대한 테니스 선수인 Venus Williams와 Serena Williams의 놀라운 운동능력은 분명히 천성(부모로부터 유전받은 유전자들)과 육성(아버지로부터 받은 집중적인 코칭과 어머니에게서 받은 꾸준한 정서지지)의 결합에 의한 것이다.

유전패턴의 어떤 측면들은 모든 생물들에서 발생한다는 것을 나중에 발견했다. 유전적 영향이 작동하는 방식에 대한 훨씬 깊은 이해는 1950년대 James Watson, Francis Crick, Rosalind Franklin이 유전적 전달의 기본 요소인 DNA의 구조를 확인하면서 이루어졌다.

그 이정표적 발견 이후 유전적 코드 판독에서 많은 진전이 이루어졌다. 연구자들이 무수한 식물종과 동물종의 전체 **게놈**(genome) ─ 유기체의 완벽한 유전자 세트 ─ 을 작성했다. 여기에는 인간, 닭, 생쥐, 침팬지, 심지어 우리의 가장 가까운 진화론적 친척인 네안데르탈인을 포함하는 여러 멸종한 종들까지 포함된다(R. E. Green et al., 2010). 실제로 2015년에 250종 이상의 동물들이 유전자염기서열해독을 갖고 있었다(NIH, n. d.). 유전자염기서열해독에서의 이러한 혁명과 함께 DNA를 만드는 방법인 유전자 통합에서의 혁명이 이루어졌다. 2016년에 과학자들은 전체 인간 게놈을 통합하는 계획을 발표했다(Boeke et al., 2016). 과학적이고 의학적인 진보를 이룰 큰 가능성이 있는 이 프로젝트는 윤리적 우려(생물학적 부모 없이 인간 생명을 창조하는 이론적 가능성을 포함하는)와도 싸우고 있다.

다양한 종의 게놈 비교는 인간 유전자 자질(endowment)에 대해 많은 것을 밝혔다. 그리고 그것들은 수많은 놀라움을 제공했다. 하나의 놀라움은 인간이 가진 유전자의 수다. 현재 추정하는 19,000개의 단백질 코딩 유전자는 이전에 추정한 35,000~100,000개 이상의 범주까지보다는 훨씬 적다(Ezkurdia et al., 2014). 두 번째 큰 놀라움은 그러한 유전자의 대부분은 모든 생물들이 갖고 있다는 것이다. 우리 인간들은 곰, 조개, 콩, 박테리아와 유전자를 공유하는 비율이 크다. 우리 유전자의 대부분은 높은 값에서 낮은 값 순으로 우리를 동물, 척추동물, 포유동물, 영장류, 그리고 마침내 인간으로 만든다. 다음 절에서 우리는 세 번째 놀라움을 볼 것이다. 그것은 대히트가 될 수 있다.

연구자들이 발달에서 유전적 요인의 역할을 더 잘 이해하는 것을 달성한 바와 같이, 이러한 요인들이 그들 자신을 설명할 수 있는 것에서 갖는 한계도 이해할 수 있게 되었다. 이와 비슷하게, 경험이 발달에 주는 영향에 대한 지식이 많아지는 바와 같이, 경험만으로는 만족스러운 설명을 할 수 없다는 것이 분명해졌다. 발달은 천성과 육성(유전자와 경험)의 긴밀하고 지속적인 상호작용의 결과이며 이러한 상호작용은 다음 절의 중심이 된다.

유전적 힘과 환경적 힘

유전자와 환경의 상호작용은 매우 복잡하다. 우리의 유전자와 환경적 요인 간의 상호작용 논의를 단순화하기 위해, 우리는 그림 3.1에 보여지는 유전적 요인과 환경적 요인 모델로 이것을 조직화할 것이다. 모델의 세 가지 주요 요인은 **유전자형**(genotype)(개인 유전의 유전물질), **표현형**(phenotype)(유전자형의 관찰 가능한 발현으로 신체적 특성과 행동 모두를 포함), **환경**(environment)[유전자 자체 외에 개인과 그의 주변(태내 경험 포함)의 모든 측면]이다.

이 세 가지 요인은 모든 아동의 발달에 기초가 되는 다섯 가지 관계에 포함된다 ─ (1) 부모의 유전자형이 자녀의 유전자형에 하는 기여, (2) 자녀의 유전자형이 자녀 자신의 표현형에 하는 기여, (3) 자녀의 환경이 자녀의 표현형에 하는 기여, (4) 자녀의 표현형이 자녀의 환경에 하는 기여, (5) 자녀의 환경이 자녀의 유전자형에 하는 기여. 우리는 이제 이 관계 각각을 차례로 알아본다.

1. 부모의 유전자형 – 자녀의 유전자형

관계 1은 유전물질인 염색체와 유전자가 부모에게서 자녀에게 전달되는 것을 포함한다. 우리

게놈 ■ 어떤 유기체의 완벽한 유전자 세트

유전자형 ■ 한 개인이 유전받은 유전물질

표현형 ■ 관찰 가능한 유전자형의 발현. 신체 특성과 행동 특성을 포함한다.

환경 ■ 유전자가 아닌 개인과 그 사람의 주변의 모든 측면

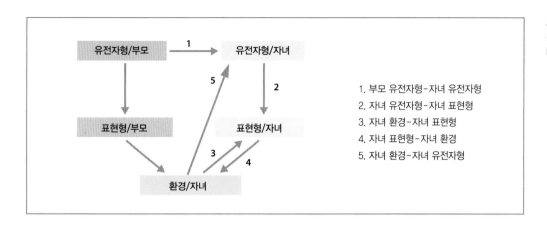

1. 부모 유전자형-자녀 유전자형
2. 자녀 유전자형-자녀 표현형
3. 자녀 환경-자녀 표현형
4. 자녀 표현형-자녀 환경
5. 자녀 환경-자녀 유전자형

는 제2장에서 수정 시 합쳐져서 접합체를 만드는 생식세포(gamete, 하나는 어머니에게서 하나는 아버지에게서 온)를 논의할 때 이 과정을 잠깐 살펴보았다. 몸에 있는 모든 세포의 핵은 **염색체**(chromosome)를 포함한다. 긴 실 모양의 분자들은 2개의 꼬인 **DNA**(deoxyribonucleic acid) 가닥을 이루었다. DNA는 유기체의 형성과 기능에 포함되는 모든 생화학적 지시를 나른다. 이러한 지시들은 유전자에 '담겨 있다'. 유전자는 모든 생물에서 유전의 기본 단위이다. **유전자**(gene)들은 염색체의 부분들이다. 더 구체적으로 각 유전자는 DNA의 한 부분이다. DNA는 특정 단백질의 생산에 대한 코드이다. 어떤 단백질은 신체세포의 생체단위이다. 다른 단백질들은 세포기능을 조절한다. 유전자는 단백질 생산을 통해서만 발달과 행동에 영향을 준다.

그러나 여기에 우리가 앞서 언급한 대히트인 놀라움이 있다. 연구자들은 유전자 — 적어도 전통적으로 정의된 '유전자' — 는 인간 게놈의 약 2%만 구성한다는 것을 발견했다(Mouse genome Sequencing Consortium, 2002). 우리 게놈 — 일단 '덩어리' DNA로 생각된 — 의 나머지 중 많은 것은 단백질 코딩 유전자의 활동을 조절함으로써 유전자 전달에 영향을 주는 지원 역할을 하는 것으로 밝혀졌다. 많은 이 비코딩 DNA가 얼마나 기능에 중요한지, 그리고 분명히 어떻게 작용하는지의 이해는 진행 중인 연구 활동의 주제다(Kellis et al., 2014).

인간 유전 인간은 정상적으로 모두 46개 염색체를 갖는다. 이것들은 23개 쌍으로 나뉘어 있고 각 세포의 핵에 들어 있다(그림 3.2 참조). 단 하나의 예외는 성세포들인데, 제2장에서 생식세포를 만드는 세포분열 유형의 결과 난자와 정자 각각은 23개 염색체만을 갖고 있음을 상기하라. 성염색체를 제외하고 각 염색체 쌍의 두 구성요소들은 전체 크기와 모양(대략 철자 X의 모양)이 동일하다. 게다가 각 염색체 쌍은 통상적으로 마주 보는 위치에 같은 유형의 유전자, 즉 같은 특질과 관련 있는 DNA 서열을 갖고 있다. 각 염색체 중 하나는 각각의 부모로부터 유전되었다. 그러므로 각 개인은 각각의 유전자 복제본을 2개 갖는다. 염색체에 있는 하나의 복제본은 아버지, 다른 하나는 어머니에게서 유전된다. 여러분의 생물학적 자녀 각각은 여러분 유전자의 1/2을, 여러분의 생물학적 손자들은 1/4을 받게 될 것이다(여러분이 여러분 유전자의 1/2을 생물학적 부모와, 생물학적 조부모와는 1/4을 공통적으로 갖는 것과 마찬가지로).

성 결정 언급한 바와 같이, 한 개인의 성을 결정하는 **성염색체**(sex chromosomes)는 위에서 말한 일반적인 염색체 쌍 패턴에 예외가 된다. 여성은 X염색체라 불리는 크고 동일한 성염색체를 2개 갖지

염색체 ■ 유전적 정보를 전달하는 DNA의 분자들. 염색체는 DNA로 구성된다.

DNA ■ 유기체의 형성과 기능에 포함된 모든 생화학적 지시를 운반하는 분자들

유전자 ■ 모든 생물체의 기본적 유전단위인 염색체의 부문

성염색체 ■ 개인의 성을 결정하는 염색체들(X와 Y)

만, 남성은 X염색체 1개와 훨씬 작은 Y염색체(이것은 Y모양이어서 그렇게 불린다) 1개를 갖는다. 여성은 X염색체만 가지고 있기 때문에 여성의 생식세포(성세포) 분열 결과 여성의 난자들은 모두 X를 갖게 된다. 그러나 남성은 XY이기 때문에 정자의 반은 X염색체를, 반은 Y염색체를 갖게 된다. 이런 이유로 후손의 성을 결정하는 것은 항상 아버지다. 만약 X를 가진 정자가 난자와 수정하면 여성(XX) 접합체가 생긴다. 만약 Y를 가진 정자가 난자와 수정되면 남성(XY)이 생긴다. 각각의 남성을 만드는 것은 X염색체를 갖고 있다는 사실이 아니라 Y염색체의 존재이다. Y염색체에 있는 유전자는 다른 염색체에 있는 유전자를 활성화시켜서 고환의 태내 형성을 유발하는 단백질을 부호화한다. 다시 고환은 테스토스테론 호르몬을 생산한다.

다양성과 개성 우리가 언급했듯이 유전자는, 인간의 종 수준(예 : 인간은 모두 두 발 동물이고 마주 보는 엄지손가락을 갖는다)과 개인적 수준(예 : 가족 유사성) 모두에서, 어떤 면들에서 서로 비슷하게 될 것임을 보장한다. 유전자는 또한 두 수준 모두에서의 차이도 보장한다. 여러 기제들이 사람들 간의 유전적 다양성에 기여한다.

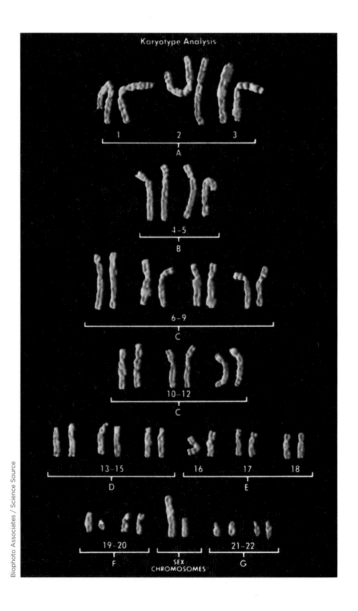

그림 **3.2 핵형** 이 색이 강조된 현미경 사진은 핵형이라고 부른다. 핵형은 건강한 남성에서 23개 쌍의 염색체를 보여준다. 여러분이 볼 수 있는 것과 같이 거의 모든 경우에서 각 상동염색체 쌍의 염색체들은 대강 크기가 동일하다. 눈에 띄는 예외는 성염색체(맨 밑줄의 가운데)이다. 남성다움을 결정하는 Y염색체는 X염색체보다 훨씬 더 작다. 여성의 핵형은 2개의 X염색체를 포함한다.

그러한 기제 하나는 **돌연변이**(mutation)이다. 돌연변이는 DNA의 한 부분에서 일어나는 변화다. 어떤 돌연변이는 무선적이고 자연스러운 오류다. 다른 돌연변이들은 환경적 요인에 의해 발생한다. 돌연변이 대부분은 해롭다. 생식세포에서 일어나는 돌연변이들은 자손에게 전해질 수 있다. 많은 유전질환과 유전장애가 돌연변이 유전자에 의해 일어난다(글상자 3.1은 질환과 장애의 유전적 전달을 논의한다).

그러나 때로는 돌연변이가 사람들을 더 잘 살아가고 잘 생존하도록 만든다. 아마도 어떤 질병에 대한 저항력을 키워주거나 또는 환경의 중요한 측면에 적응하는 능력을 키워줌으로써 그렇게 하는 것으로 보인다. 그러한 돌연변이들은 진화의 기초를 제공한다. 좋은 돌연변이 유전자를 가진 사람은 자손을 낳을 때까지 충분히 오래 사는 게 더 가능하다. 그리고 자손은 다시 그 돌연변이된 유전자를 가질 가능성이 있으며, 그것은 그들의 생존과 생식의 기회를 높여준다. 세대를 거치면서 이러한 좋은 유전자들은 그 종의 유전자 풀에서 급격히 늘어난다.

두 번째 기제는 개인들 간의 다양성을 촉진하는 것으로 난자와 정자를 생성할 때의 염색체의 무작위 배열(random assortment)이다. 각 쌍의 어떤 염색체가 새로운 각각의 난자와 정자에 들어갈지를 결정하는 기회를 가지면서, 생식세포 분열 동안 23개 염색체 쌍은 무작위로 뒤섞인다. 이것은 각 생식세포에 2²³개 또는 840만 개의 염색체 조합이 가능함을 의미한다. 그러므로 정자와 난자가 합쳐질 때는 어떤 두 사람이 — 심지어 같은 가족의 구성원일지라도 — 같은 유전자형을 가질 가능성은 제로이다(물론 일란성 쌍생아는 예외). 더 나아간 변형은 **교차**(cross over)라는 과정에 의해 일어난다. 교차란 생식세포가 분열될 때, 때때로 염색체 쌍을 이루는 2개의 염색체가 DNA의 부분들을 서로 교환하는 것이다. 그 결과로 부모가 자녀에게 전달하는 일부 염색체를 부모 자신의 것과는 다르게 만든다.

2. 아동의 유전자형 – 아동의 표현형

이제 그림 3.1에 있는 관계 2인 한 사람의 유전자형과 표현형 사이의 관계로 돌아간다. 표현형은 키나 눈 색깔 같은 신체적 특징과 기질과 지능 같은 행동적 특성 모두를 포함한다는 것을 명심하라. 또한 유전자는 표현형의 보이지 않는 측면들에도 영향을 준다. 이 측면들은 행동에 영향을 주는데 가장 두드러진 것은 뇌와 신경 체계이다. **내적표현형**(endophenotype)으로 알려진 이러한 중

돌연변이 ■ DNA의 한 부분에서 일어나는 변화

교차 ■ DNA의 부분들이 한 염색체에서 다른 염색체로 위치가 바뀌는 과정. 교차는 개인들 간의 변산성을 향상시킨다.

내적표현형 ■ 중간 표현형으로 뇌와 신경계를 포함한다. 외현적 행동은 포함하지 않는다.

Tim Graham / Getty Images

Mark Cuthbert / Getty Images

아동은 그들의 유전자의 반을 어머니에게서, 반을 아버지에게서 물려받는다. 그러나 무선적 분류와 교차같은 생화학적 기제는 아동의 표현형에 영향을 주는 힘과 마찬가지로 아동이 한쪽 부모를 어느 정도 닮을지, 그들은 어느 정도 달라지는지를 정한다. 여기 있는 사진의 경우, George 왕자(오른쪽)는 두 살 때 아버지(왼쪽)를 매우 닮았다.

장애의 유전적 전달

수많은 인간의 장애-그중 많은 것이 드물다-는 현재 유전적 기원이 있다고 알려져 있다. 여기서 우리는 그러한 장애의 행동과 심리적 증상에 초점을 두긴 하지만, 그것들 대부분은 비전형적인 신체적 외모(예 : 뒤틀린 얼굴특성), 기관 결함(예 : 심장문제), 비전형적인 뇌발달을 포함한 다양한 신체적 증상도 함께 갖는다. 이러한 장애와 다른 유전적인 근거가 있는 질병들이 여러 가지 다른 방식으로 유전될 수 있다.

우성-열성 패턴

많은 유전장애들은 유전의 우성-열성 패턴을 따르며, 사람이 어떤 질병에 대한 2개의 열성 대립형질(alleles)을 가질 때만 장애가 발생한다. 그러한 열성 유전자 장애가 많다. 여기에는 페닐케톤뇨증(PKU)(100쪽에서 논의됨)과 겸상적혈구 빈혈증(아래에서 논의됨), 테이삭스병, 낭포성섬유증과 다른 것들이 포함된다. 우성유전자에 의해 일어나는 장애는 헌팅턴씨병(점진적이고 항상 치명적인 뇌의 퇴화가 오는 병)과 신경섬유종(신경섬유가 종양을 발달시키는 장애)을 포함된다. 영국의 특정 가족에서 첫 번째로 발견된 심한 말, 언어, 운동 곤란이 합쳐진 장애는 우성 방식으로 작용하는 단일 유전자의 돌연변이(FOXP2로 알려진)로 추적되었다(Graham & Fisher, 2015).

어떤 경우들에는 단일 유전자는 해로운 영향과 이로운 영향 둘 다를 가질 수 있다. 그런 경우 하나가 겸상적혈구 빈혈증으로, 적혈구가 둥글지 않고 낫 모양인데 산소를 운반하는 능력이 떨어진다. 이 병은 사람을 쇠약하게 만들 수 있고 때로 치명적이며 아프리카계 미국인 500명당 1명이 걸린다. 이것은 열성유전자 장애다. 이 특성에 대해 동형유전자를 갖는 사람(각각의 부모로부터 하나씩 2개의 겸상세포 유전자를 유전받은)은 이 병으로 고통 받고, 이런 특성에서 이형유전자를 갖는 사람(1개의 정상 유전자와 1개의 겸상세포 유전자를 갖고 있는)은 혈액세포 안에 어떤 이상을 갖지만 보통 부정적인 결과를 경험하지는 않는다. 사실 만약 그들이 서아프리카 같은 말라리아가 일상적인 지역에 살고 있다면, 혈액 속의 겸상세포가 이 치명적인 병에 대한 저항성을 주기 때문에 그들에게 유리하다. 많은 유럽인 탐험가들이 겸상세포 유전자가 없어서 이 병으로 죽었기 때문에, 19세기 아프리카에서 말라리아는 '백인의 병'이라고 알려졌다.

병의 근본 원인이 단일 유전자일 때조차도 하나의 유전자가 그 병의 모든 발현에 책임이 있음을 의미하지 않는다. 단일 유전자는 단지 사건들의 폭포가 시작되게 한다. 이것이 여러 유전자들을 켜고 끄는 역할을 해서 개인적인 이후 발달의 여러 다른 측면에 영향을 준다.

다유전자 유전

인간이 걸리는 일반적인 병 중에서 많은 것이 유전받은 여러 유전자 간의, 종종 환경적 요인과 함께, 상호작용의 결과라고 여겨지고 있다. 이 범주에 속하는 많은 질병들은 일부 형태의 암과 심장질환, 1형 및 2형 당뇨병, 천식 등이다. 조현병, 행동장애, 주의력 결핍 과잉행동장애 같은 정신의학적 장애들도 많은 유전자를 포함한다. 글에서 말한 바와 같이 전장유전체 연관분석연구(GWAS)는 각각의 유전자는 그것 자체로는 작은 영향만 준다고 주장한다. 인간의 병을 포함하는 유전형질은 많은 유전자의 결합에 의해 만들어진다.

성 관련 유전

글에서 언급한 바와 같이, 어떤 단일 유전자 질병은 X염색체로 전달되고 남성에게서 훨씬 더 흔하다(여성도 그러한 병을 유전받을 수 있다. 그러나 X염색체 둘 모두에 문제가 있는 열성 대립유전자를 가졌을 때만 그렇다). 성 관련 장애는 남성형 대머리와 적녹 색맹처럼 비교적 작은 문제부터 혈우병과 뒤시엔느 근위축증을 포함한 매우 심각한 범위까지 걸쳐 있다. 다른 성 관련 장애는 취약X증후군인데 이것은 X염색체의 돌연변이이며 가장 일반적인 지적장애 유전 형태이다.

염색체 이상

어떤 유전병은 생식세포 분열의 오류로 인해 일어난다. 그 오류로 인해 접합체가 정상적인 염색체의 수보다 더 많거나 더 적은 수를 갖게 된다. 그런 접합체의 대부분은 생존할 수 없다. 그러나 일부는 살아남는다. 다운증후군은 어머니의 난자세포가 적절하게 분열이 되지 않았는데 수정된 난자가 21번째 염색체의 가외 사본을 가진 것일 때(21번째 염색체가 2개가 정상인데 3개가 되는 경우) 가장 공통적으로 일어난다. 세포분열에서 그러한 오류가 발생할 가능성은

나이에 따라 증가한다. 그래서 다운증후군을 가진 아이를 낳는 경우는 35세 이상 여성에서 현저히 더 높다[더 적은 정도이긴 하지만 아버지 연령이 높아진 것도 다운증후군 발병률과 관련이 있다(De Souza, Alberman, & Morris, 2009; Hurles, 2012)]. 옆페이지 사진에 있는 소년은 다운증후군이 있는 사람들의 공통적인 얼굴특징을 보여준다. 다운증후군은 지적장애(경증에서 심각한 정도 범위에 있는), 많은 신체적 문제, 다정한 기질의 특성도 갖는다.

다른 유전병은 가외의 성염색체나 생략된 성염색체 때문에 발생한다. 예를 들면 클라인펠터증후군(Klinefelter syndrome)은 미국 남성 500~1,000명 중 1명에게 발생하는 것으로 가외의 X염색체(XXY)를 갖는다. 이 증후군의 신체적 증상은 작은 고환과 긴 팔다리이다. 이 증후군은 종종 눈길을 끌지 못하는데 일반적으로 불임이다. 터너증후군(Turner syndrome)은 미국 여성 2,500명당 1명에게 발생하는데 X염색체 1개가 없으며(XO) 이들은 보통 사춘기에 성발달 지체, 불임의 특징이 있다.

유전자 이상

유전병이 가외의 염색체나 생략된 염색체 때문에 일어날 수 있는 것처럼, 가외의 유전자나 생략된 유전자, 비정상 유전자 때문에 일어날 수도 있다. 하나의 흥미로운 경우가 윌리엄스증후군(Williams syndrome)이다. 이 드문 유전병은 다양한 인지적 손상을 갖는데 가장 눈에 띄는 것은 시공간 기술이다. 그러나 언어능력에서는 상대적으로 더 적은 손상을 보인다(예 : Musolino & Landau, 2012; Skwerer & Tager-Flusberg, 2011). 윌리엄스증후군을 가진 사람들은 또한 불안과 공포를 갖는 사교적인 성격과 친절함을 특징으로 보여준다. 이 병은 7번 염색체의 약 25개 유전자의 작은 부분 결실이 원인이다. 그러나 어떤 사람들은 더 작은 결실이 있고 그런 경우에는 손상 정도가 줄어든다. 이것은 결실된 유전자의 수와 결과로 나타나는 표현형 사이의 분명한 관계를 말해준다(Karmiloff-Smith et al., 2012). 흥미롭게도 어떤 사람들은 윌리엄스증후군에서 결실된 유전자와 같은 부분에 중복을 보여준다. 7q11.23 중복증후군으로 알려진 이 병에서는 능력 패턴과 불능의 패턴이 윌리엄스증후군과 반대가 되며 이 병이 있는 사람들은 상대적으로 강한 시공간 기술과 함께 상대적으로 빈

지적장애의 확인 가능한 가장 흔한 원인 중 하나는 다운증후군이다. 이것은 미국에서 1,000번의 출산 중 약 1번 발생한다. 위험은 부모 나이에 따라 극적으로 증가하는데, 특히 어머니 나이에 따라 증가한다. 45세경에 여성은 32번의 임신 중 1번 다운증후군 아기를 갖는다. 장애의 정도는 크게 다르고 부분적으로 아동들이 받는 돌봄과 조기중재의 종류에 따라 달라진다.

약한 말과 언어능력을 갖는다(Mervis & Velleman, 2011; Osborne & mervis, 2007).

조절유전자 결함

많은 병들이 조절유전자의 결함 때문이라고 생각된다. 조절유전자는 98쪽에서 논의되며, 다른 유전자의 발현을 통제한다. 예를 들면 남성의 발달을 시작하는 조절유전자의 결함은 정상적인 사건의 사슬을 방해할 수 있다. 그 결과로 종종 유전적으로는 남성이지만 여성 생식기를 가진 신생아를 낳게 된다. 젊은 여성이 생리가 시작되지 못했을 때나 임신클리닉에서 커플이 수정이 안 되는 이유가 임신하려는 사람이 유전적으로 남성이라는 것을 발견했을 때 이러한 경우들이 종종 밝혀지게 된다.

확인되지 않은 유전적 기초

알려진 유전자-질병 연결 외에도 유전패턴으로 보면 유전적 근원이 있는 게 분명한데 구체적인 유전적 원인은 아직 확인되지 않은 증후군이 많이 있다. 예를 들어 난독증은 유전 가능성이 높은 읽기장애이다. 읽기장애는 다양한 유전자기반 병에서 생긴다. 다른 예는 투렛증후군이다. 이 병이 있는 사람은 일반적으로 다양한 틱을 보이는데 불수의적인 씰룩거림과 경련에서부터 강박적으로 외설적인

말을 하는 것까지의 범위에 이른다. 연구는 투렛증후군이 아마도 복잡한 유전패턴을 갖고 있어서 명확한 원인을 결정하기 어렵게 만든다고 주장한다(O'Rourke et al., 2009).

똑같은 말이 자폐스펙트럼장애(ASD)에 해당한다. ASD는 자폐증과 아스퍼거증후군을 포함하며 넓은 범위의 사회적 기술 결함과 의사소통 결함을 보인다. 2012년에 질병통제센터가 미국 여러 지역을 모니터한 결과 8세 아동들의 ASD 유병률은 68명 아동당 1명이었다(8세는 유병률 절정기로 간주되었다). 게다가 ASD로 확인된 남아들은 여아들보다 4.5배 더 많았다(Christensen et al., 2016). ASD는 사회적 상호작용과 의사소통기술에서의 주요 손상과 제한된 흥미나 반복적 행동에 근거해 진단한다. 아스퍼거증후군이 있는 사람은 좀 더 가벼운 증상들을 보이는 경향이 있고 보통 언어발달에서의 장애를 경험하지는 않는다.

ASD는 일련의 장애를 보일 뿐만 아니라 어떤 경우에서는 수학이나 그림 같은 한정된 영역에서 뛰어난 재능도 보인다. ASD는 유전 가능성이 매우 높은 것으로 알려져 있다. 쌍생아 연구는 일란성 쌍생아(유전자 100% 공유)는 이란성 쌍생아(유전자 50% 공유)보다 자폐증 진단을 2배 이상 받음을 보여준다(Ronald & Hoekstra, 2011). ASD

와 관련된 후보유전자가 500~1,000개라는 사실은 ASD에 대한 특정 유전적 기초를 확인하는 일이 어렵다는 것을 강조해준다(Huguet, Benadou, & Bourgeron, 2016). ASD 유전의 부수적인 합병증은 새로운 돌연변이(de novo mutations)-부모 자녀 사이에 공유하지 않는 비유전적 돌연변이-도 자폐증 위험과 관련 있다는 점이다(Neale et al., 2012). 그러나 ASD에 대한 유전적 기여를 확인하는 데서 진전이 이루어졌다. 연구자들은 최근에 유전자 돌연변이가 자폐증을 가져올 가능성이 가장 크다는 것과 어떤 돌연변이가 가능성이 없는지를 확인했다(Uddin et al., 2014).

ASD로 진단된 아동의 수는 최근에 극적으로 증가했다. 질병통제센터가 추적한 지역들에서, 2008년 8세 아동들에서 추정한 ASD 유병률은 2002년보다 78% 증가한 것을 보여주었다(Baio, 2012). 2008~2012년 사이의 증가는 앞에 보다 더 적긴 하지만 여전히 크게 증가했다(Christensen et al., 2016). 증가의 일부는 자폐증후군의 공적 인식이 더 커진 것 때문으로 여겨진다. 이것은 부모, 교사, 의사들에 의한 탐지 수준을 더 높게 만든다. 게다가 현행 진단 기준이 과거의 진단 기준보다 폭이 더 넓다. 그래서 증가된 진단 수준의 어느 정도가 실제 ASD 발생률에서의 변화를 정확히 반영하는지는 분명하지 않다(예 : Gernsbacher, Dawson, & Goldsmith, 2005).

소위 자폐증 유행의 가능한 원인 — 통상적으로 홍역, 이하선염, 풍진을 예방하기 위해 어린 아동들에게 쓰는 MMR 백신 — 으로 많이 알려진 요인은 결정적으로 제외되었다(A. W. McMahon et al., 2008; Price et al., 2010). MMR 백신과 ASD 사이의 관련을 보고한 원래 연구(Wakefield et al., 1998)는 잘못된 것으로 나타났고 철회되었다(Godlee, Smith, & Marcovitch, 2011). 그러나 불행히도 일부 부모들은 자녀들에게 이 중요한 백신을 쓰는 것을 계속 거부한다. 이것은 쓸데없이 자신과 다른 공동체 구성원들을 그 백신이 예방할 수 있는 질병의 위험에 처하게 만든다.

조절유전자 ■ 다른 유전자의 활동을 통제하는 유전자들

대립형질 ■ 한 유전자의 2개 또는 그 이상의 다른 형태

간 표현형이 유전자와 행동 사이의 경로를 중재한다.

표현형에 대한 유전적 기여를 연구한 우리의 연구는 중요한 사실과 함께 시작한다. 여러분 몸에 있는 모든 세포가 부모에게서 물려받은 모든 유전자의 복사본을 포함하지만, 그런 유전자 중 단지 일부만 발현된다. 몸에 있는 어떤 세포에서 어떤 시간에 일부 유전자들이 활동하는(켜진다) 반면 다른 유전자들은 활동하지 않는다. 예를 들면 뉴런에서 작동하기 어려운 일부 유전자들은 모두 발톱 세포에 있다. 앞으로 보게 될 바와 같이 그 이유는 여러 가지가 있다.

유전자 발현 : 발달적 변화 유전자는 그것이 커질 때만 발달과 행동에 영향을 준다. 그리고 유전자가 올바른 장소에서, 올바른 시간에, 올바른 시간만큼 커지고 꺼질 때만 인간 발달은 수정에서 사망까지 정상적으로 진행된다. 어떤 유전자는 몇 개 세포에서 몇 시간 동안만 커지고 영구히 꺼진다. 이 패턴은 배아발달 동안 전형적으로 일어난다. 예를 들면 어떤 세포에서 커지는 유전자들은 그 세포들을 팔, 손, 지문 형성에 특화되도록 이끈다. 다른 유전자들은 거의 모든 시간, 거의 모든 세포의 기본 기능에 관련된다.

유전자가 커지고 꺼지는 것은 일차로 **조절유전자**(regulator gene)에 의해 통제된다. 한 유전자의 활성화나 비활성화는 항상 연달아 일어나는 유전적 사건들의 부분이 된다. 하나의 유전자가 커질 때, 이 일이 다른 유전자가 커지거나 꺼지게 하며, 그것은 다른 유전자들의 상태에 영향을 준다. 그래서 유전자들은 절대로 분리되어 작용하지 않는다. 대신에 유전자들은 한 유전자의 발현이 다른 유전자의 발현에 대한 전제조건이 되는 식으로 넓은 망에 속해 있다. 초기 태내의 세포분화부터 사춘기 유전자 촉발 사건들, 노화에 따른 많은 변화에 이르기까지, 계속되는 유전자의 커지기와 꺼지기는 일생에 걸친 발달의 기저가 된다.

외적 요인들이 유전자의 커지기와 꺼지기에 영향을 줄 수 있다. 극적인 예는 탈리도마이드가 사지발달에 준 영향으로(제2장에서 기술됨), 진정제가 정상적 성장요인을 지원하는 유전자의 기능을 방해했다(Ito et al., 2010). 또 다른 예는 초기 시각적 경험이 시각 체계의 정상 발달에 필수라는 것에서 나온다. 왜냐하면 시각적 경험이 어떤 유전자들을 커지게 하고 그것은 다시 시각 피질에 있는 다른 유전자를 커지게 하기 때문이다(Maya-Vetencourt & Origlia, 2012). 감소된 시각적 경험의 결과는 이 장의 뒷부분에서 논의될 생의 초기에 제거되지 않은 백내장이 있는 아이의 사례에서 볼 수 있다.

조절유전자가 다른 유전자들을 다른 패턴으로 커지게 하고 꺼지게 할 수 있다는 사실은 주어진 유전자가 발달이 이루어지는 동안 여러 곳에서 여러 번 작용할 수 있음을 의미한다. 요구되는 것 전부는 그 유전자의 발현이 다른 시간에 다른 조절유전자에 의해 통제되는 것이다. 이러한 개별유전자들의 켜지기 반복, 꺼지기 반복 기능은 유전자 발현의 무수한 다양성을 가져온다. 비유한다면 이 책이 단지 26개 철자와 이 철자들의 조합으로 이루어진 수천 개 다른 단어들로 쓰여졌다는 사실을 생각하라. 의미는 철자가 쓰인 순서에서 나오는데, 그 순서는 저자에 의해 '켜지고 꺼진' 순서다.

유전자 발현 : 우성패턴 많은 개별 유전자들은 전혀 발현되지 않는다. 다른 일부 유전자들은 단지 부분적으로만 발현된다. 한 가지 이유는 약 1/3의 인간 유전자는 **대립형질**(alleles)이라고 불리는 2개 이상의 다른 형태를 갖는다는 사실이다. 주어진 유전자의 대립형질은 동일한 특질이나 특성(예 : 눈 색깔)에 영향을 주지만, 그러나 그것들은 다른 발달적 결과를 가져온다(예 : 갈색, 파란색, 담갈색, 회색 눈).

가장 간단한 유전자 발현패턴을 생각해보자 — 이것은 멘델이 발견했고 우성-열성 패턴(dominance-recessive pattern)을 말한다. 이 패턴에 대한 설명(멘델은 몰랐지만)은 어떤 유전자들은 오직 2개의 대립유전자만을 가지며, 그중 하나는 **우성**(dominant)이고 다른 하나는 **열성**(recessive)이라는 것이다. 이 패턴에서는 2개의 가능성이 있다. (1) 사람은 동일한 2개의 대립유전자(2개의 우성 대립유전자나 2개의 열성 대립유전자)를 물려받을 수 있고 그는 문제의 특질에서 **동형접합적**(homozygous)이다. 또는 (2) 사람은 서로 다른 2개의 대립유전자를 물려받을 수 있고 그 사람은 그 특질에 대해 **이형접합적**(heterozygous)이다. 사람이 동형접합적이어서 2개의 우성 대립유전자나 2개의 열성 대립유전자를 갖게 되면 그 특질이 표현될 것이다. 한 특질에 대해 이형접합적이라면 우성 대립유전자의 지시가 발현될 것이다(그림 3.3 참조).

성염색체는 우성패턴 스토리에 흥미로운 정보를 제시한다. X염색체는 대강 1,500개 유전자를 운반한다. 반면에 훨씬 작은 Y염색체는 단지 200개 유전자만 운반한다. 그래서 여성이 어머니로부터 X염색체에 열성 대립유전자를 유전받고, 아버지로부터 그것을 억제할 수 있는 X염색체의 우성 대립유전자를 유전받을 가능성이 있으면, 그 여성은 문제가 되는 그 특질을 보여주지 않게 될 것이다. 이와 반대로 남성이 어머니로부터 같은 열성 대립유전자를 유전받고 아버지로부터 그것을 압도할 우성 대립유전자를 유전받을 가능성이 없을 때, 그 남성은 문제의 특질을 보여주게 될 것이다(글상자 3.1 참조).

그것에 주어졌던 전통적 강조에도 불구하고, 단일유전자가 1개의 특정 특질에 영향을 준다는 우성-열성 유전패턴은 많은 수의 유전병에 대해서 그런 것처럼 비교적 적은 인간 특질(머리색, 체모의 풍부함 등)을 포함한다. 더 통상적으로 단일유전자는 여러 개 특질에 영향을 줄 수 있다. 이형접합체인 사람에게서 2개 대립유전자가 모두 발현되거나 또는 섞여서 발현될 수 있다. 그리고 일부 유전자들은 그 유전자가 어머니에게서 유전되었는가 또는 아버지에게서 유전되었는가에 따라 다르게 발현된다.

유전패턴은 행동과학자들에게 주된 관심이 되는 대부분의 특질과 행동에 대해서는 매우 더 복합적이다. 수줍음, 공격성, 스릴 추구, 언어학습과 같은 이런 특질은 **다중유전자 유전**(polygenic inheritance)이어서 많은 상이한 유전자들이 어떤 주어진 표현형 결과에든 기여한다. 이런 이유로 해서 여러분은 하나의 복잡한 인간 특질이나 성향에 대한 '유전자'를 발견했다고 말하는 뉴스제목을 볼 때마다 의심해야만 한다.

3. 아동의 환경-아동의 표현형

이제 모델의 관계 3-환경이 아동의 표현형에 주는 영향-으로 온다(환경이 제2장에서 논의된 일련의 태내 경험을 포함하여, 유전물질 자체에 있지 않은 모든 것을 포함한다는 것을 기억하라). 유전자형과 환경 사이의 지속적인 상호작용 때문에 주어진 유전자형은 다른 환경에서는 다르게 발달할 것이다. 이러한 생각은 **반응규준**(norm of reaction)이라는 개념으로 표현된다(Dobzhansky, 1955). 반응규준은 유전자형이 생존하고 발달할 수 있는 모든 환경과의 관계 안에서 주어진 유전자형이 이론적으로 만들어내는 결과가 될 수 있는 모든 표현형을 말한다. 이 개념에 따르면, 다양한 환경에서 발달하고 있는 어떤 유전자형이라도 결과의 범위가 가

우성 대립유전자 ■ 만약 존재한다면 발현되는 대립유전자

열성 대립유전자 ■ 만약 우성 대립유전자가 존재하면 발현되지 않는 대립유전자

동형접합적 ■ 한 특질에 대해 2개의 동일한 대립유전자를 갖는 것

이형접합적 ■ 한 특질에 대해 2개의 다른 대립유전자를 갖는 것

다중유전자 유전 ■ 특질들이 하나 이상의 유전자에 의해 지배되는 유전

반응규준 ■ 유전자형이 생존하고 발달할 수 있는 모든 환경과의 관계 안에서 주어진 유전자형이 이론적으로 만들어내는 결과가 될 수 있는 모든 표현형

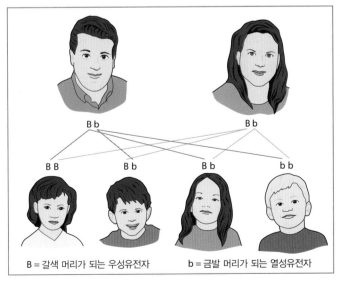

그림 3.3 멘델식 유전패턴 여기 그려진 것은 머리색에 대해 둘 다 이형접합적인 두 사람의 갈색 머리 부모가 가질 수 있는 자녀에 대한 멘델식 유전패턴이다. 갈색 머리 대립유전자(B)는 우성이고, 금발 머리 대립유전자(b)는 열성이다. 이 부모는 4명의 자녀 중에서 갈색 머리를 가진 3명의 자녀를 둘 가능성이 있다. 그들이 낳은 3명의 갈색 머리 자녀 중 2명은 금발 머리 유전자를 가지고 있다.

B B B b B b b b

B = 갈색 머리가 되는 우성유전자   b = 금발 머리가 되는 열성유전자

페닐케톤뇨증 ■ 12번째 염색체에 있는 결함 있는 열성유전자와 관련된 장애로 아미노산인 페닐알라닌 대사를 방해한다.

능할 것이다. 제10장의 정서발달 논의에서 보게 될 바와 같이, 충동적인 성향이 있는 아동들은 만약 사랑해주고 지지적인 환경과는 반대인 적대적이고 학대적인 환경에서 양육되면 더 부정적인 결과를 나타낼 것이다. 유전자형과 환경 사이의 비슷한 관계는 다른 발달 영역들 중에서 아동의 사회적 발달과 성발달의 측면에 영향을 준다(그림 3.4는 유전자형-환경 상호작용에서 반응규준에 대한 고전적 삽화를 제공한다).

유전자형-환경 상호작용 유전자형-환경 상호작용은 알려진 유전자형을 갖고 폭넓게 다양한 환경조건에서 길러진 비인간 동물을 무선할당하여 직접 연구될 수 있다. 만약 유전적으로 동일한 동물들이 다른 환경에서 다르게 발달한다면, 연구자들은 환경적 요인이 상이한 발달적 결과에 책임이 있음에 틀림없다고 추론할 수 있다. 과학자들은 물론 사람을 다른 양육환경에 무선할당할 수 없다. 그러나 인간에 대한 강력한 자연발생적인 유전자형-환경 상호작용 예가 있다.

그런 예 하나가 **페닐케톤뇨증**(phenylketonuria, PKU)인데 이것은 12번째 염색체에 있는 결함을 가진 열성유전자와 관련된 장애이다. 이 유전자를 양쪽 부모에게서 물려받은 사람은 페닐알라닌 대사를 할 수 없다. 페닐알라닌은 많은 음식(특히 붉은 고기)과 인공감미료에 있는 아미노산이다. 만약 그들이 정상 음식을 먹으면, 페닐알라닌이 혈류에 누적되고 그것이 뇌발달을 손상시켜서 심한 지적 손상을 가져온다. 그러나 만약 PKU 유전자가 있는 영아들이 출생 후 짧은 시간 내에 확인

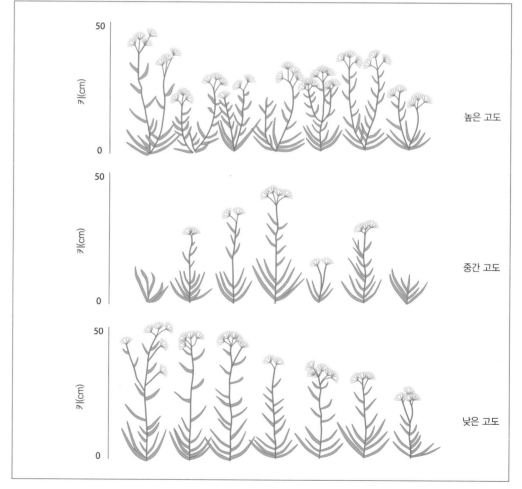

그림 **3.4 반응규준 개념** 이 전통적인 그림은 주어진 하나의 유전자형이 다른 환경 속에서 어떻게 다르게 발달할 수 있는지 보여준다. 7개의 개별 식물 각각으로부터 3개의 꺾꽂이순을 만든다. 그러므로 3개 세트 각각에 있는 꺾꽂이순은 동일한 유전자를 갖는다. 그런 다음 각 식물의 3개의 꺾꽂이순을 3개의 다른 고도(수평선에서 높은 산에 이르는 범위)에 심는다. 관심을 둔 질문은 낮은 고도에서 관찰된 것(키)이 2개의 더 높은 고도들에서도 유지되어 식물의 키가 순서대로 차이를 보이는지 여부이다. 여러분이 볼 수 있듯이, 식물의 키 순서는 다른 환경에 따라 순서적이지도 일관적이지도 않았다. 예를 들어 왼쪽에 있는 첫 번째 식물은 수평선 수준과 높은 고도에서 가장 컸지만 중간 고도에서는 가장 작은 식물 중 하나이다. 네 번째 식물은 중간 고도 수준에서는 가장 컸고 가장 높은 고도에서는 가장 작았다. 3개 고도에 걸쳐서 하나의 식물이 항상 가장 크거나 가장 작지 않음에 주목하라. "표현형은 특정 환경 속에서 발달하고 있는 특정 유전자형이 나타내는 고유한 결과이다"(Lewontin, 1982, pp. 22-23).

되어서 페닐알라닌이 없는 엄격한 식사를 한다면, 그런 식사가 유지되고 있는 동안 지적 손상을 피할 수 있다. 그러므로 주어진 유전자형이 환경적 상황에 따라 매우 다른 표현형 — 인지적 손상이나 비교적 정상인 지능 — 을 가져온다. 이러한 유전적 장애의 초기 탐지가 아동의 발달 결과에 긍정적 영향을 주기 때문에, 미국의 모든 신생 영아들은 초기에 탐지되는 다른 많은 심각한 유전장애와 마찬가지로 통상적으로 PKU 검사를 받는다. 글상자 3.2에서 우리는 유전자 검사의 역할을 현재 아동발달과 관련 있는 것으로 기술한다. 유전자 검사는 임신 전에 하는 스크리닝과 태아 유전자 검사, 신생아 스크리닝을 포함한다.

유전자형-환경 상호작용의 두 번째 예는 학대적 양육의 효과는 아동의 유전자형의 기능만큼 심각성이 다르다는 것을 보여주는 중요한 연구에서 나온다(Caspi et al., 2002). 연구자들은 심한 학대를 경험한 다른 아동들은 그렇지 않은데 왜 일부 아동들은 폭력적이고 반사회적인 어른이 되는지를 결정하고 싶어 했다. 그림 3.5에서 보듯이 그 결과는 반사회적 결과를 만드는 환경적 요인과 유전적 요인의 결합 — 아동일 때 학대로 고통 받고 MAOA의 특별한 변형을 갖는 — 이 중요하다는 것을 밝혀냈다. MAOA는 공격성과 관련된 뇌화학물질을 억제한다고 알려진 X 관련 유전자다. 상대적으로 비활성적인 MAOA 유전자 버전을 갖고, 심한 학대를 당한 젊은이는 다른 남자들보다 더 반사회적으로 자랐다. 더 구체적으로, 상대적으로 비활성적인 유전자를 갖고 있고 학대를 받은 집단의 85%가 어떤 형태의 반사회적 행동을 발달시켰다. 그리고 그들은 거의 폭력범죄로 10배 더 유죄선고를 받는 경향이 있었다.

여기서 중요한 점은 성향이 있는 소년들을 매우 공격적이 되게 만드는 것은 요인 그 자체가 아니고(비활성적 MAOA를 갖는 것 또는 학대받은 것), 반사회적 행동의 높은 발생은 두 요인이 모두 있는 집단에서만 관찰되었다는 것이다. 그 연구의 저자들이 강조하듯이 사람을 특정 환경적 영향에 더 민감하게 만드는 특정 유전적 위험요인에 대한 지식은 다중위험모델(multiple-risk model)을 강화할 수 있다. 이 모델은 앞의 두 개 장에서 논의한 것과 같은 것들이다(우리는 제10장의 기질 논의에서 환경과 유전자에 대한 Caspi와 동료들의 연구를 다시 볼 것이다).

아동의 환경에 대한 부모의 기여 분명히 아동의 환경 중에서 매우 두드러지고 중요한 부분은 부모의 자녀와의 관계(부모들이 자녀와 상호작용하는 방식, 그들이 제공하는 일반적인 가정환경, 자녀를 위해 준비한 경험, 부모들이 특정 행동, 태도, 활동에 한 격려 등)이다. 부모가 자녀에게 제공한 환경이 부모 자신의 유전자 구성에 의해 부분적으로 좌우된다는 생각은 덜 분명하다. 이런 유형의 유전자-환경 상관은 아동발달 연구에서 자주 보인다. 자녀에 대한 부모 행동(예 : 얼마나 온정적인지 혹은 준비되어 있는지, 얼마나 인내하는지 또는 와락 흥분하는지)은 유전적으로 영향을 받는다. 이것은 부모가 자녀에게 보여주는 선호, 활동, 자원의 종류가 유전적으로 영향을 받는 것과 같다. 예를 들면 매우 음악적인 부모의 자녀들은 자라는 동안 부모가 덜 음악적인 아이들보다 음악을 더 많이 듣기 쉽다. 숙련된 독자이고 독서에 가치를 두는 부모는 집에 많은 책을 두고, 자녀에게 자주 읽어주며, 자녀를 도서관에 데려가는 경향이 있다. 대조적으로, 읽기가 어렵고 읽기에서 즐거움을 못 느끼는 부모는 자녀에게 책을 많이 읽는 환경을 제공하는 경향이 적다. 그래서 부모의 유전자는 자녀의 유전자뿐만 아니라 자녀의

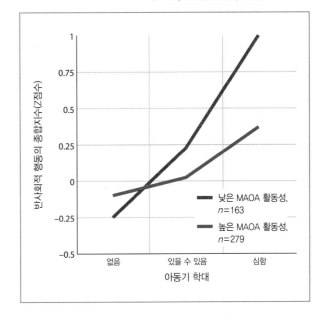

그림 3.5 유전자형과 환경 이 그래프는 아동기에 학대를 받은 정도의 함수로 젊은 남자들에서 관찰되는 반사회적 행동 수준을 보여준다. 이 그림이 보여주듯이, 심한 학대를 경험한 젊은 남자들은 학대를 전혀 경험하지 않은 사람들보다 반사회적 행동에 더 많이 개입되는 경향이 있었다. 그러나 상대적으로 비활성적인 MAOA 유전자를 가진 사람들에서 그 효과가 훨씬 더 강력했다(출처 : Caspi et al., 2002, p. 852).

유전자 검사

인간 유전자에 대한 우리의 깊은 과학적 지식이 계속 증가하고 있어서, 그러한 지식을 인간 건강을 증진하는 데 사용할 기회가 훨씬 더 광범위해졌다. 유전자 검사는 그러한 적용 중 하나이다. 유전자 검사는 질병을 진단하거나 또는 어떤 질병에 걸릴 가능성을 예측하는 유전적 단서를 찾기 위해서 한 개인의 인생주기의 어느 시점에서나 이루어질 수 있다. 이것은 또한 약물유전체학 검사(pharmacogenomics testing)에 사용하는 것도 증가하고 있다. 이 검사는 한 개인의 유전적 구성에 대한 정보를 어떤 치료 과정이 가장 효과적일지 결정하는 데 사용하는 것이다.

유전자 검사는 임신 전에 예비부모가 특정 병의 보인자인지를 결정짓기 위해 자주 사용한다. 부모의 인종적·민족적 배경은 그들이 해로운 특정 돌연변이를 보유할 가능성에 대한 유용한 정보를 제공할 수 있다. 예를 들어 **보유유전자 검사**(carrier genetic testing)는 전형적으로 동유럽계 유태인 혈통(Ashkenazi Jews)인 사람들에게 실시한다. 왜냐하면 그들은 테이삭스병의 열성유전자를 보유할 가능성이 크기 때문이다. 이 병은 5세경 죽음으로 끝나게 되는 심한 출생결함이 있다. 유사하게, 이 검사는 아프리카 혈통인 사람들에게 전형적으로 실시되는데 왜냐하면 그들은 겸상적혈구 빈혈에 대한 열성유전자를 보유할 가능성이 크기 때문이다. 이 병은 적혈구가 비전형적인 모양(낫 모양)을 하고 있어서 만성적인 빈혈과 고통을 일으킨다. 만약 양부모 모두 보인자라면 자녀가 양부모에게서 비전형적인 유전자를 유전받아서 그 병에 걸릴 가능성이 25%이고, 자녀가 그 병의 보인자가 될 가능성은 50%이다. 이 정보는 임신할 것인가를 결정하는 데 영향을 줄 수 있다. 어떤 부모들은 *착상 전 유전진단*(preimplantation genetic diagnosis)을 해서 체외수정을 선택한다. 이 경우 수정된 난자들을 유전자 검사를 해서 문제가 되는 유전자를 갖고 있지 않은 난자를 선택해 어머니 자궁에 착상시킨다.

태아 산전 검사(prenatal testing)는 임신 중 유전자 검사를 포함한다. 이 검사들은 미국의 모든 여성들에게 실시된다. 특히 유전병을 가질 가능성이 큰 위험요인이 있는 태아(예 : 제2장에서 논의된 나이든 부모의 태아)들을 대상으로 실시된다. 태아 산전 *스크리닝* 검사는 어머니의 혈액을 분석해서 유전적 비정상 위험 정도에 대한 정보를 얻는다. 태아 산전 진단 검사는 태반(융모막 융모 생검 또는 CVS, 보통 임신 10~13주 사이에 실시됨)이나 양수(양막천자, 보통 임신 15~20주 사이에 실시됨)로부터 채취한 태아세포를 사용해 유전적 비정상을 탐지한다. 스크리닝 검사는 진단 검사보다 덜 침습적이다(그래서 덜 위험하다). 그러나 그것들은 실제 진단을 제공하지 않기 때문에 그 검사들은 괴로운 거짓 긍정(false positives, 실제로 존재하지 않는 병에 대해 병이 있다고 말하는 틀린 지표)을 가져올 수 있다. 이런 이유로 만약 스크리닝 검사의 결과가 위험이 높다는 걸 보여준다면, 부모는 정확한 진단을 위해 진단 검사를 선택할 수 있다.

태아 산전 검사는, 염색체 *이수성*(aneuploidy, 염색체가 정상 염색체 수보다 모자라거나 가외 염색체가 있는 것)을 포함하는, 유전병의 범위에 대한 위험을 측정하는 데 사용된다. 그 병의 중증도(severity)는 염색체 이상의 위치에 따라 다르다. 통상적으로 다운증후군으로 알려진 삼염색체성 21은 글상자 3.1에서 기술한 특징적 표현형을 가져온다. 다른 삼염색체성인 삼염색체성 18(에드워드증후군, Edwards syndrome)과 삼염색체성 13(파타우증후군, Patau syndrome)은 매우 높은 태아사망률과 영아사망률을 가져온다. 긍정적인 유전자 검사와 관련된 위험을 부모가 이해하도록 돕기 위해서 유전상담자와 의논하도록 권한다. 유전학과 상담 모두에서 집중적인 훈련을 받은 이러한 건강관리 전문가들은 유전자 검사의 결과를 어떻게 이해할 것인지에 대해 가족에게 조언을 할 수 있고, 유전병의 진단에 수반되는 어려운 결정을 도울 자원들을 제공할 수 있다.

신생아 스크리닝(newborn screening)은 미국에서 가장 큰 유전자 스크리닝 프로그램이다(Rose & Dolan, 2012). 이 주기반 프로그램(state-based program) 아래, 모든 신생아 영아들은 여러 병에 대해 검사를 받는데, 유전적 원인이 있는 병과 유전적 원인이 있거나 또는 없을 수도 있는 병(예 : 대사성 질환과 내분비선 질환, 청력 상실, 선천성 심장질환) 모두를 포함한다. 이 프로그램은 신생아 발뒤꿈치에 아주 작은 바늘을 찌르고 얻은 혈액샘플로 30~50개의 상이한 병의 생체표지자(biomarkers)를 검사한다. 국립보건원의 국립 인간 게놈연구소는 장래에 신생아 스크리닝에 사용하기 위해 게놈 시퀀싱의 사용을 연구하고 있다. 왜냐하면 유전자 시퀀싱이 너무 값이 싸서, 부모들에게 특정 질병에 대한 그들 신생 영아의 성향에 대해 더 많은 정보 제공이 가능하기 때문이다. 이런 유형의 정보는 의료의 기간을 안내하는 데 유용할 수 있다. 그러나 이 스크리닝은 또한 중요한 윤리적 우려를 야기한다. 만약 신생아 스크리닝이 수십 년간 증상이 나타나지 않을 치료할 수 없는 병이나 결함을 밝혀낸다면 보험회사는 보험률 인상(raising rate)이 정당화될까? 그리고 광범위한 유전 정보는 차별을 가져오게 될까?

2008년에 미국 정부는 유전 정보 비차별법(genetic information Nondiscrimination Act)을 통과시켰다. 그것은 유전 정보를 보험이나 고용에 대한 결정에 사용하는 것을 금지하기 위한 것이었다. 그러나 개인들이 23andme같은 회사를 통해 유전 정보에 더 쉽게 접근할 수 있게 됨에 따라, 유전자 검사와 차별방지 사이의 교차점이 분명치 않게 남아 있다. 인간 유전학에 대한 훈련을 받지 않은 사람들이 우편으로 주문하는 유전 검사의 결과를 어떻게 해석할지도 분명하지 않다. 자녀의 치료에 대한 중요한 결정을 하기 전에 부모들은 가능할 때마다 유전 상담자같은 훈련된 전문가를 찾아야만 한다.

환경에도 영향을 준다(예 : Knafo & Jaffee, 2013). 이런 이유로 해서 연구자가 읽기능력 같은 어떤 특질에 대한 부모와 자녀 간의 상관을 관찰할 때(예 : Swagerman et al., 2016), 유전적 기여와 환경적 기여를 따로 분리하는 방법을 찾는 게 중요하다. 이것은 이 장의 나중 부분에서 행동유전학 설계를 논의할 때 언급할 것이다.

4. 아동의 표현형 – 아동의 환경

우리 모델에 있는 관계 4는 **능동적인 아동** 주제(자신의 발달의 한 원천이 되는 아동)와 관련있다. 제1장에서 말한 바와 같이 아동이 단지 기존 환경의 수동적 수용자인 것은 아니다. 그들은 그들이 살고 있는 환경을 두 가지 중요한 방식으로 능동적으로 창조한다. 첫째, 그들의 천성과 행동은 다른 사람에게서 특정한 종류의 반응들을 이끌어낸다. 저자 중 한 사람의 큰아이는 매우 활동적인 아기였다. 그 아이의 매력적인 성격 때문에 그 애는 자신에게 미소 짓고 말을 하는 사람들(가족과 낯선이들 같은)로 가득 찬 환경을 창조했다. 이와 대조적으로, 작은아이는 낯선 사람과의 접촉을 적극적으로 피하는 매우 수줍은 영아였다. 그 여자아이의 기질은 친숙하지 않은 어른들과의 상호작용을 제한했다. 그래서 같은 환경에서 같은 부모와 살았음에도 불구하고, 이 두 아이들은 그들 자신의 행동에 의해서 매우 다른 초기 환경을 경험했다.

아이들이 자신의 환경을 창조하는 두 번째 방식은 적극적으로 주위 상황을 선택해서 자신의 흥미, 재능, 성격 특성에 맞는 경험을 하는 것이다. 예를 들면 영아들이 스스로 이동(self-locomotion)하는 게 빠를수록, 영아들은 부모가 놀이대상을 선택해주는 것에만 의존하기보다는 환경에서 탐색할 특정 물건을 선택하기 시작한다. 학령전 시기가 시작되면 그들이 적합하다고 느끼는 놀이친구와 단짝을 선택하면서 — '유유상종' 현상 — 아동들의 우정을 맺는 기회는 점점 더 그들의 특성에 따라 달라진다. 그리고 제1장에 있는 것처럼 나이가 듦에 따라 자신의 환경을 선택하는 데서 더 능동적인 역할을 한다. 그들이 더 자율적이 됨에 따라서 자신의 기질과 능력에 맞는 환경 측면을 점점 더 선택한다. 읽기 예로 돌아가면, 읽기를 즐기는 아동들은 읽기가 지루함을 발견한 아동들보다 책을 더 많이 읽을 것이다. 많이 읽을수록 그들은 더 숙련된 독자가 된다. 그것은 아동들로 하여금 점점 더 도전적인 책을 선택하게 만든다. 이것은 다시 어휘력을 더 향상시킨다. 이것은 언어이해를 향상시키고, 그들의 전반적 지식기반을 높여주며, 학교에서 더 큰 성공을 하게 된다. 그들 자신의 환경과 활동을 선택하는 아동의 능력은 제8장에서 보게 될 바와 같이 지적발달에 큰 영향을 준다.

5. 아동의 환경 – 아동의 유전자형

우리 모델의 다섯 번째 관계는 아마도 가장 놀라울 것이다. 아주 최근까지, 유전학자들은 유전자형은 출생 시 '고정된(fixed)' 것으로 생각했다. 그러나 제1장에서 논의했던 바와 같이 후성유전학(epigenetics) 분야는 이런 관습적인 지혜를 근본적으로 뒤집었다. 즉 DNA 구조는 '고정되어'(돌연변이는 제외하고) 있더라도, 환경에 의해 매개되는 특정 후성적 기제는 유전자 기능을 바꾸어서 유전자 발현에 영속적인 변화를 만들 수 있다 — 그리고 이러한 변화들 중 일부는 다음 세대로 전달될 수 있다.

후성유전학 요인들은 왜 일란성 쌍생아가 일생 동안 같은 경로로 가지 않는지를 설명할 수 있다. 다른 환경은 발달시간을 가로질러서 미묘한 방식으로 유전자 발현을 바꿀 수 있다. 환경에 의해 매

이 부모는 소설을 즐겨 읽고 직업을 위한 독서도 집중적으로 한다. 그녀는 어린 자녀에게 풍부한 문학 환경을 제공하고 있다. 그 아이는 어머니의 유전적 구성이 그의 독서 즐거움에 기여하고 있고, 그녀가 제공하는 물리적 환경(많은 책)과 사회적 환경(책에 대한 흥미 격려) 때문에 아마도 열심인 독자가 될 것이다.

보유유전자 검사 ■ 예비부모가 특정 병의 보인자인지 결정하기 위해 사용하는 유전 검사

태아 산전 검사 ■ 태아가 유전장애를 가질 위험을 측정하는 데 사용하는 유전 검사

신생아 스크리닝 ■ 유전장애와 비유전장애의 범위에 대해 알아보기 위해 신생 영아에 사용하는 검사들

개된 이러한 유전자 발현에서의 안정된 변화는 메틸화(methylation)를 포함하는 과정을 갖는다. 메틸화는 침묵유전자 발현이다. 발달경로에서의 경험차이는 메틸화 수준에서의 차이에 반영된다. 3세와 50세 때의 일란성 쌍생아를 생각하라. 3세 때의 일란성 쌍생아는 생활 경험들이 매우 많이 겹친다. 반면에 50세 일란성 쌍생아들은 더 확산된 경험 범위를 갖기 쉽다. 3세와 50세 일란성 쌍생아의 DNA 메틸화 수준 차이를 측정한 연구에서, 연구자들은 3세의 수준에서는 실제로 차이가 없었던 반면에 50세의 약 1/3은 '현저한' 차이가 있음을 발견했다. 그리고 쌍생아의 생활양식과 경험의 차이가 클수록, 그들의 메틸화 수준 차이가 더 컸다(Fraga et al., 2005).

환경은 후성유전 기제를 통해 어떻게 효과를 발휘하는 걸까? 현재까지 이 주제에 대한 많은 행동연구들은 비인간 동물 모델에 초점을 두었다. 질 낮은 모성 관리는 후성적 효과를 갖는다. 후성적 효과는 그 동물의 유전자 발현 패턴을 영원히 변화시킨다(예 : van IJzendoorn, Bakermans-Kranenburg, & Ebstein, 2011). 특히 불충분한 모성 관리는 글루코코르티코이드 수용체(glucocorticoid receptor)와 관련된 유전자 메틸화에 영향을 준다. 글루코코르티코이드 수용체는 동물이 스트레스를 극복하는 방식에 영향을 준다(예 : T.-Y. Zhang & Meaney, 2010). 제1장에서 여러분이 본 바와 같이, 사람에서의 메틸화에 초기 스트레스가 비슷한 영향을 줌을 시사하는 증거가 나타나고 있다(예 : Essex et al., 2013). 그리고 실제로 최근 연구는 아동학대를 받아 생의 초기에 심한 스트레스를 경험한 아동들은 어미의 보살핌이 불충분했던 설치류와 마찬가지로 글루코코르티코이드 수용체 유전자에서 비슷한 메틸화 패턴을 보여준다(Romens et al., 2015).

유전자형, 표현형, 환경들 간의 관계들에 대한 우리의 논의는 유전자가 사람들의 발달에서 어떻게 작용하는지를 이해하는 일에서 무수한 도전을 강조했다. 그럼에도 불구하고 우리가 제시한 개념화는 매우 단순하다. 이것은 특히 다섯 번째 관계인 후성적 유전에 대해 맞는데, 후성적 유전을 우리가 충분히 고려했을 때, 유전자와 환경 사이의 관계는 아무리 잘 봐주어도 또렷하지 않다. 다음 부분에서 행동유전학 분야의 연구자들이 인간 발달 연구에서 천성과 육성을 따로 분리해내는 일을 진행하는 데 사용한 연구 설계와 도구들을 알아볼 것이다.

행동유전학

행동유전학(behavior genetics) 분야는 어떻게 행동 및 발달에서의 변화가 유전적 요인과 환경적 요인의 상호작용으로부터 생기는지에 관심이 있다. 행동유전학자들은 Galton이 탁월함에 대해 물었던 질문과 같은 종류의 질문을 한다. "사람들은 왜 다른 사람들과 다른가?" 어떤 집단의 사람들에서나, 얼마나 똑똑하고, 사교적이며, 우울하고, 공격적이고, 깊은 신앙심이 있는가에서 우리는 왜 다른 걸까? 행동유전학자들의 답은 모든 행동특질들은 **유전 가능**(heritable)하다이다. 즉 행동특질들은 모두 어느 정도 유전적 요인에 의해 영향을 받는다(Bouchard, 2004; Turkheimer, 2000). 언급한 바와 같이 행동유전학자들에게 특히 흥미로웠던 특질 종류 — 지능, 사회성, 기분, 공격성 등 — 는 다중유전적인 것으로 많은 유전자가 결합해 영향을 준다. 그것들은 또한 **다요인적**(multifactorial)이기도 하다. 즉 유전적 요인만큼 많은 환경적 요인들에 의해 영향을 받는다. 그러므로 변화를 가져올 가능성이 있는 원천들은 매우 많다.

Galton의 질문에 충실히 답하기 위해, 행동유전학자들은 사람 집단이나 동물 집단에서 관찰되는

행동유전학 ■ 유전적 요인과 환경적 요인의 결합의 결과로 어떻게 행동과 발달에서의 변산이 생기는지에 관심이 있는 과학

유전 가능 ■ 유전에 의해 영향을 받는 어떤 특성이나 특질을 나타낸다.

다요인적 ■ 유전적 요인과 마찬가지로 많은 환경적 요인들에 의해 영향을 받는 특질을 나타낸다.

차이들을 이용하여 유전적 기여와 환경적 기여를 떼어서 분리시키려고 한다. 이런 노력은 2개의 전제를 바탕으로 한다.

1. 유전적 요인들이 주어진 특질이나 행동에 중요한 만큼, 유전자형이 유사한 사람들은 표현형이 유사해야만 한다. 다르게 말하면, 행동패턴은 '가족 내에서 이어져야' 한다. 아동들은 3촌이나 4촌 친척들이나 관련 없는 사람들보다 부모형제와 더 유사해야만 한다.
2. 공유한 환경적 요인들이 중요한 만큼, 함께 양육된 사람들이 분리 양육된 사람들보다 더 유사해야만 한다.

행동유전학 연구 설계

Galton에게 그랬듯이, 현대 행동유전학 연구의 대들보는 가족연구(family study)이다. 주어진 특질이나 특성에 대한 유전적 및 환경적 기여를 알아내기 위해, 행동유전학자들은 먼저 그 특질을 유전적 관련성이 다른 사람들(부모와 자녀, 일란성 쌍생아와 이란성 쌍생아, 쌍생아가 아닌 형제들 등)에서 측정한다. 다음에 유전적으로 관련된 정도에서 다른 사람들 사이에서 그 특질이 얼마나 높은 상관이 있는지를 측정한다(여러분은 제1장에서 상관의 강도와 방향은 두 변인들의 관련 정도를 나타낸다는 것을 떠올릴 수 있을 것이다. 상관이 높을수록 한 변인의 점수가 다른 변인의 점수로부터 더 정확히 예측될 수 있다). 마지막으로 행동유전학자들은 측정 결과 얻어진 상관을 그들이 (1) 덜 가깝게 관련된 사람들보다 더 가까운 사람들에서 더 높은지, 그리고 (2) 동일한 환경을 공유한 사람들이 공유하지 않은 사람들보다 더 높은지를 알아보기 위해 비교한다.

유전적 영향과 환경적 영향을 측정하는 데 특히 도움이 될 여러 개의 전문화된 가족-연구 설계들이 있다. 하나는 **쌍생아-연구 설계**(twin-study design)이다. 이 설계는 일란성(monozygotic, MZ) 쌍생아의 상관을 동성의 이란성(dizygotic, DZ) 쌍생아의 상관과 비교한다. 여러분이 기억하는 바와 같이 일란성 쌍생아는 그들 유전자의 100%가 같다(이 유전자들의 발현은 앞의 절에서 논의된 발달 과정의 후성유전적 요인들에 의해 영향을 받지만). 반면에 이란성 쌍생아들은 단지 50%만 유전적으로 유사하다(쌍생아가 아닌 형제와 똑같이). 함께 자란 쌍생아들은 환경의 유사성 정도가 일반적으로 동일하다고 가정된다. **동일환경 가정**(equal environments assumption)으로 알려진 그 주장은 두 유형의 쌍생아 모두 같은 자궁을 공유하고, 같은 시기에 태어나고, 같은 가족과 같은 공동체에서 살았고, 검사받을 때 항상 같은 나이였기 때문에 동일 환경이라고 말한다. 따라서 서로 다른 유전적 유사성 수준과 본질적으로 동일한 환경적 유사성이면, 두 유형의 쌍생아에 대한 상관들 사이의 차이는 유전적 요인의 중요성 지표로 간주된다. 만약 주어진 특질이나 행동에 대한 일란성 쌍생아들 사이의 상관이 이란성 쌍생아들 사이의 상관보다 실제로 더 높다면, 유전적 요인들이 그 차이를 가져왔다고 추정할 수 있다.

유전적 영향과 환경적 영향을 평가하는 데 사용된 또 다른 가족-연구 설계는 입양 연구(adoption study)이다. 이런 접근에서는 연구자들이 입양된 아동들의 주어진 측정치 점수가 그들의 생물학적 부모형제들과 상관이 더 높은지 아니면 입양한 부모형제와의 상관이 더 높은지를 조사한다. 유전적 영향은 아동들이 입양 친척들보다 생물학적 친척들과 더 비슷한 정도로 추론된다.

이상적인 행동유전학 설계 — 입양 쌍생아 연구(adoptive twin study) — 는 함께 자란 일란성 쌍생아와, 이 장의 시작에서 논의했던 오스카와 잭처럼, 출생 후 짧은 시간 내에 분리 양육된 일란성 쌍

지능의 가족연구 요약

관계	평균 가족 IQ 상관 (R)	
	함께 양육된 생물학적 친척의 평균	쌍의 수
일란성 쌍생아	0.86	4,672
이란성 쌍생아	0.60	5,533
형제	0.47	26,473
부모–자녀	0.42	8,433
의붓형제	0.35	200
사촌	0.15	1,176
분리 양육된 생물학적 친척		
일란성 쌍생아	0.72	65
형제	0.24	203
부모–자녀	0.24	720
함께 양육된 비생물학적 친척		
형제	0.32	714
부모–자녀	0.24	720

출처 : McGue et al. (1933).

생아를 비교한다. 만약 분리 양육된 쌍생아들의 상관들이 함께 양육된 쌍생아들의 상관들보다 더 비슷하다면, 그것은 환경적 요인들이 효과가 없다고 시사하는 것이다. 역으로 서로 다른 환경에서 자란 일란성 쌍생아들 사이의 상관들이 함께 자란 일란성 쌍생아들 사이의 상관들보다 더 낮다면, 환경적 영향을 나타낸다.

지능의 가족연구

행동유전학 가족 연구들이 가장 공통적으로 초점을 둔 것 중 하나는 지능이다. 표 3.1은 청소년기 동안의 IQ에 대한 100개 이상의 가족 연구의 결과를 요약한 것이다. 결과패턴은 유전적 영향과 환경적 영향 모두를 밝혀준다. 유전적 영향은 더 높은 유전적 유사성 정도를 보여주는 더 높은 상관으로 나타난다. 가장 주목할 만한 것은 일란성(MZ) 쌍생아들이 동성의 이란성(DZ) 쌍생아들보다 IQ가 더 비슷하다는 결과다. 동시에 일란성 쌍생아들이 IQ가 같지 않다는 사실에는 환경적 영향이 반영되었다. 환경적 역할에 대한 더 나아간 증거는 함께 양육된 MZ 쌍생아들은 분리 양육된 MZ 쌍생아들보다 더 유사하다는 점이다.

유전자와 환경이 지능에 주는 상대적 영향은 발달 과정에 걸쳐 변화하는가? 하나는 아동들이 나이가 들고 이 세상에서 더 많은 (그리고 더 다양한) 경험을 하게 됨에 따라, IQ에 대한 유전적 영향은 줄어들 것이라고 예측할 수 있다. 놀랍게도 실제 패턴은 정확히 반대이다. 쌍생아가 나이 들어 갈수록 IQ의 차이가 유전적 유사성으로 설명되는 정도가 증가한다. 4개 나라에서 실시된 11,000쌍의 쌍생아들 연구에서 연구자들은 쌍생아 사이의 IQ 상관은 MZ 쌍생아들에서는 나이 들면서 증가하고 DZ 쌍생아들은 나이 들면서 감소하는 것을 발견했다. 이러한 서로 다른 패턴들은 처음에 아동기부터 청소년기까지, 그리고 다시 청소년기에서 젊은 성인기까지 관찰되었다(Haworth et al., 2010). 같은 패턴의 결과들이 아동기 초기(2~4세)와 아동기 중기(7~10세)에 있는 MZ 쌍생아와 DZ 쌍생아들을 비교한 대규모 종단연구에서 밝혀졌다. 더 어린 아동들에서는 공유한 유전자보다 공유한 환경이 더 많은 차이를 설명했고, 더 나이 든 아동들에서는 반대의 패턴이 발견되었다. 즉 공유한 유전자가 공유한 환경보다 더 많은 차이를 설명했다(Davis, Haworth, & Plomin, 2009).

이러한 놀라운 결과패턴 — 즉 유전자가 지능에 주는 영향은 나이 들며 증가한다 — 은 사람들이 능동적으로 자신의 환경을 구축한다는 생각과 일치한다. 앞에서 논의한 표현형-환경 상관(관계 4) 아동들이 나이 들어 가면, 그들은 그들 자신의 경험을 점점 더 통제하며, 부모들은 아동 활동에 영향을 덜 주게 된다. 교육의 효과는 이런 결과패턴과 특히 더 관련 있을 수 있다. 교육적 경험과 성취는 아동의 지능 측정에서의 수행에 영향을 준다. 어린 아동들은 교육적 상황과 기회를 거의 선택할 수 없다. 반면에 나이 든 아동들, 10대들, 젊은 성인들은 그들의 교육적 경험에 대해 점점 더 많은 선택을 한다(더 도전적이거나 덜 도전적인 공부 과정, 더 학업지향적인 또래집단이나 덜 학업지향적인 또래집단 등). 이러한 관찰 결과들은 초등학교 연령 10대들이 지능 측정치들보다 교육적 성취(읽고 쓰는 능력과 수학적 기술)에서 더 유사하다고 말하는 증거들과 일치한다(Kovas et al., 2013). 아동들이 그들의 유전적 성향에 따라 자신의 환경을 조성하는 기회가 더 많아짐에 따라 지능의 유전적 효과는 더 뚜렷해지게 된다. 고등학교가 끝날 때쯤, 교육적 성취는 여전히 유전적으로 매개된다. 그러나 일차적인 예측인자는 지능이고, 유전적으로 영향을 받은 성격과 정신병리가 뒤를 잇는다(Krapohl et al., 2014).

유전 가능성

천성-육성 질문에 대한 접근에서 많은 행동유전학자들은 유전자가 다양한 특질에 기여하는 정도를 양으로 나타내려고 한다. 주어진 특질 측정에서의 변산의 얼마만큼을 유전적 요인과 환경적 요인에 귀인할 수 있는지를 추정하기 위해서, 그들은 표 3.1에서 나타난 유형의 상관들로부터 유전 가능성 추정치를 논리적으로 도출해낸다. **유전 가능성**(heritability)은 주어진 전집의 사람들 사이에서 한 특질에 대해 측정되는 변산 중 얼마만큼이 그 사람들 간의 유전적 차이로 인한 것인지에 대한 통계적 추정치이다.

유전 가능성 추정치에 대한 이해의 중요 포인트는 그들이 한 개인의 발달에 대한 유전적 요인과 환경적 요인의 상대적 기여에 대해 아무것도 말하지 않은 점이다. 대신에 그들은 주어진 사람들 전집들 사이의 변산 중 얼마만큼이 유전자의 차이에 기인하는 것인지를 추정한다. 예를 들어 지능에 대한 유전 가능성 추정은 일반적으로 약 50%로 생각된다(Bouchard, 2004; Plomin, 1990). 이것은 연구된 전집에 대해 IQ 점수에서 변산 중 약 50%가 그 전집 구성원들 간의 유전자 차이 때문임을 뜻한다(이것은 여러분 IQ 점수의 50%가 여러분의 유전적 구성 그리고 50%는 여러분 경험 때문임을 뜻하는 것은 아니다). 이 유전 가능성 추정치가 환경이 IQ에서의 변산에 기여하는 것도 약 50%임을 말하는 데 주목하라.

행동유전학 분석은 인간 행동의 많은 다양한 측면에 적용되었다. 그것들 중 여러 개를 이 책의 다른 장들에서 만나게 될 것이다. 연구자들은 행동유전학 설계를 사용해 연구된 모든 인간 특질들은 본질적으로 적어도 약간은 유전될 수 있다고 믿는다. 17,000개 특질 — 1,400만 이상의 쌍생아 쌍에 실시된 — 에 대한 대규모 상위분석은 유전 가능성은 분석에서 조사된 모든 특질에 대해 0보다 더 크다는 것을 발견했다(Polderman et al., 2015). 이러한 특질들은 인지, 정신병리의 많은 다른 측면들과 마찬가지로 제10장에서 논의할 기질(temperament) 같은 심리적 특질을 포함한다(Plomin et al., 2016; Vukasović & Bratko, 2015). '측면성(sidedness)'(오른쪽, 왼쪽, 또는 손, 발, 눈, 귀에 대한 혼합된 선호) 같은 심리적 특질들 또한 유전 가능하다(Tran & Voracek, 2015). 이것은 정치적 신념과 신앙심을 포함하는 매우 구체적인 심리적 특질이 유전 가능한 것과 마찬가지다(Plomin et al., 2013).

'자유로운' 또는 '복음적인' 유전자들을 받아들이기 어려움은 앞서의 포인트로 우리를 돌아가게 한다. 흔히 하는 말이지만, 특정 행동패턴에 '대한(for)' 유전자들은 없다. 우리가 강조했듯이 유전자는 단백질 부호 이상의 역할을 하지 못한다. 그래서 유전자들은 그러한 단백질들이 행동에 포함된 감각적, 신경적, 그리고 다른 생리적 과정에 영향을 주는 만큼만 영향을 준다. 이에 더하여 특정 DNA 부분을 특정 특질과 연결하기 위해 사용하는 연구방법인 전장유전체 연관분석연구(genome-wide association studies, GWAS)는 유전적 효과가 누적적임을 밝혀냈다. 개별 염색체 부분은 특질과 상관이 없다. 이것은 많은 유전자와 결합하여, 각각이 작은 효과를 주며, 유전 가능한 특질로 만든다(Plomin & Deary, 2015).

그들이 보는 것처럼 관심있는, 유전 가능성 추정치는 큰 비판도 받고 있다. 비판의 한 부분은 '유

유전 가능성 ■ 주어진 전집의 사람들 사이에서 한 특질에 대해 측정되는 변산의 통계적 추정치. 이것은 사람들 사이의 유전적 차이로 귀인할 수 있다.

전 가능성'이라는 용어가 사람들에 의해 오해받거나 잘못 사용된 방식에서 비롯되었다. 우리가 강조한 바와 같이 유전 가능성은 전집(population)에만 적용한다는 사실에도 불구하고 매우 흔한 오사용은 유전 가능성을 개인들에 적용하는 것을 포함한다.

게다가 유전 가능성 추정치는 특정 환경 안에 살고 있는 특정 전집에만 적용한다. 키의 경우를 생각해보라. 북미인과 유럽인 — 그들 대부분은 백인이고 적절하게 길러졌다 — 들에게 거의 한정적으로 실시된 연구는 키의 유전 가능성이 약 90%라고 어림잡았다. 그러나 이 전집의 일부가 아동기에 심한 기근을 겪었고 나머지는 잘 먹었다면 어떻게 되는가? 키의 유전 가능성은 여전히 90%가 될까? 아니다 — 환경요인(영양부족)에 의한 변화가 극적으로 증가하기 때문이다. 그래서 유전요인에 귀인될 수 있는 변화는 같은 정도로 줄어들 것이다. 변화 가능한 유전 가능성의 원리는 이 장의 앞부분에서 논의된 IQ 상관에서도 나타난다. 유전 가능성은 같은 사람들을 발달의 다른 시기에 측정해서 다르게 나온 추정치들에서 추정한다(Davis et al., 2009).

더 나아가 유전 가능성 측정치는 매우 다른 경제적 환경에서 자란 사람들 집단에서 현저히 다를 수 있다고 알려져 있다. 예를 들어 미국에서 유전 가능성은 사회경제적 지위(SES)의 작용으로 상당히 다르다. 그것은 SES 스펙트럼을 횡단하는 가족이 포함된 대규모 쌍생아 연구에서 나타난다(Turkheimer et al., 2003). 이 연구에서 빈곤하게 사는 7세 아동들 표본에서 IQ 변산의 거의 60%는 공유환경으로 설명되었다. 그리고 이 연구에서 IQ 변산의 거의 대부분을 유전적 유사성에 귀인할 수 없다. 유복한 가족들은 반대 패턴을 따르고, 유전적 요인들이 환경적 요인들보다 더 많이 기여한다. 청소년 쌍생아의 IQ 점수에 초점을 둔 관련 연구에서 같은 패턴이 관찰되었다. 더 가난한 청소년들에서는 환경적 요인이 유전적 요인보다 우세한 반면, 더 부자인 청소년들에서는 유전적 요인이 환경적 요인보다 우세하다(Harden, Turkheimer, & Loehlin, 2007). 무엇이 유전 가능성에서 이러한 차이를 가져오는지는 명확하지 않기는 하지만, 두 연구 모두 빈곤한 환경과 유복한 환경 안에서 질적으로 다른 발달적 힘들이 작동하게 된다는 것을 말해준다.

유전 가능성과 관련되어 자주 오해받는 점은 높은 유전 가능성이 불변성을 의미하는 것은 아니라는 점이다. 어떤 특질이 유전 가능성이 높다는 사실이 그 특질과 관련된 발달 과정을 향상시키려는 시도가 필요없음을 의미하는 것은 아니다. 예를 들어 IQ의 유전 가능성 추정치가 높다는 사실이 가난하게 살고 있는 어린 아동들의 지적 수행이 적절한 중재노력을 통해 향상될 수 없음을 뜻하는 것은 아니다(제8장 참조).

마지막으로 동일환경가정을 생각해보라. 동일환경가정은 많은 행동유전학 설계의 기저에 있는 주장으로 일란성 쌍생아들은 이란성 쌍생아들이 공유하는 환경과 똑같이 유사한 환경을 공유한다는 것이다. 만약 이 가정이 틀린 것이라면 — 즉 일란성 쌍생아가 이란성 쌍생아보다 모두 유전적으로 더 유사하고 더 유사한 환경을 갖는다면 — 유전자와 환경의 유사성에 포함된 오염이 유전 가능성 추정치를 한쪽으로 기울어지게 할 것이다. 특질들은 실제보다 더 유전 가능하게 나타날 수 있다. 더 훌륭한 연구 설계들은, 입양 연구와 생의 초기에 잘못 분류된 쌍생아 쌍들(실제보다 그들이 다소 더 유사하게 다루어진)의 연구를 포함하는, 일반적으로 동일환경가정을 지지한다. 여전히 비판은 남아 있다(예 : Conley et al., 2013; Felson, 2014; Matteson, McGue, & Iacono, 2013).

분자유전공학에서의 혁신은 새로운 유전 가능성 연구 접근을 제공하는데 이것은 전통적 행동유전학 연구들의 단점 중 일부를 다룬다. 유전 가능성 추정치는 전통적으로 가족 내(within-family) 관계를 근거로 한 비교에 제한되었다. 그러나 DNA기반(DNA-based) 방법은 관련 없는 사람들로 이루어진 큰 표본에 대한 유전적 영향 분석을 가능하게 한다. 그런 종류의 방법인 전장유전체 복합 특질분석(genome-wide complex trait analysis, GCTA)은 가족 관계에 기반한 유전적 유사성을 추정하기보다는 큰 집단의 사람들을 가로지르는 실제 유전적 유사성을 이용한다(Rietveld et al., 2013). 실제 유전적 유사성을 측정하여 가족 안에 혼입된 유전과 환경의 측면들을 따로 떼어내는 것이 가능하다(예 : Plomin, 2014). 예를 들어 SES는 전통적인 유전 가능성 측정에 통합되기 어렵다. 왜냐하면 가족 내에 함께 사는 쌍생아들이 공유하기 때문이다. 최근 한 연구가 학교성취에 가족 SES가 주는 영향이 유전적으로 매개되는지 여부(전통적인 쌍생아 기반 유전연구들을 사용하여 답할 수 없는 질문)를 결정하려고 GCTA를 사용했다(Krapohl & Plomin, 2016). 혈연관계가 아닌 영국 학교 아동들의 큰 대표표본을 사용하여, 연구자들은 유전적 요인이 학교성취 변산의 중요한 부분을 설명한다는 것을 발견했다. 더 놀라운 점은 유전적 요인들은 학교성취와 가족 SES 사이의 상관의 절반을 충분히 설명한다는 것이다. 아동의 교육적 달성과 사회적 우월함이 같은 유전적 뿌리를 일부 공유하는 것으로 나타난다.

GCTA는 동일한 유전자들이 전체 발달에서 특정 특질의 측정에서 시사되는지 여부를 결정하게 해주기도 한다. 예를 들어 지능에 대한 앞의 논의로부터 유전 가능성은 나이가 들면 증가하는 경향이 있음을 기억하라. 이런 발견이 처음 이루어졌을 때부터, 연구자들은 앞에서 논의한 바와 같이 이런 변화가 유전자-환경 상관 때문인지 여부(즉 나이가 증가하고 독립적이 됨에 따라, 아동들은 그들 자신의 환경을 선택할 수 있다) 또는 대신에 다른 유전자들은 발달의 다른 시기에 지능에 영향을 주는지 여부를 궁금해했다. 7~12세까지의 큰 표본 아동들의 DNA 분석을 해서, 연구자들은 유전적 안정성 증거를 밝힐 수 있었다. 연령 전체에서 유전 가능성의 증가 효과와 함께 이 연령폭 전체에서 유전 가능한 지능 측면에 동일한 유전자들이 관련됨이 시사된다(Trzaskowski et al., 2014). 그러므로 분자유전 접근은 우리의 유전적 기부에 대한 기존 질문에 답하는 새로운 방식의 제공을 약속하지만 반면에 많은 새로운 질문을 야기한다. 예를 들어 유전이 지능에 주는 영향은 뇌의 구조 및 기능에서의 개인차에 의해 매개된다는 정도까지, GCTA는 뇌와 지능이나 학업성취 같은 복잡한 행동 간의 관계를 더 잘 이해하게 도와주는 내적표현형에 초점을 둔다.

환경적 영향

행동 및 발달에 대한 유전적 기여를 연구하는 모든 연구들은 환경적 영향 연구도 해야만 한다. 유전 가능성 추정은 자동적으로 유전에 귀인할 수 없는 변산의 부분을 추정한다. 유전 가능성 추정치는 50%를 넘지 않기 때문에 환경적 요인들로부터의 큰 기여는 보통 암시된다.

행동유전학은 생물학적으로 관련된 사람들이 공유한 환경의 어떤 측면들이 그들을 더 닮게 만드는 정도 및 비공유 경험이 그들을 다르게 만드는 정도를 측정하려고 한다. 공유환경의 가장 분명한 원천은 동일 가족 내에서 점점 커진다. 또한 공유환경 효과는 쌍생아나 다른 친척들이 그들의 유전적 관련성에 근거한 예측보다 어떤 특질에서 더 유사할 때 추정될 수도 있다. 예를 들어 상당한 공휴환경 영향이 걸음마기 아동과 어린 아동들의 긍정적 정서에서 추정되었다. 왜냐하면 함께 양육된 일란성 쌍생아와 이란성 쌍생아들이 그들이 보여주는 기쁨 정도에서 똑같이 유사하기 때문이다(Goldsmith, Buss, & Lemery, 1997). 공유환경 효과는 분명한 유전적 요인이 있는 장애들에서도 발견되었다. 예를 들면 글상자 3.1에서 논의한 바와 같이 자폐스펙트럼장애(ASD)가 있는 쌍생아 연구는 유전적 효과에 대한 일관적 증거를 제공했다(자폐스펙트럼장애의 유전 가능성은 DZ 쌍생아보다 MZ 쌍생아에서 더 크다). 그러나 적어도 쌍생아 중 한 명이 ASD 진단을 받은 쌍생아들을 대상으로 이루어진, 최근의 큰 규모의 쌍생아 쌍의 연구에서 연구자들은 두 번째 쌍생아가 ASD 진단을 받을 가능성에 공유환경이 큰 영향을 주는 것을 발견했다(Hallmayer et al., 2011).

행동유전학자들의 비공유환경 효과 연구는 같은 가족 안에서 자란 아동들조차도 그들의 경험이 가족 내에서나 가족 밖에서나 모두 같은 것은 아니라는 인식에서 시작한다. 실제로 행동유전학적 설계 내에서 대부분의 환경 효과는 같은 가족 내의 아동들이 공유하지 않는다(Plomin et al., 2016). 이것은 아마도 가족구조에 기인할 것이다. 예를 들면 출생순서는 형제들의 경험에 큰 차이를 가져온다. 큰 가족 내의 나이 든 아동은 젊고 활기차며 경험은 부족한 부모에 의해 양육된다. 반면에 그 아동의 어린 동생들은 더 나이 들고, 비활동적이지만 더 많이 알고 있는 부모에 의해 길러진다. 이들은 첫 번째 부모 역할을 할 때보다 사용할 수 있는 더 많은 양육 자원들을 갖고 있다. 게다가 제1장에서 논의한 바와 같이, 형제들은 부모가 그들에게 다르게 행동하는 것을 경험한다('엄마는 항상 너만 제일 사랑해' 증후군).

가족 밖에서, 형제들은 다른 또래집단에 속하기 때문에 매우 다양한 경험을 할 수도 있다. 신체적 도전과 스릴을 좋아하는 매우 활동적인 형제들은 어떤 아이는 바위타기를 다른 아이는 비행또래와 어울리기는 하더라도 매우 다른 경험을 할 것이다. 색다른 생활사건들(심각한 사고로 인한 고통, 분발시키는 교사, 운동장에서 따돌림당하기)은 형제들 간의 개인차 발달에 더 기여할 수 있다. 작은 효과를 주는 많은 유전자들이 힘을 합해 발달에 영향을 주는 유전적 요인의 활동과 매우 비슷하게, 환경 효과는 작은 효과를 주는 많은 경험들이 함께 작용하는 것에 의해 일어난다.

뇌발달

여러분이 보게 될 바와 같이 천성과 육성의 협업은 뇌 및 신경계 발달의 중심무대에서 일어난다. 뇌는 모든 사고, 기억, 정서, 상상, 성격 — 요약하면 우리를 우리이게 만드는 행동, 역량, 특성 — 의 앞에 있다.

뇌의 구조

뇌구조에 대한 우리 연구에서 우리는 행동에 중요한 두 가지인 뉴런과 피질 그리고 그것들의 구조에 논의 초점을 둔다.

뉴런

뇌가 하는 일은 정보이다. 매우 강력한 정보처리 체계인 뇌의 기본 단위는 10억 개 이상의 **뉴런**(neuron)이다(그림 3.6). 이것은 뇌의 회백질을 구성한다. 이 세포들은 뇌 자체뿐만 아니라 뇌와 몸의 모든 부분 사이의 메시지를 주고받는 일에 전문화되어 있다. **감각뉴런**(sensory neuron)은 외부환경이나 몸 안에서 자극을 탐지하는 감각수용기로부터 정보를 전달한다. **운동뉴런**(motor neuron)은 뇌에서 근육과 분비선으로 정보를 보낸다. **중간뉴런**(interneuron)은 감각뉴런과 운동뉴런 사이의 매개자로 작용한다.

뉴런들은 크기, 형태, 기능에서 크게 다르지만, 모든 뉴런들은 3개 주요 요소로 이루어져 있

뉴런 ■ 뇌 자체뿐만 아니라 뇌와 몸의 모든 부분 사이의 메시지를 주고받는 일에 전문화되어 있는 세포들

다 — (1) **세포체**(cell body, 뉴런이 기능하게 해주는 기본적 생물학적 물질을 포함), (2) **수상돌기**(dendrites, 다른 세포들로부터 입력을 받아들여서 그것을 전기충격의 형태로 세포체로 전달하는 섬유), (3) **축색**[axon, 전기적 신호를 세포체로부터 다른 뉴런들로 연결하기 위해 전달하는 섬유(대략 길이가 몇 마이크론에서부터 1m 이상까지의 범위에서)]

뉴런은 **시냅스**(synapse)에서 다른 뉴런과 소통을 한다. 이것은 한 뉴런의 축색종말과 다른 뉴런의 수상돌기 사이의 아주 작은 접합점이다. 이러한 소통 과정에서 전기적 메시지와 화학적 메시지가 시냅스를 건너가서, 메시지를 받는 뉴런들이 활성화되어 다른 뉴런으로 신호를 보내거나 아니면 활성화를 억제하게 만든다. 인간 뇌에 있는 전체 시냅스 수는 어마어마해서(수십 조) 일부 뉴런은 다른 뉴런과 15,000개의 시냅스 연결을 한다.

교세포

교세포(glial cells)들은 뇌의 또 다른 중요한 요소이다. 최근까지 교세포는 뉴런보다 10배 정도 수

세포체 ■ 뉴런이 기능하게 해주는 기본적 생물학적 물질을 포함하는 뉴런의 요소

수상돌기 ■ 다른 세포들로부터 입력을 받아들여서 그것을 전기충격의 형태로 세포체로 전달하는 신경섬유

축색 ■ 전기적 신호를 세포체로부터 다른 뉴런들로 연결하기 위해 전달하는 신경섬유

시냅스 ■ 한 뉴런의 축색종말과 다른 뉴런의 수상돌기 사이의 아주 작은 접합점

교세포 ■ 뇌에 있는 세포로 다양한 핵심 지원기능을 제공함

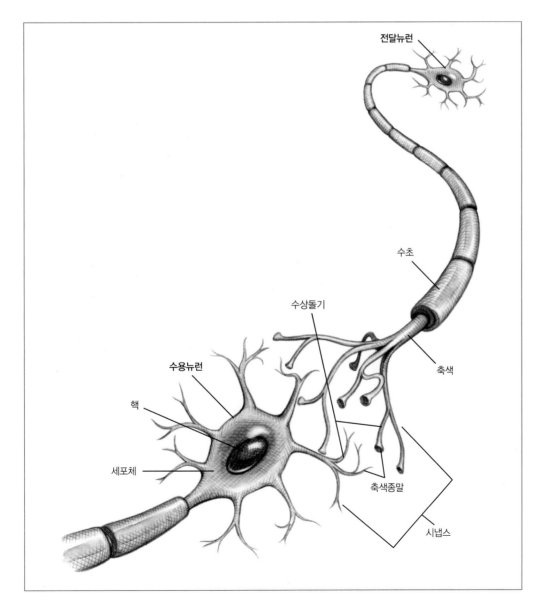

그림 3.6 뉴런 세포체는 세포기능을 지원하는 단백질과 효소를 만든다. 뉴런은 마찬가지로 신경화학물질이라고 불리는 화학물질을 만든다. 신경전달물질은 뉴런 간의 소통을 촉진한다. 축색은 세포체로부터 전기충격을 전달하는 긴 자루이다. 많은 축색들은 수초로 덮여 있는데 수초는 신호가 축색을 따라 빠르고 효율적으로 전달되도록 촉진한다. 축색의 끝에 있는 가지는 신경전달물질을 시냅스(한 뉴런의 축색종말과 다른 뉴런의 수상돌기나 세포체 사이의 작은 공간) 안으로 방출하는 종말공을 갖는다. 수상돌기는 충격을 세포체로 전달한다. 축색은 수천 개의 다른 뉴런들과 연접을 할 수 있다(출처 : Banich, 1997).

수초 ■ 몸에 있는 특정 축색 주위를 이루는 지질층으로 정보전달 속도와 효율성을 증가시킨다.

대뇌피질 ■ 특히 인간적인 기능(보고 들은 것에서부터 느껴진 감정을 쓰는 것까지)으로 생각되는 것에서 주된 역할을 하는 뇌의 '회백질'

가 많다고 여겨졌다. 그러나 새로운 세포 세기 방법의 출현으로 최근 연구들은 교세포와 뉴런의 수가 실제로 같은 것으로 나타난다고 제안한다(von Bartheld, Bahney, & Herculano-Houzel, 2016). 교세포는 여러 중요한 기능을 한다. 이 기능에는 축색을 둘러싼 **수초**(myelin sheath) 형성이 포함된다. 이 수초는 축색을 절연해서 정보 전달의 속도와 효율성을 증가시킨다. 수초의 중요성은 그것이 영향을 주는 장애로부터 발생하는 심각한 결과에 의해서 강조된다. 예를 들어 다발성 경화증은 면역 체계가 수초를 공격하는 병으로 신경신호를 방해하고 다양한 정도의 신체적·인지적 손상을 만들어낸다. 수초는 정신질환에서도 시사된다. 조현병이 있는 사람은 수초화를 조절하는 여러 유전자에 연결된 백질의 파괴를 보인다(예 : Chavarria-Siles et al., 2016).

교세포들은 뇌건강 향상에서 핵심적인 지원 역할을 한다. 그들은 뇌발달 동안 신경줄기세포와 전구세포로 기능한다. 그리고 이런 세포들의 하위집합으로 계속해서 성인기까지 작용한다. 뇌가 손상되면, 어떤 유형의 교세포들은 급속히 수가 증가하여 뇌를 보호하며 뇌 재생을 잠재적으로 돕는 것으로 반응한다(예 : Dimou & Götz, 2014).

피질

인간은 진화 과정을 거치면서 뇌의 크기가 매우 커졌다. 이것의 대부분은 **대뇌피질**(cerebral cortex)에서 일어났다. 대뇌피질은 인간 뇌의 80%를 구성하고 다른 종에서보다 훨씬 큰 비율을 차지한다. 그림 3.7에 보이는 주름(folds)과 열(fissures)은 뇌가 두개골의 한정된 공간에서 자라는 발달 동안에 만들어진다. 이렇게 둘둘 말린 형태는 더 많은 피질이 한정된 공간 안에 들어갈 수 있게 해준다.

피질은 매우 다양한 정신기능의 주된 역할을 한다. 이 정신기능에는 보기와 듣기에서 읽기, 쓰기, 산수까지, 그리고 열정을 느끼고 다른 사람들과 의사소통하는 것이 들어간다. 그림 3.7이 보여

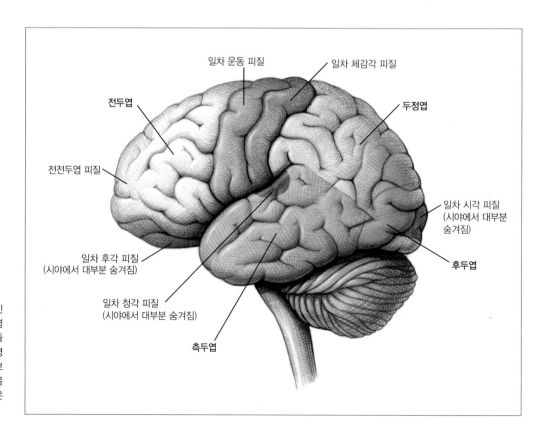

그림 3.7 인간 대뇌피질 이 조망은 성인 뇌의 좌반구가 보여주는 4개 주요 피질 영역-엽이라고 알려진-을 보여준다. 이것들은 깊은 열로 서로 나뉘어 있다. 일차감각영역의 각각은 특정 감각 체계에서 오는 정보를 받아들인다. 그리고 일차운동 피질은 몸의 근육을 통제한다. 여러 감각영역에서 온 정보는 연합 영역에서 처리된다.

주듯이 피질의 주영역들 ― **엽**(lobes)-은 그것들의 관련된 일반적인 행동 범주로 특징지어질 수 있다. **후두엽**(occipital lobe)은 주로 시각적 정보처리에 포함된다. **측두엽**(temporal lobe)은 기억, 시각적 재인, 말과 언어, 정서와 청각 정보의 처리와 관련 있다. **두정엽**(parietal lobe)은 공간적 처리에 중요하다. 두정엽은 또한 다른 감각양식 간의 정보통합을 하며, 감각입력을 기억에 저장된 정보 및 내적 상태에 대한 정보와 통합하는 역할을 한다. 뇌의 '관리자'인 **전두엽**(frontal lobe)은 인지적 통제에 관련된다. 인지적 통제는 작업기억, 계획하기, 의사결정, 억제적 통제를 포함한다. 여러 감각 체계로부터 들어온 정보는 **연합 영역**(association area)에서 처리되고 통합된다. 연합 영역은 일차감각영역과 일차운동영역 사이에 있다. 또한 다른 종과 비교해 가장 커지게 진화한 인간 뇌의 부분들은 아동이 발달하는 동안 가장 많이 성장하는 부분들이다. 여기에는 전전두엽(prefrontal) 피질, 두정엽 피질, 측두엽 피질이 들어간다(예 : Kaas, 2013). 다른 뇌 영역들은, 감각영역과 운동영역을 포함하는, 인간 뇌가 진화하는 동안에 보다 적은 정도로 커졌다.

다른 피질 영역들은 기능적으로 특수한 것으로 생각하는 것이 편리하긴 하지만, 그렇지 않다. 복잡한 정신 기능들은 뇌 영역 내와 뇌 영역들 사이 둘 다의 엄청난 상호작용 정도와 함께 뇌의 여러 영역에 의해 매개된다는 것이 점차 더 분명해지고 있다. 주어진 영역이 어떤 능력에 중요할지도 모른다. 그러나 이것이 그 능력의 통제가 이 영역 하나에 위치한다는 것을 의미하지는 않는다(글상자 3.3은 연구자들이 뇌기능을 알기 위해 사용하는 기법들을 알아본다).

대뇌 편재화 피질은 반으로 나뉘어 2개의 **대뇌반구**(cerebral hemisphere)로 이루어져 있다. 대체로 몸의 한쪽 편에서 들어온 감각입력은 반대편 뇌로 가며, 피질의 운동영역은 몸의 반대편 부분을 통제한다. 그래서 만약 여러분이 오른손으로 뜨거운 주전자를 들어 올린다면, 감각반응을 받아들이고, 고통을 기록하며, 즉각적으로 운동반응을 내보내는 것은 뇌 왼쪽이다.

뇌의 좌반구 및 우반구는 **뇌량**(corpus callosum)으로 주로 서로 소통을 한다. 뇌량은 두 반구를 이어주는 많은 신경섬유로 이루어진 경로이다. 2개의 반구는 다른 양식의 처리에 전문화되어 있으며, 이는 **대뇌 편재화**(cerebral lateralization)로 알려진 현상이다. 반구 전문화에서 종들 사이에 현저한 유사성이 있다. 예를 들어 말과 언어의 대부분 측면들은 인간의 좌반구에 있다. 이것은 생쥐에서 영장류에 이르는 비인간 종들에서 소통신호에 대해 관찰되는 비대칭성과 비슷하다(Corballis, 1999). 그러나 대중적인 믿음과는 반대로, 자료는 좌반구 우세이거나 우반구 우세인 사람들에 대한 생각은 지지하지 않는다. 사람들은 한 반구에 대해 다른 반구보다 일반적인 선호를 갖는 경향이 없다(예 : Nielsen et al., 2013).

발달 과정

놀라울 정도로 복잡한 인간 뇌의 구조는 어떻게 그렇게 되는가? 여러분은 다시 한 번 천성과 육성의 파트너십이 포함된다는 것을 들어도 놀라지 않을 것이다. 뇌구조의 어떤 측면들은 유전자에 의해 움직이고 통제되며 환경과는 상대적으로 독립적이다. 그러나 여러분이 보게 될 바와 같이 다른 측면들은 경험에 의해 크게 영향을 받는다.

신경생성과 뉴런발달
세포분열을 통한 뉴런의 증식인 **신경생성**(neurogenesis)은 수정 후 42일(인간)에 시작해서 임신 중

엽 ■ 일반적인 행동범주와 관련 있는 주된 피질 영역

후두엽 ■ 주로 시각적 정보처리에 포함된 피질 영역

측두엽 ■ 기억, 시각적 재인, 정서와 청각 정보의 처리와 관련된 피질 영역

두정엽 ■ 감각입력을 기억에 저장된 정보와 통합하는 것과 마찬가지로 공간적 처리를 통제한다.

전두엽 ■ 행동 구조화와 관련됨. 미리 계획을 세우는 인간 능력을 맡고 있다고 생각되는 피질 영역

연합 영역 ■ 일차감각영역과 운동영역 사이에 있는 뇌 부분들로 그러한 영역들에서 들어온 정보를 처리하고 통합한다.

대뇌반구 ■ 2개의 피질 반구들, 대부분 몸의 한쪽 편에서 들어온 감각입력은 반대편 뇌로 간다.

뇌량 ■ 두 반구가 소통할 수 있게 해주는 밀도가 높은 신경섬유로 이루어진 경로

대뇌 편재화 ■ 다른 양식의 처리에 대한 뇌반구들의 전문화

신경생성 ■ 세포분열을 통한 뉴런의 증식

사건 관련 전위(ERPs) ■ 특정 자극이 제시된 것에 대한 반응으로 생기는 뇌의 전기적 활동에서의 변화

반경 마침내 완료된다(Stiles & Jernigan, 2010). 그래서 지금 여러분이 가지고 있는 거의 1,000억 개의 뉴런은 출생 전부터 여러분과 함께한 것이다. 그러나 분명히 우리는 일생 동안 새로운 뉴런을 계속 생성한다. 예를 들어 학습하는 동안 뇌 해마에서 신경생성이 일어난다. 해마는 기억 과정에 중요한 뇌 영역이다(Gould et al., 1999). 그러나 신경생성이 항상 일어나는 것은 아니다. 신경생성은 스트레스에 의해 억제될 수 있다(Mirescu & Gould, 2006). 이런 결과패턴은 생의 후반에 이루어지는 신경생성은 고정되고 미리 예정된 것이 아님을 시사한다. 그러나 대신에 적응적이어서 보상 조건이 증가하고 위협적 환경이 감소된다(예 : Glasper, Schoenfeld, & Gould, 2012).

'출생' 후에 뉴런들은 두 번째 발달 과정을 시작한다. 뉴런은 그들이 궁극적으로 가야 할 곳 — 전형적으로 뇌의 중심에서 발달 중인 신피질을 향해 바깥쪽 — 으로 이주를 한다. 어떤 뉴런들은 나중에 생긴 더 새로운 세포에 수동적으로 밀려간다. 반면에 다른 뉴런들은 적극적으로 자신을 최종 위치까지 몰아간다. 임신 초기에는 뇌가 매우 작아서 움직여 가는 거리가 매우 짧다. 그러나 뇌

글상자 3.3 ┃ 자세히 살펴보기

마음 매핑

발달과학자들은 나이 들면서 뇌기능이 어떻게 변하는지뿐만 아니라 뇌의 어떤 영역이 특정 행동, 사고, 느낌과 관련되는지를 결정하기 위해 여러 기법을 사용한다. 뇌기능을 조사하는 더 강력한 기법의 존재는 뇌 및 뇌발달에 대한 이해에서 혁명을 일으켰다. 여기에서 우리는 아동의 마음 및 마음의 움직임을 자세히 알아내는 데 가장 자주 사용하는 일부 기법들을 보여준다.

전기생리학적 기록

발달연구자들이 뇌기능을 연구할 때 가장 흔히 사용하는 기법 중 하나는 뉴런이 만들어내는 전기적 활동을 기록하는 뇌전도(electro encephalo graphic, EEG)에 기반한 것이다. EEG는 완전히 비침투적(두개골 위에 쓰는 수백 개의 전극이 부착될 수 있는 전극 모자를 통해 기록을 얻음)이어서 이 방법은 영아(사진 참조)에게도 성공적으로 사용할 수 있다. EEG 기록은 신경적 사건의 시간경로에 대해 상세한 정보를 주며 다양한 뇌-행동 관계에 대해 중요한 정보를 제공했다. 뇌활동과 특정 종류의 자극 사이의 관계를 연구하는 데 가장 유용한 전기생리학적 기법은 **사건 관련 전위**(event-related

potentials, ERPs)의 기록이다. 이것은 특정 자극이 제시된 것에 대한 반응으로 생기는 뇌의 전기적 활동에서의 변화를 말한다. 이러한 측정치들이 만들어주는 기여는 시간흐름에 다다른 지속성을 밝힌다는 점이다. 예를 들어 영아의 모국어 소리에 대한 반응에서 ERPs 연구는 이런 소리들에 대한 영아의 변별능력은 이후 수년간 이루어지는 언어성장을 예언해준다는 것을 보여주었다(Kuhl et al., 2008). *뇌자도*(magnetoencephalography, MEG)라고 불리는 관련된 방법은 뇌에서의 전기적 흐름에 의해 생기는 자기

이 EEG 모자는 아기의 머리에 편하게 전극을 붙여준다. 이렇게 해서 연구자로 하여금 아기의 뇌 전체에서 만들어진 전기적 활동을 기록하는 것을 가능하게 해준다.

Oli Scarff / Getty Images

장을 탐지한다. MEG는 태아 뇌 연구에 사용될 수 있는 단 하나의 비침투적인 영상법이 라는 유익함을 추가한다. 연구자들은 MEG를 사용해, 반복된 자극에 대한 습관화와 함께, 어머니 배에 제시된 청각 자극과 불빛에 대한 태아 신경반응을 연구했다(Sheridan et al., 2010). MEG는 또한 연구자들로 하여금 더 복잡한 질문 — 태아들이 차례로 제시되는 소리들의 수에 민감한지 여부와 같은 — 에 답하게 해주었다. 성인과 신생아처럼 태아의 뇌도 반복된 청각적 순서가 수에서 바뀐 때를 알아낸다. 이것은 임신의 마지막 3분기 동안 소리 반복에 대한 정보를 부호화한다는 것을 시사한다(Schleger et al., 2014).

기능적 자기공명영상법

기능적 자기공명영상법(Functional Magnetic Resonance Imaging, fMRI)은 뇌의 다른 영역들에서 피질 혈류의 파동을 알아내기 위해 강력한 전자석을 사용한다(fMRI는 구조적 MRI와 다르다. 구조적 MRI는 본질적으로 뇌의 사진을 찍는 것이다). fMRI에서는 증가된 혈류는 증가된 활동을 나타내며, 이 기법은 뇌의 어떤 부분이 다른 과제나 다른 자극에 의해 활성화되는지를 결정할 수 있게 해준다. MRI 기계의 소음과 좁은 공간을 견디면서 가만히 있어야만 하기 때문에, 대부분의 발달적 fMRI 연구들은 6세 이상의 아동들을 대상으로 이루어졌다. 종종 아동들이 MRI 환경에 익숙해지도록 실물크기 모형 스캐너 속에서

가 성장함에 따라 뉴런들은 가이드가 필요하다. 그들의 종착지를 정확히 찾도록 뉴런에 발판화를 제공하는 특별한 종류의 교세포(방사신경교세포, radial glia cell)의 형태로 이루어진 가이드가 필요하다.

일단 뉴런들이 그들의 종착지에 도달하면, 세포는 성장하고 분열이 일어난다. 뉴런들은 처음에 축색이 발생하고 수상돌기의 '덤불'이 생긴다(그림 3.6 참조). 그 후 뉴런들은 다른 뇌구조에 특수한 구조적 특성과 기능적 특성을 갖게 된다. 축색은 특정 목표로 향해 자라면서 길어진다. 문제가 되는 뉴런에 따라 그것은 뇌에 있는 또 다른 뉴런에서 엄지발가락에 있는 뼈로 가는 뉴런일 수도 있다. 수상돌기의 주변화는 수지상 '분기(arborization)' — 성장, 가지치기, 가지에 **가시**(spine)의 형성 결과로 생긴 수상돌기 '나무'의 엄청난 크기, 복잡성의 증가 — 이다. 가지치기는 수상돌기의 다른 뉴런과의 연결 형성능력을 엄청나게 증가시킨다. 피질 내에서 가장 집중적인 성장과 분열이 일어나는 시기는 출생 후에 계속된다.

가시 ■ 뉴런의 수상돌기 위에 형성된다. 수상돌기가 다른 뉴런들과의 연결을 이루는 역량을 증가시킨다.

연습회기를 실시한다. 그러나 최근 연구들은 수면 중인 생후 2일 된 영아들의 신경처리를 조사하는 데 fMRI 방법을 사용했다. 그러한 연구들 중 하나는 영아기 후반기에 말해진 언어에 의해 활성화되는 뇌 영역은 신생아에서도 말에 의해 활성화됨을 보여주었다(Perani et al., 2011).

아동발달에서 현저히 증가하고 있는 fMRI의 두 가지 적용은 확산텐서 영상(diffusion tensor imaging, DTI)과 휴지상태 기능적 자기공명영상(resting-state functional magnetic resonance imaging, rs-fMRI)이다. 이 방법들은 뇌의 연결망이 어떻게 발달하는지를 연구할 수 있게 해준다. DTI는 3-D 공간입지 모형을 만들기 위해 물 확산 비율을 사용하는 전통적인 MRI와는 다르다. 이 기법은 책에서 기술된 백질 트랙을 추정하도록 해주고 초기 출생 후 발달 과정에서 백질발달 및 수초화의 모형을 만드는 데 사용되었다(Dubois et al., 2014). rs-fMRI는 어떠한 외적 자극도 없는 상태에서 뇌활동을 측정한다. rs-fMRI 연구의 결과는 영아의 초기 출현 뇌 연결망을 밝혀주었는데 영아는 더 나이 든 아동이나 어른들과 비슷한 뇌 반구들 사이의 연결을 보여준다(Cusack et al., 2016).

기타 기법

양전자 단층촬영(positron emission tomography, PET)은 뇌의 대사 과정을 알아내 뇌활동을 측정하며 뇌발달에 대한 중요한 정보를 제공한다. 그러나 PET 스캔은 뇌 안으로 방사성 물질을 주사하기 때문에 주로 진단적 목적을 위해 사용된다.

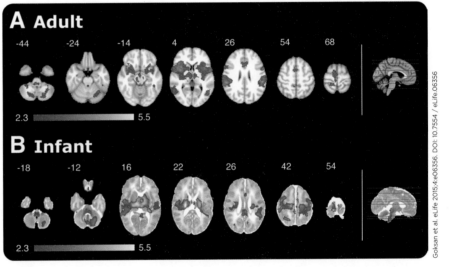

fMRI 영상 이 그림은 fMRI로 밝혀진 가벼운 고통(핀으로 찌른 감각)에 대해 반응을 보이는 성인 뇌와 신생아 뇌의 영역들을 보여준다. 활성화에서 어떤 차이가 있긴 하지만, 그 패턴들은 이러한 다른 연령집단 전체에서 대체로 유사하다.

발달연구에 사용되는 최신 방법 중 하나는 근적외선 분광법(near-infrared spectroscopy, NIRS)이다. 이는 뇌조직에서 적외선 빛의 흡수를 다르게 만드는 대사 변화를 찾아냄으로써 신경활동을 측정하는 광학적 영상 기법이다. 적외선이 뇌에 전달되고 적외선 흡수는 광섬유로 만든 스컬캡이나 헤드폰으로 측정되어 탐지된다. NIRS는 조용하고, 비침투적이며, 머리를 엄격하게 고정할 필요가 없기 때문에 영아와 어린 아동들 연구에 특히 쓰기 좋다. NIRS의 특히 흥미로운 적용은 막 달팽이관을 이식

한 청각장애 아동 연구이다. 이것은 제6장에서 논의할 수술로 심는 전기적 보청기이다. 이것의 자기장 효과에 대한 우려 때문에 fMRI는 이식을 한 사람의 뇌처리 과정을 연구하는 데 사용할 수 없다. 그래서 NIRS는 이런 아동들의 청각 피질이 청각 자극에 반응하는지 여부를 결정하는 데 사용되었다. 청각장애 아동들의 청각 피질은, 청각 피질이 이전에는 소리에 노출된 적이 전혀 없음에도 불구하고, 이식이 활성화된 후 수시간 내에 소리에 반응함을 보여주었다(Sevy et al., 2010).

축색 주위를 절연하는 수초가 만들어지는 **수초화**(myelination) 과정은 출생 전에 뇌에서 시작하여 성인기 초기까지 계속한다. 축색의 수초화된 부분은 백색이다. 이것이 백질이라는 용어로 부르게 했으며, 피질의 표면에 있는 **회백질**(gray matter, 세포체) 아래 있다. 앞에서 언급한 바와 같이, 수초의 핵심 기능은 신경전달 속도를 증가시키는 것이다. 수초화는 뇌의 깊은 곳에서 시작하여 피질의 위와 바깥쪽으로 이루어진다. 이런 과정은 출생 후 처음 수개월 동안에 빠르게 일어나며, 걸음마기 시기 동안 어느 정도 느려지고, 젊은 성인 시기까지 느리게 계속된다(예 : Dubois et al., 2014). 여러 피질 영역들은 수초화되는 비율이 매우 다른데 아마도 이것이 여러 행동들이 발달 정도가 다르게 나타나도록 만들 것이다.

이 패턴은 우리의 가장 가까운 영장류 친척인 침팬지들에서 발견된 패턴으로부터 흥미로운 방식으로 확산한다. 처음에는 백질이 어린 인간에서보다 영아 침팬지와 어린 침팬지의 전전두엽에서 더 느리게 발달한다. 이것은 진화적 압력이 다른 영장류의 뇌기능보다 인간 뇌기능을 향상시키는 가능한 기제를 말해준다(Sakai et al., 2011). 그러나 흥미롭게도 침팬지는 성적 성숙이 일어나는 시기에 성숙한 수초화 패턴을 보인다. 이것은 인간에서 관찰된 것보다 훨씬 더 앞선다(Miller et al., 2012). 인간 수초화가 기간이 연장된 이유는 아직 알려지지 않았으며 긍정적(성적 성숙 이후 실행기능의 향상을 촉진하는) 및 부정적(112쪽에서 논의된 수초화와 관련된 장애에 인간 뇌가 더 취약하게 만드는) 영향을 모두 갖는다.

시냅스 생성

축색과 수지상돌기 섬유의 놀라운 성장의 결과는 매우 풍부한 신경연결의 생성이다. **시냅스 생성**(synaptogenesis)이라 불리는 과정에서 각각의 뉴런은 수천 개의 다른 뉴런들과 시냅스를 이룬다. 그 결과 앞에서 언급한 수조 개의 연결이 형성된다. 그림 3.8은 피질에서 일어나는 시냅스 생성의 시간경로를 보여준다. 여러분이 볼 수 있는 바와 같이 시냅스 생성은 태내에서 시작되어 출산 전과 출산 후의 어느 정도 시간 동안 둘 모두에서 매우 빠르게 진행된다. 시냅스 생성의 시기와 비율 모두 피질 영역에 따라 다양하다는 것을 주목하라. 예를 들어 시냅스 생성은 전두엽 영역보다 시각 피질에서 훨씬 빠르게 완성된다. 수초화와 함께 뇌의 영역들에 따라 시냅스 생성시기가 다른 점이 여러 능력과 행동이 시작되는 발달시기에 영향을 준다.

시냅스 제거

시냅스 생성 동안의 뉴런과 시냅스의 폭발적 생성은 막대하게 과잉된 것이어서 하나의 뇌가 사용할 수 있는 것보다 더 많은 신경연결을 만든다. 이러한 시냅스 과잉은 뇌의 다른 영역 간의 과도한 연결을 포함한다. 예를 들면 청각 피질이 될 곳에 있는 많은 뉴런들은 시각 영역에 있는 뉴런들과 연결되어 있다. 그리고 이 영역들 모두 미각과 후각에 포함되는 뉴런들과 과도하게 연결되어 있다. 이러한 과잉 연결의 결과로, 영아들은 **공감각** — 서로 다른 유형의 감각 입력의 혼합 — 을 경험하게 된다. 왜냐하면 감각 영역 간 기능적 연결이 이제부터 제거되어야 하기 때문이다(예 : Spector & Maurer, 2009). 예를 들어 청각 피질과 시각 피질 간의 여분의 연결의 경우에는 청각 자극이 청감각과 시감각 둘 다를 일으키게 된다.

우리는 이제 인간 뇌의 발달에 대한 가장 놀랄 만한 사실 중 하나를 볼 것이다. 이러한 엄청난 시냅스 과다의 약 40%가 **시냅스 가지치기**(synaptic pruning)로 알려진 발달 과정에서 제거된다. 여러분이 앞의 장들에서 학습한 바와 같이, 세포의 죽음은 발달의 정상적인 부분이다. 그리고 그 점이

수초화 ■ 뉴런의 축색을 둘러싸는 수초(지질층)의 형성을 말하며 정보처리속도를 빠르게 하고 정보처리능력을 증가시킨다.

시냅스 생성 ■ 뉴런이 다른 뉴런들과 시냅스를 이루는 과정으로 그 결과 수조 개의 연결이 형성된다.

시냅스 가지치기 ■ 거의 활성화되지 않는 시냅스들이 제거되는 정상적 발달 과정

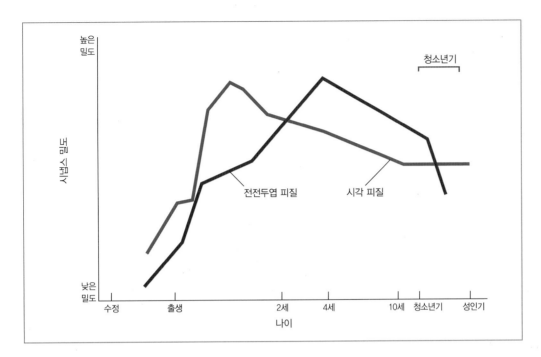

그림 3.8 시냅스 생산과 제거 평균 시냅스 밀도(주어진 공간 안의 시냅스 수)는 처음에 새로운 시냅스의 과잉생산으로 인해 가파르게 증가하고 나중에는 여분의 시냅스들이 제거되면서 점차 감소한다. 나중의 단계에서 시간 척도가 단축되는 데 주목하라(출처 : P. R. Huttenlocher & Dabholkar, 1997).

출생 후 수년 동안 계속되는 과도한 시냅스의 체계적 제거에서 보다 더 분명한 곳은 없다. 이러한 가지치기는 뇌의 서로 다른 영역에서 서로 다른 시간에 일어난다. 여러분은 그림 3.8에서 시각 피질에서의 시냅스 제거가 생의 첫 번째 해의 말쯤에 시작되어 대강 10세까지 계속되는 것을 볼 수 있다. 반면에 전전두엽 영역에서의 시냅스 제거는 더 느린 시간경로를 보여준다.

뇌는 청소년기 동안 상당한 변화가 진행되는데, 생의 첫 번째 해의 가지치기와 유사한 과잉생산과 가지치기의 곡선을 포함한다(Giedd et al., 1999; Gogtay et al., 2004). 피질의 백질 양이 아동기부터 성인기까지 한결같은 증가를 보임에도 불구하고, 회백질의 양은 11세나 12세경에 극적으로 증가가 시작된다. 회백질의 증가는 빠르게 진행되어, 사춘기 무렵에 절정에 이르고, 그다음 회백질의 일부가 백질로 대체되기 시작하면서 감소하기 시작한다(그림 3.9 참조). 가장 나중에 성장하는 피질 영역은 배외측 전전두엽 피질(dorsolateral prefrontal cortex)이다. 이 부분은 주의집중 조절하기, 충동 통제하기, 결과 예측하기, 우선순위 정하기, 기타 실행기능들에 절대로 필요하다. 이것은 20세 이후에도 성인 수준에 도달하지 않지만, 30대가 될 때까지 가지치기는 계속된다(Petanjek et al., 2011). 시상 같은 어떤 피질하 영역은 유사하게 연장된 발달경로를 보여준다(Raznahan et al., 2014). 이와 같은 연구들은 우리 뇌가 생의 처음 몇십 년 동안 피질하에서 변화한다는 점을 분명히 보여준다. 다음 절에서 기술한 바와 같이, 우리 경험은 이 과정에서 큰 역할을 해서, 결국 성숙한 뇌가 어떤 것이 될 것인지를 조각한다.

경험의 중요성

뇌의 과도한 시냅스들 중 어느 것이 가지치기될 것이고 어느 것이 계속 남을 것인지를 결정하는 것은 무엇인가? 경험은 '이것을 사용할까 아니면 버릴까'의 경우에서 핵심적인 중요한 역할을 한다. '신경 다원주의(neural Darwinism)'로 불리는 이 경쟁적 과정에서, 자주 활성화되는 시냅스들은 선택적으로 유지된다. 시냅스가 더 자주 활성화될수록, 함께 활성화되는 뉴런들이 함께 연결되어 고

그림 3.9 뇌 성숙 이 그림은 5세에서 20세까지의 뇌의 오른쪽과 윗부분을 나타내는 것으로 피질 표면에서 일어나는 성숙을 보여주고 있다. 평균적인 MRI 영상은 2년 간격으로 반복해서 뇌를 스캔한 참가자들에서 나온 것이다. 영상이 더 푸른색일수록 그 부분의 피질이 더 성숙한 것이다(예 : 더 많은 회백질이 백질로 대체된 것이다). 더 기초적인 기능(예 : 뒤로 향한 감각영역과 운동영역)과 관련된 피질 부분들이 높은 수준의 기능(예 : 주의집중, 실행기능)에 포함되는 영역들보다 더 빨리 성숙하는 데 주목하라. 특히 실행기능에 포함되는 전두엽 영역만이 초기 성인기에 성숙해 가고 있음에 주목하라(출처 : Gogtay et al., 2004).

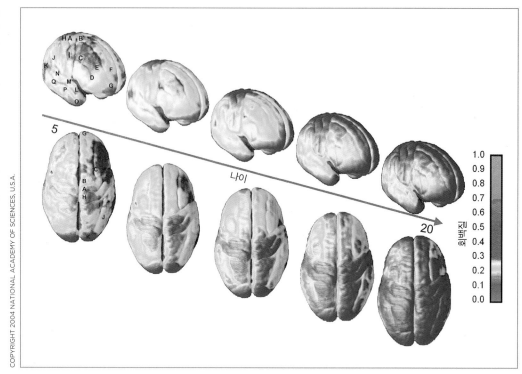

정된다(Hebb, 1949). 역으로, 시냅스가 좀처럼 활성화되지 않으면 사라지기 쉽다. 한 뉴런의 축색돌기가 위축되고 다른 뉴런의 수지상돌기는 '제거되어 사라진다'.

이제 물어야 할 분명한 질문이 있다. 인간의 뇌 ─ 수백만 년 동안의 진화의 산물 ─ 는 왜 그렇게 엄청나게 과도한 시냅스를 만들고, 그들 중 상당한 비율을 제거하는 우회적 발달경로를 취하는 것일까? 그 답은 진화경제로 나타난다. 경험에 의해 형성되거나 변화된 뇌의 역량은, 이것은 **가소성**(plasicity)이라고 하는데, 적은 정보가 유전자 안에 부호화되어야 함을 뜻한다. 이러한 절약하기는 실제로 필수적이다. 신경계의 형성과 기능에 포함된 유전자의 수는 뉴런과 신경연결의 정상적 보충의 극히 일부만을 말해줄 뿐이다. 더욱이 만약 뇌구조들이 완전히 바꾸기 힘든 것이라면, 유기체는 그들의 출산 후 환경에 적응할 수 없었을 것이다. 뇌의 마지막 배선을 완성하기 위해, 육성이 천성과 협력한다.

뇌를 형성하는 데서 천성과 육성의 협력은 두 종류의 가소성 때문에 다르게 일어난다. 하나의 종류는 일반적인 경험들이다. 이것은 거의 모든 영아들이 인간이기 때문에 갖게 되는 경험들이다. 이런 형태의 가소성은 경험-예정적(experience-expectant)이라고 말한다. 두 번째 종류는 경험-의존적(experience-dependent)이라고 말하는 것으로 아동들이 그들의 특별한 생활환경으로 인해 갖게 되는 결과로 특수하고 색다른 경험들이다. 여기에는 미국이나 아마존 우림에서 자라는 것, 잦은 귀여움 또는 학대를 경험하기, 외동이거나 많은 형제 중 하나인 것 등이 포함된다.

경험-예정적 과정

뇌발달이 이루어지는 데에서 일반적인 인간 경험이 하는 역할은 **경험-예정적 가소성**(experience-expectant plasticity)으로 알려져 있다(Greenough, Black, & Wallace, 1987). 이 관점에 따르면, 뇌의 정상적인 배선은 부분적으로 인간 진화에 걸쳐서 제시되었던 여러 종류의 일반적 경험의 결과

가소성 ■ 경험에 의해 영향을 받는 뇌의 역량

경험-예정적 가소성 ■ 상당히 정상적인 환경안에 사는 모든 인간이 갖게 될 경험의 결과로 뇌의 정상적인 배선이 생기는 과정

이다. 이 경험들은 상당히 정상적 환경 안에 사는 완전한 감각-운동 체계를 가진 모든 인간이 갖게 되는 경험으로 패턴화된 시각 자극, 목소리와 다른 소리, 움직임과 조작 등이 포함된다(Greenough, Black, 1992). 따라서 뇌는 이러한 신뢰할 만한 원천들로부터 뇌의 회로를 조정해줄 입력을 '기대' 할 수 있다. 자주 활성화되는 시냅스는 강해지고 안정될 것이고, 드물게 활성화되는 시냅스들은 '가지치기'가 될 것이다. 그래서 우리의 외적 세상에 대한 경험은 뇌구조의 가장 기본적 측면 형성에 필수적인 역할을 한다.

경험-예정적 가소성의 한 가지 중요한 이익은, 경험이 뇌 형성을 돕기 때문에 정상발달을 하는 데 더 적은 유전자가 필요하다는 점이다. 다른 것은 뇌는 특정 영역의 손상으로부터 더 잘 회복될 수 있다는 점이다. 왜냐하면 다른 뇌 영역이 손상된 영역이 수행했던 기능을 떠맡을 수 있기 때문이다. 손상되었을 때 뇌가 어릴수록 회복은 더 잘된다.

경험-예정적 가소성을 축소하면 취약성(vulnerability)을 수반한다. 만약 어떤 이유로 해서 발달 중인 뇌가 회로를 조정해주길 '기대하고 있는(expecting)' 일이 일어나지 않는다면, 그것이 부적절한 자극화나 또는 손상된 감각수용기 때문이든 간에, 발달은 위태로워진다. 현상은 Hubel과 Wiesel의 고전적 연구에 의해 예증되었다. 그들은 어린 고양이에게 두 눈 중 하나에 빛 노출을 박탈했다(Hubel & Wiesel, 1962, 1970; Wiesel & Hubel, 1963). 몇 달간 한쪽 눈의 빛 박탈 후에 어린 고양이의 뇌가 재조직화되었다. 그 눈이 다시 볼 수 있도록 뜨게 되었을 때, 그 눈은 피질과의 연결이 완전히 끊어졌다. 눈 자체에는 아무 이상이 없다. 그러나 기능적으로 맹이다. 왜냐하면 원래는 정상적으로 빛에 반응하는 세포들이 빛이 박탈되었기 때문에 시각적 입력을 계속해서 받아들이는 눈이 되지 않고 빛 반응에 대해 반응하지 않도록 재조직화되었기 때문이다.

Hubel과 Wiesel의 어린 고양이에 대한 인간 유추는 그들의 시야를 방해하는 백내장을 가지고 태어난 아동들에게서 나온다. 백내장이 출생 후 더 오래 남아 있을수록, 백내장이 일단 제거되더라도 아동의 시각적 정확성은 더 많이 손상되게 된다. 시각적 과정의 어떤 측면(특히 얼굴의)이 성인기까지 남아서 영향을 주긴 했지만, 백내장의 조기 제거 후에 전형적으로 극적인 향상이 뒤따랐다(de Heering & Maurer, 2014). 오히려 이러한 손상들은 청각 체계의 사용을 위해 시각 피질 영역을 보충하는 탓에 나타난다(Collignon et al., 2015). 시각적 입력 박탈된, 백내장이 있는 어린 영아의 시각적 피질은 청각 정보를 대신 처리하도록 재조직화한다. 이 재조직화는 성인기에도 탐지 가능하게 남아 있다. 이것은 초기 감각적 경험(또는 감각 경험의 결핍)은 뇌 조직화에 영구적인 영향을 줄 수 있음을 말한다.

이런 연구 결과 — 초기 감각적 경험의 부재에 직면한 뇌 재조직화 — 는 비인간 동물들에서 나온 풍부한 자료와 일치한다. 뇌 영역은 어떤 다른 기능에 사용되기 위해 적어도 부분적으로 재조직화될 수 있다. 그러한 가소성과 재조직화의 증거는 선천적으로 청각장애인 성인들의 연구에서도 관찰되었다. 그들은 아동일 때 자격을 제대로 갖춘 시각적 기반 언어인 미국 수어(American Sign Language)를 배웠다. 청각장애인은 언어처리를 하기 위해 주변시야에 크게 의존한다. 전형적으로 그들은 신호를 보내고 있는 사람들의 눈을 들여다보면서 신호를 보내는 사람의 손과 팔의 움직임을 모니터하기 위해 주변시야를 사용한다. 뇌활동의 측정은 청각장애인의 주변시야에 대한 반응이 귀가 들리는 사람들의 반응보다 몇 배 더 강하며 또한 그 반응들이 뇌를 가로질러서 다르게 확산되는 것을 보여준다. 전형적으로 청각적 처리에 관련된 뇌 영역들이 청각장애인들에서는 시각적 처리에 사용되는 것으로 나타난다(예 : Shiell, Champoux, & Zatorre, 2016; Shiell & Zatorre, 2016). 그러므로 교차양상 재조직화(cross-modal reorganization)는 두 방향 모두로 작용한다. 초기 백내장이

경험-의존적 가소성 ■ 개인의 경험의 함수로 일생을 통해 만들어지고 재조직화되는 신경연결이 이루어지는 과정

있는 사람(또는 시각장애로 태어난 사람)은 전형적으로 시각 체계 부분인 뇌 영역을 청각적으로 차용하는 것을 보여주는 반면에, 청각장애인은 전형적으로 청각 체계의 부분인 뇌 영역을 시각적으로 차용하는 것을 보여준다.

민감기 앞의 예들이 말해준 바와 같이, 경험-예정적 가소성에서 중요한 요소는 시기이다. 인간의 뇌가 특정 종류의 외부 자극에 특히 민감해지는 몇 개의 민감기(sensitive period)들이 있다. 이것은 마치 뇌를 조직화하는 것을 돕는 환경적 입력을 받아들이는 시간 창문이 일시적으로 열리는 것과 같다. 서서히 그 창문은 닫힌다. 민감기 동안에 일어나는 신경조직화는 전형적으로 불가역적이다.

Hubel과 Wiesel이 실시한 어린 고양이에 대한 한쪽 눈 박탈 연구도 민감기에 대한 예를 제공한다. 다 자란 고양이가 한 눈에 비슷하게 시각입력이 박탈되었을 때는, 어린 고양이에 준 영향과는 다르게 뇌에 장기적 영향이 없다. 시각 같은 감각 체계의 조직화에 민감기가 있는 것으로 나타나지만 민감기가 지각발달에만 한정되는 것은 아니다. 글상자 1.1에서 논의했듯이, 아동들이 풍부한 사회적 자극과 다른 환경 자극을 정상적으로 경험하는 때인 생의 초기에 루마니아 고아들이 겪은 극단적인 박탈은 민감기 영향의 상당한 예로 간주된다. 어떤 연구자들은 뇌에서 급격한 변화가 일어나고 있는 동안인 사춘기가 다양한 발달 측면의 또 다른 민감기라고 생각한다. 언어학습에 대한 민감기인 또 다른 민감기는 제6장에서 논의될 것이다.

경험-의존적 과정

뇌는 Greenough가 **경험-의존적 가소성**(experience-dependent plasticity)이라 부르는 특유의 경험에 의해 만들어지기도 한다. 신경연결은 개인적 경험의 작용으로 일생 동안 지속적으로 만들어지고 재조직화된다(만약 여러분이 이 장에서 읽었던 것을 기억한다면, 그것은 새로운 신경연결을 이루었기 때문이다).

경험-의존적 가소성에 대한 연구 중 많은 것이 환경조작이 쉽게 될 수 있는 비인간 동물에 초점을 두었었다. 그런 방법 중 하나가 탐색할 물건으로 가득 채워진 복잡한 환경에서 자란 동물들과 실험 우리에서 길러진 동물을 비교하는 것이다. 복잡한 환경에서 자란 쥐(그리고 고양이와 원숭이)의 뇌는 피질 뉴런에 더 많은 수지상돌기와 전체적으로 더 많은 시냅스를 갖는다. 마찬가지로 일반적으로 더 두꺼운 피질과 더 많은 지지세포(예 : 혈관과 교세포들)를 갖는다. 지지세포는 신경기능과 시냅스 기능을 최대화한다. 이런 모든 가외적 하드웨어는 이익을 갖는 것으로 보인다. 복잡한 환경(그들의 자연스러운 환경과 더 가까운)에서 키워진 쥐들(그리고 다른 동물들)은 아무것도 없는 우리에서 키워진 동물들보다 다양한 학습과제를 더 잘 수행한다(예 : Sale, Berardi, & Maffei, 2009).

경험이 뇌구조에 주는 매우 특수한 영향도 또한 일어난다. 예를 들어 먹이강화를 얻기 위해 한 쪽 앞발만 사용하도록 훈련된 쥐는 훈련받은 발의 움직임을 통제하는 특정 운동 피질 영역에 수지

탐색할 자극을 주는 물건들과 숙달할 도전들로 가득 찬 복잡한 환경에서 자란 결과, 위의 사진에 있는 쥐의 뇌들은 비자극적인 실험우리에서 양육된 쥐들보다 더 많은 시냅스를 갖게 될 것이다.

Shawna Laufer, The Rat Whisperer (www.ratwhisperer.net)

Environment Images / UIG / Getty Images

상 물질이 증가했다(Greenough, Larson, & Withers, 1985). 인간 연구에서 음악가에 대한 연구는 특정 몸의 부분이 다른 부분보다 더 강하게 훈련되어 있다는 '자연실험'을 제공한다. 음악가 연구의 결과는 비인간 동물 연구의 결과를 반영한다. 예를 들면 목관악기(트럼펫과 프렌치 호른 같은)를 연주하는 성인들은 목관악기를 연주하지 않는 성인들보다 입술과 관련된 피질 영역이 더 두껍다(Choi et al., 2015). 수년의 연습 후에는 이러한 숙련된 악기를 부는 입술을 통제하는 데 더 많은 피질세포가 사용되었다.

뇌손상과 회복

앞에서 언급했듯이 가소성(특히 생의 초기의)이 있기 때문에, 손상을 겪은 후에 뇌는 적어도 어느 정도도 재배선될 수 있다. 뇌손상을 겪은 아동들은 비슷한 손상을 겪는 어른들보다 잃어버린 기능을 회복할 더 좋은 기회가 있다. 이것에 대한 가장 강력한 증거는 언어 피질 영역에 손상을 받았는데 전부는 아니지만 대부분의 언어기능이 회복된 어린 아동으로부터 나온다. 이것은 왜냐하면 손상이 일어난 후 아직 성숙하지 않은 뇌가 언어기능을 맡을 수 있기 때문이다. 그 결과로 언어는 특수한 언어적 손상은 남아 있을 수 있지만 대부분의 언어손상은 면하게 된다(예 : Zevin, Datta, & Skipper, 2012). 이와 반대로 같은 유형의 뇌손상을 받은 성인들은 그러한 언어 재조직화를 경험하지 못하고 언어를 이해하거나 말하는 능력을 영구히 상실하게 된다.

그러나 초기의 뇌손상에서의 회복기회가 나중의 손상인 것보다 더 크다는 것이 항상 진실은 아니다. 회복 가능성은 손상이 얼마나 넓으냐에 따라 다르고 뇌발달의 어떤 측면이 그 손상의 시기에 일어나는지에 따라 다르다. 예로 임신 중 1945년에 히로시마와 나가사키에 떨어진 핵폭탄으로 인해 많은 양의 방사선에 노출되었던 일본 여성의 자녀를 생각하라. 생존한 아동 중에서 급격한 신경생성과 뉴런의 이동이 일어나는 시기인 태내발달의 매우 이른 시기에 노출이 일어났던 아동에서 지적 손상의 비율이 훨씬 더 높았다(Otake & Schull, 1984). 이런 결과는 제2장의 태내 기형유발요인에 대한 민감기의 논의로 돌아가 알아본다. 그림 2.16이 보여주듯이 태아는 임신 후기보다는 임신 초기에 손상에 더 취약하다. 유사하게, 아동기 초기 동안의 뇌손상은 이후에 생긴 같은 손상이 주는 것보다 일반적으로 IQ에서 더 심한 인지적 손상을 가져온다(V. Anderson et al., 2012).

게다가 아동이 초기 뇌손상으로부터 완전히 회복된 것으로 보일 때조차도 결함은 이후에 나타날 수도 있다. 이것은 뇌손상을 가지고 태어난 아동집단에서의 인지적 수행을 뇌손상이 없는 통제 아동집단과 비교한 횡단 연구에서 나타난다(Banich et al., 1990). 그림 3.10이 보여주듯이 뇌손상이 있는 아동들은 6세 때 실시한 IQ검사의 2개 하위척도 수행에서 통제집단과 다르지 않았다. 그러나 정상 아동들의 수행이 나이 들면서 향상되는데 뇌손상 아동의 수행은 점차 뒤떨어졌다. 동일한 패턴의 결과 — 뇌손상이 있는 아동이 나이가 들면서 IQ가 낮아짐 — 는 초기 손상이 유지되던 아동을 7세 전후에 검사했던 종단 연구에서도 나타났다(S. C. Levine et al., 2005). 이런 결과들은 뇌손상이 있는 아동의 발달을 예측하는 일이 어려움을 보여준다. 발달 초기에는 정상으로 나타난 행동이 나빠질 수도 있다.

이러한 가소성의 여러 측면에 근거해서, 우리는 뇌손상에 가장 나쁜 시기는 태내발달과 출생 후 첫해인 매우 이른 발달시기라고 일반화할 수 있다. 이 시기는 신경생성이 일어나고 기본적인 뇌구조가 형성되는 시기이다. 이 시점의 손상은 이후 뇌발달에 잠재적으로 폭넓은 부정적 영향을 많이 주게 된다. 이와 대조적으로 뇌손상이 아동기 초기 — 즉 시냅스 생성과 가지치기가 일어나고 있고

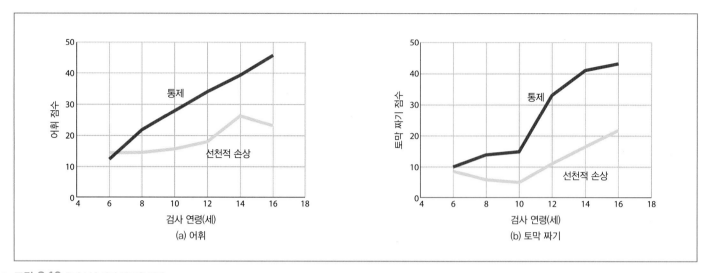

그림 3.10 초기 뇌손상의 새로운 결과
선천적인 뇌손상이 있는 아동들이 지능검사의 2개 하위척도에서 정상 아동들과 같은 점수를 받았다. 그러나 뇌손상이 있는 아동들은 향상되지 못하고 점차 정상 아동들보다 더 뒤떨어졌다. 그래서 청소년이 되었을 때는 두 집단 간에 큰 차이가 있었다(출처 : Banich et al., 1990; Kolb, 1995).

가소성이 가장 높은 시기 ─ 에 지속되었을 때는 뇌 재배선 자체의 기회와 상실된 기능의 회복이 가장 좋다.

발달장애에서도 비전형적인 뇌 배선의 패턴이 관찰되는데, 뇌손상은 없는데 이상한 연결패턴을 보이는 뇌 영역에서 보인다. 자폐스펙트럼장애(ASD)가 있는 사람들에 대한 신경영상연구들은 전형적인 발달경로를 벗어나게 하는 것은 비전형적인 구조나 기능이 아니라 뇌 영역들 사이의 연결이라고 말한다. 자폐적인 뇌는 신경전형적인 뇌에 비해 연결이 과도하게 많거나 충분히 풍부하지 않은 특성이 있는 것으로 나타난다(Di Martino et al., 2014). 피질하 영역은 과도하게 연결되어있다. 반면에 피질 영역은 낮게 연결되어 있다. 이러한 연결성 패턴은 발달 초기 자폐증의 뿌리를 말해준다. 그리고 ASD는 가장 유전 가능성이 높은 발달장애 중 하나이며(글상자 3.1 참조), 자폐적 뇌의 비전형적인 배선은 부분적으로 유전적 통제아래 있는 것으로 보인다.

배선 이상은 또 다른 유전가능한 발달장애인 조현병에서도 일어난다. 생쥐를 이용한 연구 자료들은 조현병에 관련되는 유전자가 과도한 시냅스 가지치기를 만든다고 말한다(Sekar et al., 2016). 위에서 언급되었던 바와 같이, 청소년기 무렵 시냅스 가지치기의 폭발이 특히 전전두엽 피질 주변에 일어난다. 청소년기와 초기 성인기의 조현병 증상 시작 시기는 사춘기경의 정상을 벗어난 가지치기와 관련이 있을 수 있다.

그러므로 뇌는 경험과 유전자 모두에 의해 만들어진다. 가소성은 어떤 종류의 신경 손상을 보상하는 기회를 제공하지만 실패한 가소성은 결과를 황폐하게 만들 수도 있다.

몸 : 신체 성장과 발달

제1장에서 우리는 발달이 일어나는 다중 맥락을 강조했다. 여기서 우리는 가장 가까운 발달맥락인 몸 자체에 초점을 둔다. 우리가 생각하고, 느끼고, 말하고 하는 것 모두가 우리의 신체적 자기를 포함하며, 몸의 변화가 행동 변화를 가져온다. 이 절에서 우리는 신체 발달의 어떤 측면들을 짧게 개관할 것이다. 이것은 정상발달을 붕괴시키는 일부 요인들을 포함한다. 신체 발달의 생명유지 측면

인 영양섭취를 위한 행동은 우리가 섭식 조절을 고려할 때 특별히 포함된다. 우리는 잘못된 조절의 하나인 비만에 특히 초점을 맞춘다. 마지막으로 우리는 반대 문제인 영양부족에 초점을 둔다.

성장과 성숙

대부분의 다른 종과 비교한다면, 인간은 연장된 신체 성장의 기간을 경험하고 있다. 몸은 인간 수명의 20% 기간 동안 성장 발달한다. 반면에 쥐를 예로 들면 수명의 2% 기간 동안에 성장한다. 그림 3.11은 신체적 성장의 가장 눈에 띄는 측면을 보여준다. 우리는 출생에서부터 20세 사이에 몸무게는 15~20배 무거워지고, 키는 3배로 커지게 된다. 그림은 물론 체중과 키에서 평균값과 함께 큰 개인차가 있다는 것을 보여준다. 마찬가지로 신체 발달 시기에서도 큰 개인차가 있음을 보여준다.

여러분이 그림 3.11의 기울기에서의 차이로부터 말할 수 있는 것처럼 성장은 시간에 따라 고르지 않다. 기울기는 가장 빠른 성장이 일어나는 초기 2년 동안(영아기)과 청소년기 초기에 가장 가파르다. 처음에는 남아와 여아들이 거의 비슷한 비율로 자란다. 그리고 10~12세경에 키와 체중이 같아진다. 그다음 여아들이 청소년기 성장급등을 겪고 나면 끝무렵에 남아들보다 어느 정도 더 크고 더 무거워진다(여아들이 남아들을 우뚝 넘어서서 어색한 중학교 시절을 기억하라. 둘 모두에게 매우 불편하지 않은가?). 청소년기 남아들은 여아들보다 약 2년 후에 성장급등기를 경험해서, 키와 체중 모두에서 여아들을 영구히 추월한다. 평균적으로 최대한의 키는 여아는 15.5세이고 남아는 17.5세 정도의 나이에 도달되었다.

그림 3.11 성장곡선 2세에서 20세까지의 몸무게와 키에 대한 이 성장곡선은 미국 전역에서 표집한 대규모 전국표본에 근거한 것이다. 각 곡선은 표시된 몸무게와 키 아래에 있는 참조집단의 백분율을 나타낸다(출처 : CDC, 2002).

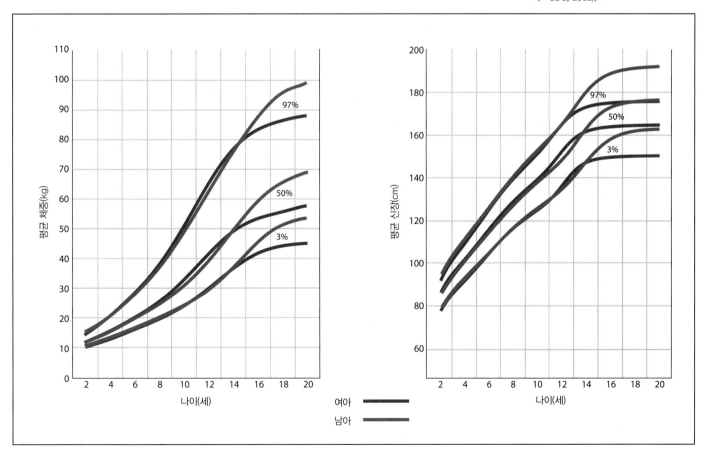

장기추세 ■ 세대에 걸쳐 발생한 현저한 신체적 발달에서의 변화

성장실패 ■ 영아가 영양결핍이 되고 분명한 의학적 이유 없이 몸무게가 늘지 않는 병

성장도 또한 신체 부위마다 다르다. 제2장에서 말한 원리를 따라 머리 영역이 처음부터 상대적으로 크다 — 2개월에 몸길이의 50%. 성인기에는 머리는 몸길이의 단지 10%이다. 어린 청소년의 얼빠짐은 부분적으로 성장급등이 손과 발의 크기가 극적으로 증가하는 것과 함께 시작한다는 사실에서 생긴다. 발이 몸의 다른 부분보다 불균형적으로 더 클 때 발이 걸려 넘어지기 쉽다.

몸의 구성도 또한 나이가 들면서 변한다. 체지방 비율은 영아기에 가장 높다가 그 이후로 6~8세경까지 점차 줄어든다. 청소년기에는 남아에서 줄어들고 여아에서는 증가한다. 체지방 증가는 생리의 시작을 유발한다. 근육의 비율은 특히 남아들에서 극적으로 증가하는 시기인 청소년기까지 천천히 커진다.

다양성

유전적 요인과 환경적 요인들 모두로 인해서 모든 신체적 발달 측면에서 개인들 간에 그리고 집단들 간에 큰 다양성이 있다. 유전자는 호르몬 생산 — 특히 성장호르몬(뇌하수체선에서 분비됨)과 티록신(갑상선에서 분비됨) — 에 영향을 줌으로써 성장과 성적 성숙에 크게 영향을 준다. 환경요인의 영향은 특히 **장기추세**(secular trends)로 입증된다. 이것은 세대에 걸쳐 발생한 현저한 신체적 발달에서의 변화이다. 현대의 산업화 국가에서 성인들은 동성의 증조부보다 키가 수 인치 더 크다. 이런 변화는 일차적으로 영양과 전반적인 건강증진의 결과로 추정된다. 오늘날 미국의 또 다른 장기추세는 여아들의 생리 시작이 지난 수 세기 동안 지속된 조상들의 시작 시기보다 수년 더 빨라진 것이다. 이것은 전체 인구의 영양과 전반적 건강이 향상된 것에 기인한 변화다. 남아와 여아 모두에서 사춘기가 빨리 시작되는 더 최근의 추세는 미국 내의 아동기 비만율의 증가와 관련이 있다. 이것은 이 장의 뒷부분에서 논의할 것이다.

환경요인들도 정상발달을 방해하는 역할을 할 수 있다. 시설에서 자란 아동들은 성장이 손상될 위험이 더 크다. 이것은 아마도 사회적 스트레스와 영양결핍이 합쳐진 탓일 것이다(D. E. Johnson & Gunnar, 2011). 유전적 요인과 환경적 요인의 결합은 **성장실패**(failure to thrive)를 가져오는 것으로 보인다. 성장실패는 영아가 영양결핍이 되고 어떤 분명한 의학적 이유 없이 몸무게가 늘지 않는 병이다. 특정 영아들이 성장실패를 하는 이유는 종종 결정하기 어렵기 때문에, 치료는 식사보충을 위한 입원에서부터 긍정적 섭식행동에 대한 강화 같은 행동중재까지의 범위에 이른다(Jaffe, 2011).

영양행동

위에서 언급된 예가 말해주듯이, 우리 몸의 건강은 몸 안에 우리가 무엇을 넣어주었느냐에 따라 달라진다. 여기에는 우리가 먹는 음식의 양과 종류가 포함된다. 그러므로 섭식행동이나 영양행동의 발달은 영아기 이후부터 아동발달의 중요한 측면이 된다.

영아섭식

모든 포유동물처럼 인간 신생아는 빨기를 통해 생명을 유지하는 영양을 얻는다. 이런 시도를 하려면 다른 대부분의 포유동물들이 하는 것보다 더 많은 도움이 필요하다. 인간종의 거의 전체 역사를 통해, 영아에게 단 하나의 주된 영양원은 모유였다. 모유는 많은 좋은 점을 갖는다. 박테리아가 없고, 영아의 면역 체계를 강화하며, 출생 후 만나기 쉬운 감염원

아기를 모유수유함으로써, 이 어머니는 인공수유로는 할 수 없는 많은 이익을 아기에게 제공하고 있다.

에 대한 어머니의 항체를 포함한다. 모유수유는 어머니 건강에도 좋다. 다른 이익들 중에서 모유수유를 한 여성들은 유방암과 2형 당뇨병 위험이 더 낮다(예 : Gunderson et al., 2015; Islami et al., 2015).

모유 속의 지방산이 인지발달에 긍정적 영향을 준다는 문헌의 주장도 있다. 많은 연구들이 영아일 때 모유수유를 받았던 아동과 성인들이 IQ점수가 더 높다고 말한다. 심지어 부모의 IQ를 통제한 후에도 그렇다(개관을 위해 Kanazawa, 2015; Nisbett et al., 2012 참조). 이 영역의 연구 결과들은 모유수유 선택은 미국에서의 사회적 계층과 상관이 있기 때문에(어머니의 교육에서부터 작업조건까지의 범위에 이르는 요인들에 따라 직장에서 돌보거나 모유를 짜는 것이 어렵다) 해석하기가 어려울 수 있다. 그리고 SES 또한 IQ와 상관이 있다. 그러나 사회적 계층을 통제한 여러 연구들은 여전히 모유수유와 관련된 인지적 이득을 발견했다.

그러한 연구들 중 하나에서, 어머니-영아 쌍들은 모유수유를 격려하는 중재나 또는 중재가 없는 통제조건에 무선 할당되었다. 결과는 영아기의 연장된 전적인 모유수유는 6.5세 때의 IQ 증가를 가져왔다는 것을 보여준다(Kramer et al., 2008). 유전요인을 연구한 다른 연구는 지방산을 조절하는 2개의 특수한 대립유전자 중 하나를 갖고 있는 아동들은 모유수유에서 중요한 인지적 이익을 보인다는 걸 발견했다. 반면에 다른 대립유전자를 가진 사람은 더 적은 이익을 보여주었다(Caspi et al., 2007). 이러한 결과들은 이 장의 앞에서 논의된, 아동의 유전자형에 의해 한계가 정해진 특정 환경(이 경우는 모유)의 이익이 있는, 유전자-환경 상호작용의 종류를 반영한다. 관련 내적표현형(중재표현형) — 유전자와 환경이 상호작용하는 지점 — 이 뇌의 회백질 부피가 된다. 이 부분은 모유수유를 한 아동이 하지 않은 아동들보다 더 크다(Luby et al., 2016).

무료라는 사실과 함께 모유의 잘 안정된 영양적 우월성에도 불구하고, 미국과 세계의 많은 영아들에게 전적으로 또는 우세하게 인공수유가 이루어진다. 부모들에게 모유수유의 이익에 대해 교육하고 고용주들이 워킹맘에게 모유를 짤 사적인 공간을 제공하도록 격려함으로써, 보건 활동(public health efforts)은 이러한 장기간 수유경향을 바꾸기 시작했다. 미국에서 모유수유를 한 신생아 수는 해마다 증가해서 2013년에는 신생아의 77%까지 올라갔다(CDC, 2013). 그러나 부모들이 이런 좋은 영양 출발을 유지하기는 어렵다. 6개월경에는 미국의 오직 49%의 영아들만, 12개월경에는 27%의 영아들만 모유수유를 하고 있었다. 이런 비율은 12개월경에 1% 미만의 영아들이 모유수유를 계속하고 있는 영국 같은 다른 부유한 국가들에 비해 높은 것이다. 그러나 사하라사막 이남 지역, 남미, 동남아시아에 있는 더 가난한 국가들과 비교하면 낮다. 이들 국가에서는 대다수의 영아들은 적어도 1세가 될 때까지 모유수유를 받는다(Victora et al., 2016). 저소득 국가에서 높은 비율의 모유수유는 특히 긍정적이고 주목할 만하다. 모유수유를 안 하면, 영아용 조유(調乳, 우유를 만드는 일)는 종종 비위생적인 용기에 오염된 물로 이루어진다. 그러므로 모유수유는 특히 안전하지 않은 식수를 사용하고 공중보건 자원이 부족한 국가들에서 긍정적인 건강 결과를 촉진하는 데 중요하다.

음식 선호의 발달

음식 선호는 일생을 통해 우리가 먹는 것을 일차적으로 결정하는 요인이고 이런 선호 중 어떤 것은 분명히 선천적이다. 영아들은 더 나이 든 아동들과 성인들이 기본적인 맛[단맛, 감칠맛(맛 좋은), 쓴맛, 신맛, 짠맛]에 대해 보이는 것과 동일한 반사적 표정의 일부를 나타낸다(예 : Ventura & Worobey, 2013). 앞의 두 가지 향은 약간의 미소, 입맛 다시는 입술, 빨기 같은 긍정적 반응을 만든다. 쓴 향은 찌푸린 얼굴과 주름을 포함하는 부정적 반응을 유발한다. 신 향은 다양한 반응을 유발한다. 어떤 영아들은 긍정적으로 반응하는 반면에 다른 영아들은 부정적으로 반응한다. 짠 향은 짠맛에 대한 선호가 나타나는 때인 4개월 이후까지 반응을 많이 유발하지 않았다.

단맛에 대한 신생아의 강한 선호는 그들의 단향에 대한 긍정적 반응과 신생아들이 맹물보다 단 물을 더 많이 마실 것이라는 사실 둘 다에서 반영된다. 이러한 선천적 선호는 진화적 기원을 가질 수 있다. 왜냐하면 독성물질들은 종종 쓰거나 시지만 거의 달지는 않기 때문이다. 제2장에서 맛 선호는 동시에 태내환경에 의해 영향 받을 수도 있다는 내용을 기억하라. 이것은 심지어 가장 빠른 향 선호에서조차 경험의 중요한 역할을 제시한다. 모유는 어머니가 먹은 음식의 향을 어느 정도 갖고 있다. 모유의 우세한 향은 단 것이긴 하지만, 특정 브랜드의 분유가 제공하는 항상 같은 향과는 달리 모유는 지속적으로 다양한 향도 제공한다. 실제로 인공수유를 한 영아들은 그들의 분유에서 우세한 향에 대한 장기적인 선호를 보인다(예 : Ventura & Worobey, 2013).

단지 짧은 햇수 동안의 일차적인 액체 섭식을 벗어나 성인 테이블 음식으로 가는 변화는 다양한 기회와 도전들을 가져온다. 대부분의 어린 아동들은 새 음식 혐오(food neophobia)를 보인다. 이것은 친숙하지 않은 음식을 먹는 것을 달가워하지 않는 것이다. 알지 못하는 음식을 피하는 것은, 아동을 안전하게 지키는 데 도움이 되는, 초기 아동기의 취약성 기간 동안의 적응적 반응으로 진화되었을 가능성이 있다(발견한 모든 것을 입에 넣는 영아와 걸음마기 아동의 경향을 생각하면 특히 중요하다). 그러나 새로운 것 혐오는 종종 아동들에게 고통스러운 현상이고 부모에게도 마찬가지다. 연구는 아동의 보수적인 섭식성향을 극복하는 가장 좋은 방식은, 이상적으로는 6~15번 사이로, 반복해서 새 음식을 먹여보는 것이다(Ventura & Worobey, 2013). 이런 노출은 맛보기를 포함해야 한다. 새로운 음식을 단지 보는 것은 아동의 새로운 음식 먹기에 대한 심한 공포를 뒤엎기에 불충분하다. 새로운 음식을 먹어보도록 아동에게 압력을 가하거나 또는 뇌물 주기("만약 네가 브로콜리를 두 입만 먹으면, 넌 후식을 먹을 수 있어")는 불리한 결과를 가져오기 쉽다. 이런 식의 음식 짝짓기를 사용하면, 부모는 의도치 않은 '브로콜리는 처벌이고 후식은 보상'이라는 메시지를 아이에게 주게 된다. 부모는 또한 음식을 제한함으로써 무심코 음식의 가치를 높일 수도 있다. 어떤 음식에 대한 접근이 제한될 때, 아동들은 그렇게 할 수 있는 기회가 되었을 때 과잉탐닉하기 쉬울 것이다(예 : Ventura & Worobey, 2013). 더 일반적으로 아동의 행동과 정서를 통제하는 수단으로 부모가 음식을 사용하는 것은 더 큰 체질량지수(body mass indices, BMI)와 다른 비만 위험요인에 대한 예언요인이 된다(예 : Larsen et al., 2015).

섭식은 본질적으로 사회적 행동이며 아동들은 다른 사람을 관찰하는 것에서 음식에 대해 많은 부분을 배운다(우리는 제9장에서 사회발달에서 관찰학습의 역할에 대해 더 전반적으로 논의할 것이다). 걸음마기 아동들은 새로운 음식을 양육자가 줄 때가 낯선 사람이 줄 때보다 더 받아들이기 쉽다. 그들은 먹는 모습을 보여주면서 부정적 표현을 한 음식보다 긍정적 표현을 한 음식, 어른보다는 또래가 시범을 보인 음식, 이성또래보다는 동성또래가 시범을 보인 음식, 그들의 모국어를 말하는 사람이 시범 보인 음식을 더 선호한다(Frazier et al., 2012; Shutts et al., 2009). 일반적으로 어린 아동들은 중요한 사회적 차원에서 그들과 비슷한 사람들이 승인하는 음식을 선택하는 경향이 있다(Shutts, Kinzler, & DeJesus, 2013). 실제로 영아들은 같은 사회적 집단의 사람들이 음식 선호가 같을 것이라고 기대한다. 그러나 새로운 물건 같은 비음식에 대한 선호는 기대하지 않는다. 이것은 심지어 영아들조차도 음식에 대한 선택은 사회적 인습을 반영함을 이해한다는 것을 말해준다(Liberman et al., 2016).

제5장에서 조건화의 형태로 논의할 연합학습(associative learning)도 또한 아동의 음식 선택에 영

향을 준다. 어린 아동들에게 팔리는 음식들은 종종 인기 만화주인공(예 : Dora the Explorer)과 마스코트(예 : Trix Bunny)의 상표가 붙는다. 이러한 상표전략은 차이를 만든다. 아동들은 익숙한 주인공 상표가 붙은 음식을 더 높은 비율로 선택할 가능성이 더 많다(예 : Kraak & Story, 2015). 이러한 이미지에 아동들이 갖는 긍정적 연합이 다시 그 주인공 상표가 붙은 음식에 아동들이 긍정적 느낌을 연합하게 만든다. 상표화가 현재 건강하지 않은 음식의 마케팅 도구로 우세한 반면, 이런 전략이 가장 어린 소비자들에게 패스트푸드 식당에서 주는 장난감에서보다 더 입증되는 곳은 없다. 장난감을 주는 전략은 아동을 목표대상으로 한 거의 10억 개 음식들이 해마다 생기게 만든다 (Longacre et al., 2016). 건강에 좋지 않은 음식과 매혹적인 장난감을 짝지우는 아동을 목표대상으로 한 건강하지 않은 음식의 마케팅이 비만을 확산시키는 하나의 기여요인이다.

상표화를 통한 연합학습은 건강한 식사 선택을 격려할 수도 있다. 최근의 한 연구는 큰 도시 교육구의 초등학교 카페테리아에서 샐러드바를 파는 데 상표화를 사용했다(Hanks, Just, & Brumberg, 2016). 단지 만화 야채 캐릭터가 보이는 배너를 샐러드바에 거는 것만으로 야채를 선택하는 학생들 수가 2배가 되었다. 그 배너가 야채 캐릭터를 묘사한 TV광고와 짝지어졌을 때, 야채를 선택하는 학생은 3배가 되었다. 그러므로 건강한 섭식의 옹호자는 덜 건강한 섭식 선택의 광고에서 오랫동안 우세한 마케팅 도구의 유리함을 고려해야만 한다.

비만

너무 많은 사람들이 적절히 먹기를 조절하는 데 어려움이 있어서 미국에서 가장 흔한 섭식문제는 과식 및 그 결과와 관련이 있다. 비만과 고도비만인 미국 아동·청소년의 비율은 지난 30년 동안에 어떤 특정 연령집단에서 올라갔다(그림 3.12 참조). 가장 많이 증가한 것은 라틴계 미국인과 아프리카계 미국인이었다. 비만율은 지난 수년 동안 안정된 상태이고, 심지어 2~5세 사이의 아동들에서는 감소된 반면에, 청소년에서는 계속 증가하고 있다(Ogden et al., 2016). 전 연령집단에서 2014년에는 17%의 아동·청소년이 비만이었다.

아동비만은 전 세계적인 문제이다. 4,200만 명이 비만이고 비만 아동은 전 세계에 퍼져 있다(WHO, 2014). 이런 아동들의 대다수는 개발도상국에 살고 있다. 개발도상국은 비만의 상승률이 특히 가파르다. 예를 들어 아프리카의 과체중이거나 비만인 5세 이하 아동의 수는 1990년 이후 540만 명에서 1,030만 명으로 거의 2배가 되었다(WHO, 2016). 이러한 상황은 넓게 존재하는데 왜냐하면 전 세계의 모든 사회들에서 지방과 설탕이 많이 포함되고 섬유질은 적게 포함된 음식인 '서양식 식사' 선택이 증가하고 있기 때문이다. 패스트푸드 식당은 세계적으로 급격히 늘고 있다. 실제로 산타클로스 이후로 로널드 맥도날드는 두 번

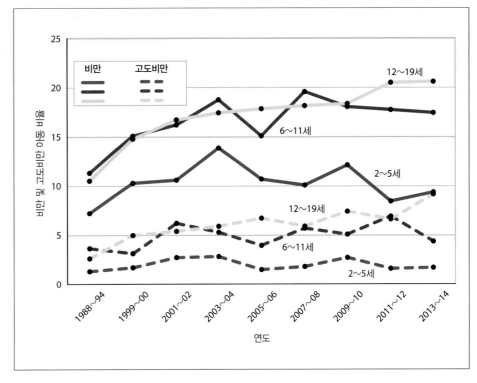

그림 3.12 비만 - 커지는 문제 일부 연령집단에서는 안정 수준에 있거나 감소되고 있음에도, 비만 및 고도비만인 미국 아동의 비율은 지난 30년 동안 높아졌다[출처 : National Health Examination Surveys II(6~11세)와 III(12~17세), 1999-2004; Ogden et al., 2016].

째로 가장 많이 알려진 사람 모습이 되었다(K. Brownell, 2004).

2개의 중요한 질문이 필요하다—다른 사람은 안 그런데 왜 어떤 사람들은 과체중이 되는가? 그리고 왜 비만 유행병이 있는가? 유전적 요인과 환경적 요인 둘 다 역할을 한다. 유전적 요인들은 (1) 입양된 아동의 몸무게는 양부모의 체중보다 생물학적 부모의 체중과 더 강한 상관이 있다. 그리고 (2) 일란성 쌍생아(분리 양육된 일란성 쌍생아 포함)들은 이란성 쌍생아보다 체중이 더 비슷하다는 연구 결과에 반영되어 있다(Plomin et al., 2013). 심지어 식사를 먹는 양과 먹는 사람의 체중 둘 다에 관련되는 먹는 속도는 상당한 유전 가능성을 보여준다(Llewellyn et al., 2008). 개에 대한 연구는 비만율이 높은 혈통에서 일어나는 특정 유전자 소실(POMC)을 밝혀냈다. 이 유전자는 체중 및 이런 개들이 다른 개들보다 더 배고프게 만드는 식욕과 관련 있다(Raffan et al., 2016). POMC 유전자는 인간에게 존재하며 드문 경우에 이 유전자의 결함은 인간 비만을 가져온다. 그러나 GWAS 연구들은 다른 대부분의 복잡한 특질과 마찬가지로 인간 비만 위험이 중다유전적이라고 말한다(Tung et al., 2014). 비만에 대한 단일유전자는 없지만, 유전자들은 개인의 체중 증가에 대한 취약성 및 처음 장소에서 그들이 먹는 음식량에 영향을 준다. 이것은 그들이 비만 유행병의 부분이 되는 것을 상대적으로 피하기 어렵거나 쉽게 만든다.

유전적 요인들은 사람의 기질에도 영향을 주는데 기질은 자기조절 및 충동 통제와 관련이 있다. 충동성은 실행기능 및 인지적 통제와 관련이 있다. 마찬가지로 즉각적 만족을 지연하는 능력에도 관련된다. 아동기 충동성은 과체중 및 비만과 관련 있고 사실 까다로운 기질을 가진 어린 아동들은 체중이 더 빨리 늘고, 더 높은 체질량 지수를 보이며, 비만을 발생시킬 가능성이 있는 섭식(비만을 가져올 가능성이 있는 음식들)을 선택하는 경향이 있다(Thamotharan et al., 2013; Larsen et al., 2015). 큰 조각의 달콤한 음식들—현대 식사의 2개 주요 요소—을 만났을 때, 인지발달의 요인들과 짝지어진 기질은 아동들마다 다른 자기조절 사용능력과 상호작용하게 된다(제10장에서 기술한 마시멜로 테스트도 기질에 상세한 논의를 포함하고 있는데, 이 테스트는 아동기 충동성의 놀라운 예시를 보여준다).

환경적 요인들 또한 이 유행병에서 주된 역할을 한다. 이것은 미국 인구의 더 높은 비율이 이전보다 현재 과체중이라는 사실에서 명백히 보여지고 있다. 실제로 미국에서 비만이 되는 것은 비만을 유발하는 이전보다 더 큰 크기의 음식조각에 있는 고지방, 고설탕 음식에 대한 현대의 미국 입맛에 대한 정상적 반응이라고 어떤 사람들은 주장했다.

많은 다른 요인들이 오늘날 아동들의 계속 커지는 허리둘레를 더 커지게 한다. 학교에서 아동들은 체육 프로그램이나 휴식을 자주 갖지 못하며, 카페테리아에서 고지방 음식(예 : 피자, 햄버거)과 고칼로리 청량음료로 구성된 점심을 사먹는다. 그들은 또한 이전 세대의 아동들보다 밖에서 노는 시간이 적다. 오늘날 학령전기 아동들의 반은 집밖의 놀이에 하루 한 시간 미만을 보낸다(Tandon, Zhou, & Christakis, 2012). 오늘날의 아동들은 또한 신체활동을 덜한다. 왜냐하면 그들은 학교에 걸어가거나 자전거를 타고 가지 않기 때문이다. 동시에 아동들은 점차 하루에 더 많은 시간들을 스크린 앞에서 보낸다(제9장에서 논의하게 될 경향). 그리고 스크린 앞에서 보내는 시간은 신체적 활동의 양보다 비만에 대해 더 잘 예언해준다(Maher et al., 2012).

잠자는 시간도 체중 증가와 관련이 있다. 자기 방에서 TV를 보는 아동들만큼이나(이것도 잠자는 시간을 줄이게 만든다) 적게 자는 아동들은 비만이 되기 쉽다(Appelhans et al., 2014; Wethington, Pan, & Sherry, 2013). 한 가족이 식사를 하는 것은 보호요인이 되는 것으로 나타난다. 가족들이 패스트푸드가 아닌 맥락에서 함께 식사를 하는 아동과 청소년들에서의 비만율은 더 낮다(Martin-

Biggers et al., 2014). 마지막으로 건강하지 않은 음식들은 건강한 음식들보다 종종 덜 비싸고 쉽게 먹을 수 있다. 특히 큰 슈퍼마켓이 없는 도심 지역에서 그렇다. '음식 사막(food deserts)'이라고 알려진 그런 지역들은 가난한 거주자들이 종종 고칼로리 포장음식을 주로 파는 편의점에 의존해야만 한다. 이것은 건강한 음식을 해주고 싶은 부모들조차 자녀에게 건강한 음식을 제공하는 것을 힘들게 만든다.

비만은 아동과 청소년을 심장병, 당뇨병 같은 매우 다양한 심각한 건강문제의 위험에 처하게 만든다. 덧붙여 많은 비만 청소년들은 다양한 영역에서 부정적 고정관념과 차별의 결과를 겪고 있다. 1학년에 이미 비만인 아동들은 위축되고 우울한 경향이 더 많다(Harrist et al., 2016). 아동, 또래, 교사 보고에 따르면, 이런 아동들은 또한 우정에 더 고심하며, 또래들에게 일반적으로 잘 대우받지 못하는데, 심하게 비만인 아동들(BMI가 99% 이상인 아동들)에게 특히 공통적으로 일어나는 놀리기와 거부를 받는다. 6세 때 심하게 비만인 아동들은 또래에 의해 크게 배척을 받았다. 실제로 몸 크기 낙인은 유치원에서 시작되는 것으로 나타난다. 3명의 5세 여아들은 인형 패러다임을 사용해서 검사를 받았다. 바비 모양 인형은 날씬한, 평균인, 뚱뚱한 인형이 되도록 조작되었다(Worobey & Worobey, 2014). 그 여아들의 반응은 고정관념적인 패턴을 따라서 날씬한 인형과 평균적인 인형에 더 긍정적 특질('똑똑하다', '예쁘다')을 귀인했으며 뚱뚱한 인형에게 더 부정적인 특질('슬픈', '피곤한')을 귀인했다. 이러한 부정적인 귀인들의 뿌리는 불분명한 채 남아 있지만, 비만인 아동들이 신체적·심리적인 면 모두에서 앞에 매우 어려운 길을 갖는 것은 분명하다.

불행히도 아동들의 비만에 대한 쉬운 치료나 분명한 예방 수단이 있지는 않다. 비만을 예방하는 것으로 종종 생각되는, 인공수유 대신 모유수유를 하거나 또는 고체식품을 주는 것을 미루는 일 같은, 일부 기법들은 강력한 증거기반 지지를 갖고 있지 못하다(Lumeng et al., 2015). 그러나 현재 공적인 인식이 문제의 심각성 및 비만에 기여하는 다양한 요인에 초점을 두고 있다는 사실은 일반적인 비만문제에 대해 부분적으로 희망을 준다. 많은 학교들이 더 영양가 있고 칼로리가 낮은 음식을 제공하기 시작했다. 이 일은 자판기에서 살 수 있는 것을 포함한다. 그리고 패스트푸드 체인들은 그들의 메뉴에서 저칼로리 음식들과 칼로리 계산을 포함하기 시작했다. 영부인 미셸 오바마 같은 저명한 국가 인물들은 핵심적인 보건 이슈로 아동기 비만을 목표로 했다. 이것은 건강한 섭식과 운동을 강조하는 캠페인이 가족들로 하여금 긍정적 삶의 유형을 선택하게 만들 것이라는 희망을 키워준다.

마지막으로 유망한 중재 프로그램들이 현재 진행 중이다. 이것은 소아과 의사를 방문하는 동안이나 가정방문을 통해 주어지는 중재를 포함한다(Cloutier et al., 2015; Gorin et al., 2014). 그런 프로그램 중 하나인 HomeStyles는 영양과학자에 의해 개발되었다. 이 프로그램은 이 절에서 제시된 많은 주제(가족식사, 수면시간, 체육활동, 스크린 타임, 까다로운 섭식자 다루기)에 대해 부모를 교육하는 데 초점을 둔 18개월 중재로 개발되었다(Martin-Biggers et al., 2015). HomeStyles의 혁신적 전략은 자녀들과 함께 긍정적인 건강행동을 하도록 동기를 부여하기 위해 며칠마다 부모를 넛지하는 것이다(SMS, email, 음성메일을 통해) — "음악에 맞춰 움직이고 활동을 하라", "TV를 끄고 하루를 어떻게 보냈는지 서로 이야기하라". 자료 수집이 여전히 진행되고 있지만, 그 중재

함께 운동함으로써, 이 아버지와 아들은 몸무게를 통제할 수 있는 가장 효과적인 단계에 한 발 나가게 될 것이다.

빈곤과 건강 차이

이 책 전반에 걸쳐서 우리는 빈곤한 환경에서 자란 아동들이 불리하게 되는 많은 방식을 강조한다. 빈곤과 관련된 건강차이는 생의 초기에 나타난다. 미국에서 낮은 사회경제적 지위(SES)의 가족 내에서 살고 있는 영아들은 다른 영아들보다 더 죽기 쉽다. 증가된 SIDS 비율과 치명적인 사고의 가능성 때문이다(Chen, Oster, & Williams, 2016). 실제로 영아의 사망 위험은 미국에서 생의 처음 1년 동안에 증가한다. 특히 사회경제적으로 불리한 가족의 영아들에서 그러하다. 이것은 제2장에서 논의했던 미국의 충격적인 영아사망률에서 반영된다.

빈곤의 효과는 뇌발달에서도 입증된다. 아래의 그래프에서 보이듯이 빈곤 속에서 자란 영아와 걸음마기 아동들의 뇌발달은 느려진다(예 : Hanson et al., 2013). 사람들이 뇌발달에서의 차이가 태내 영양, 조산, SES와 공변하는 유전자에 따라 달라진다고(예 : 만약 뇌 크기에 영향을 주는 유전자가 또한 부모의 교육과 직업적 달성에도 영향을 준다고) 기대하는 것처럼, 부모의 SES가 작용해서 영아의 뇌가 처음부터 다른 크기로 시작하는 것은 아니다. 대신에 아래 그림에서 보여지는 것처럼 회백질은 사회경제적 집단 모두에서 매우 어린 영아에서 거의 동일하다. 그러나 12개월경에는 회백질 양이 SES의 작용으로 이미 달라지기 시작했다. 그리

고 24개월경에는 서로 다른 사회경제적 집단에 속하는 가족에서 자란 걸음마기 아동들에서 회백질에 큰 차이가 있다. 이런 결과는 더 나이 든 아동·청소년들에 대한 연구 결과와 일치한다(예 : Mackey et al., 2015; Noble et al., 2015). 아직 SES의 작용으로 뇌 크기의 차이가 나타나는 이유는 분명치 않다. 가능한 이유는 가정에서의 스트레스 수준, 환경의 풍요로움(경험-의존적 가소성에 대한 앞서의 논의를 기억하라), 환경의 독성물질, 기타 SES와 관련된 꽤 많은 요인들이 될 수 있다.

빈곤 속에서 사는 아동들은 또한 많은 건강문제의 높은 위험에도 처해 있다. 만성적인 스트레스에 대한 몸의 반응 때문에 그들은 또래들보다 과체중이나 비만이 될 가능성이 더 많다(예 : Miller et al., 2013, 2015). 빈곤과 관련된 만성적 스트레스는 또한 심장병, 면역체계장애, 정신질환을 포함하는 질병률 증가에도 기여한다. 높은 질병률은 부분적으로 좋은 건강관리에 대한 접근이 부족하기 때문일 수 있다. 그러나 연구들이 건강관리에 대한 접근을 통제했을 때조차도 빈곤의 영향은 남아 있다. 한 최근 연구는 뉴욕시에 있는 동일한 의학센터에서 치료받는 백혈병 아동의 재발률을 조사했다(Bona et al., 2016). 같은 병원에서 같은 치료에 접근했음에도 불구하고, 빈곤 수준이 높은 지역에서 사는 백

혈병인 아동들은 빈곤 수준이 낮은 지역에 사는 백혈병 아동들보다 치료 후 재발하는 경향이 더 많다. 그러므로 아동들이 동일한 치료를 받을 때조차도 가족의 SES는 암의 결과에 영향을 준다. 이것은 다른 기저의 건강문제가 있기 때문일 수도 있다. 치료에 대한 지지에서의 차이 또는 가족 신념 체계에서의 차이는 긍정적인 아동발달 결과와 관련된다.

건강관리 전문가들은 아동 빈곤에 주어지는 대가에 점점 더 주목하고 있다. 2016년 미국 소아과학회는 빈곤과 아동건강에 대한 첫 번째 정책성명을 주제로 했다(Gitterman et al., 2016). 그 정책성명은 소아과 의사들에게 의학적 실습의 부분으로 옹호, 연구, 공동체 중재에 개입하도록 행동을 촉구한다. 그리고 그것은 다음과 같은 성명으로 결론 내린다. "미국소아과학회는 미국 내 아동빈곤을 받아들일 수 없고 아동의 건강과 안녕에 해로운 것으로 간주하며, 그것의 제거에 전념한다." 건강관리 전문가들이 발달과학자, 경제학자, 공공정책 전문가들과 빈곤에 점점 더 초점을 두는 일에 합류하면서, 이러한 이슈에 대한 그들의 관심은 빈곤이 아동 건강과 안녕에 주는 해로운 효과를 개선하려는 노력을 재개하도록 희망적으로 이끌 것이다.

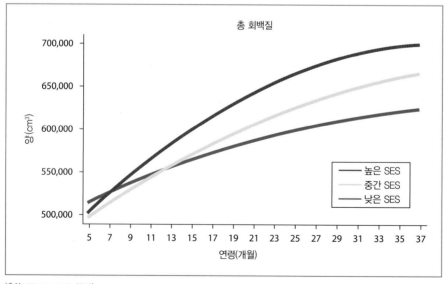

(출처 : Hanson et al., 2013)

는 부모로 하여금 가정환경을 바꾸도록 격려하는 것을 통해 변화를 만드는 강력한 힘을 갖고 있다. 가정환경을 바꾸는 것은 그들 자신과 자녀의 긍정적인 건강한 결과를 촉진하는 방법이다.

영양부족

많은 사람들이 과식해서 건강이 나빠짐과 동시에, 개발도상국 사람들의 건강은 충분히 먹지 않아서 위태롭게 된다. UNICEF에 따르면, 영양부족은 전 세계, 특히 아시아와 아프리카의 5세 이하 아동의 모든 사망의 거의 반에 기여한다(UNICEF, 2016). 영양부족은 감염에 지게 하는 위험요인을 증가시킴으로써 아동의 건강을 해친다. 예를 들어 심한 저체중인 아동은 그렇지 않은 아동들보다 설사로 사망할 가능성이 거의 10배이다(UNICEF, 2013). 이러한 아동기 병들은 다시 영양물질을 섭취할 아동의 능력을 감소시켜서 감염과 영양부족 사이의 악순환을 가져온다.

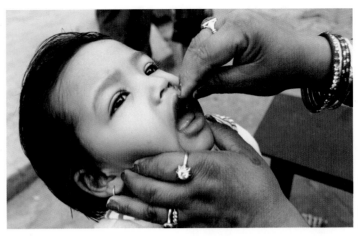

Sunil Sharma / Newscom

집중적인 건강관리 훈련이 부족함에도 불구하고, 네팔에 있는 여성공동체 건강관리 노동자들은 그렇지 않았으면 기본 건강 서비스에 접근하지 못했을 사람들 집단에 치료와 의료를 이끄는 데 중요한 역할을 했다. 그들의 작업은 빈곤한 공동체에서 살고 있는 여성과 아동의 결과를 향상시키는 모델을 제공할 수 있다.

영양부족과 영양실조는 결국 항상 빈곤 및 무수한 관련요인들과 연합된다. 관련요인들은 건강관리에 대한 제한된 접근(미국에서 일차적 원인)에서부터 복지, 굶주림, 자연재난까지의 범위에 이른다. 글상자 3.4에서 논의한 바와 같이 영양실조와 빈곤 및 다른 형태의 결핍과의 상호작용은 발달의 모든 측면에 해로운 영향을 준다. 영향을 받는 발달의 측면은 뇌발달과 신체적 성장(발육저해, 또는 평균보다 2표준편차 이하인 키를 포함)에서부터 인지, 사회적 발달, 교육적 성취, 경제적 생산성과 삶의 질에 대한 후속효과(downstream effects)까지를 포함한다. 전 세계적인 영양부족에 대항하는 전략은 모성건강의 증진, 모유수유 지원, 중요한 영양물질 보충제(예 : 요오드 처리한 소금, 철, 비타민 A)에 대한 접근, 물 위생 증진, 공동체기반 중재들을 포함한다.

주목할 만한 중재가 네팔에서 현재 사용되고 있다. 네팔은 대부분의 사람들이 건강관리에 접근하지 못하고 산다. 일상적 관리의 결핍을 지적하기 위해, 네팔은 여성공동체 건강 자원봉사자들이 제공하는 중재시스템을 개발했다(UNICEF, 2013). 거의 5만 명의 여성들이 설사와 폐렴 같은 흔한 아동기 감염을 치료하는 기초 건강관리를 제공하기 위해 네팔을 돌아다닌다. 그들의 도움으로 네팔은 전국의 아동들에게 6개월마다 비타민 A 보충제를 주는 첫 번째 나라가 되었다. 그리고 자원봉사자들이 네팔 전국에 흩어졌기 때문에 빠르게 중재를 할 수 있었다. 여성이 네팔 시골에서 출산을 할 때, 자원봉사자들이 1시간 안에 도착해서 저체중 신생아를 찾아내고 관리하도록 돕는다(Amano et al., 2014). 이 프로그램이 도전에 직면하고 있지만 — 많은 자원봉사자들이 문맹이어서 그들은 치료와 가족사에 대해 기억에 의존해야 하며, 마을 간 거리가 오래 걸어야 해서 훈련기회를 방해한다 — 빈곤한 나라 아동들의 영양과 신체적 건강 증진을 향한 중요한 조치를 의미한다.

요약

천성과 육성

■ 천성과 육성의 복잡한 상호작용은 이 장의 변치않는 주제이다. 발달의 드라마에서 유전자형, 표현형, 환경 모두가 주연이다. 그리고 플롯은 그들이 분명한 많은 방식 및 그렇게 분명하지 않은 많은 방식으로 상호작용하면서 앞으로 나아간다.

■ 발달의 출발점은 유전자형(수정 시 부모로부터 유전받는 유전자들)이다. 오직 그러한 유전자들 중 일부만 관찰 가능한 특성인 표현형으로 나타난다. 어떤 유전자들이 발현되느냐 여부는 어쨌든 우성 패턴의 작용이다. 발달과학자들이 연구한 대부분의 특질들은 다중 유전자의 영향을 받는다. 시간이 지남에 따라 유전자를 켜고 끄는 것은 발달의 여러 측면의 기초가 된다. 이 과정은 메틸화를 통해 경험의 영향을 받는다.

■ 주어진 유전자형의 최종 결과는 항상 그것이 발달하고 있는 환경을 조건으로 한다. 부모와 자녀에 대한 부모의 행동은 아동 환경의 가장 중요한 부분이다. 자녀에 대한 부모 행동은 부모 자신의 유전자형에 의해 영향을 받는다. 비슷하게 아동의 발달은 그가 추구하는 환경의 측면과, 아동의 특성과 행동이 촉발하는, 다른 사람들의 서로 다른 반응에 의해 영향을 받는다.

행동유전학

■ 행동유전학 영역은 유전과 환경요인이 행동에 주는 공동영향과 관련된다. 다양한 가족-연구 설계를 사용해서 행동유전학자들은 '혈통에 흐르고 있는' 넓은 범위의 행동패턴을 발견했다. 많은 행동유전학자들은 유전과 환경의 행동에 대한 상대적 기여를 통계적으로 평가하기 위해서 유전 가능성 추정치를 사용한다.

뇌발달

■ 발달연구의 성장하는 영역은 우리가 알고 있는 우주에서 가장 복잡한 구조인 뇌발달에 초점을 둔다. 뉴런은 뇌의 정보 체계의 기본 단위이다. 이런 세포들은 전기적 신호를 통해 정보를 전달한다. 충격은 시냅스에서 한 뉴런으로부터 다른 뉴런으로 전달된다.

■ 인간 뇌의 가장 인간다운 부분은 피질이다. 왜냐하면 매우 다양한 고등정신기능에 포함되기 때문이다. 서로 다른 피질 영역들은 일반적인 행동범주에 특수화되어 있다. 피질은 2개의 뇌반구로 나뉘어 있다. 반구 각각은 특정 처리 양식에 특화되어 있다. 이 현상은 대뇌 편재화라고 알려져 있다.

■ 뇌발달은 신경생성과 뉴런의 분화로 시작하는 여러 과정을 포함한다. 시냅스 생성에서는 뉴런들 간에 막대한 대량의 연결이 생성된다. 이것은 태어나기 전에 시작해서 출생 후 처음 수년 동안 계속된다. 시냅스 가지치기를 통해서 뉴런들 간의 과도한 연결이 제거된다.

■ 경험은 시냅스를 강화하거나 제거하는데 또 그래서 정상적인 뇌 배선에 핵심적 역할을 한다. 뇌의 미세조정은 경험-예정적 과정과 경험-의존적 과정을 포함한다. 경험-예정적 과정은 기존 시냅스들이 사실상 모든 사람들이 만나는 자극의 작용으로 유지된다. 그리고 경험-의존적 과정은 새로운 연결이 경험과 학습이 작용하여 형성된다.

■ 가소성은 정상적인 뇌발달에 육성이 천성의 파트너라는 사실을 나타낸다. 이런 사실은 뇌의 특정 환경 내에서 뇌가 손상에 대한 반응으로 자신을 재배선하는 것을 가능하게 만든다. 가소성은 또한 발달의 민감기에 자극이 없는 것에 대해 발달 중인 뇌가 취약하게 만들기도 한다.

■ 손상으로부터 회복하는 뇌의 능력은 아동의 나이에 따라 다르다. 신경생성과 시냅스 생성이 일어나는 매우 초기의 손상은 특히 파괴적인 효과를 가져올 수 있다.

몸 : 신체 성장과 발달

■ 인간은 특히 연장된 신체 성장기간을 경험한다. 성장은 고르지 않고 생의 초기와 청소년기에 이 과정은 더 빠르게 이루어진다. 평균 체중과 신장에서의 증가에서 장기추세가 관찰되었다.

■ 음식 선호는 신생아의 기본 맛에 대한 선천적 반응으로 시작한다. 그러나 경험의 결과로 추가적인 선호가 발달한다. 섭식조절의 문제는 미국에서 입증되었다. 비만의 유행병은 명백히 환경과 유전적 요인 모두와 관련이 있다.

■ 세계의 많은 곳에서 더 큰 문제는 충분한 음식을 먹는 것이다. 부적절한 영양은 빈곤과 밀접히 관련되어 있다. 그리고 부적절한 영양은 사실상 아동 삶의 모든 측면에서 여러 행동문제와 신체적 문제를 가져온다. 영양부족의 예방은 정상적인 뇌와 신체발달을 하기 위해 수많은 아동들에게 주어져야 할 필요가 있다.

연습문제

1. 사람이 유전받은 유전물질은 _____이라 부른다.
   a. 염색체
   b. 게놈
   c. 표현형
   d. 유전자형

2. 마르쿠스는 붉은 머리, 녹색 눈, 주근깨를 갖고 있다. 그는 매우 적극적이나 부끄러워한다. 이러한 특성들은 마르쿠스의 _____을 반영한다.
   a. 우성유전자
   b. 열성유전자
   c. 유전자형
   d. 표현형

3. 사람의 성은 _____에 의해 결정된다.
   a. 어머니가 Y염색체를 갖고 있는지 여부
   b. 어머니와 아버지의 성염색체의 무선적인 상호작용
   c. 어머니가 주는 성염색체들
   d. 아버지가 주는 성염색체들

4. 발달 전체에 걸쳐 특정 시간에 특정 유전자가 지속적으로 켜지고 꺼지는 것은 주로 _____에 의해 통제되는 연쇄적인 유전적 사건의 결과이다.
   a. 대립유전자
   b. 조절유전자
   c. 교세포
   d. 시냅스 생성

5. 트레버와 말콤은 분리 가정에서 양육된 일란성 쌍생아다. 반응의 규준 개념에 따르면, 이 두 아동이 경험한 다른 환경요인들은 _____.
   a. 그들의 유전자형이 동일함에도 불구하고 각 아동에게서 다른 표현형을 만들 것이다.
   b. 환경적 요인들은 개인의 게놈에 영향을 주지 못하기 때문에 표현형에 영향을 주지 않을 것이다.
   c. 그들은 동일 유전자형을 공유하기 때문에 두 아동 모두 동일한 표현형을 나타내는 결과를 가져올 것이다.
   d. 부모에 대한 유전적 입력이 환경적 요인에 의해 영향 받지 않기 때문에 그들의 표현형은 영향을 받지 않을 것이다.

6. 공격성, 수줍음 같은 특질들은 유전자가 복잡하게 결합하여 작용한 결과이다. 이러한 특질들은 어떤 과정의 예인가?
   a. 다중유전자 유전
   b. 반응규준
   c. 다중요인 유전
   d. 경험-의존적 가소성

7. 쌍생아 연구 설계는 주어진 특질에 대한 일란성(MZ) 쌍생아 사이의 상관이 이란성(DZ) 쌍생아들 간의 상관보다 더 높다는 것을 밝혀주었다. 다음 중 어느 것이 이런 특질이 DZ 쌍생아에 비교해서 MZ 쌍생아들에서 상관을 보이는 방식에서의 차이에 가장 타당한 설명을 제공하는가?
   a. 환경적 요인들은 상관에서의 차이에 실제로 책임이 있다.
   b. 유전적 요인들은 상관에서의 차이에 실제로 책임이 있다.
   c. 환경적 요인과 유전적 요인들은 상관에서의 차이에 실제로 동일한 책임이 있다.
   d. 그 차이에 대한 환경적 요인과 유전적 요인의 기여에 대해 가정이 만들어질 수 없다.

8. 다음에 있는 반응 중 어느 것이 "높은 유전 가능성은 변경할 수 없음을 시사하는 것은 아니다"라는 말과 일치하는가?
   a. 유전 개념은 한 사람의 표현형을 말하는 데 매우 작은 역할을 한다.
   b. 유전 가능성이 높은 특질은 모든 사람들에게 동일한 방식으로 영향을 준다.
   c. 중재노력은 유전된 특질과 관련 있는 발달의 과정에 성공적으로 영향을 줄 수 있다.
   d. 유전된 특질과 관련 있는 발달경로를 개선하려는 시도는 필요없다.

9. 뉴런들이 서로 정보를 전달하는 위치는 _____이다.
   a. 시냅스
   b. 교세포
   c. 수상돌기
   d. 수초

10. 시냅스 생성의 과정은 _____
    a. 뉴런들 사이의 연결 형성을 포함한다.
    b. 과도한 뉴런의 제거를 발생시킨다.
    c. 출생 전에 기본적으로 완성된다.
    d. 세포분열을 통한 뉴런의 증식이다.

11. 시드니가 가족을 그리기 시작하기 전에, 그녀는 먼저 그림에 포함시킬 가족을 생각하고, 각 사람을 그릴 때 사용할 색을 생각한다. 그녀가 먼저 계획하는 데 사용한 대뇌피질의 부분은 무엇인가?
    a. 전두엽
    b. 측두엽
    c. 두정엽
    d. 후두엽

12. 경험에 의해 조형되거나 변화되는 뇌의 역량은 _____이라고 한다.
    a. 시냅스 생성
    b. 연합학습
    c. 가소성
    d. 신경생성

13. 장난감이 있는 우리에서 길러진 쥐들은 이러한 자극이 없는 우리에서 기른 쥐들보다 더 많은 수상돌기를 갖고 뉴런당 더 많

은 시냅스를 갖는다. 이 두 집단의 쥐의 뇌에서 일어난 다른 반응은 어떤 생물학적 과정의 예를 제공하는가?

a. 민감기
b. 경험-예정적 가소성
c. 경험-의존적 가소성
d. 신경생성

14. 과거 수 세대에 걸쳐서 출생 시 평균 신장이 일부 산업국가에서 증가했다. 아마도 임신부에 대한 건강과 영양의 개선에 따른 것일 것이다. 이런 발달은 _____의 예다.

a. 경험-예정적 가소성
b. 장기추세

c. 비만
d. 유전형-환경 상호작용

15. 벨은 3세이다. 그녀는 바나나와 다른 노란색 음식을 좋아하는데 아버지가 전에 먹어 본 적이 없는 브로콜리 한 조각을 접시에 놓았을 때, 그녀는 입을 다물고 열기를 거부했다. 벨은 _____을(를) 보여주고 있다.

a. 성장실패
b. 연합학습
c. 경험-의존적 가소성
d. 새 음식 혐오

비판적 사고 질문

1. 이 장의 중요한 초점은 천성과 육성의 상호작용이다. 여러분 자신과 여러분 가족을 생각해보라(여러분이 생물학적 부모에 의해 양육되었는지 여부와 상관없이). 그림 3.1에 표현된 5개 관계 각각을 보여주는 여러분의 측면을 확인하고 이 질문들에 답하라 — (a) 여러분의 성은 어떻게 그리고 언제 결정되는가? (b) 여러분이 가족과 공유한다고 확실히 또는 상대적으로 확신하는 대립유전자들은 무엇인가? (c) 여러분 부모의 여러분에 대한 행동에서 유전자-환경 상호작용의 예가 될 수 있는 것은 무엇인가? (d) 여러분의 이후 발달에 영향을 줄 수 있는 여러분 자신의 환경을 능동적으로 선택하는 예가 될 수 있는 것은 무엇인가? (e) 여러분 자신의 환경 중에서 어떤 측면이 여러분의 유전적 발현에 후성적인 영향을 가질 수 있는가?

2. "한 사람의 IQ의 50%는 유전, 그리고 50%는 환경의 탓이다." 유전 가능성 추정치가 의미하는 것과 의미하지 않는 것 둘 다를 기술하는 이 말에 잘못된 것은 무엇인지 논의하라.

3. 시냅스 생성과 시냅스 제거의 발달 과정을 경험-예정적 및 경험-의존적 가소성 개념과 관련지어라.

4. 연구자들은 뇌발달의 어떤 측면이 청소년의 특질 및 행동에 관련된다고 생각하는가?

5. 지난날 여러분의 활동과 관찰에 대해 상기하라. 여러분 환경의 어떤 측면들이 이 장에서 기술한 비만의 유행병과 관련될 수 있는가?

6. 아동 건강의 많은 측면들은 그들이 살고 있는 세상에 의해 조성된다. 이 세상은 광범위한 국가적 차이(예 : 경제적 안정)에서부터 가족요인들(예 : 사회경제적 지위, 부모 행동)까지의 범위에 걸쳐 있다. 아동 건강이 환경에 의해 영향을 받을 수 있는 방식은 무엇인가? 만약 여러분이 부모라면 자녀의 건강 결과와 섭식 습관을 개선하기 위해 어떤 합리적이고 장기간 효과가 있는 조치를 취할 수 있는가?

핵심용어

가소성(plasticity)
가시(spines)
게놈(genome)
경험-예정적 가소성(experience-expectant plasticity)
경험-의존적 가소성(experience-dependent plasticity)
교세포(glial cells)
교차(crossing over)
내적표현형(endophenotypes)
뇌량(corpus callosum)
뉴런(neurons)

다요인적(multifactorial)
다중유전자 유전(polygenic inheritance)
대뇌 반구(cerebral hemispheres)
대뇌 편재화(cerebral lateralization)
대뇌피질(cerebral cortex)
대립형질(alleles)
돌연변이(mutation)
동형접합적(homozygous)
두정엽(parietal lobe)
반응규준(norm of reaction)

보유유전자 검사(carrier genetic testing)
사건 관련 전위(event-related potentials, ERPs)
성염색체(sex chromosomes)
성장실패[failure to thrive (nonorganic)]
세포체(cell body)
수상돌기(dendrites)
수초(myelin sheath)
수초화(myelination)
시냅스(synapses)

시냅스 가지치기(synaptic pruning)
시냅스 생성(synaptogenesis)
신경생성(neurogenesis)
신생아 스크리닝(newborn screening)
연합 영역(association areas)
열성 대립유전자(recessive allele)
염색체(chromosomes)
엽(lobes)
우성 대립유전자(dominant allele)

유전 가능(heritable)
유전 가능성(heritability)
유전자(genes)
유전자형(genotype)
이형접합적(heterozygous)
장기추세(secular trends)
전두엽(frontal lobe)
조절유전자(regulator genes)
축색(axons)

측두엽(temporal lobe)
태아 산전 검사(prenatal testing)
페닐케톤뇨증(phenylketonuria, PKU)
표현형(phenotype)
행동유전학(behavior genetics)
환경(environment)
후두엽(occipital lobe)
DNA(deoxyribonucleic acid)

연습문제 정답

1. d, 2. d, 3. d, 4. b, 5. a, 6. a, 7. b, 8. c, 9. a, 10. a, 11. a, 12. c, 13. c, 14. b, 15. d

DIEGO RIVERA, *Sweet Home — Singing the Corrido* (mural, 1925)

인지발달 이론들

Piaget의 이론

아동의 천성에 대한 관점
발달의 주요 주제
Piaget의 유산

글상자 4.1 : 적용 Piaget 이론의 교육적 적용

정보처리 이론들

아동의 천성에 대한 관점
발달의 주요 주제

글상자 4.2 : 적용 정보처리 이론들의 교육적 적용

핵심 지식 이론들

아동의 천성에 대한 관점
발달의 주요 주제들 : 선천론 대 구성주의

글상자 4.3 : 적용 핵심 지식 이론들의 교육적 적용

사회문화적 이론들

아동의 천성에 대한 관점
발달의 주요 주제

글상자 4.4 : 적용 사회문화적 이론들의 교육적 적용

역동적 - 체계 이론들

아동의 천성에 대한 관점
발달의 주요 주제

글상자 4.5 : 적용 역동적-체계 이론들의 교육적 적용

요약

이 장의 주제

■ 천성과 육성
■ 능동적인 아동
■ 연속성/비연속성
■ 변화의 기제
■ 사회문화적 맥락
■ 개인차
■ 연구와 아동복지

아빠의 무릎 위에 앉은 7개월 된 남자 아기는 아빠의 안경에 매료되어 안경테의 한쪽 끝을 붙잡고 잡아당긴다. 아빠는 "아야!"하며 아들이 하는 대로 내버려두지만 곧 손을 뻗어 안경테를 다시 잡아당긴다. 아빠는 안경을 고쳐 쓰고 아들은 다시 안경을 잡아당긴다. 아빠는 잠시 아기를 울리지 않고 어떻게 이 귀찮은 반복되는 일을 끝낼 수 있을지 생각한다.

다행히도 발달심리학자인 그 아빠는 Jean Piaget의 인지발달 이론이 간단한 해결책을 제시할 수 있음을 깨닫는다. 즉 안경을 등 뒤로 감추는 것이다. Piaget의 이론에 따르면 어린 아기의 시야에서 물건을 감추면 아기들은 그 물건이 존재하지 않았던 것처럼 행동한다. 이 전략은 완벽하게 적중했다. 아빠가 안경을 등 뒤로 감추자 아들은 안경에 더 이상 관심을 나타내지 않았고 다른 곳으로 주의를 돌렸다. 아빠는 아들을 쳐다보며 "Piaget, 고마워요"라고 생각했다.

이 일은 이 책의 저자 중 한 명이 실제로 경험한 것으로, 아동발달의 이론을 이해하는 것이 어떻게 실질적인 도움이 되는지를 간단히 보여준다. 이는 또한 이러한 이론들을 아는 것이 가져다주는 광범위한 이득 세 가지를 보여준다.

1. 발달 이론들은 중요한 현상을 이해하는 기본 틀을 제공한다. 이론들은 우리가 연구와 일상생활을 통해 아동에 대해 관찰한 내용의 중요성을 알려준다. Piaget의 이론을 모르는 사람은 안경 사건을 재미있지만 사소한 일로 여길 것이다. 그러나 이 잠깐의 사건은 Piaget 이론의 측면에서는 일반적이면서 매우 중요한 발달 현상의 예다. 즉 8개월 미만의 영아들은 사물이 시야에서 사라지면 마치 더 이상 존재하지 않는 것처럼 반응한다. 이런 식으로 아동발달의 이론들은 특정 경험과 관찰을 더 광범위한 맥락에 올려놓고 그들의 의미에 대한 우리의 이해를 심화시킨다.

2. 발달 이론들은 인간의 천성에 대한 중요한 질문을 제기한다. 사물이 사라지는 것을 경험한 영아의 반응에 대한 Piaget의 이론은 Piaget가 일상에서 8개월 이전 영아들과 행한 비공식적 실험에 근거한다. Piaget는 아기들이 좋아하는 사물 중 하나를 천으로 덮거나 혹은 시야에서 치워 놓고 영아들이 그 사물을 되찾기 위해 어떤 노력을 하는지를 지켜보았다. 아기들은 거의 아무런 시도를 하지 않았고 이를 본 Piaget는 8개월 이전 영아들은 숨겨진 사물이 아직도 존재한다는 것을 이해하지 못한다는 결론을 내리게 되었다. 다른 연구자들은 이 설명에 도전을 했다. 그들은 8개월 전 영아들도 사실은 숨겨진 사물이 지속적으로 존재한다는 것을 이해하지만 숨겨진 사물을 되찾기 위해 필요한 기억이나 문제 해결 기술을 갖고 있지 못하다고 주장한다(Baillargeon, 1993). 어린 영아들이 숨겨진 사물을 되찾지 못하는 것에 대한 최고의 설명이 무엇인가에 대해서는 의견이 일치하지 않지만 연구자들은 Piaget의 이론이 인간의 천성에 대해 중요한 질문을 제기했다는 데는 동의한다 — 즉 영아들은 출생 직후부터 사물들이 보이지 않을 때에도 존재한다는 것을 이해하는가, 아니면 이는 나중에야 배우는 것인가? 아기들은 엄마가 보이지 않으면 더 이상 존재하지 않을까봐 두려워하는가?

3. 발달 이론들은 아동을 더 잘 이해할 수 있게 도와준다. 이론들은 또한 이론이 주장하는 바를 지지하거나 지지에 실패하거나 혹은 이론의 수정을 요구하는 새로운 연구들을 자극하고 그 결과로 아동에 대한 우리의 이해를 증진시킨다. 예를 들어 Piaget의 생각은 Yuko Munakata와 동료들(1997)로 하여금 7개월 아기들이 숨겨진 사물을 찾으려고 하지 않는 것이 그 사물을 되찾으려는 동기가 부족한 것인지 혹은 뻗기 기술이 부족한 것인지를 테스트하도록 했다. 이를 테스트하기 위해 연구자들은 Piaget의 대상영속성 실험과 유사한 상황을 만들었는데 사물, 즉 매력적인 장난감을 불투명한 덮개 대신 투명한 덮개 밑에 두었다. 이 상황에서 아기들은 재빨리 덮개를 치우

고 장난감을 되찾았다. 이는 영아들이 일상적으로 숨겨진 사물을 되찾는 데 실패하는 것이 동기나 뻗기 능력이 부족하기 때문이 아니라는 Piaget의 원래 해석을 지지하는 것으로 보인다.

대조적으로 Adele Diamond(1985)가 행한 실험은 Piaget의 이론이 수정될 필요가 있음을 보여준다. Piaget가 한 것처럼 불투명한 덮개를 이용하면서 Diamond는 장난감을 숨기고 영아들에게 장난감을 찾도록 허락하는 시간 사이의 간격을 달리했다. 그녀는 장난감을 숨기고 즉시 찾도록 하면 6개월 영아도 찾을 수 있었고, 7개월 영아는 2초까지, 8개월 영아는 4초까지 기다리고도 성공할 수 있다는 것을 발견했다. Diamond의 결과는 숨겨진 사물이 지속적으로 존재한다는 이해뿐 아니라 숨겨진 사물의 위치에 대한 기억력이 이 과제에 성공하는 데 중요하다는 것을 보여준다. 요약하면, 아동발달의 이론들은 중요한 현상을 이해하는 기본 틀을 제공하고, 인간의 천성에 대한 근원적인 질문을 제기하고, 아동의 이해를 증진하는 새로운 연구를 자극하기 때문에 유용하다.

아동발달은 이렇게 복잡하고도 다양한 주제이기 때문에 이 모든 것을 설명할 수 있는 하나의 이론은 존재하지 않는다. 현재 가장 유용한 이론들은 주로 인지발달이나 사회성 발달에 초점을 맞추고 있다. 각 영역이 넓은 범위의 주제들을 포함하기 때문에 이 영역 중 하나에서라도 좋은 발달적 이론을 제공하는 것은 대단한 도전이다. 인지발달은 지각, 주의, 언어, 문제 해결, 추리, 기억, 개념적 이해, 그리고 지능과 같은 다양한 능력의 성장을 포함한다. 사회성 발달 역시 정서, 성격, 또래와 가족들과의 관계, 자기이해, 공격성, 그리고 도덕적 행동과 같은 비슷하게 다양한 영역들의 성장을 포함한다. 이렇게 방대한 발달의 영역들을 고려해보면 어떤 한 이론으로 아동발달 전체를 설명할 수 없다는 것을 이해할 수 있다.

그러므로 우리는 인지발달과 사회성 발달을 독립된 장으로 제시한다. 우리는 인지발달의 각 영역들을 다루는 장들보다 앞서 인지발달의 이론들을 살펴보고 마찬가지로 사회성 발달의 특정 영역들을 다루는 장들 전에 사회성 발달의 이론들을 제9장에서 살펴본다. 우리의 목표는 여러분이 인지발달과 사회성 발달에 대한 근원적인 질문들을 제기하는 이론들을 이해할 수 있도록 돕는 것이다. 이 이론들은 이 장과 다음 장들에서 소개되는 특정 맥락(예 : 언어 습득 또는 학업 기술의 습득)에서 근원적인 질문들을 제기하는 연구들의 동기가 된다.

이 장은 인지발달에서 특히 영향력 있는 5개의 이론(Piaget, 정보처리, 핵심 지식, 사회문화, 역동적-체계 이론)을 소개한다. 우리는 아동의 천성에 대한 개별 이론들의 근본적인 가정, 각 이론이 집중하는 중심적인 발달적 주제들, 아동을 교육하는 데 이론을 적용한 실용적인 예들을 살펴본다.

이 다섯 이론은 제1장에서 기술한 기본적인 발달적 주제들에 대한 중요한 통찰을 제공하기 때문에 큰 영향력이 있다. 각 이론들은 모든 주제들을 어느 정도씩 다루고 있지만 강조점은 서로 다르다. 예를 들어 Piaget의 이론은 천성과 양육, 연속성/비연속성, 그리고 능동적인 아동에 집중하지만 정보처리 이론들은 천성과 양육, 변화의 기제에 집중한다(표 4.1). 하나의 이론보다 이 다섯 이론이 함께 인지발달에 대한 더 넓은 이해를 제공한다.

표 4.1

인지발달 이론들의 지속적 주제들

이론	주요 질문
Piaget	천성과 양육, 연속성/비연속성, 능동적인 아동
정보처리	천성과 양육, 변화의 기제
핵심 지식	천성과 양육, 연속성/비연속성
사회문화	천성과 양육, 사회문화적 맥락의 영향, 변화의 기제
역동적-체계	천성과 양육, 능동적인 아동, 변화의 기제

Piaget의 이론 ■ 스위스의 심리학자 Jean Piaget의 이론으로 인지발달이 동화, 조절, 평형화의 과정을 통해 구성되는 감각운동기, 전조작기, 구체적 조작기, 형식적 조작기의 네 단계를 거친다고 주장한다.

Piaget의 이론

Jean Piaget의 인지발달 연구는 한 사람이 과학 분야에 얼마나 기여할 수 있는지를 보여주는 증거이다. 1920년대 초 Piaget의 연구들이 소개되기 전에는 인지발달이라는 영역이 알려지지 않았다. 거의 한 세기 뒤까지 **Piaget의 이론**(Piaget's theory)은 가장 유명한 인지발달 이론으로 남아 있다. Piaget의 이론은 무엇 때문에 이렇게 장수할 수 있을까?

한 가지 이유는 Piaget의 관찰과 기술이 서로 다른 연령에 속한 아동들의 사고 구조를 생생하게 전하고 있기 때문이다. 이는 부모, 교사, 간호사와 보육원 교사들이 다른 연령의 아동들과 겪은 자신들의 경험을 상기시킨다. 또 다른 이유는 이 이론이 이례적으로 넓은 범위를 포함하기 때문이다. 이 이론은 영아기부터 청소년기까지 확장되며 시간, 공간, 거리, 수의 개념, 언어 사용, 기억, 타인의 관점 이해, 문제 해결, 그리고 과학적 사고에 이르기까지 다양한 주제를 다룬다. 세 번째 이유는 Piaget의 이론이 지적 성장을 특징짓는 연속성/비연속성뿐 아니라 인지발달의 천성과 양육 간의 상호작용을 직관적으로 그럴듯하게 보여주기 때문이다.

아동의 천성에 대한 관점

아동에 대한 Piaget의 근본적인 가정은 아이들이 출생 직후부터 정신적으로 활동적이며 그들의 정신적, 신체적 활동이 모두 발달에 크게 기여한다는 것이다. 인지발달을 이해하기 위한 Piaget의 접근을 종종 **구성주의자**(constructivist)라고 부르는데 이는 Piaget가 환경에 대한 반응으로부터 아동이 스스로 지식을 구성한다고 보았기 때문이다. Piaget에 의하면 아동이 지식을 구성할 때 가장 중요한 세 과정은 가설의 생성, 실험의 수행, 자신들의 관찰로부터 결론 도출이다. 이 과정들이 과학적 문제 해결을 떠오르게 한다면 여러분만 그런 것이 아니다. '과학자로서의 아동'은 Piaget 이론의 주요한 비유이다. 자신의 어린 아들에 대한 Piaget의 기술을 보자.

> 로랑이 누워 있다. …그는 셀룰로이드로 만든 백조, 상자 등을 차례로 움켜잡고 팔을 뻗어서 그것들을 떨어뜨린다. 그는 독특하게 낙하지점을 달리한다. 사물이 새로운 위치에 떨어지면(예 : 그의 베개 위) 그는 마치 공간적 관계를 연구하는 듯이 동일한 지점에 두세 번 떨어지게 한다.
>
> (Piaget, 1952b, pp. 268-269)

이 사진에서는 발달심리학에 심오한 영향을 미친 Jean Piaget가 아동들의 사고에 대해 연구하기 위해 한 아동을 인터뷰하고 있다.

PHOTO RESEARCHERS / GETTY IMAGES

'장난감을 다른 장소에서 떨어뜨리고 어떻게 되는가 보자'라는 로랑의 게임과 같은 간단한 활동에서 Piaget는 과학적 실험의 시초를 감지했다.

이 예는 또한 아동은 타인으로부터 배우기보다 스스로 중요한 교훈을 학습한다는 Piaget의 두 번째 가정을 잘 보여준다. 이를 더 잘 보여주기 위해 Piaget는 한 친구의 어린 시절에 대한 회상을 인용했다.

> 그는 조약돌을 줄지어 정렬하고 하나, 둘, 셋 하며 열까지 세었다. 그런 뒤에는 반대 방향에서 조약돌을 세기 시작했다. … 그리고 다시 한 번 열이 되는 것을 발견했다. 그는 이것이 놀라웠다. …
>
> (Piaget, 1964, p. 12)

이 사건 역시 아동은 본질적으로 학습을 위해 동기화되어 있으며 이를 위해 타인으로부터 보상을 필요로 하지 않는다는 Piaget의 세 번째 기본 가정을 잘 보여준다. 아동들이 새로운 능력을 습득하면 가능한 한 이를 자주 적용한다. 그들은 자신과 주변의 모든 것을 이해하고 싶어 하기 때문에 자신의 경험으로부터 얻은 교훈에 대해 또한 숙고한다.

발달의 주요 주제

아동이 적극적으로 자신의 발달을 형성한다는 견해에 더하여 Piaget는 천성과 양육, 발달에서의 연속성/비연속성의 역할에 대해 중요한 통찰을 제공했다.

천성과 양육

Piaget는 천성과 양육이 서로 상호작용을 하며 인지발달을 생성한다고 믿었다. 그의 견해로는 양육은 단지 부모나 다른 양육자가 제공하는 보살핌뿐 아니라 아동이 마주하는 모든 경험을 포함한다. 천성은 아동의 성숙하는 뇌와 신체, 지각하고 행동하고 경험으로부터 학습하는 능력, 그리고 특정한 관찰을 일관된 지식으로 통합하는 경향성을 포함한다. 이러한 기술이 제시하듯이 아동 천성의 필수적인 부분은 아동이 양육에 어떻게 반응하는가이다.

연속성의 근원

Piaget는 발달이 연속성과 비연속성 모두를 포함하는 것으로 묘사했다. 연속성의 주요한 근원은 세 과정, 즉 동화, 조절, 평형화이며 이들은 발달을 진전시키기 위해 출생 시부터 함께 작용한다.

동화(assimilation)는 이미 알고 있는 개념으로 새로운 정보를 통합하는 과정이다. 예를 들어 우리 아이가 만 두 살이었을 때 그는 머리 윗부분은 벗겨지고 양옆 부분에는 긴 곱슬머리가 남아 있는 한 남자를 보았다. 그리고 당황스럽게도 꼬마는 "어릿광대야! 어릿광대!"(사실은 '어대! 어대!'처럼 들렸다)하고 신이 나서 소리쳤다.

조절(accommodation)은 새로운 경험에 대한 반응으로 현재의 이해를 향상시키는 과정이다. '어대' 사건에서 아빠는 아이에게 그 사람의 머리 스타일이 광대처럼 보일지라도 그는 어릿광대가 아니며, 그는 광대들의 이상한 복장을 입고 있지도 않았고 사람을 웃기기 위한 행동을 하지도 않는다고 설명했다. 이러한 새로운 정보를 가지고 아이는 자신의 어릿광대 개념을 표준적인 것으로 조절했고 정수리가 대머리이고 긴 옆머리를 가진 그 사람은 조용히 지나갈 수 있었다.

평형화(equilibration)는 안정된 이해를 생성하기 위해 동화와 조절의 균형을 맞추는 과정이다. 평형화에는 세 국면이 포함된다. 첫째, 사람들은 특정 현상에 대한 자신의 이해에 만족한다. Piaget는 이를 **평형**(equilibrium) 상태라고 불렀는데 이는 사람들이 현상에 대한 자신의 이해와 자신들의 관찰 사이에서 어떤 불일치도 발견하지 못하기 때문이다. 다음으로 새로운 정보가 들어와서 사람들이 자신의 이해가 부적절하다는 것을 알아챈다. Piaget에 의하면 이러한 깨달음은 사람들이 **불평형**(disequilibrium) 상태에 놓이게 한다. 즉 그들은 현상에 대한 자신들의 이해가 부족하다는 것을 인식하지만 더 나은 대안을 만들어낼 수는 없다. 간단히 말하면, 혼동의 상태에 있는 것이다. 마지막으로 이전의 결함이 제거되고 더 많은 관찰을 이해할 수 있게 하는 진보된 평형을 생성하는 더 세련된 이해가 발달한다.

평형화가 어떻게 작용하는지를 보여주는 한 예는 다양한 문화권에서 대부분의 4~7세들이 보여

동화 ■ 새로운 정보를 자신들이 이미 알고 있는 개념에 맞는 형태로 바꾸는 과정

조절 ■ 새로운 경험에 대한 반응으로 현재의 지식구조를 변경하는 과정

평형화 ■ 안정적인 이해를 생성하기 위해 아동(또는 어른들)이 동화와 조절 사이의 균형을 맞추는 과정

주는, 동물만이 유일한 생물이라는 신념이다(Inagaki & Hatano, 2008). 이 신념은 유일하게 동물만이 생존에 도움이 되는 방식으로 움직일 수 있다는 가정에서 나오는 듯하다. 조만간 아동들은 식물들 역시 생존을 돕는 방식으로 움직일 수 있다는 것을 깨닫게 된다(예 : 해가 비치는 쪽으로 굽어짐). 이러한 새로운 정보는 아동들의 이전 사고에 동화되기 힘들다. 그 결과로 생물에 대한 이전의 이해와 식물에 대한 새로운 지식 사이에 괴리가 생기고 이는 불평형 상태를 야기하게 되며 아이들은 살아 있다는 것의 의미가 무엇인지 혼란스러워한다. 나중에야 아동의 사고는 식물에 대한 새로운 정보를 받아들이고 아이들은 동물과 식물이 모두 적응적인 방법으로 움직이며 적응적인 움직임은 생물의 주요한 특징이므로 동물뿐 아니라 식물도 살아 있다는 것을 알게 된다(Opfer & Gelman, 2001; Opfer & Siegler, 2004). 식물과 동물에 대한 이어지는 정보들이 이에 모순되지 않기 때문에 이러한 깨달음은 더욱 안정적인 평형을 구성하게 된다. 수많은 이와 같은 평형화를 통해 아동들은 자신을 둘러싼 세상에 대한 지식을 습득한다.

비연속성의 근원

Piaget는 인지발달의 연속성을 어느 정도 강조했지만 그의 이론에서 가장 유명한 부분은 비연속성에 관한 것으로 Piaget는 이를 인지발달의 분명한 단계들로 묘사했다. Piaget는 이 단계들이 지식을 일관된 구조로 조직화하려는 인간의 기본 경향성의 결과라고 보았다. 각 단계는 자신의 경험을 이해하는 하나의 통일된 방법을 나타내며 각 단계 간의 이동은 세상을 이해하는 한 가지 일관된 방법에서 더 높은 다음 단계로의 비연속적인 지적 도약을 나타낸다. 다음은 Piaget의 단계 이론의 주요 특징들이다.

1. **질적인 변화.** Piaget에 의하면 연령이 다른 아동들은 질적으로 다른 방법으로 사고한다. 예를 들어, 인지발달에서 앞 단계에 속한 아동들은 도덕성을 어떤 사람이 행한 행동의 결과라는 관점에서 이해하지만 나중 단계에 속한 아동들은 그 사람이 가진 의도라는 관점에서 이해한다. 따라서 5세 아동은 의도적으로 쿠키 하나를 훔친 사람보다 우연히 쿠키 여러 개가 들어 있는 단지를 깨뜨린 사람이 더 나쁘다고 생각한다. 8세는 반대의 결론을 내릴 것이다. 두 아동은 전적으로 다른 준거에 기반을 둔 도덕적 판단을 내렸기 때문에 이러한 차이는 **질적인 변화**를 반영한다.
2. **광범위한 적용성.** 각 단계별 사고 특징의 유형은 다양한 주제와 맥락에 걸쳐 아동의 사고에 영향을 준다.
3. **짧은 과도기.** 새로운 단계에 들어가기 전에 아동들은 짧은 과도기를 거치게 되는데 이 기간에 그들은 새롭고 더 진보된 사고 단계의 특징 유형과 이전의 덜 진보된 사고 단계의 특징 유형 사이를 오락가락한다.
4. **고정된 순서.** 모든 사람들이 어떤 단계도 빠짐없이, 동일한 순서로 단계들을 진행한다.

Piaget는 인지발달의 네 단계를 상정했는데 각 단계는 감각운동기, 전조작기, 구체적 조작기, 그리고 형식적 조작기이다. 각 단계에서 아동들은 이전 단계와는 질적으로 다른 방법으로 세상을 이해하게 만드는 새로운 능력들을 보여준다.

1. **감각운동기**(sensorimotor stage, 출생부터 2세)에는 주변 세상을 지각하고 탐색하는 데 사용하는 감각과 운동능력을 통해 영아의 지능이 표현된다. 이 능력들은 사물과 사람에 대해 학습하고 시간, 공간, 인과성과 같은 근본적인 개념들의 기초적인 지식을 구성하도록 돕는다. 감각운동

감각운동기 ■ Piaget의 이론에서 지능이 감각과 운동능력으로 표현되는 시기(출생부터 2세)

기 동안 영아들의 지능은 즉각적인 지각과 행동에 구속되기 때문에 이들은 대개 지금, 여기에 살고 있다.

2. **전조작기**(preoperational stage, 2~7세)에 걸음마기 아이와 학령전 아동들은 언어와 정신적 심상으로 자신들의 경험을 표상할 수 있게 된다. 이로 인해 더 긴 시간 동안 경험을 기억할 수 있고 더욱 세련된 개념을 형성할 수 있게 된다. 그러나 **전조작기**라는 용어가 보여주듯이 Piaget의 이론은 어린 아동들이 다양한 차원을 동시에 고려하는 것과 같은 **정신적 조작**을 수행하지 못한다는 것을 강조한다. 그 결과로 아동들은 길이가 짧지만 넓은 잔에 담긴 물을 길이가 길고 좁은 잔으로 부었을 때 물의 높이가 더 높아졌더라도 물의 양은 변하지 않는다는 것을 이해할 수 없다. 달리 말하면 그들은 두 번째 잔에서 물의 높이가 더 높아졌지만 폭이 더 좁아져서 서로 상쇄된다는 것을 알지 못한다.

3. **구체적 조작기**(concrete operational stage, 7~12세)에 아동들은 구체적인 사물과 사건에 대해 논리적으로 사고할 수 있다. 예를 들어 이들은 어떤 잔에 담긴 물을 더 좁고 높은 잔으로 부어도 물의 양이 변하지 않는다는 것을 이해한다. 그러나 구체적 조작기의 아동은 순전히 추상적인 형태로 사고할 수 없고 자신들의 신념을 검증하기 위해 체계적이고 과학적인 실험을 생성하지 못한다.

4. 인지발달의 마지막 단계인 **형식적 조작기**(formal operational stage, 12세 이상)에서 청소년들과 성인들은 구체적 사건뿐 아니라 추상적이고 순전히 가설적인 상황에 대해서도 깊게 사고할 수 있다. 그들은 또한 체계적이고 과학적인 실험을 수행할 수 있고 자신들의 이전 경험과 결론이 다를 때에도 이 실험들로부터 적절한 결론을 도출할 수 있다.

이러한 Piaget의 이론의 개요를 기억하면서 이제부터 각 단계에서 그리고 단계 간의 과도기에서 일어나는 주요 변화들을 더 깊게 알아본다.

감각운동기(출생부터 2세)

Piaget의 가장 심오한 통찰 중 하나는 목적 없이 보이는 영아들의 빨기, 팔다리 마구 흔들기, 잡기와 같은 초기의 행동에서 성인기 지능의 뿌리를 찾았다는 것이다. Piaget는 이러한 행동들이 무작위적으로 일어나는 것이 아니며 오히려 감각(지각)과 운동 활동을 포함한 지능의 초기 형태를 반영한다는 것을 알았다. 실제로 **능동적인 아동**이라는 주제의 가장 분명한 많은 사례는 Piaget가 '감각운동 지능'이라고 불렀던 발달의 기술로부터 나왔다.

생애 첫 2년 동안 영아의 감각운동 지능은 상당히 발달한다. 언뜻 보기에도 변화의 양 자체가 놀랄 만하다. 그러나 영아가 이 시기 동안 마주하는 수많은 새로운 경험과 출생부터 3세까지 3배로 증가하는 뇌의 무게(이 시기 동안 뇌 발달의 지표는 무게)를 고려해보면 영아의 인지능력이 크게 증가하는 것을 이해할 수 있다. Piaget가 영아기에 발생하는 것으로 기술한 심오한 발달은 **발달의 시기가 더 빠를수록 변화도 더 급속하게 일어난다**는 일반 원리에 주목하게 한다.

영아들은 많은 반사를 가지고 태어난다. 눈앞에서 사물이 움직이면 아기들은 그 사물들을 눈으로 좇는다. 사물을 입에 넣으면 빨고, 손에 닿으면 잡고, 소리를 들으면 그쪽으로 고개를 돌린다.

출생 후 첫 한 달 동안에 영아들은 반사를 수정하여 더욱 적응적이 된다. 예를 들어 출생 시에 아기들은 빨고 있는 사물이 무엇이든 동일한 방식으로 빤다. 그러나 몇 주 안에 입안에 있는 사물에 따라 빨기를 조정한다. 그 결과로 손가락이나 고무 젖꼭지와는 달리 우유가 나오는 젖꼭지는 수유

전조작기 ■ Piaget의 이론에서 아동이 언어, 정신적 심상. 그리고 상징적 사고로 자신의 경험을 표상할 수 있는 시기(2~7세)

구체적 조작기 ■ Piaget의 이론에서 아동이 구체적 사물과 사건에 대해 논리적으로 사고할 수 있게 되는 시기(7~12세)

형식적 조작기 ■ Piaget의 이론에서 사람들이 추상적 개념과 가설적 상황에 대해 생각할 수 있게 되는 시기(12세 이상)

Piaget는 영아가 사물을 빨고 있을 때 쾌감만 느끼는 것이 아니라 자신의 신체 이외의 세상에 대한 지식을 습득하고 있는 것이라고 주장했다.

의 효율성을 향상시키는 방법으로 빤다. 이 사례가 보여주듯이 자궁에서의 첫날부터 영아들은 자신이 상호작용하는 환경의 일부에 맞게 자신의 행동을 조절한다.

첫 몇 달 동안 영아들은 개별 반사들을 더 큰 행동으로 조직화하는데, 이들의 대부분은 자신의 신체에 집중되어 있다. 예를 들어 잡기와 빨기 반사를 각각 연습하도록 제한되기보다 이들을 통합한다. 영아의 손바닥에 사물을 가져다 대면 아기들은 그것을 잡고 입에 가져가서 빤다. 따라서 이 반사들은 더욱 복잡한 행동의 요소로 작용한다.

생의 첫해의 반이 지나면 사람, 동물, 장난감과 자신의 신체 이외의 사물, 사건과 같은 주변 세계에 대해 영아들의 관심이 증가한다. 이러한 변화의 특징은 딸랑이를 쾅쾅 두들기거나 고무오리를 꽉 눌러서 소리가 나게 하는 것 같은 즐겁거나 흥미로운 결과를 낳는 행동들을 반복하는 것이다.

Piaget(1954)는 이 기간에 보이는 영아의 사고에서의 결함 — 이 장의 첫 부분에서 아빠가 안경을 숨겼던 일화에서 언급한 — 에 대해 놀랍고도 논란이 많은 주장을 내놓았다. 즉 8개월이 될 때까지 영아들은 시야에서 보이지 않을 때에도 사물은 지속적으로 존재한다는 지식인 **대상영속성**(object permanence)을 결여하고 있다는 것이다. 이 가설은 영아기 발달에 대한 Piaget의 많은 다른 주장처럼 주로 그의 자녀인 로랑, 뤼시엔느와 자클린에 대한 관찰에서 나온 것이다. 7개월 된 로랑과의 비공식적 실험에서 가지고 놀던 종을 감추자 로랑이 더 이상 종을 찾으려는 시도를 하지 않는 것을 관찰했다.

따라서 Piaget의 관점에서는 8개월 미만의 영아들에게 '눈에서 보이지 않으면 마음에서도 멀어진다'는 속담이 말 그대로 진실인 셈이다. 그들은 그 순간에 지각할 수 있는 사물만 정신적으로 표상(생각)할 수 있다.

대상영속성 ■ 사물이 시야에서 사라졌을 때에도 여전히 존재한다는 지식

A-not-B 오류 ■ 장난감을 최근에 숨긴 장소보다 마지막으로 찾았던 장소에서 찾으려는 경향성

첫해가 끝나갈 무렵이 되면 영아들은 숨겨진 사물을 찾게 되고 이는 사물이 더 이상 보이지 않아도 사물의 지속적인 존재를 즉각적으로 표상할 수 있다는 것을 의미한다. 그러나 **A-not-B 오류**(A-not-B error)에서 나타나듯이 사물에 대한 이러한 초기의 표상은 취약하다. 이 오류에서는 어떤 장소(A)에서 숨겨진 사물을 여러 번 찾았던 8~12개월의 영아들이 사물을 다른 장소(B)에 숨기는 것을 보고도 다시 A를 탐색하는 경향이 있다(그림 4.1 참조). 영아들은 첫돌이 되어서야 사물이 최근

그림 4.1 Piaget의 A-not-B 오류 과제
아동은 숨겨진 장난감을 천 밑에서 찾아낸다(왼쪽 사진). 여러 차례 이러한 경험을 한 뒤에 장난감을 다른 장소에 숨긴다(오른쪽 사진). 아동은 장난감이 현재 숨겨진 장소를 찾기보다 이전에 장난감을 찾았던 장소를 계속 쳐다본다. 오른쪽 사진에서 장난감이 천 위로 불쑥 튀어나온 것을 아동이 보고도 무시하는 것은 이전 숨긴 장소를 쳐다보는 경향이 매우 강하다는 것을 보여준다.

에 숨겨진 장소를 일관되게 탐색한다.

돌 무렵에 영아들은 적극적이고 열심히 사물이 사용될 수 있는 잠재적인 방법들을 탐색한다. Piaget의 아들 로랑이 다양한 사물들을 위치를 달리하여 떨어뜨리며 그 결과를 보았던, 앞에서 소개한 '과학자로서의 아동'의 예는 이러한 새로이 생겨나는 능력의 한 사례를 보여준다. 영아들이 있는 어떤 가정에서도 비슷한 예들이 발생한다. 어떤 부모라도 유아용 의자에 앉은 돌 무렵의 아기가 처음에는 숟가락, 다음에는 접시, 그다음에는 컵 등 다양한 사물을 식판에 쾅쾅 치면서 서로 다른 소리에 매료된 듯 보이던 때를 잊을 수는 없을 것이다. 또한 아기들이 단지 무슨 일이 일어나는지를 보기 위해 변기에 목욕 용품을 떨어뜨리거나 부엌 바닥에 밀가루를 쏟았던 일 역시 잊을 수 없을 것이다.

Piaget에 의하면 18개월부터 24개월까지 감각운동기의 마지막 6개월 동안 영아들은 지속되는 정신적 표상을 형성할 수 있다. 몇 분이나 몇 시간 혹은 며칠 후에 타인의 행동을 반복하는 **지연 모방**(deferred imitation)은 이 새로운 능력의 첫 번째 신호이다. Piaget는 자클린이 한 살 때 떼를 쓰는 한 소년을 본 다음 몇 시간 뒤에, 그리고 그다음 날 똑같이 떼를 쓰는 것을 관찰했다. Piaget는 이전에는 자클린이 이렇게 떼를 쓴 적이 없다고 밝혔다. 아마도 자클린은 그 소년의 행동을 보고 기억한 다음 그 표상을 하루 동안 유지한 뒤 다음 날 행동을 모방한 것일 수 있다. 영아기 인지발달에 대한 Piaget의 설명을 고려하면 몇 가지 눈에 띄는 경향성이 명백하다.

이 걸음마기 아이가 눈 화장을 하는 방법은 엄마의 화장법을 보고 그대로 모방한 것은 아니지만 생애 두 번째 해 동안 발달하는 지연 모방의 강력한 예가 될 만큼은 비슷하다.

■ 영아의 행동은 처음에는 자신의 신체에 집중한다. 그다음 주변 세계를 포함한다.
■ 초기에는 목표가 구체적이지만(딸랑이를 흔들어 소리를 듣는다) 나중에는 목표가 더욱 추상적이다(물체를 떨어뜨리는 높이를 달리하여 그 효과를 관찰한다).
■ '눈에 보이지 않으면 곧 잊힌다'의 수준에서 친구의 행동을 하루 동안 기억할 수 있게 되기까지 영아의 정신적 표상능력은 지속적으로 발달한다. 이러한 지속적인 정신적 표상이 있어서 Piaget가 전조작적 사고로 불렀던 다음 단계가 가능하다.

전조작기(2~7세)

Piaget에 의하면 전조작기는 놀랄 만한 인지적 성취와 한계를 함께 가지고 있는 시기이다. 아마도 최고의 성취는 **상징적 표상**(symbolic representation)이고 가장 주목할 만한 한계는 자아중심성(egocentrism)과 중심화(centration)일 것이다.

상징적 표상의 발달 학령전 아동들이 나무 막대기로 총을 대신하거나 트럼프 카드를 들고 스마트폰인 척하는 것을 본 적이 있는가? 3~5세의 아동들이 이렇게 개인적인 상징을 형성하는 것은 흔한 일이다. 이는 아동들이 막 생겨나기 시작하는 **상징적 표상**(symbolic representation), 즉 하나의 사물을 나타내기 위해 다른 사물, 단어, 또는 사고를 사용하는 능력을 연습하는 방법 중 하나이다. 전형적으로 걸음마기 아이들과 학령전 아동들이 개인적 상징으로 사용하는 사물들은 그 사물이 표상하는 사물과 비슷하게 생겼다. 막대기와 트럼프 카드의 모양은 총과 스마트폰을 닮았다.

아동은 발달하면서 점차 자신이 만들어낸 상징들을 덜 사용하고 관습적인 상징들을 더 사용하게 된다. 예를 들어 5세 아동이 해적 놀이를 하고 있다면 한 눈에는 안대를 하고 머리에는 스카프를 두르고 있을 것인데 그 이유는 해적들이 보통 그러한 모양으로 그려지기 때문이다. 전조작기 동안 상징능력의 강화는 그리기의 발달에서 또한 분명히 나타난다. 3~5세 아동들은 꽃의 잎사귀를

지연 모방 ■ 타인의 행동이 발생하고 상당한 시간이 흐른 뒤에 그 행동을 반복함

상징적 표상 ■ 한 사물을 나타내기 위해 다른 사물을 사용함

자아중심성 ■ 자기 자신의 관점으로만 세상을 지각하는 경향

중심화 ■ 사물이나 사건의 지각적으로 두드러진 한 특성에만 집중하는 경향성

그림 4.2 **4세 아동이 그린 여름날** 꽃을 그릴 때 V자 형으로 잎사귀를 나타내는 것 같은 간단한 예술적 관습들의 사용에 주목해보자.

그림 4.3 **Piaget의 세 산 과제** 테이블의 맞은편에 앉은 인형에게 산이 어떻게 보일지 사진을 고르라고 하면 대부분의 6세 이하 아동들은 자신에게 보이는 모습이 찍힌 사진을 고른다. 이는 자신과 타인의 관점을 분리하기 어렵다는 것을 보여준다.

그림 4.4 **자아중심성** 어린 아동의 자아중심적 대화의 예

V로 그리는 것처럼 점차 상징적인 관습을 더 사용한다(그림 4.2).

자아중심성　Piaget는 전조작기 아동의 사고 발달에서 중요한 성장에 주목했지만 한계 역시 똑같이 흥미롭다는 것을 발견했다. 전조작기 아동의 사고에서 하나의 중요한 한계는 자신의 관점으로만 세상을 지각하는 것, 즉 **자아중심성**(egocentrism)이다. 자아중심성을 보여주는 한 예는 학령전 아동이 타인의 공간적 관점을 받아들이지 못하는 것이다. Piaget와 Inhelder(1956/1977)는 이 어려움을 보여주기 위해 서로 크기가 다른 세 산의 모형이 놓인 테이블 앞에 4세 아동을 앉게 했다(그림 4.3). 아동에게는 테이블 주변의 다양한 위치에 인형이 앉는다면 산들이 어떻게 보일지 사진을 고르도록 했다. 이 문제를 해결하기 위해서 아동은 자신의 관점만이 유일한 것이 아님을 알아야 하고 다른 위치에서는 어떻게 보일지를 상상할 수 있어야 한다. Piaget에 의하면 대부분의 4세 아동들이 그렇게 할 수 없었다.

타인의 관점을 고려하지 못하는 이 어려움은 예를 들어 의사소통이라는 아주 다른 맥락에서도 나타난다. 그림 4.4에서 보듯이, 학령전 아동들은 종종 상대방의 말을 잊어버린 듯이 자신이 말하는 내용에만 집중하여 서로를 이해하지 못하고 이야기한다. 또한 학령전 아동들의 자아중심적인 의사소통은 자신은 알고 있지만 상대방은 알지 못하는 지식들을 요구하는 진술을 할 때 드러난다. 예를 들어 어린이집 교사와 부모들에게 2세와 3세 아동들은 자신이 언급하는 사람이나 사물이 무엇인지 어른들이 전혀 알지 못하는 상황에서 "걔가 그것을 가져갔어요"처럼 자주 말한다. 자아중심적인 사고는 또한 학령전 아동이 사건이나 행동을 설명할 때 나타난다.

전조작기 동안에 자아중심적인 언어는 점점 사라진다. 이러한 진보의 초기 신호는 이 기간 동안 점점 빈번해지는 말싸움이다. 아동의 말에 친구가 반대한다는 것은 친구가 적어도 아동의 말이 의미하는 다른 관점에 주의하고 있다는 것을 의미한다. 또한 전조작기 동안 아동들은 자신과 다른 공간적 관점을 마음속에 더 잘 그릴 수 있게 된다. 일생을 살면서 우리 모두가 어느 정도는 자아중심적이지만 — 자신의 관점이 타인의 관점보다 언제나 더 설득력이 있다 — 대부분은 나이가 들고 경험이 많아지면서 자아중심성을 벗어난다.

중심화　전조작기와 관련된 아동의 한계는 **중심화**(centration), 즉 사건이나 사물에서 더 중요하지만 덜 눈에 띄는 특징들을 제외하고 지각적으로 눈에 띄는 한 가지 특징에 집중하는 것이다. 중심화의 예는 저울문제에 대한 아동의 접근법이다. 그림 4.5에서 보는 것과 같은 저울을 제공하고 어떤 쪽이 내려갈지를 물으면 5세와 6세의 아동들은 저울의 받침점으로부터의 거리를 무시하고 각 팔에 놓인 무게에만 집중하여 무게가 많이 놓인 쪽이 내려갈 것이라고 대답한다(Inhelder & Piaget, 1958).

중심화에 대한 다른 좋은 예는 보존의 이해에 대한 Piaget의 실험으로부터 나온다. **보존 개념**(con-servation concept)은 단순히 사물의 외관이나 배열만을 바꾸는 것은 물질의 양과 같은 다른 중요한 특질들을 반드시 변화시키지는 않는다는 생각이다. 5~8세 아동들을 대상으로 주로 연구되는 이 개념의 세 가지 종류는 액체의 양 보존, 고체의 양 보존, 그리고 수의 보존이다(Piaget, 1952a). 세 경우 모두에서 아동의 이해를 측정하기 위해 사용하는 과제들은 세 단계로 진행된다(그림 4.6). 첫째, 그림에서 보듯이 양이 동일한 두 사물들(예 : 오렌지 주스 두 잔 또는 찰흙으로 만든 소시지 두 개)이나 수가 동일한 사물들 두 세트(예 : 동전 두 줄)를 아동에게 제시한다. 아동이 두 사물이나 세트들이 관심의 차원(예 : 오렌지 주스의 양이나 동전의 수)에서 동일하다고 동의하고 난 뒤에 두 번째 단계에서는 실험자가 2개의 사물이나 세트를 변형시켜서 관심 차원에서는 변화가 없지만 모양이 달라지게 만든다. 오렌지 주스를 더 좁고 긴 잔에 붓거나 짧고 두꺼운 찰흙 소시지를 두들겨서 길고 가늘게 만들거나 한 줄의 동전들을 더 길게 늘어놓는다. 마지막으로 세 번째 단계에서 아동들에게 앞서 두 사물이나 2개의 세트가 동일하다고 말했던 관심의 차원이 아직도 동등한지를 묻는다.

대부분의 4세와 5세는 '아니다'라고 대답한다. 액체의 양 보존 문제에서는 가늘고 긴 잔에 오렌지 주스가 더 많이 들었다고 대답하고 고체의 양 보존문제에서는 짧고 두꺼운 소시지보다 길고 가는 소시지에 찰흙이 더 많다고 대답한다. 이 연령의 아동들은 일상생활에서도 비슷한 오류를 범한다. 예를 들어 만약 한 아이가 다른 아이보다 쿠키를 더 적게 갖고 있다면 공정한 해결책은 쿠키

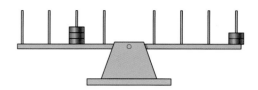

그림 4.5 저울 위에 제시한 것과 같은 저울에서 어느 쪽이 내려갈지를 물어보면 5세와 6세 아동들은 거의 언제나 무게의 양에 주의를 집중하고 받침점으로부터의 거리를 무시한다. 따라서 실제로는 오른쪽이 내려가지만 아동들은 왼쪽이 내려갈 것이라고 예측한다.

보존 개념 ■ 사물의 외관만을 변화시키는 것이 반드시 다른 주요 특성들을 변화시키지는 않는다는 생각

그림 4.6 액체의 양 보존과 고체의 양 보존, 수의 보존을 검사하기 위해 사용되는 절차 대부분의 4세와 5세 아동들은 긴 잔에 주스가 더 많고 긴 소시지에 찰흙이 더 많고 더 긴 줄에 사물이 더 많다고 대답한다.

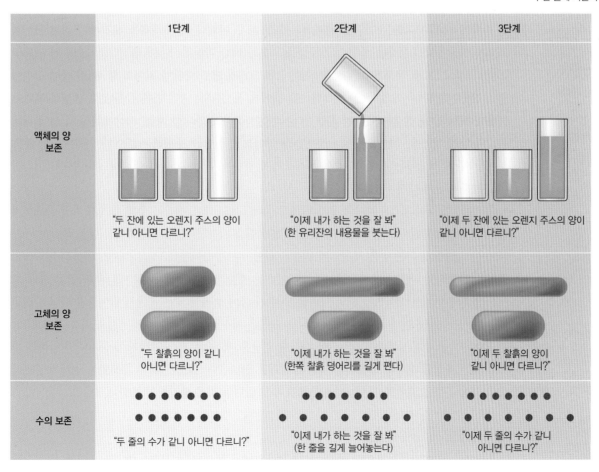

덜 가진 아이의 쿠키 하나를 잘라서 두 조각으로 만드는 것이다. 이렇게 하면 다른 아이만큼 쿠키를 가질 수 있다고 생각한다(Miller, 1984).

전조작적 사고에서 Piaget가 발견했던 다양한 약점들이 보존문제에 대한 어려움에 작용한다. 전조작적 사고는 높이나 길이와 같은 지각적으로 현저한 하나의 차원에만 집중하고 다른 관련된 차원들을 무시한다. 게다가 자아중심성 때문에 아이들은 자신의 관점이 잘못될 수도 있다는 것을 이해하지 못한다. 즉 길고 가느다란 유리잔에 오렌지 주스가 더 많이 담긴 것처럼 보이거나 가늘고 긴 소시지에 찰흙이 더 많은 것처럼 보이지만 이는 실제와는 다르다는 것을 이해하지 못한다. 사물의 정적인 상태(변형이 일어난 뒤 사물의 외관)에 집중하고 변형 과정(오렌지 주스를 붓거나 찰흙의 모양을 바꿈)을 무시하는 아동의 경향성 역시 보존문제의 해결을 어렵게 만든다.

인지발달의 다음 단계인 구체적 조작기에서 아동들은 대부분이 이 한계와 관련된 제한점을 극복한다.

구체적 조작기(7~12세)

Piaget에 의하면 7세경에 아동들은 세상의 구체적 특징들에 대해 논리적으로 사고하기 시작한다. 보존 개념의 발달이 이 발전에 대한 하나의 예가 된다. 앞서 기술한 3개의 보존과제에서 5세들은 거의 성공하지 못하지만 대부분의 8세들은 세 과제를 모두 해결한다. 사고에서 동일한 진보로 인해 구체적 조작기 아동들은 여러 차원에 주의를 집중해야 하는 다른 문제들 역시 해결 가능하다. 예를 들어 저울문제에서 아동들은 사물의 무게뿐 아니라 받침점으로부터의 거리를 고려한다.

그러나 Piaget에 의하면 이렇게 상대적으로 진보된 사고는 구체적인 상황에만 국한된다. 가설적인 상황에 대해 사고하는 것만큼 체계적 사고도 매우 어렵다. 진자문제를 해결하기 위해 구체적 조작기 아동들이 수행하는 실험의 종류들을 보면 이러한 제한점이 분명해진다(Inhelder & Piaget, 1958)(그림 4.7). 이 문제에서는 진자의 틀, 끝에 고리가 달린 다양한 길이의 줄, 어떤 줄에도 연결할 수 있는 다양한 무게의 추 한 세트를 아동들에게 제시한다. 줄의 한쪽 끝을 추에 연결하고 다른 쪽을 진자의 틀에 연결하면 줄이 흔들린다. 과제는 진자가 완벽한 호를 그리며 흔들릴 때 걸리는 시간의 양에 영향을 주는 요인이나 요인들을 알아보는 실험을 수행하는 것이다. 줄의 길이, 추의 무게, 추를 떨어뜨리는 위치, 또는 이들의 조합이 영향을 주는가? 잠시 생각해보자. 여러분이라면 이 문제를 어떻게 해결하겠는가?

대부분의 청소년과 성인들처럼 구체적 조작기 아동들도 대개 매다는 추의 무게가 가장 중요하거나 아마도 유일하게 중요한 조건이라고 믿으며 실험을 시작한다. 구체적 조작기 아동의 사고가 더 나이 든 사람들과 다른 점은 자신들의 믿음을 시험하는 방법이다. 구체적 조작기 아동은 편파적인 실험을 설계해서 타당한 결론을 끌어내기 힘들다. 예를 들어 아동들은 무거운 추를 짧은 줄에 묶어서 높은 위치에서 떨어뜨릴 때와 가벼운 추를 긴 줄에 묶어서 낮은 곳에서 떨어뜨릴 때의 시간을 비교한다. 만약 첫 번째 경우가 더 빠르다면 그들은 자신들이 생각했던 것처럼 무거운 추가 더 빨리 떨어진다고 결론짓는다. 그러나 이 성급한 결론은 체계적으로 생각하지 못하거나 변인들의 가능한 모든 조합을 상상하지 못하는 제한된 능력을 반영한다. 그들은 빠른 움직임이 추의 무게보다 줄의 길이나 줄을 떨어뜨리는 높이와 관계될 수도 있다는 것을 생각하지 못한다.

형식적 조작기(12세 이상)

추상적으로 그리고 가설적으로 사고하는 능력을 포함하는 형식적 사고는 Piaget의 단계 중 최고의

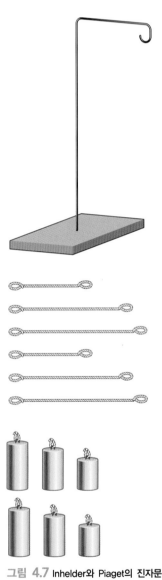

그림 4.7 Inhelder와 Piaget의 **진자문제**
이 과제는 추의 무게, 줄의 길이, 떨어뜨리는 높이가 진자의 운동 시간에 미치는 영향을 결정하는 것이다. 공정한 실험을 위해서는 예를 들어 줄의 길이와 떨어뜨리는 높이가 동일할 때 무거운 추와 가벼운 추를 비교하는 것처럼 한 번에 한 가지의 변인만을 변화시켜야 한다. 12세 이하의 아동들은 보통 비체계적인 실험을 행하고 부정확한 결론을 얻는다.

단계이다. 이 단계와 이전 단계에서 사고의 차이점은 진자문제를 해결하는 형식적 조작기 사람들의 접근법에서 분명하게 드러난다. 구체적 조작기 아동들에 비해 문제를 더 추상적으로 접근하기 때문에 형식적 조작기에 속한 사람들은 무게, 줄의 길이, 낙하지점 등의 변인들 중 어떤 것이라도 진자가 호를 그리며 움직이는 데 걸리는 시간에 영향을 줄 수 있고 따라서 각 변인의 효과를 체계적으로 검증하는 것이 필요하다고 본다. 예를 들어 무게의 효과를 검사하기 위해서 그들은 같은 길이의 줄에 더 무거운 추와 가벼운 추를 연결하여 동일한 위치에서 떨어뜨리면서 이들이 완전한 호를 그리는 데 걸리는 시간을 비교한다. 이러한 체계적인 실험을 통해 형식적 조작기 사람들은 진자의 운동시간에 영향을 주는 유일한 변인이 줄의 길이라는 것을 결정할 수 있다.

Piaget에 의하면 이전 세 단계와 달리 형식적 조작기는 보편적이지 않다. 즉 모든 청소년들(또는 성인들)이 형식적 조작기에 도달하는 것은 아니다. 그러나 형식적 조작기에 도달하는 청소년들에게 형식조작적 사고는 그들의 지적 세계를 엄청나게 확장하고 풍요롭게 한다. 이러한 사고로 인해 이들은 자신들이 사는 특정 실제가 무한한 수의 가능한 실제 중 하나일 뿐이라는 것을 이해한다. 이러한 통찰로 인해 청소년들은 이상적인 세상에 대한 대안적인 방법을 생각할 수 있고 진실, 정의, 도덕성에 관한 심오한 질문을 곰곰이 생각할 수 있다. 이는 또한 많은 사람들이 청소년기에 공상과학 소설을 처음으로 좋아하게 된다는 사실을 설명할 수 있다. 공상과학 소설에서 그려지는 대안적인 세계는 자신이 알고 있는 세계를 많은 가능성 중 하나로 생각하고 더 나은 세상이 가능할지 궁금하게 생각하는 청소년들에게 매력적으로 보인다.

형식조작적 사고를 습득했다고 해서 청소년들이 언제나 발전된 방법으로 사고를 한다는 것은 아니지만 Piaget에 따르면 청소년이 지적인 성인의 사고력을 획득하는 기점이 된다(글상자 4.1에서 Piaget의 이론이 교육을 향상시키는 데 적용된 방법들을 논의한다).

Piaget의 유산

Piaget의 이론은 수년 전에 만들어졌지만 아직도 인지발달을 이해하는 데 매우 영향력 있는 접근으로 남아 있다. 이론의 장점들 중 일부는 앞서 언급을 했다. Piaget의 이론은 발달의 다른 지점에 있는 아동들의 사고에 대해 좋은 개관을 제공한다(표 4.2). 이 이론은 수많은 매력적인 관찰을 포함하고 아동의 본성에 관한 설득력 있고 그럴듯한 관점을 제공한다. 이는 상당히 광범위한 발달의 영역을 포함하고 영아기부터 청소년기까지 전 연령을 다룬다.

그러나 다음의 분석들(예 : Miller, 2011)은 Piaget 이론의 일부 중요한 약점을 규명한다. 다음 네 가지가 특별히 중요하다.

1. Piaget의 이론은 아동의 사고를 가능하게 하고 인지발달을 생성하는 기제에 대해 모호하다. Piaget의 이론은 아동의 사고에 대한 탁월한 수많은 기술을 제공한다. 그러나 아동이 사고하게 되는 과정과 그들의 사고에 변화를 생성하는 과정에 대해서는 명확하지 않다. 동화, 조절, 평형화는 설득력이 있는 것 같지만 그들이 어떻게 작동하는지는 분명하지 않다.

2. 영아와 어린 아동들은 Piaget가 생각했던 것보다 인지적으로 더 유능하다. 연구했던 대부분의 개념들을 측정하기 위해 Piaget는 상당히 어려운 검사들을 사용했다. 이 때문에 그는 연구했던 개념들에 대해 영아와 어린 아동들이 가진 초기 지식들을 놓치고 말았다. 예를 들어 Piaget의 대상영속성 검사에서는 일정한 지연 뒤에 아동들이 숨겨진 사물을 찾기 위해 손을 뻗어야 했다. Piaget는

표 4.2

Piaget의 인지발달 단계

단계	연령대	새로운 학습방법
감각운동기	출생부터 2세	영아들은 자신들의 감각과 행동을 통해서 세상을 학습한다. 예를 들어 아기들은 강아지가 어떻게 생겼는지, 강아지를 만지면 어떤 느낌인지 학습한다.
전조작기	2~7세	걸음마기 아이와 어린 아동들은 언어와 심상으로 세상을 표상하는 능력을 습득한다. 그들은 또한 자신의 관점뿐 아니라 타인의 입장에서 세상을 보기 시작한다.
구체적 조작기	7~12세	아동들은 직관적일 뿐 아니라 논리적으로 생각하기 시작한다. 이제 아동들은 어떤 사건에 영향을 미치는 요인이 단지 하나가 아니라 여러 개일 수 있다는 것을 이해한다.
형식적 조작기	12세 이후	청소년들은 체계적으로 생각할 수 있고 현실뿐 아니라 이상에 대해서 사고할 수 있다. 이로 인해 그들은 과학적 사고를 할 수 있을 뿐 아니라 정치, 윤리, 공상과학을 이해할 수 있다.

8개월 이전의 아기들은 이렇게 하지 못한다고 주장했다. 그러나 대상영속성에 대한 대안적인 검사들은 시야에서 사물이 사라진 직후에 영아들이 보는 곳을 분석했고 그 결과는 3개월경에 영아들은 적어도 사물들이 지속적으로 존재할 수도 있다고 생각하는 것을 보여준다 (Baillargeon, 1987a, b; 1993).

3. Piaget의 이론은 인지발달에서 사회적 세계의 영향력을 과소평가했다. Piaget의 이론은 아동들이 스스로 세상을 이해해 나가는 방법에 집중했다. 그러나 아이들이 태어나는 순간부터 그들은 성인, 더 나이 든 아이들, 그리고 문화적 기관과 수많은 방법으로 인지발달을 형성하는 가치라는 환경에 둘러싸인다. 아동의 인지발달은 Piaget의 이론이 인정하는 것보다 타인과 더 큰 문화의 공헌을 더 많이 반영한다.

4. 단계 모델은 아동의 사고가 사실보다 더 일관된 것처럼 그린다. Piaget에 의하면 아동이 어떤 단계로 진입하면 아동의 사고는 다양한 개념들에서 일관되게 그 단계의 특성을 보인다. 그러나 후속 연구들은 아동의 사고가 이보다 훨씬 더 가변적이라는 것을 보여준다. 예를 들어 대부분의 아동들은 6세경에 수의 보존문제에 성공하지만 고체의 양에 대한 보존에는 8세가 될 때까지 성공하지 못한다(Field, 1987).

이상의 Piaget 이론의 단점들도 그의 업적을 무효화할 수는 없다. Piaget의 이론은 지난 세기의 위대한 지적 성취 중 하나로 남아 있다. 그러나 Piaget 이론의 장점뿐 아니라 단점을 이해해야 왜 인지발달의 대안적 이론들이 점차 중요해지는지를 이해할 수 있다.

이제부터 우리는 인지발달에서 가장 유명한 대안적 이론 네 가지(정보처리 이론, 핵심 지식 이론, 사회문화적 이론, 역동적-체계 이론)를 살펴볼 것이다. 각 이론들은 Piaget의 접근에서 주요 단점들을 극복하려는 시도로 볼 수 있다. **정보처리 이론**들은 아동이 사고할 수 있게 하고 인지적 성장을 만드는 기제의 정확한 특징들을 강조한다. 핵심 지식 이론들은 진화적인 중요성을 가졌다고 생각되는 영역들에서 영아와 어린 아동들이 보여주는 놀랄 만한 초기 지식과 기술들에 집중한다. 사회문화적 이론들은 아동이 타인과 인지발달을 인도하는 그들 문화의 생산물과 상호작용하는 방법을 강조한다. 역동적-체계 이론들은 매순간 발생하는 아동 사고의 가변성을 강조한다.

글상자 4.1　｜　적용

Piaget 이론의 교육적 적용

인지발달에 대한 Piaget의 견해는 아동의 교육에 대해 몇 가지 일반적인 시사점을 가진다(Case, 1998; Piaget, 1972). Piaget의 이론에 따르면 가장 일반적으로 아동을 교육하는 방법을 결정할 때 연령대마다 분명하게 다른 그들의 사고방법을 고려해야 한다. 예를 들어 형식적 조작기의 청소년들과 달리 구체적 조작기의 아동들이 관성과 평형화 상태 같은 순전히 추상적인 개념들을 쉽게 배울 것이라고 기대하지 말아야 한다.

Piaget 접근의 두 번째 시사점은 아동들은 정신적·신체적으로 환경과 상호작용하면서 가장 잘 학습한다는 것이다. 이 원리를 보여주는 한 연구는 아동들에게 속도 개념을 가르치는 것이었다(Levin, Siegler, & Druyan, 1990). 이 연구는 물리 교사들이 좋아하는 문제 종류들, 예를 들어 "경주 말이 원형 트랙을 달릴 때, 말의 왼쪽과 오른쪽은 같은 속도로 움직일까?"에 집중했다. 언뜻 보기에는 분명히 그렇게 보이지만 사실은 그렇지 않다. 트랙의 바깥쪽은 안쪽보다 동일한 시간에 조금 더 긴 거리를

아동과 어른이 쇠막대를 잡고 원을 네 바퀴 돈다. 처음 두 바퀴 동안 아동은 회전축에서 가까운 쪽의 막대를 잡고 나머지 두 바퀴 동안은 막대의 바깥쪽을 잡는다. 막대의 바깥쪽을 잡았을 때 훨씬 더 빨리 걸어야 하고 이로써 아동은 안쪽보다 바깥쪽이 더 빨리 움직인다는 것을 알게 된다(Levin et al., 1990).

달려야 하므로 조금 더 빨리 움직인다.

Levin과 동료들은 어떻게 한 사물의 서로 다른 지점이 다른 속도로 움직일 수 있는지를 아동들이 적극적으로 체험할 수 있도록 절차를 하나 고안했다. 마루 위 회전축에 약 2m 길이의 쇠막대를 연결했다. 6학년 아동과 실험자가 막대를 붙잡고 회전축 주위를 네 번 돌았다. 처음 두 바퀴 동안은 아동

이 회전축에 가까운 쪽, 실험자가 바깥쪽 막대를 잡았고 나머지 두 바퀴 동안에는 서로 위치를 바꾸었다(그림 참조). 각 바퀴를 돈 다음에 아동에게 막대의 안쪽 혹은 바깥쪽 중 어느 쪽이 더 빨리 움직였는지를 물었다.

쇠막대의 안쪽과 바깥쪽을 잡고 걷는 데 필요한 속도는 극적으로 차이가 나서 아동들의 새로운 이해는 컴퓨터 스크린에서 원형 트랙을 도는 자동차 문제와 같은 원형 움직임을 포함한 다른 문제들에 일반화되었다. 달리 말하면 그 개념을 신체적으로 체험하는 것은 수년간의 공식적인 과학 교육이 성공하지 못했던 것을 달성했다. 실험에서 한 소년은 "전에는 이런 것을 느끼지도 생각하지도 못했다. 그러나 이제 경험을 해보고 나서는 내가 바깥쪽 원에 있을 때는 선생님과 같이 걷기 위해서 더 빨리 걸어야만 한다는 것을 안다"고 실험자에게 말했다(Levin et al., 1990). 활동의 교훈에 주목하게 하는 질문과 함께 관련된 체험 활동을 하는 것은 분명히 아동의 학습을 돕는다.

정보처리 이론들

장면 : 아버지와 딸이 정원에 있다. 놀이친구가 자전거를 탄다.

아동 : 아빠, 지하실 문을 열어줄래요?

아빠 : 왜?

아동 : 제 자전거를 타고 싶어서요.

아빠 : 네 자전거는 차고에 있는데.

아동 : 그렇지만 내 양말이 건조기 안에 있어요.

(Klahr, 1978, pp. 181-182)

이 다섯 살짜리 꼬마는 무슨 생각으로 "그렇지만 내 양말이 건조기 안에 있어요"라고 말했을까? 저명한 정보처리 이론가인 David Klahr(그리고 이 대화에 등장하는 아빠)는 여기에 이르게 된 사고 과정에 대해 다음의 모델을 만들었다.

상위 목표 : 나는 내 자전거를 타고 싶다.

편견 : 편안하게 타려면 양말이 필요하다.

> **사실** : 나는 맨발이다.
> **하위 목표 1** : 내 운동화를 가져온다.
>> **사실** : 운동화는 정원에 있다.
>> **사실** : 운동화는 맨발에 불편하다.
> **하위 목표 2** : 양말을 가져온다.
>> **사실** : 오늘 아침 양말 서랍이 비어 있었다.
>> **추론** : 양말은 틀림없이 건조기 속에 있을 것이다.
> **하위 목표 3** : 건조기에서 양말을 가져온다.
>> **사실** : 건조기는 지하실에 있다.
> **하위 목표 4** : 지하실로 간다.
>> **사실** : 정원 쪽 문을 통하는 것이 더 빠르다.
>> **사실** : 정원 쪽 문은 언제나 잠겨 있다.
> **하위 목표 5** : 지하실로 들어가는 문을 연다.
>> **사실** : 아빠는 온갖 열쇠를 가지고 있다.
> **하위 목표 6** : 아빠에게 그 문을 열어달라고 한다.

딸의 생각에 대한 Klahr의 분석은 **정보처리 이론들**(information-processing theories)[1]의 두 가지 주목할 만한 특성을 보여준다. 첫째는 아동의 사고가 내포하는 과정을 정확하게 명시하는 것이다. 이 과정을 명시화하기 위해 Klahr는 **과제 분석**(task analysis), 즉 어떤 과제를 행하는 데 필요한 목표들, 즉각적인 실현을 방해하는 장애물, 목표 달성과 관계되는 환경 속의 정보와 사전 지식, 원하는 결과물에 도달하기 위한 잠재적인 전략들의 식별을 사용했다.

과제 분석을 통해 정보처리 연구자들은 아동의 행동을 이해하고 예언하며 발달이 어떻게 발생하는가에 대한 정확한 가설을 엄격하게 검사할 수 있다. 어떤 경우에 연구자들은 과제 분석을 통해 정신 과정들에 대한 생각을 정확하게 표현하는 수학적 모델의 한 종류인 **컴퓨터 시뮬레이션**(computer simulation)을 만들어낸다. 예를 들어 Simon과 Klahr(1995)는 어린 아동들이 보존문제에 실패하도록 만드는 지식과 정신 과정에 대한 컴퓨터 시뮬레이션과 더 나이 든 아동들이 그 문제들에 성공하게 만드는 완전히 다른 지식과 정신 과정에 대한 컴퓨터 시뮬레이션을 만들었다. 이두 시뮬레이션을 비교하여 연구자들은 실패에서 성공으로의 변화를 이끄는 과정을 밝혀낼 수 있었다. 컴퓨터 시뮬레이션은 또한 대상영속성(Munakata & McClelland , 2003), 단어 학습(McMurray, Horst, & Samuelson, 2012), 범주화(Rakison & Lupyan, 2008 ; Rogers & McClelland , 2004), 음운론(Thiessen & Pavlik, 2013), 작업기억(Buss & Spencer, 2014), 읽기(Seidenberg, 2005), 그리고 문제 해결(Siegler & Araya, 2005)을 포함한 발달의 여러 다른 측면을 모형화하는 데 사용된다.

정보처리 이론들의 두 번째 특징은 사고를 시간에 따라 발생하는 한 과정으로 강조하는 것이다. 종종 Klahr의 딸이 아빠에게 지하실의 문을 열어달라고 하는 처음 부탁과 같은 간단한 한 행동이 빠른 정신적 조작들의 긴 연속을 반영한다. 정보처리 분석가들은 이 정신적 조작들이 무엇이며 어떤 순서로 실행되고 어떠한 방법으로 정신적 조작의 증가된 속도와 정확성이 인지성장을 이루는지를 밝혀낸다.

정보처리 이론들 ■ 인지 체계의 구조와 문제 해결을 위해 주의와 기억의 배분에 사용되는 정신 활동에 집중하는 한 집단의 이론들

과제 분석 ■ 어떤 문제에 대해 목표와 환경에서의 유관 정보, 그리고 잠재적 처리전략들을 규명하는 연구 기법

컴퓨터 시뮬레이션 ■ 정신적 과정들에 대한 생각을 정확하게 표현하는 수학적 모델의 한 종류

---

[1] 이 장 전체를 통해 우리는 '정보처리 이론'과 같이 단수를 사용하기보다 '정보처리 이론들'이라고 복수 형태를 사용하는데 그 이유는 정보처리 이론들이 하나의 이론이기보다 관련된 접근들의 집단으로 구성되기 때문이다. 같은 이유로 '핵심 지식 이론들', '사회 문화적 이론들', '역동적-체계 이론들'이라고 부른다.

아동의 천성에 대한 관점

정보처리 이론가들은 인지발달을 다른 연령에 다른 과제에서 작은 증가가 연속적으로 발생하는 것으로 본다. 이러한 생각은 비슷한 연령대에 광범위하게 적용되는 질적으로 분명한 단계들을 통해 아동이 발달한다는 Piaget의 생각과는 근본적으로 다르다.

제한된 용량의 처리 체계로서의 아동

다른 연령의 아동들의 사고에서 나타나는 차이를 이해하기 위해 일부 정보처리 이론가들은 컴퓨터와 인간의 정보처리를 비교한다. 컴퓨터의 정보처리는 하드웨어와 소프트웨어에서 제한점이 있다. 하드웨어의 제한점은 컴퓨터의 기억 용량, 그리고 기본적인 조작을 실행하는 속도와 관계된다. 소프트웨어의 제한점은 특정 과제를 수행하는 데 사용할 수 있는 전략과 지식과 관계된다. 사람들의 사고도 기억 용량, 사고 과정의 속도, 그리고 유용한 전략 및 지식과 같은 동일한 요인들에 의해 제한된다. 정보처리 관점에서는 (1) 동시에 처리할 수 있는 정보량의 증가, (2) 정보처리 속도의 증가, 그리고 (3) 새로운 전략과 지식의 습득을 통해 아동이 점진적으로 자신들의 처리 제한을 극복하면서 인지발달이 발생한다.

문제 해결자로서의 아동

인간 본성에 대한 정보처리 이론들의 관점에서 또한 중요한 것은 아동이 **능동적인** 문제 해결자라는 가정이다. Klahr가 딸의 사고를 분석할 때 제안한 것처럼, **문제 해결**(problem solving)은 장애물을 극복하고 목표를 달성하기 위한 전략을 포함한다. 더 어린 아동의 문제 해결에 대한 기술을 보면 목표, 장애물, 전략의 동일한 조합이 나타난다.

발달의 주요 주제

이 장에서 기술한 모든 이론들과 마찬가지로 정보처리 이론들은 **천성과 양육**이 발달을 일으키기 위해 어떻게 함께 작용하는지를 조사한다. 정보처리 이론의 특징은 **발달이 어떻게 발생하는가**에 대한 정확한 기술을 강조하는 것이다. 정보처리 이론들이 천성과 양육의 문제와 변화가 어떻게 발생하는가의 문제를 다루는 방법은 그들이 기억과 문제 해결의 발달을 설명하는 방법에서 특히 명백하게 볼 수 있다.

기억의 발달

우리가 하는 모든 일에 있어 기억은 결정적이다. 일상의 과제들에서 우리가 사용하는 기술들, 말하거나 쓸 때 우리가 사용하는 언어, 어떤 상황에서 우리의 감정 — 이 모든 것이 과거 경험에 대한 우리의 기억과 경험을 통해 습득한 지식에 달려 있다. 실제로 경험에 대한 기억이 없으면 우리는 어떤 종류의 기억상실증 환자들이 보여주는 엄청나게 충격적인 증상인 자신의 정체성을 잃는 일이 발생한다(Reed & Squire, 1998). 모든 인지발달 이론들에서 기억은 역할을 하지만 정보처리 이론들에서는 각별히 중요하다. 대부분의 정보처리 이론들은 작업기억, 장기기억, 그리고 **실행기능들**을 구별한다.

문제 해결 ■ 장애물을 극복하는 전략을 사용하여 목표를 달성하는 과정

작업기억 ■ 적극적으로 정보에 주의하고 정
보를 수집하고, 유지하고, 저장하고, 처리하는
기억 체계

장기기억 ■ 오랫동안 지속되는 정보

작업기억 **작업기억**(working memory)은 정보에 적극적으로 주의를 집중하고 정보를 수집하고 유지하고 처리하는 것을 포함한다(Cowan, 2016). 예를 들어 새에 대한 이야기를 읽고 난 직후에 아동에게 이에 대해 질문을 하면 아동은 작업기억을 이용해서 이야기로부터 유관 정보들, 그 정보로부터 얻은 추론, 그리고 새들에 대한 이전 지식들을 모으고 이 정보들에 주의를 주고 이들을 처리해서 그럴듯한 답을 구성할 때까지 기억 속에 오래 유지한다.

작업기억은 용량(동시에 적극적으로 집중할 수 있는 정보의 양)과 업데이트 활동 없이 활동적인 상태로 정보를 유지할 수 있는 시간의 길이에서 제한이 있다. 예를 들어 아동은 5개의 숫자를 차례로 기억할 수 있지만 6개는 기억할 수 없고, 반복하지 않고 10초를 기억할 수 있지만 더 긴 시간 동안 기억할 수는 없다. 정확한 용량과 지속시간은 연령, 과제, 그리고 처리되는 정보의 종류에 따라 다르다(Cowan, 2016; Schneider, 2011).

작업기억 하위 체계의 기본적 조직은 아동 전기부터 일정한 것처럼 보인다. 그러나 작업기억의 용량과 속도는 영아기, 아동기, 그리고 청년기를 걸쳐 상당히 증가한다(Barrouillet & Camos, 2015; Cowan, 2016). 이러한 변화들은 작업기억이 다루는 내용에 대한 지식이 증가하고 또 일부는 뇌가 성숙하면서 변화가 생기기 때문이다(Nelson, Thomas, & de Haan, 2006; 그림 4.8 참조).

이러한 내적인 변화에 더하여 때로는 놀라운 방법으로 외적 환경 역시 주의에 영향을 미친다. 예를 들어 미국의 유치원 교실은 형형색색의 포스터, 사진, 미술작품, 그리고 다른 장식으로 꾸며져 있다. 교실을 학습을 위한 매력적인 장소로 만들려는 의도인데 그 결과는 배우고 있는 내용으로부터 아이들의 주의를 분산시킬 수도 있다. 유치원생들이 전형적인 유치원 교실처럼 다채롭게 장식된 교실에서 과학 수업을 받을 때와 장식이 없는 교실에서 수업을 받을 때를 비교해보면 아동들은 장식이 없는 교실에서 수업을 받을 때 배우고 있는 내용을 더 학습했다(Fisher, Godwin, & Seltman, 2014). 다채롭게 장식된 교실의 유치원생들은 과제에 집중하지 않은 채 더 시간을 보냈고 (주로 장식을 바라보면서) 그런 시간이 더 길수록 과학 수업으로부터 배운 내용이 적었다.

장기기억 작업기억이 순간적인 성격이라면 **장기기억**(long-term memory)은 일생 동안 축적된 지식으로 구성된다. 장기기억은 사실적 지식(예 : 각 나라들의 수도이름을 알거나 과거 3년간 슈퍼볼에서 우승한 팀 이름을 아는 것), 개념적 지식(예 : 정의, 자비, 평등의 개념), 절차적 지식(예 : 농구에서 슛하는 방법이나 엑스박스 게임 하는 법), 태도(예 : 정당이나 음식에 대한 호불호), 사고전략(예 : 논거의 정당성을 확인하기 위해 극단의 경우를 사용하는 법) 등을 포함한다. 단기기억이 주어진 순간에 주의하는 지식의 일부라고 본다면 장기기억은 한 개인이 가진 지식의 총체라고 생각할 수 있다(Barrouillet & Camos, 2015; Cowan, 2016).

작업기억의 용량과 지속기간에 제한이 있는 데 비해 장기기억은 무제한의 정보를 무기한 동안 유지할 수 있다. 유명한 사례를 인용하면, 한 연구에 따르면 고등학교에서 스페인어나 대수학을 공부한 사람들은 종종 그 사이에 그 정보들을 사용하지 않았는데도 불구하고 50년이 지난 후에도 배운 내용들을 상당량 유지한다(Bahrick & Phelps, 1987).

실행기능 실행기능은 인지의 통제를 포함한다. 전전두 피질(그림 4.8)은 인지 통제에 특별히 중요한 역할을 한다. 실행기능은 다음의 세 종류가 있다. 중요한 시험이 내일인데 스마트폰을 가지고 놀고 싶은 유혹에 저항하는 것처럼 바람직하지 않은 행동의 억제, 가장 중요한 정보에 선택적으로 주의를 주는 것과 같은 전략 사용을 통해 **작업기억을 향상**시키는 것, 상대방과 입장이 다를 때 상

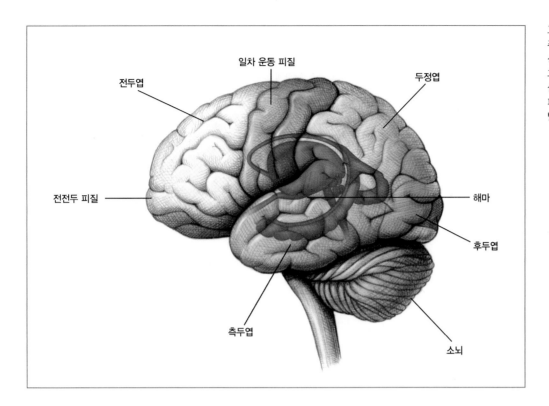

일차 운동 피질

전두엽

전전두 피질

측두엽

두정엽

해마

후두엽

소뇌

그림 4.8 여기서 보는 것과 같은 피질의 주요 영역 모두는 출생 후부터 지속적으로 성숙한다. 계획하기, 부적절한 행동의 억제, 그리고 변화하는 상황에 따라 새로운 목표 설정하기와 특히 관련되는 부위인 전전두 피질에서 뇌의 성숙은 적어도 20대까지 특별히 긴 시간 동안 지속된다.

대방의 관점을 상상하는 것과 같은 인지적 유연성이 그것이다(Blair, 2016; Diamond, 2013; Rose, Feldman, & Jankowski, 2011).

사고와 행동을 통제하여 충동적으로 행동하거나 습관대로 행동하는 대신 적절하게 반응하도록 돕는 실행기능의 능력은 학령전기와 초등학교 저학년 시기에 상당히 증가한다. 예를 들어 장난감을 색으로 분류한 다음 모양으로 분류하고 또 색으로 분류하는 등의 과제를 할 때 대부분의 3세들은 목표를 바꾸는 데 어려움을 느끼지만 5세들은 쉽게 그렇게 한다(Baker, Friedman, & Leslie, 2010; Zelazo & Carlson, 2012).

습관적인 반응을 억제하는 능력은 조금 늦게 나타나며 '사이먼 가라사대' 게임과 같은 일상적인 장면에서 분명해진다. 학령전 아동들은 이런 게임에서 중요한 구절을 붙이지 않은 명령에 재빨리 반응하려는 충동을 억제하는 데 상당한 어려움이 있지만, 초등 저학년들은 즉각적으로 반응하려는 충동을 훨씬 더 잘 억제한다(Best & Miller, 2010; Dempster, 1995; Sabbagh et al., 2006). 예상하는 바와 같이 강력한 실행기능에 대한 요구는 아동전기를 넘어서도 지속적인 도전이 된다. 예를 들어 할 일을 미루고 싶은 유혹에 저항하기, 선생님이 이야기할 때 계속 조용히 있기, 또 교사나 부모에게 불손한 말대꾸 억제하기는 많은 청소년들에게조차도 어려운 일이다(Bunge & Zelazo, 2006; Munakata, Snyder, & Chatham, 2012).

아동전기 동안 실행기능의 질은 고등학교에서의 학업성취, 대학 입학, 성인기의 수입과 직업적 지위를 포함한 많은 중요한 이후 결과들을 예측한다(Blair & Raver, 2015; Cantin et al., 2016; Mischel & Ayduk, 2011; Moffitt et al., 2011). 실행기능은 또한 다른 기술의 습득을 위하여 받는 교육에서 아동이 얻는 이득과도 관계된다. 예를 들어 강력한 실행기능 기술을 가진 학령전 아동들은 타인의 사고에 대한 이해를 향상시키려는 훈련에서 또래들보다 더 많이 배운다(Benson et al., 2013). 또한 이중언어의 경험은 아마도 부분적으로는 한 언어를 말하는 동안 다른 언어를 억제하는 연습을 제공하기 때문에 실행기능을 향상시킨다(Adesope et al., 2010; Bialystok, 2015).

몇몇 훈련 프로그램들이 아동의 실행기능을 향상시키는 데 상당한 진전을 보였다(Blair & Raver, 2014; Diamond, 2013). 이러한 훈련 중 하나에서는 저소득층 대상의 29개 유치원에 다니는 아동들을 마음의 도구(Tools of Mind)라는 교과를 사용하는 집단이나 통제집단에 무선으로 배치했다(Raver et al., 2011). 이 교과는 교사에게 아동이 수업을 방해하는 충동을 억제하고 과제에 집중하도록 돕는 전략들 — 규칙들을 분명하게 진술하고 실행, 긍정적인 행동을 보상, 부정적인 행동을 긍정적인 방향으로 재지시하는 것을 포함 — 을 가르친다. 프로그램이 종료된 직후와 1년 뒤에 검사를 했을 때 마음의 도구 프로그램을 교육받았던 아동들의 행동과 실행기능은 상당한 향상을 보였다. 그들은 통제집단의 또래들보다 주의집중을 방해하는 것이 있을 때 더 주의할 수 있었고 작업기억에 정보를 더 잘 유지했으며 새로운 문제들을 더 잘 해결했다. 특히 인상적인 것은 중재 프로그램을 받았던 아동들이 통제집단의 아동들에 비해 이후 3년 동안 수학과 읽기 수행이 지속적으로 더 높았다는 것이다(Blair & Raver, 2014).

기억발달에 대한 설명 정보처리 이론가들은 각 연령에서 기억이 좋아지게 만드는 과정들과 더 좋아질 수 없게 방해하는 제한점을 모두 설명하고자 한다. 이러한 노력은 세 종류의 능력, 즉 기본 과정, 전략, 내용지식에 초점을 맞춘다.

기본 과정들 가장 간단하고 가장 빈번하게 사용되는 정신 활동을 **기본 과정들**(basic processes)이라 한다. 기본 과정들에는 사건을 다른 사건과 연합하기(associating), 친숙한 사물로 재구성하기(reorganizing), 사실과 절차 회상하기(recalling), 한 사례에서 다른 것으로 일반화하기(generalizing)가 포함된다. 다른 모든 과정들의 열쇠가 되는 또 다른 기본 과정은 **부호화**(encoding), 즉 사물과 사건의 특정 특징을 기억 속에 표상하기다. 발달하면서 아동들은 기본 과정을 더 효율적으로 실행하고 모든 종류의 자료에 대해 기억과 학습능력이 향상된다.

이 기본 과정들 중 대부분은 친숙하며 그 중요성이 명백하다. 그러나 부호화는 덜 친숙하다. 부호화의 중요성을 이해하기 위해서는 기억이 작동하는 방법을 이해해야 한다. 사람들은 종종 기억이 우리들의 경험을 찍은 편집하지 않은 영화와 비슷하다고 생각하지만 기억은 실제로 훨씬 더 선택적이다. 사람들은 자신의 주의를 끌거나 관계가 있다고 생각하는 정보를 부호화하지만 상당량의 다른 정보들을 부호화하는 데 실패한다. 만약 정보가 부호화되지 않으면 나중에 기억되지 않는다. 부호화 실패는 아마도 미국 국기에 대한 우리들의 기억에서 분명하게 드러날 것이다. 미국 국기를 여러 번 봤겠지만 별들이 어떻게 배열되었는지 또는 빨간색이나 흰색 줄이 몇 개나 되는지를 부호화하지는 않았을 것이다.

아동들이 저울문제의 해결을 어떻게 학습하는지에 대한 연구들은 학습, 기억, 문제 해결에서 부호화의 중요성을 보여준다. 147쪽에서 논의한 바와 같이 대부분의 5세 아동들은 저울의 받침점에서 추 사이의 거리와는 무관하게 저울의 더 무거운 쪽이 내려간다고 예측한다. 5세 아동들은 일반적으로 무게뿐 아니라 거리까지 고려하여 저울문제를 해결하는 더 고차원적 접근을 배우는 데 어려움을 겪는데 이는 받침점에서 추까지의 거리 정보를 부호화하지 않기 때문이다. 저울 배열의 부호화를 조사하기 위해 아동들에게 추가 다양한 배열로 놓인 저울을 보여준 뒤에 저울을 불투명한 장벽 뒤에 숨긴다. 그리고 아동들에게 빈 저울에 동일한 배열을 만들도록 요청한다. 5세 아동들은 일반적으로 저울의 각 팔에 정확한 수의 추를 달지만 균형점으로부터 정확한 거리에 놓지는 못한

기본 과정들 ■ 가장 간단하고 빈번하게 사용되는 정신 활동

부호화 ■ 주의를 끌거나 중요하게 생각되는 정보를 기억에 표상하는 과정

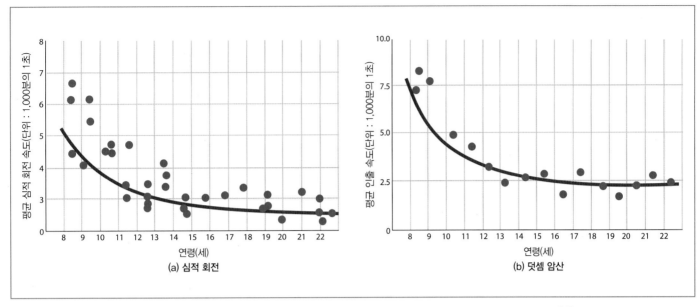

다(Siegler, 1976). 무선으로 선택된 5세 아동들에게 무게와 거리가 모두 중요하다고 말해주면 거리를 부호화하는 것이 중요함을 배우지 못한 또래들이 스스로 학습하는 데 실패한 더 진보된 균형 저울 규칙을 배울 수 있다.

부호화의 향상처럼 처리 속도의 향상도 기억, 문제 해결, 그리고 학습의 발달에 중요한 역할을 한다. 그림 4.9에서 보듯이 처리 속도는 어린 연령에서 가장 빠르게 증가하지만 청소년기까지도 지속적으로 증가한다(Kail, 1991, 1997).

처리 속도의 증가에 기여하는 두 가지 생물학적 과정은 수초화와 뇌 영역들 간의 연결성 증가이다(Johnson, 2011 ; Luna et al., 2004). 제3장에서 논의한 바와 같이 태내기부터 청소년기까지 더 많은 축색돌기들이 절연 물질인 수초로 둘러싸이게 되고 그 결과로 뇌에서 전기충격이 더 빠르고, 정확하게 전달될 수 있게 된다(Paus, 2010). 뇌 영역들 간의 더 큰 연결성 역시 뇌 영역 사이에 정보가 더 직접적으로 전달될 수 있어서 처리 속도를 증가시킨다.

전략들 정보처리 이론가들은 전략의 습득과 성장이 기억발달의 또 다른 주요 원인이라고 지적한다. 5~8세 사이에 아동들은 정보를 기억하기 위해 여러 번 반복하는 **시연**(rehearsal)을 포함하여 광범위하게 유용한 많은 전략들을 사용하기 시작한다.

학령전기와 아동전기에 점점 더 많이 사용하게 되는 또 다른 기억전략은 **선택적 주의**(selective attention)이다. 이는 현재의 목표에 가장 관계되는 정보에 의도적으로 주의를 집중하는 과정이다(Hanania & Smith, 2010). 만약 7세와 8세 아동들에게 2개의 다른 범주(예 : 몇 개의 동물 장난감과 몇 개의 도구들)에 속한 사물들을 보여주고 나중에 한 범주의 사물들만을 기억하게 될 것이라고 하면(예 : "나중에 동물들을 기억해야 될 거야."), 그들은 특정 범주에 속한 사물에만 주의를 집중하고 그 범주를 더 기억한다. 반대로 동일한 지시를 주었을 때 4세 아동들은 두 범주 모두에 주의를 균등하게 배분하고 이는 그들이 기억해야 하는 범주의 사물들을 기억하기 어렵게 만든다(DeMarie-Dreblow & Miller, 1988).

시연 ■ 기억을 돕기 위해 정보를 여러 번 되풀이하는 과정

선택적 주의 ■ 현재의 목표와 가장 관계되는 정보에 의도적으로 주의를 집중하는 과정

체스와 같은 활동에 반복적으로 참여하는 경험을 통해 아동들은 후속되는 유사한 사건에 대한 기억과 사고를 향상시키는 내용지식을 얻는다.

내용지식 나이가 들고 경험이 쌓이면서 거의 모든 것에 대한 아동의 지식이 증가한다. 지식의 증가는 기존의 지식과 새로운 자료를 통합하기 쉽게 만들어서 새로운 자료의 회상을 향상시킨다(Schneider & Ornstein, 2015). 내용지식이 기억에 중요하다는 것은 아동이 성인보다 더 많이 알고 있는 주제에서 아동들이 종종 그 주제에 대한 새로운 정보를 성인보다 더 많이 기억한다는 사실에서 잘 드러난다. 예를 들어 아동과 성인들에게 어린이 TV 프로그램과 어린이 도서에 대한 새로운 정보를 제공하면 일반적으로 아동이 성인들보다 새로운 정보를 더 많이 기억한다(Lindberg, 1980, 1991). 유사하게, 축구에 대해 많은 것을 알고 있는 아동들은 더 나이가 많고 IQ도 높지만 축구에 대해 덜 알고 있는 아동들에 비해 새로운 축구 이야기를 읽을 때 더 많은 것을 학습한다(Schneider, Körkel, & Weinert, 1989).

기존의 내용지식은 여러 가지 다른 방법으로 새로운 정보에 대한 기억을 향상시킨다. 하나는 부호화를 향상시키는 방법이다. 보드판에 다양하게 놓인 체스의 배열을 기억하는 검사에서 아동 체스 전문가는 성인 초보자보다 더 많이 기억했다. 그 이유는 아동 전문가들의 경우, 체스에 대한 방대한 지식으로 인해 체스 말들의 위치를 각각 부호화하기보다 여러 말들의 상대적인 위치를 포함하는 더 높은 수준의 정보 덩어리를 부호화할 수 있었기 때문이다(Chi & Ceci, 1987). 내용지식은 또한 유용한 연합을 제공하여 기억을 향상시킨다. 새에 대해 지식이 있는 아동은 부리의 종류가 모이의 종류와 연결되어 있다는 것을 알고 따라서 어느 하나를 기억하면 다른 쪽의 기억이 증가한다(Johnson & Mervis, 1994). 또한 내용지식은 어떤 것이 가능하고 가능하지 않은지를 알려주기 때문에 기억을 유용한 방향으로 인도한다. 예를 들어 야구에 친숙한 사람들에게 그들이 관전하고 있는 게임의 특정 이닝을 기억해보라고 하고 그들이 그 이닝에서 투아웃만을 기억할 수 있을 때 그들은 세 번째 아웃이 있었을 것을 인지하고 그 기억을 찾으려고 한다. 그러나 야구의 지식이 결여된 사람들은 이렇게 하지 않는다(Walker, 1987).

문제 해결의 발달

정보처리 이론가들은 전략을 사용하여 종종 지식과 처리 용량의 한계를 극복하는 능동적인 문제 해결자로 아동을 묘사한다. 여기서는 문제 해결의 발달에 대한 정보처리의 중요한 관점 중 하나인 중복파장 이론을 소개한다.

Piaget의 이론은 어떤 연령의 아동이 특정 집단의 문제를 해결하기 위해 특정 전략을 사용하는 것으로 그렸다. 예를 들어 Piaget에 의하면 수 보존 문제를 푸는 5세 아동은(그림 4.6 참조) 더 긴 줄을 선택하고 같은 문제를 푸는 7세 아동은 아무것도 더하거나 빼지 않았기 때문에 사물의 수는 같다고 사고한다. 그러나 **중복파장 이론**(overlapping wave theory)에 의하면 이러한 문제들을 해결하기 위해 각 아동들은 일상적으로 다양한 접근법을 사용한다(Siegler, 1996; 2006). 예를 들어 반복적으로 수 보존 문제를 제시하면 대부분의 5세 아동들은 적어도 3개의 다른 전략을 사용한다(Siegler, 1995). 더 긴 줄에 사물이 더 많다고 잘못 생각한 바로 그 아동이 다른 시행에서는 줄을 길게 하는 것만으로는 사물의 수가 달라지지 않는다고 정확하게 판단하며 또 다른 시행에서는 어떤 줄에 사물이 더 많은지를 알아보기 위해 두 줄의 사물들을 세어본다.

중복파장 이론 ■ 아동 사고의 변동성(variability)을 강조하는 정보처리적 접근의 하나

그림 4.10은 중복파장 접근에서 묘사하는 전형적인 발달의 패턴을 보여주는데 여기서 전략 1은 가장 간단한 전략, 전략 5는 가장 진보된 전략이다. 가장 어린 연령에서 아동들은 보통 전략 1을 사용하지만 때로는 전략 2나 전략 4를 사용한다. 나이가 들고 경험이 늘어나면서 더 성공적인 수행을 이끄는 전략들이 더 많아진다. 또한 새로운 전략들도 만들어지는데 만약 이전의 접근보다 더 효과적이라면 점차 더 사용된다. 따라서 그림 4.10의 중간 연령에서 아동들은 원래 전략에 전략 3, 5를 추가하고 전략 1은 거의 사용하지 않는다.

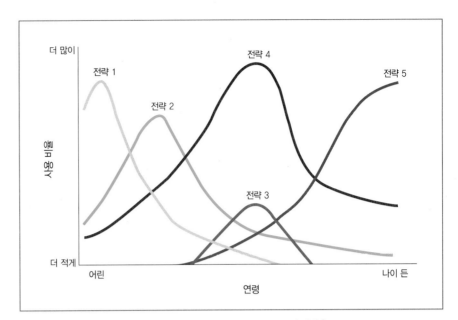

중복파장 이론은 연산, 시간 말하기, 읽기, 철자, 과학적 실험, 생물학적 이해, 도구 사용, 기억으로부터 회상하기와 같은 광범위한 맥락에서 아동의 문제해결 특징을 정확하게 보여주었다 (Chen & Siegler, 2000; Fazio, DeWolf, & Siegler, 2016; Lee & Karmiloff-Smith, 2002; Miller & Coyle, 1999; Siegler, 2006; Van der Ven et al., 2012). 이 이론은 또한 발달의 경로를 통해 문제해결이 향상되는 여러 방법을 구체적으로 명시했다. 아동들은 이전의 전략보다 더욱 효과적인 새로운 전략들을 발견하고 새 전략과 옛 전략을 모두 더 효과적으로 실행하는 법을 배운다. 그리고 특정 문제와 상황에 더욱 적절한 전략들을 선택한다(Miller & Coyle, 1999; Siegler, 2006).

인지적 성장의 이 모든 근원들이 한 자릿수의 덧셈을 학습할 때 분명히 나타난다. 유치원과 초등 저학년의 몇 년 동안 이 문제들에 대한 아동의 지식은 상당히 향상된다. 한 가지 이유는 아동들이 이어서 세기(예 : 2+9를 풀기 위해 '9, 10, 11'과 같이 생각함)와 같은 새로운 전략을 발견하기 때문이다. 다른 이유는 아동이 알고 있는 모든 전략들(예 : 기억에서 답을 인출, 하나부터 세기, 이어서 세기)의 더 빠르고 정확한 실행이다. 향상의 세 번째 이유는 아동들이 전략들 중에서 점차 적응적으로 선택하기 때문이다(예 : 2+9에서처럼 두 수 간의 차이가 클 때는 이어서 세기를 가장 빈번하게 사용하지만 2+2와 같은 쉬운 문제에서는 인출을 사용함; Geary, 2006). (글상자 4.2는 정보처리 분석이 교육을 향상시키는 방법의 한 예를 제시한다.)

계획하기 문제 해결은 종종 행동하기 전에 계획을 세우면 더 성공적이다. 아동들은 친구의 집에 가는 가장 빠른 길 찾기, 부모를 조정하는 법, 나쁜 뉴스를 전달할 때 상대방이 화를 최소한으로 내도록 만드는 법을 계획하는 데서 혜택을 받는다(Hudson, Sosa, & Shapiro, 1997). 그러나 계획하기의 이점에도 불구하고 아동들은 종종 계획하기가 문제 해결을 도울 수 있는 상황에서 계획하기를 실패한다(Berg et al., 1997). 왜 그럴까?

정보처리 분석가들에 따르면 아동들에게 계획하기가 어려운 한 가지 이유는 먼저 최선의 전략을 선택하려는 시도를 위해서 즉각적으로 문제를 해결하고자 하는 열망을 억제해야 하기 때문이다. 주어진 종이에 무엇을 적을지 계획도 없이 시작하는 것이 하나의 친숙한 예이다.

어린 아동들에게 계획하기가 어려운 두 번째 이유는 아동들이 자신의 능력에 대해 지나치게 낙관적이고 계획 없이도 문제를 해결할 수 있다고 믿기 때문이다(Bjorklund, 1997; Schneider, 1998).

그림 4.10 중복파장 모델 중복파장 모델은 어떤 한 연령에서 아동들이 여러 개의 전략을 사용한다고 제안한다. 중복파장 모델에 의하면 나이가 들고 경험이 많아지면 아동들은 더 진보된 전략(큰 숫자의 전략들)에 점차 의지한다. 발달은 새로운 전략의 발견 뿐 아니라 기존 전략들의 사용 빈도가 변화하는 것을 또한 포함한다.

글상자 4.2   적용

정보처리 이론들의 교육적 적용

아동이 유치원에 입학할 때 가진 수 지식이 수년 후, 즉 초등학교, 중학교, 심지어는 고등학교에서의 수학적 성취를 예언한다(Duncan et al., 2007; Watts et al., 2015). 그래서 저소득층 가정의 아동들이 유치원에 입학할 때 이미 중산층 아동들에 비해 수 지식이 훨씬 부족한 것은 매우 불행한 일이다.

서로 다른 경제적 배경의 아동들이 가진 수 지식에서의 이러한 차이를 어떻게 설명할 수 있을까? 한 정보처리적 분석에 의하면 Chutes and Ladders(활강로와 사다리, 어떤 나라들에서는 Snakes and Ladders로 알려져 있음)와 같은 수 놀이의 경험이 하나의 중요한 요인일 수 있다고 제안한다. Chutes and Ladders는 1부터 100까지의

이 수 보드판 놀이는 학령전 아동의 수 지식을 향상시킨다.

숫자가 적힌 놀이판 위에서 주사위를 던지거나 스피너를 돌려서 나온 숫자만큼 말을 움직이는 놀이다. 이 놀이에 대한 과제 분석에 의하면 놀이의 어떤 순간에 아동의 말이 놓인 사각형에 적힌 숫자가 높을수록, 놀이 동안 아동이 수 이름을 듣거나 말할 기회가 더 많고, 첫 번째 칸으로부터 아동이 이동한 거리가 더 길고, 아동이 놀이를 한 시간이 더 길며, 아동이 분명하게 손으로 말을 움직이는 횟수가 더 많다. 이러한 언어적, 공간적, 시간적(시간 기반), 그리고 운동적 단서는 전반적인 수학적 성취와 밀접하게 연관된 지식인 수 크기의 지식(수 이름이 제시하는 양)에 대한 광범위한 다중 감각적 기초를 제공한다(Siegler, 2016).

Ramani와 Siegler(2008)는 이러한 정보처리적 분석을 저소득층 학령전 아동의 수 이해를 향상시키는 데 적용했다. 연구자들은 저소득층 가정의 4세와 5세들을 수 보드판 실험 조건이나 색 보드판 통제 조건에 무선 배치했다. 수 보드판 조건은 Chutes and Ladders 보드판의 첫 줄과 실제로 똑같이 생겼다. 수 보드판은 왼쪽부터 오른쪽으로 1부터 10까지 수가 적혀 있었다. 아동은 매번 1이나 2가 나오는 스피너를 돌려서 숫자가 나오면 각 칸의 숫자를 말하면서 나온 숫자만큼 자신의 말을 보드판에서 이동시켰다. 색 보드판 조건에 속한 아동들은 그들의 보드에는 숫자가 없고 아동들이 말을 옮길 때 색 이름을 말하는 것을 제외하고는 동일한 게임을 했다. 두 조건 모두에서 4회기 동안 게임을 했고 아동들이 네모 칸에 적힌 숫자나 색의 이름을 모르면 실험자가 도와주었으며 게임 전에 수 지식에 대한 사전검사를 받았고 마지막 게임 회기와 9주 후에 수 지식에 대한 사후검사를 받았다.

사후검사에서 수 보드판 놀이를 했던 아동들은 제시한 4과제 — 수 세기, 수 읽기, 수 크기 비교(예 : 8과 3 중 어떤 것이 더 크니?), 수직선에서 수의 위치 추정하기 — 모두에서 1부터 10까지 수에 대한 지식이 향상되었다.

후속 연구들에 의하면 1~10 보드게임의 놀이 경험이 2+4=6과 같은 연산문제에 대한 학습 능력을 향상시켰으며(Siegler & Ramani, 2009), 0~100 보드게임은 더 큰 수에 대한 유치원생들의 수 지식을 향상시켰다(Laski & Siegler, 2014). 따라서 수 보드판 놀이는 저소득층 학령전 아동과 유치원생들의 수 지식을 향상시키는 빠르고 효과적이며 저렴한 방법임을 보여주었다.

이러한 지나친 낙관주의는 때로 어린 아동들이 성급하게 행동하도록 만든다. 예를 들어 자신의 신체적 능력을 과대평가하는 6세 아동은 자신의 능력을 현실적으로 평가하는 또래에 비해 사고가 더 많은데 이는 아마도 자신감 때문에 잠재적인 위험을 피하는 계획을 세우지 않기 때문인 것 같다(Plumert, 1995).

뇌에서 특히 계획하기에 중요한 부분인 전전두 피질의 성숙은 시간이 가면서 지나친 낙관주의를 줄이거나 계획하기의 가치를 보여주는 경험과 함께 계획하기의 빈도와 질을 증가시키고 이는 문제 해결을 향상시킨다(Chalmers & Lawrence, 1993). 그러나 계획하기 과정의 향상은 긴 시간을 요한다. 청소년 전기와 청소년기에는 성인들에 비해 위험 상황에서 계획을 세우지 않거나 이전 계획을

COURTESY OF JODIE PLUMERT

어린 아동들의 지나친 낙관주의는 때로 그들을 위험한 상황에 처하게 한다. 이 특정 계획은 잘 진행되었지만 모두가 그런 것은 아니다.

무시하고 위험을 감수한다(Plumert, Kearney, & Cremer, 2004; Steinberg, 2008).

핵심 지식 이론들

나는 그 전등을 깨지 않았지만 다시는 안 그럴게요.

–3세 아동이 엄마에게 하는 말(Vasek, 1986에서 인용)

어른의 관점에서는 속이 뻔해 보이지만 이 3세 아이의 은폐는 다소 세련된 사고를 반영한다. 아이는 전등이 어떻게 깨졌는지에 대해 자신이 알고 있는 것을 엄마는 알지 못한다는 것을 알고 있고 따라서 자신의 책임을 부인하려고 시도한다. 동시에 엄마가 자신을 믿지 않을 수도 있음을 알고 만일을 위해 다시는 안 그러겠다는 맹세를 한다. 남을 속이려는 노력은 실제로 아동의 사고에서 일종의 진보를 나타낸다. 2~7세 사이에 아동이 잘못을 한 상황에서 자신의 잘못에 대해 거짓말을 하는 비율은 꾸준하게 증가하는데 아마도 아동이 잠재적인 부정적 결과를 상상할 수 있고 이를 피할 수 있는 방법을 생성할 수 있기 때문일 것이다(그림 4.11 참조)(K. Lee, 2013).

거짓말에 대한 이러한 연구들은 **핵심 지식 이론들**(core-knowledge theories)의 영향을 받은 연구들이 갖는 두 가지 중요한 특징을 보여준다. 첫째, 이러한 이론들에 기반한 연구들은 인류의 진화 역사를 통해 중요하게 여겨지는 종류의 지식, 예를 들어 타인의 생각을 이해하고 조정하기와 같은 지식의 영역에 집중한다. 핵심 지식이 포함하는 다른 영역은 생물과 무생물의 차이 인식, 인간의 얼굴 인식, 공간에서 길 찾기, 인과관계의 이해, 언어 습득 등이다.

거짓말 연구들은 핵심 지식 이론들의 두 번째 특징을 보여준다. 인간의 진화에서 중요한 어떤 영

핵심 지식 이론들 ■ 진화상 특별히 중요한 영역들에서 아동이 일부 선천적인 지식을 가지고 있으며 이 영역들에서 추가적인 정보를 빠르고 수월하게 습득할 수 있도록 하는 영역 특정적인 학습기제를 가지고 있다고 보는 접근들

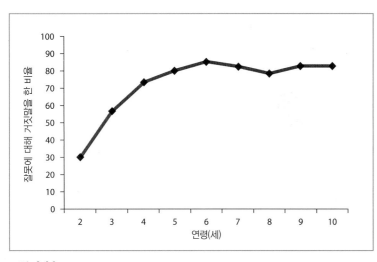

그림 4.11 잘못에 대해 거짓말을 하는 아동의 연령별 비율 자신의 잘못을 은폐하기 위해 거짓말을 하는 아동의 비율은 연령에 따라 증가한다. 이는 아마도 그럴듯한 구실을 생성하는 데 나이 든 아동들이 더 창의적이기 때문일 것이다(출처 : Lee, 2013).

역들에서는 영아와 어린 아동들도 Piaget가 가능하다고 생각했던 것보다 상당히 진보된 방법으로 생각한다는 가정이 바로 그것이다. 만약 학령전 아동이 완전히 자아중심적이라면 그들은 타인의 지식도 자신과 같을 것이라고 간주하고 거짓말을 하면 상대방도 그것이 거짓말이라는 것을 알 것이기 때문에 거짓말을 할 이유가 없다. 그러나 학령전 아동들의 거짓말 시도는 그들이 타인의 마음을 이해하는 데 있어 자아중심적이 아니라는 것을 보여준다. 그렇다면 아동들은 어떻게 그 어린 나이에 그렇게 세련된 지식을 갖게 되었을까?

아동의 천성에 대한 관점

핵심 지식 이론들은 아동을 적극적인 학습자로 묘사한다. 예를 들어 핵심 지식 접근의 연구들에 의하면 3세 아동들은 타인의 속임수를 단순히 목격할 때보다 자신이 동일한 속임수에 적극적으로 개입할 때 속임수를 더 잘 이해한다(Carlson, Moses, & Hix, 1998; Sullivan & Winner, 1993). 이런 점에서 아동의 본성에 대한 핵심 지식의 관점은 Piaget와 정보처리적 이론들과 닮아 있다.

그러나 아동의 선천적인 능력에 대해서 핵심 지식 이론들은 Piaget, 정보처리적 관점의 이론들과 확연히 다르다. Piaget와 정보처리 이론가들은 아동이 모든 종류의 내용들을 점차적으로 더 이해할 수 있도록 돕는 일반적인 학습능력만을 가지고 태어난다고 주장한다. 이에 비해 핵심 지식 이론가들은 아동이 일반적인 학습능력뿐 아니라 특화된 학습기제 또는 정신구조를 가지고 태어나기 때문에 진화적으로 중요한 정보들을 재빨리 손쉽게 습득할 수 있다고 생각한다. Piaget와 정보처리 이론가들의 중심적 비유가 각각 과학자로서의 아동과 일반적인 목적을 가진 계산 체계로서의 아동이라면 핵심 지식 접근의 주요 은유는 진화에 적응적 산물로서의 아동이다. 이 비유는 다음 진술에서 확연히 드러난다.

> 나머지 신체의 구조나 기능만큼 뇌 역시 자연 선택의 산물이다… 심장은 혈액 순환의 과정을 지원하기 위해 진화했고 간은 독소 추출의 과정을 실행하기 위해 진화했으며 정신적 구조들은 적응적 행동에 필요한 종류의 특정 정보들을 학습할 수 있도록 진화했다.
>
> (R. Gelman & Williams, 1998, p. 600)

핵심 지식 이론가들이 제안하는 기본적인 이해는 **영역 특정적**(domain specific), 즉 특정 영역에 제한된다. 이 영역들에서 영역 특정적인 이해는 아동들이 생물과 무생물을 구별하고 처음 보는 무생물이 외적인 힘을 가하지 않으면 움직이지 않을 것과 처음 보는 동물은 스스로 움직일 것을 예상하고 이 영역들과 진화적으로 중요한 다른 영역들에서 특별히 신속하게 학습할 수 있도록 해준다. 서로 다른 기제가 각 영역에서의 발달을 생성한다고 생각한다. 예를 들어 마음이론 모듈(theory of mind module, TOMM)이라 알려진 종류의 기제는 자신과 타인의 마음에 대한 학습을 가능하게 하지만 다른 특별한 기제들은 얼굴, 언어, 움직임, 그리고 다른 중요한 영역에 대한 학습을 돕는다(Leslie, Friedman, & German, 2004; Mahy, Moses, Pfeifer, 2014).

영역 특정적 ■ 특정 내용 영역에 대한 정보

발달의 주요 주제들 : 선천론 대 구성주의

핵심 지식 이론가들은 발달이 일반적인 기제뿐 아니라 영역 특정적인 학습기제의 작동을 반영한다는 데는 일치하지만 얼마나 많은 지식을 타고나는지에 대해서는 일치하지 않는다. 타고난 지식을 강조하는 연구자들을 종종 **선천론자**(nativist)라고 부르고 선천적인 기초 위에 영역 특정적인 세련된 이론들이 점차 생성되는 것을 강조하는 연구자들을 **구성주의자**(constructivist)라고 한다.

선천론

영아들이 진화적으로 중요한 영역에서 더 많은 지식을 빠르고 쉽게 습득할 수 있는 능력뿐 아니라, 이들 영역에 대한 상당한 양의 지식을 갖고 태어난다는 입장을 **선천론**(nativism)이라고 부른다. Elizabeth Spelke는 '핵심 지식 이론(core-knowledge theory)'이라고 하는 가장 유명한 선천 이론을 제안했다(예 : Spelke, 2004; Spelke & Kinzler, 2007). Spelke에 따르면 아기들은 각각 특유의 중요한 영역에 대한 이해를 포함하는 4개의 핵심 지식 체계를 가지고 삶을 시작한다. 첫 번째 체계는 무생물과 그들의 기계적 상호작용을 표상한다. 두 번째 체계는 목표 지향적 행동을 할 수 있는 사람들과 다른 동물의 마음을 표상한다. 세 번째 체계는 사물과 사건의 수와 같이 수를 표상한다. 네 번째 체계는 공간적 배치와 기하학적 관계를 표상한다. 각 체계는 고유의 원리를 갖는다. 예를 들어 물리학에 대한 영아의 이해는 모든 사물이 공간을 점유하고 공간 속을 연속적으로 움직이며 다른 사물과 동일한 공간을 동시에 점유할 수 없다는 지식을 포함한다. 이 가설과 일관되게 많은 연구들이 영아들이 실제로 이러한 기본적인 이해를 가지고 있음을 보고해 왔다(예 : Baillargeon, 2004; Hespos & vanMarle, 2012).

핵심 지식 이론가들에 의하면 언어는 아동이 선천적인 지식과 때로 언어 습득 장치(language acquisition device)(예 : Chomsky, 1988)라고 부르는 특화된 학습기제를 가지고 있다고 제안하는 또 하나의 영역이다. 이론가들에 따르면 이 특별한 학습기제가 어린 아동으로 하여금 모든 인간 언어에 존재하는 문법 규칙의 복잡한 체계를 재빠르게 통달하도록 돕는다고 한다. 이러한 특별한 기제에 대한 한 종류의 증거는 언어 습득의 보편성이다. 성인들이 결코 직접적으로 문법을 가르치지 않는데도 불구하고 모든 사회에서 사실상 모든 아동이 모국어의 기초 문법을 힘들지 않게 재빨리 터득한다. 대조적으로 다른 복잡한 규칙 체계, 예를 들어 대수학, 형식 논리학, 그리고 친족 관계(예 : 팔촌)와 같은 다른 복잡한 규칙 체계는 보편적이 아니며 이들을 학습하기 위해서는 성인이 직접 가르쳐야 하고 아동들은 상당한 노력을 들여야 한다. 타인의 가르침이나 현저한 노력이 없는, 생의 초기 습득의 보편성은 핵심 지식 이론가들이 특별히 중요하게 여기는 영역의 특성이다.

구성주의

핵심 지식 이론가들이 사용하는 용어로서 **구성주의**(constructivism)는 선천론, Piaget의 이론, 그리고 정보처리 이론가들의 요소들을 혼합했다. 선천론과 유사하게 그러나 동일한 용어를 사용하는 Piaget 이론가들과는 다르게 핵심 지식 구성주의자들은 영아가 특별한 진화적 중요성을 가진 영역을 빨리, 그리고 쉽게 이해할 수 있도록 특화된 학습능력을 가지고 있다고 제안한다. 그러나 구성주의자들은 이러한 영역에서 영아들의 초기 지식은 가장 기본적인 상태라는 것을 강조하며 Piaget의 이론과 정보처리 이론가들처럼 구성주의자들도 더 진보된 지식의 구성은 경험과 학습기제의 상호작용을 반영한다고 믿는다. (구성주의자라는 용어를 Piaget 이론가들과 이 핵심 지식 이론가들에게 모두 적용하는 이유는 아동이 새로운 경험과 과거 이해의 상호작용을 통해 새로운 이해를 구성

선천론 ■ 영아들이 진화적으로 중요한 영역의 타고난 지식을 상당히 가지고 있다는 이론

구성주의 ■ 영아들이 초보적인 선천적 지식과 후속의 경험을 결합하여 점점 더 진보된 이해를 구축한다는 이론

하면서 대부분의 인지발달이 일어난다는 가정을 그들이 공유하기 때문이다.)

몇몇 핵심 지식 구성주의자들은 어린 아동들이 가장 중요한 영역들에서의 이해를 형식적 이론으로 적극적으로 조직화한다고 제안한다(Carey, 2009; S. Gelman & Noles, 2011; Gopnik & Wellman, 2012). 특히 이들은 아동들이 물리학(사물에 대한 지식), 심리학(사람에 대한 지식), 그리고 생물학(식물과 동물에 대한 지식)에 대한 일상의 이론들(naive theories)을 형성한다고 가정한다. 이 이론들은 기초적이고 비공식적이지만 공식적인 과학 이론들이 갖는 중요한 세 가지 특성을 공유한다.

1. 이들은 관련 사물과 사건들을 몇 개의 기본적인 범주로 나누기 위한 근본적인 단위들을 식별한다.
2. 이들은 많은 현상을 소수의 근본적인 원리로 설명한다.
3. 이들은 사건을 관찰할 수 없는 원인으로 설명한다.

이러한 특성들의 각각은 생물학의 이해에서 분명하게 나타난다(Carey, 2009; Inagaki & Hatano, 2008; Legare & S. Gelman, 2014). 첫 번째 특성과 관련해서 영아와 어린 아동들은 모든 사물을 사람, 다른 동물, 그리고 무생물의 세 가지 범주로 분류한다. 두 번째 특성과 관련해서 학령전 아동들은 물과 음식에 대한 욕망이 동물들의 많은 행동에 내재되어 있다와 같은 광범위하게 적용 가능한 원리들을 이해한다. 세 번째 특성과 관련해서 학령전 아동들은 사물의 행동을 결정짓는 것은 외적인 힘인 데 비해 생식, 움직임과 같은 동물에게 필수적인 활동들은 동물 내부의 어떤 것이 원인이라는 것을 안다.

동시에 핵심 지식 구성주의자들은 초기의 간단한 이론들이 나이와 경험이 증가하면서 상당히 더 복잡해진다는 것을 강조한다. 예를 들어 저명한 핵심 지식 구성주의자들인 Henry Wellman과 Susan Gelman(1998)은 첫 번째 심리학 이론은 18개월경에, 첫 번째 생물학 이론은 3세경에 발생한다고 제안했다. 첫 번째 심리학 이론은 자신의 행동뿐 아니라 타인의 행동은 그들의 목표와 욕망을 반영한다는 이해를 중심으로 구성된다. 예를 들어 2세 아동들은 아동 자신이 배가 고픈 것과 무관하게 다른 사람들은 그 순간 그들 자신이 배가 고프면 먹기 원할 것이라는 것을 이해한다. 첫 번째 생물학 이론은 사람과 다른 동물들은 생물이며 무생물과는 다르다는 이해를 중심으로 구성된다. 예를 들어 3세와 4세 아동들은 제조된 사물과 달리 사람과 동물들은 스스로 치유할 수 있다는 것을 이해한다(Gelman, 2003).

더욱 진보된 이론들이 이러한 초기 이론들을 뒤따른다. 예를 들어 7세가 되어야 아동들은 생물에 동물뿐 아니라 식물이 포함된다는 것을 믿는다(Inagaki & Hatano, 2008). 유사하게 3, 4세가 되어야 아동들은 자신과 타인의 행동에 욕망뿐 아니라 믿음이 영향을 준다는 것을 인식한다(Wellman, Cross, & Watson, 2001). 핵심 지식 접근을 옹호하는 연구들은 제7장에서 다시 더 깊게 살펴볼 것이다. 여기서는 이 접근의 흥미로운 교육적 적용을 살펴보면서 핵심 지식 이론에 대한 개관을 정리한다.

핵심 지식 이론들의 교육적 적용

핵심 지식 이론가들은 영아와 어린 아동들이 어떤 근본적인 개념들에 대해 이해하고 있다는 것을 강조하지만 그들 역시 다른 많은 기본적인 개념들은 훨씬 이후까지도 터득이 되지 않는다는 것을 인지하고 있다. 나중에 습득되는 이러한 개념 중 하나가 생물학적 진화의 핵심이지만 많은 고등학생들과 대학생들조차 이해가 어려운 '자연 선택'이다(Gregory, 2009). Gelman(2003)과 같은 핵심 지식 이론가들에 의하면 이 개념이 어려운 이유 중 하나는 어린 아동들이 본질주의자(essentialist)이기 때문이다. 한 종의 구성원들은 그들을 그들답게 만드는 고정된 내적인 본질, 즉 개에게는 '개다움', 고양이에게는 '고양이다움'과 같은 것이 있다고 아동들은 믿는다.

본질주의자들의 사고는 타당한 추론을 위한 중요한 장점을 갖는다. 예를 들어 본질주의는 만약 어떤 개에게 비장이 있으면 다른 개들도 역시 비장을 가질 것이며 어떤 양이 염소 사이에서 자라더라도 양은 양으로 남을 것이라는 것을 학령전 아동들이 학습하도록 돕는다. 그러나 본질주의는 자연 선택

의 학습을 방해하는데 그 이유는 고정된 본질을 갖는다는 것이 현존하는 종들(species) 속에서 새로운 종이 진화하는 것을 불가능한 것처럼 보이도록 하기 때문이다. 실제로 종종 장기간에 걸친 교수에도 자연 선택에 대한 이해가 그리 대단하지 않은 정도로만 진전된다(Ferrari & Chi, 1998).

Deborah Kelemen과 동료들(Kelemen et al., 2014)은 핵심 지식의 아이디어 중 특히 인과 설명의 강조와 어린 아동의 상대적으로 진보된 생물학적 개념 이해를 적용하여 5~8세 아동들이 자연 선택을 이해하도록 도왔다. 이를 위해 연구자들은 '필로사'라고 부르는 가상의 동물에 대한 이야기책을 만들었다. 이야기 속에서 극심한 날씨 변화로 필로사의 먹이인 벌레들이 더 깊은 땅 속으로 은신하게 되고 따라서 필로사의 수가 점차 줄어들게 된다. 이러한 변화의 효과는 벌레를 잡을 때 사용하는 필로사의 코에 달려 있다. 어떤 필로사는 코가 가늘어서 벌레가 숨어 있는 좁은 굴에 쉽게 닿을 수 있는 반면에 코가 너무 두꺼워서 굴에 넣을 수 없는 필로사도 있었다. 이러한 환경으로 인해 두꺼운 코를 가진

필로사는 번식을 하기 전에 굶어 죽게 되고 가느다란 코를 가진 필로사는 살아남아서 자식을 갖게 되었고 자식들의 대부분은 부모처럼 코가 가늘었다. 몇 세대에 걸쳐서 가느다란 코를 가진 필로사들이 필로사의 주된 유형이 되었다.

이야기책을 보고 들은 뒤에 아동들은 들은 내용을 학습했을 뿐 아니라 다른 환경적 도전에 처한 다른 가상의 종들에 대한 질문에 대해 자연 선택의 논리를 생성할 수 있었다. 핵심 지식 이론들과 일관되게 개체군 수준의 변화를 가져오는 인과적 기제에 대해 더 많은 정보를 담은 이야기책은 원인에 대한 정보가 적은 이야기책에 비해 학습효과가 더 컸다. 자연 선택에 대한 아동의 증진된 이해는 3개월 후까지도 유지되었다. 이러한 인상적인 결과들은 고등학생들보다 어린 아동들이 자연 선택과 같은 진화적 개념을 이해할 수 없다는 이전의 견해에 도전이 되었고 핵심 지식 이론을 교육적으로 중요한 개념들에 적용하는 것이 유용하다는 것을 보여주었다.

사회문화적 이론들

4살 난 딸 세이디와 엄마가 조립도를 보며 장난감을 조립하고 있다.

엄마 : 이제 다른 쪽에는 이렇게 생긴 것이 필요해. 음… 맞아, 바로 그거야.

세이디 : 이걸 가지고 이렇게 해요? 잠깐, 잠깐. 그냥 둬요. 거기. 그걸 빼요. 아야.

엄마 : 네가 그걸 돌리는 동안 내가 잡고 있을게. (세이디가 장난감 만드는 것을 보고 있다.) 이제 마무리를 해봐.

세이디 : 이거요?

엄마 : 아니. 그림을 봐봐. 바로 여기. (조립도를 가리킨다.) 그 조각.

세이디 : 이거 같은?

엄마 : 맞아.

(Gauvain, 2001, p. 32)

이러한 상호작용은 아마도 평범한 것으로 보일 것이며 사실 그렇다. 그러나 **사회문화적 이론들**(sociocultural theories)의 관점에서는 이것과 이와 비슷한 수천의 다른 일상적 상호작용들이 발달을

사회문화적 이론들 ■ 아동의 발달에 타인과 주변 문화가 중요하게 공헌한다는 것을 강조하는 접근들

일으키기 때문에 가장 중요하다.

사회문화적 관점에서 볼 때 이 사건의 주목할 만한 특징 중 하나는 세이디가 장난감 조립을 대인 관계의 맥락에서 학습하고 있다는 것이다. 사회문화적 이론가들은 인지발달의 많은 부분이 아동과 아동이 기술, 지식, 믿음, 그리고 그들 문화에서 가치 있게 생각하는 태도를 습득하도록 도우려는 다른 사람들(부모, 형제/자매, 교사, 놀이친구 등) 사이의 직접적인 상호작용을 통해 일어나고 있다는 것을 강조한다. 따라서 Piaget 이론가, 정보처리, 그리고 핵심 지식 이론가들이 세상을 이해하려는 아동 자신의 노력을 강조하는 반면 사회문화적 이론가들은 아동과 타인의 상호작용의 발달적 중요성을 강조한다.

세이디와 엄마의 상호작용은 또한 나이가 많고 지식이 많은 개인이 어리고 지식이 부족한 사람이 스스로 해낼 수 있는 것보다 더 높은 수준의 활동에 참여할 수 있도록 활동을 구조화하는 과정인 **안내된 참여**(guided participation)의 예를 보여주기 때문에 주목할 만하다(Rogoff, 2003). 예를 들어 세이디의 엄마는 세이디가 다른 부분을 조립할 수 있도록 장난감의 한 부분을 들어 준다. 세이디는 혼자서는 두 부분을 함께 조립할 수 없고 따라서 조립 기술을 향상시킬 수 없었을 것이다. 유사하게 세이디의 엄마는 조립도의 관련 부분을 가리키며 세이디가 다음에 무엇을 해야 할지 결정할 수 있게 하고 또한 조립도가 어떻게 정보를 전달하는지 학습할 수 있게 한다. 이 에피소드가 보여주듯 안내된 참여는 특정 장난감을 조립하는 것처럼 특정 목표를 달성하는 명백한 의도가 있는 상황들에서 종종 발생하지만 사물을 조립하는 것 같은 더 일반적인 기술들을 학습하는 상황에서도 활동의 부산물로 생겨나기도 한다.

세이디와 엄마의 상호작용에서 세 번째 주목할 만한 특징은 상호작용이 더 큰 문화적 맥락 안에서 발생한다는 것이다. 이 맥락은 타인뿐 아니라 사회문화적 이론가들이 **문화적 도구**(cultural tools) — 상징 체계, 인공물, 기술들, 가치, 그리고 문화가 우리의 사고에 영향을 미치는 많은 다른 방법들 — 라고 부르는 인간 독창력의 수없이 많은 산물들을 포함한다. 인쇄된 조립도와 언어 같은 상징 체계가 없다면 세이디와 엄마가 장난감의 조각들을 조립하는 것이 불가능하거나 어려웠을 것이다. 또한 장난감과 같은 인공물을 제조하는 기술이 없었다면 조여야 할 조각들도 없었을 것이고 세이디가 다른 쪽을 나사로 조일 수 있도록 엄마가 장난감의 한쪽을 붙잡고 있는 것과 같은 기술이 없다면 세이디는 장난감을 조립할 수 없었을 것이고 소녀들에게 기계적 기술을 배우도록 장려하는 문화적 가치가 없었다면 세이디와 엄마의 이 상호작용은 일어나지 않았을 것이다. 따라서 사회문화적 이론가들은 가장 흔한 상호작용에도 내재되어 있는 문화의 많은 측면들에 우리가 감사의 마음을 갖게 한다.

아동의 천성에 대한 관점

인지발달의 사회문화적 접근의 거장이며 여러 의미에서 이 접근법의 창시자는 러시아의 심리학자인 Lev Semyonovich Vygotsky이다. 비록 Vygotsky와 Piaget는 동시대 사람들이지만 Vygotsky의 주요 업적들 대부분은 1970년대까지 러시아 외부로 알려지지 않았다. 이의 출현은 상당한 흥분을 자아내었는데 이유 중 일부는 Vygotsky의 아동관이 Piaget와는 많이 달랐기 때문이다.

Vygotsky의 이론

Vygotsky의 이론은 Piaget의 이론과 비교하여 이해할 수 있다. Piaget의 이론은 세상을 스스로 이해

안내된 참여 ■ 지식이 더 많은 개인이 지식이 적은 사람이 학습할 수 있도록 활동을 조직화하는 과정

문화적 도구 ■ 사고를 증진시키는 인간 독창력의 수많은 산물들

하려는 아동들의 노력을 강조하는 데 비해 Vygotsky와 이후 사회문화적 이론가들은 아동들이 기술과 이해를 습득할 수 있도록 열심히 도우려는 타인들과 밀접하게 연관된 사회적 학습자로 아동을 묘사한다. Piaget는 아동이 시간과 장소에 불문하고 물리학적, 수학적, 그리고 논리적 개념들에 숙달하는 데 열중하는 것으로 보았지만 Vygotsky는 아동이 살고 있는 특정 시간과 장소에 널리 퍼진 활동에 참여하는 데 전념하는 것으로 보았다. Piaget는 아동의 사고에서 급작스러운 질적인 변화를 강조했지만 Vygotsky는 점진적이고 연속적인 변화를 강조했다. 이러한 Vygotsky의 견해는 타인과 문화적 맥락에 의해 형성되고 점진적으로 그 안에 빠져드는 사회적 학습자로서의 아동이라는 사회문화적 이론들의 중심적인 은유를 생성했다.

아동발달에 대한 사회문화적 접근의 창시자인 러시아 심리학자 Lev Vygotsky

사회적 학습자로서의 아동을 강조하는 Vygotsky의 견해는 언어와 사고의 관계에 대한 그의 관점에서 잘 드러난다. Piaget는 언어와 사고가 대체로 독립적이라고 보았지만 Vygotsky(1934/1962)는 그들이 완전하게 관계되어 있는 것으로 생각했다. 특히 Vygotsky는 사고가 내재화된 언어이며 사고는 대부분 부모와 다른 성인이 아동에게 하는 말에서 생성된다고 믿었다.

언어가 내재화되는 과정을 보여주기 위해 Vygotsky는 아동 자신의 행동을 조절하는 능력의 발달에서 언어가 차지하는 역할의 세 단계를 기술했다. 처음에 아동의 행동은 타인의 말로 통제된다(세이디의 엄마가 딸에게 장난감 조립방법을 말해주는 예에서처럼). 그다음에 아동의 행동은 부모가 이전에 그랬던 것처럼 자신에게 무엇을 할지 큰 소리로 말하는 자기 자신의 **사적 언어**(private speech)에 의해 통제된다. 마지막으로 무언으로 자신에게 무엇을 할지 말하는 내재화된 사적 언어(사고)가 아동의 행동을 통제한다. 두 번째에서 세 번째 단계로 전환되는 과정에는 종종 속삭임이나 무언의 입술 움직임이 나타난다. Vygotsky의 표현을 빌리자면 언어가 '지하로 숨어서' 사고가 된다. 나이 든 아동과 성인도 가구를 조립하거나 친숙하지 않은 기구를 조작하는 것 같은 도전적인 과제에서 종종 사용하지만 사적 언어는 4~6세 사이에 가장 일반적으로 나타난다(Diaz & Berk, 2014; Winsler et al., 2003).

교사와 학습자로서 아동

Michael Tomasello(2009; 2014)와 같은 현대의 사회문화적 이론가들은 Vygotsky의 통찰을 확장하였다. Tomasello에 의하면 인간이라는 종은 복잡하고 빠르게 변화하는 문화를 창조하는 인간의 능력을 위해 중요한 두 가지 고유한 특성을 가진다. 하나는 종의 다른 사람들을 가르치려는 경향이고 다른 하나는 이러한 가르침에 주의하고 그로부터 배우려는 경향성이다. 모든 인간 사회에서 성인들은 사실, 기술, 가치, 그리고 전통들을 젊은이들에게 소통한다. 이것이 바로 문화가 가능하도록 한다. 이로 인해 새로운 세대는 지난 세대의 업적을 등에 업고 더 멀리 볼 수 있다. 가르치려는 경향성은 매우 일찍부터 나타난다. 심지어 1세 아동들도 자신이 흥미롭게 여기는 것에 타인의 주의를 끌기 위해 자발적으로 손가락으로 가리키고 사물의 이름을 부른다. 오직 인간만이 생존에 직접적으로 연결되지 않는 이러한 기초적인 교수 행동을 한다.

문화의 산물로서 아동

사회문화적 이론가들은 예를 들어 안내된 참여와 같이 발달을 생성하는 많은 과정들이 모든 문화에서 동일하다고 믿는다. 그러나 아동이 학습하는 **내용**(특정한 상징 체계, 인공물, 기술들, 가치)은

사적 언어 ■ Vygotsky의 사고의 내면화 단계 중 두 번째 단계. 아동은 첫 번째 단계에서 부모가 자신에게 했던 것처럼 무엇을 할지 스스로에게 말하면서 자기조절과 문제 해결 능력을 발달시킨다.

kiankhoon / Getty Images

동아시아인 엄마가 주판을 이용해서 자녀를 가르치고 있는 사진에서 보듯이 문화에서 사용할 수 있는 도구들은 그 문화권 아동들의 학습을 형성한다.

문화마다 매우 다르고 이에 따라서 사고를 형성한다.

문화적으로 특정한 내용이 사고에 미치는 영향의 한 예를 유추적 문제 해결 연구에서 볼 수 있는데, 여기서 유추적 문제 해결은 이전에 해결했던 문제의 경험이 새로운 문제에 적용되는 과정이다. 한 연구(Chen, Mo, & Honomichl, 2004)에서 미국과 중국 대학생들에게 2개의 문제를 풀도록 했다. 한 문제는 미국 학생들에게는 잘 알려졌지만 중국 학생들은 모르는 '헨젤과 그레텔'에서처럼 집으로 가는 길을 표시하기 위해 하얀 조약돌을 남기는 전략과 유사한 해결책을 요구했다. 이 문제를 해결하는 데 미국 대학생들은 훨씬 더 성공적이었으며 많은 학생들이 수년 동안 그 동화를 듣지 못했음에도 불구하고 그 이야기를 넌지시 언급했다. 다른 문제는 중국 학생들에게는 잘 알려져 있지만 미국 학생들은 잘 모르는 동화 속에 나오는 것과 유사한 해결책을 요구했다. 중국 학생들은 이 문제를 해결하는 데 대단히 우수했고 많은 학생들이 관련된 동화를 언급했다.

자신의 경험에 대한 아동의 기억 역시 문화를 반영한다. 미국과 중국의 4~8세 아동들에게 기억할 수 있는 가장 어렸을 때의 기억을 기술하라고 했을 때 그 내용에는 문화의 태도와 가치가 달리 반영되었다(Wang, 2013). 중국 문화는 특히 자신의 내부 집단에 있는 사람들 간의 상호의존성을 소중히 여기고 장려한다. 반대로 유럽계 미국 문화는 개인들의 독립성을 귀중히 여기고 장려한다. 이러한 문화적 강조와 일관되게 중국 아동들의 최초 기억은 미국 아동들의 기억보다 타인에 대한 언급이 더 많았고 미국 아동들의 보고에는 아동 자신의 감정과 반응에 대한 언급이 더 많았다. 따라서 그 문화의 인공물과 기술뿐 아니라 문화의 가치와 태도는 사람들의 사고와 기억을 형성한다.

발달의 주요 주제

Vygotsky와 현대의 사회문화적 이론가들은 사회적 상호작용을 통해 어떻게 변화가 발생하는가에 대해 많은 특정한 아이디어들을 제안한다. 이러한 생각들 중 하나인 안내된 참여에 대해서는 이미 논의를 했다. 여기서는 변화의 사회문화적 분석에서 특출한 역할을 하는 2개의 관련된 개념들인 상호주관성(intersubjectivity)과 비계(scaffolding)를 소개한다. 이들은 모두 **능동적인 아동과 사회문화적 맥락의 중요성**이라는 주제의 예들이다.

상호주관성

사회문화적 이론가들은 인간 인지의 근원은 의사소통 동안 서로 공유하는 상호 이해인 **상호주관성**(intersubjectivity)을 생성하는 능력이라고 믿는다(Rochat, 2009). 이 인상적인 용어의 뒤에 숨은 생각은 간단하고도 심오하다. 즉 효과적인 의사소통은 참여자들이 소통되고 있는 내용에 대한 서로의 반응뿐 아니라 동일 주제에 집중하길 요구한다. 이러한 '마음들의 만남'은 효과적인 교수와 학습에 필수적이다.

상호주관성의 뿌리는 영아기에 일찍부터 분명하게 드러난다. 6개월경 영아들은 타인의 행동을 관찰하여 새로운 행동들을 학습할 수 있는데 이를 위해서는 타인의 행동에 주목해야 한다(Collie & Hayne, 1999).

이것과 초기 영아기에 관련된 발달들은 상호주관성의 핵심 과정인 **공동주의**(joint attention)의 출현을 위한 기초를 마련한다. 이 과정에서 영아와 그의 사회적 파트너들은 의도적으로 외적 환경 속

상호주관성 ■ 의사소통 동안 사람들이 공유하는 상호 이해

공동주의 ■ 사회적 파트너들이 외적 환경 속의 동일한 참조물에 의도적으로 집중하는 과정

동일한 참조물에 주의를 기울인다. 공동주의의 발생은 여러 방법으로 분명해진다. 1세 생일경에 영아들은 그들의 사회적 파트너가 사물에 어떤 행동을 가하지 않을 때조차도 파트너가 눈길을 주는 목표물을 점점 더 쳐다본다. 비슷한 시기에 영아들은 자신이 흥미롭다고 생각하는 사물을 향해 적극적으로 파트너의 주의를 끌기 시작한다(Adamson, Bakeman, & Deckner, 2004 ; Akhtar & Gernsbacher, 2008 ; Moore, 2008).

공동주의는 타인으로부터 학습하는 아동의 능력을 상당히 증가시킨다. 하나의 중요한 예가 언어학습이다. 성인이 아동에게 어떤 사물의 이름을 가르쳐줄 때 성인들은 보통 그 사물을 쳐다보거나 손가락으로 가리킨다. 동일한 사물을 보고 있는 아동들은 그렇지 않은 아동들에 비해 단어의 의미를 학습하는 데 더 유리한 위치에 있다(Baldwin, 1991). 상대방이 새로운 단어를 가르칠 때 영아가 상대방의 눈길을 따라가는 정도는 이후 어휘발달(Brooks & Meltzoff, 2008)과 후속되는 일반적인 언어발달(Carpenter, Nagell, & Tomasello, 1998)을 예측한다.

사회적 파트너들이 외적 환경 속의 동일한 참조물에 의도적으로 집중하는 과정인 공동주의는 서로를 가르치고 서로에게서 배우는 인간 능력의 기초가 된다.

공동주의는 또한 영아들이 타인의 유능함을 평가하고 이 평가를 이용해서 누구를 모방할지 결정하게 한다. 8~18개월 사이의 영아들은 무능하게 행동하는 성인들보다 목표 달성에 능숙해 보이는 성인들에게 더 주의하고 더 모방하고 그들로부터 새로운 사물의 이름을 더 잘 학습한다(Brooker & Poulin-Dubois, 2013; Poulin-Dubois & Brosseau-Liard, 2016; Stenberg, 2013; Tummeltshammer et al., 2014).

아동이 타인의 관점을 더 잘 취할 수 있기까지 상호주관성은 영아기를 넘어서도 지속적으로 발달한다. 예를 들어 나이 든 아동들과 초등학생들은 더 어린 아동들에 비해 참여하려는 놀이의 규칙과 놀이 속 각 아동의 역할에 합의할 가능성이 더 높다(Baines & Blatchford, 2011; Pelligrini, 2009). 이러한 조망수용능력의 지속적인 발달로 인해 학령기 아동들은 서로 가르치고 배울 수 있는 능력이 증가한다(Gauvain, 2001).

사회적 비계

큰 건물을 세울 때 건설 노동자들은 공중에서 일할 수 있도록 비계라고 부르는 철제 틀을 이용한다. 건물의 주요 구조가 만들어지고 나면 이 구조가 이후 작업을 지원할 수 있기 때문에 비계는 제거된다. 이와 유사하게, 아동의 학습은 **사회적 비계**(social scaffolding)의 지원을 받는데 이 안에서는 더욱 유능한 사람들이 아동이 혼자 할 수 있는 것보다 더 높은 수준에서 사고할 수 있도록 돕는 일시적인 틀을 제공한다(Wood, Bruner, & Ross, 1976). 이상적으로 이러한 틀을 제공하는 것은 과제의 목표를 설명하고, 과제가 어떻게 해결될 수 있는지 시범을 보여주고, 가장 어려운 부분을 도와주는 것을 포함한다. 실제로 부모와 교사가 아동에게 교수하려는 방법이 바로 이것이다(Bibok, Carpendale, & Müller, 2009; Simons & Klein, 2007).

사회적 비계 과정을 통해 아동들은 이런 도움이 없을 때보다 더 높은 수준에서 일할 수 있다. 처음에는 이렇게 더 높은 수준으로 기능하기 위해서 광범위한 지원이 필요하지만 점점 요구하는 지원이 줄어들고 궁극적으로는 어떠한 지원이 없어도 가능해진다. 비계의 질이 더 높을수록 — 즉 교수적인 노력이 아동의 능력의 상한선으로 더 향할수록 — 학습이 더 많이 일어난다(Conner, Knight, & Cross, 1997; Gauvain, 2001). 사회적 비계의 목표(아동이 행함에 의해 학습하도록 하는

사회적 비계 ■ 아동 혼자서 가능한 것보다 더 높은 수준의 사고를 지원하기 위해 더욱 유능한 사람이 일시적인 틀을 제공하는 과정

아동에게 사회적 비계를 제공하여 부모들은 아동들이 장난감과 다른 사물들을 더 진보된 방법으로 가지고 놀 수 있도록 지원하고 이는 아동의 학습을 돕는다.

자전적 기억 ■ 자신의 생각과 정서를 포함한 자기 자신에 대한 기억

것)는 안내된 참여와 동일하지만 비계는 더욱 명시적인 교수와 설명을 포함하는 데 비해 안내된 참여는 성인이 과제를 구조화하여 아동이 점점 더 적극적이고 책임감 있는 역할을 하도록 하는 것을 포함한다.

부모가 사회적 비계를 사용하는 한 가지 독특하고 중요한 방법은 아동이 **자전적 기억**(autobiographical memories), 즉 과거 특정 시간과 장소에서 일어났던 사건들에 대한 명시적 기억을 형성하도록 돕는 것이다(Nelson & Fivush, 2004). 자전적 기억은 자신의 목표, 의도, 정서, 그리고 이러한 사건들에 대한 반응과 같은 정보를 포함한다. 시간이 지나면서 이러한 기억들은 자신의 일생에 대한 다소 일관된 서술로 조직화된다.

어린 아동들과 과거 경험을 논의할 때 어떤 엄마들은 과거 사건에 대해 더 많은 세부사항들을 제공하도록 장려하고 종종 아동의 진술을 확장한다. 이런 엄마들은 걸음마기 아이가 "새가 날아간다"고 말하면 "그렇지, 네가 가까이 가니까 새가 무서워서 날아가 버렸어"라고 대답한다. 이러한 진술은 중요한 정보의 부호화를 향상시키고(이 경우에 새가 날아갈 때 새와의 거리) 사건들 간의 인과적 관계를 인식시켜서(Boland, Haden, & Ornstein, 2003; McGuigan & Salmon, 2004) 아동이 그들의 경험을 기억하도록 돕는다. 다른 엄마들은 질문을 덜 하고 아동이 하는 말을 정교화하는 일이 드물다. 정교화를 거의 하지 않는 엄마보다 엄마가 정교화를 더 할 때 아동들이 사건에 대해 더 많이 기억한다(Haden, Haine, & Fivush, 1997; Harley & Reese, 1999; Leichtman et al., 2000). 글상자 4.4에서 논의한 것처럼 사회문화적 이론들에서 나온 개념들은 또한 교실교육을 향상시키는 데도 유용하다.

글상자 4.4   적용

사회문화적 이론들의 교육적 적용

한동안 미국의 교육 체계는 깊은 이해보다 단순 암기를 장려하고 학생들 간 협동보다 경쟁을 부추기고 전반적으로 학습에 대한 열정을 심어주는 데 실패한 것으로 비난받아 왔다(National Association for the Education of Young Children, 2011; Pellegrino, Chudowsky, & Glaser, 2001). 인지발달에서 문화의 역할을 강조하는 사회문화적 이론은 학교교육을 향상시키는 한 가지 방법은 학교의 문화를 변화시키는 것을 시사한다. 그 문화 속에서 수업은 아동들의 깊은 이해를 돕는 것을 목표로 하고 학습은 협동적인 활동이며 조금 배우면 더 많은 것을 배우고 싶은 열정이 생긴다.

이러한 목표를 달성하고자 하는 한 가지 인상적인 시도는 Ann Brown(1997)의 *학습자의 공동체*(community-of-learners) 프로그램이다. 이 프로그램은 매사추세츠주 보스턴과 캘리포니아주 오클랜드의 도심에 사는 6~12세의 아프리카계 미국 아동들을 주 대상으로 하였다. 주요 프로그램은 동물과 서식지의 상호의존성과 같이 몇 개의 커다란 주제들에 대한 연구를 필요로 하는 프로젝트들로 구성된다. 수업은 주제의 특정 측면에 초점을 맞춘 작은 집단으로 나뉜다. 예를 들어 동물과 서식지의 상호의존성의 주제에서 한 집단은 포식자-먹이의 관계를 연구하고, 다른 집단은 생식전략, 또 다른 집단은 비바람으로부터의 보호를 연구한다.

대략 10주 후에 원래의 집단으로부터 1명씩을 포함한 새 집단이 형성된다. 새로운 집단의 아동들은 문제를 풀기 위해 이전에 연구한 모든 주제를 일부 포함해야 한다. 예를 들어 아동들에게 자신의 서식지에 특히 잘 적응할 수 있는 '미래의 동물'을 설계하는 과제를 줄 수 있다. 각 아동이 이전 집단에 참여하여 그 집단에서 연구하는 문제의 한 측면들에 전문가가 되었고 새 집단에서는 어떤 아동들도 그런 전문성을 가지고 있지 않기 때문에 새 집단이 성공하기 위해서는 모든 아동들의 공헌이 필수적이다. 이러한 기술을 때로 *조각그림 맞추기 접근*(jigsaw approach)이라고 하는데 마치 조각그림 맞추기에서처럼 해결을 위해서는 모든 조각들이 필요하기 때문이다.

학습자 공동체의 참여는 아동의 인지와 동기 모두에 도움이 되었다(Brown, 1997). 이는 아동들이 해결하고자 하는 문제들을 위해 높은 수준의 해결책을 구성하는 데 점점 능숙해지도록 도왔다. 이는 또한 중요한 질문을 찾아내고 문제에 대한 대안적 해결책들을 비교하는 것 같은 일반적인 기술들을 학습하도록 도왔다. 마지막으로 성공이 모든 사람들의 공헌에 달려 있기 때문에 학습공동체 접근은 상호존중과 책임감을 장려했다. 줄여 말하면 이 접근은 학습의 문화를 생성했다.

역동적-체계 이론들

역동적-체계 이론들 ■ 복잡한 체계 내에서 시간의 흐름에 따라 변화가 어떻게 발생하는가에 초점을 맞추는 이론들의 한 부류

모든 생물학적 과정과 마찬가지로 사고는 적응적인 목적을 위해 사용된다. 즉 사고는 사람들과 다른 동물들이 목표를 달성하도록 돕는다. 그러나 목표 달성을 위해서는 행동이 또한 필요하다. 효과적인 행동을 취할 능력이 없다면 사고는 의미가 없다(그림 4.12 참조). 사고와 행위 사이의 이러한 내재적인 관계에도 불구하고 대부분의 인지발달 이론들은 아동이 자신의 정신적 노력의 열매를 실현하도록 돕는 숙련된 행동의 발달을 무시해 왔다.

이러한 일반화의 한 예외가 **역동적-체계 이론들**(dynamic-systems theories)이다. 이 이론들은 복잡한 물리적·생물학적 체계 내에서 시간의 흐름에 따라 행동이 어떻게 변화하는지에 초점을 맞춘다. 역동적-체계 이론들의 관점에 따라 기기, 걷기, 손 뻗기, 잡기와 같은 영아의 기본적 행동의 발달을 자세히 분석해보면 인지발달이 어떻게 발생하는지에 대해 인상적인 통찰을 얻게 된다. 예를 들어 역동적-체계 연구에 의하면 영아들은 뻗기의 향상을 통해 사물을 더 진보된 방법으로 범주화할 수 있게 된다(Spencer et al., 2006; Thelen & Corbetta, 1994). 또한 역동적-체계 연구들에 의하면 아기가 기기 시작하면 아기가 이 이정표를 달성하는 것에는 흥분되지만 아기와 물건들의 안전을 위해 생활공간을 재구성해야 하고 경계를 늦추지 않아야 할 필요성 때문에 달갑지 않은 가족 구성원들과 영아의 관계가 변화한다(Campos, Kermoian, & Zumbahlen, 1992).

역동적-체계 연구들의 또 다른 공헌은 간단하게 보이는 행동들의 발달이 보기보다는 훨씬 복잡하고 흥미롭다는 것을 보여주었다는 것이다. 예를 들어 이러한 연구는 신체적인 성숙으로 인해 영아들은 대략 비슷한 연령에 동일한 방법으로 그리고 일관되게 앞으로 진전하면서 운동의 이정표를 달성한다는 전통적인 믿음을 바꾸어놓았다. 실제로 역동적-체계 연구들은 개별 아동들이 서로 다른 연령에 다른 방법으로 그리고 그들의 발달이 전진뿐 아니라 퇴행도 포함하며 기술을 습득한다는 것을 보여준다(Adolph, Cole, & Vereijken, 2015).

Linda Smith와 함께 인지발달에 대한 역동적-체계 접근을 정립한 Esther Thelen이 행한 영아의 뻗기 발달 연구가 이러한 종류의 연구 중 한 예이다. 이 특정 연구에서 Thelen과 동료들(1993)은 4명의 영아를 생애 첫 1년 동안 반복해서 관찰했다. 고속 모션캡처 비디오 시스템과 영아의 근육운동에 대한 컴퓨터 분석을 이용해서 이들은 영아들의 생리, 활동 수준, 각성, 동기, 경험에서의 개인차로 인해 각 아동은 뻗기의 숙달을 위한 시도에서 서로 다른 도전에 직면한다는 것을 발견했다. 다음의 관찰은 영아들이 발달적 이정표에 도달한 시기의 차이, 변화의 패턴, 그리고 극복해야 하는

그림 **4.12 문제 해결은 종종 운동 기술을 필요로 한다** 역동적-체계 이론들의 중요한 통찰은 운동능력이 없다면 사고는 무의미하다는 것이다. 아래 사진에서 12개월 아기는 천과 끈, 그리고 장난감을 자신 쪽으로 당기기 위해서 장애물을 치우고(왼쪽 사진) 그다음에 천의 모서리를 잡는다(오른쪽 사진). 만약 영아가 천을 잡을 수 있는 운동적 민첩함이나 장난감을 끌 만한 힘이 없다면 그의 문제 해결 과정은 성과가 없었을 것이다.

서로 다른 도전을 포함하여 이 연구자들이 발견한 복잡함의 일부를 보여준다. 영아들이 이 전환기에 도달한 연령에는 큰 차이가 있었다. 다음의 경우에 네이선은 12주에 전환기에 도달했지만 한나와 저스틴은 20주가 되도록 전환기에 도달하지 못했다. 더구나,

> 영아들의 수행에는 빠른 변화기, 정점, 그리고 심지어 퇴행도 나타났다. … 네이선, 저스틴, 그리고 한나의 경우에는 더 낮고 안정적인 수행으로 다소 불연속적인 이동이 나타났다. … 가브리엘의 경우, 안정기로의 전환은 더욱 점진적이었다.   (Thelen & Smith, 1998, pp. 605, 607)

개인들은 도달하는 속도와 전형적인 운동에서도 서로 달랐다. Thelen 연구의 영아들로 되돌아와보면, 가브리엘은

> 성공적으로 뻗기 위해 그의 격렬한 동작을 줄여야만 했고 그렇게 했다. 대조적으로 느리게 움직이고 상당한 시간 동안 손을 얼굴 가까이에서 구부리고 있었던 한나는 팔을 더 가동시켜서 자기 앞으로 쭉 뻗어야 했다.   (Thelen, 2001, pp. 172, 182)

이러한 기술들은 '역동적-체계'라는 이름이 의미하는 바를 전달하도록 돕는다. 역동적이라는 말이 암시하듯이 역동적-체계 이론들의 발달에서는 변화만이 유일하게 불변인 과정이다. 인지발달에 대한 다른 접근들은 발달이 상대적으로 안정적인 단계들 또는 이론들이 길게 이어지고 그 사이에 상대적으로 짧은 전환기를 수반한다는 가설을 가지고 있다. 이에 비해 역동적-체계 이론들에 의하면 발달의 전 기간 동안 현재 상황, 아동의 즉각적인 과거 역사, 그리고 비슷한 상황에서 아동의 더 긴 과거의 역사에 대한 반응으로 사고와 행동은 매 순간 변화한다.

이름에서 두 번째 단어가 제안하듯이 역동적-체계 이론들은 각 아동이 잘 통합된 체계라고 묘사한다. 그 체계 안에서 지각, 행동, 주의, 기억, 언어, 사회적 상호작용과 같은 많은 하부 체계들이 행동을 결정하기 위해 함께 작용한다. 예를 들어 대상영속성과 같이 개념적 이해의 측정치로 간주되는 과제에서의 성공은 지각, 주의, 운동 기술, 그리고 다수의 다른 요인들의 영향을 받는다 (Smith et al., 1999). 발달이 역동적이며 조직화된 체계로 기능한다는 가정은 아동의 본성에 대한 이 이론의 관점에서 가장 중요하다.

아동의 천성에 대한 관점

역동적-체계 이론들은 이 장에서 논의한 다섯 종류의 이론들 중에서 가장 최신의 이론들이며 아동의 본성에 대한 그들의 견해는 다른 이론들 각각으로부터의 영향을 받았다. Piaget의 이론처럼 역동적-체계 이론들은 아동이 환경을 탐구하려는 선천적인 동기를 갖고 있다고 강조한다. 정보처리 이론들처럼 문제 해결 활동의 자세한 분석을 강조하고 핵심 지식 이론들처럼 영아와 걸음마기 아이들의 놀랄 만한 초기 능력에 초점을 맞춘다. 그리고 사회문화적 이론들처럼 역동적-체계 이론들은 타인들의 형성적인 영향을 강조한다. 타 이론들과의 차이점과 함께 타 이론들과의 이러한 유사점은 역동적-체계 이론이 동기와 행동의 역할을 강조하는 데서 드러난다.

발달의 동기요인

역동적-체계 이론은 Piaget의 이론을 제외하고 다른 어떤 이론들보다 더 영아기부터 지속적으로 아동들이 자신 주변의 세상을 학습하고 탐구하며 자기 자신의 능력을 확장하는 데 내적으로 강하

게 동기화된다고 강조한다(von Hofsten, 2007). 탐구와 학습을 위한 이 동기는 아동들이 이미 더 효과적이고 연습이 잘된 기술을 갖추고 있을 때에도 새로운 기술을 지속적으로 연마한다는 사실에서 분명히 드러난다. 따라서 1세 아동들은 경사로를 기는 것이 더 빠르고 넘어질 위험이 없는데도 걸어서 내려오는 시도를 한다(Adolph & Berger, 2015).

그러나 Piaget의 이론과는 달리 사회문화적 접근에서와 같이 역동적-체계 이론들 역시 중요한 발달의 동기요인으로 사회적 세계에 대한 영아의 흥미를 강조한다. 제1장에서 능동적인 아동에 대한 논의에서 말한 바처럼 신생아들조차도 어떤 대안들보다 인간의 소리, 움직임, 특징들에 주의하기를 선호한다. 10~12개월이 되면 자신과 상호작용하는 사람들이 쳐다보는 것을 쳐다보고 자신이 흥미롭다고 생각하는 사물과 사건으로 타인의 주의를 끄는 것처럼 사회적 세상에 대한 영아의 관심은 상호주관성의 발생에서 쉽게 드러난다(Deák, 2015; von Hofsten, Dahlström, & Fredriksson, 2005). 역동적-체계 이론가들은 타인을 관찰하고 타인의 행동을 모방하고 그들의 주의를 끄는 것이 모두 발달의 강력한 동기요인이라고 강조한다(Fischer & Bidell, 2006; von Hofsten, 2007).

행동의 중심적 역할

역동적-체계 이론들은 아동의 특정 행동이 어떻게 그들의 발달을 형성하는가를 널리 강조한다는 점에서 독특하다. Piaget의 이론은 영아기 동안 행동의 역할을 강력히 주장하지만 역동적-체계 이론들은 행동이 일생 동안 발달에 공헌한다는 것을 강조한다. 이렇게 발달에서 행동의 역할에 집중하는 것은 여러 흥미로운 발견을 이끌어냈다. 예를 들어 사물을 향한 영아 자신의 뻗기는 타인의 뻗기를 보고 목표를 추론하도록 돕는다. 즉 뻗기에 능숙한 영아들은 타인이 뻗기를 시작하자마자 뻗기의 대상이 될 만한 목표물을 쳐다볼 가능성이 더 높다(von Hofsten, 2007). 행동으로부터의 학습에 대한 또 다른 예는 영아들에게 벨크로 장갑을 끼워서 그냥은 잡을 수 없는 벨크로를 붙여 둔 사물들을 '잡고' 그리고 탐구할 수 있도록 한 연구로부터 나온다. 벨크로를 붙인 '사물'들을 벨크로 장갑을 끼고 성공적으로 잡을 수 있은 뒤 2주 후에 영아들은 동일 연령의 다른 영아들보다 벨크로 장갑 없이도 일반적인 사물들을 잡고 탐구하는 데 더 큰 능력을 보여주었다(Needham, 2016).

행동이 발달을 형성하는 방법들은 영아기의 뻗기와 잡기를 넘어서까지 확장된다. 행동은 범주화에 영향을 준다. 한 연구에서 아동이 사물을 위아래로 움직이도록 장려하면 아동들은 위아래로 움직이기 가장 쉬운 사물들을 한 집단으로 범주화했고 반면에 동일 사물들을 옆으로 움직이도록 하면 옆으로 움직이기 가장 쉬운 사물들을 동일한 집단으로 범주화했다(Smith, 2005). 행동들은 어휘 습득과 일반화에도 영향을 준다(Gershkoff-Stowe, Connell, & Smith, 2006; Samuelson & Horst, 2008). 예를 들어 아동이 사물의 이름을 잘못 부르게 만드는 실험적 조작은 그 사물의 정확한 이름을 학습하는 미래의 시도를 저해한다. 게다가 행동은 기억을 형성한다. 연구에서 어떤 사물을 모래상자에 숨기는 것을 본 뒤 이를 찾아서 파내었던 아동의 과거 시도는 사물을 다시 숨기는 것을 본 이후에 사물의 새로운 위치에 대한 회상을 변화시켰다(Schutte, Spencer, & Schöner, 2003; Zelazo, Reznick, & Spinazzola, 1998). 따라서 사고가 행동을 형성하는 것처럼 행동도 사고를 형성한다.

벨크로 장갑을 끼고 벨크로를 붙여둔 사물을 잡는 것은 장갑을 끼지 않고 일반 사물들을 잡고 탐구하는 이후 능력을 향상시킨다(Libertus & Needham, 2010).

PHOTO © KLAUS LIBERTUS

발달의 주요 주제

역동적-체계 이론들에서 특별히 중요한 두 가지 발달적 주제는 인지 체계가 어떻게 스스로 조직화하고 어떻게 변화하는지다. 이 주제들은 능동적인 아동과 변화의 기제라는 우리의 주제를 보여준다.

자기조직화

역동적-체계 이론들에 의하면 발달은 끊임없이 변화하는 환경에 적응하기 위해 필요한 주의, 기억, 정서, 행동들을 통합하는 자기조직화(self-organization)의 과정이다. 이 조직화의 과정은 때로 부드러운 조립(soft assembly)이라고 부르는데 이는 상황과 시간에 일관되게 적용되는 엄격한 단계나 규칙에 의해 주관되기보다 순간순간, 상황에 따라 요소와 조직이 변화하기 때문이다.

이러한 관점을 따른 연구들은 Piaget의 전통적인 대상영속성 과제에서 8~12개월 영아들이 보여주는 A-not-B 오류에 대한 연구에서 잘 드러난다. 앞서 언급한 것처럼 이 오류는 영아들이 가장 최근에 장난감을 숨긴 장소(B)를 찾기보다 이전에 장난감을 발견했던 곳(A)에서 장난감을 찾으려 하는 오류이다. Piaget(1954)는 1세 이전 영아들은 대상의 영속적인 존재에 대한 분명한 개념이 결여되어 있다는 가설로 A-not-B 오류를 설명했다.

그러나 역동적-체계의 관점에서 A-not-B 오류를 보면 대상영속성 과제의 수행에는 인지적 이해 이외에도 여러 요인이 영향을 미친다. 특히 Smith와 동료들(1999)에 의하면 장소 A를 향한 영아의 이전 뻗기가 그곳을 향해 뻗으려는 습관을 형성하고 이는 이후에 장난감이 B에 숨겨졌을 때에도 영아들의 행동에 영향을 준다. 이러한 전제에 기초하여 연구자들은 나중에 사실로 밝혀진 몇 가지를 예측하였다. 그중 하나는 한 장소를 향해 손을 뻗어 사물을 찾는 경험을 더 많이 할수록 그 사물이 다른 장소에 숨겨졌을 때도 원래 장소로 손을 뻗을 가능성이 더 높다는 것이다.

또 다른 예측은 사물을 B에 숨긴 뒤 3초 동안 찾지 못하게 하여 기억부하를 증가시키면 A장소로 손을 뻗을 가능성이 높아진다는 것이며 이 예측 역시 지지되었다(Clearfield et al., 2009). 그 이유는 한 번의 행동을 보는 것으로 형성된 새로운 기억 강도는 여러 번의 행동으로 형성된 이전 장소로의 뻗기 습관이 쇠퇴하는 것보다 상대적으로 더 빠르게 쇠퇴할 것이기 때문이다.

역동적-체계의 관점에 따르면 영아들의 주의 또한 그들의 대상영속성 수행에 영향을 미친다. 이러한 견해와 일치하게 영아가 손을 뻗으려고 할 때 두 장소 중 한 곳을 톡톡 두들겨서 영아의 주의를 끌면 사물이 실제로 어디에 숨겨져 있는지와 무관하게 영아들은 보통 소리가 난 장소 쪽으로 손을 뻗는다. 따라서 대상 영속성 과제에서 영아들의 수행은 개념적 이해의 순수한 측정치를 제공하기보다 A장소로 손을 뻗으려는 습관의 강도, 현재 과제의 기억부하, 그리고 영아들의 현재 주의의 초점이 결합된 영향을 받는다.

변화의 기제

역동적-체계 이론들은 생물학적 진화를 발생시키는 것과 유사한 변이와 선택의 기제를 통해 변화가 일어난다고 상정한다(Fischer & Bidell, 2006; Steenbeek & van Geert, 2008). 여기서 변이 (variation)는 동일한 목표를 추구하기 위해 다른 행동을 사용하는 것을 말한다. 예를 들어 경사로를 내려오기 위해 1세 아동은 때로는 걷고, 때로는 기고, 때로는 배를 대고 미끄러지고 때로는 앉아서 발을 먼저 내밀고 미끄럼을 탈 것이다(Adolph & Berger, 2015). 선택(selection)은 목표를 효과적으로 달성하는 행동을 더 자주 선택하고 덜 효과적인 행동을 줄이는 것을 포함한다. 예를 들어 아동이 처음으로 걷는 것을 배울 때 아이들은 경사로를 걸어서 내려올 수 있는 것에 대해 너무 낙관적이어서 자주 넘어진다. 그러나 몇 달 동안 걷기 경험을 한 뒤에는 경사로의 기울기와 그곳을 걸어서 내려올 수 있는지를 더 정확하게 판단하게 되고 만약 경사로가 너무 가파르다면 다른 더 적절한 전략을 사용하게 된다.

여러 대안적인 접근 중에서 아동의 선택은 여러 가지 영향을 반영한다. 가장 중요한 것은 특정 목표를 달성하는 데 있어 각 접근의 **상대적인 성공**이다. 아동이 경험을 더할수록 원하는 결과를 얻을 수 있는 접근에 더 의존한다. 다른 중요한 고려사항은 **효율성**이다. 아동들은 다른 접근들보다 더 빨리 또는 노력을 덜 들이고 목표를 달성할 수 있는 접근들을 더 선택한다. 세 번째 고려사항은 신기함, 즉 새로운 것을 시도하려는 유혹이다. 아동은 때로 이전의 대안보다 더 효과적이지 않고 심지어 덜 효과적인데도 더 효율적일 가능성이 있는 새로운 접근을 선택한다. 예를 들어 암송이라는 기억전략을 처음 배울 때 암송은 아동들의 기억을 향상시키지 않지만 아동들은 일단 사용한다. 그리고 궁극적으로 암송한 정보의 회상이 향상된다(Miller & Seier, 1994). 이러한 신기함의 선호는 적응적인데 이는 연습을 통해 처음에는 이미 존재하는 접근들보다 덜 효율적이던 전략들이 종종 더욱 효율적이 되기 때문이다(Wittmann et al., 2008). 글상자 4.5에서 논의하는 것처럼 역동적-체계 이론들의 통찰은 이론적인 진전뿐 아니라 유용한 적용을 이끌어낸다.

글상자 4.5 | 적용

역동적-체계 이론들의 교육적 적용

제2장에서 언급했듯이 저체중의 미숙아로 태어난 아동들은 다른 아동들에 비해 뻗기가 늦게 나타나는 발달적인 어려움에 처할 가능성이 더 높다(Fallang et al., 2003). 뻗기의 지연은 뻗기에 관련된 뇌 부위의 발달 속도를 늦추고 사물을 탐구하고 사물에 대해 학습하려는 영아의 능력을 제한한다(Lobo, Galloway, & Savelsbergh, 2004).

미숙아들의 뻗기를 향상시키기 위한 최근의 중재(Heathcock, Lobo, & Galloway, 2008)는 상당히 성공적이었다. 이 중재는 역동적-체계 연구의 다음 두 가지 결과로부터 영감을 받았다 — (1) 팔 움직임을 늦게 시작하는 영아들은 뻗기의 발달이 느리다(Thelen et al., 1993), (2) 어린 영아들에게 벨크로 장갑을 끼우고 벨크로가 붙은 사물을 향해 손을 뻗고 이를 잡는 경험을 제공하는 것은 장갑을 벗은 뒤 일반적인 사물을 향해 손을 뻗고 이를 잡는 능력의 발달을 향상시킨다(Needham et al., 2002).

Heathcock, Lobo, 그리고 Galloway는 실험집단의 미숙아를 돌보는 양육자들에게 특별한 움직임의 경험을 아기에게 제공하도록 요청하는 것으로 중재를 시작했다. 양육자들에게 특별히 (1) 아기의 팔에 종을 달아서 팔을 움직일 때마다 소리가 나고 이것이 아마도 팔 움직임을 동기화할 수 있도록 하고 (2) 영아들에게 벨크로 장갑을 끼워서 앞에 놓인 벨크로가 붙은 장난감을 향해 팔을 뻗고 이들을 잡을 수 있도록 했다. 집에서도 이를 실시하도록 양육자들에게 요청했다. 통제집단 미숙아들의 양육자들에게는 실험집단의 아동들과 동일한 스케줄에 따라 영아들에게 말하고 노래를 불러주는 사회적 경험을 제공하도록 했다. 주기적으로 두 집단의 영아들을 실험실로 불러서 통제된 환경과 자유놀이 시간 동안 프로젝트 담당자들이 아기들의 뻗기와 탐구를 관찰했다.

예상한 바와 같이 8주의 연구기간 동안 두 집단 미숙아들의 뻗기가 향상되었다. 그러나 실험집단 영아들이 더 향상되었다. 그들은 더 자주 자기 앞에 놓인 장난감들을 만졌고 사물을 잡을 때 필요한 것처럼 손등보다 손바닥으로 장난감을 만졌다. 이러한 중재는 지연된 뻗기 발달과 관계된 다른 종류의 인지와 운동발달의 장애를 방지하도록 돕고 뇌 발달을 촉진할 것이다.

요약

발달의 이론들은 중요한 현상을 이해하는 체계를 제공하고 인간 본성에 대한 중요한 문제를 제기하고 새로운 연구를 동기화하기 때문에 중요하다. 인지발달의 다섯 가지 주요 이론은 Piaget의 이론, 정보처리 이론, 핵심 지식 이론, 사회문화적 이론, 그리고 역동적-체계 이론이다.

Piaget의 이론

■ Piaget의 이론이 장수하는 이유는 이 이론이 다른 연령 아동들의 사고 특징을 생생하게 전달하고 넓은 범위의 연령과 내용 영역에 확대되고 아동의 사고에 대한 많은 매력적이고 놀라운 관찰을 제공하기 때문이다.

■ Piaget의 이론은 종종 구성주의라고 불리는데 이는 경험에 대한 반응으로 스스로 지식을 적극적으로 구축하는 존재로 아동을 묘사했기 때문이다. 이 이론은 아동이 출생부터 존재하는 두 과정(동화와 조절)을 통해 학습하고 이 과정들의 공헌은 세 번째 과정인 평형화에 의해 균형을 이루게 된다. 이 과정들은 발달에 걸쳐 연속성을 제공한다.

■ Piaget의 이론은 인지발달을 4개의 넓은 단계들로 나눈다. 그 단계들은 감각운동기(출생부터 2세), 전조작기(2~7세), 구체적 조작기(7~12세), 형식적 조작기(12세 이상)이다. 이 단계들은 발달에서 불연속성을 반영한다.

■ 감각운동기에 영아의 지능은 환경과의 운동적 상호작용을 통해 주로 표현된다. 이 기간 동안 영아는 대상영속성과 같은 개념들을 이해하고 지연된 모방이 가능해진다.

■ 전조작기에 아동은 자신들의 경험을 언어, 심상, 그리고 사고로 표상할 수 있게 된다. 그러나 자아중심성과 중심화 같은 인지적 제한으로 인해 아동들은 Piaget의 여러 보존검사와 자아중심성 검사를 포함한 많은 문제들을 해결하는 데 어려움이 있다.

■ 구체적 조작기에 아동은 구체적인 사물과 사건들에 대해 논리적으로 사고할 수 있게 되지만 완전히 추상적인 용어로 사고하고 진자문제와 같이 가설적인 사고를 요하는 과제들에서 성공하기가 어렵다.

■ 형식적 조작기에 아동들은 체계적으로 사고할 수 있고 가설들을 타당한 방법으로 검사하고 가상적인 상황에 대해 사고할 수 있다.

■ Piaget 이론의 네 가지 단점은 다음과 같다 ― (1) 사고와 인지적 성숙을 가능하게 하는 기제들을 모호하게만 기술하고 있다. (2) 영아와 어린 아동들의 인지적 능력을 과소평가했다. (3) 인지발달에서 사회적 세계의 공헌을 과소평가했다. (4) 아동의 사고를 실제보다 더 일관되게 기술했다. 각 단점은 이를 주로 지목하려는 의도를 가진 이론을 자극했다.

정보처리 이론들

■ 정보처리 이론들은 아동 사고의 기저가 되는 특정 정신적 과정들에 집중한다. 영아기에조차 아동은 적극적으로 목표를 추구하고 물리적, 사회적, 처리적 한계에 부딪히고 이러한 한계를 극복하고 목표를 달성하게 만드는 전략들을 고안하는 것으로 보인다.

■ 기억 체계는 작업기억, 장기기억, 그리고 집행기능을 포함한다.

■ 작업기억은 적극적으로 정보에 주의를 기울이고, 정보를 수집하고 유지하고 짧게 저장하고 처리하는 체계이다.

■ 장기기억은 일생 동안 축적된 지속적인 지식이다.

■ 집행기능은 바람직하지 않은 행동을 억제하고 작업기억을 향상시키고 변화하는 상황들에 유연하게 적응하는 데 중요하다. 이는 학령전기와 초등 저학년 동안에 상당히 발달하며 이후 학업적 성취와 직업적 성공에 관계된다.

■ 기억의 발달, 문제 해결, 그리고 학습은 기본 과정들, 전략, 내용지식의 향상을 반영한다.

■ 기본 인지 과정들로 인해 영아들은 출생 시부터 계속 학습하고 기억할 수 있다. 가장 기본적인 과정들 중에는 연합, 재인, 회상, 일반화, 그리고 부호화가 있다.

■ 전략과 내용지식의 습득은 기본 과정만으로 제공할 수 있는 수준 이상으로 학습, 기억, 문제 해결을 향상시킨다.

■ 문제 해결의 성장에 중요한 공헌요인은 계획하기와 부호화의 발달을 포함한다.

■ 중복파장 이론에 의하면 문제 해결의 발달은 새로운 전략의 습득, 기존 전략들의 효율적인 집행 증가와 특정 상황에 적합한 전략들의 선택 증가를 포함한다.

핵심 지식 이론들

■ 핵심 지식 이론들은 아동이 출생 시부터 광범위한 특정 인지적 능력을 갖고 있다는 견해에 기반한다.

■ 핵심 지식 접근들은 또한 아동이 언어, 공간, 수 정보, 타인의 사고 이해, 얼굴 재인과 같이 진화적으로 중요한 정보들을 습득하는 데 특별히 능숙하다고 가정한다.

■ 더 나아가 이 접근들에 의하면 어린 연령부터 아동들은 가장 중요한 영역에 대한 정보들을 조직화하여 영역 특정적인 지식 구조를 조직한다.

■ 생득설은 영아들이 진화적으로 중요한 영역의 상당한 지식들을 갖고 태어난다고 주장하는 핵심 지식 접근의 한 종류이다.

■ 핵심 지식 구성주의는 아동이 영역 일반적인 기제와 영역 특정적인 기제 모두를 사용해서 만들어낸 후속의 학습과 기본적인 선천적 지식을 결합하여 물리학, 심리학, 생물학과 같은 영역의 더 진보된 이론들을 생성한다고 주장한다.

사회문화적 이론들

■ Vygotsky로부터 시작한 사회문화적 이론가들은 사회적 세계가 발달을 어떻게 만들어 가는지에 집중했다. 이 이론가들은 발달이 타인과의 상호작용과 타인으로부터 학습한 기술뿐 아니라 아동이 상호작용하는 인공물, 신념, 가치, 그리고 더 큰 사회의 전통들에 의해 형성된다고 강조한다.

■ 사회문화적 이론들에 의하면, 가르치고 그 가르침에서 배우는 성향에서 인간은 다른 동물들과 구별된다.

■ 공동주의를 통해 사람들 간에 상호주관성을 정립하는 것은 학습에 필수적이다.

■ 사회문화적 이론가들은 더욱 지식이 많은 사람이 학습자의 노력을 지원하는 안내된 참여와 사회적 비계를 통해 사람들이 학습한다고 기술한다.

역동적-체계 이론들

■ 역동적-체계 이론들은 발달에서 하나의 상수가 바로 변화라고 본다. 이 이론가들은 발달이 긴 안정된 기간과 극적인 짧은 변화의 기간으로 조직되기보다는 상당한 변화가 일어나지 않는 기간은 존재하지 않는다고 제안한다.

■ 이 이론가들은 각 사람이 목표를 달성하기 위해 지각, 행동, 범주화, 동기, 기억, 언어, 그리고 물리적이고 사회적인 세상에 대한 지식을 통합하는 통일된 체계라고 본다.

■ 역동적-체계 이론가들은 발달이 연속적으로 변화하는 환경에 적응하기 위해 필요한 요소들을 함께 모으는, 부드러운 조립이라고 부르는 자기조직화 과정이라고 본다.

■ 목표를 달성하는 것은 사고뿐 아니라 행동을 요구한다. 사고는 행동을 형성하지만 행동 또한 사고를 형성한다.

■ 변이와 선택이 생물학적 진화를 만들어내듯이 이들은 인지적 발달 또한 만들어낸다.

연습문제

1. Piaget에 의하면 발달은 연속적이면서 비연속적이다. Piaget 이론 중 다음의 어떤 것이 비연속성의 원천이 되는가?
   a. 동화
   b. 조절
   c. 평형화
   d. 불변의 단계들

2. Piaget의 인지발달 이론은 출생부터 청년기까지 불변의 네 단계로 구성된다. 다음 중 이 단계들의 순서가 올바른 것은 무엇인가?
   a. 형식적 조작기, 전조작기, 감각운동기, 구체적 조작기
   b. 감각운동기, 전조작기, 구체적 조작기, 형식적 조작기
   c. 감각운동기, 구체적 조작기, 형식적 조작기, 전조작기
   d. 전조작기, 구체적 조작기, 형식적 조작기, 감각운동기

3. Piaget의 감각운동기의 주목할 만한 성취는 _____이다.
   a. 상징적 표상
   b. 대상영속성

   c. 보존
   d. 자아중심성

4. 타인의 관점을 고려하지 않는 사고를 무엇이라고 하는가?
   a. 상징적 표상
   b. 중심화
   c. 자아중심성
   d. 상호주관성

5. 정보처리 이론가들에 의하면 정보를 부호화, 저장, 인출하는 능력을 무엇이라고 하는가?
   a. 기억
   b. 시연
   c. 상위인지
   d. 인출

6. 정보처리 이론가들은 아동의 사고에 존재하는 몇 가지 한계에 주목했다. 이러한 한계가 아닌 것은 다음 중 무엇인가?
   a. 기억 용량
   b. 과제 분석의 실행
   c. 정보처리의 속도

d. 문제해결 전략을 활용하는 능력

7. 중복파장 이론은 아동의 어떤 능력을 설명하는가?

    a. 문제의 가장 관련된 측면에 선택적으로 주목하는 능력

    b. 목표를 달성하는 데 장애물을 확인하는 능력

    c. 정신적 조작을 효율적으로 처리하는 능력

    d. 더 효율적인 문제 해결에 이르게 하는 새로운 전략을 발견하는 능력

8. 핵심 지식 이론들은 인지발달에서 무엇이 중요한 역할을 한다고 주장하는가?

    a. 진화

    b. 기억전략

    c. 문화적 도구

    d. 생체역학의 행동들

9. 핵심 지식 이론가들에 의하면 아동은 다음 중 어떤 영역들에서 일상의 이론들을 갖는가?

    a. 수학, 심리학, 예술

    b. 생물학, 언어학, 심리학

    c. 생물학, 물리학, 심리학

    d. 언어학, 물리학, 심리학

10. 사회문화적 이론들은 다음 중 무엇을 강조하는가?

    a. 환경 속에서 아동의 개인적 행동

    b. 자신의 학습을 조절하는 능력

    c. 타인과의 직접적인 상호작용

    d. 새로운 학습을 촉진하는 기본 기술의 자동화

11. 5살 난 마커스는 체조를 배우고 있다. 그는 평균대를 어려워해서 선생님이 그가 평균대를 걸을 때 손을 잡아서 도와준다. 이러한 상호작용을 무엇이라고 하는가?

    a. 안내된 참여

    b. 발견적 학습

    c. 상호주관성

    d. 조각그림 맞추기 접근

12. 자말은 엄마와 함께 걷고 있다. 그는 엄마의 팔을 톡톡 치고 한 동물을 가리키며 "강아지!"라고 말한다. 이는 다음 중 무엇의 예인가?

    a. 사회적 비계

    b. 공동주의

    c. 문화적 도구

    d. 통제된 학습

13. Vygotsky의 사회문화적 이론에 따르면 어린 아동들은 종종 자신의 행동을 통제하기 위한 수단으로 자신에게 큰 소리로 말을 한다. 이를 다음 중 무엇이라고 하는가?

    a. 외적 언어

    b. 자아중심적 언어

    c. 지향된 언어

    d. 사적 언어

14. Piaget는 8개월 미만의 어린 영아들이 대상영속성의 결여로 인해 A-not-B 오류 검사에서 실패한다고 했지만 역동적-체계 이론의 지지자들은 영아들의 실패는 다음 중 어떤 것 때문이라고 했는가?

    a. 습관, 기억 부하, 주의집중의 조합

    b. 영아의 운동능력

    c. 숨겨진 사물에 대한 영아의 깨지기 쉬운 애착

    d. 영아의 피로감

15. 15개월 된 레나는 몇 개월 동안 도움을 받지 않고 걸었지만 최근의 공원 나들이에서 아버지는 레나가 때로는 걷고 또 어떤 부분에서는 기는 것을 보았다. 이 예에서 레나가 걷기에서 기기로 퇴행을 보인 것은 어떤 이론의 좋은 예인가?

    a. 구성주의 이론

    b. 중복파장 이론

    c. 사회문화적 이론들

    d. 정보처리 이론들

비판적 사고 질문

1. Piaget의 이론은 거의 100년 동안 영향력이 있었다. 여러분은 이후에도 Piaget의 이론이 지속적으로 영향력을 행사할 것이라 생각하는가? 그 이유는 무엇인가?

2. 여러분은 학령전 아동들이 세상을 보는 전반적인 방법을 자아중심적이라고 묘사하는 것이 좋은 표현이라고 생각하는가? 이 장에서 배운 내용과 여러분의 경험에 근거하여 학령전 아동이 어떤 면에서 자아중심적인지 그리고 자아중심적이 아닌지를 설명하라.

3. 다른 이론들에 비해 정보처리 분석가들은 인지 과정에 대해 더욱 구체적인 경향이 있다. 이 구체성은 장점인가, 단점인가?

그 이유는 무엇인가?

4. 핵심 지식 이론들의 두 종류인 선천론과 구성주의 중에서 어떤 것을 선호하는가? 그 이유는 무엇인가?

5. 6세 아동이 여러분이 가진 기술을 배우려는 장면을 상상해보자. 안내된 참여와 사회적 비계라는 사회문화적인 개념을 이용해서 어떻게 아동을 도울 것인지 기술해보라.

6. 역동적-체계 이론들은 이 장에서 개관한 다른 이론들 각각으로부터의 영향을 반영한다. Piaget의 이론, 정보처리, 또는 사회문화적 이론들 중 어떤 이론적인 영향이 가장 강하다고 생각하는가? 그 이유는 무엇인가?

핵심용어

감각운동기(sensorimotor stage)
공동주의(joint attention)
과제 분석(task analysis)
구성주의(constructivism)
구체적 조작기(concrete operational stage)
기본 과정들(basic processes)
대상영속성(object permanence)
동화(assimilation)
문제 해결(problem solving)
문화적 도구(cultural tools)
보존 개념(conservation concept)
부호화(encoding)
사적 언어(private speech)
사회문화적 이론들(sociocultural theories)

사회적 비계(social scaffolding)
상징적 표상(symbolic representation)
상호주관성(intersubjectivity)
생득설(nativism)
선택적 주의(selective attention)
시연(rehearsal)
안내된 참여(guided participation)
역동적-체계 이론들(dynamic-systems theories)
영역 특정적(domain specific)
자아중심성(egocentrism)
자전적 기억(autobiographical memories)
작업기억(working memory)
장기기억(long-term memory)
전조작기(preoperational stage)

정보처리 이론들(information-processing theories)
조절(accommodation)
중복파장 이론(overlapping waves theory)
중심화(centration)
지연 모방(deferred imitation)
컴퓨터 시뮬레이션(computer simulation)
평형화(equilibration)
핵심 지식 이론들(core-knowledge theories)
형식적 조작기(formal operational stage)
A-not-B오류(A-not-B error)
Piaget의 이론(Piaget's theory)

연습문제 정답

1. d, 2. b, 3. b, 4. c, 5. a, 6. b, 7. d, 8. a, 9. c, 10. c, 11. a, 12. b, 13. d, 14. a, 15. b

MARY STEVENSON CASSATT (1844–1926), *Mother and Child* (oil on canvas, 1900)

영아기의 보기, 생각하기와 행동하기

지각

시각

  글상자 5.1 : 자세히 살펴보기 영아의 얼굴 지각

청지각

  글상자 5.2 : 자세히 살펴보기 그림 지각

미각과 후각

촉각

양태 간 지각

운동발달

반사

운동 이정표

운동발달의 현대적 관점

  글상자 5.3 : 자세히 살펴보기 '반사 실종 사건'

확장된 영아의 세계

  글상자 5.4 : 자세히 살펴보기 "비키세요, 내려갑니다."

학습

습관화

지각 학습

통계적 학습

고전적 조건형성

도구적 조건형성

관찰학습/모방

합리적 학습

적극적 학습

인지

대상 지식

물리적 지식

사회적 지식

예측

요약

이 장의 주제

- 천성과 육성
- 능동적인 아동
- 연속성/비연속성
- 변화의 기제
- 사회문화적 맥락
- 개인차
- 연구와 아동복지

부엌 싱크대 위 아기의자에 앉아서 4개월 된 벤저민은 부모가 저녁 먹은 그릇들을 닦고 있는 것을 보고 있다. 그는 사람이 들어 올리거나 조작할 때만 움직이는 크기와 모양이 다른 다양한 잔들과 세라믹과 메탈로 만든 사물들뿐 아니라 스스로 움직이는 두 사람을 관찰한다. 이 장면의 다른 요소들은 결코 움직이지 않는다. 사람들이 과제를 할 때 그들의 입술에서 독특한 소리들이 나오지만 그들이 식기와 냄비와 잔과 스펀지를 부엌 싱크대 위에 놓을 때는 다른 소리들이 난다. 아버지가 잔을 냄비 뒤에 놓을 때 벤저민은 한때 컵이 시야에서 완전히 사라지는 것을 본다. 그 컵은 잠시 뒤에 냄비를 치우면 다시 나타난다. 그는 또한 사물들이 거품을 통해 물속으로 사라지는 것을 보지만 한 번도 한 사물이 다른 사물을 뚫고 지나가는 것을 본 적은 없다. 벤저민의 아버지가 크리스털 잔의 반 이상을 싱크대 모서리에 끼게 만들기 전까지 대상들은 싱크대 위에 그대로 놓여 있었다. 뒤따르는 쨍그랑 소리에 방에 있는 세 사람 모두가 놀랐고 다른 두 어른이 이전에 내던 부드럽고 유쾌한 소리와 달리 서로를 향해 날카롭고 큰 소리를 내지를 때 벤저민은 더 놀랐다. 벤저민이 울기 시작하자 어른들은 그에게로 달려가서 그를 토닥거리며 부드럽고 특별히 유쾌한 소리를 내었다.

이 장 전체를 통해 우리가 되새길 이 예는 가장 일상적인 장면에서 영아들이 관찰하고 학습할 수 있는 엄청난 양의 정보를 보여준다. 세상을 학습하는 데 있어 다른 대부분의 영아들처럼 벤저민은 그가 가진 모든 도구를 사용하여 주변의 모든 사람과 대상을 열심히 탐색한다. 그는 보고 들을 뿐 아니라 그다음 맛보고 냄새 맡고 만지면서 정보를 탐색한다. 처음으로 대상을 향해 뻗기를 하고 뒤에 대상을 조작하게 되면서 그의 탐색은 점진적으로 확장되며 그는 대상들에 대해 더 많은 것을 발견하게 된다. 그가 스스로 움직이기 시작하면 전기 콘센트와 고양이 깔개처럼 그가 만지지 않기를 부모가 바라는 것까지 포함하여 더 넓은 세계가 열린다. 첫 몇 해 동안 벤저민은 다른 어떤 시기와 비교할 수 없을 정도로 왕성하게 탐구하거나 신속하게 학습한다.

이 장에서 우리는 지각, 행동, 학습과 인지라는 4개의 서로 관련된 영역들을 다룰 것이다. 우리의 논의는 주로 영아기에 집중된다. 첫 번째 이유는 일생 중 첫 두 해 동안에 이 네 영역에서 가장 급속한 변화가 일어나기 때문이다. 두 번째 이유는 이 네 영역에서 영아의 발달은 특별히 서로 관련되어 있기 때문이다. 한 영역에서 영아의 행동과 경험을 전환하는 작은 혁신은 다른 영역들에서의 작은 혁신들을 이끌어낸다. 예를 들어 첫 몇 달 동안 일어나는 시각능력에서의 극적인 향상으로 인해 영아들은 주변의 사람과 대상을 더 잘 볼 수 있고 따라서 새로운 정보를 학습할 기회가 훨씬 늘어나게 된다.

이 장에서 영아기에 집중하는 세 번째 이유는 지각과 운동발달의 최근 연구들 대다수가 영아와 어린 아동을 대상으로 하기 때문이다. 첫 몇 해 동안의 학습과 인지에 대해서 많은 매력적인 연구들이 있다. 우리는 이 연구들 중 일부를 여기서 다루고 이 영역들에서의 이후 발달은 후속 장에서 다룬다. 이 장에서 영아기에 집중하는 마지막 이유는 이 네 영역에서 영아의 발달을 연구하는 방법들이 나이 든 아동들을 연구하는 데 사용하는 방법들과 당연히 사뭇 다르기 때문이다.

영아기의 주요 발달을 조사할 때 우리는 몇 개의 지속적인 주제들을 다룰 것이다. **능동적 아동**의 주제는 영아가 환경을 열심히 탐색하는 데서 생생하게 드러날 것이다. **연속성/비연속성**은 영아기와 후속 발달 간의 관계를 언급하는 연구들에서 반복적으로 나타난다. 우리가 영아 발달에서 변이와 선택의 역할을 탐구할 때 일부에서 **변화의 기제**라는 주제가 분명해질 것이다. 초기의 운동발달을 논할 때 우리는 **사회문화적 맥락**의 공헌을 조사할 것이다.

이 장의 대부분에서 **천성과 양육**의 주제가 다루어진다. 적어도 2000년 동안 인간 발달을 설명하기 위해 선천적인 지식을 강조하는 철학자와 과학자들과 반대로 학습을 강조하는 철학자와 과학자들 사이에 끊임없는 논쟁이 있어 왔다. 이 해묵은 논쟁을 재조명하는 것이 최근 몇 세기 동안에 영아를 대상으로 수많은 연구가 행해진 이유 중 하나이다. 앞으로 보겠지만 이 발견들은 영아 발달이 이전에 생각하던 것보다 훨씬 더 복잡하고 놀랄 만하다는 것을 보여주었다.

지각

갓 태어난 아기들의 부모들은 이 아기들이 얼마나 잘 볼 수 있는지, 얼마나 잘 들을 수 있는지, 보고 들은 것을 연결시킬 수 있는지(위의 삽화에서처럼) 등을 포함해서 무엇을 경험하는지가 궁금할 것이다. 초창기 심리학자 중 한 명인 William James는 신생아에게 세계를 '꽃이 만개한 것 같이 구별이 안 되고, 웅웅거리는 소리의 큰 혼란(a big, blooming confusion)'이라고 믿었다. 그러나 초기 감각과 지각에 대한 연구들의 괄목할 만한 진전으로 현대의 연구자들은 그의 견해에 동의하지 않는다. 연구들은 영아들이 세상에 태어날 때 모든 감각기능이 어느 정도로 기능을 하며 후속 발달이 매우 빠른 속도로 일어나고 있다는 것을 보여주었다. **감각**(sensation)은 감각기관(눈, 귀, 피부 등)의 감각수용기와 뇌가 외부 세계로부터의 기본 정보를 처리하는 과정을 말한다. **지각**(perception)은 대상, 사건, 그리고 우리 주변의 공간적 배열에 관한 감각 정보를 조직화하고 해석하는 과정이다. 앞의 사례에서 감각은 벤저민의 눈과 귀의 수용기와 뇌를 활성화하는 빛과 소리 파장을 포함한다. 지각의 한 예는 유리잔이 깨질 때 제공되는 청각, 시각 자극을 하나의 일관된 사건으로 경험하는 것이다.

여기서 우리는 주로 시각에 대해 이야기를 할 것인데 그 이유는 인간에게 시각이 특별히 중요하고 다른 감각보다 시각에 대한 연구들이 훨씬 많기 때문이다. 우리는 또한 청각에 대해서 이야기하고 미각, 후각, 촉각, 그리고 다른 감각을 논할 것이며 이러한 다중 감각양태 간의 조정에 대해서도 다룰 것이다. 우리 성인들에게 이러한 능력들은 진부한 것처럼 생각되지만 이들은 실제로 생애 첫 해 동안의 가장 놀라운 성취 중 일부이다.

시각

인간은 다른 어떤 종들보다 시각에 더 의존하지만 최근 몇십 년 전까지만 해도 일반적으로 신생아의 시각은 거의 기능하지 못할 정도로 나쁘다고 생각하고 있었다. 그러나 연구자들이 신생아와 어린 영아의 보기 행동을 조심스럽게 연구하기 시작하면서 이러한 가정이 잘못되었다는 것을 발견했다. 실제로 세상에 나오자마자 아기들은 눈을 사용하여 탐구하기 시작한다. 그들은 환경을 주사하고 사람이나 대상에 눈길이 멈추면 멈추고 이들을 본다. 신생아들이 성인들처럼 명확하게 볼 수는 없지만 처음 몇 달 동안 그들의 시각은 극도로 빠르게 향상된다. 나중에 배우겠지만 최근의 연구들에 의하면 이러한 미성숙한 시각 체계에도 불구하고 가장 어린 영아들조차 놀랄 만큼 세련된 시각 능력을 갖고 있다.

이렇게 우리가 확신을 가지고 말할 수 있게 된 증거들은 다양한 독창적인 연구방법들의 발명 덕에 가능해졌다. 어린 영아들은 지시를 알아듣거나 반응하지 못하기 때문에 영아의 능력을 연구하기 위해서 연구자들은 나이 든 아동들이나 성인들에게 사용했던 것과는 아주 다른 방법을 고안해

감각 ■ 감각기관(눈, 귀, 피부 등)의 감각수용기와 뇌에서 외부 세계의 기본 정보를 처리하는 과정

지각 ■ 감각 정보를 조직화하고 해석하는 과정

COURTESY OF CHEN YU

이 영아와 양육자는 각각 머리에 눈 추적 장치를 쓰고 있다. 보라색 선들이 만나는 지점은 관찰자가 어디를 보고 있는지를 보여준다. 위의 사진은 양육자의 눈길이 영아의 얼굴에 집중되어 있는 것을 보여준다. 아래 사진에서는 영아의 눈길이 초록색 대상에 집중되고 있다.

야 했다. 첫 번째 획기적인 발전은 영아의 시각적 주의를 연구하는 방법인 **선호적 보기 기법**(preferential-looking technique)에 의해 성취되었다. Robert Fantz(1961)가 처음 사용한 이 방법에서는 보통 2개의 나란히 놓인 스크린에 2개의 다른 시각 자극을 제시한다. 만약 영아가 두 자극 중 하나를 더 오래 쳐다본다면 연구자들은 아기가 두 자극을 변별하고 다른 자극에 비해 한 자극을 선호한다고 추론한다. Fantz는 다른 사람들처럼 영아들도 아무 중요성이 없는 것보다는 중요한 자극을 더 쳐다본다는 것을 증명했다. 흑백의 줄, 신문용지, 과녁, 도식적 얼굴 등 어떤 종류의 패턴이든 단순한 표면과 짝을 지워 제시하면 영아들은 패턴을 선호했다(즉 더 오래 쳐다보았다).

선호적 보기 기법의 현대판은 자동 눈 추적 장치(eye tracker)를 사용한다. 적외선 반사를 통해 영아의 눈 움직임을 측정하는 특별히 고안된 카메라를 이용해서 연구자들은 영아가 스크린의 어느 곳을 쳐다보는지 자동적으로 탐지할 수 있다. 연구자들은 또한 영아의 머리에 눈 추적 장치를 씌워서 아기가 자유로이 눈을 움직여 방 안을 둘러볼 때 아기가 어디를 쳐다보는지를 알 수 있다.

영아의 감각과 지각 발달을 연구하는 데 자주 사용되는 또 다른 방법은 습관화(habituation)인데 이는 제2장에서 태아 발달을 연구하는 연구 도구로 소개되었다. 이 절차에서는 영아의 반응이 습관화될 때, 즉 감소할 때까지 어떤 자극을 반복적으로 제시한다. 그런 뒤에 새로운 자극을 제시한다. 만약 이 새로운 자극에 대한 반응으로 영아가 탈습관화하면(반응이 증가하면), 연구자들은 아기가 옛 자극과 새로운 자극을 변별할 수 있다고 추론한다. 습관화와 선호적 보기 절차는 그 단순함 때문에 영아의 지각과 세상에 대한 이해를 연구하는 상당히 강력한 도구로 밝혀졌다.

선호적 보기 기법 ■ 영아의 시각적 주의를 연구하는 방법으로 영아가 둘 중 하나를 더 선호하는지를 알기 위해 2개의 패턴이나 2개의 대상을 동시에 보여준다.

시력 ■ 시각적 변별의 예민함

대비 민감도 ■ 시각적 패턴에서 명암의 차이를 지각하는 능력

원추체 ■ 중심와(망막의 중심부)에 고도로 집중되어 있는 빛에 민감한 뉴런들

시력과 색채 지각

연구자들(과 눈 관리 전문가들)은 선호적 보기 기법을 이용하여 영아들의 **시력**(visual acuity), 즉 얼마나 분명하게 볼 수 있는지를 측정한다. 이 방법은 단순한 패턴과 회색 바탕의 차이를 구별하는 영아는 일관되게 패턴을 선호한다는 것을 보여주는 연구를 기반으로 한다(그림 5.1). 패턴을 달리하며 영아의 선호를 평가하여 연구자들은 영아들의 시력뿐 아니라 그들의 보기 선호에 대해서도 많은 것을 알 수 있었다. 예를 들어 어린 영아들은 일반적으로 흑백의 바둑판과 같이 시각적 대비가 높은 패턴을 선호한다(Banks & Dannemiller, 1987). 이는 어린 영아들의 **대비 민감도**(contrast sensitivity)가 낮기 때문이다. 즉 영아들은 요소들의 대비가 높을 때만 패턴을 탐지할 수 있다.

이렇게 대비 민감도가 낮은 이유 중 하나는 영아들의 망막 중심와에 집중적으로 모여 있고 정교한 것과 색을 보는 데 관여하며, 빛에 민감한 뉴런인 **원추체**(cones) 세포의 미성숙 때문이다. 신생아의 원추체

Courtesy of Good-Lite Company

그림 5.1 영아의 시력 검사 영아의 시력 검사를 위해서 그림에서 보는 것과 같이 작은 패들을 사용할 수 있다. 하나는 줄무늬가 있고 다른 하나는 단순한 회색 바탕인 2개의 패들을 영아에게 동시에 보여준다. 만약 영아가 흑백의 줄들 사이의 대비 차이를 탐지할 수 있다면 영아는 단순한 색보다는 패턴이 있는 시각장을 더 선호하기 때문에 줄무늬 패들을 더 쳐다보아야만 한다. 안과 의사나 연구자는 영아가 줄무늬 패들과 회색 패들을 더 이상 구별할 수 없을 때까지 영아에게 점점 더 가는 줄무늬의 패들을 연속적으로 제시한다. 마지막으로 변별한 패들에서 줄무늬의 두께가 영아의 시력 지표가 된다.

는 성인의 원추체보다 4배나 더 떨어져 있고 그 결과 성인의 경우 중심와에 떨어지는 빛의 65%를 잡을 수 있는 데 비해 신생아들은 2% 정도만 잡을 수 있다(개관을 위해서는 Arterberry & Kellman, 2016 참조). 부분적으로는 이런 이유 때문에 생후 1개월 영아들의 시력은 20/120(성인의 경우 시력 검사판의 제일 위에 있는 커다란 E만을 읽을 수 있을 정도의 시력)밖에 되지 않는다. 이후 8개월까지 시력은 급속도로 발달하여 영아의 시력은 성인의 시력에 접근한다.

어린 영아들의 시각 경험에서 또 다른 제한점은 처음 1개월 정도 동안 영아들은 흰색과 다른 색들의 차이를 지각하지 못하는 것 같다는 것이다. 그러나 2개월이 되면 영아의 색 지각은 성인과 유사해진다. 영아들은 청록색과 같은 혼합색보다 청색 같은 고유한 색을 선호한다(Arterberry & Kellman, 2016). 즉 영아들의 방을 파스텔 톤으로 칠하는 경향은 영아들의 색 선호를 반영하지 않으며 오히려 부모의 색 선호를 반영한다.

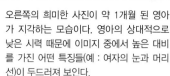

오른쪽의 희미한 사진이 약 1개월 된 영아가 지각하는 모습이다. 영아의 상대적으로 낮은 시력 때문에 이미지 중에서 높은 대비를 가진 어떤 특징들(예 : 여자의 눈과 머리선)이 두드러져 보인다.

영아들의 색 지각에 대한 연구들은 색 범주화의 기원에 대한 오래된 논쟁에 사용되었다. 인간은 수천 개의 서로 다른 색을 구별할 수 있지만 언어는 광범위한 색 범주들을 구별하기 위해 오직 몇 개의 용어만을 사용하며 이 범주들은 언어에 따라 다르다. 색 지각은 어느 정도로 언어의 영향을 받는가? 이는 아직 색 단어를 가지지 못한 영아들의 색 지각에 대한 최근 연구들이 시험하고 있는 질문이다(Yang et al., 2016). 글상자 3.3에서 논의한 뇌 측정 방법 중 하나인 NIRS를 사용하여 연구자들은 5개월 영아가 성인과 동일한 방법으로 색을 범주화하는지를 알아내고자 했다. 결과에 따르면 한 범주의 색에서 다른 범주의 새로운 색으로 색이 변화할 때 성인처럼 영아들의 뇌도 반응하지만 동일한 범주의 다른 색으로 변화할 때는 반응하지 않았다. 이러한 결과들은 언어 습득 이전에 영아의 뇌가 적어도 어떤 색 범주들을 표상한다는 것을 보여준다.

시각적 주사

앞서 말한 바와 같이 신생아들은 바로 주변 환경을 시각적으로 주사(scanning)하기 시작한다. 처음부터 그들은 움직이는 자극에 매료된다. 그러나 아기들의 눈 움직임이 변덕스럽고 때로는 시각적으로 추적하고 있는 사물에 머물지 못하기 때문에 이 자극들을 추적하는 데 어려움이 있다. 4개월이 될 때까지 영아들은 움직이는 대상들을 부드럽게 추적하지 못하며 대상이 느리게 움직일 때만 가능하다(Rosander, 2007). 이 발달적 성취는 시각적 경험보다는 성숙의 영향인 듯하다. 신경과 지각 체계가 미성숙한 조산아들은 정상적으로 달이 차서 태어난 만삭아들에 비해 부드러운 시각적 추적의 발달이 느리다(Strand-Brodd et al., 2011). 조산아들로부터의 추가적인 증거들은 시각적 추적이 신경발달을 반영한다는 견해를 지지한다. 임신주수/재태기간(즉 조산을 고려하여 교정된 나이) 4개월에 움직이는 대상을 추적하는 데 어려움이 있는 임신 32주 전에 태어난 조산아들은 비슷한 조산아들에 비해 3세에 인지적 결과물이 더 나쁘다(Kaul et al., 2016). 따라서 매우 일찍 발달하는 지각발달의 이 측면이 이후 인지발달의 중요한 지표일 수 있다.

시각적 주사가 이렇게 중요한 이유는 이것이 영아가 자신들이 관찰하고 학습하는 바에 대해 적극적 통제력을 가진 몇 개 되지 않는 방법 중 하나이기 때문이다. 세상(과 따라서 그들이 학습할

그림 5.2 시각적 주사 이 얼굴 그림들 위에 덧그린 선들은 두 아기가 그림에 시선을 고정할 때 나타나는 연령차를 보여준다. (a) 1개월 아기는 얼굴의 외부 윤곽과 머리를 주로 보고 눈을 몇 번 주시했다. (b) 2개월 아기는 얼굴의 내부, 특히 눈과 입을 주로 주시했다(Maurer & Salapatek, 1976).

수 있는 것)에 관한 어린 영아들의 시각적 경험은 매우 제한되어 있다. 삼각형과 같은 간단한 도형의 경우, 2개월 미만의 어린 영아들은 전적으로 한쪽 모서리만을 쳐다본다. 얼굴같이 더 복잡한 형태의 경우에는 오직 바깥쪽 가장자리만을 주사하는 경향이 있다(Haith, Bergman, & Moore, 1977; Milewski, 1976). 따라서 그림 5.2에서 보듯이 1개월 영아는 선으로 그린 얼굴을 볼 때 경계선— 즉 배경과 상대적으로 강한 대비가 있는 뺨이나 머리선 —에 고정되는 경향이 있다. 2개월이 되면 영아는 더욱 넓게 주사를 할 수 있게 되고 전체적인 모양과 내부의 세부 항목 모두에 주의를 기울일 수 있게 된다. 실제로 글상자 5.1에서 논의하는 바와 같이 얼굴은 시각적 환경 중에서 영아가 가장 선호하고 뛰어난 측면들이다.

영아 학습자들에게 말하는 얼굴들은 특별히 중요한 정보의 원천이다. 말하는 얼굴을 관찰하면서 영아들은 궁극적으로는 모국어의 기초가 될 운동 행동과 소리 간의 연결 형성을 시작할 기회를 얻는다. 말하는 얼굴에 대한 시각적 주사 연구들은 말하는 얼굴이 학습의 원천으로서 점점 더 중요해지는 것과 일관되는 중요한 행동의 패턴을 보여준다(Lewkowicz & Hansen-Tift, 2012). 구어가 시작되기 전 4개월경에 말하는 얼굴을 본 영아들은 화자의 눈에 주로 시선을 고정한다. 그러나 영아가 옹알이를 시작한 뒤에는 아기들은 화자의 입을 주시하는데 이는 말하는 입에 주목하는 것이 영아의 구어발달과 관계가 있을 것이라는 견해를 지지한다. 흥미롭게도 이중언어 영아는 시각적 주사에서의 이러한 이동(말하는 얼굴의 눈보다 입을 선호함)을 단일언어 영아들보다 더 일찍 나타내는데 이는 여러 언어를 습득하는 영아들이 단일언어를 습득하는 영아들에 비해 더 일찍 입이 제공하는 정보를 이용한다는 견해를 지지한다(Pons, Bosch, & Lewkowicz, 2015). 우리는 영아들이 어떻게 여러 언어를 학습하는 인상적인 공적을 달성하는지에 대해 제6장에서 더 학습할 것이다.

대상 지각

시지각이 놀라운 이유 중 하나는 어떻게 세상이 안정적으로 보이는지다. 어떤 사람이 우리에게 다가오거나 멀어져 갈 때 혹은 천천히 원을 그리며 돌 때 우리의 망막에 만들어지는 그 사람의 상은 크기와 모양이 변화하지만 우리는 그 사람의 크기나 모양이 변화한다는 인상을 받지 않는다. 오히려 우리는 일정한 크기와 모양을 지각하는데 이 현상을 **지각적 항상성**(perceptual constancy)이라고 한다. 지각적 항상성의 기원은 **경험론자**(empiricist)와 **선천론자**(nativist)들의 논쟁의 전통적인 요소였다. 제4장에서 읽은 것처럼 경험론자들은 모든 지식은 경험으로부터 온다고 주장하는 데 비해 생득주의자들(특히 핵심 지식 이론가들)은 지식의 주요 측면들은 실제로 타고나거나 혹은 내장되어 있다고 주장한다. 따라서 경험론자들은 우리가 환경을 공간적으로 경험함에 따라 대상의 일정한 크기와 모양에 대한 우리의 지각이 발달한다고 주장하고 반대로 생득주의자들은 이 지각적 규칙성은 신경계의 선천적인 특성에서 발생한다고 주장한다.

신생아와 매우 어린 영아들의 지각적 항상성 증거들이 선천론자들의 입장을 지지한다. 크기 항상성 연구(Slater, Mattock, & Brown, 1990)에서 신생아들에게 크거나 작은 육면체를 서로 다른 거리에서 반복적으로 제시했다. 육면체의 실제 크기는 일정하지만 육면체가 투사하는 망막 상의 크기는 시행마다 변화했다(그림 5.3 참조). 문제는 신생아가 이 사건을 동일한 대상을 여러 번 제시하는 것으로 지각하는가 혹은 다른 크기의 비슷한 대상을 제시한 것으로 지각하는가 하는 것이다.

이 문제에 답하기 위해 연구자들은 뒤이어 원래 육면체와 이보다 2배 큰 똑같이 생긴 두 번째 육면체를 제시했다. 중요한 요인은 두 번째 육면체가 원래 것보다 2배 더 떨어져 제시되어 원래 육면

지각적 항상성 ■ 대상의 망막 상이 물리적으로 다른데도 불구하고 대상의 크기, 모양, 색 등이 변하지 않는 일정한 것으로 대상 지각

체와 동일한 크기의 망막 상을 제공한다는 것이다. 영아들은 두 번째 육면체를 더 오래 쳐다보았는데 이는 두 번째 육면체와 첫 번째 육면체의 크기를 서로 다르게 본 것을 의미한다. 이는 다시 첫 번째 육면체를 반복 제시했을 때 망막 상의 크기가 달라져도 동일한 크기의 하나의 대상으로 지각했음을 보여준다. 따라서 시각 경험은 크기 항상성을 위해서 꼭 필요한 것이 아니다.

다른 중요한 지각적 능력은 대상들 간의 경계를 지각하는 **대상 분리**(object segregation)이다. 이 능력의 중요성을 알아보기 위해 방 안의 주변을 둘러보라. 한 대상이 어디서 끝나고 다른 대상이 어디서 시작하는지를 어떻게 아는가? 만약 대상들이 시각적 간격으로 분리되어 있다면 대상들 간의 경계는 분명할 것이다. 그러나 그런 간격이 없다면? 예를 들어 아기 벤저민이 부모가 그릇 씻는 것을 볼 때 그는 컵 하나가 접시 위에 놓여 있는 것을 본다. 성인이라면 이러한 배열을 보고 2개의 서로 다른 대상을 지각할 것이지만 벤저민도 그럴 것인가? 도자기 그릇에 대한 경험이 없어서 벤저민은 확신하지 못할 것이다. 모양이 달라서 2개의 대상인 것 같지만 질감이 같아서 하나의 대상일 수도 있다. 이제 엄마가 비눗물에 넣기 위해 컵을 들었고 접시는 그대로 상 위에 남아 있다고 가정해보자. 그는 아직도 확신하지 못할까? 아니다. 영아들조차 컵과 접시(혹은 어떤 대상이든)의 독립적인 운동을 그들이 별개의 존재라는 신호로 간주하기 때문이다. 이러한 지식은 선천적인가, 아니면 영아가 주변 환경에서 일상적인 사건들을 관찰하여 습득한 것인가?

Kellman과 Spelke(1983)의 고전적인 실험은 처음으로 대상들 간의 경계를 표시하는 단서로서 운동의 중요성을 보여주었다. 처음에 4개월 영아에게 그림 5.4a에서처럼 보여주었다. 이는 블록의 양끝에서 2개의 막대가 움직이는 것이나 혹은 하나의 막대가 블록 뒤에서 왔다갔다 하는 것으로 볼 수 있다. 성인들은 이러한 배열을 후자로 본다는 것이 중요하다. 이 배열에 습관화를 시킨 뒤에 영아들에게 그림 5.4b의 두 검사 자극 — 하나의 긴 막대 혹은 2개의 잘린 막대 — 을 제시했다. 이 연구자들은 만약 습관화 동안 영아가 성인들처럼 블록 뒤에서 하나의 긴 막대가 움직이고 있다고 생각한다면 그들은 2개의 막대가 상대적으로 새롭기 때문에 2개의 막대를 더 오래 쳐다볼 것이라고 생각했다. 그리고 아기들은 바로 그렇게 했다.

습관화 동안 제시된 2개의 막대를 보고 한 막대의 일부라고 영아가 지각하게 만든 것은 무엇일까? 그 답은 **공동의 움직임**(common movement), 즉 두 부분은 같은 방향, 같은 속도로 언제나 함께 움직인다는 사실이다. 막대가 움직이지 않는 것을 제외하고 그림 5.4a와 같은 배열을 본 4개월 영아들은 2개의 검사 자극을 동일하게 쳐다보았다. 다시 말하면, 공동의 움직임이 없이는 잘 알 수 없었다.

공동의 움직임은 함께 움직이는 별개의 요소들이 한 대상의 일부라고 영아가 지각하게 만드는 강력한 단서이다. 블록 뒤에서 움직이는 대상의 두 부분이 색, 재질, 그

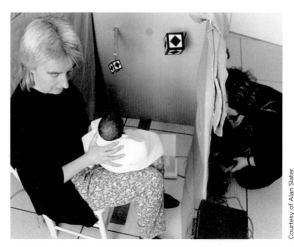

그림 5.3 만약 이 영아가 더 크지만 더 멀리 있는 육면체를 오래 쳐다본다면 연구자들은 이 아기가 크기 항상성을 가지고 있다고 결론지을 것이다.

대상 분리 ■ 시각 배열에서 분리된 대상의 식별

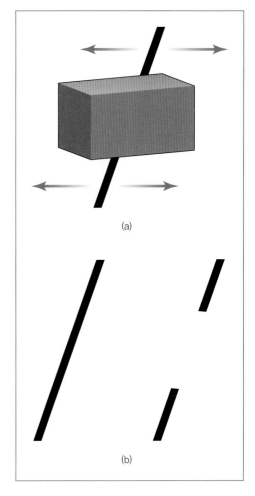

(a)

(b)

그림 5.4 대상 분리 (a)에서 두 요소의 결합을 보는 영아는 블록 뒤에서 움직이는 막대라는 2개의 분리된 대상을 지각한다. 이 배열에 습관화된 다음에 그들은 (b)의 하나의 막대보다 2개의 막대를 더 쳐다볼 것이며 이는 아기들이 하나의 막대는 친숙한 것으로 보지만 2개의 막대는 새로운 것으로 본다는 것을 시사한다. 만약 영아들이 처음에 움직임이 없는 배열을 본다면 그들은 두 배열을 모두 동일한 만큼 쳐다볼 것이다. 이 결과는 대상 분리에서 운동의 중요성을 보여준다(Kellman & Spelke, 1983).

영아의 얼굴 지각

영아의 지각에서 특별히 매력적인 측면은 모든 자극 중에서 가장 사회적인 자극, 즉 인간의 얼굴에 대한 인간 영아의 반응과 관계된다. 앞서 본 것처럼 영아들은 출생 시부터 얼굴에 끌리기 때문에 선도적인 연구자들은 무엇이 처음부터 아기들의 주의를 끄는지를 질문했다. 그 답은 아마도 모든 인간 얼굴의 특징인 아래 반쪽보다 위의 반쪽에 더 많은 요소를 가진 배열에 대한 매우 일반적인 편향이다(Macchi Cassia, Turati, & Simion, 2004)(첫 번째 열의 그림을 보라).

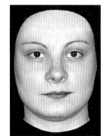 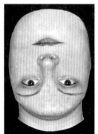

똑바른 얼굴 　　　위아래가 뒤집힌 얼굴

 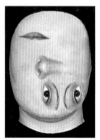

뒤섞인 위가 무거운 얼굴 　　　뒤섞인 아래가 무거운 얼굴

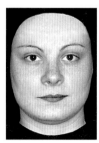 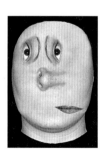

똑바른 얼굴 　　　뒤섞인 위가 무거운 얼굴

얼굴 같은 자극에 대한 일반적인 편향의 증거는 인간 신생아가 똑바로 제시하기만 하면 인간의 얼굴과 원숭이의 얼굴에 동일하게 흥미를 나타내는 것을 보여준 연구들에서 나온다(Di Giorgio et al., 2012).

얼굴에 많은 관심을 보이면서 영아들은 매우 빨리 자기 엄마의 얼굴을 재인하고 선호하게 된다. 생후 며칠 동안 엄마에게 노출된 뒤에 영아들은 후각 단서들을 통제한 뒤에도 다른 여자의 얼굴보다 엄마의 얼굴을 더 쳐다본다(제2장에서 논의한 것처럼 이는 필요한 단계인데 그 이유는 신생아가 엄마의 체취에 고도로 적응되어 있기 때문이다)(Bushnell, Sai,& Mullin, 2011). 이후 몇 개월 동안 영아들은 남자든 여자든 자신들이 가장 자주 보는 양육자의 성을 나타내는 얼굴들에 대한 선호를 발달시킨다(Quinn et al., 2002).

얼굴은 영아의 환경에서 놀랄 만큼 일반적이다. 영아들의 머리에 카메라를 씌운 최근 연구들은 얼굴이 어디에나 있음을 기록하고 있다. 출생 후 처음 몇 개월 동안 영아들은 깨어 있는 매 시간당 15분간 얼굴을 보고 있다(Jayaraman, Fausey, & Smith, 2015; Sugden, Mohamed-Ali, & Moulson, 2014). 이 연령에서 영아들은 주로 동족(96%)의 여자 얼굴(70%)에 노출된다(Sugden et al., 2014). 얼굴에 대한 이러한 과도한 집중은 나이가 들면서 줄어들어서 첫돌 무렵에는 시간당 5분 정도로 떨어진다. 이 시점이 되면 영아들은 얼굴보다 손(과 자신이 조작하는 대상)에 더 집중한다(Fausey, Jayaraman, & Smith, 2016).

돌 이후에 영아의 얼굴 지각은 *지각적 협소화*(perceptual narrowing)라고 알려진 과정을 통해 경험에 의해 형성된다. 즉 영아들은 자신이 자주 경험하는 종류의 얼굴 변별을 더 잘하게 되면서 얼굴 전문가가 된다. 지각적 좁히기의 증거는 인

간과 원숭이의 개별 얼굴을 구별하는 영아와 성인의 능력을 연구한 아주 흥미로운 연구로부터 나온다. 성인과 9개월, 6개월 영아들은 모두 2개의 인간 얼굴들을 쉽게 변별했다. 그러나 성인과 9개월 영아는 두 원숭이의 얼굴을 변별하는 데 많은 어려움이 있었다(Pascalis, de Haan, & Nelson, 2002). 놀랍게도 6개월 영아는 인간 얼굴들을 변별하는 것처럼 쉽게 원숭이들의 얼굴을 변별했다. 이 자료들은 6개월 영아들은 아직도 만인인(generalist)이지만 9개월 영아들은 인간 얼굴을 변별하는 데 문제가 되는 차원은 더 잘 지각하지만 원숭이 얼굴들을 변별하는 데 중요한 차원들의 지각은 더 못하는 전문가(specialist)라는 것을 시사한다.

지각적 좁히기가 얼굴 지각을 형성한다는 것을 보여주는 다른 증거들은 다른 인종의 얼굴 지각에 대한 연구들로부터 나온다. 사람들은 동족의 얼굴들을 타 인종의 얼굴들보다 더 잘 구별한다는 *타 인종 효과*(other-race effect, ORE)는 처음에는 성인에게서 관찰되었다. 나중에 ORE가 영아기로부터 발생한다는 것이 밝혀졌다. 신생아는 타 인종에 비해 동족의 얼굴에 대한 선호가 없는 데 비해 3개월 된 백인, 아프리카인, 그리고 중국인 영아들은 동족의 얼굴을 선호한다(Kelly, Liu et al., 2007; Kelly et al., 2005). ORE의 출현에서 보듯이 첫 번째 해의 하반기 동안에 영아의 얼굴처리는 더욱 전문화되어서 9개월경 영아들은 동족의 얼굴들을 변별하는 것보다 타 인종의 얼굴 변별을 더 어려워한다(Kelly, Quinn et al., 2007; Kelly et al., 2009).

이 효과를 촉발하는 것은 영아의 동족 자체가 아니고 오히려 영아가 가까운 환경 속에서 마주치는 사람들의 특성이다. 예를 들어 이스라엘로 이주한 3개월 된 아프리카 아기는 아프리카와 백인 양육자 모두에게 노출되었고 아프리카와 백인 얼굴 모두에 동일한 흥미를 보였다(Bar-Haim et al., 2006). 얼굴 지각

3쌍의 자극들을 하나씩 제시하면 신생아들은 왼쪽 열의 사진들을 더 오래 쳐다보는데 이는 인간 얼굴 선호에 공헌하는 위가 무거운(top-heavy) 자극에 대한 일반적인 선호를 나타낸다(Macchi Cassia et al., 2004; Simion et al., 2002). 이 간단한 선호가 다른 어떤 것보다 엄마의 얼굴을 쳐다보는 데 영아가 시간을 더 소비하는 결과를 가져오는 데 필요한 모든 것이라는 사실에 주목하라. 그러나 3개월경 영아들은 그림의 중간 쌍의 얼굴들을 변별하지 못하는데 이는 그들의 시각적 주의가 더 이상 일반적인 위가 무거운 편향에 의해 인도되고 있지 않음을 시사한다(Macchi Cassia et al., 2006).

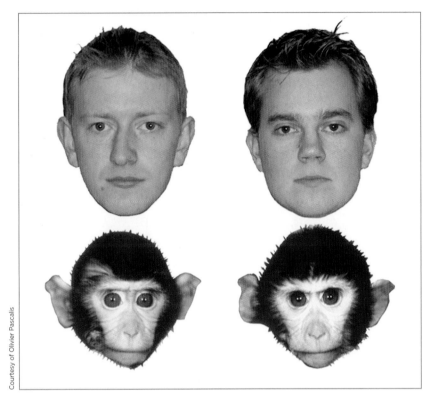

남자의 사진들은 같은 사람인가 아니면 다른 사람인가? 두 원숭이의 사진들은 어떤가? 인간 성인들은 두 얼굴이 서로 다른 사람이라는 것을 쉽게 알 수 있을 것이지만 두 원숭이 사진이 서로 다른 원숭이인지는 아마도 확신할 수 없을 것이다(그들은 서로 다른 원숭이다).

에서 시각 경험의 효과에 대한 추가적인 증거는 집에서 두 인종의 얼굴 특성에 노출되는 두 인종 영아의 얼굴 주사능력이 단일 인종 영아의 주사능력보다 더 성숙하다는 것을 보여주는 한 연구로부터 나온다(Gaither, Pauker, & Johnson, 2012).

영아의 얼굴 선호 중 가장 흥미로운 측면 중 하나는 우리들과 마찬가지로 아기들은 예쁜 얼굴을 좋아한다는 사실이다. 출생 시부터 영아들은 성인들이 매우 매력적이라고 평가한 얼굴들을 덜 매력적인 얼굴들보다 더 오래 쳐다본다(Langlois et al., 1991; Langlois et al., 1987; Rubenstein, Kalakanis, & Langlois, 1999; Slater et al., 1998, 2000). 성인들처럼 나이 든 영아들의 예쁜 얼굴 선호는 실제 사람에 대한 그들의 행동에 또한 영향을 미친다. 이는 12개월 영아가 매우 예쁜 여자 또는 덜 매력적인 여자 실험자와 상호작용했던 한 연구에서 볼 수 있다(Langlois, Roggman, & Rieser-Danner, 1990). 이 연구의 첫 번째 주요 특징은 매력적인 여자와 매력적이지 않은 여자가 하나이

며 동일 인물이라는 것이다! 영아와 여자가 상호작용하기 전에 아주 자연스럽게 보이는 전문적인 마스크를 사용하여 두 가지 외모를 만들었다. 아기들을 검사할 여자는 특정일에 어떤 마스크를 쓰는지에 따라 예쁘거나 그렇게 예쁘지 않은 얼굴로 화장을 하고 나타났다. 그 마스크들은 성인들이 판단하기에 매우 매력적인 얼굴과 상대적으로 덜 매력적인 얼굴에 준하는 것이었다.

그 여자와 상호작용할 때 영아 참여자들은 여자가 어떤 마스크를 썼는가에 따라 다르게 행동했다. 아기들은 여자가 매력적인 마스크를 썼을 때는 덜 매력적인 마스크를 썼을 때보다 더 긍정적이고 놀이에 더 개입했으며 뒤로 빼는 일이 더 적었다. 여자는 특정일에 어떤 마스크를 쓸지 미리 알지 못했기 때문에 이 연구는 특히 잘 설계된 연구이다. 따라서 아동의 행동은 여자의 행동에서 단서를 얻을 수 없었으며 오직 그녀의 예쁘거나 덜 예쁜 외모의 탓이었다.

마지막으로 얼굴 지각은 이상 발달에 대한 중

요한 힌트를 제공할 수 있다. 자폐스펙트럼장애(autism spectrum disorder, ASD)를 가진 아동과 성인들은 자주 얼굴 지각에 어려움을 갖고 있으며 종종 얼굴(특히 눈)을 쳐다보지 않는 것을 선호하고 얼굴에 대한 손상된 기억을 보여준다(예 : Jones, Carr, & Klin, 2008; Weigelt, Koldewyn, & Kanwisher, 2013). 연구자들은 비얼굴에 대한 영아의 선호(특히 기하학적 도형)가 ASD의 조기 지표를 제공할 수 있을 것이라 제안한다. 최근 한 눈 추적 연구는 정상 발달하는 걸음마기 아이들과 반대로 ASD를 가진 걸음마기 아이들은 역동적인 인간 이미지의 배열보다 기하학적 배열을 훨씬 더 선호한다는 것을 발견했다(Pierce et al., 2016). 흥미롭게도 기하학적 이미지를 강력하게 선호하던 ASD 걸음마기 아이들은 다른 ASD 걸음마기 아이에 비해 언어, 인지, 그리고 사회적 능력이 더 낮았다. 얼굴에 흥미를 덜 느끼는 영아들은 말소리부터 사회적 단서까지 얼굴이 전달하는 많은 종류의 정보들로부터 학습할 기회가 드물다.

리고 모양에서 달라도 문제가 되지 않으며 어떻게 움직이는가(옆으로, 위로 등)도 큰 차이를 만들어내지 못한다. 영아들에게 공동의 움직임은 이러한 효과를 갖는데 부분적으로는 그것이 그 장면에서 관련되는 부분 — 블록보다 움직이는 부분들 — 에 주의를 기울이게 만들기 때문이다(S. P. Johnson et al., 2008). 그러나 놀랍게도 이렇게 매우 기본적인 시지각의 특징들도 학습해야만 한다. 그림 5.4에 제시된 것과 위에서 언급한 것과 유사한 배열을 이용하여 검사해보면 신생아들은 공동의 움직임을 대상 식별의 단서로 사용하지 않는 것으로 보인다(Slater et al., 1990, 1996). 2개월이 되고 과제가 단순해야만 가려진 막대를 하나의 대상으로 해석하는 데 영아들이 공동의 움직임을 사용한다는 증거가 보인다(S. P. Johnson & Aslin, 1995). 따라서 공동의 움직임만큼 강력한 단서라도 이를 탐구하는 능력을 영아들이 발달시켜야만 한다.

나이가 들면서 영아들은 세상에 대한 일반적인 지식을 포함하여 대상 분리를 위한 추가적인 정보의 원천들을 이용한다(Needham, 1997; Needham & Baillargeon, 1997). 그림 5.5에서 상자와 튜브 사이의 색, 모양, 재질의 차이는 실제로 확신할 수는 없지만 이들이 2개의 분리된 대상이라는 것을 보여준다. 그러나 대상이 공중에 뜰 수 없다는 지식은 그림 5.5b가 하나의 대상이라는 것을 말해준다. 즉 튜브가 상자에 부착되었음에 틀림없다.

여러분처럼 8개월 영아는 두 배열이 서로 다르다고 해석한다. 그림 5.5a에서 손을 뻗어서 튜브를 잡아당기는 것을 보면, 튜브가 상자로부터 나올 때보다 튜브와 상자가 함께 움직일 때 더 오래 쳐다보는데(아마도 그들은 더 놀라는데) 이는 그들이 배열을 2개의 분리된 대상으로 지각한다는 것을 의미한다. 그러나 그림 5.5b에서는 반대 패턴이 나온다. 이제 영아들은 튜브가 따로 움직이면 더 오래 쳐다보며 이는 그들이 하나의 대상으로 지각한다는 것을 시사한다. 더 어린 영아들과 그림 5.5의 배열을 사용한 추적 연구들은 상자나 튜브로 이전에 친숙화를 했을 때에만 더 어린 영아들(4.5개월)이 이 배열들을 성인처럼 해석한다는 것을 보여준다(Needham & Baillargeon, 1998). 따라서 영아들이 대상의 물리적 특성들을 이해하는 데 특정 대상과의 경험이 도움을 주는 것 같다. 이 장의 뒷부분에서 운동발달(특히 뻗기와 관련하여)이 영아들의 대상 지식에 시사하는 바를 논의할 때 다시 이 결과를 언급할 것이다.

또 하나의 경험을 구성하는 영아가 자라나는 문화 역시 시각 세계에 대한 그들의 주의에 영향을 준다. 문화심리학의 수십 년 연구들은 다른 문화에서 서로 다른 시각 주의의 패턴을 보고한다. 예를 들어 얼굴의 정서를 처리할 때 동아시아 성인들은 눈의 정보를 이용하는 데 비해 서구 백인 성인들은 입의 정보를 사용하는 경향이 있다(Jack et al., 2012). 시각적 주의에서 이러한 문화적 차이는 학습된 것이 틀림없다. 그리고 실제로 얼굴 지각에서 이러한 패턴은 7개월경에 나타난다. 영국에서 자라는 백인 영아들은 눈 추적 과제 동안 보여준 얼굴의 입에 더 집중하고 일본에서 자라는 동아시아 영아들은 눈에 더 집중하는 경향이 있었다(Geangu et al., 2016).

장면 지각에서도 문화적 차이가 발견된다. 서구 백인 성인들은 장면에서 중심 대상에 고정하는 경향이 있는데 동아시아 성인들은 장면의 배경 맥락과 행동에 더 집중하는 경향이 있다(예 : Nisbett & Miyamoto, 2005). 그리고 실제로 24개월경 미국 백인 영아와 중국 영아들은 역동적인 장면을 볼 때 미묘하게 다른 시각적 주의의 패턴을 보인다. 미국 영아들은 대상

그림 5.5 지식과 대상 분리 (a) 여기서 보는 것이 하나의 대상인지 2개의 대상인지 확실하게 알 수 없다. (b) 중력과 지지에 대한 지식 때문에 여러분은 이것이 (매우 이상하지만) 하나의 대상이라고 확신할 수 있다(Needham, 1997).

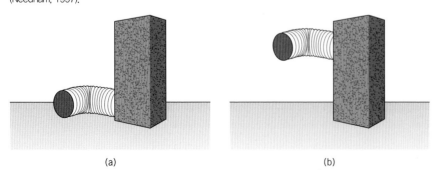

(a)　　　　　(b)

에 더 집중하고 중국 영아들은 행동에 더 집중한다(Waxman et al., 2016). 이렇게 나타나는 차이는 부모가 주의를 기울이고 영아들의 주의에 영향을 미치는 문화적 차이 때문일 수 있다. 또한 제6장에서 보겠지만 동아시아의 엄마들은 미국 엄마들보다 행동을 명명하는 경향이 있는데 이는 영아들에게 행동을 부각시킬 수 있다.

깊이 지각

환경 속에서 길을 찾기 위해 우리는 자신이 어디에 있는지를 주변의 대상과 주요 지형지물과의 관계 속에서 알아야 한다. 우리는 다양한 깊이와 거리 단서들을 이용하여 책상 위에 놓인 커피 잔에 손이 닿을 수 있는지 또는 다가오는 차와 충분히 거리가 있어서 그 앞을 안전하게 지나갈 수 있는지를 판단한다. 생의 초기부터 영아들은 이러한 단서 중 일부에 민감하며 나머지 단서들에 재빨리 민감해진다.

매우 일찍부터 영아들이 민감한 단서 중 하나는 **시각적 확장**(optical expansion)인데 이는 사물이 우리를 향해 다가올 때는 대상의 시각 상의 크기가 더 커지고 배경을 점점 더 가리게 되는 것이다. 만약 다가오는 대상의 상이 대칭적으로 확장되면 우리는 그 대상이 우리를 향해 정확하게 다가오고 있다는 것을 알게 되고 이때 합리적인 반응은 피하는 것이다. 아기들은 피할 수 없지만 눈을 깜박인다. 이 눈을 깜박이는 반응의 시간이 중요하다. 만약 영아가 너무 일찍 혹은 너무 늦게 깜박이면 다가오는 대상이 뜨고 있는 아기의 눈에 부딪칠 위험이 있다. 그러나 생각해보면 아기들이 어떻게 정확한 시점에 눈을 깜박이게 되는지가 분명하지 않다. 그렇게 하기 위해 영아들은 얼마나 빨리 상이 확장되고 있는지와 상이 시야를 얼마나 많이 가리는지를 포함해서 자신 앞에서 커지고 있는 시각 상에 존재하는 정보들을 재빨리 활용해야 한다. 놀랍게도 1개월 영아도 자신에게 다가오는 듯이 보이는 확장하는 상에 방어적으로 눈을 깜박인다(Nánez, 1988). 조산아들은 다가오는 대상에 대한 눈 깜박임에서 발달지연의 패턴을 보이는데 이는 출생 후의 시각적 경험뿐만 아니라 뇌 성숙이 이 발달적 성취에서 중요하다는 것을 의미한다(예 : Agyei, van der Weel, & van der Meer, 2016).

우리의 눈이 2개라는 간단한 사실도 깊이 지각의 초기 발달을 돕는다. 어떤 경우라도 두 눈 사이의 거리 때문에 대상의 망막 상은 결코 완전히 동일하지 않다. 그 결과로 눈들은 뇌에게 동일한 신호를 보내지 않으며 이 현상을 **양안 부등**(binocular disparity)이라 한다. 우리가 바라보는 대상이 더 가까이 있을수록 두 상 사이의 부등은 더 커지고 대상이 더 멀리 있을수록 부등은 더 작아진다. **입체시**(stereopsis)라고 알려진 과정에서 시각 피질은 양 눈에서 보내는 서로 다른 신경 신호 사이의 불일치의 정도를 계산하고 깊이 지각을 만들어낸다. 이러한 형태의 깊이 지각은 매우 갑자기 4개월 경에 발생하고 일반적으로 몇 주 안에 완성된다(Held, Birch, & Gwiazda, 1980).

입체시의 발달은 제3장에서 논의한 경험 예정적 가소성의 고전적인 예다. 영아들이 정상적으로 경험하는 시각적 경험의 종류를 고려할 때 양안시의 발달 — 깊이 단서와 시각적 장면의 다른 측면들을 계산하기 위해 두 눈은 함께 일한다 — 은 뇌 성숙의 자연적인 결과이다. 그러나 영아들에게서 생후 초기 동안에 정상적인 시각적 입력을 박탈하면 그들은 정상적인 양안시를 발달하는 데 실패하고 입체시와 다른 양안의 깊이 단서들을 사용하는 데 어려움을 가질 것이다. 시각 발달의 이 측면을 위해서는 민감한 시기가 있으며 이는 제3장에서 논의했던 고양이 연구에서 처음 발견되었다. 즉 생후 3개월 전에 한 눈의 시각을 박탈당한 새끼 고양이들은 시각이 회복되었을 때에도 정상적인 양안시가 발달하지 못한다(Hubel & Wiesel, 1962). 인간의 경우에 유사한 예는 **사시**(strabismus)라

시각적 확장 ■ 대상이 점점 더 배경을 가리는 깊이 단서로 다가오고 있음을 의미한다.

양안 부등 ■ 각 눈에 맺히는 동일 대상의 망막 상들의 차이. 이로 인해 조금 다른 신호가 뇌로 보내진다.

입체시 ■ 양안 부등으로 인해 생기는 서로 다른 신경 신호를 시각 피질에서 결합하는 과정. 결과적으로 깊이 지각을 느끼게 된다.

그림 5.6 **회화적 단서들** 이 르네상스 그림 속에는 여러 회화적 단서들이 포함되어 있다. 그중 하나는 중첩으로 가까이에 있는 대상이 더 멀리 있는 대상을 가리는 것이다. 먼 거리에서 선들이 수렴하는 것도 또 다른 단서이다. 세 번째 단서인 상대적 크기의 효과를 제대로 인식하기 위해 전경의 계단에 앉아 있는 사람의 실제 크기와 푸른색 옷을 입은 여자의 실제 크기를 비교해보라.

고 알려진 시각적 붕괴인데 두 눈의 시선이 같은 방향으로 정렬되지 못하고 서로 다른 방향을 향하는 장애이다. 3세 이전에 사시 치료(주로 교정 수술에 의해)를 받지 못한 아동들은 양안시에서 일생 동안 어려움을 겪을 위험에 있다(Banks, Aslin, & Letson, 1975).

6, 7개월경에 영아들은 다양한 **단안 깊이 단서**(monocular depth cues, 한 눈만 떴을 때도 깊이를 지각할 수 있기 때문에 이렇게 부름)에 민감해지기 시작한다(Yonas, Elieff, & Arterberry, 2002). 이 단서들은 또한 **회화적 단서**(pictorial cues)라고도 하는데 그림에서 깊이를 그리는 데 사용되기 때문이다. 상대적 크기를 포함하여 세 가지 단서를 그림 5.6에 제시한다.

단안 깊이 단서에 대한 영아들의 민감성을 연구한 초기 연구들 중 하나에서 Yonas, Cleaves, 그리고 Pettersen(1978)은 영아들이 둘 중 더 가까이 있는 대상을 향해 손을 뻗는다는 사실에 주목했다. 연구자들은 5개월과 7개월 영아들의 한 눈에 패치를 붙이고(그래서 양안 깊이 정보는 가능하지 않음) 한쪽이 다른 쪽에 비해 상당히 긴 사다리꼴 창문을 제시했다(그림 5.7). (성인이 한 눈을 감고 보면 이 창문은 표준적인 직사각형 창문인데 보는 사람 쪽으로 한 면이 더 가까이 비스듬히 놓여 있는 것으로 보인다.) 7개월 영아(그러나 더 어린 아기들은 아님)들은 더 긴 쪽으로 손을 뻗었고 이는 어른들처럼 영아들이 그쪽을 더 가깝게 지각한다는 것을 의미하며 영아들이 상대적 크기를 깊이 지각의 한 단서로 사용한다는 증거를 제공한다(글상자 5.2는 영아들의 그림 지각에 대한 연구들을 개관한다).

청지각

단안 깊이 단서(또는 회화적 단서) ■ (상대적 크기와 중첩과 같은) 한 눈만으로 지각할 수 있는 깊이에 대한 지각적 단서들

세상에 대한 또 다른 정보의 근원은 소리이다. 제2장에서 논의한 바처럼 태아는 자신들의 청각환경의 기본 특성들(엄마의 심장소리, 모국어의 리듬 패턴 등)을 학습할 수 있을 정도로 충분히 잘 들

그림 5.7 단안 깊이 단서들. 이 7개월 영아는 상대적 크기라는 단안 깊이 단서를 사용하고 있다. 양안 깊이 정보를 제거하기 위해 한쪽 눈에 패치를 붙이고 아기는 사다리형 창문의 더 긴 쪽을 향해 손을 뻗고 있다. 이러한 행동은 아기가 그쪽을 일상적인 직사각형 창문의 더 가까운 쪽으로 보고 따라서 더 쉽게 잡을 수 있다고 느낀다는 것을 의미한다(Yonas et al., 1978).

을 수 있다. 출생 시 인간의 청각 체계는 시각 체계에 비해 잘 발달되어 있다. 영아기 동안에 외이와 중이에서 내이로 소리 전도에 상당한 향상이 있다. 유사하게, 첫 1년 동안 뇌의 청각 경로는 상당히 성숙한다. 귀와 뇌에서의 이러한 발달은 함께 소리에 반응하고 소리로부터 학습하는 영아의 능력을 상당히 향상시킨다.

다른 요인들 역시 영아의 청지각 향상을 돕는다. 한 예는 소리가 나는 근원의 공간적 위치를 지각하는 **청각적 위치파악**(auditory localization)이다. 신생아들은 소리가 들리면 소리 나는 쪽으로 고개를 돌린다. 그러나 신생아와 더 어린 영아들은 나이 든 영아나 걸음마기 아이들보다 소리가 나는 위치를 잘 결정하지 못한다. 소리의 위치를 파악하기 위해 청자들은 두 귀에 들리는 소리의 차이에 의존해야 한다. 즉 오른쪽에서 들리는 소리는 왼쪽 귀보다 오른쪽 귀에 더 먼저 도착하고 오른쪽 귀에 더 크게 들릴 것이며 따라서 소리가 오는 방향을 알려준다. 어린 영아들은 머리가 더 작기 때문에 이러한 정보를 사용하는 데 더 어려움이 있고 따라서 각 귀에 도착하는 정보의 시간과 크기의 차이가 걸음마기 아이나 머리가 큰 영아들에 비해 더 작을 것이다. 영아가 이 정보를 사용하기 어려운 또 다른 이유는 청각 공간 지도(즉 소리들이 물리적 공간에서 어떻게 조직화되어 있는지 — 왼쪽/오른쪽, 위/아래)에 대한 심상의 발달에는 영아들이 보고 만진 것으로부터의 정보와 들은 것으로부터의 정보를 통합하는 다중양태의 경험이 필요하기 때문이다.

영아들은 자신들이 듣는 소리의 흐름 속에서 패턴을 지각하는 데 능숙하다. 예를 들어 그들은 인간 말소리에서 미묘한 차이를 탐지하는 데 놀랄 만큼 숙련되어 있으며 우리는 이러한 능력을 제6장 언어발달에서 개관할 것이다. 여기서는 영아가 인상적인 청각적 민감성을 보여주는 또 다른 영역인 음악에 집중한다.

음악 지각

전 세계의 양육자들은 영아를 돌보며 노래를 불러준다. 성인들이 아기에게 노래를 들려줄 때에는 우리가 제6장에서 논의할 영아 지향적 언어처럼 성인에게 노래를 들려줄 때보다 더 느리고 높은 소리, 그리고 더욱 긍정적 정서와 같은 특징적인 방법으로 노래를 부른다. 아마도 이러한 특징들 때문에 영아들이 성인 지향적 노래보다 영아 지향적 노래를 더 선호한다(Masataka, 1999; Trainor, 1996). 실제로 영아들은 영아 지향적 언어보다 영아 지향적 노래를 더 듣기 좋아하는 듯한데 그 이유는 엄마들이 말할 때보다 노래할 때 더 미소 짓기 때문일 것이다(Trehub, Plantinga, & Russo,

청각적 위치파악 ■ 공간 속에서 소리의 진원지 지각

그림 지각

지각발달의 특별한 경우는 그림에 관한 것이다. 현대 사회에서 그림, 스케치, 사진은 도처에 존재하며 우리는 이들로부터 엄청난 양의 정보를 습득한다. 영아들은 언제부터 이 중요한 문화적 인공물을 지각하고 이해할 수 있을까?

매우 어린 영아들조차 우리들과 마찬가지로 그림들을 지각한다. 고전적인 한 연구에서 Hochberg와 Brooks(1962)는 자신들의 아들에게 그림을 전혀 보여주지 않고 키웠다. 예술 사진이나 가족사진도 없고 그림책도 없고 이불, 옷, 장난감에도 어떤 패턴도 없었다. 그들은 음식 깡통의 라벨조차도 제거했다. 그럼에도 불구하고 18개월에 조사했을 때 아들은 사진과 선 그림에서 사물과 사람들을 쉽게 알아보았다. 후속 연구들은 5개월의 어린 영아들이 사진과 선 그림에서 사람과 사물을 알아볼 수 있고(예 : DeLoache, Strauss, & Maynard, 1979; Dirks & Gibson, 1977) 신생아조차도 3차원 사물을 2차원으로 표현한 것을 알아볼 수 있다는 결과(Slater, Morison, & Rose, 1984)를 보고했다.

조숙한 그림 지각에도 불구하고 영아들은 그림의 성격을 완전히 이해하지 못한다. 여기서 보여주는 4명의 아기들(2명은 미국, 2명은 서아프리카의 시골 출신)은 모두 사물 그림을 손으로 탐색하고 있다. 이

9개월 아기들은 사진과 사물의 차이를 지각할 수 있지만 아직 2차원성이 의미하는 것을 이해하지 못한다. 따라서 이들은 사물의 그림을 마치 실제 사물인 것처럼 대하려고 시도하고 불가피하게 실패할 수밖에 없다.

영아들이 2차원 이미지의 성격을 완전히 이해하지 못한다는 것을 보여주는 한 증거는 아기들이 때때로 사물의 그림을 잡으려고 시도하는 것인데, 이는 아기들이 사물 그림을 실제라고 생각한다는 것을 시사한다. 주목할 것은 영아들은 실제처럼 보이지 않는 것보다 실제처럼 보이는 이미지를 더 잡으려고 시도한다는 것이다. 예를 들어 9개월 영아들은 채색된 선 그림보다 실제 같은 사진 속의 사물을 더 잡으려고 하고 강한 대비의 비사물보다 사물 그림을 향해 손을 더 뻗는다(Pierroutsakos & DeLoache, 2003; Ziemer, Plumert, & Pick, 2012). 그러나 그들은 사물의 그림보다 실제 사물을 더 잡는데 이는 적어도 2차원과 3차원 이미지 사이의 초보적인 이해는 갖고 있다는 것을 의미한다. 이들은 또한 동일한 사물의 2차원과 3차원 버전 간의 대응관계를 이해하는 것처럼 보인다. 3차원 사물에 습관화된 9개월 영아들은 동일한 사물의 2차원 이미지를 보았을 때 탈습관화되지 않는다(Jowkar-Baniani & Schmuckler, 2011). 이러한 결과는 2차원과 3차원 사물을 동일한 것으로 취급하는 영아들의 혼동을 반영할 수 있다. 혹은 영아가 사물의 2차원과 3차원 표상 간의 대응을 인지하는 것일 수도 있다.

19개월경에 그림을 상당히 경험한 뒤에 미국 영아들은 더 이상 그림을 손으로 만지지 않는데 이는 영아가 그림은 보고 그에 관해 말하는 대상이지 만지거나 느끼거나 먹는 대상이 아니라는 것을 배운 것으로 보인다(DeLoache et al., 1998; Pierroutsakos & DeLoache, 2003). 간단히 말하면 그림의 상징성을 이해하고 그림은 실제 사물을 나타낸다는 것을 알아채기 시작한다(Uttal & Yuan, 2014). 상징의 발달에 대해서는 제6장에서 더 깊게 논의할 것이다.

대부분의 서구 영아들은 사물 그림들로 가득 찬 환경 속에서 살지만 다른 문화의 영아들은 이러한 이미지의 경험이 결여되기도 한다. 실제로 대단히 흥미로운 비교문화 연구에서 집과 지역사회에 그림이 없는 환경에서 자란 영아들은 그림이 실제 사물의 표상이라는 이해에서 동일한 경로를 보이지 않는다. 한 연구에서 캐나다의 걸음마기 아이들과 학령전 아동들은 인도와 페루의 시골에 사는 또래들보다 사물의 선 그림을 장난감 사물과 연결 짓는 능력이 더 뛰어났다(Callaghan et al., 2011). 유사하게, 그림을 경험한

2015). 영아들은 칭얼거리기 전까지 말소리보다 노래를 2배나 더 길게 들었다(Corbeil, Trehub, & Peretz, 2015).

여러모로 영아의 음악 지각은 성인을 닮았다. 많이 연구된 한 예는 불협화 음정(dissonant intervals)(예 : TV 쇼 '심슨네 가족'의 주제곡 시작 부분처럼 증4도이거나 영화 '죠스'의 주제곡처럼 단2도)보다 협화 음정(consonant interval)(예 : ABC 노래의 시작처럼 옥타브 또는 완전 5도)에 대한 선호이다. 피타고라스로부터 갈릴레오를 거쳐 오늘날까지 많은 과학자들과 학자들은 불협화 음조는 불쾌하게 들리지만 협화 음조는 선천적으로 인간에게 유쾌하게 들린다고 주장해 왔다(Schellenberg & Trehub, 1996; Trehub & Schellenberg, 1995). 영아들도 그런지를 알기 위해 연구자들은 간단하지만 신뢰성 있는 절차를 사용한다. 그들은 시각적으로 흥미로운 자극(예 : 플래시 불빛)을 이용하여 오디오 스피커로 아기들의 주의를 끌고 난 뒤에 스피커를 통해 음악을 들려준다. 영아들이 스피커를 쳐다보는 시간의 길이(실제로는 스피커와 동일한 위치에 놓인 시각 자극)를 스피커에서 나오는 음악에 대한 흥미 또는 선호의 지표로 삼는다.

연구들은 영아들이 포크송이든 미뉴에트든 불협화 버전보다는 협화 버전의 음악에 더 주의를 집중한다는 것을 보여주었다(Trainor & Heinmiller, 1998; Zentner & Kagan, 1996, 1998). Masataka

적이 없는 탄자니아 시골의 걸음마기 아이들은 컬러 사진 속 사물의 이름을 실제 사물에 일반화하는 데 북미의 또래들보다 더 큰 어려움이 있었다 (Walker, Walker, & Ganea, 2013). 이러한 연구들은 2차원 이미지와 3차원 대상 간의 관계를 이해하는 데에는 그림 매체와의 경험이 필요함을 시사한다.

오늘날의 많은 영아들은 또 다른 형태의 2차원 이미지 — 특히 손에 쥘 수 있는 매체 기기의 스크린을 통한 움직이는 이미지 — 에 더 쉽게 접근할 수 있다. 영아들은 스카이프(Skype) 속의 할머니가 '실제' 할머니와 동일인이라는 것을 어떻게 알게 되는가? 2세경이 되면 걸음마기 아이들은 면대면 상호작용만큼 비디오 챗을 통해 사물의 이름을 능숙하게 배우는데 이는 두 경우 모두 정보 제공자가 유관 상호작용을 제공하기 때문이다(Roseberry, Hirsh Pasek, & Golinkoff, 2014). 걸음마기 아이들에게 마치 텔레비전을 보고 있을 때처럼 비유관 상호작용을 통해 동일한 정보를 제공하면 아기들은 잘 학습하지 못한다. 따라서 영아들과 유관하게 상호작용하는 2차원 이미지가 실제 사물을 표상하는 것으로 더 쉽게 이해된다.

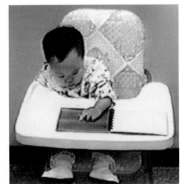
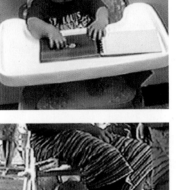

All courtesy Judy DeLoache, Pierroustakos, Uttal, Rosengren, and gottlieb

2명은 미국 아기들이고 2명은 서아프리카 아기들인 이 아기들은 사물 그림이 마치 실제 사물인 양 반응한다. 그들은 아직 그림의 진정한 성격을 알지 못한다.

의 연구는 생후 2일 된 신생아조차 이러한 선호 패턴을 보인다는 것을 밝혀내었다(Masataka, 2006). 이 연구는 특히 어머니가 청각장애인 정상 영아를 대상으로 실시되어 영아들이 태내에서 노출된 음악을 선호할 가능성이 거의 없었다는 점이 주목할 만하다. 이러한 결과들은 불협화 음정보다 협화 음정의 선호가 음악적 경험의 탓이 아니라는 것을 보여준다. 실제로 다른 종들(닭, 짧은 꼬리 원숭이, 그리고 침팬지) 역시 협화 음악에 대한 선호를 보여주며 이는 불협화보다 협화에 대한 선호가 음악적 경험과는 무관하다는 견해를 지지한다(예 : Chiandetti & Vallortigara, 2011; Sugimoto et al., 2010).

음악 지각의 다른 면에 있어서 영아들은 성인 청자들과 현격하게 다르다. 가장 흥미로운 차이점 중 하나는 선율 지각(melody perception)의 영역인데 영아들은 성인이 할 수 없는 지각적 변별을 할 수 있다. 한 세트의 연구들에서 8개월 영아들과 성인들은 서구 음악의 화성법에 맞는 짧은 선율을 반복적으로 들었다. 그 뒤에 일련의 검사 시행에서 그들은 동일한 선율을 하나의 음표만 바꾸어서 다시 들었다. 일부 시행에서는 변화된 음표가 원래의 선율과 동일한 음조였고 다른 시행에서는 동일한 음조가 아니었다. 영아와 성인 모두 선율의 음조를 파괴한 변화를 알아차렸지만 동일한 음조의 변화는 오직 영아만 알아차릴 수 있었다(Trainor & Trehub, 1992). 이는 영아들이 성인보다 더

지각적 협소화 ■ 경험이 지각체계를 미세 조정하는 발달적 변화

음악적으로 조율이 되었다는 뜻인가? 그런 것은 아닌 것 같다. 영아 참가자들의 높은 음악적 민감성은 서양 음악에 대한 암묵적 지식의 상대적 결여를 반영하는 것일 가능성이 높다. 음악적인 음조 구조에 대한 문화특정적 친숙함을 습득하는 데 수년이 걸리기 때문에 동일 음조와 다른 음조의 변화가 영아들에게는 똑같이 현저한 것으로 보인다(Trainor & Trehub, 1994). 성인의 경우에는 수년간 들은 음악 때문에 동일 음조 내에서의 음표 변화를 탐지하는 것은 매우 어려울 것이다.

유사하게, 영아들은 성인들에 비해 음악적 리듬의 측면들에 또한 매우 '민감하다.' 음악 체계는 리듬 패턴의 복잡성에서 다르다. 예를 들어 대부분의 서양 음악의 리듬은 아프리카, 인도, 그리고 유럽 일부 문화의 리듬보다 상대적으로 간단하다. Hannon과 Trehub(2005a, 2005b)은 성인들과 6개월 영아들이 간단한 리듬 대 복잡한 리듬에서 운율을 방해하는 변화를 감지하는지를 조사했다. 특히 연구에 참가한 성인들 중 일부는 지역 음악이 복잡한 리듬 패턴을 포함하는 발칸 지역에 살았고 다른 사람들은 더 간단한 리듬 패턴이 유행하는 음악의 특징인 북미 지역에 살았다. 결과는 간단한 리듬에서의 변화는 모든 집단이 알아챌 수 있었지만 복잡한 리듬에서의 변화는 북미의 영아들과 발칸 지역의 성인들만이 알아챌 수 있음을 보여주었다. 따라서 북미의 6개월 영아들은 이 과제에서 북미의 성인들을 능가했다. 추적 연구에서 북미의 12개월 영아들과 성인들에게 복잡한 리듬에서의 이러한 변화를 탐지하는 훈련이 가능한지를 연구했다. 발칸 음악에 2주간 노출된 뒤에 12개월 영아들은 복잡한 리듬에서의 변화를 탐지할 수 있었지만 성인들은 여전히 실패했다.

음악 영역에서의 이러한 사례들은 경험과 함께 **지각적 협소화**(perceptual narrowing)의 과정이 있다는 것을 보여준다. 상대적으로 음악에 대한 무경험자인 영아들은 성인들이 탐지할 수 없는 음악적 자극들 사이의 차이를 탐지할 수 있다. 경험이 지각 체계를 미세하게 조정하여 나타나는 발달적 변화는 다양한 영역에서 관찰된다. 실제로 우리는 지각적 협소화의 과정을 글상자 5.1에서 얼굴 지각을 논의할 때 보았고 말소리 지각의 양태 간(intermodal) 양상을 논의할 때, 그리고 아주 확실하게는 제6장에서 언어 습득을 시작할 때 동일한 발달의 패턴을 마주칠 것이다. 이 사례들과 다른 영역에서 경험은 어린 학습자들이 발달의 초기에 있었던 변별능력을 '상실'하기 시작하도록 이끈다. 각 경우에 이 지각적 협소화는 발달하는 아동이 자신들의 환경에서 중요한 생물학적·사회적 자극 패턴들에 특별히 조율되게끔 한다.

제3장에서 논의한 바와 같이 성인 음악가의 뇌는 자신들이 연주하는 악기에 의해 조성되며 이는 상당한 가소성을 보여준다. 더 일반적으로 음악가들은 일반인들에 비해 음악과 말소리 모두에서 리듬과 음색을 더 잘 처리한다(예 : Kraus & Chandrasekaran, 2010; Wong et al., 2007). 이 결과는 닭이 먼저냐 달걀이 먼저냐의 문제를 제기한다. 향상된 청각 처리 또는 음악적 훈련 중 무엇이 먼저인가? 즉 아마도 음악적 훈련을 계속 지속하는 사람들은 처음부터 비상하게 좋은 청각 기술을 가졌을 수 있다. 혹은 반대로 영아들은 일반적으로 청각 능력이 비슷하지만 음악적 훈련을 받은 아기들의 경우 훈련이 청지각을 향상시켰을 수도 있다. 이 질문에 답하기 위해 최근의 한 연구에서는 9개월 영아들을 음악적 개입(영아 음악 수업과 유사하게 연구실에서 12회기 동안 음악적 노출/놀이 활동) 또는 비음악적 사회놀이 통제조건 중 한 조건에 속하게 했다 (Zhao & Kuhl, 2016). 다음에 연구자들은 MEG(글상자 3.3에서 언급했던 뇌 측정방법 중 하나)를 사용하여 영아의 뇌가 음

이 영아들은 영아 음악 수업의 일부로 음악적 활동을 하고 있다. 이 활동들은 즐거울 뿐 아니라 지각 발달의 잠재적 이득을 제공한다.

SpeedKingz / Shutterstock

악과 말소리 구조의 위반을 얼마나 잘 탐지하는지를 조사했다. 결과는 영아들이 이러한 자료들을 얼마나 잘 처리하는가에 음악적 개입이 영향을 미친다는 것이다. 즉 추가적인 음악 경험을 한 영아들은 음악과 말소리에서의 위배를 더 잘 처리했다. 따라서 이 자료들은 경험이 음악능력의 발달을 지원하는 데 중요한 역할을 한다는 견해를 지지한다.

미각과 후각

제2장에서 배운 것처럼 맛과 냄새에 대한 민감성은 출생 전에 발달하며 신생아는 단 맛을 선호한다. 냄새에 대한 선호도 매우 일찍부터 존재한다. 신생아는 인간 영아들의 식량 자원, 즉 모유의 냄새를 선호한다(Marlier & Schaal, 2005). 냄새는 다양한 어린 포유류들이 어미 찾기를 배우는 데 중요한 역할을 한다. 인간의 경우도 마찬가지일 것인데 이는 영아가 자신의 엄마와 다른 여자의 젖 냄새 중에서 선택하는 연구들에서 볼 수 있다. 이들 중 한 연구에서 엄마의 겨드랑이에 끼웠던 패드를 영아의 머리 한쪽 편에 두고 다른 여자가 꼈던 패드를 머리 다른 편에 두었다. 생후 이틀이 된 영아들은 자신의 엄마 특유의 냄새가 주입된 패드 쪽으로 2배나 더 머리를 돌렸다(Marin, Rapisardi, & Tani, 2015).

촉각

영아가 환경에 대해 학습할 수 있는 또 다른 중요한 방법은 활발한 촉감을 통하는 것인데 처음에는 입과 혀에서 시작하여 나중에는 손과 손가락을 사용하게 된다. 영아가 손에 닿는 거의 모든 사물들뿐 아니라 자신의 손가락과 발가락을 입에 넣고 빠는 것처럼 처음 몇 개월 동안에는 입으로 하는 탐색이 주를 이룬다(그래서 작고, 삼킬 수 있는 사물들을 아기로부터 멀리 치우는 것이 매우 중요하다). 열정적인 구강 탐색을 통해 아기들은 자신이 마주하는 사물들의 질감, 맛, 그리고 다른 특성들뿐 아니라 아마도 자신의 신체(혹은 적어도 자신의 입에 넣을 수 있는 신체의 일부분)를 학습한다.

영아들이 자신의 손과 팔 동작을 더 잘 통제하게 되는 4개월경부터 손으로 하는 탐색이 증가하고 서서히 구강 탐색보다 우선하게 된다. 영아들은 사물들을 적극적으로 문지르고, 손가락으로 만지고, 탐색하고, 두들기며 이러한 행동들은 점차 사물의 특성들에 맞게 구체화된다. 예를 들어 아기들은 질감이 있는 사물들은 문지르고 딱딱한 사물들은 두들기는 경향이 있다. 그들은 또한 자신의 신체에 대한 정신적 지도를 발달시키기 시작하여 몸을 만지면 그 감각과 만져진 신체의 위치를 연결시킨다(Ali, Spence, & Bremner, 2015). 영아가 뻗기에 능숙해지면 중요한 발달이 일어나는데 이는 이 장의 후반부에서 논의할 것이다.

양태 간 지각

성인과 영아들 모두가 경험하는 대부분의 사건들은 다중의 감각양태를 동시에 자극한다. 이 장의 처음에서 기술했던 시나리오에서 떨어지는 유리잔은 시각과 청각 자극을 동시에 제공했다. 2개 혹은 그 이상의 감각 체계로부터의 정보 결합인 **양태 간 지각**(intermodal perception)을 통해서 벤저민의 부모는 청각과 시각 자극을 하나의 일관된 사건으로 지각했다. 4개월 된 벤저민도 그렇게 한

양태 간 지각 ■ 2개 혹은 그 이상의 감각 체계로부터의 정보들의 결합

처음에는 아기가 집는 모든 사물이 입에 넣을 만하건 아니건 간에 구강 탐색을 위해 입으로 향한다. 나중에는 영아들은 사물을 시각적으로 손으로 탐색하는 경향이 있으며 따라서 사물 그 자체에 대한 흥미를 보여준다.

것 같다.

Piaget(1954)에 의하면 다른 감각양태로부터의 정보는 처음에는 분리되어 지각되며 몇 개월이 지난 뒤에야 영아들은 사물의 모양과 소리, 냄새, 감촉 사이의 연합을 형성하기 시작한다. 그러나 연구들은 매우 일찍부터 영아들이 다른 감각으로부터의 정보를 통합한다고 제안한다. 예를 들어 매우 어린 영아들도 입과 시각의 경험을 연결시킨다. 신생아(Kaye & Bower, 1994)와 1개월 영아(Meltzoff & Borton, 1979)의 연구에서 영아들은 보지 못했던 고무젖꼭지를 빨았다. 그런 뒤에 영아들에게 입에 들어갔던 고무젖꼭지의 그림과 그것과 모양이나 재질이 다른 새로운 젖꼭지의 그림을 보여주었다. 그 결과 영아들은 자신들이 빨았던 고무젖꼭지를 더 오래 쳐다보았다. 따라서 이 영아들은 구강 탐색으로만 경험했던 사물을 시각적으로 재인할 수 있었다.

연구자들은 또한 영아들이 청각-시각 양태 간 지각의 다양한 형태를 보유하고 있음을 발견했다. 이러한 양태의 지각 연구들에서는 영아들에게 동시에 2개의 다른 비디오를 나란히 보여주었는데 이 중 한 비디오는 사운드트랙과 일치하지만 다른 비디오는 그렇지 않았다. 만약 영아가 사운드 트랙과 일치하는 비디오에 더욱 반응한다면 이는 영아가 청각정보와 시각정보의 공통 구조를 탐지한 증거로 삼는다. 이 현상을 달리 생각하면 영아들이 동일한 사물에서 나오는 것으로 지각되는 다중 감각 사건들에 주의하기를 선호한다는 것이다(Murray et al., 2016).

이 절차를 사용한 양태 간 짝짓기의 고전적 연구에서 Spelke(1976)는 4개월 영아들에게 2개의 비디오를 보여주었다. 한 비디오는 한 사람이 까꿍놀이를 하는 것이었고 다른 비디오에서는 북채로 나무토막을 두들기는 손을 보여주었다. 영아들은 자신들이 듣고 있는 소리와 일치하는 영상에 더 반응하였다. "까꿍"하는 목소리를 들으면 영아들은 사람을 더 쳐다보았지만 두들기는 소리를 들을 때는 손을 더 쳐다보았다. 후속 연구들에서 영아들은 더 정교한 변별을 보여주었다. 예를 들어 4개월 영아는 깡충깡충 뛰는 장난감 동물의 영상을 보았는데 동물이 공중에 있을 때 효과음이 들리는 영상보다 동물이 표면에 떨어질 때 효과음이 들리는 영상에 더 반응했다(Spelke, 1979).

이 연령에서 영아들은 또한 보는 것과 듣는 것 사이에 더욱 추상적인 연결을 형성할 수 있다. 예를 들어 3~4개월 영아들은 호루라기 소리가 높아지고 낮아지는 것과 같은 속도로 공이 튀어 오르고 떨어지는 것처럼 각 양태의 차원들이 일치하는 시각적 배열을 더 오래 쳐다보았다(Walker et al., 2010; 모순되는 결과는 Lewkowicz & Minar, 2014 참조). 이러한 결과들은 한 양태의 자극이 다른 양태에서의 지각을 일으키는 현상인 공감각(synesthesia)의 초기 형태로 해석된다. 제2장에서 논의한 바와 같이 영아들은 이러한 종류의 감각적 혼합을 경험할 가능성이 특별히 더 높아 보이는데 이는 아직 감각 영역 간 신경적 연결의 가지치기가 완성되지 않았기 때문이다.

청각-시각 혼합의 가장 극적인 표출 중 하나는 McGurk 효과(McGurk & MacDonald, 1976)라고 알려진 착각일 것이다. 이 착각을 유발하기 위해서 음절 '가'를 말하고 있는 사람의 비디오에 청각적 음절 '바'를 더빙한다. 이 비디오를 보는 사람은 '바'와 '가'의 중간인 '다'라는 음절(세 음절을 크게 소리 내면서 입에서 소리를 만드는 위치에 주의를 기울여보면 알게 될 것이다)의 소리를 듣는다. 이 착각을 경험하기 위해서는 청각과 시각정보를 함께 통합할 수 있어야 한다. 그리고 실제로 4.5개월의 영아들은 이 착각을 경험할 수 있다. 그들은 McGurk 자극에 친숙화된 다음에는 실제로 '다' 소리를 듣지 못했는데도 '다' 소리를 친숙한 것으로 취급했다(Burnham & Dodd, 2004; Kushnerenko et al., 2008).

앞서 언급했던 지각적 협소화의 과정들이 양태 간 지각에서도 또한 발생한다. 어린 영아들은 비모국어 말소리(모국어에 존재하지 않는 소리들)에서 말소리와 얼굴 움직임 간의 대응을 탐지할 수 있지만 나이 든 영아들은 그렇게 할 수 없다(Pons et al., 2009). 유사하게, 어린 영아들은 원숭이의 얼굴 움직임과 원숭이의 발성이 서로 일치하는지 탐지할 수 있지만 나이 든 영아들은 그렇게 할 수 없다(Lewkowicz & Ghazanfar, 2006). 따라서 영아들이 탐지할 수 있는 양태 간 대응의 종류를 경험이 미세하게 조정한다.

생의 초기에 한 감각이 존재하지 않을 때 양태 간 지각이 어떻게 발달하는가? 이 흥미로운 질문은 시각장애아가 비정상적으로 많은 인도에서 연구되었다. 이 아동의 대다수의 눈은 간단한 백내장 수술로 정상이 될 수 있었다. Prakash 프로젝트는 인도에서 예방이 가능한 실명을 치료하기 위해 성인과 아동들을 선별하는 데 헌신하는 과학적이며 박애주의적인 기구이다. 그들 연구의 사명은 수년이나 수십 년의 실명 후 시력이 회복된 뒤에 어떤 일이 생기는지를 조사하는 것이다. 그들의 연구 노력 중 하나는 양태 간 지각에 초점을 맞춘다(Held et al., 2011). 특히 그들은 시력을 되찾은 성인들이 감각으로 느꼈던 사물들을 자신이 보는 사물과 대응시킬 수 있는지를 질문했다. 결과들은 시력을 회복한 직후에 맹인이었던 성인들은 촉각으로 느꼈던 모양을 시각으로 보이는 모양과 대응시킬 수 없다는 것을 보여주었다. 그러나 단 5일간의 시각 경험 후에 성인들은 이 시각-촉각 양태 간 대응 과제를 성공적으로 수행할 수 있었다. 이 결과들은 이전에 시각장애인이었던 학습자들이 양태 간의 관계를 발견하는 데 실제로 경험이 필수적이라는 것을 시사한다. Piaget가 믿었던 것처럼 수개월을 필요로 하지는 않지만 양태 간 과정들은 감각적 경험에 의해 촉진되는 것처럼 보인다.

운동발달

제2장에서 학습한 것처럼 태아가 양수 속에서 무중력으로 떠다닐 때부터, 즉 출생 전부터 인간의 움직임은 시작된다. 출생 후 신생아의 움직임은 불규칙적이며 상대적으로 통합되어 있지 않은데 한 가지 이유는 신체적·신경학적 미성숙 때문이고 또 다른 이유는 아기가 중력의 완전한 영향을 처음으로 경험하기 때문이다. 이제 보겠지만 통합되지 않은 신생아, 중력의 포로가 자신 있게 환경을 탐색하는 유능한 걸음마기 아이가 되기까지의 이야기는 대단히 복잡하다.

반사

신생아들은 **반사**(reflexes)로 알려진 엄격하게 짜여진 행동패턴을 가지고 시작한다. 고통을 주는 자극들을 회피하는 것 같은 일부의 반사들은 분명한 적응적 가치를 가지고 있지만 다른 반사들은 적

반사 ■ 특정 자극에 대한 반응으로 나타나는 선천적이고 고정된 행동의 패턴들

그림 5.8 신생아의 반사

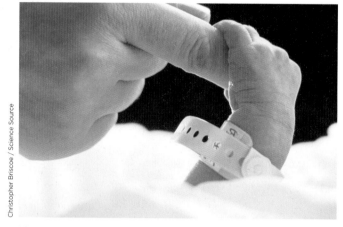

(a) 잡기 반사

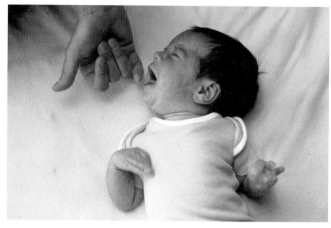

(b) 정향 반사

(c) 빨기 반사

(d) 긴장성 목 반사

응적 중요성이 알려지지 않은 것들도 있다. 잡기 반사(grasping reflex)에서 신생아들은 손바닥에 압력을 주는 것은 무엇이든 손가락으로 움켜잡는다(그림 5.8a). 정향 반사(rooting reflex)에서 영아의 입 근처 뺨을 두들기면 아기들은 자극의 방향으로 머리를 돌리고 입을 연다(그림 5.8b). 따라서 자신의 뺨이 엄마의 가슴에 닿으면 가슴 쪽으로 머리를 돌리고 입을 연다. 젖꼭지가 입에 닿으면 빨기 반사(sucking reflex)(그림 5.8c)가 시작되고 그다음에 삼키기 반사(swallowing reflex)가 뒤따르는데 이 두 반사가 모두 영양섭취의 기회, 궁극적으로는 생존의 기회를 증가시킨다. 이 반사들은 완전히 자동적인 것은 아니어서 예를 들어 정향 반사는 영아가 배고픈 상태에서 더 자주 일어난다.

영아가 머리를 돌리거나 한쪽으로 돌면 그쪽의 팔이 신장되고 반대편 팔과 무릎이 구부러지는 긴장성 목 반사(tonic neck reflex)(그림 5.8d)처럼 그 가치가 알려지지 않은 반사들도 있다. 긴장성 목 반사는 자신의 손을 시야에 두려는 영아들의 노력을 나타낸다고 생각된다(von Hofsten, 2004).

출생 시 강력한 반사의 존재는 신생아의 중추 신경계가 잘 작동하고 있다는 증거이다. 비정상적으로 약하거나 강한 반사들은 뇌손상의 징표이다. 대부분의 신생아 반사들은 규칙적인 스케줄에 따라 사라지지만 기침, 재채기, 눈 깜박임, 통증 회피를 포함한 일부 반사들은 일생 동안 지속된다. 사라질 시점을 지나서 존재하는 신생아 반사들은 신경학적 문제를 반영할 수 있다.

운동 이정표

영아들은 그림 5.9에서 보는 것과 같은 인간의 기본 움직임 패턴을 재빨리 습득한다. 앞으로 보겠지만 영아기의 주요 '운동 이정표' 각각의 성취, 특히 걷기는 주요한 발전에 해당한다. 제4장에서 언급한 역동적–체계 접근과 일치하게 세상과 상호작용하는 새로운 방법의 습득은 영아들에게 세상에 대해 새롭게 학습하고 생각할 거리들을 제공한다.

그림 5.9에서 보듯이 이 중요한 운동 기술들 각각의 발달을 나타내는 평균 연령은 서구, 주로 북미 영아들에 대한 연구에서 얻어졌다. 물론 이 이정표들을 달성하는 연령에는 상당한 개인차가 존재한다. 예를 들어 그림 5.9에서 보는 바와 같이 앉기는 대략 5~7개월 사이에 나타난다. 그러나 세계보건기구에서 실시한 비교문화 연구에서 앉기는 3.8~9.2개월에 시작된다(Martorell et al., 2006). 이러한 개인차는 적어도 부분적으로는 문화적인 차이에 의해 매개된다. 7개국에서 앉기 발달을 연구한 한 연구에서 혼자 앉을 수 있는 5개월 영아의 비율은 0%(이탈리아)에서 92%(카메룬)까지 다양하며 미국은 평균 17% 이하였다(Karasik et al., 2015).

운동발달 과정에서 나타나는 이러한 차이는 영아가 발달하는 맥락을 반영한다. 영아들이 더 일찍 혼자 앉는 나라들에서는 영아들을 땅(케냐)이나 성인들의 가구(카메룬)에 앉혀두는 경향이 있다. 이탈리아나 미국처럼 앉기가 더 늦게 나타나는 나라들에서 영아들은 아기 가구(영아 캐리어, 그네 등)나 안겨서 더 오랜 시간을 보낸다. 이 영아들은 대부분의 시간 동안 자세를 지지해주기 때문에 앞으로 고꾸라지지 않으려고 중력에 대항하는 법을 배울 기회가 더 적다.

그림 5.9 영아기 운동발달의 주요 이정표 각 이정표를 성취하는 평균 연령과 연령의 범위가 표시되어 있다. 이 연령 규준은 건강하고 영양상태가 좋은 북미 영아들의 연구에 기반한 것임을 명심하라.

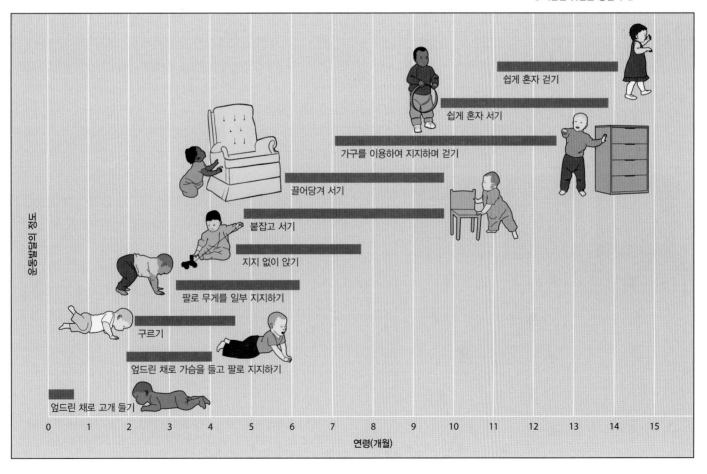

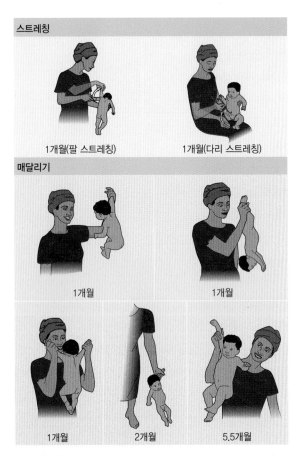

스트레칭

1개월(팔 스트레칭)   1개월(다리 스트레칭)

매달리기

1개월   1개월

1개월   2개월   5.5개월

그림 5.10 서아프리카의 운동발달 촉진 방법 말리(Mali)의 양육자들은 영아들의 신체와 운동발달을 증진시키기 위해 운동을 시키는 것이 중요하다고 믿는다. 여기서 보는 것과 같은 동작들은 영아들의 조기 운동 기술을 촉진한다(Bril & Sabatier, 1986).

운동 기술을 장려하는 정도는 문화마다 다르다. 어떤 문화에서는 양육자가 조기 이동을 적극적으로 저지한다. 예를 들어 현대 중국의 도시에서는 위생에 대한 염려로 인해 영아들의 기기를 자주 제한한다(He, Walle, & Campos, 2015). 이 제한으로 인해 영아들은 기기에 필요한 상반신 지지를 위한 근력을 발달시키기 어렵다. 파라과이의 우림에 사는 유목민인 아체(Aché)의 영아들은 안전문제로 인해 첫 3년의 대부분을 엄마와 매우 가까이에 있거나 엄마가 데리고 다닌다. 이 영아들은 따라서 일찍부터 이동 기술을 연습할 기회가 상대적으로 적다(Kaplan & Dove, 1987).

대조적으로 다른 문화의 양육자들은 영아의 운동발달을 적극적으로 장려한다. 마사지, 팔다리 조작, 그리고 다른 형태의 운동 자극을 포함한 운동 연습들은 키프시기스(Kipsigis), 쿵산(Kung San), 구시(Gusii), 월로프(Wolof), 그리고 밤보라(Bambora)족을 포함하는 사하라 이남의 많은 문화들에서 널리 퍼진 양육의 실제이다. 그림 5.10에서 보듯이 이 운동 자극 활동들은 종종 노래, 박자에 맞춘 뛰어 오르기, 그리고 양육자의 매우 긍정적인 정서를 수반하고 특별히 영아들의 운동발달을 향상시키기 위해 선택된 것이다. 한 어머니가 말하듯이 "다리와 손, 그리고 몸의 모든 곳을 스트레칭하는 것은 아기의 신체를 강하게 만든다"(Carra, Lavelli, & Keller, 2014).

이렇게 문화적으로 매우 다른 방법들이 영아의 발달에 영향을 줄 수 있다. 이러한 마사지와 운동 체제를 경험하는 영아들은 북미의 영아들에 비해 운동 기술의 발달에서 더욱 앞선다. 움직임이 특별히 제한되는 영아들은 덜 발달될 것이다. 한 놀랄 만한 사례에서 북부 중국의 일부 가족들은 물 부족으로 인해 기저귀 대신에 모래주머니를 사용한다. 그들의 아기들은 하루 16시간 이상을 가는 모래로 가득 찬 가방 속에서 팔만 내놓은 채 누워서 지낸다. 이 영아들은 앉기와 걷기에서 또래에 비해 상대적으로 상당한 지연을 보인다(Adolph, Karasik, & Tamis-LeMonda, 2010).

미국 문화에서 당연시하는 영아의 일상적인 측면들조차 운동발달에 영향을 준다. 최근의 한 연구에서 연구자들은 상대적으로 최근의 문화적 발명품인 기저귀가 걷기 행동에 영향을 미치는지를 질문했다(Cole, Lingeman, & Adolph, 2012; 그림 5.11 참조). 연구자들은 모두 뉴욕시에 거주하는 영아들이 기저귀를 차는 것에 익숙해져 있고 벗은 채로 걷는 일이 거의 없음에도 불구하고 기저귀를 찰 때보다 벗었을 때 성숙한 걷기 행동을 더 자주 보인다는 것을 발견했다. 이 자료들은 한 영역(배변)에서 채택한 문화적 실제들이 다른 영역(걷기 행동)에서 예기치 않은 결과를 가져온다는 것을 훌륭히 보여준다.

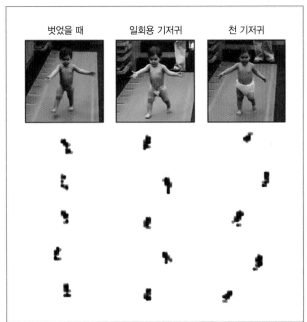

벗었을 때   일회용 기저귀   천 기저귀

그림 5.11 이 이미지들은 한 영아가 벗은 채로, 가벼운 일회용 기저귀를 차고, 혹은 부피가 더 큰 천 기저귀를 찬 상태로 걷기 검사를 할 때의 발자국 경로를 나타낸다. 기저귀가 없는 제일 왼쪽 경로에서 가장 성숙한 걷기 행동이 보인다.

운동발달의 현대적 관점

걷기 반사 ■ 신생아들이 마치 걷는 것처럼 처음에는 한 발을 그다음에는 다른 발을 들어 올리는 반사

그림 5.9에서 보는 바와 같이 규칙적인 기술의 습득에 감명을 받은 초기 운동발달 연구의 두 거장 Arnold Gesell과 Myrtle McGraw는 영아의 운동발달이 뇌의 성숙에 의해 좌우된다고 결론지었다 (Gesell & Thompson, 1938; McGraw, 1943). 대조적으로 현대의 이론가들은 초기의 운동발달이 신체 비율과 동기의 변화뿐 아니라 발달하는 신경 기제들, 영아의 근력, 자세 통제, 균형, 그리고 지각적 기술들을 포함하는 수많은 요인들의 종합된 결과라는 것을 강조한다(글상자 5.3은 이러한 접근의 한 사례인 연구 프로그램을 자세히 설명하고 있다).

글상자 5.3 | 자세히 살펴보기

'반사 실종 사건'

제4장에서 논의했던 역동적-체계 이론의 초기 주장자 중 한 사람은 Esther Thelen이었다. Thelen과 동료들의 초기 연구들은 일반적으로 가설을 어떻게 형성하고 어떻게 검증하는지를 보여주는 좋은 예일 뿐 아니라 운동발달을 연구하는 이 접근의 훌륭한 사례이다. 한 연구에서 그들은 영아들의 팔 아래쪽을 잡고 허리 깊이의 물에 아기들을 잠기게 했다. 다음 구절을 읽으면 좀 이상하게 들리지만 실제로 매우 유익한 실험의 논리를 금방 이해하게 된다.

이 특정 연구는 Thelen(1995)이 '반사 실종 사건'이라고 부른 일련의 연구 중 하나였다. 문제의 반사는 **걷기 반사**(stepping reflex)로 신생아의 팔 아래를 잡고 발이 표면에 닿을 수 있게 해주면 나타난다. 아기는 마치 걷는 것처럼 처음엔 한 다리를 들고 다음에는 다른 다리를 들어 올리는 통합된 방법으로 반사적으로 걷기 동작을 수행한다. 이 반사는 전형적으로 2개월경에 사라진다. 걷기 반사는 대뇌 피질 성숙의 결과로 사라지는 것으로 오랫동안 생각되었다.

그러나 Zelazo, Zelazo와 Kolb(1972)의 고전적인 연구의 결과는 이 견해와 일치하지 않았다. 이 연구에서 2개월 영아에게 걷기 반사를 연습할 여분의 기회를 주었을 때 그 결과로 이 반사가 사라져야 하는 시간을 훨씬 지나서도 연속적으로 나타났다. 다른 연구에서도 역시 생후 2개월이 훨씬 지나서도 걷기패턴이 지속적으로 존재함을 보여주었다. 우선 한 가지 이유는 아기들이 등을 바닥에 대고 누웠을 때 보이는 리듬이 있는 발차기도 걷기처럼 교대로 다리를 움직이는 동일한 패턴을 포함한다. 그러나 걷기와는 달리 발차기는 영아기를 통해 지속적으로 존재한다(Thelen & Fisher, 1982). 더구나 7개월 영아(걷지도 못하고 일반적으로 걷기 반사를 보

이지도 않는)를 움직이는 트레드밀 위에서 지지해주면 그들은 날쌔게 걷는다(Thelen, 1986). 걷기 반사가 사라져야 하는 시간을 넘어서 걷기 반사를 유도하거나 연장시킬 수 있다면 피질 성숙은 걷기 반사 실종을 설명할 수 없다. 그렇다면 왜 정상적인 경우 걷기 반사가 사라지는가?

일반적으로 통통한 아기들이 날씬한 아기들에 비해 더 늦게 걷기(그리고 기어가기) 시작한다는 관찰로부터 한 가지 단서가 제공되었다. Thelen은 출생 후 몇 주 동안의 매우 급속한 체중 증가로 인해 아기들의 다리가 튼튼하게 되기보다 더 빨리 무거워질 것이라 생각했다. 따라서 Thelen은 이 미스터리의 해결책은 뇌보다는 근력과 관계된다는 가설을 설정했다.

Thelen과 동료들은 이 가설을 검증하기 위해 2개의 훌륭한 실험을 실시했다(Thelen, Fisher, & Ridley-Johnson, 1984). 한 연구에서 연구자들은 아직 걷기 반사를 나타내는 매우 어린 영아들의 발목에 무게를 더했다. 이 무게의 양은 처음 몇 주 동안 전형적으로 증가하는 지방의 무게에 해당되었다. 무게가 더해졌을 때 아기들은 갑자기 걷기 반사를 중단했다. 두 번째 연구에서는 더 이상 걷기 반사를 나타내지 않는 나이 든 아기들을 허리 깊이의 탱크 물속에서 지지했다. 예상대로 이 아기들은 물의 부력이 자신들의 체중을 지지하자 걷기를 다시 시작했다. 따라서 이 연구자들의 과학적인 탐정놀이 결과 걷기 반사의 정상적인 사라짐은 이전에 예상한 것처럼 피질의 성숙에 의한 것이 아니라는 사

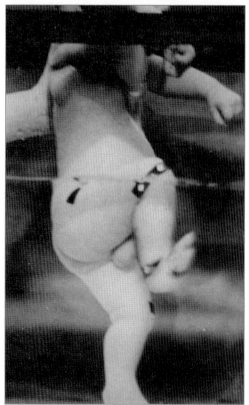

Courtesy of Esther Thelen

마른 땅에서는 걷기 반사를 나타내지 않는 이 영아는 물속에서 지지되었을 때 걷기반사를 나타낸다.

실이 밝혀졌다. 오히려 움직임의 패턴(과 그의 신경적 기반)은 남아 있지만 다리 체중 대 근력의 비율 변화로 가려졌던 것이다. 다수의 변인들을 동시에 고려해야만 반사 실종의 미스터리를 해결할 수 있었다.

자신의 머리조차 들 수 없었던 신생아로부터 자신의 무게를 지탱할 정도로 충분히 튼튼해진 다리의 움직임을 조정하면서 상체를 곧게 세워 혼자서 걸을 수 있는 걸음마기 아이로의 점진적 변화에 이 요인들이 각기 어떤 역할을 하는지 잠시 생각해보자. 이러한 전환의 모든 이정표는 외부 세계에 대해 영아들이 지각하는 바와 외부 세계를 더 경험하려는 그들의 동기가 불을 지핀다. 기어서 훨씬 더 효율적으로 돌아다닐 수 있을 때 걸으려는 영아들의 확고한 시도에서 동기의 필수적인 역할이 특별히 분명해진다. 대부분의 부모들 — 과 많은 연구자들 — 은 영아들이 자신의 운동 기술의 한계에 도전하는 데서 쾌감을 느낀다고 생각한다. 그리고 다음에서 보겠지만 운동발달이 결실을 맺어서 세상을 탐구하고 조정하는 영아들의 증가된 능력은 세상에 대한 학습을 촉진한다. 실제로 생후 5개월에 운동 조정과 탐구행동으로 측정한 운동 성숙에서 나타나는 개인차는 14세 아동의 학업적 성취를 예언한다(Bornstein, Hahn, & Suwalsky, 2013). 이 연구에 의하면 사물을 향해 팔을 뻗고 사물을 조작하고 자신의 신체 위치를 변화시키는 등 자신의 환경과 더 잘 상호작용할 수 있는 영아들이 자극을 위한 새로운 기회를 구할 가능성이 더 많아서 지각과 인지발달에 이득을 볼 수 있다.

확장된 영아의 세계

그림 5.9의 각 이정표를 하나씩 성취하면서 영아들의 세계는 상당히 확장된다. 앉을 수 있으면 더 많은 것을 볼 수 있고, 혼자서 사물을 향해 손을 뻗을 수 있으면 더 많은 것을 탐색할 수 있고, 혼자서 움직일 수 있으면 더 많이 발견할 수 있다. 여기서는 운동발달이 영아의 세상 경험에 영향을 미치는 방법들을 알아본다.

손 뻗기

뻗기의 발달은 영아의 인생에서 작은 혁명이 시작되게 한다. "영아가 손을 뻗어 사물을 잡을 수 있게 되는 순간 그들은 더 이상 세상이 그들에게 다가오길 기다리지 않아도 된다"(Bertenthal & Clifton, 1998). 그러나 뻗기 발달에는 시간이 걸린다. 그 이유는 제4장에서 논의한 바와 같이 이 보기에는 간단한 동작이 실제로는 근육발달, 자세 통제, 다양한 지각과 운동 기술의 발달 등 다수의 독립적인 요소들 간의 복잡한 상호작용을 포함하기 때문이다.

처음에 영아들은 자신들이 보는 사물 주변을 향해 서툴게 휘두르는 **뻗기 전 운동**(pre-reaching movement)만 가능하다. 아기들은 비록 처음에는 동작이 급격하게 움직이고 잘 통제되지 않으며 잡기를 성공하기보다 실패하는 빈도가 더 많지만 생후 3~4개월경에는 성공적으로 사물을 향해 손을 뻗을 수 있다.

앞에서 우리는 영아들의 운동발달의 성취가 학습의 기회와 새로운 경험을 위한 길을 열어준다는 것을 지적했다. 뻗기 전 영아들에게 벨크로를 붙인 장갑과 벨크로를 붙인 장난감을 주어서 아기들이 사물을 집어 올릴 수 있게 해준 연구들(제4장에서 기술)로부터 특별히 강력한 사례를 볼 수 있다(Needham, Barrett, & Peterman, 2002). 이 '벨크로 장갑' 덕분에 사물을 손으로 탐색하는 일이 가능해지면서 사물에 대한 영아들의 흥미가 증가했고 그것과는 별도로 뻗기능력이 더 일찍 나타났다. 몇 개월 뒤에 이 영아들은 벨크로 장갑을 경험하지 못했던 영아들에 비해 사물에 대한 탐색에서 더 세련된 패턴을 보였다(Libertus, Joh, & Needham, 2015; Wiesen, Watkins, & Needham, 2016).

뻗기 전 운동 ■ 어린 영아들이 눈에 보이는 사물의 주변을 향해 서툴게 손을 휘두르는 움직임

7개월쯤에 영아가 혼자서 앉을 수 있게 되면서 그들의 뻗기는 아주 안정적이 되고 뻗기의 궤적은 시종일관 부드럽고 곧바로 목표를 향하게 된다. 안정적인 앉기와 뻗기로 인해 영아들의 행동 범위가 넓어지는데 그 이유는 영아들이 이전에는 뻗을 수 없었던 사물을 이제는 몸을 앞으로 숙여서 잡을 수 있기 때문이다. 이러한 사물의 탐색 기회 증가는 시지각에 영향을 준다. 예를 들어 3차원 사물들을 온전한 대상으로 지각하는 데 있어서의 어려움을 고려해보자. 태생적으로 3차원 사물들의 앞부분은 뒷부분의 지각을 차단한다. 그럼에도 불구하고 X-ray 시력이 없이도 성인들은 쉽게 3차원 사물의 보이지 않는 부분들을 채우고 그 사물들이 고체의 부피를 갖는다고 지각한다. 사물을 조작하는 경험이 더 많은 영아일수록 이 3차원 대상 완성 과정을 더 잘한다는 것이 밝혀졌다. 앉기와 손 기술이 좋은 영아들이 앉기와 손 기술이 약한 영아들에 비해 제한된 시야에서 3차원 사물 완성을 더 잘한다(Soska, Adolph, & Johnson, 2010).

이러한 종류의 증거들은 시각발달과 운동발달 사이에 상당한 상호작용이 있음을 시사한다. 동시에 시각이 존재하지 않을 때에 청각이나 전정 단서를 대신 이용해서 어떤 운동 과제들을 잘 수행할 수도 있다. 예를 들어 정확한 뻗기를 위해 시각이 꼭 필요한 것은 아니다. 완전히 깜깜한 방에서 영아들은 소리가 나는 보이지 않는 사물을 성공적으로 붙잡을 수 있다(Clifton et al., 1991). 자신들이 볼 수 있는 사물을 향해 손을 뻗을 때 영아들은 너무 멀리 있는 사물을 향해 손을 뻗지 않는데 이는 자신의 팔이 얼마나 긴가에 대한 어떤 감각이 있다는 것을 의미한다(Bertenthal & Clifton, 1998).

나이가 들고 연습이 쌓이면서 영아들이 뻗기를 할 때 예상을 한다는 분명한 증거가 더 늘어난다. 예를 들어 큰 사물을 향해 손을 뻗을 때 영아들은 손가락을 넓게 벌리고 원하는 사물의 방향으로 손을 조정한다(Lockman, Ashmead, & Bushnell, 1984; Newell et al., 1989). 더구나 날아가는 공을 잡는 외야수처럼 영아들은 움직이는 사물의 궤적을 예상하고 사물보다 약간 앞쪽으로 뻗도록 겨냥하여 그 사물에 닿을 수 있다(Robin, Berthier, & Clifton, 1996; von Hofsten et al., 1998). 가장 인상적인 것은 10개월 영아들의 사물에 대한 접근이 그것을 손에 넣은 후 무엇을 할 것인지의 의도에 영향을 받는다는 것이다. 성인들처럼 영아들은 더 정확한 방법으로 사용하려는 사물보다 던지려는 사물에 더 빨리 손을 뻗는다(Claxton, Keen, & McCarty, 2003). 그러나 그림 5.12에서 보는 바와 같이 영아의 예기 기술은 때로 매우 제한되어 있다.

Courtesy of Rachel Keen

그림 5.12 Rachel Keen과 동료들의 연구에 참여한 이 14개월의 오른손잡이 영아는 주어진 사과소스를 입에 가져가는 데 어려움을 겪고 있다. 왼쪽 사진에서 보듯이 숟가락의 손잡이가 왼쪽으로 놓인 채 제공되었을 때 이 영아는 우세손인 오른손으로 숟가락을 잡았고 이는 숟가락을 똑바로 세워서 입으로 가져가는 것을 매우 힘들게 만들었다. 그 결과 흘릴 수밖에 없었다.

뻗기 행동은 흥미로운 방법으로 주변 세계에 대한 영아의 이해 발달의 다른 측면들과 상호작용한다. 증거 중 하나는 8개월경에 영아들은 혼자 있을 때보다 성인들이 함께 있을 때 더 멀리 있는 사물을 향해 손을 뻗는다는 것이다(Ramenzoni & Liszkowski, 2016). 이 자료는 영아의 뻗기 행동이 사회적 요소를 갖는다는 것을 의미한다. 즉 영아는 자신이 혼자서 성공하지 못할 때 성인이 자신의 목표 달성을 도울 수 있는 존재라고 지각한다. 이 연구에서 성인이 부모 중 한 사람이든 또는 처음 보는 실험자이든 문제가 되지 않았다. 어떤 경우든 영아들은 그들을 도울 수 있는 사람이 있을 때 멀리 있는 사물을 더 잡으려고 했다.

글상자 5.4 | 자세히 살펴보기

"비키세요, 내려갑니다."

50년 동안 진행된 풍부하고 매혹적인 일련의 연구들은 다른 발달 영역 간의 상호의존성을 훌륭하게 보여준다. 이 작업은 영아가 깊이를 지각할 수 있는가 하는 의문을 다루었던 Eleanor Gibson과 Richard Walk(1960)의 기념비적인 연구로부터 시작되었다. 이는 깊이 지각, 이동, 인지발달, 정서, 그리고 발달의 사회적 맥락을 잇는 연구에서 최고점에 달했다.

깊이 지각의 문제를 해결하기 위해 Gibson과 Walk는 '시각절벽'이라고 부르는 기구를 사용했다. 사진에서 보듯이 시각절벽은 영아나 걸음마기 아이의 몸무게를 지탱할 수 있는 두꺼운 플렉시 글라스로 구성된다. 중간에는 플랫폼이 있어서 이 기구를 양분한다. 한쪽 편은 유리 바로 밑에 체크 패턴이 있어서 표면이 견고하고 안전한 것처럼 보인다. 다른 편은 동일한 패턴이 유리 저 밑에 있고 체크 크기의 대비로 인해 양쪽 사이에 위험한 급경사 — 즉 '절벽' — 가 있는 것처럼 보인다.

Gibson과 Walk에 의하면 6~14개월 사이의 영아들은 쉽게 시각절벽의 얕은 쪽을 건넌다. 그러나 부모가 건너오라고 손짓을 해도 깊은 쪽을 건너지는 않는다. 영아들은 분명히 위험을 무릅쓰고 절벽처럼 보이는 곳으로 건너고 싶어 하지 않는 듯이 보였고 이는 아기들이 상대적 크기라는 깊이 단서의 중요성을 지각하고 이해하고 있다는 중요한 증거이다.

Gibson의 제자였던 Karen Adolph는 영아기 지각과 행동의 관계에 대해 광범위한 연구를 실시했다. Adolph와 동료들은 영아 자신이 무엇을 할 수 있고 무엇을 할 수 없는지를 배우는 것과 그들의 이동과 자세 기술의 발달 사이에 놀라운 불일치를 발견했다(Adolph, 1997, 2000; Adolph, Eppler, & Gibson, 1993; Adolph, Vereijken, & Shrout, 2003; Eppler,

Adolph, & Weiner, 1996). 이 연구는 변이와 선택이 발달적 변화를 생산하게 되는 변화의 기제라는 우리의 주제를 잘 예시한다.

초기 운동능력과 판단 사이의 관계를 연구하는 한 방법으로 연구자들은 지면보다 높은 표면에서 다양한 넓이의 간격 사이를 기거나 몸을 앞으로 굽히도록 하거나 혹은 경사를 달리한 경로를 기거나 걸어서 내려오도록 부모들이 영아를 유인하게 했다. 이 과제들 중 일부, 예를 들어 특정 경사의 경사로를 내려오는 것과 같은 과제는 영아들이 행할 수 있는 것이었다. 그러나 다른 과제들은 이 영아들에게 불가능한

것이었다. 아기들은 자신이 할 수 있는 과제를 알아낼 수 있을까? (한 실험자가 항상 가까이에서 자신의 역량을 오판하는 영아를 잡으려고 준비하고 있었다.)

옆 페이지 사진들은 성인(주로 엄마)이 유인할 때 영아들이 경사에서 어떻게 행동하는지를 보여준다. 기어가기 시작한지 몇 주가 되지 않은 영아들(평균 8.5개월)은 스스럼없이 숙련되게 좁은 경사로를 내려갔다. 기기에 경사가 가파른 경사로에서 아기들은 잠시 주춤하다가 어찌됐건 무턱대고 내려갔다(그래서 실험자가 아기들을 잡아야 했다). 몇 주의 기어가기 연습 후에 아기들은 언제 경사가 너무 가팔라서 피해

이 영아는 그의 엄마가 다른 쪽에서 부르며 건너오라고 유인을 하는데도 시각절벽의 깊은 쪽으로 건너가지 않고 있다.

Courtesy of Professor Joseph J. Campos, University of California, Berkeley

자기이동

8개월경 영아들은 생애 처음으로 스스로 주변을 돌아다니는 **자기이동**(self-locomotion)이 가능해진다. 더 이상 다른 사람이 놓아두거나 데리고 다니는 곳으로만 제한되지 않기 때문에 그들에게 세계는 어마어마하게 커 보일 것이다.

영아들이 처음으로 스스로 움직이기에 성공하는 것은 주로 기어가기의 형태가 된다. 많은(아마도 대부분) 영아들은 배로 기어가기나 연구자들이 '자벌레 배치기' 스타일이라고 부르는 특유한 패턴의 자기 추진방법으로 시작한다(Adolph, Vereijken, & Denny, 1998). 배로 기는 아기들의 대부분은 다음엔 손과 무릎을 사용한 기어가기로 옮겨 가는데 이 방법이 훨씬 노력이 덜 들고 더 빠르

지각 정보와 새로운 운동 기술의 통합 연구자 Karen Adolph는 왼쪽 사진에서 이 경사로가 자신의 현재 기기 능력에 비해 너무 가파르다는 것을 이해하지 못하는 기기를 시작한 지 얼마 되지 않은 어린 영아를 구출해야 할 것이다. 반대로 오른쪽 사진에서 걷기 경험이 있는 아기는 이 경사로가 걸어 내려가기에 너무 가파르지 않은지 신중하게 결정하고 있다.

야 하는지를 더 잘 판단했다. 그들은 또한 방향을 바꿔서 조심스럽게 후진으로 경사를 내려오는 것 같이 다소 가파른 경사면을 내려오는 전략들을 향상시켰다.

그러나 걷기 시작하면서 영아들은 새로운 이동 방식으로 내려올 수 있는 경사로를 잘못 판단했고 자신들에게 너무 가파른 경사들을 걸어 내려오려고 시도했다. 다시 말해 그들은 경사로를 기어 내려올 때 학습했던 것을 걸어 내려오는 경우로 전이시키는 데 실패했다. 따라서 영아들은 지각적 정보와 자신들이 발달시킨 각기 새로운 운동 행동의 통합을 경험을 통해 배워야만 하는 것 같다. 경험이 늘면서 융통성도 증가해 불가능해 보일 정도로 가파른 경사로 내려오기 또는 흔들거리는 난간을 잡고 좁은 다리 건너기처럼 이전에는 처리하기 어려웠던 문제들을 해결하는 다중의 전략에 접근이 가

능해진다(Adolph & Robinson, 2013).

이러한 상황에서 영아의 판단은 또한 사회적 정보에 의존한다. 상대적으로 급한 경사로를 내려올 수도 있는 영아들도 엄마가 "안 돼, 멈춰!"하고 말하면 다소 쉽게 단념한다. 반대로 부모가 열정적으로 격려하면 걷기나 기어가기에 경험이 부족한 아기들도 현재로는 너무 가파른 경사로를 내려오려는 시도를 한다. 따라서 아기들은 무엇을 할지 결정하는 데 지각적 단서와 사회적 정보를 모두 사용한다. 이 경우에 무슨 행동을 할지 결정하기 위해 아동이 다른 사람의 정서적 반응을 사용하는 *사회적 참조*(social referencing)를 통해 정보를 습득한다(제10장 참조).

Adolph의 연구에서 주요 결과는 영아들은 그들이 통달하는 새로운 운동 기술 각각에 대해 무엇을 할 수 있는지와 무엇을 할 수 없는지를 경험을 통

해 학습해야만 한다는 것이다. 경사로 꼭대기에서 문자 그대로 자신의 몸을 내던지는 걷거나 기기 시작하는 아기들처럼 앉기 시작한 영아들도 플랫폼에서 손에 닿지 않는 장난감을 잡기 위해 간격 사이로 몸을 너무 굽혔고 포수 역할을 하는 연구자가 항상 대기하지 않았더라면 가장자리로 굴러 떨어졌을 것이다. 그리고 기거나 걷기 경험이 있는 아기들이 경사로를 내려갈 것인지 말 것인지 신중하게 판단하기 위해 멈추는 것처럼 지지 없이 혼자 앉을 수 있는 지 얼마간의 시간이 지난 영아들은 몸을 구부리기에 간격이 너무 넓은지를 판단할 수 있고 간격이 너무 넓어 보이면 그대로 있을 것이다. 다양한 운동 기술에 걸쳐 매우 일관된 이 결과들은 영아들이 어떻게 환경과 성공적으로 상호작용하는 방법을 배우는지를 이해하는 데 매우 중요한 공헌을 했다.

Judy DeLoache

그림 5.13 척도 오류 이 세 아동은 작은 모형들을 훨씬 더 큰 사물로 간주하는 척도 오류를 보여준다. 왼쪽 사진의 여자아이는 장난감 미끄럼틀을 타려다가 떨어졌다. 중간의 남자아이는 매우 작은 차를 타려고 지속적으로 시도하고 있다. 오른쪽 사진의 남자아이는 모형 의자에 앉으려고 시도하고 있다.

다. 기어가기의 다른 방법들 역시 곰처럼 기어가기, 게처럼 기어가기, 거미처럼 기어가기, 특공대처럼 기어가기, 엉덩이 끌기 등 화려한 이름을 가지고 있다(Adolph & Robinson, 2013). 더 명백한 점은 영아들이 걸을 수 있기 전에 돌아다니는 방법을 찾는 데 매우 뛰어나다는 것이다.

11~12개월경에 영아들이 처음으로 독립적으로 걸을 수 있게 될 때 그들은 발을 상대적으로 넓게 벌려서 지지 기반을 넓게 하고 엉덩이와 무릎을 약간 구부려서 무게 중심을 낮추며 손을 벌려서 균형을 잡고 60%의 시간 동안 두 발이 모두 땅을 밟는다(성인의 경우 오직 20%)(Bertenthal & Clifton, 1998). 더 튼튼해지고 경험이 많아지면서 영아들의 발걸음은 더 길고, 더 직선적이며, 더 일관된다. 운동이나 악기 연주를 배우는 것처럼 다른 운동 활동과 마찬가지로 초기의 약한 근육과 위태로운 균형을 점진적으로 통달하는 데는 연습이 필수적이다. 그리고 영아들은 연습을 한다. Adolph와 동료들(2012)은 뉴욕시에 거주하는 12~19개월 영아의 표집에서 시간당 평균 2,368걸음(그리고 17번의 넘어짐)을 발견했다! 이 연습은 성과가 있어서 운동 과제에서 영아들의 능숙함은 그들이 처음으로 그 행동을 시작한 때로부터 며칠이 지났는지의 날짜 수로 예측할 수 있다(Adolph & Robinson, 2015).

새로이 걷거나 기기 시작하는 아기들의 일상은 미끄러운 바닥, 스펀지같이 부드러운 카펫, 사물과 장애물로 뒤죽박죽인 길, 계단, 경사진 잔디밭 등 이동을 위협하는 것들로 가득 차 있다. 영아들은 자신들의 발달하는 기술이 한 지점에서 다른 지점으로 이동하는 데 적절한지를 끊임없이 평가해야 한다. Eleanor Gibson과 동료들은 아기들 자신이 건너고자 하는 표면의 특성에 대한 지각에 따라 이동의 양식을 조정한다는 것을 발견했다(Gibson et al., 1987; Gibson & Schmuckler, 1989). 예를 들어 딱딱한 베니어판 통로를 즉시 걸어서 건너는 영아들이 물침대를 건너기 위해서는 신중하게 기어가기로 되돌아갔다. 206~207쪽의 글상자 5.4는 특히 지각과 이동의 통합에 초점을 맞춘 영아기의 이동과 다른 형태의 운동 행동의 발달에 대한 연구 프로그램을 잘 요약했다.

어린 아동이 행동을 계획하고 실행하는 데 있어 지각 정보를 통합하면서 경험하는 도전은 특히 도전에 실패했을 때 매우 놀라운 행동을 종종 보여준다. **척도 오류**(scale error)는 지각과 행동의 통합 실패를 보여주는 특별히 극적인 사례이다(Brownell, Zerwas, & Ramani, 2007; DeLoache, Uttal, & Rosengren, 2004; Ware et al., 2006). 이 오류에서 매우 어린 아동들은 행위를 하기에 너무 작은 축소 모형으로 어떤 행동을 하려고 애를 쓴다. 예를 들어 걸음마기 아이들은 모두 매우 작은 인형 집 크기의 의자에 앉으려고 애를 쓰거나 작은 장난감 차를 타려고 진지하게 시도한다(그림 5.13 참조). 척도 오류에서 아동은 일시적으로 그리고 때로 반복적으로 자신의 신체와 목표 사물의

척도 오류 ■ 어린 아동들이 자신과 사물과의 상대적 크기에서 심한 불일치로 인해 불가능한 행위를 모형 사물에서 하려고 시도하는 것

크기 간의 관계를 고려하는 데 실패한다. 움직임에 사용되는 2개의 다른 뇌 부위에 표상된 시각정보들을 통합하는 데 실패하여 이 오류들이 생기게 된다는 가설이 있다.

학습

여러분과 10개월 영아 중 누가 오늘 더 많이 배웠다고 생각하는가? 당연히 아기일 것이다. 왜냐하면 아기들은 새로 배울 것이 너무 많기 때문이다. 부엌에 있던 아기 벤저민과 부모에 대해 생각해 보자. 그 일상적인 장면 속에 수없이 많은 학습 기회가 숨어 있다. 예를 들어 벤저민은 생물과 무생물체 간의 차이에 대해서, 사건들 속에서 같이 발생하는 특정 소리와 장면들에 대해서, 사물을 지지하지 않으면 일어나는 결과(이 사건이 그의 부모의 정서적 상태에 미치는 영향을 포함하여) 등에 대해서 경험을 쌓는다. 그는 또한 자신의 울음에 대한 부모의 반응과 같이 자기 행동의 결과를 경험한다.

여기서 우리는 영아가 자신의 경험으로부터 이득을 얻고 세상에 대한 지식을 습득하는 여덟 가지 다른 방법의 학습에 대해 알아본다. 발달심리학자들이 영아의 학습에 관하여 궁금해하는 질문 중 일부는 언제 다른 형태의 학습이 나타나고 영아기의 학습과 나중의 인지능력이 어떻게 관계되는가 하는 것을 포함한다. 다른 중요한 질문은 영아들이 어떤 것을 학습하기 더 쉽거나 더 어려워하는 정도에 관한 것이다. 아래에 기술된 학습능력들은 시각에서 언어, 정서, 사회적 기술에 이르기까지 인간 기능의 모든 영역에 걸친 발달적 성취와 관계된다. 따라서 발달적 변화를 지원하는 학습기제의 본질을 고려하지 않고 발달에 대해 생각하는 것은 불가능하다.

Charles E. Maurer

습관화

학습의 가장 간단한 형태는 이전에 경험한 어떤 것을 인지하는 것이다. 제2장과 이 장의 앞부분에서 논의한 바와 같이 다른 모든 사람들처럼 아기들은 이전에 경험한 자극에는 상대적으로 덜 반응하고 새로운 자극에 더 반응하는 경향이 있다(그림 5.14 참조). 반복 자극에 대해 습관화의 발생은 학습이 일어났다는 것을 보여준다. 영아는 반복되

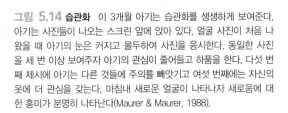

그림 5.14 습관화 이 3개월 아기는 습관화를 생생하게 보여준다. 아기는 사진들이 나오는 스크린 앞에 앉아 있다. 얼굴 사진이 처음 나왔을 때 아기의 눈은 커지고 몰두하여 사진을 응시한다. 동일한 사진을 세 번 이상 보여주자 아기의 관심이 줄어들고 하품을 한다. 다섯 번째 제시에 아기는 다른 것들에 주의를 빼앗기고 여섯 번째에는 자신의 옷에 더 관심을 갖는다. 마침내 새로운 얼굴이 나타나자 새로움에 대한 흥미가 분명히 나타난다(Maurer & Maurer, 1988).

분화 ■ 지속적으로 변화하는 환경 속의 자극과 사건 속에서 요소들 간의 불변이거나 안정적인, 즉 일정한 관계를 추출하는 것

행동 유도성 ■ 사물과 상황이 제공하거나 가능하게 하는 행동의 가능성

고 이제는 친숙해진 자극의 기억 표상을 형성했다. 습관화는 고도로 적응적이다. 친숙한 것에 주의를 줄이게 되면 새로운 것에 더 주의하고 학습할 수 있게 된다.

영아가 습관화하는 속도는 정보처리의 일반적인 효율성을 나타내는 것으로 생각된다. 보기의 지속시간과 새로움의 선호 정도를 포함하여 주의와 관계되는 측정치들 역시 처리의 속도와 효율성을 나타낸다. 영아기 습관화 시간에서의 개인차를 예언하는 구체적인 요인들은 아직까지 알려진 바가 없지만 이 차이들이 일반적인 인지능력의 측면들과 관계되는 것처럼 보인다. 예를 들어 이중언어 가정에서 자란 영아들은 단일언어 가정에서 자란 영아들에 비해 더 효율적인(더 빠른) 습관화를 보인다(Singh et al., 2015). 이러한 결과는 글상자 6.1에서 논의할 결과들과 일관되며 이중언어의 일반적인 인지적 이득을 시사한다. 더 일반적으로는 영아기 습관화의 측정치와 이후 일반적인 인지능력 사이에 상당히 놀랄 만한 정도의 연속성이 발견된다. 상대적으로 빠르게 습관화되고 시각 자극을 상대적으로 짧게 쳐다보는 영아들과/또는 새로움에 대한 더 큰 선호를 보이는 영아들은 무려 18년 후에 검사를 했을 때 IQ가 더 높은 경향이 있다(Bornstein, Hahn, & Wolke, 2013; Colombo et al., 2004; Rose & Feldman, 1997).

지각 학습

생의 첫 순간부터 영아들은 주변 환경에서 질서와 규칙을 적극적으로 탐색하며 그들이 지각하는 사물과 사건에 단순히 주의를 집중하는 것만으로도 많은 것을 학습한다. Eleanor Gibson(1988)에 의하면 지각 학습의 주요 과정은 **분화**(differentiation), 즉 끊임없이 변화하는 환경 속에서 변하지 않는 것의 관계를 추출하는 것이다. 예를 들어 영아들은 목소리와 얼굴표정 간의 연합을 학습한다. 이는 자신들의 경험 속에서 즐겁고, 행복하거나 매우 흥분된 목소리는 찡그린 얼굴이 아니라 웃는 얼굴과 함께 발생하고 거칠고 화난 목소리는 웃는 얼굴이 아니라 찡그린 얼굴과 함께 발생하기 때문이다. 이런 종류의 학습은 이 장의 앞부분에서 논의했던 양태 간 지각의 발달에 분명히 포함된다.

지각 학습에서 특별히 중요한 부분은 사물과 상황이 제공하거나 가능하게 하는 행동의 가능성인 **행동 유도성**(affordance)을 영아가 발견하는 것이다(Gibson, 1988). 예를 들어 큰 사물이 아니라 작은 사물은 집을 수 있는 가능성을 제공하고 액체는 붓거나 쏟아질 가능성을 제공하고 어떤 크기의 의자는 앉을 가능성을 제공한다는 등을 영아들은 발견한다. 영아들은 자기 자신의 신체와 자신의 능력, 주변 사물 간의 관계를 이해하여 행동 유도성을 발견한다. 예를 들어 앞서 논의한 것처럼 영아들은 물컹물컹하거나 미끄럽거나 가파른 경사는 안정적인 걷기를 유도하지 않지만 딱딱하고 편평한 표면은 안정적인 걷기를 유도한다는 것을 학습한다.

지각 학습은 또한 이 장에서 이야기했던 지각적 협소화 과정의 기초가 된다. 지각 학습을 통해 영아들은 모국어의 말소리, 얼굴, 음악패턴과 같이 자신의 환경에서 중요한 자극과 관련되는 차원들에 집중하고 무관한 차원들에 더 이상 이끌리지 않도록 주의를 연마한다. 지각적 협소화 과정은 근본적으로 전문성의 발달이다. 영아들은 자신들의 세계에서 가장 중요한 자극들만을 처리하는 데 능숙해진다.

이 아기를 둘러싼 사물들은 다양한 행동 유도성을 제공한다. 어떤 것은 집을 수 있지만 어떤 것은 영아들의 작은 손에 비해 너무 크거나 그의 제한된 근력에 비해 너무 무겁다. 봉제 장난감들은 즐겁게 껴안을 수 있지만 플라스틱 컵은 그럴 수 없고 서로 부딪치면 시끄러운 소리를 낸다. 주변 세상과의 상호작용을 통해 영아들은 이것과 또 다른 종류의 행동 유도성을 발견한다.

통계적 학습

또 하나의 관련된 학습 역시 환경 속에서 간단히 정보를 주워 올리는 것, 구체적으로는 통계적으로 예측 가능한 패턴을 탐지하는 것을 포함한다(Aslin, Saffran, & Newport, 1998; Kirkham, Slemmer, & Johnson, 2002; Saffran, Aslin, & Newport, 1996). 자연적인 환경에는 높은 정도의 규칙성과 중복이 존재한다. 어떤 사건들은 예측 가능한 순서로 발생하고 어떤 사물은 동일한 시간과 장소에서 나타난다. 아기들에게 공통적인 예는 엄마의 목소리 뒤에 엄마의 얼굴이 나타나는 것과 같은 규칙성이다.

매우 일찍부터 영아들은 한 사건 뒤에 다른 사건이 따르는 것과 같은 규칙성에 매우 민감하다. 한 연구에서 2~8개월 영아들을 특정 수준의 확률로 하나씩 제시되는 6개의 간단한 시각적 도형에 습관화 시켰다(Kirkham et al., 2002). 예를 들어 세 쌍의 색 있는 도형이 언제나 같은 순서로 함께 나타났지만(예 : 사각형 뒤에 언제나 십자가 제시됨) 다음 자극은 3개의 다른 도형 중 하나가 될 수 있었다(예 : 십자가 뒤에는 원, 삼각형, 또는 사각형이 동일한 확률로 제시됨). 따라서 사각형 뒤에 십자가 제시될 확률은 100%였지만 원(또는 삼각형 또는 사각형)이 십자가 뒤에 제시될 확률은 33%였다. 검사 시행에서 하나 또는 그 이상의 도형의 출현 순서가 바뀌었다. 영아들은 원래 세트에 내재되었던 구조가 파괴되었을 때 더 오래 쳐다보았다(예 : 사각형 뒤에 원이 제시됨).

음악, 행동, 그리고 말소리를 포함한 수많은 영역에서 통계적 학습능력을 측정했다(Roseberry et al., 2011; Saffran & Griepentrog, 2001; Saffran et al., 1996). 신생아조차도 이 영역들에서 통계적 규칙성을 추적하며 이는 통계적 학습의 기제가 출생 전이 아니라면 출생 시부터는 가용하다는 것을 시사한다(Bulf, Johnson, & Valenza, 2011; Kudo et al., 2011; Teinonen et al., 2009). 마지막으로 제6장에서 논의하겠지만 언어 학습에 통계적 학습이 매우 중요하다는 제안이 있다.

최근 몇몇 연구들은 영아들이 다른 종류에 비해 어떤 종류의 통계적 패턴에 주의하기를 선호한다고 시사한다. 특히 매우 간단하거나(완전히 예측 가능하게) 또는 너무 복잡한(무선) 패턴보다는 약간의 변화가 있는 패턴을 선호하는 것 같다(Gerken, Balcomb, & Minton, 2011; Kidd, Piantadosi, & Aslin, 2012; Kidd, Piantadosi, & Aslin, 2014). 이렇게 너무 쉽거나 너무 어려운 패턴을 피하고 자신의 학습능력을 고려하여 이에 적절한 패턴에 지속적으로 집중하는 것 같은 '골디락스 효과(Goldilocks effect)'는 영아가 가장 정보적인 패턴에 우선적으로 집중하면서 다른 학습 문제들에 달리 주의를 배분한다는 것을 의미한다.

고전적 조건형성

또 다른 종류의 학습인 **고전적 조건형성**(classical conditioning)은 Ivan Pavlov가 개(벨소리와 음식의 출현 사이의 연합을 학습했고 점차 벨소리만 듣고도 침을 흘리기 시작했다)를 사용했던 그의 유명한 연구에서 처음 발견했다. 고전적 조건형성은 영아들의 일상에서 그들에게 관련있는 환경적인 사상들 간의 관계를 학습하는 데 역할을 한다. 자주 발생하며 예측 가능한 구조를 가진 어린 영아의 식사시간을 생각해보자. 영아의 입에 젖가슴이나 우유병이 닿으면 빨기 반사가 유발된다. 빨기는 우유(모유)가 입에 흘러 들어가게 하고 영아는 매우 맛있는 맛의 유쾌한 감각과 허기를 덜어주는 영양의 만족을 경험한다. 우유병이나 젖가슴만 봐도 영아가 빨기 동작을 시작하면 학습이 나타나는 것이다.

고전적 조건형성 ■ 처음에는 중성적인 자극과 언제나 특정 반사적 반응을 유발하는 자극을 연합하는 것으로 이루어진 학습의 한 형태

무조건 자극 ■ 고전적 조건형성에서 반사적 반응을 유발하는 자극

무조건 반응 ■ 고전적 조건형성에서 무조건 자극에 의해 유발되는 반사적 반응

조건 자극 ■ 고전적 조건형성에서 무조건 자극과 반복적으로 짝지어지는 중성적 자극

조건 반응 ■ 고전적 조건형성에서 조건 자극에 의해 유발되는 원래는 반사적인 반응

도구적 조건형성(조작적 조건화) ■ 자기 자신의 행동과 그것이 일으키는 결과 사이의 관계를 학습

정적 강화 ■ 언제나 행동 뒤에 따라와서 그 행동이 반복될 가능성을 높이는 보상

고전적 조건형성의 용어로 보면 영아의 입 속에 들어간 젖꼭지는 반사적이며 학습되지 않은 반응(이 경우에는 빨기 반사)인 **무조건 반응**(unconditioned response, UCR)을 쉽게 유발하는 **무조건 자극**(unconditioned stimulus, UCS)이다. 처음에는 중성적이었던 자극, 즉 **조건 자극**(conditioned stimulus, CS)인 우유병이나 젖가슴이 반복적으로 무조건 자극(아기는 젖꼭지를 빨기 전에 우유병이나 가슴을 본다)보다 먼저 발생할 때 학습 또는 조건화가 발생한다. 점차 원래는 반사적이었던 반응이 학습된 행동, 또는 **조건 반응**(conditioned response, CR)이 되고 CS에 노출되면 유발된다(이제 아기가 우유병이나 젖가슴을 보는 순간 예기적인 빨기 운동이 시작된다). 달리 말하면 우유병이나 젖가슴의 모습이 그다음에 올 것에 대한 신호가 된다. 점차 영아는 양육자와 섭식에서 오는 유쾌한 감정을 포함한 전 과정을 연합시키게 될 수도 있다. 그렇게 되면 궁극적으로는 단지 양육자의 존재만으로도 이러한 감정들이 유발될 수 있다. 많은 정서적 반응들이 처음에는 고전적 조건형성을 통해 학습되는 것으로 생각된다.

통계적 학습처럼 고전적 조건형성도 신생아에게서 나타난다. 신생아에게 실시했던 한 고전적 조건형성 과제는 소리(CS)와 눈에 입김 불기(UCS)를 짝지어서 눈 깜박임(UCR)을 유발하는 눈 깜박임 조건화였다. 소리와 입김 불기의 짝짓기에 노출된 뒤에 영아들은 소리만 듣고도 눈을 깜박거리기 시작했다(CR). 심지어는 잠을 자고 있는 신생아도 이 반응을 학습하는데 이는 고전적 조건형성이 출생 후 일찍부터 존재하는 강력한 학습의 한 형태라는 견해를 지지한다(Fifer et al., 2010).

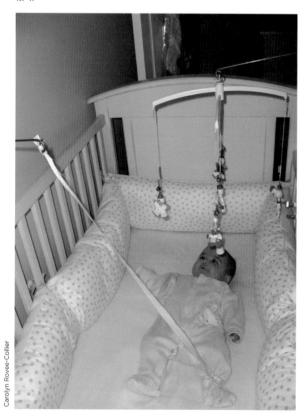

그림 5.15 **수반성** 이 어린 영아는 몇 분 내에 자신의 발차기가 모빌을 흥미롭게 움직이게 한다는 것을 학습했다. 아기는 자신의 행동과 외적 사건 간의 수반성을 학습했다.

Carolyn Rovee-Collier

도구적 조건형성

영아들(과 모두)에게 중요한 형태의 학습은 자기 행동의 결과를 학습하는 것이다. 일상생활에서 영아들은 딸랑이를 흔들면 흥미로운 소리가 나며 아빠에게 옹알이를 하면 아빠가 옹알이로 대답해주고 화분의 흙을 가지고 장난하면 부모에게 야단을 맞는다는 것을 배운다. **도구적 조건형성**[instrumental conditioning, 또는 조작적 조건화(operant conditioning)]라고 부르는 이러한 종류의 학습은 자신의 행동과 그 결과 간의 관계를 배우는 것을 포함한다. 영아의 도구적 조건형성에 대한 대부분의 연구들은 확실하게 행동 뒤에 뒤따르며 그 행동이 반복될 가능성을 증가시키는 보상인 **정적 강화**(positive reinforcement)를 사용한다. 이러한 연구들에서는 영아의 행동과 보상 사이의 수반성(contingency) 관계가 특징이다. 예를 들어 영아가 목표행동을 수행하면 그는 강화를 받는다.

Carolyn Rovee-Collier(1997)는 어린 영아들의 학습과 기억을 연구하기 위해 특별히 영리한 도구적 조건형성 절차를 개발했다. 이 절차에서 연구자들은 아기의 발목에 리본을 달고 이를 아기의 침대 위에 달린 모빌에 연결해 둔다(그림 5.15). 생후 2개월 된 영아가 자연적으로 발을 차다가 자신의 다리 움직임과 흔들거리는 모빌의 재미있는 광경 사이의 관계를 재빨리 학습한다. 그들은 그다음 아주 의도적으로 그리고 종종 즐거워하며 발차기의 비율을 증가시킨다. 흥미로운 모빌의 움직임이 이제는 발차기를 위한 강화로 작용한다. 이 과제는 얼마나 오래 그리고 어떤 조건에서 영아들이 발차기가 모빌을 움직인다는 것을 지속적으로 기억하는지에 연령에 따른 변화

가 있는지를 연구하기 위해 집중적으로 사용되었다(예 : Rovee-Collier, 1999). 다음의 결과들이 보고되었다 — (1) 3개월 영아는 발차기 반응을 약 1주간 기억하는데 6개월 영아는 2주간 기억한다. (2) 6개월 이전의 영아는 검사 모빌이 훈련 모빌과 동일할 때에만 발차기 반응을 기억하지만 더 나이 든 영아는 새 모빌을 봐도 발차기를 기억한다.

우리가 **능동적인 아동**의 주제에서 강조한 것처럼 환경을 탐색하고 숙달하려는 영아들의 강한 동기는 도구적 학습의 상황들에서 나타난다. 즉 영아들은 자신들의 경험을 예측하고 통제하기 위해 학습하는 데 열심이며 이러한 수행의 정점에서 긍정적인 정서를 나타낸다(Angulo-Barroso et al., 2016). 영아들은 또한 자신들이 통제할 수 없는 상황들이 있다는 것을 배운다. 예를 들어 우울한 엄마의 영아들은 정상적인 엄마의 아기들에 비해 덜 웃고 더 낮은 수준의 정적 감정을 나타내는 경향이 있다. 부분적으로는 우울한 엄마의 아기들의 미소가 그들의 엄마로부터 일관적으로 보상받지 못했기 때문이다. 산후 우울증과 싸우는 엄마들은 정상적인 엄마들에 비해 더 부정적이고/또는 아기들로부터 떨어져 있기 쉽다(개관을 위해서는 Brummelte & Galea, 2016 참조). 더 일반적으로 그것이 일상의 상황이든 실험실이든 수반성 상황을 통해 영아들은 자신들이 노출된 특정 수반성 관계들 이상을 학습한다. 그들은 자신과 환경의 관계에 대해 그리고 자신들이 영향을 줄 수 있는 정도에 대해서도 역시 학습한다.

관찰학습/모방

영아의 학습에서 특별히 강력한 원천은 다른 사람의 행동을 관찰하는 것이다. 부모들은 걸음마기 아이들이 자신의 행동을 따라 하는 것을 보고 종종 즐거워하고 때로 당황스럽기도 하지만 아기들이 간단한 관찰을 통해 상당히 많은 것을 배운다는 사실을 잘 알고 있다.

타인의 행동을 모방하는 능력은 극히 제한된 형태이나 생의 매우 초기부터 나타난다. Meltzoff와 Moore(1977, 1983)는 성인 모델이 천천히 그리고 반복적으로 혀를 내미는 것을 관찰한 다음에 신생아들이 종종 혀를 내민다는 것을 발견했다. 그러나 후속 연구들은 신생아 모방에 대해서 상반된 결과들을 발견했다(개관을 위해서는 Simpson et al., 2014 참조). 최근의 대규모 연구가 Meltzoff와 Moore의 영향력 있는 결과를 반복 검증하는 데 실패하여 신생아 모방에 대한 의문을 제기했다는 사실을 특별히 주목할 필요가 있다(Oostenbroek et al., 2016).

생후 6개월 이후 영아들의 모방은 더욱 강력해진다. 영아들은 얼굴표정뿐 아니라 사물에 수행하는 것을 본 적 있는 새롭고 때로는 매우 이상한 행동을 또한 모방하기 시작한다. 그러한 한 연구에서 영아들은 실험자가 상자에 불을 켜기 위해 허리부터 숙여서 이마로 상자를 접촉하는 것 같이 사물을 가지고 이상한 행동을 수행하는 것을 관찰했다. 후에 영아들에게 실험자가 사용했던 것과 동일한 사물을 제시했다. 생후 6~9개월 된 영아들은 심지어 24시간의 지연 후에도 그들이 목격했던 새로운 행동 중 일부를 모방했다(Barr, Dowden, & Hayne, 1996; Bauer, 2002; Hayne, Barr, & Herbert, 2003; Meltzoff, 1988b). 14개월 아기들은 이러한 행동을 처음 본 뒤 완전히 한 주가 지난 후에도 행동을 모방했다(Meltzoff, 1988a).

모방할 모델을 선택할 때 영아들은 그 사람이 행동한 이유를 분석하는 것처럼 보인다. 만약 모델이 기대어 이마로 상자를 접촉하는 것을 봤다면 다음에 그렇게 했다. 그러나 만약 모델이 이마로 상자를 접촉할 때 춥다고 말하면서 숄로 몸을 감싸고 그리고 손 대신 머리로 상자를 접촉했다면 영아들은 머리 대신 손을 뻗어서 상자를 만졌다(Gergely, Bekkering, & Kiraly, 2002). 그들은 아마도 모델이 상자를 만지기 원했고 만약 손이 자유로웠다면 그렇게 평범한 방법으로 했을 것이라고 생각하는 듯하다. 따라서 영아들의 모방은 타인의 의도에 대한 영아들의 분석에 기초한다. 일반적으로 영아들은 모방을 통해 학습하는 데 유연하다. 상자 만지기의 경우처럼 그들은 모델이 목표를 달성하는 데 필요한 특정 행동을 모방하거나 모델이 성취했던 것과 동일한 목표를 달성하기 위해 다른 행동들을 사용할 수 있다(Buttelmann et al., 2008).

영아의 의도 모방에 대한 추가적인 증거는 18개월 영아가 성인이 작은 아령 장난감을 분리하려다가 실패하는 것을 관찰하는 연구에서 나온다(Meltzoff, 1995a). 성인은 아령의 양쪽 끝을 잡아당기지만 손이 '미끄러져서' 아령은 분리되지 않은 채로 있다(그림 5.16a). 이어서 영아들에게 그 장난감을 줬을 때 영아들은 아령의 양쪽을 잡아당기며 성인이 의도했던 것을 모방했고 실제로 한 행동을 모방하지 않았다. 이 연구는 또한 영아들의 모방적인 행동이 인간의 행동으로만 제한된다는 것을 보여주었다. 다른 집단의 18개월 영아들은 기계적인 장치가 펜치로 아령의 양쪽 끝을 잡는 것을 보았다. 펜치는 아령을 분리하거나 혹은 양끝을 놓쳤다(그림 5.16b). 영아는 기계적인 장치가 어떻게 하는 것을 보았거나 상관없이 아령을 분리하려고 시도하지 않았다. 따라서 영아들은 무생물이 아닌 타인의 의도와 행동을 재생산하려고 시도한다.

모방은 사회적 학습의 주요 요소이다. 어린 아동들은 모방을 이용해서 도구적 기술(instrumental skills, 사물과 관계된 지식)과 특정 사회집단의 의식과 다른 행동들과 같은 사회적 관습(social convention)을 습득한다(Legare & Nielsen, 2015 참조). 미국과 남태평양의 한 섬인 바누아투(Vanuatu)처럼 서로 다른 문화의 아동들은 사물을 포함한 새로운 도구적 과제를 학습할 때보다 새로운 사회적 관습을 학습할 때 특정 모방을 더 보인다(Clegg & Legare, 2016). 이러한 결과들은 매우 어린 아동들조차 사회적 관습은 정확히 따라야 하지만 사물에 대한 행동은 더욱 유연하게 따라할 수 있다는 것을 이해한다는 것을 보여준다.

모방학습의 신경학적 기저에 대해 상당한 관심이 쏟아졌다. 모방의 잠재적인 중심지는 거울 뉴런 체계(mirror neuron system)라고 부르는 곳을 포함한 뇌의 한 영역으로 영장류의 복부 전운동 피질(ventral premotor cortex)에서 처음 발견되었다(예 : Gallese et al., 1996; Rizzolatti & Craighero, 2004). 짧은 꼬리 원숭이의 연구에서 원숭이들이 행동을 할 때 이 체계가 활성화되었고 다른 원숭이(또는 인간)가 행동하는 것을 볼 때 역시 마치 자신이 동일한 행동을 하고 있는 것처럼 활성화되었다고 해서 이름이 '거울' 뉴런 체계가 되었다. 거울 뉴런은 원숭이의 뇌 활동을 측정하던 뇌과학자에 의해 우연히 발견되었다. 실험실 조수가 아이스크림을 입에 가져가는 것을 보고 마치 자신이 아이스크림을 먹는 것처럼 원숭이의 전운동 피질이 점화되는 것이 관찰되었다. 갓 태어난 짧은 꼬리 원숭이가 성인 원숭이의 얼굴표정을 관찰하는 EEG 연구에서 거울 뉴런 체계의 특징인 뮤 리듬(mu rhythm)으로 알려진 뇌 활동 패턴이 나타났다(Ferrari et al., 2012).

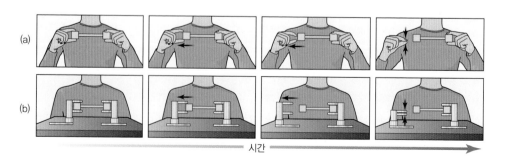

그림 5.16 **의도의 모방** (a) 타인이 아령의 양끝을 잡아당기려고 시도하는 것처럼 보이지만 실패하는 것을 보았을 때 18개월 영아들은 모델이 실제로 한 행동이 아니라 의도한 행동을 모방하여 양끝을 분리하려 한다. (b) 그들은 기계적인 장치의 동작은 전혀 모방하지 않는다(Meltzoff, 1995a).

시간 →

동일한 체계가 영아에게 어느 정도나 존재하는지, 만약 영향을 준다면 어떤 행동적 영역에 영향을 미치는지는 뜨거운 논쟁거리이다. 연구자들은 거울 뉴런이 존재한다는 가설과 일치하는 뇌 활동의 패턴, 다시 말해 영아가 어떤 행동을 할 때 나타나는 것과 동일한 신경적 점화 패턴(앞서 말한 뮤 리듬)이 영아가 동일한 행동을 관찰할 때에도 나타나는 것을 발견했다(Marshall & Meltzoff, 2014). 이 뇌 패턴들은 결과가 있다. 즉 실험자가 목표 지향적인 행동을 하는 것을 관찰할 때 뮤 리듬이 더 많이 나타나던 7개월 영아들은 나중에 이 행동을 재생산할 가능성이 더 높았다(Filippi et al., 2016). 그러나 지금까지 발달에서 얼마나 일찍부터 이 뇌 패턴들이 나타나는지, 이 뇌 패턴들이 인간 영아들이 출생할 때부터 존재하는지는 알려지지 않았다. 뇌과학적인 기법을 사용한 미래의 연구들은 영아들이 타인의 행동을 관찰할 때 실제로 무엇을 부호화하는지, 그리고 이 지각적 정보가 어떻게 자신의 행동으로 전환되는지를 규명하여 모방의 근원에 대한 정보를 제공할 것이다.

합리적 학습 ■ 미래에 발생할 일을 예측하는 데 과거의 경험을 사용하는 능력

합리적 학습

성인인 우리들은 세상에 대한 많은 신념을 가지고 있으며 대개 그 신념들에 기초한 기대가 깨어질 때 놀란다. 그리고는 새로 얻은 정보에 근거하여 우리들의 신념을 조정할 수 있다. 예를 들어 여러분이 좋아하는 중국 식당에서 이전에 식사한 경험으로부터 다음에 그곳을 방문할 때 중국 음식을 제공받을 것이라 추론할 수 있다. 그런데 다음 번 방문에서 그 식당이 멕시코 음식을 제공한다면 여러분의 기대는 깨어질 것이다. 그러나 여러분은 이제 이 식당의 요리의 성격에 대한 기대를 갱신할 것이다. 실제로 과학적 추리는 이전 자료로부터 이런 종류의 추리에 근거한다 — 예를 들어 특정 집단에 대한 예측을 위해 그 집단의 표본으로부터 얻은 자료를 사용한다. 영아들 역시 다음에 일어날 일에 대한 기대를 형성하기 위해 이전 경험을 사용한다. 이를 **합리적 학습**(rational learning)이라고 하는데 학습자의 이전 신념과 편향을 주변에서 실제로 일어나는 일들과 통합하는 것을 포함하기 때문이다(Xu & Kushnir, 2013).

한 훌륭한 연구에서 Xu와 Garcia(2008)는 8개월 영아가 간단한 사건에 대해 예측할 수 있다는 것을 보여주었다. 영아들에게 70개의 빨간 탁구공과 5개의 흰색 탁구공, 모두 75개의 탁구공이 들어 있는 상자를 보여주었다(그림 5.17 참조). 다음에 영아는 실험자가 눈을 감고(무선 선택을 암시하기 위해) 상자로부터 빨간 공 4개와 흰 공 1개 또는 빨간 공 1개와 흰 공 4개, 이렇게 공 5개를 꺼내어 늘어놓는 것을 보았다(실험자는 실제로 상자의 보이지 않는 칸에 미리 뽑아놓은 '무선 표집'에서 공을 뽑았다). 영아들은 4개의 흰 공이 나온 배열을 더 오래 쳐다보았는데 이는 거의 빨간 공으로 가득 찬 상자에서 대부분 흰 공들을 뽑은 것에 놀랐음을 암시한다[이 장의 뒷부분에서 소위 기대의 위배(violation-of-expectation)라고 부르는 패러다임에 대해 논의를 할 것이다. 이 패러다임

그림 5.17 빨간 공이 많이 담긴 상자를 본 다음에 실험자가 대부분 흰색 공을 뽑았을 때(기대하지 않은 결과) 8개월 영아들은 놀랐다(Xu & Garcia, 2008).

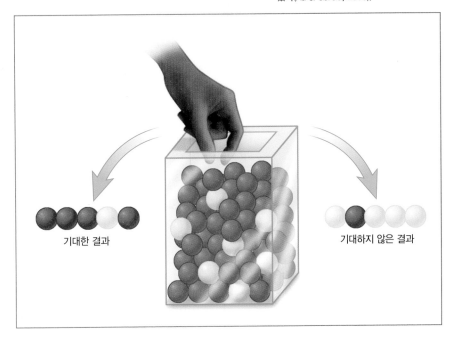

기대한 결과   기대하지 않은 결과

적극적 학습 ■ 사물과 사상을 소극적으로 관찰하기보다 세상에 작용하면서 학습

은 영아들의 기대를 추리하기 위해 예측하지 못한 결과에 대한 영아의 '놀람'을 사용한다]. 영아들은 배열된 공을 상자로부터 뽑지 않거나(실험자가 자신의 주머니에서 꺼내는 경우) 빨간 공이 상자에 박혀서 꺼낼 수 없는 것을 보았을 때는 놀라지 않았다는 사실에 주목할 필요가 있다(Denison & Xu, 2010; Teglas et al., 2007; Teglas et al., 2011; Xu & Denison, 2009). 생후 6개월 영아들은 미래 예측을 위한 정보의 근원으로서 요소들(여기서는 색)의 분포에 민감한 것 같다(Denison, Reed, & Xu, 2013).

유사한 결과가 단어 학습부터 사회적 상호작용에 이르기까지 다양한 영역으로부터 보고되고 있으며 이는 모두 영아들이 사전 자료에 근거하여 미래에 대한 추론을 생성하며 새로운 경험을 사용하여 이러한 추론들을 조정할 수 있다는 것을 의미한다(예 : Schulz, 2012; Xu & Kushnir, 2013). 예를 들어 고장 난 장난감을 본 16개월 영아는 실패를 해석하기 위해 이전 경험을 이용했다(Gweon & Schulz, 2011). 만약 다른 사람들이 그 장난감을 작동시키는 데 실패하는 것을 이전에 보았다면 영아들은 고장이 그 장난감의 문제라고 해석했다(그리고 다른 장난감을 가지고 놀았다). 그러나 다른 사람들이 그 장난감을 성공적으로 작동시키는 것을 이전에 보았다면 영아들은 고장이 자신들에 의한 것이라고 해석했다(그리고 장난감을 작동시키라고 양육자에게 주었다). 이 연구에서 영아들은 합리적으로 행동했다. 만약 문제가 장난감에 있다면 영아들은 그 대신 새로운 장난감을 탐색했다. 그러나 문제가 그 장난감을 작동시키는 영아 자신의 능력에 의한 것으로 보이면 영아들은 도움을 구했다. 이 연구는 간단한 장난감과의 상호작용 맥락에서 세련된 추론을 보여준다.

적극적 학습

우리는 종종 학습을 소극적인 과정이라고 생각한다. 즉 학습해야 할 정보를 교사나 전문가가 우리에게 제시하는 과정이라고 생각한다. 그러나 Piaget까지 거슬러 올라가서 이론가들은 영아가 학습하는 중요한 방법은 세상에 작용함에 의한다고 믿었다. 영아가 점차 세련된 운동능력을 발달시키면서 그들은 사물의 작동에 대한 가설들을 검증할 수 있는 방법들로 세상에 참여할 수 있다. 실제로 이 책의 주요 주제 중 하나가 적극적 아동이며 **적극적 학습**(active learning)은 제4장에서 언급한 인지발달의 주요 이론 중 2개, 즉 Piaget의 이론과 역동적-체계 이론에서 중요하게 다루어졌다.

행함에서 학습한다는 이 관점은 최근 영아들과의 많은 실험에서도 지지된다. 한 연구에서 16개월 영아들에게 사물을 쌍으로 보여주고 그중 하나를 선택하여 가리키도록 했다(Begus, Gliga, & Southgate, 2014). 그런 뒤 실험자들은 선택된 것이든 선택되지 않은 것이든 쌍으로 제시된 것 중 한 사물의 기능을 영아에게 보여주었다. 연구자들은 영아가 가리키기 과제에서 직접 선택했던 사물에 대해 더 많이 학습한다는 것을 발견했다. 이 자료들은 영아가 학습할 것을 선택했을 때 더 많이 배운다는 견해를 지지한다. 유사하게, 걸음마기 아이들이 학습 과제를 컴퓨터로 학습할 경우 스크린을 소극적으로 관찰할 때보다 터치스크린을 적극적으로 만져야 할 때 사물의 위치에 대해 더 많이 학습했다(Choi & Kirkorian, 2016). 이러한 연구들은 적극적 개입이 학습을 촉진한다는 것을 시사한다.

무엇이 적극적인 환경의 탐색을 촉발하는가? 한 가지 가설은 놀람이 적극적 학습에서의 동기 요인이라는 것이다. 기대하지 못했던 일이 발생하면 영아들은 이에 대한 설명을 더 찾으려 한다. 공이 벽을 통과하거나 장난감이 마술처럼 허공에 매달려 있는 것과 같이 물리적 법칙을 위배하는 사상을 11개월 영아들이 관찰했던 최근의 한 연구로부터 특별히 설득력 있는 예를 볼 수 있다(Stahl

& Feigenson, 2015). 나중에 논의하겠지만 이 연령의 영아들은 사물의 물리적 특성에 대해 아주 많은 지식을 가지고 있으며 이러한 특성들이 위배될 때 더 오래 쳐다보는 경향이 있다. 영아들이 이러한 놀라운 사상들을 보고 있을 때 사물들과 소리를 짝지어 들려주었다. 연구자들에 의하면 사물이 기대에 어긋나는 사상에 관계될 때 영아들이 소리-사물의 쌍에 대해 더 많이 학습했다. 영아들은 또한 마치 사물들의 작동방법에 대한 가설을 검증하듯이 이 사물들을 특별한 방법으로 탐색했다. 예를 들어 만약 장난감이 허공에 매달려 있는 것을 영아들이 보았다면 동일한 장난감이 벽을 통과하는 것을 보았을 때보다 더 장난감을 떨어뜨려 보면서 탐색하는 경향이 있었다. 이 영아들은 그들이 방금 관찰한 이상한 사건을 더 잘 이해하려는 시도로서 세상에 작용했다.

우리가 논의한 학습의 형태들이 함께 작동할 수 있다는 데 주목하자. 예를 들어 도구적 조건형성 절차에서 모빌을 움직이려고 발을 차는 영아들은 모빌이 어떻게 움직이는지 이해하려고 노력하면서 적극적인 학습에 참여하고 있는 것이다. 합리적 학습은 탁구공이 든 상자의 색깔 분포와 같이 환경에 대한 통계자료를 추적할 수 있는 영아의 능력에 달려 있다. 아마도 영아가 왜 이렇게 우수한 학습자인가에 대한 한 이유는 세상이 어떻게 돌아가는지를 이해하려는 공통의 목표를 가지고 복수의 학습 종류들을 통합하는 그들의 능력에 있는 것 같다.

인지

영아들은 확실히 다양한 방법으로 학습할 수 있다. 그러나 그들은 실제로 **생각**을 할까? 이는 부모와 발달심리학자들 모두에게 흥미로운 질문이다. 벤저민의 부모들도 그를 보고 놀라워하며 "얘가 무슨 생각을 하는 거야? 생각을 하고 있을까?"하고 자문한 적이 있을 것이다. 발달과학자들은 영아들의 마음속에 든 내용물을 탐구하고자 열심히 연구하고 있다. 매력적인 연구들의 폭발적인 증가로 인해 비록 그 근원과 성격에 대해서는 상당한 논쟁이 있긴 하지만 영아들의 인지능력들이 지금까지 믿어 왔던 것보다 훨씬 인상적이라는 사실이 확인되었다. 인지발달 이론들은 특별히 발달이 타고난 지식구조와 특정한 목적을 가진 학습기제에 의해 인도되는지 혹은 모든 영역에서의 경험과 관계되는 일반적인 학습기제들에 의해 인도되는지에서 천성과 양육이 공헌하는 상대적인 역할에 따라서 다르다.

그래서 다시 한 번 선천론자와 경험론자 사이의 논쟁이 중요하다. 일부 선천론자들은 영아가 특별히 중요한 소수의 영역에서 선천적인 지식을 갖고 있다고 주장한다(예 : Spelke & Kinzler, 2007). 이 견해에 따르면 영아들은 두 사물이 동일한 공간을 점유할 수 없다거나 물리적 사물들은 무언가가 동작하도록 해주어야만 움직일 수 있다는 것과 같은 물리적 세계에 대한 일부 지식을 갖고 태어난다. 그들은 또한 영아들이 생물과 심리학의 영역에서도 기초적인 이해를 가지고 있다고 제안한다. 제4장에서 기술한 것처럼 구성주의자들은 이러한 종류의 지식을 빠르고 효율적으로 습득하도록 돕는 **특화된** 학습기제들을 강조한다(예 : Baillargeon et al., 2012). 경험론자들에 의하면 물리적 세계에 대한 영아들의 정신적 표상은 다수의 영역에서 기능하는 일반적인 학습기제에 의해 점진적으로 습득되고 강화된다(예 : Munakata et al., 1997). 이 논쟁의 세부사항은 제7장에서 개념발달의 측면에서 다룰 것이다. 이제 우리는 영아들의 인지능력과 한계에 대한 결과들, 선천론자와 경험론자들이 모두 밝히려고 애쓰는 설명들을 알아볼 것이다.

기대의 위배 ■ 영아들이 알고 있거나 진실이라고 간주하는 어떤 것을 위배하면 놀라거나 혹은 흥미를 보이는 사상들을 보여주는, 영아 인지 연구에 사용되는 절차

대상 지식

영아의 인지에 대해 우리가 알고 있는 지식의 많은 부분은 원래 Piaget의 감각운동 지능 이론의 영향을 받은 대상에 대한 지식 발달 연구로부터 나왔다. 제4장에서 배운 것처럼 Piaget는 어린 영아들이 현재 보거나 듣거나 만지거나 하는 것에 대해 생각하고 정신적으로 표상할 수 없기 때문에 그들의 세상 이해가 심각하게 제한된다고 믿었다. Piaget의 대상영속성 검사는 영아가 시야에서 사라진 대상 — 심지어 좋아하는 장난감 — 조차도 찾으려고 하지 않는 이유가 그 대상이 영아의 마음에서도 사라졌기 때문이라고 믿게끔 했다.

어린 영아가 숨겨진 대상을 손으로 찾으려 하지 않는다는 Piaget의 원래 관찰을 강력하게 지지하는 상당한 양의 연구들이 있다. 그러나 제4장에서 주목한 바와 같이 이 매혹적인 현상에 대한 Piaget의 설명에 대해 의심이 점차 일기 시작했고 어린 영아들이 실제로는 현재 시야에서 보이지 않는 대상의 존재와 사건에 대해 정신적으로 표상하고 생각할 수 있다는 것을 보여주는 놀랄 만한 증거들이 축적되었다.

어린 영아들이 시야에서 사라진 대상을 표상하는 능력이 있다는 가장 간단한 증거는 그들이 깜깜한 곳에서, 볼 수 없는 대상을 향해 손을 뻗친다는 사실이다. 어린 영아들에게 매력적인 대상을 보여주고 방을 어둡게 하여 대상(그리고 그 이외의 모든 것)이 시야에서 사라지게 하면 대부분의 아기들은 그 대상을 마지막으로 보았던 곳을 향해 손을 뻗는데 이는 대상이 아직도 거기에 있을 것을 기대한다는 것을 의미한다(Perris & Clifton, 1988; Stack et al., 1989).

그림 5.18 가능한 사상과 불가능한 사상

대상영속성을 검사하는 고전적인 일련의 연구들에서 Renée Baillargeon은 먼저 어린 영아들을 180도 회전하는 스크린에 습관화시켰다. 다음에 스크린이 회전하는 통로에 상자를 놓았다. 가능한 사상에서는 스크린이 위로 회전하면서 상자를 차폐하고 상자의 꼭대기에 닿았을 때 멈추었다. 불가능한 사상에서는 스크린이 위로 회전하며 상자를 차폐하지만 그다음에 계속해서 180도를 회전했고 마치 상자가 있던 공간을 통과하는 것처럼 보였다. 영아들은 불가능한 사상을 더 오래 쳐다보았으며 이는 그들이 보이지 않는 상자의 존재에 대해 정신적 표상을 가지고 있음을 보여준다(Baillargeon, 1987a).

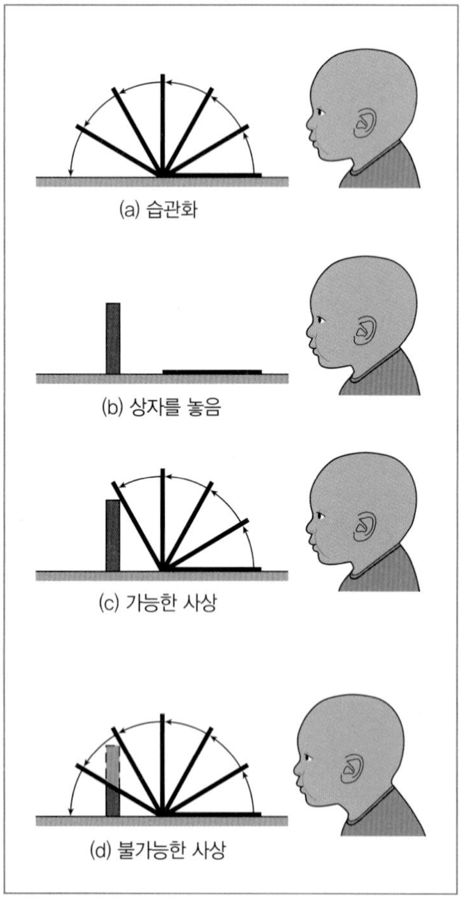

(a) 습관화

(b) 상자를 놓음

(c) 가능한 사상

(d) 불가능한 사상

어린 영아들은 보이지 않는 대상의 어떤 특성들, 예를 들어 크기 같은 것을 생각할 수 있는 것처럼 보인다(Clifton et al., 1991). 깜깜한 방에 앉아 있는 6개월 영아가 친숙한 큰 대상의 소리를 들을 때 그들은 두 손을 모두 그 대상을 향해 뻗는다(마치 밝은 곳에서 그랬을 것처럼). 그러나 그들이 친숙한 작은 대상의 소리를 들었을 때는 오직 한 손만을 뻗는다.

어린 영아들이 보이지 않는 대상에 대해 표상하고 생각할 수 있다는 증거의 대부분은 **기대의 위배**(violation-of-expectancy) 절차를 사용한 연구에서부터 얻어진다. 이 절차의 원리는 이 장의 앞에서 언급했던 시각적 선호 방법과도 유사하다. 기본적인 가정은 만약 영아들이 자신들이 세상에 대해 알고 있는 바를 위배하는 사상을 관찰한다면 놀라거나 적어도 흥미를 느낄 것이라는 것이다. 따라서 불가능하거나 영아의 지식과 일치하지 않는 사상은 가능하거나 일치하는 사상보다 더 큰 반응(더 오래 쳐다보거나 심장 박동의 변화)을 유발해야 한다.

기대의 위배 기법은 Renée Baillargeon과 동료들이 고안한 고전적인 일련의 연구들에서 보이지 않는 대상을 탐색하기에 너무 어린 영아들이 그럼에도 불구하고 대상의 존재에 대한 정신적 표상을 갖는지를 알아보기 위해 처음 사용되었다(Baillargeon, Spelke, & Wasserman, 1985). 이 연구들 중 일부에서 영아들은 먼저 180도 반원을 그리며 앞뒤로 돌아가는 견고한 스크린에 습관화된다(그림 5.18). 그런 뒤에 스크린이 돌아가는 경로에 상자를 놓고 영아들은 2개의 검사 사상을 본다. **가능한 사상**에서는 스크린이 위로 회전하며 상자를 가리고 상자에 닿았을 때 멈추어 선다. **불가능한 사상**에서는 스크린이 180도를 완전히 회전하며 마치 상자가 차지한 공간 속을 통과하는 것처럼 보인다(실험자가 몰래 상자를 치웠다).

3.5개월의 어린 영아들은 불가능한 사상을 가능한 사상보다 더 오래 쳐다보았다. 스크린이 상자에 닿으면 멈출 것이라고 영아들이 기대했을 때에만 스크린의 완전한 회전(영아가 이전에 습관화되었던)이 부분 회전보다 더 흥미롭거나 놀라울 것이라고 연구자들은 생각했다. 그리고 영아들이 그런 기대를 가질 유일한 이유는 상자가 거기에 그대로 존재한다고 생각하는 것, 즉 영아들이 더 이상 보이지 않는 상자에 대해 심적 표상을 갖기 때문이다. 이 결과들은 상자가 그곳에 그대로 머무를 것을 영아들이 기대하고 스크린이 상자를 뚫고 지나갈 수 있다고는 기대하지 않았다는 것을 의미한다.

다른 연구들은 이 상황에서 어린 영아들의 행동이 높이를 포함한 차폐된 대상의 일부 특성들에 의해 영향을 받는다는 것을 보여주었다(Baillargeon, 1987a; Baillargeon, 1987b). 그들은 작은 대상보다 큰 대상의 경우 스크린이 더 일찍 멈출 것을 기대했다. 이러한 지식은 학습에 의해 정제된다. 예를 들어 서로 다른 높이의 대상을 숨기는 경험에 노출되면 영아들은 대상의 크기와 그것을 숨기는 데 필요한 덮개의 크기 간의 관계를 이해하게 된다(Wang & Baillargeon, 2008).

따라서 2개의 매우 다른 평가(어두운 곳에서 뻗기와 시각적 주의)를 사용한 연구들은 숨겨진 대상을 아직 탐색하지 않는 영아들조차도 대상들의 지속적인 존재와 대상들의 일부 특성들을 표상할 수 있다는 수렴하는 증거들을 제공한다. 이는 영아의 인지에 대해 제4장에서 논의했고 Piaget가 제공했던 것과는 매우 다른 견해라는 것에 주목하라. Piaget의 감각운동기에는 보이지 않는 대상은 존재하지 않으며 눈에서 보이지 않으면 마음에서도 사라진다. Baillargeon과 동료들의 연구들은 매우 다른 그림을 보여준다. 어린 영아들은 대상의 특성들에 대해 아직 배워야 할 것들이 많지만 대상이 보이지 않을 때에도 그대로 존재할 것을 기대한다.

물리적 지식

물리적 세계에 대한 영아들의 지식은 대상에 대해 그들이 아는 것과 그들이 학습하고 있는 것으로만 제한되지 않는다. 다른 연구들은 중력과 같은 물리적 현상에 대해 그들이 아는 것을 조사했다. 생의 첫해에 이미 영아들은 대상들이 공기 중에 떠다니지 않고 적절하게 지지하지 않으면 대상이 떨어지며 안정적인 표면 위에 놓인 둥글지 않은 대상은 그대로 있을 것 등을 안다. 예를 들어 경사면에서 공을 굴리는 것을 영아들에게 보여준 일련의 연구들에서 7개월 영아들은 (5개월 영아는 아니지만) 공이 경사면을 따라 내려갈 때보다 경사면을 올라갈 때 더 오래 쳐다보았다(Kim & Spelke, 1992). 유사하게, 그들은 대상이 경사면을 따라 내려가면서 속도가 빨라지는 것보다 속도가 더 느려질 때 더 오래 쳐다보았다. 영아들은 또한 고체와 액체 사이에 중요한 물리적 차이를 이해하는 것처럼 보인다. 5개월 영아는 부었을 때 액체가 고체처럼 움직이거나 그 반대일 때 놀랐다(Hespos et al., 2016).

영아들은 또한 어떤 조건에서 한 대상이 다른 대상을 지지할 수 있는지를 점진적으로 이해했으며 이는 학습의 중요한 역할을 보여준다. 그림 5.19는 상자들과 플랫폼을 포함한 간단한 지지문제들에 대한 영아들의 반응을 요약했다(Baillargeon, Needham, & DeVos, 1992; Needham & Baillargeon, 1993). 상자를 공중에서 놓았을 때 떨어지기보다 그대로 떠 있는 것을 보고(그림 5.19a) 3개월 된 영아들은 놀란다(즉 더 오래 쳐다본다). 그러나 상자와 플랫폼 사이에 어떤 접촉면이라도 있는 한(그림 5.19b와 5.19c), 이 어린 영아들은 상자가 그대로 정지해 있어도 반응하지 않는다. 약 5개월경에 영아들은 지지를 위해서 접촉의 종류가 관계됨을 알게 된다. 그들은 이제 상자

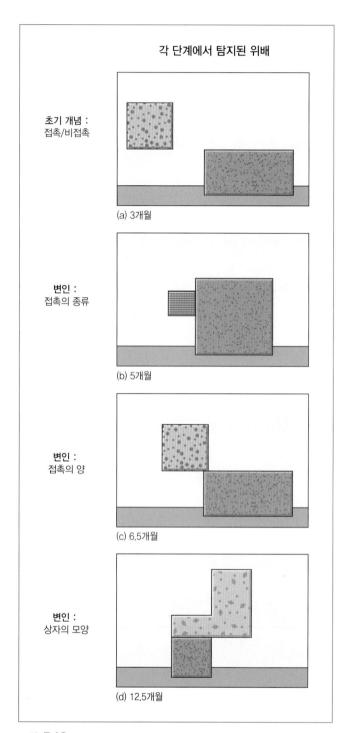

각 단계에서 탐지된 위배

초기 개념 :
접촉/비접촉

(a) 3개월

변인 :
접촉의 종류

(b) 5개월

변인 :
접촉의 양

(c) 6.5개월

변인 :
상자의 모양

(d) 12.5개월

그림 5.19 지지에 대한 이해의 발달 어린 영아들은 대상이 공중에 떠 다닐 수 없다는 것을 이해하지만 어떤 조건에서 한 대상이 다른 대상을 지지할 수 있는지에 대해서는 오직 점진적으로 이해하게 된다.

가 플랫폼의 꼭대기에 놓였을 때만 안정적이라는 것을 알게 되고 따라서 그림 5.19b를 보고 놀라게 된다. 대략 한 달 뒤에 영아들은 접촉량의 중요성을 인지하게 되고 따라서 그림 5.19c의 상자가 플랫폼의 표면 위에 아주 작은 부분만을 접촉하고 그대로 놓여 있는 것을 보고 놀란다. 생후 1년이 지난 직후에 영아들은 대상의 모양을 고려하게 되고 따라서 그림 5.19d에서와 같이 비대칭적인 대상이 안정적으로 놓여 있는 것을 보고 놀란다.

영아들은 경험의 결과로 대상들 간의 지지 관계에 대한 세련된 이해를 계속해서 발달시키는 것 같다. 그들은 성인들이 표면 위에 대상을 놓는 것을 수도 없이 관찰하고 가끔 아기 벤저민이 관찰한 깨진 크리스털처럼 부적절하게 지지되었을 때의 결과를 본다. 그리고 물론 아기들은 아기의자의 가장자리에 우유 컵을 놓으면 어떤 일이 벌어지는지에 대해 자신들이 스스로 대상을 조작하며 부모들이 원하는 것보다 더 많은 추가적인 자료들을 수집한다.

사회적 지식

물리적 세계에 대한 지식을 습득하는 것과 더불어 영아들은 사회적 세계, 즉 사람들과 그들의 행동에 대해 학습해야 한다. 비교적 일찍 발달하는 사회적 지식의 중요한 측면은 타인의 행동이 목적을 가지며 목표 지향적이라는 것을 이해하는 것이다. Amanda Woodward(1998)의 연구에서 6개월 영아들은 나란히 놓여 있는 2개의 대상 중 하나를 향해서 반복적으로 손을 뻗는 것을 보았다(그림 5.20 참조). 그다음 두 대상의 위치를 바꾸어 놓은 뒤 다시 손을 뻗는 것을 보았다. 문제는 영아들이 특정 대상을 향한 손 뻗기 행동을 이해하는가 하는 것이었다. 손이 이전에 향하던 대상보다 새로운 대상으로 향했을 때(옛 장소에서) 영아들의 보기 시간이 더 길어진 것에서 보듯이 그들은 손 뻗기를 이해하고 있었다. 따라서 영아들은 손 뻗기가 특정 대상을 향한 행동이라는 것을 확실히 이해했으며 심지어 손이 움직이기 전에 목표 대상으로 눈을 돌리기도 했다(Cannon & Woodward, 2012; Kim & Song, 2015). 그러나 이는 오직 인간의 손에만 해당되었다. 다른 집단의 영아들은 기계로 작동되는 집게발이 뻗었을 때에는 동일한 방법으로 반응하지 않았다[이 연구는 나이 든 영아들이 인간의 행동은 모방했지만 기계로 작동되는 기구의 행동은 모방하지 않았던 Meltzoff(1995a)의 연구 중 하나를 연상시킬 것이다]. 나이 든 영아들은 뻗기가 더 어려운 때조차도 행위자가 선호하는 대상을 선택하도록 기대하면서 심지어 목표 대상을 선택하는 데 필요한 노력을 무시했다(Scott & Baillargeon, 2013).

사회적 지식의 발달에 학습이 분명히 관련되어 있다. 영아들이 타인 행동의 목표 지향성을 이해하는 데는 목표를 성취하는 자신의 경험이 관련된다. 한 연구에서 아직 스스로 사물을 집을 수도 없는 3개월 영아들에게 '벨크로 장갑(이 장의 앞부분과 제4장에서 언급한 것과 같이)'을 끼워

그림 5.20 영아들에게 (a), 즉 배열의 한쪽에 있는 공을 향하여 한 손을 반복적으로 뻗는 사상을 보여주며 습관화를 시켰다. 다음에 (b)와 (c), (d)로 검사를 할 때 다른 대상을 향한 손 뻗기를 본 영아들은 공을 향한 손 뻗기를 본 영아들보다 더 오래 쳐다보았다(공의 위치와 상관없이). 이러한 결과들은 영아들이 원래의 손 뻗기를 목표 지향적으로 해석했음을 시사한다(Woodward, 1998).

서 벨크로를 부착한 장난감을 잡을 수 있도록 했다(Sommerville, Woodward, & Needham, 2005). 성공적으로 사물들을 '집을 수' 있었던 그들의 짧은 경험은 그렇지 않았을 때보다 몇 개월 먼저 그림 5.20의 절차에서 타인의 목표 지향적 행동을 이해할 수 있도록 했다(Skerry, Carey, & Spelke, 2013). 목표 지향적 행동에 사용된 도구들의 조작을 살펴본 비교문화 연구에서 학습의 역할에 대한 또 다른 증거들을 볼 수 있다. 중국에서 자란 영아들은 행위자가 서구 스타일의 숟가락을 사용할 때보다 젓가락을 사용할 때 더 목표 지향적 행동을 예측했지만(음식이 입으로 들어갈 것을 기대함), 스웨덴에서 자라는 영아들은 젓가락이 아니라 숟가락을 사용할 때 음식이 입으로 들어올 것을 기대하며 반대의 예측을 했다(Green et al., 2016).

영아들은 어떻게 타인의 의도를 이해하게 되는가? 하나의 중요한 단계는 영아가 어떤 대상이 의도를 가질 수 있는지, 즉 어떤 대상이 인간처럼 행위자가 될 수 있는지를 이해하는 것이다. 대상이

그림 5.21 이 무정형의 덩어리처럼 생긴 대상이 영아들에게 유관하게 '반응'할 때 영아들은 그 대상에 의도를 부여하는 경향이 있다(S. C. Johnson et al., 2008).

유관하게 반응할 때 영아들은 그들을 더 행위자로 취급할 가능성이 높다. 한 연구에서 12개월 영아들에게 얼굴이 없고 눈도 없는 덩어리를 보여줬는데 이 덩어리는 정상적인 인간의 상호작용을 모사하면서 '말을 하고' 실험자의 행동에 반응하며 움직였다(예 : Johnson, Shimizu, & Ok, 2007)(그림 5.21 참조). 이어서 그 덩어리가 두 목표 대상 중 하나를 향해 돌았을 때 영아들은 그 덩어리의 행동을 목표 지향적인 것으로 대했다. 따라서 이들은 마치 사람이 무엇인가를 보기 위해 몸을 돌렸다고 간주하며 인간 파트너에게 하듯이 덩어리의

'눈길'을 쫓는 것 같았다. 영아들은 덩어리의 초기 행동이 실험자의 행동과 유관하게 관계되지 않았을 때에는 이런 식으로 행동하지 않았다. 실제로 영아들은 실험자가 그 덩어리를 더욱 중성적으로 취급할 때보다 행위자처럼 취급하며 덩어리와 '놀이'를 하는가에 더욱 민감하다(Beier & Carey, 2014 참조).

심지어 다른 인간을 관찰할 때도 영아들은 눈길과 영아 지향적 언어와 같은 단서를 이용하여 행위자의 눈길을 따를지 말지를 결정한다(Senju & Csibra, 2008). 만약 행위자들이 이러한 단서를 사용하는 데 실패하면 영아들은 주의를 주거나 혹은 학습할 만한 가치가 있는 행위자로 그들을 취급할 가능성이 낮다(개관을 위해서 Csibra & Gergely, 2009 참조).

영아들은 완전히 추상적인 화면조차 의도와 목표 지향적인 행위로 해석한다(Csibra et al., 1999, 2003; Gergely et al., 2002). 예를 들어 12개월 영아들은 공 하나가 장벽 다른 편의 공을 향해 반복적으로 '점프'를 하는 것을 컴퓨터 애니메이션으로 보았다. 성인들은 이를 점프하는 공이 다른 공에게 가기를 '원한다'고 해석한다. 영아들도 그렇게 해석하는 것처럼 보인다. 장벽을 치웠을 때 공이 두 번째 공을 향해 바로 움직이는 것을 보았을 때보다 이전에 하던 것처럼 계속 점프하고 있을 때 영아들이 더 오래 쳐다보았다.

매우 어린 영아들조차 작은 대상을 포함한 간단한 전시물에 대해 의도를 부여한다. 공과 정육면체, 그리고 피라미드에 '부리부리한' 눈을 부착하여 사용한 한 연구에서 10개월 영아들은 공 — '등반가' — 이 반복적으로 언덕을 올라가려고 '시도하고' 그럴 때마다 바닥으로 떨어지는 것을 보았다(Hamlin, Wynn, & Bloom, 2007; 그림 5.22 참조). 그런 뒤에 그 등반가는 교대로 피라미드에 부딪쳐서 언덕을 올라가거나 정육면체에 밀려서 언덕을 내려왔다. 이어지는 검사 시행에서 영아들은 등반가가 번갈아가며 '도우미' 삼각형에 다가가거나 '훼방꾼' 정육면체에 접근하는 것을 보았다. 영아들은 등반가가 '훼방꾼'에게 다가갈 때 더 오래 쳐다보았는데 이는 영아들이 이 세 가지 대상 모두의 '의도'를 이해했을 뿐 아니라 '도우미'와 '훼방꾼'에 대한 '등반가'의 반응이 어떠해야 하는지 또한 이해하고 있다는 것을 시사한다. 그러나 다른 몇몇 연구들이 이 효과를 반복 검증하는 데 실패했다는 점에 주목할 필요가 있다. 이는 이 과제에서 영아들의 선호에 영향을 미치는 방법론적인 세부 문제가 있을 수도 있음을 의미한다(Hamlin, 2015; Salvadori et al., 2015; Scarf et al., 2012).

영아들은 타인의 행동에 근거하여 의도를 부여하는 것 이상을 할 수 있다. 그들은 개인과 대상의 행동에 기초하여 특정 개인과 대상에 대한 선호를 보여준다. 이 장의 앞부분에서 우리는 영아들의

그림 5.22 본문에서 기술한 '등반가' 사건을 보는 사람들은 영아와 어른 모두 이를 쉽게 의도적인 행위로 해석한다. 첫째, 그들은 공이 언덕을 올라가려고 '애를 쓰지만' 곧 굴러 떨어져서 정상에 도달하려는 목표의 달성에 '실패'하는 것으로 본다. 일부 시행에서는 공이 굴러 떨어지기 시작한 다음에 삼각형이 공의 밑에 나타나서 공을 위로 '밀어' 올려서 공이 정상에 도달하는 것을 '돕는 것'처럼 보인다. 다른 시행에서는 정육면체가 공의 앞에 나타나서 공을 언덕 밑으로 '밀어'내리며 '방해하는' 것으로 보인다.

시각 선호에 초점을 맞춘 연구를 소개했다(글상자 5.1). 다른 사람들보다 어떤 개인과 더 관여하고 자 하는 그들의 바람에서 볼 수 있듯이 영아들은 사회적 선호 또한 보여준다. 초기 사회적 선호를 보여준 첫 번째 연구들 중 하나에서(Kinzler, Dupoux, & Spelke, 2007), 미국과 프랑스의 10개월 영아들은 두 사람이 각각 영어와 프랑스어로 자신들에게 말하는 장면을 실물크기의 비디오 투사로 번갈아가며 보았다. 그런 뒤에 영아들은 두 사람이 천으로 만든 동일한 장난감을 들고 책상 뒤에 나란히 서 있는 것을 또 다른 실물크기의 비디오로 보았다. 그들은 조용히 그리고 동시에 영아를 향해, 그다음에는 장난감들을 향해, 그리고 다시 영아를 향해 웃은 뒤에 마치 장난감들을 영아에게 주려는 것처럼 장난감을 들고 몸을 앞으로 굽혔다. 비디오 속의 사람으로부터 직접 전달받는 것처럼 스크린에서 장난감들이 사라지는 순간 영아 앞의 책상 위에 장난감들이 나타났다. 영아들의 반응은 자신의 모국어를 말하는 사람에 대한 사회적 선호를 나타내었다. 즉 영어를 배우는 영아들은 영어를 말하는 사람이 준 장난감을 선택했고, 반대로 프랑스어를 배우는 영아들은 프랑스어를 말하는 사람이 제공한 장난감을 선택했다. 결정적으로 장난감이 침묵 속에서 제공되었기 때문에 이 사회적 선호는 언어 그 자체보다는 영아와 언어를 공유하는 사람에 대한 선호에 기인한다.

유사한 결과가 음식 선택 패러다임에서도 얻어지는데 여기서는 영아들이 다른 언어를 말하는 화자보다 모국어 화자가 제공하는 음식을 더 선택할 가능성이 높았다(Shutts et al., 2009). 실제로 그림 5.22에서 보는 것과 유사한 대상들도 사회적 선호를 유발한다(Hamlin et al., 2007). 위에서 언급한 '등반가' 절차를 변형한 연구에서 6개월 영아들에게 금방 관찰했던 '등반가'를 언덕에 오르게 돕는 대상 또는 언덕에서 밀어 내리는 대상을 보여주었을 때 영아들은 '도우미' 대상을 선택하는 경향성이 있었다. 이러한 연구들에서 나타나는 사회적 선호들은 매우 미묘한 차이가 있다. 대상 대신 퍼펫을 사용한 한 연구에서 5개월 영아들은 한결같이 '도우미'에게 긍정적인 인물을 선호했지만 8개월 영아들은 '도우미'에게 긍정적이며 '훼방꾼'에게 부정적인 인물을 선호했다(Hamlin et al., 2011).

이와 관련된 연구들은 생후 1년이 되기 훨씬 전부터 영아들은 인간이 어떻게 행동해야 하며 그들의 행동이 의도와 목표에 어떻게 관계되는지를 이미 학습하고 있다는 것을 보여준다. 영아와 어린 아동들은 또한 다른 사람의 지식 상태에 대한 추론을 할 수 있다. 예를 들어 15개월 영아들은 타인이 알고 있는 바에 대한 자신들의 지식에 근거하여 그 사람이 무엇을 할지 추론을 할 수 있다 (Onishi & Baillargeon, 2005). 이 과제에서 성공하기 위해서 영아들은 대상의 위치에 대해 성인이 갖고 있는 정보를 추적해야 할 필요가 있다. 만약 영아가 보고 있는 동안(그러나 성인들은 보지 못하는 동안) 그 대상이 새로운 장소로 옮겨졌다면 영아들은 이어서 성인이 그 대상을 원래 있던 자리에서 찾을 것이라고 기대한다. 즉 그 장난감이 실제로 있다고 영아들이 알고 있는 장소보다 그 성인이 있다고 믿는 장소에서 성인이 장난감을 찾기를 기대한다. 이러한 해석은 성인이 대상의 원래 위치보다 현재 있는 위치에서 장난감을 찾을 때 영아들이 더 오래 쳐다보는 사실에 근거한다. 따라서 이 연구는 그 신념이 거짓임을 영아들이 알고 있을 때조차 사람들의 행동은 자신이 진실이라고 믿는 바에 근거한다는 것을 15개월 영아들이 생각한다는 것을 의미한다.

이러한 종류의 사상을 보는 동안 EEG를 사용해서 6개월 영아의 감각운동 피질의 활성화를 측정하여 더 어린 영아들에게서도 유사한 결과들이 발견되었다(Southgate & Vernetti, 2014). 이 결과는 신념과 바람(제7장에서 다룰 주제)의 이해라는 마음 이론의 전조가 매우 일찍부터 존재할 수 있음을 시사한다.

예측

영아기의 인지에 초점을 맞춘 열정적인 연구 활동들은 많은 매력적인 결과들을 낳았다. 그러나 이 새로운 정보들은 영아기에 인지가 어떻게 발달하는가에 대한 기본적인 주제들을 해결하지 못했다. 여기서 우리가 개관한 증거들은 능력과 결핍의 경이로운 무리를 보여준다. 영아들은 놀랄 만큼 똑똑한 동시에 놀랄 만큼 아무것도 할 줄을 모른다. 그들은 보이지 않는 대상의 존재를 추론할 수 있지만 이를 찾아낼 수 없다. 그들은 대상이 공중에 떠 있을 수 없다는 것을 인정하지만 종류나 양에 상관없이 접촉이 있으면 충분히 지지할 수 있다고 생각한다. 이론가들에게 도전은 영아의 사고에서 유능과 무능 모두를 설명해내는 것이다.

요약

지각

■ 인간의 시각 체계는 출생 시에 상대적으로 미성숙한 상태이다. 어린 영아들은 시력이 좋지 않으며, 대비 민감도가 낮고, 최소한의 색 지각을 할 수 있다. 그러나 현대의 연구들은 신생아들이 태어난 뒤 몇 분 후부터 시각적으로 세상을 주사하기 시작하며, 대비되는 패턴에 대해 강력한 선호를 갖고 있고, 성인이 선호하는 동일한 색들을 선호하고 특히 인간의 얼굴을 선호한다는 결과를 보여주었다.

■ 크기와 형태의 항상성 지각을 포함한 일부 시각적 능력들은 출생 시부터 존재한다. 다른 능력들은 생의 첫해 동안 급속히 발달한다. 양안시는 생후 4개월경에 급속하게 나타나며 대상의 경계를 인지하는 능력(대상 분리) 역시 그 연령부터 존재한다. 7개월경 영아들은 다양한 단안 혹은 그림 깊이 단서들에 민감하다.

■ 청각 체계는 출생 시에 비교적 잘 발달되어 있어서 신생아는 소리가 나는 방향으로 머리를 돌린다. 청각 자극 속에서 패턴을 지각하는 어린 영아들의 주목할 만한 능숙함은 음악 체계에 대한 그들의 민감성의 기저가 된다.

■ 영아들은 출생 시부터 냄새에 민감하다. 그들은 엄마의 독특한 체취로 자신의 엄마를 알아낼 수 있다.

■ 입과 손을 모두 사용한 적극적인 접촉으로 영아들은 자신과 주변 환경을 탐색하고 학습한다.

■ 양태 간 지각에 대한 연구들은 영아들이 매우 일찍부터 시각과 청각, 후각, 그리고 촉각적 경험을 연결시키면서 다른 종류의 감각 정보를 통합한다는 것을 보여준다.

운동발달

■ 영아기 운동발달은 신생아가 보여주는 반사로부터 시작하여 일련의 '운동 이정표'를 통해 급속하게 진행된다. 정상적인 패턴의 발달은 근력 발달, 자세 통제, 균형, 그리고 지각 기술을 포함한 많은 요인들의 종합적인 결과로부터 얻어진다. 운동발달의 일부 측면은 서로 다른 문화적 실제의 결과로 문화에 따라 다르다.

■ 뻗기부터 자기이동에 이르는 새로운 운동적 성취들은 세상에 대한 영아의 경험을 확장시킬 뿐 아니라 새로운 도전이 되기도 한다. 영아들은 세상에서 성공적으로 그리고 안전하게 돌아다니기 위해 다양한 전략을 사용한다. 그 과정에서 그들은 놀랄 만한 실수들을 다양하게 경험한다.

학습

■ 영아기에는 다양한 종류의 학습이 존재한다. 영아들은 반복된 자극에 습관화되고 사건 속에서 되풀이되는 규칙성에 대해 기대를 형성한다. 적극적인 탐색을 통해 영아들은 지각 학습에 참여한다. 영아들은 또한 자연적인 자극과 중성 자극 간의 연합을 형성하는 고전적 조건형성뿐 아니라 자기 자신의 행동과 어떤 결과 사이의 수반성에 대한 학습을 포함하는 도구적 조건형성을 통해 학습한다. 그들은 환경 속에서 통계적 패턴을 추적할 수 있으며 이전 경험을 이용하여 미래에 대한 기대를 생성할 수 있다. 세상에 작용함으로써 영아들은 무엇을 학습할지 스스로 선택할 수 있는 기회를 갖는다.

■ 생후 6개월 이후부터 관찰학습 ─ 타인의 행동을 보고 모방함
─ 이 점차 중요한 정보의 근원이 된다. 모델의 의도에 대한 영
아의 평가는 무엇을 모방할지에 영향을 준다.

인지

■ 발달과학자들이 영아의 신념을 평가할 수 있게 해주는 최근의
기법들 ─ 가장 주목할 만한 것으로는 기대의 위배 절차 ─ 은 영
아들이 인상적인 인지능력을 가졌다는 것을 보여준다. 정신적
표상과 사고에 대한 이 연구들의 상당수는 원래 Piaget의 대상

영속성 개념에서 영감을 받았다. 그러나 Piaget의 생각과는 달리
어린 영아들이 보이지 않는 대상에 대해 정신적 표상을 만들 수
있고 관찰된 사건에 대해 추리를 할 수도 있다는 것이 밝혀졌다.

■ 물리적 세계에 대한 영아들의 지식 발달에 초점을 맞춘 다른 연
구들은 중력의 효과에 대한 영아들의 이해를 보여주었다. 한 대
상이 다른 대상을 안정적으로 지지할 수 있는 조건을 영아들이
이해하기까지는 수개월이 소요된다.

■ 영아들은 타인의 의도와 인간처럼 행동하는 대상들에게 특별한
주의를 기울인다.

연습문제

1. 연구자가 영아에게 2개의 대상을 제시한다. 영아가 두 대상을
변별할 수 있는지 그리고 하나를 다른 것보다 더 선호하는지를
알기 위해 연구자는 영아가 각 대상을 보고 있는 시간을 측정
한다. 이 연구자는 어떤 실험적 기법을 사용하고 있는가?
   a. 대비 민감도 기법   b. 시력 방법
   c. 선호적 보기 기법   d. 적극적 학습 방법

2. 2개의 사물이 서로 포개져 있을 때도 두 대상이 별개라는 것을
이해하는 것을 _____이라고 한다.
   a. 대상 분리   b. 대상영속성
   c. 지각적 협소화   d. 지각적 항상성

3. 생후 1개월 된 벨라에게 작은 정육면체를 가까이에서 보여주
었다. 다음에는 더 큰 정육면체를 더 멀리서 보여주었다. 두 정
육면체는 벨라로부터 서로 다른 거리에 있기 때문에 같은 크기
로 보인다. 벨라의 행동은 두 번째 정육면체가 더 크다는 것을
그녀가 알았다는 것을 보여주는데 이는 _____을 의미
한다.
   a. 지각적 항상성   b. 양태 간 지각
   c. 지각적 협소화   d. 시각적 확장

4. 어린 영아들이 나이 든 영아나 아동들에 비해 청각적 위치파악
을 하는 데 어려움을 겪는 이유를 잘 설명한 것은 무엇인가?
   a. 어린 영아들은 특히 소리패턴과 같은 패턴들을 지각하는 데
능숙하지 못하기 때문이다.
   b. 어린 영아들은 소리가 다양한 원천으로부터 나올 수 있다는
것을 아직 이해하지 못하기 때문이다.
   c. 아동들의 귀는 만 1세가 될 때까지 완전히 발달하지 못하기
때문이다.

   d. 어린 영아들의 귀가 더 작고 이로 인해 소리가 한쪽 귀에 더
가까운지 다른 쪽 귀에 더 가까운지를 지각하기 어렵기 때
문이다.

5. 6개월과 9개월 영아들에게 이전에 본 적이 없는 두 종류의 다
른 타조의 사진을 보여주었다. 6개월 영아는 두 타조를 9개월
영아보다 더 쉽게 구별했다. 9개월 영아의 낮은 수행은 어떤
현상의 결과인가?
   a. 지각적 협소화   b. McGurk 효과
   c. 무조건 반응   d. 탈습관화

6. 영아가 행복한 목소리와 함께 제시된 웃는 얼굴을 더 오래 쳐
다보는 경향을 영아의 _____라고 한다.
   a. 탈습관화   b. 조작적 조건형성
   c. 양태 간 지각   d. 시각적 확장

7. 생후 5주 된 조니의 뺨을 만지면 재빨리 머리를 그쪽으로 돌린
다. 조니는 무엇을 보여주고 있는가?
   a. 양태 간 지각   b. 대비 민감도
   c. 정향 반사   d. 긴장성 목 반사

8. 2개월 된 제인은 가까이에 있는 딸랑이를 손으로 잡고 싶어 한
다. 그러나 제인은 장난감 근처에서 매우 서툴게 손을 휘두르는
동작을 할 수 있을 뿐이다. 제인의 동작을 무엇이라고 하는가?
   a. 자기이동   b. 정향 반사
   c. 시각적 확장   d. 뻗기 전 운동

9. 7개월 된 트레버는 작고 둥근 사물들은 편평한 표면에 굴릴 수
있다는 것을 배웠다. 트레버의 발견은 어떤 발달적 학습 과정
의 한 예인가?

a. 행동 유도성　　　　　　b. 연속성

c. 분화　　　　　　　　　d. 무조건 자극

10. 5개월 된 켄지는 아기 침대에 누워 있다. 그의 엄마가 시야에서 사라졌다가 그의 위로 나타나서 "까꿍!"하고 소리를 지르면 켄지는 꽥 소리를 내며 좋아한다. 그러나 엄마가 이런 행동을 몇 번 되풀이하고 난 뒤에 그의 흥분은 가라앉고 그의 주의는 머리 위에 걸려 있는 모빌로 향한다. 켄지의 반응은 무엇의 예인가?

a. 도구적 조건형성　　　　b. 분화

c. 습관화　　　　　　　　d. 관찰학습

11. 기대의 위배 절차는 영아가 세상을 이해하는 데 있어 어떤 기본적 가정에 대한 증거를 제공하는가?

a. 영아들은 긍정적 강화를 받은 행동을 되풀이할 것이다.

b. 영아들의 모방행동은 다른 인간의 행동에만 제한된다.

c. 영아들은 가능한 사상보다 불가능한 사상을 더 오래 쳐다볼 것이다.

d. 동일한 자극을 반복적으로 노출한 후에는 영아들의 주의가 감소할 것이다.

12. 타인의 행동이 목적적이며 목표 지향적이라는 것을 이해하는 것은 _____의 한 측면이다.

a. 사회적 지식　　　　　　b. 고전적 조건형성

c. 대상영속성　　　　　　d. 물리적 지식

13. 연구자들이 8~10개월 된 영아들을 아기의자에 앉히고 그들의 한 팔에 줄을 묶는다. 아기들이 팔을 들 때 그 줄이 작은 컵을 기울게 하고 이는 다시 아기들의 앞에 놓인 책상에 시리얼을 쏟는다. 몇 주 후에 동일한 영아들을 다른 의자에 앉게 하고 유사한 줄과 컵의 장치를 제공했다. 이 영아들이 자신들의 팔을 들면 시리얼이 쏟아진다는 것을 기억한다는 사실은 다음 중 무엇의 한 예인가?

a. 도구적 조건형성　　　　b. 사회적 참조

c. 대상영속성　　　　　　d. 양태 간 지각

14. 일부 아동심리학자들에 의하면 놀람의 요소가 영아와 아동의 적극적 학습 과정을 어떻게 돕는가?

a. 놀람은 두려움을 불러일으키고 이는 아동들이 덜 위험한 행동과 상황을 찾도록 유도한다.

b. 영아와 아동들은 기대하지 못했던 사건에 대한 설명을 더 찾는 경향이 있다.

c. 부모들은 기대하지 못했던 사건을 자녀들에게 설명할 수 있으며 따라서 자녀들이 학습하는 것을 돕는다.

d. 영아들은 기대하지 못했던 사건을 회피하는 경향이 있으며 자신들의 이해와 일치하는 상황과 대상을 찾아낸다.

15. 무생물의 대상(예 : 책상 위의 덩어리나 작은 정육면체 또는 공)이 과제들(예 : 다른 대상을 돕거나 방해하기)을 수행하는 것을 영아들이 관찰하는 실험들은 무슨 개념에 대해 영아들이 이해한다는 증거를 제공하는가?

a. 친사회적 행동　　　　　b. 대상영속성

c. 목표 지향적 행동　　　　d. 기대의 위배

비판적 사고 질문

1. 이 장의 전체를 관통하는 주요 주제는 양육과 천성이다. 다음의 연구 결과를 고려해보라 — 영아들이 음악에서 불협화음보다 협화음의 선호, 성인들이 매력적이라고 생각하는 얼굴에 대한 영아들의 선호, 차폐된 대상의 존재와 심지어 높이에 대한 표상능력. 이러한 선호와 능력들이 어느 정도로 천성적인 요인의 결과이며 또 어떤 정도로 경험의 결과라고 생각하는가?

2. 이 장에서 보았듯이 최근에 연구자들은 영아들에 대해 상당히 많이 배웠다. 여러분은 이러한 결과들 중 일부에 놀랐는가? 이 장의 주요 부분들에서 영아들이 알거나 할 수 있다고 생각하지 못했던 결과들에 대해 친구에게 설명해보라. 유사하게, 영아이 실패하거나 알고 있지 못해서 놀랐던 것들에 대해서도 친구에게 말해보라.

3. 영아들의 반응능력이 제한되어 있는 것을 고려할 때 영아들의 지각과 인지능력을 연구하는 일은 특히 까다롭다. 이 장에서 기술된 방법(선호적 보기/눈 추적, 조건형성, 습관화, 기대의 위배, 모방, EEG/ERP 등) 중 일부를 고려해보라. 각 방법들은 어떤 종류의 질문에 가장 적합한가?

4. 지각적 협소화는 무엇인가? 지각발달에서 지각적 협소화가 중요한 역할을 하고 있다는 것을 보여주는 일부 증거들을 기술해보라. 이 장에서 논의했던 학습의 종류 중에서 어떤 것이 지각적 협소와의 기저이며 왜 그렇게 생각하는가?

핵심용어

감각(sensation)

걷기 반사(stepping reflex)

고전적 조건형성(classical conditioning)

기대의 위배(violation of expectation)

단안 깊이 단서 또는 회화적 단서
　(monocular depth cues or pictorial cues)

도구적/조작적 조건형성
　(instrumental/operant conditioning)

대비민감도(contrast sensitivity)

대상 분리(object segregation)

무조건 반응(unconditioned response, UCR)

무조건 자극(unconditioned stimulus, UCS)

반사(reflexes)

분화(differentiation)

뻗기 전 운동(pre-reaching movement)

선호적 보기 기법(preferential-looking technique)

시각적 확장(optical expansion)

시력(visual acuity)

양안 부등(binocular disparity)

양태 간 지각(intermodal perception)

입체시(stereopsis)

원추체(cones)

자기이동(self-locomotion)

적극적 학습(active learning)

정적 강화(positive reinforcement)

조건 반응(conditioned response, CR)

조건 자극(conditioned stimulus, CS)

지각(perception)

지각적 항상성(perceptual constancy)

지각적 협소화(perceptual narrowing)

척도 오류(scale error)

청각적 위치파악(auditory localization)

합리적 학습(rational learning)

행동 유도성(affordance)

연습문제 정답

1. c, 2. a, 3. a, 4. d, 5. a, 6. c, 7. c, 8. d, 9. a, 10. c, 11. c, 12. a, 13. a, 14. b, 15. c

Nicola Bealing, *Lucas Talking to a Dog* (oil on board, 2006)

언어와 상징 사용의 발달

언어발달

언어의 요소들
언어 습득을 위해 필요한 것들

글상자 6.1 : 적용 두 언어가 하나보다 낫다

언어 습득의 과정

말소리 지각
단어 분절
산출을 위한 준비
첫 단어들

글상자 6.2 : 개인차 언어발달과 사회경제적 지위

글상자 6.3 : 적용 iBABIES : 테크놀로지와 언어 학습

단어들을 연결하기
대화의 기술
이후 발달

언어발달에서 이론적인 주제들

Chomsky와 선천론
언어발달에서 지속되는 논쟁들

글상자 6.4 : 자세히 살펴보기 "난 손을 쓰지 않고는 말을 못 하겠어" :
    몸짓이 언어에 대해 말해주는 것

글상자 6.5 : 개인차 발달적 언어장애

비언어적 상징들과 발달

상징을 정보로 이용하기
그리기와 쓰기

요약

이 장의 주제

■ 천성과 육성
■ 능동적인 아동
■ 사회문화적 맥락
■ 개인차

"Woof." (11개월에 이웃집 개를 가리킬 때 사용됨)

"Hot." (14개월에 난로, 성냥, 초, 반짝이는 표면에 반사된 빛 등을 가리킬 때 사용됨)

"Read me." (21개월에 엄마에게 이야기를 읽어달라고 요청할 때 사용됨)

"Why I don't have a dog?" (27개월)

"If you give me some candy, I'll be your best friend. I'll be your two best friends." (48개월)

"Granna, we went to Cagoshin[Chicago]." (65개월)

"It was, like, ya know, totally awesome, dude." (192개월)

위의 발화들은 한 소년이 영어 원어민이 되어 가는 과정에서 말한 것들이다(Clore, 1981). 각각은 인간을 다른 종과 가장 잘 구별하는 역량을 반영한다. 즉 언어와 다른 종류의 비언어적 상징들(인쇄물, 숫자, 그림, 모델, 지도 등)을 포함하는 **상징들**(symbols)의 창의적이고 유연한 사용이 그것이다. 우리는 상징을 (1) 우리의 사고, 감정, 그리고 지식을 표상하기 위해, (2) 우리의 사고, 감정, 그리고 지식을 타인과 소통하기 위해 사용한다. 상징들을 사용하는 우리의 능력은 인지와 의사소통의 힘을 상당히 확장한다. 이는 우리보다 앞선 세대들로부터 학습이 가능하도록 하고 미래에 대해 생각할 수 있게 하여 우리들을 현재로부터 자유롭게 한다.

이 장에서는 가장 탁월한 상징 체계인 언어의 습득에 주로 초점을 맞출 것이다. 그런 다음 그림, 모델과 같은 비언어적 상징들에 대한 아동의 이해와 창조에 대해 논의한다. 이 장의 주요한 주제는 다시 **천성과 양육**의 상대적인 공헌이다. 관계되는 주제는 언어 습득이 어느 정도로 언어 학습에 전문화된 능력 또는 모든 종류의 학습을 지원하는 범용 기제에 의해 가능한가 하는 것이다.

사회문화적 맥락 역시 또 다른 중요한 주제이며 이 장에서는 문화와 공동체에 따라 달라지는 언어 습득의 연구들을 소개한다. 이 비교 작업은 종종 다양한 언어발달의 이론들에 중요한 증거들을 제공한다. 세 번째 되풀이되는 주제는 개인차이다. 어떠한 언어의 발달 이정표에도 어떤 아이들은 다른 아이들보다 더 일찍 이에 도달하고 또 다른 아이들은 더 늦게 도달한다. **능동적인 아동**의 주제 역시 반복적으로 등장한다. 영아와 어린 아동들은 언어와 다양한 다른 상징들에 세심한 관심을 갖고 있고 의사소통을 위해 이들을 어떻게 사용할지를 알아내기 위해 열심히 노력한다.

언어발달

평균적인 유치원생과 우리들 사이의 공통점은 무엇이 있을까? 중요한 한 가지, 언어의 사용을 제외하고는 별로 없을 것이다. 5세가 되면 대부분의 아동들은 말로 하거나 손으로 수화를 하거나 모국이나 모국어들(우리가 '모국어'라고 말할 때마다 이중언어의 가능성을 가정한다)의 기본 체계를 숙달한다. 비록 어휘와 표현의 힘은 우리들보다 덜 세련되었을지라도 그들의 문장은 우리가 산출하는 문장들만큼 문법적으로 정확하다. 이는 놀라운 성취이다.

언어는 다른 사람이 말하는 것을 이해하는 **이해**(comprehension)와 실제로 말하는(또는 수화를 하거나 글자를 쓰는) **산출**(production)을 필요로 한다. 우리가 다른 발달의 영역에서도 관찰한 것처럼 영아와 어린 아동의 이해능력은 산출능력을 앞선다. 아동들은 타인이 사용하는 단어와 언어적 구조를 이해하고 몇 달 심지어는 수년 뒤에야 그것들을 자신이 직접 말하는 데 사용한다. 이는 물

상징들 ■ 우리들의 사고, 감정, 그리고 지식을 표상하고 이를 타인과 소통하기 위해 사용하는 체계

이해 ■ 언어에 관해서 타인이 말하는 것(혹은 수화나 글로 쓴 것)을 이해하는 것

산출 ■ 언어에 관해서 타인에게 말하는 것(혹은 글자를 쓰거나 수화를 하는 것)

론 어린 아동들에게만 특별한 것은 아니다. 우리들도 실제로 결코 사용하지 않는 많은 단어들을 이해한다. 논의에서 우리는 이해와 산출의 관계뿐 아니라 이해와 산출 모두에 포함되는 발달적 과정들을 고려해볼 것이다.

언어의 요소들

언어는 어떻게 작동하는가? 인간에게는 수천 개의 언어가 있지만 이들은 무엇보다 중요한 공통점이 있다. 모든 인간의 언어들은 다른 조각들이 다른 수준에서 결합되어 위계를 형성하며 유사하게 복잡하다. 즉 소리들은 결합하여 단어를 형성하고 단어들은 결합하여 문장을 만들며 문장들은 이야기, 대화, 그리고 다른 종류의 담화를 구성한다. 아동들은 모국어의 이 모든 측면을 습득해야 한다. 이 결합적인 과정에서 발생하는 어마어마한 이득이 **생산성**(generativity)이다. 즉 우리의 어휘 중에서 한정된 세트를 사용하여 무한한 수의 문장을 생성할 수 있고 무한한 수의 아이디어를 표현할 수 있다.

그러나 언어의 생산성은 어린 언어 학습자들에게 부담을 주는데 아동들은 이 복잡성을 대면해야만 한다. 첫 번째 언어를 배우는 아동들에게 닥친 도전을 이해하기 위해 잠시 낯선 나라의 이방인이 되었다고 상상해보라. 어떤 사람이 걸어와서 "*Jusczyk daxly blickets Nthlakapmx*"라고 말한다. 여러분은 이 사람이 무엇이라고 말하는지 전혀 알아들을 수가 없다. 왜 그럴까?

첫째, 아마도 여러분은 그 화자가 말을 구성하는 음소들 중 일부를 알아듣는 데 어려움을 느낄 것이다. **음소들**(phonemes)은 말소리에서 소리의 단위들이다. 즉 음소가 변하면 단어의 의미가 변한다. 예를 들어 'rake'와 'lake'는 음소 하나만 다를 뿐이지만(/r/대 /l/) 영어를 말하는 화자들에게 두 단어는 완전히 다른 의미를 갖는다. 다른 언어들은 다른 세트의 음소들을 사용한다. 영어는 세계의 언어들에서 사용되는 대략 200개의 소리들 중 단지 45개만을 사용한다. 어떤 한 언어에서 의미를 구별하는 음소들은 다른 언어의 음소들과 겹치기도 하고 또한 다르기도 하다. 예를 들어 /r/과 /l/의 소리들은 일본어에서는 하나의 음소이며 다른 의미를 갖지 않는다. 더구나 한 언어에서 흔한 소리의 결합이 다른 언어에서는 결코 발생하지 않는다. 앞서 소개한 이방인의 말소리를 읽을 때 아마도 *Nthlakapmx*라는 단어를 어떻게 발음해야 할지 모를 것인데 이 단어의 소리결합 중 일부가 영어에서는 사용되지 않기 때문이다(다른 언어에서는 사용될 수 있어도). 따라서 아동의 언어 학습에서 첫 번째 단계는 **음운발달**(phonological development), 즉 모국어의 소리 체계를 숙달하는 것이다.

여러분이 말소리를 지각했다고 하더라도 이방인의 말을 이해하지 못하는 또 다른 이유는 그 소리의 의미를 모르기 때문이다. 의미를 가진 최소의 단위를 **형태소**(morphemes)라고 한다. 형태소는 혼자 또는 결합하여 단어를 만든다. 예를 들어 dog라는 단어는 하나의 형태소로 구성된다. dogs라는 단어는 2개의 형태소로 이루어지는데 하나는 털이 많은 친숙한 존재(dog)를 지칭하는 것과 두 번째는 복수(-s)를 지칭하는 것이다. **의미발달**(semantic development)은 한 언어에서 단어와 형태소를 포함하여 의미를 표현하는 체계를 배우는 것이다.

그러나 그 이방인이 사용한 각 단어의 의미를 알았다고 하더라도 그 언어에서 단어들이 어떻게 함께 조합되는지를 모르면 그 사람의 말을 여전히 이해하지 못할 것이다. 어떤 복잡한 아이디어를 표현하기 위해서는 단어들을 결합하여 문장들을 만드는 데 언어마다 허용되는 결합들이 있다. **통사론**(syntax)은 서로 다른 범주(명사, 동사, 형용사 등)의 단어들 간의 가능한 결합을 의미한다. 예

생산성 ■ 인간의 어휘 중 한정된 세트의 단어와 형태소를 사용하여 무한한 수의 문장을 만들고 무한한 수의 아이디어를 표현할 수 있다는 생각

음소들 ■ 언어를 생산하는 데 사용되는 의미 있는 소리의 기본적인 단위들

음운발달 ■ 한 언어의 소리 체계에 대한 지식의 획득

형태소 ■ 하나 또는 그 이상의 음소로 구성되는 한 언어에서 의미를 가진 최소한의 단위

의미발달 ■ 단어 학습을 포함하여 한 언어에서 의미를 표현하는 체계를 배우는 것

통사론 ■ 서로 다른 범주의 단어들이 결합하는 방법을 상술하는 언어의 규칙들

5세경에 아동들은 모국어의 음운, 의미, 통사론의 관점에서 정확한, 완전히 새로운 문장들을 생성할 수 있다. 그들은 또한 상대방의 발화 내용에 대해 적절한 화용적 추론을 할 수 있다.

를 들어 영어에서는 문장 안에서 단어들의 순서가 중요하다. "Lila ate the lobster"는 "The lobster ate Lila"와 같은 의미가 아니다. 다른 언어들은 어떤 명사가 먹고 있고 어떤 명사가 먹히고 있는지를 명사에 접미사(suffixes)와 같은 형태소를 붙여서 표시한다. 예를 들어 러시아어에서 'a'로 끝나는 명사들은 먹는 행위를 하고 있는 존재를 가리킬 가능성이 높고 동일한 명사라도 'u'로 끝날 경우에는 먹히고 있는 것을 가리킨다. **통사발달**(syntactic development)은 단어와 형태소들이 어떻게 결합하는지에 대한 학습을 포함한다.

마지막으로 이방인과의 상호작용을 완전히 이해하려면 언어 사용을 위한 문화적 규칙과 맥락적 변이의 지식을 가지고 있어야 한다. 예를 들어 어떤 사회에서는 이방인이 먼저 말을 거는 것 자체가 이상한 일이 될 것이지만 다른 사회에서는 흔한 일이 될 수 있다. 또한 화자가 실제로 소통하려고 하는 것을 이해하려면 화자가 말한 구체적인 단어 이상을 넘어서서 행간을 읽기 위해 맥락과 화자의 정서적 톤과 같은 요인들의 사용과 대화를 지속하는 법을 알아야 한다. 언어가 전형적으로 사용되는 법에 대한 이해를 습득하는 것을 **화용발달**(pragmatic development)이라고 한다.

따라서 언어를 배우는 데는 음운, 의미, 통사, 그리고 화용발달이 포함된다. 소리보다는 몸짓이 기본 언어적 요소들인 수화를 배우는 데도 동일한 요인들이 적용된다. 수화는 손과 얼굴을 포함하는 몸짓에 기반하며 미국 수어(American Sign Language)를 포함하여 200개 이상의 언어가 있다. 이들은 진정한 언어이며 구어처럼 서로 다르다. 수어를 습득하는 과정은 구어의 습득 과정과 놀랄 만큼 유사하다.

언어 습득을 위해 필요한 것들

언어를 배우기 위해 제일 먼저 무엇이 필요한가? 완전한 언어 습득은 오직 인간만이 달성할 수 있다. 그래서 분명한 것은 인간의 두뇌가 필요하다. 그러나 모든 언어적 경험의 자원으로부터 격리된 한 인간은 언어를 결코 배울 수 없다. 언어를 듣는 것(또는 보는 것)이 성공적인 언어발달을 위해 결정적인 요소이다.

인간의 뇌

완전한 언어발달의 핵심은 인간의 뇌에 있다. 언어는 종 특유(species-specific)의 행동이다. 오직 인간만이 정상적인 발달의 경로 중에 언어를 습득한다. 더구나 언어는 종 보편적(species-universal)이다. 전 세계에 걸쳐 정상적으로 발달하는 영아들은 언어 학습을 성취한다.

반면에 비록 서로 의사소통을 할 수는 있어도 어떠한 다른 동물들에게서도 인간 언어의 복잡성이나 생산성과 유사한 어떤 것이 자연적으로 발달된 사례가 없다. 인간 이외 동물의 의사소통에서 복잡한 예들 중 하나로 사바나 원숭이들은 포식자의 존재와 정체를 특별한 소리를 통해서 청자들에게 알리는데, 뱀을 피하기 위해 아래를 봐야 할지 혹은 독수리를 피하기 위해 위를 봐야 할지를

통사발달 ■ 한 언어의 통사론을 학습하는 것

화용발달 ■ 언어가 사용되는 법에 대한 지식 습득

알려준다(Seyfarth & Cheney, 1993). 인간 이외 다른 동물의 의사소통 체계와 비교할 때 이 체계는 세련되었지만 그 범위가 매우 제한되어 있다.

연구자들은 인간 이외의 영장류에게 복잡한 의사소통 체계를 사용하도록 훈련시키는 데 있어 제한적인 성공을 거두었다. 초기 노력 중 하나는 헌신적인 부부가 자신의 아이들과 침팬지(비키)를 함께 기르는 야심 찬 프로젝트였다(Hayes & Hayes, 1951). 비키는 몇 단어와 구절들을 이해하게 되었지만 실제로 알아들을 수 있는 단어를 산출하지 못했다. 이후 연구자들은 인간 이외의 영장류에게 수화를 가르치는 시도를 했다. 침팬지 워쇼와 고릴라 코코는 인간 훈련자와 양육자들과 손 신호를 사용해서 의사소통을 하는 능력으로 유명해졌다(Gardner & Gardner, 1969; Patterson & Linden, 1981). 워쇼는 다양한 사물의 이름을 붙이고 요청할 수 있었다("more fruit", "please tickle"). 그러나 워쇼와 코코의 '발화'가 아무리 인상적이어도 거기에는 통사적 구조의 증거가 거의 없어서 언어로 인정할 수 없다는 것이 전반적인 의견이다(Terrace et al., 1979; Wallman, 1992).

보노보 원숭이 칸지와 그의 양육자는 다양한 사물과 사람, 그리고 행위를 나타내기 위해 특별하게 고안된 한 세트의 상징들을 사용하여 서로 의사소통한다.

가장 성공적으로 사인(sign)을 학습한 동물은 칸지로 보노보 종의 원숭이다. 칸지의 사인 학습은 연구자들이 그의 엄마에게 단어문자(lexigram) 보드를 사용하여 의사소통을 가르치는 것을 관찰하면서 시작되었다. 이 단어문자 보드는 특정 사물과 행동('give', 'eat', 'banana', 'hug' 등)을 나타내는 몇 개의 그래픽 상징들로 구성되어 있다(Savage-Rumbaugh et al., 1993). 칸지의 엄마는 결코 배울 수 없었지만 칸지는 배웠고 이후 수년 동안 그의 단어문자 어휘는 6개에서 350개 이상으로 증가했다. 그는 이제 질문에 대답하고 요청하고 코멘트를 할 정도로 단어문자 보드의 사용에 능숙하다. 그는 종종 상징들을 결합하지만 그것들을 통사적으로 구조화된 문장으로 간주할 수 있을지는 아직 분명하지 않다.

또한 구어에 대답하는 것을 학습한 인간 이외 동물들의 몇몇 사례가 잘 기록되어 있다. Kaminski, Call과 Fischer(2004)는 리코라는 보더 콜리(양치기 개)가 200개 이상의 단어를 알고 걸음마기 아이들이 사용하는 것과 같은 종류의 과정들을 사용해서 새로운 단어들을 학습하고 기억할 수 있다는 것을 발견했다(중요한 한계를 가지고 있음에도 불구하고; 또한 Tempelmann, Kaminski, & Tomasello, 2014; van der Zee, Zulch, & Mills, 2012 참조). 회색 앵무새인 알렉스는 비록 걸음마기 아이의 수준이지만 기본적인 영어의 발화를 산출하고 이해하는 것을 배웠다(Pepperberg, 1999).

이 사진에서 리코는 요구받은 특정 장난감을 가져와서 그의 언어이해 능력을 보여준다.

인간이 아닌 훈련된 동물들의 언어능력을 어느 정도까지 인정해야 할지는 분명치 않지만 몇 가지는 분명하다. 인간 아동들은 명시적 교육을 거의 받지 않고 모국어의 기본을 숙달하는 데 비해 비인간 동물들의 가장 기본적인 언어적 성취조차도 상당량의 집중적인 인간의 노력이 있은 뒤에야 가능했다. 더구나 가장 진보된 비인간 의사소통자들도 상징을 결합하지만 그들의 발화는 언어의 정의적 속성인 통사적 구조에 대해서 제한된 증거만을 보이고 있다(Tomasello, 1994). 요약하면, 오직 인간의 뇌만이 복잡성, 구조, 그리고 언어의

생산성을 가진 의사소통의 체계를 습득한다. 상대적으로 우리 인간들은 다른 종의 의사소통 체계를 잘 학습하지 못하는 것으로 악명 높다(해리 포터가 뱀을 옆에 두고 뱀의 언어를 말하는 능력). 앞으로 보겠지만 다른 종의 동물들의 뇌는 그들 자신의 의사소통 체계에 훌륭하게 맞춰져 있다.

뇌-언어의 관계 상당량의 연구들이 언어와 뇌 기능의 관계를 연구했다. 언어 처리가 상당한 정도의 기능적 국재화(functional localization)를 포함한다는 것은 분명하다. 가장 광범위한 수준에서는 우리가 제3장에서 어느 정도 논의했듯이 언어기능에서 좌우 반구의 차이가 있다. 오른손잡이의 90%에게서 언어는 주로 좌반구에서 표상되고 통제된다.

좌반구의 국재화는 생의 매우 초기부터 나타난다. 뇌영상 기법을 사용한 연구들은 신생아와 3개월 아기들이 말소리를 거꾸로 하거나 침묵에 노출되었을 때보다 정상적인 말소리에 노출되었을 때 좌반구에서 더 큰 활동성이 나타나는 것을 보여주었다(Bortfeld, Fava, & Boas, 2009; Dehaene-Lambertz, Dehaene, & Hertz-Pannier, 2002; Pena et al., 2003). 국재화의 이러한 패턴에서 예외는 말소리에서 높낮이(pitch)를 지각할 때 나타나는데 이 경우 성인에서처럼 영아들에게서도 우반구가 개입된다(Homae et al., 2006).

출생 시부터 좌반구가 주로 말소리를 처리하는 것이 분명하지만 그 이유는 아직 밝혀진 바가 없다. 한 가지 가능성은 좌반구가 선천적으로 다른 청각 자극을 제외한 언어만을 처리하도록 미리 정해졌다는 것이다. 다른 가능성은 언어의 청각적 특성 때문에 말소리가 좌반구에 국재화된다는 것이다. 이 견해에서 좌반구의 청각 피질은 시간의 작은 차이를 탐지하도록 조율되어 있고 반대로 우반구의 청각 피질은 소리의 높낮이에서 작은 차이를 탐지하도록 조율되어 있다(예 : Zatorre et al., 1992; Zatorre & Belin, 2001; Zatorre, Belin, & Penhune, 2002). 말소리는 시간의 작은 차이[뒤에서 음성 개시 시간(voice onset time)을 논의할 때 보겠지만]에 작동하기 때문에, 좌반구에 더 자연스럽게 적합할 것이다.

언어발달의 결정적 시기 만약 다른 언어를 배워보았던 친구들에게 조사를 해본다면 외국어를 아동기에 일찍 배운 경우보다 청소년기에 외국어를 배웠을 때 훨씬 어렵게 느낀다는 것을 발견할 것이다. 실제로 언어를 상대적으로 쉽게 배울 수 있는 **언어의 결정적 시기**(critical period of language)는 유년기라는 증거들이 상당히 많다(그럼에도 불구하고 글상자 6.5에서 논의하겠지만 발달적 언어장애를 가진 아동들은 언어발달의 측면들에 힘들어할 것이다). 이 시기(5세와 사춘기 사이 어느 시점에 끝난다) 이후에는 언어 습득이 훨씬 힘들고 결과적으로 덜 성공적이다.

이 가설과 관련하여 초기 언어적 경험이 박탈된 이후에 언어를 거의 발달시킬 수 없었던 아동들에 대한 보고들이 여럿 있다. 현대에 가장 유명한 사례가 1970년 로스앤젤레스에서 끔찍한 상태로 발견된 지니이다. 약 18개월부터 구출된 13세까지 지니의 부모는 그녀를 묶어서 방에 혼자 가두어 두었다. 감금되어 있는 동안 누구도 그녀에게 말을 걸지 않았고 음식을 주면서 아버지는 지니에게 동물처럼 으르렁거렸다. 구조되었을 때 지니의 신체, 움직임, 정서의 발달은 정지되어 있었고 말을 거의 하지 못했다. 집중적인 훈련 후에 지니는 어느 정도 진척을 보였지만 그녀의 언어능력은 결코 걸음마기 아이 수준을 넘어서지 못했으며 예를 들어 다음과 같은 수준이었다. "Father take piece wood. Hit. Cry"(Curtiss, 1977, 1989; Rymer, 1993).

이 이례적인 경우가 결정적 시기 가설을 지지하는가? 아마도, 그러나 확실히 장담하기는 힘들다. 지니가 발견된 후에 완전하고 풍부한 언어를 발달시키지 못한 것은 언어적 박탈뿐 아니라 그녀

언어의 결정적 시기 ■ 언어가 쉽게 발달하는 시기이며 이 시기 이후(5세부터 사춘기 사이)에는 언어 습득이 훨씬 더 힘들고 결과적으로 덜 성공적이다.

가 고통 받았던 이상하고 비인간적인 대우에서 비롯되었을 수도 있다.

다른 분야의 연구들이 결정적 시기 가설에 대한 더욱 강력한 증거들을 제시한다. 제3장에서 언급했듯이 결정적 시기를 넘어선 성인들은 뇌손상 시에 아동들에 비해 더 영구적인 언어장애로 고통을 받는데 아마도 (나이 든 뇌는 안 되지만) 어린 뇌의 다른 영역들이 언어적 기능을 넘겨받을 수 있기 때문인 것 같다. 더구나 사춘기가 지나서 제2언어를 학습한 성인들은 영아기부터 제2언어를 학습한 성인들에 비해 그 언어를 처리하기 위해 다른 신경 기제를 사용한다(예 : Kim et al., 1997; Pakulak & Neville, 2011). 이 결과들은 언어 학습을 지원하는 신경회로가 어린 시절에는 다르게 (그리고 더 잘) 작동한다는 것을 강력하게 지지한다.

한 중요한 행동적 연구에서 Johnson과 Newport(1989)는 미국으로 이민 와서 아동기 혹은 성인기에 영어를 배우기 시작한 중국계와 한국계 이민자들의 영어 능숙도를 조사했다. 그 결과는, 그림 6.1에서 보는 바와 같이, 영어 문법의 주요 측면에 대한 지식은 각 개인이 영어를 배우기 시작한 연령과 관계되며 그 언어에 노출된 기간과는 관계되지 않는다는 것을 보여준다. 가장 능숙한 사람들은 7세 이전에 영어를 배우기 시작한 사람들이었다.

맹인들이 첫 언어를 습득할 때에도 비슷한 패턴이 발견된다. 즉 아동기에 ASL을 첫 언어로 습득한 사람들이 10대나 성인이 되어 ASL을 첫 언어로 습득한 사람들에 비해 더 능숙한 수화 사용자가 된다(Newport, 1990). Johnson과 Newport는 또한 사춘기 이후에 제2언어를 배우거나 수화를 첫 번째 형식적 언어로 습득한 '늦게 배우기 시작한 학습자'들 사이에서 상당한 변이를 관찰했다. 친구들에게서 조사한 바와 같이 어떤 사람은 원어민 수준의 기술을 습득했는가 하면 또 다른 사람들의 언어적 결과는 매우 좋지 않다. 아직 알려지지 않은 이유들 때문에 어떤 사람들은 사춘기 이후에도 지속적으로 재능 있는 언어 학습자가 되는가 하면 대부분은 그렇지 못하다.

Newport(1990)는 이러한 결과를 설명하기 위해 그리고 더 일반적으로는 왜 아동이 성인들보다 더 나은 언어 학습자인지를 설명하기 위해 흥미로운 가설을 제안했다. 그녀의 '적은 것이 더 좋다 (less is more)' 가설에 의하면 어린 아동의 지각과 기억의 제한성이 성인에 비해 더 작은 언어의 뭉치를 추출하고 저장하도록 한다. 언어의 중요한 구성요소(의미를 나타내는 형태소)들은 매우 작은 경향이 있기 때문에 어린 학습자들의 제한된 인지적 능력은 언어를 분석하고 학습하는 과제를 실제로 더 촉진할 수 있다.

언어 습득에서 결정적 시기의 증거는 매우 분명한 실용적인 시사점을 갖는다. 첫째는 청각장애 아들은 가능한 한 빨리 수화에 노출해야만 한다. 둘째는 글상자 6.1에서 논의하는 바와 같이 학교에서의 외국어 노출은 제2언어에서 원어민 수준의 기술 습득을 위한 기회를 극대화하기 위해서 더 저학년부터 시작해야 한다.

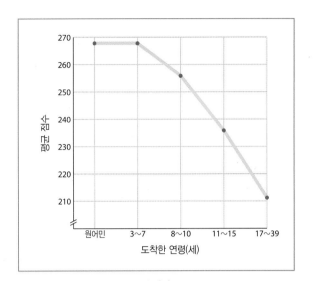

그림 6.1 결정적 시기 가설의 조사 중국과 한국에서 온 성인들의 영어 문법 검사의 수행은 미국에서 영어에 처음 노출된 연령과 직접 관계되었다. 7세 이전에 이민 온 성인의 점수는 영어 원어민들의 점수와 구분이 불가능했다(J. S. Johnson & Newport, 1989).

인간의 환경

인간의 뇌만 갖고는 언어발달에 충분하지 않다. 아동들은 또한 언어 — 구어이든 수화이든 —를 사용하는 다른 사람들에게 노출되어야만 한다. 다른 사람들이 말하는 것을 듣는 적절한 환경은 전 세계 거의 모든 아동들의 환경에서 쉽게 가능하다. 영아를 향한 많은 말은 수천 번의 식사시간, 기저귀 가는 시간, 목욕, 잠잘 때, 그리고 까꿍 놀이와 같은 셀 수 없는 게임과 동요를 불러주는 일상적

두 언어가 하나보다 낫다

최근 2개의 언어를 배우며 자라는 아동의 수가 증가하면서 2개의 언어를 사용하는 능력인 **이중언어**(bilingualism)의 주제가 상당한 관심을 끌고 있다. 2013년에 미국에서는 대략 인구의 20%가 집에서 영어 이외의 언어를 사용한다고 보고했다(United States Census Bureau, 2015). 이러한 비율은 싱가포르처럼 공식적인 다언어 사용 국가보다 더 높은 비율이다. 2015년 조사에 의하면 싱가포르 인구의 73%가 적어도 두 가지 언어를 읽고 쓸 줄 안다(Department of Statistics Singapore, 2016). 놀랍게도 이중언어 아동들은 단일언어 아동들보다 배워야 할 것이 2배만큼 많지만 그들은 혼란이나 언어 지연을 거의 보이지 않는다. 실제로 이중언어를 사용하는 것이 아동기와 그 이후에 인지적 기능의 측면들을 향상시킨다는 증거들이 있다.

이중언어의 학습은 태내에서부터 시작될 수 있다. 태내에서 단지 한 언어에만 노출된 신생아들은 모국어를 다른 언어들에 비해 선호하지만 임신기 동안 두 가지 언어를 사용했던 엄마의 신생아들은 두 언어를 동등하게 선호한다(Byers-Heinlein, Burns, & Werker, 2010). 이중언어 영아들은 단일언어 영아들이 모국어의 말소리를 변별하는 것과 거의 비슷한 속도로 두 언어의 말소리를 변별할 수 있다(예 : Albareda-Castellot, Pons, & Sebastián-Gallés, 2011; Sundara, Polka, & Molnar, 2008). 이중언어 영아가 2배를 학습해야 하는데 이것이 어떻게 가능할까? 한 가지 가능성은 이중언어 영아의 말소리 단서에 대한 주의가 단일언어 영아에 비해 상대적으로

Paul Conklin / PhotoEdit

교실에서 이중언어의 사용문제는 미국과 다른 나라들에서 심각한 논쟁의 주제가 되어 왔다. 그러나 연구들은 손실은 없고 다중언어에 능숙해지는 다양한 잠재적인 이득이 있다는 것을 보여준다.

인 맥락에서 발생한다.

영아들은 아주 일찍부터 말소리를 매우 중요한 어떤 것으로 알아본다. 선택권이 주어졌을 때 신생아들은 인공적인 소리를 듣기보다 말소리를 듣는 것을 선호한다(Vouloumanos et al., 2010). 흥미롭게도 신생아들은 또한 말소리가 아닌 소리보다는 비인간 영장류(히말라야 원숭이)의 발성을 선호하며 3개월까지는 짧은 꼬리 원숭이의 발성보다 말소리에 대한 선호를 보이지 않는다(Vouloumanos et al., 2010). 이러한 결과는 영아의 청각 선호가 초기 몇 달 동안 인간 언어와의 경험을 통해 미세하게 조율된다는 것을 보여준다.

영아 지향어 버스에 앉아서 뒤에 앉은 사람이 이야기하는 것을 듣고 있다고 상상해보자. 그 사람이 어른에게 이야기하고 있는지 혹은 아기에게 이야기하고 있는지를 추측할 수 있는가? 아마도 그럴 수 있을 것이다. 심지어 그 사람이 외국어를 말하고 있어도 알 수 있을 것이다. 그 이유는 실제로 모든 문화에서 성인들은 아기와 매우 어린 아동들에게 이야기할 때 특징적인 말투를 사용하기 때문이다. 이 특별한 말투를 처음에는 '모성어(motherese)'라고 불렀다(Newport, Gleitman, & Gleitman, 1977). 현재는 부모뿐 아니라 부모가 아닌 사람들을 포함하여 남녀 모두가 이러한 말투

이중언어 ■ 두 언어를 사용하는 능력

영아 지향어 ■ 성인이 아기들과 매우 어린 아동들에게 이야기할 때 사용하는 특징적인 말투

더 강화되어 있다는 것이다. 예를 들어 이중언어 영아들은 단일언어 영아들에 비해 순전히 시각적인 정보만을 이용해서 친숙하지 않은 언어들을 더 잘 변별한다(Sebastián-Gallés et al., 2012).

대부분의 경우, 두 언어를 습득하는 아동들은 이들을 혼동하지는 않는 것 같다. 실제로 그들은 2개의 분리된 언어 체계를 만드는 것처럼 보인다. 코드 혼용 혹은 코드 전환이라고도 알려진 언어 혼용은 이중언어 사용자가 한 언어로 이야기하면서 다른 언어의 단어나 구절을 삽입하는 현상이다. 이 현상은 이중언어 발달의 정상적인 측면이며 혼동을 반영하는 것은 아니다. 언어 혼용이 나타날 때 이는 종종 한 언어에서 지식의 결손을 반영하며 아동은 이를 다른 언어로 채우려고 하는 것이다. 이는 또한 아동이 언어 공동체에서 듣는 관용어를 반영하기도 한다(예 : Byers-Heinlein & Lew-Williams, 2013). 실제로 이중언어를 사용하는 부모들은 자녀들에게 이야기할 때 자주 코드 전환을 사용한다(Bail, Morini, & Newman, 2015). 캐나다 몬트리올의 이중언어 가족들에 대한 한 연구는 90% 이상의 부모들이 영아에게 이야기할 때 언어를 혼용하는 것을 발견했다(Byers-Heinlein, 2013). 따라서 대부분의 이중언어 아동들이 언어 혼용을 하는 것이 전혀 놀랍지 않다.

이중언어를 배우는 아동들은 사용하는 어휘들이 두 언어에 분산되어 있기 때문에 단일언어 아동들에 비해 각 언어에서 조금씩 뒤처진 것처럼 보일 수 있다(Oller & Pearson, 2002). 즉 이중언어 아동은 어떤 개념을 한 언어로는 표현할 수 있지만 다른 언어로는 표현하지 못할 수 있다. 그러나 언어 발달의 경로와 속도는 이중언어와 단일언어 아동 모두에게서 일반적으로 매우 유사하다. 예를 들어 이중언어를 말하는 걸음마기 아이들은 친숙한 단어들을 재인하는 데 단일언어를 말하는 또래만큼 빠르다(DeAnda et al., 2016). 그리고 앞서 언급한 것처럼 이중언어에는 인지적 이득이 있다. 두 언어에 능숙한 아동들은 집행기능과 인지적 통제의 다양한 측정치에서 단일언어 아동들에 비해 더 높은 수행을 보인다(Bialystok & Craik, 2010; Costa, Hernández, & Sebastián-Gallés, 2008; Poulin-Dubois et al., 2011). 심지어 이중언어 영아들은 학습 과제에서도 더 큰 인지적 유연성을 보인다(Kovács & Mehler, 2009a, b). 이중언어와 인지적 유연성 향상 간의 연관은 이중언어를 말하기 위해서는 이해와 산출 모두에서 신속하게 두 언어 간 전환을 해야 하기 때문인 것 같다.

더 어려운 문제는 학교 상황에서 제2언어의 학습에 관한 것이다. 캐나다처럼 크지만 뚜렷한 언어 공동체들을 가진 나라들에서는 이중언어 교육을 채택한다. 유럽에서는 대부분의 나라들에서 학생들이 9세 이전에 외국어 교육을 시작하도록 요구한다(Eurydice Network, 2012). 그리고 스리랑카에서는 대통령이 2012년을 삼중언어의 해로 선포하며 아동들이 3개의 공식적 언어(신할라어, 타밀어, 영어)를 모두 배우도록 하는 10개년 계획을 시작했다. 그러나 미국은 아직 다중언어 학교를 용인하지 않고 있다. 미국에서의 이중언어 교육에 대한 논쟁은 많은 정치적, 민족과 인종적 문제들에 묶여 있다. 이 논쟁의 한쪽은 아동들에게 오직 영어로만 의사소통하고 가르쳐서 가능한 한 빨리 영어에 능숙해지는 것을 목표로 하는 전적인 몰입교육을 옹호한다. 다른 쪽은 처음에는 아동의 모국어로 주요 과목들을 가르치다가 서서히 영어 수업의 양을 증가시키는 접근을 추천한다(Castro et al., 2011).

후자의 입장을 지지하기 위해서는 학교 환경이 두 언어를 모두 지원할 때 이중언어 아동들이 더욱 성공적으로 두 언어를 배운다는 증거들이 있다(예 : McCabe et al., 2013). 이 연구로 인해 아동발달연구학회(Society for Research in Child Development)와 미국소아과학회(American Academy of Pediatrics)는 이중언어의 교육적 기회에 대한 아동의 접근을 확대하는 정책을 채택했다.

를 사용한다는 것을 인식하고 **영아 지향어**(infant-directed speech, IDS)라는 용어를 사용한다. 실제로 어린 아동들도 아기들에게 이야기할 때는 이러한 말투를 사용한다(개관을 위해서는 Soderstrom, 2007 참조).

영아 지향어의 특징 IDS의 가장 분명한 특징은 정서적인 어조이다. Darwin(1877)이 '인류의 감미로운 음악'이라고 했듯이 이는 감정이 가득 찬 말투이다. IDS의 또 다른 분명한 특징은 과장이다. 사람들이 성인에게 이야기할 때보다 아기들에게 이야기할 때 말투는 더 느리고 말소리는 더 높다. 또한 갑자기 높은 말소리에서 낮은 말소리로 떨어졌다가 다시 올라간다. 심지어 모음들은 더 분명하다(Kuhl et al., 1997). 이 모든 과장된 말투와 함께 과장된 얼굴표정이 동반된다. 이러한 특징들 중 많은 것이 아랍어, 프랑스어, 이탈리아어, 일본어, 중국 표준어, 그리고 스페인어를 말하는 성인들뿐 아니라(de Boysson-Bardies, 1996/1999) 영아들에게 수화를 말하는 청각장애 어머니들에게도 관찰되었다(Masataka, 1992).

정서적인 어조를 표현하는 것을 넘어서 양육자들은 IDS의 다양한 높낮이 패턴을 사용하여 영아들이 아직 발화된 단어의 의미를 모를 때에도 영아들에게 중요한 정보를 소통한다. 예를 들어 급격

SelectStock / Getty Images

이 아버지가 사용하는 영아 지향어는 아기의 주의를 끌고 유지한다.

하게 떨어지는 억양으로 발화되는 단어는 아기들에게 그들의 양육자가 어떤 것을 승인하지 않는다는 것을 말하며 반대로 정답게 속삭이는 따뜻한 소리는 승인을 의미한다. 이러한 높낮이의 패턴은 영어와 이탈리아어에서 일본어에 이르기까지 언어 공동체에서 동일한 기능을 한다(Fernald et al., 1989). 흥미롭게도 영아들은 이러한 높낮이의 패턴을 들으면 그 언어를 모를 때에도 적절한 정서를 얼굴에 나타낸다(Fernald, 1993).

IDS는 또한 영아의 언어발달을 돕는 것으로 보인다. 우선 이는 영아가 말소리에 주의하게 한다. 실제로 영아들은 성인 지향어(ADS)보다 IDS를 선호한다(Cooper & Aslin, 1994; Pegg, Werker, & McLeod, 1992). 예를 들어 중국과 미국 영아 모두 광둥어를 말하는 여자가 정상적으로 성인 친구에게 이야기하는 것보다 동일한 여자가 IDS로 아기에게 말하

는 녹음 소리를 더 길게 듣는다(Werker, Pegg, & McLeod, 1994). 어떤 연구들은 영아들이 IDS를 선호하는 것은 IDS가 '행복한 말소리'이기 때문일 것이라고 제안한다. 즉 화자의 감정을 통제하면 선호가 사라진다(Singh, Morgan, & Best, 2002). 아마도 아기들이 IDS에 더 주의를 기울이기 때문에 단어들이 ADS로 제시될 때보다 IDS에서 제시될 때 더 잘 학습하고 재인하는 것 같다(Ma et al., 2011; Singh et al., 2009; Thiessen, Hill, & Saffran, 2005). 이러한 행동적 효과는 영아의 뇌 반응에도 그대로 나타나서 ADS를 들을 때보다 IDS를 들을 때 더 큰 뇌 활성화가 나타난다(예 : Naoi et al., 2012).

세계적으로 어떤 문화의 부모들은 아기에게 직접 말을 하지만 이 콰라 엄마와 같이 다른 문화의 부모들은 그렇지 않다. 거의 어디서나 성인들과 나이 든 아동들은 영아들에게 어떠한 형태의 '아기 말'을 사용한다.

John Borthwick / Getty Images

IDS가 세계적으로 매우 일반적이지만 보편적(universal)인 것은 아니다. 솔로몬 제도의 콰라(Kwara'ae), 미크로네시아의 이팔루크(Ifaluk), 파푸아뉴기니의 칼룰리(Kaluli)와 같은 문화에서는 영아들은 말을 이해하지 못하기 때문에 양육자들이 그들에게 이야기를 할 이유가 없다고 생각한다(Le, 2000; Schieffelin & Ochs, 1987; Watson-Gegeo, & Gegeo, 1986). 예를 들어 어린 칼룰리 영아들은 얼굴을 밖으로 향하게 해서 데리고 다니면서 집단의 다른 구성원들(그러나 양육자는 제외)과 개입을 할 수 있도록 하는데 만약 나이 든 형제가 아기에게 말을 걸면, 엄마가 아기를 대신해서 말을 한다(Schieffelin & Ochs, 1987). 따라서 양육자가 직접 말을 걸지는 않더라도 이 영아들도 역시 언어 속에 빠져 있게 된다.

영아가 언어를 습득하는 데 필요한 2개의 기본적인 필수조건(인간의 뇌와 인간의 환경)을 갖추고 생을 시작한다는 것은 이야기의 시작에 불과하다. 우리가 인간으로서 학습하는 모든 것 중에서 아마도 틀림없이 언어가 가장 복잡할 것이다. 실제로 과학자들이 아직도 인간 언어를 습득하는 컴퓨터 프로그램을 만들지 못할 정도로 인간의 언어는 너무 복잡하다. 언어의 압도적인 복잡성은 대부분의 사람들이 사춘기를 지나서 새로운 언어를 배울 때 겪는 어려움에 반영되어 있다. 그런데 어떻게 영아와 어린 아동들은 모국어를 그렇게 놀랄 만큼 성공적으로 습득하는가? 이제 놀랄 만한 성취가 진행되는 많은 단계들을 살펴보자.

언어 습득의 과정

언어를 습득한다는 것은 듣기와 말하기(또는 보기와 수화하기)를 포함하며 다른 사람이 소통한 것을 이해하고 이해할 수 있는 말소리(또는 사인)를 산출하는 것을 모두 요구한다. 영아들은 다른 사람들의 말이나 수화에 주의를 기울이는 데서부터 시작하여 처음으로 말을 하기 훨씬 전에도 언어에 대해 상당히 많은 것을 알고 있다.

말소리 지각

언어 학습의 첫 단계는 모국어의 말소리를 알아듣는 것이다. 제2장에서 본 것처럼 이 과제는 보통 자궁에서 태아가 어머니의 목소리와 어머니가 말하는 언어에 대한 선호를 발달시키면서부터 시작된다. 이러한 매우 이른 학습의 기본은 한 언어가 가진 특징적인 리듬과 억양의 패턴인 **운율 체계**(prosody)이다. 운율체계의 차이로 인해 일본어로부터 불어와 스와힐리어에 이르기까지 언어들이 서로 아주 다르게 들린다.

말소리 지각은 또한 한 언어에서 차이를 만드는 말소리들을 구별하는 것을 포함한다. 예를 들어 영어를 배우기 위해서는 bat와 pat, dill과 kill, Ben과 bed 사이의 차이를 구별할 수 있어야 한다. 다음에 보겠지만 어린 영아들은 이러한 차이를 듣는 것을 배울 필요가 없다. 그들은 성인과 매우 동일한 방식으로 많은 말소리를 지각한다.

말소리의 범주적 지각

성인과 영아가 모두 말소리를 서로 다른 범주에 속하는 것으로 지각한다. **범주적 지각**(categorical perception)이라고 하는 이 현상은 말소리에 대한 사람들의 반응을 연구하여 입증되었다. 이 연구에서는 음성 합성기를 이용하여 /b/와 같은 하나의 말소리를 /p/와 같은 관계되는 다른 소리로 점진적이고 지속적으로 변화시킨다. 이 두 음소들은 하나의 청각적 연속체상에 있다. 즉 이들은 공기가 입술을 통과할 때부터 성대가 진동하기 시작할 때까지의 시간 간격이라는 단 하나의 결정적인 차이를 제외하고는 완벽하게 같은 방법으로 생성된다. **음성 개시 시간**(voice onset time, VOT)이라고 부르는 이 간격이 /b/(25ms 이하)가 /p/(25ms 이상)보다 더 짧다.(목에 손을 가져다 대고 'ba'와 'pa'를 여러 번 교대로 소리 내어 보면 VOT의 차이를 경험할 수 있을 것이다.)

VOT의 지각을 연구하기 위해 연구자들은 /b/에서 /p/로 점진적으로 변화하면서 각각의 연속적인 소리들이 그전의 소리와는 조금씩 다르도록 VOT 연속체를 따라 변화하는 말소리들을 녹음했다. 놀랍게도 성인 청자들은 이를 연속적으로 변화하는 일련의 소리들로 지각하지 않았다. 대신 그들은 /b/ 소리가 여러 번 반복되는 것을 들었고 그다음에는 갑자기 /p/로 바뀌는 것을 들었다. 이 연속체상에서 VOT가 25ms보다 짧은 것은 /b/로 지각되었고 25ms보다 더 긴 것은 /p/로 지각되었다. 따라서 성인들은 자동적으로 연속적인 신호를 2개의 비연속적인 범주, 즉 /b/와 /p/로 나누었다. 연속체를 2개의 범주로 나누어 지각하는 것은 매우 유용한 지각적 능력인데 이는 영어에서 /b/와 /p/의 차이처럼 모국어에서 의미 있는 소리의 차이에만 주의를 기울이게 하고 10ms VOT의 /b/와 20ms VOT의 /b/처럼 의미 없는 차이는 무시하도록 허용하기 때문이다.

어린 영아들도 동일하게 말소리 사이에서 분명한 구분을 짓는다. 이 놀라운 사실은 이전 장들에

운율 체계 ■ 한 언어가 가진 특징적인 리듬, 박자, 멜로디와 억양의 패턴

범주적 지각 ■ 말소리들이 별개의 범주들에 속하는 것으로 지각함

음성 개시 시간 ■ 공기가 입술을 통과할 때부터 성대가 진동하기 시작할 때까지의 시간의 간격

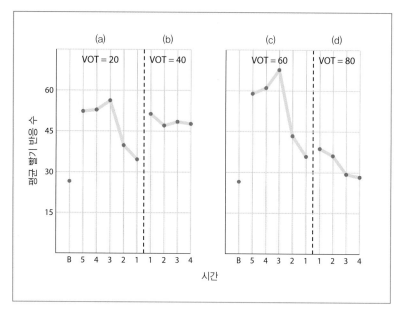

그림 6.2 영아들의 말소리 범주적 지각
1~4개월 영아들을 인공적인 말소리가 녹음된 테이프로 습관화시켰다. (a) 한 집단은 VOT 20ms의 /ba/ 소리를 반복적으로 들어서 이에 서서히 습관화되었다. (b) 소리가 VOT 40ms인 /pa/ 소리로 변화했을 때 그들은 탈습관화했으며 이는 아기들이 성인과 마찬가지로 두 소리의 차이를 지각한다는 것을 의미한다. (c) 다른 집단을 VOT 60ms의 /pa/ 소리에 습관화시켰다. (d) 소리가 VOT 80ms의 다른 /pa/ 소리로 바뀌었을 때 영아들은 습관화된 채로 있었으며 이는 성인처럼 아기들도 이 두 소리 간의 차이를 변별하지 않는다는 것을 의미한다(Eimas et al., 1971).

서 보았던 습관화 기법을 사용하여 연구되었다. 한 유명한 고전적인 연구(심리학에서 가장 자주 인용되는 100개의 연구 중 하나)에서 1~4개월 영아들에게 컴퓨터와 연결된 고무젖꼭지를 빨도록 주었다(Eimas et al., 1971). 아기들이 더 세게 빨수록 하나의 말소리를 더 자주 들을 수 있었다. 하나의 말소리를 반복적으로 들은 다음, 아기들은 점차 덜 열정적으로 빨았다(습관화). 그 다음에 새로운 말소리를 들려준다. 만약 새로운 말소리를 듣고 아기의 빨기 속도가 증가한다면 연구자들은 영아가 새로운 말소리를 이전 소리와 변별했다고 추론했다(탈습관화).

이 연구에서 중요한 요인은 새로운 말소리와 이전 말소리의 관계, 즉 구체적으로 그들이 동일한 음소의 범주에 속하는지 혹은 다른 범주에 속하는지다. 한 집단의 영아들에게 새로운 말소리는 다른 범주에 속했다. 즉 성인이 /b/로 지각하는 일련의 소리들에 습관화된 이후에 이제 빨기는 성인이 /p/로 지각하는 소리를 이끌어냈다. 두 번째 집단에서는 새로운 소리가 이전 소리와 동일한 범주에 속하는 것이었다(즉 성인들은 그들 모두를 /b/로 지각했다). 이 연구의 중요한 특징은 두 집단 모두에서 새로운 소리와 이전 소리는 VOT에서 동일한 차이가 난다는 것이다.

그림 6.2에서 보듯이 /b/에 습관화된 이후에 다른 음소 범주에 속한 새로운 소리(/b/ 대신 /p/)를 들려주었을 때 영아들의 빨기 속도가 증가했다. 그러나 새로운 소리가 원래의 소리와 동일한 범주에 속할 때는 습관화가 지속되었다. 이 고전적인 연구 이후에 연구자들은 영아들이 세계 여러 언어들의 수많은 말소리들을 범주적으로 지각한다는 것을 보여주었다.

이 연구의 매혹적인 결과는 어린 영아들이 실제로 성인들보다 더 많은 구분을 한다는 것이다. 이 다소 놀라운 현상은 한 언어는 존재하는 크고 다양한 음소 범주들의 오직 부분집합만을 사용하기 때문이다. 앞서 언급한 것처럼 /r/과 /l/의 말소리는 영어에서는 차이를 만들지만 일본어에서는 그렇지 않다. 유사하게, 영어는 아니지만 아랍어를 말하는 사람들은 'keep'과 'cool'에서 /k/ 소리의 차이를 다르게 지각한다. 성인들은 단순히 모국어에서 중요하지 않은 말소리의 차이들을 지각하지 않으며 이는 왜 성인들이 제2언어에 능숙해지는 것이 그렇게 어려운지를 일부 설명해준다.

반대로 영아들은 약 600개의 자음과 200개의 모음들로 만들어지는 전 세계 모든 언어의 음소 대조들을 구별할 수 있다. 예를 들어 아프리카의 키쿠유(Kikuyu) 영아들은 키쿠유어에 없는 영어의 대조들을 미국 아기들만큼 잘 변별한다(Streeter, 1976). 영어를 말하는 가정의 영아들에 대한 연구들은 그들이 독일어와 스페인어에서부터 타이어, 힌디어, 그리고 줄루어에 이르기까지 영어가 아닌 언어에서의 구분도 변별할 수 있다는 것을 보여준다.

이 연구는 출생 시부터 존재한다는 의미에서 이 능력이 선천적이며 영아들이 전혀 들어본 적이 없는 말소리를 변별할 수 있기 때문에 경험 독립적이라는 것을 보여준다. 어떤 언어의 말소리라도 구별할 수 있게 태어난다는 것은 주위에서 들리는 전 세계의 어떤 언어라도 학습할 수 있도록 점화를 시켜준다는 의미에서 영아들에게 엄청나게 도움이 된다. 실제로 초기 말소리 지각의 중요한 역할은 영아의 말소리 지각 기술과 이후 언어 기술 간의 정적인 상관에서 나타난다. 6개월에 말소리

그림 6.3 말소리 지각 이 영아는 Janet Werker의 실험실에서 말소리 지각 연구에 참여 중이다. 영아는 한 소리가 다른 소리로 바뀔 때마다 소리가 나는 곳으로 머리를 돌리는 것을 학습했다. 정확하게 머리를 돌리면 보상으로 실험자의 칭찬과 박수뿐 아니라 흥미로운 시각적 전시물이 제공되었다. 어머니나 실험자가 아동의 행동에 영향을 주는 것을 방지하기 위해 그들은 모두 아기가 듣는 것을 듣지 못하도록 헤드폰을 쓰고 있다.

의 차이를 더 잘 지각했던 아기들은 13개월부터 24개월까지 어휘와 문법의 측정치에서도 더 높은 점수를 얻었다(Tsao, Liu, & Kuhl, 2004).

말소리 지각의 발달적 변화

첫 1년의 마지막 달 동안에 영아들은 점점 모국어의 말소리에 전념하고 12개월경에 아기들은 모국어의 일부가 아닌 말소리를 지각하는 능력을 '상실'한다. 달리 말하면 그들의 말소리 지각은 성인과 비슷해진다. 이 변화는 6~12개월의 영아들을 연구한 Janet Werker와 그의 동료들이 처음으로 보고했다(Werker, 1989; Werker & Lalonde, 1988; Werker & Tee, 1984). 모두 영어를 말하는 가정 출신인 영아들은 영어에서는 사용되지 않지만 힌디어와 살리시어(Nthlakapmx, 캐나다 태평양 북서부에 사는 캐나다 원주민의 언어)에서는 중요한 말소리의 대조를 변별하는 능력에 대해 검사를 받았다. 연구자들은 그림 6.3에서 보는 것처럼 간단한 조건화 절차를 사용했다. 영아들은 듣고 있는 소리에서 변화가 들려서 소리가 나는 쪽으로 머리를 돌리면 흥미로운 시각적 전시물이 제공되어 보상받는 것을 학습했다. 만약 소리의 변화가 있은 뒤에 영아들이 정확한 방향으로 머리를 돌리면 연구자들은 영아들이 변화를 탐지했다고 추론했다.

그림 6.4는 6~8개월의 영어를 학습하는 영아들이 그들이 들은 소리들을 쉽게 변별했다는 것을 보여준다. 그들은 힌디어의 한 음절을 다른 음절과 구별할 수 있고 살리시어에서도 두 소리를 역시 구별할 수 있다. 그러나 10~12개월이 되면 영아들은 몇 개월 전에 탐지할 수 있었던 차이를 더 이상 지각하지 못했다. 이전에는 다르게 들렸던 2개의 힌디어 음절이 이제는 같은 소리로 들린다. 다른 연구들은 모음의 변별에서는 유사한 변화가 약간 더 일찍 발생한다는 것을 보여준다(Kuhl et al., 1992; Polka & Werker, 1994). 흥미롭게도 이러한 지각적 협소화가 전적으로 수동적인 과정으로 보이지는 않는다. Kuhl, Tsao와 Liu(2003)에 의하면 영아들은 만다린어를 말하는 화자를 녹화한 비디오테이프를 보는 것보다 실제로 만다린어를 말하는 사람과 상호작용할 때 만다린어의 음성적 구조를 더 많이 배운다. 이는 제5장에서 언급했던 적극적 학습이 주는 이득의 한 예라고 하겠다.

그림 6.4 외국어 말소리를 변별할 수 있는 영아들의 백분율 모국어가 아닌 말소리를 변별하는 영아들의 능력은 6~12개월 사이에 감소한다. 영어를 말하는 가정의 6개월 아기들의 대부분은 힌디어(푸른색 막대)와 살리시어(초록색 막대)의 음절들을 쉽게 변별했지만 대부분의 10~12개월 아기들은 그렇게 하지 못한다(Werker, 1989).

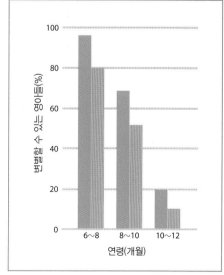

언어의 지각적 협소화 과정은 말소리에만 국한되는가? 이에 답하기 위해 연구자들은 이 협소화 과정이 ASL에서도 발생하는지를 조사했다(Palmer et al., 2012). 그들은 ASL에 노출된 적이 없는 영아들이 오직 손의 형태만 다른 매우 유사한 ASL 신호들을 변별할 수 있는지를 알아보는 것으로 시작했다. 실제로 4개월 영아들은 사인들을 변별할 수 있었다. 그러나 14개월경에는 ASL을 학습하는 영아들만이 손 모양의 차이를 탐지할 수 있었고 ASL을 배우지 않는 영아들은 이 지각적 변별의 능력을 상실했다. 따라서 지각적 협소화는 말소리에만 국한된 것이 아니었다. 실제로 이 협소화 과정은 매우 광범위할 수 있다. 제5장에서 얼굴 지각과 음악의 리듬 영역에서 지각적 협소화를 이야기했던 것을 기억해보라.

따라서 8개월 정도나 그 이후에 영아들은 말소리의 변별에서 특화되기 시작하고 그들이 매일 듣는 모국어의 소리들에 대한 민감성은 유지되고 모국어가 아닌 말소리의 소리에는 점점 둔감해진다. 실제로 모국어의 청자가 된다는 것은 태어난 첫해의 가장 위대한 성취 중 하나이다. 이 발달은 또한 우리가 이 장의 후반에서 논의할 주제인 왜 많은 사람들이 생의 후기에 외국어를 학습하는 것이 어려운지에 대한 한 이유가 될 것이다.

단어 분절

모국어의 말소리에 조율이 되기 시작하면서 영아들은 자신들을 둘러싼 말소리에서 또 하나의 중요한 특징, 즉 단어를 발견하게 된다. 이것은 절대로 쉬운 성취가 아니다. 종이에 적힌 글자와는 달리 심지어 IDS에서조차도 말소리의 단어들 간에는 간격이 없다. 이것이 의미하는 바는 영아들이 듣는 대부분의 발화는 "Lookattheprettybaby! Haveyoueverseensuchaprettybabybefore?"에서처럼 멈춤이 없는 단어들의 연속이라는 것이다. 그러면 아기들은 어디서 한 단어가 시작되고 끝나는지를 알아내야만 한다. 놀랍게도 아기들은 첫해의 하반기 동안에 **단어 분절**(word segmentation)의 과정을 시작한다.

영아의 단어 분절에 대한 첫 번째 시연에서 Jusczyk과 Aslin(1995)은 영아의 청각 선호를 평가하기 위해 고안된 머리 돌리기 절차를 사용했다. 이 연구에서 7개월 영아들은 처음에 예를 들면 "The *cup* was bright and shiny. A clown drank from the red *cup*. His *cup* was filled with milk"와 같이 특정 단어가 문장마다 되풀이되는 말소리의 구절들을 들었다. 이 문장들을 여러 번 들은 다음에 문장들에서 반복되었던 단어들을 영아들이 재인할 수 있는지 보기 위해 머리 돌리기 선호 절차를 사용했다. 이 방법에서는 영아의 양쪽에 2개의 스피커가 있고 그 가까이에 번쩍이는 불빛들이 놓여 있어서 이쪽이나 저쪽으로 영아의 주의를 끌었다. 영아가 한 불빛을 보려고 머리를 돌리는 순간 스피커를 통해 청각 자극이 나오며 영아가 그 방향을 보고 있는 동안 지속적으로 제시되었다. 영아가 그 불빛을 보고 있는—그래서 그 소리를 듣고 있는—시간의 길이가 영아가 그 소리에 관심을 가진 정도에 대한 측정치를 제공한다.

이 연구에서 영아들은 문장에서 들었던 단어들(cup 같은)이나 들은 적이 없는 단어들(bike 같은)의 반복에 대해 검사를 받았다. 연구자들은 이 구절들에서 나오지 않았던 단어들에 비해 유창한 말소리의 구절 속에서 들었던 단어들을 영아들이 더 오래 듣는다는 것을 발견했다. 이 결과는 영아들이 말소리의 흐름 속에서 나왔던 단어들을 끌어내는, 아주 고도의 말소리 재인 컴퓨터 프로그램조차도 종종 실패하는 매우 어려운 과제에서 성공한다는 것을 의미한다(Curtin, Mintz, & Christiansen, 2005; Johnson & Jusczyk, 2001; Thiessen & Saffran, 2003).

단어 분절 ▪ 유창한 말소리 속에서 단어들이 어디서 시작하고 어디서 끝나는지를 발견하는 과정 영아들이 놀랄 만큼 민감하게 반응하는 또 다른 규칙성은 그들이 듣는 말소리의 **분포적 특성들**(distributional properties)에 관한 것이다. 제5장에서 논의한 바와 같이 단어 분절에는 통계적 학습이 특히 유용하다. 모든 언어에서 어떤 소리들은 다른 것에 비해 더 함께 나타날 가능성이 높다. 말소리 흐름 속의 이러한 규칙성에 대한 민감성은 일련의 통계 학습 실험들을 통해 제시되는데 이 실험들에서 아기들은 순전히 주어진 소리가 얼마나 자주 다른 소리와 함께 나타나는가 하는 규칙성에 기초하여 새로운 단어들을 학습한다(Aslin, Saffran, & Newport, 1998; Saffran, Aslin, & Newport, 1996). 영아들은 서로 다른 세 음절의 '단어들'(예 : *tupiro*, *golabu*, *bidaku*, *padoti*)이 단어들 간에 간격이 없이 무작위로 되풀이되는 것을 2분간 들었다. 그런 뒤에 일련의 검사 시행에서 영아들에게 그들이 들었던 '단어들'(예 : *bidaku*, *padoti*)과 단어가 아닌 배열들(예 : *bidaku*의 끝부분과 *padoti*의 첫 부분으로 만들어진 *kupado*와 같이 단어의 경계를 바꾸어 만들어진 음절의 연속들)을 들려주었다. Juscyzk과 Aslin(1995)의 연구에서 기술했던 것과 같은 종류의 선호적 듣기 검사를 사용하여 연구자들은 영아들이 단어가 아닌 배열과 단어들을 구분할 수 있다는 것을 발견했다. 그렇게 하기 위해서 아기들은 그들이 들었던 말소리 샘플에서 함께 자주 제시되었던 어떤 음절들을 등록해야만 한다. 예를 들어 'bi'는 언제나 'da'보다 앞에 제시되고 'da'는 'ku'보다 앞에 제시된다. 반면에 'ku'는 'tu', 'go', 또는 'pa' 앞에 제시된다. 따라서 영아들은 지나가는 말소리의 흐름 속에서 단어를 낚기 위해 예측 가능한 소리패턴들을 사용하였다.

분포적 특성으로부터 학습하는 능력은 또한 실제 언어들에까지 확장된다. 예를 들어 영어를 말하는 영아들은 이탈리아어 IDS를 들을 때 유사한 통계적 패턴을 추적할 수 있다(Pelucchi, Hay, & Saffran, 2009). 말소리에서 이러한 규칙성을 확인하는 것은 단어 학습을 돕는다. 긴 말소리의 흐름 속에 숨겨진 *timay*와 *dobu* 같은 '단어'들을 반복적으로 들은 다음에 17개월 영아는 쉽게 그 소리를 사물의 이름으로 학습했다(Graf Estes et al., 2007). 유사하게, 이전에 이탈리아어를 들은 적이 없는 17개월 영아들은 유창한 이탈리아어 말소리 속에서 *mela*와 *bici* 같은 이탈리아어 단어들을 들은 뒤에 쉽게 이 이름들을 사물에 대응시켰다(J. F. Hay et al., 2011). 단어를 구성하는 소리의 배열들을 미리 학습하면 분명히 영아들이 단어와 참조물을 연합시키는 것이 쉬워진다.

아마도 영아들에게 가장 현저한 규칙성은 그들 자신의 이름일 것이다. 4.5개월 정도의 영아들은 다르지만 유사한 이름보다 자신의 이름이 반복되는 것을 더 오래 듣는다(Mandel, Jusczyk, & Pisoni, 1995). 단지 몇 주 후에 그들은 배경 대화 속에서 자신의 이름을 집어낼 수 있다(Newman, 2005). 이 능력은 아기들이 말소리의 흐름 속에서 새로운 단어들을 발견하는 것을 돕는다. "It's Jerry's cup!"이라는 말을 여러 번 들은 뒤에 6개월 된 제리는 *cup*이라는 단어가 자신의 이름 바로 뒤에 오지 않을 때보다 *cup*이라는 단어를 더 잘 학습할 가능성이 높다(Bortfeld et al., 2005). 시간이 가면서 영아들은 점점 더 많은 친숙한 단어들을 재인하게 되고 이는 그들이 듣는 말소리 속에서 새로운 단어들을 뽑아내는 것을 더 쉽게 만든다.

영아들은 주변의 말소리에서 패턴을 확인해내는 능력이 탁월하다. 그들은 말소리 간의 중요한 구별능력으로부터 시작하지만 자신들의 주의를 모국어에서 차이를 만드는 소리들과 소리의 패턴으로 집중한다. 이 과정은 그들이 모국어의 청자뿐 아니라 모국어의 화자가 되어 가는 데 초석이 된다.

여기에서 보는 것처럼 말소리의 흐름 속에서 얼마나 빨리 단어를 집어낼 수 있는가? 8개월 아기들은 오직 2분을 듣고도 그것이 가능하다.

분포적 특성들 ■ 어떤 언어에서든 어떤 소리들이 다른 소리들에 비해 더 자주 함께 나타나는 현상

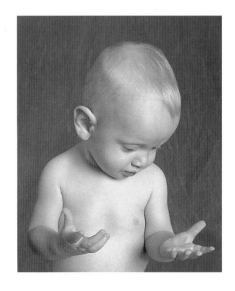

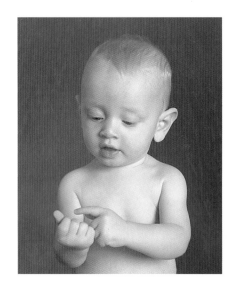

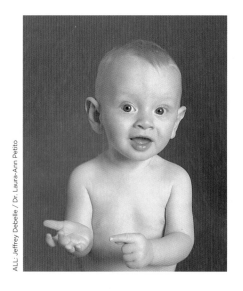

산출을 위한 준비

첫 몇 개월 동안 아기들은 말을 할 준비를 한다. 그들이 가진 초기 소리의 목록은 매우 제한되어 있다. 아기들은 울고, 재채기하고, 한숨 쉬고, 딸꾹질하고, 입술을 쩝쩝거리지만 성도는 진짜 말소리 같은 소리를 산출할 준비가 전혀 되어 있지 않다. 6~8주가 되면 아기들은 '우' 또는 '아'처럼 길고 오래 끄는 모음소리를 내는 쿠잉을 시작한다. 어린 영아들은 낮게 끙끙거리는 소리에서부터 높은 음색의 울음으로, 부드러운 웅얼거림부터 큰 외침소리로 전환하면서 성대 체조를 한다. 그들은 흥미진진하고 매우 즐거워하며 찰칵하는 소리를 내고, 쩝쩝거리며 혀를 입술 사이에 놓고 바람을 불어 소리를 낸다. 이러한 연습들을 통해서 영아들은 발성을 위한 근육 통제가 가능하게 된다. 낼 수 있는 소리의 목록이 늘어나면서 영아들은 그들의 발성이 타인의 반응을 유발한다는 것을 점점 깨닫게 되고 양육자와 '우', '아'하면서 상호적인 대화를 시작한다. 실제로 더욱 반응적인 양육자의 아기들이 더 성숙한 발성의 패턴을 가질 가능성이 높다(Miller, 2014). 언어 산출의 발달은 다른 언어발달의 측면들처럼 영아들의 대화 초대에 양육자가 반응하는 정도에 영향을 받는다(Tamis-LeMonda, Kuchirko, & Song, 2014).

옹알이

6~10개월 사이, 평균 6개월 정도에 획기적인 사건이 발생한다. 표준적인 **옹알이**(babbling)는 한 자음과 한 모음('pa', 'ba', 'ma')을 이어서 반복적인 음절들('papapa')을 산출하는 것이다. 영아들이 자신의 모국어와 다른 언어의 다양한 범위의 소리들로 옹알이를 한다는 오래된 믿음(Jakobson, 1941/1968)과는 반대로 연구들에 의하면 아기들은 실제로 매우 한정적인 세트의 소리들로 옹알이를 하며 이들 중 일부는 그들 모국어의 일부가 아니다(de Boysson-Bardies, 1996/1999).

모국어의 노출은 옹알이의 발달에서 주요한 요인이다. 선천적인 청각장애 영아들도 5개월이나 6개월까지는 정상 아동들과 유사하게 목소리를 내지만 그들의 옹알이는 매우 늦게 나타나며 매우 제한적이다(Oller & Eilers, 1988). 그러나 규칙적으로 수화에 노출된 선천적인 청각장애 영아들은 정상적으로 '옹알이'를 하는데, ASL에 노출된 이 영아들은 손으로 옹알이를 한다. 목소리로 하는 옹알이가 단어의 소리 요소들을 반복하는 것처럼(Petitto & Marentette, 1991) 그들은 완전한 ASL 신호의 요소들인 손동작을 반복적으로 산출한다. 구어를 학습하는 영아들처럼 수화를 학습하는 영아들도 결합하여 모국어에서 의미 있는 단어들을 만드는 요소들을 실험하는 것처럼 보인다(그림 6.5).

옹알이는 점점 더 다양해지면서 점진적으로 영아들이 일상적으로 듣는 언어의 소리, 리듬, 그리고 억양 패턴을 닮아간다. 그러나 영아들의 옹알이만 들어서는 아기가 어떤 언어를 말하고 있는지 알아차리기가 쉽지 않다. 영어를 배우는 12개월 영아와 중국어를 배우는 영아들이 참여한 한 연구에서 성인 청자들은 아기들이 실제 단어들을 말하지 않는 한 아기들이 어떤 언어로 옹알이를 하고 있는지 알 수 없었다(Lee et al., 2016).

그림 6.5 손으로 하는 옹알이 청각장애 부모들의 수화에 노출된 아기들은 손으로 옹알이를 한다. 그들의 손 움직임 중 일부는 구어에 노출된 영아들의 손 움직임과 다르며 성인 수화의 리듬적인 패턴과 일치한다(Petitto et al., 2001).

초기 상호작용

언어 산출, 즉 알아들을 수 있는 단어들을 말하는 중요한 다음 단계로 가기 전에 대부분의 사회에서 언어발달을 촉진하는 사회적인 맥락을 고려해보는 것이 중요하다. 영아들은 말을 할 수 있기도 전부터 의사소통능력의 시작, 즉 의도적으로 다른 사람과 소통하는 능력을 보여준다.

의사소통능력의 첫 번째 징후는 차례 지키기(turn-taking)이다. 대화할 때 성숙한 참여자는 듣기와 말하기를 교대로 한다. Jerome Bruner와 동료들(Bruner, 1977; Ratner & Bruner, 1978)은 사회적인 상호작용에서 차례 지키기의 학습은 까꿍 놀이와 양육자와 아기가 차례로 사물을 주고받는 '주고받기' 같은 모-자 놀이에서 촉진된다고 한다. 이러한 '대담(dialogues)' 속에서 영아들은 말하기와 듣기를 교대로 하는 대화(conversation)에서처럼 적극적인 역할과 수동적인 역할을 번갈아 하는 기회를 갖는다. 이러한 초기의 상호작용은 영아가 타인과 대화하기 위해 언어를 어떻게 사용해야 하는지를 학습하는 데 비계를 제공하면서 양방향 소통을 연습할 기회를 준다. 실제로 영아의 옹알이에 대한 양육자의 반응은 유사한 기능을 한다. 옹알이가 없을 때에 성인이 사물의 이름을 가르쳐주는 것보다 영아가 옹알이를 한 직후에 사물의 이름을 가르쳐줄 때 이름의 학습이 크게 향상된다(Goldstein et al., 2010). 이 연구의 결과들은 옹알이가 양육자들에게 영아가 주의를 기울이며 학습할 준비가 되어 있다는 것을 알려주는 신호의 역할을 할 수도 있다는 것을 보여준다. 이러한 초기의 주고받는 차례 지키기는 대화에서 차례 지키기에 대한 연습 기회를 또한 제공한다.

제4장에서 논의한 바와 같이 성공적인 의사소통은 또한 두 상호작용의 참가자들이 공동의 이해를 공유하는 **상호주관성**(intersubjectivity)을 요구한다. 상호주관성의 기초는 **공동주의**(joint attention)로 이는 일찍이 아기의 주도를 부모가 따라가고 무엇이든 아기가 보는 것을 보고 언급하면서 만들어진다. 12개월경에 아기는 가리키기의 의사소통적 성격을 이해하기 시작하며 많은 아기들이 스스로 가리키기를 의미 있게 사용할 수 있다(Behne et al., 2012).

우리는 영아들이 말할 준비를 위해 많은 시간을 보내는 것을 보았다. 옹알이를 통해 그들은 알아들을 수 있는 단어들을 산출하는 데 필요한 소리 산출에 대한 초기의 통제 수준을 습득한다. 상대방과의 초기 상호작용을 통해 그들은 대화처럼 보이는 일상적인 절차를 발달시키는데 이는 의사소통을 위한 언어 사용에 필요한 것이다. 이제 우리는 영아의 첫 번째 언어적 산출인 단어를 말하게 되는 과정으로 주의를 돌려보자.

옹알이 ■ 언어발달의 초기에 나타나는 반복적인 자음-모음의 연속('bababa'…) 또는 손의 움직임(수화 학습자의 경우)

참조 ■ 언어와 말에서 단어와 의미를 연결하기

이 걸음마기 아이는 아버지와 자신의 주의를 공유하기 위해(상호주관성을 달성하기 위해) 가리키기를 하고 있다. 딸이 주의를 집중하고 있는 곳을 아버지가 알고 나면 아버지는 이를 장바구니에 담는 결정을 할 수도 있다.

Paul Burns / Getty Images

첫 단어들

유창한 말소리 속에서 단어들을 분절하기 시작할 때 아기들은 그것들에 어떤 의미도 부여하지 않고 단순히 친숙한 소리의 패턴을 재인하는 것이다. 그러나 실제로 단어를 학습하고 사용하기 위해서 아기들은 단어들이 의미를 갖는다는 것을 알아야만 한다. 단어들의 의미 습득을 위해 아기들이 해야 할 첫 단계는 **참조**(reference)의 문제를 해결하는 것, 즉 단어와 의미를 연결하기 시작하는 것이다. Willard Quine(1960)이 지적했듯이 수많은 가능한 참조물 중에서 특정 단어의 의미로 어떤 것이 맞는지를 찾아내는 것은 매우 복잡한 문제이다. 만약 토끼를 보고 어떤 사람이 '토끼'라고 말하는 것을 아동이 들었다면 새로 들은 이

철학자 Willard Quine이 제기한 고전적인 문제는 토끼라는 단어를 모르는 사람이 어떻게 정확하게 그 소리가 무엇을 가리키는지를 알게 되는가이다. 이 부모들은 딸이 주의를 기울이는 동안 참조물의 이름을 말해주면서 새로운 단어의 학습을 돕고 있다.

mouth라는 단어를 들을 때 이 영아는 입의 그림을 쳐다볼 것인가 아니면 사과 그림을 볼 것인가? 단어를 듣고 아기가 쳐다보는 반응의 속도와 정확성은 아기의 어휘 지식에 대한 유용한 측정치를 제공한다.

단어가 토끼 그 자체를 가리키는지, 토끼의 꼬리를 말하는지, 토끼의 코 옆 수염을 말하는지, 혹은 코를 찡긋하는 것을 말하는지 어떻게 알 수 있을까?

초기 단어의 재인

영아들은 놀랄 만큼 일찍부터 매우 친근한 단어들을 매우 친근한 참조물들과 연결시키기 시작한다. 6개월 아기가 '엄마' 혹은 '아빠'라는 말을 들으면 아기들은 적절한 사람을 쳐다본다(Tincoff & Jusczyk, 1999). 영아들은 서서히 덜 빈번하게 듣는 단어들의 의미를 이해하기 시작하는데 그들의 어휘 습득 속도는 아이들마다 매우 다르다. 놀랍게도 영아들이 얼마나 많은 단어들을 재인하는지를 부모들은 종종 잘 모른다. 눈 추적 패러다임을 사용하여 Bergelson과 Swingley(2012)는 영아들에게 보통의 음식과 신체 부분의 그림을 짝으로 보여주고 난 다음에 그림 중 하나의 이름을 불렀을 때 영아의 눈길을 추적했다. 그들은 심지어 6개월 아기들도 우연 수준 이상으로 정확한 그림을 더 자주 쳐다보는 것을 발견했으며 이는 아기들이 이 항목들의 이름을 인지하고 있다는 것을 의미한다. 놀라운 것은 이 아기들의 부모들 대부분이 아기가 이 단어들의 의미를 알지 못한다고 보고했다는 것이다. 따라서 영아들은 자신들이 산출하는 것보다 더 많은 단어들을 이해할 뿐만 아니라 심지어 양육자들이 인지하고 있는 것보다 더 많은 단어들을 이해한다. 동일한 현상이 언어발달의 지연을 나타내는 경향이 있는 자폐스펙트럼장애 걸음마기 아이들에게서도 발생한다(글상자 6.5에서 논의). 즉 민감한 눈 추적 과제로 측정해보면 자폐 걸음마기 아이들이 실제로 이해하고 있는 것보다 아기들이 더 적은 단어들을 이해한다고 부모들은 생각한다(Venker et al., 2016).

영아들의 초기 단어 재인에서 놀라운 특징 중 하나는 듣고 있는 것을 어떻게 그렇게 빨리 이해하는가 하는 것이다. 연령과 관계된 이 이해의 역학을 보여주기 위해 Fernald와 동료들은 영아들에게 개, 아기와 같이 매우 친숙한 사물의 그림을 짝으로 제시하고 사물의 이름을 부른 뒤(예 : "아기는 어디에 있지?") 영아들이 정확한 사물로 얼마나 빨리 눈을 움직이는가를 관찰했다. 연구자들에 의하면 15개월 영아들은 전체 단어를 들은 뒤에 목표 사물을 쳐다보는 데 비해 24개월 영아들은 마치 성인들처럼 이름의 일부만을 듣고 정확한 사물을 쳐다본다(예 : Fernald, Perfors, & Marchman, 2006). 나이 든 영아들은 또한 단어의 재인을 위해 맥락을 사용할 수 있다. 예를 들어 문법적인 성별 구분 체계를 가진 언어들(예 : 스페인어, 프랑스어)을 학습하는 걸음마기 아이들은 명사 자체의 재인을 더 빨리하기 위해 명사 앞에 놓인 관사의 성(스페인어에서는 *la* 대 *el* ; 프랑스어에서는 *la* 대 *le*)을 이용할 수 있다(Lew-Williams & Fernald, 2007; Van Heugten & Shi, 2009). 눈 추적기를 이용한 다른 연구들에 의하면 정확하게 발음하는 것을 들었을 때보다는 느리지만 발음을 잘못했을 때에도(예 : 'baby'를 'vaby'로, 'ball'을 'gall'로, 'dog'를 'tog'로) 나이 든 영아들은 친숙한 단어들을 재인할 수 있다(Swingley & Aslin, 2000).

Purestock / AGE Fotostock

Photo by Elika Bergelson

초기 단어의 산출

영아들은 서서히 자신들이 이해한 단어들 중 일부를 말하기 시작하는데 대부분 10~15개월 사이에 첫 단어를 산출한다. 아동이 말할 수 있는 단어들을 아동의 **산출어휘**(productive vocabulary)라고 한다.

영아의 첫 단어들은 어떤 단어들인가? 이들은 어떤 것을 가리키거나 어떤 것을 표현하기 위해 지속적으로 사용되는 특정 발화이다. 이러한 느슨한 기준에도 불구하고 영아들의 최초 단어들을 확인하는 것은 문제가 될 수 있다. 첫째로 몰입한 부모들은 종종 아기들의 옹알이를 단어로 오해하기도 한다. 둘째로 초기 단어들은 대응하는 성인의 단어 형태와는 다를 수 있다. 예를 들어 이 장의 처음 부분에 언어적 발달의 예시가 소개되었던 남자아이의 첫 단어 중에 Woof라는 것이 있었다. 이는 옆집의 개를 가리키는데 — 옆집의 마당에 개가 나타났을 때 흥분해서 말할 때와 개가 없을 때 보고 싶다는 요청을 할 때 모두 — 사용되었다.

영아들의 초기 단어 산출은 성인이 알아들을 정도로 충분히 분명하게 발음하는 능력 때문에 제한된다. 그들 자신을 위해서는 다행히도 영아들은 다양한 단순화 전략을 사용한다(Gerken, 1994). 예를 들어 그들은 단어의 어려운 부분을 빼고 banana를 'nana'로 부르거나 brother를 'bubba'로, rabbit을 'wabbit'으로 부르면서 발음하기 어려운 부분을 더 쉬운 소리로 대체한다. 때로는 일반적으로는 'pisketti'(spaghetti)나 또는 더 특이하게 'Cagoshin'(이 장의 처음에서 인용된 아동이 Chicago를 말하기 위해 몇 년 동안 사용했음)처럼 단어의 처음 부분에 더 쉬운 소리들을 넣어서 단어의 부분들을 재배열한다.

아동들이 말을 시작하면 무엇에 대해 이야기를 하는가? 아동들은 쿠키, 주스, 공처럼 개인적으로 중요한 사물들뿐 아니라 부모, 형제, 애완동물, 그리고 자신들의 이름을 말한다. 'up', 'bye-bye', 'night-night'처럼 사건과 일과도 또한 자주 포함된다. 'mine', 'hot', 'all gone'처럼 중요한 수식어도 사용된다. 표 6.1은 미국, 베이징, 그리고 홍콩 아동들의 첫 10단어들의 내용에서 상당한 비교 언어적 유사성이 있다는 것을 보여준다. 표에서 보듯이 세 사회에 거주하는 영아들의 첫 단어들 중 많은 부분은 특정 인물을 가리키거나 소리를 가리키는 것이었다(Tardif et al., 2008). 실제로 다양한 나라들에서 첫 2년 동안 사용되는 아동의 어휘들은 놀랄 만큼 그 내용이 유사하다(Mayor & Plunkett, 2014).

처음에 영아들은 자신의 작은 산출어휘 속에서 단어들을 한 번에 한 단어씩 말한다. 이 시기를

한 단어 시기 ■ 자신들의 작은 산출어휘들 중에서 한 번에 한 단어를 사용하는 시기

과잉확장 ■ 적절한 것보다 더 광범위하게 단어를 사용함

표 6.1

세 언어에서 초기 단어들의 순서목록*

영어	만다린어	광둥어
Daddy	**Daddy**	**Mommy**
Mommy	Aah	**Daddy**
BaaBaa	**Mommy**	*Grandma* (*paternal*)
Bye	*YumYum*	*Grandpa* (*paternal*)
Hi	*Sister* (*older*)	Hello?/Wei?
UhOh	UhOh (Aiyou)	*Hit*
Grr	*Hit*	Uncle (paternal)
Bottle	Hello/Wei	Grab/grasp
YumYum	Milk	*Auntie* (*maternal*)
Dog	Naughty	Bye
No	*Brother* (*older*)	UhOh (Aiyou)
WoofWoof	*Grandma* (*maternal*)	*Ya/Wow*

* 볼드체 단어들은 세 언어 모두에서 공통적으로 나타나고 이탤릭체 단어들은 두 언어에서만 나타난다(Tardif et al., 2008).

한 단어 시기(holophrastic period)라고 부르는데 일반적으로 아동이 한 단어로 '전체 구절'— 전체 아이디어 — 을 표현하기 때문이다. 예를 들어 주스를 마시고 싶다는 바람을 표현하기 위해 아동은 "Drink!"라고 말할 수 있다. 한 단어 발화만을 산출하는 아동이 한 가지 생각에만 제한되는 것은 아니다. 그들은 한 단어 발화를 연속적으로 묶어서 자신을 표현할 수 있다. 한 예로 눈병이 난 여자아이가 자신의 눈을 가리키며 "Ow"라고 말하고 잠시 중지한 다음에 "Eye"라고 말했다(Hoff, 2001).

어린 아동이 말하고 싶은 것이 금방 그들의 제한된 어휘 수를 넘어가게 되므로 아동들은 자신들이 아는 단어들에게 이중 임무를 맡긴다. 이를 행하는 한 가지 방법은 **과잉확장**(overextension)인데, 예를 들어 네 발 가진 동물을 가리킬 때 개이라고 하거나 어떤 남자들에게나 아빠라고 하고 식기 세척기의 다이얼을 보고 달이라고 하거나 반짝이는 금속을 보고 앗 뜨거라고 하는 것처럼 한 단어를 적절한 것보다 더 많은 맥락에서 사용하는 것이다. 단어들을 과잉확장하는 아동들에게 이해 검사를 실시한 연구들에서 보는 바와 같이 대부분의 과잉확장은 지식의 결여보다는 의사소통의 노력을 보여준다(Naigles & Gelman, 1995). 한 연구에서 예를 들어 개와 양을 모두 '개'라고 부르는 것처럼 아동들이 일반적으로 동일한 이름을 붙이는 사물들의 그림을 짝으로 보여주었다. 그러나 양을 가리키라고 요청을 받았을 때 아동들은 정확한 동물을 찾을 수 있었다. 따라서 이 아동들은 양이라는 단어의 의미를 이해했지만 이 단어가 그들의 산출 어휘 속에 없기 때문에 양에 대해 말하기 위해서 그들이 말할 수 있는 관계된 단어를 사용한 것이다.

단어 학습

첫 단어가 나타난 이후에 아동들은 전형적으로 서서히 느리게 발달해서 18개월에는 50여 개의 산출어휘를 갖는다. 이 시점에서부터 학습의 속도가 빨라지면서 '어휘 급등'에 도달한다(예 : L. Bloom, 1973; McMurray, 2007). 모든 아동 혹은 대부분의 아동들에게서 학습이 실제로 빨라지는

지에 대해서는 학자들 간에 이견이 있지만(Bloom, 2000), 아동의 의사소통능력이 급속하게 발달하는 것은 분명하다(그림 6.6).

어린 아동들이 단어를 학습하는 기술을 무엇으로 설명할 수 있는가? 자세히 들여다보면 새로운 단어 학습을 지지하는 다중의 자원들이 있는데 일부는 주변의 사람들에게서 나오고, 또 일부는 아동 자신이 생성한다.

단어 학습에서 성인의 영향 양육자가 단어 학습에 영향을 미치는 중요한 방법은 아동에게 이야기를 하는 것이다. 글상자 6.2에서 논의하듯이 아동이 듣는 말의 양과 질이 그들이 학습하는 단어의 수를 예측한다. 영아들의 단어 학습을 용이하게 하는 IDS의 사용에 덧붙여서 성인들은 새로운 단어를 강조하여 단어 학습을 촉진한다. 예를 들어 그들은 새로운 단어를 강조하거나(크고 느리게 말하면서) 되풀이해서 말하거나 혹은 문장의 말미에 놓는다. 성인이 제공하는 단어 학습의 또 다른 자극은 "네 코는 어디 있어?", "네 귀는 어디 있어?", "네 배는 어디 있어?"처럼 성인이 이름을 부르는 일련의 항목들을 아동이 손으로 가리키는 이름 부르기 게임을 포함한다. 성인들은 또한 새로운 단어들을 제시하기에 특별히 효과적인 순간을 선택하여 단어 학습을 향상시킬 수 있다. 예를 들어 영아들은 이름이 불린 사물이 시야의 가장자리에 있을 때보다 중앙에 있을 때 단어 학습을 더 잘할 수 있다(그림 6.7; Pereira, Smith, & Yu, 2014).

초기 단어 학습과 산출은 또한 단어가 사용되는 맥락의 영향을 받는다. 매우 분명한 맥락들(부엌이나 욕실)에서 사용되는 새로운 단어들은 광범위한 맥락에서 사용되는 단어들에 비해 더 일찍 산출된다(Roy et al., 2015). 이 맥락들은 매우 구체적일 수 있다. 예를 들어 걸음마기 아이들은 일반적으로 비고체 물질보다 고체 물질의 이름을 더 잘 배우지만 비고체 음식들을 자주 접하는 맥락인 유아용 의자에 앉아 있을 때는 비고체 물질의 이름을 더 잘 배운다(Perry, Samuelson, & Burdinie, 2014).

부모들이 사물의 이름을 부르는 공간적 일관성을 유지하여 아동의 단어 학습을 촉진할 수 있다는 증거들도 있다. 예를 들어 영아들은 사물의 이름을 부를 때마다 그 사물이 동일한 위치에 있을

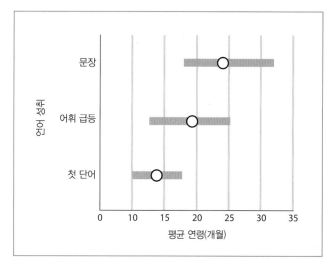

그림 6.6 언어 성취 평균적으로 미국 아동은 13개월경에 첫 단어를 말하고 19개월에 어휘 급등을 경험하며 24개월경에 간단한 문장을 말하기 시작한다. 그러나 이러한 평균의 위와 아래에 있는 막대는 다른 아동들이 이들 이정표를 성취하는 데 상당한 차이가 있음을 의미한다(Bloom, 1998).

그림 6.7 단어 학습에서 시각정보 이 영상사진은 영아의 관점에서 찍은 것이다. 영아는 머리에 눈 추적기를 쓰고 있다. 영아는 초록색 사물의 이름을 들었을 때 그것이 시야의 가장자리에 있을 때(오른쪽 사진)보다 시야의 중앙에 있을 때(왼쪽 사진) 그 이름을 학습할 가능성이 더 높다(Pereira, Smith, & Yu, 2014).

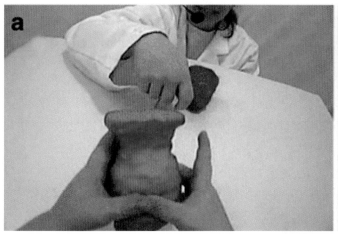

언어발달과 사회경제적 지위

부모들은 가족 내에서도 자녀들 간에 언어적 차이가 상당히 큰 것을 종종 목격한다. 공동체에서는 이러한 차이가 더 크게 확대된다. 예를 들어 한 유치원 교실 안에서 아동들이 사용하는 어휘 수가 10배나 차이가 날 수도 있다. 이러한 차이는 무엇 때문인가?

아동이 아는 단어들은 즉시 그들이 들은 단어 수와 연결되고 이는 다시 양육자의 어휘 수와 관계된다. 아동이 듣는 언어의 주요 결정자 중 하나는 부모의 사회경제적 지위이다. 중요한 한 연구에서 Hart와 Risley(1995)는 영아가 말을 시작하기 전부터 3세가 될 때까지 약 2.5년 동안 42명 부모들의 말을 녹음했다. 부모들 중 일부는 중상위 계층이었고 일부는 노동자 층이었으며 나머지는 생활보호대상이었다. 결과는 놀라웠다. 생활보호대상 부모의 평균적인 아동(시간당 616단어)은 노동자 부모의 평균적인 자녀들(시간당 1,251단어)의 절반에 해당하는 언어적 경험을 했고 전문가 가정의 자녀들(시간당 2,153단어)에 비해서는 1/3에 해당하는 언어적 입력을 경험했다. 연구자들의 계산에 따르면 4년 후에는 중상층 부모의 평균적인 자녀들은 거의 4,500만 단어를 경험하게 되며 노동자층의 자녀들은 2,600만, 생활보호자의 자녀들은 1,300만 단어를 경험하게 된다. 이 연구는 언어적 입력에서 수입에 따른 불균형에 상당한 관심을 끌어 모았으며 결과적으로 블룸버그자선재단의 Providence Talks(로드아일랜드)와 Thirty Million Words Initiative(시카고)를 포함하여 영아에게 하는 말의 양에 대한 부모의 의식을 고양하는 다수의 정책이 발의되었다.

연구자들과 정책 결정자들은 왜 아동이 받는 언어적 입력의 양에 대해 걱정을 하는가? 한 가지 이유는 아동이 듣는 단어의 수가 그들이 학습하는 단어의 수를 예측하기 때문이다. 평균적으로 높은 SES 집단의 아동들은 더 낮은 SES 집단의 아동들에 비해 더 많은 어휘를 가지고 있다. 실제로 높은 SES와 중간 SES의 어머니들과 그들의 2세 자녀를 대상으로 한 한 연구에서 어머니의 말(예 : 발화의 수와 길이, 다양한 어휘, 그리고 문장의 복잡성)에서 SES의 차이가 아동의 어휘에서 나타나는 차이의 일부를 예측했다(Hoff, 2003). 어머니의 말에서의 이러한 차이는 걸음마기 아이들이 얼마나 빨리 친숙한 단어들을 재인하는가에도 영향을 주었다. 18개월에 어머니가 더 많은 말을 제공했던 아동들은 그렇지 않은 아동들에 비해 24개월에 단어를 더 빨리 재인했다(Hurtado, Marchman, & Fernald, 2008).

SES가 비슷한 부모들의 집단에서도 부모가 제공하는 입력 양에서 엄청난 차이가 있고 이러한 차이에는 결과가 따른다. 캘리포니아에 거주하는 스페인어를 말하는 저소득층 부모에 대한 연구는 아동 지향어를 더 많이 사용하는 가정의 19개월 영아들이 더 많은 어휘를 가졌고 6개월 후에 단어를 더 빨리 처리한다는 것을 발견했다(Weisleder & Fernald, 2013). 따라서 초기의 언어적 입력에서의 차이는 언어 발달에 누적적인 영향을 미치는 것으로 보이며 부자와 빈곤한 아동들 간에 나타나는 학업성적의 차이에 잠재적으로 공헌한다(예 : Duncan & Murnane, 2011).

아동이 듣는 말의 양이 언어 학습의 결과를 결정짓는 유일한 결정자는 아니다. 입력의 질에서 다양한 측면들이 언어 학습에 관계된다. 저소득층 걸음마기 아이들에 대한 한 연구에 따르면 공동 개입, 일과와 의식, 그리고 유창함으로 측정한 의사소통 맥락의 풍요로움이 1년 뒤 언어적 성취를 예측했다(Hirsh-Pasek, Adamson et al., 2015). 실제로 부모-자녀 간 상호작용의 질에 대한 이 지표들은 아동이 듣는 말의 양보다 언어발달을 더 잘 예측했다. 단어가 사용되는 시각적 맥락에서 단어의 의미를 얼마나 분명하게 추측하는지를 지표로 사용한 또 다른 질에 대한 연구 역시 말의 양보다 질이 언어적인 결과(3년 후 측정)를 더 잘 예측한다는 것을 다시 한 번 발견했다(Cartmill et al., 2013).

아동이 언어를 학습하는 물리적 환경 역시 언어적 입력의 질에 영향을 준다. 예를 들어 걸음마기 아이들은 시끄러운 환경에서는 새로운 단어를 학습하는 데 더 어려움을 느낀다(Dombroski & Newman, 2014; McMillan & Saffran, 2016). 빈곤한 아동들은 더 좁고 시끄러운 가정환경을 경험할 가능성이 높고 거리의 소음과 언어적 입력의 처리를 더 어렵게 만드는 다른 소음공해에 노출될 가능성이 더 높다.

언어적 입력의 양과 질에 대해 이와 유사한 주제들이 학교 맥락에서도 나타난다. 예를 들어 언어적 기술이 낮은 학령전 아동이 역시 낮은 언어적 기술을 가진 또래들과 한 교실에 있으면 그들은 높은 언어적 기술을 가진 급우들과 한 반인 다른 아이들에 비해 언어의 성장이 느리다(Justice et al., 2011). 이러한 또래의 효과는 빈곤한 아동들의 언어발달과 초기 문해발달을 향상시키고자 기획된 헤드스타트(Head Start, 제8장에서 충분히 논의함)와 같은 프로그램에 중요한 시사점을 갖는다. 불행히도 낮은 SES의 아동들을 모아 놓는 것은 그들이 '따라잡을' 능력을 제한할 수도 있다. 그러나 부정적인 또래 효과가 긍정적인 교사 효과로 인해 상쇄될 수도 있다. 예를 들어 학령전 교사가 풍요로운 어휘를 사용했던 아동들은 학령전 교사가 빈약한 어휘를 사용했던 아동들에 비해 4학년 때 더 좋은 읽기 이해능력을 보여주었다(Dickinson & Porche, 2011).

이러한 결과들은 다양한 이유로 부모의 SES가 그들이 아동에게 이야기하는 방식에 영향을 미친다는

때 사물의 이름을 더 쉽게 학습한다(Benitez & Smith, 2012; Samuelson et al., 2011). 아마도 시각적 환경에서의 일관성은 아동이 환경 속의 사물이나 사건에 단어를 대응시키는 것을 돕는 것 같다. 글상자 6.3에서 우리는 일부 부모들이 단어 학습을 '외주'주려고 노력하는 현재 유행하는 수단, 즉 테크놀로지에 대해 생각해본다.

단어 학습에서 아동의 공헌 전에 들어보지 못한 새로운 단어를 접하면 아동들은 그 의미를 추론하기 위해 새로운 단어가 사용된 맥락을 적극적으로 이용한다. Carey와 Bartlett(1978)의 고전적인 연

부모와 어린 아동들의 대화적인 상호작용을 돕기 위해 이 표지들을 저소득 지역의 슈퍼마켓 주변에 부착해 두었다 ─ 그리고 이것은 효과가 있었다!

것을 보여준다. 차례로 이러한 개인차들은 그들의 자녀들이 이야기하는 방식에 상당한 영향을 준다. 이러한 차이들은 아동의 또래와 교사의 언어적 능력에 의해 강화될 수 있다. 낮은 SES 환경에 놓인 아동들의 경우 이러한 영향의 잠재적인 부정적 효과는 아동용 서적에 접근할 수 있는 기회를 증가시키는 것을 포함하는 중재로 상쇄될 수도 있으며 이는 부모가 영아와 이야기할 때 일반적으로 사용하지 않을 수 있는 단어들을 제공하여 풍요로운 언어적 환경을 제공한다(Montag, Jones, & Smith, 2015). Reach out and Read는 초기 진료 의사들이 어린 아동에게 책 읽어주기에 대한 모델링을 제공하고 이를 홍보하여 언어적 결과에 영향을 줄 수 있다는 연구들에 기반하여 부모들이 소아과를 방문하는 동안 그림책을 제공하는 중재 프로그램이다(High et al., 2014).

다른 중재들은 낮은 SES 부모들이 자녀들에게 이야기하는 데 쏟는 시간의 양을 증가시키는 것에 초점을 둔다. 이러한 중재 중 하나에서는 저소득층과 중산층 지역의 슈퍼마켓에 표지를 걸어서 부모들이 마켓에서 보는 음식물에 대해 자녀들과 이야기하는 것을 장려했다(Ridge et al., 2015). 이 표지가 있을 때 저소득층 지역의 부모들이 쇼핑하는 동안 자녀들에게 하는 말의 양과 질이 모두 증가했다(유사한 효과가 중산층 지역에서는 발견되지 않았다). 앞서 언급했던 Providence Talks와 Thirty Million Words Initiative 같은 대규모 중재들은 부모들에게 녹음기를 주고 그들이 아기들에게 얼마나 이야기를 하는지를 추적하여 말의 양을 증가시키고 조정하는 것을 목적으로 한다. 이러한 중재들은 부모들에게 자녀의 언어발달에서 부모의 역할을 교육시키는 것이 언어적 결과에 긍정적인 효과를 준다는 연구들에 의해 자극되었다(M. Rowe, 2008; Suskind et al., 2015). 마지막으로 교사 교육과 저소득층 학교 장면의 지원을 향상시키는 것이 또 다른 유망한 중재의 방법이다(Dickinson, 2011; Hindman, Wasik, & Snell, 2016). 재료가 무엇이든 간에 들어간 것이 나오는 것이다. 우리는 우리를 둘러싼 언어들 속에서 우리가 듣는(또는 보거나 읽는) 단어들과 문법적 구조만을 배울 수 있다.

구는 **빠른 대응**(fast mapping), 즉 단순히 친숙한 단어와 비친숙한 단어의 대조적인 사용을 들은 뒤에 새로운 단어의 의미를 빠르게 학습하는 과정을 보여주었다. 어린이집의 일상적인 활동 중에 한 실험자가 하나는 빨간색이고 다른 하나는 아동이 그 이름을 모르는 흔하지 않은 색으로 만들어진 2개의 쟁반으로 아동의 주의를 끌었다. 그리고 아동에게 "the *chromium* tray, not the red one"을 가져달라고 요청했다. 아동에게 친숙한 단어(*red*)와 비친숙한 단어(*chromium*) 사이의 대조를 제공한 것이다. 이 간단한 대조로부터 아동들은 어떤 쟁반을 가지고 와야 하는지와 그 쟁반의 색 이름이 'chromium'이라는 것을 추론했다. 새로운 단어에 대한 이 한 번의 노출이 있은 1주 후에 아

빠른 대응 ■ 단순하게 친숙한 단어와 비친숙한 단어의 대조적인 사용을 들은 뒤에 새로운 단어의 의미를 빠르게 학습하는 과정

글상자 6.3 | 적용

iBABIES : 테크놀로지와 언어 학습

성인들이 새로운 언어를 사용하는 문화에 들어갈 때, 돌아다니거나 자신들이 필요한 것을 물을 때 도움을 얻기 위해 많은 테크놀로지의 도움-번역을 위한 포켓 사전부터 스마트폰에 이르기까지-을 받는다. 그들은 또한 새로운 언어를 배우기 위해 Duolingo와 같은 온라인 애플리케이션에서부터 Rosetta Stone과 같은 상업적인 훈련 프로그램에 이르기까지 테크놀로지를 이용한다.

영아들은 어떤가? 그들도 역시 테크놀로지에 푹 빠져 있다. 실제로 최근 수년 동안 '영리한 아기' 열풍으로 업계는 아기의 지적 성장을 향상시킨다고 주장하는 모든 종류의 전자 게임들, 장난감, 비디오들을 홍보하며 수억 달러를 벌어들이고 있다. 이 주장들 중 일부는 웃어넘길 만하다. 예를 들어 저자 중 한 사람이 아기의 입에 물리는 고무 고리를 샀는데 포장지에 그 고리가 초기 구강 근육 기술을 향상시켜서 아기의 언어발달을 도울 수 있다는 문구를 보고 경악했다. 다른 주장들은 더욱 그럴듯하게 보이지만 발달적 연구들에 의하면 심각한 의문을 불러일으킨다. 그래서 이러한 제품들(예 : 'Baby Einstein')을 판매하는 회사들은 '교육적' 가치에 대한 홍보를 중단해야 했다.

그러나 2세 이하의 어린 아동들을 대상으로 하는 테크놀로지에 대해서는 여전히 염려가 되는데 그 이유는 학습을 위해 영아들과 걸음마기 아이들에게 가장 좋은 공급원인 양육자와 사물과 적극적으로 상호작용하는 시간이 테크놀로지의 사용으로 줄어들기 때문이다. 지금까지 가장 철저한 연구들 중 하나에서

DeLoache와 동료들(2010)은 가장 판매가 잘 되는 '교육적인' DVD가 언어발달에 영향을 주는가를 결정하기 위해 무선할당과 객관적인 어휘검사를 이용했다. 문제의 DVD는 적어도 12개월 이상의 영아들에게 홍보하는 것이었다.

연구자들은 12~18개월의 영아들을 4집단으로 무선할당했다. 비디오 상호작용 집단의 영아들은 4주 동안 주 5회씩 부모와 함께 비디오를 시청했다. 부모에게는 시청하는 동안 자연스럽게 영아와 상호작용을 하라고 요청했다. 상호작용 없는 비디오 집단의 영아들은 동일한 양의 노출을 받았지만 부모가 함께 시청하지 않았다. 이는 부모가 같은 방에 있지만 다른 활동을 하고 있는, 집에서 흔히 발생하는 상황을 모사한 것이다. 부모 교수 집단은 비디오를 전혀 보지 않았다. 그 대신 부모에게 비디오에서 나오는 25개 단어의 목록을 주고 가장 자연스러운 방법으로 그 단어들을 아기에게 가르치도록 요청했다. 마지막으로 통제집단의 영아들은 아무런 개입을 받지 않았으며 일반적인 어휘발달을 위한 기저선 역할을 했다.

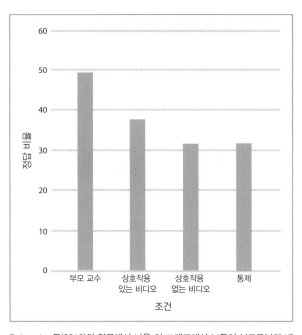

DeLoache 등(2010)의 연구에서 나온 이 그래프에서 보듯이 부모로부터 배운 영아들(첫 번째 막대)은 단어 학습에 대한 이 연구의 측정에서 가장 우수했다. 중간의 두 비디오 학습 집단의 영아들(중간의 두 막대들)은 통제집단(마지막 막대)에 비해 의미 있게 우수한 수행을 보이지 않았다.

연구의 처음과 마지막에 영아들에게 DVD에서 나온 단어들 중의 일부에 대한 검사를 실시했다. DVD 시청 집단의 영아들이 통제집단의 영아들에 비해 의미있게 더 많은 단어들을 학습하지 않았다. 가장 큰

동의 과반수는 색 조각의 배열 중에서 'chromium'을 정확하게 선택하여 이에 대한 지식이 있음을 보여주었다.

일부 이론가들에 의하면 단어 학습 과정에서 새로운 단어의 가능한 의미들을 제한하는 몇 개의 가정들(때로 원리, 제약, 혹은 편파라고도 함)이 있어서 아동이 내리는 추론들을 인도한다. 예를 들어 아동들은 주어진 실체가 오직 하나의 이름을 가질 것이라고 기대하는데 이러한 기대를 Woodward와 Markman(1998)은 상호 배타성(mutual exclusivity) 가정이라고 부른다. 이러한 가정의 초기 증거들은 3세 아동에게 이름을 알고 있는 친숙한 사물과 이름을 알지 못하는 비친숙한 사물을 짝지어 제공한 연구로부터 나왔다. 실험자가 "Show me the blicket"이라고 말할 때 아동들은 자신이 이름을 모르는 새로운 사물에 새로운 이름을 대응시켰다(Markman & Wachtel, 1988). 16개월 영아들도 그렇게 한다(Graham, Poulin-Dubois, & Baker, 1998)(그림 6.8a 참조). 흥미롭게도 한 사물에 하나 이상의 이름을 듣는 데 익숙해진 이중언어나 삼중언어의 영아들은 상호 배타성 원리

어휘 발달을 보인 영아들은 부모 교수 집단의 영아들이었다. 흥미롭게도 DVD 시청 집단 영아들의 수행은 DVD로부터 아기가 어느 정도를 배웠다고 부모가 생각하는지와는 무관했다. 그러나 그 DVD를 부모 자신이 얼마나 좋아하는지와 아기가 얼마나 많이 배웠다고 부모가 생각하는지 사이에는 상관이 있었다. 즉 부모가 그 DVD를 더 좋아할수록 DVD의 긍정적인 효과를 과대평가할 가능성이 높았다.

수동적인 시청이 학습을 지지하지 않는 것으로 보이는 반면 스크린에만 나오는 사람이더라도 다른 사람과 적극적으로 관여할 수 있을 때 영아들은 학습을 할 수 있는 것 같다. 여러 연구들에 의하면 동일한 상호작용을 미리 녹화해 둔 비디오로부터 배울 때보다 영아들이 실시간 비디오 상호작용(Skype 또는 FaceTime)으로 학습할 기회가 있을 때 더 학습을 잘한다(예 : Myers et al., 2016; O'Doherty et al., 2011; Roseberry, Hirsh-Pasek, & Golinkoff, 2014). 사전 녹화된 비디오와 달리 실시간 비디오는 영아와 교사 간의 사회적 수반성을 유지할 수 있다는 데 주요한 차이가 있다. 실제로 2016년 미국소아과협회의 스크린 시간에 대한 권고문에 따르면 2세 이하 영아를 위한 테크놀로지의 사용에서 실시간 비디오 채팅은 사용 가능하다(AAP Council on Communications and Media, 2016).

어린 아동들이 느끼는 즐거움과 심지어 영아들조차 부모의 스마트폰과 아이패드, 그리고 태블릿의 앱들을 이용하는 것을 감안한 때-실제로 애플 앱스토어의 유료 앱들 중 가장 인기있는 메뉴는 걸

음마기 아이/학령전 아동을 위한 것들이다-영아를 위한 전자 미디어에 대한 의문은 증가하기만 한다. 어린 아동을 대상으로 한 교육적인 앱들의 수가 증가하고 있지만 아동발달에 미치는 영향은 대부분 알려지지 않은 채로 남아 있다(Hirsh-Pasek, Zosh et al., 2015). 다른 활동들처럼 여기저기서 조금씩 하는 것은 아마도 해롭지는 않을 것이다. 그러나 '교육적 가치'에 대한 주장은 상당한 의심의 눈초리로 접근하는 것이 중요하다. 불행히도 자신들의 미디어가 교육적이라고 홍보하는 많은 회사들이 자신들의 주장에 대한 적절한 수준의 신중함을 보이지 않는다. 한 예로 연구자들은 최근에 DVD, 플래시 카드, 그리고 단어 책을 포함한 세트를 사용하여 영아들에게 읽기를 가르친다는 'Your Baby Can Read'라는 미디어 상품을 조사했다(Neuman et al., 2014). 영아들을 읽기 조건 또는 아무런 개입이 없는 '평상시 같은' 통제조건에 무선으로 배정했다. 매일 훈련을 한 뒤 7개월 후에 영아들에게 읽기의 전조들에 대해 검사를 실시했다. 일부 아기들의 부모들은 그 프로그램이 여전히 효과적이라고 믿고 있었지만 두 집단 간에 차이는 없었다.

부모들은 또한 자신들의 선택이 자신들이 아기

교육적인 효과가 있건 없건 전자 미디어가 영아들에게 매혹적인 것은 분명하다.

Fernanco Vazquez Miras / Getty Images

들에게 하는 말의 양에 영향을 미친다는 것을 알고 있어야만 한다. 최근 한 연구에서는 전자 장난감, 전통적인 장난감, 그리고 책과 같이 다른 종류의 장난감을 사용할 때 부모의 IDS의 양을 비교했다(Sosa, 2016). 결과에 의하면 전자 장난감을 가지고 놀 때 부모들은 이야기를 덜 하며 아기들에게 덜 반응적이었다. 자녀들과 있을 때 부모 자신이 미디어 기기를 사용하는 것 역시 언어 학습과 아동발달의 다른 측면에 영향을 준다. 부모가 기기에 더 몰입할수록 자녀들과 긍정적으로 개입할 기회를 놓칠 가능성이 높다. 한 연구는 부모의 높은 몰입도가 더욱 부정적인 부모-자녀 관계와 연관이 있다는 결과를 발견했다(Radesky et al., 2014). 이러한 경우에 성인을 위한 테크놀로지가 실제로 아동이 양육자로부터 학습할 기회를 방해한다.

를 덜 따르는 경향이 있다(Byers-Heinlein & Werker, 2009).

Markman과 Woodward(Markman, 1989; Woodward & Markman, 1998)는 또한 전체 대상(whole-object) 가설을 제안했는데 이에 따르면 아동들은 새로운 단어가 대상의 일부, 특성, 행동 또는 다른 측면을 가리키기보다는 대상 전체를 가리킬 것을 기대한다는 것이다. 따라서 Quine의 토끼문제의 경우, 전체 대상 가설로 인해 아동들은 '토끼'라는 이름을 꼬리나 코를 찡긋하는 동작보다 동물 전체에 대응시킨다.

새로운 단어를 접할 때 아동들은 또한 그 단어들이 사용되는 사회적 맥락에 주의를 기울여서 그 의미에 대한 다양한 **화용적인 단서들**(pragmatic cues)을 이용한다. 예를 들어 아동들은 단어의 의미에 대한 단서로서 성인들의 주의의 초점을 이용한다. Baldwin(1993)의 연구에서 실험자가 18개월 영아에게 2개의 새로운 사물을 보여주고 이들을 각각 별개의 통 속에 숨겼다. 다음에 실험자가 통 하나를 들여다보고 "There's a modi in here"라고 말했다. 그런 다음 실험자는 통을 치우고 2개의

화용적인 단서들 ■ 단어 학습에 사용되는 사회적 맥락의 측면들

그림 6.8 **단어 학습을 위한 단서들** (a) 상호 배타성 : 이 아동은 이미 책상 위에 있는 친숙한 사물의 이름을 알기 때문에 성인이 "show me the blicket"이라고 말할 때 새로운 사물을 집어 든다.

(b) 화용적인 단서들 : 이 아동은 심지어 자신이 그 사물을 볼 수 없고 그 단어를 들었을 때 실제로 다른 새로운 사물을 쳐다보고 있었을지라도 실험자가 쳐다보는 새로운 사물에 실험자가 말하는 새로운 단어가 적용될 것이라 간주한다.

(c-d) 화용적인 단서들 : 이 아동은 성인이 'gazzer'를 찾기 원한다고 말한 뒤에 쳐다보고 의기양양하게 웃었던 새로운 사물의 이름이 'gazzer'라고 학습할 것이다.

사물을 모두 아동에게 주었다. 'modi'를 달라고 요청하자 아동들은 실험자가 그 이름을 말할 때 들여다보았던 사물을 선택했다. 따라서 영아들은 자신들이 아직 보지도 못한 사물의 새로운 이름을 학습하기 위해 눈길과 이름 간의 관계를 사용했다(그림 6.8b 참조).

단어의 의미를 추론하기 위해 아동들이 사용하는 또 다른 화용적인 단서는 의도성(intentionality)이다(Tomasello, 2008). 예를 들어 한 연구에서 2세 아동은 실험자가 "Let's dax Mickey Mouse"라고 말하는 것을 들었다. 실험자는 그런 뒤에 Mickey Mouse 인형에게 2개의 행동을 수행했는데 하나는 확실히 의도적으로 보이고 통합된 방법으로 실행했고 그 뒤에는 즐거운 코멘트를 했다("There!"). 다른 동작은 서툴고 우연적으로 보이게 실행했고 그 뒤에는 놀람을 나타내는 코멘트를 했다("Oops!"). 아동들은 새로운 동사 dax가 성인이 의도적인 것처럼 행한 동작을 가리킨다고 해석했다(Tomasello & Barton, 1994). 영아들은 심지어 자신들이 볼 수 없는 새로운 사물의 이름을 추론하기 위해 성인들의 정서를 이용하기도 한다(Tomasello, Strosberg, & Akhtar, 1996). 이러한 사실을 확증한 한 연구에서 성인이 "find the gazzer"라는 자신의 의도를 말했다. 그런 뒤에 2개 중 한 사물을 들어 올린 뒤 분명히 실망하는 기색을 보인다. 성인이 두 번째 사물을 즐겁게 집어 들 때 영아들은 그것이 'gazzer'라고 추론했다(그림 6.8c는 아동이 보이지 않는 사물의 이름을 성인의 정서 표현으로부터 추론하는 다른 경우를 보여준다).

학령전 아동들이 화자의 의도를 어느 정도로 고려하는지는 성인이 사용한 사물의 이름이 자신이 알고 있는 지식과 맞지 않을 때에도 만약 성인이 그 이름을 분명히 의도적으로 사용했다면 아동들은 그 이름을 받아들이는 것에서 알 수 있다(Jaswal, 2004). 실험자가 고양이처럼 보이는 동물의 그림을 보고 간단히 '개'라고 불렀을 때 학령전 아동들은 다른 고양이처럼 생긴 자극들에 그 이름을 확장하여 사용하는 것을 주저했다. 그러나 실험자가 "믿기 어렵겠지만 이것은 실제로 개야"라고 말하면서 기대하지 않은 이름의 사용이 실제로 의도적이라는 것을 분명히 했을 때는 아동들은 기꺼이 그 이름을 확장하여 사용했다. 유사하게, 만약 어떤 성인이 고양이를 '개'라고 부르는 것을 아동이 보았다면 그 아동은 뒤이어서 그 '신뢰할 수 없는' 성인이 사용하는 새로운 단어들을 학습하는 것을 주저했다(예 : Koenig & Harris, 2005 ; Koenig & Woodward, 2010 ; Sabbagh & Shafman, 2009).

어린 아동들이 새로운 단어들의 의미를 추론하는 또 다른 방법은 그 단어가 사용되는 **언어적 맥락** (linguistic context)으로부터 단서를 얻는 것이다. 언어 습득에 대한 최초의 실험 중 하나에서 Roger Brown(1957)은 새로운 단어의 문법적 형태가 그 단어의 해석에 영향을 준다는 사실을 보여주었다. 그는 학령전 아동들에게 두 손으로 용기 속에서 재료들을 반죽하고 있는 그림을 보여주었다(그림 6.9). 한 집단의 아동들에게는 이 그림을 'sibbing'이라고 기술하고 다른 집단의 아동들에게는 'a sib'이라고 기술했고 세 번째 집단에는 'some sib'이라고 기술했다. 그 뒤에 아동들은 자신이 들었던 문법적 형태(동사, 가산명사, 또는 물질명사)에 따라 sib을 행위, 그릇, 또는 재료라고 해석했다.

2세와 3세 아동들 또한 새로운 단어의 **문법적 범주**를 사용하여 단어들의 의미를 해석했다(예 : Hall, 1994 ; Hall, Waxman, & Hurwitz, 1993 ; Markman & Hutchinson, 1984 ; Waxman, 1990). "This is a dax"라는 말을 듣고 그들은 dax가 어떤 사물뿐 아니라 그와 동일 범주의 다른 사물을 가리킨다고 생각했다. 대조적으로 "This is a dax one"은 dax가 어떤 사물의 특성(예 : 색이나 질감)을 가리킨다는 것을 나타내고 반면에 "This is dax"에서 dax는 고유명사(이름)를 가리킨다. 영아와 걸음마기 아이들도 새로운 단어들의 의미를 해석하기 위해 이러한 연결고리들을 만들 수 있다(예 : Booth & Waxman, 2009 ; Waxman & Hall, 1993 ; Waxman & Markow, 1995, 1998).

사물에 적용되는 새로운 단어들에 대한 아동의 해석은 특히 사물의 모양에 의해 영향을 받는데 아마도 모양이 범주 구성원에 대한 좋은 단서이기 때문일 것이다. 아동들은 사물들의 크기, 색, 질감이 상당히 다를지라도 동일한 모양의 새로운 사물에 새로운 명사를 쉽게 확장한다(Graham & Poulin-Dubois, 1999 ; Landau, Smith, & Jones, 1988 ; L. B. Smith, Jones, & Landau, 1992). 따라서 U자 모양의 나무 블록을 'a dax'라고 부

그림 6.9 언어적 맥락 언어발달 연구의 선구자인 Roger Brown이 이 그림을 보여주고 'sibbing', 'a sib', 또는 'some sib'이라고 기술할 때 학령전 아동들은 'sib'의 의미를 서로 다르게 추측했다.

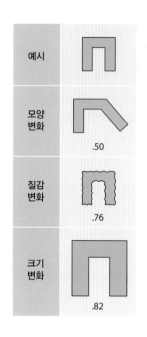

예시	
모양 변화	.50
질감 변화	.76
크기 변화	.82

르는 것을 들은 아동은 파란색 털로 덮인 U자 모양의 사물이나 U자 모양의 붉은색 철선 조각 역시 dax라고 생각하지만 다른 모양의 나무 블록을 dax라고 생각하지는 않는다(그림 6.10). 모양 편향은 어린 아 동들이 자발적으로 친숙한 단어들을 친숙한 실체와 어렴풋이 닮은 새 로운 사물(예 : 아이스크림 콘을 '산'이라고 함)에 적용할 때도 분명히 나타난다(Graham & Diesendruck, 2010).

단어 학습을 위해 유용할 수 있는 또 하나의 단서는 아동이 듣는 단 어들과 아동이 관찰하는 사물들의 반복된 대응이다. 단 한 번의 장면 은 애매할 수 있다. 예를 들어 만약 아동이 4개의 서로 다른 새로운 사 물들을 보고 'dax'라는 이름을 듣는다면 어떤 사물이 dax인지 알 방 법이 없다(이 모호함은 Quine의 '토끼'예와 유사하다). 그러나 경험 을 통해서 아동이 'dax'라는 말을 들을 때마다 4개 중의 한 사물이 언 제나 있는 것을 관찰한다면 그 사물이 아마도 dax일 것이다. 이러한 횡상황적 단어 학습(cross-situational word learning)의 과정을 통해 심 지어 영아들도 새로운 단어들의 가능한 의미들을 좁혀 나갈 수 있다(예 : L. Smith & Yu, 2008; Vouloumanos & Werker, 2009).

아동들은 또한 전체 문장의 문법적 구조를 사용해서 의미를 이해할 수 있는데 이 전략을 통사 적 자동처리(syntactic bootstrapping)라고 한다(Fisher, 1999; Fisher, Gleitman, & Gleitman, 1991; Gertner, Fisher, & Eisengart, 2006; Yuan & Fisher, 2009). 2세 아동에게 오리가 왼손으로 토끼 를 아래로 눌러서 쪼그리게 하고 두 동물이 모두 오른손으로 원을 그리며 흔드는 비디오를 보여줄 때(그림 6.11) 이 현상을 볼 수 있다(Naigles, 1990). 비디오를 보면서 어떤 아동들은 "The duck is kradding the rabbit"이라고 들었고 다른 아동들은 "The rabbit and the duck are kradding"이라고 들었다. 모든 아동이 다음에 2개의 비디오를 나란히 보았는데 하나는 오리가 토끼를 누르는 것을 보여주었고 다른 비디오는 두 동물이 팔을 흔드는 것을 보여주었다. "Find kradding"이라는 지시 를 들은 뒤에 두 집단은 처음 비디오를 시청할 때 들었던 통사와 일치하는 사건을 쳐다보았다. 첫 번째 문장을 들은 아동들은 "kradding"이 오리가 토끼에게 하고 있던 것을 의미한다고 생각한 반 면 두 번째 문장을 들은 아동들은 두 동물이 함께 하고 있던 것을 의미한다고 생각했다. 따라서 아 동들은 단어가 들어간 문장의 구조에 근거해서 새로운 동사에 대해 서로 다른 해석에 도달했다.

알다시피 영아와 어린 아동들은 사물의 이름으로 새로운 단어를 학습하는 데 주목할 만한 능력 을 가지고 있다. 어떤 상황에서는 그들은 또한 사물에 대해 비언어적 '이름'을 학습할 수도 있다. 13~18개월 사이의 영아들은 단어를 대응하는 것처럼 쉽게 실험자의 몸짓이나 비언어적 소리들 (예 : 꺅 하는 소리와 휘파람)을 새로운 사물에 대응했다(Namy, 2001; Namy & Waxman, 1998; Woodward & Hoyne, 1999). 그러나 20~26개월경이 되면 아동들은 오직 단어만을 이름으로 받아 들였다. 그리고 새로운 이름들이 성인과의 상호작용이 아닌 컴퓨터를 통해 제시될 때는 12개월 영 아들도 다른 비언어적 소리들을 제외하고 단어만을 이름으로 받아들였다(MacKenzie, Graham, & Curtin, 2011). 따라서 영아들은 음소들의 연결이 다른 종류의 소리들보다 의미를 전달할 가능성이 높다는 것을 매우 일찍부터 학습한다.

영아들은 또한 모국어의 단어들을 식별하는데 어떤 소리들이 다른 소리들보다 더 관계가 된다 는 것을 이해한다. 예를 들어 영어를 학습하는 14개월 아기들은 단어에서 말소리의 높낮이를 변화시키면 의미가 변한다고 기꺼이 믿는다[말소리의 높낮이를 이런 방식으로 사용하는 만다린과 몽(Hmong) 언어에서처럼]. 그러나 19개월경이 되면 영어를 배우는 영아들은 더 이상 말소리의 높낮이 변화를 의미 변화에 대한 단서로 취급하지 않는다. 이들은 영어에서는 높낮이의 변화가 의미 변화의 단서로 사용되지 않는다는 것을 이해하기 시작한다(Hay et al., 2015). 이러한 발달은 앞서 음소지각 부분에서 이야기했던 지각적 협소화 과정을 연상시키며 아동이 첫 2년 동안 모국어가 작동하는 방식에 대해 엄청난 양을 배운다는 데 대한 더 많은 증거를 제공한다.

단어들을 연결하기

아동들이 단어들을 연결하여 문장을 만들기 시작하면 점점 더 복잡한 아이디어를 표현할 수 있기 때문에 초기 언어발달의 주요 사건을 성취한 것이다. 아동의 통사발달의 정도와 속도가 바로 그들의 언어능력을 비인간 영장류의 그것과 가장 잘 구별하는 것이다.

첫 문장들

대부분의 아동들은 24개월경에 단어들을 결합하여 간단한 문장들을 만들기 시작한다. 그러나 이해가 산출보다 앞선다는 다른 예에서 어린 아동들은 단어의 결합을 만들기도 훨씬 전부터 이에 대해 무엇인가를 알고 있다. 단어 순서에 대한 영아의 민감성을 보여주는 첫 번째 예에서 Hirsh-Pasek과 Golinkoff(1996)는 문장 이해를 조사하기 위해 선호적 보기 패러다임을 이용했다. 17개월 영아들에게 2개의 모니터에서 동시에 사전 녹화된 장면들을 쌍으로 보여주었다. 이 중 하나는 쿠키몬스터가 빅버드를 간지럽히는 것이었고 다른 하나는 빅버드가 쿠키몬스터를 간지럽히는 것이었다. 영아들이 "Where is Cookie Monster tickling Big Bird?"라는 문장을 들으면 이들은 적절한 장면을 선호적으로 쳐다보았는데 이는 아직 스스로 문장을 만들기 수개월 전이지만 이들이 문장의 의미를 이해한다는 것을 보여주는 것이었다.

아동의 첫 번째 문장들은 두 단어의 결합이다. 'More', 'Juice', 'Drink'와 같은 별개의 발화가 'More juice'와 'Drink juice'가 된다. 이 두 단어 발화를 **전보적 언어**(telegraphic speech)라고 하는데 마치 전보에서처럼(보내는 사람이 단어당 돈을 지불함) 불필요한 요소들이 생략되기 때문이다(Brown & Fraser, 1963). 전형적인 두 단어 발화의 예는 다음과 같다 ─ "Read me", "Mommy tea", "Ride Daddy", "Hurt knee", "All wet", "More boy", "Key door", "Andrew sleep"(Braine, 1976). 이 원초적인 문장들에는 기능 단어들(a, the, in과 같은), 조동사(is, was, will, be), 그리고 단어의 굴절어미(복수형, 소유격, 또는 동사시제)처럼 성인의 발화에서 보이는 많은 요소들이 빠져 있다. 아동의 초기 문장들은 영어, 핀란드어, 돌뤄(케냐), 그리고 칼룰리(파푸아 뉴기니)처럼 다양한 언어들에서 이러한 전보적 특성을 보인다(de Boysson-Bardies, 1996/1999). 단어의 순서가 중요한 영어와 같은 언어를 학습하는 어린 아동들에게 이러한 초기 문장은 일관된 단어순서를 따른다. 아동이 'Eat cookie'라고 말할 수는 있지만 'Cookie eat'이라고 말할 가능성은 거의 없다.

많은 아동들이 일정 기간 동안 한 단어와 두 단어 발화를 산출하기 시작하는 데 비해 다른 아동들은 3개나 그 이상의 단어들로 구성되는 문장들로 재빨리 이동한다. 그림 6.12는 Roger Brown(1973)의 고전적인 언어발달 연구에서 세 아동이 말한 발화의 평균 길이가 급속도로 증가하는 것을 보여준다. 그림에서 보듯이 이브는 다른 두 아동들에 비해 문장 길이의 폭발적인 증가가

그림 6.11 통사적 자동처리 Naigles (1990)의 연구에서 이 장면을 보면서 "The duck is kradding the rabbit"이라고 성인이 말하는 것을 들었을 때 아동들은 이 문장의 통사적 구조를 사용해서 kradding이 오리가 토끼에게 하고 있는 행동이라는 것을 추론했다.

Lettia R. Naigles, University of Connecticut

전보적 언어 ■ 일반적으로 두 단어 발화인 아동의 첫 문장을 기술하는 용어

그림 6.12 발화의 길이 이 그래프는 Roger Brown이 연구했던 세 아동(애덤, 이브, 사라)의 경우에서 연령과 발화의 평균 길이의 관계를 보여준다(Brown, 1973).

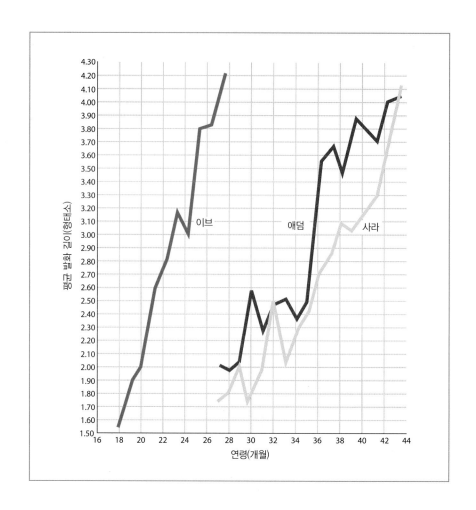

휠씬 일찍 시작되었다. 아동 발화의 길이는 부분적으로는 전보적 언어에서 빠졌던 일부 요소들을 체계적으로 통합하기 시작하기 때문에 길어진다.

문법 : 새로운 단어와 문장들을 만드는 도구

앞서 언급했듯이 인간의 언어는 생성적이다. 모국어 어휘에서 한정된 수의 단어와 형태소를 사용하여 개인들은 무한하게 많은 수의 문장을 생성하고 무한히 많은 생각을 표현할 수 있다. 각 언어는 언어적 요소들이 결합하는 법을 관장하는 특정한 세트의 규칙(과 예외들)을 가지고 있다. 언어의 힘은 이러한 규칙성을 숙달하여 각 개인들이 자신들이 노출되었던 특정 단어와 문장을 넘어서는 언어를 이해하고 산출하게 되는 데서 나온다. 이러한 숙달이 특히 어린 시절에 어떻게 가능하게 되는가?

이 주제에 관하여 많은 연구들은 명사와 동사에 첨가된 형태소에 초점을 맞춘다. 영어에서는 일부 주목할 만한 예외들이 있지만(예 : men, went) 명사는 s를 붙여서 복수형이 되며 동사들은 ed가 붙어서 과거 시제를 나타낸다. 어린 아동들은 이러한 형성 과정을 인지하고 이를 새로운 단어들에 일반화할 수 있다. 예를 들어 Jean Berko(1958)의 고전적인 실험에서 학령전 아동들에게 실험자가 'a wug'라고 부르는 가상의 동물의 그림을 보여주었다. 그런 다음 그 동물이 2개 있는 그림을 만들어서 "Here are two of them; what are they?"라고 아동들에게 물었다(그림 6.13 참조). 4세의 어린 아동들도 "Wugs"라고 정확하게 대답할 수 있었다. 아동들은 전에 wug라는 단어를 들어본 적이 없었기 때문에 복수형을 만들어내는 그들의 능력은 그들이 이전에 들었던 다른 복수형을 넘어서 일반화한 것임을 보여준다. 이 연구의 결과들은 참여자들이 영어에서 복수형을 어떻게 만드는지를 이해했다는 것을 보여주는 증거로 사용된다.

아동들이 불규칙 사례들을 대하는 방법에서 또한 일반화의 증거를 찾을 수 있다. man의 복수형과 go의 과거 시제를 고려해보자. 아동들은 man의 복수형은 'men', go의 과거 시제는 'went'로 처음에는 이 단어들의 정확한 불규칙 형태들을 사용한다. 그러나 그들은 곧 **과잉규칙화**(overregularization) 오류를 범하기 시작하여 불규칙 형태들을 마치 규칙형인 것처럼 취급한다. 예를 들어 이전에는 'men'과 'went'라고 말했던 아동이 'mans'와 'goed'뿐 아니라 'foots', 'feets', 'breaked', 'broked' 심지어는 'branged'와 'walkeded'와 같은 새로운 형태를 산출하기 시작한다(Berko, 1958; Kuczaj, 1977; Xu & Pinker, 1995). 불규칙 형태들을 숙달하기 전에 아동들은 가끔 과잉규칙화 오류와 정확한 불규칙 형태들을 번갈아 사용한다(Marcus, 1996; 2004). 2.5세 아동과 그의 아버지 사이에 오간 다음 대화는 이러한 종류의 오류와 이를 정정하는 것이 어렵다는 것 또한 보여준다.

> 아동 : I used to wear diapers. When I growed up(쉼)
> 아버지 : When you grew up?
> 아동 : When I grewed up, I wore underpants.
>
> (Clark, 1993)

아동의 문법 발달에 부모가 역할을 하지만 우리가 기대하는 것보다는 제한된 역할이다. 분명히 그들은 문법적으로 정확한 발화의 모델을 제공한다. 게다가 아동이 "No bed"라고 말하면 부모들은 "You really don't want to go to bed right now, do you?"라고 반응하면서 아동의 미완성 발화에서 빠진 부분들을 채워 넣는 경우도 많다.

우리는 또한 부모들이 아동의 문법적 오류를 정정해주어서 아동의 언어발달에 기여한다고 생각할 수도 있다. 실제로 부모들은 "I magicked it", "Me no want go", 또는 "I want dessert in front of dinner"와 같은 문장들을 수용하면서 일반적으로 매우 문법에 맞지 않는 아동의 실수들을 무시한다(Brown & Hanlon, 1970; Bryant & Polkosky, 2001). 아동의 발화 중 많은 부분이 이렇기 때문에 그렇지 않으면 힘들 것이다. 아들의 'growed' 사용을 발견하고 정정하려고 노력하는 부모처럼 이러한 노력은 대부분 쓸모가 없다. 일반적으로 부모들은 문법적인 오류보다는 사실적 오류를 정정할 가능성이 더 높다.

정정의 기회가 적은 것을 감안한다면 영아들은 모국어의 통사가 어떻게 작용하는지를 어떻게 알게 될까? 실험실에서 이 질문에 대답하려는 한 접근은 인공 문법이라고 알려진 작은 언어를 만들어서 어떤 종류의 언어적 패턴을 영아들이 학습할 수 있는지를 결정하는 것이다. 아주 잠깐의 노출 후에 8개월의 어린 영아들도 자신들이 들은 특정 항목을 넘어서 일반화하면서 매우 복잡한 패턴을 학습할 수 있었다(예 : Gerken, Wilson, & Lewis, 2005; Gómez, 2002; Lany & Saffran, 2010; Marcus et al., 1999; Saffran et al., 2008). 예를 들어 8개월 영아는 "le di di, wi je je, de li li…"처럼 세 단어가 연속되는데 그중 두 단어가 반복되는 리스트를 듣고 "ko ga ga"처럼 새로운 음절들로 제시되는 패턴을 재인할 수 있었다(Marcus et al., 1999).

해석할 수 있는 문장을 만들기 위해 단어들을 결합하는 방법을 배우는 것은 언어 습득에서 최고

This is a Wug.

Now there is another one.
There are two of them.
There are two _____.

JEAN BERKO GLEASON

그림 6.13 형태소 학습의 예 아동이 마지막 질문에 "Wugs"라고 대답하면 이는 아동이 영어에서 복수형을 만드는 방법(단어 말미에 s를 붙임)을 이해한 것에 대한 증거가 된다. 아동은 "wugs"를 이전에 들어본 적이 없기 때문에 아마도 이전 경험으로부터 일반화를 하고 있는 것이 틀림없다.

과잉규칙화 ■ 아동이 단어의 불규칙 형태를 규칙인 것처럼 취급하는 발화의 오류

의 성취이다. 간단한 두 단어 발화에서 몇 년 안에 문법적으로 정확한 복잡한 문장들을 만드는 아동들의 놀라운 성취보다 더한 언어적 발달은 없을 것이다. 심지어 그들의 오류조차 모국어의 구조에 대한 점점 더 세련된 이해를 드러낸다. 부모의 피드백이 상대적으로 결여된 상태라는 것을 감안할 때 이러한 성취는 더욱 인상적이다.

대화의 기술

어린 아동들은 타인과의 대화에 참여하고자 열심이지만 그들의 대화 기술은 급성장하는 언어적 기술보다 뒤떨어져 있다. 한 가지 이유는 매우 어린 아동들의 말은 타인을 대상으로 하기보다는 자기 자신을 향한 것일 때가 더 많다는 것이다. 이는 혼자 놀이에서만이 아니다. 다른 아동이나 성인과 함께 있을 때 어린 아동의 대화 중 반 이상은 자신을 향한 것이다(Schober-Peterson & Johnson, 1991). Vygotsky(1934/1962)는 어린 아동의 이 혼잣말(private speech)이 중요한 조절적인 기능을 한다고 믿었다. 즉 아동은 자신들의 행동을 조직화하는 전략으로 자신에게 이야기를 한다. 점진적으로 혼잣말은 사고로 내재화되고 아동은 자신들의 행동을 정신적으로 조직화할 수 있게 되며 따라서 더 이상 자신에게 큰 소리로 말을 할 필요가 없다.

제4장에서 언급한 것처럼 어린 아동이 다른 아동과 이야기할 때 그들의 대화는 자기중심적이다. Piaget(1923/1926)는 또래들과 어린 아동의 대화를 **집단 내 독백**(collective monologues)이라고 불렀다. 순서대로 이야기할 때에도 그들의 대화는 일련의 무관한 이야기들이며 각 아동의 순서에서 내용은 다른 아동이 방금 말한 것과 상관이 거의 없다.

대화를 유지하는 아동의 능력이 점진적으로 발달한다. 네 아동의 부모-자녀 대화를 추적한 종단 연구에서 Bloom, Rocissano, Hood(1976)는 동일한 주제에 대한 아동의 발화와 성인이 방금 말한 내용에 새로운 정보를 추가하는 발화의 비율이 21~36개월 사이에서 2배 이상(20% 정도에서 40% 이상으로) 증가하는 것을 발견했다. 대조적으로, 무관한 주제에 대한 발화의 비율은 동일 기간 동안 극적으로(20% 정도에서 거의 0%로) 감소했다.

학령전기 동안에 극적으로 변화하는 어린 아동들의 대화에서 독특한 측면은 과거에 대해 말하는 정도이다. 3세 아동의 대화는 과거 사건에 대해 기껏해야 가끔 짧은 언급만을 포함할 뿐이다. 반대로 5세 아동은 이야기의 형태로 과거 사건에 대해 기술하는 **담화**(narratives)를 산출한다(Miller & Sperry, 1988; K. Nelson, 1993). 담화가 더 길고 더 일관적으로 되는 것이 가능해지는 한 가지 이유는 이야기의 기본 구조에 대한 이해가 나아지기 때문이다(Peterson & McCabe, 1988; Shapiro & Hudson, 1991; Stein, 1988).

부모들은 아동의 담화에 비계(scaffolding)(제4장에서 논의)라고 하는 것을 제공하여 과거 사건에 대한 일관적인 보고를 산출하는 능력의 발달을 돕는다. 과거에 대한 아동의 대화를 구조화하는 효과적인 방법은 정교화 질문, 즉 이야기를 이어가는 어떤 것에 대해 말할 수 있도록 하는 질문을 하는 것이다. 다음의 27개월 된 해리엇과 어머니 사이의 대화에서 어머니는 아동의 말을 해석하고 상세 정보를 끌어내 해리엇이 학교에서 어떻게 아프게 되었는지를 설명하도록 돕고 있다.

> 해리엇 : 나는 (들리지 않음) 바지가 내려오게 했어.
> 어머니 : 너는 바지에 쉬를 했고 바지를 벗었어. 그런 말이지? … 헬렌이 네가 아플 때 돌보아주었니?
> 해리엇 : 응.

집단 내 독백 ■ 일련의 무관한 이야기들을 포함하는 아동들 간의 대화로 각 아동들의 순서에서의 내용은 다른 아동이 방금 말한 내용과 거의 상관이 없다.

담화 ■ 이야기의 기본 구조를 가진 과거 사건에 대한 기술

어머니 : …넌 잠이 들었니?

해리엇 : 난 눈을 감을 수가 없어.

(McCabe & Peterson, 1991, p. 238)

이 대화에서 아동은 실제로 많은 말을 하지 않았지만 부모의 질문은 아동이 그 사건에 대해 생각하도록 도왔고 부모는 또한 대화의 모델을 제공했다. 유용한 정교화 질문을 물어서 초기 대화에 비계를 제공한 부모들의 걸음마기 아이들은 수년 후에는 스스로 더 나은 담화를 산출할 수 있다(Fivush, 1991; McCabe & Peterson, 1991; Reese & Fivush, 1993).

대화의 좋은 상대자가 되는 데 중요한 측면은 언어가 의사소통에서 어떻게 사용되는가를 이해하도록 돕는 화용적 발달(pragmatic development)이다. 이러한 이해는 예

부모들은 일반적으로 어린 아동이 과거 사건에 대해 이야기하도록 돕는다. 이러한 대화들은 초기 언어발달에 공헌한다.

를 들어 수사학적인 질문들, 풍자, 아이러니, 그리고 주장을 위해 과장하거나 삼가서 말하기의 사용처럼 청자가 자신이 듣고 있는 단어 이상을 넘어서 실제 의미를 파악해야 하는 발화에 필수적이다. 아동의 화용능력은 학령전기 동안에 걸쳐 발달하며 성인, 또래와의 의사소통을 촉진한다. 특히 화용능력은 학령전 아동들 사이의 '대화'에서는 확실하게 결여되어 있던 대화 상대방의 관점을 택하는 법을 학습한다. 유치원 연령의 청자들은 대화 상대방이 의미하는 바를 이해하고 관련된 반응을 제공하기 위해 상대방의 관점을 이용할 수 있다(예 : 대화와 관련된 정보들 중에 상대방이 가지거나 가지지 않은 정보를 고려하여)(Nadig & Sedivy, 2002; Nilsen & Graham, 2009). 그들은 또한 의미를 해석하기 위해 단어 이외의 정보를 사용하는 법을 배운다. 예를 들어 나이 든 학령전 아동들은 화자의 의도를 파악하기 위해 애매모호한 말에서 음성적 정서를 이용할 수 있다(Berman, Chambers, & Graham, 2010). 하나는 온전하고 다른 하나는 부서진 2개의 인형을 제시하고 "이 인형을 봐"라고 말하면 4세 아동들(그러나 3세 아동은 아님)은 지시가 긍정적인 정서로 전달되었을 때는 온전한 인형을 보았고 지시가 부정적인 정서로 전달되었을 때는 부서진 인형을 보았다.

대화의 조망수용능력의 발달은 아동의 집행기능 수준과 관계된다. 아동이 자신의 관점을 택하려는 경향성을 더 잘 통제할 수 있게 되면 대화 상대방의 관점을 취하는 것이 더 쉬워진다. 최근의 몇몇 연구들에 의하면 아동 자신의 언어에 대한 경험이 또한 의사소통 상황에서 타인의 관점을 택하는 능력에 영향을 준다. 참여자들이 실험자의 관점을 택해야 하는 과제들에서 단일언어를 말하는 영아와 어린 아동들은 이중언어 아동들 — 과 또한 자신은 이중언어자가 아니지만 다언어환경에 살고 있는 아동들 — 에 비해 수행이 더 저조했다(Fan et al., 2015; Liberman et al., 2016). 다양한 언어적 환경에서 사는 것은 단일언어환경에서는 할 수 없는 방법으로 의사소통의 도전과 또한 효과적으로 소통하기 위해 타인의 관점을 고려할 필요에 아동들을 조율시킨다.

우리는 어린 아동들이 성장하는 언어적 기술을 잘 사용하여 더욱 효율적인 의사소통의 상대가 되는 것을 본다. 처음에 아동들은 더 유능한 상대방으로부터 상당한 지원을 필요로 하지만 그들의 대화적 기술은 다른 인지와 사회적 기술이 발달함에 따라 매우 규칙적으로 증가한다. 담화 구조에 대한 이해의 성숙과 다른 사람의 관점을 택하는 새로 생겨난 능력은 대화적 기술의 발달에서 중요한 요소들이다.

이후 발달

5세나 6세 이후에도 아동들의 언어 기술은 지속적으로 발달한다. 그러나 그 즈음에 언어의 기초적인 요소들은 일반적으로 자리를 잡기 때문에 이후 발달은 초기보다는 덜 극적이다. 예를 들어 학령전기 동안에 너무나 극적으로 발달하는 대화를 유지하는 능력은 성인기까지도 지속적으로 향상된다. 학령기 아동들은 점점 더 언어에 대해 숙고하고 분석하는 능력이 발달하며 수동태 구조의 사용과 같은 더 복잡한 문법을 숙달한다.

　학령기 아동의 더욱 반성적인 언어 기술의 한 결과는 단어들의 다중적 의미에 대한 이해가 증가하는 것이며 이로 인해 아동들을 즐겁게 하고 부모들을 괴롭히는 끝없는 말장난, 수수께끼, 그리고 농담이 출현한다(Ely & McCabe, 1994). 그들은 또한 정의를 듣고 쉽게 새로운 단어의 의미를 학습하며(Pressley, Levin, & McDaniel, 1987) 이는 그들의 이해 어휘가 평균적인 6세의 경우 10,000 단어에서 5학년에는 40,000단어(Anglin, 1993)로, 평균적인 대학생의 경우 150,000단어(Miller & Gildea, 1987)로 확장되는 데 기여한다.

언어발달에서 이론적인 주제들

이 장에서 지금까지 보아 온 것처럼 언어발달의 과정에는 천성과 양육 모두의 증거가 가득하다. 언어 습득을 위한 2개의 주요 필요조건은 (1) 인간의 뇌와 (2) 인간 언어의 경험이다. 전자는 분명히 천성에 속하고 후자는 양육에 속한다. 이 둘 간의 분명한 상호작용에도 불구하고 언어발달의 영역에서 천성과 양육의 논쟁은 지속적으로 거세게 맹위를 떨쳐 왔다. 그 이유는 무엇인가?

Chomsky와 선천론

언어 발달의 연구는 언어 습득의 과정에 대한 이론적인 논쟁으로부터 시작되었다. 1950년대에 B. F. Skinner(1957)는 언어적 행동(Verbal Behavior)이라는 책을 썼고 여기서 그는 언어발달에 대한 행동주의적 이론을 제시했다. 제1장에서 보았듯이 행동주의자들은 발달이 외현적 행동에 대한 강화와 처벌에 의한 학습의 함수라고 믿는다. Skinner는 동물에게 새로운 행동을 훈련시킬 때 사용하는 것과 동일한 종류의 강화 기법을 사용하여 부모들이 자녀들에게 말하는 것을 가르친다고 주장한다.

　아마도 지금까지 출간된 가장 영향력 있는 과학 서적의 서평에서 Noam Chomsky(1959)는 언어를 강화와 처벌의 과정을 통해 학습할 수 없는 이유 중 몇 가지를 지적하며 Skinner에게 반대했다. 한 가지 중요한 이유는 이 장의 앞부분에서 이야기했다. 즉 우리는 우리가 들어본 적이 없는 문장들을 이해하고 산출할 수 있다(생산성). 만약 언어 학습이 강화와 처벌에 의해 진행된다면 "Colorless green ideas sleep furiously"는 문법적인 영어 문장인 반면 "Green sleep colorless furiously ideas"는 그렇지 않다는 것을 우리는 어떻게 아는가(Chomsky, 1957)? 유사하게, 아동들은 어떻게 wented 또는 mouses처럼 자신들이 들어본 적이 없는 단어들을 말할 수 있는가? 이러한 예들에 대한 설명은 Skinner의 주장과는 달리 배운 적이 없는 모국어의 구조 — 관찰할 수 없고 따라서 강화할 수도 없는 사실들 — 에 대해 우리가 구체적인 내용들을 알고 있다는 것이어야 한다.

언어발달에 대한 설명에서 Chomsky는 인간은 **보편 문법**(Universal Grammar)이라는 모든 언어의 문법을 주관하는 내장된 원리와 규칙의 세트를 가지고 태어난다고 주장했다. 근대 언어학의 발달에 중심이 되어 온 Chomsky의 주장은 세계의 언어들에 있어 많은 표면적인 차이에도 불구하고 기저가 되는 구조들이 근본적으로 유사하다는 사실과 일치한다. 그의 강력한 선천론적 주장은 또한 (아마도 보편 문법을 갖고 있지 않은) 비인간들과 달리 어떻게 대부분의 아동들이 예외적으로 빠르게 언어를 학습하는지에 대한 설명을 제공한다(보편 문법 가설은 글상자 6.4에서 언급할 니카라과 수화와 같이 아동들이 새로운 문법적 구조를 창조한 신흥 언어들의 연구와 관계가 깊다).

언어발달에서 지속되는 논쟁들

현재의 이론들은 모두 Chomsky의 중요한 관찰들의 일부를 인정한다. 예를 들어 언어발달에 대한 어떠한 설명도 왜 인간의 언어가 그렇게 많은 특징들을 공유하는지를 설명할 수 있어야 한다. 또한 이론들은 영아부터 성인에 이르기까지 언어의 사용자들이 어떻게 자신들이 노출된 특정 단어와 문장을 넘어서 일반화를 할 수 있는지를 설명해야만 한다. 그러나 이러한 사실을 취급하는 다양한 설명들은 2개의 중요한 차원들에서 다르다. 첫 번째 차원은 이 설명들이 아동 내부(천성) 대 환경 내부(양육)에 있는 정도이다. 두 번째 차원은 아동의 공헌과 관계된다. 즉 언어 학습에 내재된 인지와 뇌의 기제들이 오로지 언어 학습을 지원하기 위해 진화된 것인가(**영역 특정적**) 혹은 많은 다른 종류의 학습에도 사용되는가(**영역 일반적**)?

첫 번째 차원에 관해서 이론가들은 아동의 환경 속에도 또한 보편적인 것이 있다고 지적하면서 Chomsky의 보편 문법에 대한 주장에 반대해 왔다. 전 세계의 부모들은 자녀들과 어떤 것들에 대해 의사소통을 해야 할 필요가 있고 이러한 것들이 아동이 학습하는 언어 속에 반영될 가능성이 높다. 예를 들어 3개의 서로 다른 문화에서 초기에 습득되는 단어들이 놀랄 만큼 중복되는 것을 보여주었던 표 6.1을 기억해보라(Tardif et al., 2008). 이러한 유사성은 부모들이 자신의 영아들과 이야기하고 싶어 하는 것과 영아들이 의사소통하고자 하는 것을 반영한다.

실제로 사회적 상호작용에 초점을 둔 설명들은 언어발달에 대한 거의 모든 것들이 의사소통기능의 영향을 받는다고 주장한다. 아동들은 타인들과 상호작용하고 자신들의 생각과 감정을 소통하고 다른 사람들이 자신들에게 소통하고자 하는 것을 이해하고자 동기화된다(Bloom, 1991; Bloom & Tinker, 2001; Snow, 1999). 이 입장에 따르면 아동들은 자신이 듣는 언어와 언어가 사용되는 사회적 맥락과 화자의 의도 속에서 가용한 수많은 단어들에 주의를 기울여서 점진적으로 언어와 그의 사용에 내재하는 규칙성을 발견한다(예 : Tomasello, 2008). 이러한 관습들 중 일부는 원래 Skinner가 주장했던 것과 같은 종류의 강화의 방법들에 의해 학습될 수도 있다. 예를 들어 Goldstein과 동료들은 옹알이를 할 때 영아가 내는 소리와 그들이 소리들을 산출하는 속도 모두 옹알이에 대한 반응으로 부모가 만져주거나 미소 짓는 것과 같은 부모의 강화에 의해 영향을 받는다는 것을 발견했다(Goldstein, King, & West, 2003; Goldstein & Schwade, 2008). 이러한 종류의 사회적 행동이 언어발달의 덜 외현적인 측면들, 예를 들어 통사의 습득에 영향을 줄 수 있는지는 아직 미지수다.

언어 습득에 내재하는 과정들의 영역 특정성이라는 두 번째 차원은 어떠한가? Chomsky가 신봉하는 강한 선천론자들에 따르면 언어발달을 지원하는 인지적 능력들은 언어에 매우 특정적이다.

보편 문법 ■ 모든 언어에 공통적인 매우 추상적이고 무의식적인 규칙들의 제안된 세트

단원성 가설 ■ 인간의 뇌가 다른 인지적 기능과는 별개로 타고난 자기충족적인 언어 단원을 가지고 있다는 주장

Steven Pinker(1994)가 기술하듯이 언어는 "우리 뇌의 생물학적 구성 중 별개의 한 부분이며…정보를 처리하거나 지적으로 행동하는 더 일반적인 능력과는 별개이다"(p. 18). 이 주장에서 한 발 더 나아간 것이 **단원성 가설**(modularity hypothesis)인데 이는 인간의 뇌가 다른 인지적 기능과는 별개로, 타고난 자기충족적인 언어 단원을 가지고 있다고 주장한다(Fodor, 1983). 전문화된 정신적 단원에 대한 생각은 언어에만 한정되지 않는다. 제7장에서 보겠지만 지각, 공간 기술, 그리고 사회적 이해를 포함한 다양한 기능에 내재하는 타고난 특별한 목적의 단원이 제안되었다.

대안적인 견해는 언어발달에 내재하는 학습기제가 실제로 매우 일반적이라고 주장한다. 이러한 학습능력들이 타고난 것일지라도 이들의 진화적 발달은 언어 학습에만 국한된 것은 아니다. 예를 들어 연구자들은 이 장의 앞부분에서 언급했던 분포적 학습기제들 역시 영아가 악보, 시각적 형태, 그리고 인간 행동의 순서를 추적하는 것을 돕는다는 것을 보여주었다(예 : Fiser & Aslin, 2001; Kirkham, Slemmer, & Johnson, 2002; Roseberry et al., 2011; Saffran et al., 1999). 유사하게, 빠른 단어 학습을 지원했던 빠른 대응 기제 역시 걸음마기 아이들이 사물에 대한 사실들을 학습하는

글상자 6.4 | 자세히 살펴보기

"난 손을 쓰지 않고는 말을 못 하겠어": 몸짓이 언어에 대해 말해주는 것

전 세계 사람들은 말을 할 때 자발적으로 몸짓을 동반한다. 몸짓의 자연스러움은 시각장애인이 청자 역시 시각장애인이라는 것을 알 때조차 말을 할 때 정상인만큼 몸짓을 사용한다는 사실에서 드러난다(Iverson & Goldin-Meadow, 1998).

몸짓은 일찍부터 시작된다. 영아들은 종종 단어를 말하기 전에 알아들을 수 있고 의미 있는 몸짓을 사용한다. Acredolo와 Goodwyn(1990)에 따르면 아동은 스스로 많은 '베이비 사인'을 만들어낸다. 그들의 연구에서 한 아동은 덥석 무는 턱을 모방하기 위해 두 손을 모아서 열었다 닫았다 하면서 '악어'를 나타내었고 또 다른 아동은 헐떡이는 것처럼 혀를 내밀어서 '개'를 표현했다. 또 다른 아동은 코를 킁킁대는 것으로 '꽃'을 표현했다. 영아들은 발성기관보다 손의 운동을 더 먼저 통제할 수 있기 때문에 생애 첫 한 해 동안에 사인의 사용을 촉진한다.

흥미롭게도 초기 몸짓과 이후 어휘발달 간에 관계가 있다(M. L. Rowe, & Goldin-Meadow, 2008). 아동이 14개월에 몸짓을 더 많이 할수록 42개월에 말하는 어휘수도 더 많았다. 더구나 SES가 높은 가정과 낮은 가정 간에 몸짓의 양의 차이는 상자 6.2에서 논의했던 SES 효과에 영향을 주는 한 요인이다(M. L. Rowe & Goldin-Meadow, 2009).

몸짓과 언어 사이의 밀접한 관계에 대한 특별히 극적인 증거는 몸짓에 기반한 자신의 언어를 창조해낸 아동들에 대한 놀라운 연구로부터 나온다. Goldin-Meadow와 동료들은 선천적인 청각장애를 가진 미국과 중국 아동들을 연구했는데 이들의 부모들은 어떠한 형식적인 수화에도 전혀 능숙하지 않았다(Feldman, Goldin-Meadow, & Gleitman, 1978; Goldin-Meadow, 2003; Goldin-Meadow & Mylander, 1998). 이 아동들과 부모들은 서로 의사소통을 하기 위해 '가정 수화'를 만들었고 아동들의 몸짓 어휘는 빠르게 부모들의 어휘를 능가했다.

더 중요하게 이 아동들은(부모들은 아니고) 자발적으로 그들의 몸짓에 구조-기본적인 문법-를 적용했다. 두 집단의 아동들이 모두 부모들의 언어들은 아니지만 일부 언어들에서 나타나는 문법적인 구조를 사용했다. 결과적으로 아동들의 사인 체계는 부모들의 사인 체계보다 서로 간에 더 유사했다. 또한 아동들의 사인은 부모들의 사인보다 더 복잡했다. 비슷한 현상이 ASL처럼 관습적인 수화를 배웠지만 문법적이지 않은(주로 나이가 들어서 사인을 배우기 때문에) 수화를 사용하는 부모로부터 사인을 배우는 청각장애 아동들에게서도 나타난다. 이러한 경우들에서 청각장애 아동들은 부모들이 산출하는 사인보다 더 일관적인 체계를 자발적으로 적용한다고 보고되었다(Singleton & Newport, 2004).

아동이 언어를 창조하는 가장 광범위하고 예외적

Acredolo와 Goodwyn의 연구에서 이 어린 참가자는 돼지를 가리키는 자신만의 특유한 '베이비 사인'을 산출하고 있다.

Susan Goodwyn

데 사용된다(Markson & Bloom, 1997). 이 장의 앞에서 언급했던 언어 발달의 결정적 시기에 대한 '적은 것이 더 좋다(less is more)' 가설 또한 특별하게 언어하고만 관련되는 것은 아니다(Newport, 1990). 작은 덩어리의 정보를 추출하는 능력은 작은 조각들(음표, 화음)이 모여서 더 높은 수준의 구조(선율, 하모니)를 구성하는 음악과 같은 다른 영역에서도 유용하다. 마지막으로 발달적 언어장애에 관한 최근의 이론들(글상자 6.5)은 언어만이 아닌 일반적 인지기능의 측면을 언급한다.

아동발달의 다른 영역들에서처럼 계산 모형은 현대 이론적 관점들의 발달에서 중요한 역할을 한다. 계산 모형을 사용해서 연구자들은 타고난 구조와 컴퓨터 학습자에게 주어진 환경적 입력을 모두 구체화하고 아동의 언어 습득을 자극하기 위해서 무엇이 중요한지를 결정하려는 시도를 할 수 있다. 계산 모형을 지향하는 하나의 영향력 있는 관점은 수많은 상호 연결된 처리 단위들의 동시적인 활성화를 강조하는 **연결주의**(connectionism)이다. 연결주의의 관점을 따르는 연구자들은 언어 습득을 포함한 인지발달의 다양한 관점들에 대한 컴퓨터 시뮬레이션을 개발했다(예 : Elman et al., 1996). 소프트웨어는 경험을 통해 학습하며 아동의 발달적 진전을 모사하는 방식으로 점진적으로

연결주의 ■ 수많은 상호 연결된 처리 단위들의 동시적인 활성화를 강조하는 정보처리적 접근의 한 종류

인 예는 과거 35년간 진화해 온 완전히 새로운 언어인 니카라과 수화(Nicaraguan Sign Language, NSL)의 발명이다. 1979년 니카라과에서는 청각장애 아동들을 위한 대규모 교육 프로그램이 시작되었다(Senghas & Coppola, 2001). 이 프로그램은 수백 명의 청각장애 아동들을 마나과시의 두 학교에 모았다. 대부분의 아동들에게 이는 다른 청각장애자들을 만나는 첫 번째 경험이었다.

이 학교의 교사들은 어떤 형식적인 수화도 알지 못했고 부모들과 가정에서 간단한 가정 수화로 소통을 했던 아동들도 마찬가지였다. 아동들은 재빨리 서로가 가진 비공식적인 사인들을 이용해서 상대적으로 조잡하고 한정된 의사소통 체계인 '피진' 수화를 구축했다. 학생들은 이 언어를 학교의 안과 밖에서 모두 사용했고 이 공동체에 들어오는 새로운 집단의 아동들도 이를 학습했다.

다음에는 놀라운 일이 벌어졌다. 어린 학생들이 학교에 들어오면 그들은 나이 든 학생들이 사용하는 기본적인 체계를 재빨리 숙달하였고 그런 다음에 점진적으로 이를 고유한 문법 체계를 가진 더 복잡하고 완전히 일관된 언어(NSL)로 변형시켰다. 현재 NSL 공동체에서 가장 유창한 수화를 하는 사람들은 가장 어린 아동들인데 그 이유는 NSL이 진짜 언어로 진화했고 그들은 이를 더 어린 나이에 습득했기 때문이다.

또 다른 신흥 수화가 이스라엘(Israel)의 네게브(Negev) 사막에서 발견되었다(Sandler et al., 2005). 알 사이드 베두인족의 수화(Al-Sayyid Bedouin Sign Language, ABSL)는 3세대이며 75

학교 공동체에서 출현한 언어로 수화를 하고 있는 니카라과의 청각장애 아동들

년쯤 되었다. NSL과 달리 ABSL은 출생 시부터 습득되었는데 그 이유는 이 공동체의 청각장애 아동들에게 보통 대가족들 중에서 적어도 한 명의 청각장애인이 있었기 때문이다. ABSL의 문법적 구조는 그 지역의 구어들(아랍어, 히브리어)과 닮지 않았다.

청각장애 아동들이 발명한 언어에 대한 이러한 이야기들은 단지 매력적인 이야기만은 아니다. 이들은 언어 학습에 있어 아동의 기여에 대한 증거를 제공한다. 수 세대에 걸쳐서 아동들은 간단하고 일

관적이지 않은 수화를 임시로 만들었고 이를 정립된 언어들에서 관찰되는 것과 훨씬 가까운 구조들로 변형시켰다. 이 과정이 Chomsky식의 보편 문법의 작동을 반영하는가 혹은 더 일반적인 학습기제의 작동을 반영하는가는 아직 알 수 없다. 아동이 자신이 받는 언어적 입력을 넘어서 자발적으로 이러한 신흥의 언어들을 개선하고 체계화한다는 발견은 언어발달의 영역에서 가장 매혹적인 발견 중 하나이다.

발달적 언어장애

이 장에서 우리는 언어발달에서 아동에 따라, 문화에 따라 유사한 것과 다른 것을 모두 강조했다. 가장 중요한 개인차는 발달적 언어장애의 범주에서 나타난다. 이는 보통 학령기에 사라지는 지연에서부터 일생 동안의 장애를 포함한다.

언어장애는 이 책에서 기술하는 다른 장애들에 비해 상대적으로 더 흔하다. 2012년에 미국의 3~8세 아동의 대략 10%가 그 전해에 말이나 언어문제로 치료를 받았다(Hoffman et al., 2014). 그러나 이 숫자는 언어장애의 유병률을 과소평가했을 가능성이 있는데 그 이유는 보통 학교에 들어가기 전까지는 언어장애의 진단이 이루어지지 않기 때문이다. 이 집단 중에서 많은 아동들이 말이 늦은 아이들이다. 이 진단은 다른 영역에서는 정상적으로 발달하고 있지만 어휘발달이 뒤처지거나 10번째 백분위수 아래에 있는 걸음마기 아이들에게 적용된다.

이들 중 일부는 정상이나 정상에 가까운 언어적 기술을 가지게 되는 소위 대기만성형 아동들이다. 앞서 기술한 눈 움직임 과제로 측정했을 때 더 나은 단어 재인 기술을 가진 말이 늦은 걸음마기 아이들이 가장 따라잡을 가능성이 높다(Fernald & Marchman, 2012). 미국 학령기 아동의 대략 7%에 해당하는 따라잡는 데 실패한 아동들은 *특정언어장애*(specific language impairment, SLI)의 진단을 받게 된다. 이 아동들은 말소리 지각, 단어 분절과 문법 이해를 포함한 많은 언어 관련 과제들에서 도전에 직면한다(예 : Evans, Saffran, Robe-Torres, 2009; Fonteneau & van der Lely, 2008; Rice, 2004; Ziegler et al., 2005). 그들은 또한 작업기억, 순서 학습, 그리고 처리 속도에서 더 일반적인 난관에 부딪힐 수도 있다(예 : Leonard et al., 2007; Tomblin, Mainela-Arnold, & Zhang, 2007).

다운 증후군, 취약 X 증후군, 또는 자폐스펙트럼 장애(ASD)를 포함한 유전적으로 전해지는 발달장애들은 언어의 산출과 이해 모두를 포함한 언어발달의 모든 측면에 걸쳐 상당한 지연을 보이는 경향이 있다. 실제로 의사소통에서의 어려움은 ASD의 진단 준거 중 하나이다. ASD를 가진 아동들에게 초기 언어능력은 치료에 대한 반응을 포함하여 이후의 결과를 예측한다(예 : Stone & Yoder, 2001; Szatmari et al., 2003). 흥미롭게도 ASD를 가진 아동들의 더 어린 형제는 그 자신들도 ASD의 위험이 크며 또래들에 비해 언어 지연의 비율이 높다(Gamliel et al., 2009). ASD의 가능성이 높은 영아들을 포함한 12개월 영아들에 대한 대규모의 종단연구에서 어휘 점수(수용과 표현 모두에서)가 더 낮은 영아들은 나중에 ASD로 진단될 가능성이 더 높았다(Lazenby et al., 2016). 그러나 유전적으로 전해지는 발달장애들 모두가 언어장애를 특징으로 갖는 것은 아니다. 글상자 3.1에서 언급한 윌리엄스 증후군을 가진 아동들은 인지의 다른 측면들보다 언어 손상이 훨씬 적다. 그들은 또한 음악과 다른 청각자극에 매우 관심이 많으며 영아기에는 다른 정상 발달 영아들과 같은 방식으로 말소리의 통계적 특징을 추적할 수 있다(Cashon et al., 2016).

언어장애가 나타날 수 있는 또 다른 집단의 아동들은 청각장애 아동들이다. 앞서 말한 바와 같이 만약 이 아동들이 ASL 같은 자연적인 수화에 일찍 노출되면 그들은 정상적인 언어발달의 궤적을 따를 것이다. 그러나 청각장애 아동들의 90%는 들을 수 있는 부모들에게서 출생하며 이들 중 많은 아동들은 수화를 접하지 못한다. 듣지 못하는 상태에서 구어를 학습하는 것은 매우 어렵다. 심각한 청각장애 영아와 아동, 그리고 성인들을 대상으로 점차 더 유행하는 중재 방법은 청각적 입력을 청각신경의 전기적 자극으로 전환하는 기구를 수술로 이식하는 인공와우(cochlear implants, CI)를 사용하는 방법이다. CI가 제공하는 신호는 전형적인 청각에 비해 성능이 저하된 것이다. 그럼에도 불구하고 많은 청각장애 영아와 아동들이 성공의 정도는 개인에 따라 많이 다르지만 CI의 도움으로 구어를 학습할 수 있다. 다른 결정적 시기의 결과들과 일치하게 더 어린 나이에 이식하는 것이 나중에 하는 것보다 더 낫다(예 : Houston & Miyamoto, 2010; Leigh et al., 2013). 그럼에도 불구하고 학습의 시작부터 CI를 통해서 말소리를 지각하는 청각장애 영아와 걸음마기 아이들은 정상적인 또래들에 비해 단어 재인이 느리고 덜 정확하다(Grieco-Calub, Saffran, & Litovsky, 2009). 이러한 학습자들에게 이중언어의 입력을 제공하는 것(자연적인 수화와 CI를 통한 구어)은 언어 습득을 위한 가장 성공적인 길을 제공할 수 있다.

Amelie-Benoist / BSIP / The Image Works

인공와우는 일부 청각장애와 청력이 손상된 사람들이 사용하는, 수술을 통해 이식하는 기구이다.

단위들 중에서 특정 연결들을 강화한다. 연결주의의 관점은 영어에서 과거 시제의 습득과 단어 학습에서 모양 편향의 발달을 포함하는 언어발달의 특정 측면들을 모델링하는 데서는 인상적인 성공을 거두었다(예 : Rumelhart & McClelland, 1986; Samuelson, 2002). 그러나 연결주의 모델들은 언제나 처음부터 모형에 들어가 있는 특징들(예 : 모델들은 영아들과 동일한 '타고난' 제약을 가지는가?)과 그들에게 제공되는 입력들이 실제 아동들이 받는 입력들에 얼마나 상응하는가에 관하여 비판을 받고 있다.

비언어적 상징들과 발달

비록 언어가 우리의 가장 탁월한 상징 체계이기는 하지만 인간은 타인과의 소통을 위해 수많은 다른 종류의 상징들을 발명했다. 실제로 어떤 사람이 그것으로 다른 어떤 것을 나타내려는 의도를 가지는 한 무엇이든 상징이 될 수 있다. 교재의 인쇄된 단어, 숫자, 그래프, 사진, 그리고 그림부터 애플리케이션 아이콘, 지도, 시계와 같은 수천 개의 일상적인 항목에 이르기까지 우리가 일상적으로 만나는 상징의 목록은 길고도 다양하다. 상징은 일상의 생활에 너무나도 중요하기 때문에 자신의 문화에서 중요한 상징의 체계를 숙달하는 것은 모두 아동들에게 중요한 발달적 과업이다.

상징적으로 능숙하다는 것은 타인이 창조한 상징과 새로운 상징적 표상의 창조 모두에 숙달하는 것이다. 우리는 먼저 매우 어린 아동들이 상징적 인공물의 정보적 내용을 활용하는 능력에 대한 연구로부터 시작해서 초기의 상징적 기능에 대해 논의할 것이다. 그다음 그림과 쓰기를 통해 아동의 상징 창조를 조명한다. 제7장에서는 가상놀이에서 아동의 상징적 관계의 창조에 대해서 살펴보고 제8장에서는 모든 상징적 활동 중에 가장 중요한 두 가지 발달인 읽기와 수학에 대해 알아본다.

상징을 정보로 이용하기

많은 상징들의 필수적인 기능 중 하나는 유용한 정보를 제공한다는 것이다. 예를 들어 지도는 종이에 대충 연필로 그린 것이든 스마트폰의 구글 지도이든 특정 장소를 찾는 데 중요하다. 지도와 같은 상징적 인공물을 사용하기 위해서는 **이중 표상**(dual representation)이 필요하다. 즉 인공물이 머릿속에서 하나는 실제 사물, 그리고 또 하나는 그 이외의 다른 어떤 것에 대한 표상으로 동시에 두 가지 방법으로 표상되어야만 한다(DeLoache, 2002, 2004).

매우 어린 아동들은 이중 표상에 상당한 어려움을 갖기 때문에 상징적 인공물로부터 정보를 사용하는 능력에 한계가 있다. 이는 실험자가 실제 크기의 방 옆의 축소 모형에 작은 장난감을 숨기는 것을 어린 아동들이 보는 연구에서 증명되었다(그림 6.14)(DeLoache, 1987). 그런 다음 그 장난감의 더 큰 모델이 '큰 방의 동일한 장소에 숨겨져 있다'고 아동들에게 말하고 그 장난감을 찾으라고 요청한다. 전형적인 3세들은 옆방에서 큰 장난감을 찾기 위해 축소 모형에서 작은 장난감의 위치에 대한 지식을 쉽게 이용한다. 이에 비해 대부분의 2.5세 아동들은 더 큰 장난감을 찾지 못한다. 그들은 모형이 큰 방의 어떤 것에 대해 알려주고 있다는 것을 알아채지 못하는 것 같다. 모형이 3차원 사물이기 때문에 너무도 현저하고 흥미로워서 매우 어린 아동들은 이중 표상을 다루는 데 어려움을 겪고 모형과 그 모형이 상징하는 방 사이의 상징적 관계를 알아채는 데 실패한다.

이중 표상 ■ 인공물이 머릿속에서 하나는 실제 사물, 그리고 또 하나는 그 이외의 다른 어떤 것에 대한 표상으로 동시에 두 가지 방법으로 표상되어야 한다는 생각

Courtesy of Judy DeLoache

그림 6.14 축소 모형 과제 상징을 정보원으로 사용하는 어린 아동들의 능력에 대한 검사에서 한 3세 아동이 실험자(Judy DeLoache)가 가까운 방의 축소 모형에서 베개 밑에 작은 난쟁이 인형을 숨기는 것을 보고 있다. 아동은 실제 방에서 대응하는 장소에 숨겨진 더 큰 난쟁이 인형을 찾는 데 성공했고 이는 아동이 모형과 실제 방 사이의 관계를 이해했다는 것을 의미한다. 이 아동은 또한 그가 원래 관찰한 모형 속에 숨겨진 작은 장난감도 성공적으로 찾았다.

이런 해석은 모형과 더 큰 공간 간 관계를 생각할 필요가 없는 2.5세 아동의 연구에서 강력한 지지를 받았다(DeLoache, Miller, & Rosengren, 1997). 실험자는 각 아동에게 '줄어드는 기계'(실제로는 많은 다이얼과 불빛이 있는 오실로스코프)를 보여주었고 이 기계가 '사물을 작게' 만들 수 있다고 설명했다. 아동은 움직일 수 있는 텐트 같은 방(약 2.4m×1.8m)에 난쟁이 인형을 숨기는 것을 보았고 그 줄어드는 기계가 '켜지는 것'을 보았다. 그런 뒤 아동과 실험자는 다른 방에서 그 줄어드는 기계의 작업이 끝나기를 기다렸다. 그들이 돌아왔을 때 원래 있던 자리에 축소된 크기의 텐트 같은 방이 놓여 있었다. (물론 실험 보조자들이 원래 텐트를 치우고 작은 모형으로 바꾸어 놓았다.) 난쟁이 인형을 찾아보라고 했을 때 아동들은 성공했다.

왜 줄어드는 기계라는 아이디어가 2.5세 아동들의 과제 수행을 가능하게 했을까? 대답은 만약 아동이 줄어드는 기계에 대한 실험자의 설명을 믿는다면 아동의 마음속에서 모형은 바로 방이다. 따라서 두 공간 사이에 어떠한 상징적인 관계도 없고 이중 표상도 필요하지 않다.

이중 표상과 상징에 대해 어린 아동이 갖는 어려움은 다른 맥락에서도 분명히 드러난다. 예를 들어 수학 교육에서 양을 표상하기 위해 사용하는 작은 블록이나 구슬 등의 구체물 교구들을 생각해보자. 수학을 가르치기 위해 교구를 사용하는 목표는 추상적인 개념에 대한 구체적인 고정틀을 제공하여 아동이 수량과 연산 간의 관계를 더 잘 이해하도록 돕는 것이다. 그러나 교육자들은 교구들이 그 자체가 상징이며 그래서 위에서 언급한 이중 표상의 문제, 즉 교구들은 그 자체로 사물이며 또한 다른 어떤 것을 표상하는 기능에 사용되고 있다는 문제(예 : Uttal et al., 2009)에 취약하다는 사실을 종종 잊어버린다. 따라서 추상적인 개념에 대한 상징으로 구체적 사물을 사용하는 것이 언제나 효과적이지는 않으며 특별히 교구가 너무 현저할 때(동물 모양을 사용하여) 그러하다.

상징적 표상이 도전이 되는 또 다른 예는 법의학 심리학으로부터 나온다. 성적 학대가 의심되는 경우에 조사관은 종종 인형과 아동 자신과의 관계가 분명하다고 생각하고 해부학적으로 상세한 인형을 사용하여 어린 아동들을 인터뷰한다. 그러나 5세 이하의 아동들은 가끔 자신과 그 인형 사이에 어떤 연관을 맺는 데 실패하고 따라서 인형의 사용이 그들의 기억보고를 향상시키지 못하며 심지어는 신뢰성을 떨어뜨리기도 한다(예 : DeLoache & Marzolf, 1995). 연구에 의하면 어린 아동들은 특히 자신을 표상하는 상징들인 자기 상징에 어려움을 느끼는데 상징들이 아동만큼 큰 크기로 만들어졌을 때에도 그러하다(Herold & Akhtar, 2014). 이러한 이유로 최근 아동 법정에서는 어린 아동과 인터뷰를 할 때 소도구의 사용을 자제하도록 하고 대신 라포를 형성하며 개방형 질문을 하고 스트레스를 느끼는 인터뷰 동안에 그들을 안정시키기 위한 방법으로 아마도 아동에게 그림을 그리도록 장려한다(예 : Johnson et al., 2016; Katz, Barnetz, & Hershkowitz, 2014).

상징을 즉각적으로 그것이 의미하는 바로 해석하는, 이중 표상을 성취하는 능력의 발달은 아동이 다양한 상징적 인공물의 추상적 성격을 발견하도록 돕는다. 예를 들어 어린 아동들과는 달리 학령기의 아동들은 지도에서 빨간 선이 실제 길이 빨갛다는 것을 의미하는 것은 아님을 이해한다(Liben & Myers, 2007). 이러한 능력의 발달은 상징에 대한 아동의 경험에 영향을 받는다. 비교문화 연구들에 의하면 북미처럼 사진이 흔한 문화들에서는 인도나 페루처럼 사진이 흔하지 않은 문화권보다 어린 아동들이 사진의 상징적 기능을 더잘 이해한다(Callaghan, Rochat, & Corbit, 2012).

실제로 글상자 5.2에서 논의한 바와 같이 사진 지각에서의 진보는 상징적 이해의 초기 형태에 대한 증거가 된다. 예를 들어 북미의 13개월 영아들은 사진에 나온 사물의 특성들이 실제사물에 확장될 수 있다고 이해한다(Keates, Graham, & Ganea, 2014). 이러한 결과들은 이렇게 빠른 나이에조차 영아들이 사물의 이미지와 실제 사물의 관계를 탐지할 수 있다는 것을 보여준다. 4세가 되면 실제 세상에서 길을 인도하는 기하학적 능력과 동일한 것을 사용하여 장면들의 이미지를 해석한다(Dillon & Spelke, 2015). 따라서 경험이 쌓이면서 지도와 수학적 교구들과 같은 이중 표상을 이해하는 데 필요한 종류의 추상화 능력이 나타난다.

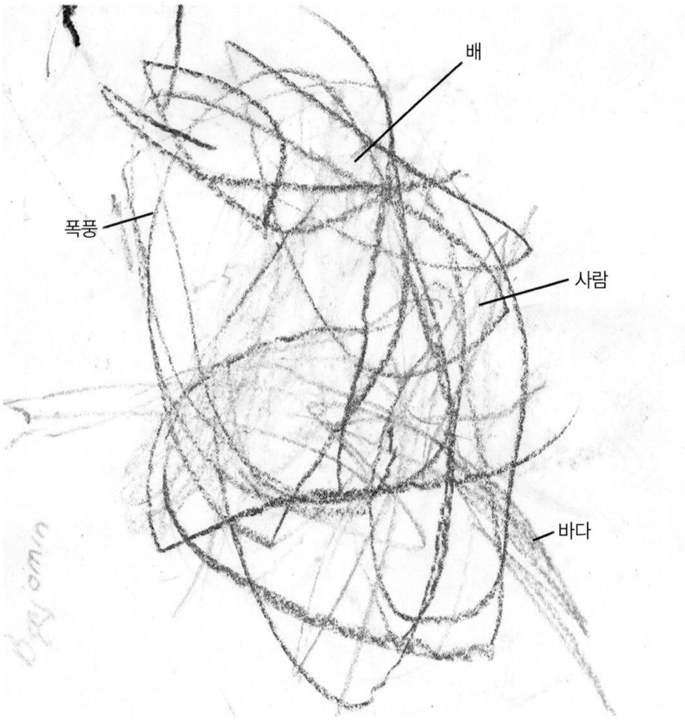

그리기와 쓰기

그리기와 쓰기는 많은 사회에서 부모들이 격려하는 공통적인 상징 활동이다(Goodnow, 1977). 어린 아동들이 처음으로 종이 위에 긁적이기 시작할 때 그들의 관심은 전적으로 그 활동 자체에 있으며 읽을 수 있는 심상을 산출하려는 시도는 아니다. 3세나 4세경에 대부분의 아동들은 어떤 것의 그림을 그리기 시작한다. 그들은 표상의 예술을 산출하려고 시도한다(Callaghan, 1999). 표상적인 상징에 대한 노출은 아동이 그것들을 산출하기 시작하는 연령에 영향을 준다. 한 비교문화 연구(Callaghan et al., 2011)에 의하면 그림과 같은 심상으로 가득 찬 가정(캐나다 표집)의 아동들은 심상이 많지 않은 가정(인디언과 페루 표집)의 아동들에 비해 이러한 심상을 더 일찍 산출했다.

처음에는 아동들의 예술적 충동이 그들의 운동과 계획하기 능력을 앞선다(Yamagata, 1997). 그림 6.15는 얼핏 보면 단순히 고전적인 낙서처럼 보인다. 그러나 이 그림을 그린 2.5세는 그림을 그리면서 그가 그리려는 것을 이야기했고 따라서 그의 예술적 의도를 알아보는 것이 가능했다. 그는 그림의 개별 요소들을 상당히 잘 표상했지만 이들을 공간적으로 통합할 수 없었다.

어린 아동들이 공통적으로 가장 흔하게 그리는 주제는 사람이다(Goodnow, 1977). 마치 처음 말을 시작하는 영아들이 산출하는 단어를 단순화하듯이 그림 6.16에서 보는 바와 같이 어린 아동들은 자신들의 그림을 단순화한다. 이 매우 간단하고 엉성한 모양을 그리기 위해 아동이 그리기를 계획하고 개별의 요소들을 공간적으로 조정해야만 한다는 것에 주목하자. 초기의 '올챙이' 인간

그림 6.15 초기 그림들 그림을 그린 2.5세의 유아가 자신의 작품에 대해 이야기한 바에서 알 수 있듯이 보기와 달리 이것은 아무렇게나 그린 낙서가 아니다. 삼각형으로 보이는 모양을 그릴 때 그는 그것이 '배'라고 말했다. 흔들리는 줄들은 '바다'이다. '배'밑에 몇 개의 낙서 같은 줄들은 '배를 운전하는 사람'이다. 마지막으로 나머지 부분 전체에 그려진 거친 줄들은 '폭풍'이다. 따라서 그림 전체가 그렇게 보이지 않지만 각 요소들이 어느 정도는 표상적이다.

그림 6.16 올챙이 그림들 어린 아동들의 초기 사람 그림은 일반적으로 '올챙이'의 형태를 가진다.

그림 6.17 더 복잡한 그림들 이 아동의 그림은 일부 잘 확립된 전략에 의지한다. 그러나 이 아동은 아직 복잡한 공간적 관계들을 어떻게 표상하는지를 잘 이해하지 못했다.

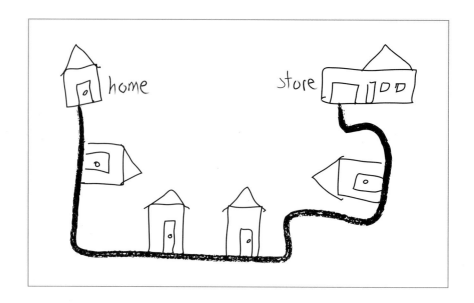

들도 밑에는 다리를 가지고 있고 종종 머리에서부터 나오기도 하지만 양 옆에는 팔이 있다.

그림 6.17은 더욱 복잡한 그림을 그리기 위해 아동들이 사용하는 전략들 중 일부를 보여준다. 이 그림은 길가에 몇 집을 포함하여 아동의 집에서 식료품 가게에 이르는 길을 그렸다. 이 아동이 사용한 첫 번째 전략은 집을 표상하는 데 잘 사용되는 공식을 적용하는 것이다. 두 번째 전략은 집들 간의 전반적인 조정을 희생하더라도 각 집들을 길을 기준으로 배치하는 것이다. 결국 어떤 아동들은 자신의 그림에서 다중의 요소들 간의 관계를 표상하는 데 고도로 숙련되게 된다.

아동의 낙서 또한 쓰기에 대한 그들의 새로운 이해를 반영한다. 3세 이전에 가장 최초의 낙서가 나타나기도 전에 아동들은 쓸 때와 그릴 때 서로 다른 형태의 낙서를 산출한다(D. Rowe, 2008). 이러한 발견은 중국어처럼 그림을 더 닮은 글자의 쓰기 체계를 배우며 자라는 학령전 아동들에게도 그대로 적용된다(Treiman & Yin, 2011). 4세경에는 적혀진 단어들은 특정의 구어 단어와 대응하며 반대로 그림은 많은 다른 단어들과 대응할 수 있다는 쓰기와 그리기의 주요 차이를 이해한다(Treiman et al., 2016). 이전에 언급한 이중 표상이 발달하면서, 예를 들어 더 긴 단어들은 더 긴 긁적임으로 적을 수 있다고 생각하는 것처럼(예 : Uttal & Yuan, 2014) 아동은 처음에는 상징과 그것이 표상하고자 하는 것들 사이의 지각적인 유사성에 의존한다.

요약

인간의 천성에서 중요한 특징은 하나 또는 그 이상의 다양한 언어들과 다른 상징들을 창조적으로 유연하게 사용하는 능력이다. 언어의 막대한 힘은 한정된 수의 단어들이 무한한 수의 문장들을 생성하는 데 사용될 수 있는 생산성으로부터 나온다.

언어발달

■ 언어의 습득은 언어의 소리, 의미, 문법과 사용을 관장하는 음운, 의미, 통사, 그리고 화용의 복잡한 체계를 학습하는 것을 포함한다.

■ 언어능력은 종 특유적이다. 언어의 완전한 발달을 위해서 첫 번째 전제조건은 인간의 뇌이다. 연구자들은 인간이 아닌 동물들에게 놀라운 상징 기술들을 가르치는 데 성공했지만 완전한 언어를 가르치지는 못했다.

■ 어린 시기는 언어 습득을 위한 결정적인 시기로 여겨진다. 언어의 많은 측면들은 이후에는 습득이 더 어렵다.

■ 언어발달을 위한 두 번째 전제조건은 언어에 대한 노출이다. 아기들이 듣는 언어의 대부분은 영아 지향어의 형태를 갖는데 이는 정상보다 높은 말소리, 억양의 극적인 변화, 온정적이고 애정적인 어조, 과장된 얼굴표정이 특징이다.

언어 습득의 과정

■ 영아들은 놀라운 말소리 지각능력을 갖는다. 성인과 마찬가지로 아기들도 물리적으로 유사한 말소리들을 분명히 별개의 범주에 속하는 것으로 지각하는 말소리의 범주적 지각을 보인다.

■ 어린 영아들은 실제로 모국어가 아닌 말소리를 변별하는 데 성인들보다 더 낫다. 모국어(들)에서 중요한 소리들을 학습하면서 타 언어에서 소리들을 변별하는 영아들의 능력은 감소한다.

■ 영아들은 언어의 분포적 특성들에 놀랄 만큼 민감하다. 그들은 자신들이 듣는 말소리의 미묘한 규칙성을 지각하고 유창한 말소리에서 단어들을 분절하는 데 이 규칙성을 이용한다.

■ 영아들은 7개월경에 음절들을 반복하거나("bababa") 또는 수화에 노출되었다면 반복적인 손 움직임을 사용하는 옹알이를 시작한다. 점진적으로 음성적 옹알이는 모국어의 소리를 닮아간다.

■ 생애 첫해의 하반기 동안에 영아들은 공동주의를 정립하는 능력을 발달시키는 것을 포함하여 다른 사람들과 상호작용하고 의사소통하는 법을 배운다.

■ 영아들은 약 1세경에 단어를 산출하기 시작한다. 그들은 처음에는 한 번에 한 단어만을 말하며 종종 특정 단어를 적절한 것보다 더 광범위한 맥락에서 사용하는 과잉확장 오류를 범한다. 영아들은 새로운 단어가 의미하는 바를 이해하기 위해 다양한 전략을 사용한다.

■ 24개월경에 대부분의 걸음마기 아이들은 짧은 문장들을 산출한다. 그들의 발화 길이와 복잡성은 점점 길어지고 걸음마기 아이들은 새로이 습득한 언어적 기술들을 자발적으로 연습한다.

■ 초기 학령전기에 아동들은 새로운 명사에 '복수형을 만들기 위해서는 s를 붙인다'와 같은 패턴들을 확장하는 일반화를 보이며 과잉일반화의 오류를 나타낸다.

■ 아동들은 자신들의 경험에 대해 일관된 담화를 이야기하고 타인의 말을 듣고 반응하고 대화하는 능력을 향상시키면서 집단 내 독백에서 대화의 유지로 나아가며 언어적 기술을 발달시킨다.

언어발달에서 이론적인 주제들

■ 최근의 모든 언어발달 이론들은 타고난 요인들과 경험 간의 상호작용이 있다는 데 동의한다.

■ 저명한 언어학자인 Noam Chomsky와 같은 선천론자들은 모든 언어들에 공통적인 매우 추상적인 규칙의 세트인 보편 문법이라는 타고난 지식을 상정한다. 그들은 언어 특정적인 기술들이 언어 학습을 지원한다고 믿는다.

■ 사회적 상호작용에 집중하는 이론가들은 언어발달과 사용에서 의사소통적 맥락을 강조한다. 그들은 영아와 어린 아동들이 다른 사람의 말을 이해하기 위해 놀랍도록 많은 화용적 단서들을 사용한다는 것을 강조한다.

■ 다른 관점들은 타고난 지식 없이도 언어가 발달할 수 있으며 언어 학습은 강력한 범용의 인지적 기제를 필요로 한다고 주장한다.

비언어적 상징들과 발달

■ 지도와 모형 같은 상징적 인공물은 이중 표상을 요구한다. 그들을 사용하기 위해 아동들은 사물 그 자체와 그것이 상징하는 바에 대한 상징적 관계를 모두 정신적으로 표상해야만 한다. 걸음

마기 아이들은 점차 이중 표상을 성취하고 정보의 원천으로 상 징적 인공물을 사용하는 데 능숙해진다.

■ 그리기와 쓰기는 인기있는 상징 활동들이다. 어린 아동들의 초

기 긁적임은 무엇의 그림을 그리려는 의도를 갖게 되며 이때 가장 선호하는 주제는 인물에 대한 표상이다. 읽을 수는 없지만 초기의 쓰기 시도는 성숙한 쓰기 체계의 일부 특성들을 갖는다.

연습문제

1. 아동의 언어 학습에서 첫 번째 단계는 모국어의 소리 체계를 숙달하는 것이다. 이 개념을 _____발달이라고 한다.
   - a. 화용
   - b. 음운
   - c. 의미
   - d. 통사

2. 영어 단어에서 *dog* 또는 *mom*과 같은 언어에서 가장 작은 의미의 단위를 _____(이)라 한다.
   - a. 형태소
   - b. 통사적 패턴
   - c. 음소
   - d. 의미론

3. 동일한 언어를 말하지만 처음 보는 두 사람이 성공적으로 소통할 수 있게 하는 몸짓과 어조의 변화를 포함한 언어의 문화적 맥락에 대한 깊은 이해는 _____발달이라고 한다.
   - a. 의미
   - b. 통사
   - c. 음소
   - d. 음운

4. 6~12개월 사이에 영아들은 전형적으로 언어적인 지각적 협소화를 경험한다. 언어발달에 이 변화가 어떠한 효과가 있는가?
   - a. 그들은 모국어가 아닌 말소리에 점점 민감해진다.
   - b. 그들은 자신들이 가장 빈번하게 듣는 소리에 더욱 집중한다.
   - c. 그들은 모국어가 아닌 말소리에 점점 둔감해진다.
   - d. 말소리와 다른 환경적인 소리들을 변별하는 능력들이 줄어든다.

5. 에밀리에게 두 장의 그림을 주었다. 하나는 그녀가 이미 단어를 알고 있는 꽃 그림이고 다른 하나는 아직 알지 못하는 유니콘 그림이었다. 에밀리에게 '유니콘'을 가리켜보라고 했을 때 그녀는 알지 못하는 그림, 즉 유니콘을 가리켰다. 새로운 단어를 학습하기 위해 에밀리는 어떤 가정을 사용한 것인가?
   - a. 사회적 맥락
   - b. 의도성
   - c. 상호 배타성
   - d. 문법적 범주화

6. 영아 지향어(IDS)에 대한 다음 진술 중 옳지 않은 것은 무엇인가?
   - a. IDS의 과장된 어조와 음높이와 함께 종종 과장된 얼굴표정이 동반된다.
   - b. 영아들은 성인 지향어보다 영아 지향어를 선호하는 경향이 있다.
   - c. IDS가 모든 문화에서 보편적으로 사용된다는 증거들이 있다.
   - d. 영아의 뇌는 성인 지향어보다는 영아 지향어에 노출되었을 때 더 큰 활동성을 보인다.

7. 실제로 단어를 학습하고 사용하기 위해 영아들은 먼저 단어들과 특정 의미를 연합하는 것을 배워야만 한다. 이 개념을 _____(이)라 한다.
   - a. 참조
   - b. 운율
   - c. 범주적 지각
   - d. 통사적 자동처리

8. 13개월인 크리스티안은 모든 남자들을 '아빠'라고 부른다. 이는 _____의 예이다.
   - a. 화용적 학습
   - b. 통사적 자동처리
   - c. 대응
   - d. 과잉확장

9. 스텔라는 자신이 먹고 싶다는 것을 나타내기 위해 '음식'이라는 단어를 사용한다. 전체 문장을 소통하기 위해 한 단어를 사용하는 경향성은 스텔라가 언어발달의 어떤 단계에 있다는 것을 보여주는가?
   - a. 한 단어 시기
   - b. 결정적 시기
   - c. 옹알이 단계
   - d. 의미적 단계

10. 만 2세인 라비는 엄마와 함께 동물원에 간다. 기린을 본 적도들은 적도 없지만 엄마가 기린을 가리키며 '기린'이라고 말하자 라비는 그 동물을 기린이라고 부른다. 이러한 예는 라비가 _____를 사용하는 것을 보여준다
    - a. 화용적 단서들
    - b. 음소
    - c. 언어 혼합
    - d. 전보적 언어

11. 새로운 단어의 의미를 추출하기 위해 문장의 구조를 사용하는 것을 _____이라 한다.
    - a. 전보적 언어
    - b. 보편 문법
    - c. 통사적 자동처리
    - d. 의미 발달

12. 학령전 아동인 아메드와 맥스가 서로 이야기하고 있다. 아메드는 자신의 아버지가 나이가 많다고 한다. 맥스는 자신이 차를 좋아한다고 한다. 아메드는 그의 아버지가 10살이 넘었을 것이라고 한다. 맥스는 자신은 파란색 차를 가장 좋아한다고 한다.

Piaget에 따르면 아메드와 맥스는 _____(을)를 하고 있다.

  a. 옹알이   b. 혼잣말

  c. 이중 표상   d. 집단 내 독백

13. 인간은 모든 언어의 기본 원리와 규칙들에 대한 이해를 가지고 태어난다는 Chomsky의 주장은 _____이라고 한다.

  a. 한 단어 이론   b. 언어발달의 행동주의 이론

  c. 보편 문법   d. 단원성 가설

14. 이중 표상은 다음 중 무엇을 말하는가?

  a. 언어와 비언어 모두로 의사소통하는 것

  b. 상징적 인공물을 실제 사물과 다른 것의 상징으로 모두 이

해하는 것

  c. 한 단어가 하나 이상의 의미를 가질 수 있다는 것을 이해하는 것

  d. 다른 사람이 사용하는 단어와 이 단어들 뒤의 의도를 구별하는 것

15. 인간의 뇌가 언어처럼 특정 인지기능을 위한 타고난 자족적 단원들을 포함한다는 생각을 _____이라 한다.

  a. 단원성 가설   b. 언어발달의 행동주의 이론

  c. 연결주의   d. 상징 이론

비판적 사고 질문

1. 이 장에서 논의했던 언어발달과 관계되는 부모들의 행동을 참조하여 부모가 아동의 언어발달에 어떻게 영향을 미치는지에 대한 예를 들라.

2. 언어발달은 아동발달에서도 특별히 복잡한 측면이며 어떤 한 이론으로 언어 습득에 대한 모든 측면을 성공적으로 설명할 수 없다. 여러분은 아동의 기여(천성) 또는 환경의 공헌(양육) 중 어떤 것에 더 중요성을 두겠는가?

3. 과잉규칙화 오류는 무엇이며 왜 이것이 아동의 문법 구조 습득에 대한 강력한 증거가 되는가?

4. 아동이 음성 언어를 습득하는 과정과 수화를 습득하는 과정에 많은 공통점이 있다. 이 공통점들은 인간 언어의 기초에 대해 우리에게 무엇을 의미하는가?

핵심용어

과잉규칙화(overregularization)
과잉확장(overextension)
단어 분절(word segmentation)
단원성 가설(modularity hypothesis)
담화(narratives)
범주적 지각(categorical perception)
보편 문법(Universal Grammar)
분포적 특성들(distributional properties)
빠른 대응(fast mapping)
산출(production)
상징들(symbols)
생산성(generativity)

언어의 결정적 시기(critical period of language)
연결주의(connectionism)
영아 지향어(infant-directed speech, IDS)
옹알이(babbling)
운율 체계(prosody)
음성 개시 시간(voice onset time, VOT)
음소들(phonemes)
음운 발달(phonological development)
의미 발달(semantic development)
이중언어(bilingualism)
이중 표상(dual representation)
이해(comprehension)

전보적 언어(telegraphic speech)
집단 내 독백(collective monologues)
참조(reference)
통사론(syntax)
통사 발달(syntactic development)
통사적 자동처리(syntactic bootstrapping)
한 단어 시기(holophrastic period)
형태소(morphemes)
화용 발달(pragmatic development)
화용적인 단서들(pragmatic cues)

연습문제 정답

1. b, 2. a, 3. c, 4. c, 5. c, 6. c, 7. a, 8. d, 9. a, 10. a, 11. c, 12. d, 13. c, 14. b, 15. a

JOHN GEORGE BROWN (1813~1913), *The Little Joker* (oil on canvas)

개념의 발달

사람 또는 사물의 이해

사물들을 범주화하기

타인과 자신에 대한 지식

   글상자 7.1 : 개인차 자폐스펙트럼장애(ADS)를 가진 아동들

생물에 대한 지식

   글상자 7.2 : 개인차 상상의 친구

인과성, 공간, 시간, 수에 대한 이해

인과성

   글상자 7.3 : 자세히 살펴보기 마술적 사고와 환상

공간

   글상자 7.4 : 개인차 시각장애인과 시각이 손상된 사람들의 공간 개념 발달

시간

수

공간, 시간, 그리고 수 이해의 관계

요약

이 장의 주제

- 천성과 육성
- 능동적인 아동
- 변화의 기제
- 사회문화적 맥락

8개월인 쇼나는 7세인 오빠의 방으로 기어간다. 방에는 많은 사물들이 있는데 그중에는 침대, 옷장, 강아지, 야구공, 야구 장갑, 책, 잡지, 신발 그리고 더러운 양말들이 있다. 쇼나의 오빠에게 그 방에는 가구, 옷, 읽을거리, 그리고 운동용품이 있다. 그러나 쇼나에게 그 방은 어떻게 보일까? 영아들은 가구, 읽을거리, 운동용품이라는 개념이 없다. 그들은 또한 야구 글러브, 책과 같은 더욱 구체적인 개념도 없다. 따라서 쇼나는 오빠가 보는 것과 같은 방법으로 그 장면을 이해하지 않는다. 그러나 아동발달 연구에 대한 지식이 없으면 관찰자는 쇼나처럼 어린 아기들이 그 장면을 이해하는 데 관계되는 다른 개념들을 형성했는지를 알 수 없을 것이다. 쇼나는 왜 강아지는 뛰어다니지만 책들은 그럴 수 없는지를 이해하도록 돕는 생물과 무생물의 개념을 형성했는가? 왜 양말 한 짝은 들 수 있지만 옷장은 들 수 없는지를 이해하는 데 필요한 더 가벼움과 더 무거움의 개념을 쇼나는 가지고 있는가? 쇼나는 전과 후의 개념을 가지고 있는가? 그래서 오빠가 언제나 신발을 신고 그다음에 양말을 신기보다는 그 반대 순서로 한다는 것을 이해할 수 있는가? 아니면 이 모든 것이 뒤범벅되어 있는가?

이 상상의 장면이 보여주듯이 개념들은 사람들이 세상을 이해하는 데 매우 중요하다. 그러나 정확하게 개념이 무엇이며 그것들이 세상을 이해하는 것을 어떻게 돕는가?

개념들(concepts)은 어떤 유사성을 기반으로 사물, 사상, 특성, 또는 관계들을 조직화하는 일반적인 아이디어이다. 사물과 사상들이 유사할 수 있는 방법은 무한정으로 많기 때문에 가능한 개념들의 수는 무한정이다. 예를 들어 사물들은 유사한 모양(모든 축구장은 사각형이다), 재질(모든 다이아몬드는 탄소를 압착하여 만든다), 크기(모든 고층건물은 높다), 맛(모든 레몬은 시다), 색(모든 콜라는 갈색이다), 기능(모든 칼은 자르는 데 사용된다) 등을 가질 수 있다.

개념들은 우리가 세상을 이해하고 이전 경험으로부터 일반화를 통해 효과적으로 행동할 수 있도록 돕는다. 만약 우리가 어떤 당근의 맛을 좋아한다면 우리는 다른 당근의 맛도 좋아할 것이다. 우리가 한 번 개에게 물리고 난 다음에 모든 개를 두려워하는 것처럼 개념들은 또한 새로운 경험에 어떻게 정서적으로 반응할지를 알려준다. 개념이 없는 삶은 상상조차 할 수 없다. 모든 상황이 새로울 것이며 우리는 과거의 어떤 경험이 이 새로운 상황과 관련 있는지에 대해 아무것도 알 수 없을 것이다.

개념들 ■ 어떤 점에서 유사한 대상, 사상, 질 또는 추상화들을 함께 집단화하는 데 사용될 수 있는 이해나 생각

개념 발달의 연구에서 몇 개의 주제가 특히 중요하다. 하나는 **천성과 양육**이다. 아동이 가진 개념은 특정 경험과 정보를 특정 방법으로 처리하도록 하는 생물학적 편향 간의 상호작용을 반영한다. 영아기부터 계속 되풀이되는 또 다른 주제는 **능동적인 아동**으로 아동이 가진 많은 개념들은 세상을 이해하려는 아동들의 적극적인 시도를 반영한다. 세 번째 주요 주제는 **변화가 어떻게 일어나는가**이

방을 둘러볼 때 이 아기는 무엇을 보는가?

다. 개념발달을 연구하는 연구자들은 아동이 어떤 개념들을 가졌는가와 더불어 개념들을 형성하는 과정을 이해하려고 시도한다. 네 번째 주제는 **사회문화적 맥락**이다. 우리가 형성하는 개념들은 우리가 살고 있는 사회를 반영한다.

개념의 발달이 천성과 양육의 상호작용을 반영한다는 데는 널리 동의하지만 이 상호작용의 상세한 내용에 대해서는 뜨거운 논쟁이 있다. 이 논쟁은 인지발달 이론들(제4장), 지각발달(제5장), 그리고 언어발달(제6장)의 맥락에서 이전에 기술했던 선천론자/경험론자의 논쟁과 유사하다. 개념 발달의 맥락에서 Liz Spelke(2011), Alan Leslie(Scholl & Leslie, 2001), Karen Wynn(2008)과 같은 선천론자들은 기본 개념들에 대한 타

고난 이해가 발달에서 주요한 역할을 한다고 믿는다. 그들은 영아들이 시간, 공간, 수, 인과성, 그리고 인간의 마음과 같은 기본적인 개념들에 대한 어느 정도의 감각이나 이러한 개념들의 기초적인 이해를 특별히 빠르고 쉽게 습득할 수 있도록 돕는 전문화된 학습기제를 타고난다고 주장한다. 선천론자의 관점에서 볼 때 양육은 이 기본적인 개념 이해의 수준을 넘어서 더 나아갈 수 있도록 아동을 돕는 중요한 역할을 하지만 기본적인 이해를 형성하는 역할을 하는 것은 아니다.

반대로 Vladimir Sloutsky(2010), Scott Johnson(2010), David Rakison(Rakison & Lupyan, 2008), Lisa Oakes(Baumgartner & Oakes, 2013), Marianella Casasola(2008)와 같은 경험론자들에 의하면 천성은 아기들에게 지각, 주의, 연합, 일반화, 그리고 기억과 같은 오로지 일반적인 학습기제만을 부여한다. 경험론자들의 관점에서 시간, 공간, 수, 인과성, 그리고 마음과 같은 기본 개념들을 빠르고 보편적으로 형성할 수 있는 것은 이러한 개념들과 유관한 경험에 영아들이 엄청나게 많이 노출되기 때문이다. 또한 경험론자들에 의하면 습관화 패러다임에서 영아들의 보기 시간과 같이 많은 선천론자들이 근거로 삼는 자료들은 영아들이 문제의 개념을 이해한다는 선천론자들의 결론을 지원하기에 충분치 않다(J. J. Campos et al., 2008; Kagan, 2008). 선천론자와 경험론자들의 지속되는 논쟁은 인간 본성에 대한 근원적이고 해결되지 않는 문제들을 반영한다. 즉 아동은 모든 개념을 동일한 학습기제를 통해 형성하는가? 혹은 소수의 중요한 개념들을 형성하기 위한 전문화된 기제들을 함께 가지고 있는가?

이 장은 최대한의 많은 상황에서 유용하게 사용되는 기본적인 개념들의 발달에 초점을 맞춘다. 이러한 개념들은 두 집단으로 분류된다. 한 집단의 기본 개념들은 인간, 일반적인 생물, 무생물인 사물과 같이 세상에 존재하는 것들의 종류들을 범주화하는 데 사용된다. 다른 집단의 기본 개념들은 공간(경험이 발생한 장소), 시간(경험이 발생한 때), 수(경험이 발생한 횟수), 그리고 인과성(경험이 발생한 이유)처럼 우리들의 경험을 표상하는 데 사용되는 차원들을 포함한다.

여러분은 이 기본적인 개념들이 모든 새로운 이야기에 대해 우리가 대답해야 하는 질문들(즉 누구 또는 무엇? 어디서? 언제? 왜? 어떻게?)과 밀접하게 대응하고 있는 것을 발견했을 것이다. 아동들에게 가장 기본적인 개념들과 새로운 이야기에서 가장 중요한 것들 간의 이 유사성은 우연이 아니다. 누구 또는 무엇, 언제, 어디서, 얼마나 많이, 그리고 왜를 아는 것은 어떤 사건을 이해하는 데도 본질적인 것이다.

초기의 개념 발달이 너무도 중요하기 때문에 이 장은 생애 처음 5년 동안의 발달에 집중한다. 이는 개념 발달이 5세에서 멈춘다는 의미는 아니다. 이후에도 아동들은 더욱 전문화된 수많은 개념들을 형성하고 모든 종류의 개념에 대한 그들의 이해는 이후 수년 동안 더 깊어진다. 오히려 초기 개념 발달에 이 장이 집중하는 것은 이 시기가 아동이 자신과 타인의 경험을 이해하도록 도우며, 후속의 개념적 성숙을 위한 기초를 제공하고, 보편적인, 가장 중요한 개념들의 기본 이해를 습득하는 시기라는 사실을 반영한다.

사람 또는 사물의 이해

영아들은 자신들이 대면하는 수많은 대상을 어떻게 이해하는가? 그들은 일종의 나누어 정복하기 전략을 사용하는 것처럼 보인다. 이 전략에서 영아들은 재빨리 대상들을 무생물 대상, 사람, 그리고 다른 동물(이들은 수년 동안 식물이 동물과 가까운지 혹은 무생물 대상과 더 가까운지를 잘 모른다)의 세 가지 일반적인 범주로 나눈다(S. Gelman & Kalish, 2006). 이 범주들이 지각발달에서 중요한 것들과 유사한 것은 우연이 아니다(제5장). 아동의 지각 체계는 그들이 형성하는 개념들에 영향을 주며 개념들은 그들이 세상을 지각하는 방법에 영향을 준다.

사물들을 범주화하기

이러한 광범위한 구분은 중요한데, 다른 종류의 개념들이 다른 종류의 대상들에 적용되기 때문이다(Keil, 1979). 어떤 개념들은 아무것에나 적용된다. 즉 모든 사물, 생물과 무생물은 키, 무게, 색, 크기, 재질 등을 갖는다. 다른 개념들은 생물에만 적용된다. 예를 들어 오직 생물만이 먹고, 마시고, 성장하고, 숨을 쉰다. 그러나 예를 들어 읽기, 쇼핑, 마시기, 곰곰이 생각하기, 수다 떨기와 같은 또 다른 개념들은 오직 사람들에만 적용된다. 이러한 일반적인 범주들을 형성하면 아동들은 낯선 개체에 대해 정확한 추론을 할 수 있다. 예를 들어 오리너구리가 동물의 일종이라는 것을 들으면 아동들은 오리너구리가 움직일 수 있고, 먹고, 성장하며, 새끼를 낳을 수 있다는 것을 즉각적으로 알게 된다.

사물들을 이렇게 매우 일반적인 범주들로 분류하는 것에 더하여 아동들은 자동차, 도구, 가구, 야구 글러브 등 셀 수 없는 다른 더욱 구체적인 범주들을 형성한다. 아동들은 집합과 부분집합의 관계에 따라 조직화되는 **범주 위계**(category hierarchies)로 이러한 사물의 범주들을 조직화하는 경향이 있다. 이 범주 위계들은 아동들이 각 수준에서 사물들을 더 자세하게 구분할 수 있도록 돕는다. 표 7.1에서 보는 것처럼 가구/의자/레이지 보이[2]의 위계는 하나의 예이다. '가구' 범주는 모든 의자를 포함한다. '의자' 범주는 모든 레이지 보이를 포함한다. 이러한 범주 위계를 형성하는 것은 아동들을 위해 세상을 상당히 단순화하며 정확한 추론을 이끌어낼 수 있게 한다. 레이지 보이가 일종의 의자라는 것을 알면 의자에 대한 일반적인 지식을 사용하여 사람들이 레이지 보이에 앉는다는 것과 레이지 보이가 게으른 것도 아니고 소년도 아니라는 것을 추론할 수 있다.

물론 영아들은 레이지 보이와 의자에 대한 지식을 타고나는 것은 아니며 표 7.1에서 보는 다른 범주에 대해서 알고 태어나는 것도 아니다. 영아들과 더 나이 든 아동들은 생물과 무생물 모든 종

표 7.1

범주 위계

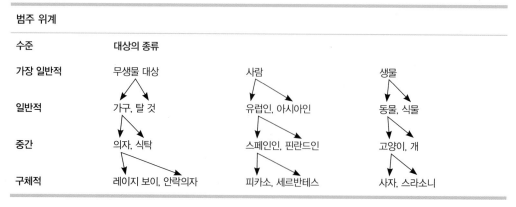

수준	대상의 종류		
가장 일반적	무생물 대상	사람	생물
일반적	가구, 탈 것	유럽인, 아시아인	동물, 식물
중간	의자, 식탁	스페인인, 핀란드인	고양이, 개
구체적	레이지 보이, 안락의자	피카소, 세르반테스	사자, 스라소니

2 의자의 한 브랜드

류의 사물들에 적용하는 범주를 어떻게 형성하게 되는가?

영아기 대상의 범주화

생의 처음 몇 달 동안에도 영아들은 사물의 범주를 형성한다. 예를 들어 3~4개월 영아들에게 매우 다른 종류의 고양이 사진들을 이어서 보여주었을 때 P. C. Quinn과 Eimas(1996)는 영아들에게 습관화가 형성되는 것을 발견했다. 즉 아기들은 새로운 고양이 사진들을 점점 덜 쳐다보았다. 그러나 이후에 개, 사자, 또는 다른 종류의 동물 사진을 보여주면 탈습관화되었다. 즉 그들의 보기 시간이 증가했다. 고양이 사진에 대한 영아들의 습관화는 영아들이 고양이들의 차이에도 불구하고 모든 고양이를 한 범주의 일원으로 보았다는 것을 말해준다. 뒤이어 개나 다른 종류의 동물 사진에 대한 영아들의 탈습관화는 영아들이 이 동물들을 고양이와는 다른 범주의 일원으로 본다는 것을 시사한다.

영아들은 '고양이'보다 더 일반적인 범주들을 형성할 수 있다. Behl-Chadha(1996)는 6개월 영아가 다른 종류의 포유류(개들, 얼룩말들, 코끼리들 등)를 되풀이하여 본 다음에 습관화되었고 새나 물고기의 사진을 보여주면 탈습관화되는 것을 발견했다. 영아들은 포유류들 간의 유사점을 지각했고 결국은 흥미를 잃은 것처럼 보인다. 영아들은 또한 포유류와 새나 물고기 간의 차이를 지각하고 새롭게 흥미를 갖게 된 것 같다.

이 예에서 제시하는 바와 같이 영아들은 자주 **지각적 범주화**(perceptual categorization)를 사용하여 유사한 모양을 가진 사물들을 함께 집단화한다(L. B. Cohen & Cashon, 2006; Madole & Oakes, 1999). Behl-Chadha(1996)의 연구에 참여하기 전에 얼룩말이나 코끼리를 본 영아는 거의 없을 것이다. 따라서 포유류와 새와 물고기 사이의 구분은 동물들의 서로 다른 외양에 대한 지각에만 근거했을 수 있다.

영아들은 색, 크기, 움직임을 포함한 많은 지각적 차원을 따라서 대상들을 범주화한다. 영아들은 종종 대상 전체보다는 주로 특정 부분에 근거하여 범주화를 한다. 예를 들어 18개월 미만의 더 어린 영아들은 대상을 동물로 범주화할 때 다리의 존재에 크게 의존하고 탈 것으로 범주화할 때는 바퀴의 존재에 크게 의존한다(Rakison & Lupyan, 2008; Rakison & Poulin-Dubois, 2001).

두 번째 해 동안에 아동들은 점점 전반적인 모양에 따라 대상들을 분류하게 된다. 제6장에서 언급한 것처럼 걸음마기 아이들에게 낯선 대상을 보여주고 'dax'라고 들려주면, 그들은 대상들이 서로 크기, 재질, 색이 다를 때조차 동일한 모양의 다른 대상들 역시 'daxes'라고 가정한다(Landau, Smith, & Jones, 1998). 이는 유용한 가정인데 실제로 많은 대상들의 경우에 한 범주에 속하는 다른 일원들이 서로 모양은 유사하기 때문이다. 고양이, 망치, 또는 의자의 그림자를 본다면 우리는 모양을 보고 대상들을 구별할 수 있다. 그러나 대상의 색이나 크기나 재질만을 가지고는 대상들을 거의 구별할 수 없다.

영아기 이후 대상의 범주화

영아기를 벗어나면서 아동들은 개별 범주들뿐 아니라 범주들 간의 위계와 인과관계들을 형성한다.

범주 위계들 어린 아동들이 형성하는 범주 위계들은 종종 표 7.1의 세 수준을 포함한다. 즉 일반적인 **상위 수준**(superordinate level), 매우 구체적인 **하위 수준**(subordinate level), 그리고 이들의 중간인 **기본 수준**(basic level)을 포함한다(Rosch et al., 1976). 이름들이 보여주듯이 기본 수준은 아동들

지각적 범주화 ■ 유사한 외양을 가진 대상들을 함께 분류함

상위 수준 ■ 범주 위계 속에서 일반적인 수준. 예를 들어 동물/개/푸들 중에서 '동물'의 수준

하위 수준 ■ 범주 위계 속에서 가장 구체적인 수준. 예를 들어 동물/개/푸들 중에서 '푸들'의 수준

기본 수준 ■ 범주 위계 속에서 중간 수준이며 가장 먼저 학습하는 수준. 예를 들어 동물/개/푸들 중에서 '개'의 수준

이 보통 제일 먼저 학습하는 수준이다. 따라서 그들은 전형적으로 매우 일반적인 '식물'의 범주나 너무 구체적인 '오크나무'의 범주를 형성하기 전에 '나무'처럼 중간 정도의 일반성을 가진 범주들을 형성한다.

아동들이 기본 수준의 범주를 제일 먼저 형성하는 경향은 놀라운 일은 아니다. '나무'처럼 기본 수준의 범주는 나무껍질, 나뭇가지, 큰 크기 등 수많은 일관적인 특성들을 갖는다. 반대로 더 일반적인 범주인 '식물'은 일관된 특성들을 덜 갖는다. 예를 들어 식물들은 다양한 모양, 크기, 그리고 색을 갖는다(오크나무, 장미, 실내용 화초를 생각해보라). 하위 수준의 범주들은 기본 수준의 범주들과 동일한 일관된 특성들과 함께 부가적인 특성들을 갖는다. 예를 들어 모든 나무가 그런 것은 아니지만 모든 오크나무는 거친 껍질과 끝이 뾰족한 잎을 가진다. 그러나 동일한 기본 수준의 범주(예 : 오크나무 대 단풍나무) 안에서 서로 다른 하위 범주들을 변별하는 것은 상대적으로 어려운 일이다.

매우 어린 아동들의 기본 범주는 성인의 기본 범주와 언제나 일치하지는 않는다. 예를 들어 자동차, 모터사이클, 그리고 버스의 범주를 별개로 형성하기보다 어린 아동들은 이 대상들을 함께 모아 하나의 범주인 '바퀴가 있는 대상들'을 만들 수 있다(Mandler & McDonough, 1998). 그러나 이러한 경우에도 처음의 범주들은 '움직일 수 있는 것들'의 범주보다는 덜 일반적이며 '도요타'보다는 더 일반적이다.

기본 수준의 범주를 형성하고 난 뒤에 아동들은 어떻게 상위 범주와 하위 범주를 형성하게 되는가? 대답의 일부는 더 구체적이고 더 일반적인 범주들을 설명하기 위해 부모와 다른 사람들이 아동의 기본 수준 범주를 기초로 사용한다는 것이다(S. Gelman et al., 1998). 아동에게 가구와 같은 상위 범주들을 가르칠 때 부모들은 아동이 이미 알고 있는 기본 수준의 예를 가지고 관련되는 용어의 적절한 특징들을 보여준다(Callanan, 1990). 부모들은 "가구는 의자나 식탁이나 소파처럼 사람들이 생활을 더욱 안락하게 만들려고 집 안에 두는 것들을 포함한다"고 말한다.

부모들은 또한 하위 범주의 용어들을 가르칠 때도 기본 수준의 범주들을 사용한다(Callanan & Sabbagh, 2004; Waxman & Senghas, 1992). 예를 들어 부모들은 "흰돌고래는 고래의 한 종류야"라고 말한다. 학령전 아동들은 이러한 말의 미묘한 차이에 민감하다. 예를 들어 아동들은 "This beluga is a whale(이 흰돌고래는 고래야)"과 같은 구체적인 대상에 대한 진술보다는 "Belugas are a kind of whale(흰돌고래는 고래의 일종이야)"이라는 범주적 진술을 더 넓게 일반화한다(Cimpian & Scott, 2012). 따라서 대상들의 범주들 사이의 관계를 구체화하는 진술들은 아동이 기본 수준 범주들에 대해 이미 알고 있는 바를 사용하여 상위 수준의 범주와 하위 수준의 범주들을 형성하도록 돕는다.

부모의 설명이 분명히 아동의 개념적 이해를 돕는다고 하더라도 학습의 길은 때로 즐거운 우회를 하기도 한다. 예를 들어 Susan Gelman(2003)은 2세 아들에게 숟가락과 한 입 크기로 자른 과일을 담은 그릇을 주고 "This is a fruit cup(이것은 과일 컵이야)"이라고 말했다. 아들은 '컵'이라는 말을 듣고 그녀의 말에 반응했고 그 속에 든 과일을 마시려는 시도를 했다.

인과적 이해와 범주화 걸음마기 아이들과 학령전 아동들은 원인과 이유에 대한 끝없는 질문으로 악명이 높다. "개들은 왜 짖어?", "스마트폰은 어디로 전화할지 어떻게 알아?", "비는 어디서 와?" 부모들은 종종 이러한 질문들에 화가 나기도 하지만 정보를 제공하는 방법으로 답하고 존중해주면 아동들의 학습을 도울 수 있다(Chouinard, 2007).

인과관계의 이해는 많은 범주들을 형성하는 데 중요하다. 예를 들어 아동들이 어떤 대상을 누르거나 젖히거나 하는 것이 불을 켜거나 끌 수 있다는 것을 이해하지 못한다면 '전기 스위치'의 범주를 형성할 수 없을 것이다. 원인과 결과를 이해하는 것이 범주의 형성에 어떠한 영향을 주는지를 연구하기 위해 Krascum과 Andrews(1998)는 4세와 5세 아동들에게 두 범주의 상상의 동물, 웍과 길리에 대해 알려주었다. 학령 전 아동들의 일부에게는 상상의 동물들의 신체적 특징만을 제공했다. 그들은 웍의 발에는 발톱이 있고 꼬리의 끝에는 뾰족한 징과 같은 것들이 달렸으며 머리에는 뿔이 있고 등에는 철갑을 두르고 있다고 들었다. 길리는 보통 날개를 가지며 커다란 귀와 긴 꼬리, 그리고 긴 발가락을 가졌다고 들었다. 다른 아동들에게는 동일한 신체적 기술과 함께 왜 웍과 길리가 그런 모습이 되었는지에 대한 간단한 인과적인 이야기를 들려주었다. 이 아동들은 웍이 발톱, 징, 뿔, 그리고 철갑을 가지게 된 것은 싸움을 좋아하기 때문이며 반대로 길리는 싸움을 좋아하지 않으며 나무에 숨는다고 들었다. 그들의 긴 귀는 웍이 다가오는 것을 들을 수 있고 날개는 나무 위로 날아오르는 것을 돕는다는 등의 이야기를 들었다. 두 집단의 아동들은 이 동물들에 대한 정보를 들은 다음에 아동들에게 그림 7.1의 그림들을 보여주고 어떤 동물이 웍이며 어떤 동물이 길리인지 물었다.

웍과 길리가 왜 그런 신체적 특징들을 가지게 되었는지를 들은 아동들은 그림들을 적절한 범주로 더 잘 분류했다. 다음 날 테스트했을 때 이 아동들은 또한 설명 없이 신체적 특징만 들은 아동들에 비해 범주를 더 잘 기억했다. 따라서 인과관계를 이해하는 것이 아동이 학습하고 기억하는 것을 돕는다.

그림 **7.1** **인과관계의 이해** 웍이 싸움을 위해 잘 준비되었고 길리는 도망하는 것을 선호한다는 것을 들으면 학령전 아동들은 이러한 새로운 그림들을 웍과 길리로 분류하는 데 도움이 되었다(Krascum & Andrews, 1998). 일반적으로 인과관계의 이해는 모든 연령에서 학습하고 기억하는 것을 돕는다.

타인과 자신에 대한 지식

개인마다 자신과 타인에 대한 이해가 크게 차이가 나지만 모든 사람들이 상식 수준의 심리적 이해를 하고 있다. 이 **상식심리학**(naïve psychology)은 정상적인 인간의 기능에 결정적이며 우리를 사람답게 만드는 중요한 부분이다. 성인 침팬지는 음식을 얻기 위해 도구를 사용하는 것과 같이 신체적 사고를 요하는 다양한 과제들에서는 인간 2.5세와 동등하지만 행동의 의도를 추론하는 것과 같은 사회적 사고를 요하는 과제들에서는 걸음마기 아이들에 훨씬 못 미친다(Herrmann et al., 2007; Tomasello, 2008).

상식심리학의 중심에는 우리 모두가 인간 행동을 이해하는 데 사용하는 세 가지 중요한 개념이 있다. 이는 욕망, 신념, 행동이다(Gopnik & Wellman, 2012). 우리는 왜 어떤 사람이 어떤 일을 했을까를 생각할 때마다 이러한 개념들을 적용한다. 예를 들어 왜 지미는 빌리의 집에 갔을까? 그는 빌리와 놀기를 원했고(욕망) 그는 빌리가 집에 있을 것이라고 기대했으며(신념) 그래서 빌리의 집으로 갔다(행동). 제니는 왜 토요일 아침 8시에 TV에서 채널 5를 틀었을까? 그녀는 '스폰지밥'을 보는 데 관심이 있었고(욕망) 그 프로그램이 아침 8시에 채널 5에서 방영한다고 했고(신념) 그래서 그 시간에 그 채널을 선택했다(행동).

상식심리학 개념들의 세 가지 특성은 주목할 만하다. 첫째, 많은 개념들이 보이지 않는 정신적 상태를 언급한다. 아무도 욕망이나 신념 또는 지각이나 기억과 같은 다른 심리학적 개념들을 볼 수

상식심리학 ■ 타인과 자신에 대한 상식 수준의 이해

없다. 둘째, 심리학적 개념들은 서로 인과관계로 연결된다. 예를 들어 빌리가 다른 친구의 집에 가서 집에 없으면 지미는 화가 날 것이며 이는 나중에 지미가 동생에게 짓궂게 행동하는 원인이 될 수 있다. 이 상식심리학 개념의 세 번째 주목할 만한 특성은 그들이 놀랄 만큼 빠른 시기부터 발달한다는 것이다.

이 초기 심리학적 이해의 원천에 대해서 선천론자와 경험론자들 사이에서 날카로운 대립이 있다. 선천론자들(예 : Leslie, 2000)은 이러한 초기의 이해는 오로지 아동이 인간 심리에 대한 기본적인 이해를 타고났기 때문에 가능하다고 주장한다. 반대로 경험론자들(예 : Frye et al., 1996; Ruffman, Slade, & Crowe, 2002)은 타인과의 경험과 일반적인 정보처리능력이 이러한 초기의 타인 이해에 대한 주요한 원천이라고 주장한다. 각 관점을 지지하는 증거들이 있다.

상식심리학

제5장에서 본 바와 같이 영아들은 사람들에게 흥미를 느끼고 세심한 주의를 기울이며 첫 한 해 동안에 사람들에 대해 상당한 양을 배운다. 매우 어린 영아들조차도 다른 대상에 비해 사람들의 얼굴 보기를 더 선호한다. 영아들은 또한 혀 내밀기처럼 사람의 얼굴 움직임을 모방하지만 무생물 대상의 움직임을 모방하지는 않는다. 그리고 영아들의 흥미를 끄는 것이 단지 얼굴만은 아니며 동일한 양을 움직이는 다른 배열보다 인간 신체의 움직임을 보는 것을 더 선호한다(Bertenthal, 1993).

인간의 얼굴과 신체에 대한 이러한 초기의 흥미는 영아가 사람들의 행동에 대해 학습하는 것을 돕는다. 타인을 모방하고 타인과 정서적인 유대를 형성하는 것은 타인이 영아들과 상호작용을 더 하도록 장려하며 영아에게 심리학적 이해를 습득할 또 다른 기회를 제공한다.

앞서 언급한 것처럼 심리학적 이해에 대한 다음의 몇 가지 중요한 측면은 생애 첫해의 후반부터 두 번째 해의 초기에 발생한다 — (1) 어떤 방향으로 행동하려는 욕망인 의도의 이해, (2) 아동이 자신을 다른 사람들과 구별되는 개인으로 이해하는 자기에 대한 감각, (3) 둘 또는 그 이상의 사람이 의도적으로 동일한 참조물에 집중하는 공동주의, (4) 인간은 의사소통을 통해 공유한다는 상호 이해인 상호주관성(제4장).

1세 아동의 타인에 대한 이해는 또한 그들의 정서에 관한 이해의 일부를 포함한다. 15개월 마이클을 고려해보자.

> 그는 장난감 때문에 친구인 폴과 다툰다. 폴이 울기 시작한다. 마이클은 신경이 쓰이는 듯 보이고 그 장난감을 놓고 폴에게 준다. 폴은 계속 울고 있다. … 마이클은 다시 잠시 멈추더니 옆방으로 뛰어가서 폴의 안전 담요를 가져다준다. 폴은 울음을 그친다.
>
> (Hoffman, 1976, pp. 129-130)

일화를 해석하는 것은 언제나 어렵지만 마이클은 폴에게 그가 좋아하는 것을 주면 그의 기분이 좋아질 것(또는 적어도 울음을 멈출 것)을 이해한 것으로 보인다. 마이클이 방을 나가서 폴의 안전 담요를 가져와 그에게 준 것은 폴의 담요가 그의 상한 마음을 진정시키는 데 도움이 될 것이라는 통찰을 마이클이 가졌다는 것을 보여준다. 이러한 해석은 만 1세들이 불행한 친구들에게 적절하게 물리적 위안(허그, 입맞춤, 토닥임)과 위로의 말("넌 괜찮을 거야")을 모두 제공한다는 다양한 증거들과 일치한다. 아마도 자기 자신의 정서와 그것을 진정시키는 행동에 대한 영아들의 경험이 영아가 타인의 정서를 이해하고 이를 진정시킬 수 있는 행동들을 이해하도록 돕는 것 같다(Harris, 2006).

마음 이론

걸음마기 아이와 학령전 아동들은 조기에 발현하는 심리학적 이해를 기반으로 하여 자신과 타인에 대한 세련된 이해를 점차 발달시키고 더욱 복잡한 방식으로 상호작용을 하게 된다. 특별히 인상적인 발달의 한 영역은 타인의 마음 이해이다.

마음 이론의 성숙 영아와 학령전 아동들의 상식심리학은 타인에 대한 그들의 강한 호기심과 함께 의도, 욕망, 신념, 지각, 그리고 정서와 같은 정신 과정들이 행동에 영향을 주는 방법에 대한 조직적인 이해인 **마음 이론**(theory of mind)을 위한 기초를 제공한다. 학령전 아동들의 마음 이론은 예를 들어 사건을 보거나 다른 사람이 그것을 말하는 것을 듣는 것처럼 종종 지각에서부터 신념이 생겨난다는 지식, 배고픔이나 통증 혹은 친구를 보고 싶다는 심리적 상태로부터 욕망이 생겨날 수 있다는 지식, 그리고 그런 욕망과 신념이 행위를 이끌어낸다는 지식을 포함한다(S. A. Miller, 2012).

이러한 마음 이론의 중요한 한 요소인 타인의 욕망과 그들의 행위 사이의 연결을 이해하는 것은 첫해의 끝 무렵에 출현한다. Phillips, Wellman과 Spelke(2002)의 연구에서 12개월 영아들은 실험자가 2개의 봉제 인형 중 하나를 쳐다보고 즐거운 목소리로 "와~ 저 고양이를 좀 봐!"라고 말하는 것을 보았다. 그다음 스크린이 내려왔다가 2초 후에 다시 올라간 다음에 그 실험자는 자신이 방금 감탄했던 그 봉제 고양이 또는 다른 고양이 인형을 들고 있었다. 12개월 영아들은 실험자가 다른 고양이 인형을 들고 있을 때 더 오래 쳐다보았으며 이는 실험자가 보고 감탄했던 고양이를 원할 것이라 기대했는데 실험자가 다른 인형을 들고 있어서 놀랐다는 것을 암시한다. 대조적으로 동일한 경험을 제시했을 때 8개월 아기들은 실험자가 어떤 인형을 들고 있는지와 무관하게 비슷한 시간 동안 쳐다보았으며 이는 사람들의 욕망이 행위를 이끌어낸다는 이해가 첫해 말경에 발달한다는 것을 제안한다(Phillips et al., 2002). 이러한 결론과 일관되게 10개월 영아들은 사람들의 이전 욕망에 대한 정보를 사용하여 이후 욕망을 예측할 수 있지만 이전과 이후의 상황이 사실상 동일할 때에만 가능했다(J. Sommerville & Crane, 2009).

욕망이 행위를 인도한다는 이해는 2세까지는 확고하게 정립된다. 예를 들어 이 연령의 아동들은 아동 자신의 선호와 이야기 속 등장인물의 욕망이 다를 때에도 등장인물이 자신들의 욕망에 따라 행동할 것이라고 예측했다(Gopnik & Slaughter, 1991; Lillard & Flavell, 1992). 따라서 인형보다는 트럭을 가지고 놀고 싶은 2세 영아에게 이야기 속 등장인물이 트럭보다 인형을 가지고 놀 것이라고 들려주면 영아들은 이야기 속 등장인물이 아동의 선호보다는 그 자신의 선호에 따라 선택을 할 것이라고 예측한다.

3세가 되면 아동들은 신념과 행위 간의 관계에 대한 이해를 보여준다. 예를 들어 "왜 빌리가 개를 찾고 있지?"와 같은 질문에 욕망("그가 원한다")뿐 아니라 신념("그는 개가 도망갔다고 생각한다")을 언급하며 대답할 수 있다(Bartsch & Wellman, 1995). 대부분의 3세들은 또한 신념이 어떻게 생겨나는지에 대한 약간의 지식을 가지고 있다. 예를 들어 그들은 어떤 사건을 보는 것이 그것에 대한 신념을 만들지만 어떤 사건을 보는 사람 옆에 단순히 있는 것은 그렇지 않다는 것을 안다(Pillow, 1988).

동시에 사람들의 이해와 그들의 행위 간의 관계에 대한 3세들의 이해는 중요한 방법에서 제한되어 있다. 이러한 제한성은 아동이 거짓이라고 알고 있는 것을 다른 사람이 진실로 믿고 있는 **거짓믿음 문제들**(false-belief problems)을 받았을 때 분명해진다. 문제는 그 사람이 자신의 거짓믿음에 따라 행동할 것이라고 아동이 생각할 것인지 혹은 상황에 대한 아동의 옳은 믿음에 따라 행동할 것

마음 이론 ■ 의도, 욕망, 믿음, 지각, 그리고 정서와 같은 정신적 과정이 행동에 영향을 주는 방법에 대한 조직적인 이해

거짓믿음 문제들 ■ 타인의 믿음이 정확하지 않다는 것을 아동이 알 때도 타인들은 그들 자신들의 믿음에 따라 행동할 것임을 아동이 이해하는지를 검사하는 과제

그림 7.2 아동의 마음 이론 검사하기 스마티 과제는 학령전 아동의 거짓믿음의 이해를 연구하기 위해 자주 사용된다. 대부분의 3세 아동들은 이 만화의 아동처럼 대답하는데 이는 사람들의 신념이 아동이 진실이라고 알고 있는 것과 다를 때조차도 사람들은 그들 자신들의 신념에 근거하여 행동한다는 것을 아동이 이해하지 못한다는 것을 보여준다.

이라고 생각할지다. 이러한 상황을 연구하면 타인의 행동이 상황의 객관적인 진실보다 그들 자신의 마음의 내용에 의해 결정된다는 것을 아동이 이해하는지를 알게 된다.

널리 연구되는 거짓믿음 문제 중 하나에서 학령전 아동들에게 스마티라는 사탕의 그림이 붙은 상자를 보여주었다(그림 7.2). 이런 상자는 보통 그 안에 스마티가 들어 있다. 실험자가 학령전 아동에게 그 상자 안에 무엇이 들어 있는지를 묻는다. 충분히 논리적으로 그들은 '스마티'가 들어 있다고 대답한다. 그런 뒤에 실험자는 그 상자를 열어서 실제로 그 안에 연필이 들어 있는 것을 보여준다. 대부분의 5세 아동들은 웃거나 미소를 지으면서 놀라움을 인정한다. 상자를 닫아서 다른 아동에게 보여주고 무엇이 들어 있을지를 추측해보라고 하고 그 아동이 무엇이라고 대답할지를 물으면 5세 아동들은 자신들이 그랬던 것처럼 '스마티'라고 대답할 것이라고 말한다. 그런데 3세 아동들은 그렇지 않다! 3세의 대부분은 상자 안에 무엇이 있었는지를 언제나 알고 있었다고 주장하면서 다른 아이에게 그 상자를 보여주면 그 아이도 역시 상자 안에 연필이 있다고 믿을 것이라고 대답한다(Gopnik & Astington, 1988). 이 3세들의 반응은 다른 사람은 자신들의 믿음이 거짓일 때조차 자신의 믿음에 따라 행동한다는 것과 다른 사람들이 아동이 아는 것을 반드시 알지는 못한다는 것을 이해하는 데 어려움이 있다는 것을 보여준다.

이 결과는 매우 확고하다. 거짓믿음의 이해에 대한 178개 연구들의 개관은 문제의 형태나 질문이나 사회가 달라도 결과가 비슷하다는 것을 보여준다(Wellman, Cross, & Watson, 2001). 한 주목할 만한 비교문화 연구에서 거짓믿음 문제를 캐나다, 인도, 페루, 태국, 사모아에서 어린이집에 다니는 아동들에게 제시했다(Callaghan et al., 2005). 5개 사회 모두에서 3~5세 사이에 수행이 크게 향상되었는데 평균 정확도가 3세의 14%에서 5세에는 85%로 증가했다. 특별히 놀라운 것은 이렇게 매우 다른 사회들에서 나타나는 수행의 일관성이다. 어떤 나라에서도 3세의 정확도가 25%를 넘지 못했고 5세의 정확도가 72%보다 더 낮지 않았다.

문제를 표준적인 방법으로 제시했을 때 비록 3세들이 일반적으로 거짓믿음 문제에서 실수를 했지만 이해를 촉진하는 방법으로 과제가 제시되면 이 연령의 많은 아동들이 성공했다. 예를 들어 실험자가 3세 아동에게 스마티 상자에 연필을 숨겨서 둘이서 다른 아이를 속일 것이라고 말하고 아동에게 상자 안에 연필 넣는 것을 도와달라고 하면 대부분의 3세 아동들은 다른 아이가 그 상자 안에 스마티가 있다고 대답할 것이라고 올바르게 예측한다(K. Sullivan & Winner, 1993). 아마도 사탕 상자에 연필을 숨기면서 속이는 자의 역할을 하는 것이 3세 아동으로 하여금 그 상황을 다른 아동의 입장에서 볼 수 있도록 돕는 것 같다. 그럼에도 불구하고 3세 아동에게 표준적인 거짓믿음 문제가 얼마나 어려운지는 놀라운 일이다. 조심스럽게 경험을 기획해 되풀이해서 노출하면 경험 이전에 상대적으로 진보된 이해를 가졌던 3세들에게서 상당한 향상이 있기는 하지만 지금까지 3세 아동의 대부분이 일관되게 표준적인 거짓믿음 문제를 정확하게 해결하도록 한 조건들은 없었다(Rhodes & Wellman, 2013).

아동의 마음 이론은 이 초기 시기를 넘어서도 지속적으로 발달하며 적어도 발달의 일부는 특정 경험에 달려 있다. 예를 들어 학교에서 연기의 경험을 가졌던 14세는 연기 경험을 갖기 이전에 비해 학년 말에는 타인의 생각에 대한 이해가 깊어졌다(T. R. Goldstein & Winner, 2011). 대조적으로 동일 기간 동안에 다른 종류(음악이나 시각 예술)의 예술 교육을 받은 또래들은 타인의 생각을 이해하는 데 있어 비교할 만한 향상을 보이지 않았다.

마음 이론의 발달을 설명하기 비교적 정교한 마음 이론이 없다면 사람들의 삶은 매우 다를 것이다. 그러나 3~5세 사이에 전형적인 마음 이론의 향상이 일어난다는 결과는 무엇이 이 향상의 원인인지를 말해주지는 않는다. 이 질문은 상당한 논쟁을 불러일으켰으며 그 대답에 대해서는 현재 상당한 불일치가 있다.

선천론자의 입장을 취하는 연구자들은 타인 이해를 전담하는 가상의 뇌 기제인 **마음 이론 모듈**(theory of mind module, TOMM)의 존재를 제안한다(Baron-Cohen, 1995; Leslie, 2000). 이 입장의 옹호론자들은 일반적인 환경에 노출된 일반적인 아동들에게서 TOMM은 처음 5년 동안 성장하며 타인의 마음에 대한 점점 더 정교한 이해를 만들어낸다고 주장한다. 이 연구자들은 뇌의 어떤 부위가 다양한 과제들에서 믿음을 표상할 때 일관되게 활성화되며 문법의 이해와 같은 다른 복잡한 인지적 과정에 관계되는 영역과는 다르다는 것을 보여주는 뇌 영상 연구들의 증거를 인용한다(R. Saxe & Powell, 2006).

자폐스펙트럼장애(ASD)를 가진 아동에 대한 연구들 역시 TOMM을 지지하는 데 인용된다. 글상자 7.1에서 논의하는 바와 같이 이 아동들은 거짓믿음 문제들을 상당히 어려워하며 더 일반적으로는 타인 이해를 어려워한다.

TOMM과 일관되게 사회적 세계를 이해하는 데 있어 이러한 어려움을 보이는 이유 중 하나는 타인 이해에 중요한 어떤 뇌 영역의 비전형적인 크기와 활동인 것처럼 보인다(Amaral, Schumann, & Nordahl, 2008; Dinstein et al., 2012).

경험론적 입장을 취하는 이론가들은 심리적인 이해는 타인과의 상호작용에서 생겨난다는 생각을 유지하면서 마음 이론의 발달에 대해 다른 설명을 제안한다(Doherty, 2008; Ruffman, Slade, & Crowe, 2002). 그들은 거짓믿음 과제에서 형제가 있는 학령전 아동들이 그렇지 않은 아동들보다 수행을 더 잘한다는 증거를 인용한다. 이 결과는 나이 많은 형제나 반대 성의 형제가 있을 때 가장 강력한데 이는 자신과 관심, 욕망, 동기가 다른 사람들과의 상호작용이 아동의 타인 이해와 자신이 타인과 어떻게 다른지에 대한 이해를 확장해주기 때문일 것이다(Jenkins & Astington, 1996; S. A. Miller, 2012). 이러한 관점에서 ASD를 가진 아동들이 타인과 상호작용을 하지 않으려는 경향은 타인 이해에서의 어려움에 주된 기여를 한다.

세 번째 집단의 연구자들 또한 경험주의의 입장을 취하지만 타인의 마음 이해를 위해 일반적인 정보처리 기술의 성숙이 필수적이라고 강조한다. 이들은 아동의 거짓믿음 과제의 이해가 복잡한 반사실적(counterfactual) 진술에 대해 사고하는 능력(German & Nichols, 2003), 필요할 때 자기 자신의 행동적 경향을 억제하는 능력(S. M. Carlson, Mandell, & Williams, 2004; Frye et al., 1996)과 상당한 상관이 있다는 것을 증거로 인용한다. 거짓믿음 문제에서

마음 이론 모듈 ■ 타인에 대한 이해를 전담하는 가상의 뇌 기제

어머니의 무릎에 앉아 있는 이 아동은 어머니의 애정에 대해 뚜렷하게 흥미가 없어 보인다. 이러한 타인에 대한 흥미의 결여는 자폐스펙트럼장애를 가진 아동들 사이에서 흔하며 타인의 마음에 대한 이해를 요구하는 과제들에서 매우 낮은 수행을 보이는 것과 관련이 있다.

글상자 7.1 | 개인차

자폐스펙트럼장애(ASD)를 가진 아동들

대부분의 아동들이 5세경에는 거짓믿음 과제를 쉽게 다룰 수 있게 되지만 한 집단, 즉 자폐스펙트럼장애(ASD)를 가진 아동들은 10대가 되어도 여전히 그 문제들이 어렵다. 제3장에서 논의한 바와 같이 대략 미국 아동 100명 중 1명, 대부분 남자에게 발생하는(Centers for Disease Control and Prevention, Autism and Developmental Disabilities Monitoring Network, 2012) 이 증상은 사회적 상호작용, 의사소통, 그리고 다른 지적·정서적 기능에서 어려움을 나타낸다.

가장 심각한 형태의 ASD를 가진 아동들(500명 중 1명)은 종종 지속적으로 앞뒤로 흔들거리거나 끊임없이 방에서 깡충깡충 뛰어 다닌다. 그들은 다른 아동이나 성인들과 최소한으로 상호작용을 하고 밀접한 관계를 거의 맺지 않으며 말을 거의 또는 전혀 하지 않고 사람보다는 사물에 더 흥미를 보인다(Willis, 2009). 다른 것보다도 이 문제들로 인해 많은 연구자들은 타인에 대한 이해의 실패가 이 아동들이 사회적 세계에 제한된 참여를 하게 되는 원인이라고 추측한다.

최근의 연구는 이 가설을 지지한다. ASD를 가진 아동들은 다른 사람들과 공동주의를 형성하는데 어려움을 겪는 경향이 있다(Klin et al., 2004). 정상적인 아동과 특히 낮은 IQ를 가진 아동과 비교했을 때 ASD를 가진 아동들은 타인이 고통을 받는 것처럼 보일 때 관심을 덜 보이거나(Sigman & Ruskin, 1999) 또는 대부분의 사람들이 고통을 느끼는 상황을 덜 경험한다(Hobson et al., 2009). 이 아동들은 또한 언어적 기술이 낮은 경향이 있으며(Tager-Flusberg & Joseph, 2005) 이는 타인에 대한 관심의 결여를 반영하며 대화를 통해 타인의 사고와 감정에 대해 배울 수 있는 기회를 제한한다. 이러한 패턴과 함께 ASD를 가진 아동들은 거짓믿음의 질문에 놀랄 만큼 당혹스러워한다(Baron-Cohen, 1991). 예를 들어 ASD를 가진 6~14세 아동들의 반 이하가 정상적인 4세와 5세 아동들이 쉽게 푸는 문제들을 해결할 수 있다(Peterson, Wellman, & Liu, 2005). ASD를 가진 아동들은 욕망이 행동에 영향을 미치는 방법은 일부 이해를 하지만 믿음이 행동에 영향을 주는 방법은 대부분 이해하지 못한다(Harris, 2006; Tager-Flusberg, 2007).

마음 이론 기제들의 손상만이 ASD를 가진 아동들이 타인을 이해할 때 느끼는 어려움의 유일한 원천은 아니다. 계획하기, 변화하는 환경에 대한 적응, 그리고 작업기억의 통제에서의 더욱 일반적인 결여 역시 기여를 한다(Ozonoff et al., 2004). 그럼에도 불구하고 손상된 마음 이론 역시 특히 사람들의 믿음이 실제와 다른 상황을 이해할 때 특정한 어려움의 원인이 된다(Baron-Cohen, 1993; Tager-Flusberg, 2007).

다행히 ASD로 인한 많은 문제들이 강하고 지속적인 조기개입을 통해 완화될 수 있다. Dawson과 동료들(2010)은 ASD를 가진 1세와 2세 아동들을 덴버조기개시 모델(Early Start Denver Model, ESDM) 치료 또는 공동체에 기반한 치료(통제 조건) 중 하나에 무선으로 할당했다. ESDM 치료는 훈련받은 치료자와 대략 주 15시간의 세션을 같이 했는데 이 시간 동안에 치료자와 아동들은 먹기, 놀이와 같은 일상의 활동을 연습했고 바람직한 행동을 장려하기 위해 조작적 조건형성의 기법을 사용했다. 바람직한 행동들은 아동의 부모들이 선택했으며 부모들 역시 이 접근법을 사용하는 방법을 배웠고 놀이와 목욕 같은 일반적인 활동 시에 이를 사용하도록 격려를 받았다. 부모들은 공식적인 ESDM 세션 외에 주 평균 16시간 동안 이 접근법을 사용했다고 보고했다. ESDM의 효과를 광범위한 진단평가, 자료 매뉴얼과 읽기 자료들의 제공, 그리고 다른 종류의 치료에 대한 소개를 포함하는 공동체 기반 치료법과 비교했다.

2년 후 ESDM 치료를 받은 아동들은 공동체 기반 치료를 받았던 또래들에 비해 IQ 점수, 언어, 그리고 일상적인 생활 기술에서 상당히 큰 성과를 보였다. 이 연구와 다른 연구들(예 : Voos et al., 2013)에 의하면 조기의 강력한 ASD 치료는 큰 효과를 나타낸다. 더 어린 아동들(7~15개월)에게 ESDM 접근을 적용하면 또한 유망한 초기 결과를 보였다(Rogers et al., 2014). 이러한 결과들은 ESDM 프로그램이 ASD를 가진 아동들을 돕는 데 있어서 걸음마기보다 영아기에 더 효과적이라는 것을 시사한다.

는 아동이 반사실적 믿음(예 : 스마티 상자에 스마티가 있다는 믿음)을 근거로 주인공이 어떠한 행동을 할지를 예측해야 하기 때문에 반사실적 진술에 대해 사고하는 능력이 중요하다. 또한 거짓믿음 과제에서는 아동 자신이 이해하는 상황의 진실에 따라 주인공이 행동할 것이라는 추측을 억압해야 되기 때문에 행동적 경향성을 억제하는 것이 중요하다. 이 진영의 연구자들은 전형적인 4세 이하 아동들과 ASD를 가진 아동들은 타인의 마음을 이해하는 데 필요한 정보처리 기술을 결여하고 있는 데 비해 전형적인 나이 든 아동들은 이러한 처리를 할 수 있다고 주장한다.

세 가지 주장 모두 장점이 있다. 타인을 이해하는 데 관여하는 뇌 영역의 정상적인 발달, 타인과의 상호작용, 그리고 향상된 정보처리능력 모두가 학령전기 동안 심리적 이해의 성장에 기여한다. 이들이 함께 거의 모든 아동들이 5세까지 기본적이지만 유용한 마음 이론을 습득하도록 돕는다.

놀이의 발달

아동이 타인의 생각과 또한 세상의 많은 다른 측면들을 학습하는 한 가지 방법은 놀이를 통하는 것이다. 놀이는 즐거움 이외의 다른 동기가 없으며 그것 자체가 목적으로 추구되는 활동을 말한다. 최초의 놀이는 첫해에 나타나며 유아용 의자의 철제 선반에 숟가락을 두드리고 음식을 반복적으로 바닥에 던지는 것과 같은 행동들을 포함한다. 이러한 초기의 놀이 활동은 혼자 놀이의 경향을 보인다. 이후 몇 년 동안 타인에 대한 이해의 증가로 놀이는 더 사회적이 되고 더 복잡해진다.

놀이 발달의 초기 이정표 중 하나는 18개월경, 아동이 새로운 상징적 관계를 창조하는 가장 활동인 **가상 놀이**(pretend play)의 출현이다. 가상 놀이를 할 때 아동들은 마치 실제와는 다른 상황에 있는 것처럼 행동한다. 그들은 종종 대상의 많은 특징들을 무시하고 그것이 마치 다른 어떤 것인 양 가장하는 **대상 교체**(object substitution)를 사용한다. 대상 교체의 전형적인 예는 아동이 원통 모양의 나무 블록을 물병이라고 하면서 그것으로 물을 마시는 시늉을 하거나 목욕할 때 플라스틱 비누통을 배라고 하면서 물 위에 띄우는 것들이다.

1년쯤 후에 걸음마기 아이들은 '아기를 보는 엄마' 또는 '아픈 아동을 돕는 의사'와 같이 다른 아동이나 성인들과 함께 작은 드라마를 연기하는 **사회극 놀이**(sociodramatic play)를 시작한다(Lillard et al., 2013). 사회극 놀이는 대상 교체보다 더 복잡하고 더 사회적이다. 예를 들어 아동과 부모가 서로를 위해 가상의 찻주전자에서 '차를 붓고' 우아하게 차를 '한 모금씩 마시고', 가상의 쿠키를 '먹고' 이 쿠키들이 얼마나 맛있는지 이야기하는 '티 파티' 절차를 생각해보자.

어린 아동들의 사회극 놀이는 일반적으로 또래들과 가상 놀이를 할 때보다 놀이에서 비계설정을 할 수 있는 부모나 나이 든 형제들과 함께 놀이할 때 더 정교하다(Bornstein, 2007; Lillard, 2007). 놀이 동안 이러한 비계 설정은 아동에게 특히 이야기하기 기술을 향상시킬 수 있는 학습의 기회를 제공한다(Nicolopoulou, 2007). 2세 된 자녀가 두 액션 피규어를 갖고 놀 때 어머니의 해설을 들어보자.

> 와, 저기 봐. 랜턴 맨이 스파이더 맨을 뒤쫓고 있어. 아~ 안 돼. 랜턴 맨이 스파이더 맨을 넘어뜨렸네. 스파이더 맨이 "도와줘! 랜턴 맨이 나를 붙잡았어"라고 말하네. 봐, 스파이더 맨이 도망가고 있어.
>
> (Kavanaugh & Engel, 1998, p. 88)

아동의 놀이에서 암묵적인 줄거리를 이렇게 어른이 정교화하는 것은 아동이 나중에 또래와 함께 놀거나 혼자 가상 놀이를 할 때 따를 수 있는 유용한 모델을 제공한다.

초등학교 때까지 놀이는 훨씬 더 복잡하고 사회화되어 간다. 놀이에는 스포츠와 같은 활동과 참여자들이 따라야 하는 관습적인 규칙을 가진 보드 게임들이 포함되기 시작한다. 어린 초등학생들 사이에서 누가 규칙을 따르고 공정하게 놀이하는가에 대한 잦은 말싸움은 이러한 게임들이 제기하는 인지적, 정서적 도전을 반영한다(Rubin, Fein, & Vandenberg, 1983).

가상 놀이는 종종 초기 아동기에만 제한되는 것으로 여겨지지만 실제로는 훨씬 뒤에까지 지속된다. 대학생을 대상으로 한 설문에서 대부분이 10세나 11세까지 적어도 주 단위로 가상 놀이를 했다고 보고했고 12세나 13세에는 적어도 월 단위로 가상 놀이를 즐겼다고 보고했다(E. D. Smith & Lillard, 2011). 소년들과 외동아들은 소녀들이나 형제가 있는 아동들에 비해 나이가 더 들어서까지 가상 놀이를 하는 경향이 있다.

가상 놀이는 재미있을 뿐만 아니라 사회적 세계에 대한 아동의 이해를 확장한다. 가상

가상 놀이 ■ 아동들이 마치 실제와는 다른 상황에 있는 것처럼 행동하며 새로운 상징적 관계를 창조하는 가장 활동

대상 교체 ■ 예를 들어 빗자루를 말로 표상하는 것처럼 대상을 그것이 아닌 다른 대상인 것처럼 사용하는 가장의 한 형태

사회극 놀이 ■ '아기를 보는 엄마'처럼 아동이 다른 아동이나 성인들과 함께 작은 드라마를 연기하는 활동

대상 교체는 즐겨 하는 활동을 위한 정확한 대상이 없을 때에도 아동에게 그 놀이 활동을 가능하게 한다. 이 쌍둥이들의 복장은 아버지가 출근 시 자전거를 탈 때의 복장을 모사한 것이다. 소방차는 그들의 자전거가 되고 모자는 그들의 헬멧이 되며 안경은 고글이 된다. 상징주의를 설명해주어서 이 아동들의 어머니(이 책의 저자 중 한 사람의 딸)에게 감사한다.

아동들은 자주 부모들이 사회극 놀이에 함께 참여하는 것을 즐기는데 이는 부모가 주로 놀이 에피소드를 위한 비계 설정을 제공하여 놀이가 더 풍요로워지고 더 정보적이되기 때문이다. 물리적인 상황 구성을 돕는 것과 함께 이 장면에서 아버지는 아들에게 난관을 극복하고 전쟁에서 이길 수 있는 전략을 가르칠 수도 있다.

놀이를 많이 하는 아동들은 타인의 사고(Lillard, 2007)와 정서(Youngblade & Dunn, 1995)에 대해 더 이해를 잘하는 경향이 있다. 아동이 즐기는 가상 놀이의 종류 역시 관계가 있다. 사회적 가상 놀이는 비사회적 가상 놀이보다 타인의 생각을 이해하는 데 더 강하게 관계된다(Harris, 2000). 학령전 아동들 역시 다른 사람들의 가상 놀이를 보면서 학습한다(S. L. Sutherland & Friedman, 2012). 이러한 증거들로 인해 이 분야의 일부 전문가들(예 : Hirsh-Pasek et al., 2009; Tomlinson, 2009)은 높은 수준의 가상 놀이가 사회적 이해의 증가와 인과적으로 관계된다는 결론을 내린다. 그러나 가상 놀이 연구에 대한 최근의 종합적인 개관(Lillard et al., 2013)에 의하면 이러한 인과관계에 대한 증거는 제한적이다. 그 대신 잦은 가상 놀이와 높은 수준의 사회적 이해가 이 둘을 장려하는 부모에 의해 가능할 수 있다. 더구나 높은 사회적 기술을 가진 일부 아동들은 단순히 가상 놀이와 타인에 대해 생각하는 것을 즐겨 한다(아동이 활동을 통해 자신의 발달을 형성하는 한 가지 예). 가상 놀이가 향상된 사회적 이해의 원인인지에 대해서는 아직 결정을 내릴 수 없지만 이러한 놀이가 해로운 것이 아니며 많은 아동들의 삶을 풍요롭게 한다는 것은 분명하다.

사회적 놀이에 대한 아동의 흥미가 매우 강해서 많은 아동들이 놀이 친구가 없다고 가상 놀이를 안 하는 것은 아니다. 이러한 경우에 그리고 때로는 놀이 친구가 존재할 때에도 그들은 가상의 친구들에 의지한다(글상자 7.2).

생물에 대한 지식

아동들은 생물, 특히 동물에 관심을 보인다. 그들의 관심을 보여주는 한 가지 증거는 얼마나 자주 동물에 대해 이야기하는지이다. 아동이 사용하는 첫 50단어에 대한 연구에서 '엄마'와 '아빠'를 제외하고 가장 자주 아동이 사용한 단어는 '개'와 '고양이'('멍멍이', '야옹이'와 같은 변형을 포함하여)였다(K. Nelson, 1973). '오리', '말', '곰', '새', '소' 역시 자주 사용되는 초기 단어들이다. 미국과 중국의 두 지역에서 8~16개월 영아들이 말하는 초기 단어들에 대한 더욱 최근의 연구에 의하면 35년이 지났고 문화가 매우 다른데도 유사한 단어들이 사용되었다(Tardif et al., 2008).

아동이 4세나 5세가 될 때 즈음엔 생물에 대한 이러한 관심이 성장, 유전, 질병, 그리고 치유에 대한 지식을 포함한 놀라운 지식으로 옮겨 간다(S. Gelman, 2003). 그러나 이러한 상대적으로 진보된 지식은 다양한 미성숙한 믿음과 미성숙한 종류의 사고와 공존한다. 예를 들어 아동들은 종종 의자, 차와 같이 사람들이 특수한 목적을 가지고 만든 인공물과 원숭이 같이 사람이 어떤 목적을 갖고 창조한 것이 아닌 생물의 차이를 이해하지 못한다. 따라서 Kelemen과 DiYanni(2005)가 6~10세의 아동들에게 최초의 원숭이가 어떻게 존재하게 되었는지를 물었을 때 아동들은 자주 "동물원의 관리인이 원했어요"와 "나무에 올라갈 누군가가 필요하니까요"와 같이 원숭이가 사람들이 가진 목적에 어떻게 도움을 주는지를 언급했다.

어린 아동들의 생물학적 지식에서 또 다른 약점은 어떤 것이 생물이고 어떤 것이 아닌지에 대한 그릇된 신념이다(제4장에서 언급). 예를 들어 대부분의 5세들은 식물은 생물이 아니라고 믿으며 어떤 아동들은 달과 나무가 생물이라고 믿는다(Hatano et al., 1993; Inagaki & Hatano, 2002). 이러

글상자 7.2 │ 개인차

상상의 친구

많은 아동이 상상의 친구를 가지고 있다. 자녀가 보이지 않는 친구에게 이야기하는 것을 들으면 때로 부모들은 아이의 정신 상태에 대해 걱정을 하지만 이러한 인물을 창조하는 것은 완전히 정상적인 일이다.

Marjorie Taylor(1999)의 연구에 의하면 대다수의 아동들이 한때 상상의 친구를 갖는다. 연구에서 3세나 4세에 인터뷰를 하고 다시 7세나 8세에 인터뷰를 했던 아동들의 63%가 한 번 또는 두 번 모두 상상의 친구를 갖고 있었다. 다른 연구에서 Taylor와 동료들(2004)은 3세와 4세(28%)만큼 6세와 7세(31%) 아동들도 상상의 친구를 갖고 있다고 보고했다(대부분의 아동들은 한 연령에서만 상상의 친구를 가졌다).

Taylor의 연구에서 아동들이 기술한 상상의 친구들의 대부분은 일상적인 남자아이와 여자아이인데 다만 보이지 않을 뿐이었다. 다른 경우에는 더 다채롭다. 그들 중에는 91세에 키가 60cm밖에 되지 않지만 곰을 때려잡을 수 있다는 데릭, 언제나 분홍색 옷을 입는 '미인'인 '그 소녀', 샌프란시스코에 사는 주머니쥐인 조슈아, 160살인 사업가 등이 있다. 다른 상상의 친구들은 특정 인물이 모델이 되었다. 두 사례로는 자신의 사촌 맥킨지를 닮은 상상의 친구 맥킨지와 아동의 친구 레이첼을 닮은 '가짜 레이첼'이 있다.

진짜 친구들처럼 아동들은 상상의 친구들에게 다양한 불만을 갖는다. 상상의 친구를 가진 36명의 학령전 아동들의 연구에서 오직 한 아동만이 불만이 없었다. 다른 35명의 아동은 상상의 친구가 자신들과 말싸움을 하고 나누어 쓰기를 거부하며 초대했을 때 오지 않고 가라고 해도 가지 않는다고 불평했다(M. Taylor & Mannering, 2007). 자신들의 창조자로부터 독립적인 이 상상의 친구들은 소설가들이 지어낸 등장인물들과 닮았다. 소설가들은 자신들의 등장인물들이 때로 창조자들과 논쟁하고 그들을 비난하는 것을 포함하여 독립적으로 행동한다고 보고한다(M. Taylor & Mannering, 2007).

일반적인 생각과 달리 Taylor(1999)는 성격, 지능, 창의성과 같은 광의의 특징들로 봤을 때 상상의 친구를 가진 아동들도 그렇지 않은 아동들과 다르지 않다는 것을 발견했다. 이러한 결과는 중학교에서도 상상의 친구를 가졌다고 보고하는 상대적으로 적은 수의 아동들의 경우에도 적용된다(약 9%의 아동; Pearson et al., 2001). 이 아동들은 중학교 시절 동안 또래들 사이에서 특별히 인기가 있는 것은 아니지만 고등학교를 졸업할 때까지는 또래만큼 잘 적응한다(Taylor, Hulette, & Dishion, 2010).

Taylor와 그의 동료들은 상상의 친구를 가진 아동들과 그렇지 않은 아동들 간에 상대적으로 특수한 몇 개의 차이점을 발견했다. 상상의 친구를 가진 아동들은 (1) 맏이거나 외동이며 (2) 텔레비전을 상대적으로 덜 보고 (3) 언어적인 기술이 뛰어나며 (4) 마음 이론의 높은 수준에 있을 가능성이 더 높다(Carlson et al., 2003; Taylor & Carlson, 1997; Taylor et al., 2004). 이러한 관계들은 이해 가능하다. 형제가 없다는 것은 맏이와 외동이들이 친구를 만들어내어 함께 하고 싶은 동기가 될 수 있고 텔레비전을 많이 보지 않는다는 것은 상상 놀이를 위한 자유시간을 허락하며 말을 잘하고 마음 이론의 수

아동이 존재하지 않는 누군가를 먹이고 있는 모습을 보면 어떤 부모들은 걱정을 할 수도 있지만 상상의 친구를 만들어내는 것은 아주 정상적이며 대다수의 아동들이 아동 전기의 어떤 시기에 이러한 친구들과 노는 것을 즐겨 한다.

준이 높은 것은 특히 흥미로운 친구들을 상상하고 그들과 흥미로운 모험을 할 수 있게 해준다.

교제, 여름, 그리고 가상의 즐거움만이 아동들이 상상의 친구를 만들어내는 유일한 이유는 아니다. 아동들은 또한 비난을 피하고("내가 한 것이 아니야, 블레비 우씨가 했어."), 분노를 표출하고("난 네가 싫어, 블레비 우씨."), 그리고 아동이 직접적으로 말하고 싶지 않은 정보를 전달하는 데("블레비 우씨는 변기에 빠질까 봐 무서워.") 상상의 친구를 이용한다. 많은 어린 아동들 또한 자신들이 슬플 때 상상의 친구가 위로를 해준다고 보고한다(Sadeh, Hen-Gal, & Tikotzky, 2008). Taylor(1999)가 지적하듯이 "상상의 친구는 타인들에게 거부당한다고 느낄 때 당신을 사랑해주고, 누군가에게 말하고 싶을 때 들어 주고, 말한 것을 되풀이하지 않아도 믿어준다"(p. 63). 많은 아동들이 상상의 친구를 만들어내는 것은 당연한 일이다.

한 잘못된 생각 때문에 일부 연구자들은 아동들이 7~10세가 될 때까지는 생물에 대해서 편협하고 단편적으로만 이해하고 있다고 결론짓는다(Carey, 1999; Slaughter, Jaakkola, & Carey, 1999). 대조적으로, 다른 연구자들은 5세경에 아동은 생물의 본질적인 특성들을 이해하며 생물과 무생물의 차이가 무엇인지를 알고 있지만 단지 몇 가지에서 혼동이 있을 뿐이라고 믿는다(S. Gelman, 2003). 세 번째 견해는 어린 아동들이 성숙한 생물학적 이해와 미성숙한 생물학적 이해를 모두 동시에 갖고 있다고 본다(Inagaki & Hatano, 2008). 이러한 논쟁을 염두에 두고 이제 어린 아동들이 생물에

대해 아는 것과 알지 못하는 것, 그리고 생물에 대한 지식을 어떻게 습득하는지에 대해 알아보자.

무생물과 생물의 구별

앞서 언급한 바와 같이 영아들은 생애 첫해에 이미 사람에게 흥미를 느끼고 무생물과 사람을 구별한다(그림 7.3). 영아들이 사람과는 달리 대하지만 다른 동물들 역시 영아들의 흥미를 끈다. 예를 들어 9개월 영아는 사람들보다는 토끼에게 미소를 덜 짓지만 무생물보다는 토끼에게 더 주의를 집중한다(Poulin-Dubois, 1999; Ricard & Allard, 1993).

이러한 행동적 반응은 영아가 첫해에 다른 동물들과 사람을 구별하고 이 둘을 모두 무생물로부터 구별한다는 것을 의미한다. 그러나 이러한 반응은 아동들이 언제 동물뿐 아니라 식물을 포함하는 생물의 일반적인 범주를 형성하는지 또는 언제 인간을 일종의 동물로 인지하는지를 알려주지는 않는다. 아동이 3세 또는 4세가 되어 이러한 범주에 대한 질문을 이해하고 대답할 수 있기 전에는 생물과 무생물의 이러한 특성들과 또 다른 많은 특성들에 대한 지식을 측정하기가 어렵다. 이 나이가 되면 아동들은 모든 생물들의 공통점과 생물과 무생물 대상의 차이에 대해 분명히 많이 알게 된다. 생물에 대한 이러한 지식은 다리가 있고 움직이고 특별한 소리를 내는 것과 같이 보이는 특성들에만 제한되는 것은 아니다. 이는 소화와 유전과 같은 생물학적 과정들에까지 확장된다(S. Gelman, 2003). 그러나 적어도 5세 또는 6세까지 많은 아동들은 사람이 동물이라는 것을 부인한다(Carey, 1985).

식물의 생물 상태를 이해하는 것은 어린 아동들에게 또 다른 도전을 제공한다. 한편으로 대부분의 학령전 아동들은 동물처럼, 그러나 무생물 대상과는 달리 식물이 성장하고(Hickling & Gelman, 1995; Inagaki & Hatano, 1996), 치유되고(Backscheider, Shatz, & Gelman, 1993), 죽는다(Springer, Nguyen, & Samaniego, 1996)는 것을 안다. 한편 대부분의 학령전 아동들은 식물이 생물이라고 생각하지 않는다. 실제로 7~9세가 되어야 대부분의 아동들이 식물이 생물이라는 것을 깨닫는다(Hatano et al., 1993). 이유 중 일부는 아동이 가끔 살아 있다는 것과 생존을 위해 적응적인 방식으로 움직일 수 있다는 것을 동등하게 여기기 때문이다. 식물들은 이러한 방식으로 움직이지만 예를 들어 햇볕을 향해 구부러지는 것은 일상적인 상황에서 관찰하기에는 너무 느리게 발생한다(Opfer & Gelman, 2001). 이러한 해석과 일관되게 5세 아동에게 식물들이 햇볕을 향해 구부러지고 뿌리는 물을 향해 자란다는 것을 알려주면 아동들은 동물처럼 식물도 생물이라고 결론짓는다(Opfer &

그림 7.3 **무생물과 사람을 구별하기** 이 사진들은 무생물(이 경우에는 로봇)과 사람이 동일한 행동을 하는 것을 보았을 때 영아들의 반응을 연구하기 위해 Poulin-Dubois(1999)가 사용했던 과제를 보여준다. 9개월과 12개월 영아들 모두 무생물이 스스로 움직이는 것을 보았을 때 놀랐고 이는 스스로 움직이는 것이 인간과 다른 동물들만의 독특한 특성이라는 것을 영아들이 이해한다는 것을 시사한다.

Courtesy of Diane Poulin-Dubois

(a)   (b)

Siegler, 2004).

더 일반적으로, 식물이 살아있다는 것을 아동이 실제로 이해하는 연령에는 문화와 직접적인 경험이 영향을 준다. 예를 들어 시골에서 자란 아동들은 도시나 근교에서 자란 아동들에 비해 식물이 생물이라는 것을 더 어린 나이에 이해한다(J. D. Coley, 2000; N. Ross et al., 2003).

생물학적 과정의 이해

학령전 아동들은 성장, 소화, 치유와 같은 생물학적 과정들이 심리적인 과정들과 다르다는 것을 이해한다(Wellman & Gelman, 1998). 예를 들어 만 3세와 4세 아동들은 욕망이 사람들의 행동에 영향을 준다는 것을 인지하지만 어떤 생물학적 과정들은 욕망과는 무관하다는 것 또한 알고 있다. 생물학적 과정과 심리적 과정들을 구별하게 되면 예를 들어 과식을 했지만 체중이 줄기를 원하는 사람들이 원하는 대로 되지 않을 것을 학령전 아동들이 예측할 수 있게 된다(Inagaki & Hatano, 1993; Schult & Wellman, 1997).

학령전 아동들은 또한 무생물의 특성들은 아니지만 생물의 특성들은 종종 유기체에 중요한 기능을 한다는 것을 안다. 따라서 만 5세 아동들은 에메랄드의 녹색은 에메랄드에 어떤 기능도 하지 않지만 식물의 녹색은 식물이 음식을 만드는 데 중요하다는 것을 인지한다(Keil, 1992). 유전과 성장, 그리고 질병에 대한 학령전 아동들의 특별한 생각을 연구해보면 생물학적 과정에 대한 그들의 이해 정도를 더 잘 알 수 있다.

유전 만 3세와 4세 아동들은 DNA나 유전의 기제에 대해 아무것도 모르는 것이 확실하지만 그들도 물리적 특성들이 부모로부터 자식들에게 전해지는 경향이 있다는 것을 안다. 예를 들어 로버트 씨 부부가 비정상적인 색의 심장을 가지고 있다는 이야기를 들으면 아동들은 아기 로버트 역시 그 색의 심장을 가질 것이라고 예측한다(Springer & Keil, 1991). 유사하게, 그들은 아기 쥐가 현재는 털이 없어도 결국은 부모 쥐와 같은 색의 털을 가질 것이라고 예측한다.

나이 든 학령전 아동들은 또한 발달의 어떤 측면들은 환경보다는 유전에 의해 결정된다는 것을 안다. 예를 들어 만 5세의 아동들은 다른 종의 부모에게서 길러진 한 동물이 자신의 종의 성인으로 자랄 것이라는 것을 안다(S. C. Johnson & Solomon, 1997).

이러한 이해와 함께 유전에 대한 많은 잘못된 신념들이 공존한다. 많은 학령전 아동들은 어머니의 욕망이 푸른색의 눈과 같은 자녀의 물리적 특성이 유전되는 데 역할을 한다고 믿는다(Weissman & Kalish, 1999). 많은 학령전 아동들은 또한 입양된 아동들이 적어도 자신들의 친부모만큼 양부모를 닮아 보일 것이라고 믿는다(G. E. Solomon et al., 1996). 다른 상황에서는 유전에 대한 학령전 아동들의 믿음이 너무 강해서 환경이 어떤 영향을 줄 것이라는 것을 부인하게 만든다. 예를 들어 학령전 아동들은 놀이 선호에서 남녀의 차이는 완전히 유전 때문이라고 믿는 경향이 있다(M. G. Taylor, 1993).

생물학적 신념의 가장 기본적인 측면 중 하나인 **본질주의**(essentialism), 즉 생물은 내부에 그들을 그들답게 만드는 어떤 본질을 가지고 있다는 견해는 유전의 중요성에 대한 이러한 일반적인 믿음과 관계된다(S. Gelman, 2003). 따라서 대부분의 학령전 아동들(대부분의 나이 든 아동과 성인들 역시)은 강아지는 어떤 '강아지다움'을, 고양이는 어떤 '고양이다움'을, 장미는 어떤 '장미다움'을 내부에 가지고 있다고 믿는다. 이 본질이 그 범주의 모든 구성원들이 서로 유사하고 다른 범주의 구성원들과는 다르게 만드는 것이다. 예를 들어 내부의 '강아지다움'이 강아지가 짖고, 고양이를

본질주의 ■ 생물은 그들을 그들답게 만드는 본질을 내부에 가지고 있다는 견해

쫓고 토닥여주는 것을 좋아하게 만든다. 이 본질은 부모로부터 전해지고 유기체의 일생 동안 유지된다. 이러한 본질의 관점에서 생각하는 것은 아동과 많은 성인들 모두에게 생물학적 진화를 이해하고 받아들이는 것을 어렵게 한다(E. M. Evans, 2008; Kelemen et al., 2014). 만약 동물들이 변하지 않는 본질을 부모로부터 물려받는다면, 예를 들어 어떻게 쥐와 고래가 같은 조상을 가질 수 있는지 이해가 되지 않을 것이다[그럼에도 불구하고 조심스럽게 기획된 정보적인 이야기책이 아동이 자연 선택을 이해하도록 도울 수 있다는 것을 기억하라(제4장 참조)].

성장, 질병, 그리고 치유 학령전 아동들은 유전과 같이 성장도 내적인 과정들의 결과물이라는 것을 이해한다. 예를 들어 그들은 식물과 동물의 내부에서 무엇인가가 진행되고 있기 때문에 시간이 가면서 그들이 더 크고 복잡해진다는 것을 깨닫는다(다시, 학령전 아동들은 무엇인지는 알지 못한다)(Rosengren et al., 1991). 만 3세와 4세 아동들 또한 풍선과 같은 무생물 대상들은 어떤 순간에 더 커지거나 더 작아질 수 있는 데 반해 생물의 성장은 나이가 들 때까지 일반적으로 한 방향으로만(작은 쪽에서 큰 쪽으로) 진행된다는 것을 안다.

학령전 아동들은 또한 질병에 대한 기본적인 이해를 보인다. 만 3세들은 병균에 대해 들은 적이 있으며 그것들이 어떻게 작용하는지를 일반적으로 이해하고 있다. 그들은 병균의 존재를 알지 못할 때조차 병균으로 오염된 음식을 먹으면 병이 난다는 것을 알고 있다(Kalish, 1997). 대조적으로 아동들은 음식 안에 병균이 있다는 것을 아는 것과 같은 심리적 과정들이 질병을 일으키지 않는다는 것을 알고 있다.

마지막으로 무생물 대상과 달리 식물과 동물들은 그 이전의 상태나 특성들을 다시 얻게 만드는 내적인 과정들을 가지고 있다는 것을 이해한다. 예를 들어 만 4세 아동들은 흠이 생긴 의자가 스스로 치유할 수 없고 인형의 머리는 다시 자랄 수 없지만 흠이 난 토마토 줄기는 스스로 치유될 수 있으며 동물의 털은 깎은 다음에도 다시 자란다는 것을 안다(Backscheider et al., 1993). 학령전 아동들은 또한 생물의 회복 과정의 한계 역시 인지하고 있다. 즉 아동들은 질병과 노화로 인해 죽을 수 있으며 죽음으로부터는 어떠한 회복도 불가능하다는 것을 이해한다(Nguyen & Gelman, 2002).

아동은 생물학적 지식을 어떻게 습득하는가

개념 발달의 다른 측면들과 마찬가지로 선천론자와 경험론자들은 아동이 생물학적 이해를 습득하는 방법에 대해 매우 다른 견해를 갖고 있다. 선천론자들은 인간이 앞에서 언급한 마음 이론 모듈과 같은 '생물학적 모듈'을 갖고 태어난다고 제안한다. 이 뇌의 구조 또는 기제는 아동이 생물에 대해 재빨리 학습할 수 있도록 돕는다(Atran, 1990, 2002). 선천론자들은 인간이 생물학적 모듈을 가지고 있다는 생각을 지지하기 위해 세 가지 주요 주장을 이용한다.

■ 진화의 초기에는 아동이 동물과 식물에 대해 빨리 학습하는 것이 인간의 생존을 위해 결정적이었다.
■ 전 세계의 아동들은 동물과 식물에 매혹되며 이들에 대해 빠르고 쉽게 학습한다.
■ 전 세계의 아동들은 매우 유사한 방식으로 동물과 식물에 대한 정보를 조직화한다(성장, 재생산, 유전, 질병, 치유의 관점으로).

대조적으로, 경험론자들은 아동의 생물학적 이해가 그들의 개인적인 관찰과 부모, 교사, 그리고 일반적인 문화로부터 습득하는 정보에서 생겨난다고 주장한다(Callanan, 1990). 예를 들어 만 1세와 2세 된 자녀에게 어머니가 동물에 대해 읽어줄 때 어머니는 동물이 의도와 목적을 가지며 동일한 종의 서로 다른 구성원들은 공통점이 많으며 동물은 무생물 대상과는 많이 다르다는 것을 암시하는 언급을 많이 한다(S. Gelman et al., 1998). 이러한 가르침은 종종 아동의 질문에서 시작된다. 만 3세에서 5세 아동들이 친숙하지 않은 대상을 봤을 때 그것이 인간이 만든 것처럼 보이면 대상의 기능에 대한 질문의 비율이 더 높지만 동물이나 식물인 것처럼 보이면 대상의 생물학적 특성에 대한 질문이 더 높은 비율로 나타난다(Margett & Witherington, 2011). 이러한 질문은 아동의 생물학적 지식을 반영하며 생물학적 지식을 증가시키기도 한다.

경험론자들은 또한 아동의 생물학적 이해가 그들이 속한 문화의 견해를 반영한다는 데 주목한다. 예를 들어 일본의 만 5세 아동은 미국과 이스라엘의 또래들에 비해 무생물의 대상과 식물이 고통과 추위 같은 신체적 감각을 느낄 수 있다고 더 믿는 경향이 있다(Hatano et al., 1993). 일본 아동들의 이러한 경향성은 아직 일본 사회에서 영향력이 있으며 모든 대상이 어떤 심리학적 특성을 가진다고 보는 불교의 전통을 반영한다.

심리학적 이해의 근원에 대한 논쟁과 마찬가지로 천성과 양육이 모두 생물학적 이해의 습득에 중요한 역할을 하는 것으로 보인다. 어린 아동들은 선천적으로 동물에 매료되며 그들이 덜 흥미롭게 생각하는 환경의 측면들보다 훨씬 더 빨리 동물에 대해 학습한다. 동시에 아동이 학습하는 특정 내용들은 분명히 부모와 사회가 전달하는 정보, 믿음, 가치의 영향을 받는다. 그리고 언제나 그렇듯이 생물에 대한 자녀들의 많은 질문에 부모들이 정보적인 대답을 제공할 때 이는 생물에 대한 아동의 흥미를 반영하며 때로는 자녀의 흥미를 증가시키면서 양육은 천성에 반응한다.

인과성, 공간, 시간, 수에 대한 이해

자신이 경험한 바를 이해하기 위해서는 그 사건에 개입된 사람이나 사물뿐만 아니라 원인, 장소, 시간, 그리고 얼마나 자주 그 사건이 발생하는지를 또한 정확하게 표상할 수 있어야 한다. 이 모든 개념들의 발달은 영아기에 시작되지만 아동기와 청년기 동안 지속적으로 향상된다.

인과성

저명한 18세기 스코틀랜드 철학자인 David Hume은 인과성을 '우주의 접합제'라고 말했다. 요점은 인과적 연결이 별개의 사건들을 일관된 전체로 묶어준다는 것이었다. Hume의 생각과 일치하게, 발달의 초기부터 아동들은 왜 물리적인 사건과 심리적인 사건들이 발생하는지를 추론하기 위해 인과적 기제의 이해에 크게 의존한다. 장난감이 어떻게 작동하는지를 알기 위해 그것을 분해하거나 왜 스위치를 누르면 불이 들어오는지를 묻거나 왜 엄마가 화가 났는지 궁금해할 때 아동은 인과적 연결을 이해하려는 것이다. 우리는 이 장의 앞부분에서 심리적인 원인 이해의 발달에 대해 논의했고 이제 물리적 원인 이해의 발달에 초점을 맞춘다.

선천론자들과 경험론자들은 물리적 인과성 이해의 기원에 대해 근본적으로 의견을 달리한다. 일부 기본적인 인과적 이해가 없는는 세상을 이해하기 어렵고 아동은 일찍 영아기부터 이러한 이해를 조금씩 나타낸다는 사실 때문에 선천론자들은 영아들이 선천적인 인과성의 모듈 또는 그들이 관찰하는 사건으로부터 인과적 관계를 추출하도록 돕는 핵심 이론를 가졌다고 제안한다(예 : Leslie, 1986; Spelke, 2003). 그러나 경험론자들은 영아들의 인과성 이해가 환경 속에서 셀 수 없을 만큼 많은 관찰(예 : L. B. Cohen & Cashon, 2006; T. T. Rogers & McClelland, 2004)과 자신의 행동의 인과적 결과를 관찰한 결과로 생긴다(Rakison & Krogh, 2012; Rakison & Woodward, 2008)고 제안한다. 두 입장이 모두 동의하는 한 가지 사실은 아동들이 영아기부터 인상적인 인과적 사고를 보인다는 것이다.

영아기의 인과적 사고

6개월경 영아들은 일부 물리적 사건 간의 인과적 연결을 지각한다(L. B. Cohen & Cashon, 2006; Leslie, 1995). 이러한 관계를 지각하는 영아들의 능력을 보여주는 전형적인 한 실험에서 Oakes와 Cohen(1995)은 6~10개월의 영아들에게 움직이는 물체가 정지된 물체와 충돌하고 정지된 물체가 즉각 우리가 예상하는 방향으로 움직이는 비디오 클립을 보여주었다. 각 클립마다 움직이는 물체와 정지된 물체는 달랐지만 기본적인 '줄거리'는 동일했다. 이러한 클립을 몇 개 본 뒤에 영아들은 충돌에 습관화되었다. 그런 뒤에 영아들에게 정지된 물체가 충돌하기 조금 전에 움직이기 시작하는 약간 다른 클립을 보여주었다. 영아들은 이전 시행에서 보았던 것보다 더 오랜 시간 이 사건을 쳐다보았으며 이는 새로운 비디오 클립이 무생물 대상은 스스로 움직일 수 없다는 그들의 기대에 어긋났기 때문인 것 같다.

그림 7.4 사건의 순서 모방하기 자신들이 모방하는 행동들을 이해하는 것이 그 행동들을 정확한 순서로 수행하는 데 도움이 된다. 이 점을 보여주기 위해 Bauer(1995)가 사용했던 절차의 예에서 걸음마기 아이들은 이전에 관찰했던 딸랑이를 만드는 3단계 절차를 모방한다. 아동은 (a) 작은 블록을 집어 올린다. (b) 블록을 용기의 아랫부분에 넣는다. (c) 용기의 윗부분을 아랫부분 위에 놓고 밀어서 딸랑이를 완성한다. (d) 딸랑이를 흔든다.

(a)

(b)

(c)

(d)

영아와 걸음마기 아이들의 물리적 인과성의 이해는 무생물 대상에 대한 그들의 기대뿐 아니라 일련의 행동을 기억하고 모방하는 능력에도 영향을 준다. 9~11개월 영아들에게 인과적으로 연결된 행동을 보여주었을 때(예 : 딸랑이를 만들기 위해 2개의 컵 사이에 작은 물체를 넣고 컵들을 함께 끼워서 하나의 용기 만들기), 그들은 보통 그 행동들을 재생산할 수 있었다(그림 7.4는 걸음마기 아이들이 이 절차를 수행하는 것을 보여준다; Bauer, 1995). 대조적으로, 유사하지만 인과적으로 관계되지 않은 행동들을 보여주었을 때 아기들은 1년 뒤 20~22개월이 될 때까지 그 행동들을 신뢰성 있게 재생산하지 못했다(Bauer, 2007).

두 번째 해의 말 즈음에 그리고 어떤 방법으로는 그보다 더 빨리 아동들은 다른 변인에 대한 간접적 정보로 한 변인의 인과적 영향을 추론할 수 있다. 예를 들어 Sobel과 Kirkham(2006)은 19~24개월 영아들에게 '블리켓 탐지기'라고 부르는 상자를 제시하고 이 상자는 블리켓이라는 사물을 넣으면 음악이 나온다고 설명했다. 그다음 실험자는 2개의 대상 A와 B를 블리켓 탐지기에 놓았고 음악이 나왔다. 실험자가 A만을 블리켓 탐지기에 놓았을 때는 음악이 나오지 않았다. 마지막으로 아동들에게 블리켓 탐지기를 켜라고 요청했다. 24개월 영아들은 일관되게 B를 선택했으며 이는 A가 효과 없는 것을 본 것이 B가 블리켓이라고 추론하게 했음을 보여준다. 대조적으로 19개월 영아들은 B를 선택하는 것만큼 A를 선택했는데 이는 이러한 추론을 하지 못했다는 것을 의미한다.

인과성 이해의 발달을 보여주는 또 다른 예는 Z. Chen과 Siegler(2000)의 1세와 2세의 도구 사용 연구이다. 걸음마기 아이들의 손이 닿지 않도록 약 30cm 떨어진 곳에 매혹적인 장난감을 제시했다. 아동과 장난감 사이에 길이와 막대의 끝부분이 서로 다른 6개의 잠재적인 도구를 놓아두었다(그림 7.5). 이 과제에 성공하기 위해서 아동들은 장난감을 끌어오는 데 어떤 도구가 더 효과적인지 인과성을 이해해야만 했다. 특히 막대의 충분히 긴 길이와 머리 부분의 적절한 각도가 필수적이라는 것을 이해해야만 했다.

처음에 스스로 장난감을 얻으려고 노력할 때와 실험자가 적절한 도구를 어떻게 사용하는지를 보여주고 난 다음 모두에서 1세보다는 2세가 장난감을 끌어오는 데 훨씬 더 성공적이었다. 나이 든 걸음마기 아이들이 더 성공적인 이유 중 하나는 자기 손으로 장난감을 잡으려고 하거나 엄마에게 도움을 청하는 대신 그들은 장난감을 얻기 위해 도구를 더 많이 사용했다는 것이다. 또 다른 이유는 나이 든 걸음마기 아이들이 도구를 사용했던 시행들 중에서 적절한 도구를 선택한 비율이 더 많았다는 것이다. 세 번째 이유는 나이 든 걸음마기 아이들은 첫 번째 문제에서 학습한 것을 모양과 색, 장식이 다른 장난감과 도구들이 사용된, 겉으로 보기에 다른 새로운 문제들에 더 자주 일반화했다는 것이다. 이 모든 결과는 나이 든 걸음마기 아이들이 도구의 특징과 장난감을 끌어오는 데 유용함 사이의 인과적 관계에 대해 더 깊은 이해를 하고 있다는 것을 보여준다.

학령전기의 인과적 사고

인과적 사고는 학령전기에도 지속적으로 성장한다. 학령전 아동들은 만약 한 변인이 어떤 효과의 원인이라면 지속적으로 그래야만 한다고 기대하는 것 같다(Schulz & Sommerville, 2006). 만 4세 아동들은 한 잠재적인 원인이 비일관적인 결과를 가져온다면 자신들이 볼 수 없는 다른 변인들이 그 결과를 일으켰을 것이라고 추론하고 동일한 결과가 일관적으로 발생할 때는 숨은 변인이 중요하다고 추

그림 7.5 걸음마기 아이의 문제 해결
Chen과 Siegler(2000)가 걸음마기 아이들의 인과적 사고와 문제 해결을 연구하기 위해 사용했던 과제에서 장난감 거북이를 가져오기 위해 적절한 도구를 선택하기 위해서는 막대의 길이와 머리 부분의 적절한 각도가 중요하다는 것을 이해해야 한다. 어린 걸음마기 아이들에 비해 나이 든 걸음마기 아이들은 이러한 인과관계를 더 잘 이해했기 때문에 장난감으로 손을 뻗기보다는 도구를 더 자주 사용했고 과제에 적절한 도구를 더 자주 선택했다.

론하지 않는다. 예를 들어 만약 강아지를 쓰다듬어 주었을 때 어떤 강아지들은 꼬리를 흔들고 다른 강아지들은 으르렁거리는 반응을 하는 것을 보았다면 4세 아동들은 쓰다듬는 것 이외의 강아지의 종류와 같은 다른 변인이 결과를 가져온다고 추론한다. 그러나 그들이 본 모든 강아지들이 쓰다듬 어 주었을 때 좋아했다면 그들은 강아지의 종류가 관계된다는 추론을 하지 않을 것이다.

사건에는 반드시 원인이 있다는 학령전 아동들의 새로운 이해 또한 마술 묘기에 대한 그들의 반 응에 영향을 준다. 대부분의 3세와 4세 아동들은 이러한 묘기의 요점을 이해하지 못한다. 그들은

글상자 7.3 | 자세히 살펴보기

마술적 사고와 환상

학령전 아동들의 환상을 연구한 심리학자 Jacqui Woolley가 주목했듯이 학령전 아동들과 초등 저학 년들은 "성인들보다 더 환상과 실제가 뒤엉킨 세계 에서 살고 있다"(Woolley, 1997).

정상적인 원인들뿐 아니라 환상과 마술에 대한 어린 아동들의 신념은 여러 면에서 드러난다. 대부 분의 4~6세 아동들은 자신들의 생일에 특정 선물 을 사는 것처럼 다른 사람들이 해주기 원하는 것 을 바라기만 하면 그들의 행동에 영향을 줄 수 있 다고 믿는다(Vikan & Clausen, 1993). 그들은 효과 적인 바람이 굉장한 기술과 아마도 마술을 요하지 만 이루어질 수 있다고 믿는다. 비슷하게, 산타클로 스와 잘 지내는 것이 그들의 희망을 이루어줄 것이 라 믿는다. 괴물이 자신들을 해칠까봐 두려워하는 것처럼 환상은 어두운 측면 역시 갖는다(Woolley, 1997).

연구자들은 어린 아동들이 마술을 믿는 것뿐 아 니라 때로는 자신들의 믿음을 행한다는 것을 보여 주었다. 한 실험에서 학령전 아동들에게 마술 상자 를 보여주고 만약 어떤 그림을 상자 안에 넣고 마 술 주문을 말하면 그림에 있던 사물이 나타난다고 말해 주었다. 그런 뒤에 실험자는 아동에게 상자와 많은 그림들을 남겨두고 방을 나갔다. 아동들은 가 장 매력적인 항목의 그림들을 상자 안에 넣고 '주 문'을 말했고 상자를 열었을 때 오직 그림만 있는 것을 보고 눈에 띄게 실망했다(Subbotsky, 1993, 1994).

물리적 인과관계의 이해와 마술, 소망, 그리고 산타클로스에 대한 학령전 아동들의 믿음이 어떻 게 함께 공존할 수 있을까? 핵심은 많은 상황에서 처럼 여기서 아동은 다소 상반되는 다양한 생각 들을 동시에 믿을 수 있다는 것을 인지하는 것이 다(Evans, Legare, & Rosengren, 2011; Harris

& Giménez, 2005; Legare & S. Gelman, 2008; Woolley, Cornelius, & Lacy, 2011). 그들은 자신 들의 상상이나 마술로 어떤 일이 일어날 수 있다고 생각하지만 그렇게 하는 것이 당황스러운 상황에 서는 꼭 거기에만 의존하지는 않는다. 마술과 상상 의 힘에 대한 제한된 믿음을 보여주는 한 예시에서 (Woolley & Phelps, 1994) 한 실험자가 학령전 아 동들에게 빈 상자를 보여주고 그것을 닫은 뒤에 그 속에 연필이 들어 있는 것을 상상하라고 했다. 그다 음에 실험자는 아동들에게 이제 그 상자 안에 연필 이 있을 것인지를 물어보았다. 많은 아동들이 "네" 라고 대답했다. 그다음 한 성인이 들어와서 일을 하 기 위해 연필이 필요하다고 말했다. 아주 소수의 학 령전 아동들만이 상자를 열거나 상자를 그 성인에 게 주었다. 따라서 자신이 옳지 않더라도 아무런 결 과가 따르지 않을 때는 많은 아동들이 상자 안에 연 필이 있다고 말했지만 한 성인에게 어리석게 보일 수도 있는 행동을 할 만큼 확실하게 마술을 믿고 있 는 것은 아닌 것 같다.

아동들은 마술에 대한 자신의 믿음을 어떻게 초 월하는가? 한 방법은 실제 원인에 대해 더 많은 것 을 학습하는 것이다. 사건의 진짜 원인에 대해 더 많이 알수록 원인을 설명하기 위해 마술적인 용어 를 사용하는 일이 줄어든다(Woolley, 1997). 다른 영향은 친구들이 산타클로스가 거짓이라고 말하거 나 같은 길에서 두 명의 산타클로스를 보는 것과 같 이 아동의 마술적인 믿음에 반하는 개인적인 경험 이다. 그러나 때로 아동들은 마술적인 존재의 흠이 드러난 출연과 마술적 존재 그 자체를 구분하여 자 신의 소망을 유지한다. 예를 들어 그들은 열렬하게 실제 산타클로스와 산타클로스처럼 옷을 입은 사람 들을 구분한다.

상상의 세계는 만 3~6세 사이에 가장 현저하

파티에 광대가 있었어.

"진짜 광대 아니면 그냥 웃기는 복장을 하고 얼굴에 페인트칠을 한 사람?"

지만 그 측면들은 그 이후에도 확실하게 유지된 다. 마술적 사고가 유지되는 것을 보여주는 한 연 구에서 많은 9세 아동들과 일부 성인들은 물리적 인 개념으로 설명하기 힘든 묘기를 보았을 때 마술 적인 설명으로 되돌아갔다(Subbotsky, 2005). 더 구나 최근 미국인의 대표적인 표집에 대한 여론조 사에서 성인들의 31%는 유령을 믿는다고 대답했 다(Rasmussen, 2011). 초자연적인 힘에 대한 이러 한 믿음을 단순히 교육 부족으로만 돌릴 수는 없다. Subbotsky(2005)는 대학생 참여자 17명 중 아무도 마녀라는 사람이 자신에게 나쁜 주문을 걸도록 허 락하지 않는다는 것을 발견했다. 수많은 다른 성인 들은 사다리 밑으로 걷지 않거나 보도에서 금을 밟 지 않도록 피하거나 행운을 비는 것 같은 미신에 빠 져 있다. 어떤 불가능한 일을 설명할 때 실제로 성 인들은 아동들보다 더 자주 초자연적인 설명을 만 들어낸다(Woolley et al., 2011). 우리는 분명히 마술 적 사고를 완전히 벗어나지는 못하는 것 같다.

무엇인지 이상한 일이 일어났다고 생각하지만 그 '마술'이 유머러스하다고 생각하거나 이상한 결과의 원인이 무엇인지 적극적으로 이해하려고 하지 않는다(Rosengren & Hickling, 2000). 그러나 만 5세가 되면 아동들은 마술에 매료가 되기 시작하는데 정확하게 결과를 가져오는 분명한 원인이 되는 기제가 없기 때문이다(글상자 7.3). 많은 아동들이 어떻게 그런 묘기가 가능했는지를 알기 위해 마술사의 모자나 다른 도구들을 조사해보고자 한다. 원인과 결과를 연결하는 기제에 대한 이해의 증가와 함께 놀라운 사건조차도 원인이 있을 것이라는 이러한 인식의 확대는 인과적 사고의 성장을 반영한다.

공간

선천론자/경험론자의 논쟁은 공간적 사고에서 격렬했다. 선천론자들은 공간에 대해 표상하고 학습하도록 특화되었고 다른 종류의 정보와 분리해서 공간적 정보를 처리하는 선천적인 모듈을 아동이 가지고 있다고 주장한다(Hermer & Spelke, 1996; Hespos & Spelke, 2004). 경험론자들은 아동이 일반적인 인지적 성장을 도모하는 것과 같은 종류의 학습기제와 경험을 통해 공간적 표상을 습득하고 자신의 목표 달성을 위해 공간적인 정보와 비공간적 정보를 적응적으로 결합하며 언어와 조각퍼즐 같은 다른 문화적 도구들이 공간적 발달을 구체화한다고 주장한다(Gentner & Boroditsky, 2001; Jirout & Newcombe, 2015; S. C. Levine et al., 2012; Newcombe, Levine, & Mix, 2015).

선천론자와 경험론자들도 어떤 주제에서는 의견이 일치한다. 영아기부터 일찍 아동은 예를 들어 위에(above), 아래에(below), ~의 왼쪽의(left of), ~의 오른쪽의(right of)와 같은 일부 공간적 개념들에 대한 인상적인 이해를 보여준다(Casasola, 2008; P. C. Quinn, 2005). 또 하나의 공통적인 결론은 주변 환경에서 자가생산한 움직임이 공간적 정보의 처리를 자극한다는 것이다. 세 번째 공통적 믿음은 뇌의 어떤 영역이 특정 종류의 공간적 정보의 부호화를 위해 전문화되어 있다는 것이다. 예를 들어 해마의 발달은 장소 학습에서의 향상을 가져오는 것으로 보인다(Sluzenski, Newcombe, & Satlow, 2004; Sutton, Joanisse, & Newcombe, 2010). 네 번째 공통적인 결론은 길이, 각도, 그리고 방향에 대한 정보인 기하학적인 정보가 공간적 처리에서 매우 중요하다는 것이다. 걸음마기 아이와 학령전 아동들에게 사물의 위치에 대한 단서들을 주면 그들은 종종 방 안의 푸른 벽 앞에 있다는 것과 같은 더 간단하고 비기하학적인 정보보다는 이러한 기하학적 정보를 더 중요하게 여긴다(Hermer & Spelke, 1996; Newcombe & Ratliff, 2007).

효과적인 공간적 사고는 자신에 대해 그리고 외부적 환경에 대해 상대적으로 공간을 부호화하는 것을 필요로 한다. 이러한 종류들의 공간적 부호화의 각각을 살펴보자.

자신에 대해 상대적으로 공간 표상하기

영아기부터 아동들은 자신의 신체와의 관계로 사물의 위치를 부호화한다. 제5장에서 본 것처럼 어린 영아들에게 2개의 사물을 주면 자기에게 더 가까운 것에 손을 뻗는 경향이 있다(van Wermeskerken et al., 2013). 이는 영아들이 어떤 사물이 더 가까운지를 알고 그 사물의 방향을 자신과의 관계에서 알고 있다는 것을 보여준다.

이후 수개월에 걸쳐 공간적 위치에 대한 영아의 표상은 더 견고해지고 수 초 전에 숨기는 것을 관찰한 사물들을 찾아낼 수 있게 된다. 예를 들어 7개월 영아는 2개의 불투명한 덮개 중 하나 속

자아중심적 공간 표상 ■ 주변과 관련하지 않고 자신의 신체를 중심으로 공간적 위치를 부호화

에 2초 전에 숨겨진 사물로 정확하게 손을 뻗을 수 있지만 4초 전에 숨겨진 사물을 찾지는 못한다. 그러나 대부분의 12개월 영아들은 10초 전에 숨겨진 사물을 향해 정확하게 손을 뻗을 수 있다(A. Diamond, 1985). 이렇게 지속적인 사물의 표상이 증가하는 것은 뇌의 성숙을 반영하는데 특히 계획을 세우고 유지하며 새로운 정보와 이전 정보를 통합하는 데 관여하는 전두엽의 한 영역인 배외측 전전두 피질의 성숙을 반영한다(A. Diamond & Goldman-Rakic, 1989; J. K. Nelson, 2005). 그러나 사물에 대한 표상의 향상은 또한 학습을 반영하기도 한다. 한 상황에서 숨겨진 대상의 학습경험을 제공받은 영아들은 다른 상황에서 숨겨진 대상의 위치 파악에서 향상을 보인다(S. P. Johnson, Amso, & Slemmer, 2003).

공간을 부호화하는 영아들의 능력에 대한 앞의 예에서는 영아가 한 장소에 그대로 머무르면서 자신의 신체와 상대적인 관계로 위치를 부호화한다. Piaget(1954/1971)는 이것이 영아가 할 수 있는 한 종류의 부호화라고 제안했다. 그의 이론에 따르면 그 이유는 감각운동기 동안 영아들은 부호화 당시 자신의 위치를 중심으로 상대적으로만 대상의 위치를 부호화하는 **자아중심적 공간 표상**(egocentric spatial representation)만을 형성할 수 있기 때문이다. 그 증거로 Piaget는 만약 영아들이 계속해서 자신의 오른쪽에서 장난감을 발견한다면 영아들은 자신의 위치가 바뀌어서 이제는 숨겨진 장난감이 자신의 왼쪽에 있을 때조차도 장난감을 찾기 위해 오른쪽으로 돈다는 것을 보여주는 실험들을 보고했다. 후속 연구자들은 이 결과를 반복 검증했다(예 : L. P. Acredolo, 1978; Bremner, 1978).

그러나 영아기 동안 자아중심적인 공간적 표상이 절대적은 아니다. 만약 장난감을 탑과 같은 특징적인 랜드 마크 가까이에 숨긴다면 영아들은 보통 자신들의 위치 변화에도 불구하고 그 장난감을 찾는다(Lew, 2011). 여전히 의문이 남는다. 어린 아동들은 자신의 위치가 바뀔 때 그리고 탐색을 위해서 이용할 수 있는 어떤 지형지물도 없을 때 어떻게 대상을 찾아낼 수 있는가?

자신의 위치와 독립적으로 공간 감각을 습득하도록 돕는 주요 요인은 자기이동(self-locomotion)이다. 기거나 보행기를 타고 스스로 움직인 경험이 있는 영아들은 연령은 같지만 그런 이동의 경험이 없는 영아들에 비해 종종 대상영속성 과제에서 대상의 위치를 더 잘 기억한다(제4장)(Bertenthal, Campos, & Kermoian, 1994; Campos et al., 2000). 유사하게, 스스로 방을 건너 질러서 움직여본 경험이 없는 영아들과 비교하여 그런 경험이 있는 영아들은 자신들이 움직이는 표면의 깊이와 경사면에 대한 이해가 더 빠르다. 이는 제5장에서 기술한 시각절벽에 접근할 때 영아들의 심장 박동이 빨라지는 것이 그 증거이다.

자기이동이 왜 영아의 공간 표상을 향상시키는지는 운전을 직접 해보기도 하고 승객이 되어보기도 한 사람이라면 누구라도 알 수 있을 것이다. 운전 시에 지속적으로 주변 정보를 갱신하는 것처럼 기거나 걷기도 마찬가지이다. 대조적으로 승객이 지속적으로 자신의 위치를 갱신할 필요가 없는 것처럼 안겨 다닐 때도 마찬가지이다.

이러한 분석에서 기대되는 것처럼 자기이동은 또한 나이 든 아동의 공간적 부호화를 향상시킨다. 이러한 결론의 놀라운 증거가 유치원생을 자신들의 부엌에서 검사한 한 연구에서 나온다(Rieser, Garing, & Young, 1994). 유치원생들에게 자리에 서서 교실의 자기 자리에서 교사의 의자로 걸어 나가서 학생들을 향하여 몸을 돌리는 것을 상상해보라고 했다. 그 다음에는 교실의 그 상상한 자리에서 교실 안의 다양한 사물들, 예를 들어 어항, 알파벳 표, 휴대품 보관소 문의 위치를 가리켜보라고 했다. 이러한 조건들에서 5세는 정확하게 가리키지 못했다. 다른 유치원생들도 동일한 절차를 따랐는데 단지 교사의 의자로 걸어 나가고 몸

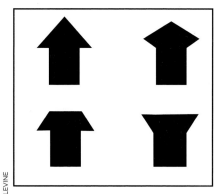

그림 7.6 초기 공간적 사고의 측정 이것들은 Levine과 동료들(2012)이 퍼즐놀이가 학령전 아동들의 공간 기술에 미치는 영향을 조사하기 위해 사용했던 도형들이다. 과제는 아래 사각형 속의 도형들로부터 만들어진 도형을 위의 사각형 안에 있는 도형들 중에서 찾는 것이다.

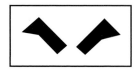

시각장애인과 시각이 손상된 사람들의 공간 개념 발달

사람들은 우리가 볼 수 있는 것에 대해서만 공간적으로 사고할 수 있다고 생각하기 때문에 종종 공간적 사고와 시각을 동일하게 생각한다. 그러나 영아기에도 시각 이외의 감각에 기반한 공간적 사고가 가능하다. 따라서 3개월 영아를 아무것도 보이지 않는 완전히 깜깜한 방에 데려다 놓았을 때 아기들은 가까운 사물에서 나는 소리를 이용하여 사물들의 공간적 위치를 파악하고 그것들을 향해 손을 뻗는다(Keen & Berthier, 2004).

영아들은 공간적 표상을 형성하기 위해 다른 감각뿐 아니라 청각을 사용할 수 있지만 영아기 동안의 시각적 경험은 공간적 발달에서 중요한 역할을 한다. 이 결론에 대한 증거는 시각장애로 태어나거나(S. Carlson, Hyvärinen, & Raninen, 1986) 패턴화된 자극이 망막에 도달하는 것을 방해하는 백내장으로 인해 시각이 심하게 손상된 사람들(Le Grand et al., 2001, 2003)에게 수술로 시각을 복원

한 경우들에서 나온다. 수술은 일찍 평균 4개월에 실시되었고 9~21년 정도의 수술 후 시각 경험을 가진 사람들을 검사했다. 교정 수술 후 광범위한 시각 경험에도 불구하고 이 사람들의 대부분은 공간을 표상하기 위해 다른 사람들만큼 시각정보를 사용할 수 없었다. 수술 20년(그리고 따라서 20년의 시각 경험) 후에도 문제는 여전히 남아 있었다. 결함은 얼굴 지각처럼 당장은 공간적인 것으로 보이지 않는 시각처리의 측면에까지 확대되었다. 생의 첫해(평균 4개월)에 중심적인 백내장이 제거될 때까지 어떤 시각도 없었던 젊은 성인들은 얼굴 지각을 담당하는 뇌 영역의 활동이 저하되었고 얼굴 처리와 다른 공간적 처리의 측면에 관여하는 영역들 간의 연결성이 낮게 나타났다(Grady et al., 2014). 따라서 영아기의 몇 개월 동안 시각 경험의 결여는 이후 공간적 발달을 제한하고 변경했다.

이러한 결과들은 시각장애를 갖고 태어난 아동

들이 공간을 표상하지 못한다는 뜻은 아니다. 그들은 실제로 놀랄 만큼 뛰어난 공간 감각을 갖고 있다. 종이에 삼각형의 두 변을 그리는 데 도움을 받은 뒤에 나머지 한 변을 혼자 그려야 하는 것과 같은 매우 작은 공간에 대한 표상을 포함한 과제들에서 시각장애를 가지고 태어난 아동들은 눈을 가린 볼 수 있는 아동들만큼 수행을 잘한다(Thinus-Blanc & Gaunet, 1997). 친숙하지 않은 방들을 탐색하는 것 같은 큰 공간을 표상하는 과제들에서 시각장애로 태어난 사람들의 공간적 표상은 놀랄 만큼 좋으며 탐색 시간 동안만 눈을 가린 정상적인 사람들과 비슷하다. 따라서 특히 얼굴 지각과 같은 일부 공간적 기술들은 초기의 시각적 경험을 필요로 하는 것처럼 보이지만 많은 시각장애인들은 보지 않고도 인상적인 공간 감각을 발달시킨다.

을 돌려 학생들을 마주보는 것을 상상할 때 실제로 부엌에서 걸어 나가고 돌아보라고 지시한 것만 달랐다. 이러한 조건에서 아동들은 상상의 교실에서 상상한 사물들의 위치를 가리키는 데 훨씬 더 정확했다. 이 결과는 위에서 기술한 영아들의 다른 결과처럼 자가 생성 움직임을 산출하는 체계와 공간의 정신적 표상을 산출하는 체계 사이의 상호연결성을 강조한다(Adolph & Robinson, 2015).

영아기 이후 공간적인 발달에 기여하는 다른 종류의 경험은 퍼즐 맞추기이다. 만 1~4세 사이에 더 자주 퍼즐을 가지고 놀았던 아동들은 4.5세에 그림 7.6에 제시된 공간적 변형 과제에서 또래에 비해 더욱 성공적이다(Levine et al., 2012). 퍼즐놀이와 이후 공간적 사고 간의 관계는 부모의 교육, 수입, 그리고 자녀와 상호작용할 때 공간적 용어를 사용하는지 여부와 무관하게 발생한다. 퍼즐놀이와 공간적 사고 간의 관계는 이해가 된다. 퍼즐을 맞추기 위해서는 특정 위치에 적절한 조각을 찾아야 하고 물리적으로 이들을 돌려서 적절한 방향으로 만들어야 한다. 빈 공간을 채울 수 있는 적절한 후보를 찾기 위해 정신적으로 조각들을 회전시키는 것은 다른 방법들보다 더 효과적인 퍼즐 맞추기를 가능하게 한다. 정신적 회전에서 이러한 연습은 미래 상황들에서 사용될 수 있는 공간적 사고 기술을 연마시키는 것 같다.

그러나 시각장애 아동들은 어떤가? 그들도 공간에 대한 표상을 형성하는지가 궁금할 것이다. 이 질문은 글상자 7.4에서 다룬다.

외적 환경에 대해 상대적으로 공간 표상하기

언급했듯이 6개월 영아들은 숨기는 것을 관찰한 대상들의 위치를 부호화하기 위해 주요 지형지물을 사용할 수 있다(Lew, 2011). 그러나 이렇게 어린 영아들이 주요 지형지물을 성공적으로 사용하

기 위해서는 그것이 환경에서 유일하게 눈에 띄는 주요 지형지물여야 하며 숨겨진 대상 바로 옆에 위치해야만 한다.

발달을 하면서 영아들은 점점 더 잠재적인 대안적 지형지물 중에서 선택할 수 있게 된다. 12개월 영아들에게 노란색 쿠션 하나와 초록색 쿠션 하나, 그리고 여러 개의 파란색 쿠션을 제시했을 때 영아들은 노란색이나 초록색 쿠션 밑에 숨겨진 대상을 찾는 데 문제가 없었다(Bushnell et al., 1995). 16개월에는 아니지만 22개월에는 주요 지형지물이 있으면 바로 그 옆은 아니더라도 비교적 가까이에 숨겨진 대상을 찾는 능력이 향상된다(Newcombe et al., 1998). 5세경에 아동들은 나무와 가로등 사이처럼 여러 개의 지형지물에 상대적으로 대상의 위치를 표상할 수 있다(Newcombe & Huttenlocher, 2006).

성인처럼 아동들은 분명한 지형지물이 없는 환경 속에서 움직일 때나 유일한 지형지물이 목표 지점에서 멀리 떨어져 있을 때에는 공간적 표상을 형성하는 데 더 어려움을 겪는다. 이러한 과제들의 어려움을 이해하기 위해 분명한 길이 없는 숲 속을 걸어가고 있는데 현재의 위치에 어떻게 오게 되었는지를 정확하게 기억할 수 없을 때를 상상해보라. 얼마나 쉽게 출발점으로 돌아가는 길을 찾을 수 있겠는가?

걸음마기 아이들조차도 어느 정도, 예를 들어 일반적으로 옳은 방향으로 그들을 인도할 만큼의 길 찾기 능력을 보여준다(Loomis et al., 1993). 한 실험에서 1세와 2세 아동들이 처음에는 작은 장난감을 긴 직사각형의 모래상자에 숨기는 것을 보았고 그다음에는 커튼이 모래상자 위로 내려와서 장난감이 보이지 않는다. 그다음에 걸음마기 아이들을 다른 장소로 데리고 갔고 그 후에 장난감을 찾으라는 요청을 받았다. 어떤 주요 지형지물도 없었지만 그 걸음마기 아이들은 숨겨진 장난감의 위치를 기억하고 있었고 우연 수준 이상으로 장난감을 찾을 수 있었다(Newcombe et al., 1998).

그러나 2세가 지나도 직접적인 주요 지형지물 없이 위치를 상대적으로 정확하게 부호화하는 것은 계속 어려운 일이다(Bremner, Knowles, & Andreasen, 1994). 만 6세와 7세들도 이에 능숙하지 않고(Overman et al., 1996) 이러한 종류의 길 찾기를 수행하는 능력에서 성인들도 상당히 다르다. 예를 들어 친숙하지 않은 대학 캠퍼스의 외곽을 걸은 뒤에 곧바로 출발점으로 돌아오라고 하면 어떤 사람들은 매우 정확하지만 대부분은 원래 위치와는 거리가 먼 곳으로 가는 길을 선택한다(Cornell et al., 1996).

생존을 위해 공간적 기술이 결정적으로 중요한 문화에서는 이 기술이 특별히 더 발달하는 경향이 있다.

Penny Tweedie / Panos Pictures

사람들이 공간적 기술을 발달시키는 정도는 그 문화에서 그러한 기술이 얼마나 중요한가에 상당한 영향을 받는다. 이를 보여주기 위해 Kearins(1981)는 오스트레일리아의 사막에서 자라는 반유목민 원주민 아동들의 공간적 능력을 오스트레일리아 도시에 사는 백인 또래들과 비교했다. 원주민 문화에서의 생활 대부분은 계절에 따라 물의 양이 다른 멀리 있는 물 웅덩이 사이를 오가는 긴 여정이므로 공간적 능력은 매우 중요하다. 말할 필요도 없이 원주민들은 지도나 길 표지판에 의존할 수 없으므로 물웅덩이에 도달하기 위해서는 공간감각에 의존해야만 한다. 일상생활 속에서 공간 기술의 중요성과 일치되게 원주민 아동들은 도시 아동들에게 더 친숙한 보드 게임에서조차 도시에 사는 또래들에 비해 공간적 위치 기억이 우수했다(Kearins, 1981). 따라서 사회문화적 맥락의 일반적인 중요성에 걸맞게 사람들이 매일의 활동에서 공간적 사고를 어떻게 사용하는지가 공간적 사고의 질에 큰 영향을 준다.

시간

4세기의 성 아우구스티누스로부터 20세기의 알버트 아인슈타인에 이르는 깊은 사상가들조차 시간의 본질에 대해 정확하게 설명하지 못한다. 그러나 영아들은 첫 6개월 안에 순서와 사건의 지속에 대한 지각을 포함하여 시간에 대한 기본적인 감각을 가진다(W. J. Friedman, 2008).

시간을 경험하기

아마도 가장 기본적인 시간의 감각은 시간적인 순서에 대한 지식, 즉 무엇이 제일 먼저 일어났는지를 알고, 그다음에 일어난 것 등을 아는 것일 것이다. 시간에 대한 이러한 기본적인 감각이 없다면 생활이 얼마나 혼란스러울지를 생각한다면 놀라울 것도 없지만 영아들의 능력을 효과적으로 측정할 수 있는 가장 빠른 시기부터 영아들은 사건의 발생 순서를 알고 있다. 한 연구에서 3개월 영아에게 일련의 흥미로운 사진들을 제시했는데 첫 장을 그들의 왼쪽에, 그다음은 오른쪽에, 그다음은 왼쪽에 하는 식으로 제시했다. 20초 안에 아기들은 새로운 사진을 제시하기도 전에 그 사진이 놓일 쪽을 바라보기 시작했다(Adler et al., 2008; Haith, Wentworth, & Canfield, 1993). 이러한 보기 패턴은 3개월 영아들이 시간에 걸쳐 반복적인 사건의 순서를 탐지했고 이 정보를 다음 사진이 놓일 장소에 대한 기대를 형성하는 데 사용했다는 것을 보여준다. 다른 실험적 방법을 사용해도 동일한 결론에 도달한다. 예를 들어 3개의 대상이 일정한 순서로 떨어지는 것에 습관화된 4개월 영아들은 그 순서가 바뀌었을 때 탈습관화되었다(Lewkowicz, 2004).

영아들은 또한 사건의 지속시간에 대한 대략의 감각을 갖는다. 한 연구에서 4개월 영아들은 빛과 어둠이 매 5초마다 교대로 제시되는 것을 8회의 사이클 동안 보았고 그 뒤에는 빛이 제시되지 않아서 패턴이 깨졌다. 중지된 지 0.5초 안에 영아들의 심장 박동이 감소했는데 이는 주의집중이 증가할 때의 특징이다. 이 경우 심장 박동의 감소는 영아들이 5초 간격에 대한 대강의 감각을 가지고 있어서 간격의 끝에 불이 들어올 것을 기대했으며 불이 들어오지 않자 주의집중 수준이 높아졌다고 볼 수 있다(Colombo & Richman, 2002).

영아들은 또한 더 긴 간격과 더 짧은 간격을 변별할 수 있다. 차이를 변별하는 데는 절대적인 길이의 차이보다는 간격들의 비율이 결정적이다(Brannon, Suanda, & Libertus, 2007). 예를 들어 6개월 영아들은 비율이 2:1일 때(1초 대 0.5초, 또는 3초 대 1.5초) 두 간격 간의 차이를 변별할 수 있지만 비율이 1.5일 때(1.5초 대 1초, 또는 4.5초 대 3초)는 변별할 수 없다. 첫 1년 동안 이 변별의 정확도가 증가한다. 따라서 6개월 영아들과는 달리 10개월 영아들은 간격의 비율이 1.5:1일 때에도 변별할 수 있다.

주, 달, 연과 같은 더 긴 간격은 어떤가? 영아들이 이렇게 긴 시간에 대한 감각을 가지고 있는지는 분명치 않지만 학령전 아동들은 이에 대한 감각을 갖고 있다. 예를 들어 과거의 두 사건 중에서 어떤 것이 더 최근에 발생했는지를 물어보면 4세 아동들은 실험 1주일 전에 발생한 특정 사건(밸런타인데이)이 7주 전에 발생한 사건(크리스마스)보다 더 최근이라는 것을 안다(W. J. Friedman, 1991). 그러나 학령전 아동들도 더 최근의 사건이 시간상 매우 가깝고 더 이전에 발생한 사건보다 훨씬 더 가깝게 발생한 경우에만 이러한 질문에 정확하게 대답할 수 있다. 과거 사건들의 시간들을 더 정확하게 구별하는 능력은 중기 아동기 동안에 천천히 발달한다(W. J. Friedman, 2003).

예를 들어 특별한 교실 경험을 한 아동들에게 3개월 후에 그 경험이 발생했던 달을 기억하라고 하면 정확한 회상의 비율이 5세에는 20%에서 7세는 46%, 9세는 64%로 증가한다(W. J. Friedman & Lyon, 2005).

미래 사건의 시간에 대한 이해도 이 연령대에서 증가한다(W. J. Friedman, 2000, 2003). 학령전 아동들은 종종 과거와 미래를 혼동한다. 예를 들어 5세 아동은 밸런타인데이 1주 후에 다음 밸런타인데이가 다음 핼러윈이나 크리스마스보다 더 빨리 돌아올 것이라고 예측한다. 그들은 또한 점심 전에 검사를 받았든 점심 후에 검사를 받았든 상관없이 다음 점심은 같은 양의 시간이 지난 미래라고 예측한다. 대조적으로 6세 아동들은 일반적으로 이 모든 경우에 정확하게 예측한다. 5세와 6세의 연령에서 미래 시간에 대한 감각이 향상되는 것은 아마도 계절, 명절, 그리고 일과의 주기를 강조하는 유치원 생활의 경험 때문일 것이다.

성인과 마찬가지로 아동들은 시간에 대한 어떤 환상을 갖고 있는데 그 이유 중 일부는 시간 지각에서 주의의 역할 때문일 것이다. 8세 아동은 동일한 시간 간격이라도 시간의 경과에 주의를 집중할 때(예 : 2분간의 대기 시간 후에 상을 기대할 때)에 상을 기대하지 않을 때보다 더 길게 지각했다. 반대로 아동들은 매우 바쁠 때보다 할 일이 별로 없을 때 동일한 간격을 더 길게 지각한다(Zakay, 1992, 1993). 따라서 '초조하게 지켜볼수록 냄비는 끓지 않는 법이다(A watched pot never boils)'라는 속담이 심리학적인 근거가 있는 셈이다.

시간에 대한 사고

중기 아동기 동안 아동은 시간에 대한 사고에 점점 더 능숙해진다. 특히 그들은 만약 두 사건이 동시에 시작했고 한 사건이 더 일찍 끝났다면 뒤에 끝난 사건이 더 오래 지속된 것임을 추론할 수 있게 된다.

5세경의 아동들은 때로 시간에 대해 이런 논리적 추론을 할 수 있지만 오직 단순하고 간단한 상황에서만 가능하다. 예를 들어 두 인형이 동시에 잠을 자는데 한 인형이 다른 인형보다 더 일찍 깨어났다면 5세 아동들은 늦게 일어난 인형이 더 오래 잤다고 정확하게 추론할 수 있다(Levin, 1982). 그러나 2개의 평행하는 길에서 2개의 장난감 기차가 같은 방향으로 달릴 때 한 기차가 더 멀리 가서 정지하는 것을 볼 때 5세 아동들은 기차가 언제 출발했고 언제 정지했는지와 무관하게 더 멀리 가서 정지한 기차가 더 오래 달렸다고 보통 대답한다(C. Acredolo & Schmid, 1981). 문제는 5세 아동의 주의가 더 멀리 간 기차에 사로잡혀서 상대적인 시작과 정지의 시간들보다 기차들의 공간적인 위치에 집중하게 되는 것이다. 만약 이 관찰이 Piaget의 중심화를 생각나게 한다면(제4장), 그럴 만한 이유가 있다. 이 과제에서의 수행을 Piaget(1969)가 관찰한 것이 전조작기 아동이 한 차원에 집중하고 다른 더 관계되는 차원들을 무시한다는 결론에 도달하게 된 이유 중 하나이기 때문이다.

수

인과관계, 공간, 시간처럼 수는 인간의 경험에서 중요한 차원이다. 우리가 간단한 수 감각이라도 갖고 있지 않다면 세상이 어떻게 될지 상상하기도 힘들다. 예를 들어 우리는 가족이 몇 명인지, 손가락이 몇 개인지, 신발을 몇 켤레 가지고 있는지도 모를 것이다.

놀랄 것도 없이 선천론자/경험론자의 논쟁은 수 개념에까지 확대된다. 선천론자들은 한 세트의 대상들의 상대적인 수를 표상하고 학습하며 수세기와 간단한 더하기와 빼기를 위한 특별한 기제를 포함한 수 개념의 핵심을 가지고 태어난다고 주장한다(Feigenson, Dehaene, & Spelke, 2004). 증거로서 그들은 뇌의 특정 영역, 특히 두정간구(intraparietal sulcus)가 수의 양을 표상하는 데 깊게 관여하며(Ansari, 2008; Nieder & Dehaene, 2009) 특정 수의 대상(예 : 5개의 대상)이 제시되면 특정 뉴런이 가장 강하게 반응한다는 데 주목한다(Nieder, 2012). 반대로 경험론자들은 아동들이 다른 개념들을 습득하도록 돕는 것과 같은 종류의 경험과 학습기제를 통해 수에 대해 학습하며 영아들의 수적인 능력은 선천론자가 주장하는 것만큼 대단하지 않다고 주장한다(Clearfield, 2006; Lyons & Ansari, 2015). 그들은 또한 다른 문화의 아동들 간에 수적인 이해의 큰 차이가 존재함을 주목하고 이러한 차이에 교수, 언어, 그리고 문화적 가치가 기여하는 바를 상세히 기록한다(Bailey et al., 2015; K. F. Miller et al., 1995). 여기서 우리는 수 발달에 대한 현재의 증거들을 개관하고 이 증거들에 대한 선천론자와 경험론자의 관점 역시 알아본다.

수적인 동등

아마도 수에 대한 가장 기본적인 이해는 **수적인 동등**(numerical equality), 즉 N개의 대상을 가진 모든 세트는 어떤 공통점을 갖고 있다는 생각의 이해이다. 예를 들어 두 마리의 개, 두 개의 컵, 두 개의 공, 두 개의 신발은 모두 '두 개'라는 특성을 공유한다는 것을 인지하는 것이 수적인 동등의 이해이다.

신생아들은 이미 비언어적(종종 '비상징적'이라고 부름)으로 수적인 동등에 대한 감각을 일부 가지고 있다. 이러한 비상징적 감각의 한 예는 인접한 세트들 사이에 중지점을 넣어서 서로 구분한 4개의 동일한 음절 세트(예 : 'tu, tu, tu, tu', 중지, 'tu, tu, tu, tu')를 반복적으로 듣고 난 뒤에 신생아들이 12개의 대상보다 4개의 대상을 더 오래 쳐다보는 것이다. 대조적으로 중지점으로 구분된 12개의 동일한 음절 세트를 듣고 난 뒤에는 12개의 대상들을 더 쳐다보았다(Izard et al., 2009). 신생아들은 '넷' 또는 '열둘'이라는 단어를 알지 못함에도 불구하고 이미 이러한 세트 크기에 대한 개념을 갖고 있다.

시간적 간격들의 변별처럼 영아들의 수 세트들 간의 변별은 대체로 수의 비율에 달려 있다. Izard와 동료들(2009)의 연구에서 신생아들은 6개와 18개의 음절과 대상들을 변별하는 동일한 경향성을 보였지만 4개와 8개를 변별하지는 못했으며 이는 신생아들이 3:1의 비율은 변별하지만 2:1을 변별하지는 못한다는 것을 의미한다.

첫 한 해와 그 이후 동안에 수의 변별은 점차 더 정확해진다. 6개월경에 영아들은 2:1 비율의 세트들(예 : 16 대 8의 점 또는 소리)을 변별하지만 3:2 비율의 세트들을 변별하지는 못한다(예 : 12 대 8의 점 또는 소리)(Libertus & Brannon, 2010; Lipton & Spelke, 2003). 9개월경 영아들은 3:2를 변별하지만 4:3을 변별하지는 못한다(Cordes & Brannon, 2008). 성인기까지 많은 사람들은 8:7의 비율을 신뢰성 있게 변별할 수 있다(Halberda & Feigenson, 2008).

비상징적 수 변별의 비율 의존성에서 한 예외는 매우 작은 수 세트(1 대 4의 대상이나 사상) 간의 변별은 비율만으로 예상하는 것보다 더 정확하며 더 빠르고 변동이 덜하다는 것이다. 예를 들어 영아들은 동일한 비율의 더 큰 세트들을 변별하기 전에 2개의 대상과 하나의 대상, 3개의 대상과 2개의 대상을 변별한다(Piazza, 2011). 구피, 닭, 그리고 원숭이와 같이 다양한 종들에서 또한 나타나는 이러한 현상(Agrillo, Piffer, & Bisazza, 2011)은 시각과 청각의 수를 처리하는 데 적어도 2개의 다른 기제들이 존재한다는 것을 시사한다. 즉 매우 적은 수 세트를 처리하는 데 사용하는 기제는

수적인 동등 ■ N개의 대상을 가진 모든 세트는 어떤 공통점을 가짐을 이해

대상이나 사상의 특정한 수에 기반하며 다른 기제는 대상이나 사상의 비율에 기반하며 모든 수에 적용된다.

영아들의 연산

비상징적인 수량에 더하여 영아들은 또한 이 표상들에 대해 어림셈을 수행할 수 있다. 4~5개월 영아들은 1개 또는 2개의 대상이 있는 원래의 세트에 1개 또는 2개의 대상을 더했을 때 정확한 수보다 더 많거나 적은 대상이 나오는 것처럼 보일 때(눈속임을 통해) 탈습관화된다. 동일한 연령의 영아들은 또한 비슷하게 적은 수의 대상 세트들에서 예상치 않은 뺄셈 결과를 보여주었을 때에도 탈습관화를 보인다(Wynn, 1992). 더 나이 든 영아들은 더 큰 세트(5에서 10)의 대상들에서 놀라운 덧셈과 뺄셈 결과에 탈습관화된다(McCrink & Wynn, 2004).

그림 7.7은 Wynn이 영아의 연산지식에 대한 이 증거를 산출하기 위해 사용했던 실험을 보여준다. 5개월 영아들은 무대 위에 하나의 인형이 있는 것을 본다. 스크린이 올라가고 인형이 보이지 않는다. 다음에 영아는 스크린 뒤로 손이 들어가서 두 번째 인형을 놓고 스크린 뒤로 빈손이 나오는 것을 보는데 마치 두 번째 인형을 첫 번째 인형과 함께 남겨둔 것처럼 보인다. 마지막으로 스크린이 내려가고 1개 또는 2개의 인형이 남아 있다. 대부분의 5개월 영아들은 인형이 하나만 있을 때 더 오래 쳐다보는데 이는 1+1은 2여야만 한다는 것을 예상했고 오직 하나의 대상만이 남아 있을 때 놀랐다는 것을 시사한다. 비슷한 결과가 뺄셈에서도 나타난다. 5개월 영아들은 2개의 대상에서 하나를 제거하는 것처럼 보였는데 하나가 남아 있을 때보다 2개가 그대로 남아 있을 때 더 오래 쳐다보았다(Wynn, 1992).

수 세기

많은 아동들이 2세부터 언어적으로 수 세기를 시작하지만 수 세기에 대한 초기의 이해는 매우 제한되어 있다. 1부터 10까지 거침없이 수 세기를 한 다음에도 많은 2세 아동들은 3이 5보다 더 큰지 혹은 5가 3보다 더 큰지를 알지 못한다(Le Corre & Carey, 2007). 걸음마기 아이의 초기 수 세기는

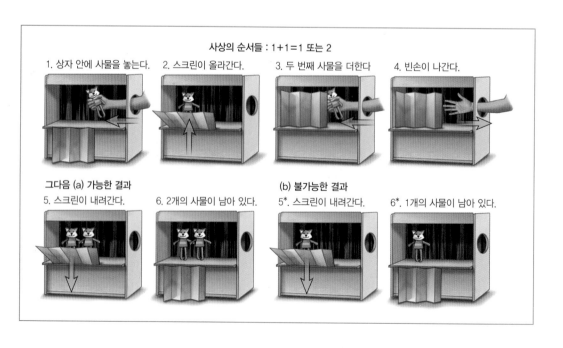

그림 **7.7 영아들의 덧셈 이해** Wynn (1992)이 사용했던 과제에서 영아들이 덧셈에 대한 초보적인 이해가 있는지를 조사하기 위해 5개월 영아들은 (1) 무대 위에 인형이 하나 있는 것을 보았고 (2) 스크린이 올라가서 인형이 보이지 않고 (3) 인형을 잡은 손이 스크린 쪽으로 들어가서 스크린 뒤로 움직이고 (4) 잠시 뒤에 빈손이 스크린 뒤에서 나오는 것을 본다. 그다음 스크린이 내려오고 무대 위에 인형이 2개 남아 있는 가능한 사상(5와 6) 또는 무대 위에 인형이 하나만 남아 있는 불가능한 사상(5*와 6*)이 나타난다. 6개월 이하의 영아들은 불가능한 사상을 더 오래 쳐다보며 이는 인형이 2개 대신 하나인 것에 놀란 것을 의미한다.

사상의 순서들 : 1+1=1 또는 2

1. 상자 안에 사물을 놓는다. 2. 스크린이 올라간다. 3. 두 번째 사물을 더한다 4. 빈손이 나간다.

그다음 (a) 가능한 결과
5. 스크린이 내려간다. 6. 2개의 사물이 남아 있다.

(b) 불가능한 결과
5*. 스크린이 내려간다. 6*. 1개의 사물이 남아 있다.

낯선 외국어로 노래를 부르는 것과 유사하다.

수 단어들의 의미 학습은 처음에는 하나씩 발생한다. 걸음마기 아이들은 '1'이라는 단어와 하나의 사물을 연결시키고 한 달이나 두 달 뒤에 '2'를 2개의 사물과 연결시키고, 또 한 달이나 두 달 뒤에 '3'이라는 단어를 3개의 사물과 연결한다. 이렇게 느린 초기 습득 기간 뒤에 걸음마기 아이들은 이 수 세기 단어들이 서로 다른 양을 나타내는 것을 인지하고 이어서 수 단어와 그 단어들이 표상하는 양 사이의 연결을 훨씬 더 빨리 학습한다(Le Corre & Carey, 2007; Le Corre et al., 2006).

수 세기의 절차를 학습하는 것에 더하여 학령전 아동들은 또한 수 세기에 내재하는 5개의 원리에 대한 이해를 습득한다(R. Gelman & Gallistel, 1978).

1. **일대일 대응**(one-one correspondence) : 각 사물에는 하나의 수 이름만 붙일 수 있다.

2. **일정 순서**(stable order) : 숫자들은 언제나 같은 순서로 열거해야 한다.

3. **기수성**(cardinality) : 세트 속 사물의 수는 마지막으로 부른 숫자와 대응한다.

4. **순서 무관**(order irrelevance) : 사물들은 왼쪽에서부터 오른쪽으로, 오른쪽에서 왼쪽으로 또는 어떤 다른 순서로 세어도 무방하다.

5. **추상성**(abstraction) : 어떤 세트의 개별 사물이나 사상도 셀 수 있다.

부정확한 수 세기와 특이하지만 정확한 수 세기의 두 종류 수 세기 절차를 관찰해보면 아동들의 판단에서 학령전 아동들이 이 원리들을 이해한다는 많은 증거들이 나온다. 인형이 예를 들어 하나의 대상에 2개의 수 단어를 붙이는 것처럼 일대일 대응의 원리를 무시하는 방법으로 수 세기를 하는 것을 볼 때(그림 7.8a) 4세나 5세 아동들은 지속적으로 그 수 세기가 잘못되었다고 말한다(Frye et al., 1989; R. Gelman, Meck, & Merkin, 1986). 대조적으로 인형이 예를 들어 줄의 가운데에서부터 수 세기를 시작하지만 모든 대상을 다 세는 것처럼(그림 7.8b) 특이하지만 수 세기의 원칙을 무시하지 않으며 수를 세는 것을 보면 많은(전부는 아니지만) 4세와 5세 아동들은 자신들은 그 방법으로 수 세기를 할 수 없을지라도 그 수 세기가 옳다고 판단한다(Briars & Siegler, 1984). 자신들이 사용하지 않더라도 옳은 수 세기의 방법을 이해하는 것을 보면 학령전 아동들이 정확한 수 세기와 부정확한 수 세기를 구분하는 원리들을 이해한다는 것을 알 수 있다.

전 세계의 아동들이 수 단어를 배울지라도 배우는 속도는 그 문화에서 사용하는 수 체계의 세부 내용에 의해 영향을 받는다. 예를 들어 Kevin Miller와 그의 동료들(1995)이 주목한 것처럼 중국의 5세 아동들의 대부분은 100이나 그 이상까지 셀 수 있지만 미국의 5세 아동 대부분은 그렇게까지 셀 수 없다. 수 세기의 능숙함에서 이러한 차이가 나는 이유의 일부는 중국 수 체계가 특히 10대에서 더 규칙적이라는 데 있는 것 같다. 중국어와 영어 모두에서 20 이상의 수를 나타내는 단어들은 규칙적인 법칙을 따른다. 즉 십의 자리의 이름이 먼저 오고 그다음에 일의 자리의 이름이 나중에 온다(예 : twenty-one, twenty-two 등). 중국어에서는 11부터 19 사이의 수 이름도 동일한 법칙을 따른다(십일, 십이 등). 그러나 영어에서는 11에서 19까지의 수를 나타내는 간단한 법칙이 없고 각각의 이름을 독립적으로 학습해야 한다.

그림 7.9는 수 체계에서 이러한 문화적 차이의 영향을 나타낸다. 미국과 중국의 3세 아동들은 영어나 중국어에서나 어떤 규칙도 따르지 않는 1부터 10까지의 수를 암송하는 능력에서는 비슷하다. 그러나 중

그림 7.8 수 세기 절차들 Frye와 동료들(1989)과 Gelman, Meck, Merkin(1986)에서 사용한 것과 유사한 수 세기의 절차 − (a) 부정확한 수 세기 절차, (b) 특이하지만 정확한 수 세기 절차

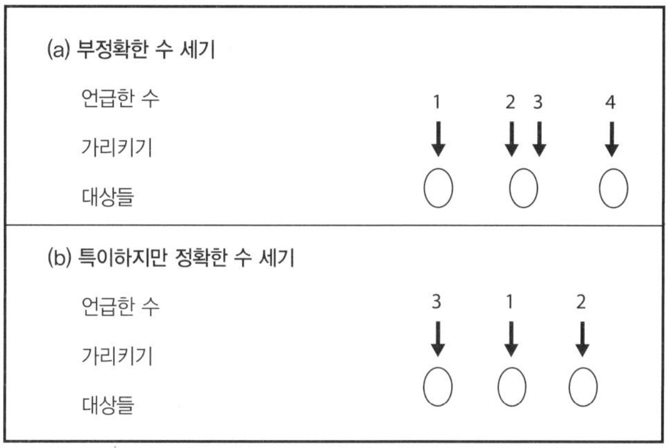

(a) 부정확한 수 세기

언급한 수	1	2	3	4
가리키기				
대상들				

(b) 특이하지만 정확한 수 세기

언급한 수	3	1	2
가리키기			
대상들			

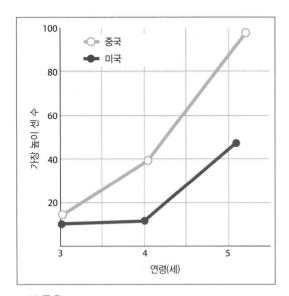

그림 7.9 수 세기 수준 중국과 미국의 3세들은 같은 지점까지 셀 수 있지만 중국의 4세와 5세들은 미국의 또래들에 비해 훨씬 더 큰 수까지 셀 수 있다. 중국 아동들이 수 세기 능력에서 더 빠른 발달을 하는 한 가지 이유는 중국의 수 단어의 경우 10 이후에도 일관되고 쉽게 학습할 수 있는 패턴을 따르는 데 비해 영어의 10대 수 단어들은 하나씩 암기해야 한다는 것이다(K. F. Miller et al., 1995).

국의 4세들은 10 이후의 숫자들을 재빨리 학습하는 데 비해 미국의 또래들은 10대에서 오랜 기간 어려움을 겪는다. 언어의 차이만이 미국 아동들이 중국 아동들에 비해 뒤지는 유일한 이유는 아니다. 중국 문화는 미국 문화보다 수학적 기술을 훨씬 더 강조하고 중국의 학령전 아동들은 결과적으로 연산과 수 라인 추정을 포함한 일반적인 수적인 기술에서 더욱 앞서 있다(Siegler & Mu, 2008). 그럼에도 불구하고 중국의 수 체계에서 10 이후 수 이름들의 단순함이 중국 아동들이 능숙하게 수 세기를 하는 데 한 공헌자로 보인다.

공간, 시간, 그리고 수 이해의 관계

Piaget(1952)는 영아들이 일반적이고 분화되지 않은 크기의 개념만을 갖고 있으며 공간, 시간, 그리고 수와 같은 구체적인 개념들을 결여하고 있다고 가정했다. 즉 그는 영아들이 '크다'의 개념을 갖고 있지만 더 큰 크기, 더 긴 시간, 더 큰 수들을 변별할 수 없다고 생각했다. 이후 연구들은 영아들이 크기, 지속시간, 수들을 변별할 수 있다는 것을 보여주었다. 예를 들어 동일한 수의 서로 다른 대상의 배열들에 습관화가 된 뒤에 대상의 수가 변화하면 영아들은 새로운 대상들이 차지하는 공간과 그들이 진열된 시간이 전과 동일하더라도 탈습관화되었다(F. Xu & Arriaga, 2007; F. Xu & Spelke, 2000).

그러나 영아들이 공간, 시간, 그리고 수에 대한 구체적인 개념들을 갖고 있다는 사실이 Piaget가 제안한 일종의 분화되지 않은 크기의 개념을 갖고 있지 않다는 것을 의미하지는 않는다. 실제로 Lourenco와 Longo(2010)는 9개월 영아들이 공간, 수, 그리고 시간에 확장되는 일반적인 크기

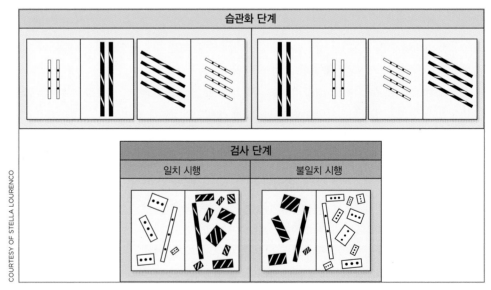

그림 7.10 영아들의 일반적인 크기 표상 영아들이 일반적인 크기의 개념을 갖고 있는지를 검사하기 위해 Lourenco와 Longo(2010)는 처음에 위칸에 있는 것과 같이 한 장식(여기서는 흑백의 줄무늬)이 한 양적인 차원에서 큰 것(여기서는 더 큰 크기)에 나타나는 그림들의 짝을 제시했다. 이러한 습관화 단계 다음에 동일한 장식이 더 큰 값(여기서는 더 많은 수의 대상들)에 나타나는 일치 시행(왼쪽 아래) 또는 장식이 더 작은 값(여기서는 더 적은 수의 대상들)에 나타나는 불일치 시행(오른쪽 아래)을 영아들에게 보여주었다. 습관화와 검사 시행에서 사용되었던 양적 차원의 특정 짝들과 무관하게 영아들은 불일치 시행동안 더 오래 쳐다보았으며 이는 그들이 양적 차원이 무엇이든 간에 더 큰 값에 장식이 나오기를 기대하고 있었다는 것을 보여준다.

의 감각을 가진다는 것을 발견했다. 그들의 연구에서 영아들은 처음에 그림 7.10의 위에서 보는 것처럼 3차원 중 한 차원(예 : 크기)에서 두 자극 중 더 큰 자극에 특정한 장식(예 : 흑백의 줄)이 일관적으로 제공되는 배열들에 습관화되었다. 그다음에 영아들에게 장식과 다른 차원에서 상대적인 크기의 관계가 유지되거나 변화하는 배열들을 제시했다. 예를 들어 흑백의 줄과 더 큰 크기 간의 관계에 습관화되었던 영아들은 이제 장식이 더 큰 수의 세트(그림 7.10의 왼쪽 칸)나 더 적은 수의 세트(그림 7.10의 오른쪽 칸)에 나타나는 것을 보게 된다. Lourenco와 Longo는 장식이 더 큰 수의 자극에 나타났다가 이제 다른 차원의 더 큰 세트에 나타날 때는 탈습관화가 되지 않았지만 더 작은 세트에 나타날 때는 탈습관화되는 것을 발견했다. 습관화의 차원이 크기이든 수이든 또는 시간이든 무관했고, 이후 변화된 차원이 크기이든, 수이든 또는 시간이든 무관하게 유사한 결과가 얻어졌다.

다른 연구들도 동일한 결과를 제시한다(de Hevia & Spelke, 2010; Srinivasan & Carey, 2010). 예를 들어 두 자극을 변별하기 위해 한 연령의 영아가 필요로 하는 비율은 그 변별이 시간이든, 공간이든, 또는 수이든 무관하게 유사했다(Brannon, Lutz, & Cordes, 2006; Brannon, Suanda, & Libertus, 2007). 더구나 세 차원 모두 표상하기 위해 두정간구의 동일 영역이 포함된다(Dehaene & Brannon, 2011). 따라서 영아들에게는 결여되어 있다고 Piaget가 생각했던 더욱 구체적인 시간, 공간, 그리고 수의 개념뿐 아니라, 영아들이 가지고 있을 것이라고 Piaget가 생각했던 일반적이며 미분화된 크기의 개념을 영아들은 모두 갖고 있는 것으로 보인다.

요약

자신들의 경험을 이해하기 위해서 아동들은 사람, 다른 생물, 그리고 무생물 대상들과 같은 여러 종류의 대상들이 세상에 존재한다는 것을 학습해야만 한다. 또한 자신들의 경험을 왜, 언제, 어디서, 그리고 얼마나 자주 그 사건들이 발생하는지를 부호화하기 위해서 아동들은 또한 인과성, 공간, 시간, 그리고 수에 대한 기본적인 이해를 필요로 한다.

사람 또는 사물의 이해

■ 사물의 초기 범주화는 대부분 지각적인 유사성, 특히 대상의 모양에서의 유사성에 기반한다.

■ 2세 또는 3세가 되면 아동들은 동물/개/푸들, 가구/의자/레이지 보이 등과 같이 범주 위계를 형성한다.

■ 영아기부터 아동들은 사람을 다른 동물과 무생물 대상들로부터 변별한다. 예를 들어 영아들은 토끼나 로봇보다 사람을 향해 더 웃는다.

■ 4세나 5세가 되면 학령전 아동들은 타인의 행동을 이해하기 위해 기초적이지만 잘 조직된 마음 이론을 갖는다. 마음 이론의 핵심 가정은 욕망과 믿음이 특정 행위를 동기화한다는 것이다.

■ 심지어 그 믿음들이 거짓일 때조차도 다른 사람들이 자신들의 믿음에 따라 행동할 것임을 이해하는 것은 3세 아동들에게는 매우 어렵다. 많은 아동들은 5세가 될 때까지 이를 잘 이해하지 못한다.

■ 어린 아동들은 동물과 식물, 특히 동물에 큰 흥미를 느낀다. 동물을 보면 영아와 걸음마기 아이들은 그들에게 조심스럽게 주의를 집중한다.

■ 4세경에는 예를 들어 성장, 유전, 질병과 치유 같이 보이지 않는 과정들에 대한 일관된 생각들을 포함하여 생물에 대한 정교한 이해가 발달한다. 생물에 대한 자연적인 흥미와 환경으로부터 받는 입력이 아동들의 식물과 동물에 대한 지식에 공헌한다.

인과성, 공간, 시간, 수에 대한 이해

■ 선천론자와 경험론자들 간의 논쟁은 인과관계, 인간의 마음, 공

간, 시간, 그리고 수와 같은 기초적인 개념들의 발달에 기여하는 경험과 학습기제뿐 아니라 이 개념들에 대한 영아들의 인상적인 이해에 대하여 우리들의 이해를 도왔다.

■ 물리적 사상에 대한 인과적 이해의 발달은 영아기에 시작된다. 6~12개월경에 영아들은 대상들이 충돌하면 어떤 결과가 나타날지를 이해한다. 행동들 간의 인과적 관계를 이해하는 것은 1세 아동이 그 행동들을 기억하는 것을 돕는다.

■ 4세나 5세경에 아동들은 사상이 발생하기 위해서는 원인들이 필요하다는 것을 인식하는 것 같다. 분명한 원인이 없을 때 그들은 원인을 찾는다. 그러나 많은 학령전 아동들이 물리적 인과관계뿐 아니라 마술을 믿는다.

■ 다른 동물들처럼 사람들은 공간을 부호화하도록 생물학적으로 준비되어 있다. 영아기부터 일찍 그들은 자신의 위치와 랜드 마크와의 관계 속에서 다른 대상의 위치를 부호화한다. 스스로 움직일 수 있는 능력을 얻으면서 아동들은 자기 몸의 현재 위치뿐 아니라 전반적인 환경에 대해 상대적인 위치 감각을 얻는다.

■ 시각장애를 가지고 태어난 아동들의 경우 영아기에 교정 수술을 받아도 특히 공간처리의 일부 측면인 얼굴 처리에는 문제가 있지만 대체로 놀랄 만큼 좋은 공간 표상을 갖는다.

■ 영아들이 공간의 일부 측면을 부호화하는 능력을 가지고 태어나는 것처럼 시간의 일부 측면들 역시 부호화하는 능력을 갖고 태어난다. 3개월 영아들조차 사건이 발생하는 순서를 부호화한다. 그 연령의 영아들은 또한 과거 사건의 일관적인 순서를 사용하여 미래 사건을 예측할 수 있다.

■ 5세경에 아동들은 예를 들어 두 사건이 동시에 시작되었고 한쪽이 다른 쪽보다 더 늦게 멈췄다면 더 늦게 멈춘 쪽이 더 오래 지속되었다는 것을 추론하는 정도에서 시간에 대해 사고할 수 있다. 그러나 이는 오직 간섭하는 지각적인 단서들이 없을 때만 가능하다.

■ 영아들은 두 수의 비율이 클 때 대상, 소리, 또는 사상의 수들을 변별할 수 있다. 첫 한 해 동안에 영아들은 더 작은 비율의 대상과 사상을 변별할 수 있게 되며 이 경향성은 성인기까지 지속된다. 1부터 4항목의 작은 세트의 표상은 더 큰 세트들의 표상들보다 영아기부터 더 정확하다.

■ 3세경에 대부분의 아동들은 10개의 대상들을 포함한 수 세기를 배운다. 이들의 수 세기는 '각 대상은 오직 하나의 수 이름을 가질 수 있다'와 같은 어떤 원칙에 대한 이해를 반영하는 것처럼 보인다. 이후 수 학습의 속도는 문화의 수 체계와 그들의 문화가 수 지식을 중요하게 생각하는 정도를 반영한다.

■ 영아기부터 아동들은 또한 공간, 시간, 그리고 수에 확장되는 규모에 대한 일반적인 표상을 갖고 있다.

연습문제

1. 영아들이 시간, 공간, 그리고 수와 같은 기초적인 개념들에 대한 어느 정도의 이해를 가지고 태어난다는 신념은 _____의 기본 요소이다.
   a. 상식심리학
   b. 마음 이론
   c. 생득설
   d. 경험주의

2. Krascum과 Andrews의 실험에서 어린 아동들은 각 등장인물의 독특한 외모에 대해 설명하는 이야기를 들은 후에 웍과 길리를 더 잘 분류했다. 이들의 결과는 _____의 중요성을 지지한다.
   a. 상식심리학
   b. 인과적 관계
   c. 마술적 사고
   d. 거짓믿음

3. Gelman과 Kalish(2006)의 연구는 영아들이 대상들을 3개의 일반적인 범주로 분류한다는 것을 보여준다. 다음 중 그들의 연구에서 확인한 일반적인 범주가 아닌 것은 무엇인가?

   a. 음식
   b. 무생물 대상
   c. 사람
   d. 다른 동물

4. 다음 중 어린 아동들이 형성하는 가장 전형적인 상위 범주, 기본 범주, 하위 범주의 조직화를 나타내는 것은 무엇인가?
   a. 동물/개/푸들
   b. 대상/식물/동물
   c. 부모/형제/조부모
   d. 개/동물/푸들

5. 아동들은 어떤 범주를 먼저 형성하는 경향이 있는가?
   a. 상위
   b. 하위
   c. 기본
   d. 주요

6. 다른 사람의 이해를 전담하는 뇌의 기제인 마음 이론 모듈이 존재한다는 제안은 다음 중 어떤 입장과 가장 밀접하게 관계되는가?
   a. 경험주의
   b. 실존주의
   c. 본질주의
   d. 선천론

7. 거짓믿음 과제의 중요성은 무엇인가?

   a. 심지어 그 믿음이 거짓일 때에도 다른 사람들이 그 믿음에 따라 행동한다는 것을 매우 어린 아동들이 이해하지 못하는 것을 보여준다.

   b. 어린 아동들이 인과관계를 완전히 이해하지 못하는 것을 보여준다.

   c. 어린 아동기부터 청년기까지 각 개인이 유지하는 어떤 거짓믿음이 있다는 것을 증명한다.

   d. 어린 아동들이 다른 사람의 의도를 이해할 수 있는 연령이 문화에 따라 다르다는 견해를 지지한다.

8. 다음 중 어떤 것이 사회극 놀이의 예인가?

   a. 에즈라는 장난감 차를 추격하면서 차 소리를 낸다.

   b. 타냐는 물통을 마이크로 이용한다.

   c. 레일라는 자신이 학교에 있고 친구인 토샤가 선생인 척한다.

   d. 도나는 아버지와 함께 연을 날리고 있다.

9. 테드는 자신의 강아지가 짖고, 고리를 흔들고, 밖으로 나가고 싶어 하는 이유가 그 강아지 안에 있는 '개다움' 때문이라고 믿는다. 테드의 이러한 믿음은 다음 중 어떤 것의 예인가?

   a. 거짓믿음   b. 본질주의

   c. 선천론   d. 지각적 범주화

10. 한 어머니가 6세 아들의 귀 뒤에서 마술같이 동전을 꺼낸다. 다음 중 어떤 시나리오가 전형적인 6세의 반응이겠는가?

   a. 이 사건을 이해하기 위해 아들은 어머니의 손과 소매와 자신의 귀 뒤를 조사한다.

   b. 이러한 특이한 사상에 반응하지 않는다.

   c. 이 묘기가 재미있다고 생각하지 않고 방을 나가버린다.

   d. 어머니가 손에 동전을 감춘 것을 즉각 알아차린다.

11. 공간적 사고의 발달에 대해 선천론자와 경험론자들은 격렬한 논쟁을 벌여 왔는데 다음 중 어떤 것에 두 집단이 공통적으로 동의하는가?

   a. 영아들은 공간적 개념에 대한 이해가 거의 또는 전혀 없다.

   b. 공간 학습의 발달에 자기이동이 도움이 되지 않는 것 같다.

   c. 아동들은 대상의 위치를 파악하는 데 지리적 정보를 사용할 수 없다.

   d. 해마의 발달이 공간적 학습의 발달에 관계된다.

12. Piaget에 따르면 아동이 자신의 신체에 관계하여 상대적으로 사물의 위치를 부호화하는 것을 _____이라고 한다.

   a. 주요 지형지물 표상   b. 타자 중심적 공간 표상

   c. 자아중심적 공간 표상   d. 방향적 표상

13. 3개의 공과 3개의 테디베어와 3개의 연필과 3개의 사과가 수잔 앞에 있다. 수잔은 대상들의 집단들을 연구한 다음 그들이 '3개'의 특성을 모두 공유하고 있다는 것을 알았다. 수잔은 다음 중 어떤 개념의 이해를 보여주는가?

   a. 일정 순서   b. 순서 무관

   c. 수적 동등성   d. 추상성

14. 카말은 행복하게 '하나, 둘, 셋, 넷, 다섯, 여섯, 일곱, 여덟, 아홉' 수 이름을 외우면서 자신의 사탕을 세고 있다. 그는 마지막 사탕을 들어 올리며 "나는 일곱 개의 사탕을 가지고 있다!"라고 말한다. 카말의 수 세기 기술은 _____의 이해를 결여하고 있는가?

   a. 일정 순서   b. 기수성

   c. 일대일 대응   d. 추상성

15. 다음 중 수 세기에서 추상성의 원리를 기술한 것은 무엇인가?

   a. 어떤 세트의 개별 사물이나 사상도 셀 수 있다.

   b. 사물들은 어떤 순서로도 셀 수 있다.

   c. 각 사물에는 하나의 수 이름만 붙일 수 있다.

   d. 숫자들은 언제나 같은 순서로 열거해야 한다.

비판적 사고 질문

1. 사물들을 동물/개/푸들 또는 탈 것/차/소나타처럼 범주들의 위계로 조직화하는 것이 어떤 이점이 있는가?

2. 어릴 때 상상의 친구를 가져봤거나 상상의 친구를 가진 친구를 알고 있는가? 보이지 않는 상상의 친구는 어떤 기능을 하며 왜 나중에는 이 친구를 상상하는 것을 그만두게 되는가?

3. 왜 5세가 3세보다 거짓믿음 과제에서 훨씬 더 잘하게 된다고 생각하는가?

4. 자기이동은 아동의 공간 표상을 향상시킨다. 이는 어떤 진화적인 목적을 달성하는가?

5. 2명의 산타클로스가 걸어가는 것을 본 5세 아동은 무슨 생각

을 할지 기술하라.

6. 영아들은 기본적인 연산에 대한 이해를 가지고 있는가? 왜 그렇게 생각하는가?

7. 아동들이 공간, 시간, 수에 대한 구체적인 표상뿐 아니라 양에 대한 일반적인 표상을 가지고 있는 것은 어떤 장점이 있는가?

8. 이 장을 읽은 다음에 개념 발달에 대해 선천론이나 경험주의 중 어느 쪽 입장을 더 지지하게 되었는가? 그 이유는 무엇인가?

핵심용어

가상 놀이(pretend play)
거짓믿음 문제들(false-belief problems)
기본 수준(basic level)
개념들(concepts)
대상 교체(object substitution)
마음 이론(theory of mind)

마음 이론 모듈(theory of mind module, TOMM)
범주 위계(category hierarchy)
본질주의(essentialism)
사회극 놀이(sociodramatic play)
상식심리학(naive psychology)
상위 수준(superordinate level)

수적인 동등(numerical equality)
자아중심적 공간 표상(egocentric spatial representation)
지각적 범주화(perceptual categorization)
하위 수준(subordinate level)

연습문제 정답

1. c, 2. b, 3. a, 4. a, 5. c, 6. d, 7. a, 8. c, 9. b, 10. a, 11. d, 12. c, 13. c, 14. b, 15. a

CHARLES HAIGH-WOOD (1856–1927), *Story Time* (oil on canvas, 1893)

지능과 학업성취

지능은 무엇인가?

하나의 특질로서 지능
몇 개의 기본 능력으로서 지능
다수의 인지적 과정으로서 지능
제안된 해결책

지능 측정

지능검사의 내용
지능지수
IQ점수의 연속성

중요한 성과의 예측요인으로서 IQ점수

글상자 8.1 : 개인차 영재
성공의 다른 예측요인들

유전자, 환경, 그리고 지능발달

아동의 자질

즉각적 환경의 영향
사회의 영향

글상자 8.2 : 적용 매우 성공적인 초기 중재 : Carolina Abecedarian
　　　　　　Project

지능에 대한 대안적 관점

Gardner의 이론
Sternberg의 이론

학업기술의 습득 : 읽기, 쓰기, 수학

읽기
글상자 8.3 : 개인차 난독증
쓰기
수학
글상자 8.4 : 적용 수학장애

요약

이 장의 주제

- 천성과 육성
- 능동적인 아동
- 연속성/비연속성
- 변화의 기제
- 사회문화적 맥락
- 개인차
- 연구와 아동복지

1904년, 프랑스의 교육부 장관이 문제에 부딪혔다. 최근 프랑스는 다른 서유럽 및 북미 국가와 마찬가지로 보편적 공교육을 도입했는데 일부 아동들은 잘 배우지 못하는 게 분명했다. 그래서 장관은 표준인 학급에서 성공하는 데 어려움이 있을 아동을 확인해서 그들을 특수교육을 받을 수 있게 할 방법을 원했다. 그의 문제는 그런 아동들을 확인하는 방법이었다.

분명한 한 가지 방법은 교사들에게 어떤 학생이 어려움을 갖고 있는지 말하게 하는 것이다. 하지만 장관은 교사들이 편파적 평가를 할까봐 걱정했다. 특히 그는 일부 교사들이 가난한 아동에 대해 편견을 가지고, 그 아이들이 할 수 있음에도 불구하고, 그런 아동들은 학습할 수 없다고 주장하는 것을 우려했다. 그는 그래서 수년간 지능을 연구해 온 심리학자인 Alfred Binet에게 도입하기 쉬운 객관적인 지능검사를 개발해 달라고 요청했다.

그 시기의 우세한 관점은 지능은 단순한 기술 — 사물을 그 사물이 만드는 소리와 연결하기(예 : 오리를 꽥꽥소리와, 종을 종소리와), 자극에 빨리 반응하기, 2개의 사물이 같은지 인지하기 같은 — 에 기반한다는 것이다. 이 관점에 따르면 그러한 단순한 기술을 또래보다 더 잘 쓰는 아이들은 더 빨리 배워서 더 지적이 된다. 그 이론은 그럴듯하지만 틀렸다. 아동들의 단순한 기술에서의 차이는 학교수행과 같은 더 넓은 일상적인 지능의 지표들에서 아동들 간의 차이와 중간 정도의 관련이 있을 뿐이다.

Binet의 이론은 그가 살던 시기에 유행하던 지식과는 달랐다. 그는 지능의 중요한 요소는 문제해결, 추론하기, 판단과 같은 높은 수준의 능력이라고 믿었다. 그리고 지능검사는 그런 능력을 직접 측정해야 한다고 주장했다. 그러므로 Binet와 그의 동료 Théophile Simon이 개발했던 검사(Binet-Simon 지능검사)에서는 아동들에게 속담을 설명하고, 퍼즐을 풀고, 단어를 정의하고, 익살(joke)의 의미가 살도록 만화그림판을 순서대로 놓으라고 요구한다.

Binet의 접근은 학급 지도를 해서 학습시키는 데 어려움이 있는 아동들을 확인하는 데 성공적이었다. 그 아동들은 속담 설명, 퍼즐풀이, 단어 정의 등을 할 수 없는 아동들이었다. 더 일반적으로 비네지능검사에서 아동들의 수행은 검사시기의 학년뿐만 아니라 이후 학년에서도 마찬가지로 높은 상관이 있다. 그 검사는 그동안 추구해 온 지능검사의 목표 — 어떤 아동들이 우등생 학급에 들어가야 하는지, 어떤 아동이 특수교육이 필요한지, 어떤 사람이 사람들이 많이 선택하는 대학교에 입학되어야 하는지 등을 포함하는 아동의 학교교육에 대한 더 올바른 결정을 하게 해주는 학업적성에 대한 객관적인 측정을 제공하는 것 — 를 충족시키는 데도 또한 상당히 성공적이었다.

그의 검사의 실제적 영향 외에도, Binet의 지능에 대한 이론적 접근은 오늘에 이르기까지 지능에 대한 연구에 계속 영향을 주고 있다. 인지발달(지각, 언어, 개념이해 등)의 대부분 영역에서 강조되는 건 연령 관련 변화다. 즉 어린 아동이 더 나이 든 아동과 다른 면들이다. 그러나 Binet의 본을 따라서, 지능 연구는 개인차(같은 나이의 아동들이 서로 어떻게 다르고 왜 다른지와 그러한 개인차가 시간이 흘러도 계속되는 연속성)에 초점을 두었다.

지능발달에 대한 질문들은 강한 열정을 불러일으키며 그럴 만하다. 이 영역의 연구는 인간 천성에 대한 가장 기본적 주제들을 많이 불러일으켰다 — 유전과 환경의 역할, 민족차이와 인종차이의 영향, 부와 빈곤의 영향, 향상 가능성. 거의 모든 사람이 왜 어떤 사람은 다른 사람들보다 더 지적인지에 대해 종종 진심 어린 의견을 갖고 있다.

지능연구는 이 책에서 강조되는 모든 주된 주제를 이해하는 데 크게 덧붙여 설명되었다 — 개인차의 본질과 기원, 능동적인 아동과 사회문화적 맥락의 기여, 천성과 육성이 함께 발달을 형성하는 방식, 주요 인간 특질의 연속성 정도, 변화의 기제, 연구와 아동복지 간의 관계. 하지만 지능발달에 대해 알려진 것이 무엇인지를 알아보기 전에 우리는 간단한 것처럼 들리지만 실제로 많은 논쟁의 중심에 놓여 있는 질문 하나를 검토해보아야 한다. 지능은 무엇인가?

지능은 무엇인가?

지능의 정의는 매우 힘들다. 그러나 이런 점이 정의하는 일의 시도를 막지는 못했다. 정의하는 일의 어려움의 일부는 지능의 3개 분석 수준으로 기술될 수 있다는 점이다. 하나로, 몇 개로, 많은 것으로.

하나의 특질로서 지능

어떤 연구자들은 지능을 모든 인지기능 측면에 영향을 주는 하나의 특질로 본다. 이런 생각을 지지하는 것은 모든 지적 과제의 수행은 정적인 상관을 갖는다는 사실이다. 한 과제를 잘하는 아동들은 다른 과제들도 잘하는 경향이 있다(Geary, 2005). 이러한 정적상관은 심지어 비슷하지 않은 지적 과제 사이들 간에도 일어난다 — 예를 들면 숫자목록 기억하기와 인쇄된 디자인을 복사하기 위해 종잇조각 접기. 그런 어디에나 있는 정적상관은 우리들 각자가 특정한 양의 **g** 또는 **일반 지능**(general intelligence)을 가지며, g는 우리의 사고능력 및 모든 지적과제에 대한 학습능력에 영향을 준다는 가설을 만들어냈다(J. B. Carroll, 2005; Spearman, 1927).

　다양한 증거원천은 지능을 단일 특질로 보는 관점의 유용성을 입증한다. 지능검사에 대한 전체적 점수 g의 측정은 학교 성적 및 성취검사 수행과 정적으로 상관이 있다(Gottfredson, 2011). 인지 수준 및 뇌기제 수준에서 g는 정보처리 속도(Coyle et al., 2011; Deary, 2000), 신경전달 속도(Vernon et al., 2000), 그리고 뇌 부피와 상관이 있다(McDaniel, 2005). g의 측정치는 사람이 갖고 있는 세계에 대한 일반 정보와도 강한 상관이 있다(Lubinski & Humphreys, 1997). 그러한 증거는 지능이 사고능력과 학습능력을 포함하는 하나의 특질이라는 견해를 지지한다.

몇 개의 기본 능력으로서 지능

지능을 하나의 일반적 특질 이상의 것으로 보는 주장도 있다. 그러한 관점의 가장 단순한 것은 두 유형의 지능인 **유동성 지능**과 **결정성 지능**이 있다고 주장한다(Cattell, 1987).

■ **유동성 지능**(fluid intelligence)은 즉석에서 생각하는 것을 포함한다 — 예를 들면 추론 및 이전에는 경험한 적이 없는 개념들 사이의 관계 이해를 통해서. 이것은 새로운 과제에 대한 적응, 정보처리 속도, 작업기억 기능, 주의조절능력과 밀접하게 관련된다(C. Blair, 2006; Geary, 2005).

■ **결정성 지능**(crystallized intelligence)은 세상에 대한 사실적 지식이다 — 단어 의미, 주도(미국 주의 수도), 산수문제의 답에 대한 지식 등. 이것은 이전 경험에 대한 장기기억을 반영하며 언어적 능력과 밀접하게 관련된다.

　유동성 지능과 결정성 지능의 구분은 각 유형의 지능검사들이 다른 유형의 검사들보다 동일 유

g(일반 지능) ■ 모든 지적 과제를 생각하고 학습하는 능력에 영향을 주는 인지적 처리

유동성 지능 ■ 새로운 문제를 해결하기 위해 즉각적으로 생각하는 능력

결정성 지능 ■ 세상에 대한 사실적 지식

일차 정신능력 ■ Thurstone이 지능에 핵심적이라고 제안한 7개 능력

지능의 3계층 이론 ■ Carroll이 제안한 모델로 지능의 위계에서 맨 위에 g를 놓고, 8개의 중간 정도의 일반적 능력을 중간에 놓고, 많은 구체적인 과정들을 맨 밑에 둔다.

형의 검사들 사이에 상관이 더 높다는 사실에 의해 지지받는다(J. L. Horn & McArdle, 2007). 그래서 하나의 유동성 지능검사에서 잘한 아동은 다른 유동성 지능검사에서 잘할 가능성이 높지만 결정성 지능검사에서 반드시 잘하는 것은 아니며 그 역도 마찬가지이다. 게다가 그 두 유형의 지능은 다른 발달경로를 밟는다. 결정성 지능은 생의 초기부터 노년기까지 끊임없이 증가하는 반면에 유동성 지능은 20세경에 절정에 도달하고 그 후로 점차 감소한다(Salthouse, 2009). 두 유형의 지능에 가장 활동적인 뇌 영역 또한 다르다. 전전두엽 피질은 유동성 지능 측정에서는 매우 활성화되지만 결정성 지능 측정에서는 훨씬 덜 활성화된다(C. Blair, 2006; Jung & Haier, 2007).

지능에 대한 어느 정도 더 차별화된 관점(Thurstone, 1938)은 인간 지능은 7개의 **일차 정신능력**(primary mental abilities)으로 구성된다고 제안한다. 그 능력들은 단어유창성, 언어적 의미, 추론, 공간적 시각화, 수 세기, 기계적 암기, 지각속도다. 지능을 이처럼 7개 능력으로 나누는 것의 유용성에 대한 중요 증거는 유동성 지능과 결정성 지능 사이의 구분에 대한 증거와 비슷하다. 다양한 단일 능력 검사에서의 점수는 다른 능력 검사에 대한 점수보다 더 강력한 상관을 갖는 경향이 있다. 예를 들어 공간적 시각화와 지각속도 모두 유동성 지능을 측정함에도 불구하고, 아동은 공간적 시각화 검사와 지각속도 검사에서 한 수행보다 2개의 공간적 시각화 검사에서 더 비슷한 수행을 하는 경향이 있다. 이 2개 지능관점 사이의 균형은 결정성/유동성 구분의 단순성과 7개 일차 정신능력 아이디어의 더 큰 명료함 사이에 있다.

다수의 인지적 과정으로서 지능

세 번째 관점은 지능을 별개의 여러 과정(process)으로 이루어진 것으로 생각한다. 사람들이 지능검사 항목을 푸는 방식 및 읽기, 쓰기, 셈하기 같은 일상의 지적 과제를 수행하는 방식에 대한 정보처리분석은 지적 과제를 수행하는 데 매우 많은 과정이 포함된다는 것을 밝혀준다(예 : Geary, 2005). 이런 과정들은 기억하기, 지각하기, 주의집중하기, 이해하기, 부호화, 연결하기, 일반화하기, 계획하기, 추론하기, 개념 형성하기, 문제 해결하기, 전략 생성과 적용 등을 포함한다. 지능을 '많은 과정'으로 보는 관점은 지능을 '하나의 특질'이나 '몇 개의 능력'으로 보는 관점보다 지적 행동에 포함된 기제를 더 명확하게 구체화하도록 해준다.

제안된 해결책

지능에 대한 이러한 경쟁적 관점들은 어떻게 조화시킬 수 있는가? 반세기 이상 지능을 연구한 후에 John B. Carroll(1993, 2005)은 **지능의 3계층 이론**(three-stratum theory of intelligence)이라는 대통합을 제안했다(그림 8.1). 제일 위의 층에 g가 있고, 중간에 여러 개의 중간 정도의 일반적 능력이 있으며(유동성 지능과 결정성 지능을 모두 포함하고 Thurstone의 7개 일차 정신능력과 비슷한 다른 능력들을 포함하는), 아래에는 많은 구체적인 과정들을 포함한다. 일반적 지능은 적당히 일반적인 모든 능력에 영향을 주며, 일반적 지능과 중간 정도의 일반적인 능력들은 구체적인 과정에 영향을 준다. 예를 들어 어떤 사람의 일반적 지능을 아는 것은 그 사람의 일반적 기억 기술을 매우 신뢰성 있게 예측하게 해준다. 그것들 둘 다를 아는 것은 그 사람의 기억폭을 매우 신뢰성 있게 예측하게 해준다. 세 가지 모두를 아는 것은 그 사람의 단어, 철자, 수 같은 특정 유형의 자료에 대한 기억폭을 매우 정확하게 예측하게 해준다.

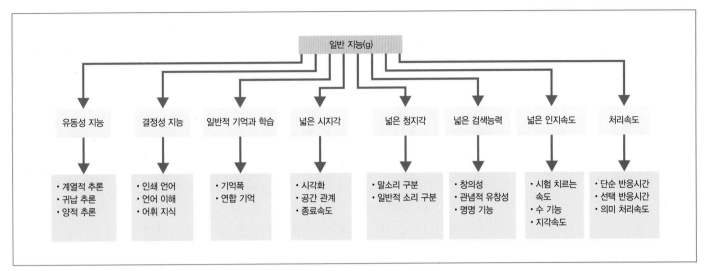

그림 8.1 Carroll의 지능의 3계층 이론
Carroll의 위계에서, 일반 지능(g)은 몇 개의 중간 단계 능력들에 영향을 미치고, 각 중간 단계 능력은 다양한 구체적 과정에 영향을 준다. 이 모델이 시사하듯이, 지능은 단일 실체, 능력들의 작은 집합, 또는 매우 많은 수의 특정 과정들로 유용하게 볼 수 있다.

Carroll의 연구문헌에 대한 포괄적 분석은 이 절에서 논의된 모든 3개 분석 수준이 지능에 대한 사실의 전체성을 설명하는 데 필요함을 보여주었다. 그러므로 "지능은 하나의 특질인가, 또는 몇 개의 능력인가, 또는 많은 과정인가?"라는 질문에 대한 정확한 답은 "말한 것 모두이다"가 될 것으로 보인다.

지능 측정

지능은 보통 눈으로 볼 수 없는 생각과 학습 역량으로 간주되기는 하지만, 지능의 측정은 관찰 가능한 행동에 기반해야만 한다. 그래서 우리가 어떤 사람이 지적이라고 말할 때, 그 사람이 지적인 방식으로 행동한다는 것을 의미한다. Binet의 깊은 통찰 중 하나는 지능을 측정하는 최선의 방식은 다양한 유형의 지능(문제 해결, 기억, 언어, 이해, 공간추론 등)을 요구하는 과제에 대한 사람들의 행동 관찰이라는 것이다. 현대의 지능검사들은 지능의 이런 측면과 다른 측면들의 표본을 계속 추출한다.

지능검사하기는 많은 논쟁의 여지가 있다. Ceci(1996)와 Sternberg(2008) 같은 비판가들은 지능처럼 복잡하고 다양한 측면이 있는 특질을 측정하는 것은 현재 지능검사들이 측정하는 능력 범위보다 훨씬 더 넓은 범위의 능력 측정을 필요로 한다고 주장한다. 현대 지능검사들은 문화적으로 편향되어 있다. 한 사람의 지능을 하나의 숫자(IQ점수)로 축소시키는 것은 단순하고 윤리적으로 의문스럽다고 주장한다. 반대로 옹호자들(예 : Gottfredson, 1997; J. L. Horn & McArdle, 2007)은 지능검사는 학교성적, 성취검사점수, 직업적 성공 같은 중요한 성과를 예측하는 어떤 다른 방법보다 더 좋다고 주장한다. IQ점수는 아동이 특수교육을 받아야 하는지 같은 결정을 하는 데 가치가 있다. 교사나 심리학자들에 의한 평가와 같은 교육적 결정을 하는 다른 대안적 방법들은 더 큰 편파의 주제라고 주장한다. 지능검사에 대한 사실을 알고 지능검사 사용을 둘러싼 이슈를 이해하는 것은 이러한 이슈들에 대해 잘 아는 의견을 갖는 데 중요하다.

지능검사의 내용

지능은 다른 연령에서의 다른 능력을 반영한다. 예를 들어 언어능력은 4개월 된 영아의 지능 부분이 아니다. 왜냐하면 이렇게 어린 영아는 단어를 말하지도 이해하지도 못하기 때문이다. 그러나 4세에는 언어능력이 분명히 지능의 매우 중요한 부분이다. 상이한 연령에서 지능을 측정하도록 개발된 검사항목들은 이러한 변화하는 측면을 반영한다. 예를 들어 Stanford-Binet 지능검사(최초 Binet-Simon 검사의 개정판)에서, 2세 아동들은 선으로 그려진 사물을 확인하라(사물재인 검사), 앞서 어떤 사람이 숨긴 사물을 찾으라(학습과 기억 검사), 그리고 3개 사물 각각을 적절한 모양의 구멍에 넣으라(지각적 기술과 운동협응 검사)는 요구를 받는다. Stanford-Binet 판은 10세 아동들에게 단어를 정의하고(언어능력 검사), 특정 사회적 기관이 존재하는 이유를 설명하며(일반적 정보와 언어적 추론 검사), 그리고 그림에 몇 개의 블록들이 있어야 하는지 추리하여 블록의 수를 세도록(문제 해결 및 공간 추론) 요구한다.

지능검사는 적어도 5세나 6세인 아동들에게 가장 성공적으로 넓게 적용되었다. 조사된 정확한 능력들과 그 능력들을 알아보기 위해 사용된 항목들은 검사마다 어느 정도 다르다. 그러나 주요 검사들 간에 큰 유사성이 있다.

6세 이상 아동들에게 가장 폭넓게 사용된 지능검사도구는 **아동용 웩슬러 지능척도**(Wechsler Intelligence Scale for Children, WISC)이다. 현재 판인 WISC-V는 2014년 현대 지능의 이론적 개념을 반영하고 앞선 WISC 판들이 출판되었을 때보다 언어적·문화적으로 더 다양한 미국의 현재 아동전집을 반영하기 위해 개정되었다(Kaufman, Raiford, & Coalson, 2016).

WISC-V 기저에 있는 지능개념은 일반적 능력(g), 여러 개의 중간 정도의 일반적 능력, 그리고 많은 수의 구체적 과정을 포함한다고 제안하는 Carroll의 3계층 구조와 일치한다. 그 검사는 전체 점수뿐만 아니라 5개의 중간 정도의 일반적 능력(언어적 이해, 시공간적 처리, 작업기억, 유동적 추리, 처리속도)에 대한 개별 점수도 나온다. WISC-V는 이런 능력들을 측정한다. 왜냐하면 그것들은 정보처리이론에서 중요한, 지능의 다른 측면과 정적 상관이 있는, 학교성적 및 이후의 직업적 성공 같은 중요한 성과와 관련 있는 기술을 반영하기 때문이다. 그림 8.2는 WISC-V에 있는 항목들의 유형 예를 제공한다(실제 항목들은 저작권으로 보호되기 때문에 복사할 수 없다).

지능지수

WISC와 Stanford-Binet 같은 지능검사는 동일 연령의 다른 아동들과 관련한 아동의 전체적인 양적 측정치를 제공한다. 이 요약된 측정은 그 아동의 **지능지수**(intelligence quotient, IQ)로 나타난다.

IQ점수가 어떻게 그리고 왜 계산되는지 이해하는 것은 약간의 배경지식을 요구한다. 지능검사의 초기 개발자들은 남자의 키나 여자의 몸무게 같은 측정하기 쉬운 많은 인간 특성들이 **정상분포**(normal distribution)곡선을 이룬다는 것을 알았다. 그림 8.3에서 보여지듯이 정상분포에서 대부분 점수들은 평균에 상대적으로 가깝게 위치하며 평균값 주변에 대칭을 이룬다. 점수가 평균에서 멀어질수록 그 점수를 받은 사람들의 백분율은 더 작아진다. 예를 들어 미국 성인 남성의 평균 키는 약 5피트 10인치(177.8cm)이다. 많은 남자들이 5피트 9인치이거나 5피트 11인치지만, 5피트 2인치이거나 6피트 6인치인 사람들은 거의 없다. 키가 평균에서 멀리 떨어질수록 그 키인 사람들의 수는 더 적다.

이와 비슷하게, 주어진 연령의 아동들이 갖는 지능검사점수에서 발견된 정상분포는 대부분의

아동용 웩슬러 지능척도(WISC) ■ 6세 이상인 아동의 지능을 측정하도록 설계된 폭넓게 사용되는 검사

지능지수(IQ) ■ 전형적으로 100의 평균과 15의 표준편차를 갖는 양적측정으로 동일 연령의 다른 아동들의 지능과 비교한 한 아동의 지능을 나타내는 데 사용된다.

정상분포 ■ 점수들이 평균값 주변에 대칭적으로 위치하는 데이터 패턴. 대부분의 점수들은 평균 가까이에 있으며, 평균에서 멀어질수록 점점 더 적은 점수들이 있다.

전형적인 언어 이해 항목

어휘 "헬리콥터는 무엇인가요?"

유사성 "산과 강은 어떻게 같은가요?"

전형적인 시공간 처리 항목

블록 맞추기 "이 9개의 블록을 가지고 그림과 똑같게 보이도록 만드세요."

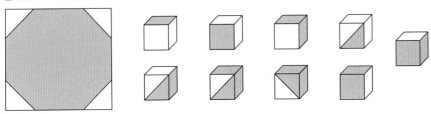

전형적인 유동성 추리 항목

그림 개념 "각 쌍 중에서 하나를 골라 함께 묶을 수 있는 사물집단을 만드세요."

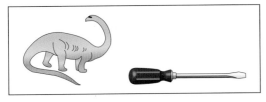

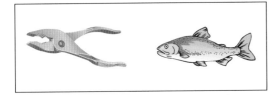

전형적인 작업기억 항목

숫자 폭 "다음 숫자들을 내가 다 말한 다음에 순서대로 반복해서 말하세요. 5, 3, 7, 4, 9." "이제 이 숫자들을 마지막 숫자부터 거꾸로 말하세요. 2, 9, 5, 7, 3."

철자-숫자 순서짓기 "숫자를 가장 작은 것부터 가장 큰 순서로 말하세요. 그다음에 철자를 알파벳순으로 앞의 것부터 뒤에 있는 것 순으로 말하세요. 4, D, 2, G, 7."

전형적인 처리속도 항목

부호화 "각각의 정사각형 밑에 +를 쓰고, 원 아래는 -를 쓰고, 삼각형 아래에는 ×를 쓰세요."

상징 찾기 "수직선 왼쪽에 있는 그림이 수직선 오른쪽에도 있나요?"

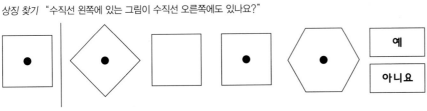

그림 8.2 WISC-V가 검사하는 4개 능력
이 그림은 아동 지능의 4개 측면을 측정하기 위해 WISC-V에서 사용된 항목유형의 예를 보여준다. 대부분의 하위검사에서 수행 측정은 단순히 답이 맞는지다. 하지만 '지각 속도' 같은 어떤 하위검사에서는 수행 측정이 제한된 시간 내에 한 맞는 답의 수다. 이것들은 검사의 실제 항목은 아니지만 같은 유형이다. 저작권법이 실제 항목의 복제를 막고 있다.

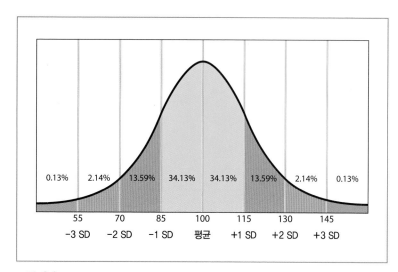

그림 8.3 IQ점수의 정상분포 측정 가능한 인간의 다른 특성들처럼, IQ점수는 정상분포를 이룬다. 여기서 그래프 밑선에 따라 있는 숫자들은 IQ점수이다. 각 IQ점수 밑에 있는 수는 그 점수가 평균 아래나 또는 위로 몇 표준편차 단위인지를 나타낸다. 그래서 IQ점수 55는 평균 아래의 3표준편차이다. 각 간격 내에 있는 비율은 그 간격 내에 점수가 있는 아이들의 비율을 나타낸다. 예를 들어 1% 이하의 아동들이 55 이하의 IQ이며 55~70 사이에 2%보다 약간 더 많은 아이들이 있다.

IQ점수는 평균에 매우 가까우며, 매우 높거나 낮은 점수인 아동들은 상대적으로 적음을 의미한다. IQ검사의 초기 설계자들은 이후로 쭉 유지되는 인위적인 결정을 만들었다. 100이란 점수는 검사가 개발된 시기에 그들 연령에 대한 평균점수를 받은 아이들에게 준다(평균점수는 특정 검사가 개발된 후 수년 내에 올라가거나 내려갈 수 있다. 그리고 실제로 이 장의 후반부에서 논의된 바와 같이, 특수한 검사에서의 IQ점수는 지난 세기에 걸쳐 산업화된 세계 전체에서 올라갔다).

IQ점수는 검사의 평균뿐만 아니라 **표준편차**(standard deviation, SD)도 반영한다. 표준편차는 분포 내에서의 점수의 변산성 측정치이다. 정의에 따르면, 정상분포에서는 점수의 68%가 평균 아래 1SD와 평균 위의 1SD 사이에 있다. 그리고 점수의 95%는 평균 아래의 2SD와 평균 위의 2SD 사이에 있다.

IQ검사에서 표준편차는 약 15점이다. 그래서 그림 8.3에서 보듯이 자기 연령 평균 위의 1표준편차의 점수(84%의 아동들보다 더 높은 점수)를 받은 아동은 115점(평균인 100점 더하기 15점의 SD)을 받는다. 유사하게, 평균 아래 1표준편차인 점수(단지 16%의 아동들보다 높은 점수)를 받은 아동은 85점(평균인 100점 빼기 15점의 SD)을 받는다. 그림 8.3은 또한 약 95%의 아동은 평균의 2표준편차 내에 있는 IQ점수(70~130 사이)를 얻는다는 사실을 반영한다.

이러한 점수 체계의 장점은 모든 아동들에서 발달에 따라 지식이 크게 증가함에도 불구하고, 상이한 연령에서의 IQ점수들을 비교하는 게 쉽다는 점이다. 5세에서의 130이란 점수는 아동의 수행이 연령또래의 98%보다 뛰어남을 의미한다. 10세나 20세 때의 점수 130도 정확히 동일한 사실을 의미한다. 이러한 특성은 다음에 알아볼 주제인 시간흐름에 따른 개인의 IQ점수의 안전성 분석을 촉진했다.

IQ점수의 연속성

만약 IQ가 한 사람의 특성과 일치한다면, 그 사람이 다른 연령에서 얻은 IQ점수는 높은 상관이 있어야 한다. 같은 아동의 지능을 다른 연령에 측정한 종단연구는 사실 5세부터 쭉 인상적인 연속성을 보여주었다. 예를 들어 한 연구는 같은 아동의 5세에서의 IQ점수와 15세에서의 IQ점수의 상관이 0.67임을 보여주었다(Humphreys, 1989). 이것은 10년 동안에 걸친 놀라운 연속성 정도이다. (제1장에서 1.00의 상관은 두 변인이 완전히 상관됨을 보여준다는 걸 기억하라. 0.67의 상관은 강력한 것으로 간주된다.) 실제로 IQ점수는 가장 안정적인 심리적 특질일 것이다(N. Brody, 1992).

여러 변인들이 시간 흐름에 따른 IQ점수의 안정성 정도에 영향을 준다. 기대했던 대로 IQ검사를 실시한 시간이 가까울수록 더 많은 안정성이 발견되었다. 그래서 5세 때의 IQ점수와 15세 때의 IQ점수가 0.67의 상관이 있음을 발견한 같은 연구는 5세 때의 IQ점수와 9세 때의 IQ점수가 0.79의 상관이 있으며 5세와 6세의 IQ점수는 0.87의 상관이 있음도 발견했다. 더욱이 검사 간에 시간길이가 어떻든 간에 더 나이가 많을 때의 점수가 더 안정적이다. 예를 들어 한 연구에서 4세와 5세의 IQ점수는 0.80의 상관이 있고, 6세와 7세의 IQ점수는 0.87의 상관이, 8세와 9세의 IQ점수는 0.90

표준편차(SD) ■ 분포에서 점수의 변산성 측정. 정상분포에서 68%의 점수들은 평균의 1SD 내에 있고, 95%의 점수들은 평균의 2SD 내에 있다.

의 상관이 있었다(N. Brody, 1992).

한 사람의 다른 연령에서의 IQ점수는 비슷한 경향이 있긴 하지만, 그 점수들은 같지 않다. 4세에 IQ검사를 하고 17세에 다시 검사를 한 아동은 13점이 오르고 내리는 평균적인 변화를 보여준다. 8세와 17세에 검사를 한 아동들은 9점의 평균적 변화를 보여준다. 12세와 17세에 검사를 한 사람은 7점의 평균적 변화를 보여준다(N. Brody, 1992). 한 나이에서 다른 나이까지 동일한 아동들 점수에서 일어난 이러한 변화는 적어도 부분적으로 검사일에 아동의 각성과 기분 같은 요인들에서의 불규칙한 변동 탓이다. 아동의 환경에서의 변화(부모 이혼이나 재혼 또는 더 좋거나 더 나쁜 지역으로의 이사 같은)도 IQ점수의 변화를 가져올 수 있다. 검사 실시간격이 짧으면 아동 환경의 유사성은 더 크고, 그것이 더 짧은 기간에 걸친 점수가 더 유사하도록 만든다(Sameroff et al., 1993).

부모와 과학자에게 똑같이 흥미로울 질문은 어린 나이에 누가 지능이 뛰어날지 또는 특수한 지적이거나 예술적인 능력이 있는지를 확인하는 게 가능한지이다. 종종 '영재'라고 불리는 그런 아동들에 대한 연구는 글상자 8.1에 제시된다.

부모가 자녀의 학업적 성공에 관심이 있는 아동들의 IQ점수는 시간이 지나면서 높아지는 경향이 있다.

중요한 성과의 예측요인으로서 IQ점수

IQ점수는 학업적, 경제적, 직업적 성공의 강력한 예측요인이다(Sackett, Borneman, & Connelly, 2008; F. L. Schmidt & Hunter, 2004). 검사 당시와 검사한 수년 후에도 IQ점수는 학교 성적 및 성취검사 수행과 매우 강한 정적상관이 있다(Geary, 2005). 예를 들어 IQ와 성취검사 수행은 전형적으로 0.50~0.60 사이의 상관이 있다(Deary et al., 2007). IQ점수와 지적인 요구가 있는 직업에서의 수행 사이의 확실한 관계는 그 사람이 고용되는 시기뿐만 아니라 취업한 후 적어도 10년 동안에도 존재한다(Sackett et al., 2008).

부분적으로는 IQ점수와 직업적 및 경제적 성공 사이의 정적상관은 표준화된 검사점수가 — 돈을 잘 버는 직업으로 들어가는 데 필요한 훈련과 자격증명서에 접근하는 학생을 결정하는 — 문지기 역할을 하기 때문이다. 심지어 처음에 같은 직업을 가진 사람들 사이에서도 IQ점수가 더 높은 사람들이 수행을 더 잘하고, 더 많은 돈을 벌며, 더 잘 승진한다(F. L. Schmidt & Hunter, 2004; Wilk, Desmarais, & Sackett, 1995).

한 아동의 IQ점수는 그 아이 가족의 사회경제적 지위, 그 아이가 다닌 학교나 연구되었던 다른 변인들보다 그 아동의 이후 직업적 성공과 더 밀접하게 관련이 있다(Ganzach et al., 2013; Kulkofsky & Ceci, 2006). 이런 관계들은 검사점수 분포의 꼭대기에서조차 유지된다. 아웃라이어(Outliers) 같은 인기도서가 어지간히 높은 검사점수를 받은 사람들이 매우 높은 점수를 받은 사람과 똑같은 성적과 성공을 거둔다고 주장하지만, 임상적 연구들은 분포의 꼭대기에서조차도 검사점수가 높을수록 이후의 성취도 더 높다는 것을 보여준다(Arneson, Sackett, & Beatty, 2011; Lubinsky, Benbow, & kell, 2014).

영재

18개월 때 카일은 이미 숫자에 마음을 빼앗겼다. 그가 좋아하는 장난감은 플라스틱 숫자이고 숫자가 써 있는 블록이었다. 이러한 장난감을 가지고 놀면서 그는 숫자 이름을 반복해서 말했다. 2살이 되었을 때, 그는 2개의 8이 써 있는 번호판을 보고 "8+8=16"이라고 말했다. 그도 그의 부모도 그가 이것을 안 방법을 설명할 수 없었다. 3세경 카일은 매일 컴퓨터에 있는 게임을 가지고 놀았다. 그런 게임을 하는 동안 그는 소수의 개념을 발견했고 그 후 새로운 소수를 발견할 수 있었다. 또다시 그도 그의 부모도 그가 이것을 어떻게 아는지 알지 못했다.

유치원에 들어가기 전에, 카일은 더하기, 빼기, 곱하기, 나누기, 추정하기를 할 수 있었고 복잡한 단어문제를 풀 수 있었다. 수에 싫증이 나지 않는지 물어보았을 때, 그는 '전혀 그렇지 않아요'라고 말했고 자기를 '수 소년'이라고 말했다(Winner, 1996, pp. 38-39). 7학년이 되었을 때 그는 그의 상태를 보여주기 위해 국립수학경시대회에 나갔고, 아이비리그 대학에서 컴퓨터과학 석사학위를 밟고, 높은 등급의 의과대학에서 사람 피부의 화상을 진단하는 기계의 사용법을 가르치는 것을 돕는 여름 인턴십을 했다. 그는 그의 경력을 우수한 알고리듬 개발을 통해 일상생활 활동의 효율성을 증진하는 데 바치기로 계획을 세웠다(카일 어머니와의 개인적 대화, August 23, 2016).

지적 및 예술적 영재아동을 연구한 심리학자인 Ellen Winner가 지적했듯이, 대부분은 카일처럼 한 영역(수, 음악, 그림, 읽기, 어떤 다른 영역)에서 놀라운 초기 재능을 보여준다. 더 적은 수의 아동들은 넓은 범위의 지적 영역에 걸쳐 특별하다. 이러한 전체적인 영재아동들은 보통 발달의 매우 초기부터 영재성의 여러 조짐을 보여준다(N. M. Robinson & Robinson, 1992).

- 영아기에 유별난 각성과 장시간의 주의폭
- 빠른 언어발달
- 호기심 – 심층적 질문을 하며 피상적인 것에 만족하지 못함
- 높은 에너지 수준, 종종 거의 과잉활동에 가까움
- 좌절에 대한 강한 반응
- 이른 읽기 및 숫자에 대한 흥미
- 뛰어난 논리적 및 추상적 추론
- 유별나게 좋은 기억
- 혼자놀이를 즐김

비범한 초기 능력은 종종 탁월한 이후 성취의 전조가 된다. 전국 재능연구의 부분으로 13세경 SAT를 본 320명 아동의 종단연구에서 그 아이들은 언어와 수학능력에서 10,000명 중 최고 1위 점수를 받았다는 것을 생각하라. 23세경에 이들이 이룬 성취 가운데 Pink Floyd의 *The Wall*을 멀티미디어 록오페라로 각색하고, 미국에서 가장 인기있는 비디오게임을 개발하고, 로켓을 화성에 착륙시키는 데 사용한 내비게이션에 투자한 것이 있다(Lubinski et al., 2001). 집단으로서 그들은 과학 및 의학 저널에 11개의 논문을 싣고, 물리학부터 창의적 저술에 이르기까지의 범위에 걸친 영역에서 많은 중요한 상을 받았다.

38세경에 원래 표본의 반 이상이 PhD, MD, JD를 받았다(Kell, Lubinski, & Benbow, 2013). 그들의 PhD 비율은 일반 인구집단의 50배 이상이었고, 그들의 특허 비율은 일반집단의 11배였다. 이런 엘리트 표본안에서보다, 더 높은 초기 SAT 수학점수는 더 높은 성취를 예측했다. 예를 들면 13세 때 SAT 수학검사에서 점수가 높을수록 38세 때 특허의 수와 학문저널(특히 과학, 공학, 수학 저널)에 실린 논문의 수가 더 많았다. 언어검사 점수가 수학점수보다 뛰어난 학생들은 예술, 인문학, 사회과학에 가장 큰 기여를 하는 경향이 있는 반면, 수학점수가 높은 학생들은 수학, 통계학, 컴퓨터과학에 큰 기여를 하는 경향이 있었다(Makel et al., 2016).

한 영역에서의 비범한 초기 능력은 그 분야에서의 뛰어난 성인 성취를 보장하진 않는다. 창의성, 그 영역에 대한 헌신, 오랜 시간 일하는 능력, 어려움에 직면한 인내력 같은 요인들도 또한 비범한 기여를 하는 데 중요하다(Makel et al., 2016; Wai et al., 2010). 그렇지만 13세에 실시한 한 검사에서의 점수들이 25년 후의 비범한 성취를 어떻게 예측하는지는 놀랄 만하다.

이 3.5세 아동과 같은 비범한 초기 독자들은 종종 일생을 통해 계속해서 뛰어난 독자가 된다.

성공의 다른 예측요인들

IQ점수가 학업적, 경제적, 직업적 성공의 강력한 예측요인이지만, 단 하나의 영향은 아니다. 아동의 다른 특성들, 즉 성공 동기, 성실함, 지적 호기심, 창의성, 신체적 및 정신적 건강, 사회적 기술 같은 것들도 또한 중요한 영향을 준다(Roberts et al., 2007; Sternberg, 2004; von Stumm, Hell, & Chamorro-Premuzic, 2011). IQ점수는 동일 기간에 걸친 성취검사 점수에서의 변화를 더 잘 예측하지만, 예를 들어 **자기훈육**(self-discipline) ─ 행동을 억제하고, 규칙을 따르며, 충동적 반응을 억제하는 능력 ─ 은 IQ점수보다 5학년과 9학년 사이의 보고서 카드 성적에서의 변화를 더 잘 예측한다(Duckworth, Quinn, & Tsukayama, 2012). 유사하게, '실행 지능(practical intelligence)' ─ 전통적인 지능검사로는 측정 못하지만 정확히 다른 사람의 의도를 읽고 다른 사람들이 팀으로 효율적으로 일하게 동기화하는 일상생활에서 유용한 기술들 ─ 은 IQ점수의 영향을 넘어 직업적 성공을 예측한다(Cianciolo et al., 2006; Sternberg, 2003). 환경의 특성들은 유사한 영향을 갖는다. 부모의 격려와 부모가 보여준 생산적인 경력의 모델링은 그들 자녀의 직업적 성공을 예측한다(Kalil, Levine, & Ziol-Guest, 2005). 더욱이 IQ검사는 지능만큼 그 검사에서 성공하려는 동기를 측정하는 것으로 나타난다. 참가자들에게 IQ검사에서 잘하라고 돈이나 사탕 같은 물질적 유인을 주는 것은 IQ점수를 올린다(Duckworth et al., 2011). 그것은 만약 모든 학생들이 그 검사에서 잘하려고 최대한 동기화되었다면 예측할 수 없는 것이다.

그림 8.4는 같은 자료 세트가 IQ점수와 다른 요인들의 중요성의 증거를 동시에 제공할 수 있는 방법을 보여준다. IQ의 중요성과 일치하게, 그림 8.4는 동일 교육수준인 사람들 중에서 높은 IQ점수인 사람들이 더 많은 돈을 번다는 것을 보여준다. 다른 요인들의 중요성과 일치하게 그림은 비슷한 IQ점수인 사람들 중에서 교육을 더 받은 사람들이 더 많은 돈을 번다는 점을 보여준다. 그래서 IQ는 교육적, 직업적, 경제적 성공에 핵심적 기여요인이긴 하지만, 많은 사회적 및 동기적 요인들도 또한 중요하다.

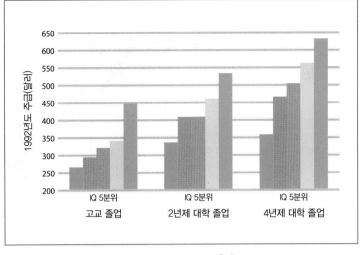

그림 8.4 지능과 교육이 소득에 미치는 영향 지능은 소득에 영향을 미치지만, 교육과 같은 다른 요인들도 그렇다. 이 자료는 교육 수준이 다른 사람들 및 IQ에서 5분위에 분포된 사람들의 평균소득을 나타낸다. 주어진 각 교육 수준 내에서 보면, 높은 IQ점수를 기록한 사람들이 소득이 더 많다. 따라서 고등학교 졸업자들에서는, IQ검사에서 하위 20%(파란색)에 해당하는 사람들은 주급 평균이 250달러 정도인데, 상위 20%(보라색)에 해당하는 사람들은 주급 평균이 450달러이다. IQ점수가 상위 20%인 사람들이 훨씬 더 많이 벌지만, 여기서 또한 교육 수준이 중요해진다. 높은 IQ점수를 가진 고등학교 졸업자는 주급 평균이 450달러이지만, 마찬가지로 높은 IQ점수를 가진 4년제 대학 졸업자는 주급 평균 650달러이다(자료 출처 : Ceci, 1996).

유전자, 환경, 그리고 지능발달

유전과 환경이 어떻게 지능에 영향을 주는가에 대한 이슈만큼 심리학에서 더 신랄한 논쟁을 만들어내는 이슈는 없다. 모든 인간의 자질(qualities)처럼 지능이 유전자와 환경의 지속적인 상호작용을 통해 구축된다는 점을 인정하는 사람들조차 이 사실을 잊고 논리와 증거보다 정서와 이데올로기에 근거한 극단적인 입장을 취한다.

유전적 영향과 환경적 영향에 대한 유용한 사고 출발점은 Bronfenbrenner(1993)의 생태학적 발달모델이다(제9장에서 자세히 기술됨). 이 모델은 이동들의 삶을 일련의 겹겹이 둘러싸인 환경 안에 묻힌 것으로 상상한다. 그의 유전적 재능과 개인적 경험을 포함하는 독특한 자질의 세트를 가진

자기훈육 ■ 행동을 억제하고, 규칙을 따르고, 충동적 반응을 피하는 능력

영화 '마이 페어 레이디'에서 Eliza Doolittle은 그 시대에 상류층에게 적절하다고 보여지는 데 상류층 숙녀의 옷을 입는 것이 도도한 척하는 것보다 더 쉽다는 걸 발견했다. Ascot의 개막일의 이 장면은, 전체 영화와 마찬가지로, 천성에 속할 수 있는 차이가 실제로 육성의 산물일 수 있다는 주장을 한다.

WARNER BROS / REX / SHUTTERSTOCK

아동이 중앙에 있다. 그 아동을 둘러싼 것은 즉각적 환경으로 특히 아동이 직접 상호작용하는 사람들과 시설이다. 이것은 가족, 학교, 급우, 교사, 이웃이다. 즉각적 환경을 둘러싼 것은 더 멀고 덜 실체적인 것으로 이것도 발달에 영향을 주게 힘을 가한다. 이것은 문화적 태도, 사회적 및 경제적 체계, 매스미디어, 정부이다. 이제 우리는 아동의 자질, 즉각적 환경, 더 넓은 사회가 지능발달에 기여하는 방식을 알아본다.

그림 8.5 지능에 영향을 미치는 요인들의 연령에 따른 변화 아동들이 성인이 되어가면서, 지능에서의 개인차에 미치는 유전의 영향은 증가하지만, 공유된 가족환경의 영향은 감소한다(McGue et al., 1993).

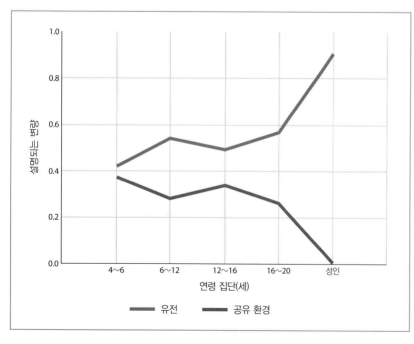

아동의 자질

아동들은 그들의 유전적 재능, 그들이 다른 사람들에게 촉발하는 반응, 그들의 환경 선택을 통해 자신의 지적 발달에 기여한다.

지능에 대한 유전적 기여

제3장에서 언급했듯이 게놈(genome, 한 생물이 가지는 모든 유전정보로 '유전체'라고도 함)은 본질적으로 지능에 영향을 준다. 이러한 유전적 영향은 나이에 따라 매우 다르다(그림 8.5). 이것은 아동기 초기에는 중간 정도이다가 청소년기와 성인기쯤에는 커진다(Bouchard, 2004; Krapohl et al., 2014). 이런 추세를 반영하면서, 입양된 아동과 그들의 생물학적 부모의 IQ점수는 아동이 성장함에 따라 점점

더 상관이 커진다. 심지어 접촉이 없는 경우에도 그렇다. 그러나 입양아동과 입양부모의 점수는 발달 과정을 거치면서 상관이 더 적어진다(Plomin et al., 1997).

이처럼 유전적 영향이 증가하는 이유는 어떤 유전적 과정은 아동기 후기나 청소년기가 될 때까지 효과가 나타나지 않기 때문이다. 예를 들어 먼 뇌 영역들의 활동이 보이는 어떤 유형의 동시성은 청소년기나 성인기 초기까지는 분명하지 않다. 그러한 동시성의 정도는 유전적 영향을 반영한다(Uhlhaas et al., 2010). 다른 이유는 나이가 들면서 증가하는 아동들의 독립성이 그들이 환경 선택의 자유를 더 크게 해준다는 것이다. 이것은 그들 자신의 유전적 기반의 선호와 일치하지만 반드시 키워준 부모의 선호와는 일치할 필요가 없다(McAdams & Olson, 2010).

유전학의 발전은 지능에서의 개인차를 설명하는 유전자를 확인하려는 연구를 일으켰다. 이러한 노력은 정신지체와 관련된 많은 유전자 확인을 가져오고(Inlow & Restifo, 2004) 지능의 정상적 변산과 관련 있는 다른 많은 유전자를 확인하게 만들었다(Trzaskowski et al., 2014). 그러나 개별 대립유전자와 IQ 간의 상관은 대부분 매우 작다. 이런 발견들은 지능에 대한 유전적 영향은, 하나나 혹은 적은 수의 우두머리 유전자들보다는, 매우 많은 수의 유전자들 각각의 작은 기여와 그들 간의 복잡한 상호작용을 반영함을 시사한다(Chabris et al., 2015; Murherjee, 2016; Nisbett et al., 2012).

유전자형–환경 상호작용

제3장에서 언급했듯이 아동이 경험하는 환경은 아동의 유전자형에 의해 영향을 받는다. Sandra Scarr(1992)는 유전자–환경 관계는 세 가지 유형의 과정(수동적, 촉발적, 능동적)을 포함한다고 제안한다.

■ **유전자형의 수동적 효과**(passive effects)는 아동이 생물학적 부모에 의해 양육될 때 일어난다. 이런 효과는 아동이 한 어떤 일이나 그들 부모 유전자와 아동 자신의 유전자의 중복 때문에 일어나지는 않는다. 그래서 유전자형이 독서를 즐길 소지를 심어주는 아동은 독서에 충분히 접근할 수 있는 가정에서 자랄 가능성이 있다. 왜냐하면 그들 부모도 독서를 좋아하기 때문이다. 유전자형의 수동적 효과는 왜 생물학적 부모와 그들 자녀의 IQ 사이의 어떤 상관이 그들이 생물학적 부모와 함께 살 때가 입양부모와 살 때보다 더 높은지를 설명해준다.

■ **유전자형의 촉발적 효과**(evocative effects)는 아동이 다른 사람의 행동 촉발이나 다른 사람의 행동에 영향을 주는 것을 통해 생긴다. 예를 들어 부모가 열심인 독서가가 아니더라도, 그들은 그 이야기들을 재미있어 하지 않는 자녀보다는 재미있어 하는 자녀에게 옛날이야기를 더 많이 읽어줄 것이다.

■ **유전자형의 능동적 효과**(active effects)는 좋아하는 환경을 아동이 선택하는 것을 포함한다. 독서를 좋아하는 고등학생은 그가 어릴 때 부모가 책을 읽어주었는지 여부와 상관없이 책을 많이 읽을 것이다.

유전자형의 촉발적 효과와 능동적 효과는 아동의 IQ

아동은 자신의 발달에 영향을 준다. 아버지가 읽어주는 것에 대한 이 아동들의 긍정적인 반응은 앞으로도 아버지가 그들에게 읽어주고 싶도록 보장한다.

Blend Images – KidStock / Getty Images

점수가 시간이 지날수록 생물학적 부모의 IQ점수와 더 밀접하게 관련되는 방식을 설명하는 것을 도와준다. 심지어 아동이 입양되었고 그의 생물학적 부모를 전혀 보지 않은 때조차도 그렇다.

즉각적 환경의 영향

육성이 지능발달에 주는 영향은 아동의 가족 및 학교인 즉각적 환경과 함께 시작한다.

가족영향

만약 지능에 대한 가장 중요한 환경영향을 확인하라고 요구한다면, 대부분 사람들은 아마도 '내 가족'이라고 말할 것이다. 그러나 가족환경이 아동의 지능에 주는 영향을 조사하는 것은 그 환경을 평가할 어떤 수단을 필요로 한다. 가족환경처럼 복잡하고 다면적인 것이, 특히 같은 가족의 다른 아동에게는 가족환경이 다를 수 있을 때, 어떻게 측정될 수 있는가?

Bradley와 Caldwell(1979)은 HOME(Home Observation for Measurement of the Environment)으로 알려진 측정도구를 만들어서 이 문제에 도전했다. HOME은 아동의 가정생활의 다양한 측면들을 표집한다. 여기에는 사는 공간의 조직화와 안전, 부모가 제공하는 지적 자극, 아동이 자신의 책을 갖고 있는지 여부, 부모-자녀 상호작용의 양, 아동에 대한 부모의 정서적 지원 등이 들어간다. 표 8.1은 원래 HOME에서 사용된 항목들과 하위척도들을 보여준다. 원래 HOME은 출생에서 3세까지 아동의 가족환경을 평가하도록 설계된 것이다. 이후의 HOME 버전들은 학령전기 아동, 학령기 아동, 청소년에 적용하기 위해 개발된 것이다(Totsika & Sylva, 2004).

아동기 동안 쭉, 아동의 IQ점수는 그들의 수학과 읽기 성취 점수와 마찬가지로 HOME의 점수와 정적인 상관이 있다(Bradley et al., 2001). 6개월 된 아동들 가족들의 HOME 점수는 같은 아동들이 4세일 때 IQ점수와 정적으로 상관있다. 유사하게, 2세의 HOME 점수는 같은 아동들의 11세 때의 IQ점수 및 학교성취와 정적으로 상관있다(Olson, Bates, & Kaskie, 1992). HOME 점수가 시간이 흘러도 비교적 안정적일 때, IQ점수도 또한 안정적인 경향이 있다. HOME 점수가 변할 때, IQ점수도 또한 같은 방향으로 변하는 경향이 있다(Totsika & Sylva, 2004). 그래서 아동의 가족환경의 다양한 측면을 평가하는 것은 아동의 IQ점수를 예측하게 해준다.

이러한 증거가 있다면, 더 나은 질의 가정환경은 아동이 더 높은 IQ점수를 갖게 만든다는 결론을 내리게 부추긴다. 그러나 그것이 실제 사례인지는 아직 알려지지 않았다. 그 불확실성은 두 요인을 반영한다. 첫째, 부모가 가정에 확립한 지적환경 유형은 그들의 유전적 구성에 의해 확실히 영향을 받는다. 둘째, HOME을 사용한 모든 연구들은 아동이 그들의 생물학적 부모와 살고 있는 가족에 초점을 두었다.

이러한 2개의 고려사항은 부모의 유전자는 가정환경의 지적 성질과 아동의 IQ점수 모두에 영향을 줌을 의미한다. 그래서 가정 지적환경은 그처럼 아동들이 더 높거나 더 낮은 IQ를 갖도록 하지 못한다. 이런 가능성과 일치하게, 입양가족 연구에 HOME이 사용된 몇몇 연구에서, HOME과 아동의 IQ점수와의 상관이 생물학적 부모와 살고 있는 아동들에 비해 더

자극적인 가정환경, 특히 성인과 아동이 함께 도전적 과제를 수행하는 가정환경은 높은 IQ점수 및 높은 학교성취와 관련있다.

Ghislain and Marie David de Lossy / Getty Images

표 8.1

HOME에 있는 표본 항목과 하위척도(영아용)

Ⅰ. 어머니의 정서적 및 언어적 반응성

  1. 방문하고 있는 동안 어머니가 적어도 두 번 아이에게 자발적으로 목소리를 낸다.

  2. 어머니가 아이가 내는 소리에 대해 언어적 반응을 한다.

  3. 방문하고 있는 동안 어머니가 어떤 대상의 이름을 아이에게 말하거나 '가르치는' 유형으로 사람이나 대상의 이름을 말한다.

Ⅱ. 제한과 처벌의 회피

  4. 방문하고 있는 동안 어머니가 아이에게 소리치지 않는다.

  5. 어머니가 아이에게 성가심이나 적개심을 드러내서 표현하지 않는다.

  6. 방문하고 있는 동안 3번 이상 어머니는 아이의 행동을 방해하거나 아이의 움직임을 제한하지 않는다.

Ⅲ. 물리적 및 시간적 환경의 구성

  7. 어머니가 집에 없을 때, 3명의 정규적인 대리인 중 한 사람에 의해 돌봄이 제공된다.

  8. 아이를 병원에 정기적으로 데려간다.

  9. 아이는 그의 장난감과 '보물'을 넣어둘 특별한 공간이 있다.

Ⅳ. 적절한 놀이 자료의 구비

  10. 아이는 밀거나 당기는 장난감이 있다.

  11. 아이는 유모차나 보행기, 아동용 차, 스쿠터, 세발자전거가 있다.

  12. 아이에게 적절한 학습 도구를 제공한다 — 귀여운 장난감이나 역할놀이 장난감.

Ⅴ. 어머니의 자녀에 대한 개입

  13. 어머니가 자신의 시야 안에 아이를 두고 종종 아이를 쳐다보는 경향이 있다.

  14. 어머니가 자기 일을 하면서 아이에게 '말한다'.

  15. 어머니가 아이의 놀이 기간의 계획을 짠다.

Ⅵ. 다양한 일상적 자극의 기회

  16. 어머니가 일주일에 적어도 3번 이야기책을 읽어준다.

  17. 아이가 하루에 적어도 한 번 어머니 및 아버지와 식사를 한다.

  18. 아이가 자기 책을 3권 이상 가지고 있다.

출처 : Bradley & Caldwell (1984)에서 인용

낮았다(Plomin et al., 1997). 그러므로 HOME에서의 점수가 아동의 IQ점수와 분명한 상관이 있긴 하지만, 그 둘 사이의 인과적 관계는 아직 불분명하게 남아 있다.

공유 및 비공유 가족환경 '가족 지적 환경'이란 말은 종종 그 가족에 있는 모든 아동에게 동일한 특성을 의미하는 데 사용된다 — 교육에 대한 부모의 강조, 집에 있는 책의 수, 저녁 식사 테이블에서 이루어지는 지적 토론의 빈도 등. 그러나 제3장에서 논의된 바와 같이, 한 가족 내의 각 아동들도 또한 각자 비공유된 독특한 환경을 경험한다. 어떤 가족에서나, 한 아이만 맡이고 이러한 상태는 생의 초기에 완전히 집중적인 관심을 받을 수 있게 해준다. 비슷하게 관심과 성격특성이 한쪽 부모나 양쪽 부모의 관심과 성격특성을 반영하는 아동은 가족 내에서 다른 아동들보다 더 긍정적인 관심을 받게 된다. 지적 자극이 극도로 결핍된 가정은 고려에서 배제되었다. 아동들 환경에서 가족 내 변산(within-family variations)은 가족 간 변산(between-family variations)이 주는 것보다 지적발달에 더 큰 영향을 준다(Petrill et al., 2004). 게다가 나이가 듦에 따라 아동들은 그들 자신의

나이가 들면서, 아동들은 점점 더 자신의 성격과 취향을 나타내는 방식으로 자신의 환경을 조성한다.

친구와 활동을 더 많이 선택할 수 있게 되어 비공유환경 영향은 증가하고 공유환경 영향은 감소한다(Plomin & Daniels, 2011; Segal et al., 2007).

공유환경과 유전자의 상대적인 영향은 가족 수입에 따라 다르다. 미국의 저소득 가족 출신의 아동과 청소년들에서는 공유된 환경이 유전자보다 IQ점수 및 학업성취 변산을 더 많이 설명한다. 이와 대조적으로, 미국의 중간 및 높은 수입 가족 출신의 아동과 청소년들에서는 공유된 환경과 유전자의 상대적인 영향은 역전된다(Harden, Turkheimer, & Loehlin, 2007; D. C. Rowe, Jacobson, & Van den Oord, 1999; Turkheimer et al., 2003). 이러한 상이한 패턴들이 2세 정도의 빠른 시기에 발견되었다(Tucker-Drob et al., 2011). 흥미롭게도 부자 가족과 빈곤한 가족 사이의 공유된 환경과 유전자들 사이의 상이한 관계는 영국, 독일, 스웨덴, 네덜란드, 오스트레일리아에서는 발견되지 않았다(Tucker-Drob & Bates, 2016). 이것은 아마도 그런 나라들의 사회정책이 가족수입과 상관없이 양질의 교육에 대한 접근을 보장하기 때문에, 아동의 지적발달이 그들이 자란 가족에 따라 달라지는 정도가 더 적어지기 때문일 것이다.

학교교육의 영향

학교에 다니는 것은 아동을 더 똑똑하게 만든다. 이러한 결론에 대한 한 가지 유형의 증거는 4, 5, 6학년인 더 나이 든 이스라엘 아동과 더 어린 이스라엘 아동들의 IQ점수를 조사한 연구에서 나왔다(Cahan & Cohen, 1989). 그림 8.6의 그래프에서 점차 위로 올라가는 경향이 보여주듯이, 각 학년의 더 나이 든 아동이 검사의 각 영역에서 그 학년 안에 있는 더 어린 아동들보다 어느 정도 더 잘한다. 그러나 그래프에서의 학년 사이의 도약은 약간 더 나이가 많지만 1년 더 학교에 다닌 아동들은 그들보다 학년이 아래인 약간 더 나이가 어린 아동들보다 훨씬 더 잘한다. 예를 들면 언어변이성 하위검사(시리즈 안에 있는 어떤 단어가 다른 것들과 어울릴 수 없는지를 말하는 것을 포함한다)에서, 연구 결과는 123개월인 4학년생과 124개월인 4학년생 간에는 작은 차이를, 앞의 두 집단과 125개월인 5학년생 사이에는 큰 차이를 보여준다. 교육이 IQ점수에 주는 긍정적 효과는 g를 증가시키는 교육을 통해 생기지 않고, IQ검사에서 측정되는 추리와 논리적 기억 같은 많은 인지적 기술을 증가시키는 교육을 통해 생긴다(Ritchie, Bates, & Deary, 2015).

학교에 다니는 것이 아동을 더 똑똑하게 만든다는 것을 보여주는 다른 유형의 증거는 평균 IQ점수와 평균 성취검사 점수는 학령기 동안에는 올라가나 여름방학 동안에는 올라가지 않는다는 점이다(Ceci, 1991; J. Huttenlocher, Levine, & Vevea, 1998). 패턴의 디테일이 특별히 말하고 있다. 낮은 사회경제적 지위 가족 출신의 아동들과 높은 사회경제적 지위 가족 출신의 아동들은 학령기 동안 비슷한 학교성취에 도달한다. 그러나 여름 동안에

그림 8.6 나이 및 학년과 IQ검사의 두 부분에 대한 수행 사이의 관계 학년 수준 사이의 점프는 학교교육이 지능검사 수행에 아동의 나이의 효과를 넘어서 영향을 준다는 것을 보여준다(Cahan & Cohen, 1989).

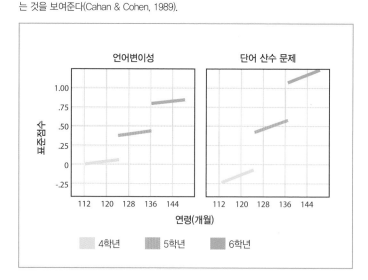

낮은 SES 아동의 성취검사 점수는 똑같거나 떨어지는 경향이 있지만, 높은 SES 아동의 점수는 올라가는 경향이 있다(K. L. Alexander, Entwisle, & Olson, 2007; Burkam et al., 2004). 가능한 설명은 학기 동안에 학교는 모든 배경의 학생들에게 비교적 자극이 되는 지적환경을 제공하지만, 학교가 학기가 아니면 낮은 SES 가족 출신의 아동들은 학업성취를 증가시키는 종류의 경험을 하는 아동들이 더 적다.

사회의 영향

지적발달은 아동의 성격, 가족, 학교에 의해서만 영향을 받는 게 아니라, 그 아동이 발달하고 있는 사회의 더 넓은 특성들에 의해서도 영향을 받는다. 사회적 영향을 반영하는 것 하나는 전 세계의 많은 나라들에서 평균 IQ점수가 과거 80년 동안 지속적으로 상승했다는 것이다. 이것은 James Flynn에 대한 경의로 명명된 **플린 효과**(Flynn effect)라는 현상이다. James Flynn은 이 광범위한 경향을 발견한 뉴질랜드의 연구자다(Flynn, 1987; 2009). 네덜란드와 이스라엘을 포함하는 일부 국가에서 평균 IQ점수는 20점 정도가 올랐다. 미국에서는 약 10점이 올랐다(Dickens & Flynn, 2001; Flynn & Weiss, 2007). 그 기간 동안 유전자 풀이 상당히 변한 것이 아니라면, IQ점수의 증가는 사회 변화에 의한 것이어야만 한다.

플린효과의 특수한 원천은 논쟁적인 것으로 남아 있다. 일부 연구자들은 중요한 요인들은 저소득 가족의 영양개선(Lynn, 2009), 건강개선(Eppig, Fincher, & Thornhill, 2010), 공교육 향상(C. Blair et al., 2005) 같은 삶의 향상이라고 주장한다. 이런 연구자들은 IQ점수의 증가는 IQ점수와 수입 분포에서 더 낮은 부분에서 가장 컸다는 증거를 지적한다. 예를 들어 1942년에서 1980년까지 출생한 덴마크 사람들 중에서 분포의 상위 10%에 있는 사람들의 점수에는 변화가 없었다. 그러나 하위 10%에 있는 사람들에서는 큰 변화가 있었다(Geary, 2005). 스페인과 노르웨이를 포함한 다른 국가들에서의 IQ점수 변화는 비슷한 패턴을 보인다. 그러나 미국, 프랑스, 영국을 포함한 다른 나라들에서의 증가는 IQ점수와 수입 분포 전체에서 비슷했다(Nisbett et al., 2012). 미국에서는 수십 년에 걸친 지적 수행에서의 증가가 상위 5%의 인구집단에서도 일어났다(Wai, Putallaz, & Makel, 2012).

IQ점수의 증가에 대한 대안적인 타당한 설명 하나는 추상적 문제 해결 및 추론에 대한 사회적 강조의 증가이다(Flynn, 2009). 이런 설명을 지지하는 것은 추상적 문제 해결과 추론을 반영하는 유동성 지능검사의 점수가 어휘와 산수 같은 사실과 절차에 대한 지식을 반영하는 결정성 지능검사의 점수보다 훨씬 더 많이 증가했다는 사실이다(Nisbett et al., 2012; Pietschnig & Voracek, 2015). 유동성 지능에서의 이러한 최근 증가의 한 원천은 비디오 게임 같은 새로운 공학에 대한 경험일 수 있다. 많은 연구들은 비디오 게임을 하는 것이 선택적 주의 같은 많은 유동성 지능 측정에 대한 수행을 증가시킴을 발견했다(예 : Glass, Maddox, & Love, 2013; Green & Bavelier, 2003). 더욱이 Haier와 동료들(2009)은 3개월간의 비디오 게임이 청소년 여아들 뇌의 특정 영역 두께를 증가시켰음을 발견했다. 이 영역은 게임을 할 때 특히 활성화되며 유동성 지능 측정에서 종종 사용되는 공간 과제 유형을 할 때 활성화된다. 그러나 다른 연구들은 비디오 게임을 하는 것과 유동성 지능 사이에 약한 관계가 있거나 관계가 없음을 발견했기 때문에(Hambrick et al., 2010; Power et al., 2013; Unsworth et al., 2015), 유동성 지능에 대한 비디오 게임의 기여는 여전히 논쟁의 여지가 있다.

플린 효과 ■ 많은 나라들에서 과거 80년 동안 일어난 평균 IQ점수의 지속적인 상승 논쟁을 불러일으키지 않는 하나의 결론은 빈곤은 지적발달을 방해한다는 것이다. 다음 절에서 빈곤이 다른 사회에 살고 있는 아동들에게 어떻게 영향을 주는지, 그리고 미국 내에 살고 있는 다른 인종과 민족집단에서의 IQ점수 및 학교성취에서의 차이를 가져오는지 생각해본다. 우리는 또한 가난한 아동의 지적발달을 향상시키는 프로그램과 함께 지능에 불리한 영향을 주는 빈곤과 관련된 위험요인들도 생각해본다.

빈곤의 효과

빈곤이 IQ점수에 주는 부정적 효과는 반박의 여지가 없다. 어머니의 교육을 고려한 후에조차도, 양 부모가 아이와 함께 사는지 여부, 아동의 인종, 가족 요구를 충족시킬 만큼 적절한 가족 수입은 아동의 IQ점수와 관련이 있다(Duncan & Murnane, 2014). 더구나 아동들이 빈곤 속에서 더 오래 보낼수록, 그들의 점수는 더 낮은 경향이 있다(Korenman, Miller, & Sjaastad, 1995).

빈곤은 지적발달에 여러 방식으로 부정적 효과를 준다. 생의 초기의 만성적인 부적절한 식사는 뇌발달을 방해한다. 그날(예 : 성취검사를 하는 날)의 식사를 거른 것은 그날의 지적 기능을 손상시킬 수 있다. 건강 서비스에 대한 감소된 접근은 학교에 더 많이 결석하는 결과를 가져올 수 있다. 한 집안에서 어른들 사이의 갈등은 학습을 방해하는 정서적 혼란을 만들 수 있다. 불충분한 지적 자극은 새로운 자료를 이해하는 데 필요한 배경지식의 결핍을 가져올 수 있다.

빈곤과 IQ 사이의 관계에 대한 증거의 한 가지 원천은 연구된 모든 나라에서 더 부유한 가정 출신의 아동들이 더 빈곤한 가정 출신인 아동들보다 IQ 및 성취검사에서 더 높은 점수를 받았다는 것이다(Ganzach et al., 2013). 다소 유복한 배경 출신의 아동들 사이의 큰 차이는 아동들이 유치원에 입학할 때의 읽기 및 수학 지식의 측정에서 이미 존재한다(그림 8.7 참조; Larson et al., 2015).

더 현저하게, 미국처럼 부자와 가난한 사람의 수입 차이가 큰 선진국들에서는 부자가정과 빈곤가정 출신의 아동들 사이의 지적 성취의 차이가 스칸디나비아 반도의 국가와 정도가 덜하긴 하지만 독일, 캐나다, 영국처럼 수입 차이가 더 작은 국가들보다 훨씬 더 크다. 그림 8.8에서 보여지듯이 부유한 미국 가족 출신의 아동들은 평균적으로 수학성취검사에서 수입이 더 큰 비슷한 일부 국가의 부유한 가족 출신의 아동들과 거의 같다. 반대로 미국의 빈곤가정 출신 아동들의 성취검사 평

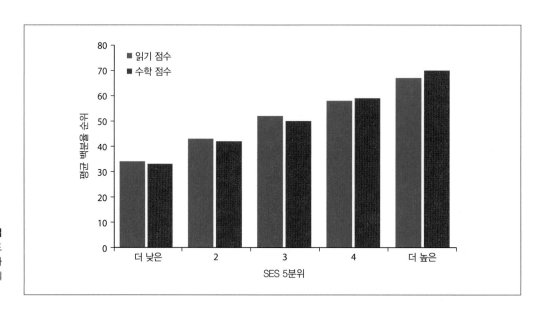

그림 8.7 유치원 입학 시 SES에 따른 읽기 및 수학 점수 유치원 들어갈 때조차도 낮은 수입과 낮은 교육 수준 가족 출신의 아동들은 더 부유하고 교육받은 배경 출신의 또래들보다 훨씬 뒤떨어진다.

균 점수는 비슷한 국가의 빈곤가족 출신 아동들보다 훨씬 낮았다. 핵심적 차이는 미국의 빈곤한 가족은 미국 사회의 다른 가족에 비해 그리고 많은 다른 선진국의 빈곤한 가족들보다 훨씬 더 빈곤하다는 점이다. 2014년에는 21%의 미국 아동들이 수입이 연방 빈곤수준 이하인 가족과 살고 있었다(Jiang, Ekono, & Skinner, 2016). 반대로 35개의 다른 선진국 집합에서는 오직 11%의 아동들만이 그들 국가의 중앙값 수입의 1% 낮은 가정 출신이었다(UNICEF, 2012).

제1장에서 언급한 바와 같이, 미국 내에서는 빈곤한 가족과 살고 있는 아동의 비율이 유럽계 미국인과 아시아계 미국인에서보다 히스패닉계 미국인과 아프리카계 미국인에서 훨씬 더 높다. 그리고 이것은 결혼한 커플이 이끄는 가족에서보다 여성 혼자서 이끄는 가족에서 훨씬 더 높다. 이러한 경제적 차이는 다음 부분에서 알아볼 IQ점수에서의 집단차에 대한 설명을 도와준다.

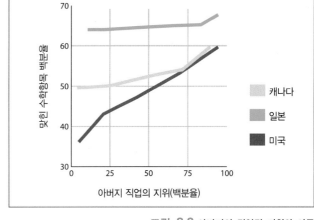

그림 8.8 아버지의 직업적 지위와 아동의 수학성취 간에 나타나는 세 국가의 관계 아버지가 낮은 지위의 직업을 갖는 미국 아동들은 아버지가 비슷한 직업인 캐나다나 일본의 아동들보다 수학성취검사에서 평균적으로 훨씬 더 뒤떨어진다. 반대로, 아버지가 높은 지위의 직업을 갖는 미국 아동들은 평균적으로 캐나다의 아버지가 비슷한 직업을 가진 아동들만큼 하며, 일본의 비슷한 배경 출신 아동들과 거의 같은 수준으로 한다(Case et al., 1999).

인종, 민족과 지능

인종집단과 민족집단들은 지능이 다르다는 그런 주변 주장들보다 더 강력한 격노를 일으키는 주장은 없다. 그래서 이러한 이슈에 대한 사실 및 그런 사실들로부터 결론내릴 수 있는 것과 결론내릴 수 없는 것이 무엇인지 둘 다를 아는 것은 특히 중요하다.

하나의 사실은 다른 인종과 다른 민족 출신인 아동들의 **평균 IQ점수**(average score)는 다르다는 것이다. 예를 들면 유럽계 미국 아동들의 평균 IQ점수는 아프리카계 미국 아동들의 IQ점수보다 약 10점 더 높다(Dickens & Flynn, 2006). 히스패닉계 미국 아동과 미국 원주민 아동들의 평균점수는 아프리카계 미국 아동의 평균점수보다 몇 점 더 높다. 그리고 아시아계 미국 아동의 평균점수는 유럽계 미국 아동의 평균점수보다 몇 점 더 높다(Nisbett et al., 2012). 이러한 차이들은 부분적으로 사회계층 배경으로 설명된다. 그러나 각각의 사회계층 내에서도 아프리카계 미국 아동과 유럽계 미국 아동 간의 평균 IQ점수에서의 차이가 있다. 그 차이가 사회계층을 동일하게 잡지 않고 비교했을 때 존재하는 차이보다는 작긴 하다(L. A. Suzuki & Valencia, 1997).

두 번째 사실은 IQ점수에서 집단차에 대한 과학적 언급은 어떤 개인 점수에 대한 것이라기보다는 통계적 평균을 나타낸다는 점이다. 이 두 번째 사실의 이해는 첫 번째 사실을 이해하는 데 핵심이 된다. 수백만의 아프리카계 미국 아동들은 평균적인 유럽계 미국 아동보다 IQ점수가 더 높고, 수백만의 유럽계 미국 아동들은 평균적 아프리카계 미국 아동보다 IQ점수가 더 낮다. 인종집단들 사이에서보다 인종집단 내에는 훨씬 더 많은 변산성이 존재한다. 그러므로 민족이나 인종의 구성원들의 평균 IQ점수에 대한 자료는 어떤 개인에 대해서 우리에게 아무것도 말해주지 못한다.

세 번째 중요한 사실은 서로 다른 인종집단 및 민족집단 출신 아동들의 IQ검사 점수와 성취검사 점수에서의 차이는 오직 그 아동들이 살고 있는 환경 안에서의 아동 수행만을 기술한다는 점이다. 연구 결과들은 그들의 지적 잠재력을 보여주지도, 그 아동들이 다른 환경 속에서 살고 있다면 점수가 얼마였을지를 보여주지도 못한다. 실제로 지난 50년 동안 차별과 불평등이 줄어듦에 따라 유럽계 미국 아동들과 아프리카계 미국 아동들 사이의 성취검사 차이도 크게 줄어들었다. 시간의 흐름에 따른 지능검사 점수 변화의 정밀한 분석은 1972년과 2002년 사이에 아프리카계 미국 학령기 아동(schoolchildren)은 유럽계 미국 학령기 아동들과의 격차를 4~7점 줄였다(Dickens & Flynn,

표 8.2

IQ점수와 관련된 위험요인

1. 가장이 실직했거나 지위가 낮은 직업에서 일하고 있다.
2. 어머니가 고등학교를 졸업하지 않았다.
3. 적어도 4명의 자녀가 있다.
4. 아버지나 새아버지가 집에 없다.
5. 아프리카계 미국인 가족
6. 지난 수년 동안 스트레스를 주는 생활사건이 많이 일어났다.
7. 아동발달에 대한 부모 신념의 경직성
8. 어머니의 불안
9. 어머니의 정신건강
10. 부정적인 어머니-자녀 상호작용

출처 : Sameroff et al.(1993).

2006). 성취검사 점수는 같은 추세를 보여주었다(N. Brody, 1992).

위험요인과 지적발달

인기있는 대중매체에서 보이는 모든 아동들이 그들의 지적 잠재력에 도달하도록 돕는 방법에 대해 쓴 보고서들은 종종 하나의 요인에 초점을 둔다 — 빈곤 제거의 필요, 또는 인종차별 제거의 필요, 또는 두 부모 가족 유지의 필요, 양질의 보육 필요, 보편적 학령전 교육의 필요 등. 그러나 하나의 요인도, 심지어 작은 집단의 몇 개 요인도 문제를 해결할 열쇠는 아니다. 그보다는 많은 요인들이 결합하여 열등한 지적발달의 문제를 가져온다.

이러한 다중 영향의 영향을 알아내기 위해, Arnold Sameroff와 동료들은 **환경위험척도**(environmental risk scale)를 개발했다(Sameroff et al., 1993). 이것은 아동을 낮은 IQ점수를 가질 위험에 처하게 하는 환경의 10개 특징에 기반해 개발된 것이다(표 8.2). 각 아동의 위험점수는 그 아동이 직면하고 있는 주요 위험의 단순한 합계이다. 그러므로 실직한 상태고, 독신이며, 불안이 높고, 정신적인 질병이 있는 어머니가 키우지만 Sameroff 목록의 다른 위험요인은 없는 아동은 환경위험 점수가 4이다.

Sameroff와 동료들은 100명 이상의 아동들을 그들이 4세일 때 IQ점수와 환경위험점수를 측정했고 13세가 되었을 때 한 번 더 측정했다. 그들은 아동의 환경에 위험이 많을수록 그 아동의 IQ점수는 더 낮은 경향이 있음을 발견했다. 그림 8.9에서 보여지듯이 그 효과는 컸다. 환경에 어떤 위험요인도 없었던 아동들의 평균 IQ점수는 약 115점이었다. 환경에 6개 이상의 위험이 있던 아동의 평균 IQ점수는 약 85점이었다. 아동의 환경에 있는 위험의 단순한 수는 특정 위험의 존재보다 그 아동의 IQ점수를 더 잘 예측하게 해주는 요인이었다. 후속연구들은 위험요인 수와 학교성적 간의 비슷하게 강력한 관계를 보여주었다(Gassman-Pines & Yoshikawa, 2006; Gutman, Sameroff, & Cole, 2003).

Sameroff(1993)의 연구는 아동들의 IQ점수가 매우 안정적인 이유에 대한 흥미로운 관점을 제공했다. 아동의 유전자가 변치않은 채 남아 있을 뿐만 아니라, 시간이 흘러도 그들의 환경이 마찬가지로 변치 않고 남아 있는 경향이 있다. 연구는 4세와 13세 때의 아동들의 IQ점수가 안정적인 만큼 아동들의 환경 안에 있는 위험요인의 수에서 큰 안정성이 있다는 것을 밝혀냈다.

4세일 때 환경의 위험요인 수는 4세일 때의 그 아동의 IQ점수와 높은 상관이 있을 뿐만 아니라 4~13세 사이의 아동의 점수에서의 변화 또한 예언한다. 즉 만약 2명의 아동이 4세에 IQ점수가 동일하지만 한 아동이 더 많은 위험요인이 있는 환경에서 살고 있다면, 더 많은 위험에 직면하고 있는 그 아동은 13세에 아마도 다른 아동보다 더 낮은 IQ점수를 갖게 될 것이다. 그러므로 환경적 위험은 아동의 지적발달에 즉각적 효과와 장기적 효과 둘 다를 주는 것으로 보인다. 유전적 기여가 제외될 수는 없지만 — 불안, 안 좋은 정신건

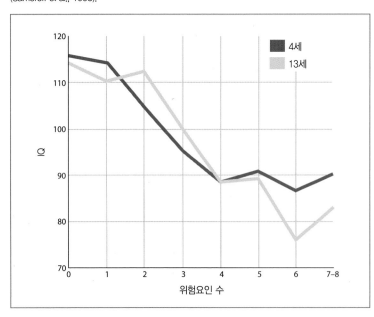

그림 8.9 위험요인과 IQ 어린 아동과 더 나이 든 아동의 점수 모두 환경에 위험요인이 많을수록 평균 IQ점수는 더 낮다 (Sameroff et al., 1993).

강, 다른 위험요인들은 부모로부터 자녀에게로 생물학적으로 유전되게 된다 — 많은 수의 위험요인들이 낮은 IQ점수와 분명하게 관련되어 있다.

Sameroff와 그의 동료들은 그들의 측정을 '위험지표'로 기술하고 있긴 하지만, 이것은 환경 해로움의 가능성과 마찬가지로 아동 환경의 질을 측정한다. 낮은 IQ점수가 안 좋은 환경과 관련있는 것처럼 높은 IQ점수는 좋은 환경과 관련이 있다. 이것은 일반 아동들에게나 저소득 가족 출신 아동들에게도 사실이다. 비슷한 소득의 다른 아동들에 비해 자녀에게 반응적이고 안전한 놀이 영역과 다양한 학습자료를 제공하는 저소득 부모들은 IQ점수가 더 높은 자녀를 갖는다(Bradley et al., 1994). 그러므로 높은 질의 양육은 빈곤이 부여한 위험을 상쇄할 수 있다.

빈곤 아동을 돕는 프로그램

1960년대 초에 미국에서 정책적 합의가 이루어졌다 — 빈곤가족 출신 아동을 돕는 것이 긴급한 국가적 우선순위였다. 아동의 환경이 그들의 인지적 성장에 큰 영향을 준다는 것을 보여줌으로써 아동발달연구는 이런 합의에 기여했다(W. Dennis & Najarian, 1957; J. M. Hunt, 1961). 그 결과로 그다음 10년 동안 많은 중재 프로그램들이 빈곤한 가족 출신의 학령전 아동들의 지적발달을 촉진하기 위해 시작되었다.

가장 잘 알려진 조기중재 프로그램 — 그 프로그램들 모두 저소득 가족 출신의 2~5세 아프리카계 미국 아동에 초점을 두었다 — 중 11개를 포괄적으로 분석하여, Irving Lazar와 그의 동료들은 일치하는 패턴을 발견했다(Lazar et al., 1982). 프로그램(1년이나 2년 지속된 대부분 프로그램) 참가는, 초기에는 아동의 IQ점수를 10점에서 15점까지 크게 증가시켰다. 그러나 이후 2년이나 3년 동안 올라간 점수는 줄어들었다. 그리고 프로그램이 끝나고 4년 후쯤에는 출신 지역과 배경이 같은 참가자의 IQ점수와 비참가자의 IQ점수 사이에 차이가 뚜렷하지 않았다. 비슷한 효과가 수학과 읽기 성취에서 발견되었다 — 초기의 이익 모두가 매우 빠르게 사라졌다(Bailey et al., 2016).

다행히 저소득 배경 출신인 학령전기 아동을 돕는 것이 목적인 이러한 실험 프로그램의 다른 효과는 더 지속적이다. 한 장기연구에서는 프로그램 비참가자에 비해 프로그램 참가자 중 오직 반만이 나중에 특수교육학급에 배정되었다(14% 대 29%). 그리고 더 적은 수의 참가자들이 학교에서 제지받으며, 더 많은 참가자들이 그 후 고등학교를 졸업하고, 18세경 더 적은 수가 범죄로 체포되었다(Reynolds et al., 2001; Reynolds, Temple, & Ou, 2010).

결과의 이러한 조합은 당혹스러운 것처럼 보인다. 만약 중재 프로그램이 지속적인 IQ나 성취검사 점수의 증가를 가져오지 않았다면, 더 적은 수의 아동들이 특수교육학급에 배정되거나 학교에서 제지를 받는 이유는 무엇인가? 가능한 이유는 중재가 아동의 동기와 품행에 장기적 효과를 갖는다는 것이다. 이러한 효과는 급우들과 함께 학급에서 충분히 잘하도록 돕고, 그것은 다시 그들이 고등학교 중퇴할 가능성을 줄이고 범죄활동을 할 가능성을 줄인다. 심지어 그들의 인지적 능력의 향상이 시간이 흘러 감소해도 말이다. 성인이 된 일부 프로그램의 참가자들은 비참가자들보다 복지 체계를 덜 사용하고, 단과대학에 더 많이 입학하며, 더 많은 임금을 버는 경향이 있었다(Garces, Duncan, & Currie, 2002; Reynold et al., 2010). 글상자 8.2에서 논의한 바와 같이, 적어도 하나의 전문적, 집중적 프로그램이 IQ점수와 학교성취에서의 지속적인 이득을 만드는 것이 가능함을 보여주었다.

헤드스타트 프로젝트　소규모 조기중재 프로그램을 이끈 1960년대 동일한 정책적 합의에 대한 반

매우 성공적인 초기 중재 : Carolina Abecedarian Project

가난한 아동의 IQ검사와 성취검사 점수에서 지속적인 상승을 산출해내는 것이 어렵다는 점에서 일부 평가자들은 지능은 변하지 않는다고 결론지었다(A. R. Jensen, 1973; Westinghouse Learning Corporation, 1969). 그러나, 같은 결과를 놓고 다른 연구자들은, 만일 중재가 영아기부터 시작하여 수년간 지속되고 아동의 삶의 여러 측면에 걸친 향상이 있었다면 아마도 IQ에서의 지속적인 증가가 생겼을 것으로 보았다(물론 그 노력의 기간이 짧거나, 덜 집중적이고, 더 늦게 시작했다면 향상이 없었을 것이다). 이런 질문에 대해 긍정적인 응답을 한 중재가 Carolina Abecedarian Project이다. 이 프로그램은 연구가 어떻게 아동복지를 향상시킬 수 있는지 명쾌하게 보여준다(F. A. Campbell & Ramey, 2007; Ramey & Ramey, 2004).

아동들은 낮은 가족소득, 아버지가 없는 가정, 낮은 IQ점수와 낮은 교육수준의 어머니, 그 아동들이 발달문제를 가질 위험에 처하도록 하는 요인들을 근거로 Abecedarian 프로그램에 참가하도록 선택되었다. 프로그램에 참가한 아동들의 95% 이상이 아프리카계 미국 아동들이었다. 프로그램은 7개 원리에 기반을 두었다(Ramey & Ramey, 2004).

1. 탐색 장려
2. 기본 기술의 멘토 되기
3. 발달적 진전을 축하하기
4. 새 기술의 반복연습과 일반화
5. 부적절한 비난, 괴롭힘, 처벌로부터의 아동 보호
6. 풍부하고도 책임성 있는 의사소통
7. 행동 안내 및 행동 제한

프로그램을 받는 아동들은 생후 6개월부터 특수 주간보육센터에 다니기 시작하여 만 5세까지 계속 다닌다. 평일에는 아침 7시 45분부터 오후 5시 30분까지 1주일에 5일, 1년에 50주, 5년 동안 다닌다. 교사-학생 비율은 최적화되어 3세까지는 1:3, 4~5세 동안에는 1:6을 유지한다. 3세까지의 아동들은 일반적인 사회적, 인지적, 운동발달을 강조한 프로그램을 받으며, 4~5세 아동들은 또한 수학, 과학, 읽기, 음악에 대한 체계적인 지도를 받는다. 모든 연령대에서, 이 프로그램은 언어발달을 강조하고 교사-아동 간의 집중적인 구두 의사소통을 보장했다. 프로그램 담당 직원들은 또한 보육센터 외에서 아동들의 어머니들에게 아동발달에 대한 이해를 향상시켰다. 프로그램에서 실험집단 아동의 가족들에게는 영양제를 공급했고 높은 질의 의료 서비스를 제공했다. 통제집단 아동의 가족들에게도 비슷하게 영양제 공급과 높은 질의 의료 서비스를 제공했으나, 다만 아동들이 주간보육센터에 다니지 않았다.

이 잘 계획된 다면적 프로그램은 실험집단 아동들의 IQ점수 및 성취 수준에 지속적으로 긍정적인 효과를 주었음을 증명했다. 21세, 즉 프로그램이 끝난지 15년 후에, 이 아동들은 통제집단 아동들에 비해 IQ점수가 5점 정도 높았다 — 90 대 85(F. A. Campbell et al., 2001). 수학과 읽기에서 참가자들의 성취검사 점수 역시 더 높았다. 덜 포괄적인 중재 프로그램에서처럼, 다시 학교로 돌아가 특수교육 학급으로 돌아가는 일이 거의 없었다. 30세에는, 실험집단의 아동들은 통제집단 아동들에 비해 더 높은 대학 졸업률을 보였다 — 23% 대 6%(F. A. Campbell et al., 2012). 이 프로그램을 반복한 결과, 어머니의 교육수준이 낮을수록, 이 프로그램의 효과는 더욱 컸다(Ramey & Ramey, 2004).

Abecedarian Project에서의 일반적인 교훈은 무

Michael J. Doolittle / The Image Works

이 사진에 있는 아동처럼 헤드스타트 프로그램에 참가했던 아동들은 이 프로그램에 참가하지 않은 비슷한 배경의 아동들보다 유급할 가능성이 더 적고, 고등학교를 졸업할 가능성이 더 많다.

응으로, 미국 정부는 대규모 중재 프로그램인 헤드스타트 프로그램(Project Head Start)을 시작했다. 지난 50년 동안에 이 프로그램은 3,200만 명 이상의 아동들에게 광범위한 서비스를 제공했다(Office of Head Start, 2015).

현재 헤드스타트는 매년 90만 명 이상의 학령전기 아동에게 제공된다. 그들 대부분은 4세이다. 서비스를 제공받는 집단은 인종적·민족적으로 다양하다. 2010년에는 39%가 아프리카계 미국인, 31%가 유럽계 미국인, 34%가 히스패닉계 미국인이었다(합계는 100%를 넘는다. 왜냐하면 일부 아동은 여러 범주에 포함되었기 때문이다)(Schmit, 2011). 헤드스타트의 거의 대부분의 아동들은 수입이 빈곤선 이하이고, 대부분 편부모 가족 출신들이다. 프로그램에서 아동들에게 의학적 및 치과적 케어, 영양가 있는 음식, 안전한 환경을 제공한다. 참가하고 있는 아동의 많은 부모들은 헤드스타트 센터에서 보육자로 일하고, 각 센터의 방향을 계획하는 정책회의에 참가하고, 그들 자신의 직업적 및 정서적 요구에 대한 도움을 받는다.

엇일까? 하나의 중요한 교훈은, 초기의 중재 시작 및 상당 기간 동안을 지속하는 것이 이점이 있다는 점이다. Abecedarian 프로그램을 3세에 끝낸 경우에는 지능에서의 장기적인 효과가 없었으며, 유치원부터 초등학교 2학년까지 교육지원을 한 경우 역시 장기적인 효과가 없었다(Burchinal et al., 1997; Ramey et al., 2000). 두 번째 중요한 교훈은, 돌보는 이들이 영아와 긍정적이고 반응적인 방식으로 상호작용할 필요가 있다는 점이다. 주간보육센터에서 성인 대 영아의 높은 비율은 그와 같은 상호작용의 가능성을 높이게 된다. 이는 또한 보육교사들에게도 그와 같은 상호작용의 필요성을 교육시켜야 하는 것과 같다. 세 번째 교훈은, 이런 또는 다른 성공적인 초기 중재 프로그램에 의해 생긴 이득은 IQ점수에서의 변화 때문이라기보다는 아동의 자기통제와 인내에서의 향상 때문으로 보인다(Heckman, 2011; Knudsen et al., 2006). 아마도 가장 중요한 교훈은 가장 기본적인 것이다. 가난한 아동의 지적 발달에 상당하고 지속적이며 긍정적인 영향을 주는 중재안을 만드는 것은 가능하다.

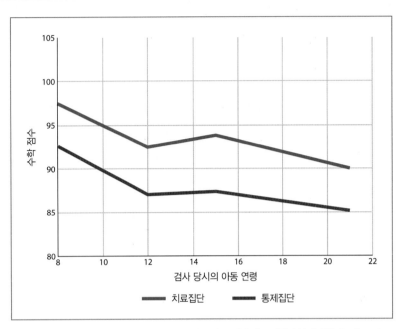

Abecedarian Project에 참가한 이점은 프로그램이 끝난 15년 후에도 명백히 남아 있었다. 이는 프로그램에 참가한 실험집단 아동이나 참가하지 않은 통제집단 아동의 수학성취 그래프에 나타나 있다. 미국 아동들의 평균 수학성취 수준에 비해, 두 집단 아동들의 수행은 8세와 21세 사이에서 감소했다. 그러나 모든 연령대에 걸쳐, 프로그램에 참가했던 실험집단 아동들은 참가하지 않았던 통제집단 아동들에 비해 수행을 더 잘했다.

    3~4세 아동들을 목표로 실시된 더 소규모인 실험적 중재 프로그램의 연구 결과와 일치하게, 헤드스타트 참가자들은 프로그램 종결 시와 그 후 일시적으로 더 높은 IQ점수와 성취검사 점수를 이루었다. 이러한 결론의 가장 강력한 증거는 헤드스타트 영향 연구(Head Start Impact Study)(U.S. DHHS, 2010)에서 나온다. 이 연구는 매우 잘 실시된 실험으로 헤드스타트 프로그램의 대기목록에 있던 저소득 가족 출신의 3~4세 아동 5,000명을 대상으로 한 연구다. 아동들 중 반은 헤드스타트에 무선 배당되었고 나머지 반의 아동들은 부모가 선택한 다른 경로를 따랐다. 그 아동들은 저소득 집단의 국가적 대표표집을 구성한다. 그리고 그 아동들이 등록한 헤드스타트 센터들은 프로그램의 질에서 대표적인 곳이다.

    헤드스타트에 참가한 아동들은 프로그램에 참가한 지 1년이 되었을 때(더 나은 수학 기술은 보여주지 않았으나) 더 나은 독서 전 기술(pre-reading skill) 및 쓰기 전 기술(pre-writing skill)을 보여주었다(U.S. DHHS, 2006). 그러나 프로그램 참가 1년이 되었을 때, 참가 아동들의 지적 성과는 비참가자들의 성과와 거의 같았고(U.S. DHHS, 2010) 3년이 되었을 때 두 집단 간 지적차이는 발견되지 않았다(Puma et al., 2012)

    반면에 헤드스타트 참가자들은 지속적인 다른 긍정적 효과를 만들어냈다. 그것은 실험적인 학령전 프로그램이 만들어낸 것과 비슷하다. 사회적 기술과 건강의 증진, 학교에서 제지받는 빈도가 더

Carolina Abecedarian Project ■ 저소득 가정 출신의 아동들을 위한 포괄적이고 성공적인 강화 프로그램

다중지능 이론 ■ 사람들은 적어도 8개 유형의 지능을 갖고 있다는 관점에 근거한 Gardner의 지능 이론

낮고, 고등학교를 졸업하고 대학교에 입학할 가능성이 더 크며, 약물 사용과 비행을 저지르는 비율이 더 낮다(Love, Chazan-Cohen, & Raikes, 2007; Zigler & Styfco, 2004). 이러한 중요한 이득은 헤드스타트의 지속적인 인기에 기여했다.

지능에 대한 대안적 관점

이 장에서 지적발달의 논의는 측정을 주로 IQ검사에 의존했다. 이러한 검사를 사용한 조사는 지능 발달에 대해 많은 것을 밝혔다. 그러나 지능의 중요한 많은 측면을 강조한 몇몇 현대 이론들은 IQ 검사로 측정이 안 된다. 이러한 검사들은 언어적, 수학적, 공간적 능력을 측정하지만, 그 검사들은 지능의 중요한 부분으로 보이는 다른 능력들—창의성, 사회적 이해, 자신의 강점과 약점에 대한 지식과 같은—을 직접 검사하지 않는다. 이러한 관점은 Howard Gardner와 Robert Sternberg로 하여금 전통적 이론들보다 더 넓은 인간 능력을 포함하는 지능 이론을 수립하도록 이끌었다.

Gardner의 이론

Howard Gardner(1993; 1999)는 그의 접근을 **다중지능 이론**(multiple intelligences theory)이라고 명명했다. 이 이론의 기본적 주장은 사람들은 적어도 8개 종류의 지능을 갖는다는 것이다. 이전 이론들에서 강조되고 IQ검사에서 측정되는 언어적 능력, 논리수학적 능력, 공간적 능력과 음악적 능력, 자연친화적 능력, 신체운동적 능력, 대인 간 능력, 개인 내 능력(표 8.3 참조)이 그것이다. 그는 9번째 능력(실존지능)이 존재할 수 있다고 생각한다. 이것은 "우리는 왜 여기 있는가?" 같은 삶과

표 8.3

Gardner의 다중지능 이론

지능유형	설명	예
언어지능	단어의 의미와 소리에 대한 민감성, 문법의 숙달, 언어가 사용될 수 있는 방식에 대한 이해	시인, 정치적 연설가, 교사
논리 수학적 지능	대상과 상징, 그들에게 수행될 수 있는 행위, 이런 행위들 간의 관계에 대한 이해, 추상화 능력, 문제를 확인하고 설명을 찾는 능력	수학자, 과학자
공간지능	시각적 세상을 정확하게 지각하고, 지각에 따라 변형을 수행하며, 물리적 자극이 없이도 시각 경험의 측면을 창조하는 능력, 긴장, 균형, 구성에 대한 민감성, 비슷한 패턴을 탐지하는 능력	예술가, 엔지니어, 체스마스터
음악지능	음악의 개별 음과 악절에 대한 민감성, 음과 악절의 결합이 더 큰 음악리듬과 구조가 되는 방식의 이해, 음악의 정서적 측면의 인식	음악가, 작곡가
자연친화지능	식물, 동물, 자연의 다른 측면들에 대한 민감성과 이해	생물학자, 농부, 자연보호운동가
신체운동지능	표현 또는 목표지향적인 고숙련 방식으로 몸을 사용, 사물을 숙련되게 다루는 능력	댄서, 운동선수, 배우
개인 내 지능	자기 자신의 삶의 느낌에 대한 접근, 사람의 행동을 이끄는 정서를 묘사하고 이해하는 능력	소설가, 치료자, 부모
대인 간 지능	다른 사람의 기분, 기질, 동기, 의도에 주목하고 구별하며 이 지식에 근거해 잠재적으로 행동하는 능력	정치적 지도자, 종교지도자, 부모, 교사, 치료자

출처 : H. Gardner(1993).

인간 조건에 대한 궁극적인 질문과 관련이 있다(Gardner & Davis, 2013)

Gardner는 이러한 지능 세트에 도달하는 증거로 여러 유형의 증거를 사용했다. 하나는 뇌손상이 있는 사람이 보이는 결함들이다. 예를 들어 어떤 뇌손상 환자들은 대부분 측면에서 잘 기능하지만 다른 사람을 이해하지 못한다(Damasio, 1999). 이러한 현상은 대인 간 지능은 다른 유형의 지능과 구별된다고 제시한다. Gardner가 이 지능 세트를 확인하는 데 사용한 두 번째 유형의 증거는 비범함의 존재다. 생의 초기부터 다른 영역에서는 아니지만 한 영역에서 뛰어난 능력을 보여주는 사람들로부터 나온다. 그런 예 하나가 Wolfgang Amadeus Mozart이다. 그는 아동일 때 비범한 음악적 재능을 보였지만 많은 다른 분야에서는 뛰어나지 않았다. Mozart의 재능같은 고도로 전문화된 음악재능의 존재는 음악재능을 별개의 지능이라는 관점의 증거를 제공한다. Gardner의 다중지능 이론이 전통적인 지능 이론보다 지지적인 증거에 의해 뒷받침이 훨씬 덜 되고 있지만, 이 이론의 낙관적 메시지(아동들은 부모와 교사가 구축해줄 수 있는 다양한 강점을 가지고 있다)는 교육에 큰 영향을 주게 만들었다.

모차르트의 음악적 재능은 아동기에 일찍이 나타났다. 모차르트가 7세일 때 Louis Carrogis Carmontelle가 그린 이 그림이 보여주듯이, 그가 아직 아이였을 때 그 시대의 위대한 음악가들이 그와 협연했다.

Sternberg의 이론

Robert Sternberg(1999; 2007)도 학교에서 성공하는 데 필요한 유형의 지능을 강조한 IQ검사가 너무 한정된 것이라고 주장했다. 그러나 그가 제안한 지능의 대안적 입장은 Gardner가 제시한 것과 다르다. Sternberg의 **성공지능 이론**(theory of successful intelligence)은 지능을 "한 사람이 살고 있는 사회문화적 맥락 안에서, 개인적 기준을 가지고, 삶에서 성공하는 능력"(p. 4)으로 생각한다. 그의 관점에서 삶에서의 성공은 강점을 구축하고, 약점을 보완하며, 그들이 성공할 수 있는 환경을 선택하는 사람들의 능력을 반영한다. 예를 들어 사람들이 직업을 선택할 때 그들을 선택하도록 만드는 조건의 이해는 그들의 성공에 중요해진다.

Sternberg는 삶의 성공은 세 가지 유형의 능력에 달려있다고 제안한다 — 분석적 능력, 실행적 능력, 창의적 능력. **분석적 능력**(analytic ability)은 전통적 지능검사로 측정되는 언어적, 수학적, 공간적 기술을 포함한다. **실행적 능력**(practical ability)은 다른 사람과의 갈등을 해결하는 방법과 같은 일상의 문제에 대해 추론하는 것을 포함한다. **창의적 능력**(creative ability)는 새로운 환경에 적응하게 해주는 지적 유연성과 혁신을 포함한다.

Gardner와 Sternberg가 제공한 이론들은 지능에 대한 오래된 가정을 재고해보도록 만들었다. 지능과 인생에서의 성공은 분명히 전통적인 IQ검사가 측정하는 것보다 넓은 범위의 능력을 포함하며, 더 넓은 범위의 능력 측정은 지능 이론들을 더 많이 포함하게 해준다. 하나의 정확한 지능 이론 그리고 단 하나의 가장 좋은 지능 측정은 지금도 없고 앞으로도 없을 것이다. 가능한 것은 사람들이 지적이 될 수 있는 여러 측면을 함께 밝혀주는 다양한 지능 이론이고 그 이론에 근거한 검사들이다.

학업기술의 획득 : 읽기, 쓰기, 수학

아동들이 지능을 적용하는 하나의 중요한 목표는 학교에서 가르치는 기술과 개념의 학습이다. 왜

성공지능 이론 ■ 지능은 삶에서 성공을 이루는 능력이라는 관점에 근거한 Sternberg의 지능 이론

냐하면 이러한 기술과 개념들은 학업적 성공에 필요하고, 그것들은 성인기 성공에 중요하며, 숙달하는 것이 어려울 수 있기 때문에, 아동들은 1학년에서 12학년까지 2,000일 이상을 학교에서 보낸다. 이런 시간의 많은 부분이 읽기, 쓰기, 수학을 숙달하는 데 쓰인다. 이 절에서는 아동이 학업기술을 학습하는 방법, 일부 아동이 학업기술 숙달에 많은 어려움을 겪는 이유, 아동들의 학업기술 숙달이 향상될 수 있는 방법에 초점을 둔다.

읽기

많은 아동들은 손쉽게 읽기를 배우는데 다른 아동들은 그렇지 않다. 여러분은 학급친구 — 그리고 아마도 여러분 자신 — 가 2학년, 3학년이 되어서도 간단한 문장을 소리내어 읽는 데 엄청난 시간이 걸리는 것 같은 고통스러운 시간들을 아마 기억할 수 있을 것이다. 왜 어떤 아동들은 그렇게 쉽게 읽기를 배우는데 다른 아동들은 큰 어려움과 좌절을 경험하는 걸까? 이 질문에 답하기 위해, 우리는 아동들이 읽기발달에서 벗어나는 방식과 이유를 알아보는 것은 물론 전형적인 읽기발달 경로를 알아보아야 한다.

Chall(1979)은 읽기발달의 5단계를 설명했다. 이 단계들은 전형적인 숙달 경로에 대한 훌륭한 개관을 제공한다.

1. 단계 0(출생에서 1학년 시작까지) : 이 시기 동안 많은 아동들이 읽기의 중요한 선행조건들을 획득한다. 이것들은 알파벳 철자를 아는 것, **음운인식**(phonemic awareness)하기, 즉 단어 안에 있는 개별 소리에 대한 지식을 포함한다.
2. 단계 1(1학년과 2학년) : 아동은 **음운 재부호화 기술**(phonological recoding skill)을 획득한다. 이것은 철자를 소리로 바꾸고 소리를 혼합해서 단어들로 바꾸는 능력이다[비공식적으로 '소리내기(sounding out)'라고 함].
3. 단계 2(2학년과 3학년) : 아동은 간단한 자료를 유창하게 읽는다.
4. 단계 3(4학년에서 8학년까지) : 아동은 쓰여진 자료로부터 상당히 복잡하고 새로운 정보를 획득할 수 있다. Chall의 말을 인용하면, "1학년에 아동들은 읽기를 배운다. 더 높은 학년이 되면 아동들은 배우기 위해 읽는다"(1983, p. 24).
5. 단계 4(8학년에서 12학년까지) : 청소년은 하나의 관점으로 제시된 정보를 이해하는 것뿐만 아니라 통합된 여러 관점으로 제시된 정보를 이해하는 기술도 획득한다. 이러한 능력은 청소년으로 하여금 복잡한 소설과 연극의 미묘함을 이해하게 만든다. 소설과 연극은 거의 항상 여러 입장을 포함한다.

발달단계의 기술은 읽기 획득 과정에 대한 전반적인 감각 및 특정 발달이 더 넓은 그림에 어떻게 맞춰지는지를 이해하는 틀을 제공한다.

읽기 전 기술

학령전 아동은 책을 보는 것과 부모가 그들에게 읽어주는 것을 통해 읽기에 대한 특정 기본 정보를 획득한다. 그들은 (영어와 다른 유럽어들에서) 글은 왼쪽에서 오른쪽으로 읽고, 한 줄의 오른쪽 끝에 도달하면 글은 아랫줄의 왼쪽 끝에서 계속되며, 단어들은 작은 공간을 두고 떨어져 있다는 것을 배운다.

음운인식 ■ 단어에 있는 개별 소리 요소를 확인하는 능력

음운 재부호화 기술 ■ 철자를 소리로 바꾸고 소리를 혼합해서 단어로 바꾸는 능력. 비공식적으로 소리내기라고 말함

고등교육을 받은 부모의 자녀들 또한 학교에 입학하기 전에 거의 모든 알파벳의 철자이름이나 모든 철자를 학습하는 경향이 있다. 이런 경향은 부모가 교육을 거의 받지 못한 아동에게는 해당되지 않는다(Lonigan, 2015). 새로 시작하는 유치원생들을 대상으로 한 한 연구에서, 어머니가 단과대학을 졸업한 아동의 86%는 능숙하게 철자 재인을 하는데, 어머니가 고등학교를 졸업하지 못한 아동들의 38%만이 능숙하게 철자를 재인했다(J. West, Denton, & Germino-Hausken, 2000).

동요가 어린 아동에게 주는 매력은 항상 분명했다. 그러나 그런 동요들이 음운인식과 읽기 획득에 주는 이익은 최근에서야 알려졌다.

유치원생의 철자이름 숙달은, 적어도 7학년까지 줄곧, 이후의 읽기성취와 정적상관이 있다(Vellutino & Scanlon, 1987). 그러나 그 둘 사이에 인과관계는 존재하지 않는다. 무선으로 선택한 학령전 아동들에게 철자이름을 가르치는 것은 그 아동들의 이후 읽기성취를 증가시키지는 않는다(Piasta & Wagner, 2010). 그보다 아동의 책에 대한 흥미, 부모들의 자녀 독서에 대한 관심같은 다른 변인들이 알파벳에 대한 초기지식과 이후의 높은 읽기성취 모두를 자극한다.

다른 한편으로, 음운인식은 이후의 읽기성취와 상관이 있고 읽기성취의 한 원인이기도 하다. 단어를 구성하는 음의 인식을 측정하기 위해, 연구자들은 같은 음으로 시작하는 두 단어를 결정하고, 한 단어의 구성음을 확인하고, 한 단어에서 만약 제시된 음을 뺀다면 어떤 음들이 남는지를 말하라고 아동들에게 요구한다. 유치원 아동들의 이러한 음운인식 측정에서의 수행은 초기 학년에서 아동들의 단어 발음하기와 단어 쓰기 능력의 가장 강력한 — 심지어 IQ점수나 사회계층 배경보다 더 강력한 — 것으로 알려진 예측요인이다(Nation, 2008; Rayner et al., 2001). 음운인식은 11년 이후에도 계속해서 읽기성취와 관련되며, 이것은 아동의 사회계층배경의 영향을 뛰어넘는다(McDonald & Cornwall, 1995).

심지어 더 인상적인 52개의 잘 통제된 실험연구에 대한 개관은 4세와 5세 아동에게 음운인식 기술을 가르치는 것은 그들을 글을 더 잘 읽고 철자를 더 잘 쓰는 사람이 되게 만들고 그 효과는 훈련 후 수년 동안 지속됨을 보여주었다(Lonigan, 2015; National Reading Panel, 2000). 어린 아동에게 단어를 구성음으로 나누게 하고 그다음에 각각의 연속되는 소리에 가장 잘 맞는 철자를 쓰게 하는 지도가 철자 쓰기에서 특히 큰 이익을 가져온다(Levin & Aram, 2013).

명시적인 훈련이 음운인식 촉진을 도울 수 있음에도 불구하고, 대부분의 아동들은 그러한 훈련을 받지 않는다. 그렇다면 음운인식은 자연스러운 환경에서 나오는 것인가? 관련된 경험 하나는 동요를 듣는 것이다. 많은 동요는 단어들 사이의 차이에 대한 개별 음의 기여를 강조한다[예 : "나는 초록 달걀과 햄(ham)이 싫어요, 나는 그것들이 싫어요, 난 샘이에요(Sam I am)"]. 이러한 가정과 일치하게, 그들의 IQ점수와 어머니 교육수준 외에 3세 아동들의 동요지식은 그들의 이후 음운인식과 정적으로 상관이 있다(Maclean, Bryant, & Bradley, 1987). 음운인식 발달에 기여하는 다른 요인들은 작업기억의 성장, 언어, 특히 읽기 자체의 효율적인 처리의 증가를 포함한다(Foorman et al., 2016; McBride-Chang, 2004). 음운인식을 더 많이 하는 아동들은 더 많이 읽고 더 잘 읽는다. 그것은 다시 음운인식을 더 증가시키고 그들의 독서량과 독서 질의 증가를 가져온다.

시각기반 인출 ■ 시각적 형태에서 직접 단어 의미를 처리하기

전략 선택 과정 ■ 문제를 해결하기 위한 여러 방법 중에서 선택하는 절차

단어인식

빠르고 쉬운 단어인식은 읽기이해뿐만 아니라 읽기를 즐기는 데도 중요하다. 하나의 눈에 띄는 연구 결과가 그 점을 보여준다. 미숙한 단어인식 기술을 가진 4학년 아동의 40%는 읽기보다 방을 청소하고 싶다고 말한다(Juel, 1988). 한 아동이 자원봉사자에게 가서, "나는 읽기보다는 욕조둘레를 청소하고 싶어요"라고 했다. 미숙한 단어인식은 읽기를 느리고 힘들게 만들 뿐만 아니라, 절대적으로 필요한 것만큼만 읽게 만든다. 그리고 이것은 다시 읽기 기술의 향상을 제한한다.

단어들은 2개 주요 측면, 즉 음운 재부호화(phonological recoding)와 시각기반 인출로 인식될 수 있다. 앞에서 언급했듯이, 음운 재부호화는 시각적 형태의 단어를 말소리 같은(speechlike, 자연스러운 사람의 말소리와 비슷한) 언어적 형태로 바꾸고 말소리 같은 형태를 사용해서 단어 의미를 결정한다. **시각기반 인출**(visually based retrieval)은 시각적 형태에서 직접 단어 의미를 처리하는 것을 포함한다.

대부분의 어린 아동들은 두 접근을 모두 사용하는데(Share, 2004), 1학년 이후 두 접근 중에서 적합한 것을 선택한다. 그들은 **전략 선택 과정**(strategy-choice process)을 사용하는데 이것은 정확한 단어인식을 하게 해주는 가장 빠른 접근을 선택하는 것이다. 읽기맥락에서 이것은 아동들이 쉬운 단어에서는 빠르긴 하지만 항상 정확한 접근은 아닌 시각기반 인출에 많이 의존하고, 어려운 단어에서는 더 느리긴 하지만 더 확실한 음운 재부호화를 사용하는 것을 뜻한다. 그림 8.10에서 보이는

그림 8.10 어린 아동의 읽기에서 전략 선택 단어의 어려움(단어를 읽을 때 아동들이 범하는 오류의 백분율로 결정됨)과 어린 아동이 단어를 읽을 때 사용하는 명백한 전략 사용빈도(들을 수 있는 음운 재부호화 같은) 사이에 강력한 정적상관이 있다. 그래서 1학년 학생들이 in 같은 쉬운 단어들에서는 일반적으로 단어의 발음을 인출한다. 그러나 parade 같은 어려운 단어에서는 소리내기 같은 명백한 전략으로 종종 되돌아간다.

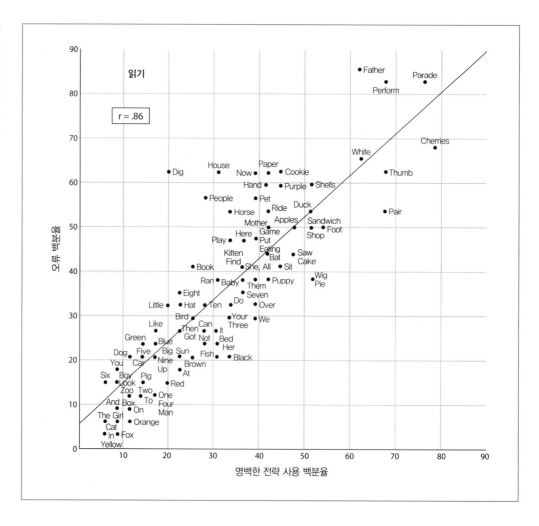

것처럼, 1학년 아동들은 특정 단어의 어려움에 전략을 맞추어 사용하는 데 매우 능숙하다.

이러한 적응적 전략 선택의 기저에 있는 기제는 아동의 과거 경험이 그들의 미래 행동을 형성하는 연합학습의 형태를 포함한다(Siegler, 1996; 2006). 초보 독자들은 음운 재부호화에 크게 의존한다. 왜냐하면 단어의 시각적 형태와 단어의 음 사이의 연합이 너무 약해서 인출을 많이 사용하게 만들기 때문이다. 음운 재부호화의 정확한 사용은 단어의 시각적 형태와 그 단어의 음 사이의 연합을 증가시킨다. 이것은 다시 시각기반 인출의 더 큰 사용을 가져온다. 이러한 관점과 일치하게, 인출로의 이동은 아동 대부분이 종종 음운 재부호화를 정확하게 실행하는 단어의 초기에 발생한다 — 짧은 단어, 규칙적인 철자-음 관계를 갖는 단어, 아동이 자주 접하는 단어. 또한 이런 관점과 일치하게, 음운 재부호화를 더 잘하는 아동은 그 접근의 사용을 더 빨리 중지한다. 왜냐하면 그들이 음운 재부호화를 사용한 과거 성공이 그들로 하여금 시각기반 인출로 더 빠르게 이동하는 것을 가능하게 해주기 때문이다. 세 번째 정확한 시사점은 발음중심과 음운 재부호화 전략을 강조하는 읽기지도는 빠르고 정확한 단어인식을 돕는다(M. J. Adams, Treiman, & Pressley, 1998; Foorman et al., 2016).

나이가 들고 경험이 많아짐에 따라, 어휘에 대한 지식이 단어인식에 점점 더 중요한 영향을 주게 된다. 특히 불규칙 소리-상징 상응 단어에 그렇다(Nation, 2008). 이것은 아동의 이후 절(가르친 어휘가 포함된)의 이해와 관련된 어휘를 가르치는 중재의 긍정적 효과에서 보여진다(Apthorp et al., 2012; Goodson et al., 2010). 그런데 음운 재부호화 기술도 계속 중요해진다. 심지어 낯선 단어를 경험할 때는 어른들에게도 그렇다. 글상자 8.3은 미숙한 음운 재부호화 기술과 난독증(dyslexia)으로 알려진 읽기장애 사이의 관계를 논의한다.

이해

개별단어의 빠르고 정확한 인식은 그 단어들이 나타난 텍스트를 이해하는 데 필요하지만 충분한 것은 아니다(Olson et al., 2014). 이런 관점과 일치하게 단어인식 기술과 텍스트 이해는 초기 학년에서는 밀접하게 관련되어 있지만, 4학년 이후에는 그 관련성은 약해지고, 읽기이해는 단어인식보다 듣기이해와 더 많이 관련된다(Johnston, Barnes, & Desrochers, 2008). 다시 말해서 언어가 인쇄된 것인지 구어 형태인지에 상관없이, 언어처리는 읽기이해의 중요한 결정요인이 된다.

읽기이해는 텍스트에서 그려지는 상황이나 아이디어를 나타내는 **정신적 모형**(mental model)을 만드는 것과 새 정보가 나타나면 그것을 지속적으로 갱신하는 것을 포함한다(Oakhill & Cain, 2012). 일반적인 인지발달에 영향을 주는 모든 유형의 정신적 조작[기초 과정, 전략, 상위인지(사람의 사고에 대한 지식), 내용지식]도 읽기이해 발달에 영향을 준다.

부호화(사물이나 사건의 중요한 특징의 확인)와 자동화(인지적 자원에 대한 최소한의 요구를 하는 과정의 실행) 같은 기초 과정은 읽기이해에 중요하다. 이유는 간단하다. 이야기의 중요한 특징을 확인한 아동은 그 이야기를 더 잘 이해하고, 단어의 중요한 특징을 자동적으로 확인하는 아동은 이해에 쓸 수 있게 남겨진 인지적 자원을 더 많이 갖게 된다. 빠르고 정확한 단어인식은 1학년부터 성인기 동안 모든 점에서 읽기이해와 정적상관이 있다(Cunningham & Stanovich, 1997; Foorman et al., 2016).

읽기이해의 발달은 읽기전략의 습득에 의해서도 도움을 받는다. 예를 들면 유능한 독자는 쓰여진 자료를 철저히 숙달할 필요가 있을 때는 천천히 읽고 자료의 대강의 의미만 알 필요가 있을 때는 빨리 읽는다(Pressley & Hilden, 2006). 그러한 적응에서의 숙달은 놀랄 정도로 늦게 발달한다.

정신적 모형 ■ 상황이나 사건의 순서를 표상하는 데 사용되는 인지 과정

난독증

정상지능이고 부모가 읽기를 격려하는 데도 불구하고 어떤 아동들은 읽기가 매우 서툴다. 정상지능에도 불구하고 그렇게 서툴게 읽는 **난독증**(dyslexia)이라고 하며 미국 아동의 5~10%에 영향을 주는 병이다(Compton et al., 2014). 난독증의 원인은 잘 이해되고 있지 않지만, 유전적 특질이 분명히 그 이야기의 한 부분을 이룬다. 일란성 쌍생아 중 한 아이가 난독증으로 진단된다면, 다른 쌍생아가 비슷한 진단을 받을 가능성은 84%이다. 반면에 그 쌍생아들이 이란성 쌍생아라면, 일치 가능성은 48%이다(Kovas & Plomin, 2007; Oliver, Dale, & Plomin, 2004). 유전적 영향 정도는 부모의 교육수준에 따라 다르다. IQ 점수에 따라, 난독증에 대한 유전적 영향은 교육수준이 낮은 부모의 자녀보다 교육수준이 높은 부모의 자녀에서 더 컸다(Friend, DeFries, & Olson, 2008; Olson et al., 2014).

분석의 인지 수준에서, 난독증은 주로 약한 음소 변별 능력, 언어적 자료에 대한 빈약한 작업기억, 제한된 어휘력, 사물이름의 느린 회상으로 해서 생긴다(Perfetti & Stafura, 2014). 모음과 어울리는 음(sound)을 결정하는 것은 난독증이 있는 아동에게 특히 어렵다. 적어도 하나의 모음이 여러 방식으로 발음될 수 있는 영어(ha, hat, hall, hate에 있는 철자 'a'의 음을 생각해보라)에서 그렇다. 이런 결점 때문에 난독증 아동은 음운 재부호화에 사용되는 철자-음 상응에 숙달하는 데 큰 어려움이 있다. 특히 불규칙 음-상징 상응이 있는 영어 같은 언어에서 그렇다(Sprenger-Charolles, 2004).

예를 들어 그림에서 보는 것처럼 parding 같은 유사단어를 읽으라고 요구하면, 13세와 14세의 난독증 아동은 전형적으로 7세와 8세 아동이 하는 수준으로 수행한다(Siegel, 1993). 340쪽에서 기술한 전략선택 모델에서 예측되는 바와 같이, 이러한 음운론적 처리의 어려움은 대부분의 난독증 아동으로 하여금, 단어를 발음하는 것처럼, 시각기반 인출에 서툴게 만든다(Compton et al., 2014).

그 문제는 지속적인 것이 될 수 있다. 초등학교 초기에 음운 처리 기술이 서툰 사람들 대부분은 성인이 되어 서툰 독자가 된다(Compton et al., 2014; Ehri, 2014; Olson et al., 2014). 이것은 불리한 배경 출신이고 좋지 않은 학교를 다니는 아동들에서 특히 흔하다. 더 유리한 가족 배경 출신의 좋은 학교를 다니는 난독증 아동들은 상당한 향상을 보여줄 가능성이 더 많다(S. E. Shaywitz, Mody, & Shaywitz, 2006).

뇌기능 연구들은 서툰 음운 처리가 난독증의 핵심이라는 관점을 지지한다. 난독증 아동이 읽을 때는, 전형적인 아동들이 같은 단어들을 읽을 때 반응할 때보다 뇌의 두 영역이 덜 활성화된다(Schlaggar & Church, 2009; Tanaka et al., 2011). 하나의 영역은 음소를 변별하는 데 직접 관련된다. 다른 영역은 시각적 자료와 청각적 자료를 통합하는 데 관련된다(이 경우에, 페이지에 있는 철자들을 수반되는 소리와 통합하는 것).

난독증 아동들은 어떻게 도울 수 있는가? 하나의 솔깃한 아이디어는 이런 아동들은 발음을 배우는 게 어렵기 때문에, 철자-음 관계를 덜 강조하고 그 대신에 시각기반 인출이나 맥락에 의지하는 것을 강조하

10세 아동은 절에 있는 어떤 자료는 중요하고 다른 것은 중요하지 않다고 말해주었을 때조차도, 그들은 모든 자료를 같은 속도로 읽는 경향이 있다. 반대로 14세 아동들은 중요하지 않은 부분은 대충 읽고 중요한 부분에는 더 많은 시간을 쓴다(Kobasigawa, Ransom, & Holland, 1980).

증가하는 상위인지 지식도 읽기이해를 향상시킨다. 나이가 들고 경험이 많아짐에 따라 독자들은 자신의 이해 진행을 점점 더 모니터하고 이해하지 못한 절을 다시 읽는다(Nicholson, 1999). 그러한 **이해 모니터링**(comprehension monitoring)은 1학년부터 성인기 동안 모든 연령에서 유능한 독자와 미숙한 독자를 변별해준다. 이해 모니터링과 다른 상위인지 기술 — 교사가 자료에 대해 물을 수 있는 예상질문 같은 — 에 초점을 둔 지도 접근은 읽기이해를 향상시키는 것으로 보인다(Palincsar & Magnusson, 2001; Rosenshine & Meister, 1994).

읽기이해 발달에 대한 가장 강력한 영향은 아마도 증가하는 내용지식일 것이다. 내용지식은 어휘이해와 주제에 대한 전반적인 정보 모두를 포함한다(Perfetti & Stafura, 2014). 관련 내용지식은 인지적 자원이 텍스트에서 새롭거나 복잡한 것에 자유롭게 초점을 두게 하고 언급되지 않은 정보에 대하여 합리적 추론을 이끌어낼 수 있게 해준다. 그래서 'Blue Jays Maul Giants'라는 제목을 읽을 때, 야구에 대한 지식이 있는 독자들은 그 제목이 야구게임에 관련된 것임을 깨닫는다. 야구지식이 없는 독자들이 그런 제목을 어떻게 해석하는지는 불분명하다.

강력하거나 또는 약한 읽기이해에 이르는 경로는 심지어 아동이 학교를 시작하기 전에 시작한다. 부모가 말해주거나 읽어주는 이야기를 듣는 것은 학령전 아동들이 이야기가 어떤 식으로 진행

이해 모니터링 ■ 언어적 묘사나 글을 이해하는 경로를 유지하는 과정

난독증 ■ 정상지능임에도 불구하고 읽기와 철자 쓰기를 잘하지 못하는 무능력함

는 접근을 통해 더 잘 배운다는 것이다. 그러나 이러한 대안적 방법은 효과가 없다(Compton et al., 2014). 낯선 단어를 소리낼 수 있는 것의 대체물은 없다. 그보다는 난독증 아동에게 음운 재부호화를 보강하는 전략을 사용하게 가르치는 일이 최소한 어느 정도 도움이 되는 것으로 보인다. 효과적인 전략은 비슷한 철자를 가진 알고 있는 단어에 유추하기, 처음 소리내는 시도가 그럴듯한 단어를 만들지 못할 때 모음의 다른 발음을 해보기, 긴 단어에서 접두사와 접미사를 '떼어내고' 단어의 나머지 부분을 확인하기 등을 포함한다. 그러한 전략의 사용은 많은 난독증 아동이 읽기성취점수를 높일 수 있게 돕는다(Compton et al., 2014).

그러나 그러한 전략 접근을 사용한 중재들을 개관한 후에, Compton과 동료들은 "불행하게도, 강력한 중재방법을 개발하려는 우리의 최선의 시도는 … 제한적인 성공을 가져온다고 설명될 수 있다"고 결론지었다. 단어인식전략 가르치기를 통해 생기는 단어인식의 향상은 읽기이해에 큰 향상을 가져오지 못한다(Solis et al., 2012). 이 연구자들과 다른 연구자들(예 : Miller & Keenan, 2009; Perfetti & Stafura, 2014)은 난독증 아동의 읽기이

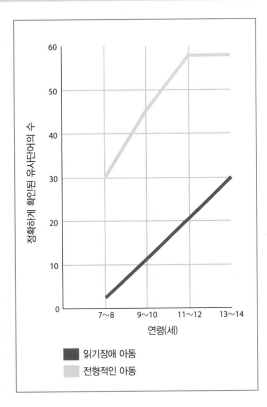

해를 본질적으로 향상시키는 유일한 방법은 어휘와 세상에 대한 일반적 정보를 크게 증가시키는 것이라고 주장한다. 이 경로를 추구하는 일은 엄청난 양의 어휘와 일반적 정보가 학습되어야 하기 때문에 힘겨운 도전이 된다. 하지만 난독증 아동의 읽기이해의 본질적 향상은 이것을 요구한다.

이 그래프는 7~14세까지의 읽기장애가 있는 아동과 없는 아동이 정확히 확인한 유사단어의 수를 보여준다. 읽기장애가 있는 13세와 14세 아동들이 정확히 확인한 단어 수는 전형적인 7세와 8세 아동과 같음을 주목하라. 읽기장애 아동의 미숙한 음운 재부호화 기술은 유사단어가 전적으로 낯설기 때문에 음운 재부호화를 사용해 발음할 수밖에 없는 그들을 유사단어에 특히 어렵게 만든다(출처 : Siegel, 1993).

되는지를 알게 해준다. 이것은 일단 그들 스스로 읽은 새로운 이야기의 이해를 촉진한다. 이것은 또한 그들의 전반적인 언어발달 수준을 향상시킨다(Foorman et al., 2016; Whitehurst & Lonigan, 1998). 학령전기에 부모가 자녀에게 읽어준 양은 또한 중간소득 가족 출신 아동과 저소득 가족 출신 아동의 읽기이해에서의 차이를 부분적으로 설명해준다. 예를 들어 이스라엘에서 실시된 한 연구는 읽기성취 점수가 높은 잘사는 학교 지역에서는 96%의 학령전 아동 부모들이 매일 아이들에게 책을 읽어주었음을 보여준다. 낮은 읽기성취 점수를 받은 가난한 학교 지역의 학령전 아동의 부모들은 단지 15%의 부모만 매일 책을 읽어주었다(Feitelson & Goldstein, 1986).

이러한 결과들의 직접적 시사점은 가난한 가족 출신의 학령전 아동들에게 매일 책을 읽어준다면, 그들도 더 나은 독자가 될 수 있다는 것이다. 증거는 이러한 추론과 일치한다. 저소득 부모들을 자녀의 읽기 과정에 적극적으로 개입 — 아이들에게 읽고 있는 것과 자신의 경험을 관련짓거나 주인공의 목표와 동기를 설명하라고 요구하는 것과 같은 — 하도록 격려하는 것은 더욱 도움이 된다(Zevenbergen & Whitehurst, 2003). 저소득 부모를 그러한 프로그램에 참가하고 자녀에게 책을 읽어주도록 설득하는 일은 쉽지 않은데, 이는 시간적 요구와 편부모인 것의 압력 때문이다(Whitehurst et al., 1999). 그러나 부모가 그렇게 하면, 그들 자녀의 읽기이해에 이익이 된다.

일단 아동이 학교에 입학하면, 그들이 읽는 자료의 양이 크게 다르고 그들의 읽기이해에 큰 영향을 준다. 예를 들면 읽기성취 검사 점수가 그들 학년의 90번째 백분율에 들어가는 5학년 학생들은 10번째 백분율에 들어가는 또래들의 독자적인 읽기 양의 약 200배를 보고한다(Anderson, Wilson,

& Fielding, 1988). 높은 읽기능력은 아동이 더 많이 읽게 만든다. 많이 읽는 아동은 다시 시간이 흐르면서 읽기능력은 같은데 덜 읽은 아동들보다 읽기이해에서 더 큰 증진을 보인다(Guthrie et al., 1999).

개인차

읽기능력에서의 개인차는 시간이 흘러도 안정적인 경향이 있다. 유치원에 들어갈 때 상대적으로 앞선 읽기 기술을 가진 아동은 초등학교, 중학교, 고등학교 내내 더 나은 독자가 되는 경향이 있다(Duncan et al., 2007; Harlaar, Dale, & Plomin, 2007). 입양 형제와 비입양 형제, 그리고 일란성 쌍생아와 이란성 쌍생아의 연구는 이러한 개인차의 연속성은 공유된 유전자와 공유된 환경 모두를 반영한다는 것을 나타낸다(Petrill et al., 2007; Wadsworth et al., 2006). 우리가 언급한 바와 같이, 유전적 영향과 환경적 영향들은 서로 강화한다. 유능한 독자이고 책을 자주 읽는 부모는 자녀가 어릴 때 상대적으로 유능한 독자가 되게 하는 유전자와 환경 모두를 제공하는 경향이 있다. 그것은 나이 들면서 독서 기회를 추구할 가능성을 더 많게 만들고, 그들의 독서를 더 향상시킬 것이다(Petrill et al., 2005).

쓰기

아동의 읽기발달보다는 쓰기발달에 대해 훨씬 적게 알려져 있다. 그러나 알려진 것은 그 둘 사이의 흥미로운 유사점을 보여준다.

쓰기 전 기술

읽기발달처럼 쓰기발달은 공식적 교육을 받기 전에 시작된다. 그림 8.11은 3.5세에 전형적인 쓰기 노력을 보여준다. 부호는 알파벳의 보통 철자가 아니다. 그러나 그것들은 어렴풋이 알파벳처럼 보이고 대강 수평선을 따라 배열되어 있다. 4세경에는 아동의 '쓰기'는 어른들이 4세 아동에게 꽃이나 집을 그리라고 했을 때 그리는 그림과 글씨를 문제 없이 구별할 정도로 충분히 향상된다(Tolchnisky, 2003).

학령전 아동의 '쓰기'는 그들이 쓴 것에 의미가 나타나길 기대하는 것을 보여준다. 그들은 '나무'처럼 단 하나의 사물을 나타내는 단어들을 표현하는 것보다 '숲'같은 많은 사물을 나타내는 단어들을 표현하는 데 더 많은 표시를 사용한다(Levin & Korat, 1993). 이와 유사하게, 여러 개 단어들 중에서 어떤 것이 특정 사물의 이름인지 맞혀보라고 할 때, 그들은 일반적으로 더 큰 사물에는 더 긴 단어들을 선택한다(Bialystok, 2000). 문어(written language)가 이런 식으로 작동하진 않지만, 아동의 추측은 합리적으로 보인다.

그림 8.11 3.5세 아동의 쓰기 노력 우리가 쓰는 철자와는 다르긴 하지만, 아동의 부호는 단어가 개별 부호로 이루어짐을 이해한다는 것을 보여준다.

문자 텍스트(written text) 만들기

에세이나 이야기(story)를 쓴다는 의미에서 쓰기학습은 읽기학습보다 훨씬 더 어렵다. 이것은 놀랍지 않은데, 왜냐하면 쓰기는 여러 개의 목표에 동시에 초점을 두어야 하기 때문이다. 이것은 낮은 수준과 높은 수준 목표 모두를 포함한다. 낮은 수준의 목표는 글자 쓰기, 단어 철자법, 정확한 대문자 쓰기와 구두점 사용을 포함한다. 높은 수준의 목표는 말할 때 의사소통을 돕는 음조와 몸짓 없이도 (글만 읽고) 이해할 수 있는 주장을 하는 것, 개별 요점을 하나의 통일된 구조로 조직화하기, 독자가 쓰기를 이해하는 데 필요한 배경정보를 제공하는 것을 포함한다(Berninger & Richards, 2002b). 아동이 낮은 수준과 높은 수준의 목표 둘 다를 충족시키는 데 갖는 어려움이 그림 8.12에서 보는 재미없는 유형의 이야기를 종종 쓰게 만든다.

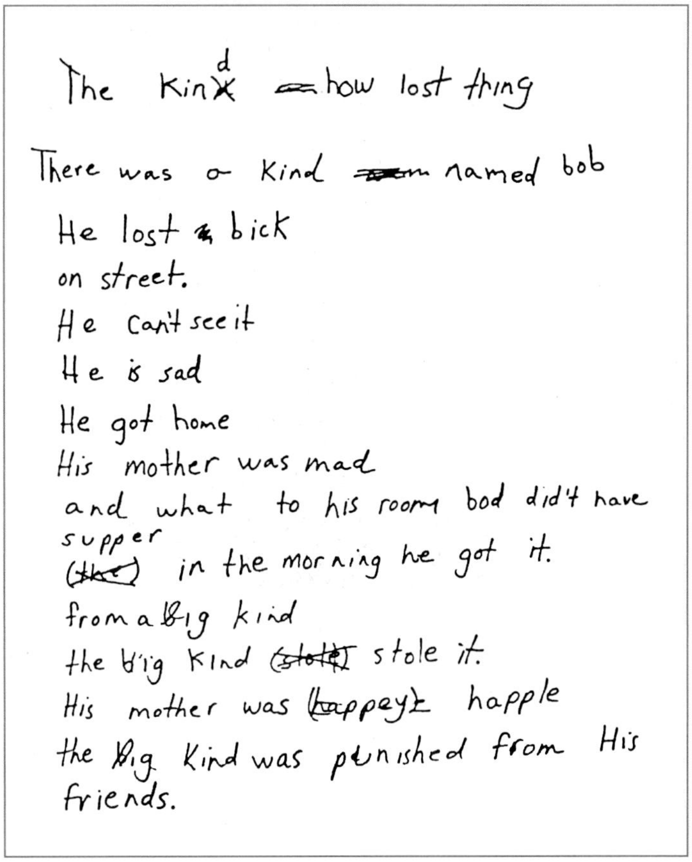

읽기이해의 발달과 함께, 쓰기숙달의 성장은 기초 과정, 전략, 상위인지, 내용지식에서의 향상을 반영한다. 철자법과 구두점 사용 같은 낮은 수준 기술의 자동화는 정확한 철자 쓰기와 구두점 사용이 쓰기를 이해하기 더 쉽게 만들기 때문일 뿐만 아니라, 쓰기의 높은 수준의 의사소통 목표를 추구하는 인지적 자원을 방해하지 않기 때문에 쓰기에 도움이 된다. 이 결론과 일치하게, 아동의 철자 쓰기 같은 낮은 수준 기술의 숙달은 아동의 에세이 질과 정적 상관이 있다(Juel, 1994).

전략 획득 또한 쓰기 향상에 기여한다. 하나의 공통적인 전략은 높은 수준의 목표를 표준 구조 또는 **스크립트**(script)로 배열하는 것이다. 스크립트는 반복적으로 일어나는 행위나 사건의 세트를 말한다. 심리학자 Harriet Waters는, 그녀의 자랑스러운 어머니가 딸들의 '학급뉴스' 과제를 2등급에서 구제했던, 스크립트 접근을 채택한 한 아동이었다(Waters, 1980). 표 8.4에서 보듯이 각각의 학급뉴스 에세이에서 Waters는 먼저 날짜를 쓰고, 다음에 날씨를 기술하며, 다음에 학교에서 일어난 사건을 논의한다 — 그녀의 쓰기과제를 크게 단순화한 전략. 더 나이 든 아동에게는 윤곽 만들기가 과제를 다룰 수 있는 부분들로 나누는 것과 비슷한 목적에 기여한다. 먼저 말하고 싶은 것이 무엇인지 알아내고, 다음에 여러분의 주장(main point)의 정당함을 보여주는 가장 좋은 순서를 찾아내며, 각 요점을 어떻게 주장할 것인지 해결한다.

상위인지 이해는 쓰기에서 여러 중요한 역할을 한다. 아마도 가장 기본적 유형의 상위인지이해는 독자는 필자와 같은 지식을 갖지 못한다는 점과 그래서 쓰기는 독자가 글이 말하려는 것을 파악하기 위해 필요로 하는 모든 정보를 포함해야 한다는 점을 깨닫는 것일 것이다. 유능한 필자는 고등학교 시기에 시종일관 그러한 이해를 보여준다. 미숙한 필자는 종종 보여주지 않는다(Berninger & Richards, 2002b). 두 번째 중요한 유형의 상위인지 지식은 먼저 뛰어들어 쓰는 것을 시작하기보다는 글쓰기 계획을 세울 필요가 있음을 이해하는 것을 포함한다. 유능한 필자들은 미숙한 필자들보다 쓰기를 시작하기 전에 무엇을 말할지 계획을 세우는 데 더 많은 시간을 쓴다 — 노트를 하고, 윤곽을 잡는 것 등(Graham et al., 2012). 교정의 필요를 이해하는 것은 세 번째 중요한 상위인지 유형이다. 유능한 필자는 상대적으로 이미 좋은 첫 번째 초안을 교정하는 데 쓰는 시간이 미숙한 필자들이 그들의 빈약한 초안을 수정하는 데 쓰는 시간보다 더 많다(Fitzgerald, 1992).

다행히 읽기에서와 같이 상위인지 이해를 가르치는 것을 목표로 한 지도는 쓰기 기술을 향상시킬 수 있다(S. Graham & Harris, 1996; Graham et al., 2012). 특히 그들이 다른 아동들의 쓰기를 교정해주고 자신들에게 여러 기초적인 질문을 하도록 배웠을 때, 전형적인 아동과 학습장애 아동

그림 8.12 4학년 학생의 이야기 이 이야기의 제목은 '물건을 잃어버린 아이'다. 나머지 이야기 부분을 생각해낼 수 있는지 확인하라.

스크립트 ■ 식당에서 식사하기, 의사와의 진료 예약하기, 보고서 쓰기 같은, 반복되는 사건을 조직하고 해석하는 데 사용되는 행동의 전형적인 순서

표 8.4

학년 초기, 중기, 말에 쓴 학급신문 과제로 쓴 이야기

1956년 9월 24일

오늘은 1956년 9월 24일 월요일이다. 오늘은 비가 왔다. 우리는 해가 나길 바랐다. 새로운 철자 쓰기 책을 받았다. 우리는 그림을 그렸다. 우리는 바바라의 생일축하노래를 불렀다.

1957년 1월 22일

오늘은 1957년 1월 22일 화요일이다. 오늘은 안개가 꼈다. 길을 건널 때 조심해야만 한다. 오늘 아침, 음악 수업에서 새 노래를 배웠다. 린다가 결석했다. 우린 린다가 빨리 돌아오길 바란다. 우린 산수를 했다. 우리는 사탕을 사고 있는 척 했다. 재미있었다. 우린 영어책으로 공부했다. 우리는 is와 are을 언제 사용하는지 배웠다.

1957년 5월 27일

오늘은 1957년 5월 27일 월요일이다. 날씨가 따뜻하고 흐리다. 우리는 해가 나오길 바란다. 오늘 아침 음악을 했고 즐거웠다. 우리는 놀러 나갔다. 캐롤이 결석했다. 우린 캐롤이 빨리 돌아오길 바란다. 우리는 철자 쓰기 수업을 하고, 한 다스에 대해 배웠다. 내일 우리는 발표회를 한다. 우리 중 어떤 아이는 숙제로 문장 쓰기를 한다. 대니는 고치를 가져왔다. 이것은 나비가 될 것이다.

출처 : Information from H. S. Waters (1980).

둘 다의 쓰기가 향상된다. 기초적인 질문은 다음과 같은 것들이다 — 이 이야기의 주인공은 누구인가? 주인공은 어떤 일을 하는가? 다른 등장인물들은 어떻게 반응을 하는가? 다른 사람들의 반응에 대해 주인공은 어떻게 반응하는가? 마지막에 어떤 일이 일어나는가? 다른 아동들이 쓴 에세이의 상대적인 질을 생각하고 왜 어떤 에세이는 다른 에세이보다 더 나은지를 생각하도록 요구하는 것도 쓰기를 향상시킬 수 있다(Braaksma et al., 2004).

마지막으로 읽기에서와 같이, 내용지식은 쓰기에서 중요한 역할을 한다. 아동들은 주제에 익숙하지 않을 때보다 익숙할 때 일반적으로 더 잘 쓴다(Bereiter & Scardamalia, 1982; Graham et al., 2012). 아동들은 독서를 통해 내용지식을 획득할 수 있다. 이것이 또래보다 능숙한 독자이며 더 많은 독서를 하는 아동이 좋은 필자가 되는 한 가지 이유이다(Graham et al., 2012).

수학

제7장에서 우리는 영아의 초기발달 비언어적 수 감각과 2~4세 사이의 수 세기 출현에 대해 알아보았다. 여기서는 이어지는 수학적 발달을 알아본다. 수학적 발달은 산수발달을 포함하고 있다.

산수

사람들은 종종 산수학습을 기계적 암기 과정으로 생각하지만, 이것은 실제로 훨씬 더 복잡하고 흥미롭다. 아동들이 산수를 얼마나 잘 배우는지는 그들이 사용하는 전략, 수 크기 표상의 정확성, 기초적인 수학개념과 원리에 대한 이해에 따라 달라진다.

전략 4세나 5세부터, 대부분의 아동들이 산수를 배우기 시작할 때, 그들은 다양한 문제 해결전략을 사용한다. 가장 흔히 쓰는 초기 전략은 1부터 세기(예 : 2 + 2를 푸는 데 양손에 손가락 2개를 세워서 "1, 2, 3, 4"센다)와 인출(기억에서 답을 회상하기)이다. 처음에 아동들은 이런 전략들을 1 + 2와 2 + 2 같은 몇 개의 간단한 문제 해결에만 사용하지만, 점차 더 넓은 범위의 한 자리 숫자

문제에 이러한 전략 사용을 확장한다(Geary, 2006; Siegler, 1996).

아동이 유치원이나 1학년에서 산수를 일상적으로 사용하기 시작하면, 그들은 여러 개의 새로운 전략들을 덧붙인다. 하나는 가수(더하는 숫자)에서 더 큰 숫자부터 세기다(예 : 3+9를 "9, 10, 11, 12"셈을 하여 풀기). 다른 전략은 분해다. 이것은 하나의 문제를 보다 쉬운 두 문제로 나누는 것이다(예 : 3+9를 "3+10=13, 13-1=12"라고 생각해서 풀기). 아동들은 초기에 발달 중인 전략을 마찬가지로 계속 사용한다. 대부분의 1학년 아동들은 한 자리 숫자를 더하는 데 3개 이상의 전략을 사용한다(Siegler, 1987).

아동들은 유사하게 다양한 전략들을 모든 4개 산수 연산에 사용한다. 예를 들어 3×4 같은 곱하기 문제를 풀기 위해, 때로 아동들은 4를 3번 쓰고 그것들을 더하고, 때로는 4개의 가는 선 묶음을 3개 만들어 그것들을 세고, 때로는 기억에서 12를 인출해낸다(Mabbott & Bisanz, 2003). 이러한 산수전략의 사용은 놀랍게 지속된다. 심지어 대학생들도 한 자리 숫자 문제의 15~30%에 인출 외의 다른 전략을 사용한다(LeFevre et al., 1996; Lemaire, 2010).

아동이 단어인식전략들 중에서 선택하는 것이 매우 적응적인 것처럼, 산수전략들 중에서 선택하는 것도 마찬가지다(Siegler, 1996). 심지어 4세 아동도 현명한 방식으로 선택한다. 보통 2+2 같은 쉬운 문제는 인출을 사용해 빠르고 정확하게 풀고, 5+2 같은 더 어려운 문제는 1부터 세면서 덜 빠르게 정확하게 세어서 푼다. 아동들이 한 자릿수 산수문제에 답하는 경험을 하면서, 그들의 전략 선택은 점차 인출을 사용하는 쪽으로 기울어진다. 그 학습 과정은 읽기에서 시각기반 인출을 향한 상응되는 이동과 동일한 것으로 보인다. 아동이 사용한 전략과 상관없이 아동이 문제에 정확한 답을 더 많이 자주하게 될수록, 더 자주 그 답을 인출할 수 있게 될 것이다. 그래서 더 느린 세기전략을 사용할 필요가 없어지게 된다.

수 크기의 이해 **수 크기 표상**(numerical magnitude representation)은 양이 더 적은-더 많은 차원(less-to-more dimension)에 따라 순서 지어지는 방식의 정신적 모델들이다. '7'이 거리(7인치), 무게(7파운드), 기간(7시간), 집합크기(7사람)인지와는 상관없이, 같은 단위의 '7'이 나타내는 크기는 '6'이 나타내는 크기보다 더 크다 — 그리고 '8'이 나타내는 크기보다 작다.

상징적으로 표현된 수들은 크기를 나타낸다는 아이디어는 분명한 것처럼 보이지만, 그것들이 나타내는 수와 크기의 정확한 연결은 발달의 오랜 기간 동안 아동들에게 실제로 큰 도전이 된다. 여기 몇 개의 예가 있다. 1에서 10까지 완벽하게 셀 수 있는 많은 학령전 아동들은 4 또는 8 중에서 어떤 것이 사물의 더 큰 수를 나타내는지를 모른다(Le Corre & Carey, 2007). 많은 초등학교 학생들은 150의 위치가 양끝이 0과 1,000인 수직선(number line)의 중앙점에 가까운 것으로 추정한다(Laski & Yu, 2014; Thompson & Opfer, 2010). 많은 청소년과 성인들은 3/5이 5/11보다 더 큰지 또는 더 작은지 알지 못한다(Fazio, DeWolf, & Siegler, 2016; Meert, Grégoire, & Noël, 2010). 이런 경우 모두에 결핍된 것은 수 크기의 정확한 표상이다.

학습 과정은 오랜 기간이 걸리긴 하지만 아동들이 정확하게 나타내는 크기의 수들 범위는, 그들의 크기 비교와 수직선 추정의 정확성이 나타내는 것처럼, 나이가 들고 경험이 많아짐에 따라 증가한다(그림 8.13). 수 1-10의 크기 표상의 정확성은 3~6세 사이에(Bertelletti et al., 2010), 수 1-100의 크기 표상의 정확성은 6~8세 사이에(Geary et al., 2007), 수 1-1,000의 크기 표상의 정확성은 8~12세 사이에(Siegler & Opfer, 2003) 등으로 크게 증가한다.

어떤 연령의 아동이라도 그들의 수 크기 지식은 매우 다르다. 이런 차이는 아동의 전반적인 수학

수 크기 표상 ■ 더 적은-더 많은 차원을 따라 순서 지어진 수들의 크기에 대한 정신적 모델

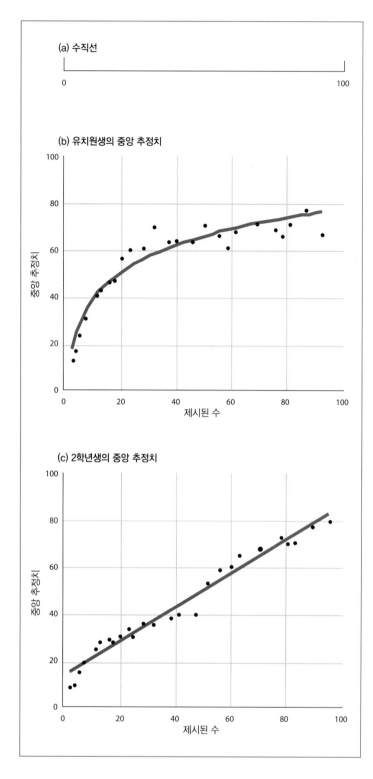

(a) 수직선

0   100

(b) 유치원생의 중앙 추정치

(c) 2학년생의 중앙 추정치

그림 8.13 수직선 과제와 그 과제에서의 전형적인 발달적 변화 (a) 0 - 100 수직선을 가지고 할 매 시행에서, 아동들은 다른 수들이 그 선에서 어디에 위치하는지 추정하라고 요구받는다. (b) 0 - 100 수직선상의 각 숫자에 대한 유치원생의 중앙 추정치들은 추정되는 수에 따라 증가했다. 그러나 상대적으로 작은 숫자들은 과대추정하고 큰 숫자들은 과소추정하는 방식으로 이루어졌다. (c) 동일한 과제에서 각 숫자에 대한 2학년 학생의 중앙 추정치는 추정되는 수의 크기에 따라 연속적으로 증가했고 매우 정확했다(Siegler & Booth, 2004에서 인용).

지식과 관련 있다. 초등학교 동안, 수직선 위에서 전체 수 크기를 더 정확하게 추정하는 아동들은 수학성취 수준이 더 높다. 중학교 동안 정확하게 분수 크기를 추정하는 아동도 수학성취 수준이 더 높다(Jordan et al., 2013; Siegler & Pyke, 2013; Siegler, Thompson, & Schneider, 2011).

더 정확한 크기 표상이 아동의 산수 학습을 돕는 것이 이러한 관계가 생기는 원인의 일부가 된다. 아동이 수 크기를 더 정확하게 이해할수록, 수직선에서 수들의 위치 추정 정확성으로 측정한 것으로 본, 아동의 산수실력은 더 좋다(J. L. Booth & Siegler, 2006; 2008; Geary et al., 2007). 더욱이 아동의 상징적 수 크기 표상의 정확성을 향상시키는 지도도 또한 이후의 산수학습을 향상시킨다(J. L. Booth & Siegler, 2008; L, S. Fuchs et al., 2013; Siegler & Ramani, 2009). 정확한 크기 표상은 생각을 해서 그럴듯한 답을 하고 받아들이기 어려운 답을 배제함으로써 산수 학습을 향상시킬 수 있다. 정확한 크기 표상은 다시 더 일반적으로 읽기, 쓰기, 수학에 기여하는 동일한 인지 과정들 중 일부와 관련이 있다. 특히 작업기억 같은 기초 과정 및 전략 사용과 관련이 있다(Jordan et al., 2013; Vukovic et al., 2014).

산수의 개념 이해 왜 어떤 산수절차는 적절한데 다른 절차는 부적절한가를 이해하는 것은 많은 아동들에게 큰 도전이 된다. 심지어 정확한 절차를 기억하고 있는 아동들에게도 그렇다. 그러한 산수개념 이해는 학령전기 동안 발달하기 시작한다. 예를 들어 많은 4세 아동들은 덧셈교환법칙(commutative law of addition)을 이해한다. 덧셈교환법칙은 더하기 a+b는 더하기 b+a와 같다는 원리다(Canobi, Reeve, & Pattison, 2002). 그러나 수년 후에야 비로소 **수학적 균형**(mathematical equality) — 등호의 양쪽에 있는 가치는 균형을 이루어야 한다는 아이디어 — 같은 더 진전된 산수개념을 숙달한다. 어린 아동들이 등호를 만날 때의 거의 모든 문제는 수들이 등호의 왼쪽에만 있다는 점이다(예 : 3+4=___, 3+4+5=___). 그러한 문제들을 해결하기 위해, 아동들은 등호를 덧셈을 시작하는 신호로 해석할 수 있다.

그러나 결국 아동들은 3+4+5=___+5 같은 등호의 양쪽에 수가 있는 산수문제를 만난다.

수학적 균형 ■ 등호의 양쪽에 있는 가치는 균형을 이루어야 한다는 개념

4학년의 늦은 때에 대부분의 미국 아동들은 그런 문제에 틀리게 답한다(Goldin-Meadow, Cook, & Mitchell, 2009). 가장 공통적인 부정확한 접근은 등호 왼쪽에 있는 수를 모두 더하고, 위의 문제에서는 합이 12, 이 합이 문제의 답이라고 추정하는 것이다. 그런 오류들은 아동이 전형적인 덧셈문제인 등호 오른쪽에 수가 없었던 문제를 풀었던 엄청난 연습량이 주는 방해를 반영한다(McNeil et al., 2011). 마찬가지로 등호의 양쪽이 동등해야 한다는 이해가 부족함도 반영한다.

많은 경우에서, 아동들의 손짓은 그들의 답이나 설명보다 그들의 수학적 등식(mathematical equality) 이해를 어느 정도 더 잘 밝혀준다. 예를 들면 3+4+5＝___＋5의 문제에서 아동들은 종종 12라고 답하고 3+4+5를 더해서 문제를 풀었다고 설명한다. 그러나 그들이 설명하는 동안, 그들은 등호 이전에 있는 3개 수보다는 4개 수 모두를 가리킨다. 이런 지적은 계산에 4번째 수를 포함시키지 않았음에도 불구하고 4번째 수가 중요할 수 있음에 대한 암묵적 인식을 시사한다(Goldin-Meadow & Alibali, 2002). 초기에 그런 **몸짓 - 말소리 불일치**(gesture-speech mismatches) — 몸짓이 말로 하는 설명보다 더 많은 정보를 전달하는 — 를 보여준 아동들은 지도를 받기 전에 몸짓과 말소리가 일치했던 또래(예 : "12"라고 말하고 그들이 더했던 수 3개를 가리켰던 아동들)들보다 수학적 등식 문제를 지도하면 더 많이 학습한다.

몸짓은 마찬가지로 학습에서 원인 역할을 한다. 수학적 등식문제에 대한 답을 설명하는 동안 적절히 몸짓을 하도록 격려받은 아동들은 몸짓을 요구받지 않은 아동들보다 더 많이 배운다(Goldin-Meadow et al., 2009). 몸짓-말소리 불일치와 뒤이은 학습 사이의 정적인 관계는 수학적 등식문제에서와 마찬가지로 수 보존과 물리문제에서 나타난다. 이런 결과들은 광범위한 현상을 보여준다. 사고와 행위의 다양성(예 : 말소리와 다른 몸짓하기 또는 현상을 하나로 설명하기보다 여러 개의 설명으로 나아가기)은 종종 학습에 대한 높은 준비성을 나타낸다(Church, 1999; Siegler, 2006; Thelen & Smith, 2006).

문화적 영향 산수지식은 나라마다 매우 다르다. 중국, 일본, 한국, 다른 동아시아 국가의 아동들은 심지어 고성취의 유럽과 북미 국가(예 : 핀란드, 네덜란드, 캐나다)의 아동들보다 훨씬 더 큰 숙달을 한다. 고성취의 유럽과 북미 국가의 아동들은 다시 미국, 스페인, 이탈리아를 포함하는 다른 유럽과 북미 국가들의 또래들보다 더 많이 아는 경향이 있다(Bailey et al., 2015; Geary, Berch, & Mann Koepke, 2015; Torbeyns et al., 2015). 그 차이는 심지어 아동들이 공교육을 시작하기 전에 시작되고(Siegler & Mu, 2008) 수학에 대한 문화적 강조(또는 강조 부족), 수학교사와 교과서의 질, 교실과 집에서 수학에 쓰는 시간과 관련 있는 것으로 나타난다(Bailey et al., 2015; Geary, 2006; Leung et al., 2015).

수학 학습에 영향을 주는 한 가지 문화는 언어이다. 제7장에서 말한 바와 같이 중국, 일본, 한국의 언어는 영어보다 전체 수 이름을 더 간단한 방식으로 표현한다(예 : 십일, 십이 등). 그 차이가 동아시아 아동들의 뛰어난 수학 학습에 기여하는 것으로 나타난다. 언어적 차이는 또한 동아시아 아동들이 분수를 더 쉽게 배우도록 만든다. 예를 들어 1/3에 대한 한국 용어인 삼분의 일은 '3부분 중 하나'를 대강 나타낸 것인데 이것은 1학년과 2학년 학생들이 분수를 분수의 그림 표상과 더 정확하게 일치시키도록 돕는다(1/3의 경우에서, 한 사물을 똑같이 세 부분으로 나눈 것 중 한 부분을 어둡게 칠한다)(Miura et al., 1999). 미국 아동들에게 분수를 나타내는 한국 방식을 번역해서 가르치면 수 상징을 그림 표상에 일치시키는 능력에서 상당한 향상이 있었다(Paik & Mix, 2003). 언어는 동아시아 아동들의 뛰어난 수학 학습에 기여하는 많은 요인 중 하나다. 그리고 다른 요인들(특

몸짓-말소리 불일치 ▪ 손 움직임과 언어적 표현이 다른 생각을 전달하는 현상

히 수학 학습이 모든 아동에게 매우 중요하다는 문화적 가치)도 마찬가지로 더 큰 역할을 할 것이다(Hatano, 1990). 환경적 변인들이 아동의 수학 학습에 큰 영향을 준다는 데 의심의 여지가 없다.

수학불안

많은 아동들은 수학불안(mathematics anxiety)을 경험한다. 수학불안은 수학을 두려워해서 회피하게 하는 부정적 정서상태를 말한다(Aschcraft & Ridley, 2005). 그런 불안은 1학년 때 분명히 알 수 있고(Ramirez et al., 2012), 많은 사람들에게 평생 가는 문제가 된다. 수학은 다른 학과목들보다 큰 불안을 일으킨다. 아마도 많은 수학문제에 대한 답의 애매모호한 옳고/그른 상태, 수학이 지능과 밀접하게 관련된다는 넓게 퍼진 신념, 수학 학습이 종종 수반하는 눈에 띄는 진전이 없는 좌절기간 때문일 것이다.

그럼에도 불구하고, 제15장에서 논의할 바와 같이 남아, 여아의 평균수학성취는 거의 동일한데(Halpern et al., 2007), 수학불안은 남아보다는 여아에게 상당히 더 많다(Devine et al., 2012). 높은 수학성취에도 불구하고 어떤 사람들은 수학불안을 경험하고 일반적으로 높은 불안으로 고통 받지는 않지만, 당연히 수학을 잘 못하는 사람들 사이에 더 흔하다(Maloney & Beilock, 2012; Moore & Ashcraft, 2013). 수학이 느끼게 하는 불안은 두려운 부정적 결과를 가져온다. 가능한 이유는 불안이 수학문제를 푸는 데 필요한 작업기억자원을 감소시키는 것이다(Beilock & Willingham, 2014). 이러한 해석과 일치하게, 수학과제가 제시될 때, 수학불안이 있는 사람들은 보통 편도체(부정적 정서를 처리하는 데 관여하는 뇌부분)의 오른쪽 부분에 큰 활동과 작업기억에 중요한 뇌 영역의 억제된 활동 모두를 보인다(C. B. Young, Wu, & Menon, 2012).

아동들은 수학에 대해 어떻게 불안해질까? 그 기제는 잘 이해되고 있지는 않지만, 하나의 기여 요인은 아동의 삶에서 중요한 성인의 관점인 것으로 나타난다. 자신들이 수학을 두려워하는 부모와 교사들은 그들의 믿음과 느낌을 아동들에게 전달하기 쉽다. 그런 문제는 그들의 부모와 교사들이 여아의 수학적 능력에 대해 비관적인 여아들에서 특히 큰 것으로 보인다(Beilock et al., 2010; Meece, Wigfield, & Eccles, 1990).

불안이 수학 학습에 주는 부정적 영향은 그 불안을 감소시키는 방법을 찾으려는 노력을 촉발한다. 하나의 유망한 중재는 놀랍게도 간단하다. 시험을 보기 바로 전에 그들의 정서에 대해 간단하게 쓰게 한다. 그러한 표현적 쓰기는, 부정적 정서가 학습과 수행을 방해하는 수학을 포함한 여러 영역에서 불안을 줄이고 수행을 증대시킨다(Ramirez & Beilock, 2011). 부정적인 생각을 종이 위에 쓰는 것이 학생들로 하여금 그 상황을 더 객관적으로 생각하고 그들이 수학문제에 집중하도록 돕는다.

심지어 수학불안이 있는 아동들 중에서도, 대부분은 기초를 정말 잘 학습한다. 그러나 글상자 8.4에서 말했듯이, 수학장애(mathematics disability)라고 알려진, 수에 대한 사고에서 전반적인 어려움을 겪고 있는 어떤 아동들에서 학습 과정은 심하게 잘못된다.

수학장애

5~8% 사이의 아동들은 수학을 너무 못해서 수학 장애로 분류된다(Shalev, 2007). 이런 아동들은 IQ 점수는 정상 범위(85 이상)이나 수학에서의 수행이 매우 좋지 않다. 처음 몇 학년 동안에는 세는 것, 수의 상대적인 크기, 한 자릿수의 산수문제를 정확하게 푸는 것을 배우는 데 느린 경향이 있다(Geary et al., 2008; Jordan, 2007). 그들의 수행은 경험에 따라 향상된다. 그러나 이후의 학년과 성인기에도 이들 대부분은 계속해서 한 자릿수 계산에서 느리고 그것을 기반으로 하는 여러 자릿수 계산, 분수, 대수학 같은 많은 수학적 기술에 어려움을 갖는다(Geary et al., 2012; Hecht & Vagi, 2010).

사람들이 수학을 학교에 필요하지만 그 후에는 필요하지 않은 지식으로 생각하지만, 수학장애가 있는 성인들의 경험은 이 문제의 일생 동안 지속되는 효과를 보여준다.

나는 나비스코(미국 식품회사)에서 일한다. 혼합하는 사람은 정확한 저울눈금과 제조법을 알아야한다. 나는 계속 엉망으로 만들었다. 나

는 해고되었다.

(Curry, Schmitt, & Waldron, 1996, p. 63)

Dairy Queen은 내가 내 머리를 바꿀 수 없었기 때문에 나를 고용하지 않았다.

(Curry, Schmitt, & Waldron, 1996, p. 63)

내가 기억할 수 있는 한, 수는 내 친구가 아니었다.

(Blackburn, M. McCloskey에서 인용, 2007, p. 415)

여러 특수한 문제들이 수학장애에 기여한다(Geary et al., 2012). 심각한 경우에서는 수 처리에 중요한 하나 이상의 뇌 영역 손상(두정엽 내구 같은)이 종종 원인이 된다(Butterworth, 2010; T. J. Simon & Rivera, 2007). 덜 심각한 경우에서는 학교를 다니기 전에 수를 아주 적게 접한 것이 원인이 된다. 또래들이 갖고 있는 핵심적인 수학 개념과 기술에 대한 지식이 없이 학교를 시작하는 아동들은 학교 다니는 동안 많이 뒤처지는 경향이 있다

(Duncan et al., 2007). 수학장애와 관련 있고 원인이 될 수도 있는 다른 변인들은 수에 대한 부족한 작업기억, 부족한 실행기능, 수 정보의 느린 처리, 수학불안들이다(C. Blair & Razza, 2007; Lyons & Beilock, 2012; Mazzocco & Kover, 2007; Raghubar, Barnes, & Hecht, 2010).

수학장애가 있는 아동의 수학지식을 향상시키기 위해 다양한 프로그램이 개발되었다. 하나의 특별한 성공적 프로그램(L. S. Fuchs et al., 2013)은 크기 비교(예 : "어느 것이 더 큰가 – 1/2 또는 1/5)와 수직선 추정(예 : "이 수직선에서 1/5은 어디에 있게 될까?")에서 지도를 통해 분수 크기의 학습을 강조했다. 교실에서 더 많은 양의 분수계산 지도를 받았지만 분수 크기를 이해하는 지도는 덜 받은 아이들에 비해 9세와 10세 아동에게 실시한 지도는 이러한 역량의 학습을 향상시킬 뿐만 아니라 분수계산 학습에서도 향상이 있었다. 그러한 결과는 효과적인 지도가 수학장애와 관련된 문제를 줄일 수 있음을 보여준다.

요약

■ Alfred Binet와 동료인 Théophile Simon은 폭넓게 사용된 첫 번째 지능검사를 개발했다. 이 검사의 목표는 교실에서의 표준적인 지도로 도움을 받기 어려운 아동들을 확인하는 것이었다. 현대의 지능검사들은 Binet-Simon 검사의 후손들이다.

■ Binet의 중요한 통찰 중 하나는 지능이 높은 수준의 다양한 역량을 포함한다는 것이다. 이 역량들은 지능을 정확히 측정하기 위해 필요하다.

지능은 무엇인가?

■ 지능은 *g* 같은 하나의 특질로, Thurstone의 일차정신기능 같은 몇 개의 분리된 특질로, 또는 정보처리 분석에서 말하는 것들과

같은 매우 많은 수의 특수한 처리 과정으로 볼 수 있다.

■ 지능은 종종 Stanford-Binet와 WISC 같은 IQ검사를 사용해 측정된다. 이런 검사들은 상식, 어휘, 산수, 언어이해, 공간추리, 다양한 다른 지적 능력을 검사한다.

지능 측정

■ 한 사람의 전체 지능검사 점수인 IQ점수는 전반적인 지능의 측정치이다. 이것은 한 개인의 또래와 비교한 상대적인 지적 능력을 반영한다.

■ 점수는 시간 흐름에 따라 어느 정도 변화하긴 하지만, 대부분 아동들의 IQ점수는 시간이 지나도 매우 안정적이다.

중요한 성과의 예측요인으로서 IQ점수

■ IQ점수는 장기간의 교육적·직업적 성과와 정적 상관이 있다.
■ 사회적 이해, 창의성, 동기 같은 다른 요인들도 삶에서의 성공에 영향을 준다.

유전자, 환경, 그리고 지능발달

■ 지능발달은 아동들 자신의 자질, 즉각적 환경, 더 넓은 사회적 맥락의 영향을 받는다.
■ 유전자 유전은 IQ점수에 대한 하나의 중요한 영향이다. 이 영향은 나이에 따라 증가하는 경향이 있다. 이는 부분적으로 일부 유전자가 아동기 후기나 청소년기까지 발현되지 않기 때문이고 부분적으로 유전자가 아동들의 환경 선택에 영향을 주기 때문이다.
■ HOME으로 측정한 한 아동의 가족환경은 IQ점수와 관계가 있다. 그 관계는 가족 간 영향과 마찬가지로 가족 내 영향을 반영한다. 가족 간 영향에는 부모의 재산과 교육의 차이 같은 것이, 가족 내 영향에는 특정 자녀에 대한 부모의 지적 및 정서적 지지 같은 것이 들어간다.
■ 학교교육은 IQ점수 및 학교 성취에 긍정적 영향을 준다.
■ 빈곤 및 인종과 소수민족에 대한 차별 같은 더 넓은 사회적 요인들도 아동의 IQ점수에 영향을 준다.
■ 빈곤의 해로운 효과를 줄이기 위해, 미국은 소규모 유치원 중재 프로그램과 훨씬 큰 규모의 헤드스타트 프로젝트를 실시했다. 둘 다 초기에 지능 및 학교 성취에 대한 긍정적 효과가 있었으나, 그 효과는 시간이 지나면 사라졌다. 다른 한편으로 그 프로그램들은 학년에서 뒤처지지 않을 가능성과 학교를 졸업할 가능성에 지속적인 긍정적 효과를 준다.
■ Carolina Abecedarian Project 같은 집중적인 중재 프로그램들은 청소년기와 성인기까지 계속되는 지능의 증가를 만들었다. Carolina Abecedarian Project는 아동이 출생 후 첫해에 시작하고, 아동에게 최적의 아동 양육 상황과 구조화된 학업 교과과정을 제공한다.

지능에 대한 대안적 관점

■ Gardner의 다중지능 이론과 Sternberg의 성공지능 이론 같은 지능에 대한 새로운 접근들은 전통적인 지능개념을 확장하려 한다.

학업기술의 습득 : 읽기, 쓰기, 수학

■ 많은 아동들이 학교에 가기 전에 철자이름을 배우고 음운인식을 한다. 이 두 가지 기술은 이후의 읽기성취와 상관이 있고, 음운인식도 또한 읽기성취의 원인이 되는 관계가 있다.
■ 단어 인식은 2개의 주된 전략에 의해 이루어진다 — 음운 재부호화와 시각기반 인출.
■ 읽기이해는 단어 인식의 자동화로부터 이익을 얻는다. 왜냐하면 그것이 텍스트의 이해에 쓰일 인지적 자원을 자유롭게 하기 때문이다. 부모가 자녀에게 읽어주는 양과 아동 자신이 읽는 양이 영향을 주는 것처럼, 전략 사용, 상위인지적 이해, 내용지식도 읽기이해에 영향을 준다.
■ 많은 아동들이 쓰기를 학령전기 동안에 시작함에도 불구하고, 수년 동안 잘 쓰기는 어려운 것으로 남아 있다. 어려움의 많은 부분은 잘 쓰는 것은 아동에게 낮은 수준의 목표와 높은 수준의 목표에 동시에 집중할 것을 요구한다는 사실에서 기인한다. 낮은 수준의 목표는 구두점 표시와 철자 쓰기 같은 것이고 높은 수준의 목표는 독자가 알게 될 것과 알지 못할 것이 무엇인지를 예측하기 같은 것이다.
■ 읽기에서처럼, 기초 과정의 자동화, 전략 사용, 상위인지 이해, 내용지식이 쓰기발달에 영향을 준다.
■ 대부분의 아동들은 산수를 배우기 위해 여러 전략을 사용한다. 전략에는 '1'부터 세어서 덧셈하기, 더하는 수 중에서 더 큰 수부터 세기, 기억에서 답을 인출하기가 있다. 아동들은 전형적으로 더 시간을 사용하고 노력이 많이 드는 전략은, 그런 전략이 정확한 답을 하는 데 필요한 더 어려운 문제에만 사용하는, 적합한 방식으로 선택한다.
■ 수 크기의 정확한 표상들은 산수와 다른 수학 기술을 학습하는 데 중요하다.
■ 아동들이 더 진전된 수학을 접함에 따라 개념 이해는 더 중요해진다. 예를 들어 수학등식의 이해는 진전된 산수문제와 대수학 문제를 파악하는 데 중요하다.
■ 수학불안은 수행과 학습을 방해한다. 높아진 정서는 작업기억 자원을 감소시킨다.

연습문제

1. 지능의 핵심 요소로 확인된 특수한 높은 수준 능력을 직접 평가하는 첫 번째 객관적인 지능검사를 개발한 사람은 누구인가?
   a. Spearman
   b. Wechsler
   c. Gardner
   d. Binet

2. 크리스는 퍼즐을 잘 맞추는 초등학교 학생이다. 퍼즐 맞추기는 주어진 세트에 속하지 않는 사물이 무엇인지를 확인하고 장소에 대해 생각하는 것이다. 이런 다양한 지적 과제에 대한 크리스의 숙달은 그의 _____지능의 수준을 말해준다.
   a. 결정성
   b. 유동성
   c. 정서적
   d. 처리

3. 다음에 있는 어떤 것이 Carroll의 3계층 이론을 가장 잘 기술하는가?
   a. 지능은 읽기, 쓰기, 수학개념으로 가장 잘 측정된다.
   b. 각 개인은 세 수준 지능 중 하나로 분류될 수 있다.
   c. 성공지능은 분석적, 실행적, 창의적 능력을 포함한다.
   d. 일반적 지능은 중간 능력에 영향을 주고, 이것은 구체적인 과정에 영향을 준다.

4. 지능검사 결과의 요약 측정치는 한 사람의 _____을(를) 나타낸다.
   a. 정상분포
   b. 지능지수
   c. 일반지능
   d. 개별 양적 측정치

5. 사람이 아동기에서 청소년기와 성인기로 들어감에 따라, 유전적 요인의 지능에 대한 영향은 _____.
   a. 증가한다
   b. 오르내린다
   c. 안정적으로 남아 있다
   d. 감소한다

6. 6살인 엘리야는 읽기를 좋아한다. 그녀의 부모는 그들 자신이 독서를 특별히 하진 않는다. 그러나 엘리야의 뚜렷한 관심 때문에, 그들은 엘리야 주위에 책을 두고 책을 읽어준다. Sandra Scarr에 따르면, 엘리야의 관심과 부모의 행위 사이의 관계는 _____의 한 가지 예다.
   a. 수동적 효과
   b. 능동적 효과
   c. 촉발적 효과
   d. 정신적 모델링

7. HOME은 가족환경이 아동 지능에 주는 복잡한 영향을 측정하려고 개발되었다. 이런 측정은 아동의 IQ점수를 예측하는 데 사용될 수 있지만, 왜 연구자들은 더 나은 가정환경이 더 높은 점수를 가져온다는 결론을 내릴 수 없는가?
   a. 아동의 IQ점수는 나이가 듦에 따라 폭넓게 오르내리는 경향이 있다.
   b. 이 측정은 부모의 유전자가 가정환경과 아동 지능에 주는 영향을 설명하지 못한다.
   c. 아동의 IQ점수는 정상분포를 이루지 않고 그러므로 인과관계를 끌어내는 데 사용될 수 없다.
   d. 뒤의 측정들은 가정환경은 지능에 영향을 주지 않는다는 것을 보여주었다.

8. 환경적 위험 척도에 따르면, 다음 말들 중에서 어느 것이 환경적 위험과 지능 사이의 관계에 대해 사실인가?
   a. 부모의 교육수준은 아동의 지능발달을 예측하는 핵심 요인이다.
   b. 부가적인 위험의 영향은 3개 위험요인의 존재 후에 크게 줄어들었다.
   c. 전체 위험의 수는 어떤 단일 위험의 존재보다 IQ의 더 나은 예측요인이다.
   d. IQ점수는 시간이 흘러도 안정적이지만, 아동 환경에 있는 위험요인의 수는 매우 가변적이다.

9. 특정 유형의 뇌손상은 특정 영역(예 : 대인 간 기술)에 결함을 야기할 수 있고, 천재는 다른 영역은 아니지만 특정 영역(예 : 음악지능)의 뛰어난 능력을 보여준다는 사실은 어떤 이론의 개발로 이끌었는가?
   a. Sternberg의 성공지능 이론
   b. Flynn 효과
   c. Gardner의 다중지능 이론
   d. Thurstone의 일차 정신능력

10. Sternberg 성공지능 이론의 세 가지 요인은 무엇인가?
    a. 분석적 능력, 실행적 능력, 창의적 능력
    b. 언어적 지능, 논리수학적 지능, 공간지능
    c. 수동적 효과, 촉발적 효과, 능동적 효과
    d. 일반적 지능, 중간 수준 능력, 구체적 과정

11. _____의 측정에 대한 수행은 유치원 아동의 이후 소리내기(sound out)와 단어 철자쓰기 능력의 가장 강력한 예측요인이다.
    a. 음운인식
    b. 철자이름 숙달
    c. IQ
    d. 음운 재부호화 기술

12. 이해 모니터링은 개인적 _____능력을 기술한다.

    a. 단어의 시각 형태로부터 단어의 의미를 처리하는

    b. 철자를 소리로 바꾸고 그 소리들을 단어로 섞는

    c. 진행 중인 텍스트 이해의 진로를 따라가는

    d. 독자가 필자와 동일한 지식을 가지지 않을 수 있다는 것의 인식

13. 어떤 높은 수준의 쓰기전략이 특정 행동 순서(주제 결정, 주요 요점의 윤곽 잡기, 그 요점들을 지지하는 방법의 해결 같은)의 반복을 포함하는가?

    a. 스크립트 따르기   b. 이해 모니터링

    c. 계획하기   d. 전략 선택 처리

14. 그것이 거리, 무게, 세트 크기, 또는 다른 측정치를 나타내는지 여부와는 상관없이, 숫자 5가 숫자 4와 6 사이에 있는 하나의 단위를 나타낸다는 아이디어는 _____으로 알려져 있다.

    a. 수학적 등식   b. 분해

    c. 수 크기 표상   d. 정신적 모델링

15. 2+3+4=___+4 문제를 풀라고 요구받을 때, 10살인 네빈은 틀린 답인 9라고 했으나, 등호 이전에 있는 3개의 수를 가리키기보다는 4개 수들 모두를 가리키면서 답을 설명한다. 네빈의 행동은 _____을 보여준다.

    a. 수학적 부등식   b. 몸짓-말소리 불일치

    c. 분해   d. 시각적 인출 오류

비판적 사고 질문

1. 지능은 하나의 단일 능력, 여러 개의 능력, 또는 많은 처리 과정으로 보여질 수 있다. 여러분이 지능의 가장 중요한 요소라고 생각하는 특징들 목록을 쓰고 그들의 관련성을 설명하라.

2. 지능에서의 개인차는 정서적 조절인 공격성 같은 다른 심리기능에서의 개인차보다 더 안정적이다. 왜 여러분은 이것이 그렇다고 생각하는가?

3. 중간 수입 가족과 상위 수입 가족 출신의 아동들 중에서는 공유환경이 지능의 개인차에 주는 것보다 유전자가 더 영향을 주지만, 낮은 수입 가족 출신의 아동들에서는 경우가 반대이다. 여러분은 왜 그렇다고 생각하는가?

4. 헤드스타트 참가는 고등학교 말의 더 높은 IQ나 성취검사 점수의 원인이 되지 않지만, 더 낮은 자퇴율이나 더 낮은 특수교육학급 배치를 가져온다. 여러분은 왜 그렇다고 생각하는가?

5. Chall(1979)의 말을 설명하라. "1학년에 아동들은 읽기를 배운다. 더 높은 학년이 되면 아동들은 배우기 위해 읽는다."

6. 읽기, 쓰기, 수학의 발달은 많은 유사성을 보인다. 이런 유사성은 무엇인가? 그리고 여러분은 발달이 왜 세 영역에서 유사한 방식으로 일어난다고 생각하는가?

핵심용어

결정성 지능(crystallized intelligence)

난독증(dyslexia)

다중지능 이론(multiple intelligences theory)

몸짓-말소리 불일치(gesture-speech mismatches)

성공지능 이론(theory of successful intelligence)

수 크기 표상(numerical magnitude representation)

수학적 균형(mathematical equality)

스크립트(script)

시각기반 인출(visually based retrieval)

아동용 웩슬러 지능척도(Wechsler Intelligence Scale for Children, WISC)

유동성 지능(fluid intelligence)

음운론적 재부호화 기술(phonological recoding skill)

음운인식(phonemic awareness)

이해 모니터링(comprehension monitoring)

일반 지능(general intelligence, g)

일차 정신능력(primary mental abilities)

자기훈육(self-discipline)

전략 선택 과정(strategy-choice process)

정상분포(normal distribution)

정신적 모형(mental model)

지능의 3계층 이론(three-stratum theory of intelligence)

지능지수(intelligence quotient, IQ)

표준편차(standard deviation, SD)

플린 효과(Flynn effect)

Carolina Abecedarian Project

연습문제 정답

1. d, 2. b, 3. d, 4. b, 5. a, 6. c, 7. b, 8. c, 9. c, 10. a, 11. a, 12. c, 13. a, 14. c, 15. b

ANDREW MACARA, *Cricket, Sri Lanka* (oil on canvas, 1998)

사회발달 이론

정신분석 이론

아동발달에 대한 관점
중심 발달 이슈
Freud의 심리성적 발달 이론
Erikson의 심리사회적 발달 이론
현재 조망

학습 이론

아동발달에 대한 관점
중심 발달 이슈
Watson의 행동주의
Skinner의 조작적 조건형성
사회학습 이론
현재 조망

사회인지 이론

아동발달에 대한 관점

중심 발달 이슈
Selman의 역할수용 단계 이론
Dodge의 사회적 문제 해결 정보처리 이론
Deweck의 자기 귀인과 성취동기 이론
현재 조망

생태학적 발달 이론

아동발달에 대한 관점
중심 발달 이슈
비교행동학과 진화적 이론
생물생태학적 모델
　글상자 9.1 : 개인차 주의력결핍 과잉행동장애
　글상자 9.2 : 적용 아동학대 예방하기
현재 조망

요약

이 장의 주제

- 천성과 육성
- 능동적인 아동
- 연속성/비연속성
- 변화의 기제
- 사회문화적 맥락
- 개인차
- 연구와 아동복지

아기와 얼굴을 맞대고 상호작용하는 여러분을 상상해보라. 여러분은 자연스럽게 미소 짓고, 다정한 목소리로 말을 하고, 아기도 미소 짓고 여러분을 향해 행복한 소리를 낸다. 만일 어떤 이유에서 여러분이 시끄럽고 거칠게 말을 한다면, 아기는 조용해지고 경계한다. 여러분이 다른 곳을 쳐다보면, 아기는 여러분의 눈길을 따라간다. 마치 그 방향에서 흥미로운 뭔가를 볼 것이라고 기대하는 것 같다. 물론 아기가 단지 여러분의 행동에 반응만 하는 것은 아니다. 아기도 독립적인 행동들을 한다. 명확한 이유 없이 어지러운 방에서 여러 가지 대상이나 사건들을 조사한다. 아기와 함께하는 상호작용은 여러분에게서 정서들(기쁨, 애정, 좌절 등)을 유발한다. 시간이 지나면서, 반복되는 상호작용을 통해 여러분과 아기는 서로에 대해 배우고 다른 사람보다 서로에게 더 많이 미소 짓고 목소리를 낼 준비가 된다.

이제 사진에 나온 로봇 키스멧(Kismet)과 마치 인간 아기에게 하는 것처럼 상호작용하라는 요청을 받았다고 상상해보라. 이상한 요청이지만, 키스멧의 얼굴은 시도하고 싶게 한다. 그래서 여러분은 미소 짓고 다정한 톤으로 말을 한다. "안녕, 키스멧?" 키스멧은 여러분에게 미소를 되돌려 주고 행복하게 그르렁거린다. 여러분은 거칠게 말한다. "키스멧, 지금 당장 그만둬." 로봇은 약간 겁을 먹고 놀라서 쳐다보고 흐느끼는 소리를 낸다. 여러분은 자연스럽게 키스멧을 달랜다. "미안해. 나는 그런 의미가 아니었어." 몇 분 후, 여러분은 의식하지 않고 새로운 금속 친구와 놀랄 정도로 자연스럽게 상호작용한다. 여러분은 키스멧을 좋아하기 시작할 수도 있다.

키스멧은 세계에서 첫 번째 '사회적 로봇' 중 하나였다. 특정한 방식으로 행동하도록 프로그램된 로봇들[진공청소기 룸바(Roomba)와 같은]과는 달리, 사회적 로봇들은 마치 아기들처럼 인간들과의 상호작용으로부터 배우도록 프로그램되어 있다. 따라서 키스멧은 인간들로부터 '보살핌'을 이끌어낼 수 있는 사교적이고 '귀여운' 로봇으로 디자인되었다. 키스멧의 행동은 인간의 용어들로 쉽게 해석될 수 있고, 로봇도 내적인 심적, 정서적 상태와 성격을 갖고 있는 것 같다. 키스멧은 사람들과의 상호작용, 즉 사람들의 지시와 자신의 행동에 대한 반응들부터 배운다. 상호작용을 통해 키스멧은 얼굴표정을 해석하는 법, 의사소통하는 법, 그리고 어떤 행동들이 받아들여지는지 등에 대해 알게 된다(Breazeal, 1998). 시간이 지나면서 키스멧은 만들어진 '타고난' 구조와 이후 사회적으로 중재된 경험 간의 상호작용의 함수로서 발달한다. 아기와 같다!

키스멧 디자이너들의 도전과제는 여러 면에서 발달과학자들의 과제와 비슷하다. 그들은 아동발달이 타인과의 상호작용을 통해 어떻게 조형되는지를 이해하고자 한다. 사회적 발달에 대한 성공적인 설명은 우리가 서로에게 영향을 주는 많은 방식들을 포함하고 있어야 한다. 어떤 인간 아기도 타인들의 집중적이고 장기적 보살핌 없이는 살아남을 수 없다는 단순한 사실에서 출발한다. 우리는 우리의 행동에 대한 타인의 반응 방식에 기초해서 행동하는 법을 배운다. 우리는 타인이 우리를 대하는 방식에 따라 우리 자신을 해석하는 방식을 배운다. 우리는 사회적 상호작용과 인간 사회의 맥락에서 우리 자신에 대한 유추에 근거해 타인을 해석한다. 로봇학의 선구자들은 영아기부터 시작되는 사회적 역동의 역할을 이해하기 위해 기계를 계속해서 사용해 왔다. 로봇학을

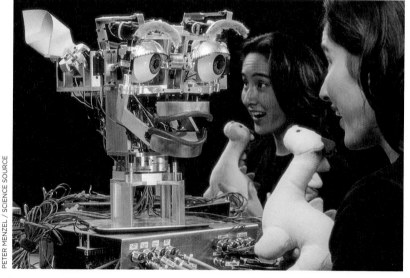

엄마와 아기 사이처럼, 키스멧과 그 설계자 간 면대면 상호작용은 말하기, 속삭임 주고받기, 서로의 얼굴표정에 반응하기를 포함한다.

PETER MENZEL / SCIENCE SOURCE

사회적 발달에 적용한 최근 연구에서, 연구자들은 미소 짓는 행동을 지각하고 생성하도록 프로그램된 디에고 산(Diego-San)이라는 이름의 아기 얼굴을 한 로봇과 학부생 간 상호작용을 통해 아기의 미소 발달 모델을 만들었다(Ruvolo, Messinger, & Movellan, 2015). 연구자들은 주의 깊게 디에고 산의 미소 타이밍을 맞춤으로써, 성인에게서 가장 많은 미소를 유발할 수 있었다. 로봇을 이용함으로써, 연구자들은 사회적 행동 발달에 대한 특정 가설을 검증하기 위해 조정하기가 매우 어려운 '아기' 행동의 측면들을 주의 깊게 통제할 수 있다.

이 장에서 우리는 가장 중요하고 영향력 있는 일반 사회발달 이론들 몇 가지를 살펴본다. 아동발달이 주변 사람들이나 사회기관들에 영향을 받는 방식들을 설명하는 이론들이다. 제4장의 인지 이론들에서 이론들이 중요한 이유 몇 가지를 논의했다. 그 이유들은 사회발달 이론들에도 마찬가지로 적용된다.

사회발달 이론들은 정서, 성격, 애착, 자기, 또래관계, 도덕성 및 성과 같은 많은 주요 발달 측면들을 설명한다. 이 장에서 우리는 이런 주제들을 다루는 네 가지 유형의 이론, 즉 정신분석적, 학습적, 사회인지적 및 생태학적 조망들을 반영하는 이론을 설명할 것이다. 우리는 각 이론의 기본 견해들을 논의하고 관련 증거들을 조사할 것이다.

우리의 일곱 가지 주제 모두가 이 장에 등장하며, 그것들 중 세 가지가 특히 두드러진다. 이 장에서 가장 광범위하게 퍼져 있는 주제는 **개인차**이며, 사회적 세계가 아동의 발달에 어떤 영향을 미치는지를 조사한다. 천성과 육성 주제는 이론들 간을 구분하는 데 도움이 되는데, 이론들이 생물학적 요인과 환경적 요인을 강조하는 정도가 다르기 때문이다. **능동적 아동** 주제도 주요 관심사이다. 어떤 이론은 사회화에 대한 아동의 능동적 참여와 그 효과를 강조하는 반면, 다른 것은 아동의 발달이 주로 외부의 힘들에 의해 조형되는 것으로 본다.

인공지능과 로봇공학의 진보로 인해 연구자들이 독특한 방식으로 사회적 및 행동적 발달 이론들을 검증하는 것이 가능했다. 여기 사진에 있는 디에고 산은 엄마와 아기 미소의 동기와 타이밍을 연구하는 데 이용되고 있다.

COURTESY QUALCOMM INSTITUTE UC SAN DIEGO

정신분석 이론

그 어떤 심리학 이론도 Sigmund Freud(1856-1939)의 정신분석 이론보다 서양 문화에 그리고 성격과 정서발달에 대한 사고에 더 큰 영향을 미치지는 못했다. Freud 이론의 계승자인 Erik Erikson(1902-1994)의 전생애 발달 이론도 매우 영향력이 있다.

아동발달에 대한 관점

Freud와 Erikson의 이론 모두에서, 주로 생물학적 성숙이 발달을 주도한다. Freud에게 있어서 행동의 동기는 기본 추동들을 만족시키려는 욕구이다. 추동과 그것에서 발생한 동기들은 대부분 무의식적이고, 개인들은 자신들이 행동하는 이유를 어렴풋하게 이해한다. Erikson의 이론에서, 연령이나 생물학적 성숙과 관련된 일련의 발달적 위기들이 발달을 주도한다. 건강한 발달을 하기 위해, 개인은 이런 위기들을 성공적으로 해결해야 한다.

정신분석학의 아버지라고 불리는 Freud는 초기 관계의 전생애적 영향을 강조함으로써 발달 심리학에 지속적인 영향을 미치고 있다.

중심 발달 이슈

우리의 일곱 가지 주제들 중 연속성/비연속성, 개인차, 천성과 육성은 정신분석 이론에서 주요한 역할을 한다. Piaget의 인지발달 이론처럼, Freud와 Erikson의 발달적 설명은 단계 이론이다. 그러나 정신분석 이론들은 비연속적 발달의 틀 내에서 개인차의 연속성을 강조하는데, 아동의 초기 경험이 이후 발달에 중요한 영향을 미친다는 것을 강조한다. 천성과 육성의 상호작용은 발달 단계의 생물학적 기초와 그것들이 아동 경험들과의 상호작용하는 방식에 대한 Freud와 Erikson의 강조와 관련 있다.

Freud의 심리성적 발달 이론

Freud 이론은 심리성적 발달로 불리는데, 매우 어린 아동들도 행동의 동기가 되고 관계에 영향을 주는 성적 본성을 갖고 있다고 생각하기 때문이다. 그는 아동들은 일련의 보편적 발달 단계들을 거친다고 제안했다. 각각의 연속적인 단계에서, **정신 에너지**(psychic energy), 즉 행동, 사고 및 감정들에 연료를 공급하는 생물학적인 본능적 추동이 서로 다른 **성감대** (erogenous zones)에 집중되는데, 이곳은 성적으로 민감한 신체 부위(예 : 입, 항문, 생식기)이다. Freud는 각 단계에서 아동들이 특정 성감대와 관련된 갈등에 직면한다고 믿었고, 이런 갈등 해결에서 성공과 실패는 일생 동안 발달에 영향을 준다고 주장했다.

발달 과정

Freud의 관점에서 발달은 본능적 추동들에 시달리는, 무엇보다 그것들을 갈망하는 무기력한 아기로 시작한다. 굶주림과 연합된 고통은 울음으로 표현되고, 어머니가 아기에게 모유수유를 하도록 자극한다(Freud의 시대에, 실제로 모든 아기들에게 모유수유를 했다). 그 결과로 얻는 아기의 굶주림에 대한 만족과 보살핌의 경험은 아기에게 있어 강한 쾌락의 출처이다. 영아가 갖고 태어난 본능적 추동들은 **원초아**(id)이다. 이것은 Freud가 가정한 세 가지 성격 구조 중에서 최초의 가장 원시적인 것이다. 전적으로 무의식적인 원초아는 정신 에너지의 출처이다. 원초아는 가능한 빨리 최대의 만족을 얻는 것이 목표인 쾌락 원리의 지배를 받는다. 먹는 것, 마시는 것, 변을 치우는 것, 혹은 신체적 편안함과 같은 만족이 무엇이든, 원초아는 **지금** 그것을 원한다. 원초아는 전혀 결과에 개의치 않고 즉각적인 만족을 추구하는 이기적이거나 충동적인 행동에서 가장 분명하게 작동하며, 일생 동안 정신 에너지의 근원으로 남아 있다.

생의 첫 1년 동안, 영아는 Freud의 첫 번째 심리성적 발달 단계인 **구강기**(oral stage)에 있다. 이 이름은 만족과 쾌락의 일차적 출처가 빨거나 먹는 것과 같은 구강 활동이기 때문이다. Freud에게 있어서 어머니에 대한 아기의 감정들은 '유례없이 독특하며', 그것들을 통해 어머니는 "전 생애 동안 유례없는 최초의 가장 강한 사랑의 대상이며 이후 모든 사랑 관계의 원형이 된다"(Freud, 1940/1964). 그러나 모성 안전성(maternal security)은 대가가 있다. Freud에서 항상 그렇듯이, 어두운 면이 있다. 사랑의 상실에 대한 공포는 영아가 이런 안전성에 지불하는 대가이다(1940/1964). Freud에 있어, 혼자 혹은 어둠에 대한 공통된 공포 반응은 '사랑받고 갈망하는 누군가를 잃는' 것에 기초한다(Freud, 1926/1959).

첫해 후반에, 즉각적인 만족을 원하는 원초아의 억제되지 않은 요구와 외부 세계가 강요하는 제한들 간 갈등을 해결하기 위해 두 번째 성격 구조인 **자아**(ego)가 생겨난다. '원초아는 길들지 않은

정신 에너지 ■ Freud의 용어. 그가 행동, 사고 및 감정들에 연료를 공급한다고 믿었던 생물학적인 본능적 추동들의 집합

성감대 ■ Freud의 이론에서, 연속적인 발달 단계들에서 성적으로 민감하게 되는 신체 부위

원초아 ■ 정신분석 이론에서 가장 초기의, 가장 원초적인 성격구조. 무의식적이고 쾌락을 목표로 조작한다.

구강기 ■ Freud 이론의 첫 번째 단계로서, 첫 해에 나타나며, 만족과 쾌락의 일차적 원천은 구강 활동이다.

자아 ■ 정신분석 이론에서 두 번째 성격구조. 성격의 합리적, 논리적 및 문제 해결적 요소이다.

열정을 대표'하는 반면, 자아는 '이성과 분별을 대표'한다(Freud, 1933/1964). 시간이 지나면서, 원초아의 요구와 실세계의 요구 간 갈등을 지속적으로 해결하면서, 자아는 개인의 자기인식으로 발달한다. 그럼에도 불구하고 자아는 결코 완전하게 통제되지 않는다.

두 번째 해 동안, 성숙은 배뇨나 배변 같은 신체 과정들에 대한 통제의 발달을 촉진한다. 이 시점에서 영아는 Freud의 두 번째 단계에 들어간다. **항문기**(anal stage)는 거의 3세까지 지속된다. 이 단계에서 아동의 성적 흥미는 배변으로 인한 긴장의 유쾌한 안도감에 초점을 맞춘다. 처음으로 부모가 영아에게 특정한 요구, 분명하게 배변훈련을 주장하기 시작할 때 갈등이 확실해진다.

Freud의 세 번째 단계인 **남근기**(phallic stage)는 3세부터 6세까지이다. 이 시기에 성적 쾌락의 초점은 다시 옮겨 가는데, 아동들이 자신의 생식기에 관심을 갖고 부모와 놀이친구의 생식기를 궁금해한다. Freud는 남근기 동안 아동들이 동성 부모와 동일시하고, 태도와 행동에서 성차가 생긴다고 믿었다. Freud는 또한 어린 아동들이 남근기 동안 강력한 성적 소망을 경험한다고 믿었고, 그것들에 대처하려는 노력이 세 번째 성격 구조인 **초자아**(superego)가 등장하게 이끈다고 주장했다. 초자아는 기본적으로 우리가 양심이라고 생각하는 것이고 부모의 적절한 행동 기준에 대한 아동의 **내면화**(internalization), 혹은 적용에 기초한다. 초자아는 아동이 죄책감을 느끼게 될 행동을 피하도록 안내하는데, 아동은 이런 내면화된 기준을 위반했을 때 죄책감을 느낀다.

남아의 경우, 초자아 발달로 가는 길은 **오이디푸스 콤플렉스**(Oedipus complex)의 해결을 통해서이며, 이것은 남아가 어머니에 대한 성적 소망을 경험하고 어머니와의 독점적인 관계를 원하는 심리성적 갈등이다. Freud에 따르면, 여아는 비슷하지만 덜 강력한 갈등인 **엘렉트라 콤플렉스**(Electra complex)를 경험한다. 이것은 아버지에 대한 성적 감정이다. 비록 이런 생각들이 별나게 보일지라도, 많은 가족 이야기와 일치한다. 예를 들면 내 아들이 5세였을 때, 그 아이는 언젠가 엄마와 결혼하고 싶다고 엄마에게 말했다. 엄마는 미안하지만 이미 아빠와 결혼했고, 그래서 너는 다른 누군가와 결혼해야 할 것이라고 말했다. 아이는 "내게 좋은 생각이 있어요. 나는 아빠를 큰 상자에 집어넣어서 어디 멀리 우편으로 부칠 거예요. 그러면 우리는 결혼할 수 있어요!"라고 대답했다.

네 번째 발달 단계인 **잠재기**(latency period)는 6세에서 12세까지이다. 이름이 암시하는 것처럼, 상대적으로 차분한 시기이다. 성적 소망은 무의식 속에 안전하게 숨겨져 있고, 정신 에너지는 건설적이고 사회적으로 수용될 수 있는 활동들, 또한 지적·사회적 추구를 포함하는 활동들로 좁혀진다.

다섯 번째이자 마지막 단계인 **생식기**(genital stage)는 성적 성숙과 함께 시작된다. 수년 동안 억제되었던 성적 에너지는 충분한 힘을 갖고 또래들로 향한다. 이상적으로, 개인은 현실에 대처하는 강한 자아와 너무 약하지도 너무 강하지도 않은 초자아가 발달한다.

Freud에 따르면, 만일 기본 욕구들이 심리성적 발달 단계 동안 충족되지 않으면, 아동들은 그런 욕구들에 고착될 수 있고, 계속적으로 그것들을 만족시키고 연합된 갈등을 해결하려고 시도한다. Freud의 관점에서, 이런 만족되지 않은 욕구들과 그것들을 충족하려는 지속적인 시도는 무의식적이고 간접적이거나 상징적인 방식으로 표현될 수 있다. Freud의 관점에서, 심리성적 발달 단계들을 통과하는 아동의 항해는 평생의 성격을 형성한다(구강이나 항문 고착과 관련해서, Freud가 50년 이상 매일 20개의 시가를 피웠다는 것은 흥미롭다. 실제로 그는 시가 없이 작업하는 것이 불가능했다. 그리고 같은 시기 동안 거의 매일 동일한 엄격하고 의식화된 스케줄을 따랐다).

항문기 ■ Freud의 두 번째 단계로서 두 번째 해와 세 번째 해 동안 지속되며, 쾌락의 일차적 원천은 배변에서 온다.

남근기 ■ Freud 이론의 세 번째 단계로서 3~6세 동안 지속되며, 성적 쾌락은 생식기에 집중된다.

초자아 ■ 정신분석적 이론에서, 세 번째 성격구조로서 내면화된 도덕적 기준들로 구성된다.

내면화 ■ 타인의 속성, 신념 및 기준을 자신의 것으로 채택하는 과정

오이디푸스 콤플렉스 ■ 어머니에 대한 성적 소망과 아버지의 거세 불안으로 인한 남근기의 남아들이 경험하는 갈등을 나타내는 Freud의 용어

엘렉트라 콤플렉스 ■ 남근기의 여아들이 아버지에 대한 허용되지 않는 낭만적 감정을 발달시키고 어머니를 라이벌로 볼 때 경험하는 갈등을 나타내는 Freud의 용어

잠재기 ■ Freud 이론의 네 번째 단계로서 6~12세 동안 지속되며, 성적 에너지는 사회적으로 허용된 활동들로 통로를 만든다.

생식기 ■ Freud의 다섯 번째 단계로서 청소년기에 시작되며, 성적 성숙이 완성되고 성관계가 주요 목표이다.

Erik Erikson은 독일에서 태어났으며 경력에서 자리 잡는 데 오랜 시간이 걸렸다. 대학에 진학하는 대신, 수년 동안 예술에 대한 흥미를 추구하며 유럽을 방랑했다. 마침내 Sigmund Freud의 딸인 Anna Freud가 운영하는 학교에 예술 강사로 채용되었고 분석가가 되었다. 그는 1930년대 초 독일에서 파시즘이 높아질 때 미국으로 이주했다.

Erikson의 심리사회적 발달 이론

Freud의 많은 추종자들 중에서 어느 누구도 Erik Erikson보다 발달심리학에 더 큰 영향을 미친 사람은 없다. Erikson은 Freud 이론의 기본 요소들을 받아들였지만 그것에 사회적 요인, 이를테면 문화적 영향과 청소년 비행, 변화하는 성 역할 및 세대차와 같은 현대 이슈들을 통합했다. 그 결과, 그의 이론을 심리사회적 발달 이론으로 여긴다.

발달 과정

Erikson은 연령과 관련된 8단계 발달을 제안했는데, 그 범위는 영아기부터 노년기까지이다. 각 단계는 개인이 해결해야 하는 특정 위기, 혹은 발달 이슈들이 특징이다. 만일 기존 단계의 주요 이슈가 다음 단계의 시작 전에 성공적으로 해결되지 않으면, 그 사람은 계속해서 그것과 싸울 것이다. Erikson의 단계들을 요약하면서 우리는 영아기, 아동기와 청소년에 초점을 두고 처음 다섯 단계만을 다룬다.

1. 기본 신뢰 대 불신(첫 1년). 영아의 결정적 이슈는 신뢰감이 발달하는 것이다. 만일 어머니가 양육에서 따뜻하고 일관적이고 신뢰성 있다면 영아는 어머니를 신뢰할 것이다. 일반적으로 아기는 타인들과 가까워짐으로써 기분 좋아지고 안심한다. 만일 적절한 시기에 타인을 신뢰하는 능력이 발달하지 않으면, 그 사람은 이후 삶에서 친밀한 관계를 형성하는 데 어려움을 겪을 것이다.

2. 자율성 대 수치심과 의심(1~3.5세). 아동의 도전과제는 점점 늘어나는 사회적 요구들에 적응하는 동안 강한 자율성을 성취하는 것이다. 배변훈련에 대한 Freud의 강조를 넘어서서, Erikson은 이 시기 동안 운동 기술, 인지능력과 언어와 같은 실세계의 모든 영역에서 아동의 능력이 극적으로 향상되면서 아동 스스로 선택하려는 소망이 생긴다고 주장했다. 새롭게 발견된 영아의 스스로 환경을 탐색하는 능력(제5장에서 논의했던)은 가족 역동을 변화시키고, 오랫동안 계속될 양육자와의 전투가 시작된다. 만일 부모가 아동이 자존감을 잃지 않고 자기통제를 할 수 있는 지지적인 분위기를 제공한다면, 아동들은 자율성을 얻는다. 대조적으로, 만일 심한 처벌이나 조롱을 받는다면, 아동들은 자신의 능력에 대해 의심을 품을 수도 있다.

3. 주도성 대 죄책감(4~6세). Freud처럼, Erikson은 이 시기를 아동이 부모와 동일시하고 부모로부터 배우는 시기로 보았다. "[아이는] 큰 꿈을 품는다. 아이는 부모처럼 되기를 원한다. 아이에게 부모는 매우 강하고 매우 아름답다"(Erikson, 1959/1994). 아동은 놀이에서 그리고 학교에서 지속적으로 목표를 세우고 그것을 성취하기 위해 노력한다. Freud처럼 Erikson도 결정적 성취는 양심의 발달이라고 믿었다. 아동의 도전과제는 주도성과 죄책감 간의 균형을 성취하는 것이다.

4. 성실성 대 열등감(6세에서 사춘기). 이 단계는 자아발달에 결정적이다. 아동들은 자신들의 문화에서 중요한 인지적 및 사회적 기술을 숙달한다. 그들은 성실하게 일하고 또래들과 협동하기를 배운다. 성공 경험은 아동에게 유능감을 주지만 실패는 과도한 부적절감이나 열등감으로 이끈다.

5. 정체성 대 역할 혼동(청소년기에서 성인 초기). Erikson은 청소년기를 더 중요하게 여겼고, 핵심적 정체성의 발달을 위한 결정적 단계이다. 사춘기의 극적인 신체적 변화와 강한 성적 충동의 출현과 함께 새로운 사회적 압력이 동반되는데, 교육적 및 직업적 결정을 해야 한다. 아동으로서 과거 정체성과 미래의 많은 선택지와 불확실성 사이에 붙잡혀 있는 청소년들은 실제로 자신이 누구

인지에 대한 의문을 해결해야 하며, 성인으로서 어떤 역할들을 해야 하는지에 대해 혼란을 겪는다. 제11장에서 보게 될 것처럼, 발달과학자들은 현대의 다문화 사회 속에서 정체성 대 역할 혼동의 단계에 매우 많은 주의를 기울여 왔다.

현재 조망

발달심리학에 대한 Freud의 가장 중요한 기여는 초기 정서적 관계의 중요성에 대한 강조와 주관적 경험과 무의식적 심적 활동의 역할에 대한 인식이다. 청소년기의 정체성 탐구에 대한 Erikson의 강조는 지속적인 영향을 미쳐 왔으며, 청소년기의 이 측면에 대한 수많은 연구의 기초가 되었다. 두 이론 모두 주요 이론적 주장들을 검증하기 너무 애매하고, 특히 Freud 이론의 많은 특정 요소들은 매우 의문스럽다. 그럼에도 불구하고 이 두 이론 모두 영향력이 매우 크다는 것에는 의문의 여지가 없다.

초기 경험과 가까운 관계들의 중요성에 대한 Freud의 강조는 특히 현대 애착 이론과 연구(제11장에서 읽었을 것이다)의 기초를 세우는 데 영향을 주었다. 이 분야 연구는 아동과 부모 간 관계의 본질은 영아기의 행동뿐 아니라 전 생애에 걸쳐 가까운 관계에 중요한 장기적 효과가 있다고 제안한다. 게다가 우리의 많은 심적 생활이 의식세계 밖에서 일어난다는 Freud의 놀라운 통찰은 현대 인지과학과 신경과학의 기초이다.

우리의 행동은 우리가 인식하지 못하는 암묵적 태도의 영향을 받는데, 이 태도는 자주 우리가 의식적으로 믿는 것과는 정반대이다. 예를 들면 인종적 편견이 없다고 믿는 많은 개인들은 무의식적으로 어떤 인종 집단의 구성원과 많은 부정적 특성들을 연합한다(Greenwald & Banaji, 1995; Nosek & Banaji, 2009). 어린 7세 아동들조차 암묵적인 인종적 편향을 보인다. 백인 아동은 다른 백인들에 대해 내집단 편향을 보이는 반면, 흑인 아동들은 어떤 편향도 보이지 않는다(Newheiser & Olson, 2012).

학습 이론

나는 아이들의 마음이 쉽게 이 길이나 저 길로 돌아가는 물 같다고 상상한다.

— John Locke, '교육에 관한 몇 가지 생각들'

제1장을 떠올리면, 경험철학자인 John Locke는 경험이 인간 마음의 본성을 조형한다고 믿었다. Locke의 지적 후계자들은 학습이 사회적 및 성격 발달의 주요 요인이라고 생각하는 심리학자들이다.

아동발달에 대한 관점

내적인 힘과 주관적 경험에 대한 Freud의 강조와는 다르게, 학습 이론가들은 사회적 행동의 조형에서 외적 요인들의 역할을 강조한다. 그들은 사람들의 어떤 행동들을 강화하고 다른 것을 처벌하거나 무시하는 방식이 발달을 안내할 수 있는 정도에 관한 매우 과감한 주장을 했다.

중심 발달 이슈

학습 이론들이 합의된 입장을 보이는 주요 발달적 질문은 **연속성**과 **비연속성**이다. 그들 모두 연속성을 강조한다. 같은 원리들이 전 생애 동안 학습과 행동을 통제하기 때문에 질적으로 다른 발달단계는 없다. 정보처리 이론가들처럼, 학습 이론가들은 특정 **변화기제**의 역할에 초점을 맞춘다. 강화와 관찰학습과 같은 학습 원리들이다. 그들은 아동들이 서로 다른 강화와 학습 기회의 역사를 갖기 때문에 서로 다르게 된다고 믿는다. 학습 원리에 기초한 치료적 접근들이 다양한 문제가 있는 아동들을 치료하는 데 광범위하게 사용된다는 점에서 연구와 아동복지 주제와 관련된다. 현대 학습 이론가들은 발달에서 아동의 역할인 **능동적 아동** 주제를 강조한다.

Watson의 행동주의

행동주의의 창시자인 John B. Watson(1878-1958)은 조건형성 학습을 통해 아동의 사회적 환경이 발달을 결정한다고 믿었다(제5장 참조). 그는 심리학자들은 '마음'이 아닌 눈에 보이는 행동을 연구해야 한다고 믿었다.

조건형성의 힘에 대한 Watson(1924)의 신념은 그의 유명한 호언장담에서 분명하다.

> 나에게 12명의 건강한 아기들과 내가 그들을 양육하기 위해 특수하게 만든 세계를 주면, 나는 무작위로 한 명을 데려가서 내가 선택한 어떤 유형의 전문가도 되게 할 수 있음을 보장한다. 재능, 기호, 경향, 능력, 소명(vocation)이나 조상의 인종과 상관없이, 의사, 변호사, 예술가, 무역상, 그리고 걸인이나 도둑도 가능하다. (p. 104)

훨씬 적은 규모로 Watson이 '어린 앨버트'라는 9개월 아기에게 실시한 유명하지만 현재 기준으로 비윤리적인 실험은 고전적 조건형성의 힘을 보여주었다(Watson & Rayner, 1920). Watson은 처음에 실험실에서 완벽하게 착한(nice) 흰 쥐를 어린 앨버트에게 노출했다. 처음에 앨버트는 쥐에게 긍정적으로 반응했다. 그러나 이후 연구자들은 앨버트를 분명히 놀라게 하는 큰 소음과 쥐를 함께 짝지어 반복적으로 노출했다. 그런 많은 짝지움 이후, 앨버트는 쥐 자체를 두려워하게 되었다.

우리의 일상적인 삶은 조건 반응의 예들로 가득하다. 예를 들면 어린 아동들은 하얀 가운을 입은 의사나 간호사를 보면 겁을 먹는다. 하얀 가운을 입은 사람들과 고통스러운 주사에 관한 이전 연합에 기초한다(이 문제를 해결하기 위해, 현대 의료인들은 재미있는 디자인이 있는 가운을 입고, 어린 환자들에게 긍정적인 반응을 끌어내기를 희망한다).

고전적 조건형성에 대한 Watson의 작업은 반대 과정으로 진행되는 치료 과정, 즉 공포의 **탈조건형성**(deconditioning) 혹은 제거의 기초가 되었다. Watson의 학생(M. C. Jones, 1924)은 2세 피터를 치료했는데, 아이는 흰 토끼(흰 쥐, 흰 털코트, 흰 날개, 여러 다양한 흰 물건들)를 극도로 무서워했다. 피터의 공포를 탈조건화하기 위해, 실험자는 처음에 좋아하는 과자를 피터에게 주었다. 그런 다음 피터가 먹고 있을 때 우리 안에 들어있는 흰 토끼를 매우 천천히 점점 피터 가까이로 옮겼다. 그러나 피터가 무서

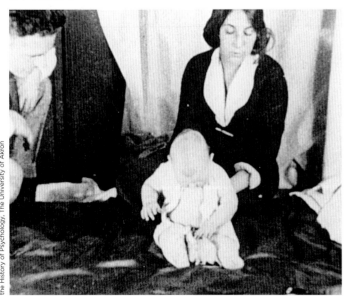

조건형성의 힘을 보여주기 위해, John B. Watson과 조수인 Rosemary Raynor는 '어린 앨버트'를 흰 쥐를 두려워하도록 조건화했다. 앨버트는 쥐가 크고 놀라게 하는 소리와 여러 번 짝지어 나타나기 전까지는 두려워하지 않았었다.

위할 만큼 가깝지는 않다. 고통스럽지 않은 맥락에서 반복적으로 무서운 대상에 노출되고 긍정적인 과자의 경험과 짝지어진 후, 피터는 공포를 극복했다. 마침내 피터는 토끼를 만지기까지 했다. 이 접근은 현재 **체계적 둔감화**(systematic desensitization)로 알려졌는데, 여전히 개부터 치과의사까지 모든 것에 대한 사람들의 두려움과 공포증을 없애는 데 사용되고 있다.

Skinner의 조작적 조건형성

B. F. Skinner(1904-1990)는 행동이 환경적 통제 아래 있다고 제안한 점에서 Watson만큼 강력했다. '사람이 세상에 작용하는 것이 아니라, 세상이 사람에게 작용한다'고 주장했다(Skinner, 1971, p. 211). 제5장에서 기술했듯이, Skinner의 조작적 조건형성 이론의 주요 견해는 우리는 좋은 결과로 이끈(강화) 행동을 반복하고 나쁜 결과가 되는(처벌) 행동은 억제하는 경향이 있다는 것이다. Skinner는 우리가 삶에서 하는 모든 것, 즉 모든 행동은 과거 행동의 결과에서 영향을 받은 조작적 반응이라고 믿었다.

강화의 본질과 기능에 대한 Skinner의 연구는 많은 발견으로 이끌었는데, 부모와 교사들은 두 가지에 특별한 관심을 갖는다. 하나는 주의(attention) 그 자체가 강력한 보상이 될 수 있다는 사실이다. 아동들은 자주 '주의를 끌려고' 어떤 일을 한다(Skinner, 1953, p. 78). 따라서 떼를 쓰는 아동이 계속해서 떼를 쓰지 못하게 하는 최선의 전략은 그 일이 일어날 때마다 무시하는 것이다. 인기있는 행동 관리 전략인 타임아웃, 혹은 일시적인 고립은 체계적으로 주의를 철회하고 그로써 없애려는 부적절한 행동에 대한 강화를 제거하는 것이다.

두 번째 중요한 발견은 간헐적인 강화를 받았던 행동을 없애는 것의 어려움이다. 이는 때로는 보상이 따르고 때로는 보상이 없는 행동들이다. Skinner가 동물 연구에서 발견했듯이, **간헐적 강화**(intermittent reinforcement)는 소거가 잘되지 않는 행동을 만든다. 만일 어떤 행동이 단지 가끔씩 보상을 받는다면, 동물은 그 행동이 보상을 만들어낼 수도 있다는 기대를 유지하고, 이것은 보상이 없을 때에도 행동을 지속하도록 이끌 것이다. 부모들은 간헐적 강화를 함으로써 무심코 자녀의 원치 않는 행동을 격려한다. 우리는 아동의 칭얼거리거나 공격적인 요구를 보상하지 않으려고 노력한다. 그러나 사람인 우리는 때로 굴복한다. 그런 간헐적 강화는 매우 강력하다. 때로 칭얼거림에 굴복했던 부모가 결코 다시 그렇게 하지 않아도, 아동은 과거에 그것이 효과적이었기 때문에, 미래에 다시 한 번 효과를 가질 것이라는 가정을 하면서 오랫동안 계속해서 칭얼거림에 의지한다.

강화에 대한 Skinner의 작업은 **행동 수정**(behavior modification) 치료의 형태로 이끌었는데, 이것은 바람직하지 않은 행동을 변화시키는 데 매우 유용할 수 있다. 이런 접근의 간단한 한 가지 예는 너무 많은 시간 동안 단독 행동을 하는 학령전 아동의 경우이다. 관찰자들은 남아의 교사들이 의도치 않게 그의 위축 행동을 강화하고 있음을 알아챘다. 그들은 남아가 혼자 있을 때 말을 걸고 위로했지만, 다른 아동들과 함께 놀이할 때는 무시하는 경향이 있었다. 그 남아의 위축은 강화 유관성(contingency)을 거꾸로 함으로써 수정되었다. 교사들은 남아가 집단에 동참할 때마다 주의를 주기 시작했고 물러날 때마다 무시했다. 곧 그 아이는 학급 친구들과 함께 놀이하는 데 대부분의 시간을 보냈다(F. R. Harris, Wolf, & Baer, 1967).

체계적 둔감화 ■ 고전적 조건형성에 기초한 치료 형태. 처음에 매우 부정적인 반응을 유발했던 자극에 대해 점진적으로 긍정적 반응들이 조건화된다. 이 접근은 두려움과 공포증의 치료에 유용하다.

간헐적 강화 ■ 타인의 행동에 대한 불연속적인 반응. 예를 들면 허용되지 않는 행동을 때로 처벌하고 때로 무시하는 것

행동 수정 ■ 조작적 조건형성에 기초한 치료의 형태. 강화 유관성이 보다 적응적인 행동을 격려하도록 변화된다.

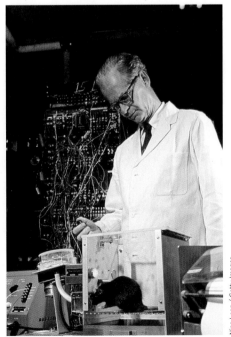

B. F. Skinner는 유명한 잡지의 생존했던 가장 중요한 100인의 목록에서 40위였다(P. H. Miller, 2002). 그는 아동의 발달은 대체로 강화 역사의 문제라고 믿었다.

사회학습 이론

다른 학습 이론들처럼, 사회학습 이론은 성격 및 다른 사회발달의 측면들을 학습기제와 관련해서 설명하려고 시도한다. 그러나 강화에 초점을 둔 Skinner와는 달리, 사회학습 이론은 관찰과 모방을 강조한다. 예를 들면 Albert Bandura(1977, 1986)는 대부분의 인간 학습은 본질적으로 **사회적**이고 타인의 행동에 대한 관찰에 기초하고 있다고 제안했다. 아동들은 타인이 하는 것을 보고 그것을 모방함으로써 쉽고 효과적으로 학습한다. 비록 직접적인 강화는 모방의 가능성을 높일 수 있지만, 학습에 필수적인 것은 아니다. 아동들은 자신의 행동에 대한 직접적인 강화가 없는 경우에 간접적인 모델들, 즉 책을 읽거나 TV와 영화로부터 학습할 수 있다.

시간이 지나면서, Bandura는 관찰학습의 인지적인 측면들을 점점 더 강조했고, 마침내 자신의 관점을 '사회인지 이론'으로 재명명했다. 관찰학습은 분명히 타인의 행동에 주의하고, 관찰한 것을 부호화하고, 기억에 정보를 저장하고, 이전에 관찰했던 행동을 재생하기 위해 이후 어느 시점에 인출하는 기본적인 인지 과정에 의존한다. 관찰학습 덕분에, 많은 아동들은 어떤 활동을 하는 것이 허용되기 오래전에 성인의 활동에 대해 상당히 많이 알고 있다. 예를 들면 차를 운전할 때, 키를 꽂고 돌리고, 액셀러레이터를 밟고, 핸들을 돌린다는 것을 안다.

Watson이나 Skinner와 같은 초기 이론들과 달리, Bandura는 발달에서 아동의 능동적 역할을 강조했는데, 발달을 아동과 사회적 환경 간의 **상호 결정주의**(reciprocal determinism)로 설명한다. 이 개념의 기본적인 생각은 모든 아동은 외부세계와의 특별한 상호작용으로 자신을 이끄는 특성들이 있다는 것이다. 이 상호작용은 아동의 미래 상호작용의 종류에 영향을 미칠 수 있다. 예를 들면 폭력적 비디오 게임(이 장에서 나중에 논의할 주제)을 좋아하는 아동은 함께 폭력적 게임들을 시작하도록 또래들을 자극할 수 있다. 그러면 이 또래들은 다른 아이들을 찾아낼 수 있다. 그들의 게임 기술 수준이 높아지면서 집단의 구성원들은 게임에서 폭력에 둔감해지고, 더 공격적으로 행동하도록 서로를 격려하고, 다른 또래들로부터 거부되고, 그 결과 자신들의 사회집단에 더 몰입하게 된다(예 : Anderson & Bushman, 2001).

현재 조망

정신분석적 이론들과 달리, 학습 이론들은 실험에서 나온 원리들에 기초한다. 그 결과, 그들은 실험에서 검증될 수 있는 분명한 예측을 한다. 부분적으로 이런 이유에서, 그들은 부모의 사회화 실제와 자녀의 사회적 행동 학습법에 관련된 많은 연구들을 자극했다. 또한 실질적으로 적용되었으며, 체계적 둔감화와 행동 수정의 임상적 절차들이 있다. 학습 접근의 일차적 약점은 그것이 뇌나 마음이 아니라 행동에 초점을 두었기 때문에, 행동에 영향을 미치는 생물학적 영향 그리고 Bandura의 이론은 예외로 하고, 인지의 역할에 대한 주의가 부족하다.

키스멧의 디자이너는 매우 초기부터 인간이 중재하는 학습을 할 수 있는 능력을 로봇에게 줌으로써 발달학습 이론들을 택했다. 키스멧의 행동에 대한 사람들의 정서적·언어적 반응은 키스멧이 한 행동의 적절성과 관련해서 키스멧을 지도한다. 또한 키스멧은 인간이 하는 것을 '보고' '듣는' 것을 모방하는 것으로 새로운 활동들을 습득하는 능력을 갖고 있다. 사람들로부터 학습하는 키스멧의 능력은 키스멧을 사회적으로 만드는 결정적인 측면이다. 그러면 키스멧은 자신의 환경을 조성하는 상호 결정주의를 통해 어느 정도까지 학습할 수 있는가? 이 장의 앞에서 논의했던 아기 얼굴로 미소 짓는 현대의 로봇들(Ruvolo et al., 2015)은 환경을 조형하고 주변사람들의 행동을 통제

상호 결정주의 ■ 아동-환경 영향이 양방향으로 작용한다는 Bandura의 개념. 환경은 아동에게 영향을 미치고 아동들은 환경에 영향을 미친다.

보보인형에게 일련의 공격적 행위를 하고 있는 성인을 아동에게 보여준다. 성인의 행동을 관찰했던 남아는 나중에 보보 인형이 있는 방에 홀로 남겨졌을 때 행동을 모방했다. 처음에는 모델의 공격적 행위를 재현하지 않았던 여아도 보상이 제공되었을 때 모델의 행동을 모방했다.

하는 법을 배울 수 있다. 이런 혁신은 인공지능에서 가장 중요한 '사회적' 발달 중 하나이다.

사회인지 이론

아동들은 자신과 타인의 생각, 감정, 동기 및 행동을 어떻게 이해하게 되는가? 성인들처럼, 아동들은 사회적 정보에 대한 능동적 처리자이다. 그들은 타인들의 행동이나 말에 주목하고, 지속적으로 그들이 관찰한 것에 대해 추론하고 해석하고 설명하고 원인을 찾는다. 그들은 자신의 행동과 경험들에 대한 정보를 동일한 방식으로 처리한다.

사회적 세계에 대한 아동의 사고와 추론의 복잡성은 대개 사고 과정의 복잡성과 관련 있거나 그것에 의해 제한된다. 수리적 문제와 보존문제를 해결하는 것과 같은 마음이 친구를 사귀고 도덕적 딜레마를 해결할 때 갖게 되는 문제들도 해결한다. 인지발달이 진행되면서, 아동이 자신과 타인들에 대해 생각하는 방식은 깊어지고 더 추상적이 된다.

아동발달에 대한 관점

사회인지 이론들은 정신분석 이론과 학습 이론이 발달의 일차적 출처로서 외부의 힘을 강조한 것과 첨예한 대조를 이룬다. 그 대신 사회인지 이론들은 **자기 사회화**(self-socialization) 과정을 강조하는데, 아동이 자신의 발달을 능동적으로 조형하는 것이다. 이 관점에 따르면, 아동의 자신과 타인

자기 사회화 ■ 아동들이 활동 선호, 친구 선택 등을 통해 자신의 사회화에 매우 적극적인 역할을 한다는 생각

역할수용 ■ 타인의 조망을 인식하고, 그럼으로써 그 사람의 행동, 사고 및 감정을 더 잘 이해함

에 대한 지식과 신념은 그들 자신의 행동을 안내하는 특별한 목표와 기준을 택하도록 이끈다.

중심 발달 이슈

사회인지 이론들과 가장 관련이 높은 핵심 주제는 **능동적 아동**이다. 또 다른 두드러진 주제는 **개인차**이며, 특히 남성과 여성, 공격적인 아동과 비공격적인 아동의 사고와 행동에서 나온 비교이다. 연속성/비연속성 주제는 아동이 사회적 세계에 대해 생각하는 방식에서 연령과 관련된 질적 변화를 강조하는 단계 이론들에서 중요하다. 다른 한편, 정보처리 이론들은 사회적 추론 과정에서 연속성을 강조한다. 다음 논의에서 우리는 두 가지 유형의 사회인지 이론들을 살펴볼 것이다. 첫 번째는 Selman의 역할수용 단계 이론이다. 두 번째는 Dodge의 사회적 문제 해결 정보처리 이론과 Dweck의 학문적 성취에 대한 귀인 설명이다.

Selman의 역할수용 단계 이론

사회인지 이론을 형식화하면서, Robert Selman(1980; Yeates & Selman, 1989)은 **역할수용**(role taking) 발달에 초점을 두었는데, 어떤 것을 타인의 관점에서 생각하는 것이다. 그는 타인의 조망을 갖는 것이 타인의 사고, 감정, 동기를 이해하는 기초라고 제안했다.

Selman에 따르면, 역할수용 행동을 하지 못하는 것은 어린 아동의 사회인지를 제한한다. 실제로 Piaget처럼 Selman은 6세 이전 아동들은 실질적으로 자신과는 다른 조망이 있다는 것을 인지하지 못한다고 제안했다. 아마도 "그랬어", "그러지 않았어", "그랬어", "그러지 않았어" 형태의 끝없는 형제 간 논쟁은 서로의 모순되는 관점을 인식하는 데 실패했기 때문이다.

Selman은 아동들의 타인에 대한 사고가 점점 더 복잡하고 추상적이 되는 네 단계를 거친다고 제안했다. 1단계(대략 6~8세)에서, 아동들은 어떤 사람은 자신과 다른 조망을 가질 수 있지만, 다른 조망은 단순히 그 사람이 자신들과 같은 정보를 처리하지 못했기 때문이라고 가정한다. 2단계(8~10세)에서, 아동들은 어떤 사람은 다른 관점을 가질 수 있다는 것을 알 뿐 아니라, 그 사람의 관점에 대해 생각할 수 있다. 그러나 아동들이 체계적으로 자신의 관점과 타인의 관점을 비교할 수 있는 것은 3단계(10~12세)이다. 이 단계에서, 그들은 제3자의 조망을 가질 수 있고 다른 두 사람의 관점을 평가할 수 있다. 4단계(12세 이상)에서, 청소년들은 '일반화된 타인' 조망과 비교함으로써 타인의 조망을 이해하려는 시도를 하는데, 그 사람의 관점이 사회집단원 대부분과 같은지를 평가하는 것이다.

Selman의 단계들에서 아동이 자기중심적인 추론을 점점 덜하게 되면서, 아동들은 점점 더 여러 조망을 동시에 고려하게 된다는 것에 주목하라(예 : 자신, 타인, '대부분의 사람들'). 이런 사회인지의 성장은 Piaget가 확인한 인지적 변화를 반영한다(제4장에서 논의). 놀랄 것 없이, Selman의 역할수용 단계들을 통한 아동의 발달은 Piaget의 인지발달 단계들을 통한 발달과 강한 관련이 있다(Keating & Clark, 1980).

많은 어린 아동들 간의 말다툼은 다른 사람이 자신과 다른 관점을 가질 수 있다는 것을 인식하기 어렵기 때문이다.

JOHN BIRDSALL / AGE FOTOSTOCK

Dodge의 사회적 문제 해결 정보처리 이론

정보처리 접근은 사회적 행동에서 인지처리의 결정적 역할을 강조한다. 이런 사회인지 접근의 예는 Dodge의 분석으로, 아동이 공격을 문제 해결 전략으로 사용한다는 것이다(Dodge, 1986; Dodge, Dishion, & Lansford, 2006). Dodge의 원(original) 연구에서, 초등학생들에게 의도가 애매한 다른 아동의 행위 때문에 고통 받는 아동에 관한 이야기들이 제시되었다. 예를 들면 한 이야기에서, 한 아동이 열심히 퍼즐을 맞추고 있는데, 또래가 책상에 부딪치면서 퍼즐조각들이 흩어지고 "이런(Oops)"이라고 말한다. 아동들에게 자신이 이 시나리오의 피해자라고 상상하고 어떻게 반응할 것인지 그리고 그 이유에 대해 말하도록 요구했다. 어떤 아동들은 다른 아이가 책상이 부딪친 것을 사고로 해석했고 그 사건을 그냥 무시할 것이라고 말했다. 다른 아동들은 또래가 고의적으로 책상이 부딪쳤다고 결론 내렸고, 자신들도 똑같이 해줄 방법을 찾을 것이라고 보고했다(많은 아이들은 공격자를 주먹으로 때리는 것이 목표를 성취하는 가장 좋은 방식이라고 생각했다).

Dodge와 동료들은 어떤 아동들에서 **적대적 귀인 편향**(hostile attributional bias)을 발견했다. 이것은 타인들이 자신에게 적대적이라는 일반적인 기대이다(Crick & Dodge, 1994; S. Graham & Hudley, 1994). 이런 편향은 위의 시나리오에서 또래의 적대적 의도에 대한 증거를 찾고 그 또래에게 해치려는 바람을 귀인하도록 이끈다. 그들은 보복이 그 또래의 행동에 적절한 반응이라는 결론을 내릴 것이다. 적대적 귀인 편향은 자기충족적 예언이 된다. 추정되는 또래의 공격적 행위에 대한 아동의 공격적인 보복은 또래의 반격이나 거부를 이끌어내고, 더 나아가 타인의 적대성에 대한 아동의 신념을 부채질한다. 적대적 귀인 편향의 발달이 어떤 문화집단이나 성에게 특정된 것은 아닌 듯하다. 광범위한 지역(중국, 콜롬비아, 요르단, 케냐, 스웨덴의 여러 도시들)의 남아와 여아들에 대한 최근의 대규모 연구는 같은 패턴을 발견했다. 적대적 귀인 편향이 있는 아동들은 도발에 대해 공격적으로 반응할 것이라고 주장했다(Dodge et al., 2015).

왜 아동들은 주변 사람들에게 적대적인 의도를 귀인하는가? 초기의 가혹한 양육은 성인 초기까지 지속되는 사회적 정보처리 편향을 예측한다(Pettit et al., 2010). 신체적으로 학대를 받은 아동들은 특히 중립적인 상황에서도 타인들에게 분노를 귀인할 가능성이 높다(Pollak et al., 2000). 신체적 학대의 경험은 아동들이 특히 분노 단서에 민감하게 만들 수 있다. 예를 들면 신체적 학대를 당한 아동들은 학대 경험이 없는 아동들보다 분노한 얼굴표정을 더 잘 인식하고, 인식하는 속도는 그들에게 향했던 분노와 적대성의 정도와 관련 있다(부모의 보고에서)(Pollak et al., 2009).

신체적 학대를 당한 아동들은 또한 부정적 감정들에 대해 추론하는 것에 어려움이 있다. 한 연구에서, 학대받은 아동들은 어떤 상황들이 부모의 분노를 촉발할 수 있는지를 결정하는 데 어려움이 있었는데, 긍정적인 사건과 부정적인 사건 모두를 부모의 분노를 유발하는 잠재적인 원인으로 여겼다(Perlman, Kalish, & Pollak, 2008). 예를 들면 아동-부모 상황에 대한 가상적 이야기들이 제시되었을 때, 학대받은 아동들은 자신이 학교에서 상을 받아 왔거나 집안일을 돕는 것과 같은 긍정적인 사건이 분노를 유발할 수 있다고 보았다. 타인들에서 분노를 가정하는 (없을 때에도) 경향성은 무엇이 타인들의 분노를 유발하는지 이해하지 못하는 것과 짝을 이루고, 그 결과 적대적 귀인 편향이 될 수 있을 것이다(우리는 이 장에서 나중에 보다 자세하게 아동학대를 살펴볼 것이다).

학교 체계는 적대적 귀인 편향이 있는 아동들을 다루는 데 특히 문제가 있다. 한 가지 전략은 그들의 파괴적인 행동 때문에 일반 교실로부터 격리해서 감독할 수 있는 특수교실로 보내는 것이다(Dodge, Lansford, & Dishion, 2006). 그러나 적대적 귀인 편향이 있는 아동들을 집단으로 만드는 것은 다른 부정적인 결과가 있을 수 있다. 첫째, 사회적 집단화는 타인의 적대성에 대한 기존의 기

적대적 귀인 편향 ■ Dodge 이론에서, 타인들의 애매한 행동을 적대적 의도가 있는 것으로 가정하는 경향성

대를 지지하는 증거들을 제공하고, 또 다른 공격적 성향이 강화될 가능성이 높아진다. 동시에, 위험에 처한 아동들은 효과적인 사회적 전략들을 배울 수 있는 잘 적응하는 또래들로부터 분리된다.

Dweck의 자기 귀인과 성취동기 이론

두 학생, 미아와 애바 모두 열심히 수학문제를 풀었지만 처음에 실패했다고 가정해보라. 문제가 매우 어렵다는 것을 깨닫게 되면서, 미아는 도전과제를 만난 것에 대해 매우 흥분하고 지속적으로 답을 찾으려고 노력한다. 반대로 애바는 불안을 느끼고 문제를 풀기 위해 성의 없는 노력을 한다. 실패에 대한 아동의 반응 차이를 설명하는 것은 무엇인가?

Carol Dweck의 사회인지 조망(2006)에 따르면, 반응의 차이는 **성취동기**(achievement motivation)의 차이 때문이다. 즉 자신의 능력을 향상하고 새로운 재료를 숙달하려는 학습 목표에 의해 동기화되었는지 혹은 능력에 대해 긍정적인 평가를 얻고 부정적인 평가를 피하려는 수행 목표에 의해 동기화되었는지다. 이런 조망에서 볼 때, 미아는 지능에 대해 증진적 관점, 즉 지능은 노력을 통해 발달할 수 있다는 신념을 갖고 있다. 그녀는 도전과제를 만나고 실패를 극복하는 숙달에 초점을 맞추고 있으며, 대개 노력은 성공할 것이라고 기대한다. 실제로 실패 이후에 더 많은 노력과 지속성은 십중팔구 이후 수행을 향상시킬 것이다.

다른 한편으로 애바는 지능에 대해 **본질적 관점**, 즉 지능은 고정된 능력이라는 신념을 갖고 있다. 그녀의 목표는 성공하는 것이고, 성공하는 한 모든 것이 좋다. 그러나 실패했을 때 '무기력'한 느낌을 받는다. 성공하지 못하는 것은 그녀를 기분 나쁘게 만들고 자신의 능력과 자기가치감을 의심하게 만든다.

이런 두 가지 성취동기 패턴은 아동이 자신에 대해, 특히 자신의 가치감과 관련된 귀인의 차이에 기초한다. **본질/무기력 지향**(entity/helpless orientation) 아동들의 자기가치감은 지능, 재능 및 개인적 특성들에 대한 타인들의 인정에 기초하는 경향이 있다. 스스로에 대해 좋게 느끼기 위해, 그들은 성공을 확신하고 칭찬을 받을 수 있는 상황들을 찾고, 비판을 받을 수 있는 상황들은 피한다. 대조적으로 **증진/숙달 지향**(incremental/mastery orientation) 아동들은 자신의 노력이나 학습에 기초하고 타인들이 그들을 어떻게 평가하는지에 기초하지 않는다. 그들은 과제에서 실패를 개인적 결점으로 보지 않기 때문에, 어려운 문제의 도전을 즐길 수 있고 그것을 해결하려는 시도를 지속한다.

이런 서로 다른 동기패턴들은 일찍이 학령전에 분명하다(Smiley & Dweck, 1994). 이미 해결했던 퍼즐과 이전에 실패했던 퍼즐을 하는 것 중에서 선택하게 하면, 어떤 4세와 5세 아동들은 해결법을 이미 알고 있는 것을 강력하게 선호하는 반면, 다른 아동들은 실패했던 것을 계속해보기를 원한다.

나이 든 아동의 자신에 대한 인지는 어린 아동의 것보다 더 복잡한 개념들과 추론을 포함한다. 어떤 아동들은 Dweck과 동료들(Cain & Dweck, 1995; Dweck, 1999; Dweck & Leggett, 1988)이 지능의 **본질 이론**(entity theory)이라고 부른 것을 갖고 있다. 자신의 지능에 대한 애바의 관점처럼, 자신에 대한 이런 방식의 사고는 지능은 고정되어 있고 변할 수 없다는 생각에 뿌리를 내리고 있다. 시간이 지나면서, 학문적 상황들에서 성공이나 실패는 얼마나 똑똑한지에 달려 있다는 신념을 포함하게 된다. 자신의 수행을 평가할 때, 본질 지능 이론을 갖고 있는 아동들의 초점은 노력이나 실수를 통한 학습이 아니라 결과, 즉 성공과 실패에 있다. 따라서 실패(모든 사람들이 때로 그렇듯

성취동기 ■ 아동들이 자신의 능력을 향상하고 새로운 자료를 습득하려고 하는 학습 목표들에 의해 동기화되는지 혹은 자신의 능력에 대한 긍정적인 평가를 받거나 부정적인 평가를 피하려는 수행 목표에 의해 동기화되는지를 말함

본질/무기력 지향 ■ 성공과 실패를 자신의 영속적인 측면에 귀인하고 실패하면 포기하는 일반적인 경향성

증진/숙달 지향 ■ 성공과 실패를 기울인 노력의 양에 귀인하고 실패해도 지속하는 일반적인 경향성

본질 이론 ■ 사람의 지능은 고정되고 바뀔 수 없다는 이론

이)할 때, 그들은 자신들이 똑똑하지 않으며, 할 수 있는 것이 아무것도 없다고 생각한다. 그들은 무력하다고 느낀다.

다른 아동들은 지능의 **점증 이론**(incremental theory)에 찬성한다. 지능에 대한 미아의 관점처럼, 이 이론은 경험의 함수로서 지능이 성장한다는 생각에 뿌리를 두고 있다. 지능의 점증이론을 갖고 있는 아동은 학문적 성공은 노력과 끈기를 통해 성취할 수 있다고 믿는다. 자신의 수행을 평가할 때, 그들은 실패했을 때에도 자신이 무엇을 학습했는지에 초점을 두고, 더 열심히 하면 미래에 더 잘할 수 있다고 믿는다. 그들은 희망적이라고 느낀다.

여러분이 방금 읽은 것을 고려할 때, 어떤 칭찬과 비판이 이런 두 패턴을 강화할 것이라고 생각하는가? 대답은 피드백의 초점에 달려 있다. 점증/숙달 패턴은 아동의 노력에 초점을 두고, 노력을 칭찬하고("정말 열심히 했구나", "네가 그것을 끈기있게 하는 방식이 좋아") 부적절한 노력을 비판한다("다음

이 교사가 아이가 얼마나 똑똑한지 혹은 얼마나 노력했는지 중 어디에 초점을 맞추어 말을 하는가에 따라 이익이 되거나 해로울 수 있다.

번에는 노력을 할 필요가 있어", "네가 더 열심히 노력하면 더 잘할 수 있다고 생각해"). 대조적으로 본질/무기력 패턴은 칭찬과 비판 모두 아동의 지속적인 특질 혹은 전체적으로 아동에게 초점을 둔다("넌 이 문제들에서 매우 똑똑해", "넌 수학을 할 수 없어").

이 두 가지 유형의 내부 이론들은 실세계에서 효과가 있는가? 제1장에서 읽었듯이, Dweck과 동료들은 그렇다고 답했다. 뉴욕 공립학교들에서 실시된 연구에서, Dweck과 동료들은 점증 지능 이론을 갖고 있는 7학년생은 지난 2년 동안 수학점수에서 상승 궤도를 보인 데 비해 본질 지능 이론을 가진 7학년생의 점수는 변화가 없음을 발견했다(Blackwell, Trzesniewski, & Dweck, 2007). 이후 연구자들은 본질 지능 이론을 갖고 있는 새로운 7학년생 집단에게 8회기 개입 프로그램을 실시했다. 이 집단의 학생들은 제3장에서 읽었던 신경과학에서 나온 몇 가지 개념들에 기초해서 점증 지능 이론을 배웠다 — 뇌는 유연하고 항상 변하고 있다, 학습은 시냅스들 간의 새로운 연결을 만든다 등. 통제집단은 기본 학습 기술을 훈련받았다. 특히 개입 프로그램을 받은 아동들은 성적이 향상되었을 뿐 아니라 동기에서 긍정적인 변화를 보였다. 반면에 통제집단의 아동들은 성적이 감소했다.

현재 조망

사회인지 이론가들은 사회적 발달의 연구에 많은 중요한 기여를 했다. 한 가지는 사회적 세상에 대한 정보의 능동적 탐색자로서 아동에 대한 강조이다. 또 다른 기여는 아동의 사회적 경험의 효과가 그런 경험들에 대한 해석에 달려 있다는 통찰이다. 따라서 사회적 사건(어떤 사람이 그들에게 해를 입히는 것 같은)과 학문적 사건(시험을 잘 본 것 같은)에 대해 다른 귀인을 하는 아동들은 그 사건에 다르게 반응할 것이다. 게다가, 많은 연구가 사회인지적 입장을 지지했다. 비록 이런 이론들이 아동들의 인지를 제외한 사회적 이론들에 매우 건강한 해독제가 되었지만, 그것들의 설명도 불완전하다. 가장 분명한 것은 학습 이론들처럼 사회인지 이론들도 사회적 발달에서 생물학적 요인들에 대해 거의 아무 말도 하지 않는다. 그러나 이것은 변화의 시작이다. 현대 연구는 최적의 혹은

점증 이론 ■ 사람의 지능은 경험의 함수로서 증가할 수 있다는 이론

차선의 사회적 발달로 이끄는 기저의 신경학적 과정을 밝히기 시작한 인지신경학 방법들의 장점을 취한다.

생태학적 발달 이론

우리는 지금 사회적 발달 맥락에 대해 매우 광범위한 관점을 갖고 있는 이론들로 돌아간다. 실제로 모든 심리학적 이론들과 이제까지 검토했던 이론들은 개별 아동의 발달에서 환경의 역할을 강조한다. 그러나 이런 많은 이론들에서 '환경'은 직접(immediate) 맥락인 가족, 또래, 학교이다. 여기서 논의될 처음 두 접근인 비교행동학적 및 진화적 심리학 관점은 아동의 발달을 우리 종의 웅장한 진화역사 맥락과 연결한다. 세 번째 접근인 생물생태학적 모델은 다중적 수준의 환경적 영향력들이 어떻게 동시에 발달에 영향을 미치는지를 살펴본다.

아동발달에 대한 관점

비교행동학적 이론과 진화적 이론은 아동을 유전에 기초한 능력과 성향의 상속자로 본다. 이 이론들의 초점은 주로 적응적 기능을 하거나 혹은 한때 했던 행동들에 있다.

생물생태학적 모델은 발달 맥락의 효과를 강조하지만, 이런 맥락들을 선택하고 영향을 미치는 아동의 능동적 역할도 강조한다. 기질, 지적 능력, 운동 기술 등과 같은 아동의 개인적 특성들은 그들이 어떤 환경을 선택하고 주변 사람들에게 영향을 미치도록 이끈다. 이 마지막 요점은 이 장의 앞에서 논의했던 Bandura의 상호결정주의를 떠올리게 한다.

중심 발달 이슈

생태학적 이론들에서 가장 중요한 발달 이슈는 천성과 육성 간의 상호작용이다. 사회문화적 맥락의 중요성과 발달의 연속성은 은연중에 모든 이론들에서 강조된다. 또 다른 핵심 초점은 아동이 자신의 발달에서 하는 능동적 역할이다.

비교행동학과 진화적 이론

비교행동학과 진화적 이론의 관심은 동물의 진화적 유산들과 관련해서 발달과 행동을 이해하는 것이다. 특별히 관심을 갖는 것은 종 특유 행동, 즉 특정한 종(인간 같은)의 구성원들에게는 공통적이지만 다른 종들에서는 전형적으로 관찰되지 않는 행동들이다.

비교행동학

진화적 맥락 내에서 행동을 연구하는 **비교행동학**(ethology)은 적응 혹은 생존가치와 관련해서 행동을 이해하려는 시도를 한다. 비교행동학자들에 따르면, 동물의 다양한 선천적 행동패턴들은 신체적 특성들만큼 확실하게 진화에 의해 조형되었다.

비교행동학적 접근들은 발달적 이슈들에 자주 적용되어 왔다. 전형적이고 가장 잘 알려진 예는 현대 비교행동학의 아버지로 부르는 Konrad Lorenz(1903-1989)에 의해 유명해진 각인 연구이다(Lorenz, 1935, 1952). **각인**(imprinting)은 어떤 종들의 갓 태어난 조류와 포유동물들이 처음 본 어미에게 애착되어 어미가 가는 곳은 어디든 따라가는 과정이며, 이것은 확실하게 새끼가 보호와 음식의 출처 가까이에 머물게 하는 행동이다. 각인이 일어나려면, 새끼는 매우 이른 생의 특정한 **결정기** 동안 어미를 만나야 한다.

각인의 기초는 실제로 새끼의 어미 그 자체가 아니다. 오히려 그런 종들의 새끼들은 세상에 나온 후 자신이 처음 보는 특별한 특징이 있는 움직이는 대상을 따르는 유전적인 성향을 갖고 있다. 예를 들면 병아리의 경우 각인은 새의 머리와 목을 보는 것으로 유발된다(M. H. Johnson, 1992). 개체가 어떤 특정 대상을 충실하게 뒤따라갈지는 경험-예정적 과정(제3장에서 논의)의 문제이다. 대개 병아리가 처음 보는 움직이는 대상은 어미이고, 그러면 모든 것은 잘 작동한다.

인간 신생아가 '각인'되는 것은 아니지만 자기 종의 구성원에 끌리는 강한 경향성이 있다. 초기에 등장하는 얼굴에 대한 시각적 선호이다. 상반부에 '무언가(stuff)'가 더 많은 얼굴 형태에 끌리는 듯하다. 비록 이런 끌림이 특정한 사람 얼굴 판형에 기초한 것은 아니지만, 영아들은 환경 내의 다른 인간에게 주의를 기울인다. 또한 다른 포유동물들처럼, 인간 신생아들은 자궁에서 경험한 것과 유사한 소리, 맛, 냄새로 향한다. 신생아들이 자신의 어머니에게로 향하는 성향이다(제2장 참조). 인간 발달에 적용한 비교행동학 중 가장 영향력 있는 것은 Bowlby(1969)가 각인 개념을 영아가 어머니와 정서적 애착을 형성하는 과정으로 확장한 것으로 제11장에서 논의된다. Bowlby에 따르면, 애착은 기본적으로 정서적 각인이며, 양육자와 영아 간의 상호적인 정서 결속을 만듦으로써 무기력한 영아의 생존 기회를 높이는 적응적 관계이다. 애착 관계가 긍정적일 때, 영아는 세상을 탐색하기 위한 안전 기지를 갖는다.

비교행동학적 조망이 적용되는 인간 행동의 또 다른 예는 남성과 여성의 놀이 선호 차이다(제15장). 예를 들어 많은(전부는 아닌) 남아들은 활동(action) 놀이를 할 수 있는 운송수단 장난감으로 놀기를 좋아하는 반면, 많은(전부는 아닌) 여아들은 양육 놀이에 도움이 되는 인형을 선호한다. 이런 차이에 대한 사회학습 이론과 사회인지 이론의 기본적 설명은 아동들(특히 남아들)이 '성-적절한' 장난감을 갖고 놀라는 부모의 격려를 받고, 그들은 자기 성의 구성원들과 비슷하기를 원하기 때문에 그렇게 한다고 주장한다. 그러나 어떤 연구자들은 이런 설명이 이야기의 전부는 아니며, 진화된(evolved) 성향이 이런 선호를 부채질한다고 주장한다. 예를 들면 한 연구에서 신생아 여아는 모빌 같은 비사회적 자극보다 인간 얼굴 같은 사회적 자극을 더 오래 쳐다본 반면, 남아들의 경우는 그 반대였다(Connellan et al., 2000). 비슷하게, 1세 남아는 움직이는 인간 얼굴 비디오보다 움직이는 자동차 비디오를 더 오래 본 반면, 여아들은 그 반대였다(Lutchmaya & Baron-Cohen, 2002). 이런 발견들은 사회적으로 학습된 성 규준들보다 아동의 성별 기능으로서 유전적 선호를 보여주는 것일 수 있다.

진화심리학

비교행동학과 밀접한 관련이 있는 진화심리학은 자연 선택과 적응의 **Darwin** 개념들을 인간 행동

Thomas D. McAvoy / Getty Images

이 유명한 사진은 Konrad Lorenz(1952)와 그에게 각인되어 농장 어디나 그를 따라 다니는 회색기러기 무리이다. Lorenz는 청둥오리는 더 특이하다는 것을 발견했다. 그것들은 단지 그가 낮게 쪼그려 앉아서 주변을 돌아다니며 몇 시간 동안 계속해서 꽥꽥거린다면 그에게 각인될 것이다. 그는 매우 열정적인 과학자였다.

각인 ■ 어떤 종의 조류나 포유류의 새끼들은 그 종의 성체 구성원(대개 어미)에게 달라붙고 뒤따르는 학습의 형태

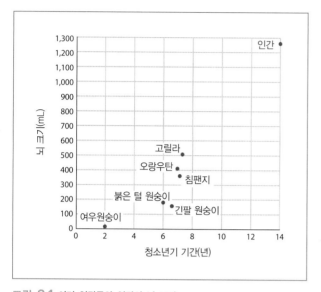

그림 9.1 여러 영장류와 인간의 뇌 크기
인간은 다른 영장류들에 비해 '천천히 발달하는 큰 뇌를 가진 종'이다. 여러 영장류들의 뇌가 더 클수록 발달 기간이 더 길다 (Bonner, 1988).

에 적용한다(Bjorklund, 2007; Ceary, 2009). 기본 생각은 종의 진화역사에서 어떤 유전자는 개인들이 직면하는 적응적 도전들(음식 얻기, 약탈자 피하기, 사회적 결속 형성하기)을 해결했던 방식으로 행동하도록 만드는 경향이 있다. 이런 적응적 유전자들은 점점 더 공통적이 되고 현대 인간들에게 전달되었다. 그래서 오늘날 우리의 많은 행동 방식들은 선사시대 조상들에 대한 요구들의 유산이다(Geary, 2009).

인간 종의 가장 중요한 적응적 특징 중 하나, 다른 종들과 우리를 분명하게 구분하는 것은 거대한 크기의 뇌다(신체 크기에 비해). 이것의 대가로 인간 아이들은 긴 미성숙과 의존 기간을 경험한다. 그림 9.1에 나와 있듯이 우리는 '천천히 발달하는 큰 뇌를 가진 종'이다(Bjorklund & Pellegrini, 2002). 제2장에서 우리는 여성의 골반 크기가 출생 시 인간 뇌의 크기를 어떻게 제한하는지를 논의했다. 인간들이 진화하면서, 다른 포유동물들보다 '미숙한' 발달 단계에서 태어남으로써 우리 뇌를 확대할 수 있었다. 이런 진화적 변화는 사회적 복잡성이 증가했기 때문인데, 이것은 매우 무기력한 자손들의 성공적인 양육을 위해 필수적이다. 우리의 큰 뇌와 느린 발달의 결과는 우리 종에 전형적인 높은 수준의 신경 가소성이며, 이것은 경험으로부터 배우는 능력을 지원하는 독보적인 능력이다. Bjorklund(1997)가 지적하듯이, 적응적 이득과 함께 확장된 미성숙은 인간에게는 필수조건이다. 인간은

자신들의 기지(wits)로 생존해야 한다. 인간 공동체는 다른 종보다 더 복잡하고 다양하다. 이것은 사회의 관습들을 배우는 유연한 지능일 뿐 아니라 그것을 배우는 긴 시간을 요구한다.

(p. 153, 강조 추가)

많은 진화심리학자들이 주장하기를, 대부분 포유동물의 미성숙기 동안 가장 독특한 행동 형태 중 하나인 놀이는 진화된 학습 플랫폼(platform)이다(Bjorklund & Pellegrini, 2002). 아동들은 경주하고, 씨름하고, 장난감 창을 던지고, 골대로 공을 차는 과정에서 운동 기술들이 발달한다. 그들은 다양한 사회적 역할들을 시도하고 연습하며(제7장), 자신이 부모 혹은 경찰에 대해 알고 있는 것을 시연한다. 놀이의 핵심 미덕 중 하나는 책임져야 할 결과가 아주 작은 상황에서 아동들이 실험을 하는 것이다. 만일 아기 인형이 우연히 머리로 떨어지고 너프건(Nerf gun)이 '나쁜 녀석'에게 발사되어도 어느 누구도 다치지 않는다.

길어진 미성숙으로부터 이득을 얻으려면, 당연히 아동들이 생존해야 하고 그들의 생존과 발달에 부모가 많은 시간, 에너지 자원을 양육에 쏟아야 한다(Bjorklund, 2007). 왜 부모들은 자식을 위해 그렇게 많은 희생을 기꺼이 하려고 하는가? **부모투자 이론**(parental-investment theory)(Trivers, 1972)에 따르면, 부모가 그런 희생을 하는 일차적 동기의 근원은 인간 유전자 풀(pool)에서 유전자들을 영속하게 하려는 추동이며, 이것은 자식이 다음 세대로 그들의 유전자들을 전달할 정도로 충분히 오래 생존할 때만 일어날 수 있다.

부모투자 이론은 또한 진화 그림에 잠재하는 어두운 면을 보여주는데, 소위 신데렐라 효과(Cinderella effect)로 불리는 이것은 아동학대의 비율이 생물학적 부모보다 의붓부모에서 상당히 더 높다는 사실이다. 그림 9.2에서 보듯이, 의붓아버지가 함께 거주하는 아동들을 살해하는 비율의 추정치는 아버지와 생물학적 자녀들의 비율보다 수백 배 높다. 게다가 친(natural)자녀와 의붓자녀

부모투자 이론 ■ 부모가 자손에 대한 광범위한 투자를 포함하는 부모 행동의 많은 측면들의 진화적 기초를 강조하는 이론

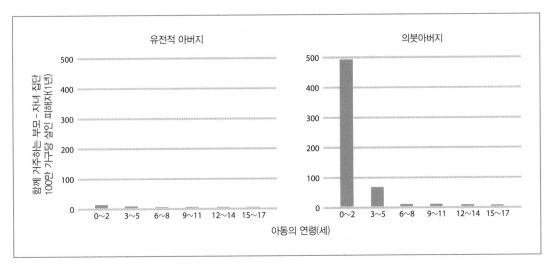

그림 9.2 1974～1990년에 캐나다에서 유전적 아버지 대 의붓아버지들이 저지른 아동 살인의 추정 비율 놀랄 만큼 분명하게. 다른 아동들이 생물학적 아버지에 의해 살해될 가능성보다 의붓자식들, 특히 매우 어린 아동들이 의붓아버지에 의해 살해될 가능성이 훨씬 더 높다(Daly & Wilson, 1996).

들이 함께 거주하는 가족에서, 학대하는 부모는 전형적으로 의붓자녀들을 학대의 표적으로 삼는다(Daly & Wilson, 1996). 놀랍게도, 이런 패턴은 Daly와 Wilson의 원 연구가 수행되었던 캐나다에만 있는 것이 아니다. 호주부터 한국과 콜롬비아에 이르는 나라들에도 존재한다(Archer, 2013). 고의가 아닌 아동 사망사건들(예 : 익사)도 함께 거주하는 의붓부모가 있는 가정에서 일어날 가능성이 더 높다는 발견은 의붓부모 가정에서 아동들이 보호를 더 적게 받고 있음을 시사한다(Tooley et al., 2006).

생물생태학적 모델

일반적 발달 맥락에 대한 가장 포괄적인 모델은 Urie Bronfenbrenner의 생물생태학적 모델이다(Bronfenbrenner, 1979; Bronfenbrenner & Morris, 1998). 이 조망은 아동의 환경을 '러시아 인형 세트처럼 각각이 다음 것 안에 들어 있는 포개진(nested) 구조 세트'로 본다(1979, p. 22). 각 구조는 발달에 대한 다른 영향력의 수준을 대표한다(그림 9.3). 중심에는 특별한 특성들을 가진 아동이 있다(유전자, 성, 연령, 기질, 건강, 지능, 신체적 매력 등).

발달 과정을 거치면서, 아동의 특성들은 각 수준의 환경적 힘들과 상호작용한다. 수준이 다르면 효과가 얼마나 직접적인가도 다르다. 그러나 Bronfenbrenner는 가정의 직접적 맥락부터 가족이 살고 있는 일반적 문화까지 모든 수준은 아동의 발달에 영향력을 갖는다고 강조한다. 그림 9.3에서 묘사된 수준들 각각은 '체계'로 불리고, 이것은 각 수준의 복잡성과 상호연결성을 강조한다. 다른 생명체의 생태학 연구에서처럼 다중 맥락 수준들이 결과에 영향을 미친다고 가정한다는 점에서 이 이론은 생태학적이다. 식물들의 생태학적 맥락인 토양과 강우량 대신에, 아동들의 생태학적 체계는 가족, 이웃, 정부이다. 아동들이 발달하는 생태학적 수준의 범위는 매우 협소한(미시체계)부터 매우 광범위한(거시체계) 정도까지이다.

아동이 포함되는 첫 번째 수준은 **미시체계**(microsystem)이며, 이것은 아동이 **직접** 참여하는 활동과 관계들이다. 아동의 가족은 미시체계의 결정적 요소이며, 그것의 영향력은 영·유아기와 아동 초기에 우세하다. 미세체계는 아동이 나이가 들고 학교, 이웃, 조직적인 스포츠, 예술, 클럽, 종교 활동 등과 같은 환경에서 또래, 교사 및 타인들과 점점 더 자주 상호작용하면서 더 풍부하고 더 복

미시체계 ■ 생물생태학 모델에서 개별 아동이 개인적으로 경험하고 참여하는 직접적 환경

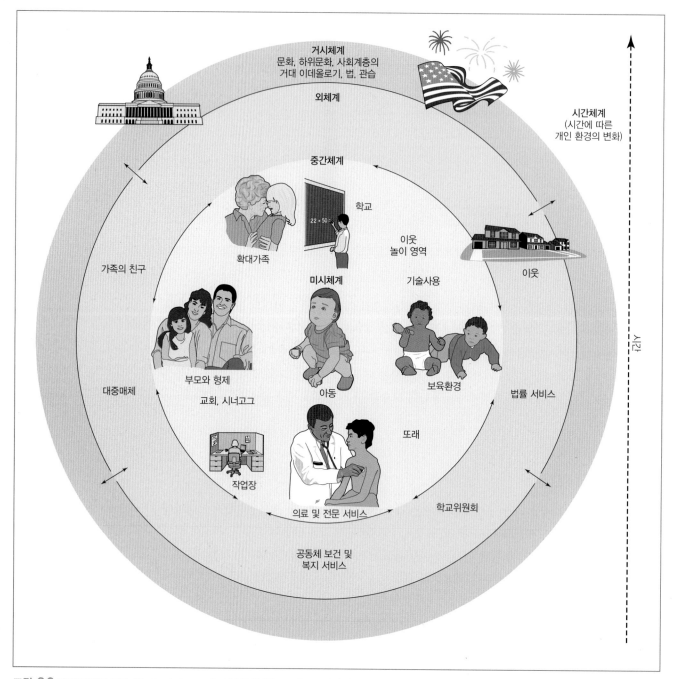

그림 9.3 생물생태학적 모델 Urie Bronfenbrenner는 아동의 환경을 구조들로 구성된 것으로 보았는데, 미시체계(아동이 직접적으로 상호작용하는 직접적 환경), 중간체계(미시체계들 간에 존재하는 상호연결), 외체계(아동이 일부는 아니지만 그럼에도 아동의 발달에 영향을 미치는 사회적 환경들) 및 거시체계(모든 다른 체계들이 내장된 일반적인 문화적 맥락)으로 구성된다. 이런 체계들 모두 시간체계 내에 있으며, 이것은 시간이 지나면서 발생하는 신념, 가치, 관습 테크놀로지 및 환경의 변화이다. 이 그림은 미국에 사는 아동의 환경을 보여준다(Bronfenbrenner, 1979).

잡해진다. 아동은 또래, 활동, 첨단기술(예 : 미디어 아웃렛과 소셜 테크놀로지의 사용)의 선택을 통해 미시체계에 어느 정도의 영향력을 갖는다. 다른 측면들은 가족 기대와 자원의 영향을 강하게 받는다. Bronfenbrenner는 미시체계 내의 모든 관계감 양방향적임을 강조한다. 예를 들면 부모의 결혼관계는 그들이 자녀를 어떻게 대할지에 영향을 미칠 수 있고, 그런 다음에는 자녀의 행동이 결혼관계에 영향을 미칠 수 있다.

Bronfenbrenner의 모델에서 다음 두 수준은 가정으로부터 아동의 공동체 쪽으로 움직인다. 두 번째 수준인 **중간체계**(mesosystem)는 가족, 또래 및 학교와 같은 여러 미시체계들 간의 **상호연결성**을 포함한다. 이런 맥락들 간의 지지적인 관계는 아동에게 유익할 수 있다. 예를 들면 아동의 학문적 성공은 부모와 또래가 학업 노력을 가치 있게 여길 때 촉진된다. 중간체계에서 상호연결성이 지지적이지 않을 때 부정적인 결과들이 나올 가능성이 더 높다. 사회적 맥락의 세 번째 수준인 **외체계**(exosystem)는 아동이 직접적인 부분은 아니지만 여전히 발달에 영향을 미칠 수 있는 환경들이다. 예를 들면 부모의 직장은 여러 방식으로 아동에게 영향을 미칠 수 있는데, 육아휴가, 유연한 작업 시간, 현장 보육과 같은 정책들이 포함된다.

Bronfenbrenner 모델의 바깥 수준은 **거시체계**(macrosystem)이며, 이것은 모든 다른 수준들이 포함되는 더 큰 사회의 일반적인 신념, 가치, 관습 및 법이다. 아동이 속한 일반적 문화, 하위문화, 사회 계층을 포함한다. 문화적 및 계층 차이는 아동의 거의 모든 삶에 스며들며, 아동들에게 육성할 특성들 그리고 그들을 육성하는 최선의 방식에 대한 신념의 차이를 포함한다. 국가의 법들도 아동 발달에 주요한 영향력을 갖는다. 예를 들어 전 세계의 유급 육아휴가 정책에 대해 생각해보라. 유엔에 따르면, 미국은 현재 유급 어머니 휴가를 의무규정으로 하지 않는 세 나라 중 하나이다(조사된 185개국 중에서)(Addati, Cassirer, & Gilchrist, 2014). 또한 육아휴가 기간(많은 국가에서 1년이지만, 미국은 단 12주)과 연방정부의 의무규정인 작업장에서 수유 휴식과 같은 자녀양육의 실제에 영향을 주는 정책들은 국가 간 차이가 크다. 국가 정책과 우선순위는 부모들이 이용할 수 있는 선택지들에서 극명한 차이가 될 수 있다.

마지막으로 Bronfenbrenner 모델은 시간 차원인 **시간체계**(chronosystem)가 있다. 어떤 사회에서 신념, 가치, 관습, 사회적 환경 및 테크놀로지(장치와 시스템 같은)는 시간이 지나면서 변하고 아동발달 결과들도 함께 변한다. 예를 들어 이 장에서 나중에 논의하겠지만, 오늘날 아동들은 이전 세대는 상상할 수 없는 방대한 디지털 정보와 오락에 접근한다. 이것은 아동이 부모, 또래, 공동체 및 더 넓은 문화와 맺는 관계에 영향을 준다. 게다가 환경 사건의 영향은 그런 사건들의 타이밍에 달려 있다. 아동에 미치는 이혼의 영향은 아동이 어릴 때 훨씬 더 뚜렷할 것이다. 시간 차원의 또 다른 중요한 측면은 아동들이 나이가 들면서 친구, 활동, 환경에 대한 결정에서 점점 더 능동적인 역할을 한다는 사실이다. 주의력결핍 과잉행동장애에 대한 글상자 9.1이 제안했듯이, 시간체계는 발달장애의 한 변인이다.

아동발달에 대한 생각과 조사를 위한 생물생태학적 모델의 풍성함을 더 보여주기 위해, 모델의 다중적 수준들 간의 상호작용이 분명하고 관련 있는 세 가지 예를 살펴볼 것이다 — 아동학대, 아동과 전자 미디어, 그리고 SES와 발달.

아동학대

미국에서 아동발달에 가장 심각한 위험 중 하나는 **아동학대**(child maltreatment)이다. 이것은 18세 이하 아동의 안녕을 위험하게 하는 의도적인 학대와 무시로 정의된다. 2014년에 대략 702,000명의 아동들이 아동학대의 피해자로 확인되었다(U.S. Department of Health and Human Services Administration for Children and Families, 2016). 사례의 대다수는 부모에 의한 학대이고, 여아와 남아 피해자는 거의 같은 수이다. 가장 높은 비율의 피해자는 1세 이하의 영아들이다. 2014년에 이 연령의 미국 영아 1,000명 중 24.4명이 학대를 당했다. 더 비극적인 것은 1,580명의 아동들이 학대와 무시로 사망했는데, 그들 대부분은 4세 이하였다. 그 아동들 중 4/5는 한쪽 부모 혹은 양쪽 부

중간체계 ■ 생물생태학 모델에서 직접적 혹은 미시체계 환경들 간의 상호연결

외체계 ■ 생물생태학 모델에서 아동이 직접적으로 경험하지 않지만 아동에게 간접적으로 영향을 미칠 수 있는 환경

거시체계 ■ 생물생태학 모델에서 다른 체계들이 포함되어 있는 더 큰 문화적 및 사회적 맥락

시간체계 ■ 생물생태학 모델에서 다른 체계들에 영향을 미치는 역사적 변화들

아동학대 ■ 18세 이하 사람들의 안녕을 위협하는 의도적인 학대나 무시

주의력결핍 과잉행동장애

많은 발달장애들은 생물생태학 모델의 서로 다른 수준을 기억하면서 조사하면 유익할 수 있다. 서로 다른 수준의 영향력과 중재들은 아동이 자신의 문제들을 더 쉽게 혹은 더 어렵게 관리하도록 만들 수 있다. 좋은 예가 **주의력결핍 과잉행동장애**(attention-deficit hyperactivity disorder, ADHD)이다.

ADHD가 있는 아동들은 지능이 정상이고 전형적으로 심각한 정서적 불안을 보이지 않는다. 그러나 그들은 계획을 고수하고, 규칙을 따라 조절하고, 주의를 유지해야 하는 과제(특히 흥미롭지 않은 과제)를 꾸준히 계속하는 데 어려움이 있다. 많은 아동들이 지나치게 활동적이고, 계속 꼼지락거리고, 책상을 두드리고, 주변을 돌아다닌다. ADHD가 있는 아동들은 전형적으로 읽고 쓰기와 같은 학업 기술을 습득하는 데 어려움이 있다. 이런 기술들은 오랜 기간 동안 주의를 집중해야 하기 때문이다. 또한 많은 아동들은 좌절했을 때 공격적인 반응을 억제하는 데 문제가 있다. 이 모든 증상들은 행동하려는 충동을 억제하는 기본적인 어려움을 반영하는 듯하다. 흥미로운 방해 자극이 있을 때 가장 어렵다.

질병통제예방센터(CDC)에서 2011~2012년에 수집된 자료에 대한 분석은 4~17세의 640만 아동이 인생의 어느 시점에 ADHD로 진단됨을 보여준다. 다른 말로 하면, 미국에서 학령기 아동의 대략 11%가 ADHD로 진단되었다. 이것은 이 연령집단에서 ADHD 진단이 2007년 이후 16% 증가했고 이전 10년에 비해 41% 증가했음을 나타낸다. 더 놀라운 것은,

2011~2012년 자료에서 고등학교 남아의 20%가 인생의 어느 시점에 ADHD로 진단된 것에 비해 고등학교 여아는 10%라는 것이다. 보다 최근 연구에 따르면, ADHD의 유병률은 여아보다 남아에서 여전히 더 높지만, 여아에 대한 진단율이 남아의 진단율보다 더 가파르게 증가하고 있다(Collins & Cleary, 2016). 자폐스펙트럼장애(제3장에서 논의)와 관련해서, ADHD 진단율에서 가파른 증가가 유병률에서 실질적 증가, 장애에 대한 인식의 증가, ADHD 진단 기준의 변화, 혹은 이 모든 것을 나타내는지는 현재 분명치 않다.

ADHD의 원인은 매우 다양하다. 유전적 요인들은 분명한 역할을 한다. 쌍생아 연구들로부터 유전성 추정값은 70~90% 범위 내에 있다(Chang et al., 2013; Larsson et al., 2014). 실제로 자폐스펙트럼장애를 제외하면, ADHD의 유전성은 어떤 다른 발달장애들보다 크다. ADHD는 조현병, 자폐증, 주요우울증, 양극성장애와 같은 여러 다른 정신적 질병들과 유전적 변이(variation)를 공유하는 듯하다. 포함된 유전자가 수백 개임에도 불구하고, 장애들 간 유전적 중복을 분석하는 것은 어렵다(Cross-Disorder Group of Psychiatrics Genomics Consortium, 2013). 또한 그림을 복잡하게 만드는 것은 유전자와 환경 간 악순환의 가능성이다. 예를 들면 아동의 행동문제들은 부모를 좌절하게 만들 수 있는데, 이들은 아동이 필요로 하는 여분의 지원을 제공하기보다 가혹하게 반응한다(Hinshaw & Arnold, 2015). 그런 경우, 아동의 유전자들(ADHD를 발달하게 만든 것으로 가정되는)

은 특히 장애를 발달시키는 환경(적대적 양육)을 촉발할 수 있다.

미시체계의 환경 요인들은 ADHD의 발달에 영향을 미칠 수 있다. 제2장에서 논의했듯이, 알코올과 담배 연기에 대한 태내 노출은 뇌 발달에 영향을 주고, 둘 다 ADHD의 발달에 관련 있다(Han et al., 2015). 납과 가정용 살충제 같은 수많은 다른 기형유발물질들에 대한 태내 노출은 ADHD의 발병 위험을 크게 만든다(Nigg, 2012). 인공색소와 같은 합성 음식 첨가물도 잠재적인 원인이 될 수 있고, 이런 요소들을 피하는 제한 식단은 ADHD가 있는 어떤 아동들에게 이득이 될 수 있다(Nigg et al., 2012). ADHD 발달과 연합된 사회적 요인들은 낮은 SES, 높은 수준의 부모 자녀 갈등 및 심각한 초기 박탈이다(Thapar et al., 2013).

그러나 이런 요인들 모두 ADHD와 연합되어 있지만, 인과성을 말하기는 매우 어렵다는 것에 주목하라. 예를 들면 임신 동안 흡연하는 어머니들은 자식에게 ADHD의 유전적 위험을 전달할 수도 있다. 실제로 임신기간 동안 아버지 흡연의 효과를 조사한 최근 연구들은 ADHD의 위험이 증가함을 보여주었는데, 이것은 적어도 담배와 관련된 어떤 위험 요인은 단지 어머니 자궁 안에서 노출되는 것과는 다른 유전적 혹은 가정적 요인들이 있을 수 있음을 시사한다(Langley et al., 2012; Zhu et al., 2014).

ADHD에 대한 현재 치료는 미시체계(가족 의사), 외체계(약물/제약 산업) 및 거시체계(정보)의 작용

모에 의해 죽임을 당했다. 생물생태학적 모델과 일관되게, 아동의 특성, 부모, 공동체와 같은 다양한 요인이 아동학대의 원인과 결과들에 관련되어 있다.

학대의 원인 미시체계 수준에서, 부모의 어떤 특성들은 학대의 위험을 높인다. 부모의 낮은 자존감, 스트레스에 대한 강한 부정적 반응, 서툰 충동 통제이다. 부모의 알코올과 약물 의존성은 학대 가능성을 높인다. 학대하는 배우자 관계도 그렇다. 파트너에게 학대받는 어머니는 자녀를 학대할 가능성이 더 높다. 게다가 저출생체중, 신체적 혹은 인지적 문제들 및 까다로운 기질 같은 아동의 어떤 특성들은 부모 학대의 위험을 높인다(예 : Bugental & Happaney, 2004).

아동학대는 부모의 스트레스를 높이는 중간체계와 외체계의 요인들과 연합되는 경향이 있다. 이런 많은 요인들은 낮은 가족 소득과 관련 있다. 그것은 높은 수준의 실업, 부적절한 주거와 공동체 폭력을 포함한다.

주의력결핍 과잉행동장애(ADHD) ■ 주의를 지속하는 데 어려움이 있는 증후군

인들을 포함한다. 의사들의 가장 공통적인 접근은 리탈린(Ritalin) 같은 각성약물을 처방하는 것이다. 각성제가 이미 지나치게 활동적인 아동을 도울 수 있다는 것이 모순적으로 보임에도 불구하고, 처방된 아동의 70~90%에서 증상들이 호전된다. 이유는 이런 아동들의 뇌 체계가 실제로 덜 각성되어 있기 때문이다. 아동의 안절부절못하고 때로 파괴적인 행동은 실제로 뇌를 깨우려는 시도이다. 신경전달물질 체계를 자극하는 적절한 약물은 ADHD 아동들이 더 잘 집중하고 덜 산만하도록 한다. 이것은 학업성취가 향상되고 학급친구들과 더 나은 관계를 맺고, 활동 수준이 낮아지도록 이끈다(Barbaresi et al., 2007a, 2007b).

많은 약물에서처럼, ADHD 치료에 사용되는 약물과 연합된 많은 잠재적인 부작용이 있다. 그것들 중 어떤 것은 매우 심각한데, 식욕 상실, 흐트러진 수면패턴 및 고혈압이다. 이런저런 걱정 때문에, 자녀들을 위해 각성제를 선택한 많은 부모는 수업시간으로 복용을 제한한다. 10년 넘게 치료를 받는 아동들을 추적하는 것이 가능해지면서, 길어진 약물 사용에 대한 걱정은 줄어들었다. 예를 들면 수년 동안의 각성제 치료는 성장을 멈추게 한다는 오래된 우려에도 불구하고, 키에 부정적인 효과가 없었다(Harstad et al., 2014).

그러나 리탈린의 이득은 약을 먹는 동안만 지속된다는 것을 깨닫는 것이 중요하다. 더 오래 이득이 지속되려면 약물뿐 아니라 행동치료도 필요하다. 행동적 중재는 어린 아이를 직접 표적으로 하거나, 부모와 교사들을 표적으로 할 수 있는데, 아동의 자기 조절을 촉진하는 데 도움이 되는 도

이 초등학생이 사용하는 것 같은 스탠딩 탁자는 오랜 시간 조용하게 앉아 있지 못하는 아이들에게 도움이 될 수 있다.

구를 제공한다. 약물과 심리사회적 중재를 통합하는 결합치료는 대규모 종단 연구들의 초점이었다. 결합치료는 특히 부모가 자신의 부정적이거나 비효과적인 훈육 실제들을 줄일 때 효과적이다(Hinshaw & Arnold, 2015).

ADHD가 있는 아동들에게 도움이 되는 약물의 가용성은 외체계의 기능이다. 약물을 연구하고 개발하기 위해서는 제약회사들이 이 문제를 표적으로 한 약물로부터 이윤을 얻을 수 있다는 것을 인식해야 한다. 또한 약물의 효과와 잠재적인 부작용에 대한 연구에 기초해서, 약물들이 FDA로부터 우호적인 평가를 받을지에 달려있다. 따라서 약물이 필요한 아동의 운명은 가족의 영향력 밖 멀리 있는 요인에 달려 있다.

그러나 만일 모든 학령기 아동이 낮 동안 조용하게 책상에 앉아서 흥미 없는 과제들에 집중하면서 상당한 시간을 보낼 것을 기대하지 않는다면, 어떤 중재가 필수적인가? 생물생태학 모델의 가장 높은 수준인 시간체계를 지적하면서, 많은 전문가들은 단지 최근에 의무적인 학교교육이 출현하면서 ADHD가 심각한 문제로 등장했음을 제안했다. 예전에는 교실에서 문제가 되었을 주의문제가 있는 개인들이 그런 어려움들이 사소하거나 심지어 알아채지도 못하는 환경에서는 성공적으로 매우 잘 기능했었을 수 있다.

아동학대의 특별히 중요한 외체계 기여요인은 가족의 사회적 고립과 사회적 지원의 결여(저소득 가족들에서 더 공통적인)이다. 고립의 원인은 다중적이다. 예를 들면 다른 사람들에 대한 불신, 긍정적인 관계를 유지하는 데 필요한 사회적 기술의 결여, 경제적 요인으로 인해 이곳저곳으로의 빈번한 이사, 폭력과 일시성(transience)이 특징인 공동체에서의 삶이다. 만일 가난한 부모가 서로를 돌보고 돕는 공동체 의식이 강한 이웃에 살고 있다면 자녀를 학대할 가능성이 더 적다는 사실은 사회적 지원의 중요성을 강조한다(Belsky, 1993; Coulton et al., 1995; Garbarino & Kostelny, 1992).

학대의 결과 아동학대의 결과는 주로 미시체계에서 나타난다(비록 아동보호 정책과 기관들 같은 중간체계와 외체계의 요인들로 확장되거나 그것들에 의해 조정되지만). 효과는 초기에 나타난다. 신체적 학대를 당한 3개월 영아는 어머니와 상호작용하는 동안 높은 비율로 공포, 분노 및 슬픔을 보인다(Cicchetti & Ng, 2014). 이후 영아기 동안, 학대받은 영아는 양육자에게 해체/혼란 애착 패

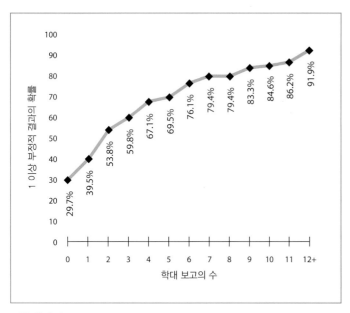

그림 9.4 **학대의 장기전 결과** 학대를 더 자주 당한 아동이 청소년기와 성인기 동안 부정적 결과의 위험이 더 크다(Johnson-Reid et al., 2012).

턴을 발달시킬 위험이 있는데, 이것은 제11장에서 논의될 것이다(Cyr et al., 2010). 발달하는 동안, 학대의 피해자인 아동들은 많은 심적 및 신체적 건강 문제들에 취약하다(Jaffee & Christian, 2014). 그들은 또래들보다 청소년기나 성인기에 정신장애로 진단받을 가능성이 더 높을 뿐 아니라 이런 장애들이 더 일찍 발달하고, 더 심각하고, 치료될 가능성이 더 낮을 것이다(McCrory & Viding, 2015).

놀랄 것도 없이, 또래관계도 영향을 받는다. 학대받은 아동들은 또래 상호작용으로부터 물러나거나 높은 공격성을 보이는 경향이 있다. 이런 아동들은 사회적인 문제가 가장 큰 듯하다(Cicchetti & Toth, 2015). 학대는 인지에도 영향을 미친다. 학대받은 아동의 자전적 기억은 또래의 기억보다 더 일반적이며, 특정 사건들에 대한 세부사항이 결여되어 있다(Valentino, Toth, & Cicchetti, 2009).

학대가 만성적일수록 아동기와 그 이후에 결과가 나쁠 가능성이 더 높다. 그림 9.4에서 보듯이, 아동학대 보고의 수치는 이후 삶에서 아동의 부정적인 결과들의 수치와 상관이 있다. 여기에는 물질남용, 폭력적 비행 및 자살 시도가 포함된다(Johnson-Reid, Kohl, & Drake, 2012). 또한 아동학대는 건강에도 영향을 미치는데, 그 범위는 아동기의 면역 체계에 대한 부정적인 효과부터 성인기의 높은 비율의 관상동맥 심장 질환이나 다른 생물학적 위험요인들까지다(Friedman et al., 2015; Miller, Chen, & Parker, 2011; Shirtcliff, Coe, & Pollak, 2009). 특별히 관심이 가는 것은 아동기의 신체적 학대와 성인기의 부정적인 건강 결과들 간 연합이 학대가 일어난 후 수십 년간 지속되고 성인이 된 피해자의 SES나 건강 행동들로 설명되지 않는다는 사실이다.

보다 거시적인 수준에서 학대의 효과를 조사할 수 있다. 적대적 귀인 편향에 대한 이전의 논의에서, 우리는 신체적 학대의 피해자인 아동들은 분노 단서에 고조된 반응을 보인다는 것을 언급했다. 이런 고조된 반응은 증가된 공격 행동에서, 사건관련 전위와 fMRI로 측정된 뇌 반응에서, 심장박동과 피부 전도로 측정된 생리학적 반응에서, 얼굴 근육조직을 통해 관찰된 부정적 감정에서 관찰된다(McCrory et al., 2013; Pollak et al., 2005; Shackman & Pollak, 2014). 비록 그런 반응들은 정서적 단서들을 오해하거나 과잉 반응하도록 이끌어서 많은 사회적 상황들에서 부적응적일지라도, 생태학적 조망에서 보면, 부정적 정서들에 대한 과잉 주목은 위협과 위험이 특징인 가정에서 성장한 아동들에게 매우 적응적일 수 있다. 아동의 환경에 대한 반응들이 어떤 맥락들에서는 적응적이지만 다른 환경에서 부적응적임을 고려함으로써, 생태학적 조망은 왜 학대가 특별한 효과를 갖는지 그리고 어떤 중재가 가장 효과적일 수 있는지를 설명하는 데 도움이 될 수 있다(Cicchetti, 2016; Frankenhuis & de Weerth, 2013).

미시적 조망을 갖고 제3장의 MAOA 유전자에 대한 논의를 상기하라(그림 3.5). 어렸을 때 학대를 당했지만 MAOA 유전자 변이가 있는 사람들은 아동학대의 부정적인 효과에 대해 매우 탄력적이다(Caspi et al., 2002). 유전적 차이도 중재의 효과에 영향을 주는데, 어떤 학대받은 개인들은 특히 중재에서 긍정적 효과를 얻기 쉽다(Belsky & van IJzendoorn, 2015). 물론 이상적인 상황은 모두 함께 아동학대를 예방하는 것이다.

글상자 9.2 　　적용

아동학대 예방하기

아동학대를 유발하는 다중적 요인들을 가정하면, 학대를 예방하거나 개선하는 것은 매우 어렵다. 그러나 매우 유망한 한 중재 프로그램이 거시체계 수준에서 연방기금 기관들의 자금지원을 받았고 미시체계 수준에서 실행되었다.

사회인지적 조망의 프로그램은 Daphne Bugental과 동료들이 고안하고 실행했는데, 그들은 많은 학대하는 부모들이 자녀와의 관계에 대한 부적절한 모델을 갖고 있음을 발견했다. 그들은 자신과 자녀들을 권력투쟁 속에 갇혀 있는 것으로 보는 경향이 있으며 스스로를 피해자로 보았다(Bugental, Blue, & Cruzcosa, 1989; Bugental & Happaney, 2004). 따라서 그들은 아기의 긴 울음을 아기가 자신들에게 화를 내는 증거로 해석하고 금지된 장난감이나 과자를 계속해서 조르는 아이를 의도적으로 자신들의 권위를 무너뜨리려는 시도로 생각한다.

이 프로그램의 목표는 자녀를 학대할 위험에 처한 부모가 자녀를 돌볼 때 겪는 어려움을 현실적으로 해석하도록 돕는 것이었다(Bugental et al., 2002). 연구자들은 고위험 신생아 부모들을 표적으로 했다. 부모의 위험요인은 부모 자신의 역사(자신의 학대 경험, 물질 남용 및 범죄)와 자녀를 위험하게 하는 신념 체계(가혹한 처벌에 대한 신념, 자녀를 까다로운 아이로 보는 부모의 지각, 비현실적 기대 및 아동에 대한 양가감정)이다.

중재에서 영아의 생의 첫 1년 동안 훈련받은 전문가가 자주 가정방문을 한다. 부모들이 자녀들과 겪었던 최근의 문제 사례들에 대해 묻고 문제의 원인이 무엇이라고 생각하는지를 말하게 한다. 그런 다음 자녀가 비난의 초점이 아닌 원인을 확인하고(예 : 자녀들의 고의적인 잘못된 행동과는 다른) 그 문제를 해결하기 위한 잠재적인 전략들을 제안하도록 이끈다.

프로그램을 평가하는 데 특히 중요한 요인은 위험 가족들이 중재 조건이나 두 비교 조건으로 무작위로 배정되는 것이다. 따라서 결과의 차이는 집단들의 개인차 때문이 아니다.

프로그램은 놀랄 정도로 성공적이었다. 중재집단에서 신체적 학대의 발생은 단지 4%인 데 비해, 다른 두 비교집단에서는 약 25%였다. 미시체계 수준의 이 중재 프로그램은 부모의 인지적 해석을 수정하는 것에 초점을 둔 가정방문 프로그램이 신체적 학대를 예방하는 데 잠재력이 높다는 것을 보여준다. 이 초기 연구 이후, 중재는 다른 고위험 집단인 건강 합병증이 있는 신생아의 부모들에게 성공적으로 적용되었다(Bugental & Schwartz, 2009). 제2장에서 논의했듯이, 의료적으로 위험한 조산아나 다른 아기들은 부모에게 특히 어려운 문제일 수 있다. 앞서 진화심리학의 맥락에서 논의한 부모투자 이론과 일관되게, 프로그램은 부모가 위험에 처한(조산한) 아기들에게 더 많은 보살핌을 투자하도

Bob Kalman / The Image Works

록 이끈다(Bugental, Beaulieu, & Sibert-Geiger, 2010). 아기의 욕구들과 잠재력에 대해 더 많이 이해하게 된 후 부모들은 자녀들에게 더 많은 투자를 한다. 이후 이들은 실질적인 건강 혜택을 보였다.

아동과 미디어 : 선, 악 및 경외감

아동발달의 다중 수준을 보여주는 또 다른 좋은 실례는 TV, 영화, 비디오 게임, 유튜브, 소셜 미디어, 대중음악 같은 다양한 미디어의 영향이다. 생물생태학적 모델과 관련해서, 미디어는 외체계 속에 들어 있지만, 앞에서 지적했듯이 시간체계, 거시체계(문화가치와 정부정책), 외체계의 다른 요인들(경제적 압력), 미시체계(부모의 모니터링)의 영향을 받기 쉽다. 이 요인들 모두 아동이 접속하거나 켤 때마다 역할을 한다.

최근 경제 연구는 〈세서미스트리트〉 형태의 교육 TV의 소개가 아동에게 어느 정도 장기적인 긍정적 효과를 미쳤음을 보여준다(Kearney & Levine, 2015). 1969년에 〈세서미스트리트〉가 소개되었을 때, 이는 학습준비도를 향상시키기 위한 내용이었고 2~5세 미국 아동 중 대략 1/3이 규칙적으로 시청했다. 그러나 쇼는 TV 방송으로 전파를 탔기 때문에, 가족 TV 안테나가 수신하는 신호

연구자들은 〈세서미스트리트〉와 같은 프로그램의 방송 질은 교육적 결과에 영향을 미쳤음을 발견했다. 인터넷의 접근성과 속도에서도 유사한 결과를 발견할 것인가?

의 질에서 격차가 있었다. Kearney와 Levine(2015)은 인구조사 자료를 이용해서 〈세서미스트리트〉의 장기적 효과를 조사했으며, 시간체계(〈세서미스트리트〉가 방송되기 전후의 아동 출생 동시집단)와 거시체계(TV 수신이 양호한 주에 살았는지)의 차이를 이용했다. 연구자들은 〈세서미스트리트〉가 방송을 시작하기 전 TV 수신의 질은 교육 결과에 영향이 없음을 발견했다. 그러나 〈세서미스트리트〉가 방송을 시작한 후, TV 수신이 더 잘 되는 주에 살고 있는 아동들이 적당한 등급 수준보다 낮을 가능성은 14% 이하였다. 이 효과는 남아들, 아프리카계 미국인, 그리고 빈곤 지역에 사는 아동들에서 가장 많이 언급되었다. 연구자들은 〈세서미스트리트〉를 최초의 온라인공개강좌(MOOC)로 보았으며, 그들의 결과는 전 세계에서 〈세서미스트리트〉 시청으로부터 얻는 사회적·인지적 이득에 대한 많은 발견들과 일치한다(Mares & Pan, 2013).

스크린이 거실로부터 침실로, 아동의 주머니로 옮겨 가고 비디오 스트리밍이나 소셜 미디어가 흔해지면서, 미디어를 보는 시간에 대한 걱정이 쌓이고 있다. 2016년 정책 보고에서, 미국소아학회는 18개월 이하의 영아들의 경우 화상 채팅(Skype와 같은)을 제외하고 미디어를 보지 말 것과 2~5세 아동들의 경우 매일 1시간 이하를 추천했다(AAP Council on Communications and Media, 2016a). 나이 든 아동의 부모에게는 미디어 사용을 적절하게 제한하는 가족 미디어 사용 계획을 세우고 지킬 것을 조언했다(AAP Council on Communications and Media, 2016b). 그러나 2015년의 다음 통계치들을 보라. 8~12세 아동은 매일 오락 미디어를 평균 6시간 보는 반면, 13~18세 아동은 학교나 숙제로 보내는 시간을 제외하고 평균적으로 대략 9시간이었다(Rideout, 2015). Pew 리서치 센터에 따르면, 10대의 92%가 매일 온라인 상태이며, 24%는 '거의 항상' 온라인 상태라고 보고한다(Lenhart, 2015).

아동의 미디어 노출에 대한 우려 아동에게 노출되는 미디어의 성질과 양은 여러 가지 우려를 낳았으며, 그 범위는 미디어 폭력과 포르노그래피의 가능한 효과부터 고립과 비활동까지이다.

미디어 폭력 제기된 우려들 중 최고는 폭력적인 TV 쇼를 시청하고, 폭력 비디오 게임을 하고, 폭력적인 내용의 음악을 듣는 것이 아동을 폭력적으로 행동하게 만들 것이라는 공포이다. 1994~1997년 사이 TV 프로그램들 중 61%가 폭력 일화들을 포함하고 있다고 어떤 포괄적인 연구가 수치로 보고하면서(B. J. Wilson et al., 1997), TV가 폭력으로 가득 차 있다는 우려가 나타났다. 보다 최근 추정치들은 영화의 90%, 비디오 게임의 68%, TV 쇼의 60%, 그리고 뮤직비디오의 15%가 폭력을 묘사한다는 것을 보여준다(Wilson, 2008). TV, 게임, 영화에 나오는 공격은 특히 우려되는데, 공격이 미화되거나 하찮은 것이 되기 때문이다. 특히 자신들의 행위에 대해 처벌이나 비난을 거의 받지 않는 영웅들이 저지르는 폭력이 그렇다.

이 이슈에 대한 방대한 양의 연구들에 대한 광범위한 고찰에 근거해서, 연구자들은 미디어 폭력이 공격과 폭력을 증가시키며 아동의 긍정적인 발달의 위험요인이라는 결론을 내렸다. 그러나 제1장에서 논의했듯이, Ferguson(2015)의 최근 상위분석은 특히 비디오게임이 아동과 청소년의 공격성에 미치는 효과는 단지 미미하다고 제안한다. 이 논문이 발표되자 다른 연구자들의 반박이 이어졌다. 그들은 Ferguson(2015)의 분석은 방법론적 약점이 있고 비디오게임의 부정적 효과들을 과소평가했다고 주장한다(예 : Boxer, Groves, & Docherty, 2015; Gentile, 2015; Rothstein & Bushman, 2015; Vlkenberg, 2015). 주요 과학저널의 가열된 논쟁은 양쪽의 중대한 이해관계뿐 아니라 아동에 대한 미디어 폭력의 효과를 더 잘 이해하는 것의 사회적 중요성을 분명하게 보여준다.

미디어 폭력에 대한 노출은 네 가지 방식으로 영향을 줄 수 있다(C. A. Anderson et al., 2003). 첫째, 공격하는 행위자를 보는 것은 공격적 행동을 가르치고 그들을 모방하도록 자극한다. 둘째, 공격을 보는 것은 보는 사람의 공격적 사고, 감정, 경향성을 활성화한다. 이런 고양된 공격적 마음 태세(mindset)는 개인이 새로운 상호작용과 사건들을 공격성이 포함된 것으로 해석하고 공격적으로 행동할 가능성을 높게 만든다. 더구나, 공격 관련 사고들이 빈번하게 활성화될 때, 그것들은 개인의 정상적인 내적 상태가 된다. 이런 요인들은 앞서 이 장에서 Dodge가 설명하고 논의했던 적대적 귀인 편향으로 이끌 수 있다.

셋째, 미디어 폭력은 대부분의 청소년에게 흥분되고 자극적이다. 그들의 고양된 생리적 각성은 폭력 영상을 본 직후 도발자극에 폭력적으로 반응하게 만들 가능성이 더 높다. 마지막으로, 미디어 폭력에 대한 빈번한 장기간 노출은 점진적으로 정서 둔감화로 이끈다. 폭력을 볼 때 경험하는 불쾌한 생리적 각성의 수준이 낮아지는 것이다. 이런 각성은 정상적으로 폭력 행동을 억제하는 데 도움이 되기 때문에, 정서적 둔감화는 폭력적 사고와 행동을 할 가능성을 더 높일 수 있다. 이런 요인들은 뉴질랜드의 최근 종단연구 발견들을 함께 설명하는 데 도움이 될 수 있다. 아동기 동안 TV를 더 많이 본 개인들은 이후 사는 동안 반사회적 행동을 할 가능성이 더 높다. 예를 들면 범죄로 유죄판결을 받거나 반사회적 성격장애 진단을 받는다(Robertson, McAnally, & Hancox, 2013).

소셜 미디어 첨단 기술은 청소년의 사회적 관계에서 중요한 역할을 한다. 2015년 미국 10대 중 73%는 스마트폰으로 접속하고 55%는 적어도 하루에 한 번 친구에게 문자를 했다(Lenhart, 2015). 10대 대다수는 적어도 1명의 새로운 온라인 친구를 만들었다고 보고했고, 1/3은 잠재적 파트너들과 온라인으로 시시덕거린다고 보고했다(Lenhart, 2015; Lenhart, Smith, & Anderson, 2015). 불행하게도, 이 행동이 항상 환영받는 것은 아니다. 전체 10대 중 1/4은 시시덕거림(flirting)이 불편한 소셜 미디어의 누군가를 친구삭제(unfriended)나 차단했다고 보고했다. 관계가 끝난 후, 10대의 13%는 파트너들이 자신에 대해 소셜 미디어에 루머를 퍼뜨린다고 보고했다. 소셜 미디어는 다른 형태의 미디어보다 신체적 폭력의 방식으로 덜 표현되는 반면, 증오하는 말은 널리 퍼져 있다. 10대 소셜 미디어 사용자 4명 중 1명은 온라인에서 '자주' 인종주의자, 성차별주의자, 혹은 동성애 공포의 말을 본다고 말한다(Rideout, 2012). 한 10대는 다음과 같이 썼다. '일단 그것을 읽으면, 컴퓨터에서 지울 수 있지만 머리에서 지울 수는 없다'(Smahel & Wright, 2014).

신체적 비활동성 또 다른 우려는 스크린에 붙어 있는 아동이 바깥놀이나 그 밖의 강한 신체적 활동을 하지 않는다는 것이다. 게다가 매년 아동에게 퍼붓는 수천 개의 광고(매년 광고주의 수백만 달러의 비용)는 대개 설탕이 든 시리얼, 사탕, 패스트푸드 식당들에 관한 광고들이다. 달고 기름진 음식을 소비하도록 독려하는 광고의 맹공과 연합해서, 앉아 있는 시청시간의 특성은 최근의 아동기 비만 증가와 관련 있다. 보다 일반적으로, 10~12세 아동과 10대에서 시청 시간과 신체 활동 간에 부적 관계가 있다. 스크린 미디어를 많이 사용하는 사람들은 매일 신체활동을 할 가능성이 더 낮다(Rideout, 2015). 8~18세 아동 중 절반 이상이 그런 것처럼, 아동이 권장되는 시청시간을 초과하고 침실에서 TV 보기를 둘 다 할 때, 그 아동은 비만이 될 고위험 상태이다(Wethington, Pan, & Sherry, 2013).

학업성취에 미치는 효과 카이저 가족재단의 연구에 따르면, 미디어 사용과 학교 성적 간에는 강한 관련이 있다(Rideout, Foehr, & Roberts, 2010). 예를 들어 스크린 미디어를 많이 사용하는(하루에 16시간 이상) 아동들은 중간 사용자(하루에 3~16시간)나 가벼운 사용자(하루에 3시간 이하)보다 성적(C이하)이 저조할 가능성이 훨씬 더 높다. 전자 미디어 사용의 특정 측면은 특히 문제이다. 예를 들어 강박적으로 문자를 하는 10대 여아들은 또래들보다 성적이 나쁘고 지각된 학업 유능성이 낮다(Lister-Landman, Domoff, & Dubow, 2015). 물론 미디어 사용과 성적 간의 관련성을 설명할 수 있는 다른 많은 오염 요인들이 있다. 대개 열악한 부모의 감독이나 시청 시간에 호의적이며 읽기와 다른 학문적 추구를 덜 강조하는 가족 문화(부모 포함)와 같은 것들이다.

그러나 영리하게 설계된 한 연구는 비디오 게임과 학교 성취 간 관계에 대한 인과적 결론을 끌어낼 수 있었다(Weis & Cerankosky, 2010). 자신의 비디오게임 콘솔을 갖고 있지 않은 1~3학년 남아들을 무작위로 실험집단에 배정했는데, 연구를 시작할 때 참여 아동들에게 콘솔을 주었고, 공정성을 위해 연구가 완료된 후 비교집단의 아동들에게도 콘솔을 주었다. 연구가 시작될 때 콘솔을 받은 남아들은 이후 비교집단의 남아들보다 방과후 학문적 추구에 시간을 덜 보냈다. 연구하는 4개월 동안 읽고 쓰기 검사에서 더 저조했고 교사가 보고한 학업문제의 비율이 비교집단에 비해 더 높았다. 게임에 가장 많은 시간을 보낸 남아들은 학업 결과가 가장 저조했다.

포르노 많은 부모의 심각한 우려는 부주의해서든 혹은 의도적이든 자녀가 TV나 인터넷의 포르노에 노출되는 것이다. 그들의 자녀들도 걱정을 한다. 유럽에서 2,014명의 대규모 아동과 10대 표집에서, 참여자들이 자신의 온라인 활동에서 가장 많이 우려한다고 말한 것이 포르노였다(Smahel & Wright, 2014). 연구는 포르노에 노출된 아동이나 10대들이 여성을 향한 공격에 더 관대할 뿐 아니라 혼전 및 혼외 성관계를 더 잘 받아들인다는 것을 보여준다(Greenfield, 2004).

아동이 출연하는 포르노는 특히 우려스럽다. 아동 포르노는 인터넷과 다른 디지털 첨단 기술의 출현 이후 극적으로 증가하고 있는 수십억 달러 규모 산업이다(U.S. Department of Justice, 2015). 오늘날 소아성애자들은 보통 불법적인 아동 사진을 공유하고 아동들을 성적 관계로 유혹하기 위해 채팅방이 있는 웹을 이용한다.

아동에 대한 미디어의 여러 부정적인 효과에 대항하는 가장 효과적인 무기들은 바람직하지 않은 미디어에 대한 아동의 접속을 통제하는 부모와 함께 미시체계 수준에서 작동한다. 아동들이 점점 나이가 들면서, 부모는 덜 경계하게 된다. 최근 연구는 13~14세 아동의 부모 중 68%는 자녀의 웹 브라우징 이력(history)을 점검하는 반면, 15~17세의 경우에는 그 숫자가 56%로 떨어진다(Pew Research Center, 2016). 발달 과정에서 온라인 안전의 부담은 부모로부터 아동으로 옮겨지는데, 이것은 시간체계의 효과를 보여준다. 아동이 상호작용할 때 이용하는 미디어의 부정적 특징들을 최소화하기 위해 고안된 정부 프로그램과 법률적 통제들과 같은 거시체계도 영향이 있다. 그러나 효과적인 통제는 표현의 자유에 대한 우려 그리고 인터넷 포르노의 경우에는 문제의 글로벌한 특징 때문에 복잡하다.

사회경제적 지위와 발달

자주 언급했듯이, 가족의 사회경제적 지위(SES)는 아동의 발달에 지대한 효과가 있다. 이 효과는 생물생태학적 모델의 모든 수준에서 나온다. 미시체계에서 아동은 가족의 주거와 이웃의 영향을 받고, 중간체계에서 학교 조건과 교사들의 질의 영향을 받는다. 외체계 영향은 부모의 취업이나 실업을 포함한다. 거시체계 요인은 취업 기회에 영향을 미치고 저소득 가정을 위한 헤드스타트 프로젝트와 같은 프로그램을 만드는 정부정책들을 포함한다.

시간체계의 역할은 시간이 지나면서 가능한 직업의 종류나 수가 달라지는 것과 관련 있다. 예를 들면 미국에서 보수가 좋은 제조업의 수는 수년 동안 줄어들고 있으며, 급상승하는 실업은 전체 공동체를 황폐하게 만든다. 그 결과, 공동체에서 그리고 지난 수년간의 경제침체의 영향을 받는 다른 공동체들에서 줄어든 세금은 아동발달에 중요한 학교, 건강관리 및 다른 공동체를 지원하는 자원이 줄어들게 하고 있다.

빈곤의 침투 효과　이 책 전반에 걸쳐, 우리는 빈곤 속에 살고 있는 아동의 발달에 영향을 미치는 많은 요인에 초점을 맞춘다. 그러나 우리가 논의한 요인들은 단지 빙산의 일각이다. 표 9.1은 미국에서 빈곤 아동의 환경은 부유한 아동의 환경과는 다른 여러 방식을 보여준다(G. W. Evans, 2004

표 9.1

아동기 빈곤의 환경

빈곤 속에서 성장하는 아동의 물리적·사회적 환경들이 부유한 아동의 환경과 다른 여러 가지 방식

물리적 환경	사회적 환경	학교
가정	**가정**	• 질 낮은 보육
• 부적절한 주거	• 낮은 부모 교육	• 공격적, 폭력적 또래
• 구조적 결함	• 낮은 부모 수입	• 불안정한 또래관계
• 부적절한 난방	• 취업 불안정성	• 더 질 낮은 교사
• 안전하지 않은 식수	• 빈번한 거주지의 변화	• 높은 교사 이직률
• 가정의 나쁜 공기 질(부모의 흡연 포함)	• 사회적 고립(작은 사회관계망)	• 높은 학생 무단결석
• 설치류가 들끓음	• 더 적은 사회적 지원	• 더 적은 학교에 부모 참여
• 안전장치가 없음(예 : 연기 경보)	• 더 낮은 결혼의 질(갈등)	• 더 적은 학교에 대한 소속감
• 과밀(집의 가족 수)	• 더 많은 가정폭력(배우자, 아동학대)	• 부적당한 건물(배관, 난방, 조명 등)
• 좁은 마당(있다면)	• 더 높은 이혼율	• 과밀
	• 더 많은 한부모 가정	
지역사회	• 가혹하고 처벌적인 양육	**지역사회**
• 유독물에 노출	• 낮은 아동에 대한 모니터링	• 높은 범죄율
- 공기오염(예 : 근접한 고속도로, 공장들)	• 더 적은 정서적 지원	• 높은 수준의 폭력
- 물, 토양오염(공장, 유독성 쓰레기더미)	• 더 많은 신체적 처벌	• 만연한 실업
- 오염물질들에 노출(납, 살충제)	• 더 적은 부모의 말	• 더 적은 긍정적인 성인 역할모델들
• 공원이나 개방공간이 없음	• 더 적은 문해 활동	• 적은 사회적 자원
• 정보 수집 장소가 없음	• 더 적은 컴퓨터/더 오래된 컴퓨터	
• 부족한 지방자치 서비스(미화원, 경찰, 소방관)	• 더 적은 인터넷 접속	
• 슈퍼마켓을 포함한 적은 상점, 서비스	• 더 많은 TV 시청	
• 더 적은 버스, 택시 서비스		
• 더 많은 술집, 여관		
• 더 많은 물리적 위험(교통량, 거리 횡단, 놀이터 안전)		

출처 : G. W. Evans(2004)

에서 요약). 표에 있는 많은 항목들은 친숙하겠지만 어떤 항목들은 결코 생각해본 적이 없을 것이다. 표를 훑어보면서, 빈곤한 환경의 여러 측면들이 어떻게 상호작용하는지 그리고 그것의 축적된 영향은 무엇인지에 대해 생각해보라. 또한 표에 나와 있는 많은 유해한 요인들이 생물생태학적 모델의 수준들과 어떻게 관련되는지에 대해 생각해보라 — 정부의 우선순위나 정책부터 빈곤 속에서 성장하고 있는 개별 아동의 신체적 건강까지.

표를 훑어보면서, 제2장의 다중위험모델에서 논의된 두 가지 요점을 기억해야 한다. 첫째, 여러 환경 위험요인들에 대한 **축적된** 노출이다(Evans & Whipple, 2013). 부모가 무시하는 아동은 상당히 잘 대처할 수 있지만, 만일 아동이 위험한 이웃에 있는 질 낮은 학교에 다닌다면 그렇게 하는 것은 더 어려울 것이다. 둘째, 개별 아동들이 환경의 긍정적인 영향과 부정적인 영향에 민감한 정도는 차이가 있다(Hartman & Belsky, 2015).

부유함의 대가 대중적인 가정들과 달리, 매우 유복한 가족에서 성장하는 것은 발달에 부정적일 수 있다. '불쌍한 어린 부자 아이'라는 고정관념은 사실에 기초하고 있으며, 최근에 **부자병**(affluenza)라는 말이 만들어졌다. 부유한 10대는 또래들에 비해 더 높은 수준의 물질 사용, 특히 알코올 사용을 보고한다. 부유한 고등학생들에 대한 한 연구에서, 여아들 중 절반 이상과 남아들 중 2/3가 전달의 음주를 보고했다. 이에 비해 덜 부유한 고등학생 표집에서는 1/3이었다(Luthar & Barkin, 2012). 또래 부러움(peer envy)도 더 부유한 10대들, 여아들 사이에서 특히 공통적이다(Lyman & Luthar, 2014). 또한 중간체계 수준에서도 효과가 있다. 단지 부유한 이웃에서 사는 것이 심리적 도전이 된다는 증거가 있다. 중간 소득 이웃에서 성장하는 또래들과 비교할 때 부유한 이웃에서 살고 있는 중간 소득의 남아들은 비행 수준이 더 높고, 중간 소득의 여아들은 불안과 우울 수준이 더 높았다(Lund & Dearing, 2013).

이 발견들을 설명하면서, Luthar와 Becker(2002)는 부유한 부모들은 자녀들에게 학업과 과외활동 모두에서 뛰어나야 한다는 압력을 주는 경향이 있음을 언급했다. 이 부모들은 대개 자녀에게 정서적 지원을 더 적게 한다. 예를 들면 부유한 10대들에서 물질 사용의 증가는 부모가 자녀들의 방과후 소재를 알지 못하는 가족에서, 그리고 부모가 책임을 묻지 않을 것이라고 믿는 10대들에서 더 공통적이다(Luthar & Barkin, 2012). 이웃의 상대적 안전성을 가정할 때, 부유한 부모들은 경계해야 할 필요를 느끼지 못할 수 있지만, 느슨한 모니터링은 대가가 있을 수 있다. 같은 것이 온라인 행동들에서도 진실인 듯하다. 저소득 부모들에 비해 소득이 더 높은 부모는 10대 자녀들과 온라인 행동과 시청 내용에 대해 말하는 빈도가 훨씬 적다(Pew Research Center, 2016).

최근에 대중매체는 성취에 대한 큰 압력과 대학 입학 준비를 위한 자기소개서 작성에 스트레스를 받는 10대들의 위험에 주목한다. 가장 많이 알려진 '호랑이 엄마(tiger moms)'와 부정적인 부모의 압력에도 불구하고, 부유한 10대들의 과외활동 시간의 양은 부적응 수준과 관련이 없다(Luthar & Barkin, 2012). 학교 밖에서 과잉 스케줄에 대한 우려는 적어도 어느 정도는 부풀려진 것일 수 있다. 부유한 10대의 부모들은 자녀의 친구와 활동들에 관여하고 조율하는 것에 초점을 맞추는 것이 더 중요할 것이다.

현재 조망

이 절에서 논의했던 세 가지 이론적 입장은 모두 주류 심리학보다 훨씬 광범위한 맥락에 개인 발달을 놓음으로써 발달과학에 의미 있는 기여를 했다. 연구자가 실험실을 넘어 멀리 보도록 자극한다.

　비교행동학과 진화심리학의 주요 기여는 아동의 생물학적 본질에 대한 강조이며, 이것은 진화에 기초한 유전적 경향성을 포함한다. 진화심리학은 인간 발달에 대한 매혹적인 통찰을 제공했지만, 심각한 비판도 불러왔다. 가장 많이 받는 비판은 정신분석 이론들처럼 많은 진화심리학자의 주장은 검증하기 불가능하다는 것이다. 진화적 설명과 일치하는 행동 패턴은 적어도 사회학습 혹은 어떤 다른 조망과 일치한다. 마지막으로, 진화심리학 이론들은 인간의 가장 두드러진 특징들 중 하나를 간과하는 경향이 있다. Bronfenbrenner가 강하게 강조한 자신의 환경과 자신을 바꾸는 능력이다.

　Bronfenbrenner의 생물생태학적 모델은 발달에 대한 우리의 생각에 중요한 기여를 했다. 광범위한 발달 맥락과 다양한 수준에서 요인들 간 상호작용들에 대한 강조는 아동의 발달이 얼마나 복잡한지를 부각했다. 이 모델에 대한 주요 비판은 생물학적 요인들의 결여이다.

요약

네 가지 주요 유형의 사회발달 이론들은 아동의 사회적 세상에 대한 대조적인 관점들을 제시한다.

정신분석 이론

■ Sigmund Freud의 정신분석 이론은 전체적으로 발달심리학과 심리학에 미친 효과가 크다. 주로 성격과 사회발달에 대한 초기 경험의 중요성, 무의식적 동기와 과정에 대한 묘사, 그리고 가까운 관계의 중요성을 강조한다.

■ Freud는 생물학적으로 결정된 심리성적 발달의 5단계(구강기, 항문기, 남근기, 잠재기, 생식기)를 가정했는데, 단계들에서 정신 에너지는 서로 다른 신체 부위에 집중된다. 아동들은 각 단계에서 특정한 갈등에 직면하고 건강한 발달을 위해서 이 갈등이 해결되어야 한다. Freud는 또한 세 가지 성격 구조인 원초아(무의식적 충동), 자아(이성적 사고), 초자아(양심)를 가정했다.

■ Erik Erikson은 전 생애로 확장된 심리사회적 발달의 8단계를 확인함으로써 Freud 이론을 확장했다. 각 단계는 발달적 위기가 특징인데, 만일 그것이 성공적으로 해결되지 않으면 계속해서 개인을 힘들게 할 것이다.

학습 이론

■ John Watson은 아동의 발달에 영향을 미치는 환경요인의 힘, 특

히 강화의 힘을 강하게 믿었다.

■ B. F. Skinner는 조작적 조건형성으로 모든 행동을 설명할 수 있다고 주장했다. 그는 간헐적 강화의 중요성과 주목의 강력한 강화 가치를 발견했다.

■ Albert Bandura의 사회학습 이론과 경험 연구는 아동이 단순히 타인들을 관찰함으로써 학습할 수 있음을 확립했다. Bandura는 사회학습에서 인지의 중요성을 강조했다.

사회인지 이론

■ 사회인지 이론들은 아동의 지식과 신념들은 사회적 발달에서 매우 중요하다고 가정한다.

■ Robert Selman 이론은 타인의 역할이나 조망을 수용하는 능력의 발달은 4단계를 통과한다고 제안한다. 그것들은 누군가 자신과 다른 관점을 가질 수 있다는 단순한 인식부터 '일반화된 타인'의 관점에 대해 생각할 수 있는 것으로 진행된다.

■ 사회인지에 대한 사회정보처리 접근은 자신과 타인의 행동에 관한 아동 귀인의 중요성을 강조한다. 귀인의 역할은 Dodge가 설명한 적대적 귀인 편향에 분명하게 반영된다. 이것은 아동이 타인에게 적대적 의도가 있다고 가정하고 타인의 의도가 애매한 상황에서 공격적으로 반응하도록 이끈다.

■ Dweck의 자기 귀인 이론은 아동의 성취동기가 성공과 실패의

이유에 대한 귀인에 어떤 영향을 받는지에 초점을 둔다. 점증/숙달 지향 아동은 도전적 문제들로 작업하기를 즐기고 지속적으로 해결하려는 시도를 하는 경향이 있다. 이에 반해 본질/무기력 지향 아동들은 성공이 기대되는 상황을 선호하고 실패를 경험할 때 위축되는 경향이 있다.

생태학적 발달 이론

■ 비교행동학적 이론들은 진화 맥락 내에서 행동을 조사하는데, 행동의 적응적 가치 혹은 생존 가치를 이해하려고 시도한다. 각인에 대한 Konrad Lorenz의 연구는 아동의 어떤 사회발달 이론들과 특별히 관련 있다. 아동의 장난감과 놀이 선호에서 성차가 확인되었다.

■ 진화심리학자들은 Darwin의 자연 선택 개념을 인간 행동에 적용한다. 이 접근의 특징은 부모투자 이론과 긴 미성숙 시기와 인간 영아기의 의존성은 어린 아동이 이후 삶에 필요한 많은 기술들을 배우고 연습할 수 있게 한다는 아이디어이다.

■ Bronfenbrenner의 생물생태학적 모델은 환경을 중앙에 아동이 있는 포개진 맥락들 세트로 개념화한다. 이런 맥락들의 범위는 아동이 규칙적으로 직접 참여하는 활동, 역할, 관계와 같은 환경을 포함하는 미시체계부터 모든 다른 체계들에 영향을 미치는 역사적 맥락인 시간체계까지이다.

연습문제

1. 초자아 발달의 최초 징후는 Freud 정신분석 이론의 어떤 단계에서 나타나는가?
   a. 구강기　　　　　　　b. 항문기
   c. 남근기　　　　　　　d. 성기기

2. Erikson의 각 단계를 특징짓는 것은 무엇인가?
   a. 양육자나 멘토의 중재
   b. 개인들이 해결해야 하는 위기
   c. 개별 목표 설정
   d. 기본적인 사회적 기술의 숙달

3. 다음 중 어느 것이 Watson 이론의 영향을 받은 양육양식인가?
   a. 견고하고 엄격한　　　b. 과잉보호적
   c. 허용적　　　　　　　d. 아동 중심적

4. Skinner에 따르면, 우리가 삶에서 하는 모든 것은 _____의 영향을 받는 조작적 반응이다.
   a. 직접적 사회문화적 맥락　　b. 과거 행동의 결과
   c. 또래의 행동　　　　　　　d. 행동 수정

5. 사회학습 이론은 발달의 기본 기제로서 _____을 강조한다.
   a. 관찰과 모방　　　　　b. 유전적 부호화
   c. 강화　　　　　　　　d. 사회적 영향

6. Bandura의 보보인형 실험이 보여주는 것은 무엇인가?
   a. 쾌락 원리　　　　　　b. 대리 강화
   c. 조작적 조건형성　　　d. 기본적 신뢰 대 불신

7. 사회인지에 대한 Dodge의 접근은 문제 해결 전략으로서 _____의 사용에 집중한다.
   a. 협상　　　　　　　　b. 역할수용
   c. 공격　　　　　　　　d. '일반화된 타인'

8. Dweck에 따르면, 아동이 새로운 도전과제들을 만났을 때 흥분할지 혹은 불안할지는 아동의 _____에 달려 있다.
   a. 기술 수준　　　　　　b. 성취동기
   c. 부모 관여　　　　　　d. 내면화 수준

9. 지능의 본질 관점을 가진 사람은 자신의 지능 수준이 _____고 믿는다.
   a. 가족환경에 기초한다
   b. 노력으로 변할 수 있다
   c. 연속선상에서 오르내린다
   d. 고정되고 변하지 않는다

10. 진화적 맥락 내에서 행동의 연구를 묘사하기 위해 사용된 용어는 무엇인가?
    a. 비교행동학　　　　　b. 생물학
    c. 사회학　　　　　　　d. 중간체계

11. 부모투자 이론은 많은 부모 행동 측면들의 _____기초를 강조한다.
    a. 진화적　　　　　　　b. 경험적
    c. 행동주의자적　　　　d. 생물생태학적

12. 리사의 친구는 리사가 안경을 쓰고 있기 때문에 휴식 시간에 그녀를 괴롭힌다. Bronfenbrenner의 생물생태학적 모델의 어떤 수준이 리사에게 영향을 미치고 있는 것인가?
    a. 거시체계
    b. 외체계
    c. 미시체계
    d. 중간체계

13. 시간이 지남에 따른 사회관습의 변화가 어떻게 아동의 발달에 영향을 미치는지를 설명할 수 있는 것은 Bronfenbrenner 모델의 어떤 수준인가?
    a. 거시체계
    b. 외체계
    c. 시간체계
    d. 중간체계

14. 아동학대의 결과가 분명해지는 것은 Bronfenbrenner 모델의 어떤 수준인가?
    a. 미시체계
    b. 외체계
    c. 거시체계
    d. 중간체계

15. Capsi와 동료들에 따르면, 특별한 MAOA 유전자변이가 있는 아동은 아동학대의 부정적 효과들에 대해 _____.
    a. 완전히 면역되어 있다
    b. 특히 민감하다
    c. 보다 탄력적이다
    d. 약간 더 취약하다

비판적 사고 질문

1. 현대사회에서 확인할 수 있는 Freud의 발달 이론의 영향력은 무엇인가?

2. 자기 사회화의 개념은 사회인지 이론들에서 두드러진 역할을 한다. 이 용어가 의미하는 것을 설명하라. 이 장에서 살펴본 다른 주요 이론들은 자기 사회화의 가능성을 어느 정도까지, 그리고 어떤 방식으로 허용하는가?

3. 시험을 준비하고 치를 때 그리고 학업 수행에 대한 평가를 받을 때 여러분의 행동을 생각해보라. 여러분은 학업성취에 대해 점증/숙달 지향 혹은 본질/무기력 지향을 갖고 있는가?

4. 여러분이 아이를 양육한다고 상상해보라. 이 장에서 논의했던 네 가지 유형의 이론들 각각으로부터 부모로서 여러분이 도움을 받을 수 있을 것이라고 생각하는 한두 가지 일을 확인하라.

5. 글상자 9.1의 주의력결핍 과잉행동장애에서 논의된 것을 Bronfenbrenner의 생물생태학적 모델과 관련해 분석하라.

핵심용어

각인(imprinting)
간헐적 강화(intermittent reinforcement)
거시체계(macrosystem)
구강기(oral stage)
남근기(phallic stage)
내면화(internalization)
대리 강화(vicarious reinforcement)
미시체계(microsystem)
본질/무기력 지향(entity/helpless orientation)
본질 이론(entity theory)
부모투자 이론(parental-investment)
비교행동학(ethology)

상호 결정주의(reciprocal determinism,)
성감대(erogenous zones)
성기기(genital stage)
성취동기(achievement motivation)
시간체계(child maltreatment)
아동학대(child maltreatment)
엘렉트라 콤플렉스(Electra complex)
역할수용(role taking)
오이디푸스 콤플렉스(Oedipus complex)
외체계(exosystem)
원초아(id)
자기 사회화(self-socialization)

자아(ego)
잠재기(latency period)
적대적 귀인 편향(hostile attributional bias)
점증/숙달 지향(incremental/mastery orientation)
점증 이론(incremental theory)
정신 에너지(psychic energy)
중간체계(mesosystem)
체계적 둔감화(systematic desensitization)
초자아(superego)
항문기(anal stage)
행동 수정(behavior modification)

연습문제 정답

1. c, 2. b, 3. a, 4. b, 5. a, 6. b, 7. c, 8. b, 9. d, 10. a, 11. a, 12. c, 13. c, 14. a, 15. c

FREDERICK MORGAN (1856–1927), *Never Mind!* (oil on canvas, 1884)

정서발달

정서발달

정서의 본질과 출현에 관한 이론들
정서의 출현

정서 이해

타인의 정서 식별
정서의 원인과 역동에 대한 이해

　글상자 10.1 : 자세히 살펴보기 정서지능

진짜와 가짜 정서 이해하기

정서 조절

정서 조절의 발달
사회적 유능성과 적응에 대한 정서 조절의 관련성

기질

기질 측정
사회적 기술과 부적응에서 기질의 역할

정서발달에서 가족의 역할

부모-자녀 관계의 질
자녀의 정서반응에 대한 부모의 사회화

정신건강, 스트레스 및 내재화된 정신장애

스트레스
내재화된 정신장애

　글상자 10.2 : 적용 독성 스트레스와 부정적인 아동기 경험들

요약

이 장의 주제

- 천성과 육성
- 능동적인 아동
- 연속성/비연속성
- 사회문화적 맥락
- 개인차

다음 상황을 상상해보라. 실험자가 어린 여아를 유치원 교실로 데려가 아이에게 M&M's, 마시멜로, 프레첼 같은 맛있는 과자를 보여준다. 실험자는 자신은 '잠깐 동안' 교실을 떠날 것이고 아이에게는 두 가지 선택이 있다고 말한다. 만일 자신이 교실로 돌아올 때까지 기다린다면 과자 2개를 가질 수 있다. 그리고 원할 때 종을 울려서 실험자가 즉시 돌아오게 할 수 있지만, 과자 1개만 가질 수 있다. 아이는 꽤 긴 시간 동안 홀로 남겨지는데, 15~20분 혹은 아이가 종을 울릴 때까지다.

당신은 '마시멜로 테스트'로 알려진 이 유명한 실험(Mischel, 2015)에 대해 들어보았을 것이다. 1960년대에 Walter Mischel과 동료들은 더 큰 보상을 얻으려고 즉각적인 만족을 지연시키는 능력을 연구하기 위해 처음으로 학령전 아동들에게 이 절차를 사용했다. 연구자들은 아동들이 두 번째 과자를 기다릴 수 있을지 없을지에 관심이 있었다. 또한 그들은 기다림에 대처하는 아동들의 전략을 관찰하기를 원했다. 녹화된 영상은 아동들이 다양한 전략을 사용하고 있음을 보여주었다. 어떤 아동들은 말을 하거나 노래를 부르거나 잠을 자려고 시도하거나 게임을 만드는 것으로 주의를 분산했다. 다른 아동들은 과자나 종을 노려보았다. 물론 어떤 아이들은 종을 치고 즉시 하나를 먹었다. 즉각적이고 보장된 하나의 과자를 가능성 있는 나중의 더 많은 과자보다 선호했다.

Mischel은 2개의 마시멜로를 먹는 나중의 보상을 위해 1개의 마시멜로 먹기를 지연하는 아동의 능력은 즉각적인 즐거움이나 행복(그러나 덧없는)에 직면했을 때 보이는 자기통제 혹은 의지력의 지표라고 믿었다. 그는 생의 초기에 보여주는 자기통제능력은 이후 삶에서 성공을 예측할 것이라고 생각했다. 성인기의 많은 성공은 장기 목표를 위해 일하는 것에 달려 있다. 이는 고등교육, 전문적 경력, 운동과 신체 건강과 관련있다. 또한 성공은 유혹에 대한 저항과 자기절제를 포함한다.

이론을 검증하기 위해 Mischel은 원 마시멜로 검사에 참여했던 아동들을 이후 40년 동안 매 10년마다 규칙적으로 면담했다. 오래 기다렸던 아동들은 인내심을 더 적게 보인 아동들보다 더 지적이고, 주의력이 있고, 전략적이고, 자립적이었다(Mischel, 2015; Mischel, Shoda, & Peake, 1988; Peake, Hebl, & Mischel, 2002). 일단 고등학교에 들어가면, 그들은 SAT 점수가 더 높았고 주의와 행동반응 통제가 필요한 컴퓨터 과제에 대한 점수가 더 높았으며(Eigsti et al., 2006; Shoda, Mischel, & Peake, 1990), 대략 30세에는 교육수준이 더 높았고, 자아존중감이 더 높았으며, 스트레스에 더 잘 대처했다(Ayduk et al., 2000; Mischel & Ayduk, 2004; Peake & Mischel, 2000). 게다가 원 실험 40년 후 컴퓨터 과제 평가에서, Mischel의 연구에서 만족지연 점수가 낮았던 사람들은

마시멜로 검사는 아동이 얼마나 만족을 지연시킬 수 있는지를 알아보기 위해 고안되었다. 다시 말하면 나중에 2개를 먹기 위해 지금 1개 먹는 것을 미뤄야 하는 좌절을 얼마나 잘 관리하는지다.

지연 점수가 높았던 사람들보다 보상적인 자극에 대해 반응을 지연하는 것에 더 많은 어려움을 보였다(Casey et al., 2011).

만족을 지연시키는 능력의 중요성을 감안해서, 연구자들은 자기통제가 선천적인(본성)지 혹은 학습된(육성) 것인지, 그리고 만일 학습된 것이라면, 어떻게 가르칠 수 있는지를 연구하는 것으로 방향을 바꾸었다. Mischel의 원 연구에 참여했던 어떤 아동들은 40대에 뇌 스캔을 받았으며 학령 전기에 지연 시간이 달랐던 성인들의 전두 피질에서 차이가 있었다. 비록 그 차이가 유전자에서 온 것인지 혹은 초기 환경에서 온 것인지를 분명하게 결론 내릴 수 없지만, 적어도 어떤 생물학적 기초가 있음을 보여준다(Casey et al., 2011). 이제 전국의 학교들은 사회정서학습(SEL) 혹은 인성형성 프로그램을 통해 자기조절과 타인들과 잘 지내는 능력(사회인지 기술)과 함께 자기통제를 촉진한다. 200개의 SEL 프로그램들에 대한 고찰을 통해, 그것들이 사회적·정서적 기술을 향상했고 학업이 향상되는 추가적인 이득도 있음이 발견되었다(Durlak et al., 2011).

정서는 인간 경험의 기본적인 부분이며, 아동들이 정서와 행동 조절을 학습하는 방법은 평생 영향을 미칠 수 있다. 이 장에서 우리는 아동의 정서발달, 그리고 정서 및 그것들과 연합된 행동을 조절하는 능력의 발달을 조사한다. 또한 아동의 기질과 행동 간 관련성 그리고 정서적 스트레스와 정신건강 간 관련성을 살펴본다. 논의 과정에서, 우리의 주제 중 몇 가지를 특별히 강조할 것이다. 핵심은 **개인차** 주제이며, 정서 기능의 다양한 측면에서 아동들 간 차이를 살펴본다. 또한 우리는 이런 차이의 근원들, 즉 유전성, 부모의 사회화 실제들, 정서에 대한 문화적 신념 및 주어진 맥락에서 아동의 행동이 생리학적 반응에 어떤 영향을 미치는지를 논의한다. 따라서 **천성과 육성** 주제와 **사회문화적 맥락**도 매우 중요하다. **능동적 아동** 주제는 자신의 정서와 행동을 조절하는 아동의 시도들과 관련해서 다룬다. 마지막으로, **연속성/비연속성** 주제는 자의식적 정서의 출현과 관련해서 간단하게 논의될 것이다.

정서발달

대부분의 사람들은 정서와 '감정'을 같은 것으로 여긴다. 그러나 정서는 단순한 감각이나 반응보다 더 복잡하다. 이 분야의 발달학자들은 정서를 경험하는 이유와 그 정서를 얼굴이나 목소리로 드러내는 이유를 설명한다. 그들은 **정서**(emotions)를 사고나 경험에 대한 생리적 및 인지적 반응들의 조합으로 본다. 정서에는 몇 가지 요소가 있다(Izard, 2010; Saarni et al., 2006).

1. 신경 반응들
2. 생리적 요인들(예 : 심장박동, 호흡률, 호르몬 수준)
3. 주관적 감정들
4. 정서적 표현들
5. 행위하려는 소망(예 : 도피, 접근, 혹은 환경 속에 있는 사람이나 사물을 변화시키려는 소망)

이런 요소들은 거의 동시적이어서 연구자들은 정서가 대체로 선천적이거나(천성) 혹은 대체로 학습된 것으로(육성) 생각했다(Izard, 2010; Lindquist et al., 2013; Moors et al., 2013). 우리는 먼저 생리적 반응을 경험하고 그런 다음 그것을 '공포'라고 부르는 것을 배우는가? 혹은 인지적으로 상

정서 ■ 환경에 대한 신경 및 생리적 반응, 주관적 감정, 이런 감정들과 관련된 인지, 그리고 행위하려는 소망

별개 정서 이론 ■ Tomkins, Izard 등이 주장한 정서 이론. 정서는 타고난 것이고 생의 초기부터 서로 구분되고, 각 정서는 특정하고 구분되는 신체 및 얼굴 반응들의 세트로 함께 묶여 있다.

기능주의자 조망 ■ Campos 등이 제안한 정서 이론. 정서의 기본 기능은 목표를 성취하려는 행동을 촉진하는 것이다. 이 관점에서 정서는 서로 구분되지 않으며 사회환경에 기초해서 어느 정도 다르다.

황을 공포로 평가하고 그런 다음 상응하는 생리적 반응들과 얼굴표정을 경험하는가? 다시 말하면, 인지는 정서 경험에서 어떤 역할을 하는가? 이런 의문들에 관련된 연구가 진행 중이다. 이 장은 현재 조사되고 있는 몇 가지 가능한 설명들 그리고 어느 정도 합의가 있었던 정서와 정서발달의 측면들을 탐색할 것이다.

정서의 본질과 출현에 관한 이론들

정서가 선천적인지 혹은 학습되는 것인지에 대한 결론은 인간이 핵심 정서들을 경험하는 능력을 타고났는지를 아는 것에 달려 있다. 이런 이유에서 정서발달 연구는 영아들에게 집중되는 경향이 있다. **별개 정서 이론**(discrete emotion theory)은 인간이 환경에 적응하는 과정에서 영아기부터 일련의 기본 정서들을 경험하고 표현할 수 있도록 신경학적 및 생물학적 체계가 진화했다고 주장한다(Ekman & Cordaro, 2011; Izard, Woodburn, & Finlon, 2010). 진화와 적응에 대한 강조를 감안하면, 이 이론이 Charles Darwin의 1872년 책 인간과 동물의 정서표현(The Expressions of the Emotions in Man and Animals)에서 처음으로 제안되었다는 것은 놀랍지 않다. 얼굴, 목소리, 몸짓 표현에 대한 세심한 관찰에 기초해서, Darwin은 종들은 기본적 정서 상태들에 대한 표현들을 타고 났으며, 따라서 어린 아기들을 포함한 모든 사람들에서 유사하다고 주장했다. 별개 정서 이론에 따르면, 정서반응들은 대개 자동적이고 인지에 기초하지 않는다.

별개 정서 이론 지지자들은 정서들은 선천적이고 인간 진화 과정에서 진화했다는 주장을 지지하는 몇 가지 정서발달의 측면들을 지적한다. 영아들은 적극적으로 배우기 전에 분별 가능한 별개의 정서들을 표현한다(Izard et al., 2010). 또한 비록 문화에 따라 이런 표현들을 부르는 이름은 다르지만, 외딴 부족을 포함한 전 세계에서 유사한 정서 얼굴표정이 관찰되었다(Ekman & Cordaro, 2011). 영국에 살고 있는 개인들부터 나미비아의 반유목민 힘바족의 부족원까지 매우 다른 문화집단에서 분노, 기쁨, 슬픔과 같은 기본 정서의 발성은 구분된다(Sauter et al., 2010).

반대로, **기능주의자 조망**(functionalist perspective)에서 보면 개인들은 자신과 환경 간의 관계를 관리하기 위해 정서를 경험한다(J. J. Campos et al., 1994; Saarni et al., 2006). 이 조망에 따르면, 정서는 부분적으로 개인이 환경을 어떻게 평가하는지 그리고 환경요인들이 개인의 안녕을 증진하는지 혹은 방해하는지에 대한 반응이다(Moors et al., 2013). 정서와 정서 표현은 목적에 따라 움직인다. 만일 아동이 어떤 것을 멈추게 하고 싶다면 우는 반면, 어떤 것을 계속하고 싶다면 미소 짓고 웃는다. 표 10.1은 목표, 목표 의미 및 그것이 촉발할 수 있는 행위들 몇 가지를 제시한다. 이런 평가 과정들은 아동과 성인 모두의 잠재의식 수준에서 일어난다. 예외가 있는데, 사람들은 정서를 속일 수 있고 가짜 정서는 목표에 도달하는 또 다른 방식일 수 있음을 아동이 깨달을 때이다. 예를 들면 4세 아동은 언니와 싸운 후 자신을 의심하지 않는 어머니로부터 동정심을 끌어내기 위해 가짜로 울 수 있다. 우리는 이 장에서 나중에 거짓 정서들을 알아볼 것이다.

비록 이 두 조망이 별개의 정서들이 각각 생리적 요소들 세트를 갖고 생의 초기에 등장하는지에 대해서는 다를지라도, 둘 다 인지와 경험이 정서발달을 형성한다고 주장한다.

정서의 출현

연구자들은 모든 문화에 보편적인 몇 가지 기본 정서, 즉 행복, 공포, 분노, 슬픔, 놀람 및 혐오가

표 10.1

특정 정서들과 연합된 목표, 의미 및 행위

정서 유형	정서와 연결된 목표	자기와 관련된 의미	행위 경향성
혐오	오염이나 질병 피하기	이 자극은 나를 오염시키거나 병나게 할 수 있다	혐오감을 유발하는 것을 거부
공포	자신의 신체적 및 심리적 온전함 유지하기	이 자극은 나에게 위협적이다	도망이나 후퇴
분노	개인이 현재 투자하는 최종 상태 획득하기	내 목표를 획득하는 데 방해물이다	앞으로 움직임. 특히 목표에 대한 장애 없애기
슬픔	개인이 현재 투자하는 최종 상태 획득하기	내 목표는 획득할 수 없다	이탈과 후퇴
수치심	타인의 존경과 애정 유지하기, 자존감 지키기	나는 나쁘고(자존감 손상) 타인들이 내가 얼마나 나쁜지를 안다	후퇴, 타인 피하기, 숨기
죄책감	자신의 내적 가치들에 맞추기	나는 내 가치들과 반대되는 무언가를 했고 아마도 누군가를 해쳤다	배상하고, 타인에게 정보를 주고, 자신을 처벌하는 움직임

있다는 것에 동의한다. 이런 기본 정서들 각각은 중요한 생존 및 소통 기능을 한다(Sullivan & Lewis, 2003). 기본 정서들은 생의 매우 이른 시기에 나타나고, 이것은 정서에 적어도 핵심적인 선천적 요소가 있다는 별개 정서 이론을 지지한다.

행복

영아가 표현하는 첫 번째 분명한 행동 신호는 미소이다. 첫 1개월 동안, 영아들은 주로 REM 수면 주기 동안 순식간에 지나가는 미소를 보인다. 1개월 후, 영아들은 부드럽게 쓰다듬으면 때로 미소 짓는다. 이런 초기 미소는 반사적일 수 있고 사회적 상호작용이 아닌 생물학적 상태에 의해 유발되는 듯하다(Sullivan & Lewis, 2003). 하루가 안 된 신생아들조차도 건드리면 미소를 짓는다는 증거가 있다(Cecchini et al., 2011 참조).

3~8주 사이에, 영아들은 접촉, 고음의 목소리, 혹은 주목을 끄는 자극과 같은 외부 자극에 대한 반응으로 미소를 짓기 시작한다(Sullivan & Lewis, 2003). 약 3~4개월 후, 영아들은 기쁨을 주는 활동을 하는 동안 미소 지을 뿐 아니라 잘 웃는다. 예를 들어 부모가 간지럽히거나 배에 바람을 불고, 무릎 위에서 위아래로 튕겨주거나 허공에서 흔들어주거나, 혹은 목욕하는 것과 같은 좋아하는 활동을 함께 하면 웃을 것이다. 같은 시기에 아기들은 **사회적 미소**(social smile), 즉 사람들을 향해 미소 짓기 시작한다(B. L. White, 1985). 또한 움직이고 '말하는' 사람 닮은 인형보다 사람들에게, 낯선 사람에게조차 더 많이 미소 짓는다(Ellsworth, Muir, & Hains, 1993). 사회적 미소는 부모나 다른 친숙한 사람들과의 상호작용 동안 빈번하게 일어나고, 성인에게서 기쁨, 관심, 애정을 유발한다(Camras, Malatesta, & Izard, 1991; Huebner & Izard, 1988). 이런 성인의 반응들은 대개 영아가 더 사회적인 미소를 짓게 만든다. 따라서 영아의 초기 사회적 미소는 부모나 다른 성인들로부터 보살핌을 촉진하고 다른 사람들과의 관계를 강화할 것이다.

또한 영아는 자신이 특정한 사건을 통제할 수 있을 때 행복감을 보인다. 한 연구에서, 연구자들은 영아의 팔에 줄을 부착했다. 절반의 경우, 영아가 줄을 당기면 음악이 연주되었고, 다른 절반의 경우에는 영아의 행위와 상관없이 무작위로 연주되었다. 줄을 당김으로써 음악이 연주되게 만든 영아들은 그렇지 않은 영아들보다 음악이 나올 때 더 많은 흥미를 보이고 더 많이 미소 지었다(M.

사회적 미소 ■ 사람들을 향한 미소. 생후 6, 7주에 처음 등장한다.

행복 : 미소, 닫힌 입이나 위로 올라간 열린 입과 함께. 올라간 뺨, 교대로 눈을 약간 사시로 (squint)로 만든다.

슬픔 : 아래로 내려간 입꼬리, 앞으로 내밀고 떨리는 입술, 약간 주름진 눈썹

분노 : 가운데가 내려온 굵은 주름진 눈썹, 거의 눈썹 근육을 X자로 만든다. 열린 사각형의 입, 때로 치아가 드러남, 나팔 모양의 콧구멍

공포 : 크게 뜬 눈, 삼각형 모양으로 중간이 올라간 눈썹들, 입꼬리를 뒤로 당겨서 얼굴을 찡그림, 입은 벌리거나 닫음

놀람 : 크게 뜬 눈, 아치 모양으로 올라간 눈썹, 둥근 O 모양으로 벌린 입

혐오 : 주름진 코와 나팔 모양의 콧구멍, 크게 벌린 입, 뒤로 당겨진 입술과 밖으로 나온 혀

Lewis, Alessandri, & Sullivan, 1990).

대략 7개월에 영아는 일반적인 사람들보다 주로 **친숙한** 사람들을 보고 미소 짓기 시작한다(실제로, 친숙하지 않은 사람들은 고통을 유발한다). 이런 선택적 미소는 부모를 기쁘게 만들고 그들이 영아와 계속 상호작용하는 동기가 된다. 영아들은 그런 부모의 장난에 반응하고 흥분하고 기뻐하며 미소 짓는데, 이것은 긍정적인 사회적 상호작용을 연장한다(Weinberg & Tronick, 1994). 특히 낯선 사람이 아닌 부모와 함께하는 그런 긍정적인 정서의 교환은 부모로 하여금 영아에게 특별하고 그들 간의 유대가 강하다고 느끼게 만든다.

영아의 행복감 표현은 생후 첫 1년 동안 증가한다(Rothbart & Bates, 2006). 아마도 그들이 흥미롭고 긍정적인 사건이나 자극을 이해하고 반응할 수 있기 때문이다. 생의 첫해 후반이 되면, 영아의 인지발달은 가족 구성원이 웃기는 소리를 내거나 바보같은 모자를 쓴 것처럼 기대하지 않았거나 모순되는 사건들을 즐길 수 있게 한다(Kagan, Kearsley, & Zelazo, 1978). 사람과 사건들에 대한 이해와 함께 언어 기술이 발달하면서, 학령전기 아동들은 농담처럼 말로 하는 유머와 즐거움을 알기 시작한다(Dunn, 1988).

공포

비록 생의 첫 몇 개월 동안 영아들이 공포반응을 보인다는 확고한 증거는 별로 없지만(Witherington et al., 2010), 4개월이 되면, 영아들은 친숙하지 않은 대상과 사건들을 경계하는 듯하다(Sroufe, 1995). 대략 6, 7개월경에 공포의 초기 징후가 나타나기 시작하는데(Camras et al., 1991), 가장 눈에 띄는 것은 많은 상황들에서 낯선 사람들에 대한 공포이다. 부분적으로 이런 변화는 친숙하지 않은 사람들은 친숙한 사람들이 제공하는 편안함이나 즐거움을 주지 않는다는 영아의 인식을 반영하는 것이다. 일반적으로, 낯선 사람에 대한 공포는 약 2세까지 강화되고 지속된다. 그러나 낯선 사람에 대한 공포는 매우 다양하고(Sroufe, 1995), 영아의 기질(이 장에서 나중에 논의할과 부모의 존재 그리고 낯선 사람이 다가오는 방식(예 : 갑작스럽고 흥분해서 혹은 느리고 조용하게)과 같은 특정 맥락 모두에 달려 있다는 것에 주목해야 한다.

영아들의 공포가 발달하는 시기를 알아내기 위해, 한 연구팀이 4~16개월 동안 4개월마다 영아들에게 같은 절차를 반복했다(Braungart-Rieker, Hill-Soderlund, & Karrass, 2010). 낯선 실험자가 어머니 옆에 앉아 있는 영아에게로 천천히 접근했다. 낯선 사람은 영아에게 말을 걸고 안아 올렸다. 관찰자는 영아의 공포 표정을 AFFEX 체계를 이용해서 0점(공포의 증거 없음)에서 4점(공포의 강한 증거)까지 척도로 평가했다. 또한 영아의 발성에서 알 수 있는 고통의 양을 평가했다. 결과는 그림 10.1에 제시되어 있다. 4개월 때 영아는 접근하는 낯선 사람에게 공포를 보이지 않았고, 8개월까지 공포의 표현이 가파르게 증가했다. 이것은 8개월이 되면 낯선 사람에게 공포가 분명하게 자리를 잡는다는 것을 의미한다. 8~16개월 사이에 표현되는 공포의 양은 거의 변화가 없었다. 8개월 이후 영아들이 낯선 상황들을 더 많이 경험할 것임을 가정할 때, 영아들은 공포를 유발하는 상황에서 어느 정도 경계는 하지만 더 많은 고통을 느끼는 것은 아님을 시사한다(Braungart-Rieker et al., 2010).

낯선 사람과 낯선 상황에 대한 공포의 출현은 분명히 적응적이다. 대개 아기들은 잠재적인 위험 상황으로부터 스스로 피할 수 있는 능력이 없기 때문에, 자신을 보호하기 위해 부모에게 의존해야 하고 공포와 고통의 표현은 필요할 때 도움과 지원을 불러오는 강력한 도구이다. 영아의 공포가 감소할 때 나타나는 개인차는 영아와 어머니들 간 관계의 질, 그리고 어머니가 영아의 공포 표현을 얼마나 효과적으로 다루는지와 관련 있다(K. A. Buss & Kiel, 2011; Kochanska, 2001).

8개월에 출현하는 특히 중요한 공포는 **분리불안**(separation anxiety)인데, 이것은 일차 양육자인 부모와 헤어지는 것으로 인한 고통이다. 영아는 분리불안을 경험할 때, 전형적으로 징징거리고 울거나 다른 방식으로 공포와 혼란을 표현한다. 그러나 영아가 고통을 표현하는 정도는 맥락에 따라 다르다. 예를 들면 부모가 떠날 때보다 영아들이 기거나 걸어서 부모로부터 멀어질 때 훨씬 덜 괴로워한다(Rheingold & Eckerman, 1970). 분리불안은 8개월에서 13, 15개월 사이에 증가하고, 그런 다음 감소하기 시작한다(Kagan, 1976). 이런 분리불안 패턴은 여러 문화들에서 나타나며, 미국 중류층, 이스라엘 키부츠(공동 농업 공동체), 아프리카 칼라하리 사막의 쿵산(!Kung San) 수렵채집 부족처럼 서로 다른 환경에서 양육된 영아들에서 볼 수 있다(Kagan, 1976). 어느 정도의 분리불안은 정상적이고 적응적이다. 그것은 영아들이 자신을 보호하고 먹을 것을 제공할 수 있는 성인과 근접 거리에서 머물게 하기 때문이다. 그러나 극단적인 수준의 공포와 불안은 정신건강장애로 발전하는데, 이 장에서 나중에 논의할 것이다.

학령전기 아동의 상상능력이 발달하면서, 아동들은 마법적인 사고를 잘하고 자주 유령이나 괴물과 같은 상상 생명체들을 무서워한다(보다 자세한 논의는 제7장 참조). 학령기에 접근하면서(예 : 5, 6세), 아동들은 진짜와 상상의 공포를 구분한다(Zisenwine et al., 2013). 그들의 불안과 공포는 학교에서 문제(시험과 성적, 수업에서 이름이 불리는 것, 교사를 기쁘게 하는 것), 건강(부모와 자신의 건

사람들을 향한 사회적 미소는 전형적으로 3개월에 나타난다.

분리불안 ■ 아동들, 특히 유아와 걸음마기 아이들이 정서적으로 애착된 개인들과 분리되거나 분리될 것이 예상될 때 경험하는 고통의 감정

그림 10.1 생의 첫 6개월 동안 공포와 분노의 발달 공포는 초기에 가파른 증가를 한 후 수준이 낮아지는 반면 분노는 전체 기간 동안 더 안정적으로 증가한다(Braungart-Rieker et al., 2010).

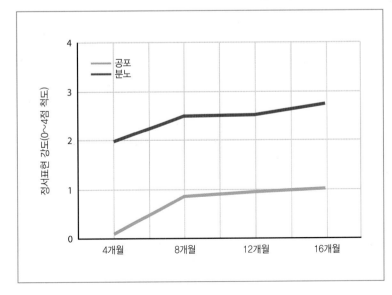

강), 개인적 위해(강도, 습격, 총격)와 같은 실생활 이슈들과 관련되는 경향이 있다(Silverman, La Greca, & Wasserstein, 1995).

분노

분노는 좌절하거나 위협적인 상황에 대한 아동의 반응이며 주로 대인 간 경험이다. 정서에 대한 기능주의자 조망에 따르면, 아동(성인)은 사물보다 타인에게 화를 낼 가능성이 더 높고, 특정 맥락에서 화를 낼 가능성이 더 높다(Sears et al., 2014). 영아가 단일 정서로 분노를 표현하는 경우는 드물다. 오히려 슬픔과 자주 혼합되는데, 이것은 영아들이 일반적인 고통으로 표현하고, 어떤 자극이 자신을 슬프게 하는지 혹은 화나게 하는지를 아직 구분하지 못한다는 것을 시사한다(Sullivan & Lewis, 2003). 그러나 첫 번째 생일이 되면, 영아는 분명하고 빈번하게 분노를 표현한다(Radke-Yarrow & Kochanska, 1990). 낯선 사람의 행위로 공포를 유발했던 실험에서 같은 방식으로 영아의 분노를 유발했다. 앞에 있는 탁자 위에 매력적인 장난감이 놓여 있을 때 어머니가 부드럽게 아이의 팔을 잡았다(Braungart-Rieker et al., 2010). 대상으로 손을 뻗는 능력이 발달한 4개월 영아에게는 분명히 좌절 경험이다(제5장 참조). 그림 10.1의 붉은 선처럼, 영아는 4개월에 중간 정도의 분노를 보였으며, 이후 1년 동안 지속적으로 강해졌다(Braungart-Rieker et al., 2010).

상황에 분노로 반응하는 아동의 경향성은 대략 18~24개월경에 정점에 이르는 듯하다(P. M. Cole et al., 2011). 3~6세 아동들은 부정적인 정서를 유발하기 위해 고안된 구조화된 실험실 과제들에는 부정적인 정서를 덜 보인다(Durbin, 2010). 분노 표현의 일반적인 감소는 아동이 자신을 말로 표현하고(Kopp, 1992), 정서를 조절하는 능력이 증가하기 때문일 것이다. 이것은 이 장에서 나중에 논의될 것이다.

또한 분노의 원인도 아동이 타인의 의도와 동기를 더 잘 이해하게 되면서 변한다. 예를 들면 학령전기 아동은 또래들에 의해 해를 입었을 때 위해가 의도적인지 아닌지와 상관없이 분노를 느끼는 경향이 있다. 대조적으로, 어린 학령기 아동은 만일 자신이 입은 해가 의도적이 아니거나 혹은 악의적인 동기가 아닌 친절한 것이라고 믿는다면 화를 낼 가능성이 더 적다(Coie & Dodge, 1998; Dodge, Murphy, & Buchsbaum, 1984). 나이가 들면서, 아동들은 가족들과 함께 있는 집에서 분노를 더 많이 표현하는 경향이 있다. 그러나 전형적으로 분노의 강도는 더 약하고(Sears et al., 2014), 아마도 부모로부터 분리된 개인으로서의 정체성이 발달하는 것과 관련이 있는 것 같다(제11장 참조).

슬픔

영아들은 고통스러운 사건 이후 그리고 결과를 통제할 수 없을 때처럼 분노와 같은 상황에서 슬픔을 드러낸다. 그러나 이 연령에서 슬픔은 분노나 고통보다 덜 표현된다(Izard, Hembree, & Huebner, 1987; Izard et al., 1995; M. Lewis et al., 1990; Shiller, Izard, & Hembree, 1986). 더 나이 든 영아나 어린 아동은 긴 기간 동안 부모와 떨어지고 이때 민감한 보살핌을 받지 못하면 강하고 긴 슬픔을 보인다(Bowlby, 1973; J. Robertson & Robertson, 1971). 분명히 공포처럼 슬픔도 적응적이다. 왜냐하면 슬픔은 진정시키는 접촉이나 부드러운 말로 영아의 감정을 조절하는 데 도움을 줄 수 있는 양육자의 주목이나 지원을 끌어낼 수 있기 때문이다.

놀람

놀람은 갑작스럽고 기대하지 않은 사건에 대한 정서적 반응이다. 놀람은 시끄러운 소음과 같은 것에 놀라는 신체적 반응 이상이며, 태어날 때부터 보인다. 그러나 놀람은 어떤 것이 일반적이지 않다는 인지적 이해를 포함한다. 대부분의 영아는 6개월이 되면 놀람을 표현하기 시작한다(Sullivan & Lewis, 2003). 놀람은 잠깐 동안 표현되는 경향이 있고, 대개 행복과 같은 또 다른 정서적 표현으로 변한다(Sullivan & Lewis, 2003). 영아가 낯선 사건에 대해 놀라는 정도는 부모가 제공하는 정서적 환경의 영향을 받는다. 스코틀랜드에서 수행된 한 연구에서, 우울 증상이 있는 어머니의 영아는 우울 증상이 없는 어머니의 영아보다 깜짝 상자(jack in the box)에 대해 더 약하게 놀랐다(Reissland & Shepherd, 2006). 또한 이 연구는 우울 증상이 있는 어머니 자신도 깜짝 장난감 상자에 대한 놀람반응이 더 약했음을 확인했는데, 영아의 정서 표현 방식은 양육자가 정서를 표현하는 강도의 영향을 받는다는 것을 시사한다(Reissland & Shepherd, 2006).

혐오

혐오 정서 경험은 진화적 기초가 있다. 혐오는 인간이 잠재적 독이나 질병을 유발하는 박테리아를 피하도록 돕는다(Curtis, De Barra, & Aunger, 2011). 그러나 개인들은 혐오스럽다는 것에 대해 학습한다. 예를 들면 벌레를 먹는 것은 태국 같은 나라들에서 정상적인 관습이지만 미국, 캐나다, 유럽과 같은 대부분의 문화들에서 용인되지 않거나 혐오스러운 것으로 여겨진다. 아동들은 적어도 부분적으로 성인의 행동으로부터 학습하는데, 양육자의 특정 음식들에 대한 반응 같은 혐오반응을 학습한다(Widen & Russell, 2013). 물론 3, 4세 이하의 아동들 대부분은 '혐오' 혹은 '혐오스러운'이나 그와 같은 다른 말을 알지 못한다. 그러나 이런 어린 연령에서도 아동들은 어떤 것은 **지독하**거나 **역겹**다는 의미의 단어들을 이용해서 혐오를 표현할 수 있다(Widen & Russell, 2013).

자의식적 정서

앞에서 언급한 정서들은 선천적이고 아동이 타인들과 의사소통할 수 있기 훨씬 전에 나타나는 것으로 여겨진다. 어떤 정서는 아동이 타인들과 분리된 존재로서 자신을 인식하는 것을 요구하기 때문에 **자의식적 정서**(self-conscious emotions)로 부른다(M. Lewis, 1998). 아동이 2, 3세가 된 이후 발달하는 능력이다. 이런 정서들의 표현은 비연속적 성장의 예이다. 자기인식의 출현과 관련 있는 자의식적 정서를 경험하는 아동의 능력은 갑작스럽고 질적인 변화이다(M. Lewis, 1998; Mascolo, Fischer, & Li, 2003). 아동이 성인과 사회가 자신에게 기대하는 것을 점점 더 인식하고 이런 외부 기준들을 수용함으로써 자의식적 정서들은 증진된다(Lagattuta & Thompson, 2007; M. Lewis, Alessandri, & Sullivan, 1992; Mascolo et al., 2003). 죄책감, 수치심, 질투심, 공감, 자부심 및 당혹감이 자의식적 정서이다. 논의는 간단하게 죄책감과 수치심의 발달로 제한한다. 그러나 자의식적 정서들 모두 유사한 방식으로 발달한다.

죄책감과 수치심은 때로 같은 것으로 잘못 생각되지만, 그것들은 실제로 매우 다르다. 죄책감은 타인에 대한 공감과 연합되고 자신의 행동에 대한 가책과 후회, 그리고 그 행동의 결과를 원 상태로 돌리려는 바람을 포함한다(M. L. Hoffman, 2000). 대조적으로 수치심은 타인에 대한 관심과 관련있는 듯하다. 아동이 수치심을 느낄 때, 초점은 자기 자신이다. 그들은 자신이 노출되었다고 느끼고 때로 숨고 싶어 한다(N. Eisenberg, 2000; Tangney, Stuewig, & Mashek, 2007).

수치심과 죄책감은 매우 초기에 식별될 수 있다. 2세 영아들에게 인형을 갖고 놀도록 한 연구 자

자의식적 정서 ■ 자기에 대한 인식 및 우리에 대한 타인의 반응에 대한 의식과 관련된 죄책감, 수치심, 당혹감 및 자부심과 같은 정서들

Design Pics / Misty Bedwell / Getty Images

학령전기 아동들은 무언가를 잘못했을 때 수치심이나 죄책감을 보인다.

료에서, 실험자가 방 밖에 나간 후 놀이하는 동안 인형의 한쪽 다리가 떨어지도록 조작했다. '사고'가 일어났을 때, 어떤 걸음마기 유아는 수치심을 반영하는 행동패턴을 보이는데, 그들은 방으로 되돌아온 성인을 피하고 불행에 대해 말하기를 미룬다. 다른 아동들은 죄책감을 반영하는 행동패턴을 보였다. 그들은 빨리 인형을 수선하고 성인이 돌아오면 곧장 사고에 대해 말하고 상대적으로 성인을 피하지 않는다(Barrett, Zahn-Waxler, & Cole, 1993). 일반적으로, 죄책감이 나쁘거나 해로운 행동과 연합되는 정도는 두 번째와 세 번째 해에 증가한다(Aksan & Kochanska, 2005). 22개월 영아의 죄책감에서 개인차는 학령전기 동안 상대적으로 안정적이다(Kochanska, Gross et al., 2002).

일상생활에서도 마찬가지로, 동일한 상황이 어떤 개인들에서는 수치심을, 다른 개인들에서는 죄책감을 유발한다. 아동이 어떤 정서를 경험할 것인지는 부분적으로 부모의 양육방식에 달려 있다. 북미 아동에 대한 연구에 따르면, 아동들이 뭔가 잘못했을 때 부모가 아동의 나쁜 점("너는 나쁜 아이야")보다 그 행동의 '나쁜 점'("너는 나쁜 일을 했어')을 강조한다면 수치심보다 죄책감을 경험할 가능성이 더 높다. 또한 행위가 타인에게 미치는 결과를 이해하도록 돕고, 그들 행동의 해로움을 수정할 필요를 가르치고, 훈육을 할 때 사랑하고 존중한다면 수치심보다 죄책감을 느낄 가능성이 더 높다(M. L. Hoffman, 2000; Tangney & Dearing, 2002).

아동에서 자의식적 정서들을 유도할 수 있는 상황은 문화에 따라 다르다. 마찬가지로 특정 자의식적 정서들을 경험하는 빈도도 다르다(P. M. Cole, Tamang, & Shrestha, 2006). 예를 들면 일본 문화는 개인을 칭찬하는 것에 얼굴을 찌푸리는데, 그렇게 하는 것이 사회집단의 요구가 아닌 자기에게 초점을 맞추도록 격려할 것이기 때문이다(M. Lewis, 1992). 따라서 일본 아동들은 미국 아동들보다 개인적 성공의 결과로서 자부심을 보고할 가능성이 더 적다(Furukawa, Tangney, & Higashibara, 2012).

개인보다 집단의 안녕을 강조하는 많은 아시아와 동남아시아 문화들에서, 사회적 혹은 가족의 의무를 다하지 않는 것은 수치심이나 죄책감을 유발할 수 있다(Mascolo et al., 2003). 이런 문화들의 아동은 미국 아동들보다 죄책감과 수치심을 더 많이 보고했다(Furukawa et al., 2012). 어린 아동들로부터 수치심을 유발하려는 부모는 자주 지시적이고 비난적이다(예 : "너는 엄마의 체면을 잃게 했어", "너처럼 행동하는 세 살짜리를 본 적이 없어")(Fung & Chen, 2001). 이런 종류의 분명한 비난(belittling)은 서양 문화의 아동들보다 아시아 문화의 아동들에 더 긍정적인 효과를 갖는다.

정서 이해

정서를 느끼는 아동의 능력 발달과 더불어, 아동의 정서반응과 조절에 영향을 미치는 또 다른 핵심 능력은 정서에 대한 이해이다. 즉 정서의 식별, 정서의 의미, 사회적 기능 및 정서적 경험에 영향을 미치는 요인에 대한 이해이다. 정서의 이해는 사회적 행동에 영향을 미치기 때문에 사회적 유능성 발달에 결정적이다. 아동의 정서 이해는 영아기에 원시적이지만 아동기 동안 급격하게 발달한다.

사회적 참조 ■ 낯설거나 애매하거나 위협 가능성이 있는 상황을 어떻게 다룰지를 결정하기 위해 부모 혹은 다른 성인의 얼굴표정이나 목소리 단서를 사용

타인의 정서 식별

정서 이해 발달의 첫 단계는 타인의 여러 다른 정서들에 대한 인식이다. 3개월이 되면, 영아는 행복감, 놀람 및 분노의 얼굴표정을 구분할 수 있다(Grossmann, 2010). 이 능력은 습관화 패러다임을 이용해서 측정되었다. 처음에 행복한 얼굴 그림에 습관화된 후 놀란 얼굴 그림이 제시되면, 3~4개월 영아는 새로운 그림을 더 오래 쳐다보는 것으로 새로운(renewed) 흥미를 보였다. 7개월이 되면, 영아들은 공포, 슬픔, 흥미와 같은 추가적인 많은 표현들을 구분한다(Grossmann, 2010). 예를 들면 7개월 영아가 겁먹은 얼굴표정과 화난 얼굴표정을 볼 때 뇌파패턴이 서로 달랐는데, 이것은 이 정서들을 구분하는 능력을 의미한다(Kobiella et al., 2008).

또한 타인의 정서 표현을 의미 있는 것으로 지각하고 있음을 보여주었다. 예를 들면 만일 영아에게 얼굴표정과 목소리가 정서적으로 일치하는 영상(예 : 미소 짓는 얼굴과 명랑한 목소리)과 얼굴표정과 목소리가 정서적으로 불일치하는 영상(예 : 슬픈 얼굴과 명랑한 목소리)을 보여주면, 정서적으로 일치하는 영상에 더 오래 주목한다(Walker-Andrews & Dickson, 1997). 7개월 이하의 영아는 대개 두 영상의 차이를 알아채지 못한다.

영아들이 환경 사건들에 정서적 얼굴표정과 목소리의 정서적 톤을 연결하는 능력이 발달하는 시기를 알아보기 위해, 12~14개월 영아 집단과 16~18개월 영아 집단을 비교하는 실험을 했다(Martin et al., 2014). 개별 영아들에게 장난감과 얼굴표정 영상을 동시에 보여주었다. 특정 장난감들은 여섯 가지 정서 표현, 즉 분노, 공포, 슬픔, 놀람, 행복감 및 중립 표현 각각과 연합되었다. 그런 다음 영아들에게 정서와 짝지어진 장난감과 정서와 짝지어지지 않은 중립적 장난감 모두를 제시했다. 실험자들은 영아가 어떤 장난감에 손을 뻗는지를 관찰했다. 그림 10.2에서처럼, 연령차가 분명하게 나타났다. 12~14개월 영아는 각 정서와 연합된 장난감을 구분하지 못했다. 그들은 거의 같은 비율로 장난감들에 손을 뻗었다. 그러나 16~18개월 영아들은 놀라거나 행복한 얼굴과 연합된 장난감을 선호한 반면, 분노나 공포와 연합된 장난감은 피했다(Martin et al., 2014).

이 기술들은 아동의 **사회적 참조**(social referencing)에서 분명하며, 낯설고 애매하고 위협이 될 수 있는 상황을 어떻게 다룰지를 결정하기 위해 부모나 다른 성인의 얼굴표정이나 목소리를 사용하는 것이다. 이 현상에 대한 실험실 연구에서, 영아들은 전형적으로 낯선 사람이나 장난감에 노출되며, 어머니는 실험자의 지시에 따라 행복한, 무서운 혹은 중립적인 얼굴표정을 짓는다. 12개월 영아는 어머니가 공포를 보일 때 어머니 근처에 머물고, 어머니가 긍정적인 정서를 보이면 낯선 사람이나 대상 쪽으로 움직이고, 만일 어머니가 어

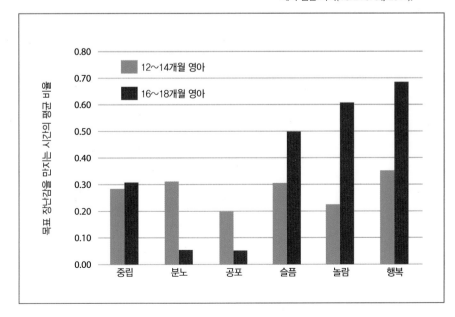

그림 10.2 정서를 장난감들과 연합하는 능력의 발달적 변화 각 얼굴 정서들과 연합되었던 장난감을 만지는 데 보낸 시간 비율에서 집단 차이(Martin et al., 2014).

던 감정도 표현하지 않으면 사람이나 대상으로부터 어느 정도 멀어지는 경향이 있다(L. J. Carver & Vaccaro, 2007; Moses et al., 2001; Saarni et al., 2006). 어머니의 목소리 톤을 읽는 12개월 영아의 능력에 대한 연구에서도 유사한 결과가 발견되었다. 영아에게 낯선 장난감들을 제시하면서 어머니의 얼굴을 보지 못하게 할 때 영아들은 더 많이 조심하고, 어머니의 목소리가 중립적일 때보다 겁먹었을 때 더 많은 공포를 보였다(Mumme, Fernald, & Herrera, 1996). 14개월이 되면, 사회적 참조를 통해 얻은 정서 관련 정보는 1시간 후에도 그 대상에 대한 아동의 접촉에 효과가 있다(Hertenstein & Campos, 2004). 아동들은 성인 정서에 대한 목소리 단서와 얼굴 단서를 둘 다 얻는다면 사회적 참조를 더 잘하는 듯하고, 목소리 단서는 얼굴 단서만 사용할 때보다 더 효과적인 듯하다(Vaillant-Molina & Bahrick, 2012; Vaish & Striano, 2004).

3세가 되면, 실험실 연구들에서 아동들은 그림이나 손인형의 얼굴에 나타난 정서 표현들에 이름을 붙이는 기본적인 능력을 보인다(Bullock & Russell, 1985; Denham, 1986; J. A. Russell & Bullock, 1986). 2세 정도의 어린 아동들은 능숙하게 행복이라고 말한다(대개 행복한 얼굴 사진을 가리키는 것이다; Michalson & Lewis, 1985). 분노, 공포, 슬픔이라고 말하는 능력은 다음 해 혹은 2년 내에 등장하고 증가하며, 대개 학령전기 후반이나 학령기 초에 놀람과 혐오라고 말하는 능력도 함께 나타난다(N. Eisenberg, Murphy, & Shepard, 1997; J. A. Russell & Widen, 2002; Widen & Russell, 2003, 2010a). 대부분의 아동은 학령 중기까지 자부심, 수치심, 죄책감과 같은 자의식적 정서들의 이름을 말할 수 없다(Saarni et al., 2006). 그러나 정서 명명의 범위와 정확성은 그 이후 청소년기까지 향상된다(Montirosso et al., 2010).

타인의 혐오 표정을 인식하는 아동의 능력은 시간이 지나면서 발달한다. 학령전 아동 중 매우 소수만이 그것을 인식하지만, 12~14세 중 1/3과 15~17세 중 3/4이 인식한다(Widen & Russell, 2013). 또한 문화차가 있다. 비교문화적 연구에 따르면, 학령기 프랑스 아동들은 미국 아동들보다 혐오 이야기에 혐오 얼굴을 정확하게 짝지을 가능성이 더 높으며, 미국 아동은 팔레스타인 아동보다 더 높다(Widen & Russell, 2013). 각 문화에서 사용하는 언어, 그리고 '혐오'와 같은 용어가 번역되는 방식의 영향을 받을 수 있지만, 이런 문화차에 대한 이유는 분명치 않다. 글상자 10.1에서, 정서지능과 아동이 자신과 타인의 정서를 더 잘 이해하도록 돕는 중재들에 대한 논의를 확인하라.

정서의 원인과 역동에 대한 이해

정서의 원인들을 아는 것은 자신과 타인의 행동과 동기를 이해하는 데 중요하다(Saarni et al., 2006). 마찬가지로 그것은 자신의 행동 조절과 사회적 유능성의 핵심이다(Denham et al., 2003; Izard et al., 2008; Schultz et al., 2001). 예를 들어 자신이 게임이나 시험에서 앞질렀던 친구에게 거절당하거나 모욕을 당한 아동에 대해 생각해보라. 만일 그 아동이 이 상황에서 친구가 나쁘기 때문이 아니라 위협을 받거나 부적절하다고 느끼기 때문에 비난할 수 있다는 것을 이해한다면, 그 아동은 자신의 반응을 훨씬 더 잘 통제할 수 있을 것이다.

여러 연구들은 학령전기와 학령기 동안 어떤 상황들에서 타인들이 느끼는 정서의 종류에 대한 이해가 급격하게 발달하는 것을 보여주었다. 이런 이해에 대한 전형적인 연구에서, 등장인물이 생일파티를 하거나 애완동물을 잃어버린 것과 같은 상황에 대한 짧은 이야기를 아동들에게 들려준다. 그런 다음 아동들에게 이야기의 등장인물이 어떻게 느끼는지를 묻는다. 3세가 되면, 아동들은 사람들을 행복하게 만드는 상황들을 매우 잘 식별한다. 4세 아동들은 사람들을 슬프게 만드는

정서지능

제8장에서 논의한 *인지 지능*은 언어적 혹은 시각적 정보에 대해 추론하고 학습하고 기억하는 능력을 말한다. **정서지능**(emotional intelligence)은 정서에 대한 정보를 인지적으로 처리하고 사고와 행동을 안내하는 정보를 사용하는 개인적 능력을 말한다(Mayer, Roberts, & Barsade, 2008). 중요한 것은, 정서지능은 자신의 정서뿐 아니라 타인의 정서를 이해하는 능력을 포함하며, 얼굴표정, 신체 움직임, 말투를 통해 지각된다는 점이다.

아동과 청소년들의 정서지능을 측정하기 위해, 연구자들은 전형적으로 참여자들에게 자신과 능력에 대한 직접적인 진술문들에 반응하게 한다. 예를 들어 일반적으로 사용되는 측정치는 특질 정서지능 질문지로 청소년들에게 '나는 원할 때 분노를 통제할 수 있다'와 '나는 학교친구들과 잘 지낸다'와 같은 진술문들을 평가하도록 한다(Petrides et al., 2006).

정서지능은 아동기와 청소년기 모두에서 긍정적인 결과들과 관련이 있다. 정서지능이 높은 아동들은 정서지능이 더 낮은 아동들보다 자신의 정서들

을 더 잘 관리할 수 있고 공격적인 행동을 덜 한다(Lomas et al., 2012). 여러 나라들(호주, 중국, 스페인, 트리니다드, 영국 및 미국)에서 수행된 연구들을 고찰한 결과 청소년기에 정서지능이 높은 아동들은 정서지능이 낮은 아동들보다 정신건강문제가 더 적고, 위험행동들을 더 적게 하고, 스트레스를 대처하는 능력이 더 나았다(Resurrección, Salguero, & Ruiz-Aranda, 2014). 또한 정서지능은 이에 더해서 자존감, 성격 및 인지 지능과 같은 다른 관련 요인들에 대해서도 이런 긍정적 결과들을 예측하는 듯하다(Resurrección et al., 2014).

이런 발견들은 연구자들이 공격적이고 반사회적인 행동을 줄이는 방법으로 정서지능을 촉진하는 중재들을 개발하도록 이끌었다. RULER라고 불리는 초등학생들을 위한 중재는 정서 *인식*, 정서 *이해*, 정서 *표현* 및 조절을 형성하는 데 초점을 두고 있다(Rivers et al., 2012). 뉴욕시에서 실시된 실험 연구는 RULER 프로그램에 무작위로 배정된 학생들은 통제학급의 학생들보다 정서적으로 더 지지적이고 타인의 관점을 존중하는 것을 관찰했다(Rivers

et al., 2012).

스페인에서 중학생과 고등학생을 위한 또 다른 중재는 타인의 정서를 지각하고 정서가 사고 과정에 미치는 영향을 인식하는 것과 같은 정서지능의 측면들을 향상하는 것에 초점을 둔다. 예를 들면 한 활동은 일상에서 역할과 정서의 유용성에 대한 논의를 위한 도약대로서 정서적인 음악, 시, 짧은 이야기를 사용한다(Castillo et al., 2013). 실험 평가에서, 중재에 참여한 학생들은 프로그램에 참여하지 않은 학생들보다 언어적이거나 신체적인 공격이 더 적었고 정신건강문제를 덜 보고했다(Castillo et al., 2013; Saiguero, Palomera, & Fernandez-Berrocal, 2012).

이 연구가 보여주듯이, 정서지능은 정서 관련 기술들(skills)이 타인과의 상호작용에 어떤 영향을 미치는지를 이해하는 데 도움이 되는 개념이고, 아동의 사회정서적 기술과 정신건강을 향상하는 것을 목표로 하는 중재를 위한 유용한 표적이 된다.

상황을 식별하는 데 매우 정확하다(Borke, 1971; Denham & Couchoud, 1990). 5세가 되면, 그들은 분노, 공포, 놀람을 유발하는 상황들을 식별할 수 있다(N. Eisenberg et al., 1997; Widen & Russell, 2010b).

자부심, 죄책감, 수치심, 당혹감 및 질투심 같은 자의식적인 사회적 정서를 유발하는 환경들을 이해하는 능력은 7세 이후에 출현한다. 연구자들은 산업화된 국가(영국, 네덜란드)와 외진 히말라야 마을의 학령기 아동들(5~14세)에서 유사한 능력을 발견했다(P. L. Harris et al., 1987). 4세부터 적어도 10세까지, 아동들은 대개 공포, 혐오, 당혹감 및 수치심과 같은 얼굴표정 그림에서보다 정서의 원인을 묘사하는 이야기에서 정서를 더 잘 식별한다(놀람은 예외)(Widen & Russell, 2010a). 이것은 아마도 분노, 공포, 슬픔 및 혐오와 같은 정서의 얼굴표정은 한 가지 이상의 정서로 해석될 가능성이 있기 때문이다(Widen & Naab, 2012).

정서의 원인에 대한 아동의 이해를 평가하는 또 다른 방식은 일상 대화에서 정서에 대한 말을 기록하고 타인의 정서들에 대해 이야기하고 설명하도록 요구하는 것이다. 이런 종류의 연구에서, 28개월 영아도 대화 중에 적절한 방식으로 행복, 슬픔, 분노, 공포와 같은 정서를 언급한다(예 : "슬퍼, 아빠?" 혹은 "화내지 마"). 그리고 때로 이런 정서들의 원인에 대해서 언급한다(예 : "내가 변기에 오줌을 누면 산타 할아버지가 좋아할 거야" 혹은 "할머니 화났어. 내가 벽에 낙서를 했어")(Bretherton & Beeghly, 1982).

정서지능 ■ 정서에 대한 정보를 인지적으로 처리하고 사고와 행동을 안내하기 위해 그 정보를 사용하는 능력

4~6세가 되면, 아동들은 또래들이 유치원에서 부정적인 정서를 보이는 이유를 정확하게 설명할 수 있다(예 : 놀림을 당했거나 장난감을 사용하지 못했기 때문)(Fabes et al., 1991; Sayfan & Lagattuta, 2009; Strayer, 1986). 3학년과 6학년은 정직하지 못해서 체포된 사람은 두려워할 것이라고 믿을 가능성이 더 높다(Barden et al., 1980).

나이가 들면서, 아동들은 또한 사람들이 과거 사건을 떠올리는 것으로 특정 정서들을 느낄 수 있음을 이해하게 된다. 예를 들면 한 연구에서 3~5세 아동에게 부정적인 사건을 경험한 후 그 사건을 떠올리게 하는 회상자극(reminder)을 본 아동에 대한 이야기를 들려주었다. 그중 하나는 토끼우리에서 애완 토끼를 키우고 있는 메리라는 여자아이의 이야기이다. 어느 날 개가 메리의 토끼를 멀리 쫓아냈고 다시 볼 수 없었다. 이야기의 여러 다른 버전에서, 메리는 토끼를 잃어버렸다는 것을 기억나게 하는 자극인, 일을 저지른 개, 토끼 우리, 토끼 사진 중 하나를 보았다. 이때 아동에게 메리가 슬퍼지기 시작했다고 말했고 지금 메리가 슬픈 이유는 무엇인지를 물었다. 이와 같은 이야기들에서 3세의 39%, 4세의 83%, 그리고 5세의 100%는 기억 단서가 이전의 불행한 사건들에 대해 생각하게 만들었기 때문에 이야기 등장인물이 슬펐음을 이해했다(Lagattuta, Wellman, & Flavell, 1997). 유사하게, 3~5세 아동들은 사람들이 과거의 부정적인 사건을 떠올리는 상황에 있을 때 걱정하고 미래의 부정적 사건을 피하기 위해 행동을 수정한다는 설명을 점점 더 많이 한다(Lagattuta, 2007). 기억 단서가 과거 사건들과 연합된 정서들을 촉발할 수 있다는 것에 대한 이해는 아동이 중립적인 정서 상황에서 자신과 타인의 정서반응을 설명하는 데 도움이 된다.

초등학교 시기 동안, 아동들은 정서가 언제, 어떻게, 왜 일어나는지를 점점 더 정교하게 설명한다. 예를 들면 그들은 정서 조절과 관련된 인지 과정과 시간이 지나면서 정서의 강도는 약해진다는 사실을 더 잘 알게 된다. 또한 사람들은 동시에 한 가지 이상의 정서를 경험할 수 있다는 것을 인식하게 된다(P. L. Harris, 2006; Harter & Buddin, 1987; F. Pons & Harris, 2005). 게다가 그들은 마음이 공포를 늘리거나 줄이는 데 어떻게 이용될 수 있고 부정적 사고는 자신의 감정을 더 나쁘게 하는 반면 긍정적 사고는 감정을 개선할 수 있음을 점점 더 이해한다(Bamford & Lagattuta, 2012; Sayfan & Lagattuta, 2009). 대략 10세경에 아동들은 정서적 양가감정을 이해하기 시작하고 사람들은 사건, 타인 및 자신들에 대한 혼합된 감정을 가질 수 있다는 것을 알게 된다(Donaldson & Westerman, 1986; Reissland, 1985). 종합하면, 이런 발달들은 아동들이 전후 사정을 고려해서 정서적 경험의 복잡성을 더 잘 이해할 수 있게 한다.

진짜와 가짜 정서 이해하기

정서 이해에서 중요한 요소는 사람들이 표현하는 정서들이 반드시 진짜 감정들을 반영하는 것은 아닐 수 있다는 인식이다. 이런 인식의 시작은 3세 유아들이 실망스러운 선물이나 상을 받을 때 부정적인 정서를 숨기기 위해 하는(그리고 대개 솔직한) 시도들에서 보인다(P. M. Cole, 1986). 5세가 되면, 거짓 정서에 대한 아동의 이해는 상당히 향상된다. 한 연구에서, 3~5세 집단에게 어떤 정서를 느끼고 있는 아이에 관한 이야기들을 보여주었다.

> 미셸은 오늘 사촌 조니의 집에서 자고 있다. 미셸은 집에 좋아하는 곰인형을 놓고 왔다. 미셸은 정말 슬프다… 그러나 미셸은 자신이 얼마나 슬픈지를 조니가 아는 것을 원치 않는다. 왜냐하면 조니가 자신을 아기라고 부를 것이기 때문이다. 그래서 미셸은 자신이 어떻게 느끼는지를 숨기려고 한다.
>
> (M. Banerjee, 1997).

아동들에게 이야기를 이해했는지를 확인하는 질문을 한 후, 다양한 정서를 표현한 그림들을 제시했다. 그런 다음 "미셸이 정말로 어떻게 느끼는지를 나타내는 그림을 내게 보여줘" 그리고 "미셸이 어떤 얼굴표정을 보이려고 하는지를 보여줘"와 같은 지시를 했다. 3, 4세의 절반만이 이야기들 중 4개 이상에서 적당한 그림을 선택한 반면 5세의 80% 이상은 정확하게 선택했다(M. Banerjee, 1997). 이 발견들은 어린 아동은 어떤 사람이 어떤 정서를 느끼면서 다른 정서를 표현할 수 있음을 잘 모르는 반면, 나이 든 아동은 알 수 있음을 시사한다. 일본과 서양 아동에 대한 연구들은 4~6세에 아동들은 사람들이 타인의 얼굴표정 때문에 정서를 오해할 수 있음을 점점 더 이해한다(D. Gardner et al., 1988; D. Gross & Harris, 1988).

거짓 정서에 대한 이해의 향상은 부분적으로 **표출규칙**(display rule)에 대한 이해의 증가를 포함하는데, 이것은 언제, 어디서, 얼마나 정서를 보여야 하는지, 그리고 언제, 어디서 정서의 표출을 억제하거나 다른 정서들로 숨겨야 하는지에 관한 사회적 혹은 문화적 집단의 비공식적 규칙들이다(Saarni, 1979). 표출규칙은 때로 아동이 느낀 정서와는 일치하지 않는 정서를 표현하기를 요구한다. 두 가지 주요 표출규칙 전략은 정서를 가장하는 것(이모의 과자를 좋아하는 척하는 것)과 정서를 숨기는 것(다가오는 불량배가 무섭지 않은 척하는 것)이다. 맥락에 적절한 정서를 보이는 것과 통제되지 않은 정서를 피하는 것이 성공적인 사회적 상호작용의 핵심이다(Saarni et al., 2006).

1.5세의 어린 아동들도 과장되거나 거짓된 정서표출을 인식할 수 있다(Walle & Campos, 2014). 학령전과 초등학교 시기 동안 아동들은 언제, 왜 표출규칙을 사용하는지를 더 세련되게 이해한다(M. Banerjee, 1997; Rotenberg & Eisenberg, 1997; Saarni, 1979). 나이가 들면서, 아동들은 사람들이 거짓말을 할 때 눈맞춤을 하지 않고 응시를 피하는 경향이 있다는 것을 점점 더 잘 이해하고, 자신의 거짓을 숨기기 위해 이런 지식을 점점 더 잘 사용한다(McCarthy & Lee, 2009).

진짜 대 가짜 정서와 표출규칙에 대한 아동의 이해에서 연령과 관련된 발전은 아동의 인지능력 증가와 관련 있다(Flavell, 1986; P. L. Harris, 2000). 그러나 사회적 요인도 아동의 표출규칙에 대한 이해에 영향을 미치는 듯하다. 예를 들면 이란의 10세 아동들은 네덜란드의 10세 아동들보다 행복, 공포, 슬픔에 관한 표출규칙을 따를 가능성이 더 높다(Novin et al., 2009). 많은 문화들에서, 표출규칙은 남성과 여성들에서 다소 다르며, 남성과 여성이 어떻게 느끼고 행동하는지에 대한 사회적 신념을 반영한다(Ruble, Martin, & Berenbaum, 2006; Van Beek, Van Dolderen, & Demon Dubas, 2006). 예를 들어 미국의 여자 초등학생들은 고통과 같은 정서를 공개적으로 표현해도 괜찮다고 느낄 가능성이 남아들보다 더 높다(Zeman & Garber, 1996). 어떤 문화에서 여아들은 남아들보다 타인의 감정을 해칠 수 있는 정서적 표현을 더 많이 억제해야 한다(P. M. Cole, 1986; Saarni, 1984). 이것은 특히 인도와 같은 문화의 여아들에서 진실이며, 이런 문화에서는 여성들이 공손하고 사회적으로 적절한 정서만을 표현할 것이라는 기대가 있다(M. S. Joshi & MacLean, 1994). 이런 발견은 분명히 여아는 타인의 감정들을 더 잘 보호하고 남아보다 더 정서적이라는 성 고정관념과 일치한다.

문화적 신념을 반영하는 부모의 신념과 행동은 아동의 이해와 표현규칙 사용에 기여할 것이다(Friedlmeier, Corapci, & Cole, 2011). 나중에 논의하듯이, 네팔에서 정서표출 통제에 대한 강조는 하위문

표출규칙 ■ 언제, 어디서, 그리고 얼마나 많이 감정을 보일지 그리고 언제, 어디서 감정의 표출을 억제하거나 다른 정서들로 감추어야 할지에 관한 사회집단의 비공식적 규준

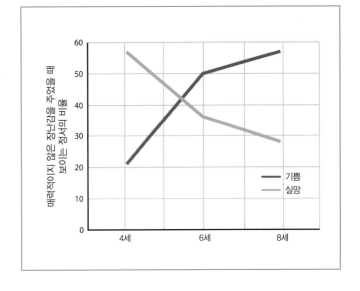

그림 10.3 표출규칙의 발달 아동의 연령에 따른, 매력적이지 않은 선물에 대한 실망을 실험자에게 감추기 위해 기쁨을 가장하는(표출규칙의 성공적 사용) 아동의 비율과 매력적이지 않은 선물에서 실제 실망을 표현하는(정서를 숨기는 데 실패) 아동의 비율 (Kromm et al., 2015).

화에 따라 다르다. 마찬가지로, 네팔 아동이 어떤 정서들을 숨긴다고 보고한 정도는 네팔의 하위문화들에서 어머니가 정서 관리 방법을 자녀에게 가르친다고 보고한 정도에 따라 다르다(P. M. Cole & Tamang, 1998). 따라서 아동들은 자신들의 문화에서 가치를 두고 있거나 가족의 중요한 표출규칙들에 조율되어 있는 듯하다.

정서 조절

전 생애 동안 자신의 정서를 조절할 수 있는 것은 인지와 행동과 같은 여러 영역들의 성공적인 발달에 결정적이다. **정서 조절**(emotion regulation)은 정서적 경험과 표현들을 모니터하고 조절하기 위해 사용된 의식적 및 무의식적 과정들의 세트이다. 정서 조절은 아동기 동안 점진적으로 발달하고 사회적 상호작용뿐 아니라 학문적 상황에서 성공하게 한다.

정서 조절의 발달

여러분이 요람에 누워 있는 아기라고 상상해보라. 발가락 하나가 잠옷 속으로 들어갔고 고통스럽다. 여러분은 그것을 중단시킬 힘이 없다. 여러분은 아직 구르는 법을 모르고 말을 할 수 없다. 그래서 여러분은 누군가에게 무슨 일이 일어나고 있는지를 말할 수 없다. 여러분의 유일한 선택지는 고통과 좌절로 울부짖는 것이다. 여러분의 아버지가 달려오고 당신을 안아 올리고 잘못된 것을 알아내려고 노력한다. 그는 여러분을 꼭 안고 등을 토닥거리며 진정시키는 말을 한다. 여러분은 서서히 진정된다. 여러분의 발가락은 더 이상 아프지 않다.

이 시나리오의 아기처럼 어린 영아는 고통 받고 좌절하고 놀랐을 때 그 상황을 해결하기 위해 할 수 있는 것이 없다. 부모들은 전형적으로 달래거나 주의를 빼앗음으로써 영아가 정서적 각성을 조절하도록 돕는다(Gianino & Tronick, 1988). 예를 들면 어머니들은 우는 2개월 영아를 진정시키기 위해 어루만지고 애정 어린 행동을 하는 경향이 있다. 다음 몇 개월이 지나면서, 그들은 진정시키거나 영아의 주의를 돌리기 위해 점점 더 많은 말소리(말, 노래, '쉬~')를 낸다. 흥분한 어린 영아에게 진정시키는 말을 하면서 안거나 흔들어 주는 것은 가장 믿을 만한 방법이고, 만일 심하게 흥분하지 않았다면 먹을 것을 주는 것도 효과적이다(Jahromi, Putnam, & Stifter, 2004). 따라서 어린 영아의 정서 상태는 **공동조절**(co-regulation) 과정을 통해 외부적으로 통제되며, 양육자는 아동이 고통을 줄이도록 돕는 데 필요한 위로를 하거나 주의를 돌린다.

아동들이 자신의 신체를 통제하고 환경을 이해하는 능력이 발달하면서, 점진적으로 자신의 정서를 조절하는 통제력을 갖게 된다. 5개월이 되면, 영아들은 불쾌함을 유발하거나 불확실한 상황에서 기본적인 정서조절의 징후를 보인다. 영아들이 사용하는 한 가지 전략은 **자기위로 행동**(self-comforting behaviors)이며, 부드럽게 긍정적인 신체적 감각들을 느끼는 것으로 각성을 조절하는 반복적인 행위들이다. 예를 들면 손가락을 빨거나 손을 마주 비비는 것이다(Planalp & Broungart-Rieker, 2015). 영아들이 사용하는 또 다른 전략은 **자기주의 돌리기**(self-distraction)이며, 각성 수준을 조절하기 위해 혼란스러운 자극과는 떨어진 다른 곳을 쳐다보는 것이다(Ekas, Lickenbrock, & Braungart-Rieker, 2013). 예를 들면 얼굴 앞에서 열쇠 뭉치를 딸랑거리는 나이 든 형제로부터 고개

정서 조절 ■ 정서 경험과 표현을 모니터하고 바꾸는 데 사용하는 의식적 및 무의식적 과정들의 세트

공동조절 ■ 아동이 자신의 고통을 줄이도록 돕기 위해 양육자가 필요한 위안을 주거나 주의를 산만하게 하는 과정

자기위로 행동 ■ 부드럽고 긍정적인 신체 감각을 느낌으로써 각성을 조절하는 반복적 행동들

자기주의 돌리기 ■ 자신의 각성 수준을 조절하기 위해 기분 나쁜 자극으로부터 멀리 떨어진 곳을 바라보기

를 돌릴 수 있다. 생의 첫해를 지나면서, 영아들은 스트레스 상황에서 자기 위로 행동이 줄고 자기주의 돌리기가 증가한다(Planalp & Braungart-Rieker, 2015).

아동의 자기조절에서 이런 변화들은 부분적으로 신경계의 성숙 때문이며, 주의를 관리하고 사고와 행동을 억제하는 데 핵심인 전두엽의 변화를 포함한다(A. Berger, 2011; Smith et al., 2016). 또한 부분적으로 아동에 대한 성인의 기대가 변하기 때문이다. 아동이 나이가 들면서, 성인들은 점점 더 아동들이 자신의 정서적 각성과 행동을 관리할 것을 기대한다. 예를 들면 일단 아이들이 길 수 있게 되면, 그들은 자신의 행동에 더 많은 책임을 지고 부모의 기대에 순종할 수 있는 것처럼 보인다(J. J. Campos, Kermoian, & Zumbahlen, 1992). 대략 9~12개월에 영아들은 성인의 요구를 의식하고 그에 맞게 스스로를 조절하기 시작한다(Kopp, 1989). 생의 두 번째 해에 그들은 급격하게 더 많이 순종하며(Kaler & Kopp, 1990), 위험한 대상들을 만지지 말라는 것과 같은 간단한 지시들을 따를 가능성이 높다.

고통을 받을 때 많은 어린 아동들은 자기위안 행동을 하는데, 자신의 몸을 비비거나 엄지손가락을 빨거나 좋아하는 담요처럼 매우 좋아하는 물건들에 매달린다.

생의 두 번째 해에 영아들은 천천히 걸으라거나 혹은 매력적인 대상을 만지지 말라는 요구를 받을 때 움직임(motor behavior)을 억제하는 능력이 향상된다(N. P. Friedman et al., 2011; Kochanska, Murray, & Harlan, 2000). 걸음마기에는 매우 제한적이지만, 3~5세가 되면 상당히 향상된다(Moilanen et al., 2009; Putnam, Garstein, & Rothbart, 2006). 그리고 학령기와 그 이후 동안 더욱 향상된다(Bedard et al., 2002; B. C. Murphy et al., 1999; Sinopoli, Schachar, & Dennis, 2011).

초기 몇 년을 지나면서, 아동들은 스스로 주의를 돌리는 능력이 발달하고 향상되며, 스트레스를 받으면 혼자 논다. 그들은 또한 혼란스러울 때 부모로부터 위로를 구할 가능성이 줄어든다(Bridges & Grolnick, 1995). 언어 사용 능력이 커지기 때문에, 부모의 요구가 그들을 혼란스럽게 할 때, 정서적으로 폭발하기보다 부모와 그 상황에 대해 이야기하고 타협할 가능성이 더 크다(Campos, Frankel, & Camras, 2004; Klimas-Dougan & Kopp, 1999; Kopp, 1992). 예를 들면 만일 학령전 아동이 부모로부터 놀이를 중단하고 방을 치우라는 말을 듣고 기분이 나쁘다면 그 아이는 말로 저항하고 여분의 놀이시간을 위해 로비를 하거나 혹은 흥분을 하기보다 청소 시간표를 만든다.

자기위로 행동 ■ 부드럽고 긍정적인 신체 감각을 느낌으로써 각성을 조절하는 반복적 행동들

자기주의 돌리기 ■ 자신의 각성 수준을 조절하기 위해 기분 나쁜 자극으로부터 멀리 떨어진 곳을 바라보기

이 어린 여아는 낮잠을 자고 싶다는 의사를 전달하기 위해 신호를 사용한다. 말이나 신호로 자신의 바람이나 욕구를 나타낼 수 있는 아동들은 좌절하거나 조절되지 않은 행동을 보일 가능성이 더 낮을 것이다.

자신의 주의를 조절하는 아동의 능력은 초기 몇 년 동안 향상된다(Rueda, Posner, & Rothbart, 2011). 그 결과, 아동은 화났을 때 타인을 다치게 하지 말고 수업 중에 일어나서 친구와 놀거나 말하고 싶을 때 앉아 있으라는 것과 같은 성인의 기대를 점점 더 잘 따를 수 있다. 청소년기에 피질에서 일어나는 신경학적 변화(제3장 참조)는 자기조절이나 다른 인지적 기능에 기여한다. 또한 이것은 청소년기에서 성인 초기로 전환되는 동안 자주 일어나는 위험감수 행동의 감소와 판단의 향상에 기여한다(Steinberg, 2010).

어린 아동들은 주로 행동적 전략들(예 : 놀이로 스스로 주의를 돌리는 것)을 사용함으로써 정서적 고통을 조절하는 반면, 나이 든 아동은 정서적으로 힘든 상황에 적응하기 위해 인지적 전략들과 문제해결을 사용할 수 있다(Zimmer-Gembeck & Skinner, 2011). 불쾌하거나 위협적인 환경에 처하면, 그들은 그 상황에 품위 있게 적응할 수 있기 위해 자신의 목표나 사건의 의미들에 대해 다시 생각할 수 있다. 이 능력은 아동들이 비생산적인 방식

으로 행동하는 것을 피하는 데 도움이 된다. 예를 들면 나이 든 아동은 또래들의 놀림을 당했을 때, 더 많은 놀림으로 도발하기보다 놀림을 대수롭지 않게 여김으로써 그 상황을 별 것 아닌 것으로 만들 수 있을 것이다.

적절한 조절 전략의 선택

아동들은 시간이 지나면서 특정 상황이나 스트레스인에 적합한 인지적·행동적 전략들을 선택하는 능력이 향상된다(Brenner & Salovey, 1997). 한 가지 이유는 아동들이 나이가 들면서 특정 대처행동의 적절성이 특정 요구와 목표뿐 아니라 문제의 본질에 달려 있음을 더 잘 알게 되기 때문이다. 예를 들면 아동들은 처음 노력들이 실패할 때 좌절해서 굴복하기보다 목표를 얻기 위한 대안적 방식을 찾으려고 노력하는 것이 더 낫다는 것을 점점 더 알게 될 것이다(C. A. Berg, 1989). 또 다른 이유는 적절한 전략들의 선택과 사용에 기여할 수 있는 계획과 문제 해결 기술들이 아동기와 청소년기 동안 향상되기 때문이다(Albert & Steinberg, 2011; Zimmer-Gembeck & Skinner, 2011).

부정적 상황에 적절한 전략을 사용하는 아동의 향상된 능력은 통제할 수 있는 스트레스인(숙제 같은)과 통제될 수 없는 스트레스인(고통스럽지만 필요한 의료 절차 같은) 간을 구분하는 향상된 능력의 도움을 받는다. 예를 들면 나이 든 아동은 통제할 수 없는 상황에서 상황을 변화시키는 것보다 단순히 상황에 적응함으로써 정서를 관리하는 것이 더 쉽다는 것을 어린 아동들보다 더 잘 안다(예 : Altshuler et al., 1995; Hoffner, 1993; Rudolph, Dennig, & Weisz, 1995). 예를 들어 중요한 수술을 해야 할 때 나이 든 아동은 이후 더 건강해진다는 것 같은 수술의 이득에 대해 생각하거나 혹은 즐거운 활동들로 스스로 주의를 돌림으로써 적응할 수 있다. 이에 비해 어린 아동은 수술할 필요가 없다고 주장할 가능성이 더 높다.

사회적 유능성과 적응에 대한 정서 조절의 관련성

앞에서 지적했듯이, 정서 조절의 발달은 특히 아동의 사회적 유능성과 관련해서 중요하다. **사회적 유능성**(social competence)은 개인들이 타인들과 긍정적 관계를 유지하면서 사회적 상호작용에서 개인적 목표를 성취하는 데 도움이 되는 기술의 세트이다(Rubin, Bukowski, & Parker, 1998). 많은 연구들은 부적절한 행동을 억제하고 만족을 지연하고 정서와 행동을 통제하는 아동들은 잘 적응하고 또래와 성인들이 그들을 좋아하는 경향이 있음을 보여준다(Diener & Kim, 2004; Doan, Fuller-Rowell, & Evans, 2012; Olson et al., 2011; N. Eisenberg, Spinrad, & Eggum, 2010 참조).

게다가 스트레스 상황을 건설적으로 다룰 수 있는 아동과 청소년은 대개 이런 기술이 부족하거나 스트레스 상황을 회피하는 아동들보다 더 잘 적응한다. 사회적 기술은 갈등을 해결하기 위해 타인들과 타협하고, 혼란스러운 상황을 해결하기 위한 전략을 계획하고, 사회적 지원을 구하는 것 등이다(K. A. Blair et al., 2004; Compas et al., 2001; Jaser et al., 2007). 성공적으로 정서를 조절하지 못하는 아동들은 정서 조절을 더 잘하는 또래들에 비해 괴롭힘(bullying)의 피해자가 될 위험이 더 높다(Morelen, Southam-Gerow, & Zeman, 2016). 또한 조절을 잘하는 아동은 학교에서 더 잘하는데, 아마도 그들은 주의를 더 잘할 수 있고, 행동을 더 잘하고 교사나 또래들이 그들을 더 좋아하고, 그 결과 학교를 더 좋아하기 때문일 것이다(Denham et al., 2012; Duckworth, Quinn, & Tsukayama, 2012; Ponitz et al., 2009; Rimm-Kaufman et al., 2009).

사회적 유능성 ■ 타인들과 긍정적 관계를 유지하는 동시에 사회적 상호작용에서 개인적 목표들을 성취하는 능력

기질

개별 아동이 유사한 상황들에 반응하는 방식의 차이들은 연구자들이 기질 개념을 개발하게 만들었다. **기질**(temperament)은 여러 맥락들에서 보이는 정서, 활동 수준, 주의에서 개인차이며 영아기부터 존재한다. 따라서 기질에는 유전적인 기초가 있는 것으로 생각된다(Bornstein et al., 2015). 아래에서 보게 될 것처럼, 어떤 아동의 기질은 자신의 유전자와 자신이 사는 환경 둘 다의 영향을 받는다. 따라서 기질의 구성은 발달에서 개인차와 천성과 육성 주제와 매우 관련 있다.

Alexander Thomas와 Stella Chess는 기질 연구의 선구자들이다(Thomas & Chess, 1977; Thomas, Chess, & Birch, 1968). 그들은 영아의 특정 행동에 관해 부모들과 반복적이고 심층적으로 면담했다. 부모보고의 편향 가능성을 줄이기 위해, 연구자들은 부모들에게 '그는 자주 활발하다' 혹은 '그녀는 모든 것에 관심이 있다'와 같은 여러 해석 가능성이 있는 특성들이 아닌 영아의 특정 행동을 상세하게 묘사하도록 요구했다. 면담에 기초해서 아동의 아홉 가지 특성이 확인되었는데, 여기에는 기분(mood), 적응성, 활동 수준, 주의폭 및 지속성이 포함된다. 더 나아가 이런 특성들에 관련된 면담 결과를 분석해서, 연구자는 영아를 세 집단으로 분류했다.

부분적으로 기질의 차이 때문에, 아동들은 동일한 상황에 매우 다른 반응을 보인다.

1. 쉬운 아기는 새로운 상황에 쉽게 적응하고, 자고 먹는 것 같은 일과를 빠르게 형성하고, 대개 기분이 쾌활하고 쉽게 진정된다.
2. 까다로운 아기는 새로운 경험에 느리게 적응하고, 낯선 자극이나 사건들에 부정적이고 강하게 반응하는 경향이 있고, 일과와 신체 기능이 불규칙적이다.
3. 느린 아기는 처음에 다소 까다롭지만, 시간이 지나 새로운 대상, 사람, 상황들과의 접촉이 반복되면서 더 쉬워진다.

초기 연구에서 40%의 영아는 쉬운 기질, 10%는 까다로운 기질, 그리고 15%는 느린 기질로 분류되었다. 나머지 아기는 이 범주들 중 어느 하나에 맞지 않았다. 특히 중요한 것은, 어떤 기질 차원들은 시간이 지나도 아동들 내에서 상당한 안정성을 보이며, 나중에 아동이 어떻게 행동할지를 예측한다. 예를 들면 '까다로운' 영아는 가정과 학교에서 적응문제를 보이는 경향이 있는 반면, '쉬운' 아동 중 소수만이 그런 문제가 있다.

기질 측정

Thomas와 Chess의 획기적인 노력 이후로, 기질을 연구하는 연구자들은 더 이상 아동을 쉬운, 까다로운, 혹은 느린 범주로 분류하지 않는데, 이것은 발달에 대한 개인 간(between person) 접근이다. 연구자들은 이제 모든 아동을 기질 차원들에 따라 특징짓는데, 발달에 대한 개인 내(within person) 접근이다. 이 새로운 접근에 따르면, 모든 아동은 각 기질 차원을 어느 정도 수준으로 갖고 있다.

기질 ■ 정서, 활동 수준 및 주의의 개인차로서, 여러 맥락들에서 나타나고 영아기부터 존재하며 따라서 유전적 기초가 있는 것으로 여겨진다.

정확하게 얼마나 많은 기질 차원이 있는지에 대해 모든 연구자들이 동의하는 것은 아니다. 그러나 이 분야를 선도하는 전문가 중 한 명인 Mary Rothbart는 다섯 가지 핵심 기질 차원을 확인했는데, 공포, 고통/분노/좌절, 주의폭, 활동 수준 및 미소와 웃음이다(Gartstein & Rothbart, 2003 ; Rothbart et al., 2001). 그녀는 영아기[영아행동 질문지(Infant Behavior Questionnaire)]와 아동 초기[아동행동 질문지(Child Behavior Questionnaire)] 검사를 만들었는데 부모, 교사, 관찰자가 몇 가지 기질 차원에 따라 각 아동을 평가한다(Garstein & Rothbart, 2003 ; Rothbart et al., 2001). 이 검사들에서 부모, 교사, 관찰자들은 광범위한 진술문들이 표적 아동을 얼마나 잘 묘사하는지를 표시한다. 그런 다음 참여자들은 각 기질 차원의 몇 가지 항목들에 반응한다. 각 아동이 그 차원에서 얼마나 높은지 혹은 낮은지를 반영하는 반응들의 평균을 낸다. 표 10.2는 두 가지 기질검사 항목들의 예다. 기질검사들은 시간이 지나도 상당히 안정적이고 행동문제, 불안장애 및 사회적 유능성과 같은 영역들에서 이후 발달을 예측하는 경향이 있다(A. Berger, 2011 ; Rothbart, 2011 ; Rothbart & Bates, 2006).

평정척도들을 이용하는 것 외에도, 연구자들은 기질을 측정하기 위해 실험실 상황에 대한 정서적 반응의 생리적 측정치들을 사용한다. 예를 들면 연구자들은 기질이 다른 아동들은 심박 변이도(heart rate variability)에서 차이가 있음을 발견했다(Kagan, 1998 ; Kagan & Fox, 2006) 개인의 정상적인 심박수 변화를 나타내는 심박 변이도는 낯선 상황에 대한 중추신경계의 반응과 개인의 정서 조절능력을 반영한다(Porges, 2007 ; Porges, Doussard-Roosevelt, & Marti, 1994). 일반적으로 사용되는 기질의 또 다른 생리적 측정치는 전두엽 활동의 뇌파기록이다. 뇌파(EEG)로 측정된 좌측 전두피질의 활동은 접근 행동, 긍정적 정서, 탐색 및 사교성과 관련 있다.

대조적으로 우측 전두엽의 활동은 위축, 불확실성 상태, 공포 및 불안과 관련 있다(Kagan & Fox, 2006). 낯선 자극, 상황, 혹은 도전들에 직면했을 때, EEG상에서 우측 전두엽 활동이 더 큰 영아

표 10.2

영아와 아동의 기질 측정 : 영아행동 질문지와 아동행동 질문지

기질 차원	묘사	영아행동 질문지(0~12개월) 영아 검사항목의 예 (0~12개월), 1점(결코 아닌)~7점(항상)으로 평정	아동행동 질문지(3~7세) 아동 검사항목의 예 (3~7세), 1점(자녀와 매우 같지 않은)~7점(자녀와 매우 같은)
공포	낯설거나 잠재적으로 위협적인 상황에 대한 불안, 걱정, 긴장을 경험하는 경향성	지난 주 동안 아기는 얼마나 자주 갑작스럽거나 시끄러운 소음에 놀랐는가?	아이는 큰 개나 다른 동물들을 무서워하지 않는다(점수는 반대로).
제한에 대한 고통(영아), 분노/좌절(아동기)	진행 중인 과제를 방해받거나 차단되는 것과 관련된 부정적인 정서반응	눕혀 놓을 때, 아기는 얼마나 자주 소란을 떨거나 저항하는가?	아이는 원하는 것을 갖지 못할 때 짜증을 낸다.
주의폭	긴 시간 동안 대상이나 과제에 주목	지난 주 동안 아기는 얼마나 자주 모빌, 침대범퍼, 그림을 5분 이상 쳐다보았는가?	장난감이나 다른 일을 선택하면, 아이는 대개 끝날 때까지 과제를 계속한다.
활동 수준	대근육 신체 운동의 비율과 정도	목욕할 때, 아기는 얼마나 자주 물을 튀기고 발차기를 하는가?	아이는 항상 한 곳에서 다른 곳으로 가기 위해 매우 서두르는 듯하다.
미소와 웃음	자극의 강도, 복잡성, 불일치성에서의 변화에 대한 긍정적인 정서반응	지난 주 동안 아기는 장난감을 주면 얼마나 자주 미소 짓거나 웃었는가?	아이는 농담이나 어리석은 사건에 대해 많이 웃는다.

출처 : 수정된 영아행동 질문지(Gartstein & Rothbart, 2003)와 아동행동 질문지(Rothbart et al., 2001).

와 아동은 불안과 회피로 반응할 가능성이 더 높다(Calkins, Fox, & Marshall, 1996; Kagan & Fox, 2006). 반면, 좌측 전두엽 활동을 보인 개인들은 이완되고 행복한 기분과 새로운 경험이나 도전을 하려는 열의를 보일 가능성이 더 높다(Kagan & Fox, 2006; L. K. White et al., 2012).

기질에 대한 부모보고의 주요 장점은 부모는 여러 상황들에서 자녀의 행동에 대해 폭넓게 알고 있다는 것이다. 이 방법의 중요한 한 가지 단점은 부모가 항상 객관적으로 관찰하는 것은 아니라는 것이며, 그들의 보고는 때로 실험실 측정치들과 일치하지 않는다(Rothbart & Bates, 2006). 또다른 단점은 많은 부모들이 자녀에 대해 보고할 때 보고의 기초로 사용할 다른 아동의 행동에 대해잘 알지 못한다는 것이다(예 : 어떤 부모에게는 성마름이 다른 부모에게는 차분함에 가까운 것일수 있다). 대조적으로, 실험실 관찰 자료의 주요 장점은 자료가 아동에 대한 성인의 개인적 관점보다 편향적일 가능성이 더 적다는 것이다. 주요 단점은 아동의 행동들이 제한된 환경 내에서만 관찰된다는 것이다. 결과적으로, 실험실 관찰 측정치들은 아동의 전반적인 기질을 반영하기보다 주어진 순간, 특별한 맥락에서 아동의 기분이나 행동을 반영할 수 있다. 기질의 어떤 측정치도 완벽하지 않으며, 서로 다른 여러 방법들로 기질을 평가하는 것이 분별 있는 행동이다(Rothbart & Bates, 2006).

기질은 시간이나 상황에 걸쳐 상대적으로 안정적이다. 영아행동 질문지에 대한 부모의 평정을 사용한 연구는 영아의 각 기질 차원 수준이 생의 첫 1년 동안 상당히 안정적임을 발견했지만, 시간이 지나면서 변한다는 증거들도 있다(Bornstein et al., 2015). 아동 초기 동안, 3세에 또래보다 더 화를 내고 고통을 받는 경향이 있는 아동들은 6세와 8세에도 또래보다 더 화를 내고 고통을 받는다(Guerin & Gottfried, 1994; Rothbart, Derryberry, & Hershey, 2000). 행복한 경향이 있는 아동들은 같은 연령 범위 동안 상대적으로 행복하게 남아 있다(Durbin et al., 2007; Sallquist et al., 2009). 그러나 기질은 전적으로 불변이라고 말하는 것이 아니다. 기질은 시간이 지나면서 변할 수 있고 변한다. 3~6세 아동들은 0~3세 아동들보다 훨씬 더 안정적인 기질을 갖고 있다(Roberts & DelVecchio, 2000). 기질의 어떤 측면들은 아동기와 청소년기가 될 때까지 나타나지 않지만 다른 연령에서 상당히 변할 수 있다는 증거가 있다(Saudino & Wang, 2012; Shiner et al., 2012). 서로 다른 연령에서 표현되는 기질의 시기와 변화는 아마도 유전자들이 발달하는 동안 스위치를 켜고 끄기 때문이며, 따라서 행동들이 유전자들의 영향을 받는 정도에 따른 변화들이다(Saudino & Wang, 2012).

사회적 기술과 부적응에서 기질의 역할

연구자들이 기질에 흥미를 갖는 이유 중 하나는 그것이 아동의 사회적 적응을 결정하는 데 중요한 역할을 하기 때문이다. 화를 잘 내고 분노를 통제하는 데 어려움이 있는 남아를 생각해보라. 다른 남아들과 비교해서, 그 아동은 타인들에게 골을 내거나 소리를 지르고, 성인들에게 반항적이고, 또래들에게 공격적일 것이다. 이 행동들은 자주 장기적인 적응문제가 된다. 그 결과, 분노/성마름, 긍정적 정서 및 행동 억제 능력과 같은 기질 차원에서 아동들이 어디에 위치하는지가 사회 유능성이나 부적응과 밀접하게 관련되는 것은 놀랍지 않다(Coplan & Bullock, 2012; Eiden et al., 2009; N. Eisenberg et al., 2010; Kagan, 2012; Kochanska et al., 2008). 예를 들면 너무 억제된 아동들은 더 나이가 들었을 때 다른 아동들보다 불안, 우울증, 사회적 위축 같은 문제가 있을 가능성이 더 높다(Biederman et al., 1990; Fox & Pine, 2012; Hirshfeld-Becker et al., 2007; Moffitt et al., 2007).

적응문제에 따라 관련된 기질이 서로 다른 듯하다.

초기 기질과 이후 행동 간 관련성은 Caspi와 동료들이 뉴질랜드에서 수행한 대규모 종단연구에서 강조되었다. 이 연구자들은 어렸을 때 더 화를 내고 조절을 못한 참여자들은 기질이 다른 또래들보다 청소년이나 성인이 되었을 때 타인들과 어울리지 못하는 것 같은 적응문제가 많은 경향이 있음을 발견했다. 또한 그들은 불법행동을 하고 법적 문제가 있을 가능성도 더 높았다(Caspi et al., 1995; Caspi & Silva, 1995; B. Henry et al., 1996). 21세 때 그들은 거처를 공유하고 있는 사람(예 : 룸메이트)과 잘 지내지 못했고, 더 자주 실직 상태였다. 그들은 또한 사회적 지원을 받을 수 있는 사람들이 더 적고(Caspi, 2000) 불안 같은 정서를 더 쉽게 느끼는 경향이 있었다(Caspi et al., 2003). 32세 때 그들은 신체적 건강과 개인적 자원이 더 나빴고, 물질 의존이 더 컸으며, 범죄행동이 더 많았고, 도박문제가 더 많았다(Moffitt et al., 2011; Slutske et al., 2012). 각 기질 차원이 중간 수준이고, 아동 초기에 잘 적응한 아동은 성인기에도 계속해서 잘 지낼 가능성이 가장 높았고, 문제행동이나 정신건강장애의 위험이 높아지지 않았다(Caspi, 2000; Slutske et al., 2012).

행동에 대한 기질의 효과는 같은 상황에서 다른 반응을 하는 아동들에서 분명하게 설명된다. 예를 들면 시끄럽고 무질서한 생일파티에 도착한 4세 남아 2명을 상상해보라. 활동성이 높은 아동은 즉시 합류하는 반면, 겁이 많은 아동은 주변에서 다른 아동이 노는 방식을 관찰할 것이다. 활동성이 높은 아동은 잘 지내고 겁이 많은 아동은 분명히 그렇지 않다. 아동 기질이 특정 맥락의 요구에 얼마나 잘 맞는지를 **조화의 적합성**(goodness of fit)이라고 부른다.

조화의 적합성 이슈에서 가족은 분명히 가장 중요한 맥락이다. 연구는 충동적이고 정서 조절을 못하는 아동이 적대적이고 침입적이고 부정적인 양육에 노출된다면 지지적인 양육에 노출된 아동보다 문제가 더 많고 타인에 대해 덜 동정적이라는 것을 보여준다(Hastings & De, 2008; Kiff, Lengua & Zalewski, 2011; Lengua et al., 2008; Valiente et al., 2004; Rothbart & Bates, 2006도 참조). 유사하게, 분노를 쉽게 느끼는 아동은 적대적 양육이나 혹은 긍정적이지 않은 양육에 노출된다면 공격과 같은 행동문제를 가질 가능성이 더 높다(Calkins, 2002; Lengua, 2008; Mesman et al., 2009; Morris et al., 2002; 평가를 위해 Bates, Schermerhorn, & Petersen, 2012도 참조). 캐나다에서 수행된 연구는 부모에 의해 수줍음이 많은 것으로 평정되었던 아동은 만일 어머니가 매우 따뜻하다면 또래와의 문제가 더 적고 정서문제가 더 적다는 것을 발견했다(Coplan, Arbeau, & Armer, 2008).

그러나 어떤 아동들의 기질은 긍정적인 가족환경과 부정적인 가족환경 둘 다에 매우 반응적이라는 것에 주목할 필요가 있다. 이 아동들은 **차별적 감수성**(differential susceptibility)을 보이는데, 이것은 같은 기질적 특성이 가혹한 가정환경에서는 아동을 부정적인 위험에 빠뜨리고 긍정적인 환경에서는 성장하게 만든다는 의미이다(Belsky & Pluess, 2009). 예를 들면 충동적 기질의 아동들은 가혹한 가족환경에서 양육되면 청소년기에 높은 수준의 행동문제를 보인다. 그러나 긍정적인 가족환경에서 양육되면, 낮은 수준의 행동문제를 보인다(Rioux et al., 2016b).

그런 민감하거나 매우 반응적인 기질의 아동들은 조건이 좋을 때 번창하지만 조건이 나쁠 때 쇠퇴하는 '난초'로 묘사된다. 대조적으로, 환경에 덜 민감하고 전부는 아니지만 대부분의 고위험 환경에서 잘하는 아동은 '민들레'로 여겨진다(Boyce & Ellis, 2005). 차별적 감수성에 대한 증거가 몇몇 종단연구들에서 발견되었지만(Rioux et al., 2016a), 유전이나 기질적 특징들이 환경에 반응적이되도록 만들 수 있는지와 상관없이, 모든 아동은 긍정적인 양육환경으로부터 이득을 얻는다(Belsky et al., 2015).

조화의 적합성 ■ 개인의 기질이 사회적 환경의 요구나 기대와 양립하는 정도

차별적 감수성 ■ 가혹한 가정환경에 어떤 아동들을 부정적 결과의 위험에 놓이게 하는 같은 기질 특징이 가정환경이 긍정적일 때는 성장하게 한다.

정서발달에서 가족의 역할

정서발달의 초기 단계들 동안 아동의 일차 환경으로서, 가족 그리고 특별히 부모는 타인의 감정을 어떻게 해석하고 반응하는지뿐 아니라 자신의 정서를 어떻게 해석하고 반응하는지에 중요한 영향을 미친다. 부모가 정서발달에 영향을 미치는 몇몇 방식은 암묵적이며 자녀와의 관계의 질이나 자녀에 대한 정서표현 같은 것을 통해서이다. 다른 것은 보다 외현적이며 자녀의 정서에 대한 부모의 반응과 정서표출 규칙에 대한 분명한 가르침과 같은 것이다.

부모-자녀 관계의 질

부모-자녀 관계는 아동의 안전감과 그들이 자신과 다른 사람들에 대해 어떻게 느끼는지에 영향을 미친다(R. A. Thompson, 2015; 제11장 참조). 그런 다음 이 감정들은 정서를 표현하는 아동의 경향성에 영향을 미친다. 예를 들면 안전하게 애착된, 즉 부모에게 질이 높고 신뢰하는 관계를 맺은 아동은 불안전하게 애착된, 즉 신뢰와 지원이 낮은 관계를 맺은 아동보다 행복감을 더 많이 그리고 사회적 불안과 분노를 더 적게 보이는 경향이 있다(예 : Bohlin, Hagekull, & Rydell, 2000; Borelli et al., 2010; Kochanska, 2001). 안전 애착된 아동은 또한 정서 표현이 더 개방적이고 정직하며 (Becker-Stoll, Delius, & Scheitenberger, 2001; Zimmermann et al., 2001), 정서 이해가 더 발전된 (Steele, Steele, & Croft, 2008) 경향이 있는데, 아마도 부모가 감정이나 다른 심적 상태에 대해 그들과 더 많이 논의하기 때문일 것이다(McElwain, Booth-LaForce, & Wu, 2011; McQuaid et al., 2007; Raikes & Thompson, 2006). 이런 향상된 정서이해는 아동들이 자신의 정서를 언제 어떻게 조절할지를 깨닫는 데 도움이 될 것이다. 이스라엘에서 수행된 종단연구는 더 나아가 부모-자녀 관계와 아동의 정서발달 간 관련성을 보여주었다. 아동이 부모와 더 상호적인 반응적 관계를 맺을수록, 아동은 정서조절을 더 잘한다. 그리고 반대의 경우도 마찬가지다(Feldman, 2015).

부모의 정서 표현

부모의 정서 표현은 사회적 세상에서 자신과 타인들에 대한 아동의 관점에 영향을 준다(Dunsmore & Halberstadt, 1997). 예를 들면 부모의 높은 분노와 적대성에 노출된 아동들은 자신은 사람들을 화나게 만드는 사람이라고 생각하게 되고 결국에는 대부분의 사람들이 적대적이라고 믿는다. 이에 덧붙여, 부모의 정서 표현은 아동에게 언제, 어떻게 정서를 표현할지에 대한 모델이 된다(Denham, Zoller, & Couchoud, 1994; Dunn & Brown, 1994). 또한 이런 모델링은 대인관계에서 어떤 유형의 정서 표현이 적절하고 효과적인지에 대한 아동의 이해에 영향을 미친다(Halberstadt et al., 1995; Morris et al., 2007). 부모가 정서를 잘 표현하지 않는 가족의 경우, 아동들은 정서는 기본적으로 나쁘고 피하거나 억제해야 한다는 메시지를 받게 될 수 있다(Gottman, Katz, & Hooven, 1997). 마지막으로, 자녀에게 노출되는 부모의 정서는 사회적 상호작용에서 일반적 수준의 고통과 각성에 영향을 주고, 그런 다음 행동을 완화하는 데 도움이 될 상호작용에 대한 중요한 정보(예 : 타인의 언어적 및 비언어적 단서들)를 처리하는 능력에 영향을 미친다(N. Eisenberg, Cumberland, & Spinrad, 1998; M. L. Hoffman, 2000).

이유가 무엇이든, 가정에서 일관되고 개방된 정서 표현은 아동의 정서 표현뿐 아니라 행동과 연

가족에서 상대적으로 높은 수준의 긍정적 정서에 노출된 아동들은 긍정적인 정서를 더 많이 표현하고 사회적으로 더 숙련되고 더 적응적인 경향이 있다.

합된다. 연구들에 대한 고찰에서, Halberstadt와 동료들은 행복감과 같은 긍정적 정서들이 가정에 퍼져 있을 때, 아동들 스스로 행복감을 표현하는 경향이 있음을 발견했다. 이 아동들은 사회적으로 숙련되고, 잘 적응하고, 공격성이 낮고, 타인의 정서를 이해하고, 전형적으로 자존감이 높다(Halberstadt & Eaton, 2003; Barry & Kochanska, 2010 참조; Brophy-Herb et al., 2011; 또한 McCoy & Raver, 2011도 참조).

대조적으로, 분노와 같은 부정적 정서들이 가정에 퍼져 있을 때, 특히 그것들이 강력할 때, 아동들은 사회적 유능성이 낮고 우울증이나 불안을 포함한 부정적 정서를 경험한다(Crockenberg & Langrock, 2001; N. Eisenberg et al., 2001; Raval & Martini, 2011; Stocker et al., 2007). 가정에서 갈등과 분노가 아동을 향한 것이 아닐 때에도, 아동들의 분노, 행동문제, 사회적 유능성과 자기조절의 결함이 발달할 가능성이 높아진다(Grych & Fincham, 1997; Kouros, Cummings, & Davies, 2010; Rhoades, 2008; Rhoades et al., 2011). 이런 결과들은 아동이 높은 수준의 부모 우울증에 노출될 때 가능성이 더 높다(Blandon et al., 2008; Cicchetti & Toth, 2006; Downey & Coyne, 1990). 부분적으로 아마도 우울한 부모의 자녀들이 특히 타인들의 슬픔 표현에 주목하기 때문일 것이다(Lopez-Duran et al., 2013).

특히 아동이 정서반응을 기대하는 상황에서 부모가 정서 표현을 하지 않는 것은 아동의 정서발달에 영향을 미칠 수 있다. 1970년대에 Edward Tronick과 동료들은 무표정 패러다임(Still-Face Paradigm)으로 알려진 실험절차를 개발했다(Tronick et al., 1978). 이 절차에서, 대개 4개월 정도인 영아와 어머니를 실험실로 데려온다. 영아는 높은 의자에 앉아 있고 어머니는 한 발짝 반 정도 거리에 떨어져 앉아 있어서 쉽게 상호작용할 수 있다. 통제집단의 어머니는 실험자로부터 10분 동안 자녀와 놀라는 지시를 받는다. 실험집단의 어머니는 처음 2분 동안 아기와 정상적으로 놀라는 지시를 받는다. 그런 다음, 그들에게 의자에 기대 앉아서 중립적 표정을 짓고, 아기에게 말을 하거나 접촉을 하지 말고 다른 방식으로도 반응하지 말라고 지시한다. 다시 말하면, '무표정'을 유지하는 것이다. 2분 후 다시 그들은 또 다른 놀이 일화와 무표정 일화를 번갈아 한 후, 마지막 놀이 일화로 끝낸다.

이 연구 결과에서 놀라운 것은 어머니가 정서를 표현하지 않거나 영아의 정서 표현에 반응하지 않을 때 영아가 얼마나 빨리 고통을 받는지이다. 첨부된 사진들은 놀이 일화부터 무표정 일화까지 영아의 정서와 행동 변화를 보여준다. 각 일화는 단지 2분에 불과했다는 것을 기억하라! 최근 연구의 자료를 이용한(DiCorcia et al., 2016) 그림 10.4는 각 일화에서 영아가 어머니를 쳐다보는 시간과 표현된 고통의 시간을 비교한다. 영아는 무표정 일화 동안 어머니를 쳐다보는 시간이 가파르게 감소하는데, 이것은 영아가 자기 주의 돌리기 방법을 사용한다는 것을 분명하게 보여준다. 영아의 정서적 고통은 무표정 일화 동안 증가하며, 두 번째 무표정 일화 동안 더 강한 고통 반응을 보인다. 이 결과들은 몇 개월밖에 안 된 영아도 어머니의 정서 표현과 행동에 조율되고 어머니가 기대한 것처럼 반응하지 않을 때 고통스러워한다는 것을 보여준다.

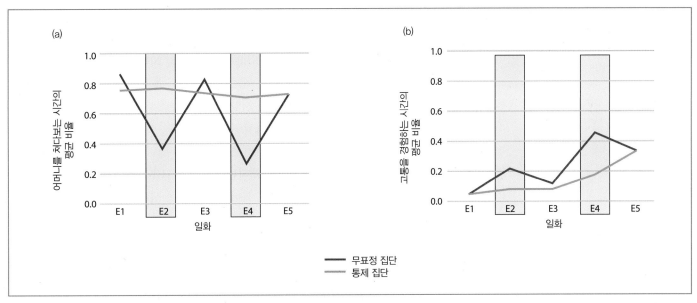

그림 10.4 어머니의 무표정 얼굴에 대한 아동의 반응 어머니와 행복하게 상호작용하는 영아(위 사진들)는 어머니가 무표정한 얼굴을 하고 영아와 상호작용하지 않을 때(아래 사진들) 급격하게 고통을 받게 된다. 두 그래프는 실험 조건에서 어머니가 무표정한 얼굴을 할 때 일화들을 강조한다. 통제 조건의 어머니들은 모든 일화 동안 계속해서 아기들과 정상적으로 논다. 영아들은 무표정 일화 동안 유의하게 어머니를 보는 시간이 감소하고 부정적 감정의 표현이 증가한다(DiCorcia et al., 2015).

자녀의 정서반응에 대한 부모의 사회화

전반적인 부모-자녀 관계의 영향과 더불어, 아동의 정서발달은 부모의 **정서 사회화**(emotion socialization)의 영향을 받는다. 이것은 부모가 자녀의 기준, 가치, 사고와 정서 방식에 미치는 직접적 및 간접적 영향이다. 부모는 자녀의 정서 표현에 대한 반응을 통해 그리고 정서와 정서조절에 대한 자녀들과의 토론을 통해 자녀의 정서발달을 사회화한다. 사회화 방법들은 아동의 정서발달뿐 아니라 사회적 유능성에 영향을 미칠 수 있다(J. K. Baker, Fenning, & Crnic, 2011; Thompson, 2015).

자녀의 정서에 대한 부모의 반응

자녀의 정서에 대한 부모의 반응은 아동의 사회적 유능성과 적응뿐 아니라 정서를 표현하는 아동의 경향성에 영향을 미친다.

　자녀의 슬픔과 불안을 무시하거나 비난하는 부모는 자녀에게 그들의 감정들이 타당하지 않다고 말하는 것이다. 부모는 자녀의 분노에 위협, 호전적이거나 멸시하는 말로 반응할 때 유사한 메시지를 보낸다. 그런 아동들은 부모가 정서적으로 지지하는 아동보다 덜 정서적이고 사회적으로 덜 유능할 것이다. 예를 들면 그들은 타인들에 대한 동정심이 더 낮고, 스트레스에 대한 대처가 덜 숙련되고, 분노를 더 쉽게 표현하고, 공격과 같은 문제행동을 하는 경향이 있다(N. Eisenberg, Fabes, & Murphy, 1996; Engle & McElwain, 2011; Luebbe, Kiel, & Buss, 2011; Lunkenheimer, Shields, & Cortina, 2007; J. Snyder, Stoolmiller et al., 2003).

　대조적으로, 자녀들이 화가 났을 때 지지적인 부모는 자녀들이 정서적 각성을 조절하고 정서를

정서 사회화 ■ 아동들이 자신들의 특정 문화에서 현재와 미래의 역할에 적절한 것으로 여겨지는 가치, 기준, 기술, 지식 및 행동을 습득하는 과정

건설적으로 표현하는 방식을 발견하도록 돕는다. 이 과정은 아동발달에서 일찍 시작될 수 있다. 보츠와나의 쿵 산(!Kung San) 수렵 채집인 사회에서, 어머니는 생의 첫해 동안 아기를 가까이 두고 아기의 울음에 매우 빠르게(10초 이내) 반응한다(Kruger & Konner, 2010). 그 결과, 울음이 절정에 도달한 연령에서(1~12주), 쿵(!Kung)의 영아들은 시간당 1분 정도 울고, 관찰된 전체 울음 중 6%만이 30초 이상 지속되었다. 제2장에서 보았듯이, 서양의 신생아들은 대략 시간당 8분을 운다.

비록 모든 부모가 쿵의 어머니만큼 빠르게 반응할 수 없을지라도, 어머니가 자녀의 정서에 대해 더 많이 알고 자녀의 행동에 따라 반응할수록 자녀들은 더 타당하다고 느낀다. 이 아동들은 또래들과 더 잘 지내고 더 유능하며 학교에서 더 잘 수행하는 경향이 있다(Klimes-Dougan et al., 2007; Raval & Martini, 2011). 지지적인 부모의 반응은 특히 도전에 대한 생리적 반응을 조절하는 데 어려움이 있는 이런 아동들에서 문제행동을 줄이는 데 도움이 될 수 있다(Hastings & De, 2008).

정서에 대한 부모의 토론

정서에 대한 가족 대화는 아동의 정서 사회화에서 중요하다. 자녀들과 정서에 대해 토론함으로써, 부모는 자녀들에게 정서의 의미, 표현하거나 표현하지 말아야 하는 환경, 그리고 표현하거나 표현하지 않는 것의 결과를 가르친다(N. Eisenberg et al., 1998; LaBounty et al., 2008; R. A. Thompson, 2006). 정서 사회화 과정에서 정서 코칭(emotion coaching)이 이루어지는 데, 부모가 자녀들과 정서에 대해 토론할 뿐 아니라 정서에 대처하고 적절하게 표현하는 방식을 배우는 데 도움을 주는 것이다(Gottman et al., 1997; Power, 2004). 이런 종류의 안내를 받는 아동들은 그렇지 않은 아동보다 정서이해를 더 잘한다.

예를 들면 Judy Dunn과 동료들의 종단연구는 아동들이 2세와 3세 때 가족 구성원과 정서 토론을 하고 참여하는 정도가 적어도 6세 때 타인의 정서 이해를 예측한다는 것을 발견했다(J. R. Brown & Dunn, 1996; Dunn, Brown, & Beardsall, 1991; Dunn, Brown et al., 1991). 유사한 두 연구에서, 15개월 때 자녀의 소망에 대한 어머니의 말(reference)은 24개월 때 자녀의 정서 이해와 정서언어 사용을 예측했다. 24개월 때 자녀에게 일련의 그림들을 묘사할 때 타인의 사고와 지식에 대한 어머니의 말은 33개월 때 자녀의 정서언어 사용과 정서 이해를 예측했다(Taumoepeau & Ruffman, 2006, 2008). 실제로, 이 같은 연구와 다른 연구(Ensor & Hughes, 2008)에서, 타인의 심적 상태에 대한 어머니의 말은 정서 자체에 대한 어머니의 말보다 자녀의 정서 이해를 더 잘 예측했는데, 아마도 심적 상태에 대한 말은 아동들이 정서 상태에 동반되고 정서를 유발하는 사고를 이해하는 데 도움이 되기 때문이다.

문화차는 어떤 정서 표현을 장려하거나 억제할지에 영향을 미친다. 정서표현 규칙에 대해 물었을 때, 48개국(북미의 3개국, 남미의 4개국, 유럽의 17개국, 아프리카의 7개국, 아시아의 16개국 및 호주)의 성인들은 아동들이 행복, 공포, 분노를 드러내야 한다고 믿는 정도에서 매우 달랐다(Diener & Lucas, 2004). 이런 문화차는 부모의 정서 사회화에 반영되는데, 부모가 전형적으로 아동을 사회적 규준으로 안내하는 책임이 있는 사람이기 때문이다.

중국 문화는 자신이 더 큰 집단에 속해 있음을 인식하고 그 집단 내에서 긍정적인 이미지를 유지할 필요를 강조한다. 따라서 수치심은 강력한 정서이다. 수치심은 자기반성과 자기완성에서 중요하고(Fung, 1999; Fung & Chen, 2001), 특히 아동의 순종을 유도하는 데 유용하다. 사실, 중국(대만) 부모는 학령전 자녀들이 규칙을 위반할 때 수치심을 끌어내리려고 한다. 전형적으로 가족 외의 사람들이 아동의 행동을 부정적으로 평가한다는 것과 아동의 수치는 가족 구성원들이 공유한다는 것을 지적한다(Fung & Chen, 2001). 이런 문화적 강조 때문에, 이런 사회의 아동들은 많은 서양 문화의 아동들보다 수치심을 더 빈번하게 경험한다.

또한 서양 문화들의 아동들이 수치심이나 슬픔을 느낄 때, 어머니들이 가장 관심을 갖는 것은 아동이 자신에 대해 더 좋게 느끼도록 돕는 것이다. 대조적으로 중국 어머니는 그 상황을 적당한 품행을 가르칠 기회로 이용하고 자녀가 사회적 기대와 규준에 순종하는 방식을 이해하도록 돕는다. 예를 들면 "네가 아빠를 화나게 하는 것은 잘못된 것이지 않아?"라고 묻는다(Cheah & Rubin, 2004; Friedlmeier et al., 2011; Q. Wang & Fivush, 2005). 정서에 대해 가르칠 때, 중국 이민자 부모는 정서 상태의 원인이 되거나 해결하는 행동에 초점을 맞출 가능성이 더 높은 반면, 유럽계 미국인 부모는 내적 정서 상태에 대해 말할 가능성이 더 높다(Doan & Wang, 2010).

문화는 또한 아동이 분노를 보일지 그리고 어느 정도로 보일지에서 역할을 한다. 한 연구에서, 일본과 미국의 학령전 아동에게 자신들이 쌓은 블록 탑을 또래가 치거나 넘어뜨리는 것을 보는 것 같은 가상의 갈등과 고통 상황에서 어떻게 할지를 물었다. 학령전 미국 아동은 이런 상황에 대한 반응으로 분노와 공격성을 일본 아동보다 더 많이 표현했다. 이런 차이는 미국 어머니들이 일본 어머니들보다 이런 상황에서 정서를 표현하도록 자녀를 격려할 가능성이 더 높다는 사실과 관련이 있다(Zahn-Waxler et al., 1996). 이런 경향성은 유럽과 미국 문화가 독립성, 자기주장, 정서 표현에 높은 가치를 두는 것과 관련 있다(Zahn-Waxler et al., 1996). 대조적으로, 일본 문화는 상호의존성, 자신을 집단보다 아래에 두는 것, 그리고 조화로운 대인관계를 유지하는 것의 중요성을 강조한다. 유사한 결과가 중국과 같은 다른 동아시아 문화들에서 발견되었는데, 이곳의 어머니들은 자녀들이 분노를 표현하지 못하게 한다(Markus & Kitayama, 1991; Matsumoto, 1996; Mesquita & Frijda, 1992). 그 결과, 이 사회들의 아동들은 분노나 좌절을 표현하지 않는 것을 학습한다(Raval & Martini, 2009).

정신건강, 스트레스 및 내재화된 정신장애

정신건강(mental health)은 정서발달의 중요한 요소이다. 이것은 아동들에서 정서와 스트레스 같은 내적인 안녕감과 가족 구성원과 또래와의 관계 같은 외적인 안녕감을 반영한다. 발달학자들은 영아기부터 청소년기까지 모든 발달 단계의 정신건강에 관심이 있다. 정신건강은 연속선상에 있고 아동들(물론 성인들)은 어떤 날은 최고지만 다른 날은 최저일 수 있다. 개인의 정신건강은 만일 많이 오랫동안 연속선의 최저에 있다면 우려의 근원이 된다. 정신건강은 아동이 지지적이고 보살피는 양육자뿐 아니라 안전하고 건강한 환경이 있을 때 촉진된다. 이 요인들 중 하나 혹은 둘 다의 부재는 유전적 성향처럼 스트레스와 관련된 정신건강장애의 위험을 높인다.

스트레스

아동들이 무섭고, 위협적이고, 압도적이라고 지각하는 상황이나 환경에 있을 때, **스트레스**(stress), 즉 환경의 어떤 변화나 위협에 대한 생리적 반응을 경험할 수 있다. 스트레스 반응은 빠른 심장박동, 스트레스 호르몬 분비, 뇌혈류 상승, 높아진 경계심과 공포를 포함한다(Shonkoff, Boyce, &

정신건강 ■ 정서나 스트레스 수준처럼 내적인 안녕감과 가족 구성원이나 또래와의 관계와 같은 외적인 안녕감

스트레스 ■ 환경의 어떤 변화나 위협에 대한 생리적 반응

약간의 스트레스는 적응적일 수 있지만, 너무 많은 스트레스는 아동의 일상 활동과 관계들을 방해할 수 있다.

McEwen, 2009). 이런 생리적 반응들 각각은 환경의 위협에 대한 신체적인 '싸움 혹은 도망' 반응의 기초이다. 도전적인 상황에 대한 반응으로, 부신피질은 코르티솔 같은 스테로이드 호르몬을 분비하는데, 이것은 에너지를 비축하는 데 도움이 된다(Danese & McEwen, 2012). 때로 아동의 코르티솔 기저선, 즉 전형적인 코르티솔 수준의 개인차는 억제, 불안 및 사회적 위축과 같은 내재화 문제들의 수준(Granger, Stansbury, & Henker, 1994; Smider et al., 2002), 정서 조절(Gunnar et al., 2003), 행동문제들(Gunnar & Vazquez, 2006; Shirteliff et al., 2005; Shoal, Giancola, & Kirillova, 2003)과 관련 있다.

스트레스는 아동기와 청소년기에 공통적인 경험이며, 이때는 학교, 과외활동, 가족 의무 및 또래관계의 압력이 압도적이다. 대부분의 경우, 간헐적인 스트레스는 불안한 환경에서 아동이 자극에 대한 노출을 줄이거나 관리를 하도록 하는 유익하고 적응적인 기능을 한다. 예를 들면 스트레스 반응은 위험한 상황에서 도망치거나 혹은 중요한 시험을 위해 집중해서 더 열심히 하도록 아동을 자극할 수 있다. 만일 스트레스가 지속적이지 않거나 혹은 아동을 지원하고 스트레스를 관리하도록 돕는 성인이 있다면, 아동은 간헐적인 스트레스에 대처하는 법을 배울 수 있다.

스트레스는 만성적일 때 문제가 된다(독성 스트레스에 대한 심층적인 논의는 글상자 10.2 참조). 가정에서 부모 간 갈등 혹은 혼자인 어머니(single mother)가 새로운 낭만적 관계에 들어가거나 동거를 하는 것과 같은 반복적인 스트레스인은 아동이 더 많은 공포와 불안을 느끼게 한다(Bachman, Coley, & Carrano, 2011; Davies, Cicchetti, & Martin, 2012; Rhoades, 2008).

때로 부정적인 주요 하나의(single) 사건은 외상적 스트레스를 촉발할 수 있다. 자연재해나 테러공격과 같은 갑작스럽고 재앙적인 사건에 직접 노출된 아동과 청소년들은 비정상적으로 높은 수준의 공포나 불안을 느끼고 우울증과 외상후 스트레스장애와 같은 기분장애를 경험하는 경향이 있다(N. Eisenberg & Silver, 2011; Gershoff et al., 2010; Slone & Mann, 2016; Weems et al., 2010).

내재화된 정신장애

아동기 동안 반복되거나 외상적인 스트레스에 대한 노출은 **정신장애**(mental disorder)로 발달하며 아동기를 거쳐 성인기까지 지속되는 만성적 상태이다(Perou et al., 2013). 심리학자들은 몇 가지 정신장애 범주들을 확인했는데, 정신병적 장애, 섭식장애, 성격장애, 행동장애이다. 이 절에서 우리는 내재화된 정신장애에 초점을 맞출 것이다. 그것들은 내적 정서 상태를 포함하고 있기 때문에, 내재화된 정신건강장애는 파괴적이거나 공격적인 행위로 표현되는 행동장애(외현화장애)에 비해 식별하고 진단하기 어렵다(행동장애는 제14장에서 논의될 것이다).

장애로 가는 단일 통로는 없다. 오히려 장애들에 대한 예측은 **동일결과**(equifinality) 개념을 따르는데, 여러 요인들(유전적 성향, 무질서한 가정환경, 외상적 사건들)이 같은 정신장애로 이끌 수 있다는 의미이다. 그렇지만 장애들은 **다중결과**(mutifinality) 특성도 보일 수 있는데, 어떤 위험 요인들이 항상 장애로 이끄는 것은 아니라는 사실을 말한다(Hinshaw, 2015; Masten & Cicchetti, 2010). 예를 들면 학대받은 아동들은 학대받지 않은 아동보다 청소년기나 성인 초기에 우울증이나 불안이 발달할 가능성이 2배 높다 할지라도(Scott, Smith, & Ellis, 2010), 학대받은 아동 모두 장애

정신장애 ■ 일상생활에 영향을 주는 방식으로 환경에 대한 정서적 반응 및 사회적 관계에 문제가 있는 상태

동일결과 ■ 여러 원인이 동일한 정신장애로 이끌 수 있다는 개념

독성 스트레스 ■ 스트레스의 효과를 완화하는 데 도움을 주는 성인의 지원이 없는 압도적인 수준의 스트레스 경험

다중결과 ■ 어떤 위험요인들이 항상 한 가지 정신장애로 이끈 것은 아니라는 개념

글상자 10.2 적용

독성 스트레스와 부정적인 아동기 경험들

높은 수준의 만성 스트레스를 경험하는 아동과 그 효과를 완화되도록 돕는 지지적인 성인이 없는 아동은 **독성 스트레스**(toxic stress)를 경험한다 (Shonkoff et al., 2009; Shonkoff, Garner et al., 2012). 아동의 스트레스 반응 체계가 독성 스트레스로 인해 혹사당한다면, 공포를 조절하는 뇌 영역(예 : 편도체, 해마)은 과부하되고 신경 수상돌기의 위축과 수축으로 고통 받는다(Danese & McEwen, 2012). 어떤 변화들은 영속적이고 성인기에 스트레스에 대한 반응에서 그리고 스트레스 관련 만성질환 모두에서 장기적 변화를 일으킬 수 있다 (Shonkoff et al., 2012).

독성 스트레스의 몇몇 출처는 아동을 위협한다. 신체적 학대나 무시와 같은 학대는 뇌 구조와 기능의 변화와 연관되었다(Jaffee & Christian, 2014; Teicher, Anderson, & Polcari, 2012). 빈곤과 모성결핍은 저조한 학업성취, 높은 비율의 행동 및 정신문제, 열악한 신체건강과 연관되었다(Yoshikawa, Aber, & Beardslee, 2012). 또한 전쟁에 대한 노출은 스트레스 관련 정신건강문제와 관련 있었다 (Slone & Mann, 2016).

빈곤, 학대 및 전쟁은 오랫동안 아동발달에 대한 위협으로 인식되어 왔지만, 부정적인 아동기 경험 연구(Adverse Childhood Experience Study)로 알려진 획기적인 연구는 아동기의 독성 스트레스의 잠재적 출처들을 이후 성인기의 정신건강 및 신체건강과 연결했다. 이 연구에서 17,000명이 넘는 성인 참가자들은 다양한 부정적인 아동기 경험들(ACEs)에 노출되었으며, 이것은 각 참여자의 ACE 점수로 합산되었다. 참가자 중 거의 64%가 ACE 점수가 1이었고 12.5%는 ACE 점수가 4 이상이었다(Anda et al., 2006). 신체적 학대가 가장 공통적인 ACE(28%)였고, 다음으로 물질 남용 문제가 있는 가족 구성원(27%)과, 별거하거나 이혼한 부모(23%, 표 참조)였다.

참가자가 ACE를 더 많이 경험할수록 위험 수준의 스트레스, 우울증, 불안, 심각한 비만, 흡연 및 알코올중독의 위험이 더 컸다. 그림에서 보듯이, ACEs와 성인기 문제들 간의 관계는 분명하고 지속적인 패턴을 따랐다. ACEs의 수가 증가하면서, 정신 및 신체건강문제를 경험할 가능성이 높

아졌다. 패턴은 참가자의 성, 인종, 교육 수준과 상관없이 지속적이다. ACEs가 성인기의 증가된 높은 스트레스와 연관이 있다는 사실은 아동기 독성 스트레스 경험이 성인기에도 높은 수준의 스트레스를 경험하도록 준비시킬 수 있음을 나타낸다.

스트레스가 없는 환경과 치료는 독성 스트레스의 해로운 효과들을 바꿀 수 있다는 증거들이 있다. 예를 들면 가족에 의해 학대당했지만 일관된 훈육과 긍정적 강화를 하는 위탁가정에서 생활하게 된 아동들은 스트레스 호르몬 코르티솔의 수준이 정상이고 문제행동이 감소했다(Fisher et al., 2000). 인지행동치료, 놀이치료, 다중체계치료 및 부모-자녀 상호작용치료처럼 외상에 초점을 맞춘 정신건강 중재도 학대의 희생자들을 돕는 데 효과적이다 (Saunders, Berliner, & Hanson, 2004).

물론 공중(public) 건강 연구도 독성 스트레스를 촉발하는 사건이나 환경을 우선적으로 예방하는 데 초점을 맞추었다. 미국소아학회(AAP)는 아동의 삶에서 독성 스트레스에 대한 노출을 줄이는 것을 목표로 하는 공공정책과 공동체 기반 프로그램을 요구했다(Shonkoff et al., 2012). 특히 학대 ACEs는 개별이나 공동체 부모 교육 및 가혹한 양육에 대한 대안들을 통해 예방될 수 있다(Prinz et al., 2009). AAP의 초기 뇌 및 아동발달 발의(initiatives)는 소아

과 의사, 공중건강 종사자들이 독성 스트레스를 이해하고 인식하고 예방하는 데 주목하게 하고자 한다(American Academy of Pediatrics, 2016). 독성 스트레스에 대한 연구는 여전히 어린아이 수준이다. 점점 더 많은 중재들이 검증되면서, 전문가들은 독성 스트레스를 어떻게 다루고 예방할지에 대해 더 많이 알게 될 것이다.

17,337명의 성인 표집에서 부정적 아동기 경험 (ACE) 범주, 정의, 유병률

범주	유병률
정서적 학대	11%
신체적 학대	28%
성적 학대	21%
물질 남용을 하는 가족 구성원	27%
가정 내에서 정신질환이 있는 사람	19%
학대받는 어머니	13%
투옥된 가족 구성원	5%
별거했거나 이혼한 부모	23%

출처 : Anda et al.(2006).

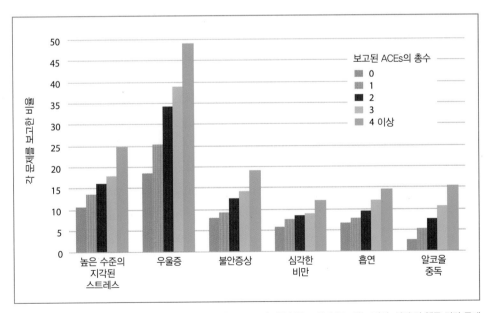

ACEs와 성인 건강 성인들이 자신의 아동기 동안 회상하는 ACEs가 많을수록, 그들이 보고하는 정신, 신체 및 행동 건강 문제가 더 많다(출처 : Anda et al., 2006).

우울증 ■ 일상의 삶을 방해하는 신체적 및
인지적 변화들과 함께 슬프거나 과민한 기분
을 느끼는 정신장애

불안장애 ■ 두려움이나 걱정을 조절하지 못
하는 것을 포함한 정신장애들의 세트

가 발달하는 것은 아니다.

우울증

정신장애 진단을 위한 최종적인 임상적 안내서인 **정신질환의 진단 및 통계 편람**(DSM-5)에 따르면, **우울증**(depression)은 정상적으로 행동하고 상호작용하는 아동이나 청소년의 능력에 영향을 주는 신체적 및 인지적 변화와 함께 슬픈 혹은 과민한 기분을 포함하는 정신장애이다(American Psychiatric Association, 2013). 우울증으로 진단되려면 아동이나 청소년이 2주 동안 슬프거나 과민한 감정을 보고하거나 부모에 의해 관찰되어야 하며, 수면장애(너무 많은 혹은 너무 적게), 현저한 체중 변화(감소나 증가), 집중하지 못하거나 활동에 대한 흥미 상실과 같은 신체적 및 인지적 증상들을 보여야 한다(American Psychiatric Association, 2013). 우울증이 있는 어떤 아동과 청소년들은 자살에 대해 생각하거나 시도할 것이다.

27개국에서 수행된 연구 고찰은 아동과 청소년 중 3%는 우울증 규준에 맞다는 것을 확인했다(Polanczyk et al., 2015). 최근 수치들에 따르면, 특히 미국에서 특정 시기에 3~17세 아동 중 2%가 우울증이고(Perou et al., 2013), 11%는 전해에 우울 일화가 있었다(Substance Abuse and Mental Health Services Adminstration, 2015). 우울증의 위험은 아동이 청소년기로 발달하면서 증가하며, 나이가 들어 성인 초기가 되면 위험이 다시 한 번 높아진다(Avenevoli et al., 2015; Costello, Copeland, & Angold, 2011). 여아들은 우울증이 발달될 가능성이 남아보다 2~3배 높다(Avenevoli et al., 2015).

불안장애

불안장애(anxiety disorders)는 공포와 걱정을 조절하지 못하는 무능이다(Weems & Silverman, 2013). 이것은 개인이 실제하는 혹은 지각된 위협에 대한 공포와 미래 위협에 대한 걱정을 과도하고 통제할 수 없게 경험하는 것이다(American Psychiatric Association, 2013). 개인이 환경의 위협에 대한 반응으로 느끼는 일시적 공포나 불안과 달리, 불안장애는 며칠 혹은 몇 달간 지속되는 강력한 공포나 불안으로 나타나고 타인과의 상호작용이나 과제에 집중하는 능력을 손상시킨다(Weems & Silverman, 2013). 불안장애는 위협에 대한 반응과 연합된 뇌 영역의 과잉 활성화와 관련 있으며, 부교감신경계뿐 아니라 편도체와 해마가 포함된다(Weems & Silverman, 2013).

어린 아동들에서 가장 공통적인 불안장애는 분리불안장애이며, 양육자와 떨어져 있는 것에 대한 혹은 위험에 처한 양육자에 대한 지속적인 공포이다(American Psychiatric Association, 2013). 이 장의 앞에서 언급했듯이, 어느 정도의 분리불안은 어린 아동들에서 표준이며, 양육자와 맺은 안전애착의 긍정적인 발달에서 볼 수 있다. 그러나 만일 분리불안이 심각하고 지속적이며 행동을 방해한다면 장애를 고려해야 한다. 성인들은 불안장애가 있는 아동이 침입적이고 지속적인 주의를 요구한다고 묘사한다(American Psychiatric Association, 2013). 불안장애가 있는 아동과 청소년들은 갑작스럽고 강력하게 공포와 불편함이 높아지는 공황 상태나 혹은 어떤 동물이나 사회적 상황에 대한 공포증으로 고통을 받을 수 있다(American Psychiatric Association, 2013).

전 세계에서 아동과 청소년의 7%는 불안장애 기준에 맞는다(Polanczyk et al., 2015). 미국에서 3~17세 아동들의 유병률은 3% 약간 아래이며(Perou et al., 2013), 여아들은 불안으로 진단될 가능성이 남아들의 2배이다(American Psychiatric Association, 2013). 아동기에서 청소년기로 그리고 성인 초기로 발달하면서, 몇 가지 유형의 불안장애가 증가하는데, 공황장애와 광장공포증(공개되거나 공공장소에 대한 공포)이 그것이다. 그러나 분리불안장애와 다른 공포증은 감소한다(Costello et al., 2011). 불안장애는 전형적으로 아동기에 발달하고 치료받지 않으면 성인기까지 지속될 수 있다(American Psychiatric Association, 2013).

내면화된 정신장애의 치료

약물치료는 아동과 청소년의 우울증에 대한 일반적인 치료이다. 그러나 아동과 청소년들에게 전형적으로 사용되는 약물들(세로토닌 재흡수 억제제, SRIs)은 성인의 우울증 치료 약물(삼환계 항우울제)과 다르다(Maughan, Collishaw, & Stringaris, 2013). 항우울제가 어떤 청소년들에서 자살 생각이나 자살 행동의 위험을 높일 수 있다는 가능성은 중요한 관심사가 되었다(Calati et al., 2011).

인지행동치료(CBT)로 알려진 대안적 심리치료적 접근은 아동들의 우울증과 불안을 치료하는 데 매우 효과적임이 발견되었다. CBT에서 아동들은 언제 부정적인 생각들을 갖게 되는지 그리고 그런 생각과 그것에 대한 반응을 능동적으로 수정하는 방법을 배운다(Hofmann et al., 2012). CBT는 전통적인 아동중심치료를 포함한 다른 형태의 치료보다 불안 증상을 감소하는 데 더 효과적임이 발견되었다(Hofmann et al., 2012; Silk et al., 2016). CBT는 우울증을 치료하는 데 약물치료만큼 효과적이고, CBT와 약물치료의 조합은 우울 증상들을 감소하는 데 특히 효과적이다(Hofmann et al., 2012).

우울증과 불안 모두 효과적인 치료법들이 있지만, 불행하게도 이런 장애가 있는 많은 아동과 청소년들은 치료를 받지 않는다. 미국에서 정신건강장애로 심각한 손상이 있는 6~17세 아동들 중 단지 44%만이 정신건강 치료를 받는다. 게다가 심각한 장애가 있는 아동들 중에서 백인이 아닌 아동들은 백인 아동들보다 치료를 받을 가능성이 더 적다(Olfson, Druss, & Marcus, 2015; Substance Abuse and Mental Health Services Adminstration, 2015). 열악한 가정에서 살고 있는 아동들은 혜택을 받은 또래들보다 정신장애로 진단되는 비율이 더 높음에도 불구하고 서비스나 치료를 받을 가능성이 더 적다(Bringewatt & Gershoff, 2010). 일반적으로 미국에는 아동의 정신건강 관리 종사자들이 부족하다. 그러나 이 영역에서 일하는 전문가들은 정신보건 및 중독 형평법(Mental Health Parity and Addiction Equity Act, 2008)과 환자보호법(Patient Protection and Affordable Care Act, 2010)가 통과됨으로써 미래에는 경향이 바뀔 것으로 예상한다. 이것은 건강보험사가 신체 건강과 같은 정도로 정신건강을 부담하기를 요구한다.

요약

정서 발달

■ 별개 정서 이론가들은 환경에 대한 일련의 생물학적 및 신경학적 반응이 되었기 때문에 인간은 인간 문화 전체에 걸쳐 보편적인 핵심적 기본 정서들을 경험하게 되었다고 믿는다. 대조적으로, 기능주의적 조망의 옹호자들은 정서는 개인들이 특정 상황들에서 하려고 노력하는 것 — 그 순간의 관심과 목표 — 을 반영하고, 선천적이고 분리된 정서가 아니라, 사람들의 사회적 세상과의 상호작용에 기초한 많은 정서가 있다고 믿는다. 많은 발달 측면들과 함께, 천성(별개의 정서)과 육성(기능주의자) 둘 다 정서의 해석을 지원한다는 증거가 있다.

■ 연구자들은 여섯 가지 기본 정서를 확인했으며, 그것은 행복, 공포, 분노, 슬픔, 놀람 및 혐오이다. 이 정서들 각각은 영아들에서 확실하게 식별될 수 있고 각각은 생존과 사회적 소통 모두에 중요한 역할을 한다.

■ 정서는 생의 초기 몇 개월 혹은 몇 년 내에 변한다. 미소는 생의 2~3개월 내에 사회적이 된다. 영아를 미소 짓고 웃게 만드는 것은 인지발달과 함께 변한다.

■ 공포는 6, 7개월에 나타나며, 영아들은 낯선 사람들이 있을 때 고통을 받는다. 8개월경에 영아들은 부모와 떨어지면 분리불안을 보인다.

■ 영아는 4개월이면 분노와 좌절을 표현하기 시작하고 24개월이 되면 분노로 반응할 가능성이 절정에 이른다. 나이가 들면서, 아동들은 점점 더 상황에 분노를 맞추고, 행위가 의도적이라면 의도가 없을 때보다 더 화를 낸다.

■ 슬픔, 놀람 및 혐오 각각도 1세에 나타난다. 영아들이 얼마나 자주 어떤 자극에 이런 정서들을 표현하는지는 가정과 문화적 환경과 밀접한 관련이 있다.

■ 자의식적 정서들, 즉 죄책감, 수치심, 질투, 공감, 자부심 및 당혹감은 생의 두 번째 해에 등장한다. 이것들의 등장은 부분적으로 기본적인 자기인식의 발달과 자신에 대한 타인들의 반응에 대한 인정과 연결되어 있다.

정서 이해

■ 정서발달의 중요한 측면은 서로 다른 유형의 정서, 그것들이 의미하는 것, 어떤 사건들이 그것들의 원인인지에 대한 아동의 이해이다. 이런 기술들은 환경에서 타인들과 성공적으로 상호작용하는 데 중요하다. 5.5~12개월에 영아는 타인의 정서 표현에 의미가 있음을 지각하기 시작하고 사회적 참조를 보이기 시작한다.

■ 3세가 되면, 아동들은 얼굴표정을 명명하는 단어들을 사용하는 기본적인 능력을 보인다.

■ 정서를 유발하는 상황, 표출규칙, 정서 경험의 복잡성에 대한 아동의 이해는 유치원과 초등학교 시기 동안 증가한다.

정서 조절

■ 정서 조절은 정서적 경험과 표현을 모니터하고 조절하기 위해 사용되는 의식적·무의식적 과정들 모두를 포함한다. 정서 조절은 아동기 동안 점진적으로 발달하고 사회적 상호작용과 학문적 환경 모두에서 성공을 위한 길을 낸다.

■ 신생아들은 자신의 정서들을 조절할 수 없고 정서를 관리하기 위해 성인들에게 의존해야 한다. 그러나 5개월 이후 처음으로, 영아들은 스트레스 상황에 있을 때 자기를 위로하고 스스로 주의를 돌리는 행동을 할 수 있다. 아동의 조절능력 향상은 인지발달과 자신의 신체를 통제하는 능력의 증가뿐 아니라 그들에 대한 타인들의 기대 변화에 기초한다.

■ 정서 조절은 일반적으로 높은 사회 유능성 및 낮은 문제행동과 관련 있다.

기질

■ 기질, 즉 정서, 활동 수준, 여러 맥락들에서 보이는 주의폭에서 개인차는 상대적으로 안정적이지만 시간이 지나면서 어떤 기질 요소는 변할 수 있다.

■ 기질은 실험 측정을 통해 혹은 부모 보고를 통해 측정될 수 있다. 두 전략 모두 강점과 약점이 있다.

■ 기질은 유전요인과 환경요인 둘 다에 의해 결정된다.

■ 아동들은 기질과 환경 간에 조화로운 적합성이 있을 때 가장 잘한다.

■ 아동들은 차별적 감수성을 경험할 수 있는데, 가혹한 조건에서는 매우 저조하게 하지만 풍요로운 조건에서 매우 잘한다.

정서발달에서 가족의 역할

- 아동의 정서발달은 초기 사회적 관계의 질에 의해 그리고 부모 자신의 정서 표현에 의해 간접적으로 영향을 받는다.
- 무표정 실험에서 보여주듯이, 어머니가 영아들에게 정서적으로 반응하지 않을 때 영아들은 강한 부정적 반응을 한다.
- 부모는 자녀에게 정서 표현의 적절성에 대해 그리고 정서 조절을 요구하는 환경에 대해 가르치는 능동적 정서 사회화를 한다.
- 문화적 요인들은 어떤 정서를 어떤 문화들에서 더 격려하거나 단념시킬뿐 아니라 부모가 자녀들에게 어떤 정서를 표현하도록 격려하는지에 영향을 미쳤다.

정신건강, 스트레스 및 내재화된 정신장애

- 정신건강은 정서와 스트레스 수준처럼 내적인 가족 구성원이나 또래와의 관계처럼 외적인 안녕감을 포함한다.
- 스트레스는 비록 위협적인 사건에 대한 반응을 조직화하는 도구로서 단기적으로는 적응적이고 유익하지만, 장기간 동안 혹은 유독한 수준에서 반복적으로 경험할 때는 문제일 수 있다.
- 환경에 대한 정서반응에 어려움이 있는 아동들은 정신장애가 있다고 말한다. 같은 정신장애가 서로 다른 사람들에서 서로 다른 위험에 의해 유발될 수 있다(동일결과). 그러나 위험요인의 존재가 항상 장애로 이끄는 것은 아니다(다중결과).
- 전 세계의 아동과 청소년 중 3%는 우울증을 경험하며, 슬프거나 과민한 기분이 정상적인 상호작용을 수행하는 능력에 영향을 미치는 생리적·인지적 변화와 조합된 것이다. 우울증의 원인은 생물학적 원인과 환경적 원인 둘 다 있다.
- 전체 아동의 7%는 불안장애가 있는데, 이것은 실제하거나 지각된 위협에 대한 과도하고 통제할 수 없는 공포나 걱정을 포함한다. 불안은 전형적으로 아동 초기에 분리불안으로 그리고 아동 후기와 청소년기에 공황장애나 광장공포증으로 나타난다.
- 우울증과 불안장애 모두 심리치료, 약물치료 혹은 둘의 조합을 통해 성공적으로 치료될 수 있다.

연습문제

1. 다음 중 어느 것이 Mischel과 동료들의 유명한 마시멜로 검사에서 발견한 것을 가장 잘 요약하는가?
   a. 생의 초기에 자기통제를 보이는 능력은 이후 삶에서 성공을 예측할 수 있다.
   b. 정서를 경험하고 표현하는 능력은 인간 진화의 결과이다.
   c. 개인은 환경에 대한 관계를 관리하기 위해 정서를 경험한다.
   d. 모든 문화의 영아들은 여섯 가지 기본 정서를 표현하는 능력을 갖고 태어난다.

2. 톰은 거리 아래로 걸어가다가 웅크리고 으르렁거리는 개를 갑자기 만난다. 톰은 땀을 흘리고 숨이 가빠지고 심장박동이 빨라지기 시작한다. 이런 반응은 정서의 어떤 요소의 예인가?
   a. 신경 반응
   b. 생리적 요인들
   c. 주관적 감정들
   d. 행위하려는 소망

3. 인간이 주변 환경에 대한 적응을 통해 기본 정서들을 경험하도록 진화했다는 생각은 어떤 이론의 핵심인가?
   a. 별개 정서 이론
   b. 기능주의적 조망 이론
   c. AFFEX 접근
   d. 표출규칙 이론

4. 자의식적 정서들은 이 장에서 논의된 기본 정서들과 어떻게 다른가?
   a. 자의식적 정서들은 선천적인 것으로 생각된다.
   b. 자의식적 정서들은 매우 초기 영아기에 일어나는 경향이 있다.
   c. 자의식적 정서들은 아동이 타인에서 분리된 것으로 자기인식을 습득한 후에 발달한다.
   d. 자의식적 정서들은 발달에 지속적으로 부정적인 영향을 미친다.

5. 이 장에 대한 여러분의 이해에 기초할 때, 만일 어떤 상황에서 부모가 낯선 자극에 긍정적인 정서를 표현할 때 12개월 영아는 어떻게 낯선 자극에 반응할 것인가?
   a. 영아는 부모 가까이에 머물 것이다.
   b. 영아는 낯선 자극 가까이로 움직일 것이다.
   c. 영아는 부모와 낯선 자극 사이에 머물 것이다.
   d. 영아는 공포반응을 보이고 낯선 자극을 피할 것이다.

6. _____는 타인의 정서뿐 아니라 자신의 정서를 이해하는 개인의 능력을 말한다.
   a. 정서 조절
   b. 기질적 특질
   c. 표출규칙
   d. 정서지능

7. _____는 정서 표현과 관련된 사회적 및 문화적 규준을 말한다.

a. 정서 조절   b. 기질적 특질

c. 표출규칙   d. 정서지능

8. 영아는 시끄러운 소음에 놀라서 울기 시작한다. 어머니는 아기와 놀거나 달래는 말을 함으로써 진정시킨다. 이 상호작용은 _____의 예이다.

a. 공동-조절   b. 자기위로

c. 정서 사회화   d. 공동-반추

9. 자기 위로 행동에 대한 의존의 감소, 운동적 행동을 억제하는 능력의 증가, 그리고 고통 받을 때 스스로 주의를 돌리는 능력의 향상은 모두 _____이 발달한 결과이다.

a. 정서지능   b. 정서 조절

c. 기질   d. 사회적 유능성

10. Mary Rothbart에 따르면, 다음 중에서 기질의 다섯 가지 핵심 차원 중 하나가 아닌 것은 어느 것인가?

a. 혐오   b. 미소

c. 주의폭   d. 공포

11. Tronick의 유명한 무표정 패러다임을 수행한 연구자들은 고통스러운 무표정 일화 동안 영아들이 어머니를 거의 쳐다보지 않는다는 것을 발견했다. 이런 반응은 다음 중 어떤 행동의 예인가?

a. 불안장애   b. 자기주의 돌리기

c. 자기위로   d. 공동 반추

12. 정신건강의 2요소는 무엇인가?

a. 유전과 환경

b. 신체 건강과 정서 안정성

c. 내적 안녕감과 외적 관계

d. 부모와 또래

13. 두 명의 6세 남아, 칼과 샘은 학교 도서관에 함께 갔다. 샘은 서가에서 책을 꺼내 앉아서 조용히 읽는다. 칼은 가만히 있거나 조용할 수 없고, 그 결과 다른 아동들을 방해한다. 이 두 남아의 환경에 대한 서로 다른 반응은 _____의 결과이다.

a. 정서 사회화   b. 조화의 적합성

c. 독성 스트레스   d. 차별적 감수성

14. 다양한 요인들 각각이 주어진 정신장애로 이끌 수 있다는 사실은 _____로 알려졌다.

a. 다중결과   b. 동일결과

c. 차별적 감수성   d. 반추

비판적 사고 질문

1. 아동 지능의 차이는 그들이 표출하는 (a) 정서와 정서에 대한 (b) 이해에 어떤 영향을 미치는가? 아동 자신이나 타인의 정서에 대한 이해에 기여하는 다른 요인들은 무엇인가?

2. 아동 기질의 적어도 5개 측면을 목록으로 작성하라. 각각은 성인 성격의 어떤 측면들을 예측하는가?

3. 여러분이 아동의 정서 조절에서 연령에 따른 변화를 평가하기를 원했다고 가정해보라. 여러분이 연령 관련 변화를 평가하는 데 사용할 수 있는 다섯 가지 서로 다른 과제들을 생각해보라. 어떤 것이 아동 초기에 가장 잘 사용될 수 있고 어떤 것이 나이든 연령에서 변화를 더 잘 반영하는가?

4. 제7장 아동의 마음 이론 발달을 떠올려보라. 아동의 마음 이론 발달은 아동의 정서 이해와 어떻게 관련되는가? 정서 이해의 어떤 측면들이 마음 이론의 이해와 가장 관련 있을 것인가?

5. 여러분이 학령전 시기에 아동의 정서발달을 향상시킬 중재를 고안하고 있다고 상상하라. 여러분은 어떤 기술에 초점을 둘 것인가? 여러분은 누구에게 초점을 둘 것인가 — 아동, 부모, 교사 혹은 또래?

핵심용어

공동조절(co-regulation)

기능주의자 조망(functionalist perspective)

기질(emperament)

다중결과(multifinality)

동일결과(equifinality)

별개 정서 이론(discrete emotions theory)

분리불안(separation anxiety)

불안장애(anxiety disorders)

사회적 미소(social smiles)

사회적 유능성(social competence)

사회적 참조(social referencing)

자기주의 돌리기(self-distraction)

스트레스(stress)

우울증(depression)

유독한 스트레스(toxic stress)

자기위로 행동(self-comforting behaviors)

자의식적 정서(self-conscious emotions)

정서(emotions)

정서 사회화(emotion socialization)

정서 조절(emotion regulation)

정신장애(mental disorder)

조화의 적합성(goodness of fit)

차별적 감수성(differential susceptibility)

표출규칙(display rules)

연습문제 정답

1. a, 2. b, 3. a, 4. c, 5. b, 6. d, 7. c, 8. a, 9. b, 10. a, 11. b, 12. c, 13. b, 14. b

HECTOR MCDONNELL (B. 1947), *Refugee Mother and Baby, Goma* (oil on canvas, 1997)

타인에 대한 애착과 자기 발달

양육자 - 아동 애착 관계

애착 이론

애착 안전성의 측정

애착 양식에서 문화차

애착양식에서 개인차의 원천

애착과 사회정서 발달

자기

자기개념

　글상자 11.1 : 개인차 자폐증 아동의 자기인식 발달

자존감

정체성

성적 정체성

요약

이 장의 주제

- 천성과 육성
- 능동적인 아동
- 사회문화적 맥락
- 개인차
- 연구와 아동복지

19 37~1943년 사이에, 북미와 유럽의 많은 양육 전문가들은 충격적인 현상을 보고했다 — 자신 외에 누구에게도 관심이나 감정이 없는 듯한 아이들. 이런 아이들 중 어떤 아이는 위축되거나 고립되었다. 다른 아이들은 과잉행동적이고 또래들에게 폭력적이었다. 그들이 청소년이 되면, 끊임없는 절도, 폭력, 성적 비행을 저질렀다. 이 중 많은 아이가 적절한 신체적 보살핌을 받지만 사회적 상호작용은 거의 경험하지 못하는 기관들에서 성장했고, 어떤 아이들은 영아기와 아동 초기에 위탁가정에서 위탁가정으로 옮겨 다녔다(Bowlby, 1953).

같은 시기에, 제2차 세계대전 동안 고아가 되거나 부모와 헤어져서 난민 수용소나 다른 기관들에 있었던 아이들에서 유사한 현상이 발견되었다. 이런 많은 아이들과 작업했던 영국의 정신분석가인 John Bowlby는 그들이 생기가 없고, 우울하거나 정서적으로 혼란스럽고, 정신적으로 미숙하다고 보고했다. 더 나이 든 난민 아이들은 삶에 대한 흥미를 모두 잃었고 공허했다(Bowlby, 1953). 이 아이들은 다른 사람들과 정상적인 정서적 애착을 형성하지 못하는 듯했다.

그런 관찰에 기초해서, Freud와 작업했던 프랑스 정신분석가인 René Spitz는 적절한 양육의 결핍이 발달에 미치는 영향에 관한 고전적 연구들을 수행했다(Spitz, 1945, 1946, 1949). Spitz는 고아원에 사는 영아들을 촬영했는데(혁신적 방법), 그들 대부분은 미혼모에게서 태어났고 엄마들은 입양을 위해 양육을 포기했다. 영상은 매우 신랄하고 보기에 고통스러웠다. 좋은 관리를 받았음에도 불구하고, 영아들은 대체로 아프거나 발달적으로 손상을 입었다. 많은 경우에, 영아들은 살려는 동기가 없는 듯했다. 2년간 사망률이 대략 37%였는데, 아이가 어머니와 매일 접촉을 하는 기관에서는 사망 사례가 없다는 사실과 비교된다. 그러나 영상기록의 가장 중요한 기여는 애정 어린 관계가 발달된 후 어머니와 분리되었던 영아들이 보이는 강하고 긴 비탄과 우울의 증거였다. 그 시기의 심리학자들은 영아들이 그런 정서를 느낄 수 있다는 것을 믿지 않았다(Emde, 1994).

정리하면, 이 초기 관찰은 많은 양육 전문가들의 핵심적 신념, 즉 만일 고아원과 같은 기관의 아동들이 적절한 영양, 건강관리와 같은 신체적 보살핌을 잘 받는다면 정상적으로 발달했을 것이라는 신념에 도전한다. 이 전문가들은 양육의 정서적 차원을 거의 강조하지 않았다. 1940년대에 부모를 잃은 아동들에 대한 연구의 결과로, 얼마나 위생적이고 철저하게 관리되었는지와 상관없이, 고아원과 같은 기관들은 영아가 가까운 사회정서적 유대를 형성할 수 있는 양육을 하지 않기 때문에 아기들을 심각한 위험에 빠지게 한다는 것을 인식하게 되었다. 위탁과 입양은 빠를수록 더 좋으며, 훨씬 더 나은 선택지로 보게 되었다.

이 장에서, 우리는 우선 아동들이 어떻게 **애착**(attachment), 즉 부모나 다른 일차 양육자들에게 가깝고 지속적인 정서 유대를 발달시키는지를 탐색할 것이다. 그런 다음 타인에 대한 애착이 아동의 단기 및 장기 발달의 기초가 되는 방식을 조사할 것이다. 앞으로 보게 되듯이, 애착 과정에는 생물학적 기초가 있지만, 가족 및 문화적 맥락에 따라 다른 방식으로 전개된다. 따라서 **천성과 육성** 그리고 **사회문화적 맥락**의 주제는 애착의 논의에서 중요할 것이다. 또한 정상적인 사회적 환경에서 대부분의 아동은 부모에게 애착되지만, 애착의 질은 주요 방식에서 다르고 각 아동의 사회적·정서적 발달에 시사점이 있음을 보게 될 것이다. 그러므로 **개인차** 주제도 우리 논의에서 자주 등장할 것이다. **연구와 아동복지** 주제도 어머니-아동 애착의 질을 높이도록 고안된 실험적 중재에 대한 우리의 조사와 관련 있다.

다음으로 우리는 관련 이슈들(아동의 자기인식 발달, 자기이해, 자기정체성 및 자존감)을 조사할 것이다. 비록 많은 요인들이 이런 발달 영역들에 영향을 미칠지라도, 아동의 초기 애착의 질은 안전감이나 안녕감 같은 자기인식의 기초가 된다. 시간이 지나면서, 아동의 자기이해, 자존감 및 자

애착 ■ 시공간을 거쳐 유지되는 특정 사람과의 정서적 유대. 애착은 성인기에도 일어날 수 있지만, 대개 영아와 특정 양육자들 간 관계와 관련해서 논의된다.

기정체성은 타인이 그들을 어떻게 지각하고 대우하는지에 의해, 아동의 생물학적인 특성들에 의해, 그리고 사회적 세상에 대해 생각하고 해석하는 아동 능력의 발달에 의해 조형된다. 따라서 천성과 육성, 개인차, 사회문화적 맥락 및 **능동적 아동** 주제는 자기발달 논의에서 분명해질 것이다.

양육자-아동 애착 관계

생의 초기에 부모와 분리된 아동에 관한 1930년대와 1940년대의 매우 혼란스러운 관찰에 뒤이어, 연구자들은 이 현상을 체계적으로 연구하기 시작했다. Spitz가 수행한 것 같은 많은 초기 연구는 고아가 되었거나 혹은 다른 방식으로 부모로부터 분리된 어린 아동들의 발달이 이후 양육의 질에 의해 어떤 영향을 받는지에 초점을 맞추었다. 루마니아에 있는 기관에서 입양된 아동들에 대한 연구는 아마도 가장 많이 알려진 연구일 것이다. 이런 연구들 모두 생의 첫해에 기관에서 일어난 박탈이 최적의 사회적, 정서적, 인지적 발달을 방해한다는 생각을 지지한다(Bick et al., 2015; McCall et al., 2011; Rutter et al., 2010). 아마도 그것이 아동이 양육자들과 맺는 의미 있는 관계들을 박탈하기 때문일 것이다. 비록 연구자들이 아동과 부모가 특별한 유대를 공유한다는 것에 동의할지라도, 유대를 맺는 이유는 처음에 논쟁거리였다. **행동주의 옹호자들은**(제9장 참조) 모유와 같은 음식이 유대의 기초라고 주장했다. 고전적 조건형성 과정을 통해 영아가 어머니와 음식을 연결하며, 여기서 음식은 영아를 유쾌하게 만드는 **무조건 자극**이고 어머니는 그 음식과 연합된 **조건 자극**이다. 단지 이 연합 때문에 어머니는 영아에서 유쾌함을 유발한다(Dollard & Miller, 1950).

심리학자 Harry Harlow는 붉은 털 원숭이 작업에 기초해서 또 다른 생각을 제안했다. Harlow는 어미와 떨어져서 실험실에서 키워진 새끼 원숭이들이 신체적으로 건강하지만 어떤 형태의 애정이나 혹은 매달릴 부드러운 무언가를 주지 않으면 정서 및 행동 문제가 발달하는 것을 직접 보았다. Harlow는 음식의 즐거움과 편안함의 즐거움 중 어느 것이 새끼 원숭이에게 가장 중요한지를 검증하기로 결정했다.

Harlow의 유명한 실험에서 헝겊 어미나 철사 어미와 시간을 보내는 붉은 털 원숭이 새끼

Harlow는 철사와 나무로 '대리모' 2개를 만들었다. 하나는 스펀지 고무 위를 테리천으로 덮었고('헝겊 어미') 다른 것은 덮지 않고 내버려 두었다. 그런 다음 Harlow는 어미로부터 새끼 원숭이를 떼어내어 이 두 대리모가 있는 우리 안에 두었다. 그는 두 대리모 중 누가 새끼에게 우유를 줄 것인지를 변화시켰고 새끼 원숭이가 각 어미에게서 얼마나 많은 시간을 보내는지를 측정했다. 처음에 헝겊 어미에게서 먹이를 먹은 집단이 철사 어미에게서 먹이를 먹은 원숭이보다 헝겊 어미와 더 많은 시간을 보내기는 했지만, 두 집단 새끼들은 모두 헝겊 어미와 더 많은 시간을 보냈다(그림 11.1 참조). 흥미롭게도, 철사 어미에게서 먹이를 먹은 원숭이들은 나이가 들면서 헝겊 어미와 보내는 시간의 양이 늘었고, 결국에는 헝겊 어미에게서 먹이를 먹은 원숭이가 헝겊 어미에게서 보낸 만큼의 시간을 헝겊 어미와 보냈다(Harlow, 1958). Harlow에게 이 결과는 새끼 원숭이들이 헝겊 어미가 제공하는 편안함을 매우 선호하고, 따라서 그것이 필요하다는 증거였다.

또한 Harlow는 새끼 원숭이들이 대리모가 없는 친숙하지 않은 상황에 놓였을 때, 몸을 흔들거나 손가락을 빠는 것 같은 자기위로 행동을 하거나 위축되는 것을 발견했다. 그렇지만 헝겊 대리모를 넣어주었을 때 새끼 원숭이들은 처음에 그것에 매달리지만 결

그림 11.1 Harlow의 유명한 실험에서 붉은 털 원숭이 새끼가 헝겊 어미나 철사 어미와 보내는 시간(Harlow, 1958).

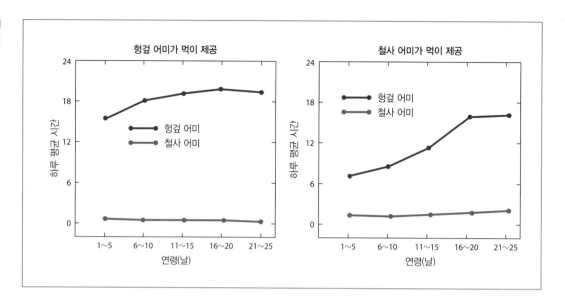

국 방을 탐색하면서 주기적으로 헝겊 어미에게 돌아왔다. Harlow는 헝겊 어미가 '안전의 출처, 조작의 기지'로 기능했고 "어미와 새끼가 낯선 상황에 있을 때 어린 새끼에게 안전감을 준다"고 결론 내렸다(Harlow, 1958, pp. 678-679).

　Harlow의 실험은 새끼 원숭이에서 신체적 편안함이 중요하다는 것을 발달심리학자들에게 가르쳐주었지만, 혹독한 대가를 치렀다. Harlow 실험의 많은 원숭이들은 매우 혼란스러워했고 이후 삶에서 어려움이 있었다. 그의 연구는 불필요하게 잔인하고 비윤리적이라는 비난을 받았지만, 영아가 세상에서 살아가려면 신체적 욕구의 충족 이상이 필요하다는 것을 그가 정리했음은 의심의 여지가 없다.

애착 이론

부모와 분리된 아동과 원숭이에 대한 관찰에서 발견한 것은 극적이어서 정신과 의사와 심리학자들에게 초기 발달에 대해 다시 생각하게 만들었다. 무엇보다 **애착 이론**(attachment theory)을 제안한 John Bowlby와 그의 생각을 확장하고 검증한 동료인 Mary Ainsworth가 이런 노력을 했다.

　Bowlby의 애착 이론(1953)은 처음에 Freud 이론의 몇 가지 핵심 견해, 특히 영아가 어머니와 맺는 초기의 관계가 이후 발달을 조형한다는 생각의 영향을 받았다. Bowlby는 '요구가 많은 의존적인 아기'라는 심리분석적 개념을 일차 양육자를 **안전기지**(secure base)로 이용하는 '유능해지려는 동기를 가진 영아'라는 생각으로 대체했다(E. Waters & Cummings, 2000). 새끼 원숭이와 관련된 Harlow의 용어를 사용하면, 인간 영아의 안전기지라는 생각은 신뢰할 수 있는 양육자의 존재가 그들에게 안전감을 주어서 환경을 탐색하고 지식을 갖고 유능해진다는 것이다. 게다가, 일차 양육자는 영아가 위협이나 불안을 느낄 때 안전의 피난처가 되고, 영아는 양육자 가까이 있는 것으로부터 위로와 즐거움을 얻는다. 따라서 영아는 양육자에 대한 애착이 발달한다.

　애착은 몇 가지 중요한 목적이 있다. 첫째, 양육자(음식과 보호의 원천) 가까이에 있음으로써 영아의 생존 기회가 높아진다. 둘째, 애착은 아동이 정서적으로 안전하게 느끼는 데 도움을 주며, 이것은 아동이 두려움 없이 세상을 탐색할 수 있게 한다. 셋째, 애착은 아동이 자

애착 이론 ■ John Bowlby의 작업에 기초한 이론. 아동들은 자신들의 생존 기회를 높이는 수단으로 양육자에게 애착을 발달시키는 생물학적 경향이 있다고 가정함

안전기지 ■ 신뢰받는 양육자의 존재는 영아나 걸음마기 유아에게 환경을 탐색할 수 있게 만드는 안전감을 줄 수 있다는 생각

신의 각성 수준과 정서를 관리하는 데 도움을 주는 **공동조절**(제10장 참조)이다. Bowlby는 Harlow의 작업뿐 아니라 비교행동학 이론의 영향을 직접적으로 받았으며, 특히 Konrad Lorenz가 확인한 각인 개념(제9장 참조)의 영향을 받았다. Bowlby는 영아와 양육자 간 애착 과정은 진화에 뿌리가 있고 영아의 생존 기회를 높인다고 제안했다. 각인처럼, 이런 애착 과정은 종-특유 학습 편향(얼굴을 쳐다보는 강한 경향성)과 영아의 양육자와의 경험이 상호작용해서 발달한다. 따라서 애착 과정은 선천적 기초가 있는 것을 보이지만, 영아 애착의 발달과 질은 양육자와의 경험의 성질에 달려 있다.

Bowlby(1969)에 따르면, 애착의 발달은 4단계로 일어난다.

애착 이론의 창시자 John Bowlby. 정신분석 작업과 동물의 사회적 행동에 대한 연구의 영향을 받았다.

1. **전애착**(출생에서 6주). 이 단계에서 영아는 매우 분명한 울음 같은 선천적 신호를 보내서 양육자를 소환한다. 그리고 영아는 뒤따르는 상호작용에 의해 편안해진다.

2. **형성 중인 애착**(6주에서 6~8개월). 이 단계 동안, 영아는 친숙한 사람들에게 우선적으로 반응하기 시작한다. 전형적으로 일차 양육자가 있을 때 더 자주 미소 짓고, 웃고, 옹알이를 하고, 그 사람에 의해 더 쉽게 달래진다. Freud와 Erikson처럼, Bowlby는 이 단계를 영아가 양육자들이 자신의 요구에 어떻게 반응할지에 대한 기대를 형성하고, 그에 따라 양육자에 대한 신뢰감이 발달하거나 발달하지 않는 시기로 보았다.

3. **확실한 애착**(6~8개월과 1.5세 사이). 이 단계에서, 영아들은 능동적으로 정규 양육자들과 접촉하려 한다. 그들은 어머니가 나타나면 행복하게 맞이하고, 어머니가 떠날 때 분리불안이나 고통을 보일 수 있다(제10장 참조). 대다수 영아들의 경우, 이제 어머니는 안전기지 역할을 하고, 환경에 대한 영아의 탐색과 숙달을 촉진한다.

4. **상호적 관계**(1.5세 혹은 2세부터). 이 마지막 단계 동안, 걸음마기 유아는 인지능력과 언어능력이 급격하게 증가하고, 이 능력은 그들이 부모의 감정, 목표, 동기를 이해하고, 부모 가까이에 있기 위해 그런 이해를 이용할 수 있다. 결과적으로, 아동-부모의 효과적인 파트너십 발달에서 능동적 역할을 더 많이 하면서 더 상호 조절된 관계가 점진적으로 나타난다. 그 결과, 분리 고통은 감소한다.

이 단계들의 일반적인 결과물은 아동과 양육자를 연결하는 지속적인 정서적 결속이다. 게다가 아동은 애착의 **내적 작동모델**(internal working model of attachment), 즉 전박적인 자기, 애착 대상 및 관계에 대한 심적 표상을 만든다. 이 내적 작동모델은 욕구 충족을 위해 양육자에게 의존할 수 있고 양육자가 어느 정도로 안전감을 줄 수 있는지에 대한 어린 아동의 지각에 기초한다. Bowlby는 이 내적 작동모델이 전 생애 동안 관계에 대한 개인의 기대를 안내한다고 믿었다. 만일 양육자가 접근하기 쉽고 반응적이라면, 어린 아동은 대인관계가 만족스러울 것이라는 기대를 하게 되고 자신은 보살핌과 사랑을 받을 가치가 있다고 느낀다. 성인이 되면, 그들은 아동기에 애착대상 인물과 맺었던 관계와 유사한 만족스럽고 안전감을 높이는 관계를 찾고 발견할 것이라는 기대를 한다. 만일 애착대상 인물이 이용할 수 없거나 반응적이지 않다면, 아동은 타인들과의 관계에 대한 그리고 자신에 대한 부정적 지각이 발달한다(Bowlby, 1973, 1980; Bretherton & Munholland, 1999). 따라서 아동의 애착의 내적 작동모델은 그들의 전반적인 적응, 사회적 행동, 타인에 대한 지각, 자존감과 자기인식의 발달에 영향을 미친다(R. A. Thompson, 2006).

내적 작동모델 ■ 양육자들과 경험의 결과로 구성된 자기, 애착 인물들 및 일반적인 관계들에 대한 심적 표상. 작동모델은 영아나 더 나이 든 아동들이 양육자들이나 다른 사람들과 하는 상호작용을 안내함

애착 안전성의 측정

애착은 아동이 양육자에 대해 어떻게 생각하고 느끼는지를 포함한다. 대개 양육자와 함께 하는 행동을 관찰하거나 혹은 서로의 행동과 관계의 질에 대해 면담하는 것으로 측정된다.

Ainsworth의 낯선 상황 절차

1950년에 John Bowlby와 작업하기 시작했던 Mary Ainsworth는 Bowlby 이론에 대한 경험적 지지를 했고, 중요한 방식으로 그것을 확장했으며, 더 나아가 안전기지로서 일차 양육자의 개념을 강조했다. 우간다(Ainsworth, 1967)와 미국(Ainsworth et al., 1978)에서 수행된 연구에서, Ainsworth는 영아가 탐색하는 동안 어머니와 영아 간 상호작용과 어머니로부터 분리를 연구했다. 관찰에 기초해서, 두 가지 핵심 요인이 양육자에 대한 영아의 애착의 질을 이해할 수 있게 한다는 결론을 내렸다 ─ (1) 영아가 일차 양육자를 안전기지로 이용할 수 있는 정도, (2) 영아가 양육자로부터 짧은 분리와 재결합에 반응하는 방식(Ainsworth, 1973; Ainsworth et al., 1978).

이 요인들을 감안해서, Ainsworth는 부모에 대한 영아 애착의 안전성을 평가하는 실험실 검사를 고안했다. 이 검사는 **낯선 상황**(Strange Situation)이라고 부르는데, 아동에게 친숙하지 않고 부모와 함께 있으려는 영아의 욕구를 높이는 맥락에서 수행되기 때문이다(Harlow의 붉은 털 새끼 원숭이의 낯선 상황과 유사하다). 이 검사에서, 영아는 부모와 함께 흥미로운 장난감이 갖추어져 있는 실험 놀이방에 들어온다. 실험자가 부모와 영아에게 방을 소개한 후, 영아는 일곱 가지 일화를 경험한다. 부모로부터 분리 두 번과 재결합 그리고 낯선 사람과의 상호작용 두 번 ─ 부모가 방에서 나왔을 때 한 번 그리고 부모가 방에 있을 때 한 번 ─ 이다(표 11.1 참조). 각 일화는 영아가 지나치게 혼란스러워하지 않는 한 대략 3분 동안 지속된다. 이런 일화들을 통해 관찰자는 영아의 행동을 평정하는데, 부모와 가까이 있으려 하거나 접촉하려는 시도, 부모에 대한 저항이나 회피, 낯선 사람과의 상호작용, 말과 몸짓을 사용해서 멀리 있는 부모와의 상호작용을 포함한다. 분리되었던 부모가 돌아왔을 때 부모에 대한 반응이 영아의 애착을 결정하는 데 특히 중요하다(표 11.1에서 5와 8단계).

낯선 상황 절차를 이용해서, Ainsworth와 동료들(1978)은 독특한 세 가지 영아 행동패턴을 확인했는데, 애착 유대의 질이나 안전성을 나타내고 독특한 양육 행동패턴과 관련 있었다. 이런 패턴들은 어머니나 아버지와의 연구에서 여러 번 반복 검증되었다. 이런 패턴들에 기초해서, Ainsworth는 세 가지 애착 범주를 확인했다.

첫 번째 애착 범주이며 대다수의 영아가 해당하는 범주는 **안전 애착**(secure attachment)이다. 이 범주의 아기들은 세션의 초반(initial) 동안 어머니를 안전기지로 이용하고, 어머니 곁을 떠나 방에 있는 장난감들을 탐색한다. 아기들은 장난감을 갖고 놀면서, 때로 어머니를 확인하기 위해 돌아보거나 장난감을 가져와서 어머니에게 보여준다. 그들은 항상 그런 것은 아니지만 대개 어머니가 방을 떠날 때 어느 정도 고통스러워하는데, 특히 완전히 혼자 남겨졌을 때 그렇다. 그러나 어머니가 돌아오면 어머니를 보는 것이 기쁘다는 것을 분명하게 표현하며, 단순하게 행복한 미소로 어머니를 맞이하거나 혹은 만일 어머니가 없는 동안 혼란스러웠다면 안기거나 위안을 받기 위해 어머니에게로 다가간다. 만일 혼란스러웠다면, 어머니의 존재는 그들을 위로하고 진정시키며, 그들이 다시 방을 탐색할 수 있게 한다. 어머니가 임상적으로 불안하지 않은 미국 아동 중 50~60%는 이 범주에 속한다(R. A. Thompson, 1998; van IJzendoorn, Schuengel, & Bakermans-Kranenburg, 1999).

낯선 상황 ■ 일차 양육자에 대한 영아의 애착을 평가하기 위해 Mary Ainsworth가 개발한 절차

안전 애착 ■ 영아나 어린 아동들이 애착인물과 긍정적이고 신뢰할 수 있는 관계를 맺는 애착패턴. 낯선 상황에서, 안전 애착된 영아는 양육자가 떠날 때 당황하지만 양육자가 돌아오는 것을 보면 고통으로부터 빠르게 회복되어 기뻐한다. 아동이 안전하게 애착되면, 그들은 양육자들을 탐색의 안전기지로 이용할 수 있다.

표 11.1

Ainsworth의 낯선 상황 절차의 일화들

일화	사건	평가된 애착행동 측면
1	실험자는 양육자와 영아에게 낯선 방을 소개하는데, 아기에게 장난감들을 보여준 다음 떠난다.	없음
2	양육자와 아동이 홀로 있다. 양육자는 상호작용을 시작하는 말을 하지 않지만 아기에게 적절하게 반응한다.	탐색과 부모를 안전기지로 이용
3	낯선 사람이 들어와서 1분간 조용히 앉아 있다. 그런 다음 양육자에게 1분간 말을 하고, 그 후 1분 동안 아기와 상호작용을 시도한다.	낯선 사람에 대한 반응
4	어머니는 아동을 낯선 사람과 홀로 남겨두고 떠나는데, 아기가 놀도록 놔두지만 필요하면 위안을 준다. 만일 아기가 너무 고통스러워하면 일화는 짧아진다.	분리 고통과 낯선 사람의 위로에 대한 반응
5	양육자는 문 밖에서 아기를 부르면서 방으로 들어가고 문 옆에서 잠깐 멈춘다. 낯선 사람이 떠난다. 양육자는 아기가 놀도록 놔두거나 고통스러워하면 아기를 달랜다.	부모와의 재결합에 대한 반응
6	부모가 아기를 방에 홀로 남겨두고 떠난다. 만일 아기가 고통스러워하면 일화는 종료된다.	분리 고통
7	낯선 사람이 방에 들어오고, 아기에게 인사하고, 잠깐 멈춘다. 낯선 사람은 앉거나 아기가 혼란스러워하면 아기를 달랜다. 아기가 매우 혼란스러워하면 일화는 종료된다.	낯선 사람에 의해 진정되는 능력
8	양육자는 문 밖에서 아기를 부르고, 들어와서 아기에게 인사를 하고 잠깐 멈춘다. 양육자는 만일 아기가 혼란스러워하지 않으면 앉고 고통스러워하면 달랜다. 양육자는 아기가 흥미를 느끼면 다시 놀이로 되돌아가도록 허용한다.	재결합에 대한 반응

출처 : Ainsworth et al. (1978).

Ainsworth가 처음에 확인했던 다른 두 가지 애착 범주는 **불안전 애착**(insecurely attached)으로 평정된 아동, 즉 안전하게 애착된 아동보다 양육자에게 덜 긍정적으로 애착된 아동들을 포함한다. 불안전하게 애착된 영아의 한 가지 유형은 **불안전/저항**(insecure/resistant) 혹은 **양가적**(ambivalent)으로 분류된다. 이 범주의 영아들은 자주 낯선 상황이 시작될 때부터 장난감들을 탐색하는 대신 어머니 가까이에 머물면서 떨어지려 하지 않는다. 어머니가 방을 떠날 때, 그들은 매우 혼란스러워하고 자주 강하게 우는 경향이 있다. 재결합할 때, 불안전/저항적 영아는 전형적으로 어머니와 다시 접촉하지만, 위로를 하려는 어머니의 노력을 거절한다. 예를 들면 영아는 큰 소리로 울며 어머니에게로 달려가고, 팔을 뻗어서 자신을 안아달라는 신호를 보낸다. 그러나 안아주자마자, 어머니로부터 멀어지도록 몸을 뒤로 젖히거나 벗어나기 위해 몸부림친다. 미국 아동의 약 9%는 불안전/저항 범주에 속한다(van IJzendoorn et al., 1999).

또 다른 유형의 불안전 애착 영아는 **불안전/회피**(insecure/avoidant)로 분류된다. 이 범주의 아동들은 낯선 상황에서 어머니를 피하는 경향이 있다. 예를 들면 재결합 때 어머니가 방으로 들어오면 어머니를 반기지 않고 무시하거나 몸을 돌린다. 대략 15% 아동들이 불안전/회피 범주에 속한다.

Ainsworth 원 연구의 뒤를 이은 애착 연구자들은 낯선 상황에서 어떤 아동들의 반응은 Ainsworth의 세 범주 중 어느 것에도 맞지 않는다는 것을 발견했다. 이 아동들은 낯선 상황의 스트레스에 대처하는 일관된 방식이 없는 듯하다. 예를 들면 그들은 어머니가 다가올 때 겁먹은 미소를 짓고 다른 곳을 쳐다보거나, 혹은 매우 침착하고 만족하는 듯하다가 갑자기 화를 낸다. 또한 그들은 자주 멍하거나 혼란스러워하고, 행동이 얼어붙고, 상당 시간 동안 꼼짝하지 않는다. **해체/혼란**

불안전 애착 ■ 영아나 어린 아동들이 안전 애착된 아동들보다 양육자와 덜 긍정적인 애착을 형성하는 애착패턴. 불안전 애착된 아동들은 불안전/저항(양가적), 불안전/회피, 혹은 해체/혼란으로 분류될 수 있다.

불안전/저항(혹은 양가적) 애착 ■ 영아나 어린 아동들이 환경을 탐색하기보다 양육자에게 매달리고 가까이 머무는 불안전 애착의 유형. 낯선 상황에서, 불안전/저항 영아들은 자신을 방에 혼자 남겨두고 양육자가 떠날 때 매우 당황한다. 양육자가 돌아오면, 그들은 쉽게 달래지지 않고 위안을 찾는 행동과 달래려는 양육자에게 저항하는 행동 모두를 보인다.

불안전/회피 애착 ■ 영아나 어린 아동이 양육자에게 다소 무관심하고 양육자를 피하기도 하는 불안전 애착 유형. 낯선 상황에서, 양육자가 방을 떠나기 전에 양육자에게 무관심한 듯하고, 양육자가 돌아와도 무관심하거나 피한다. 영아가 혼자 남겨져서 혼란스러울 때 부모만큼 쉽게 낯선 사람이 영아를 달랠 수 있다.

해체/혼란 애착 ■ 영아나 어린 아동들은 낯선 상황의 스트레스에 일관적인 대처 방식이 없는 불안전 애착 유형. 그들의 행동은 자주 혼란스럽고 모순적이다. 그들은 자주 멍하거나 갈피를 잡지 못하는 듯하다.

(disorganized/disoriented) 영아들은 해결할 수 없는 문제가 있는 듯하다. 그들은 어머니에게 접근하기를 원하지만 어머니를 공포의 근원으로 여기는 듯하다(Main & Solomon, 1990). 중류층 미국 영아 중 대략 15%는 이 범주에 속한다. 그러나 이 비율은 학대받은 영아들(van IJzendoorn et al., 1999), 부모 자신의 애착 작동모델에 심각한 문제가 있는 영아들(van IJzendoorn, 1995), 그리고 더 낮은 사회경제적 배경을 가진 학령전 아동들(Moss, Cyr, & Dubois-Comtois, 2004; van IJzendoorn et al., 1999)에서 상당히 더 높다.

물론 핵심 질문은 낯선 상황에서 행동과 가정에서 행동 간에 유사성이 있는가이다. 대답은 '그렇다'이다(J. Solomon & George, 1999). 예를 들어 불안전 애착된 영아들과 비교해서, 안전 애착된 12개월 영아는 신체 접촉을 더 즐기고, 덜 까다롭고, 가정에서 탐색의 안전기지로서 어머니를 더 잘 이용한다(Pederson & Moran, 1996). 따라서 그들은 환경에 대해 배우고 그렇게 하는 것을 즐길 가능성이 더 높다. 게다가, 낯선 상황 절차에서 영아들의 행동은 여러 시간 동안 어머니와 영아의 상호작용을 관찰한 것에서 나온 애착 점수와 상관있다(van IJzendoorn et al., 2004).

낯선 상황 절차는 영아의 애착 안전성을 측정하는 표준 수단이지만, 여러 면에서 비난을 받았다. 첫째, 낯선 상황은 상당한 자원이 필요하다. 비디오 기록 장치와 광범위한 훈련을 받은 스태프가 있는 실험실에서 수행되어야 한다(Tryphonopoulos, Letourneau, & Ditommaso, 2014). 둘째, 어떤 심리학자들은 범주로 구분하기보다 부모-자녀 관계의 애착 안전성이 다중적 연속 차원들에 따라 측정되어야 한다고 주장한다. 이런 가능성은 수천 명의 아동 표집에서 입증되었다. 안전성 차원들은 범주보다 아동의 관찰된 애착행동들을 더 잘 설명했다(Fraley & Spieker, 2003). 이런 발견들에도 불구하고, 연구자들은 계속해서 애착 범주를 훨씬 더 선호한다.

낯선 상황에 대한 세 번째 비판은 5세 이하 아동 중 61%가 매일 어머니가 아닌 사람들의 보살핌을 받는 세상에서 낯선 상황이 더 이상 그렇게 '낯선' 것이 아니라는 것이다(Laughlin, 2013). 그러나 탁아소에 데려다 주고 데려올 때 부모에게 보이는 아동의 행동에 대한 연구에 따르면, 67%는 안전으로, 9%는 불안전/회피로, 14%는 불안전/저항으로, 그리고 10%는 해체/혼란으로 분류되었다(Bick, Dozier, & Perkins, 2012). 낯선 상황 측정에서 발견된 것과 비슷한 수치이다. 이 연구는 이런 탁아 상황에서 아동의 행동은 낯선 상황에서 행동과 일치한다는 것을 발견했다(Bick et al., 2012).

애착 안전성의 다른 측정치들

지난 수십 년 동안 애착을 측정하기 위한 몇 가지 다른 도구들이 개발되었다. 널리 사용되는 대안은 애착 Q-분류(Q-sort)이다(Waters & Deane, 1985). Q-분류를 할 때 부모, 교사, 혹은 관찰자들은 아동 행동들을 묘사하는 카드(75개 이상)가 표적 아이들을 얼마나 잘 묘사하는지에 따라 9개 덩어리로 균등하게 분류한다. 이런 방식으로, 아동은 안전부터 불안전까지 연속선상에서 구분된다. 미국과 여러 나라(예 : 중국, 일본, 노르웨이, 포르투갈, 남아프리카, 태국; Tryphonopoulos et al., 2014)에서 애착 Q-분류는 신뢰성과 타당성이 높다는 것이 확인되었다.

애착은 고정된 특성이 아니다. 애착 안전성이 상당히 안정적일지라도, 부모에 대한 아동의 애착 수준은 아동기 동안 변할 수 있다(Pinquart, Feussner, & Ahnert, 2013). 그러나 낯선 상황은 영아기 이후 적절하지 않기 때문에, 연구자들은 나이 든 아동들의 애착 안전성을 결정할 측정치들을 개발했다. 성인 애착 면담처럼 부모와의 관계에 대한 면담(Main & Goldwyn, 1998)이나, 부모 및 또래 애착 검사처럼 질문지(Armsden & Greenberg, 1987)를 통해 아동 중기와 청소년기 아동들에게 직접 물어볼 수 있다. 이름에서 알 수 있듯이, 정서적 지지를 받기 위해 높아진 청소년들의 또래들에 대한 의존성에 대해 묻는다. 애착 안전성은 나이 든 아동과 청소년들에서 다른 모습을 보인다. 아동들이 방을 떠나는 부모에 대해 고통으로 반응할 것이라고 기대하는 것은 아동 초기뿐이다. 그러나 연구자들은 안전 애착된 청소년들은 자율성을 형성하기 시작할 때도 계속해서 부모를 안전기지로 이용한다는 것을 발견했다(Allen et al., 2003).

애착 양식에서 문화차

인간 영아는 양육자와 애착을 형성하는 생물학적 성향이 있다고 믿기 때문에, 사람들은 서로 다른 문화들에서 애착행동이 유사할 것이라고 기대할 것이다. 실제로, 낯선 상황 절차에서 영아의 행동은 중국, 서유럽 및 아프리카의 여러 지역과 같은 많은 문화에서 유사하다. 이 모든 문화에 안전, 불안전/저항 및 불안전/회피 애착 영아들이 있었고, 평균 비율은 미국에 거의 근접했다(van IJzendoorn & Sagi, 1999; van IJzendoorn et al., 1999). 비서양 문화들에서 '해체/혼란' 범주를 포함하는 연구는 상대적으로 매우 적지만, 포함된 연구들에서 이 범주에 속하는 아기들의 비율은 서양의 나라들과 대략적으로 같다(Behrens, Hesse, & Main, 2007; van IJzendoorn et al., 1999).

애착 평정에서 전반적인 일관성에도 불구하고, 낯선 상황 절차에서 아동 행동 중 몇 가지 중요한 나라 간 차이가 지적되었다(van IJzendoorn & Sagi-Schwartz, 2008; Zevalkink, Riksen-Walraven, & Van Lieshout, 1999). 예를 들면 한 연구에서 일본 영아들은 낯선 상황에서 중류층 미국 영아들과 대략 같은 비율로 안전 애착을 보인 반면(대략 62~68%), 어떤 연구들에서 그들이 보이는 불안전 애착의 유형이 눈에 띄게 차이가 났다. 불안전 애착된 일본 영아들은 모두 불안전/저항으로 분류되었으며, 이것은 불안전/회피 행동을 보인 영아가 없다는 말이다(Takahashi, 1986). 유사하게, 한국 가족들 표집에서 불안전/회피 애착은 매우 드물었다(Jin et al., 2012).

한 가지 가능한 설명은 일본 문화가 어머니와 자녀는 하나(oneness)라는 생각을 강화한다는 것이다. 그에 따라 일본의 자녀 양육 실제는 미국과 비교해서 부모-자녀 간 접근성과 신체적 친밀성이 더 클 뿐 아니라 어머니에 대한 영아의 의존성을 더 육성한다(Rothbaum et al., 2000). 따라서 낯선 상황에서 일본 아동들은 미국 아동보다 더 많은 신체 접촉과 안심을 원하며, 그에 따라 어머니와의 접촉이 박탈된 후 어머니에게 분노와 저항을 보일 가능성이 더 크다(Mizuta et al., 1996).

또 다른 설명은 어떤 일본 부모들은 낯선 상황에서 자의식적이고 억제되었을 가능성이 있고, 이것이 자녀의 행동에 영향을 미쳤을 수 있기 때문에, 낯선 상황이 항상 타당한 검사가 아닐 수 있다는 것이다. 또한 어린 아동들이 낯선 상황에서 어떻게 반응할지는 친숙하지 않은 상황이나 사람들에 대한 이전 경험들의 영향을 받을 것이다. 따라서 일본과 미국의 영아들이 보이는 불안전/저항 애착 비율의 차이 중 일부는 논쟁 중인 연구들이 수행된 시기에(1980년대) 일본에서 탁아소에 등록한 영아는 매우 소수였고, 따라서 어머니와 분리를 별로 경험하지 못했기 때문일 수 있다. 이런 논쟁과 일관되게, 유치원에 입학한 6세 일본 아동들의 재결합 행동을 관찰했던 최근 연구는 불안전/저항 애착을 많이 발견하지 못했다(Behrens et al., 2007). 따라서 문화 내에서 혹은 여러 문화들에서 아동의 분리 경험의 차이는 낯선 상황 절차에서 아동 행동의 차이에 실질적으로 기여할 수 있다.

부모 민감성 ■ 아동들이 지원이 필요하거나 고통스러워할 때, 아동에게 온정을 표현하고 유관적 반응을 하는 양육 행동

애착 양식에서 개인차의 원천

만일 아동이 양육자와 애착을 형성하는 생물학적 성향이 있다면, 왜 어떤 아동들은 안전하게 애착되고 다른 아동들은 불안전하게 애착되는가? 이런 개인차에 대한 두 가지 주요 원천은 부모 민감성과 유전적 성향이다.

양육과 애착 양식

애착 안전성이 부모와 자녀 간 관계의 질에 대한 표식임을 감안할 때, 부모 행동이 자녀의 애착 양식을 강하게 예측하는 요인이라는 것은 의미가 있다. 실제로, 낯선 상황 절차가 발달한 후, Ainsworth와 동료들(1978)은 가정에서 어머니의 행동이 자녀의 애착 분류와 관련 있는지를 관찰함으로써 검사의 타당성을 점검했다. 이후 몇몇 연구는 세 가지 원 분류뿐 아니라 해체/혼란 분류에서 유사한 결과를 발견했다(각 분류와 연합된 행동들의 요약은 표 11.2 참조).

애착 양식과 일관되게 관련 있는 한 가지 주요 양육 측면은 **부모 민감성**(parental sensitivity)이며, 온정의 표현뿐 아니라 자녀의 요구에 대해 관련성 있고 일관되게 반응하는 양육행동이다. 안전 애착된 1세 영아의 어머니들은 아기의 신호를 정확하게 읽고, 우는 아기의 요구에 빠르게 반응하고, 밝은 미소에 미소를 되돌려준다. 어머니와 자녀 간 긍정적 교환, 즉 상호 미소와 웃음, 서로에게 소리 내기, 혹은 협응적 놀이 같은 것은 안전 애착을 촉진할 때 특히 중요한 민감한 양육의 특징이다(De Wolff & van IJzendoorn, 1997; Nievar & Becker, 2008).

대조적으로, 불안전/저항 아동의 어머니들은 초기 양육에서 비일관적인 경향이 있다. 그들은 영아의 고통에 즉시 반응할 때도 있고 그렇지 않을 때도 있다. 이런 어머니들은 자주 매우 불안하고 양육의 요구에 압도된다. 불안전/회피 영아의 어머니들은 무심하고 정서적으로 이용할 수 없으며 때로 신체적으로 가까이 하려는 아기의 시도를 거부한다(Isabella, 1993; Leerkes, Parade, & Gudmundson, 2011).

표 11.2

네 가지 애착 양식에 특징적인 자녀와 부모의 행동패턴

애착 양식	낯선 상황 절차 동안 자녀의 행동	가정에서 자녀에 대한 부모의 행동
안전	부모를 안전기지로 이용한다. 분리되었을 때 혼란, 재결합 때 부모를 찾고 부모에 의해 쉽게 진정된다.	자녀의 신호에 반응적이고 민감하다. 애정과 표현적이다. 빈번하게 자녀와 긴밀한 접촉을 시도한다.
불안전/회피	탐색하기 위해 쉽게 떨어진다. 부모를 회피나 무시하고, 낯선 사람보다 부모를 더 선호하지 않는다.	자녀의 신호에 둔감하다. 가까운 접촉을 피하고 자녀의 접촉 요구를 거부한다. 화를 내거나 성마르고 참지 못한다.
불안전/저항	탐색하게 위해 떨어지지 않는다. 부모가 있을 때에도 낯선 사람을 경계한다. 분리되었을 때 극도로 혼란스러워한다. 부모에 의해 쉽게 진정되지 않고 부모의 진정시키려는 시도에 저항한다.	자녀의 고통에 대한 반응에서 비일관적이고 어색하다. 양육 과제에 압도되는 듯하다.
해체/혼란	부모에게 다가가기를 꺼린다. 부모로부터 먼 곳을 쳐다본다. 부모가 함께 있을 때 공포를 표현한다. 잠깐 동안 행동과 표현이 '얼어붙'는 듯하다.	침입적이다. 정서적으로 이용할 수 없다. 분리되거나 (dissociated) 멍한 상태이다. 자녀를 당황시키거나 놀라게 한다. 가혹하거나 학대적일 수 있다.

출처 : Ainsworth et al.(1978), Hesse & Main(2006), Isabella(1993), Leerkes, Parade, & Gudmundson(2011), Main & Solomon(1990).

해체/혼란 영아의 어머니들은 때로 학대적이고 위협적이며 혼란스러운 행동을 보이고, 해결하지 못한 상실이나 외상(trauma)을 다루고 있는 중일 수도 있다(L. M. Forbes et al., 2007; Madigan, Moran, & Pederson, 2006; van IJzendoorn et al., 1999). 그에 대한 반응으로, 영아는 자주 혼란스럽거나 두려워하는 듯하다(E. A. Carlson, 1998; Hesse & Main, 2006). 3~6세가 되면, 자신의 정서를 관리하려 할 때, 대개 이런 아동들은 지나치게 도움이 되거나 정서적으로 긍정적인 방식, 즉 기본적으로 어머니를 기분 좋게 하려고 하거나 혹은 적대적이거나 공격적인 방식으로 어머니의 활동과 대화를 통제하려고 한다(Moss et al., 2004; J. Solomon, George, & De Jong, 1995).

안전하게 애착된 아기의 엄마는 자녀에게 따뜻하게 반응하고 그들의 요구에 민감하다.

어머니의 민감성과 영아나 아동 애착의 질 간 연합은 다양한 문화에서 입증되었다(Beijersbergen et al., 2012; Mesman, van IJzendoorn, & Bakermans-Kranenburg, 2012; Posada et al., 2016; Valenzuela, 1997; van IJzendoorn et al., 2004). 특히 놀라운 것은 둔감한 어머니의 영아 중 38%만이 안전 애착을 보인다는 사실이며, 전형적인 비율의 절반 정도이다(van IJzendoorn & Sagi, 1999). 아버지의 민감성과 아동 애착의 안전성 간 연합은 어머니의 경우보다 다소 약하지만 존재한다는 것이 발견되었다(G. L. Brown, Mangelsdorf, & Neff, 2012; Lucassen et al., 2011; van IJzendoorn & De Wolff, 1997).

앞에서 논의한 모든 연구가 부모의 민감성과 아동의 애착 상태 간 상관을 포함한다는 것을 감안하면, 부모 민감성이 실제로 아동 애착 안전성을 유발하는지 아니면 단순히 그것과 연합되었는지를 결론 내리는 것은 불가능하다. 부부 갈등과 같은 어떤 다른 요인이 부모 민감성과 아동의 애착 안전성 둘 다에 영향을 미칠 수 있다. 그러나 부모 민감성이 실제로 영아 애착의 원인이라는 증거는 어머니의 양육 민감성을 높이기 위해 고안된 단기 실험 중재에서 나왔다. 이런 중재들은 영아에 대한 어머니의 민감성뿐 아니라 영아의 애착 안전성도 높인다는 것이 발견되었다(Bakermans -Kranenburg, van IJzendoorn, & Juffer, 2003; van IJzendoorn, Juffer, & Duyvesteyn, 1995). 게다가 영아 애착에 대한 쌍생아 연구에서, 애착의 변량 중 거의 전부가 환경적 요인들 때문이었다(Bokhorst et al., 2003; Roisman & Fraley, 2006).

부모가 민감할 때 안전 애착의 가능성이 더 높을지라도, 아동은 부모가 일관되게 민감하지 않을 때에도 부모에게 안전 애착된다. 학령전 아동들에 대한 연구에서, 절반 정도는 어머니가 그들을 학대했기 때문에 아동 보호 시스템 안에 있었고, 학대받은 학령전 아동들은 실제로 학대받지 않은 아동들보다 불안전/혼란 애착을 맺을 가능성이 더 높았다. 그러나 학대받은 아동들 중 23%는 학대하는 어머니와 안전 애착되었다(Stronach et al., 2011). 놀랍게도, 학대하는 부모들도 때로 아동의 애착을 촉진하는 사랑과 민감성을 보인다. 또한 양육자에게 안전 애착되게 하는 생물학적 추동은 두렵거나 고통스러운 부모의 행동을 극복하기에 충분할 만큼 강력하다는 것을 보여준다.

유전적 영향

애착에서 개인차의 중요한 원천은 아동 자체, 즉 유전자 내에 있다(S. C. Johnson & Chen, 2011). 최근 연구는 세로토닌 전달 유전자인 SLC6A4(공식적으로 5HTT로 부름)의 대립 형질 변이들이 낯선 상황 절차에서 행동에 영향을 줄 수 있음을 발견했다. 참가자들은 우크라이나 학령전 아동들이었고, 이들 중 일부 아동들은 기관에서 그리고 일부 아동들은 생물학적 가족들 내에서 성장했다. 연구자들은 스트레스에 대한 취약성과 관련있는 SLC6A4 변이가 있는 아동들이 기관에서 성장했을 때 애착 안전성은 더 적게, 애착 혼란은 더 많이 보인다는 것을 발견했다. 대조적으로, 기관에서 성장했지만 더 적은 반응성 및 취약성과 연합된 다른 SLC6A4 유전자형을 가진 학령전 아동들은 부정적인 애착행동을 보이지 않았다(Bakermans-Kranenburg, Dobrova-Krol, & van IJzendoorn, 2012).

도파민 체계에 있는 DRD4 유전자는 영아가 스트레스 상황(어머니가 외상이나 상실로 고통 받고 있을 때처럼)에 있을 때 해체/혼란 애착과 연합되지만 스트레스가 적은 맥락에서는 더 큰 애착 안전성과 연합된다는 것을 보여주는 연구들이 있다(Bakermans-Kranenburg & van IJzendoorn, 2007). 이 연구는 차별적 민감성을 강조한다. 어떤 유전자들은 아동이 양육환경의 질에 차별적으로 민감하게 만든다. 따라서 '반응적' 유전자들을 가진 아동들은 안전 애착으로부터 더 많은 이득을 얻지만(예 : 또래들보다 더 잘 적응하고 더 친사회적이다), 만일 불안전 애착을 형성하면 더 형편없게 적응한다(Bakermans-Kranenburg & van IJzendoorn, 2007, 2011; Kochanska, Philibert, & Berry, 2009).

애착 안전성과 유전적 구성 간 관련성은 성인기까지 지속된다. 한 종단연구는 애착을 낯선 상황 절차로 측정하는 영아기부터 성인애착 면담으로 측정하는 26세까지 계속 추적했다. 연구자들은 개인의 애착 안전성의 연속성은 DRD4의 변이가 아니라 옥시토신 수용체 유전자 OXTR 변이를 갖고 있는지에 달려 있음을 발견했다(Raby et al., 2013). 종합하면, 개인의 유전적 구성은 환경적 힘들이 아동기의 애착 안전성 그리고 성인기까지 애착 안전성의 연속성에 영향을 미치는 방식에 영향을 미친다.

애착과 사회정서 발달

영아기와 아동기의 애착 상태는 이후 사회정서 발달을 예측한다. 안전 애착된 영아들이 불안전 애착된 아동들보다 더 잘 적응하고 사회적 기술이 더 많았다. 이것에 대한 한 가지 설명은 안전 애착된 아동은 긍정적이고 건설적인 내적 애착 작동모델을 발달시킬 가능성이 더 높다는 것이다(아동의 애착 작동모델은 적응과 사회적 행동, 자기지각과 자기인식, 그리고 타인에 대한 기대를 형성한다. 또한 이에 대한 직접적인 증거가 있다(예 : S. C. Johnson & Chen, 2011; S. C. Johnson, Dweck, & Chen, 2007). 게다가, 안전 애착과 연합된 민감하고 지지적인 양육을 경험하는 아동들은 적절한 방식으로 정서를 표현하면 받아들여질 것이라는 것과 타인들과의 정서적 소통이 중요하다는 것을 학습할 것이다(Cassidy, 1994; Kerns et al., 2007; Riva Crugnola et al., 2011). 대조적으로, 부모가 자녀의 요구와 고통의 신호에 대해 반응하지 않은 부모의 자녀들은 정서 표현을 억제하고 타인들로부터 위로를 찾지 않는 것을 학습할 것이다(Bridges & Grolnick, 1995).

이런 패턴들과 일관되게, 영아기나 이후 아동기에 안전 애착된 아동들은 불안전 애착된 아동들보다 또래들과 더 가깝고 조화로운 관계를 맺는 듯하다(McElwain, Booth-LaForce, & Wu, 2011; Pallini et al., 2014). 예를 들면 안전 애착된 아동들은 불안전 애착된 아동들보다 자기조절, 사교성 및 또래들과의 사회적 유능성이 더 높다(Drake, Belsky, & Fearon, 2014; Lucas-Thompson & Clarke-Stewart, 2007; Panfile & Laible, 2012; Vondra et al., 2001). 마찬가지로, 그들은 불안, 우울, 사회적 위축이 더 적다(Brumariu & Kerns, 2010; Madigan et al., 2016). 특히 불안전/저항 애착된 아동들과 비교해서 그렇다(Groh et al., 2012). 또한 공격이나 비행도 더 적다(Fearon et al., 2010; Groh et al., 2012; Hoeve et al., 2012; Madigan et al., 2016; NICHD Early Child Care Research Network, 2006). 그들은 타인의 정서를 더 잘 이해할 수 있고(Steele, Steele, & Croft, 2008; R. A. Thompson, 2008), 도움, 공유, 또래에 대한 관심을 더 많이 보인다(N. Eisenberg, Fabes, & Spinrad, 2006; Kestenbaum, Farber, & Sroufe, 1989; Panfile & Laible, 2012).

Mary Kate Denny/ PhotoEdit

영아 때 안전 애착된 걸음마기 유아는 슬퍼하는 누군가를 위로하는 것 같은 친사회적 행동을 할 가능성이 더 높다.

안전 애착된 아동들은 긍정적인 정서를 보고하고 스트레스에 대해 정상적인 반응패턴을 보일 가능성이 더 크다(Bernard & Dozier, 2010; Borelli et al., 2010; Luijk et al., 2010). 영아기의 안전 애착은 청소년기(E. A. Carlson, Sroufe, & Egeland, 2004; Collins et al., 1997)와 성인 초기(Englund et al., 2011)의 긍정적인 또래, 낭만적 관계 및 정서적 건강을 예측하고, 성인기의 신체적 건강도 예측한다(Puig et al., 2013).

비록 부모 둘 다에 대한 영아 애착을 평가한 연구는 드물지만, 어머니와 아버지 둘 다에게 불안전 애착될 때 가장 위험한 듯하다. 15개월의 애착을 평가했던 연구에서, 부모 둘 다에게 불안전 애착된 아동들은 특히 초등학교에서 공격이나 반항 같은 문제행동을 보이는 경향이 있었다. 부모 한쪽 혹은 둘 다에게 안전 애착되면 문제행동 수준이 낮았다(Kochanska & Kim, 2013). 그러나 안전 애착이 내재화 문제(예 : 불안, 우울)나 대인관계 문제와 같은 다른 유형의 부정적 결과들을 완화하는지는 분명치 않다.

그렇지만 앞에서 언급했듯이, 부모에 대한 아동의 애착은 시간이 지나면서 변할 수 있으며, 환경의 측면들, 예를 들면 가정에서 스트레스와 갈등의 시작과 종료(Frosch, Mangelsdorf, & McHale, 2000; M. Lewis, Feiring, & Rosenthal, 2000; Moss et al., 2004), 자녀에 대한 어머니의 전형적인 행동(L. M. Forbes et al., 2007) 혹은 어머니의 민감성(Beijersbergen et al., 2012)에서 뚜렷한 변화가 있을 때 그렇다. 이 경우에, 현재 부모-자녀 상호작용과 양육행동은 더 어릴 때의 애착 검사들보다 현재 아동의 사회적 및 정서적 유능성을 더 잘 예측한다(R. A. Thompson, 1998; Youngblade & Belsky, 1992). 청소년기 애착의 질은 행동과 정신건강의 변화를 예측하며, 안전 애착된 청소년은 불안전하게 애착된 청소년들보다 행동 및 정신 건강문제가 더 적었다(Allen et al., 2007).

자기

여러분은 누구인가? 대답은 신체적 특징, 성격 특질, 개인적 선호, 사회적 및 가족 관계, 그리고 민족, 문화나 출신국가에 대한 세부 사항들에 대한 묘사를 포함한다. 자기는 실제로 이 모든 것이고, 발달 과정에서 아동들은 이것들을 자신이 누구인지에 대한 인식에 통합한다. 이 절은 자기의 주요 세 측면(자기개념, 자존감, 정체성)과 그것들 각각이 아동기 동안 어떻게 발달하는지에 초점을 맞출 것이다. 자기개념은 개인들이 자신을 어떻게 보는가이며, 자존감은 자신에 대한 평가와 느낌이다. 따라서 자기개념과 자존감은 개인의 내부에 있다(Baumeister, 2005).

대조적으로, 정체성은 가족, 종교, 인종/민족 집단, 혹은 학교에서 멤버십이나 참여를 통해 얻게 되는 것으로 외부에서 부여하는 묘사나 범주이다(Baumeister, 2005). 자기개념과 정체성 간 차이를 이해하려면, 신생아를 생각하라. 신생아는 자기개념에 대한 인식이 없지만, 자기 이름이 있고 가족의 일부이며, 이것은 더 큰 공동체의 일부이기 때문에 정체성을 갖는다(Baumeister, 2005). 다음에 보게 되듯이, 아동과 청소년들은 삶의 여러 측면에 기초해서 다중적인 정체성을 갖거나 가질 수 있다. 민족 정체성과 성적 정체성이 여기에 포함된다.

자기개념

자기개념(self-concept)은 자신에 대한 개인의 생각과 태도로 구성되는 체계이다. 이 개념 체계는 자신의 물리적 존재(신체, 소유물), 사회적 특징들(관계, 성격, 사회적 역할) 및 내적 특징들(생각, 심리적 기능)에 대한 생각을 포함한다. 또한 자기는 시간이 지나면서 변하거나 동일하게 남아 있는 방식, 이 과정에서 자신의 역할에 대한 신념, 그리고 자아(selfhood) 의식에 대한 생각에 대한 이해이다(Damon & Hart, 1988). 자신에 대해 생각하고 느끼는 방식인 자기개념은 전반적인 안녕감과 외부의 비판에 직면했을 때 자신감에 영향을 주기 때문에 자기의 발달은 중요하다(Harter, 2012a). 앞으로 보게 되듯이, 아동의 자기개념은 주로 환경 내에서 사람들과의 상호작용을 통해 발달한다.

영아기의 자기개념

자기개념은 신체적 자기에 대한 이해에서 출발한다. 영아는 처음에 자신이 물리적 존재라는 인식이 발달하면서 환경과 자신을 구분해야 한다(Oyserman, Elmore, & Smith, 2012). 영아는 부분적으로 어떤 것은 자신의 손처럼 항상 존재하고 다른 것은 부모나 장난감처럼 오고 간다는 것을 알게 되면서 구분할 수 있다. 마침내 영아는 항상 존재하는 것들이 자기 신체의 일부라는 것을 이해한다(Baumeister, 2005).

인지발달 이론에서, Piaget와 Vygotsky 모두 아동들은 환경과의 상호작용을 통해 학습한다고 주장했다(제4장 참조). 영아들이 경험을 통해 배우는 중요한 교훈은 자신들이 환경에 영향을 미칠 수 있다는 것이다. 예를 들면 생의 처음 몇 개월 동안 영아는 자신이 울면 부모가 와서 위로를 할 것이며 자신이 장난감을 잡으면 그것을 갖고 놀거나 빨 수 있게 더 가까이 가져올 수 있다는 것을 배운다. 이런 상호작용을 통해, 영아들은 점진적으로 자신은 환경 안에 있는 사람이나 사물들과 분리되어 있고 자신의 욕구를 만족시키도록 사람이나 사물들에 영향을 미칠 수 있음을 이해한다.

영아들이 생의 처음 몇 개월 내에 기본적인 자기개념을 갖는다는 강력한 증거가 있다. 2~4개월이 되면, 영아들은 자신 밖에 있는 대상들을 통제하는 능력을 인식한다. 이것은 팔에 부착된 줄을 당겨서 모빌을 움직일 수 있을 때 열광하고 자신의 노력이 더 이상 효과가 없을 때 화내는 것에서 분명하다. 또한 그들은 자신의 신체적 움직임을 약간 이해하는 듯하다.

자기개념은 대략 8개월에 훨씬 더 뚜렷하다. 애착 이론에 따르면, 이때는 영아가 부모와 떨어지면 분리 고통으로 반응하는 연령이며, 이것은 그들과 어머니가 분리된 실체임을 인식한다는 것을 나타낸다. 따라서 자기개념은 양육자에 대한 애착 발달에서 필수적인 첫 단계이다.

첫 번째 생일 즈음에, 영아들은 환경에 있는 대상들에 공동주의를 보이기 시작한다. 예를 들면 영아들은 양육자가 주의를 끌려는 대상을 찾기 위해 양육자의 가리키는 손가락을 눈으로 좇을 것

자기개념 ■ 자기 자신에 대한 개인의 사고와 태도들로 구성된 개념 체계

이며, 그런 다음 자신이 실제로 의도된 대상을 보는지 확인하기
위해 양육자를 돌아본다(Stern, 1985). 그들은 때로 성인을 활동
에 참여시키기 위해 성인에게 물건을 줄 것이다(M. J. West &
Rheingold, 1978). 15개월경에, 대부분의 아동들은 성과 연령으
로 자신과 타인을 구분할 수 있다(Damon & Hart, 1988).

신생 자기인식은 18~20개월이 되면 더 직접적으로 나타난
다. 이때 많은 아동들이 거울을 보고 자신을 인식할 수 있으
며(Asendorpf, Warkentin, & Baudonnière, 1996; M. Lewis &
Brooks-Gunn, 1979; Nielsen, Suddendorf, & Slaughter, 2006),
이를 위해 그들은 거울 속 이미지에 맞출 수 있는 자신의 외모를
기억하고 갖고 있어야 한다(Oyserman et al., 2012). 이 능력을 알
아보는 가장 일반적인 검사는 거울 자기인식 검사 혹은 '루즈 검
사'이다. 이 검사에서 실험자는 몰래 아이의 얼굴에 루즈로 점을
찍은 다음 그 아이를 거울 앞에 놓아 두고, 아이의 반응을 관찰한

Courtesy Infant Learning Laboratory, Institute for the Study of Child Development, Robert Wood Johnson Medical School, Michael Lewis, Ph.D., Director

이 여자아이는 뺨에 점이 있는 거울 속 아이
가 자신임을 인식한다.

다. 18개월 이하의 영아는 전형적으로 거울의 이미지를 만지려고 하거나 아무것도 하지 않는데, 이
것은 그들이 이미지를 자신으로 인식하지 못한다는 것을 나타낸다. 18~24개월 영아들 대부분은
자신의 얼굴에 있는 점을 만지는데, 이것은 그들이 거울 속에 있는 자신을 인식한다는 것을 나타
낸다(Courage, Edison, & Howe, 2004). 그러나 자폐스펙트럼장애(ASD)가 있는 아동은 이와 관련
해서 심각한 어려움이 있다(글상자 11.1 참조). 흥미롭게도, 2세 침팬지는 거울 자기인식 검사에서
자기인식을 보인다(Bard et al., 2006).

루즈 검사는 미국에서 개발되었고, 그것이 개발도상국들에서 시도되었을 때 2세 이상 아동들도
거울 속의 자신을 인식하는 데 종종 실패했다(Broesch et al., 2010). 연구자들은 이 아동들이 실제
로 자기인식을 잘 못하는지 혹은 문화적 요인들로 인한 자율성의 차이 때문인지 궁금해했다. 예를
들면 실험자가 의도적으로 찍었다고 가정하기 때문에 상호의존적 문화의 아동들은 점을 무시하는
반면, 독립적 문화의 아동들은 스스로 점을 탐색하는 경향이 더 많다(Ross et al., 2016).

이 생각을 조사하기 위해, 연구자들은 스코틀랜드, 터키, 잠비아에서 영아들에게 거울 자기인식
검사를 '방해물로서 신체(body-as-obstacle)' 과제로 알려진 두 번째 검사와 함께 실시했다. 이 과
제에서, 아동들은 장난감 카트에 붙어 있는 매트 위에 선 상태에서 어머니에게로 카트를 밀어야 한
다. 카트를 밀려면 매트에서 내려와야 한다는 것을 깨달은 아동들은 자기
개념 인식이 있는 것이다. 3개국 연구에서, 스코틀랜드의 아동들은 거울
자기인식 검사를 제일 잘한 반면, 잠비아의 아동들은 방해물로서 신체 과
제를 가장 잘했다(그림 11.2 참조). 영아의 자기인식 행동에서 문화차는
양육행동의 차이와 관련이 있었다. 언어적 의사소통을 강조하는 어머니
의 아동들은 거울 검사를 더 잘 통과하는 반면, 신체적·언어적 지시를 더
많이 하는 어머니의 아동은 그렇지 않았다(Ross et al., 2016). 이 발견은
문화차가 아동이 자신과 환경에 대해 어떻게 생각할지에 영향을 미칠 수
있다는 것을 분명히 나타낸다.

2세가 되면 많은 아동들은 사진 속의 자신을 식별할 수 있다. 한 연구
에서 성별과 연령이 같은 2명의 아동과 자신이 함께 있는 사진을 제시했

**그림 11.2 두 가지 다른 과제에서 자기인
식을 보인 세 나라 아동의 비율** 상호의존적
국가(잠비아)의 아동들이 사회적 목표에 맞
추어야 하는 과제, 즉 어머니에게 장난감을
미는 것 같은 과제에서 가장 잘했다(Ross et
al., 2016).

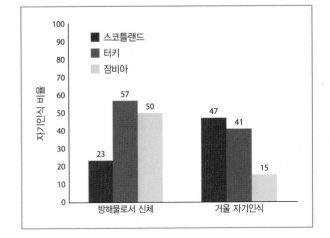

글상자 11.1 | **개인차**

자폐증 아동의 자기인식 발달

자폐스펙트럼장애(ASD)가 있는 아동들은 다양한 인지적·정서적 문제들을 갖는데, 마음 이론의 발달과 타인을 확인하는 능력의 손상을 포함한다 (American Psychiatric Association, 2013; 글상자 3.1과 7.1 참조). 연구자들은 ASD가 있는 아동들이 타인들과의 상호작용에서 그리고 개인위생을 유지하는 것과 같은 행동에서 어려움들이 부분적으로 그들의 손상된 자기인식 때문인지를 궁금해 했다(Duff & Flattery, 2014).

연구자들은 ASD가 있는 아동들은 전형적으로 제삼자로서 자신에 대해 말한다는 것을 발견했다(Duff & Flattery, 2014). 게다가 ASD가 있는 아동들은 타인들로부터 자신을 구별하는 데 어려움이 있는데, 이것은 인식의 어려움일 수 있다. ASD가 있는 고기능의 청년에게서 얻은 이 인용문은 그 예이다.

나는 일곱 살이 될 때까지 사람들이 있다는 것을 정말 몰랐다. 난 갑자기 사람들이 있다는 것을 깨달았다. 그러나 당신이 하는 방식

과 다르다. 나는 여전히 사람들이 있다는 것을 스스로 상기해야 한다. 나는 결코 친구를 가질 수 없다. 나는 정말 다른 사람들과 무엇을 해야 할지 모른다.

(Cohen, 1980, p. 388)

치료사와 교사들은 이 아동들이 독립적으로 기능하는 기술을 갖게 될 것이라는 희망을 품고서 아동의 자기인식 향상을 위한 중재를 고안했다. 이 중재는 공동주의 활동을 통해 ASD가 있는 청소년들의 자기인식을 촉진하는데, 이것은 대상이나 사건에 대한 흥미를 공유하기 위해 타인의 주의를 끄는 것이다(예: "저기 예쁜 나비를 봐!"). 참가자들은 처음에 공동주의를 통해 거울에 비친 이미지에 대해 배운다. 그런 다음 이 능력은 시간이 지나면서 일반화되어 마침내 참가자들은 거울 속의 자신을 인식할 수 있다. 이런 활동들에 참여하면 자기인식이 없는 참가자들은 실제로 자기인식을 더 잘했는데(Duff & Flattery, 2014), 이것은 ASD가 있는 아

동들이 자기인식을 더 잘하도록 인도할 수 있다는 것을 나타낸다.

또 다른 중재는 더 나아가 정체성으로서 이 장애에 초점을 맞춘다. 자폐스펙트럼 이해 및 지원을 위해 심리교육 집단(PsychoEducational Groups for Autism Spectrum Understanding and Support, PEGASUS)은 ASD와 관련된 자기인식을 육성하기 위해 ASD가 있는 고기능 아동들에게 진단에 대해 가르친다(Gordon et al., 2015). 참가자들은 ASD 자기인식에서 의미있는 이득을 얻었고, 중요한 것은 자존감의 감소가 없었다(Gordon et al., 2015). PEGASUS가 언어를 말하고 이해할 수 있는 고기능 ASD 아동들에게만 도움이 될지라도, 자기인식은 직접 지도를 통해 육성될 수 있음을 보여준다. 따라서 이 중재는 지적장애가 없는 ASD 아동들 중 2/3와 함께 작업할 수 있는 잠재적으로 가치 있는 전략이다(Centers for Diesease Control and Prevention, 2014).

을 때 20~25개월 아동의 63%는 자신을 찾아냈다. 대략 30개월이 되면, 97%의 아동이 즉시 자신의 사진을 선택했다(Bullock & Lütkenhaus, 1990). 세 번째 해 동안, 아동의 자기인식은 다른 방식으로도 매우 분명해진다. 기억이 자기인식을 돕는 방식과 유사하게, 어린 아동들은 언어를 이용해서 자신의 경험과 행동에 대한 기억을 저장한다. 그들은 '삶의 이야기(life story)' 내러티브를 구성하기 위해 사용하고 더 지속적인 자기개념이 발달한다(Harter, 2012a; R. A. Thompson, 2006). 2세 영아는 당혹감과 수치심을 보이며, 이것은 자기개념이 필요한 정서들이다(M. Lewis, 1998). 2세의 강한 자기인식은 악명 높은 자기주장에서 더 분명한데, '골치아픈 두 살(terrible twos)'로 알려진 2~3세 시기이다. 이 시기 동안, 아동들은 독립적으로 그리고 때로 부모(그리고 다른 성인들)가 원하는 것과 반대로 자신의 활동과 목표를 결정하고자 한다(Bullock & Lütkenhaus, 1990).

부모들은 아동에 대한 서술적 정보("너는 큰 소년이야"), 아동에 대한 평가적 정보("너는 똑똑해"), 그리고 아동이 규칙과 기준들에 맞는 정도에 대한 정보("착한 소녀는 아기 여동생을 때리지 않아")를 제공함으로써 아동의 자기개념 확장에 기여한다. 부모들은 과거 경험들을 떠올리게 함으로써 자녀가 자전적 기억을 구성하는 데 협력한다.

아동기의 자기개념

아동기 동안, 아동의 자기개념은 점점 더 복잡해진다. 아동의 신생 자기개념에 대한 선도적인 연구자인 Susan Harter는 자기개념은 대체로 타인, 특히 양육자의 관찰과 평가에 기초한 사회적 구성이

라고 주장한다(Harter, 2012a). 평가는 직접적이거나 간접적일 수 있다. 예를 들어 만일 교사가 아동에게 수학 시험에서 매우 잘하고 있다고 말한다면, 그 아동은 자신이 수학을 잘하는 사람이라고 내면화할 것이다. 이 교사는 직접적으로 아동의 자기인식에 영향을 미쳤다. 간접적 영향은 타인들이 아동을 어떻게 대우하는지에서 온다. 애착에 대한 논의에서 보았듯이, 보살핌, 사랑 및 지원을 받는 아동은 자기는 사랑스럽고 가치 있는 사람이라는 자기에 대한 내적 작동모델이 발달한다. 대조적으로 처벌적이고 거부되는 방식으로 취급받는 아동은 자기는 무능하고 사랑받을 가치가 없다는 내적 작동모델을 발달시킬 수 있다(Harter, 2012a). 또한 타인의 평가는 자의식적 정서로 이끌수도 있다(제10장 참조). 예를 들면 타인의 칭찬은 자부심을 느끼게 하는 반면, 비평과 비난은 수치심과 죄책감을 느끼게 한다(Harter, 2012a).

수많은 경험 연구들에서 다양한 아동들의 진술들을 조합해서, Harter는 여러 연령의 아동이 전형적으로 자기를 묘사하는 진술들을 복합해서 사례를 구성했다. 다음은 3~4세 아동이 어떻게 자신을 묘사하는 지에 대한 복합 사례이다.

3~4세 아동들은 신체적 속성("내 눈은 파래요"), 신체적 활동과 능력("나는 정말 빨리 달릴 수 있어요"), 심리적 특징("나는 무섭지 않아요! 난 절대로 무섭지 않아요!")과 관련된 구체적이고 관찰 가능한 특징들로 자신을 이해한다. 예를 들어 자신에 대한 일반적인 진술("난 정말 강해요!")을 할 때에도, 실제 행동(의자 들기)과 밀접하게 관련되어 있다. 어린 아동들은 또한 선호("맛있는 스파게티")와 소유("나는 고양이와 TV가 있어요")와 관련해서 자신을 묘사한다.

학령전기 동안 아동의 자기평가는 비현실적으로 자신만만하다(Trzesniewski, Kinal, & Donnellan, 2010). 자기에 대한 지나치게 긍정적인 관점은 거짓말을 하거나 자랑하려는 시도가 아니라 인지적 제약의 결과이다(Harter, 2012a). 어린 아동들은 정말로 자신들이 원하는 모습과 자신들이 유사하다고 생각하는 듯하다(Harter & Pike, 1984; Stipek, Roberts, & Sanborn, 1984). 예를 들면 아동은 알파벳을 숙달했다고 주장했지만 분명히 부족했다. 어린 아동들의 경우에는 자신에 대해 긍정적인 착각을 유지하기가 상대적으로 쉽다. 왜냐하면 그들은 자신의 능력을 평가할 때 대개 이전의 성공이나 실패를 고려하지 않기 때문이다. 어떤 과제에서 여러 차례 심하게 실패했을 때에도, 그들은 다음번에 성공할 것이라고 믿을 것이다(Ruble et al., 1992).

아동들은 초등학교에서 자기개념들을 다듬기 시작하는데, 부분적으로 그들은 점점 더 **사회적 비교**(social comparison), 즉 특성, 행동 및 소유와 관련해서 타인들과 자신을 비교하기 때문이다("그는 나보다 더 크다"). 동시에, 그들은 점점 더 자신과 타인의 과제 수행 간 불일치에 주목한다("그아이는 시험에서 A를 받았고 나는 C를 받았다")(Chayer & Bouffard, 2010).

초등학교 중반에서 후반이 되면, 아동들의 자기개념은 통합되고 더 광범위하고 포괄적이 된다.

나이 든 아동의 자기개념에서 발달적 변화는 자기의 특수한 행동적 특징들을 통합한 고차적 개념들을 사용하는 인지적 능력이 진전되었음을 반영한다. 예를 들면 아동은 '인기 있는' 것을 '타인들에게 친절하고' '비밀을 지키는' 것과 같은 몇 가지 행동과 관련지을 수 있다. 게다가 나이 든 아동은 어릴 때는 서로 배타적이라고 여겼던 반대되는 자기표상들('똑똑한'과 '멍청한')을 통합할 수 있다(Harter, 2012a; Marsh, Craven, & Debus, 1998). 고차적 자기개념을 형성하는 이런 새로운 인지능력으로 인해 나이 든 아동들은 자신에 대해 전체적인 관점을 구성하고 자신을 통합적인 개인으로 평가할 수 있다. 비록 열등감과 무력감을 느낄 수도 있지만, 결과적으로 자기에 대해 보다 균형 잡히고 현실적인 평가를 할 수 있게 된다(제9장의 성취동기 참조).

또한 초등학생의 자기묘사는 점점 더 자신에 대한 타인의 평가, 특히 또래의 평가에 기초한다.

사회적 비교 ■ 자신을 평가하기 위해 자신의 심리적, 행동적, 신체적 기능을 타인들의 것과 비교하는 과정

결과적으로, 그들의 자기묘사는 명백한 사회적 요소를 포함하고, 사회적 네트워크에서 그들의 위치에 영향을 미치는 특성들에 초점을 맞춘다. 이는 다음 면담에 반영되어 있는 듯하다.

너는 어때? : 나는 친절해요.

왜 그것이 중요하니? : 그렇지 않으면 다른 아이들이 좋아하지 않을 거예요.

(Damon & Hart, 1988, p. 60)

왜냐하면 나이 든 학령기 아동들의 자기개념은 타인들의 의견에 강하게 영향을 받기 때문에, 이 연령의 아동들은 타인들이 그들을 부정적으로 혹은 또래들보다 덜 유능하다고 본다면 쉽게 자존감이 낮아질 수 있다(Harter, 2006).

청소년기의 자기개념

아동들의 자기개념은 청소년기 동안 기본적으로 변하는데, 부분적으로 이 생애 단계 동안 등장한 추상적 사고 덕분이다(제4장 참조). 이런 종류의 사고를 사용하는 능력 덕분에 청소년들은 다양한 구체적 특질과 행동들을 포함하는 추상적인 특성들과 관련해서 자신을 생각할 수 있다. 청소년들은 전형적으로 다중 자기(multiple selves)가 발달한다(Harter, 2012a). 부모와 함께 있을 때 자기와 친구들과 함께 있을 때 자기가 다르다. 그리고 학교나 직업에서 자기와도 다르다. 처음에 청소년들은 이런 서로 다른 자기들을 응집된 전체로 통합하는 능력이 부족할 수 있으며, 그 결과 불안감과 내적 갈등을 느낀다. 그러나 발달하면서, 청소년들은 자신이 상황에 따라 행동할 수 있지만 여전히 같은 사람이라는 것을 알게 되고, 그것으로 이런 혼란한 느낌이 해결된다(Harter, 2012a). 그림 11.3을 보라.

청소년 초기에 사회적 유능성과 사회적 수용, 특히 또래들의 인정에 대한 청소년의 관심이 높아진다(Damon & Hart, 1988). 또한 어린 청소년의 능력은 '말이 많은', '유쾌한', '재미있는'과 같은 개인적 특질들에 기초해서 '외향적인'과 같은 높은 수준의 추상적인 자기묘사에 도달한다. 청소년들이 맥락에 따라 다른 자기들과 관련해서 자기 자신을 알고 있다는 사실에 특히 주목할 필요가 있다. 예를 들면 청소년은 친구나 부모와 함께 있을 때 그리고 친숙하거나 친숙하지 않은 사람들과 함께 있을 때 다소 다른 사람으로 자신을 묘사한다.

청소년 초기에 자기에 대한 생각은 **개인적 우화**(personal fable)로 부르는 자아중심성이 특징이며, 청소년들은 타인의 감정이 자신들과 분명하게 구별되고, 특히 자신의 감정은 독특하고 특별하다고 생각한다(Elkind, 1967). 그들은 자신들이 현재 느끼는 불행이나 황홀감이나 혼돈이 무엇이든 자신들만 경험할 수 있다고 믿는다. "하지만 그것이 어떤 느낌인지 당신은 모른다"와 "부모님은 나를 이해하지 못하며, 10대가 어떤지 그들이 아는가?"와 같은 청소년들의 주장은 이런 신념의 전형이다(Harter, 2012a, p. 95). 이런 유형의 자아중심성을 보이는 경향성은 청소년 후기에도 여전히 계속된다(P. D. Schwartz, Maynard, & Uzelac, 2008).

청소년의 개인적 우화의 기초가 되는 자아중심성은 많은 청소년들이 그들에 대한 타인들의 생각에 사로잡히게 만든다(Harter, 2012a). 이런 몰두를 **상상의 청중**(imaginary audience)이라고 부른다(Elkind, 1967). 실제로, 청소년들은 자신의 외모나 행동에 관심이 있기 때문에, 모든 사람들도 그렇다고 가정한다. 그들이 어디에 있든, 무엇을 하고 있든, 그들은 모든 눈이 자신들을 보고, 자신들의 모든 결점이나 사회적 실수들을 조사한다고 생각한다. 개인적 우화처럼 청소년 자아중심성의 이 차원은 청소년기 동안 남아들의 경우 더 강해지지만 여아들의 경우 그렇지 않았다(P. D.

개인적 우화 ■ 청소년의 자아중심성 형태. 자신의 감정과 생각들의 독특함에 대한 신념

상상의 청중 ■ 청소년의 자아중심성에서 나온 것으로, 모든 사람이 청소년의 외모나 행동을 주목한다는 신념

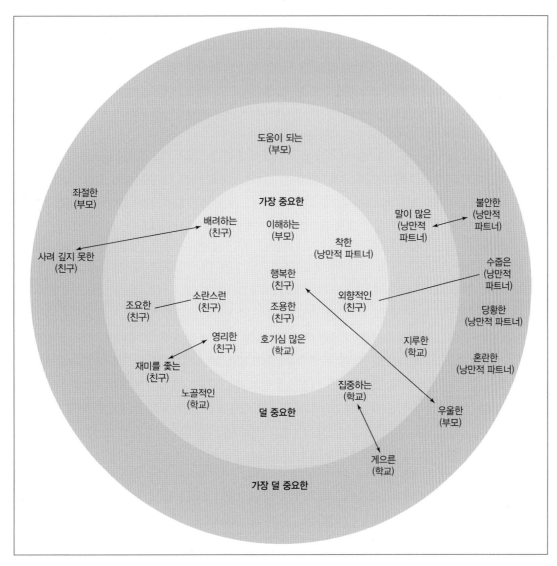

도움이 되는
(부모)

좌절한
(부모)

배려하는
(친구)

사려 깊지 못한
(친구)

가장 중요한

이해하는
(부모)

착한
(낭만적 파트너)

말이 많은
(낭만적
파트너)

불안한
(낭만적
파트너)

수줍은
(낭만적
파트너)

당황한
(낭만적 파트너)

혼란한
(낭만적 파트너)

행복한
(친구)

조요한
(친구)

소란스런
(친구)

조용한
(친구)

외향적인
(친구)

영리한
(친구)

재미를 좇는
(친구)

호기심 많은
(학교)

지루한
(학교)

노골적인
(학교)

덜 중요한

집중하는
(학교)

우울한
(부모)

게으른
(학교)

가장 덜 중요한

그림 11.3 원형적인 15세 여아의 다중 자기 이 다이어그램이 제시한 여아는 맥락이나 사람들에 따라 자신이 다르다고 본다. 예를 들면 그녀는 친구들과는 행복하지만 부모와는 우울하고, 학교에서는 세심하면서도 게으르다(Harter, 2012a).

Schwartz et al., 2008).

10대 중반에, 청소년들은 자신들의 행동이나 특성의 모순에 대해 괴로워하기 시작한다. 그들은 자기반성을 하고 '나는 누구인가?' 라는 질문에 관심을 갖게 된다(Harter, 2012a).

10대 중반에 청소년들은 부모와 함께 있을 때와 친구와 함께 있을 때 다른 자신들의 모순을 확인할 수 있고 이런 비일관성에 대해 갈등을 느낀다고 할지라도, 대부분은 아직 이런 모순을 응집된 자기개념으로 통합하는 데 필요한 인지적 기술들이 없다. 그 결과, 이 연령의 청소년들은 자주 자신이 정말 누구인지에 대해 혼란을 느끼고 걱정을 한다. 한 10대가 말했듯이, "그것은 옳지 않다. 모두 한 조각으로 맞추어져야 한다!"(Harter, 2012a, p.100).

나이 든 청소년의 자기개념은 빈번하게 내면화된 개인의 가치, 신념 및 기준을 반영한다. 타인들이 많은 것을 아동의 삶에 주입했지만 지금은 청소년 스스로 수용하고 생성한다. 따라서 나이든 청소년들은 어렸을 때보다 타인의 생각을 덜 강조하고 자신의 기준에 맞추는 것과 미래의 자신, 즉 자신이 무엇이 될지 혹은 자신이 어떤 사람이 되고 있는지에 더 많은 관심을 갖는다(Harter, 2012a; Higgins, 1991).

나이 든 청소년들은 또한 서로 다른 맥락이나 서로 다른 시간에 일어나는 반대나 모순을 자기에 통합하는 인지적 능력이 더 높을 것이다(Higgins, 1991). 그들은 모순적 특징들을 욕구와 관련해서 유연하게 설명할 수 있고, 사람에 따라 달라지는 행동의 차이를 '적응적인'것으로 볼 수 있다. 왜 냐하면 모든 사람에게 똑같이 행동할 수는 없기 때문이다. 마찬가지로 그들은 변화를 특징적 '기분' 상태의 정서에 통합할 수 있다. 게다가 자신의 모순과 비일관성을 인간의 정상적인 부분으로 보게 되고, 이것은 갈등과 혼란의 감정을 줄일 것이다.

나이 든 청소년들이 성공적으로 모순을 자기로 통합할 수 있는지는 자신의 인지적 능력뿐 아니라 성격의 복잡성을 이해할 때 부모, 교사 및 타인들로부터 받는 도움에 달려 있다. 이와 관련해서 타인의 지원과 보호(tutelage)는 청소년들 자신이 전념하고 있는 가치, 신념 및 기준들을 내면화하고 있는 그대로의 자신에 대해 편안함을 느끼게 한다(D. Hart & Fegley, 1995; Harter, 1999, 2012a).

자존감

자존감(self-esteem)은 자신의 가치에 대한 전반적인 주관적 평가와 그 평가에 대한 감정들이다 (Orth & Robins, 2014). 자존감은 아동이 8세 정도가 될 때까지 나타나지 않는다(Harter, 2012a). 자존감을 측정하기 위해, 연구자들은 아동에게 말로 혹은 질문지로 자기에 대한 지각을 묻는다. 표 11.3에서 있듯이, 질문은 아동 자신의 신체적 매력, 운동능력, 사회적 인정, 학업능력 및 행동의 적절성에 대한 인식을 평가한다. 또한 연구자들은 아동에게 전반적 자기가치감, 즉 전반적으로 자신에 대해 어떻게 느끼는지에 대해 묻는다.

자존감이 높은 개인들은 자신에 대해 좋게 그리고 전반적으로 희망적으로 느끼는 경향이 있는 반면, 자존감이 낮은 개인들은 무가치하고 희망이 없다고 느끼는 경향이 있다(Harter, 2012a). 특히 아동기와 청소년기에 낮은 자존감은 공격성, 우울증, 물질 남용, 사회적 위축, 자살 생각 (Boden, Fergusson, & Horwood, 2008; Donnellan et al., 2005; Rubin, Coplan, & Bowker, 2009; Sowislo & Orth, 2013), 사이버 공격(공격자와 피해자 모두)(Modecki, Barber, & Vernon, 2013; S. J. Yang et al., 2013)과 같은 문제들과 연합되어 있다.

아동기의 낮은 자존감은 성인기의 문제들과 연결되어 있으며, 정신건강문제, 물질 남용과 의존, 범죄행동, 약한 경제적 전망, 삶과 관계에 대한 낮은 만족도이다. 그러나 이런 연합은 상대적으로 약하다(Boden et al., 2008; Orth, Robins, & Roberts, 2008; Trzesniewski et al., 2006).

또한 특히 긍정적인 자기특성에 근거하지 않은 높은 자존감을 가진 아동이나 청소년들에게 대가를 치르게 만든다는 점에 주목해야 한다(K. Lee & Lee, 2012). 예를 들면 공격적 아동들의 높은 자존감은 공격과 피해자에 대한 비하에서 얻는 보상들에 점점 더 많은 가치를 둔다(Menon et al., 2007). 높은 자존감과 자기애의 연합, 즉 자기에 대한 거창한 관점, 팽창된 우월감과 권한 및 착취적인 대인 간 태도는 특히 어린 청소년들에서 높은 공격성과 연합되어 있었다(Thomaes et al., 2008).

자존감의 원천

자존감의 개인차는 몇 가지 원천이 있다. 하나는 연령이다. 개인의 자존감은 불변적인 것이 아니라 발달 단계에 따라 다르다. 자존감은 아동기에 높고 청소년기에 감소하고 그런 다음 성인기에 반등

자존감 ■ 자신의 가치에 대한 개인의 종합적인 주관적 평가와 그 평가에 대한 감정들

표 11.3

Harter의 아동용 자기지각 프로파일에 있는 항목 견본, 주로 자존감과 자기지각의 측정치로 사용됨

정말 사실	그저 그런 사실				그저 그런 사실	정말 사실
		학업능력				
☐	☐	어떤 아이들은 자신들이 학교 작업을 매우 잘한다고 느낀다.	그러나	다른 아이들은 자신들에게 배정된 학교 작업을 할 수 있을지에 대해 걱정한다.	☐	☐
		사회적 능력				
☐	☐	어떤 아이들은 친구를 사귀는 것을 어려워한다.	그러나	다른 아이들은 친구를 쉽게 사귄다.	☐	☐
		운동능력				
☐	☐	어떤 아이들은 모든 종류의 스포츠를 잘한다.	그러나	다른 아이들은 자신이 스포츠를 잘한다고 생각하지 않는다.	☐	☐
		신체적 외모				
☐	☐	어떤 아이들은 자신의 외모에 만족한다.	그러나	다른 아이들은 자신의 외모에 만족하지 않는다.	☐	☐
		행동적 품행				
☐	☐	어떤 아이들은 자신이 행동하는 방식을 좋아하지 않는다.	그러나	다른 아이들은 자신들이 행동하는 방식을 대체로 좋아한다.	☐	☐
		전반적 자기가치				
☐	☐	어떤 아이들은 자주 자신들에게 만족하지 않는다.	그러나	다른 아이들은 자신에게 매우 만족한다.	☐	☐

출처 : Harter(2012b).

한다(Orth & Robins, 2014). 매력과 같은 신체적 속성도 자존감과 연결되어 있다. 아동기와 청소년기에 매력적인 개인들은 덜 매력적인 개인들보다 높은 자존감을 보고할 가능성이 훨씬 더 높다 (Erkut et al., 1999; Harter, 2012a). 아마도 매력적인 사람들은 타인들에게 더 긍정적으로 보이고 더 나은 대우를 받기 때문이다.

자존감의 개인차에서 성은 또 다른 원천이다. 서양 국가들에 대한 많은 연구들에서 남아는 여아보다 전반적인 자존감이 더 높고, 이런 경향성은 일생 동안 지속되었다(Orth & Robins, 2014). 비록 전반적 자존감에서 성차가 발견되었지만, 어떤 영역에서 여성은 남성보다 자존감이 높다. 영역 특정적 자존감을 조사한 연구들에 대한 상위분석에 따르면, 남성은 운동, 신체적 외모 및 자기만족에서 여성보다 자존감이 더 높은 반면, 여성은 행동적 품행(자신이 잘 행동한다고 지각하는 것)과 도덕-윤리적 자존감이 더 높았다(그림 11.4 참조; Gentile et al., 2009). 학업 수행과 관련된 자존감에서는 성차가 발견되지 않았는데, 이것은 여아들이 어떤 영역들에서는 자존감이 더 낮지만, 그것이 자신을 학교에서 잘할 수 있는 사람으로 보는 것을 방해하지 않음을 보여준다(Gentile et al., 2009).

아마도 아동들의 자존감에 대한 가장 중요한 영향력은 타인들, 특히 부모로부터 받는 인정과 지원이다. 초기 이론들은 자존감을 삶에서 중요한 사람들을 통해 갖게 된 우리 자신에 대한 관점의

그림 11.4 영역별 자존감의 성차 남아들은 운동, 개인적 외모 및 자기만족에서 자존감이 더 높다. 여아들은 행동적 품행과 도덕-윤리적 행동에서 자존감이 더 높다. 학문적 자존감에서는 성차가 없다(Gentile et al., 2009).

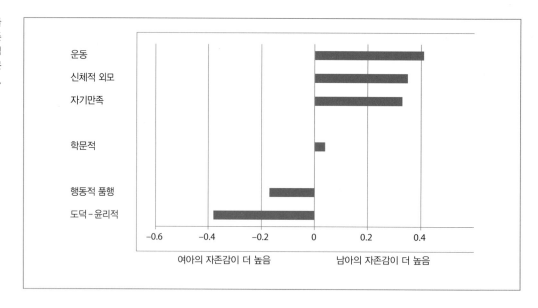

내면화로 보았다. 이 관점에서, 자존감은 타인들이 우리를 생각하는 것에 대한 반영, 혹은 '거울 속 자기(looking glass self)'이다(Cooley, 1902). Erikson(1950)과 Bowlby(1969)도 비슷한 생각을 제안했는데, 이들은 아동의 자존감은 부모와 관계의 질에 기초한다고 주장했다. 만일 아동이 어렸을 때 사랑받았다고 느낀다면, 그들은 자신이 사랑스럽고 타인의 사랑을 받을 만한 가치가 있다고 믿게 된다. 만일 어렸을 때 사랑받지 못한다고 느낀다면, 그 반대를 믿게 된다. 실제로 민감하고 반응적인 부모와 안전하게 애착된 아동들은 자존감이 더 높은 경향이 있다(Boden et al., 2008; Cassidy et al., 2003; Verschueren, Marcoen, & Schoefs, 1996).

자녀와 함께 하는 부모의 행동과 훈육은 자녀의 자존감에 영향을 미친다. 자녀들을 인정하고 관여하는 부모와 지지하지만 확고한 자녀 양육 실제를 사용하는 부모의 자녀들은 자존감이 높은 경향이 있다(Awong, Grusec, & Sorenson, 2008; Behnke et al., 2011; S. M. Cooper & McLoyd, 2011; Lamborn et al., 1991). 대조적으로, 일상적으로 아동의 받아들일 수 없는 행동을 얕보거나 거부하는, 요컨대 행동보다 아동 자체를 비난하는 부모는 자녀에게 자신들이 무가치하다거나 자신들이 부모의 기준에 맞는 정도까지만 사랑을 받는다는 인식을 주입할 것이다(Harter, 1999, 2006; Heaven & Ciarrochi, 2008). 부모는 또한 동기화하는 수단으로 지속적으로 사회적 비교를 함으로써 아동의 자존감을 손상시킨다(예 : "왜 너는 여동생처럼 돕지 않니?"). 또한 자녀들을 너무 자주 칭찬함으로써 자녀가 비현실적으로 높은 자존감을 갖게 한다.

아동기를 지나면서, 아동의 자존감에 대한 또래 인정의 영향은 점점 더 커진다(Harter, 1999). 실제로, 아동 후기에 자신의 외모, 운동능력 및 인기(likability)에 대한 아동의 유능감은 부모 평가보다 또래 평가의 영향을 더 많이 받는다. 또래의 지각에 기초해서 자신을 평가하는 이런 경향성은 인정에 대한 집착, 자존감의 변동, 낮은 수준의 또래 인정 및 낮은 자존감과 연합되었다(Harter, 2012a). 동시에 아동의 자존감은 자신에 대한 또래의 반응에 영향을 줄 수 있다. 자신이 또래관계에서 유능하다고 보는 청소년들은 사랑을 받는 경향이 있는데(M. S. Caldwell et al., 2004), 아마도 그들의 행동이 자신 있고 사회적으로 호감이 있기 때문이다.

삶에서 중요한 사람과 문화 집단의 기준이나 가치들은 청소년의 자존감에 영향을 미친다(Harter, 2012a). 이런 기준과 가치들은 신체적 외모, 활동 및 관계들을 의미할 수 있다. 전문가들은 지속적으로 타인의 기준과 인정에 근거해서 자기평가를 하는 청소년들은 심리적 문제를 겪을 위험에 처한다는 것에 동의한다. 적어서 자율적이고 상대적으로 안정적인 자기인식을 가치 있게 여기는 서양의 산업화된 국가들에서 그렇다(Harter, 2012a; Higgins, 1991).

아동과 청소년의 자존감은 학교와 이웃의 환경에 의해 영향을 받을 수 있다. 사회적 환경의 효과는 초등학교에서 중학교로의 전환과 관련된 자존감 감소에서 가장 분명하다(Eccles et al., 1989). 중학교 환경은 11, 12세 아동들에게 발달적으로 잘 맞지 않는다. 왜냐하면 자신을 잘 알고 자신의 기술이나 약점들에 대해 잘 아는 한 명의 교사를 갖는 것으로부터 자신에 대해 잘 모르는 많은 교사를 갖는 것으로의 전환은 그 연령의 아동들에게 고통스러울 수 있기 때문이다. 게다가, 중학교로의 전환은 학생들에게 새로운 또래집단에 들어가고 학교 서열의 정상으로부터 바닥으로 떨어뜨린다. 특히 빈곤하고 과밀한 도시 학교들의 어린 청소년들은 잘 지내고 자신에 대해 긍정적으로 느끼는 데 필요한 주목, 지원 및 우정을 갖지 못한다(Seidman et al., 1994; Wigfield et al., 2006). 동시에, 학교는 학생들이 반복적으로 사회적 비교를 해야 하는 더 경쟁적인 환경이 된다(Harter, 2012a). 그러나 밝은 면도 있다. 교사의 지원은 청소년들의 자존감이 더 높아지게 촉진한다(Sterrett et al., 2011).

청소년들이 사는 이웃들도 자존감과 관련 있다. 빈곤하고 폭력적인 지역에 사는 미국 청소년은 자존감이 더 낮았다(Behnke et al., 2011; Ewart & Suchday, 2002; Paschall & Hubbard, 1998; Turley, 2003). 양육의 질을 해치는 높은 스트레스, 또래와 성인들의 더 많은 편견, 부적절한 물질적 및 심리적 자원 때문일 수 있다(Behnke et al., 2011; K. Walker et al., 1995).

문화와 자존감

여러 국가들에서 자존감의 원천, 형태 및 기능은 다르고, 따라서 아동이 자신을 평가하기 위해 사용하는 준거도 다양하다. 예를 들면 아시아와 서양 문화들 간에는 기본적인 차이가 있고, 이것은 자존감의 의미에 영향을 미친다. 서양 문화에서 자존감은 개인적 성취 및 자기증진(self promotion)과 관련 있다. 반대로 전통적으로 공동체(혹은 집단) 지향의 일본이나 중국과 같은 아시아 사회들에서 자존감은 더 큰 집단의 안녕에 기여하고 사회적 상호의존성 규범을 확인하는 것과 더 관련 있다. 이런 문화적 맥락에서, 자기비판과 자기향상을 위한 노력은 집단에 대한 헌신의 증거로 보일수 있다(Heine et al., 1999). 그러나 자존감의 표준검사들에서(예: 미국 연구자들이 사용하는 것들), 이런 자기비판의 동기는 낮은 자기평가를 의미한다(Harter, 2012a).

그렇다면 자존감 검사들의 점수가 문화에 따라 상당히 다를 수 있다는 것은 놀랍지 않다. 자존감 점수는 미국, 캐나다, 일부 유럽에서보다 중국, 일본, 한국에서 더 낮은 경향이 있다(Harter, 2012a). 이런 차이들은 부분적으로 아시아 문화들이 겸양과 겸손을 더 많이 강조하기 때문일 수 있다. 그 결과, 자기를 덜 긍정적으로 묘사한다(Cai et al., 2007; Suzuki, Davis, & Greenfield, 2008; Q. Wang, 2004). 실제로, 유럽계 미국인 청소년과 아프리카계 미국인 청소년들은 칭찬을 받고 자신들이 멋있고 두드러지게 하는 사건들을 아시아계 미국인 청소년이나 라틴계 청소년들보다 더 편안하게 느끼는 경향이 있다(Suzuki et al., 2008). 이것은 그들이 높은 자존감을 보고하는 정도에 영향을 미치고, 그것이 자존감의 민족 차이를 설명할 수 있을 것이다(Harter, 2012a).

게다가 어떤 아시아 사회들의 사람들은 자신의 모순을 아는 것, 예를 들면 자신의 장점과 단점모두를 서양 문화들의 사람들보다 더 편안하게 느끼는 경향이 있다. 이런 경향성으로 인해 청소년 후기와 성인 초기에 더 낮은 자존감을 보고한다(Hamamura, Heine, & Paulhus, 2008; Spencer

-Rodgers et al., 2004). 같은 유형의 문화적 영향이 미국 하위문화들에서 자존감 검사 결과에 영향을 줄 수 있다. 이 문화들은 자기 그리고 자신과 타인들 간 관계에 대해 비서구적인 전통적 생각을 유지한다.

놀랍게도 문화는 자존감의 성차와 관련된 요인이 아닌 듯하다. 48개국(아르헨티나, 캐나다, 중국, 이집트, 인도, 일본, 말레이시아, 남아프리카, 태국 및 미국)의 청소년과 성인 100만 명이 참여한 대규모 연구에 따르면, 남성은 여성보다 평균적으로 자존감이 더 높고, 두 성 모두 16세부터 자존감이 증가하는 반면, 여성의 자존감 평균은 결코 남성의 평균에 미치지 못했다(Bleidorn et al., 2015). 왜 국가나 문화들에서 자존감의 성차가 그렇게 강한가? 비록 그것들이 성역할과 고정관념에서 나올 수 있을지라도, 그 이유는 분명하지 않다. 그러나 같은 연구에서 자존감의 성차는 전통적으로 성역할이 더 제한적이고 가부장적인 국가들보다 부유하고 개인주의적이고 평등주의적인 국가들에서 가장 크다. 이런 국가들에서 여성들은 공식적으로 남성과 같은 자유를 갖는다(Bleidorn et al., 2015).

정체성

정체성(identity)은 자기에 대한 정의이다. 중요한 것은 우리 각자가 어떤 시간이나 어떤 상황에서 더 특출한 다중(multiple) 정체성을 갖고 있다는 것이다. 만일 대학 캠퍼스에 있다면, 여러분은 자신이 학생이라고 말할 것이다. 만일 가족을 만나고 있다면, 여러분은 아들, 딸, 혹은 손자/손녀라고 말할 수 있다. 여러분은 친구, 동료, 팀원, 종교 집단의 구성원일 수 있다.

청소년기는 자신의 다중 정체성을 알고 가족과 아동기 친구의 정체성과는 다른 새로운 정체성을 만들기 시작하는 시기이다. 최초의 정체성 형성 이론은 Erik Erikson이 제안했다. Erikson은 모든 청소년들은 **정체성 대 역할 혼란**(identity versus role confusion)으로 부르는 심리사회적 발달 단계에서 정체성 위기를 경험하는데, 부분적으로 부모로부터 분리를 의미한다고 주장한다(Erikson, 1968). 그의 관점에서 도전과제는 다음과 같다. "모든 가능하고 상상할 수 있는 관계들 중에서, [사람]은 개인적, 직업적, 성적 및 이데올로기적 헌신에 대한 선택들을 점점 좁혀야 한다"(1968, p. 245). 이 위기를 성공적으로 해결하면 **정체성 성취**(identity achievement)를 하는데, 즉 자기의 다양한 측면을 시간적으로 그리고 여러 사건에서 안정적인 응집된 전체로 통합하는 것이다.

Erikson이 이론을 발표하고 수십 년 후, 연구자들은 모든 개인들이 정체성 위기를 겪어야 한다는 생각을 거부했다(Baumeister, 2005). 심리학자 James Marcia(1980)는 정체성 위기와 정체성 헌신의 차원을 고려함으로써 청소년의 정체성 발달에 대한 대안적 설명을 했다. 구조화된 면담을 통한 청소년의 반응에 기초해서, 청소년은 네 가지 정체성 상태 중 하나로 분류되었다.

최근에 연구자들은 정체성 상태에 몇 가지 구분을 추가했다. **유예**(moratorium) 상태 동안, 개인들은 두 가지 방식으로 가능한 헌신을 탐색한다. 어떤 개인들은 광범위하게 탐색하는데, 선택하기 전에 다양한 후보 정체성들을 시도한다(Luyckx, Goossens, & Soenens, 2006; Luyckx, Goossens, Soenens, & Beyers, 2006). 예를 들면 어떤 사람은 음악가, 예술가 혹은 역사가가 되는 것에 대해 생각할 수 있다. 다른 사람들은 초기 헌신을 하고 깊게 탐색하며, 그것들을 더 잘 알기 위해 현재 헌신들을 지속적으로 모니터링한다(Meeus et al., 2010). 따라서 예술가로 헌신하기 전에 다양한 유형의 예술(그림, 조각)을 시도할 수 있다.

Marcia와 유사한 면담법을 사용하는 연구자들은 어린 청소년들 대부분은 **정체성 혼미**(identity

정체성 ■ 집단의 구성원이 됨으로써 외적으로 주어지는 자기에 대한 묘사

정체성 대 역할 혼란 ■ Erikson이 묘사한 청소년기 동안의 심리사회적 발달 단계. 이 단계 동안, 청소년이나 젊은 성인은 정체성을 발달시키거나 불완전하고 때로 응집되지 않은 자기인식을 경험한다.

정체성 성취 ■ 자기의 다양한 측면들을 시간이나 여러 사건들에서 안정적인 응집된 전체로 통합

유예 ■ 개인이 다양한 직업적 및 이데올로기적 선택을 하지만 아직 분명하게 그것들에 헌신하지 않는 시기

정체성 혼미 ■ 개인이 의문이 되는 이슈들에 관한 확고한 헌신을 하지 않고 그것들을 개발하지 않는 시기

표 11.4

Marcia(1980)가 제안한 4개의 정체성 상태

	위기 있음	위기 없음
헌신함	**정체성 성취** 개인은 직업, 이데올로기 등에 관한 개인적 결정에 기초해서 응집되고 공고한 정체성을 획득한다. 개인은 이런 결정들이 자율적으로 이루어졌고 그것들에 헌신한다고 믿는다.	**정체성 폐쇄** 개인들은 정체성 실험을 하지 않았고 타인의 선택이나 가치에 기초해서 직업적 혹은 이데올로기적 정체성을 형성했다.
헌신하지 않음	**유예** 개인은 다양한 직업적 및 이데올로기적 선택들을 탐색하고 있으며 아직 그것들에 분명하게 헌신하고 있지 않다.	**정체성 혼미** 개인은 문제가 되는 이슈들에 관한 확고한 헌신을 하지 않았고 그것들을 개발하는 쪽으로 진전되지 않고 있다.

diffusion) 혹은 **정체성 폐쇄**(identity foreclosure)이고 유예 상태의 청소년 비율이 17~19세에 가장 높다는 것을 발견했다(Nurmi, 2004; Waterman, 1999). 청소년기와 성인 초기에 개인들은 대개 정체성 성취로 서서히 진전한다(Kroger, Martinussen, & Marcia, 2010; Meeus, 2011). 가장 전형적인 변화 순서는 혼미 → 조기 폐쇄 → 성취 혹은 혼미 → 유예 → 폐쇄 → 성취인 듯하다(Meeus, 2011). Erikson은 정체성 혼미 상태는 심각한 심리적 혼란으로 이끌 수 있다고 주장했는데, 많은 청소년이 지속적으로 이 상태에 있다는 증거는 거의 없다(Meeus, 2011).

연구자들은 적어도 현대 서양 사회들에서 청소년과 젊은 성인들의 정체성 상태는 그들의 적응, 사회적 행동 및 성격과 관련 있음을 발견했다. 정체성 폐쇄든 정체성 성취든 헌신을 했던 청소년들은 우울증과 불안이 낮고 외향성이나 우호성이 높은 경향이 있다(Crocetti et al., 2008; Luyckx et al., 2005; Luyckx, Goossens, Soenens, & Beyers, 2006; Meeus, 1996). 가능한 헌신들을 깊게 탐색하는 젊은 성인들은 외향적이고 우호적이고 성실한(믿음직하고 조절하는) 경향이 있는 반면, 더 넓게 탐색하는 성인들은 부정적인 정서성을 갖지만 경험에 개방적인 경향이 있다(Dunkel & Anthis, 2001; Luyckx, Soenens, & Goossens, 2006). 폐쇄를 통해 헌신을 하는 개인들은 물질 사용(Luyckx et al., 2005)과 공격성(Crocetti et al., 2008; Luyckx et al., 2008)이 낮은 경향이 있다. 반대로 유예 상태의 청소년들은, 특히 그들이 넓게 실험하고 있을 때, 상대적으로 마약을 하거나 콘돔을 사용하지 않고 성관계를 할 가능성이 있다(J. T. Hernandez & Diclemente, 1992; R. M. Jones, 1992; Luyckx, Goossens, Soenens, & Bdyers, 2006).

많은 요인들이 청소년의 정체성 형성에 영향을 준다. 한 가지 요인은 부모들이 자녀들을 대하는 방식이다. 부모로부터 온정과 지원을 받는 청소년들은 정체성이 더 성숙하고 정체성 혼미가 더 적은 경향이 있다(Meeus, 2011; S. J. Schwartz et al., 2009). 부모들은 어린 대학생들이 깊게 탐색하고 정체성 헌신을 할 때 지원하는 경향이 있다(Beyers & Goossens, 2008). 그리고 이런 지원은 자녀의 선택을 강화할 수 있다. 부모의 심리적 통제를 받는 청소년들은 넓게 탐색하고 정체성에 대한 헌신이 더 낮은 경향이 있다(Luyckx et al., 2007). 또한 청소년들은 적어도 부모 중 한 명이 부모와의 연결감 그리고 자율성과 개성에 대한 추구를 격려한다면 정체성 선택지들을 탐색할 가능성이 더 높다(Grotevant, 1998).

정체성 형성은 더 큰 사회적 및 역사적 맥락의 영향을 받는다(Bosma & Kunnen, 2001). 역사적

정체성 폐쇄 ■ 개인이 어떤 정체성 실험을 하지 않고 타인의 선택이나 가치들에 기초한 직업적이나 이데올로기적 정체성을 형성한 시기

다양한 '외모'를 시도하는 것은 어떤 문화들에서 많은 청소년들의 자기 발견의 한 측면일 수 있다.

맥락은 정체성 형성에서도 역할을 한다. 시간이 지나면서 그것이 정체성 선택지들을 변하게 하기 때문이다. 예를 들면 수십 년 전까지 대부분의 청소년 여아들은 정체성 탐색의 초점을 결혼과 가족의 목표에 맞추었다. 선진 사회들에서도, 여성들이 이용할 수 있는 경력 기회는 아주 적었다. 오늘날 많은 문화들의 여성들은 가족과 경력 둘 다에 근거한 정체성을 가질 가능성이 더 크다. 따라서 가족적, 개인적, 사회경제적, 역사적 및 문화적 요인들 모두가 정체성 발달에 기여한다.

민족 및 인종 정체성

민족 및 인종 정체성은 특히 청소년기에 두드러진다. **민족 및 인종 정체성**(ethnic and racial identity)은 자신이 속한 민족이나 인종집단에 대해 개인이 갖는 신념과 태도이다(Umaña-Taylor et al., 2014). 민족성은 문화나 민족 기원과 연결되어 아동이 맺고 있는 관계와 경험들을 말하는 반면, 인종은 '흑인', '백인', '아시아인' 혹은 '히스패닉인 혹은 라틴인'처럼 역사적으로 인종집단의 구성원이기 때문에 아동이 하게 되는 경험이며, 이것은 타인들에 의해 배정된 것일 수 있다(Umaña Taylor et al., 2014).

아동들은 발달 시점에 따라 민족 및 인종 정체성에 대한 이해가 다르다. 비록 그들이 소속된 민족집단이나 인종으로 자신을 명명할 수 있더라도, 학령전 아동들이 민족집단의 구성원이라는 것의 중요성을 정말로 이해하는 것은 아니다. 그들은 민족 및 인종집단의 특징적인 행동을 하고 그 집단에 대해 어느 정도 간단한 지식을 갖고 있지만 민족과 인종이 자기의 지속적인 특징들임을 이해하지 못한다.

학령 초기가 되면, 소수민족 아동들은 자신의 민족 및 인종집단의 공통적인 특징들을 알고, 그 집단의 구성원임을 느끼기 시작하고, 음식에 대한 선호, 전통적 명절 활동들 및 언어 사용 등에 기초해서 민족 정체성을 형성하기 시작한다(Ocampo, Bernal, & Knight, 1993). 아동들은 5~8세 사이에 민족 혹은 인종집단에 자신을 동일시하는 경향이 있다. 그후 곧, 그들은 자신의 민족이나 인종이 자신의 변할 수 없는 특성임을 이해하기 시작한다(Bernal et al., 1990; Ocampo, Knight, & Bernal, 1977). 초등학교 후반이 되면, 미국의 소수민족 아동들은 자신의 민족이나 인종집단에 대해 매우 긍정적이다(D. Hughes, Way, & Rivas-Drake, 2011).

가족과 사회환경은 아동의 민족 및 인종 정체성의 발달에서 주요 역할을 한다. 부모와 다른 가족 구성원 및 성인들은 자신들의 민족 문화나 인종의 강점과 독특한 특성들에 대해 아동들에게 가르치고 그들에게 자부심을 불어넣을 수 있다(A. B. Evans et al., 2012; Hughes et al., 2006; Vera & Quintana, 2004). 그런 지도는 특히 아동의 인종이나 민족집단이 사회에서 편견과 차별의 대상일 때 긍정적인 민족 정체성의 발달에 중요하다(Gaylord-Harden, Burrow, & Cunningham, 2012; M. B. Spencer & Markstrom-Adams, 1990).

민족 및 인종 정체성 이슈는 청소년기에 중심이 된다. 이때 청소년들은 전반적 정체성을 형성하기 위해 노력한다(S. E. French et al., 2006). 특히 소수집단 구성원들은 어렵고 고통스러운 결정에 직면한다. 그들은 민족집단의 가치 혹은 주류문화의 가치 중에서 어느 것을 택할지를 결정해야 한다(Phinney, 1993; M. B. Spencer & Markstrom-Adams, 1990).

소수민족 혹은 소수인종 청소년들의 한 가지 어려움은 그들이 어렸을 때보다 자신의 집단에 대한 차별을 인식하고 그 결과로 집단과 지신의 민족적 지위에 대해 양가감정을 가질 가능성이 더 높

민족 및 인종 정체성 ■ 개인이 자신이 속한 민족이나 인종집단에 대해 갖는 신념과 태도

다는 것이다(M. L. Greene, Way, & Pahl, 2006; Seaton et al., 2008; Szalacha et al., 2003). 소수민족 아동들은 자기 민족집단의 가치와 지배(dominant) 문화의 가치 간 기본적 갈등에 직면할 수 있다(Parke & Buriel, 2006; Qin, 2009). 예를 들면 많은 민족집단들은 가족 의무를 우선순위에 둔다. 가족 의무는 핵가족과 확대가족의 구성원을 돕고 지원하고 존중하는 것과 관련된 가치와 행동들을 포함한다. 따라서 전통적 멕시코계 미국인 가족의 청소년들은 방과 후에 나이가 많거나 어린 가족 구성원들을 돌보거나 가족을 위해 돈을 버는 데 시간을 사용하는 것이 당연하다고 여길 수 있다. 같은 시기에, 다수(majority) 문화는 그들이 스포츠, 클럽, 스터디 그룹처럼 학교 관련 활동들에 참여하도록 자극하며, 이것은 기회를 확대한다.

어떤 경우에, 소수민족 및 소수인종 청소년들은 두 문화(bicultural) 정체성이 발달하는데, 다수 문화와 자신의 민족 문화 둘 다에 편안한 동일시를 한다. 두 문화에 다리를 걸치고 있는 것은 스트레스일 수 있지만 항상 그런 것은 아니다. 그것은 다수 사회에서의 기회에 대해 긍정적으로 지각하게 할 수도 있다(Fuligni, Yip, & Tseng, 2002; Kiang & Harter, 2008; Kiang, Yip, & Fuligni, 2008; LaFromboise, Coleman, & Gerton, 1993). 그러나 어떤 전통 문화(예 : Canadian First Nnations, 캐나다 원주민 단체)에서 청소년들의 두 문화 정체성은 성공적인 정체성 발달에서 강점인 어떤 전통적인 가치, 충성(의리와 헌신)이나 지혜가 더 낮은 수준과 연합되어 있었다(Gfellner & Armstrong, 2012).

민족 및 인종 정체성은 청소년의 자존감과도 관련 있다. 아프리카계 미국인 아동과 청소년들은 차별과 고정관념을 경험하지만, 그들은 평균적으로 유럽계 미국인 또래들보다 자존감이 더 높다(Gray-Little & Hafdahl, 2000). 왜냐하면 많은 아프리카계 미국인들의 경우 민족 및 인종 정체성은 자기개념의 중요한 측면이며, 아프리카계 미국인의 긍정적인 측면들에 대한 부모와 공동체 성인들의 강조는 아프리카계 미국인 아동과 청소년들의 자존감을 높이기 때문이다(Gray-Little & Hafdahl, 2000; Herman, 2004).

미국에서 소수민족집단에 따라 자존감 패턴이 다르다. 예를 들면 아시아계 미국인 아동들은 유럽계 미국인이나 아프리카계 미국인보다 초등학교에서 더 높은 자존감을 보고했다. 그러나 고등학교에 가면, 그들의 자존감은 유럽계 미국인들보다 더 낮다(Herman, 2004; Twenge & Crocker, 2002). 실제로 최근 한 연구에서 아시아계 미국인들은 6학년이 되면 자존감이 더 낮았다(Witherspoon et al., 2009). 이 장의 앞에서 논의했듯이, 문화적 요인들은 어떤 소수민족집단의 자존감 수준에 영향을 미친다.

비록 차별이 청소년의 자존감에 부정적인 효과가 있을 수 있지만, 소수민족 아동과 청소년들이 자신들에 대해 어떻게 생각하는지는 낯선 사람이나 사회의 반응보다 가족, 이웃 및 친구들의 인정에 의해 훨씬 더 강한 영향을 받는다(Galliher, Jones, & Dahl, 2011; Seaton, Yip, & Sellers, 2009). 따라서 소수집단의 부모들은 문화에 대한 자부심을 불어넣고 전반적인 지지를 통해 자녀들이 높은 자존감과 안녕감을 발달시키도록 도울 수 있다(Bámaca et al., 2005; Berkel et al., 2009; S. M. Cooper & McLoyd, 2011). 예를 들면 자신을 지원하고 문제에 대처하도록 돕는 어머니가 있는 아프리카계 미국인 청소년들은 지원을 덜 하는 어머니의 청소년들보다 인종에 대해 더 긍정적인 태도를 갖고 아프리카계 미국인이라는 것에 대해 더 큰 자부심을 표현한다. 더 큰 자부심은 더 낮은

자신의 민족집단에 대한 어린 아동의 학습 중 많은 것은 가족 내에서 일어난다. 부모는 자녀들에게 자신의 집단과 연합된 특정한 관습들을 가르치고 민족 유산에 대한 자부심을 불어넣어줄 수 있다.

수준의 지각된 스트레스와 그 결과 더 나은 적응을 예측한다(C. H. Caldwell et al., 2002).

자신의 민족집단에서 긍정적인 또래 및 성인 역할 모델을 갖는 것도 소수민족 아동이 느끼는 자신이나 민족에 대한 긍정적인 감정에 기여한다(A. R. Fischer & Shaw, 1999; K. Walker et al., 1995). 한 연구에서 흑인 여아들은 평균적으로 백인 여아들보다 자존감이 더 높았고, 이 차이는 부분적으로 흑인 어머니들이 딸들에게 독립성을 격려하고 더 높은 학문적 포부를 갖게 할 가능성이 더 높다는 사실로 설명될 수 있을 것이다(Ridolfo, Chepp, & Milkie, 2013).

성적 정체성

아동기와 특히 청소년기에 개인들의 정체성은 **성적 정체성**(sexual identity)을 포함하는데, 이것은 성적인 존재로서 자신에 대한 인식이다. 성적 정체성은 **성적 지향**(sexual orientation), 즉 이성, 동성 혹은 두 성 모두에 대한 낭만적이거나 성애적 끌림, 그리고 어느 성에도 끌림이 없는 것을 포함한다. 성적(sexual) 정체성과 성(gender) 정체성은 다르며, 성 정체성은 자신을 남성, 여성, 혹은 트렌스젠더로서 인식하는 것이고, 제15장에서 논의할 것이다.

성선 호르몬들이 크게 증가하는 사춘기는 청소년들이 타인들에게 성적으로 끌리기 시작할 가능성이 가장 높은 시기이다(Diamond, Bonner, & Dickenson, 2015). 대부분의 현대 이론가들은 이런 감정들이 이성에게 향할지 혹은 동성에게 향할지는 주로 생물학적 요인들에 기초한다고 믿는다(Savin-Williams & Cohen, 2004). 후성적(epigenetic) 연구들뿐 아니라 쌍생아 및 입양 연구들을 포함한 다양한 방법들을 사용한 연구들은 한 사람의 성적 지향이 적어도 부분적으로 유전적이라는 것을 보여준다. 예를 들면 일란성 쌍생아는 이란성 쌍생아보다 유사한 성적 지향을 보일 가능성이 더 높다(Ngun & Vilain, 2014).

성적 소수 정체성

대다수의 성인들처럼 대다수의 청소년들은 이성애자이며, 그들은 생물학적 이성에게 끌린다. 질병통제 및 예방센터가 미국 전역에서 실시한 조사에서, 88.8%의 고등학생들은 이성애적 정체성을 보고했고, 6.0%는 양성애적 정체성, 2.0%는 게이 혹은 레즈비언 정체성을 보고했고 3.2%는 확실하지 않았다(Kann et al., 2016). 이성애적 정체성이 규범적이며, 이것은 대부분의 사람들이 경험하는 것이라는 의미이다. 그래서 연구는 대개 이성애적 청소년들의 성적 지향에 대해 관심이 없다.

그러나 **성적 소수 청소년**(sexual-minority youth)은 생물학적으로 같은 성의 사람들이나 동성과 이성 모두에게 끌리는 청소년들이다. 이들의 성적 정체성에 대한 관심이 높아졌을 뿐 아니라 중요한 연구가 있다. 성적 소수 청소년과 성인들은 계속해서 법적으로 그리고 실생활 모두에서 차별을 받으며 빈번하게 괴롭힘과 폭력의 표적이 된다. 2016년 6월 플로리다주 올란도에 있는 게이 나이트클럽에서 발생한 대참사는 최근의 비극적인 폭력 사례이다. 서양 사회는 레즈비언, 게이 및 양성애자(LGB)를 더 많이 인정하고 캐나다, 미국 및 여러 다른 국가들에서는 합법적이지만, LGB 개인들에 대한 증오 범죄는 여전히 만연하고, 미국에서 전체 증오 범죄의 1/5을 차지한다(Federal Bureau of Investigation, 2014).

아동기와 청소년기 동안 성적 소수 청소년들은 자주 '다르다'고 느끼고(Savin-Williams & Cohen, 2007), 어떤 청소년들은 상대적으로 어린 연령부터 다른 성(cross-gender)의 행동을 보이기도 한다. 예를 들면 장난감, 옷, 여가 활동들에 대한 선호이다(Drummond et al., 2008). 그러나 이

성적 정체성 ■ 성적인 존재로서 자신에 대한 인식

성적 지향 ■ 성적 감정의 대상으로서 남성이나 여성에 대한 개인의 선호

성적 소수 청소년 ■ 동성에게 끌리는 젊은 사람들

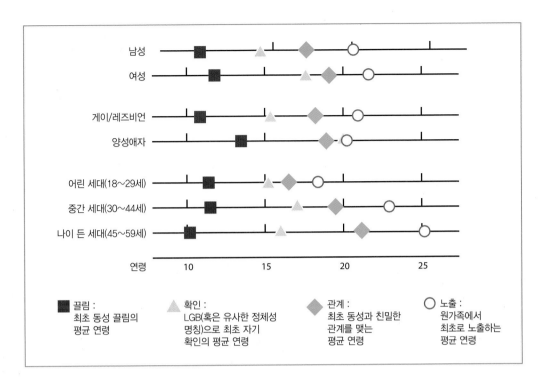

그림 11.5 LGB 성인들이 떠올린 성적 정체성과 행동의 이정표 이 연구에서 더 어린 세대(18~29세)는 가장 나이 든 세대(45~59세)보다 더 일찍 더 적은 간격으로 이정표들을 경험했다. 이것은 세대에 걸쳐 LGB 개인들의 사회적 지위에서 차이를 반영한다(Martos, Nezhad, & Meyer, 2015).

런 청소년들은 자신이 레즈비언, 게이 혹은 이성애자라는 것을 인식하는 데 오랜 시간이 걸릴 수 있다. 이 과정은 첫 번째 인식으로 시작하는데, 자신이 타인들과 다소 다르다는 최초의 깨달음이며, 타인들로부터의 소외감이 동반된다. 이 시점에서 개인은 대개 동성에게 끌린다는 것을 알지만 타인들에게 이것을 밝히지 않는다.

그림 11.5는 성적 소수 성인 연구에서 나온 자료들이다. 성, 성적 정체성 및 연령이 다른, 대부분의 참가자들은 10~15세 사이에 동성에 대한 끌림을 처음 경험했다고 보고했지만, 15세가 될 때까지 자신을 LGB로 확인하지 못했다(Martos, Nezhad, & Meyer, 2015). 평균적으로, 성적 정체성에 대한 공개는 출생동시집단(age cohort)에 따라 상당한 차이가 있으며 20세 이후까지 일어나지 않았다. 젊은 성인(18~29세)은 20세 전에 성적 정체성을 공개했다고 보고한 반면, 45~59세 성인들은 25세까지 공개하지 않았다(Martos et al., 2015). 이 발견은 미국 사회에서 동성애적 정체성과 양성애적 정체성을 점점 더 인정하고 있음을 반영한다. 동성애자로 확인하는 것은 젊은 세대보다 나이 든 세대에서 결과가 더 부정적이다.

커밍아웃의 결과

그들이 '커밍아웃' 혹은 공개적으로 LGB로 자기를 확인할 때, 성적 소수 청소년들은 대개 가장 친한 친구(전형적으로 성적 소수 친구)에게, 끌렸던 또래에게, 혹은 형제에게 공개하며 적어도 1년 이상이 지난 후에야 부모에게 말한다(Savin-Williams, 1998b). 만일 그들이 부모에게 성적 정체성을 밝힌다면, 대개 아버지보다 어머니에게 먼저 말하는데, 왜냐하면 어머니가 물어보았거나 혹은 어머니와 자신의 삶을 공유하기를 원하기 때문이다(Savin-Williams & Ream, 2003).

비록 많은 부모들이 자녀의 커밍아웃에 대해 지원하거나 단지 약간 부정적인 방식으로 반응할지라도, 부모들이 처음에 분노, 실망, 특히 거부로 반응하는 것은 이상한 일이 아니다(Heatherington & Lavner, 2008; Savin-Williams & Ream, 2003). 불행하게도 몇몇 부모는 위협, 모욕, 혹은 신

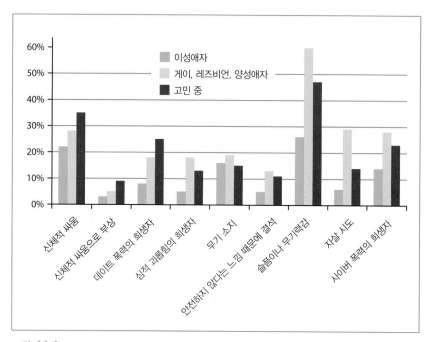

그림 11.6 성적 지향에 따른 폭력 노출과 내면화 정신 건강문제 LGB 청소년은 이성애 청소년보다 모든 폭력 형태를 더 많이 보고하고, 더 높은 슬픔과 자살 시도의 가능성을 보고한다(Kann et al., 2016).

체적 폭력으로 반응한다(Bos et al., 2008; M. S. Friedman et al., 2011; Ryan et al., 2009). 예상하듯이, 부모가 자녀의 성적 지향을 받아들인 성적 소수 청소년은 자존감이 더 높고 우울증과 불안 수준이 더 낮다(Floyd et al., 1999; Savin-Williams, 1989a). 부모에 의해 거부당한 청소년들이 우울증을 겪을 가능성은 6배, 그리고 자살을 시도할 가능성은 8배 높다(Ryan et al., 2009).

또래와 공동체의 타인들이 가하는 피해와 괴롭힘은 LGB 청소년들이 공통적으로 경험하는 것이다(Coker, Austin, & Schuster, 2010; M. S. Friedman et al., 2011; Martin-Storey & Crosnoe, 2012; Toomey et al., 2010). LGB 청소년은 이성애 청소년보다 신체적 싸움을 하거나 부상을 당하고 데이트 폭력이나 성폭행의 피해자가 될 가능성이 더 높다(Kann et al., 2016; 그림 11.6 참조). 집 밖에서 괴롭힘을 당하거나 거부될 것이라는 공포는 많은 성적 소수 청소년들이 이성애 또래들에게 자신의 성적 정체성을 숨기는 한 가지 이유이다. 실제로 많은 이성애 청소년들은 또래들의 동성 선호를 받아들이지 못한다(Bos et al., 2008; L. M. Diamond & Lucas, 2004). 이처럼 높은 비율로 피해자가 되는 것은 LGB 청소년들이 더 많은 무단결석을 하는 이유를 설명한다(Kann et al., 2016).

높은 위험에도 불구하고, 대부분의 방식에서 성적 소수 아동과 청소년들은 발달적으로 이성애 또래들과 구분되지 않는다는 것을 강조하는 것이 중요하다. 그들은 청소년기에 가족과 정체성 문제들에 대처하고 대개는 잘 기능한다. 이제 청소년 중 3/4은 온라인과 미디어에서, 학교에서, 선출된 지도자들로부터 성적 소수 정체성들에 대한 긍정적 메시지를 듣는다(Human Rights Campaign, 2012). 미디어에서 성적 소수자에 대한 묘사가 점점 더 긍정적이 될 뿐 아니라 성적 소수자에 대한 사회적 평등과 문화적 인정이 점점 커지는 것이 이런 긍정적 경향에 기여한다(Diamond et al., 2015; Saewyc, 2011).

요약

양육자-아동 애착 관계

■ Harlow는 원숭이 연구들을 통해 새끼들은 음식을 주는 철사 어미보다 '헝겊 어미'가 필요하고 더 좋아하며 헝겊 어미를 탐색을 위한 안전기지로 이용한다는 것을 보여주었다.

■ Bowlby 이론에 따르면, 애착은 진화에 뿌리를 둔 생물학적 기초가 있는 과정이고, 이것은 무기력한 영아의 생존 기회를 높인다. 안전 애착은 아동들에게 탐색을 위한 안전기지를 제공한다. 부모나 다른 양육자들과 아동의 초기 관계들은 아동에게 관계의 내적 작동모델을 제공한다.

■ Ainsworth의 낯선 상황은 일차 양육자에 대한 아동의 애착의 질을 안전 애착, 불안전 애착(불안전/저항, 불안전/회피), 혹은 해체/혼란 애착으로 범주화하는 데 이용될 수 있다. 만일 양육자들이 그들의 욕구에 민감하고 반응적이라면 안전하게 애착될 가능성이 더 높다.

■ 비록 서로 다른 애착 범주에 속하는 아동의 비율이 문화나 하위문화에 따라 다를지라도, 많은 문화들에서 아동의 애착은 유사하다.

■ 중재 프로그램들은 부모가 양육할 때 더 민감하고 주의 깊고 자극적이 되도록 훈련될 수 있음을 보여준다. 이런 변화들은 아동의 사교성, 탐색, 스스로를 달래는 능력 및 애착의 안전성이 증가하는 것과 관련 있다.

자기

■ 어린 아동들의 자기개념은 구체적이며 신체적 특징들과 분명한 행동에 기초하며 대체로 긍정적이다. 나이가 들면서, 아동의 자기개념은 점점 더 내적 특성들과 타인들과 맺는 관계의 질에 기초했다. 그것들은 또한 현실적이고, 통합적이며, 추상적이고, 복잡하다.

■ Elkind에 따르면, 어린 청소년들은 자신들에 대한 타인의 생각에 초점을 맞추기 때문에, '상상의 청중'과 '개인적 우화'가 발달한다.

■ 아동의 자존감은 많은 요인들의 영향을 받는데, 유전적 성향, 부모-자녀 및 또래 관계의 질, 신체적 매력, 학업 능력 및 다양한 사회적 요인들을 포함한다.

■ 사람이 생각하고 행동하는 방식에 대한 개념은 문화에 따라 다르고, 따라서 자기평가와 자존감 점수도 다르다.

■ Erikson에 따르면, 청소년기는 정체성 대 역할 혼란의 위기가 특징이다.

■ 민족 및 인종 정체성의 발달은 자기를 민족 및 인종집단의 구성원으로 인식하고, 집단 항상성에 대한 이해가 발달하고, 민족의 특징적 행동을 하고, 자신의 집단에 대한 지식을 습득하고, 집단에 대한 소속감이 발달하는 것이다. 가족과 공동체는 이런 발달 측면들에 영향을 미친다.

■ 소수민족 청소년들은 민족성이나 인종의 의미, 그리고 자신의 정체성에서 그것의 역할을 탐색하기 시작한다. 많은 청소년들은 처음에 정체성 혼미나 폐쇄 상태인 경향이 있다. 그런 다음 민족성이나 인종을 탐색하는 데 점점 더 흥미를 갖게 된다(탐색/유예). 어떤 청소년들은 자신의 민족성이나 인종을 포용하게 되고, 다른 청소년들은 다수 문화에 이끌린다. 다른 청소년들은 두 문화를 모두 수용한다.

■ 성적 소수(레즈비언, 게이, 혹은 양성애) 청소년들은 특별한 어려움에 직면하지만 정체성과 자기 발달에서 다른 청소년들과 유사하다. 많은 청소년들은 아동후기가 되면 동성에 대한 끌림을 어느 정도 인식한다. LGB 청소년들에서 자기 확인과 공개 과정은 몇 단계를 거치는데, 최초 인식, 시험과 탐색, 정체성 인정 및 정체성 통합이다. 그러나 모든 LGB 개인들이 이 모든 단계를 거치거나 동일한 순서로 경험하는 것은 아니며, 어떤 개인들은 자신의 성적 소수 정체성을 인정하거나 밝히는 데 어려움이 있다.

연습문제

1. 부모 같은 일차 양육자에 대한 긍정적인 정서적 연결의 발달은 영아의 성장에 결정적이다. 이런 지속적인 정서적 유대는 _____로 알려져 있다.

   a. 공동조절   b. 애착

   c. 공통의존성   d. 각인

2. 붉은 털 원숭이에 대한 Harlow 작업과 Ainsworth의 낯선 상황 패러다임에서, 연구자들은 새끼 원숭이와 아동은 친숙하지 않은 공간이나 상황을 탐색한 후 지속적으로 어머니에게 되돌아가는 것을 관찰했다. 이런 행동은 _____의 예이다.
   a. 무질서 행동
   b. 양가 애착
   c. 안전 애착
   d. 부모 민감성

3. John Bowlby가 제안한 애착 이론에 따르면, 다음 중 어떤 것이 형성 중인 애착 단계에 있는 아동의 예인가?
   a. 후안은 다른 사람들보다 아버지를 더 좋아하고 아버지가 있을 때 더 많이 웃고 미소 짓는다.
   b. 애바는 울고 있는 자신을 안아주는 사람이면 누구든 그들에 의해 쉽게 진정된다.
   c. 데번은 적극적으로 할머니를 동반하려고 하고 할머니와 함께 있을 때 대담하게 환경을 탐색한다.
   d. 세레나는 분명히 어머니를 더 좋아하고 분리되면 눈에 띄게 고통스러워한다.

4. 애착 유형은 Mary Ainsworth의 연구에서 처음으로 확인되었다. Ainsworth의 처음 세 범주에 잘 맞지 않았던 아동을 분류하기 위해 나중에 추가된 애착 유형은 무엇인가?
   a. 안전 애착
   b. 해체/혼란
   c. 불안전/저항
   d. 불안전/회피

5. 분리 후 양육자에 대한 아동의 반응에 신중한 주의를 기울인 애착 안전성 검사는 어떤 것인가?
   a. 애착 Q-분류
   b. 부모 및 또래 애착 검사
   c. 낯선 상황
   d. 내적 작동모델

6. 자녀의 욕구에 빠르게 반응하고 자녀에게 미소 짓고, 웃고, 긍정적으로 소통함으로써 정서적 온정을 보이는 아버지가 보여주고 있는 것은 무엇인가?
   a. 양육자 책임감
   b. 상호적 애착
   c. 양육 안정성
   d. 부모 민감성

7. 애착 안전성과 유전적 구성 간 연결은 _____.
   a. 성인기가 되면 사라진다
   b. 아동의 환경의 질에 의해 서로 다르게 영향을 받을 수 있다
   c. 뇌의 옥시토신 수준이 달라지면 변할 수 있다
   d. 유전적 지표들이 특정한 애착 안전성 유형이 원인이라는 증거이다

8. _____은 자기 자신에 대한 개인의 전반적인 자기평가와 그 평가와 연합된 감정들이다.

a. 자존감
b. 자기개념
c. 자기반추
d. 자기측정

9. 두 살인 래니는 거울 옆으로 걸어가다 입 주변에 묻은 초콜릿을 알아챈다. 래니는 셔츠 끝으로 조심스럽게 그것을 닦아낸다. 래니가 보인 것은 _____이다.
   a. 자기인식
   b. 자기의식
   c. 자기결정
   d. 자존감

10. Susan Harter가 주장하는 아동의 자기개념은 무엇인가?
   a. 대체로 타인의 평가에 의해 영향을 받는 사회적 구성물이다.
   b. 전적으로 진화적 기제에 기초한 선천적 인식이다.
   c. 대략 6~9세인 아동 중기 이후에 등장하기 시작한다.
   d. 대략 6세에 아동이 초등학교에 입학하는 시기면 충분히 발달된다.

11. 아동의 인지적 능력들이 증가하면서, 그들의 자기개념들은 _____특징들로부터 _____ 특성들로 초점이 바뀐다.
   a. 신체적, 구체적
   b. 추상적, 개인적
   c. 개인적, 심리적
   d. 구체적, 추상적

12. 청소년기의 자기개념은 자기중심성의 재등장이 특징인데, 전형적인 예는 타인의 감정과 자신의 감정들을 분명하게 구별하는 것이다. 이런 유형의 자기중심성을 _____라고 부른다.
   a. 거울 속 자기
   b. 개인적 우화
   c. 상상의 청중
   d. 내성적 거울

13. James Marcia의 정체성 발달 이론에 따르면, 정체성을 탐색하는 것은 어느 단계인가?
   a. 정체성 혼미
   b. 정체성 폐쇄
   c. 혼란
   d. 유예

14. 다음 진술문 중 청소년기 동안 인종 및 민족 정체성에 대해 사실이 아닌 것은 무엇인가?
   a. 청소년들이 자신의 민족 및 인종 정체성을 더 많이 인정할수록 자존감이 더 낮다.
   b. 소수집단 구성원들은 자신의 민족집단의 가치 혹은 지배적 문화의 가치를 선택해야 하는 도전을 받을 수 있다.
   c. 소수민족 및 인종 청소년들은 이전에 차별을 경험했기 때문에, 그들은 자신의 민족적 지위에 대해 양가적 감정을 느낄 수 있다.
   d. 두 문화 정체성의 발달은 어떤 소수민족 청소년들에게는 긍정적인 이득이 될 수 있고 다른 이들에게는 도전이 될 수 있다.

15. 성적 소수 청소년들의 경우, 최초 인식의 과정은 _____이 특징이다.

    a. 자신이 다른 사람과 다르다는 것을 깨달으면서 느끼는 소외감

    b. 다른 성적 소수 개인들과의 사회적 상호작용에 대한 선호

    c. 동성애적 성적 활동에 대한 개인의 최초 경험

    d. 성적 정체성에 대한 개인의 최초 공개

비판적 사고 질문

1. 어떤 이론가들은 초기 애착 관계들은 지속적인 장기효과가 있다고 믿는다. 다른 이론가들은 그런 효과는 진행 중인 부모-자녀 관계의 질에 달려 있다고 생각하는데, 이것은 부모에 대한 아동의 초기 애착 안전성과 상관이 있다. 연구자들이 이 문제를 어떻게 조사할 수 있다고 생각하는가?

2. 애착과 자기발달에 대해 읽은 것에 기초할 때, 여러 위탁 가정들에 보내지는 결과로서 경험하는 부정적인 효과는 무엇인가? 이 효과들은 아동의 연령에 따라 어떻게 다를 것인가?

3. Erikson의 심리사회적 발달 단계들을 떠올려보라(제9장). 각 단계들과 연합된 사건이나 결과들은 개인의 자존감에 어떤 영향을 미칠 것인가?

4. 자신이 신체적으로 동성이나 이성들에게 끌린다는 것을 처음으로 인식하는 시기를 결정할 때 아동이 겪는 실제적 및 개념적 어려움은 무엇인가?

핵심용어

개인적 우화(personal fable)

낯선 상황(Strange Situation)

민족 및 인종 정체성(ethnic and racial identity)

부모 민감성(parental sensitivity)

불안전/저항(혹은 양가적) 애착[insecure/resistant (or ambivalent) attachment]

불안전/회피 애착(insecure/avoidant attachment)

불안전 애착(insecure attachment)

사회적 비교(social comparison)

상상의 청중(imaginary audience)

성적 소수 청소년(sexual-minority youth)

성적 정체성(sexual identity)

성적 지향(sexual orientation)

안전기지(secure base)

안전 애착(secure attachment)

애착(attachment)

애착의 내적 작동모델(internal working model of attachment)

애착 이론(attachment theory)

유예(moratorium)

자기개념(self-concept)

자존감(self-esteem)

정체성(identity)

정체성 대 역할 혼란(identity versus role confusion)

정체성 성취(identity achievement)

정체성 폐쇄(identity foreclosure)

정체성 혼미(identity diffusion)

해체/혼란 애착(disorganized/disoriented attachment)

연습문제 정답

1. b, 2. c, 3. a, 4. b, 5. c, 6. d, 7. b, 8. a, 9. a, 10. a, 11. d, 12. b, 13. d, 14. a, 15. a

ANNA BELLE LEE WASHINGTON (1924–2000), *The Fair* (oil on canvas)

가족

가족구조

미국 가족구조의 변화

　글상자 12.1 : 개인차 부모로서의 10대

동성 부모
이혼한 부모
양부모

가족역동

양육

　글상자 12.2 : 적용 부모는 자녀를 처벌해야 하는가?

어머니–자녀 상호작용과 아버지–자녀 상호작용의 차이

양육에 미치는 자녀의 영향
형제자매 관계

사회경제적 맥락

문화적 맥락
경제적 맥락
부모의 직장 근무 맥락

　글상자 12.3 : 자세히 살펴보기 노숙

보육 맥락

　글상자 12.4 : 적용 가족휴직 정책

요약

이 장의 주제

- 천성과 육성
- 능동적인 아동
- 사회문화적 맥락
- 개인차
- 연구와 아동복지

제2장에서 보았듯이, 1980년에 중국은 자국의 국민들에게 전면적인 새 정책을 수립했다. 중국 정부는 인구과잉을 염려해서 한 가족당 한 명의 자녀로 출산을 제한했다. 한 자녀 정책이 시행되기 10년 전의 중국 인구는 매 5년마다 2배가 되었다(UN, 2015). 정책에 순응하는 사람들에게는 경제적 보상을 하고, 그렇지 않은 사람들에게는 낙태를 포함해 심한 희생을 강요한 결과, 이 정책은 중국의 극적인 인구성장을 통제하는 데 매우 효과적이었다.

그러나 한 자녀 정책의 의도치 않은 그리고 고통스러운 결과는, 중국 문화에 뿌리 깊이 박힌 남아선호 사상과 관련하여, 여아 낙태 또는 여아 살해의 유행이었다. 그 결과 중국은 남성과 여성 간의 불균형을 보여(2015년 여성 대비 남성의 비율은 100명의 여성당 106명의 남성) 세계 평균(102:100)보다 높았으며, 미국(98.3:100)이나 캐나다(98.4:100)보다 유의미하게 높았다(UN, 2015). 게다가 2010~2015년 사이에 중국의 인구는 실제 50%의 비율로 축소되어(UN, 2015) 젊은 층과 노인층 간의 불균형이 관심을 끌고 있다(Buckley, 2015). 인구통제에 '성공'한 한 자녀 정책은 2015년의 '두 자녀 정책'을 채택하는 결과를 낳았다(Buckley, 2015).

중국의 인구통제정책은 발달심리학자들에게 '자연실험'을 제공하여 한 국가에서 가족크기의 변화가 아동발달에 어떻게 영향을 미치는지를 연구하게 했다. 부모가 한 자녀를 가졌을 때와 두 자녀 이상을 가졌을 때 자녀 양육에서 어떤 차이가 있을지를 생각해보라. 우선, 외자녀는 부모로부터 더 많은 관심을 받고 가족자원을 더 많이 가질 것이다. 이에 더해 외자녀는 형제들과 협력할 필요도 없고 나눌 필요도 없다. 물론 그 대신, 외자녀는 형제를 가진 사람들이 느끼는 따뜻함과 친밀감을 느끼지 못한다. 이와 같은 차이 때문에, 많은 사람들이 중국의 외자녀 신세대는 응석받이로 자라서 다른 사람들과 타협하거나 협력하는 경험이 없어 버릇없는 '소황제'라고 여길 것이다(Falbo & Poston, 1993).

그러나 이 외자녀 연구로부터 몇 년 후, 연구자들은 그런 염려에 대한 일관적인 지지를 발견하지 못했다. 특히 오히려 중국의 도시 지역 외자녀들은 학업수행 시험이나 지능검사에서 두 자녀 이상 가정의 아동들보다 수행이 더 좋았다(Falbo & Poston, 1993; Falbo et al., 1989; Jiao, Ji, & Jing, 1996). 또한 일부 초기 연구들은 중국 외자녀들이 또래들로부터 자신에게만 관심 있고 형제가 있는 아동들보다 덜 협력적이라고 여겨졌는데(예 : Jiao, Ji, & Jing, 1986), 나중의 연구들은 외자녀 아동들이 더 행동문제가 많다는 증거를 거의 찾지 못했다(Hesketh et al., 2011; D. Wang et al., 2000; S. Zhang, 1997).

더욱이, 대규모 조사연구들은 외자녀들이 형제가 있는 아동들에 비해 부모의 목표나 요구를 실현해야 하는 높아진 잠재적 압력이 컸을 것임에도 불구하고, 더 우울하거나 불안해지는 경향이 없었다고 지적했다(G. D. Edwards et al., 2005; Hesketh & Ding, 2005). 사실, 외자녀 아동들과 형제 있는 아동들 간에는 성격이나 사회적 행동(예 : 다른 아이들과 잘 지내기 위해 필요한 긍정적 행동, 공격성이나 거짓말 같은 부정적 행동, 다른 가족 구성원에 대한 존중과 지지 등)에 관련하여 아무런 차이가 없는 것으로 보인다(Deutsch, 2006; Falbo & Poston, 1993; Fuligni & Zhang, 2004; Poston & Falbo, 1990). 초기와 나중 결과들 간의 차이

중국의 한 자녀 정책은 외자녀가 되는 것의 효과를 평가하는 기회를 제공했고, 그 정책이 의도치 않은 결과(예 : 남아 수가 불균형적으로 많은 상황에서의 출생과 생존)의 효과를 숙고하는 기회를 제공했다.

控制人口数量 提高人口素质
Control the growth of the Population　Improve the qualities of the Population

EPA / Adrian Bradshaw / Newscom

는 한 자녀 가족들이 더 흔해지고 그럴 것으로 예상되면서 외자녀에 대한 부모들의 행동이 변화되었기 때문으로 보인다 — 그 결과 외자녀 아동들이 형제가 있는 아동들보다 더 이상 버릇없지 않다.

중국의 한 자녀 정책은 가족의 크기나 구성이 어떻게 바뀔 수 있는지에 대한 훌륭한 예이며, 또한 제9장에서 논의한 Bronfenbrenner 모델과 일치되게, 더 큰 사회가 더 작은 가족 내에서 진행되는 일에 어떻게 영향을 주는지에 대한 훌륭한 예이다. 사회적·경제적 사건뿐만 아니라 문화 역시 가족구조와 가족 구성원들 간의 상호작용에 큰 영향을 줄 수 있다. 산업화된 서구사회 역시 지난 수십 년 동안의 다양한 사회적 변화가 가족구조에 지대한 영향을 미쳤다. 예를 들어 가족크기가 과거보다 작아졌고, 더 많은 수의 어머니들이 직장에서 일하며, 많은 사람들이 결혼하지 않으면서도 자녀 갖기를 선택하고, 동성 부모 양육이 점차 증가하며 허용되고 있다. 가족에서의 그와 같은 변화는 자녀의 가용한 자원에 영향을 줄 뿐만 아니라, 부모의 자녀양육 실천이나 행동에 영향을 준다.

이 장에서 우리는 가족 상호작용의 많은 발달적 측면들을 살펴볼 것이다. 그 시작은 미국에서 지난 70년 동안 일어났던 특정한 사회변화로 인해 가족기능과 아동발달이 어떻게 영향을 받았는지 살펴볼 것이다 — 첫 부모가 되는 연령의 증가부터 이혼율, 재혼율, 어머니 취업률의 증가까지. 다음으로는 부모가 양육에 접근하는 방식이 아동발달에 미치는 영향, 아동이 부모의 양육방식에 미치는 영향, 형제들끼리 서로에게 영향을 주는 방식 등을 논의할 것이다. 끝으로 우리는 빈곤이나 문화 같은 요인들이 발달적 결과에 주는 영향에 대해 탐색할 것이다.

여러분이 보게 되듯이, 천성과 육성 주제는 가족의 역할 연구에서 중심적이다. 왜냐하면 아동에서의 유전과 양육은 서로 영향을 주며 또한 결합하여 아동발달에 영향을 미친다. 이에 더해, **능동적 아동**이라는 주제는 아동들이 어떻게 부모가 그들을 사회화시키는 방식에 영향을 주는지를 논의할 때 나타난다. 사회문화적 맥락 주제 또한 양육 실행이 문화적 신념, 편견, 목표에 의해 강하게 영향 받으며, 다른 문화의 아동들에게서 다른 결과가 관련된다는 점에서 핵심적이다. 개인차 문제는 이 장의 주요 주제인데, 왜냐하면 다른 유형의 양육, 자녀양육 실행, 가족구조는 아동의 사회적·정서적 기능에서의 차이와 연관되기 때문이다. 끝으로 양육은 아동의 신념과 행동뿐 아니라 매일매일의 경험의 질에 영향을 주기 때문에, 가족기능의 유형을 이해하는 것은 **연구와 아동복지**라는 주제와 연관성을 갖고 있다.

가족구조

가족이란 무엇인가? 우선 여러분의 가족을 생각해보면, 부모와 형제자매가 생각날 것이다. 다음으로는 좀 더 확장해서 조부모, 아주머니, 아저씨, 사촌까지 포함할 수 있다. 이 확장된 가족의 일부 구성원들과는 매우 가까울 수 있고, 다른 구성원들과는 거의 상호작용이 없을 수도 있다. 아동발달에 가장 큰 영향을 주는 성인 가족 구성원은 같이 생활하는 사람들인데, 그들은 정기적으로 아동과 접촉하며 아동을 재정적으로 지원하고 양육한다.

가족구조(family structure)란 한 가구에서 사는 사람들의 수와 그들 간의 관계를 말한다. 출생, 사망, 이혼, 재혼 또는 다른 요인들에 의한 가족구조의 변화는 가족 구성원들 간의 상호작용에 영향을 줄 수 있으며 또한 가족의 일상이나 규범뿐만 아니라 아동의 정서적 복지에도 영향을 줄 수 있다(Bachman, Coley, & Carrano, 2012; Dush, Kotila, & Schoppe-Sullivan, 2011; Lam, McHale,

가족구조 ■ 한 가구에서 사는 사람들의 수와 그들 간의 관계

& Crouter, 2012). 많은 사례에서, 그와 같은 가족역동에서의 변화의 효과는 점진적이며 연속적인 경향이다. 그러나 정신적 외상을 받을 정도의 부모 이혼이나 죽음 같은 단일 사건은 아동의 행동과 정서적 적응에 매우 극적인 변화를 가져올 수 있다. 이 절에서 우리는 우선 최근의 가족구조에서의 변화를 살펴본 다음에, 약간의 관심과 많은 논쟁을 가져온 세 가지 가족구조에 관해 알려진 것들을 깊이 있게 검토할 것이다—동성 부모, 이혼한 부모, 양부모.

미국 가족구조의 변화

전형적인 가족구조를 서술하라고 질문하면, 대부분의 미국인들은 어머니, 아버지, 부모와 생물학적으로 관련된 하나 또는 그 이상의 자녀들을 꼽는다. 1960년에는 그 대답이 옳았다. 73%의 자녀들은 그 대답에 맞는 가족구조에서 살았다(Pew Research Center, 2015). 그러나 미국 인구조사국의 자료에 따르면(Laughlin, 2014; Pew Research Center, 2015), 이제 그것은 더는 맞지 않는다. 지난 50년 이상 기간 동안 미국 가족구조의 변화는 아동발달과 가족생활의 이해를 위해 아주 중요하다.

더 많은 아동들이 편부모나 미혼 동거 부모와 살고 있다

2014년에는 단지 46%의 미국 아동들이 초혼인 부모와 살고 있었다(1960년에는 73%였다). 그림 12.1에서 볼 수 있듯이, 이 큰 감소는 편부모와 사는 아동들의 증가(1960년의 9%에서 2014년의 26%)와 짝을 이루고 있다. 이에 더하여, 7%의 아동들은 미혼의 동거 부모와 살고 있다(1960년의 통계에는 없음). 미혼 여성의 출생 수는 1980년대에 증가하기 시작했다. 그림 12.2에서 보듯이, 2013년에는 매 1,000명의 미혼 여성(15~44세)당 44명의 출생이 있었다(Federal Interagency Forum on Child and Family Statistics, 2015). 적어도 2010년까지는 15~17세 및 18~19세의 출산율은 급격히 감소하되, 그외 연령대에서는 증가하고 있다. 여기서 미혼 출산 여성의 50%는 그 자녀의 부친과 동거하고 있다는 사실이 중요하다(Kennedy & Bumpass, 2008).

그림 12.1에서 명백히 보았듯이, 미국의 가족구조는 과거 50년 동안에 극적으로 변화했다(Pew Research Center, 2015). 그러나 이 평균치들은 일부 중요한 측면을 애매하게 만들었다. 예를 들어 미국 아동 중에서도 편부모와 살게 될 가능성이 높은 아동들은 일부 인종과 민족집단이며, 일부 사회경제적 집단이다. 흑인 아동의 54%와 라틴계 아동의 29%는 편부모와 살고 있어 백인 아동(19%)이나 아시아계 아동(13%)보다 그 비율이 높다(Pew Research Center, 2015).

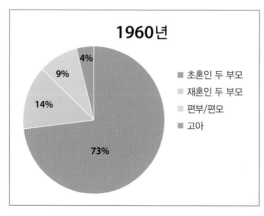
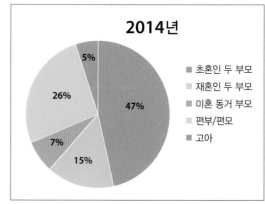

그림 12.1 아동이 함께 살고 있는 가족구조는 지난 50년 동안 극적으로 변화했다 2014년의 아동들은 1960년에 비해 편부모나 미혼의 동거 부모와 함께 살 가능성이 훨씬 높아졌다(Pew Research Center, 2015).

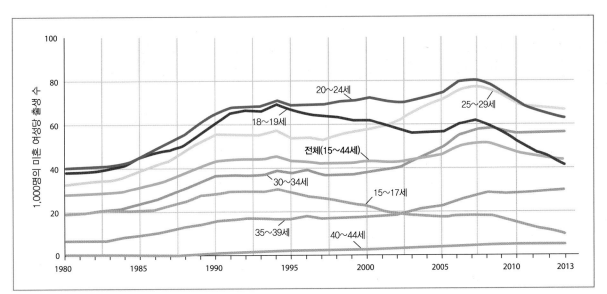

그림 12.2 연령에 따른 미혼모의 출생률
미혼 여성의 출생률은, 비록 최근에는 감소
했지만, 일반적으로 1980년부터 2005년까
지는 가파르게 상승했다. 미혼의 10대 여성
(15~17세)의 출산율은 1994~2013년 사
이에 상당히 감소했다(즉 1994년 1,000명
당 32명에서 2013년 12명으로)(Federal
Interagency Forum on Child and Family
Statistics, 2015).

가족구조는 가족 소득에 큰 의미를 가진다. 편부모와 사는 아동의 41%는 연방 빈곤선 미만에서 살고 있어 두 부모와 사는 아동의 14%와 비교된다(Laughlin, 2014). 편부모와 사는 또 하나의 의미 는, 부모가 아동과 보낼 시간이 적다는 것이다. 왜냐하면 편부모가 집안일 모두를 혼자 해내야 하 며, 가족을 지원하기 위해 흔히 2개 이상의 직업을 갖기 때문이다. 결과적으로 편부모가 자녀와 함 께 아침식사를 하는 빈도는 부모와 함께 사는 아동의 빈도와 마찬가지지만, 자녀에게 책을 읽어주 는 빈도는 편부모가 훨씬 더 낮다(Laughlin, 2014).

첫 부모가 되는 연령이 과거보다 높다

여성이 첫 자녀를 갖는 평균 연령은 과거 몇십 년 동안 증가했다. 즉 1970년에는 21세였는데 2014 년에는 26세였다(Pew Research Center, 2015). 평균 연령의 증가 이유 중 하나는 여성들이 자녀 를 갖는 시기를 연기해서이고, 또 다른 이유는 10대의 출산율이 감소했기 때문이다. 15~17세 10 대 소녀들의 출산율은 가파르게 감소했는데, 1994년의 1,000명당 32명에서 2014년 1,000명당 11 명으로 감소했다(Federal Interagency Forum on Child and Family Statistics, 2015; Hamilton et al., 2015). 10대 양육에 대한 더 자세한 논의는 글상자 12.1을 보라.

나이 든 연령에 자녀를 갖는 것은 확실히 양육의 장점이 있다. 나이 들어 첫 자녀를 둔 부모는 어 린 부모에 비해 더 높은 교육수준, 더 높은 지위의 직업, 더 높은 소득을 얻고 있는 경향이 있다. 나 이 든 부모는 또한 자녀 출산을 계획하며 전반적으로 적은 수의 자녀를 갖는다. 따라서 그들은 가 족을 부양할 더 많은 재정적 자원을 갖고 있다. 그들은 또한 결혼했을 경우 10년 내에는 이혼할 가 능성이 낮다(Bramlett & Mosher, 2002). 이에 더해, 나이 든 부모는 나이 어린 부모보다 자녀 양육 에서 더 긍정적인 경향이다. 예를 들어 한 연구에서, 18~25세에 부모가 된 사람들에 비해 그보다 나이 든 부모는 그들의 2세 자녀에게 거친 양육을 하는 비율이 낮았으며, 이는 다시 그 1년 후 더 적은 문제행동을 예측하게 한다(Scaramella et al., 2008). 게다가 부모 되기를 30세나 그 이후로 미 룬 남자들은 양육 역할에 대해 더 긍정적이며 더 반응적인 경향이다. 나이 어린 아버지들보다 자녀 에 대해 더 다정하며, 인지적·언어적으로 더 자극적이다(Cooney et al., 1993; NICHD Early Child Care Research Network, 2000a).

부모로서의 10대

대부분의 청소년들이 부모와 함께 살거나 보살핌을 받고 있지만, 유효한 비율의 청소년들은 그들 자신이 부모이다. 1990년대 10대 임신이 절정에 다다랐을 때, 일부 인종과 민족집단에서 10% 이상의 10대들이 아기를 낳았다. 다행히 최근 20년 동안 그비율이 극적으로 떨어졌다. 2014년에는 미국의 15~17세 청소년 1,000명당 11명의 아기가 태어났다(Hamilton et al., 2015). 이비율은 1991년(10대 출산의 정점이었던해)에 비해 72%가 감소한 것이며, 국가 통계가 나온 이후의 70년 동안 최저치이다.

10대 출산의 감소는 모든 인종과 민족집단에서 나타났다(그림 참조) – 1991년부터 2014년까지, 비히스패닉 백인 10대에서 60% 감소, 비히스패닉 흑인 10대에서 70% 감소, 아메리칸 인디언 또는 알래스카 원주민 10대에서 68% 감소, 아시아계 또는 태평양 섬 10대에서 72% 감소, 히스패닉 10대에서 64% 감소(Hamilton et al., 2015). 이 감소는 더 나아진 성교육, 출산통제와 낙태시설의 이용 용이성 등에 기인한다. 그럼에도 불구하고 현재의 출산율은 공중보건 관계자들의 기준보다 높으며 다른 산업화된 나라들보다 높다(National Campaign to Prevent Teen and Unplanned Pregnancy, 2014).

많은 요인들이 청소년기 동안에 미국 소녀들의 출산 위험에 영향을 준다. 이 위험을 감소시키는 두 가지 요인은 친부모와 함께 사는 것이며, 학교활동이나 종교기관에 참여하는 것이다(B. J. Ellis et al., 2003; K. A. Moore et al., 1998). 오히려 위험을 증대시키는 요인들로는, 편모나 청소년 어머니에게 양육

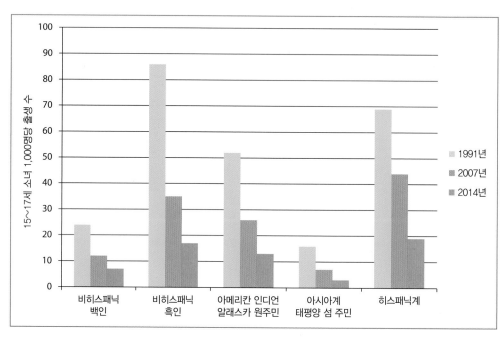

미국 15~17세 10대 소녀들의 출산율은 모든 인종과 민족집단에서 극적으로 낮아졌다(Hamilton et al., 2015).

되는 경우(R. L. Coley & Chase-Lansdale, 1998; J. B. Hardy et al., 1998), 낮은 학업성취나 학교 중퇴(Freitas et al., 2008), 심각한 가족문제(예 : 부모 사망, 가족의 약물이나 알코올 남용; Freitas et al., 2008), 성적으로 왕성한 또는 이미 부모가 된 청소년 형제자매를 둔 경우(East & Jacobson, 2001; B. C. Miller, Benson, & Galbraith, 2001), 성적으로 왕성한 친구를 둔 경우(East, Felice, & Morgan, 1993; Scaramella et al., 1998) 등이다.

청소년기에 아기를 갖는 것은 아기와 어머니 모두에게 많은 부정적인 결과를 초래한다(Jaffee, 2002).

어머니가 되는 것은 그 청소년 어머니의 교육기회, 경력개발, 또래들과의 정상적인 관계 등을 축소시킨다. 설령 10대 어머니가 결혼을 한다 해도, 그들은 이혼할 가능성이 매우 높으며 오랜 시간을 편모로 지내기 쉽다(R. L. Coley & Chase-Lansdale, 1998; M. R. Moore & Brooks-Gunn, 2002). 이에 더해, 청소년 어머니는 흔히 빈약한 양육기술을 가졌고 나이 든 어머니들에 비해 자기 자녀에게 낮은 수준의 언어자극을 제공하며, 자녀가 그 나이보다 높은 수준의 행동을 하기 바라고, 자녀를 소홀히 다루거나 학대하기 쉽다(Ekéus, Christensson, & Hjern, 2004).

더 많은 아동들이 조부모와 살고 있다

미국 아동들의 10% 정도가 조부모와 살고 있다(부모도 함께 살기도 하고, 부모 없이 살기도 함). 이 비율은 아동의 인종이나 민족성에 따라 다르다. 흑인 아동들의 14%, 아시아계 아동들의 14%, 라틴계 아동들의 12%, 비히스패닉계 백인 아동들의 7%가 조부모와 살고 있다(Ellis & Simmons, 2014). 1970년 이후, 조부모가 1차 돌보는 이(즉 조부모가 부모 역할을 함)로 된 비율은 2배가 되었는데, 3%에서 6%가 되었다. 이는 미국 전체의 270만 조부모들이 손주들을 돌보는 이가 된 것이다(Ellis & Simmons, 2014).

10대 어머니들은 학교에 다니기 어렵게 만드는 많은 도전에 직면해 있다.

양육에서의 이런 결함들을 고려하면, 10대 어머니의 자녀가 나이 든 어머니의 자녀보다 혼란스러운 애착이나 낮은 충동통제, 문제행동, 학령 전후의 인지발달 지연을 보이는 것은 놀랄 일이 아니다. 10대 어머니의 자녀가 청소년기에 이르면, 그들은 나이 든 어머니의 자녀들에 비해 학업실패나 비행, 투옥, 일찍부터 성적인 활동비율이 높고 (M. R. Moore & Brooks-Gunn, 2002; Wakschlag et al., 2000), 또한 성인 초기에 낮은 교육수준, 낮은 소득, 낮은 생활만족도를 보이는 경향이 있다 (Lipman, Georgiades, & Boyle, 2011).

이것이 청소년 어머니에게서 태어난 모든 자녀들이 빈약한 발달적 결과를 가진다는 뜻은 아니다. 아동발달과 양육에 관한 지식을 갖고 있고, 대부분의 10대 어머니들보다 더 권위적인 양육을 하는 어머니의 자녀들은 문제행동을 더 적게 보이며, 더 나은 지적 발달을 보이는 경향이 있다(L. Bates, Luster, & Vandenbelt, 2003). 이에 더해, 일관적이고 민감한 양육을 포함한 긍정적인 어머니-자녀 관계를 경험한 10대 어머니들은 학교에 남을 가능성이 높으며 성인 초기에 취업될 가능성도 높다 (Jaffee et al., 2001). 지지적인 부모와 친척들 또한 어린 어머니들이 학업을 계속하도록 기회를 제공하는 경향이 있다.

비슷한 많은 요인들이 청소년 남아들이 아버지가 되는 데 위험으로 남아 있다. 그중 주요한 것들은 빈곤, 약물 남용, 문제행동, 일탈 또래와 어울리기, 전과기록 등이다(Miller-Johnson et al., 2004; D. R. Moore & Florsheim, 2001).

많은 어린 미혼 또는 부재 아버지들은 초기 몇 년 동안은 자녀를 정기적으로 보러 오지만, 접촉률은 시간이 지나면서 낮아진다(Marsiglio et al., 2000). 미혼의 비동거 아버지가 청소년일 경우, 접촉은 유지되기 어렵다(M. Wilson & Brooks-Gunn, 2001). 만일 어린 미혼 아버지들이 아기 어머니의 출산 후 몇 주 동안 아기 어머니와 따뜻한 지지적인 관계를 갖거나, 아기 어머니가 임신 후 바로 또는 임신기간 동안 스트레스를 주는 많은 생활사건들(특히 재정적인 문제)을 경험하지 않는다면 어린 미혼 아버지는 자기 자녀와의 관계를 유지한다 (Cutrona et al., 1998). 또한 어린 미혼 아버지들은 만일 자기 부모로부터 양육 역할에 대한 사회적 지지를 받거나, 아버지가 되는 것 또는 다른 요인들과 관련된 스트레스 수준이 낮을 때 자기 자녀와의 관계를 유지한다(Fagan, Bernd, & Whiteman, 2007).

아버지의 존재와 지지는 자녀와 그 어머니에게 이로울 수 있다. 청소년 어머니들은 청소년 아버지의 관여 수준에 만족할 때 부모로서의 유능감을 느끼며 우울감을 덜 느낀다(Fagan & Lee, 2010). 청소년 어머니의 자녀는 청소년기에 자신의 생물학적 친부(또는 양부)와의 관계가 좋을 때(특히 같이 살고 있을 때) 그 청소년기를 잘 지낸다. 그러나 아버지-자녀 관계가 긍정적이지 않거나 아버지가 전과자라면, 청소년 어머니의 자녀에게 미치는 아버지의 영향은 전혀 이롭지 않다(Jaffee et al., 2001).

조손 가족은 일반 가족보다 더 가난한 경향이 있는데, 조부모가 고정된 퇴직소득에 손주를 돌보는 추가 부담을 안게 되기 때문이다(Ganong, Coleman, & Russell, 2015). 조부모의 양육은 특히 어려운데, 왜냐하면 대부분의 조부모는 마지막으로 양육해본 이후 오랜 시간간격이 있기 때문이다. 또한 손주를 양육하는 조부모들은 사회적 지지망을 유지하기 어렵다. 그들은 손주라는 새로운 세대를 양육하기에는 나이가 많고, 손주 세대의 부모들과도 다른 세대이다(Ganong et al., 2015). 불행하게도, 조부모에 의해 양육된 아동들은 정서적이거나 행동적인 문제들을 경험하는데(Fergusson, Maughan, & Golding, 2008), 그 문제점들이 조부모 양육의 결과인지, 친부모의 빈약한 양육 결과인지, 친부모와의 분리에 따른 외상 때문인지는 알 길이 없다(Strong, Bean, & Feinauer, 2010).

가족이 더 작아지고 있다

가족이 과거에 비해 작아지고 있다. 이는 출산통제에의 접근이 증가된 점에서뿐만 아니라 직장을 가진 여성들이 임신을 지연하기 때문이기도 하다. 4명 이상의 자녀를 둔 여성의 비율이 1976년 40%에서 2014년 14%로 떨어졌고, 같은 기간 한 자녀를 둔 여성의 비율은 높아졌으며(11% → 22%), 2명의 자녀를 둔 여성의 비율 역시 높아졌다(24% → 41%)(Pew Research Center, 2015). 이와 같은 변화는, 물론, 더 적은 수의 아동들이 형제를 갖고 있다는 의미이다.

가족구조가 더 유동적이다

흔히 반복되는 통계로는 결혼의 50%는 이혼으로 끝난다는 것이다. 이 통계는 지난 20년 동안 맞았다. 구체적으로는, 첫 결혼에서 10년을 함께 사는 비율은 69%이며, 20년을 함께 사는 비율은 54%이다 — 이 비율은 1970년대 이래 상대적으로 변하지 않고 있다(Copen et al., 2012). 이 높은 이혼율로 인해 상당한 비율의 아동들이 가족구조의 변화를 겪는다(때로는 반복적으로). 즉 부모나 동거자 중의 하나가 들어오거나 나간다. 모든 아동의 거의 1/5이 가족구조의 변화를 겪는데, 3년을 기준으로 별거나 이혼, 재혼, 동거, 사망 등에 의한 결과이다(Laughlin, 2014). 아동이 가족구조의 변화를 더 많이 겪을수록, 더 많은 행동문제가 나타날 수 있다(Cavanagh & Huston, 2006; Osborne & McLanahan, 2007).

다음으로 우리는 몇몇 특수한 가족구조 및 그것이 어떻게 아동발달에 영향을 미치는지를 살펴볼 것이다 — 동성 부모, 이혼한 부모, 양부모.

동성 부모

법의 제정과 일반 대중의 태도가 변화하면서, 남성 동성애자 부모와 여성 동성애자 부모의 수가 최근 들어 극적으로 늘어났다. 2010년 미국 인구조사국에 따르면, 115,000쌍의 동성 부부들이 자녀를 키우고 있다고 보고했다(Lofquist, 2011). 남성 동성애자 부모와 여성 동성애자 부모 대부분의 자녀들은 부부 중 한 사람이 과거 이성 결혼 또는 이성 관계였을 때 태어났는데, 이는 동성 부모 가구의 자녀 59%가 생물학적으로 부부 중 한 사람과 관련되어 있다는 의미이다(Goldberg, Gartrell, & Gates, 2014). 그런 많은 경우, 생물학적 부모 중 하나가 남성 동성애자 또는 여성 동성애자임이 밝혀져 이혼했다.

법적인 장벽에 더하여, 동성 부부는 부모가 되기 위해서 명백한 실제 장벽에 직면한다. 일부 여성 동성애자는 인공수정에 의지해야 하고, 일부 남성 동성애자는 난자를 제공하거나 아기를 낳아 줄 대리모를 찾는다. 대부분의 주는 양부모가 동성 배우자의 친자녀를 둘째 부모 입양이라는 절차를 통해 입양하는 것을 허용한다. 다른 동성 부모들은, 비록 몇몇 주에서는 아직도 법적인 장벽이 있지만, 양부모가 되는 것을 선택한다. 그러나 사실상 미국 대법원에서는 2015년에 Oberfegell 대 Hodges 사건의 원칙에 의해 동성결혼을 합헌이라고 했다.

동성 부부가 자녀양육을 해 온 것은 몇백 년은 되었을 텐데, 동성애에 대해 사회적으로 허용이 안 되었기 때문에 그런 사례들은 감춰졌을 것이다. 동성 부부와 동성 양육에 대한 허용이 증가함에 따라, 더 많은 동성 부부들이 부모가 되고 있다. 이와 동시에, 많은 사람들이 동성 부부가 '훌륭한' 부모가 될 수 있을지에 대해 염려의 목소리를 내고 있다. 많은 연구자들이 동성 부모가 이성 부모와 다른지 여부 및 동성 부모의 자녀와 이성 부모의 자녀들 간에 다른 점들이 있는지 여부를 연구하고 있다. 이 점증하는 연구들은 일관적으로 동성 부모의 자녀들과 이성 부모의 자녀들 간에 적응, 성격, 또래와의 관계, 학업성취 등에서 차이가 나지 않는다고 한다(Bos et al., 2016; Farr, Forssell, & Paterson, 2010; Gartrell & Bos, 2010; Potter, 2012; Wainright & Patterson, 2006, 2008).

점증적으로 많아지는 연구에 따르면, 남성 동성애자 부모나 여성 동성애자 부모의 자녀들은 이성애자 부모의 자녀들과 마찬가지로 발달한다고 한다.

이에 더해, 이 아동들은 또한 성적 지향이나 성유형 행동의 정도 역시 유사하며(J. M. Bailey et al., 1995; Fulcher, Sutfin, & Patterson, 2008; Golombok et al., 2003), 뿐만 아니라 청소년기의 연애나 성행동 역시 비슷하다(Wainright, Russell, & Patterson, 2004). 동성 부모의 자녀들은 일반적으로 남을 비난하거나 놀리기에서 낮은 수준이다(Tasker & Golombok, 1995). 비록 그 아동들은 때로 또래들로부터 소외되거나 소문거리가 되는 느낌을 받을지라도 말이다(Bos & van Balen, 2008).

이성 부모의 가족에서와 마찬가지로, 동성 부모 자녀의 적응은 가족역동에 좌우되는 것으로 보이는데, 이에는 부모-자녀 관계의 밀접성(Wainright & Patterson, 2008), 부부의 좋은 관계, 부모의 지지, 조절된 훈육, 자녀양육에서 부부가 느끼는 스트레스 정도 등이 포함된다(Farr et al., 2010; Farr & Patterson, 2013). 이에 더해 여성 동성애자 부모의 자녀들은 그 부모가 높은 스트레스를 받지 않을 때(R. W. Chan, Raboy, & Patterson, 1998), 그 부모가 자녀보육 의무를 공평하게 나누고 있다고 보고할 때(C. J. Patterson, 1995), 그 부모가 분담한 집안일에 만족할 때(R. W. Chan et al., 1998) 더 잘 적응한다. 남성 동성애자 양아버지가 낮은 수준의 사회적 지지를 받고 있고 덜 긍정적인 남성 동성애자 정체성을 갖고 있을 때, 그들은 자녀양육에 대해 더 많은 스트레스를 겪으며 자기 자녀와 빈약한 관계를 형성할 가능성이 있다(Tornello, Farr, & Patterson, 2011) — 이런 반응은 자녀의 적응에 영향을 줄 가능성이 많다. 남성 동성애자 친부와 그의 배우자로 이루어진 가족에서는, 가족생활에 대한 아들의 행복은 친부와의 관계뿐만 아니라 가족 활동에서 그 배우자가 포함되느냐 및 그 배우자와 아들의 관계가 좋으냐에 달려 있다(Crosbie-Burnett & Helmbrecht, 1993).

이런 일관적인 연구 결과로 인하여 미국소아과학회와 같은 전문기관에서는 부모의 성적 지향성과 자녀의 발달 간에는 모든 영역에 걸쳐 아무런 인과관계가 없다는 것을 재확인했다(Siegel et al., 2013).

이혼한 부모

2015년 현재, 480만 명의 아동들이 이혼한 어머니와 살고 있으며, 130만 명의 아동들이 이혼한 아버지와 살고 있다(U.S. Census Bureau, 2015). 게다가 아동을 포함한 재혼의 약 40%는 10년 내에 이혼으로 끝난다(Bramlett & Mosher, 2002). 이런 상황에 있는 아동들의 수를 생각할 때, 이혼과 재혼이 아동에게 미치는 영향은 집중적인 연구주제이다(Amato, 2010).

이혼이 자녀에게 미칠 수 있는 기제

이혼이 자녀에게 영향을 주느냐 여부를 논의하기 전에, 우선 왜 이혼이 영향을 줄 것이라고 생각하는지를 발달의 기제라는 주제와 발달의 맥락이라는 주제를 결합해 생각해보자. 이혼은 아동의 생활에서 수많은 변화를 촉발한다(Amato, 2010). 부모는 헤어져서 서로 다른 곳에 거주하게 되고, 아동 자녀는 전형적으로 어머니와 살게 된다. 아동과 함께 사는 부모는 이제 한 부모로서의 기능을 해야 하는데, 그러려면 더 집중적으로 시간을 써야 하며 재정적으로 더 부담스러워진다(비록 양육권 없는 부모가 주는 지원이 있다 해도). 이런 변화에 수반되는 스트레스의 결과로, 새로 이혼한 어머니의 자녀양육은(두 부모 가족의 어머니에 비해) 잦은 짜증과 강압 및 자녀에 대해 덜 온화하고 덜 일관적이며 덜 감독적인 특징이 있다(Hetherington, Bridges, & Insabella, 1998; K. E. Sutherland, Altenhofen, & Biringen, 2012). 이는 매우 불행한 일인데, 왜냐하면 만일 함께 살게 된 한 부모가 지지적이고 정서적으로 기댈만 하더라도, 아동은 이혼이 진행 중이거나 이혼 후에 적응하는 경향이 있기 때문이다(Altenhofen, Sutherland, & Biringen, 2010; DeGarmo, 2010).

때로는 한 부모가 될 때 동반되는 재정적인 어려움의 결과로서 또는 다른 실제적인 이유로 인해서, 양육권을 가진 부모(또는 공동 양육권을 갖는다면 두 부모)는 자녀를 새로운 동네와 새로운 학교로 옮긴다. 그렇게 되면 아동 자녀는 새로운 가정, 이웃, 학교, 또래집단에의 고통스러운 전환을 겪으며, 동시에 새로운 가족구조에 적응해야 한다(Braver, Ellman, & Fabricius, 2003; Fabricius & Braver, 2006). 따라서 이혼은 자녀의 일상과 사회관계망을 파괴할 수 있다. 이혼이 진행 중이거나 이혼 후의 이런 스트레스를 주는 모든 생활 변화는 아동의 정신건강에 직접적으로 영향을 줄 수 있을 뿐만 아니라(Sun & Li, 2011), 긍정적인 자녀양육과 즐거운 가족 상호작용을 약화시켜 간접적인 영향을 줄 수 있다(Ge, Natsuaki, & Conger, 2006).

이혼은 또한 긍정적인 결과를 가져올 수도 있는데, 특히 부모가 결혼생활에서 높은 수준의 갈등을 겪고 있을 때 그렇다. 부모 갈등은 아동·청소년 자녀에게 행동문제뿐 아니라 정서적인 문제까지도 증가시킨다(Buehler, Lange, & Franck, 2007; Davies, Cummings, & Winter, 2004; Grych, Harold, & Miles, 2003). 실제로, Amato와 동료들(1995)은 높은 갈등 가족에서 자란 아동들 중에서 부모가 그대로 사는 경우보다 부모가 이혼한 경우의 아동들이 더 잘 적응하며, 낮은 갈등 가족에서는 그 반대인 것을 발견했다. 따라서 높은 갈등 가족의 아동을 위해서는 이혼이 그 갈등을 끝낼 수 있다면 하나의 긍정적 변화가 된다.

물론 이혼은 또한 재정이나 양육권 결정에 대해 부모 간 갈등을 악화시킬 수도 있다. 이 계속되는 갈등은 특히 자녀가 자신이 중간에 끼어 있다고 느낄 때 ─ 예컨대 억지로 부모 사이의 중재자 역할이 강제되거나, 한 부모의 행위에 대한 정보를 다른 부모에게 알리도록 강제될 때 ─ 부정적인 효과를 낼 가능성이 높다. 만일 아동 자녀가 한 부모에 대한 정보나 충성심을 다른 부모에게 감추고 싶다면 유사한 압박감이 일어날 것이다 ─ 또는 만일 부모가 아동 자녀에게 이혼이나 부부 서로에 대한 민감한 정보를 부적절하게 공개한다면 유사한 압박감이 일어날 것이다. 이혼한 부모의 갈등 속에 자신이 갇혀 있다고 느끼는 청소년은 우울해지거나 불안해질 위험성이 증가하며, 음주나 절도, 학교에서의 부정행위, 싸움, 약물 사용 같은 문제행동을 할 위험성이 증가한다(Afifi et al., 2007, 2008; Afifi, Afifi, & Coho, 2009; Afifi & McManus, 2010; Buchanan, Maccoby, & Dornbusch, 1991; Kenyon & Koerner, 2008).

아동 자녀의 이혼에의 적응

전문가들은 이혼 자녀 아동들은 친부모와 함께 사는 아동들에 비해 다양한 단기적·장기적 문제점의 위험이 있다고 동의한다. 예를 들어 온전한 가족의 또래들 대부분에 비해, 그들은 우울과 슬픔, 낮은 자존감, 낮은 사회적 책임감과 유능감 등을 경험할 가능성이 높다(Amato, 2001; Ge et al., 2006; Hetherington et al., 1998). 이에 더해 이혼 아동들, 특히 소년들은 공격행동, 반사회적 행동 같은 높은 수준의 문제행동들을 이혼 직후 및 이후 몇 년 동안 외현화하는 경향이 있다(Burt et al., 2008; Hartman, Magalhães, & Mandich, 2011; Malone et al., 2004). 이와 같은 문제들은 이혼 아동들이 흔히 보이는 학업성취에서의 하락으로 이어질 수 있다(Potter, 2010). 이혼 청소년들은 학교 중퇴, 비행행동이나 약물 남용, 혼외 자녀를 갖는 경향을 보인다(Hetherington et al., 1998; Song, Benin, & Glick, 2012).

이혼이나 재혼한 가족의 아동들은 성인이 되었을 때 온전한 가족 출신의 또래에 비해 이혼의 위험성이 더 크다(Bumpass, Martin, & Sweet, 1991; Mustonen et al., 2011; Rodgers, Power, & Hope, 1997). 이 집단 내에서 여성은, 남성이 아니라, 또한 빈약한 질의 친밀한 관계, 낮은 자존감, 친구나 가족 구성원, 다른 사람들로부터의 사회적 지지에 대한 더 낮은 수준의 만족도를 가질 위험이 있다(Mustonen et al., 2011). 고등학교나 대학을 졸업하지 못할 가능성이 높기 때문에, 이혼 아동들은 온전한 가족의 또래들에 비해 성인 초기에 흔히 더 낮은 소득을 번다(Hetherington, 1999; Song et al., 2012). 그들은 또한 성인기에 우울, 불안, 공포와 같은 심각한 정서장애를 겪을 위험이 있다(Chase-Lansdale, Cherlin, & Kiernan, 1995).

그러나 이러한 모든 위험에도 불구하고, 부모가 이혼한 대부분의 아동들은 그 결과로서의 심각하고 지속적인 문제점들로 고통 받지 않는다(Amato, 2010). 사실 이혼이 보통 아동들에게는 매우 고통스러운 경험이지만, 이혼한 가족 아동과 온전한 가족 아동 사이의 심리적·사회적 기능에서의 차이는 전반적으로 적다(예 : Burt et al., 2008). 게다가 이 차이도 흔히 이혼 전에 수년간 존재했던 아동과 부모 사이의 심리적 기능 차이를 확장한 것이다(Clarke-Stewart et al., 2000; Emery & Forehand, 1996).

비록 나이 든 아동과 청소년이 나이 어린 아동보다 이혼을 더 잘 이해한다 해도, 그들은 특히 적응문제(예 : 빈약한 학업성취, 부모와의 부정적인 관계)에서의 위험이 있다. 높은 범죄율, 빈약한 학교, 넘치는 반사회적 또래들로 특징지어지는 이웃들이 있는 곳에 살게 된 청소년은 특히 높은 위험에 처한다(Hetherington et al., 1998). 왜냐하면 한 부모 — 낮에는 거의 일하는 중 — 로는 자녀의 행동을 감시할 수 없으므로 문제행동에 빠질 기회가 많아지기 때문이다. 대학생 자녀는 부모의 이혼에 대해 덜 반응적일 것인데, 아마도 성숙함과 가족으로부터의 독립성 때문일 것이다(Amato & Keith, 1991). 부모의 재혼에 대해서는 청소년 자녀가 나이 어린 아동 자녀에 비해서 더 부정적인 영향을 받는 것으로 보인다. 이에 대한 하나의 가능한 설명으로는, 자율성과 성 정체성 문제로 고심하는 어린 청소년들은 자기를 통제할 수 있고 또한 자기 친부모의 성생활 동반자가 되는 새로운 부모의 출현에 고심이 더욱 깊어진다는 것이다(Hetherington, 1993; Hetherington et al., 1992).

이혼 후 아동들의 적응에 영향을 주는 핵심 요인은 비양육 부모(이혼 후 같이 살지 않는)와의 접촉의 질이다. 유능하고, 지지적이

혼자된 이혼한 부모는 흔히 증가된 스트레스를 겪게 되며, 그것 때문에 자녀양육의 질에 영향을 미칠 수 있다.

Bruce Ayres / Getty Images

며, 권위적인 비양육 아버지를 접촉하는 아동들은, 자주 만나기는 하지만 피상적이고 파괴적인 비양육 아버지를 접촉하는 아동들에 비해 더 잘 적응한다(Amato & Gilbreth, 1999; Hetherington, 1989; Hetherington et al., 1998; Whiteside & Becker, 2000). 이와 반대로, 반사회적 특징의 비양육 아버지와 접촉하는 것은 그 아동의 불복종을 예측한다(DeGarmo, 2010). 비양육 어머니에 대한 것은 덜 알려져 있으나, 연구들에 의하면, 비양육 어머니가 아동 자녀들과 정기적이고 긍정적인 만남을 유지할수록 그 자녀들은 더 잘 적응한다(Gunnoe & Hetherington, 2004; King, 2007).

양부모

미국 전체 아동의 5%에 해당하는 400만 명의 아동들이 현재 양부모와 살고 있다(Kreider & Lofquist, 2014). 의붓가족은 다양한 구조를 가질 수 있는데, 단순 의붓가족은 새로운 양부모만 다른 부모와 자녀에게 결합하는 것이고, 복합 또는 혼합 의붓가족은 새로운 양부모와 그 자녀들이 새로이 결합하는 것이다(Ganong et al., 2015). 의붓가족의 대부분은 이혼과 재혼을 통해 형성되지만, 일부는 자녀의 친부모 중 하나가 사망하여 형성되기도 한다.

아동의 삶에 양부모가 도입되는 것은 여러 가지 방식으로 아동에게 영향을 줄 수 있다. 한 부모의 재혼은 흔히 비양육 부모와 아동의 만남 빈도가 적어짐을 의미하는데, 이는 아동에게 스트레스가 되어 새로운 양부모에게 적응하는 데 어려울 수 있다(Ganong et al., 2015). 양육 부모의 재혼은 가족 소득에 긍정적 효과를 줄 수 있다. 하지만 양부모가 이전의 결혼에서 자기 친자녀를 부양해야 한다면 그 효과가 감소할 것이다(Ganong et al., 2015). 양부모와 유대를 형성하는 아동은 그의 삶에 또 하나의 신뢰할 수 있는 성인을 얻는 것이며, 이는 정서적·행동적 건강에 긍정적인 이득을 줄 수 있다(Ganong et al., 2011).

의붓가족의 이점과 도전점은 양아버지일 경우와 양어머니일 경우에 따라 다를 것이다. 대부분의 양아버지들이 그의 새 가족이 융성하기를 바랄 테지만, 그들은 일반적으로 온전한 가족의 아버지에 비해 의붓자녀들에 대해 가까운 느낌이 덜하다(Hetherington, 1993). 처음에는, 양아버지가 온전한 가족의 아버지보다 의붓자녀들에게 더 따뜻하고 덜 통제적인 경향이 있다(Kurdek & Fine, 1993). 새 양아버지는 특히 의붓아들에게 남성 역할모델로서 도움이 될 것이다(Parke & Buriel, 1998). 실제로 청소년의 부모가 재혼하면, 그 청소년이 비행행동에 참여할 가능성이 감소한다(Burt et al., 2008). 시간이 흐르면서 전반적으로 흔히 아동들은 같이 안 사는 친아버지만큼이나 양아버지에게 가까워지며 어떤 때는 더 가까워지기도 한다(Falci, 2006). 그런 경우 보통 친아버지와의 관계를 손상하지는 않는다(King, 2009). 청소년의 경우, 친아버지와 양아버지 모두와 가까운 관계를 형성하고 자신이 그 둘에게 소중하다고 믿게 되면, 청소년기의 더 좋은 결과로 이어진다(Schenck et al., 2009).

그럼에도 불구하고 평균적으로는, 양아버지와 의붓자녀 간의 갈등은 친아버지와 자녀들 간의 갈등보다 더 큰 경향이 있다(Bray & Berger, 1993; Hakvoort et al., 2011; Hetherington et al., 1992, 1999). 이는 아마도 부분적으로 양아버지가 친아버지에 비해 자녀들을 부담으로 여길 가능성이 높기 때문이다(A. O'Connor & Boag, 2010). 따라서 양아버지와 함께 사는 아동들은 온전한 가족의 아동들에 비해 더 높은 비율의 우울, 위축, 파괴적인 문제행동 경향이 있다 해도 놀랄 일이 아니다(Hetherington & Stanley-Hagan, 1995).

사춘기 이전의 소녀들은 특히 양아버지와 다툴 가능성이 높다. 흔히 재혼을 앞두고 어려움이 나타나는데, 이혼한 어머니는 자신의 딸(들)과 밀접하고 신뢰성 있는 관계를 맺고 있다가, 양아버지가 가족으로 들어옴으로써 그 관계가 깨지게 된다. 이런 변화로 인해 딸(들)은 분개하여 어머니와 양아버지 둘 다와 갈등을 하게 된다(Hetherington et al., 1992; Hetherington & Stanley-Hagan, 2002). 양아버지보다 양어머니가 결정적으로 적기 때문에 양부모로서 양어머니의 역할에 대한 연구는 매우 적다. 그러나 일반적으로 의붓자녀들과의 관계에서 양어머니가 양아버지보다 더 어려운 것 같으며(Gosselin & David, 2007), 우울증상의 위험이 있다(D. N. Shapiro & Stewart, 2011). 흔히 친아버지는 양어머니에게 자녀를 감독하고 훈육하는 등 양육에서의 적극적인 역할을 기대하지만, 자녀들은 흔히 양어머니가 훈육자가 되는 것을 싫어하며 양어머니의 권위를 거절하거나 마지못해 인정한다. 이것이 아마도 친어머니에 비해 양어머니가 의붓자녀를 향해 분노하거나 짐으로 여기는 이유일 수 있다(A. O'Connor & Boag, 2010). 남녀 의붓자녀들은 양부모가 독립적으로 통제하려는 것보다는 따뜻하고 함께 관여하며 친부모의 결정을 지지할 때 의붓가족에 잘 적응한다(Bray & Berger, 1993; Hetherington et al., 1998).

아동 자녀들이 의붓가족에 적응하는 데 추가적인 요인은 비양육 친부모의 양부모에 대한 태도 및 친부모와 양부모 간 갈등의 수준이다(Wallerstein & Lewis, 2007). 만일 비양육 친부모가 새 양부모에 대해 적대감을 갖고 그 감정을 자기 자녀에게 전달하면, 그 아동 자녀는 중간에 끼인 느낌을 받고 적응문제를 일으킨다(Buchanan et al., 1991). 비양육 친부모의 적대감은 아동 자녀를 부추겨 양부모에게 적대적인 또는 소원한 방식의 행동을 부추긴다. 의붓가족의 아동들은 비양육 친부모와 양부모 간의 관계가 지지적이고, 이혼한 친부모 간의 관계가 다정할 때 가장 편안하게 생활한다(Golish, 2003). 따라서 의붓가족의 성공이나 실패는 그 안에 포함된 모든 당사자들의 태도와 행동에 달려 있다.

BraunS / Getty Images

이혼 아동은 비양육 아버지와의 상호작용을 통해서 이득을 볼 수 있는데, 이는 오로지 그 상호작용의 질이 매우 높을 때 가능하다.

가족역동

가족은 몇몇 필수적인 기능을 수행하는데, 예컨대 자녀의 생존을 확실히 하고, 자녀로 하여금 경제적으로 풍부하게 되는 데 필요한 기술 획득 수단을 제공하며, 그 문화의 기본적인 가치를 가르친다(R. A. LeVine, 1988). 한 가족이 이 기본적인 자녀양육 기능을 얼마나 잘 수행할 것인가는 분명히 수많은 요인에 달려 있다. 그것들 중 가장 중요한 것이 가족역동인데, **가족역동**(family dynamics)은 가족 구성원들이 다양한 관계(어머니와 각 자녀, 아버지와 각 자녀, 어머니와 아버지, 형제들끼리 등) 속에서 어떻게 상호작용하는가이다. 이제부터는 개별 가족 구성원이 아동발달에 기여하는 방식을 논의할 것이다. 그러나 그러기 위해서는 가족역동의 전반적인 영향력에 대한 명쾌한 이해를 위한 논의의 틀을 짜는 것이 중요하다. 가족이란 그 구성원들 모두가 서로 의존적이며, 서로가 서로에게 영향을 주는 복합적인 사회적 단위이다.

가족역동 ■ 가족 구성원들이 다양한 관계 속에서 상호작용하는 방식; 어머니와 각 자녀, 아버지와 각 자녀, 어머니와 아버지, 형제들끼리

사회화 ■ 아동이 그가 속한 특정 문화에서 현재와 미래의 역할에 적합하다고 간주되는 가치, 기준, 기술, 지식, 행동을 획득하는 과정

양육

사회화(socialization)란 아동이 그가 속한 특정 문화에서 현재와 미래의 역할에 적합하다고 간주되

는 가치, 기준, 기술, 지식, 행동을 획득하는 과정이다(Maccoby, 2015). 자녀들이 성인이 됐을 때 보여주었으면 하는 특성에 대해 부모들에게 질문한 결과, 대부분의 부모들이 정직하고 도덕적인 (71%), 배려심과 동정심 있는(65%), 부지런한(62%) 등을 꼽았다(Pew Research Center, 2015). 이 장기적인 목표를 마음에 두고, 부모들은 그 특성들을 자기 자녀가 갖도록 하는 사회화 행동에 관여한다. 우리는 아동발달에 특별히 중요한 두 가지 핵심 측면의 양육에 초점을 맞추겠다 — 훈육과 양육 유형.

훈육

훈육(discipline)이란 일련의 전략과 행동으로서 부모가 자녀들에게 적합하게 행동하는 방식을 가르치는 것이다. 부모의 훈육이 효과적인 것은 (1) 자녀가 바람직하지 않은 불량행동(예 : 장난감을 빼앗으려고 동생을 때림)을 그치고, (2) 선호되는 행동(예 : 차례를 지켜 장난감을 갖고 놈)을 할 때이다. 훈육은 아동의 행동 변화가 영속적일 때 가장 효과적이라고 여겨진다. 왜냐하면 아동이 바람직한 행동을 학습했고 받아들였기 때문이다. 이 과정을 **내재화**(internalization)라고 한다(Grusec & Goodnow, 1994).

다른 사람에게 미치는 행동의 영향에 초점을 둔 추론을 타인 지향 귀납법이라 하는데, 이는 특히 내재화를 촉진하는 데 효과적이다. 예를 들어 다른 애를 때리는 것은 그 애의 신체와 감정에 상처를 주는 거라고 부모가 강조하면, 그 자녀는 맨 처음의 불량행동을 하지 않는 것이 왜 좋은지를 이해하기 시작할 것이다. 타인 지향 귀납법을 사용하는 것은 아동에게 타인에 대한 공감을 가르치는 데 추가적 이득이 있는데, 그것은 타인을 향한 친사회적 행동을 하기 위한 기본적 기술이다. 실제로 추론과 타인 지향 귀납법은 아동의 더 큰 사회적 역량과 연관되어 있다(Hastings, Miller, & Troxel, 2015). 다행히도 추론은 훈육의 가장 공통적인 형태인데, 부모들의 3/4이 추론을 정기적으로 사용한다고 보고한다(Pew Research Center, 2015).

내재화는 부모가 자녀에게 올바른 양의 심리적 압력을 적용했을 때 일어난다. 압력을 너무 적게 주면, 자녀는 부모의 메시지를 경감하고 자신이 원하는 대로 한다. 압력을 너무 많이 주면, 자녀는 순응은 하지만 그렇게 하도록 압력을 받았기 때문이라고 생각할 것이다. 자녀는 그렇게 순응하는 이유를 내재화하기보다는 외부적인 힘(예 : 자기 부모)에 귀인시킬 것이다(Maccoby & Martin, 1983). 이런 상황에 있는 자녀는 부모에게 잡힐 위험이 있을 경우에만 바람직한 방식으로 행동할 것이다.

아동들에게 너무 많은 심리적 또는 심지어 신체적 압력을 가하는 훈육 기법들은 내면화를 촉진하는 데 효과적이지 않다. 대부분의 벌이 이 범주에 속한다. **벌**(punishment)은 어떤 행동이 다시 일어날 가능성을 줄이기 위해 그 행동에 따르는 부정적인 자극이다(Hineline & Rosales-Ruiz, 2012). 타임아웃 또는 특권을 빼앗는 등의 벌은 부모가 그 불량행동을 인정하지 않음을 분명히 하지만, 자녀 스스로 미래에 어떻게 행동해야 하는지는 가르치지 않는다. 위에 열거된 온화한 벌은 내면화에 필요한 최소한의 압력을 제공할 수 있지만, 부모의 약간 높아진 목소리 또는 인정하지 않는 표정만으로도 흔히 자녀가 순응하도록 하는 데 필요한 충분한 압력임을 기억해야 한다.

많은 연구들이 체벌은 아동에게 어떻게 행동해야 하는지를 가르치는 데 효과적이지 않으며 또한 아동에게 의도치 않은 부정적인 영향을 준다고 지적한다(Gershoff & Grogan-Kaylor, 2016a; 글상자 12.2 참조). 고함, 타임아웃, 특권 박탈, 사랑의 철수(그의 행동 때문에 애정을 거두기)와 같은 다른 형태의 벌도 효과가 없으며, 아동에게 부정적인 영향을 주는 것으로 판명되었다(Gershoff

훈육 ■ 부모가 자녀들에게 적합하게 행동하는 방법을 가르치기 위해 사용하는 일련의 전략과 행동

내재화 ■ 아동이 바람직한 행동을 학습했고 받아들였기 때문에 아동의 행동 변화를 영속적으로 이끄는 효과적인 훈육

벌 ■ 어떤 행동이 다시 일어날 가능성을 줄이기 위해 그 행동에 뒤따르는 부정적인 자극

et al., 2010). 그럼에도 불구하고 부모들의 20~40%는 위에 열거한 벌을 사용한다고 보고한다(Pew Research Center, 2015).

양육 유형

비록 어떤 특정한 양육 행동이 아동발달에 영향을 줄 수 있지만, 부모가 자녀와 상호작용하는 전반적인 유형 또한 부모-자녀 관계와 아동발달에 영향을 준다(Darling & Steinberg, 1993). **양육 유형**(parenting styles)은 부모-자녀 상호작용의 정서적인 분위기를 설정하는 양육행동과 태도의 좌표이다. 예를 들어 어떤 부모는 엄격한 규칙 설정자로서 자녀가 완벽하게 즉각적으로 순응하기를 기대한다. 다른 부모는 자녀를 위해 만든 기준을 자녀가 좀 더 자유롭게 따르도록 허용한다. 또 다른 부모는 자녀가 무엇을 하든 별로 신경쓰지 않는 것 같다. 부모들은 또한 자신들의 양육에 정서적인 어조를 섞는 데서 서로 다른데, 특히 자녀에게 전달하는 지지와 온화함에서 다르다.

아동발달에 대해 부모가 갖는 영향력을 이해하기 위해, 연구자들은 특히 중요한 2개 차원의 양육 유형을 확인했다 — (1) 부모의 온화함과 반응성의 정도, (2) 양육 통제와 강제성의 정도(Maccoby & Martin, 1983). 온화함을 보이는 부모는 자녀에게 다정하며 자녀와 함께 있는 것을 좋아한다. 부모의 반응성이란 부모가 얼마나 빨리 그리고 적절하게 자녀의 요구, 도움 요청, 고통에 반응하느냐를 말한다. 다른 한편, 부모의 통제는 부모가 규칙과 결과를 통해 자녀의 행동을 감독하고 관리하는 범위이며, 강제성은 부모의 욕구에 대한 순응을 기대하고 아동 자신의 관심과 욕구에 대해서는 관용하지 않음을 의미한다.

양육 유형에 관한 선구적 연구는 Diana Baumrind(1973)에 의해 수행되었는데, 여기에는 지지와 통제 차원과 관련하여 네 가지 양육 유형을 구분했다. 이 네 가지는 권위적, 독재적, 허용적, 방임적 유형이다(Baumrind, 1973, 1991b)(그림 12.3).

Baumrind에 따르면, **권위적 양육**(authoritative parenting)은 요구적이지만 또한 온화하고 반응적인 유형이다. 권위적인 부모는 자녀에게 명확한 기준과 한계를 설정하고, 자녀의 행동을 모니터하고, 중요한 한계를 강요하는 것에 대해 확고하다. 그러나 그 한계 내에서는 상당한 자율성을 자녀에게 허용하여 제한적이거나 간섭적이지 않으며, 자녀와의 조용한 대화 및 추론이 가능하다. 권위적인 부모는 자녀의 관심과 요구에 주의를 기울이며, 자녀와 함께 그것들에 대해 개방적으로 의사소통한다. 그들은 또한 자녀를 훈육할 때 신중하고 일관적이며, 거칠거나 임의적이지 않다. 권위적인 부모는 보통 자기 자녀가 사회적으로 책임감 있고, 자기주장적이며, 자기통제적이기를 원한다.

Baumrind는 권위적인 부모의 자녀들이 유능하고, 자신감 있으며, 또래들에게 인기 있다는 것을 발견했다. 그들은 또한 성인들의 기대에 맞춰 행동할 수 있고 반사회적 행동은 낮았다. 권위적인 부모의 자녀들은 부모의 사회화 노력을 받아들이는 것으로 보인다. 예를 들어 한 연구에서 권위적인 부모의 자녀들은 독재적인 부모의 자녀들에 비해 낯선 또래들과 공유하고 순서를 더 잘 지키는 경향이었다(Hastings et al., 2007). 청소년으로서, 권위적인 부모의 자녀들은 사회적·학업적 유능성, 자립성, 대처 기술에서 상대적으로

양육 유형 ■ 부모-자녀 상호작용(예 : 반응성과 강제성)에 대한 정서적 분위기를 설정하는 부모의 행동과 태도

권위적 양육 ■ 매우 요구적이지만 또한 지지적인 양육 유형이다. 권위적인 부모는 자녀에게 명확한 기준과 한계를 설정하고, 강요하는 것에 대해 확고하다. 이와 동시에, 그 한계 내에서는 상당한 자율성을 자녀에게 허용하며 자녀의 관심과 요구에 주의를 기울이고 자녀의 관점을 존중하고 고려해준다.

그림 12.3 부모의 통제와 온화함 Baumrind의 양육 유형 분류에 따르면, 모든 부모는 온화함과 통제의 차원 어디엔가 속한다. Baumrind는 부모들을 네 가지 양육 유형 중의 어느 하나에 속하게 분류했다. 이 그림은 자녀가 장난감을 남과 공유하지 않으려 할 때 부모가 보일 수 있는 네 가지 잠재적 반응을 보여준다(Baumrind, 1973에서 인용).

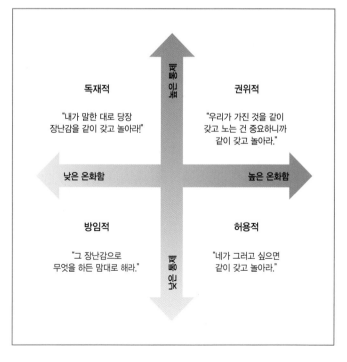

독재적
"내가 말한 대로 당장 장난감을 같이 갖고 놀아라!"

권위적
"우리가 가진 것을 같이 갖고 노는 건 중요하니까 같이 갖고 놀아라."

방임적
"그 장난감으로 무엇을 하든 맘대로 해라."

허용적
"네가 그러고 싶으면 같이 갖고 놀아라."

높은 통제 / 낮은 통제 / 낮은 온화함 / 높은 온화함

글상자 12.2 | 적용

부모는 자녀를 체벌해야 하는가?

체벌은 전형적으로 펼친 손을 포함하는데, 일부 부모들은 나무주걱 같은 사물을 사용하기도 한다. 자녀를 체벌하는 비율은 미국(Zolotor et al., 2011)과 캐나다(Clément & Chamberland, 2014)에서 지난 수십 년에 걸쳐 현저히 낮아졌다. 그러나 대부분의 부모들은 아직도 어떤 시점에서 자녀를 체벌한다(Gershoff et al., 2012). 체벌은 수많은 연구조사의 주제였으며 전문가들 사이의 논쟁거리였다. 현재에 와서는 다음과 같은 결론이 명백하다.

● **체벌은 아동의 행동을 향상시키지 못한다.** 체벌에 대한 연구들을 상위분석해본 결과, 체벌은 아동의 즉각적인 순응을 증가시키지 못했다(Gershoff & Grogan-Kaylor, 2016a). 체벌은 또한 장기적으로 아동의 행동을 향상시키지 못했다. 아동은 더 많이 맞을수록 향후에 적절한 행동을 더 못하게 되며, 더 공격적으로 행동하거나 반사회적 행동을 할 가능성이 높아진다(Gershoff & Grogan-Kaylor, 2016a). 이 발견은 아동의 공격성이나 반사회적 행동이 부모의 체벌을 유발하는 경향이 종단적 연구 설계를 통해 고려되었을 때에도 유효하다(Berlin et al., 2009; Gershoff et al., 2012; Lee, Altschul, & Gershoff, 2013).

● **체벌은 부정적인 결과에 대한 아동의 위험을 증가시킨다.** 체벌은 아동의 행동을 향상시키지 못했을 뿐만 아니라, 부정적 '부작용'이라 생각되는 부정적, 의도치 않은 결과와 연계된다. 아동이 더 많이 맞을수록 더 많은 정신건강문제를 갖게 되며, 부모와의 관계에서 더 많은 문제를 갖게 되고, 자존감이 더 낮아지고, 인지능력이 더 낮아진다(Gershoff, 2013; Gershoff & Grogan-Kaylor, 2016a).

체벌의 가장 심각한 결과는 신체적 학대와 연계된다. 자녀를 많이 때릴수록, 부모는 자녀를 다치게 할 수 있는 더 거친 방법을 사용할 가능성이 높아진다(Zolotor et al., 2011). 자녀가 1세일 때 때린 부모가 자녀가 5세가 되었을 때 신체적 학대를 할 가능성은 일반 기준보다 33% 더 높다(Lee, Grogan-Kaylor, & Berger, 2014). 캐나다에서의 아동학대 사례 검토를 보면, 신체적 학대의 대부분은 체벌로부터 시작된다(Durrant et al., 2006).

● **체벌은 모든 문화에 걸쳐 부정적인 결과와 연계된다.** 이 장에서 언급했듯이, 문화는 어떤 양육이 정상적이고 바람직한가를 결정할 수 있다. 문화집단, 특히 인종과 민족들은 얼마나 자주 체벌을 사용하느냐는 점에서 차이가 난다(Gershoff et al., 2012). 그러나 체벌이 부정적인 결과(예 : 증가된 공격성)와 연계되는 정도는 인종과 민족에 따라 다르지 않다. 체벌은 모든 인종과 민족을 통해 더 많은 공격행동, 더 많이 외현화된 행동문제들과 연계되며(Berlin et al., 2009; Gershoff et al., 2012; Gershoff & Grogan-Kaylor, 2016b), 심지어 나라들에 걸쳐 체벌 사용 수준과 연계된다(Gershoff et al., 2010).

이런 이유들 때문에, 특히 UN은 때리기 등의 체벌이 폭력으로부터 보호받아야 할 아동에 대한 폭력이라고 선언했다(UN, Committee on the Rights of the Child, 2006). 이 체벌이 아동에게 해롭다는 점증적으로 많아지는 증거에 대한 반응으로, 49개 국가들은 아동에 대한 모든 체벌을 금지했으며, 여기에는 부모에 의한 체벌도 포함했다(Global Initiative to End All Corporal Punishment of Children, 2016).

미국은 위의 49개 나라들에 속하지 않지만, 미국소아학회(1998), 미국아동청소년정신의학회(2012), 아동학대에 대한 미국 전문가협회(2016), 국립소아임상간호사연합회(2011) 등은 모두 아동에게 부과되는 위험성 때문에 부모들은 자녀 체벌을 금지해야 한다고 권고한다. 이에 더하여, 질병 통제 및 예방센터(Fortson et al., 2016)는 체벌 및 다른 형태의 신체적인 벌의 사용 감소가 신체적 학대를 종식시키는 핵심 사항임을 확인했다.

높고, 약물 사용이나 문제행동에서 상대적으로 낮은 경향이다(Baumrind, 1991a; Driscoll, Russell, & Crockett, 2008; Hoeve et al., 2011; Lamborn et al., 1991).

독재적 양육(authoritarian parenting)은 자녀의 요구에 차갑고 비반응적인 유형이다. 독재적 부모는 통제와 요구성이 높고, 자녀에게 질문 없이 무조건 따르기를 기대한다. 독재적 부모는 권력행사, 특히 위협이나 벌, 심리적 통제를 통해서 부모의 요구를 강제하는 경향이 있다. 이에는 자녀가 자신을 표현하려 할 때 차단하거나, 자녀가 기대한 대로 행동하지 않을 때 사랑과 관심을 철회한다고 위협하거나, 자녀의 죄책감을 이용하거나, 자녀의 가치를 비하하거나, 자녀의 감정을 깎아내리거나 잘못 해석하는 것 등이 포함된다.

독재적 부모가 대표적으로 사용하는 그와 같은 행동들은 자녀의 적대감을 초래하며, 사회화에 대한 부모의 시도를 거절하게 한다(Hastings et al., 2015). 독재적 부모의 자녀들은 상대적으로 사회적·학업적 유능성에서 낮았으며, 불행하고 비우호적이며, 자신감이 떨어지고, 아동 초기에는 소녀에 비해 소년들이 더 부정적으로 영향을 받는다(Baumrind, 1991b). 독재적 양육은 또한 자녀들

독재적 양육 ■ 매우 요구적이며 비반응적인 양육 유형이다. 독재적 부모는 자녀의 요구에 비반응적이며, 권력행사 및 위협과 벌의 사용을 통해 부모의 요구를 강제하는 경향이 있다. 독재적 부모는 복종과 권위를 지향하며, 자녀들이 질문이나 설명 없이 부모의 요구에 순종하기를 기대한다.

이 일상의 스트레스에 대처하지 못하는 것과 연계되며(Zhou et al., 2008), 높은 수준의 우울, 공격성, 비행, 음주문제 등에 대처하지 못하는 것과도 연계된다(Bolkan et al., 2010; Driscoll et al., 2008; Kerr, Stattin, & Özdemir, 2012; Rinaldi & Howe, 2012).

허용적 양육(permissive parenting)은 부모가 자녀의 요구와 바람에 반응적이지만 지나치게 관대하다. 허용적 부모는 자녀에게 자기 자신을 조절하거나 적합한 방식으로 행동하도록 요구하지 않는다. 허용적인 부모의 자녀는 충동적이고, 자기조절력이 낮으며, 문제점을 외현화하고, 학업성취가 낮다(Baumrind, 1973, 1991a, 1991b; Rinaldi & Howe, 2012). 청소년으로서, 허용적 부모의 자녀들은 권위적 부모의 또래들에 비해 학교비행 및 약물 사용, 음주문제 등을 일으킨다(Driscoll et al., 2008; Lamborn et al., 1991).

방임적 양육(uninvolved parenting)은 자녀에 대한 요구성과 반응성 모두에서 낮다. 다시 말하면 방임형 부모는 전반적으로 풀려 있다. 그들은 자녀에게 한계를 설정하지 않으며, 자녀의 행동을 모니터하지도 않고, 자녀에게 지지적이지도 않다. 때때로 이들은 자녀 돌보기를 거절하거나 자녀를 방치한다. 이 부모들은 자녀의 요구보다는 자신들의 요구에 초점을 맞춘다. 방임적 부모의 자녀는 영아나 걸음마기 아동일 때 혼란된 애착관계를 가지는 경향이 있고, 아동기 중후반에는 또래관계에 문제가 있는 경향이 있다(Parke & Buriel, 1998; R. A. Thompson, 1998). 방임적 부모의 자녀들은 청소년기에 광범위한 문제점들을 나타낸다 — 반사회적 행동 및 낮은 학업역량에서부터 내재화 문제(예 : 우울, 사회적 위축), 약물 남용, 위험하거나 문란한 성행동(Baumrind, 1991a, 1991b; Driscoll et al., 2008; Hoeve et al., 2011; Lamborn et al., 1991). 이 유형의 부정적 효과는 청소년기에 연속해서 누적되고 악화되는 경향이 있다(Steinberg et al., 1994).

서로 다른 양육 유형이 아동에게 미치는 광범위한 영향에 더하여, 양육 유형은 또한 특정 양육 실행이 적용될 수 있는 효과에 영향을 미치는 정서적인 분위기를 조성한다(Darling & Steinberg, 1993). 예를 들어 처벌적이고 적대적인 부모가 아니라 권위적인 부모로부터 받게 되는 벌이라면, 아동들은 그 벌이 정당하다고 여기고 자신이 중대한 잘못을 저질렀다고 간주할 가능성이 더 크다. 더욱이, 양육 유형은 부모의 실행에 대한 자녀의 수용성에 영향을 준다. 서먹하고 소홀하며 모든 상황에서 복종만 기대하는 부모가 아니라, 일반적으로 지지적이고 합리적인 부모의 자녀들은 자기 부모의 선호나 요구에 대해 귀를 기울이고 관심을 가질 가능성이 더 크다(Grusec, Goodnow, & Kuczynski, 2000; M. L. Hoffman, 1983).

양육 유형이 비록 자녀의 적응에 영향을 주는 것으로 보이나, 때로는 자녀의 행동이 부모의 전형적인 양육 유형에 영향을 준다는 것을 명심해야 한다. 최근의 연구에서, 외현화 문제(예 : 비행, 어슬렁거림, 취함) 및 내재화 문제(예 : 낮은 자존감, 우울 증상)에 대한 비교적 높은 수준의 청소년 보고는 2년 후 권위적인 양육 유형의 감소를 예측했으나(청년 보고도 마찬가지), 같은 2년 동안 권위적 양육 유형의 증가 또는 감소는 청소년의 적응 변화를 예측하지 않았다(Kerr et al., 2012).

좀 더 최근의 연구는 부모가 단지 하나의 양육 유형이라거나 또는 Baumrind의 네 가지 범주 중 어느 하나에 쉽게 위치시킬 수 있다는 생각을 벗어났다(Hastings et al., 2015). 그보다는, 예를 들어, 부모가 권위적인 유형을 보이느냐 또는 독재적인 유형을 보이느냐는 주어진 순간에서의 맥락 요인(예 : 자녀의 나

허용적 양육 ■ 반응성은 높으나 요구성은 낮은 양육 유형이다. 허용적 부모는 자녀의 요구에 반응적이나, 자녀에게 자기 자신을 조절하거나 적합한 또는 성숙한 방식으로 행동하도록 요구하지 않는다.

방임적 양육 ■ 자녀에 대한 요구성과 반응성이 둘 다 낮다. 즉 이 유형의 부모는 일반적으로 풀려 있다.

긍정적인 사회적 결과나 학업 결과는 부모의 온화함과 통제성이 둘 다 높을 때 더 가능성이 크다고 보인다.

Tony Freeman / PhotoEdit

쁜 행실이 위험한지 여부, 부모와 자녀가 약속에 늦어 뛰어가고 있는지 여부, 부모와 자녀가 기분 좋은 상태에 있는지 여부)에 따라 달라진다(Maccoby, 2015).

어머니-자녀 상호작용과 아버지-자녀 상호작용의 차이

과거에 비해 현재는 아버지들이 자녀양육에 더 많이 참여하지만, 어머니와 아버지의 자녀양육 행동에는 차이가 있다. 예를 들어 어머니와 아버지가 자녀를 돌보는 데 보내는 시간의 양에서 주요한 차이가 있다. 오늘날 대부분의 서구문화에서는 부부가 자녀를 돌보는 책임을 어느 정도 공유하지만, 대부분의 가족에서 어머니 — 집 밖에서 일하는 어머니 포함 — 는 아직도 아버지에 비해 매일 평균 1시간 반 정도 더 자녀들과 시간을 보낸다(Biehle & Mickelson, 2012; Yavorsky, Kamp Dush, & Schoppe-Sulivan, 2015).

또한 어떤 유형의 자녀양육 행동을 하느냐에서도 아버지와 어머니는 차이가 있다. 어머니는 아버지보다 신체적 돌봄과 정서적 지지를 제공할 가능성이 더 높다(M. Moon & Hoffman, 2008). 예를 들어 네덜란드의 표본 가족에서, 어머니는 아버지에 비해 자녀에게 더 따뜻하고 더 반응적이었다(Hallers-Haalboom et al., 2014). 이와 대조적으로, 현대 산업화된 문화 속의 아버지는 자녀들의 영아기와 아동기에 가용한 시간의 많은 부분을 어머니와 달리 노는 데 보내며, 아버지가 관여하는 놀이 유형은 어머니의 놀이 유형과 다르다(Parke & Buriel, 1998). 미국의 어머니는 아버지에 비해 자녀를 과보호하고 있으며 자녀를 너무 많이 칭찬한다는 말을 듣고 있는 데 비해, 아버지는 자녀들의 스포츠팀을 코치할 가능성이 높다는 말을 듣는다(Pew Research Center, 2015).

이런 일반적인 양식들이 많은 문화에서 우세하지만, 또한 일부 문화적 변이도 있다. 예를 들어 스웨덴, 말레이시아, 인도의 아버지들은 자녀들과 놀이를 많이 하지 않는다(C. P. Hwang, 1987; Roopnarine, Lu, & Ahmeduzzaman, 1989). 실제로 어떤 문화에서는 미국의 부모에 비해 자녀들과 덜 놀아준다(Göncü, Mistry, & Mosier, 2000; Roopnarine & Hossain, 1992). 케냐의 영아와 부모에 대한 Gusii의 연구에서, 아버지는 영아 자녀의 1.5m 이내에는 들어오지 않으며, 어머니는 미국의 전형적인 어머니에 비해 60% 이하의 시간을 영아와 놀아준다(R. A. LeVine et al., 1996). 양육에서 어머니와 아버지의 참여 정도 및 자녀-부모 상호작용의 본질은 문화적 실천 및 부모가 집 밖에서 일한 시간의 양과 자녀가 집에서 보낸 시간의 양과 같은 요인들의 함수로서 달라진다.

경제적이고 교육적인 요인들 역시 어머니가 여러 가지 돌보는 활동을 하는 정도와 관련되는 것으로 보인다. 28개 개발도상국의 5세 미만 자녀를 가진 어머니들에 대한 연구에서, 높은 교육 수준과 높은 국민총생산을 가진 나라의 어머니들은 인지적으로 자극적인(예 : 책읽기, 셈하기, 사물 이름짓기) 돌봄 활동을 했고, 자녀를 홀로 두는 일이 적었으며, 10세 미만의 또 다른 형제자매를 가진 일이 적었다. 문해력과 인지성장에 주어진 중요성에서의 문화적 차이는 어머니의 돌봄 활동에서의 차이를 설명하는 것 같다(Bornstein & Putnick, 2012).

그러나 양이나 유형에서의 이런 차이에도 불구하고, 아동발달에 대한 어머니와 아버지의 양육 효과는 마찬가지다. 22개 나라의 연구들에 대한 상위분석 결과는 어머니와 아버지의 자녀를 향한 수용과 온화함은 자녀들의 긍정적인 심리적 적응과 연계되어 있었다(Khaleque & Rohner, 2012). 다시 말하면, 어머니

아버지들은 어머니들에 비해 자녀들과 신체적인 놀이를 더 많이 한다.

Pavel Losevsky / Getty Images

와 아버지의 양육은 자녀의 정신건강을 위해 동등하게 중요하며, 이는 일련의 어느 나라들(방글라데시, 콜롬비아, 이집트, 멕시코, 나이지리아, 스웨덴, 터키, 미국 등)에서나 적용된다(Khaleque & Rohner, 2012). 따라서 온화하고 반응적인 양육은, 그것이 어머니로부터 왔든 아버지로부터 왔든, 자녀들에게 이롭다.

양육에 미치는 자녀의 영향

부모의 훈육과 양육 유형에 강력한 영향을 미치는 것은 자녀 자신의 행동이다. 따라서 아동들의 개인차가 자신들이 받는 양육에 기여하며, 그것은 다시 아동 자신들의 행동이나 성격에서의 차이에 기여한다. 능동적인 아동이라는 주제와 일치하여, 아동들은 또한 행동과 기질의 표현을 통해 양육 과정을 능동적으로 조성한다. 예를 들어 반항하고, 화를 내며, 도전적인 아동들은 순응적이고 긍정적으로 행동하는 아동들에 비해 부모가 권위적 양육을 사용하기가 더 어려울 것이다(Kerr et al., 2012).

자녀들이 부모에게 어떻게 행동하느냐 — 분노, 낮은 자기조절력, 불복종을 표현하는 정도를 포함하여 — 는 많은 요인들 때문일 수 있다. 그것들 중 가장 눈에 띄는 것은 기질과 연관된 유전적 요인들이다(Saudino & Wang, 2012). 제10장에서 논의된 차별적 민감성과 비슷하게, 일부 아동들은 다른 아동들에 비해 자신들이 받는 양육의 질에 더 민감할 수 있다. 예를 들면 불안한 기질을 갖고 있는 아동은 거칠고 요구적인 양육에 반응해 공포스러워하고 꼼짝 못하는 경향이 있다. 반면 바로 그런 아동이 온화하고 반응적인 부모에게는 기쁘게 해주려 하고 순응한다(Beach et al., 2012; Kiff, Lengua, & Zalewski, 2011; Pluess & Belsky, 2010). 유전적 수준에서 보면, 일부 아동들은 세로토닌 운반 유전자인 SLC6A4의 대립 유전자를 갖고 있는데, 그것은 그 아동들로 하여금 그 양육 환경이 온화하고 반응적인 양육이든 또는 통제적이고 요구적인 양육환경이든 상관 없이 특별히 양육환경에 반응적이게 만든다(Kochanska et al., 2011).

아동의 불순응과 외현화 문제는 아동들도 부모의 자기들에 대한 행동에 영향을 줄 수 있다는 복합 방식에 더 많은 통찰을 제공한다. 예를 들어 부모의 요구에 저항하는 과정에서 자녀들은 굉장히 짜증을 내거나 공격적이 될 수 있고 그래서 부모가 후퇴할 수 있다. 부모의 행동은 자녀의 행동에 의해 영향을 받았으며, 자녀의 행동은 부모의 행동에 의해 강화를 받았다. 이 부모는 좌절되었으므로 자신들의 부정적인 행동(예 : 고함치기 또는 때리기)을 확대시킬 수 있으며, 그것은 다시 자녀로부터 더 부정적인 행동을 유발한다. 그런 유형을 **악순환**(coercive cycles)이라고 한다(G. R. Patterson, 1982). 청소년기가 되면, 그런 유형은 이제 부모보다는 자녀에 의해 더 영향을 받는 것 같다. 일부 유전에 의해 불복종적이고 반사회적인 청년의 경우, 부모의 가혹함이 그의 외현화 문제를 야기했다기보다는 그 청년이 부모의 거친 양육을 더 유발한 것으로 보인다(Marceau et al., 2013).

시간이 지나면서 상호 영향, 즉 **부모-자녀 상호작용의 양방향성**(bidirectionality)은 서로의 행동을 강화하고 영속화한다(Combs-Ronto et al., 2009; Morelen & Suveg, 2012). 예를 들어 자녀 나이 1세에 부모가 때리기를 하면 자녀가 3세 때 공격성이 커진다는 것을 예측하며, 이는 다시 자녀가 5세 때 부모가 때리기를 더 한다는 것을 예측한다(Altschul, Lee, & Gershoff, 2016) — 이는 또 하나의 악순환이다. 이와 유사하게, 부모가 청소년 자녀에게 품행 기준을 강요할 때 적대적이고 비일관적이면, 그 자녀는 역으로 다시 부모에게 적대적이고 둔감하고 파괴적이며 완고하게 대하

부모-자녀 상호작용의 양방향성 ■ 부모와 그 자녀는 서로가 서로의 특성과 행동으로 인해 영향 받는다는 생각

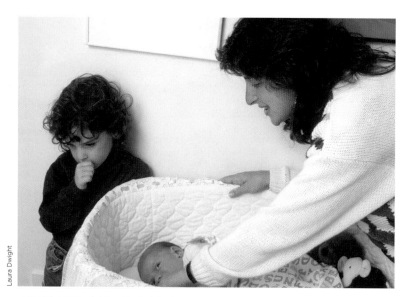

나이 어린 아동은 나이 든 아동에 비해 영아 동생이 자기 자신보다 더 주목받는 것을 알게 되면 저조하게 반응할 가능성이 크다.

며(Conger & Ge, 1999; Rueter & Conger, 1998), 더 높은 수준의 문제행동을 보인다(Roche et al., 2011; Scaramella et al., 2008). 양방향성은 또한 부모-자녀 관계에서 협동, 긍정적 감정, 조화로운 의사소통, 협조 행동 등의 긍정적인 행동양식을 상대방에게 주어 그와 유사한 긍정적 행동을 유발하는 핵심 요인이다(Aksan, Kochanska, & Ortmann, 2006; Altschul et al., 2016; Denissen, van Aken, & Dubas, 2009).

형제자매 관계

형제자매는 서로의 발달 및 더 큰 가족 체계 기능에 긍정적이든 부정적이든 영향을 준다. 그들은 서로에게 놀이친구로서 작용할 뿐 아니라 지지, 지도, 안전, 보조, 돌봄 등의 원천으로서도 작용한다(Gamble, Yu, & Kuehn, 2011; Gass, Jenkins, & Dunn, 2007). 형제자매 관계는 독특하다. 형제자매는 흔히 자기 또래들과는 같은 나이이지만, 형제자매 관계가 어떤 경우에는 공유와 상호주의의 특징이 있다는 점에서 또래관계와 비슷하다(Dirks et al., 2015). 그러나 어떤 경우에는 형제자매 관계가 부모-자녀 관계에 좀 더 비슷할 수도 있는데, 그런 경우 나이가 더 많은 형(오빠)이나 언니(누나)가 나이가 더 어린 동생에 대해 힘이나 영향력을 가질 수 있다(Dirks et al., 2015). 형제자매 집단의 가운데에 있는 아동은 형제자매 관계의 두 가지 유형을 다 가지게 된다.

물론 형제자매는 경쟁자이면서 상호 갈등과 짜증의 원천이기도 하다 — 그들은 서로 근접해서 살며, 흔히 자원(장난감부터 부모의 시간까지)에 대한 경쟁자이다. 어떤 경우, 형제자매 갈등은 바람직하지 않은 행동(예 : 불복종, 비행, 음주 등)의 발달에 기여하며(Bascoe, Davies, & Cummings, 2012; Dirks et al., 2015; Low, Shortt, & Snyder, 2012), 또한 우울, 불안, 사회적 위축 등의 발달에 기여한다(Compton et al., 2003; S. M. McHale et al., 2007; Morgan, Shaw, & Olino, 2012). 이에 더해, 높은 수준의 형제자매 공격성과 갈등은 낮은 자기조절(Padilla-Walker, Harper, & Jensen, 2010) 및 형제자매 중 한 명 또는 두 명 모두에서 위험한 성행동을 예측한다(S. M. McHale, Bissell, & Kim, 2009). 형제자매 갈등은 또한 중요한 생활 기술을 배우기 위한 장이 될 수 있다. 캐나다 온타리오주에 사는 가족들을 대상으로 한 연구에서 형제자매 갈등을 어떻게 중재할 것인가를 부모가 배우면, 형제자매들은 건설적인 갈등해결 수단을 성공적으로 배운다는 것을 발견했다(Ross & Lazinski, 2014).

형제자매 관계는 그들의 부모가 온화하고 수용적이면 덜 적대적이고 더 지지적인 경향이 있다(Grych, Raynor, & Fosco, 2004; Ingoldsby, Shaw, & Garcia, 2001; J. -Y. Kim et al., 2006). 형제자매는 그들의 부모가 모두 비슷하게 대해주면, 서로 더 가깝고 더 긍정적인 관계를 갖는다(G. H. Brody et al., 1992; S. M. McHale et al., 1995). 만일 부모가 한 자녀를 다른 자녀보다 편애하면, 형제자매 관계는 상처를 입게 되고, 특히 덜 선호되는 자녀가 부모와 긍정적인 관계를 갖지 못한다면, 그 자녀는 고통, 우울 및 다른 적응상의 문제들을 경험하게 될 것이다(Feinberg & Hetherington, 2001; Meunier et al., 2013; Shanahan et al., 2008; Solmeyer et al., 2011). 부모에 의한 차별대우는 특히 초기와 중기 아동기에 그 영향력이 큰데, 덜 선호되는 자녀는 더 선호되는 자녀에 비해 걱정, 불안, 우울 등을 경험할 가능성이 크다(Coldwell, Pike, & Dunn, 2008; Dunn, 1992). 자녀가 부모의 차별대우를 정당하다고 본다면, 그 차별대우가 부당하다고 느낄 때에 비해 형제자매와의 관계 및 부모와의 관계가 더 긍정적이라고 보고한다(Kowal & Kramer, 1997; Kowal, Krull, & Kramer, 2004; S. M. McHale et al., 2000).

문화적 가치 역시 부모의 차별대우에 대한 자녀의 평가 및 반응에 한 역할을 할 수 있다. 예를 들어 멕시코계 미국 가족에 대한 연구에서, 가족주의(가족 구성원들 간에 상호의존, 상호지지, 가족에 충성을 강조)라는 문화가치를 수용한 나이 든 형제자매는 나이 어린 형제자매를 편애하는 부모에 의해 높은 수준의 우울한 증상이나 위험한 행동에 빠지지 않는다(S. M. McHale et al., 2005). 모로코 형제자매 표본과 네덜란드 형제자매 표본을 비교한 연구에서는, 모로코의 전체주의 문화에 속한 아동들은 네덜란드의 개인주의 문화에 속한 아동들에 비해 갈등을 덜 나타냈다. 그러나 두 문화에 속한 아동들도, 형제자매 갈등이 나타나면, 정신건강과 행동문제가 또한 발견되었다(Buist et al., 2014).

형제자매 상호작용의 질에 영향을 주는 또 하나의 요인은 부모 서로 간 관계의 본질이다. 만일 부모 서로 간의 관계가 잘 되고 있다면, 형제자매들은 더 잘 지낸다(Erel, Margolin, & John, 1998; McGuire, McHale, & Updegraff, 1996). 이와 반대로 서로 싸우는 부모를 둔 형제자매는 더 적대적인 상호작용을 가질 가능성이 높은데, 왜냐하면 부모가 부정적인 행동 시범을 자기 자녀들에게 보여줄 뿐만 아니라 자기 자녀들 서로 간의 상호작용을 관리하는 노력이 부적절하거나 덜 민감하게 노력했기 때문일 것이다(N. Howe, Aquan-Assee, & Bukowski, 2001).

형제자매 사이의 경쟁과 갈등은 이혼하지 않은 가족에 비해 이혼한 가족이나 재혼한 가족에서 더 심한 경향이 있으며, 심지어 친형제자매 사이에도 존재한다. 비록 일부 형제자매들은 부모가 이혼 또는 재혼할 때 서로를 지지할 수도 있지만(Jenkins, 1992), 그들 또한 부모의 애정과 주의를 끌기 위해 경쟁할 수도 있다(흔히 그런 상황에서는 드물겠지만). 의붓형제자매 간의 관계는 특히 정서적으로 격할 수 있다. 왜냐하면 형(오빠)이나 언니(누나)가 새로 결혼한 부모에게서 태어난 동생에게 분개할 수도 있기 때문이다(Hetherington, 1999). 일반적으로 혼합가족에서의 아동이 한 형제자매 — 친형제자매이든 의붓형제자매이든 — 에 대한 편애를 느끼면 느낄수록, 그 형제자매와의 관계는 더 나빠진다(Baham et al., 2008).

따라서 형제자매 관계의 질은 가족에 따라 다른데, 이는 부모가 각 개별 자녀와 상호작용하는 방식, 형제자매끼리 상호작용하는 방식, 다른 가족 구성원의 대우에 대한 아동의 느낌 등에 의해 달라진다. 그와 같은 차이들은 가족이 복합적이며 역동적인 사회적 조직이며, 모든 가족 구성원이 서로의 기능에 기여한다는 사실을 강조한다.

사회경제적 맥락

Bronfenbrenner의 생물생태학 모델(제9장 참조)에 따르면, 아동발달은 일련의 위계적 체계 안에 포함되어 있는 다양한 맥락에 의해 영향 받는다. 가족은 아동의 가장 근접한 맥락이며 따라서 가장 직접적으로 발달에 영향을 주는 맥락이다. 그러나 가족 또한 가족을 포괄하고 있는 맥락(예 : 문화적 맥락, 경제적 맥락, 작업 맥락)에 의해 영향 받는다.

이 맥락들이 어떻게 관련되는지를 보기 위해, 다음의 시나리오에서 가족 구성원들이 어떻게 서로에게 다양한 방식으로 영향을 주는지 생각해보자. 한 사람이 회사의 구조조정으로 인해 직업을 잃게 되고, 뒤이은 스트레스로 인해 자기 아내와 자녀들에게 짜증을 내게 된다. 그의 아내는 가계를 유지하기 위해 추가 시간을 들여 일을 하게 되고, 이에 따라 더 많이 피곤해지고 자녀들에 대해 참을성이 없어지고 남편과 더 많이 다투게 된다. 어머니의 증가된 작업 때문에 8살짜리 딸은 집안의 허드렛일을 더 하게 되었는데, 6살짜리 남동생이 도와주지 않아 화를 내고 있다. 곧 그 딸은 부모와 6살짜리 남동생에게 적대적이 된다. 뒤이어 두 남매는 싸우기 시작하여 부모를 화나게 한다. 시간이 갈수록 모든 가족 구성원들 사이에 긴장과 갈등이 증가하여, 가족의 경제상황으로 인해 생긴 스트레스에 더 추가된다.

위의 예에서 명백하듯이, 가족 밖에서의 하나의 변화(예 : 아버지 직장)가 가족 내 각각의 관계를 변화시키는 일련의 연속적인 사건들을 만들어낸다. 다음 절에서 우리는 문화적 맥락, 경제적 맥락, 작업 맥락 등이 가족생활, 특히 양육행동과 아동발달에 어떻게 영향을 미치는지를 살펴볼 것이다.

문화적 맥락

어떻게 행동하고 어떻게 자녀들을 훈육할 것인가에 대한 결정뿐 아니라 최적의 아동발달을 구성하는 것에 관한 부모의 믿음은 그들의 문화에 그 기반을 두고 있다(Rogoff, 2003). 문화는 한 가족의 나라, 종교, 민족, 인종, 또는 비슷한 집단이나 계열과 연결된 신념과 실천을 반영한다. 미국에서 가족에 대한 많은 비교문화 연구는 민족이나 인종 사이의 문화적 유사성과 차이에 초점을 두어 왔다. 국제적으로는 나라 간의 유사성과 차이에 연구의 초점을 두어 왔다. 이 절에서 우리는 간략하게 이 범주 각각으로부터의 연구를 검토하겠다.

이 영역에서의 연구는 양육의 2개 측면, 즉 서로 다른 문화의 부모가 특정한 훈육실행에 관여하는 정도, 유사한 부모의 행동이 서로 다른 문화에 걸쳐 아동의 결과에 영향을 미치는 정도를 보는 경향이 있다. 몇몇 연구들이 세계의 부모들이 유사한 자녀 훈육방법을 사용하는지를 조사연구했다. 8개국(콜롬비아, 이탈리아, 요르단, 케냐, 필리핀, 스웨덴, 태국, 미국)의 가족에 대한 연구 결과, 각 나라의 어머니와 자녀들은 높은 수준의 긍정적 훈육(예 : 귀납적 추론)과 온화함을 보고했다 (Pastorelli et al., 2016). 이 발견은 긍정적 훈육과 온화한 양육이 많은 문화에 걸쳐 선호되고 있음을 의미한다.

위와는 다르지만 몇몇은 일치하는 나라들(중국, 인도, 이탈리아, 케냐, 필리핀, 태국)에 대한 연구에서 나라 간 유사성과 차이가 발견되었는데, 다양한 훈육 기법들을 각각 얼마나 자주 사용하느냐가 어머니들에게 제시된 질문이었다(Gershoff et al., 2010; 그림 12.4 참조). 6개국의 어머니들은 자녀들에게 좋은 행동과 나쁜 행동에 대해 가장 자주 가르친다고 보고해 평균으로 보면 일주일에 1회와 거의 매일 사이에 해당한다. 이 국제조사의 표본인 어머니들은 또한 가장 덜 쓰는 훈육방법으로 '사랑 철회'를 공통적으로 지적했으며, 이탈리아와 필리핀의 어머니들은 이 훈육방법을 거의 쓰지 않는다고 응답했다. 그림 12.4의 양 끝을 제외한 가운데 부분에 있는 4개 유형의 벌에 대해서는 많은 변이가 있었다. 이탈리아 어머니들은 다른 나라 어머니들에 비해 고함치기와 꾸짖기를 많이 했다. 케냐의 어머니들은 벌을 준다고 위협하거나 체벌을 많이 했다. 필리핀의 어머니들은 특권을 빼앗겠다는 말을 많이 했다(케냐의 어머니들은 이 말을 거의 하지 않았다).

다른 연구들은 미국 내에서 인종이나 민족집단에 걸친 차이를 살펴보았다. 예를 들어 몇몇 연구

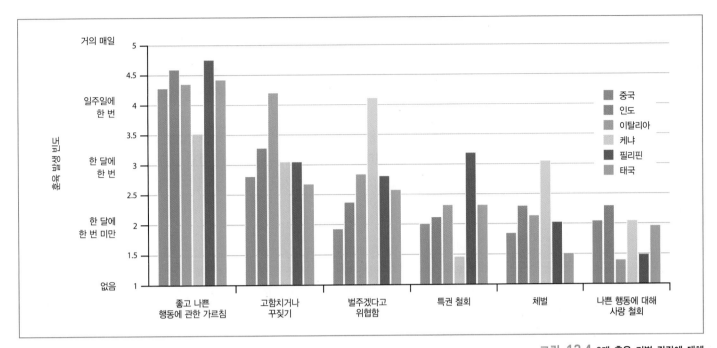

그림 **12.4** **6개 훈육 기법 각각에 대해 6개국의 어머니들이 보고한 빈도에서의 차이** 모든 나라에 걸쳐 어머니들은 좋고 나쁜 행동에 관해 가르치는 비율이 가장 높고, 사랑 철회를 가장 낮은 비율로 사용했다. 그러나 나라별로 사용 빈도에서 차이가 나는 훈육 기법들로는 고함치기와 꾸짖기, 벌을 준다고 위협하기, 특권 철회, 체벌 등이 있었다 (Gershoff et al., 2010).

들은 아프리카계 미국인 부모들이 유럽계나 라틴계, 아시아계 미국인 부모들보다 더 자주 자녀들을 때린다는 것을 발견했다(Gershoff et al., 2012). 일부 조사연구에서는 아프리카계 미국인 부모들이 유럽계나 라틴계 미국인 부모들보다 2배 정도 더 자주 자녀들을 정기적으로 때린다고 말했다 (Pew Research Center, 2015).

부모가 사용하는 다른 훈육 기법들에서 이런 빈도 차이가 있다면, 그다음 질문은 그것의 중요성 여부 — 특정 기법이 어떤 문화에서는 다른 문화보다 더 효과적이냐 — 이다. 특정 기법이 효과적이냐 여부에서의 차이는 서로 다른 문화에 의해 유지되는 서로 다른 양육 신념이나 가치에서 나타난다. 일부 연구자들은 훈육 기법이 아동에게 미치는 긍정적 또는 부정적 결과의 정도는 그 기법이 광범한 문화에서 얼마나 규범적인가에 달렸다고 주장한다(Deater-Deckard & Dodge, 1997). 부모가 얼마나 자주 다양한 기법을 사용하는가를 문화 간에 비교했듯이, 양육행동이 어떻게 아동발달을 예측하는가에서 문화 간에는 일부 유사점과 일부 차이점이 있다.

예를 들어 유럽계 미국 가족에서 권위적 양육은, 이미 언급했듯이, 부모-자녀 간의 가까운 관계 및 자녀의 긍정적인 정신적 적응과 학업적 성공과 연계되는 것으로 보인다. 비록 유사한 관계가 중국에서도 권위적 양육과 적응 사이에 발견되긴 했지만, 그 강도는 약한 편이다(Chang et al., 2004; Cheah et al., 2009; C. A. Nelson, Thomas, & de Haan, 2006; Zhou et al., 2004, 2008). 사실, 전통적인 중국 문화에 적합하다고 여겨지는 양육 유형은 권위적 양육보다 독재적 양육 유형이다. 예를 들어 미국 어머니들과 비교해볼 때, 중국계 미국 어머니들은 자녀들이 의문 없이 부모에게 복종해야 한다고 믿고 그에 따라서 자녀들을 통제하기 위해 꾸짖기, 창피주기, 죄책감 등을 사용한다 (Chao, 1994). 비록 그와 같은 유형의 부모 통제가 일반적으로는 독재적 양육의 범주에 들어맞지만, 적어도 청소년기 이전까지는 중국계 미국 아동이나 중국 아동들에게 미치는 부정적인 효과는 거의 없는 것으로 보인다. 오히려 나이 어린 중국 아동들에게 부정적인 결과와 연관되는 것은 일차적으로 체벌이다(N. Eisenberg, Chang et al., 2009; Zhou et al., 2004, 2008).

앞서 언급한 적이 있는 Pastorelli의 연구(2016) 또한 8개국 전체에 걸쳐 유사성을 발견했는데, 친사회적 행동성이 높은 아동이 시간이 지남에 따라 부모로부터 더 긍정적인 훈육과 온화함을 이끌어낸다는 점이다(Pastorelli et al., 2016). 이 연구는 9~10세 아동들에게 초점을 두었는데, 긍정적인 양육이 그 이전의 연령기에 친사회적 행동을 촉진하는 가장 강력한 역할을 하고(Newton et al., 2014), 그리하여 부모 효과는 사춘기 이전에 명백하며, 이후 아동의 친사회적 행동이 긍정적인 양육에 미치는 효과가 나타난다.

현재까지의 연구 결과를 종합해보면, 부모가 선호하는 양육행동에서 문화적, 국가적 차이가 있지만, 주어진 양육행동에 대해 강력한 문화적 유사성이 아동발달을 위한 행동들의 의미 속에 존재한다는 강력한 증거가 있다.

경제적 맥락

아동을 키우는 것은 매우 비싼 일이다. 미국 농무부는 평균적인 미국 가족의 경우 아동당 연간 14,000달러, 18세에 이르기까지 총 245,340달러(약 2억 7,000만 원)에 달한다(Lino, 2014). 그러나 평균 주위에서는 상당한 편차가 있다. 소득 최저 1/3에 있는 부모는 연간 아동 자녀 1인당 약 10,000달러를 쓰는 반면, 소득 최고 1/3에 있는 부모는 연간 아동 자녀 1인당 약 25,000달러를 쓴다—2.5배의 차이. 고소득 부모는 저소득 부모에 비해 자녀를 위해 많고 좋은 상품(예 : 책이나 전자제품)이나 경험(예 : 음악 과외나 스포츠팀 회원권)을 살 수 있다(Pew Research Center, 2015). 저소득 부모는 또한 기본 필수 품목인 음식, 의복, 약, 주거 해결을 위한 비용을 위해 일해야 한다. 따라서 저소득 가족의 아동들은 일종의 물질적 곤경을 경험하게 된다—고소득 가족의 아동들은 개인적으로는 결코 경험하지 못할 것이다.

가족이 살 수 있는 것에서의 차이뿐 아니라, 소득은 부모가 자녀들과 함께 보내는 시간의 양과 질에 영향을 미친다. 저소득 부모는 둘 이상의 직업 또는 불규칙한 일, 야간 근무를 해야 할 필요가 생긴다. 그런 직업은 부모가 자녀의 숙제를 도와주거나 과외활동을 같이 할 시간을 갖지 못하게 한다—즉 자녀에의 '투자'를 못하게 한다(Yoshikawa, Aber, & Beardslee, 2012). 생활고와 함께 물질적 곤경을 겪게 되면서 부모는 스트레스를 받게 되고, 그 스트레스는 우울, 초조, 거친 양육, 부부갈등을 일으킬 수 있게 된다(Benner & Kim, 2010; Gershoff et al., 2007). 따라서 상품 구입과 스트레스 해소를 위해 적합한 가족 소득이 부모와 자녀에게는 중요하다.

슬프게도, 미국이나 세계 다른 나라들에서 너무나 많은 아동들이 가난한 저소득 가정에서 살고 있다. 미국 아동의 1/5이 가난 속에 살고 있는데, 이는 지난 35년간 변화 없이 꾸준한 비율이며(Proctor, Semega, & Kollar, 2016), 세계 35개 부유국들 중에서 두 번째로 높은 비율이다(UNICEF Innocenti Research Centre, 2012). 그림 12.5에서 보는 바와 같이, 미국의 아동들은 성인들에 비해 거의 2배 정도가 가난 속에 산다. 전 세계적으로 보면, 아동들이 세계 인구의 1/3인 데 비해, 극심

그림 12.5 미국의 빈곤율 미국의 소수민족 아동들(특히 흑인 또는 히스패닉계)은 백인 아동들의 3배 정도가 가난 속에 살고 있다(Proctor et al., 2016).

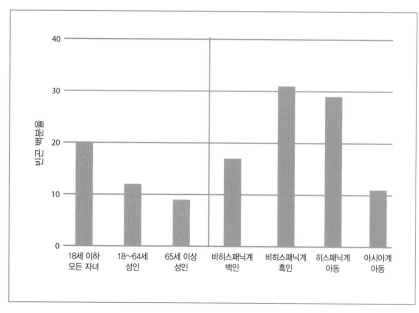

한 빈곤 속에 사는 비율은 1/2에 해당된다. 여기서 극심한 빈곤이란 하루 1.25달러(약 1,350원) 이하로 살아간다는 의미다(Partners United in the Fight Against Poverty, 2015).

가난하게 산다는 것이 음식이나 의료보건, 주거지, 안전한 학교나 이웃 없이 살아간다는 의미라면, 가난한 아동들의 발달은 여러 분야에 걸쳐 상처 입을 것이다. 가난한 가족은 또한 위기상황인 노숙의 위험에 처할 수 있기 때문에, 부모와 자녀가 경험하는 모든 스트레스를 더 악화시킬 수 있다(글상자 12.3 참조). 따라서 가난한 아동이 고소득인 또래에 비해 더 낮은 학업성취, 더 많은 정신건강문제, 더 많은 행동문제, 더 많은 건강문제를 갖는 것은 놀랄 일이 아니다(Benner & Kim, 2010; Doan, Fuller-Rowell, & Evans, 2012; Yoshikawa et al., 2012).

저소득 부모는 고소득 부모에 비해 2배로 자기 자녀가 총격을 당할까봐 또는 범법행동을 할까봐 걱정한다(Pew Research Center, 2015). 모든 부모는, 소득에 관계 없이, 자기 자녀가 괴롭힘을 당하거나 음주, 약물문제를 가질까봐 두려워하며, 이에 더해 저소득 부모는 자기 자녀가 신체적 폭행을 당할까봐 걱정한다. 이런 두려움은 그들이 사는 이웃의 질로부터 생겨나는데, 저소득 부모는 고소득 부모의 3배 정도로 자신들이 사는 곳이 자녀들을 키울 만한 곳이라고 여기지 않는다(Pew Research Center, 2015).

친척이나 친구, 이웃, 또는 물질적인 보조나 자녀 돌봄, 충고, 인정, 귀 기울임을 해주는 다른 사람들과의 지지적인 관계는 경제적 스트레스가 양육에 미치는 잠재적인 악영향을 완화해줄 것이다. 그와 같은 긍정적인 연결은 부모로 하여금 부모로서 성공적이고 만족스럽게 느끼게 해줄 것이며 실제적으로 양육의 질을 향상시킬 것이다(C. -Y. Lee, Lee, & August, 2011; McConnell, Breitkruez, & Savage, 2011).

명백하게, 고소득은 적어도 실제적인 관점에서 볼 때 자녀 기르기를 더 쉽게 한다. 그러나 만일 부모가 그런 소득을 얻기 위해 가정 밖에서 자녀들과 떨어져 오랜 시간을 보내야 하거나, 만일 고성취 부모가 아동 자녀나 청소년 자녀에게 가외의 압력을 준다면, 그 정신적인 부담이 물질적인 이득을 상쇄할 것이다. 더욱 많아지고 있는 연구들에서 보면, 전통적으로 행동문제나 비행 위험이 없다고 여겨졌던 고소득 가족의 아동들이 실제로는 저소득 또래와 비슷하거나 더 높은 비율의 약물 사용이나 비행 행동, 정신건강문제를 나타낸다(Luthar, Barkin, & Crossman, 2013). 이 발견은 빈곤층과 고소득 가족 아동들의 경험과 어려움을 동일시하기 위한 것이 아니다. 고소득 가족의 아동들은 저소득 가족의 아동이나 청소년이 겪는 생존 스트레스를 경험하지 못한다. 이 연구들이 명확하게 하는 것은 어떤 비적응적 결과에 이르는 길은 하나만 있는 것이 아니라는 것이다. 이 현상을 등결과성(equifinality)이라고 한다(Cicchetti & Rogosch, 1996).

부모의 직장 근무 맥락

전 세계 가족들에서, 부모 중 하나 또는 둘 모두는 자녀들을 지원하기 위해 집 밖에서 일을 해야만 한다. 직장환경은 부모에게 성취감과 사회관계망을 제공하는데, 그 둘 다 정신건강과 부모의 양육의 질을 향상시킬 수 있다. 그러나 일은 또한 스트레스의 원인이 되고, 많은 부모들이 알게 모르게, 그 스트레스를 안고 집으로 온다.

호주의 두 가지 연구가 가족생활과 아동발달에 미치는 직장 근무의 효과에 관한 통찰을 제공한다. 첫 번째 연구에서, 거의 3,000명에 이르는 4~5세 아동들의 부모 직장인들에게 직장 근무와 가족생활에 관해 질문했다(Strazdins et al., 2013). 대부분의 부모들이 직장 근무는 보람있다고 응답

노숙

미국 노숙 인구의 1/3은 자녀를 가진 가족이다 (National Alliance to End Homelessness, 2016). 아동 노숙을 추적해 온 미국 교육부는 130만 명 이상의 노숙 아동 청소년들이 2013-2014학년도에 공립학교에 등록되어 있다고 보고했다(U.S. Department of Education, 2016). 이 숫자는 2006-2007학년도 공립학교에 등록되어 있는 수의 2배인데(U.S. Department of Education, 2016), 이는 2007~2009년의 대규모 경기침체 때와 비슷하다.

노숙은 부정적인 아동기 경험으로 여겨지고 있으며(제10장 참조), 그것은 아동들로 하여금 다양한 방식의 위험에 처하게 한다(Masten et al., 2014). 이 아동들은 가장 기본적인 수준에서 정기적인 일상이 없으며, 흔히 적절한 음식과 의료가 부족하다. 이들은 수시로 이사하며, 만일 학교에 다닌다면 만성적인 결석을 하게 된다(U.S. Department of Education, 2016). 그들은 또한 수시로 전학을 가고, 그것은 학업성취를 약화시키는 것으로 보인다(National Research Council, 2010). 이런 위험의 결과, 노숙

노숙 가족의 아동들(아동보호소에 있는 아동들을 포함하여)은 우울증, 행동문제, 학업 실패의 위험에 처해 있다.

아동들은 광범한 부정적 결과에 신음하게 된다. 그들

했으나, 1/3은 또한 직장 근무의 결과로 가족의 어려움과 갈등을 겪었다고 인정했다. 한 가족이 직장 근무-가정 갈등을 경험한 정도는 자녀의 정서적·행동적 문제의 수준이 높아지는 것과 연관이 있다. 이 결과는 가족 소득이 설명될 때도 마찬가지이며, 스트레스가 많은 직장에서 오는 갈등의 위험이 고소득의 혜택보다 중요하지 않다는 것을 암시한다(Strazdins et al., 2013). 두 번째 연구는 이런 발견들의 잠재적인 기제에 대한 힌트를 준다. 나이 어린 아동들의 어머니 2,151명을 대상으로 한 다른 연구에서, 직장 근무-가족 갈등은 부모의 더 많은 성급함 및 더 적은 온화함과 연계되었고, 반면에 직장 근무-가족 보상은 부모의 더 많은 온화함 및 더 많은 일관성과 연계되었다 (Cooklin et al., 2015).

과거에 비해 더 많은 어머니들이 직장 근무를 한다는 사실은 더 많은 가족들이 직장 근무-가족 갈등에 민감하다는 것을 의미한다. 1955년에는 6세 미만의 아동이 있는 어머니들의 단지 18%만이 가정 밖에서 취업했다(U.S. Department of Health and Human Services, 2006). 2013년에는 1세 미만 영아가 있는 어머니들의 57%가, 6세 미만 아동이 있는 어머니들의 64%가, 6~17세의 아동이 있는 어머니들의 75%가 가정 밖에서 취업하고 있다(U.S. Department of Labor, 2016). 어머니 취업률에서의 이런 변화는 다양한 요인을 반영하는데, 거기에는 집 밖에서 일하는 어머니들을 크게 허용한 것, 여성을 위한 더 많은 직장 기회, 학사와 석사를 취득한 여성의 증가(이들은 대부분 취업함) 등이 포함된다(Pew Research Center, 2015).

집 밖에서 근무하는 어머니들의 수가 극적으로 증가하자 다양한 염려들이 제기되었다. 일부 전문가들은 어머니 취업은, 특히 자녀가 1세 이하일 때, 어머니 돌봄의 질을 심각하게 떨어뜨리며, 따

은 또래들에 비해 수학과 읽기 시험에서 낮은 점수를 기록한다(Masten et al., 2014). 노숙하지 않는 가난한 아동들에 비교해볼 때, 노숙 아동들은 우울, 사회적 위축, 낮은 자존감 같은 내재화 문제를 더 많이 갖고 있고(Buckner et al., 1999; DiBiase & Waddell, 1995; Rafferty & Shinn, 1991), 건강 문제와 행동문제로 고통 받는다(Tobin & Murphy, 2013).

이런 유형에 대한 예외로는 부모와 가까운 관계를 가진 아동, 특히 부모가 자녀의 교육에 관여할 때(Herbers et al., 2011), 기질적으로 잘 규제된 아동(Obradović, 2010), 상당히 조기에(예 : 1학년 정도에) 읽기능력(Herbers et al., 2012)과 높은 집행 기능을 갖춘 아동(제4장 참조; Masten et al., 2012)을 포함하는 경향이다. 그러나 잘 규제된 아동들 또한 잘 적응하는 경향이며 또래들과 잘 지낸다(Obradović, 2010).

특별히 위험한 하나의 집단은 혼자서 노숙하는 청소년들인데, 이들은 집에서 쫓겨났거나 또는 집에서 뛰쳐나왔기 때문이다. 매년 어림잡아 40만 명의 18세 이하 청소년들이 일주일 이상 집에

서 나와 있기 때문에 노숙으로 여겨진다(National Alliance to End Homelessness, 2016). 가출 청소년들은 노숙하기 전의 부정적인 아동기 경험을 보고한다. LA의 청소년 노숙자 표본 중에서 59%는 정서적 학대로, 51%는 신체적 학대, 33%는 성적 학대로 고통을 받았다. 40%는 그러한 학대로 인해 아동보호 서비스에 의해 가정에서 삭제되었다. 이에 더해, 27%는 소년원 구류를 경험했으며, 83%는 인종적 또는 민족적으로 소수집단이고, 42%는 성적 지향에서 소수집단이다. 노숙하는 기간 동안에 37%는 신체적 폭행의 희생자였던 경험이 있고, 13%는 성폭행의 희생자였던 경험이 있다(Wong, Clark, & Marlotte, 2016).

세계적으로는 1,000~1,500만 명의 노숙 아동들이 있으며 흔히 '거리의 아이들'이라고 불린다(Naterer & Lavrič, 2016). 많은 저개발 국가에서, 노숙 아동들은 흔히 에이즈 또는 군사 분쟁 때문에 고아가 되었다. 또한 가족이 그들을 먹일 수 없거나 돌볼 수 없어서 혹은 집에서의 성적, 정신적, 신체적 학대를 피해 도망쳐서 고아가 되었다(Aptekar & Ciano-Federoff, 1999). 어떤 경우

에는, 거리의 아동들이 매우 가난한 자기 가족들을 위해 돈을 벌기 위해서 그렇게 하며, 하루에 적어도 몇 시간은 부모나 다른 친척과 같이 지낸다(Aptekar & Stoecklin, 2014). 거리의 아동들은 매춘이나 성노예 또는 조직범죄에 강박당할 위험에 처해 있다(Aptekar & Stoecklin, 2014). 그러나 많은 거리의 아동들은 가족 비슷한 집단을 형성하고 있다(Naterer & Godina, 2011).

여러 다양한 중재 전략들이 노숙 아동과 거리의 아동을 돕기 위해 시도되었다. 만일 이 아동들이 즉각적인 신체적 위험에 처해 있거나 흔히 정신건강이나 약물문제로 이미 고통 받고 있다면, 우선적으로 맞닥뜨려야 할 문제가 무엇인지를 결정하는 일은 노숙자 문제로 일하는 사람들에게는 심각한 도전이다. 캐나다 노숙 연구 네트워크(Gaetz et al., 2013)는 몇몇 성공적인 전략들을 편집했는데, 거기에는 정신건강 의료 제공, 약물 남용 치료 제공, 직업훈련 제공, 가족과의 재연결 등이 포함된다. 그런 복잡한 경우로 인해, 그들이 미국이든 캐나다든 어디에 있든 간에 노숙 아동들을 돕는 것은 다각적인 접근이 필요하다.

라서 어머니-자녀 관계가 손상된다고 예측했다. 다른 전문가들은 '현관 열쇠'만 가진 아동들은 하교 후 학업적으로나 사회적으로 심각한 어려움에 빠질 것이라고 염려했다. 지난 20년 동안 많은 연구들이 그러한 염려를 다루었다. 대부분의 경우, 그 발견들은 안심스러운 것들이었다.

전체적으로 볼 때, 연구 결과는 어머니의 취업이 아동발달에 부정적인 영향을 준다는 생각을 지지하지 않는다. 예를 들어 어머니와 자녀들과의 상호작용의 질이 어머니의 취업으로 인해 필연적으로 감소됐다는 일관적인 증거가 거의 없다(Gottfried et al., 2002; Huston & Aronson, 2005; Paulson, 1996). 비록 취업한 어머니가 전형적으로 전업주부 어머니에 비해 자녀들과 더 적은 시간을 보내지만, 그 차이는 다음과 같은 사실로 상쇄되고 있다. 취업 어머니는 전업주부 어머니에 비해 자녀와의 시간에서 많은 부분을 간단한 돌봄활동보다는 주로 자녀와의 사회적 상호작용에 관여하는 것으로 보낸다(Huston & Aronson, 2005).

가장 논란이 많은 영역 — 어머니 취업이 1세 이하 영아에게 미치는 영향 : 이 시기에는 어머니 취업과 아기의 인지적 및 사회적 행동 사이에 부적 관계가 있다고 알려짐 — 에서도 그 결과들이 연구들 간에, 민족집단들 간에, 자료에 적용된 분석 유형들 간에 모두 일관적이지 않다(L. Berger et al., 2008; Brooks-Gunn, Han, & Waldfogel, 2010; Burchinal & Clarke-Stewart, 2007). 예를 들어 어떤 연구는 저소득 아프리카계 미국인 가족에서 조기의 어머니 취업은 자녀가 7세 때의 좋은 적응과 연결된다고 주장하는데, 그와 같은 효과가 저소득 히스패닉계 미국인 가족에게서는 나타나지 않았다(R. L. Coley & Lombardi, 2013).

영아기를 넘어 확장된 어머니 취업에 대한 연구들 또한 어머니 취업이 아동발달에 미칠 수 있는

영향에서의 맥락적 변이를 밝혀준다. 예를 들어 3~5세 아동들에 대한 연구에서, 어머니가 야간근무(밤 9시 이후 근무)를 하는 아동들은 어머니가 전형적으로 낮시간에 근무하는 아동들에 비해 더 많은 공격적 행동이나 불안, 우울 증상을 보였다(Dunifon et al., 2013). 다른 연구에서, 연구자들은 주로 밤에 근무하는(밤 9시 이후 근무 시작) 어머니들은 청소년 자녀와 더 적은 시간을 보내고, 그런 청소년 자녀는 낮은 질의 가정환경(예 : 어머니-자녀 상호작용, 가정의 깨끗함과 안전성 등 질적인 측면에서)을 갖게 되며, 그런 면들은 역으로 높은 수준의 청소년 위험행동을 예측했다. 그런 효과는 특히 저소득 가정의 소년들에게서 강했다. 그러나 저녁 근무지만 자정에 끝나는 근무나 비정기적인 일정(예 : 변동 시간 근무)으로 근무해 자녀들의 소재에 대해 더 잘 알게 된 어머니들의 경우에는 그런 효과가 나타나지 않았다(Han, Miller, & Waldfogel, 2010).

미국에서 직장생활하는 가족에게 부과되는 특정한 도전은 유급 육아휴직 정책이 없다는 점인데, 이에 대해서는 글상자 12.4에서 깊이 있게 다룬다.

보육 맥락

수많은 어머니들이 집 밖에서 일하기 때문에, 수많은 영아와 어린 아동들이 부모가 아닌 다른 사람으로부터 정기적으로 돌봄을 받고 있다. 2011년 미국에서는 직장 근무를 하는 어머니가 있는 아동들의 35%는 센터기반 보육을, 18%는 비친척들이 운영하는 가정적 환경(예 : 베이비 시터, 가족 보육사, 보모)에서 보육을 받고 있다(Laughlin, 2013; 그림 12.6 참조). 고소득 취업 부모 대부

글상자 12.4　　적용

가족휴직 정책

출산이든 입양이든, 신생아를 돌보는 일은 부모의 입장에서는 시간과 노력을 필요로 한다. 제2장에서 보았듯이, 영아들은 자주 깨고 자주 먹는데, 이는 부모 중 하나 또는 둘 다가 자주 깨어나야 함을 의미한다. 우리는 또한 제11장에서 생의 초기 몇 개월 동안이 부모-자녀 관계의 기초를 형성하는 애착결합을 수립하는 중요한 시기임을 배웠다. 인간 역사의 많은 기간 동안, 어린 아동을 돌보는 대부분의 책임이 어머니에게 주어졌다. 그러나 직장에서 일하는 여성의 증가로 인해, 더욱더 많은 여성들이 자녀를 돌보기 위해 집에 머물 수 없게 되었다. 이런 사실이 직업을 잃을 걱정 없이 부모 중 하나 또는 둘 모두가 확장된 결근을 허용받을 수 있는 가족휴직 정책이 필요하게 만들었다.

미국에서는 가족휴직이 가족 및 의료 휴직법 (Family and Medical Leave Act, FMLA)에 의해 1993년에 가능해졌다. FMLA는 부모들에게 12주 동안을 쉬도록 허용해주면서 그들이 직무에 복귀할 때 그 자리를 보장한다. 그러나 – 이 '그러나'가 중요하다 – FMLA는 부모들이 가족휴직을 받을 때 그 기간 동안을 회사에서 유급으로 처리하라는 요구를 하지 않으며, 중소기업은 가족휴직제를 면제해주었다. 그 결과로, 많은 부모들이 그 소득 손실을 감수할 여유가 있거나, 병가나 일반 휴가일을 모으거나, 장애 지급을 신청하거나, 유급 가족휴직을 시행하는 회사에서 근무하거나(전체 직장인의 13%에 해당됨. 연방정부 소속 근로자는 해당되지 않음) 혹은 유급 가족휴가를 보장하는 법을 통과시킨 주(2016년 현재 캘리포니아주, 뉴저지주, 로드 아일랜드주 등 3개 주)에 거주하거나 해야 한다.

새로 부모가 된 부부에게 유급 가족휴직을 제공하지 않는 나라들 중 미국은 산업화된 나라 중에서는 유일하고, 세계에서는 3개 나라 중 하나로 남아 있다. 산업화된 나라들의 대부분은 최소 1년의 유급 휴직을 산모에게 제공하며, 그중 6개 나라는 2년 이상을 주기도 한다(OECD Family Database, 2016).

따라서 세계의 부모들은 자신들의 직업이나 재정적 안전에 대한 위협을 걱정하지 않고도 집에서 자신들의 신생아를 돌볼 수 있는 선택권을 갖게 되었다 – 단, 그들이 미국에 살지 않는다면.

유급 출산휴직은 여성들로 하여금 임신과 출산에서 회복하도록 해주었고 또한 그들의 신생아를 돌보도록 해주었다. 어머니가 12주 동안 집에 머물 수 있게 된 신생아들은 모유를 먹을 수 있게 되었고, 정기적인 의료 검진을 갈 수 있게 되었으며, 권장된 예방접종을 받을 수 있게 되었다(Berger, Hill, & Waldfogel, 2005). 가족휴직은 또한 부모가 병이 났거나 배우자를 돌봐야 하거나 또는 그들의 직계 부모를 돌봐야 할 때 사용할 수 있다. 유급 가족휴직은 가족으로 하여금 의료적 긴급상황 때문에 빈곤에 빠지는 것을 예방해줄 수 있으며, 높은 예방접종률과 연결되었다(Adema, Clarke, & Frey, 2015).

분의 자녀들은 보육기관이나 유치원에서 돌보고 있는데(66%), 반면에 저소득 가족 대부분의 자녀들은 부모 외의 가족 구성원이 돌보고 있다(Pew Research Center, 2015).

부모 없는 보육을 받는 아동 수가 증가하기 시작한 것은 1970년대였다. 이런 경향을 연구하는 연구자들의 초기 가장 큰 관심은, 부모 없는 보육이 어머니–자녀 관계를 약화시킬 수 있다는 것이었다(예 : Belsky, 1986). 예를 들어 기본적 애착 이론(제11장)에 근거하면, 어머니로부터 자주 분리되는 어린 아동들은 종일 어머니와 같이 있는 아동들에 비해 자기 어머니에게 불안전 애착을 발달시킬 가능성이 높

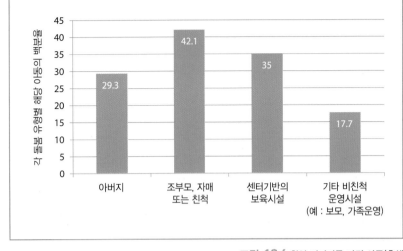

아 보인다. 그러나 우리가 글상자 11.1에서 보았듯이, 그런 염려는 근거 없는 것이었다. 몇몇 다른 결과들이 보육에서 아동들의 경험과 연결되었는데, 어떤 것들은 아동들에게 이로웠고 어떤 것들은 그렇지 않았다.

그림 12.6 **취업 어머니를 가진 아동(출생 ~4세)의 돌봄 유형별 백분율(2011년)** 5세 미만 아동의 53%(약 1,100만 명)는 취업한 어머니. 이 아동들의 반 이상이 어머니가 직장 근무를 하는 동안 센터기반의 보육시설 또는 비친척들이 운영하는 가정적 환경에서 보육을 받고 있다. 그래프상의 범주들은 상호 배타적이지 않다(Laughlin, 2013).

적응과 사회적 행동

많은 연구자들은 보육센터에 있는 아동들이 자원(예 : 크레용, 장난감 자동차, 교사의 시간)을 놓고 경쟁해야 하기 때문에 더 많은 공격성을 발달시킬 것이라고 생각했다. 연구 결과들은 혼재되어 있으며, 때로는 특정한 분석 모드에 따라 달라지고(예 : Crosby et al., 2010), 연구를 행한 국가에 따라서도 달라진다. 많은 연구자들은 보육센터에 있는 아동들이 문제행동 면에서 집에서 자란 아동들과 다르지 않다는 것을 발견했다(Barnes, Beaver, & Miller, 2010; Erel, Oberman, & Yirmiya, 2000; M. E. Lamb, 1998). 실제로 보육의 질이 한결같이 높은 노르웨이의 2개의 큰 연구에서, 연구자들은 보육시간의 양과 외현화 문제(예 : 공격성, 불복종, 사회적 능력) 사이에서 일관적인 관계

2011년 현재 빈곤 가족의 아동들 중에서 27%는 센터기반의 보육시설 또는 유치원에서 보육을 받는데, 이에 비해 빈곤 기준선을 넘어선 가족의 아동들은 35%가 그렇다(Laughlin, 2013).

를 거의 찾지 못했다(Solheim et al., 2013; Zachrisson et al., 2013).

이 발견은 미국 NICHD(National Institute of Child Health and Human Development, 국립아동보건 및 인간발달연구소)의 연구 결과와 대조가 되는데, NICHD 연구에서는 아동보육의 질이 더욱 가변적이다. NICHD 연구에서는 생후 첫 2세까지는 보육시설에서 많은 시간을 보내거나 보육자가 자주 바뀌면, 이는 2세 때 낮은 사회적 능력과 높은 불복종을 예견했다고 지적한다(NICHD Early Child Care Research Network, 1998a). 4세 반경에는, 집중적으로 보육시설에 있던 아동들은, 보육자(어머니가 아닌)에 의하면, 더 많은 문제행동(예 : 공격, 불복종, 불안/우울)을 보였다고 했다(NICHD Early Child Care Research Network, 2006). 보육시설에 오래 머문 것과 보육교사가 보고한 외현화된 문제(예 : 공격, 반항) 사이의 관계는 또한 초등학교 때도 발견되지만 일반적으로는 6학년 때에는 심각하지 않았다(Belsky, Bakermans-Kranenburg, & van IJzendoorn, 2007). 그러나 비친척들의 더 많은 보육시간은 15세 때 더 큰 위험 및 충동성을 예견했다(Vandell et al., 2010).

발견은 매우 저소득인 고위험군 가족에게는 적용되지 않는 것으로 보인다(Côté et al., 2008). 사실, 보육의 질이 너무 나쁘지 않다면 그런 아동들에게는 보육시설에 오래 머무는 것이 더 좋은 적응과 정적(+)으로 연관된다(Votruba-Drzal, Coley, & Chase-Lansdale, 2004). 이와 유사하게, 캐나다 고위험 가족 아동들에 대한 대규모 연구에서, 집단 보육시설에 있는 아동들의 신체적 공격은 자기 가족에 의해 보육되는 아동들의 신체적 공격보다 덜 흔했다(Borge et al., 2004). 높은 질의 아동보육은 아동의 추후 학교에서의 성공을 촉진하도록 설계된 프로그램을 포함하는데, 이는 특히 불리한 환경의 아동들에게 이롭다. 제8장에서 논의한 헤드스타트 계획에서와 같이, 이 프로그램을 경험한 아동들은 사회적 능력에서는 향상을 보이고 품행문제에서는 감소를 보인다(Keys et al., 2013; M. E. Lamb, 1998; Peisner-Feinberg et al., 2001; Webster-Stratton, 1998; Zhai, Brooks-Gunn, & Waldfogel, 2011).

따라서 보육시설에 있는 대부분의 아동들은 결코 심각한 행동문제를 발달시키지 않으나, 일부에게는 그와 같은 문제를 발달시킬 위험이 보육시설(특히 센터기반 시설)에서 보내는 시간이 증가함에 따라 증가한다(R. L. Coley et al., 2013). NICHD 연구에서, 이 위험은 아동들이 많은 시간을 대규모 또래집단과 함께 보낼 때 및 낮은 질의 보육시설일 때 더 커진다(전반적인 위험은 중간 정도였으며, 긴 시간 동안 보육시설에서 머무는 아동들의 특성 때문은 아니었다)(McCartney et al., 2010). 좀 더 일반적으로는, NICHD 연구에서 높은 질의 보육은 생의 초기(McCartney et al., 2010) 및 15세경(Vandell et al., 2010)에 더 적은 외현화 문제와 관련되었다 — 이 관련은 부정적인 정서상태에 있기 쉬운 아동과 청소년에게서 1차적으로 보여지며(Belsky & Pluess, 2012; Pluess & Belsky, 2010), 또는 유전자 DRD4의 특정 변이형을 가진 아동과 청소년에게서 보인다. 이 DRD4 변이형은 제11장에서 언급했듯이, 환경의 영향에 민감하다(Belsky & Pluess, 2013).

이에 더해, 긴 시간 동안 보육시설에 있는 아동들의 배경특성(예 : 가족 소득, 부모 교육수준, 부모 성격)은 짧은 시간 동안 있는 아동들의 배경특성과 여러 가지 면에서 다르다는 것을 기억해야 한다. 그러므로 이 요인들의 일부 효과를 고려한다 해도, 인과관계를 가정해서는 안 된다(Bolger & Scarr, 1995; NICHD Early Child Care Research Network, 1997). 이에 더해 보육시설에서 보낸 시간의 양은 제공된 보육의 질보다 관련이 더 적다. 그들의 SES 배경이 어떻든 간에, 높은 질의 보육 프로그램을 받는 아동들은 잘 적응하고 또한 사회적 능력을 발달시키는 경향이 있다(Love et al., 2003; NICHD Early Child Care Research Network, 2003; Votruba-Drzal et al., 2004).

앞서도 언급했듯이, 아동의 적응에 미치는 보육의 효과에 관련된 또 하나의 요인은 제공된 보육에서의 변화의 개수이다. NICHD 연구에서, 비부모 보육배치 횟수의 증가는 아동의 문제행동 및 더 낮은 수준의 긍정적 행동(예 : 순응, 정서에 대한 건설적 표현)에서의 증가와 연계되었다(Morrissey, 2009). 보육의 비안정성 또한 호주 연구에서의 빈약한 적응과 연관되었다(Love et al., 2003).

인지발달과 언어발달

보육이 아동의 인지 수행과 언어 수행에 미치는 가능한 효과는 부모뿐만 아니라 교육자에게도 특별한 관심사이다. 비록 그 영향이 시간의 흐름에 따라 약화될 수는 있다 해도(Côté et al., 2013) 연구는 높은 질의 보육이 아동 기능의 그런 측면에 어느 정도 긍정적인 영향을 줄 수 있음을 시사한다(Keys et al., 2013). NICHD 연구에서는, 전반적으로, 보육의 시간 수는 인구통계적 변수(예 : 가족 소득)를 고려할 때 인지발달이나 언어발달과 상관되지 않았다. 그러나 아동의 언어발달을 자극하는 특별한 노력을 기울인 높은 수준의 보육은 생후 3세 때의 더 나은 인지발달 및 언어발달과 연결되었다(NICHD Early Child Care Research Network, 2000b). 더 높은 질의 보육(특히 센터 보육)을 받은 아동들은 낮은 질의 보육을 받은 아동들에 비해 학업 전 인지 기술이나 언어능력, 주의 집중 등의 검사에서 더 높은 점수를 기록했다(NICHD Early Child Care Research Network, 2002, 2006; NICHD Early Child Care Research Network & Duncan, 2003).

높은 질의 보육은 또한 아동이 유치원에 다닐 때 자녀 학업에 대한 어머니의 더 큰 참여를 예측한다. 이는 아동의 학업 수행을 촉진할 것으로 기대되고(Crosnoe, Augustine, & Huston, 2012), 초등학교에서의 더 높은 어휘력(그러나 읽기와 수학은 아님) 점수를 촉진할 것으로 기대되며(Belsky, Vandell et al., 2007), 15세 때 더 높은 인지 및 학업 성취를 양성할 것으로 기대된다(Vandell et al., 2010). 더욱이 높은 질의 보육을 받는 아동의 경우, 가족이 낮은 소득일지라도 4세 반에서 11세까지의 낮은 성취를 예측할 수 없다(Dearing, McCartney, & Taylor, 2009).

다른 연구 역시 보육이 인지에 긍정적인 영향을 미칠 것이며, 더 높은 질의 보육센터에서 그런 영향이 더 클 것이라고 시사한다(Peisner-Feinberg et al., 2001). 예를 들어 스웨덴과 미국의 많은 연구자들은 가정 외 보육센터에 등록되어 있던 아동들이 초등학교 때에도 인지적 과제에서 더 잘 수행하는 것을 발견했다(Erel et al., 2000; M. E. Lamb, 1998). 이에 더하여, 보육시설에서 오랜 시간을 보낸 저소득 가족의 아동들이 짧은 시간을 보낸 아동들에 비해 양적인 기술에서 향상을 보이는 경향을 보였다(Votruba-Drzal et al., 2004). 보육은, 그것이 낮은 질이 아니라면, 저소득 가정에서 가용한 것보다 더 큰 인지적 자극을 제공하는 것으로 보인다.

보육의 가용성 및 보육의 질

아동들이 가정 밖에서 받는 보육의 질이 그들 발달의 몇몇 측면과 관계된다는 것은 놀라운 일이 아니다. 미국소아과학회나 미국공중보건학회를 포함한 몇몇 기관들은 보육센터가 보장해야 할 최소한의 두 가지 기준(아동들의 안전 및 발달 촉진)을 확립했다.

- 아동이 12개월 이하일 경우, 아동 대 보육자 비율은 3 대 1, 아동이 13~35개월일 경우에는 4 대 1, 아동이 3세일 경우 7 대 1, 아동이 4~5세일 경우 8 대 1
- 아동이 12개월 이하일 경우, 아동집단의 최대 크기는 6명, 아동이 13~35개월일 경우 최대 8명, 아동이 3세일 경우 최대 14명, 아동이 4~5세일 경우 최대 16명

■ 보육자를 위한 공식 교육으로는, (1) 유아교육, 학령기 관리, 아동발달, 사회복지, 간호, 또는 아동 관련 분야, 또는 유아교육과에서 준학사이면서 현재 학사 학위 취득 예정자이고, (2) 육성환경을 제공하고 아동 가정 외 요구에 대처하는 최소 1년의 연수 기간을 선도 교사들에게 받아야 한다(American Academy of Pediatrics, American Public Health Association, & National Resource Center for Health and Safety in Child Care and Early Education, 2011).

미국의 NICHD 연구에서, 위 지침 이상을 만족시키는 보육시설의 아동들은 36개월일 때 언어 이해 및 학업 준비성 검사에서 높은 점수를 받았고 행동문제도 거의 없었다. 더 많은 기준을 만족시킬수록 3세 때 아동들의 수행 역시 더 좋아졌다(NICHD Early Child Care Research Network, 1998b). 보육시설의 질은 일반적으로 종교적인 연계가 없는 비영리 센터들이 가장 높았고, 종교적인 연계가 있는 비영리 센터 및 독립 영리 센터들이 중간 정도였으며, 영리 체인들이 가장 낮았다(Sosinsky, Lord, & Zigler, 2007).

불행하게도, 직장에 다니는 영아나 유치원 아동의 부모들 대부분은 질이 높으면서 자기들에게 알맞는 보육시설을 찾기 어렵다고 보고한다(Pew Research Center, 2015). 이에 대한 부분적인 이유로는, 미국 내 대부분의 보육센터들은 앞에서 권고된 최소한의 기준을 충족시키지 못하고 있다. 또 하나의 주요 요인은 비용이다. 일부 지역에서는 자녀를 인가된 보육센터에 보내려면 가족 예산의 1/3을 써야 하기 때문에 과도한 비용이 된다(Gould & Cooke, 2015). 실제로 전체 주들의 반에서, 4세 아동의 1년 보육비가 공립대학교의 수업료를 초과하며 때로는 2배를 넘기도 한다(Gould & Cooke, 2015). 따라서 오바마 대통령(The White House, 2015)이나 빌 드 블라시오 뉴욕시장(Office of the Mayor of New York City, 2014) 같은 정책 입안자들이 보육비용을 시급한 정책의 쟁점으로 인용한 것은 놀랄 일이 아니다.

요약

가족구조

■ 미국의 가족구조는 지난 수십 년간 변화해 왔다. 첫 부모 되는 나이가 많아졌고, 더 많은 아기들이 편모에게 태어나고 있으며, 가족 크기는 작아지고, 이혼과 재혼이 흔하게 발생한다.

■ 불균형한 수의 청소년 부모들이 가난한 배경에서 나타난다. 청소년 어머니들은 나이 든 어머니들에 비해 자녀양육에서 덜 효율적이며, 그 자녀들은 행동문제나 학업문제, 비행, 조기 성행동 위험이 있다. 청소년 어머니의 자녀들은 청소년 어머니가 양육에 관한 더 많은 지식을 갖출 때 및 그 자녀들 자신이 아버지와 따뜻한, 참여적인 관계를 가질 때 더 잘 지낸다.

■ 여성 동성애자 부모나 남성 동성애자 부모의 자녀들이 이성애자 부모의 자녀들에 비해 성적 지향이나 인지적, 사회적 적응에서 다르다는 증거는 없다.

■ 비록 대부분의 아동들이 부모의 이혼 후에도 잘 적응하지만, 일부 아동들은 지속적인 부정적 결과를 경험한다. 이 부정적 결과에 기여하는 주요 요인은 적대적이고 역기능적인 가족 상호작용(이전 배우자와의 지속적인 갈등 포함)의 발생이다.

■ 부모의 재혼은 자녀에게 긍정적인 영향(예 : 자녀의 생에 더 커진 자원과 새로운 신뢰로운 성인 등장) 및 부정적인 영향(예 : 가족의 증가된 갈등)을 줄 수 있다. 만일 모든 부모들(현재 부모와 이전 부모)이 지지적이라면 자녀들은 잘 해나갈 것이다.

가족역동

■ 부모는 직접적인 지도를 통해서 기술이나 태도, 행동 등의 시범

을 통해서, 자녀의 경험과 사회생활 관리를 통해서 자녀의 사회
화를 발달시킨다.

■ 추론을 강조하는 훈육을 사용하는 것은 더 나은 순응 및 사회적
능력과 연결된다.

■ 연구자들은 온화함 및 통제 차원과 관련된 몇 가지 양육 유형을
확인했다. 온화함과 통제 간의 균형을 이루어 권위적 양육 유형
이라 불리는 양육 유형이 아동들의 사회적 능력을 촉진하는 최
선의 양육 유형이다.

■ 서로 다른 양육 유형이나 실행의 중요성이나 효과는 문화에 따
라 다르다.

■ 양육 유형이나 실행은 아동의 특성(매력, 행동, 기질)에 의해 영
향 받는다.

■ 경제적 스트레스는 결혼 및 부모-자녀 상호작용의 질을 감소시
키며, 자녀의 우울, 학업 실패, 파괴적 행동, 약물 사용 등의 위
험을 증가시킨다.

■ 어머니들은 전형적으로 아버지들에 비해 훨씬 더 많이 자녀와
상호작용한다. 아버지의 놀이는 어머니의 놀이에 비해 좀 더 신
체적인 경향이 있다. 그러나 부모-자녀 상호작용의 본질은 문
화에 따라 다르다.

■ 형제자매들은 서로에게서 배우며, 서로를 위한 지지의 원천이
될 수 있고, 때로는 서로 갈등관계가 될 수 있다. 형제자매들은
부모와 좋은 관계를 갖고 있거나 부모가 자기들을 균등하게 잘

대해주고 있다고 느낄 때 잘 지낸다.

사회경제적 맥락

■ 가족문화는 훈육과 같은 부모의 행동 선택에 영향을 주지만, 그
런 행동이 아동에게 주는 영향은 크게 보아 문화들 간에 비슷
하다.

■ 양육 행동과 아동발달은 가족의 경제적 자원에 의해 영향을 받
는다. 미국 아동들의 20%는 가난한 가족 출신이며, 그들은 일
련의 인지적 및 행동적 문제의 위험에 처해 있다.

■ 어머니와 자녀들은 어머니의 취업으로부터 약간의 이득을 거둘
수 있으며, 어머니의 취업은 자녀들이 수용할 만한 질의 보육
시설에 다니고 성인들에 의해 관리 감독 및 모니터된다면 자녀
에게 미치는 부정적인 영향은 거의 없다. 미국에서 새로 부모가
된다는 것은, 집에 머무느냐 직장에 계속 다니느냐에 대한 어려
운 결정을 해야 한다. 왜냐하면 많은 부모들이 유급 육아휴직을
받을 선택권이 없기 때문이다.

■ 높은 질의 보육을 받는 아동들은 낮은 질의 보육을 받는 아동들
에 비해 인지발달과 언어발달에서 더 잘한다. 보육이 아동의 기
능에 미치는 영향이 긍정적이냐 부정적이냐 하는 것은 부분적
으로 아동의 특성이나 어머니와의 관계, 보육의 질에 따라 달라
진다.

연습문제

1. 미국 가족구조에서의 최근 추세는 첫 부모가 되는 연령의 증가
   이다. 아래의 항목들 중 어느 것이 옳지 않은가?
   a. 연령이 많은 부모가 교육 수준이 더 높은 경향이 있다.
   b. 연령이 많은 부모가 더 높은 소득을 버는 경향이 있다.
   c. 연령이 많은 부모가 거친 양육 유형을 사용하는 경향이 있다.
   d. 연령이 많은 부모가 자녀를 가진 지 10년 내에 이혼할 가능
      성이 낮다.

2. 최근의 연구는 다음 중 어느 것이 동성 부모의 자녀들에 대해
   이성 부모의 자녀들과 비교해서 옳다고 말하는가?
   a. 그들(동성 부모 자녀들)은 낙인찍기와 놀림을 당한다고 보
      고한다.
   b. 그들(동성 부모 자녀들)은 사회적·학업적으로 더 잘 수행하
      는 경향이 있다.

   c. 그들(동성 부모 자녀들)은 성적 지향이나 성유형 행동의 정
      도에서 비슷하다.
   d. 그들(동성 부모 자녀들)은 청소년기에 높은 수준의 부모 공
      격성을 당한다고 보고한다.

3. 아래의 이혼에 대한 진술문 중 어느 것이 옳지 않은가?
   a. 어린 아동 자녀들이 청소년 자녀들에 비해 부모의 재혼에
      대해 부정적인 경향이다.
   b. 높은 갈등 가족의 자녀들에게는, 이혼이 그들의 적응에 긍
      정적인 영향을 줄 수 있다.
   c. 이혼 및 재혼 가족의 자녀들은 성인이 되었을 때 이혼할 위
      험성이 크다.
   d. 대부분의 아동들은 부모 이혼의 결과 심각하고도 지속적인
      문제로 고통 받지 않는다.

4. 아동들이 그들의 속한 문화에서 적합하다고 여겨지는 가치, 지식, 행동을 획득하는 과정을 _____(이)라고 한다.
   a. 양육 유형
   b. 사회화
   c. 행동주의
   d. 공동주의

5. 다음 중 의붓가족 아동의 적응에 영향을 주는 것으로 밝혀진 요인이 아닌 것은 무엇인가?
   a. 부모 재혼 시의 아동의 연령
   b. 비양육 친부모와 의붓부모 사이의 관계
   c. 아동과 의붓부모의 성별
   d. 친부모와 의붓부모 사이의 나이차

6. 아래의 진술문 중에서 타인 지향 귀납법의 정의에 가장 적합한 것은 무엇인가?
   a. 걸음마기 아동이 친구 장난감을 뺏어온 후, 그 엄마가 그를 혼낸 후 사과시킨다.
   b. 걸음마기 아동이 친구 장난감을 뺏어온 후, 그 아버지가 그를 때린다.
   c. 걸음마기 아동이 친구 장난감을 뺏어온 후, 그 엄마가 그를 타임아웃시킨다.
   d. 걸음마기 아동이 친구 장난감을 뺏어온 후, 그 아버지가 그렇게 하면 그 친구의 마음을 상하게 한 거라고 설명해준다.

7. 다음 중 내재화를 가장 잘 설명한 것은 무엇인가?
   a. 부모의 이혼 후 자녀가 경험하는 죄책감
   b. 부모-자녀 상호작용이 부모나 자녀의 행동을 강화하고 영속화하는 과정
   c. 적합한 훈육의 결과로서 아동이 바람직한 행동을 배우고 수용하는 과정
   d. 거친 벌이 아동의 자존감에 줄 수 있는 부정적 영향

8. 다음 중 벌에 대해 정확하게 진술한 것은 무엇인가?
   a. 벌은 더욱 효과적인 형태의 훈육이다.
   b. 벌은, 비록 다른 형태의 훈육보다 거칠기는 하나, 아동에게 행동하는 방법을 가르친다.
   c. 고함 지르기나 특권의 취소 같은 벌은 내재화를 격려하는 데 성공적이라고 밝혀졌다.
   d. 벌은, 가벼울 때, 내재화를 위해 최소한으로 충분한 압박을 제공한다.

9. 제이든은 친구 집에서 여는 파티에 가고 싶다. 아버지에게 허락해 달라고 부탁했으나 곧바로 안 된다고 말한다. 제이든이 왜 안되냐고 묻자 아버지는 화를 내며 말한다. "내가 안 된다면 안되는 거야!" 제이든의 아버지는 어떤 양육 유형을 보여주

는가?
   a. 허용적 유형
   b. 독재적 유형
   c. 권위적 유형
   d. 방임적 유형

10. 에릭과 친구는 함께 위험한 게임을 하는 중이다. 에릭의 아버지는 그만두라고 말한다. 에릭은 계속하게 해달라고 간곡히 부탁한다. 아버지는 엄격하게 거절하면서 그들이 하는 게임이 위험하다고 생각하는 이유를 설명한 다음 어떤 다른 활동을 제안한다. 에릭의 아버지는 어떤 양육 유형을 보여주는가?
   a. 허용적 유형
   b. 독재적 유형
   c. 권위적 유형
   d. 우호적 유형

11. 자녀와의 상호작용에서 어머니와 아버지가 다른 경향을 보이는 영역이 아닌 것은 무엇인가?
   a. 자녀와 함께 하는 놀이 유형
   b. 자녀와 함께 보내는 시간의 양
   c. 그들의 양육 유형이 자녀의 정신건강에 미치는 효과
   d. 자녀에게 제공하는 신체적인 보육과 정서적인 지지의 양

12. 6살인 트레버는 제뜻대로 하려고 공격적으로 행동하는 경향이 있다. 그 부모는 이 행동에 대해 거친 훈육(예 : 때리기)으로 반응한다. 그러나 트레버의 반응은 더 격렬해지며, 그것은 다시 부모의 반응을 부추긴다. 부모-자녀 행동의 이런 순환은 어떤 개념의 예인가?
   a. 양방향성
   b. 상호 의존성
   c. 등결과성
   d. 일방 아동효과

13. 형제자매 관계에 관한 다음 진술문 중 잘못된 것은 무엇인가?
   a. 부모에 의한 차별대우는 청소년 후기에 가장 영향력이 크다.
   b. 만일 차별대우가 부당함보다는 정당화된다면, 자녀들은 그들의 부모 및 형제자매들과 긍정적인 관계를 보고할 가능성이 크다.
   c. 집단주의 문화 아동들은 개인주의 문화 아동들에 비해 형제자매 갈등을 덜 보고한다.
   d. 형제자매들은 부모들이 잘 지내는 가족에서 서로 잘 지낸다.

14. 다음 진술문 중 사회경제적 맥락이 아동발달에 미칠 수 있는 영향에 대해 맞는 것은 무엇인가?
   a. 빈곤은 아동의 학업성취에 거의 영향을 미치지 못한다.
   b. 고소득 가족 아동들은 저소득 가족 아동들에 비해 약물 사용, 비행, 정신건강문제에서 낮은 발생률을 보이는 경향이 있다.
   c. 부모가 지지적인 친척이나 친구들과 관계를 갖는 것은 경제적 스트레스가 그들 자녀의 발달에 영향을 미치는 것을 조

정할 수 있다.

   d. 어머니의 취업은 자녀와의 상호작용의 질을 심각하게 감소시키는 경향이 있다.

15. 아동발달에 미치는 보육의 긍정적인 또는 부정적인 영향으로 발견된 것이 아닌 것은 무엇인가?

a. 아동이 보육시설에서 하루에 보내는 시간의 수
b. 자녀가 그 어머니와 갖는 관계의 유형
c. 보육시설의 질
d. 아동이 가진 형제자매의 수

비판적 사고 질문

1. 자녀의 행동에 대한 부모의 사회화는 양방향적 과정이라고 여겨지고 있다. 즉 부모가 자녀의 행동에 영향을 주고, 자녀의 행동 또한 어떤 사회화 실행이나 행동을 유발한다. 다음의 (a), (b)에 대한 양방향 인과관계의 예를 들어보라 — (a) 때리기와 자녀의 공격성 간 관계, (b) 부모의 벌적 통제와 자녀의 자기조절 간의 관계.

2. 일부 문화에서는 부모 권위를 존중하는 것이 서구의 산업화된 나라들에 비해 더 가치 있는 일로 여겨진다. 이 문화적 변이는 부모-자녀 상호작용에 어떻게 영향을 미칠 것이며, 자녀들의 사회적, 정서적 발달과 부모의 양육 유형과의 관계에는 어떻게 영향을 미칠 것인가?

3. 여러분이 아동이었을 때 여러분의 부모님이 여러분과 상호작용했던 방식을 생각해보라. Baumrind의 양육 유형에 근거할

때, 여러분의 아버님과/(또는) 어머님은 어떤 유형이셨는가? 그 양육 유형을 분류하기 위해 여러분은 어떤 구체적인 행동을 사용했는가?

4. 이혼 자녀들에 대한 결합 양육의 장점과 단점을 적어보라. 부모가 다음과 같을 경우, 그 가족을 위한 장점과 단점이 어떻게 다른가? (a) 부모가 많이 따지거나 또는 잘 지낸다. (b) 이혼 후 50마일 떨어진 곳에 살거나 또는 5마일 떨어진 곳에 산다.

5. 과거 수십 년 동안, 부모가 아닌 사람 또는 보육시설에서 돌보아 온 아동들의 수가 극적으로 증가했다. 자녀를 보육시설이나 유치원에 맡기는 부모들의 잠재적인 이득이나 부담은 무엇인가? 그 자녀들의 이득이나 부담은 무엇인가? 그 사회의 이득이나 부담은 무엇인가?

핵심용어

가족구조(family structure)
가족역동(family dynamics)
권위적 양육(authoritative parenting)
내재화(internalization)
독재적 양육(authoritarian parenting)

방임적 양육(uninvolved parenting)
벌(punishment)
부모-자녀 상호작용의 양방향성(bidirectionality of parent-child interactions)
사회화(socialization)

양육 유형(parenting style)
허용적 양육(permissive parenting)
훈육(discipline)

연습문제 정답

1. c, 2. c, 3. a, 4. b, 5. d, 6. d, 7. c, 8. d, 9. b, 10. c, 11. c, 12. a, 13. a, 14. c, 15. d

WINSLOW HOMER (1836–1910), *Snap the Whip* (oil on canvas, 1872)

또래관계

우정

아동의 친구 선택

   글상자 13.1 : 개인차 문화와 아동의 또래 경험

초기 또래 상호작용과 우정
우정의 발달적 변화
우정에서 기술의 역할

   글상자 13.2 : 자세히 보기 사이버 괴롭힘

우정이 심리적 기능과 행동에 미치는 영향

또래 상호작용

아동 중기와 청소년 초기의 패거리와 사회관계망
청소년기의 패거리와 사회관계망
패거리와 사회관계망의 부정적 영향
괴롭힘과 피해자 만들기
또래와의 낭만적 관계

또래집단에서의 지위

또래 지위의 측정
사회측정적 지위와 관계된 특성들

   글상자 13.3 : 적용 아동의 또래 수용 높이기

또래 지위에 관계되는 요인들에서 비교문화적 유사성과 차이점

   글상자 13.4 : 자세히 살펴보기 또래관계를 조성하려는 부모의 전략

아동의 또래관계에서 부모의 역할

애착과 또래와의 유능감
진행 중인 부모-자녀 상호작용의 질과 또래관계

요약

이 장의 주제

- 천성과 육성
- 능동적인 아동
- 연속성/비연속성
- 사회문화적 맥락
- 개인차
- 연구와 아동복지

우정은 우리들의 행동, 행위, 그리고 믿음을 동기화한다. 친구는 우리의 정체성 형성에 영향을 미치고 우리가 누구이며 어떤 사람이 될 것인지에 대한 강력한 지표를 제공한다. 친구들 — 그리고 일반적인 또래들 — 은 그들이 직장이건, 학교이건, 동네 친구이건 혹은 과거의 친구이건 우리의 생활에서 중요한 일부이다. 디지털 시대에 또래관계는 전 세계를 무대로 형성될 수 있고 개인적으로는 본 적이 없지만 온라인 동영상이나 문자를 보낼 수 있는 앱으로 실시간 소통하는 사람들도 친구가 될 수 있다. 인터넷으로 인해 친구와 동료들의 소통이 훨씬 쉬워졌고 문자와 채팅으로 인해 그 어느 때보다 쉽고 빠르게 연락을 할 수 있다. 페이스북은 심지어 'friend(*친구 맺기)'를 동사로 만들었고 물론 그 반대인 'unfriend(*친구 삭제)' 역시 동사가 되었다.

불행히도 소셜 미디어는 또한 타인을 괴롭히고 따돌리는 것도 쉽게 만들어서 또래관계의 부정적인 측면 역시 촉진시켰다. 다른 사람을 괴롭히거나 화나게 하려는 목적으로 이메일, 문자, 웹사이트, 비디오, 당황스러운 사진, 그리고 가짜 프로필을 포함한 기술(technology)들을 사용하는 사이버 괴롭힘(cyberbullying)의 출현은 주요한 우려사항이다. 성인들도 때로 타인을 괴롭히거나 화나게 할 목적으로 소셜 미디어를 사용하지만 특히 최근 사이버 괴롭힘의 희생자가 되었던 아동과 청소년들의 자살에 대한 이야기들을 고려할 때 아동들 사이에서 사이버 괴롭힘의 유행은 특히 걱정스러운 일이다(이 주제는 글상자 13.2에서 깊게 논의한다).

사이버 괴롭힘과 이에 따른 브리티시컬럼비아의 포트코퀴틀럼에 사는 청소년 아만다 토드의 자살은 전 세계적으로 이목을 끌었다. 온라인에서 만난 남성은 아만다의 노출 사진을 공동체에 돌리고 페이스북에 더욱 공개적으로 올리며 그녀를 괴롭히고 협박했다. 이러한 행위에 자극을 받아서 그녀의 또래집단이 온라인에서 아만다를 괴롭히고 수치심을 느끼게 했고 학교에서 그녀를 배척하고 신체적으로 공격했다. 그 영향으로 아만다는 음주, 약물 복용, 섹스, 그리고 자해를 포함한 다양한 위험 행동들을 했다. 가족들이 저지한 자살 시도 뒤에 그녀의 친구들은 마음을 상하게 하는 댓글들을 온라인에 지속적으로 올렸고 그녀의 시도가 성공했으면 좋겠다고 말하기에 이르렀다. 원래 그녀를 괴롭히던 남자는 아만다가 전학을 가도 온라인에서 아만다를 따라 다녔고 새로운 급우들에게 사진을 돌려서 모든 악순환을 다시 시작했다. 아만다는 사이버 괴롭힘 희생자로서 자신의 고역을 고백하는 동영상을 유튜브에 올렸지만 그녀가 원했던 지원이나 위안을 받지 못했다. 슬프게도 몇 주 뒤인 2012년 10월 10일 아만다는 15세의 나이로 자살했다.

또래 ■ 서로 관계되지는 않지만 나이와 사회적 위치가 비슷한 사람들

아만다 토드가 사이버 괴롭힘 희생자로서의 경험에 대해 만든 동영상은 수천만 뷰를 기록했다.

MLADEN ANTONOV / Getty Images

분명히 가족 이외에도 아동이 생활하면서 만나는 사람들이 좋든 나쁘든 강한 영향을 미칠 수 있다. 아동이 나이가 들면서 자신과 연령과 사회적 위치가 같지만 서로 관계되지 않는 아동들인 **또래**(peer)와 더 많은 시간을 보내게 되면서 더욱 그렇다(Rubin, Bukowski, & Bowker, 2015). 아동들은 형제들과 친밀하고 온정적인 관계를 맺지만 아동이 친구라고 생각하는 또래는 아동이 선택했다는 점에서 형제와는 독특하게 다르다.

이 장에서 우리는 또래 상호작용의 특별한 본질과 아동의 사회적 발달을 위한 시사점을 살펴본다. 첫째, 또래관계의 가장 친밀한 형태인 우정(friendship)을 살펴보며 다음과 같은 질문을 생각해본다. 친구와의 상호작용은 다른 또래들과의 상호작용과 어떻게 다른가? 나이가 들면서 우정은 어떻게 변화하는가? 우정에서 아동은 무엇을 얻으며 우정에 대

해 아동은 어떻게 생각하는가?

다음으로 더 큰 또래집단에서 아동의 관계를 고려해본다. 이러한 관계들은 특히 친밀감의 제공에 관하여 아동의 발달에서 다소 다른 역할을 하기 때문에 우정과 별개로 논의할 것이다. 우리는 인기 있는 아동, 인기 없는 아동, 또래에게 존재감이 없는 아동들의 차이가 무엇인지, 또래들의 수용 또는 거부가 아동의 행동과 심리적인 적응에 장기적인 시사점을 가지는지 등의 질문을 고려해볼 것이다.

아동의 또래와의 관계에 대한 논의는 **개인차**의 주제와 또래관계에서의 차이가 발달에서 차이를 만들어내는 방법들을 포함할 것이다. 또한 **사회문화적 맥락**이 또래관계에 미치는 영향력, 천성과 양육이 아동의 또래관계의 질에 미치는 공헌, 친구와 그들과의 활동을 선택하는 데 있어 **능동적인 아동**의 역할에 대해 초점을 맞춘다. 우리는 또한 우정에 대한 아동의 사고 변화가 **연속성 또는 불연속성**을 보이는지를 고려할 것이다. 마지막으로 우리는 아동과 다른 아동의 상호작용을 향상시키는 개입과 관련하여 **연구와 아동복지**에 대한 주제를 살펴볼 것이다.

우정

수년 동안 많은 이론가들이 또래관계가 아동의 발달에 특별한 기회를 제공한다고 주장해 왔다. Piaget(1932/1965)는 아동들은 사회적 지위에서 상대적으로 동등하기 때문에 성인보다는 또래와 함께 의견과 믿음을 표현할 때 더욱 개방적이고 자발적인 경향이 있다고 주장했다. 유사하게, Vygotsky(1978)는 아동이 또래 상호작용에서 새로운 기술을 학습하고 인지능력을 발달시키는 것을 관찰했다. 그는 아동이 함께 작업하는 것이 문화가 가치 있게 여기는 지식과 기술을 전달하는 방법뿐 아니라 새로운 기술과 능력의 정립을 돕는 방법들도 강조했다.

발달의 모든 단계와 모든 문화에 걸쳐 대부분의 아동들은 자신이 친구라고 여기는 동성의 또래를 적어도 한 명은 가지고 있다(Rubin et al., 2015). 연구자들은 일반적으로 친구는 함께 있고 싶고 서로에게 애정을 느끼는 대상이라는 것에 동의한다. 추가적으로 그들의 상호작용은 호혜성(reciprocities)이 특징인데 친구는 서로에 대해 상호 호감을 갖고, 대등한 행동을 보이며(협동과 협상과 같은) 그들의 사회적 교환으로부터 동등한 이득을 얻는다(Bukowski, Newcomb, & Hartup, 1996). 간단히 말하면 **친구**(friend)는 한 개인이 친밀하고, 상호적이며, 긍정적인 관계를 맺을 수 있는 또래이다.

아동의 친구 선택

아동의 우정에 영향을 미치는 요인들은 무엇인가? 놀라울 것도 없이 아동들은 사교적이고 자신들에게 친사회적으로 행동하는 또래와 친구를 맺는 경향이 있다(Rubin et al., 2015). 우정의 또 다른 주요 결정요인은 흥미와 행동의 유사성이다. 아동들은 자신과 놀이의 인지적 성숙도(Rubin et al., 1994), 협동, 반사회적 행동, 또래의 수용도, 수줍음의 수준에서 유사한 또래를 좋아하는 경향이 있다(X. Chen, Cen et al., 2005; Haselager et al., 1998; A. J. Rose, Swenson, & Carlson, 2004). 아동기와 청소년기의 친구들은 친구가 아닌 경우보다 학업적 동기와 자신이 지각한 능력에서 더

친구 ■ 한 개인이 친밀하고 상호적이며 긍정적인 관계를 맺는 또래

유사하다(Altermatt & Pomerantz, 2003; Dijkstra, Cillessen, & Borch, 2013; Rubin et al., 2015). 친구들은 또한 고통과 우울 같은 부정적 정서의 수준도 비슷하며(Haselarger et al., 1998; Hogue & Steinberg, 1995) 타인에게 적대적인 의도를 귀인하는 성향에서도 유사하다(Halligan & Philips, 2010; 적대적 귀인 편향에 대해서는 제9장 참조).

어린 아동들에게는 근접성이 분명한 주요 요인이다 — 즉 그들은 이웃, 놀이집단의 일원, 또는 유아원 급우처럼 물리적으로 가까운 또래들과 친구가 된다. 그러나 글상자 13.1에서 지적하듯이 또래에 대한 어린 아동들의 접근은 문화에 따라 매우 다르다. 나이가 들면서 근접성이 덜 중요해지지만 근접성은 청소년기까지 친구의 선택에 역할을 하는데(Clarke-McLean, 1996; Dishion, Andrews, & Crosby, 1995), 부분적으로는 학교에서 새로운 우정의 발달을 장려하는 것으로 보이는 유사한 활동(예 : 운동, 학업 활동, 예술)에 참여하기 때문이다. 한 연구에 의하면 동일한 활동에 참여하는 두 명의 청소년들은 동일한 활동에 참여하지 않는 청소년들에 비해 친구가 될 가능성이 평균 2.3배 더 높다(Schaefer et al., 2011).

글상자 13.1 | 개인차

문화와 아동의 또래 경험

이 장에서 기술하는 또래 발달의 패턴들은 아동의 집단들과 때로는 문화권에 걸쳐 평균적인 트렌드를 반영한다. 이 평균들은 아동들이 또래들과의 우정에 어떻게 접근하는가에서 나타나는 흥미로운 문화적 차이를 숨긴다. 예를 들어 중국에서 사교적이지 않고 또래집단을 피하는 아동들은 적응적인 문제를 갖는 성향이 있는데(Liu et al., 2015a) 부분적으로는 중국 문화가 개인의 필요나 요구보다는 집단의 이익에 가치를 두는 집단주의를 강하게 강조하기 때문이다(Du, Li, & Lin, 2015). 이러한 문화적 규준은 또한 중국 아동들이 상호작용하는 방법에도 영향을 준다. 예를 들어 시험에서 성적을 잘 받은 미국 아동은 친구들에게 자랑을 하지만 좋은 점수를 받은 중국 아동은 대신 친구의 점수 향상을 돕는 데 관심이 있다는 것을 강조한다(Heyman, Genyue, & Lee, 2008).

문화적 차이는 지원과 교제의 자원으로서 또래와 가족의 역할에도 영향을 준다. 어떤 문화권에서는 아동들이 지원을 받기 위해 또래보다 가족들에게 더 의지하는데 특히 라틴계 문화의 아동들이 더 그렇다. 예를 들어 캐나다, 쿠바, 스페인의 아동들을 비교한 연구에서 앵글로 유럽계 배경을 가진 캐나다 아동은 친구를 중요한 지원으로 평가했지만 쿠바와 스페인의 아동들은 그렇지 않았다(Vitoroulis et al., 2012).

비교문화 연구들은 종종 차이를 보여주지만 유사점 또한 나타난다. 한 야심 찬 연구에서 중국, 아이슬란드, 러시아와 전 동독의 아동들을 7~15세까지 추

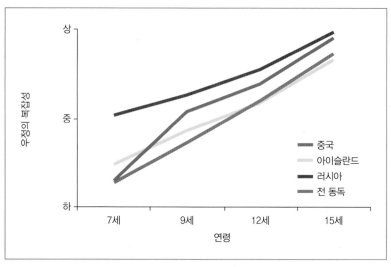

아동기에서 우정의 복잡성 기술에서의 변화 여기에 표시된 네 나라 아동들의 우정 기술에서 복잡성은 9세 이후 동일한 비율로 증가하며 15세에 복잡성이 가장 높아지는 것에서는 거의 동등하다 (Gummerum & Keller, 2008).

적했다(Gummerum & Keller, 2008). 친구란 무엇이고 왜 중요한지에 대하여 네 연령의 아동들을 인터뷰했다. 연구자들은 우정의 복잡성에 따라 아동들의 반응을 코딩했다. 문화의 차이에도 불구하고 아동들은 아동기에 걸쳐 우정을 기술하는 복잡성에서 놀랄 만큼 유사한 발달 패턴을 보였다(그림 참조). 이러한 결과들은 또래와 친구관계의 발달에서 보편적인 측면

이 아동기와 청소년기에 걸쳐 존재한다는 증거를 제공한다.

Beatrice Whiting과 Carolyn Edwards(1988)는 또래관계에서 비교문화적 차이에 대한 고전적인 연구를 실행했다. 그들은 인도, 일본, 케냐, 멕시코, 필리핀, 미국의 6개 문화에서 아동을 비교했다. 연구자들은 일본의 오키나와 같은 공동체에서는 아동이 마을

그림 13.1에서 보는 바와 같이 대부분의 청소년들 (83%)은 가장 가까운 친구들과 시간을 보내는 가장 보편적인 장소로 학교를 꼽았다. 조사 대상 10대들의 거의 절반은 규칙적으로 과외활동(45%)을 하는 동안 또는 동네(42%)에서 친구들과 시간을 보냈으며 1/5은 같은 종교기관에서(21%) 친구들과 시간을 가졌다. 물론 인터넷에 정상적인 접근이 가능한 아동들에게 물리적 근접성은 더 이상 필요하지 않다. 청소년의 55%가 온라인에서 소셜 미디어나 게임 사

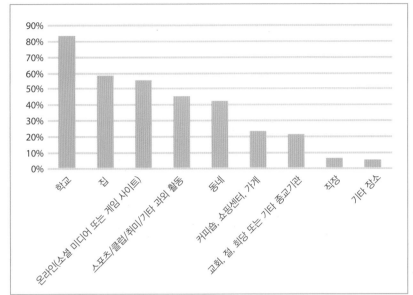

그림 13.1 **청소년들이 가까운 친구들과 함께 지낸다고 보고하는 장소들** 비록 과반수의 10대들이 가까운 친구들과 온라인 플랫폼에서 시간을 보내지만 물리적 근접성은 10대들의 친구 선택과 시간을 함께 보내는 장소에서 중요한 역할을 한다(Lenhart, 2015).

의 길거리와 공공 영역을 자유롭게 돌아다니며 또래들과 광범위한 접촉을 하고 있는 것을 발견했다. 대조적으로 케냐의 아동들은 주로 가족의 마당 밖으로 나가지 않으며 따라서 형제자매 외에 또래들과의 접촉이 상대적으로 적었다.

아동들이 또래와 보내는 전체 시간도 문화에 따라 달랐다. 많은 문화에서 특히 교육받지 못하고 산업화되지 않은 집단들에서 남자아이들은 여자아이들에 비해 또래와 더 많은 시간을 보냈는데 이는 아마도 남자아이들에 대해 감독이 덜하고 자유롭게 집에서 나와 있는 것을 더 허락하기 때문인 것 같다(Larson & Verma, 1999). 예를 들어 6~12세의 인도 남자아이들은 여자아이들에 비해 3배나 더 많은 시간을 가족 밖의 또래와 보냈다(Saraswati & Dutta, 1988). 청소년들의 또래 상호작용의 양에서 비교문화적 차이는 적어도 일부는 문화마다 가치가 다르기 때문인 것 같다.

최근 11개국 청소년들에 대한 연구에 의하면 가족에 대한 높은 의무감, 순종적인 아동, 자율과 개인주의보다 가족에 대한 지향으로 정의되는 전통적인 가족의 가치에 대한 중요성이 클수록 청소년의 삶의 만족도와 또래 수용의 관계가 더 적었다(Schwarz et al., 2012). 따라서 전통적인 가족 가치를 가진 문화에서 또래집단은 덜 중요해 보이며 청소년의 복지는 또래들이 자신을 얼마나 좋아하는지와 덜 관계된다.

또래와의 상호작용에서도 문화적 차이가 발견된다. 9개의 나라(중국, 콜롬비아, 이탈리아, 요르단, 케냐, 필리핀, 스웨덴, 태국, 미국)를 포함한 주

케냐의 어떤 집단에서는 아동들이 관계없는 또래와 관계를 형성하는 것을 장려하지 않는다. 따라서 아동들은 주로 형제자매, 성인 친척들과 상호작용한다.

요 연구에서 아동들에게 지난 달에 얼마나 자주 신체적인 공격(예: '다른 아동을 때리거나 치기') 또는 관계적 공격(예: '제3자에 대한 나쁜 말을 해서 다른 사람이 그를 좋아하지 못하게 함')을 행했는지를 조사했다(Lansford et al., 2012). 중국, 이탈리아, 그리고 태국의 아동들은 신체적 공격보다 관계적 공격에 더 참여했고 반대로 요르단과 케냐의 아동들은 관계적 공격보다 신체적 공격에 더 참여했다. 나머지 나라의 아동들은 두 종류의 공격행동에 비슷한 비율로 참여했다. 공격성에 대한 한 가

지 중요한 측면, 즉 성역할에서는 여러 나라들이 유사했다. 아홉 나라 모두에서 남자아이들은 여자아이들에 비해 신체적 공격행동을 더 보였지만 관계적 공격행동에서는 일관된 성차가 나타나지 않았다(Lansford et al., 2012). 이러한 결과들은 어떤 종류의 공격성이 더 수용적인가에 대한 문화적인 규준이 나라마다 다를 뿐 아니라 여자아이들보다는 남자아이들의 신체적 공격성에 더 수용적이라는 공유된 규준이 있다는 것을 보여준다.

이트를 통해 정기적으로 친구들과 시간을 보낸다(Lenhart, 2015). 우리는 뒤에서 우정에서 기술의 역할에 대해 더 자세히 다룰 것이다.

대부분의 산업화된 나라들에서 나이의 유사성 역시 우정의 주요 요인으로 대부분의 아동들은 나이가 같은 친구들을 사귀는 경향이 있다(Aboud & Mendelson, 1996; Dishion et al., 1995). 이는 부분적으로는 대부분의 산업화된 나라들에서는 학교에서 아동들을 연령별로 분리하여 교육시키기 때문이다. 아동들이 학교에 다니지 않거나 연령으로 분리하지 않는 사회들에서 아동들은 다른 연령의 친구들과 우정을 발달시킬 가능성이 더 높다.

친구 선택에서 또 다른 강력한 요인은 아동의 성별이다. 여자아이들은 여자아이들과, 남자아이들은 남자아이들과 친구를 맺는 경향이 있다(Knecht et al., 2011; C. L. Martin et al., 2013; A. J. Rose & Rudolph, 2006). 흔하기는 하지만 이성 간의 우정은 더 깨지기 쉬운 경향이 있다(L. Lee, Howes, & Chamberlain, 2007; Maccoby, 2000; 제15장 참조). 동성 친구의 선호는 학령전기부터 나타나며 아동기를 통해 유지된다(Hartup, 1983). 아동기를 걸쳐서 청소년기 초기까지 이성 또래에 대한 호감이 증가하며 8학년에서 11학년 사이에 가까운 이성 친구의 빈도가 증가한다(Arndorfer & Stormshak, 2008).

집단과 맥락에 따라 경향성이 다를지라도 아동들은 자신과 같은 인종/민족집단의 또래와 친구가 되는 경향이 약한 정도로 있다(Knecht et al., 2011). 일반적으로 자신의 인종/민족집단 외에서 우정을 쌓으려는 노력은 집단 내에서의 노력보다 보답이 적다(Vaquera & Kao, 2008). 그리고 보답을 받을 때에도 종종 오래 지속되지 못한다(L. Lee et al., 2007). 인종/민족 간 우정을 유지하는 청소년들은 사회적으로 유능하고 자존감이 높을 뿐 아니라(N. Eisenberg, Valiente et al., 2009; Fletcher, Rollins, & Nickerson, 2004; Kawabata & Crick, 2011) 리더가 되는 경향이 있으며 사회적 관계에서 상대적으로 포용적이다(Kawabata & Crick, 2008). 다수 집단의 아동들에게 타 인종의 친구를 갖는 것은 미래에 다른 집단의 사람들에 대한 긍정적인 태도와 관계된다(Feddes, Noack, & Rutland, 2009). 그러나 인종 간 우정에는 대가가 있다. 예를 들어 가장 친한 친구가 자신과는 다른 인종인 아프리카계와 아시아계 미국 중학생들은 가장 친한 친구가 동족인 아동들에 비해 정서적 행복의 수준이 낮은 경향이 있으며 이는 아마도 타 인종 친구들이 동일한 형태의 인종차별을 받지 않으며 자신들이 인종차별에 직면했을 때 친구들이 지원을 제공할 가능성이 더 낮기 때문인 것 같다(McGill, Way, & Hughes, 2012).

따라서 비슷한 사람들끼리 모인다. 친구들이 수많은 차원들에서 유사한 경향성을 갖는다는 사실은 친구가 서로의 행동에 실제로 영향을 주는지 혹은 아동들이 단순히 자신처럼 생각하고 행동하고 느끼는 또래를 찾는 것인지를 알기 어렵다는 것을 강조한다.

초기 또래 상호작용과 우정

아동들은 빠르면 생의 두 번째 해부터 친구를 사귀는 것 같다. 12~18개월의 어린 아동들은 다른 또래들보다 어떤 아동들을 더 만지고 미소 짓고 다른 아이들에 비해 더 긍정적인 상호작용을 하면서 선호를 보인다(D. F. Hay, Caplan, & Nash, 2009; Shin, 2010). 24개월이 되면 또래의 사회적 행동을 모방하기, 협동적인 문제 해결, 그리고 놀이 시 역할의 교환과 같은 사회적 상호작용에서 상당한 복잡성을 가능하게 하는 기술을 발달시킨다(C. A. Brownell, Ramani, & Zerwas, 2006; C. Howes, 1996; C. Howes & Matheson, 1992; Seehagen & Herbert, 2011).

3세나 4세경이 되면 아동은 또래들과 우정을 시작하고 유지할 수 있으며(Dunn, 2004) 대부분은 적어도 한 명의 친구를 갖는다(M. Quinn & Hennessy, 2010). 이렇게 초기에도 아동들은 '가장 친한 친구'를 꼽을 수 있으며 가장 친한 친구와의 관계는 다른 친구들과의 관계에 비해 더 긍정적인 특징이 있다(Sebanc et al., 2007). 특히 걸음마기부터 학령전기까지 아동의 상호작용에서 친구들과의 협동과 조정이 지속적으로 상당히 증가한다(C. Howes & Phillipsen, 1998).

이는 특히 놀이 상대들 간의 상호 이해가 필수적인 상징적 행동을 포함하는, 제7장에서 논의했던 함께하는 가장 놀이에서 분명히 드러난다(Dunn, 2004). 가상극 놀이는 또래보다 친구들 사이에서 더 자주 발생하는데 이는 놀이의 상대가 상징적 행동의 의미를 해석하고 공유할 것

표 13.1

또래가 자신에 대하여 심술궂은 말을 했을 때 학령기 아동들이 선택한 전략들

	각 전략을 선택한 아동의 비율	
	또래가 친한 친구일 때	또래가 급우일 때(친구도 아니고 적도 아닌 경우)
친구/급우에게 이야기한다	43%	19%
무엇을 할까 생각한다	24%	14%
때리거나 차거나 소리지른다	9%	10%
분노를 참는다	8%	5%
생각을 하지 않는다	6%	20%
자리를 뜬다	4%	17%
다른 사람에게 이에 대해 이야기한다	4%	11%
아무것도 하지 않는다	1%	4%

출처 : Whitesell & Harter(1996).

이라는 믿음이 서로 친구가 되는 경험에서 나오기 때문인 것 같다(C. Howes, 1996). 학령 전 아동들이 이러한 가상극 놀이에 전념하고 가상극 놀이를 잘하는 정도는 친절, 협동, 공유, 그리고 공감과 같은 친사회적 행동(제14장에서 더 깊게 다룰 것임)과 관계되어 있다(Spivak & Howes, 2011).

친구가 아닌 경우보다 친구들 사이에서 협동과 긍정적인 상호작용의 비율이 훨씬 높지만 갈등의 비율도 높다. 학령전 친구들은 친구가 아닌 사이만큼 또는 그보다 더 다툼이 잦고 공격, 위협, 요청을 거부하는 방법으로 서로에게 적대감을 표현한다(Fabes et al., 1996; D. C. French et al., 2005; Hartup et al., 1988). 친구 간 갈등의 비율이 더 높은 것은 부분적으로는 친구들이 함께 지내는 시간이 더 많기 때문이다. 아동들은 친구가 아닌 대상과 싸웠을 때는 더 회피하는 데 비해 친구들과는 직접 이야기를 하거나 무엇을 할까를 생각하는 것과 같은 더 직접적인 방법으로 갈등을 해결할 가능성이 높다(Whitesell & Harter, 1996; 표 13.1). 더구나 친구들은 친구가 아닌 경우에 비해 한 아동이 이기고 다른 아동이 지는 것보다는 동등한 결과가 나올 수 있는 방법으로 갈등을 해결할 가능성이 높다. 따라서 갈등 후에 친구들은 친구가 아닌 경우에 비해 더 자신들의 상호작용을 계속하고 서로에게 긍정적인 감정을 가질 가능성이 높다.

우정의 발달적 변화

5세경부터 시작해서 학령전 친구와 친구가 아닌 사이의 상호작용에서 나타나는 많은 패턴들이 지속되며 더 극명하게 정의된다. 앞서 말한 바와 같이 친구가 아닌 사이에 비해 친구들은 서로 더 많이 소통하고 협동하며 더 효과적으로 함께 일한다(Hartup, 1996). 그들은 더 자주 싸우기도 하지만 그 갈등을 해결하는 방법들을 더 협상하기도 한다(Laursen, Finkelstein, & Betts, 2001). 이에 더하여 이제 그들은 갈등의 책임을 지고 불화의 이유를 말할 만큼 성숙했고 우정을 유지할 가능성이 높아진다(Fonzi et al., 1997; Hartup et al., 1993; Whitesell & Harter, 1996).

아동의 우정은 나이가 들어도 많은 측면에서 유사하게 유지되지만 친밀감의 수준과 중요성이라는 한 가지 중요한 차원에서 변화한다. 이 변화는 친구들 간 상호작용의 성격과 아동이 우정을 생

표 13.2

초등학교 아동들이 우정을 평가하는 차원

인증과 관심
내 생각에 대해 기분이 좋게 만들어줌
내가 잘 하는 것을 말해줌

갈등 해결
싸웠을 때 쉽게 화해함
서로에게 화나는 것을 극복하는 방법을 이야기함

갈등과 배신
많이 다툼
내 말을 듣지 않음

도움과 안내
학교 공부를 할 때 서로 많이 도움
언제나 많은 것들을 빌려 줌

우호와 여가
언제나 점심을 같이 먹음
많은 재미있는 일들을 같이 함

밀접한 교환
우리들의 문제에 대해 언제나 서로 이야기함
서로에게 비밀을 털어놓음

출처 : Parker & Asher(1993)

각하는 방법 모두에 반영된다. 예를 들어 6~8세 사이 아동들은 우정을 주로 또래와의 실제 활동을 근거로 정의하며 '가장 친한' 친구는 항상 같이 놀고 모든 것을 공유하는 또래로 정의한다(Gummerum & Keller, 2008). 이 연령에서 아동들은 친구를 보상과 비용의 관점으로 보는 경향이 있다(Bigelow, 1977). 이러한 측면에서 친구들은 바로 곁에 붙어 다니며 흥미로운 장난감을 갖고 놀이 활동에 대해 유사한 기대를 갖는 경향이 있다. 따라서 학령 초기 우정에 대한 아동들의 견해는 도구적이고 구체적이다(Rubin, Bukowski, & Parker, 2006)(표 13.2 참조).

대조적으로 학령 초기와 청소년기 사이에 아시아와 서구 모두에서 아동들은 점점 더 자신들의 우정을 우호, 태도/흥미의 유사성, 수용, 신뢰, 진실 됨, 상호 칭찬과 충성으로 정의한다(Furman & Buhrmester, 1992; Gummerum & Keller, 2008; McDougall & Hymel, 2007). 9세경에 아동들은 타인의 요구와 사람들 사이의 불평등에 더 민감해진다. 이 연령의 아동들에게 친구는 서로의 물리적이고 물질적인 요구를 보살펴주고 일반적인 도움을 제공하고 학교 공부를 도와주고 외로움과 소외감을 줄여주고 감정을 공유하는 또래이다.

청소년들은 자기탐험과 개인적 문제를 해결하는 장으로 우정을 이용한다(Gottman & Mettetal, 1986). 따라서 우정은 나이가 들면서 점점 솔직한 피드백뿐 아니라 친밀감과 공개의 중요한 자원이 된다. 청소년들은 소수의 가까운 친구들에게만 집중하기 시작하기 때문에 우정은 청소년기에 더욱 배타적이 된다(Rubin et al., 2015). 이러한 변화는 청소년들이 왜 중기부터 후기 청소년기까지 우정의 질이 향상되는 것으로 지각하는지와 우정을 왜 그렇게 소중하게 생각하는지를 설명해준다(Way & Greene, 2006). 그러나 청소년기의 우정은 아동 중기보다 덜 안정적이다. 10세 때 우정의 75%가 학령기 전 시기 동안 유지되는 데 비해 청소년기에는 오직 절반만이 유지된다(Rubin et al., 2015).

아동기의 우정에서 일어나는 연령과 관계되는 다양한 변화, 특히 우정의 개념에 대해 어떻게 설명하는가? Selman(1980)은 우정에 대한 아동의 사고의 변화는 타인의 관점을 고려하는 능력에서 연령과 관계된 질적인 변화의 결과라고 주장한다. Piaget와 다른 이들뿐 아니라 Selman의 관점에서 어린 아동들은 타인들이 자신과는 다르게 느끼거나 생각한다는 인식이 제한되어 있다. 결과적으로 우정에 대한 그들의 생각도 자신의 요구를 넘어선 주제들을 고려하는 정도에서 제한된다. 타인의 생각과 감정을 이해하기 시작하면서 아동들은 우정이 쌍방의 요구를 고려하는 것을 포함하고 따라서 관계가 모두에게 만족스러워야 한다는 것을 이해한다. 우정의 발달에 대한 Selman의 기술은 북미와 유럽의 아동들에 대한 연구에서 확증되었다(Rubin et al., 2015).

우정에서 기술의 역할

온라인 소셜 미디어, 인스턴트 메신저, 문자와 같은 사회적 기술들(technologies)은 아동과 특히 청소년들의 또래 상호작용에서 점차 더 의미 있는 역할을 한다. 12~17세를 대상으로 한 대규모의 설문에서 대다수는 문자가 가장 친한 친구들과 접촉하는 가장 흔한 세 가지 방법 중 하나이며 전화와 사회관계망 사이트가 약간 덜 대중적이라고 말했다(Lenhart, 2015). 그림 13.2에서 보는 바와 같이 가장 흔하게 사용하는 의사소통 방법에는 성차가 있다. 소녀들은 문자, 전화, 소셜 미디어를 소년들에 비해 더 사용하고 반면에 소년들은 친구들과 연결하기 위해 게임 사이트를 12배나 더 많이 사용한다.

연구자들은 다음을 포함하여 전자기기를 이용한 의사소통이 아동들 간 우정의 생성과 유지를 촉진하는 주요한 몇 가지 방법을 밝혀내었다 (Schneider, 2016).

■ 더 큰 익명성이 특히 기질적으로 수줍은 아동과 청소년의 사회적 금기를 감소시키고 이들이 온라인에서 타인과 상호작용하는 것을 도울 수 있다. 그러나 아동들이 이 탈억제에 몹시 흥분하는 것은 더 말할 나위가 없다.

■ 문자나 음성으로 대화를 할 때 신체적 외양이 덜 강조됨으로 인해 아동과 청소년들은 외양보다는 공동의 흥미와 성격에 근거하여 서로에게 연결된다. 물론 이러한 경향은 비디오 통신에서는 적용되지 않는다.

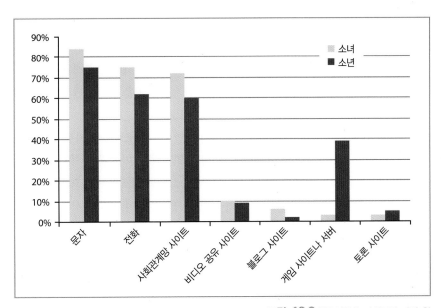

그림 **13.2** **청소년들은 자신들의 가장 친한 친구와 어떻게 접촉하는가** 소녀들이 소년들에 비해 각 방법들을 더 많이 사용하지만 청소년들이 친한 친구와 접촉하는 가장 흔한 세 가지 방법은 문자, 전화, 사회관계망이다. 반면에 소년들은 소녀들에 비해 친구들과의 접촉을 위해 게임 사이트를 더 많이 사용한다(Lenhart, 2015).

■ 아동과 청소년은 언제, 어떻게, 그리고 누구와 연결할지를 통제할 수 있기 때문에 상호작용에 대한 더 큰 통제력으로 인해 자신들이 자신의 사회적 삶을 통제하고 있다고 느낀다.

■ 과거에 비해 인터넷 시대에는 비슷한 또래를 찾는 것이 훨씬 용이하며 이로 인해 청소년들은 자신들의 흥미를 공유할 사람들을 만날 수 있게 되며 따라서 소속감과 행복감이 증가한다.

■ 연중무휴의 접속은 아동과 청소년이 친구와 또래들과 하루 종일 연결될 수 있다는 것을 의미한다. 이렇게 언제, 어디에서나 접속이 가능하기 때문에 학업과 수면에 방해가 되는 단점이 있다.

■ 온라인에서 친구들과 연결하고 생각과 사진, 비디오를 공유하고 온라인으로 게임을 하는 것은 재미있다.

우정을 향상시키는 데 있어 기술을 이용한 소통의 잠재력은 연구들로 확인되었다. 10~17세의 네덜란드 아동 약 700명을 대상으로 한 종단연구는 문자를 더 사용할수록 아동들이 자신을 새로운 사람들에게 소개하고 언젠가 함께 만나자는 것을 제안하는 데 더 편안하다는 것을 발견했다 (Koutamanis et al., 2013).

청소년들이 사회적 상호작용을 위해 디지털 기술을 상당히 사용하게 되자 부모뿐 아니라 사회과학자들과 행동과학자들은 이러한 방식의 의사소통이 사회성 발달, 특히 사회적 관계에 미치는 영향에 대한 우려를 표명했다. 이 주제에 대한 연구에는 2개의 주요 관점이 존재한다. 하나는 부익부 가설(rich-get-richer hypothesis)인데 우정의 발달에 관한 한 이미 좋은 사회적 기술을 가진 청소년들이 인터넷과 관계된 기술의 형태를 통해 이득을 얻는다는 것이다(Peter, Valkenburg, & Schouten, 2005; Schneider, 2016). 반대로 사회적 보상 가설(social-compensation hypothesis)에 의하면 소셜 미디어는 외롭고, 우울하고, 사회적 불안감이 높은 많은 청소년들에게 특히 유익할 수 있다. 특히 메시지에서 자신이 한 말과 보여준 것을 생각하고 수정할 시간을 가질 수 있기 때문에 이러한 청소년들은 오프라인보다 온라인에서 개인적 노출을 할 가능성이 높고 이는 궁극적으로 새로운 우정의 형성을 촉진한다.

부익부 가설을 지지하는 증거로 연구자들은 사회적으로 불안하지도 고립되지도 않은 청소년들이 불안하거나 고립된 청소년들에 비해 소통의 수단으로 인터넷을 더 많이 사용한다는 것을 발견했다(Valkenburg & Peter, 2007 ; Van den Eijnden et al., 2008). 더구나 더 잘 적응한 13~14세 청소년들이 20~22세 사이에 사회관계망을 더 많이 사용하고 온라인과 오프라인의 사회적 유능감에서 유사성을 보여주었다(예 : 또래관계, 우정의 질, 적응)(Mikami et al., 2010). 대조적으로, 수줍거나 위축된 청소년들은 온라인에서 부적절하게 분노를 분출하며 이는 또래와의 이후 상호작용을 손상시킨다(Laghi et al., 2013). 따라서 사회적으로 유능한 사람들은 사회관계망에서도 적절하고 긍정적인 방법으로 상호작용할 가능성이 더 높기 때문에 인터넷에서 가장 유익을 얻을 수 있다.

그러나 사회적 보상 가설과 일치하게 외롭고 사회적으로 불안감이 높은 청소년들은 면대면 소통보다 온라인 소통을 선호하는 것으로 보인다(Peter et al., 2005 ; Pierce, 2009). 또한 우울증 증상의 수준이 높은 청소년들이 친구를 사귀고 감정을 표현하기 위해 온라인 소통을 사용한다는 증거들이 있고(J. M. Hwang, Cheong, & Feeley, 2009) 이러한 사용은 낮은 질의 절친한 친구관계를 가진 청소년들이 우울증에 덜 걸리는 것과 관계된다(Selfhout et al., 2009). 따라서 온라인 기술의 사용은 종종 우울한 청소년이나 오프라인에서 질이 낮은 우정을 가진 청소년들에게 또래들과 소통하고 정서적 친밀감을 얻는 방법을 제공하는 것 같다.

인터넷에 기반한 소통 기술들은 관계의 친밀감을 유지하고 향상시켜서 기존 친구들 간의 의사소통을 촉진한다(J. A. Bryant, Sanders-Jackson, & Smallwood, 2006 ; Peter et al., 2005 ; Valkenburg

---

글상자 13.2 | 자세히 살펴보기

사이버 괴롭힘

앞에서 소개된 아만다 토드의 비극적인 사례는 사이버 괴롭힘의 결과가 가져올 수 있는 극단적인 심리적인 피해의 한 예이다. 불행하게도 최근에 사이버 괴롭힘의 사례들이 증가하고 있다. 고등학생을 대상으로 한 전국적인 설문에 의하면 12~18세의 청소년의 7%(대략 170만 명)가 지난 학년에 사이버 괴롭힘을 경험했다고 보고했다(U. S. Department of Education, 2015). 사이버 괴롭힘을 당한 경험이 있는지 질문했을 때 2007년의 19%에 비해 2015년에는 34%의 청소년이 그렇다고 대답했다(Hinduja & Patchin, 2015). 한 해에 사이버 괴롭힘의 가해자보다는 피해자라는 보고가 2배나 더 많다. 아래에 제시된 것처럼 사이버 괴롭힘의 빈번한 형태는 소문을 퍼뜨리는 것이다.

사이버 괴롭힘의 특별한 위험에 놓여 있다는 집단들이 몇 개 있다. 여자아이들과 성적소수자인 청소년들이 다른 또래들에 비해 사이버 괴롭힘을 더 많이 보고한다(Rice et al., 2015). 핀란드에서 16,000명의 청소년을 대상으로 한 대규모 연구에 의하면 사이버 괴롭힘은 학생들이 학교폭력을 받아들이고 "허약한 아이들은 문제를 자초한다"와 같은 말에 학생들이 동의하는 학급들에서 더 흔하다(Elledge et al., 2013,

p. 702).

사이버 괴롭힘의 가해자와 피해자들은 오프라인에서도 가해자 혹은 희생자들인 경향이 있다(Kowalski et al., 2014 ; Twyman et al., 2010). 사이버 괴롭힘의 가해자들은 폭력이 문제해결을 위해 허용되는 해결책이라고 믿으며 도덕적 이탈의 정도가 높은 경향이 있다(Kowalski et al., 2014). 오프라인의 희생자들과 마찬가지로 사이버 괴롭힘의 희생자들은 공격적 성향, 서툰 분노 관리, 학교에서의 문제뿐 아니라 사회적 불안, 심리적 고통, 우울 증상이 높은 경향이 있다(Kowalski et al., 2014 ; Valkenburg & Peter, 2011). 그러나 많은 사이버 희생자들은 또한 보복하는 사이버 가해자들이다(Kowalski et al., 2014). 이러한 사실과 함께 거의 모든 관련 연구들이 상관연구이기 때문에 연구자들이 사이버 희생자 또는 사이버 가해자의 원인과 결과를 분리해내기가 어렵다.

충격적이지만 사이버 괴롭힘의 가해자들은 실제로 자신들의 행동으로 인해 사회적인 이득을 얻기도 한다. 벨기에 청소년들의 종단연구는 13세에 그들의 인터넷 사용과 문자를 조사하고 8개월 이후에 그들에 대한 또래들의 사회측정적 평가를 얻었다(Wegge et al., 2016). 청소년들은 매일 평균 40개의 문자를 보

냈고 90분을 온라인에서 보냈다. 연구를 위해 그들에게 신체적으로 자신을 괴롭혔거나 사이버 괴롭힘을 가한 학생들을 8명까지 보고하도록 했다. 약 10%의 학생들이 사이버 괴롭힘의 희생자임을 보고했고 희생자들은 학생들의 10%를 사이버 괴롭힘의 가해자로 지목했다. 사이버 괴롭힘은 신체적 폭력행동과 유의한 상관을 보였다. 연구 초반에 사이버 괴롭힘의 가해자였던 청소년들은 시간이 갈수록 또래들에 의해 더 인기있는 아동으로 평가되었고 이는 아마도 사이버 괴롭힘의 행위를 또래들과 공유하면서 그 행위가 그들의 사회적 지위를 높이는 데 공헌했음을 의미한다(Wegge et al., 2016).

부모들, 학교 관계자, 그리고 전 세계 아동들의 염려에 대한 대응으로 사이버 괴롭힘을 감소시키려는 다양한 학교 기반의 중재가 개발되었고 또 효과가 있었다. 이탈리아의 No Trap! 중재는 청소년들에게 사이버 괴롭힘의 피해에 대한 경각심을 높이기 위해 또래 교사를 활용해서 사이버 괴롭힘과 사이버 피해자 만들기(victimization)를 모두 줄이는 데 성공했다(Palladino, Nocentini, & Menesini, 2016). 스페인에서 시행된 성공적인 중재는 사이버 괴롭힘에 개입된 또래들의 비율이 실제로 아주 소수에 불과하

& Peter, 2011). 기존의 우정에서 온라인 소통은 자기노출을 촉진하며 이는 우정의 질을 향상시킨다. 실제로 많은 청소년들은 사회적 관계망 사이트를 이용해서 오프라인에서 아는 사람들과 연결하여 기존의 관계들을 강화하는 경향이 있다(Reich, Subrahmanyam, & Espinoza, 2012). 유사하게, 인스턴트 메신저의 사용은 시간이 흐르면서 청소년들의 기존 우정의 질의 향상과 관계된다(Valkenburg & Peter, 2009). 반대로 주로 오락이나 또는 낯선이와의 통신을 목적으로 높은 수준의 인터넷을 사용(예 : 게임, 인터넷 서핑)하는 것은 우정의 질을 손상시키고(Blais et al., 2008; Punamäki et al., 2009; Valkenburg & Peter, 2007) 불안과 우울의 증가를 예측한다(Selfhout et al., 2009).

이 장의 처음에 기술한 바와 같이 사이버 괴롭힘은 온라인 소통의 또 다른 위험을 반영한다. 글상자 13.2는 이 문제와 세계적으로 이를 줄이기 위한 중재를 알아본다.

우정이 심리적 기능과 행동에 미치는 영향

Piaget, Vygotsky, 그리고 다른 이론가들에 의하면 우정의 가장 중요한 혜택은 중요한 사회적, 인지적 기술의 발달 기회일 뿐 아니라 정서적 지원과 자신의 생각, 감정, 그리고 가치에 대한 인정이다.

다는 것을 보여주어서 사이버 괴롭힘이 정상적이라는 믿음을 교정하는 데 초점을 맞추었다(Del Rey, Casas, & Ortega, 2016). 독일에서는 Media Heroes 프로그램이 사이버 피해자에 대한 학생들의 공감을 증가시켜서 사이버 괴롭힘을 성공적으로 감소시켰다(Schultze-Krumbholz et al., 2016). 적절하고 책임 있는 온라인 행동('네티켓')을 강조한 Cyber Friendly Schools 프로그램을 도입한 호주의 학교들은 사이버 괴롭힘과 사이버 피해자 만들기가 감소하는 것을 경험했다(Cross et al., 2016). 이러한 프로그램들 각각이 유망하며 함께 사이버 괴롭힘을 줄이는 다양한 효과적인 전략들이 있음을 보여준다.

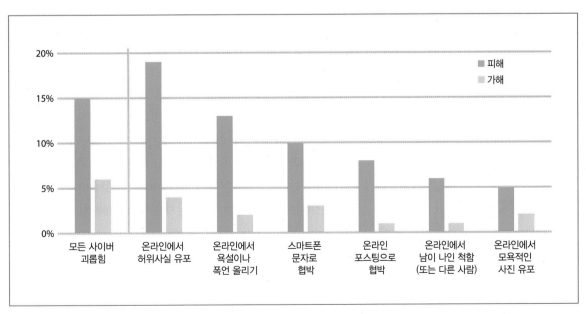

미국의 11세부터 15세 집단이 보고한 한 달 동안 가장 흔한 사이버 괴롭힘 피해자 만들기와 가해의 형태들(Hinduja & Patchin, 2015)

그러나 친구가 아동의 발달에 부정적인 영향을 주는 경우도 있다.

지원과 인정

아주 어린 나이에도 친구들은 정서적 지원과 안전의 자원을 제공한다. 가장 친한 친구와 친밀하고 지원적인 우정을 경험한 아동은 친한 친구가 없거나 친구들이 덜 친밀하고 덜 보살피는 아동들에 비해 외로움을 덜 느낀다(Asher & Paquette, 2003; Erdley et al., 2001; Kingery, Erdley, & Marshall, 2011). 지속적으로 친구가 없는 아동은 친구를 가진 아동들에 비해 우울과 사회적 위축의 증상을 보일 가능성이 높다(Engle, McElwain, & Lasky, 2011; Ladd & Troop-Gordon, 2003; Palmen et al., 2011; S. Pedersen et al., 2007).

친구들의 지원은 특히 전환기에 중요하다. 예를 들어 아마도 입학 초기 몇 주 동안 친구들의 존재는 새로운 환경의 낯설음을 줄여주기 때문에 많은 어린 아동들이 이미 알고 있는 친구들과 한 학급에서 학교를 다니기 시작한다면 학교에 대한 더 긍정적인 초기 태도를 갖는다(Ladd & Coleman, 1997; Ladd, Kochenderfer, & Coleman, 1996). 이와 유사하게 아동들이 중학교로 진학할 때도 안정적이고 질 높고 친밀한 우정을 형성하고 있다면 사회성과 리더십의 수준을 증가시킬 가능성이 더 높다(Berndt, Hawkins, & Jiao, 1999).

우정은 또한 교사에게 질책을 받거나 또래들에게 거부되거나 괴롭힘을 당하거나(Bukowski, Laursen, & Hoza, 2010; Ladd et al., 1996; Waldrip, Malcolm, & Jensen-Campbell, 2008), 사회적으로 고립되는 것(즉 더 일반적으로는 또래와 낮은 수준으로 개입하는 것; Laursen et al., 2007)과 같은 불쾌한 경험에 대하여 완충기 역할을 한다. 이는 필요할 때 친구가 친밀감, 안전, 그리고 도움을 제공한다면 특별히 더 그렇다(Kawabata, Crick, & Hamaguchi, 2010; M. E. Schmidt & Bagwell, 2007). 이러한 효과를 보여주는 한 연구에서 10세와 11세들은 4일 동안 자신들의 부정적인 경험을 보고하고 각 나쁜 경험 뒤에 자신에 대해 어떻게 느꼈는지와 가장 친한 친구가 매 에피소드 동안에 함께 있었는지 여부를 보고했다. 연구자들은 또한 스트레스 반응의 지표로 아동의 코르티솔 수준을 하루에 여러 번씩 기록했다. 이 연구에 의하면 가장 친한 친구가 함께 하지 않았을 때 아동의 일상 경험이 더 부정적이었으며 코르티솔 수준이 더 높았고 각 경험 뒤 자존감이 더 크게 저하되었다(R. E. Adams, Santo, & Bukowski, 2011). 반대로 가장 친한 친구가 함께 할 때는 부정적인 경험으로 인한 코르티솔 반응과 아동의 자존심에 변화가 적었다.

앞서 언급한 바와 같이 친구가 제공하는 보살핌과 지원의 정도는 아동기에서 청소년기까지 일반적으로 증가한다(De Goede, Branje, & Meeus, 2009). 실제로 16세경에 특히 여자아이들은 친구들이 부모들보다 더 중요한 믿음과 지원의 제공자라고 보고한다(Bokhorst, Sumter, & Westenberg, 2010; Furman & Buhrmester, 1992; Helsen, Vollebergh, & Meeus, 2000; Hunter & Youniss, 1982)(그림 13.3).

사회적 기술과 인지적 기술의 발달

우정은 아동이 타인과 긍정적인 관계를 형성하는 데 필요한 사회적 기술과 지식을 발달시키는 맥락을 제공한다. 아동기 동안 협력과 협상 같은 긍정적인 행동은 친구가 아닌 사이보다 친구 사이에서 더 흔하다. 이에 더하여 친구들과 정서에 대해 이야기하는 어린 아동들은

그림 13.3 다양한 자원들의 사회적 지원에 대한 연령별 추세 부모와 친구의 지원은 아동기와 청소년기 동안 상대적으로 안정적이다. 교사의 지원은 아동이 청소년기로 들어서면서 극적으로 감소하고 동시에 친구가 아닌 급우들의 지원은 약간 증가한다 (Bokhorst, Sumter, & Westenberg, 2010).

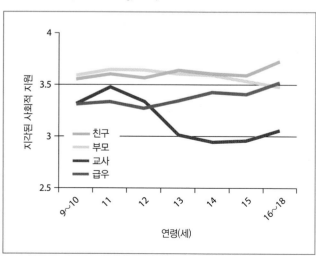

친구 관계가 덜 가까운 아동들에 비해 타인의 정신적, 정서적 상태를 더 잘 이해한다(C. Hughes & Dunn, 1998; Maguire & Dunn, 1997). 아동들은 자신들의 친구를 도울 때 이러한 기술을 사용할 수 있다. 3학년부터 9학년 아동들을 몇 학기에 걸쳐 연구한 결과 높은 수준의 우정을 형성한 아동들은 친구가 사회적 스트레스를 견딜 수 있도록 돕는 자신들의 전략이 향상되었다고 보고했다. 예를 들어 그들은 친구들과 문제에 대해 이야기할 때 더 정서적으로 개입이 되며 문제가 존재하지 않는 것처럼 행동하지 않는다고 보고했다(Glick & Rose, 2011).

우정은 사회적, 그리고 인지적 발달에도 또 다른 길을 제공한다. 예를 들어 친구와 다른 아동에 대한 잡담을 통해 아동들은 정서와 다른 행동들을 어떻게, 왜, 언제 표현하는지를 포함한 또래들의 규범을 학습한다(McDonald et al., 2007). Piaget가 지적했듯이 친구들은 친구가 아닌 사이에 비해 비판하고 서로의 생각을 확장하고 정교화하고 자신들의 생각을 명료화할 가능성이 더 높다(Azmitia & Montgomery, 1993).

이러한 종류의 개방적 태도는 인지적 기술을 향상시키고 창의적 과제의 수행을 향상시킨다(Miell & MacDonald, 2000; Rubin et al., 2015). 10세 아동들을 반으로 나누어 반은 친구와 팀이 되고 다른 반은 친구가 아닌 또래와 팀이 되어 열대 우림에 대한 이야기를 쓰는 과제를 부여한 연구가 한 예를 제공한다. 친구들로 구성된 팀은 친구들이 아닌 팀에 비해 더욱 창의적인 대화에 몰입했으며(예 : 그들은 대안적 접근을 제기하고 더욱 빈번하게 정교화했다) 과제에 더 집중했다. 게다가 친구들이 쓴 이야기들은 친구가 아닌 팀이 쓴 이야기보다 더 질이 높았다(Hartup, 1996).

우정이 아동의 중요한 요구를 충족시키기 때문에 친구가 있다는 것이 아동의 사회적, 정서적 건강을 향상시키는 것은 놀라운 일이 아니다. 실제로 초등학교에서 밀접하고 상호적인 우정을 형성하는 것은 학령기뿐 아니라 수년 후 초기 성인기까지 다양한 긍정적인 심리적이고 행동적인 결과들과 연결되어 있다. 한 종단연구에서 연구자들은 아동이 10세일 때 조사하고 다시 그들이 성인이 되었을 때 조사를 했다. 급우들이 가장 친한 친구를 가진 것으로 보았던 아동들은 더욱 성숙하고 유능하며 덜 공격적이고 더 사회적으로 뛰어났다(예 : 모든 사람들이 그들을 좋아하거나 반장이나 팀 리더로 선출되었다). 10세에 친한 친구가 있었던 사람들은 친한 친구가 없었던 사람들에 비해 13년 뒤에 대학, 가정, 그리고 사회적 삶에서 더 큰 성공을 보고했다. 그들은 또한 자존감의 수준이 더 높았고 법적인 문제에 관여되는 일이 적었으며 정신병리적 문제(예 : 우울증)도 더 적었다(Bagwell, Newcomb, & Bukowski, 1998). 따라서 사춘기 이전에 가장 친한 친구를 가지는 것은 아동 중기에 긍정적인 사회적 결과와 관계될 뿐 아니라 성인기에 자신이 지각한 유능감과 적응과도 관계가 된다.

친구와의 상호작용은 아동에게 자신의 생각과 행동에 대한 건설적인 피드백을 받을 수 있는 기회를 제공한다.

우정의 대가

만약 친구가 긍정적인 행동보다 부정적인 행동에 개입하거나 부추긴다면 우정은 대가를 치를 수 있다(Simpkins, Eccles, & Becnel, 2008). 행동문제를 가진 친구들은 아동이나 청소년이 폭력, 약물 사용, 또는 다른 부정적인 행동에 개입하게 될 가능성에 기여하여 해로운 영향을 미칠 수 있다.

공격성과 파괴성 초등학교와 청소년 초기에 반사회적이고 공격적인 친구를 가진 아동들은 본인들도 반사회적, 비행, 공격적인 경향을 나타낸다(Brendgen, Vitaro, & Bukowski, 2000; J. Snyder et al., 2008). 그러나 이 분야의 연구들은 상관연구들이고 따라서 아동들이 자신과 비슷한 친구들을 선택하는 것인지 또는 시간이 가면서 아동들이 친구들과 비슷해지는 것인지를 알기는 어렵다. 공격적이고 파괴적인 아동들은 기질, 선호 활동, 또는 태도에서 자신들과 비슷한 또래들에게 끌리고 그렇게 함으로써 자신의 또래집단을 형성하는 데 적극적이 될 수 있다(Knecht et al., 2010; Mrug, Hoza, & Bukowski, 2004). 동시에 친구들은 서로의 행동에 영향을 준다(Vitaro, Pedersen, & Brendgen, 2007). 대화와 행동을 통해서 반사회적인 청소년들은 공격적이고 일탈적인 행동들이 수용 가능한 것으로 보이게 하는 **일탈훈련**(deviancy training)이라고 알려진 과정을 통해 서로의 공격성과 일탈적인 행동들을 강화하고 동시에 모델링을 한다(Dishion & Tipsord, 2011; Piehler & Dishion, 2007). 일탈훈련은 빠르게는 5세부터 시작되며 청소년기까지의 반사회적 행동과 비행을 예측하는 것으로 알려졌다(Snyder et al., 2012).

친구들의 반사회적 행동 간의 연관을 설명하는 요인들은 연령에 따라 변화한다. 한 종단연구에 의하면 청소년 초기에는 또래에게 영향을 주고 또 영향을 받지만 16세에서 20세부터 반사회적 행동은 친구들의 사회화를 통해서만 강화된다. 또래의 영향에 더욱 저항적이 되기 시작하는 연령인 20세 이후에는 어떤 과정도 일어난다는 증거들이 거의 없다(Monahan, Steinberg, & Cauffman, 2009).

알코올과 약물 남용 공격성의 경우와 마찬가지로 알코올 또는 약물을 남용하는 청소년들은 역시 그러한 친구를 사귀는 경향이 있다(Jaccard, Blanton, & Dodge, 2005; Scholte et al., 2008). 그리고 공격성에서와 마찬가지로 역시 친구의 약물 남용이 청소년의 약물 남용의 원인인지 또는 단순한 상관물인지 또는 둘 간의 관계가 양방향인지 분명치 않다.

청소년들이 음주와 약물 사용에서 자신들과 유사한 친구들을 선택하는 경향이 있음을 보여주는 일부 증거들이 있으며(Knecht et al., 2011) 이는 특히 또래의 압력에 매우 민감한 청소년들에게 특별히 더 적용될 것이다(Schulenberg et al., 1999). 그러나 또래들이 또한 청소년들의 알코올과 약물 사용의 원인이라는 증거들도 또한 존재한다(Branstetter, Low, & Furman, 2011). 예를 들어 술이나 담배를 시작한 청소년들은 이미 술이나 담배를 사용하는 친한 친구들이 있다(Selfhout, Branje, & Meeus, 2008; Urberg, Değirmencioğlu & Pilgrim, 1997). 친한 친구들의 영향에 매우 민감한 청소년은 약물이나 알코올을 사용하라는 어떠한 압력에도 특히 취약하며(Allen, Porter, & McFarland, 2006) 공격성의 경우와 마찬가지로 이 친구들이 또래집단에서 높은 지위에 있는 경우라면 특별히 더 그렇다(Allen et al., 2012). 청소년들의 알코올과 약물 사용이 친구들의 알코올과 약물 사용을 서로 강화하며 종종 상승효과를 가져온다는 증거들이 또한 존재한다(Bray et al., 2003; Popp et al., 2008; Poulin et al., 2011).

그러나 청소년들의 약물과 알코올 사용과 친구들의 약물과 알코올 사용 간의 관계에서 또 다른 요인은 그들의 유전자 구성이다. 위험 감수처럼 유전자에 기반한 기질적인 특성을 가진 청소년들은 서로에게 이끌리며 알코올이나 약물에도 이끌린다(Dick et al., 2007; J. Hill et al., 2008). 따라서 친구들의 알코올이나 약물 남용의 상관은 비록 청소년의 음주에 대한 친구 집단의 효과가 오직 유전자 때문만은 아닐지라도 그들의 사회화 경험뿐 아니라 유전적으로 기반한 특성들의 유사성 때문일 수 있다(Cruz, Emery, & Turkheimer, 2012).

친구들의 약물과 알코올 사용이 아동 자신도 그것을 사용하는 위험에 빠트리는 정도는 부분적으로 부모-자녀 관계의 성격에 달려 있다. 친한 친구가 약물 사용을 하는 청소년들은 주로 부모가 온정성이 낮고 통제와 관리가 낮은 비개입적인 부모일 때 위험에 처한다(Kiesner, Poulin, & Dishion, 2010; Mounts & Steinberg, 1995; Pilgrim et al., 1999). 만약 부모가 통제성이 높고 온정성 역시 높은 권위 있는(authoritative) 부모(제12장 참조)일 때 그 청소년들은 약물 사용에 대한 또래의 압력으로부터 보호받을 가능성이 더 높다. 만약 부모가 통제는 높으나 온정성이 낮은 독재적인(authoritarian) 부모일수록 청소년들은 또래의 약물 사용에 더 민감하며 따라서 자신이 약물을 사용하기도 쉽다(Mounts, 2002).

우정의 기능에서 성차

아동이 나이가 들면서 여자아이와 남자아이가 우정에서 원하고 얻고자 하는 것에서 성차가 나타난다. 여자아이들은 남자아이들에 비해서 우정에서 친밀감과 의존성을 더 원하며 버려짐, 외로움, 타인을 해침, 또래의 평가, 그리고 자신이 분노를 표현할 때 관계의 단절에 대해 걱정한다(A. J. Rose & Rudolph, 2006). 12세경에 여자아이들은 남자아이들에 비해 자신들의 우정이 더욱 친밀하다고 느끼며 인정과 보살핌과 도움과 지도를 더 제공한다(Bauminger et al., 2008; A. J. Rose & Rudolph, 2006; Zarbatany, McDougall, & Hymel, 2000). 예를 들어 남자아이들에 비해 여자아이들은 숙제를 할 때 도움을 받거나 친구들의 충고에 더 의지하며 친구들과 비밀을 공유하고 서로 붙어 다니며 자신이 잘하는 것을 친구들이 말해주어서 자신이 특별하다고 느끼게 된다고 보고한다.

아마도 이러한 친밀감의 결과로 여자아이들은 또한 남자아이들에 비해 친구들이 배신하거나 신뢰할 수 없거나 지원과 도움을 제공하지 않을 때 더 화가 난다고 보고한다(MacEvoy & Asher, 2012). 여자아이들은 또한 친구가 우정을 깨거나 자신의 비밀이나 문제를 다른 친구들에게 누설하는 것과 같은 친구와 관계된 스트레스와 친구가 경험하는 스트레스원에 정서적으로 대처하는 데서 더 큰 스트레스를 보고한다(A. J. Rose & Rudolph, 2006). 역설적이게도 여자아이들의 우정에서의 그 친밀함이 남자아이들에 비해 우정을 더 깨지기 쉽게 만들며 따라서 더 짧은 기간 유지되게 만든다(Benenson & Christakos, 2003; A. Chan & Poulin, 2007; C. L. Hardy, Bukowski, & Sippola, 2002).

제10장에서 논의한 바와 같이 여자아이들은 또한 남자아이들에 비해 친한 친구들과 함께 숙고(co-ruminate), 즉 문제와 부정적인 생각과 감정들에 대해 광범위하게 논의한다(R. L. Smith & Rose, 2011; 글상자 10.4 참조). 남자아이들에 비해, 사회적으로 불안감이 높거나 우울한 여자아이들은 친구들의 불안이나 우울에 더 민감하다(Giletta et al., 2011; M. H. Van Zalk et al., 2010; N. Van Zalk et al., 2011). 불행하게도 특히 어린 여자 청소년들에게 있어서 불안하거나 우울한 친구와 함께 숙고하기는 지원을 제공하면서 또한 다른 친구의 불안 또는 우울을 강화한다(A. J. Rose, Carlson, & Waller, 2007; Schwartz-Mette & Rose, 2012).

가장 친한 친구와 갈등을 경험하는 양에 있어서는 남녀 간에 차이가 없다(A. J. Rose & Rudolph, 2006). 다양한 활동을 하며 함께 보내는 시간에서는 성차가 종종 나타나지만(예 : 스포츠 대 쇼핑; A. J. Rose & Rudolph, 2006) 우정이 오락적인 기회를 제공하는 측면(예 : 함께 하기, 서로의 집에 가기)에서는 남녀 간에 큰 차이가 없다(Parker & Asher, 1993).

또래 상호작용

대부분의 아동들은 소수의 아주 친한 친구들과 더불어 덜 친밀하지만 시간을 함께 보내고 활동을 공유하는 몇 명의 추가적인 친구들을 갖는다. 이러한 집단들은 느슨하게 함께 어울리는 또래들의 더 큰 사회관계망 안에서 존재하는 경향이 있다. 어린 아동들에게서도 또래집단에서 아동들의 차별적인 지위가 관찰되지만(Rubin et al., 2015), 발달학자들은 청소년기 또래집단의 출현과 기능 그리고 이러한 집단 내에서의 지위가 발달에 어떠한 영향을 미치는가에 특별한 관심을 갖고 있다.

그러나 또래 지위를 조사하기 전에 아동 중기와 청소년 초기의 사회적 집단의 성격에 대해 더 알아보기로 한다.

아동 중기와 청소년 초기의 패거리와 사회관계망

아동 중기부터 시작해서 대부분의 아동들은 패거리의 일부가 된다. **패거리**(clique)는 아동이 자발적으로 형성하거나 스스로 가입하는 또래집단이다. 아동 중기 패거리들은 주로 동성이며 같은 인종이고 전형적으로 3~10명으로 구성된다(X. Chen, Chang, & He, 2003; Kwon, Lease, & Hoffman, 2012; Neal, 2010; Rubin et al., 2006). 소년들의 집단이 소녀들의 집단에 비해 더 큰 경향이 있지만(Benenson, Morganstein, & Roy, 1998) 이러한 차이는 나이가 들면서 줄어든다(Neal, 2010). 학교 식당에서 모여 앉는 것부터 쇼핑센터에 나들이를 나가는 것까지 11세 아동들의 사회적 상호작용 중 많은 부분이 패거리 내에서 일어난다(Crockett, Losoff, & Petersen, 1984). 친구는 동일한 패거리의 구성원인 경향이 있지만 패거리의 많은 구성원들이 서로를 가까운 친구로 생각하지는 않는다(Cairns et al., 1995).

패거리를 구성하고 구성원들을 함께 묶어주는 주요한 특성은 구성원들이 공유하는 유사성이다. 친구처럼 패거리의 구성원들은 학업적 동기의 수준(Kindermann, 2007; Kiuru et al., 2009), 공격성과 집단 괴롭힘, 수줍음, 매력, 인기도, 그리고 예절과 협력 같은 전통적인 가치를 고수하는 정도에서 유사한 경향이 있다(Espelage, Holt, & Henkel, 2003; Kiesner, Poulin, & Nicotra, 2003; Leung, 1996; Salmivalli & Voeten, 2004; Witvliet, Olthof et al., 2010). 비슷한 아동들끼리 패거리에 모일 뿐 아니라 패거리의 구성원들은 또한 다른 구성원들과 유사한 행동을 보여줄 가능성이 높다(Espelage et al., 2003).

유사성이라는 사회적 접착제에도 불구하고 패거리의 구성원들은 상대적으로 불안정하다(Cairns et al., 1995). 11~13세 아동을 대상으로 한 연구에서 패거리 구성원들의 60%만이 학년이 지속되는 동안 집단의 유대를 유지했다(Kindermann, 2007). 패거리 유지율은 아동들이 한 학년에서 다음 학년으로 올라갈 때 같은 반이 되는가에 크게 좌우된다(Neckerman, 1996).

아동 중기의 패거리는 여러 가지 기능을 한다. 이들은 사귈 수 있는 이미 만들어진 또래들의 집단을 제공하고 구성원들이 공통적으로 가지고 있는 특성들을 인정해주며, 아마도 가장 중요하게는 소속감을 제공한다. 아동 중기에 아동들은 또래들의 수용에 매우 관심을 갖고 또래 지위의 문제가 아동의 대화와 잡담의 공통적인 주제가 된다(Gottman, 1986; Kanner et al., 1987; Rubin, Bukowski, & Parker, 1998). 더 큰 또래집단에서 환영받는 일원이 되고 여러 면에서 자신과 유사한 타인들의 인정을 받는 것은 자기확신을 제공한다.

패거리 ■ 아동이 자발적으로 형성하거나 스스로 가입하는 친구들의 집단

청소년기의 패거리와 사회관계망

11세부터 18세까지 하나의 패거리에 속하는 청소년들의 수가 확연히 줄어들고 많은 패거리 또는 패거리의 주변에 있는 또래들과 연결을 맺는 청소년들의 수가 늘어난다(Shrum & Cheek, 1987). 추가적으로, 10학년경에 패거리의 일원은 학년에 걸쳐서 상당히 안정적이다(Değirmencioğlu et al., 1998).

더 어린 연령의 패거리들은 대부분 동성의 일원들로 구성되지만 7학년경 패거리의 10%는 남녀를 모두 포함한다(Cairns et al., 1995). 그 이후 둘씩 데이트를 하는 관계가 점차 흔해지고(Richards et al., 1998), 따라서 고등학교 시절 친구들의 패거리는 종종 남녀 청소년들을 모두 포함한다(La Greca, Prinstein, & Fetter, 2001). 그림 13.4에서 보는 바와 같이 동성으로만 구성된 집단들은 13세에 절정에 달하지만 양성의 또래를 포함하는 집단들에서 보내는 시간은 10세 이후로 계속 증가하며 소년보다는 소녀들에게 있어서 이 증가가 더 급격하다(Lam, McHale, & Crouter, 2014).

청소년기의 서로 다른 연령에서 패거리의 역학이 또한 달라진다. 초기와 중기 청소년기 동안에 아동들은 인기있는 집단에 속하는 것과 옷과 행동에 대한 집단의 규준에 동조하는 데 높은 가치를 둔다고 보고한다. 다른 브랜드나 스타일의 청바지를 입거나 인기 없는 방과후 클럽에 속하는 것처럼 아주 사소한 것이라도 규준을 따르는 데 실패하면 집단에서 웃음거리가 되거나 기피 대상이 된다. 나이 든 청소년들에 비해 어린 청소년들은 다른 집단의 구성원뿐 아니라 자신이 속한 집단의 구성원들과도 더 많은 대인 간 갈등을 보고한다. 청소년 후기에는 패거리에 속하거나 그들의 규준에 동조하는 것의 중요성이 줄어들고 그로 인해 집단 내와 집단 간 적대감과 마찰이 감소한다. 나이가 들면서 청소년들은 더 자율적이 될 뿐 아니라 자신들의 사회적 요구를 충족시키기 위해 집단의 관계보다 개인적인 관계를 더 고려하는 경향이 있다(Gavin & Furman, 1989; Rubin et al., 1998).

비록 나이 든 청소년들이 패거리에서 자유로운 것처럼 보일지라도 이들도 여전히 동아리에 속한다. **동아리**(crowds)는 유사한 정형화된 명성을 가진 사람들의 집단이다. 고등학생들 중에서 전형적인 동아리는 '운동선수', '괴짜', 또는 '덕후'들을 포함한다(B. B. Brown & Klute, 2003; Delsing et al., 2007; Doornwaard et al., 2012; La Greca et al., 2001). 청소년들이 어떤 동아리에 속할지는 종종 그들의 선택이 아니다. 개인이 그 동아리의 다른 구성원들과 실제로 많은 시간을 보내지 않을 때조차도 동아리의 '회원 자격'은 또래집단이 동의하여 개인에게 배정된다(B. B. Brown, 1990).

어떤 동아리와 관련되는 것은 청소년의 명성을 해치거나 반대로 높여줄 수 있으며 또래들에게 어떤 대우를 받을지에 영향을 준다. 예를 들어 괴짜로 불리는 사람은 운동선수나 인기인들과 같은 집단의 사람들에 의해 무시되거나 조롱당할 수 있다

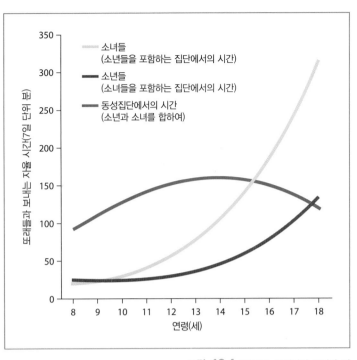

그림 13.4 **8세부터 18세까지 동성과 이성 또래와 함께 자율적인 시간을 보내는 양의 변화** 13세 이후 소년보다 소녀들의 경우에 오직 동성 또래와 보내는 시간은 더 줄어들고 반면에 이성 또래와 보내는 시간은 증가한다(Lam, McHale, & Crouter, 2014).

동아리 ■ 유사한 정형화된 명성을 가진 사람들의 집단

패거리의 아동과 청소년들은 많은 시간을 함께 보내는 경향이 있으며 종종 비슷한 옷을 입는다.

갱 ■ 느슨하게 조직된 청소년 또는 초기 성인들의 집단으로 종종 불법적인 활동에 개입한다.

(S. S. Horn, 2003). 따라서 높은 지위 집단에 속한 청소년이 덜 바람직한 집단의 청소년들에 비해 자존감이 더 높은 것은 놀라운 일이 아니다(B. B. Brown, Bank, & Steinberg, 2008). 특정 동아리의 일부로 이름이 붙는 것은 자신의 정체성을 탐구하는 것에 관한 청소년의 의견을 제한할 수도 있다(제11장 참조). 이는 동아리의 회원이라는 것이 청소년에게 다양한 또래집단들과 관계 맺도록 하기보다는 동일한 동아리의 다른 구성원들과 관계 맺도록 '경로를 만들기' 때문이다(B. B. Brown, 2004; Eckert, 1989). 예를 들어 한 동아리의 청소년들은 폭력이나 약물 사용에 대한 또래들의 수용에 노출되는 데 비해 다른 동아리의 구성원들은 또래들이 학업이나 스포츠에서의 성공에 높은 가치를 두는 것을 발견할 수도 있다(La Greca et al., 2001).

이러한 경로화의 잠재적 결과의 한 예는 네덜란드에서 시행된 대규모 연구로부터 나온다. 이 연구에 의하면 더 작고 잠재적으로 관습적이지 않은 동아리(예 : 힙합족, 비국교도, 헤비메탈광)와 지속적으로 자기 동일시를 하는 청소년들은 청소년기 내내 일관되게 문제행동과 더 관계되었고 반대로 관습적인 집단과 꾸준히 동일시하는 청소년들은 문제행동과 덜 연관되었다(Doornwaard et al., 2012). 따라서 동아리에서의 경험은 친구와의 상호작용처럼 청소년의 행동 조성을 돕는 것 같다.

패거리와 사회관계망의 부정적인 영향

친한 친구처럼 패거리나 더 큰 또래망의 구성원들은 아동이나 청소년을 잘못된 방향으로 이끌 수 있다. 예를 들어 또래집단의 구성원들이 학교에서 빈둥거리거나 담배를 피거나 술을 마시거나 약을 사용하거나 폭력에 가담하면 청소년들과 청소년기 이전의 아동들도 그럴 가능성이 높다(Lacourse et al., 2003; Loukas et al., 2008). 또래들에게 인정을 받기 위해 무엇이든지 할 수 있는 청소년들은 또래의 수용을 가져온다면 특히 위험한 행동을 할 가능성이 높다(Fuligni et al., 2001). 자신의 주의와 행동을 조절할 능력이 낮은 청소년들은 또래들이 반사회적이라면 또한 위험이 증가된다(T. W. Gardner, Dishion, & Connell, 2008).

아마도 또래집단의 부정적인 영향이 잠재적으로 가장 큰 경우는 느슨하게 조직된 청소년 또는 초기 성인들의 집단으로 종종 불법적인 활동에 개입하는 **갱**(gang)의 일원이 되는 데서 올 것이다. 갱의 구성원들은 종종 다른 갱들로부터 보호를 위해 갱에 가입하거나 머무른다고 말한다. 갱들은 구성원들에게 소속감과 시간을 보낼 방법을 제공하지만 또한 갱이 아닐 때보다 갱일 때 비행과 약물 사용과 같은 불법적인 행동을 청소년들에게 더 장려 — 그리고 실제로 때로는 요구 — 한다(Alleyne & Wood, 2010). 이러한 활동에 대한 높은 가능성은 갱에 가입하는 청소년들의 기존 특성들과 갱이 되는 경험 모두에 기인하는 것 같다(Barnes, Beaver, & Miller, 2010; DeLisi et al., 2009).

또래집단이 문제행동을 장려할 가능성은 가족과 문화의 영향을 받는다. 우정에 대한 논의에서 언급했듯이 권위적이고 관여하는 부모는 약물을 사용하라는 또래집단으로부터 청소년을 보호하는 반면 독재적이고 무심한 부모들은 이러한 압력에 취약하게 만든다. 따라서 어머니와 관계가 좋지 못한 청소년들은 또래집단의 압력에 특히 취약하다(Farrell & White, 1998).

갱의 일원이 된 결과의 하나이자 종종 전제조건이 되기도 하는 것은 상대 갱의 구성원들이나 무고한 시민들을 향해 폭력을 행사하는 것이다. 점차 갱들은 상대의 구역에서 사진이나 비디오를 찍거나 이를 상대 갱들이 볼 수 있도록 올리는 것과 같이 소셜 미디어를 사용하여 상대 갱 구성원들을 조롱한다(예 : "우리가 너희 구역에 왔다… 하하"; Patton et al., 2016, p. 3). 갱들은 또한 소셜 미디어를 사용하여 폭력의 대상을 찾는다.

폭력에 가담했던 갱의 일원들도 동료 갱들이나 상대 갱들과의 싸움에 의해 자신 역시 폭력의 희생자가 된다(Pyrooz, Moule, & Decker, 2014). 함께 폭력을 저지르거나 희생당하는 경험이 갱들의 정체성 형성을 돕는다(Densley, 2012). 많은 갱의 일원들은 거칠고 희생자들에 대한 동정심을 표현하지 않지만 자신들이 저지르는 폭력에 면역성이 있는 것은 아니다. 실제로 청소년 갱들은 특히 타인을 향한 폭력에 강제로 개입되었을 경우 외상후 스트레스의 증상들을 보이는 경향이 있다(Kerig et al., 2016).

괴롭힘과 피해자 만들기

물론 또래 간의 많은 부정적인 상호작용은 갱과 같은 집단에 의해 시작되기보다는 종종 개인에 의한 괴롭힘(bullying)의 형태로 시작된다. 괴롭힘은 네 가지 형태로 나타난다(Huang & Cornell, 2015).

- **신체적 괴롭힘**(physical bullying) : 어떤 사람을 신체적으로 해치거나 해치겠다고 위협함
- **언어적 괴롭힘**(verbal bullying) : 어떤 사람을 모욕하거나 놀리거나 괴롭히거나 겁을 줌
- **사회적 괴롭힘**(social bullying) : 의도적으로 어떤 사람을 대화나 활동에서 제외시키거나 나쁜 소문을 퍼뜨리거나 친구로 대하지 않음
- **사이버 괴롭힘**(cyberbullying) : 메시지, 이메일, 웹사이트, 비디오, 당혹스러운 사진, 거짓 프로필과 같은 기술을 이용하여 어떤 사람을 화나게 하거나 괴롭힘(사이버 괴롭힘에 대한 더 자세한 논의는 글상자 13.2 참조)

불행히도 괴롭힘은 많은 아동과 청소년들의 삶에서 예외적인 경험이 아니다. 미국 고등학생 7,000명 이상을 대상으로 한 최근의 연구는 오직 6%만이 신체적 괴롭힘을 당했지만 11%는 사이버 괴롭힘을 당했고 19%는 사회적 괴롭힘을 당했으며 31%는 언어적 괴롭힘을 경험했다는 결과를 보고했다(Huang & Cornell, 2015). 동일한 연구에서 청소년의 13%가 전년도에 타인에게 괴롭힘을 가했다고 보고했다.

왜 어떤 아동들은 타인을 괴롭히는가? 현재로서는 아동들은 또래들에게 강하게 보이고 지위를 얻기 위해 괴롭힘을 가한다(Rodkin, Espelage, & Hanish, 2015). 그러나 왜 어떤 아동들은 괴롭히고 다른 아동들은 그렇지 않은지를 고려해보면 문제는 더 복잡해진다. Bronfenbrenner의 생물생태학적 모델(제9장)과 일치하게 괴롭힘은 다양한 개인, 가정, 학교, 이웃, 그리고 사회적 요인들의 영향을 받는다(Swearer & Hymel, 2015). 괴롭힘의 가해 아동들은 무감각하고 반사회적이며 또래의 압력에 민감하고 사회적 지위가 높으며(Swearer & Hymel, 2015), 부모가 둔감하고 가혹한 경향이 있다(Rodkin et al., 2015).

반대로 피해 아동들은 일부는 공격적이기도 하지만 또래에 의해 거부되고 우울하며 성적이 좋지 않을 가능성이 높다(Barker et al., 2008; D. Schwartz et al., 1998; J. Snyder, Brooker et al., 2003; Swearer & Hymel, 2015; Tom et al., 2010). 이에 더하여 공격성과 관계되는 유전적 요인들은 또래 피해를 예측하며 이는 기질적 또는 다른 개인적 특성이 아동이 공격적이 되고 피해자가 될 가능성을 높일 수 있음을 제안한다(Brendgen et al., 2011). 예를 들어 낮은 자기조절은 공격성과 또래 피해 모두와 관계되며(N. Eisenberg, Sallquist et al., 2009; Iyer et al., 2010) 둘 모두에 기여한다. 물

신체적 괴롭힘 ■ 어떤 사람을 신체적으로 해치거나 해치겠다고 위협함

언어적 괴롭힘 ■ 어떤 사람을 모욕하거나 놀리거나 괴롭히거나 겁을 줌

사회적 괴롭힘 ■ 의도적으로 어떤 사람을 대화나 활동에서 제외시키거나 나쁜 소문을 퍼뜨리거나 친구로 대하지 않음

사이버 괴롭힘 ■ 메시지, 이메일, 웹사이트, 비디오, 당혹스러운 사진, 거짓 프로필과 같은 기술을 이용하여 어떤 사람을 화나게 하거나 괴롭힘

론 괴롭힘을 유발하는 동일한 특성이 또한 괴롭힘의 결과일 수 있으며 연구는 공격과 피해 간에 양방향적인 관계가 있고 시간이 지나면서 서로가 서로를 더욱 유도한다는 것을 보여준다(Barker et al., 2008; Kawabata et al., 2010; Reijntjes et al., 2011; van Lier et al., 2012).

일부 아동들(20% 또는 그 이하)은 괴롭힘의 가해자이면서 피해자이며 가해자들처럼 더욱 공격적이면서 한편으로는 피해자들처럼 더 불안해한다(Lereya et al., 2015). 연구자들은 이 아동들이 피해자의 경험으로 적대적 귀인 편향을 발달시키고 이러한 편향이 미래에 자신에게 해를 가할 수도 있다고 의심하는 타인에게 더 공격적으로 행동할 가능성을 높일 수 있다고 생각한다(Lereya et al., 2015). 10~14세 아동들(따라서 고등학교로의 전환기 포함) 수백 명을 추적한 캐나다 온타리오에서 진행된 한 연구에서 6%의 아동들이 피해자로 시작하여 스스로 가해자로 변신했다. 피해자에서 가해자가 된 이러한 아동들은 단지 피해자인 아동들만큼 불안과 우울의 비율이 높거나 더 높다(Haltigan & Vaillancourt, 2014).

어떤 아동들은 괴롭힘을 무시하거나 피하지만 다른 아동들은 피해자를 대신해서 괴롭힘에 대항한다. 핀란드에서 이루어진 연구에 의하면 피해자의 3/4은 괴롭힘에 대항해서 자신들을 방어해준 급우들이 있다고 보고하며(Sainio et al., 2011) 괴롭힘에 대항해서 타인을 방어하는 아동들은 피해자에게 공감을 느끼고 자신들이 성공할 것이라는 확신을 갖는 경향이 있다(Peets et al., 2015). 아동들이 괴롭힘에 대항하여 맞설 때 그들은 즉각적인 상황에서 의도한 목표 아동을 보호하는 것을 돕고 장기적으로는 교실에서 괴롭힘 행동이 줄어드는 것을 또한 돕는다(Hawkins, Pepler, & Craig, 2001; Sainio et al., 2011).

불행하게도 또래의 피해자 만들기는 흔한 일이며 매우 일찍부터 발생한다. 한 미국 연구에서 유치원생의 약 1/5이 또래에 의해 반복적으로 피해자가 되었다(Kochenderfer & Ladd, 1996). 시간이 가면서 또래의 피해자 만들기는 아동의 공격성, 철회, 우울, 그리고 외로움을 증가시키며(Nylund et al., 2007; D. Schwartz et al., 1998) 학교에서 문제와 잦은 결석(Juvonen, Nishina, & Graham, 2000; Kochenderfer & Ladd, 1996; Nakamoto & Schwartz, 2010)뿐 아니라 일탈행동에 개입된 또래들과 함께 다니게 만든다(Rudolph et al., 2013). 피해자 만들기의 비율이 나이 든 아동들 사이에서는 일반적으로 더 낮은 것처럼 보이지만(Olweus, 1994), 특히 동일 아동들이 몇 번이고 되풀이해서 피해자가 되는 경향이 있기 때문에 또래의 피해자 만들기는 우려가 되는 심각한 문제이다(Hanish & Guerra, 2000).

또래와의 낭만적 관계

또래와의 낭만적 관계는 청소년 초기와 중기에 걸쳐서 전형적인 순서로 발달한다. 즉 처음에는 아무런 관계가 없다가 하나의 편한 관계, 다수의 편한 관계, 그리고 마지막으로 한 명의 더욱 헌신적인 관계로 발달한다(Furman & Rose, 2015). 평균적으로 15세의 절반 이상이 누군가와 데이트를 한다(Price et al., 2016). 제11장에서 본 것처럼 성적소수자인 청소년들에게 이 관계의 이정표는 10대 후반에 발생하지만 LGBT(레즈비언, 게이, 양성애자, 트랜스젠더의 앞글자를 딴 것으로 성적소수자를 의미함)의 더 어린 세대에서 관계는 평균 15세 근처에서 시작된다(Martos et al., 2015; 그림 11.6 참조).

어린 청소년들은 예를 들어 멋있고 또래의 인정을 받는 것처럼 자신의 위상을 높여주는 특성에 기반하여 낭만적 파트너를 선택하거나 끌린다(Pellegrini & Long, 2007). 청소년 중기부터 후기까지 친절, 정직, 지능, 그리고 대인 간 기술과 같은 특성들은 낭만적 파트너를 선택하는 데 또한 중요한 요인들이다(Ha et al., 2010; Regan & Joshi, 2003). 나이 든 청소년들은 더 어린 청소년들에 비해 배려와 타협처럼 친밀감을 향상시키는 특성들과 비교 가능성에 근거하여 파트너를 선택할 가능성이 높다(Collins, 2003).

많은 청소년들에게 낭만적 관계를 맺는 것은 또래집단에서 소속감과 지위를 위해 중요하다(W. Carlson & Rose, 2007; Connolly et al., 1999). 청소년 후기에 높은 질의 낭만적 관계를 가지는 것은 또한 자존감 그리고 일반적인 유능감과 관계되며(Collins, Welsh, & Furman, 2009; Connolly & Konarski, 1994) 우울, 슬픔, 또는 공격성을 느끼기 쉬운 청소년들의 기능을 향상시킬 수 있다(V. A. Simon, Aikins, & Prinstein, 2008).

그러나 낭만적 관계 역시 발달에 부정적인 영향을 줄 수 있다. 예를 들어 이른 데이트와 성적 활동은 음주와 약물 사용 같은 현재와 이후의 문제행동의 비율 증가와 관계가 되며 사회적·정서적 어려움과 관련된다(예 : Davies & Windle, 2000; Zimmer-Gembeck, Siebenbruner, & Collins, 2001). 이는 만약 낭만적 파트너가 비행의 경향이 있다면 더욱 그렇다(Lonardo et al., 2009; S. Miller et al., 2009). 낭만적 관계가 깨어지면 두 사람 모두가 상심하는 것은 전형적인 결과이며 관계가 파기되는 단계 동안 남녀 청소년 모두 정신 건강의 문제를 경험한다(Price et al., 2016).

청소년의 낭만적 관계의 질은 그들의 다른 관계의 질을 그대로 반영하는 것처럼 보인다. 부모와 또래관계의 질이 낮은 청소년들은 낭만적 관계에서 낮은 친밀감과 헌신(Ha et al., 2010; Oriña et al., 2011; Seiffge-Krenke, Overbeek, & Vermulst, 2010)과 공격성(Stocker & Richmond, 2007; Zimmer-Gembeck, Siebenbruner, & Collins, 2004)의 특징을 보일 가능성이 높다.

부모와의 관계에 대한 청소년의 작동모델이 그들의 낭만적 관계에 반영된다고 믿어 왔다. 이러한 믿음은 12개월에 안전 애착이 된 아동들이 초등학교에서 더욱 사회적으로 유능하며 이는 16세에 친구들과의 더욱 안전한 관계를 예측한다는 결과에 의해 지지된다. 이 우정의 안전함은 다시 20세와 23세에 낭만적 관계에서 더 긍정적인 일상적 정서 표현과 낭만적 파트너와 갈등 해결과 협동과제에서 부정적 정서를 덜 표현하는 것을 예측했다(J. A. Simpson et al., 2007). 관련 연구들에 의하면 영아기에 안전 애착을 형성한 개인들은 불안전 애착을 형성한 사람들과 대조적으로 성인 초기에 낭만적 파트너와의 갈등에서 더 잘 회복된다(Salvatore et al., 2011). 따라서 낭만적 관계는 다양한 방법으로 청소년의 부모, 또래와의 관계의 역사에서 영향을 받는다(Rauer et al., 2013).

또래집단에서의 지위

아동과 청소년들은 종종 또래들의 지위에 극도로 관심이 많다. 인기가 있는 것이 가장 중요하며 또래들의 거부는 엄청나게 충격적인 경험이 될 수 있다. 또래들의 거부는 학교의 중퇴, 문제행동과 같은 광범위한 발달적 결과와 관계되며 이러한 관계들은 친한 친구가 있는지 또는 없는지와 무관하게 유효하다(Gest, Graham-Bermann, & Hartup, 2001).

또래관계가 아동의 삶에 미치는 중심적인 역할 때문에 발달연구자들은 또래 지위와 관련된 동시적 그리고 장기적인 효과들을 연구하는 데 상당히 많은 노력을 해 왔다. 여기서 우리는 또래집단에서 아동의 지위를 어떻게 측정하는지, 또래지위의 안정성, 그것을 결정하는 특성, 그리고 인기있는 아동과 거부된 아동이 된다는 것의 장기적인 함의를 포함하여 또래집단에서 아동의 지위에 대해 살펴볼 것이다.

또래 지위의 측정

또래 지위를 평가하기 위해 발달학자들이 가장 많이 사용하는 방법은 아동들에게 급우들 각각을 얼마나 좋아하는지 혹은 싫어하는지를 평정하도록 하는 것이다. 혹은 가장 좋아하거나 싫어하는 친구, 또는 가장 같이 놀고 싶거나 놀기 싫은 친구를 지명하도록 할 수도 있다. 이러한 절차에서 얻은 정보들은 각 아동의 **사회측정적 지위**(sociometric status) 또는 또래 수용, 즉 또래집단이 각 아동을 좋아하거나 싫어하는 정도를 계산하는 데 사용된다. 가장 많이 사용되는 사회측정 체계는 아동을 인기있는 아동, 거부된 아동, 무시된 아동, 평균지위 아동, 또는 논란의 아동 등의 다섯 집단으로 분류한다(표 13.3 참조)(Bukowski, Cillessen, & Velasquez, 2012).

인기있는 아동은 언제나 사회적 무리의 꼭대기에 존재하는가? 거부된 아동들을 때로는 더 좋아할 수도 있는가? 즉 또래집단에서 아동의 사회적 지위는 얼마나 안정적인가? 대답은 부분적으로는 특정 시간 범위와 문제의 사회측정적 지위에 달렸다.

몇 주나 몇 달과 같이 비교적 짧은 기간 동안에는 인기있는 아동이나 거부된 아동들은 그대로 유지되는 경향이 있지만 반면에 무시된 아동이나 논란의 아동들은 다른 지위를 얻을 가능성이 있다(Asher & Dodge, 1986; X. Chen, Rubin, & B. Li, 1995; Newcomb & Bukowski, 1984; S. Walker, 2009). 더 긴 시간 단위로 보면 아동의 사회측정적 지위는 변화하기 쉽다. 한 연구에서 또래들을 5학년에 평가하고 2년 뒤에 다시 평가했을 때 평균지위의 아동들만이 전반적으로 그들의 지위를 유지했고 인기있는 아동, 거부된 아동, 또는 논란의 아동으로 평정된 아동들의 거의 2/3가 나중에는 다른 평정을 받았다(Newcomb & Bukowski, 1984). 시간이 가면서 인기있는 아동, 무시된 아동, 또는 논란의 아동들에 비해 거부된 아동들의 사회측정적 안정성이 일반적으로 더 높았고(Harrist et al., 1997; Parke et al., 1997; S. Walker, 2009) 아동의 연령에 따라 증가했다(Coie & Dodge, 1983; Rubin et al., 1998).

표 13.3

또래 평정에 의한 일반적인 사회측정적 범주들

인기있는 – 또래들이 많이 좋아하며 수용하고 상당한 영향력이 있다고 평가하는 아동들

거부된 – 또래들의 수용과 선호가 낮으며 거부도 높지만 영향력도 역시 높은 아동들

무시된 – 사회적 영향력이 낮은 아동. 즉 긍정적이거나 부정적인 평가를 거의 받지 못한 아동들. 이 아동들은 또래들이 특별히 좋아하거나 싫어하지 않고 그저 눈에 띄지 않는다.

평균지위의 – 영향력과 선호에서 평균적인 평가를 받은 아동들

논란의 – 영향력이 매우 높지만 선호도는 평균적인 아동들. 또래들의 주목을 받고 있으며 소수의 아동들은 좋아하고 소수의 아동들은 싫어한다.

출처 : Bukowski et al. (2012).

사회측정적 지위 ■ 또래집단이 각 아동을 좋아하거나 싫어하는 정도를 반영하는 측정

사회측정적 지위와 관계된 특성들

왜 어떤 아동들은 다른 아동들보다 인기가 있는가? 하나 분명한 요인은 신체적 매력이다. 아동 초기부터 청소년에 이르기까지 관찰자들이 객관적으로 매력적이라고 평가한 아동들은 매력적이지 않은 아동들보다 인기있는 아동이 될 가능성이 더 높고 또래들에게 피해를 당할 가능성이 더 낮다(Langlois et al., 2000; Rosen, Underwood, & Beron, 2011; Vannatta et al., 2009). 소녀들보다 소년들의 경우지만 스포츠의 열정 또한 또래 지위와 상당히 관계된다(Vannatta et al., 2009). 추가적으로 또래 지위에 영향을 주는 것은 친구의 지위이다. 인기있는 친구를 갖는 것은 아동 자신의 인기도를 높여준다(Eder, 1985; Sabongui, Bukowski, & Newcomb, 1998). 이러한 간단한 결정인들 외에 사회측정적 지위는 또한 아동의 사회적 행동, 성격, 타인에 대한 인지, 그리고 또래와 상호작용할 때의 목표와 같은 다양한 다른 요인들의 영향을 받는다.

인기있는 아동

인기있는(popular) 아동 — 사회측정 절차에서 또래들에게 수용적이며 영향력 있는 것으로 평정되고 그래서 또래집단에서 높은 지위에 있는 아동들 — 이 꼭 가장 좋아할 만한 아동은 아니다. 모든 사람이 친구가 되길 원하지 않아도 또래집단에서 영향력이 있는 아동이 될 수 있다. 둘 간의 중요한 차이 중 하나는 공격성의 수준이다. 좋아할 만한 친구는 매우 친사회적인 경향이 있지만 인기있는 아동은 친사회적이면서 공격적인 행동을 모두 보인다(Cillessen, 2011).

인기있고 친사회적인 아동은 공통적으로 많은 사회적 기술들을 가지고 있다. 그들은 또래들과 상호작용을 시작하고 타인과 긍정적인 관계를 유지하는 데 능숙하다(Rubin et al., 2015). 또래, 교사, 그리고 성인 관찰자들은 인기있는 아동들을 협동적이며, 친절하고, 사교적이며, 타인에게 도움을 주고, 민감한 아동들로 지각한다(Lansford et al., 2006; Rubin et al., 2015). 그들은 또한 자신들의 감정과 행동을 조절할 수 있고(Kam et al., 2011) 갈등이 적은 상호적인 우정을 상대적으로 여럿 갖고 있는 경향이 있다(Litwack, Wargo Aikins, & Cillessen, 2012).

다른 아동들이 종종 '인기있다', '멋있다'고 말하는, 집단에서 지위가 높은 것으로 지각되는 아동들은 공격성이 평균 이상이고 그들의 공격성을 이용해서 목표를 달성한다(P. H. Hawley, 2003; Kuryluk, Cohen, & Audley-Piotrowski, 2011; Prinstein & Cillessen, 2003). 공격성과 지각된 인기도 간의 이러한 연관은 이르면 학령전기의 아동들에게서도 관찰된다(Vaughn et al., 2003). 예를 들어 또래가 학급의 리더로 평가한 아동들은 또한 "여기는 지금 사람이 너무 많아. 너는 나중에 놀자" 또는 "너는 그녀를 미워하지, 그렇지?" 같은 말을 하면서 다른 아동들을 배척하는 데 더 개입하는 것이 관찰된다(Fanger, Frankel, & Hazen, 2012, p. 235).

많은 아동들은 타인을 집단에서 제외하거나 해를 주기 위해 친구관계를 보류하거나 또래의 평판을 망치기 위해 나쁜 소문을 퍼뜨리는 것과 같은 **관계적 공격성**(relational aggression)이라고 알려진 사회적 괴롭힘 행동들에 개입한다. 피해자에게 신체적이고 아마도 정서적인 해를 가하는 신체적 공격성과는 달리 관계적 공격성은 피해자의 또래관계에 손상을 입히는 것을 목표로 한다(Cillessen & Mayeux, 2004; K. E. Hoff et al., 2009; Prinstein & Cillessen, 2003). 높은 지위를 가진 것으로 지각되는 청소년은 특히 이러한 지각을 인식하고 있다면 아마도 교만한 경향이 있고 또래들이 허용하기 때문에 관계적 공격성과 신체적 공격성을 모두 사용하는 경향이 증가한다(Cillessen & Mayeux, 2004; Mayeux & Cillessen, 2008; A. J. Rose, Swenson, & Waller, 2004). 그러나 그들은 또한 또래집단에서 자신들의 지위를 확보하고 유지하기 위한 수단으로 신체적 공격성이나 관계적

인기있는 ■ 많은 아동들이 긍정적으로(좋아함)으로 평가하고 소수의 아동들이 부정적으로 평가하는 아동들이나 청소년을 가리키는 사회측정적 지위의 한 범주

관계적 공격성 ■ 타인을 사회적 집단에서 제외하거나 타인의 관계에 해를 주는 것을 포함하는 종류의 공격성. 또래에 대한 나쁜 소문을 퍼뜨리거나 해를 주기 위해 우정을 철회하거나 화가 나거나 좌절했을 때 또래를 무시하거나 멋대로 하는 행위들이 속한다.

거부된 (또래 지위) ■ 소수의 또래들이 좋아하고 많은 또래들이 싫어하는 아동이나 청소년을 지칭하는 사회측정적 지위의 한 범주

공격적인 거부된 (또래 지위) ■ 사회측정적 지위의 한 범주로 특별히 신체적 공격성, 파괴적 행동, 비행, 그리고 적대감과 타인에 대한 위협 같은 부정적 행동을 저지르기 쉬운 아동들을 말한다.

공격성을 사용할 수도 있다(Rubin et al., 2015). 관계적 공격성에서 문제가 되는 하나의 경향성은 사이버 괴롭힘의 증가이다(글상자 13.2 참조).

앞서 말한 일탈훈련의 과정을 통해서 높은 지위의 청소년들은 특히 집단의 낮은 지위 또래들의 부정적인 행동에 영향을 준다(Laursen et al., 2012; Prinstein, Brechwald, & Cohen, 2011). 매우 공격적인 아동들은 학교 성적이 저조한 남자 청소년(그러나 여자는 해당되지 않음)들의 경우처럼 특별한 경우에(Kreager, 2007), 그리고 인기있는 구성원이 상대적으로 공격적인 또래집단에서(Dijkstra, Lindenberg, & Veenstra, 2008), 또는 또래 지위의 강한 위계가 존재하는 사회적 상황(예 : 교실)(Garandeau, Ahn, & Rodkin, 2011)에서 또래 수용도가 높을 수 있다.

거부된 아동

거부된(rejected) 아동은 더 인기있는 아동들과 사회적 동기, 그리고 사회적 상황에 관계된 정보처리의 방법이 다르다(Lansford et al., 2010). 예를 들어 거부된 아동은 다른 더 인기있는 아동들에 비해 사람들에게 '복수를 한다'거나 '자신을 드러내는' 것과 같은 목표에 의해 더 동기화된다(Crick & Dodge, 1994). 거부된 아동들은 또한 다른 사람이 사용하고 있는 그네에서 순서를 기다리는 것과 같이 사회적으로 곤란한 상황에 대한 건설적인 해결책을 찾는 데서 다른 아동들보다 더 어려움을 느낀다. 이러한 상황에 어떻게 대처할 것인지 물어보면 거부된 아동들은 더 인기있는 또래에 비해 더 적은 수의 전략을 말하며 그들이 제안하는 전략들은 더 적대적이고, 요구적이며, 위협적이다(Dodge et al., 2003; Harris et al., 1997; Rubin et al., 1998)(글상자 13.3에서는 거부된 아동들이 또래들에게 수용될 수 있도록 돕는 프로그램에 대해 논의한다).

거부된 아동들이 부적절한 전략을 선택하는 한 가지 이유는 그들의 마음 이론(제7장)이 더 인기있는 아동들에 비해 덜 발달되었기 때문일 것이다. 그들은 따라서 타인의 감정과 행동을 이해하는 데 더 많은 어려움을 느낀다. 이러한 생각을 지지하는 이탈리아의 한 종단연구에 의하면 마음 이론의 능력이 더 낮은 5세 아동들은 1년 뒤에 친사회적 행동의 수가 더 적으며 2년 뒤에는 또래들로부터 더 많은 수의 거부를 당한다(Caputi et al., 2012).

대부분의 거부된 아동들은 과도하게 공격적이거나 철회된 아동들 중 한 범주에 속한다.

공격적인 거부된 아동 또래와 교사 그리고 성인 관찰자의 보고에 따르면 거부된 아동들의 40~50%는 공격적인 경향이 있다. 이 **공격적인 거부된**(aggressive-rejected) 아동들은 특히 적대적이고 공격적인 행동, 신체적 공격, 파괴적인 행동, 비행을 저지르기 쉽다(Lansford et al., 2010; Newcomb, Bukowski, & Pattee, 1993; S. Pedersen et al., 2007; Rubin et al., 2006). 화가 나거나 마음대로 하고 싶을 때 많은 거부된 아동들은 또한 관계적 공격을 사용한다(Cillessen & Mayeux, 2004; Crick, Casas, & Mosher, 1997; Tomada & Schneider, 1997).

공격적인 거부된 아동들은 공격성으로 시작했지만 시간이 지나면서 ADHD, 품행장애, 그리고 약물 남용의 증상뿐 아니라 공격성과 비행행동이 증가할 위험에 처해 있다(Criss et al., 2009; Gooren et al., 2011; Lansford et al., 2010; Modin, Östberg, & Almquist, 2011; Sturaro et al., 2011; Vitaro et al., 2007). 3학년 미국 아동 1,000명 이상을 10학년까지 추적한 한 종단연구(Coie et al., 1995)에서 3학년에 거부되었던 아동들은 부모의 보고에 따르면 3년 후, 7년 후에도 또래에 비해 행동문제, 우울, 그리고 고립감이 더 높았다.

북미, 중국, 그리고 인도네시아를 포함한 다양한 지역에서의 연구들에 의하면 특히 공격적인 거

글상자 13.3 | 적용

아동의 또래 수용 높이기

친구가 없거나 거부될 때의 고통스럽고 어려운 결과들을 고려하여 자신의 행동을 조절하는 것뿐 아니라 자신과 타인의 정서에 대해 이해하고 이를 소통하는 것을 도와서 아동의 또래 상호작용을 향상시키는 목적을 가진 개입 프로그램들이 많이 개발되었다(Domitrovich, Cortes, & Greenberg, 2007; Izard et al., 2008; P. C. McCabe & Altamura, 2011). 제10장에서 보았듯이 정서 인식과 공감(empathy)은 아동이 발달하면서 습득하는 주요 기술이다. 따라서 이 중재들은 그들의 정서적 발달의 측면들을 향상시켜서 또래와의 관계를 향상시키는 것을 목표로 한다.

이러한 접근의 주목할 만한 예는 PATHS(Promot-ing Alternative Thinking Strategies) 교과과정으로 4~11세 아동들에게 정서 표현을 구별하고(예 : 사진을 이용하여) 정서를 표현하는 다른 방법들의 원인과 결과에 대해 생각하는 것을 가르친다(Domitrovich et al., 2007; Domitrovich et al., 2010). 추가하여 이 프로그램은 언어적 중재(혼잣말)를 통한 자기통제의 의식적 전략 발달과 자기조절을 연습할 기회를 아동들에게 제공한다. PATHS 접근은 통제신호 포스터(Control Signals Poster, CSP)에서 잘 드러나는데 이는 제1장에서 언급한 거북이 기법과 같이 문제가 되는 사회적 상황을 다루는 방법을 아동들에게 상기시키기 위해 고안되었다. CSP는 침착한 행동을 장려하기 위해 신호등과 같이 빨간색, 초록색, 노란색을 사용한다. 스트레스를 주는 사회적 상황에 대면했을 때 빨간색은 아동들에게 멈추고 진정하라는 신호를 주며 이는 심호

흡을 하고 조용히 문제와 이에 대한 자신의 감정을 확인하는 것으로 가능하다. 다음에 노란색은 천천히 가능한 해결책을 고려하고 생산적인 행동의 경로를 선택하도록 신호를 준다. 마지막으로 초록색은 자신이 선택한 해결책을 시도해보라는 신호이다. 이 과정에서 마지막 단계는 그 결과를 평가하고 숙고하며 필요하다면 새로운 계획의 수립을 장려한다(Riggs et al., 2006).

이와 같은 프로그램들은 정서, 자기조절, 친사회적 행동, 그리고 사회적 유능감을 기르고 – 그리고 때로는 사회적 철회와 공격성을 줄이는 데 성공적이다(예 : Bierman et al., 2010; Domitrovich et

al., 2007; Izard et al., 2008; Riggs et al., 2006). 특히 많은 행동문제를 지닌 아동들과 불우한 환경의 학교에 다니고 있는 아동들에게서 이러한 향상이 보고된다(Bierman et al., 2010). PATHS 교과과정은 미국에서 무작위 통제 시행에서 효과가 발견되었고(예 : Crean & Johnson, 2013) 중국(Kam, Wong, & Fung, 2011)과 파키스탄(Inam, Tariq, & Zaman, 2015)을 비롯한 다양한 국가들에서 성공적으로 적용되었다. 이러한 개입에 참여한 결과로 얻어지는 사회적 유능감의 증가로 아동의 사회적 지위의 향상이 기대되지만 아직 이러한 주제는 특별히 검증되지 않았다.

PATHS와 같은 프로그램은 어린 아동이 자기조절과 문제 해결 기술을 학습하도록 돕는다.

부된 아동들은 또래에 비해 학업에서 어려움을 보일 가능성이 더 높다(X. Chen, Wang, & Cao, 2011; Chung-Hall & Chen, 2010; D. C. French, Setiono, & Eddy, 1999; Véronneau et al., 2010; Wentzel, 2009). 그들은 특히 결석률이 높고(DeRosier, Kupersmidt, & Patterson, 1994) 학점이 더 낮았다(Wentzel & Caldwell, 1997). 공격적인 아동들은 특히 학교에 관심이 없고 또래나 교사들에게는 형편없는 학생으로 보인다(Hymel, Bowker, & Woody, 1993; Wentzel & Asher, 1995). 주로 미국에서 진행된 종단연구들은 학생들이 또래들에게 거부되지 않을 때보다 거부되는 기간 동안에 수업 참여가 더 낮고 거부된 아동들이 학교에서 상대적으로 잘 못하는 경향성은 시간이 갈수록 나빠진다는 것을 보여준다(Coie et al., 1992; Ladd, Herald-Brown, & Reiser, 2008; Ollendick et al., 1992). 일반 아동들의 경우 8% 이하인 것과 비교할 때 약 25~30%의 거부된 아동들이 학교를 중퇴한다(Parker & Asher, 1987; Rubin et al., 1998). 또래에게 거부된 아동들은 분명히 학업과

위축되고 거부된 (또래 지위) ■ 사회측정적 지위의 한 범주로 사회적으로 위축되고 경계심이 많으며 종종 소심한 아동을 말함

무시된 (또래 지위) ■ 사회측정적 지위의 한 범주로 또래들이 좋아하거나 싫어하는 것으로 잘 지명하지 않는 아동이나 청소년을 말함. 이들은 단순히 또래들의 주목을 끌지 않는다.

적응문제에서 위험에 처해 있다.

중요한 질문은 또래 거부가 실제로 학교와 적응문제의 원인인가 또는 아동의 부적응행동(예 : 공격성)이 또래 거부와 적응문제 모두를 유도하는가이다(Parker et al., 1995; L. J. Woodward & Fergusson, 1999). 비록 아직 결정적인 증거는 없지만 또래 지위와 아동의 사회적 행동의 질이 특히 후속되는 적응에 부분적으로 독립적인 영향을 미친다는 증거들이 있다(Coie et al., 1992; DeRosier et al., 1994). 이 연결은 또한 순환적이어서 공격적인 아동들이 또래에게 거부당하게 되고 이로 인해 외롭고 화가 나게 되고 이들은 더 많은 공격성으로 이것을 표현하게 된다(Leadbeater & Hoglund, 2009). 따라서 아동의 적응, 사회적 유능감, 그리고 또래 수용 간에는 복잡한 양방향적 관계가 존재한다(Boivin et al., 2010; Fergusson, Woodward, & Horwood, 1999; Lansford et al., 2010; Obradović & Hipwell, 2010).

위축되고 거부된 아동 거부된 아동의 두 번째 집단은 **위축되고 거부된**(withdrawn-rejected) 아동이다. 거부된 아동의 10~25%를 구성하는 이 아동들은 사회적으로 위축되어 있고 조심스러우며 어떤 연구자들에 의하면 종종 소심하고 사회적으로 염려가 많다(Booth-LaForce et al., 2012; Rubin et al., 2006). 그들은 자주 또래에 의해 피해자가 되고 많은 아동들이 고립감과 외로움 그리고 우울감을 느낀다(Booth-LaForce & Oxford, 2008; Katz et al., 2011; Rubin, Coplan, & Bowker, 2009; Woodhouse, Dykas, & Cassidy, 2012). 5학년에서의 친구 없음, 불안정한 우정, 소외가 8학년까지 사회적으로 위축된 행동을 증가시킨다(Oh et al., 2008). 따라서 공격성과 함께 사회적 위축은 또래 소외와 거부의 원인이자 결과일 수 있다. 아동기 동안 위축된 행동은 점점 또래 거부의 신뢰성 있는 예측인이 되어 간다. 아동 중기부터 초등학교 고학년까지 시간이 갈수록 매우 위축된 아동은 눈에 띄고 집단으로부터 점점 고립되고 또래들이 싫어하는 경향이 있다(Rubin et al., 1998). 그러나 어떤 경우에는 처음에는 사회적으로 위축되지 않았던 아동이 학창시절을 통해 강제로 사회적으로 고립된다(A. Bowker et al., 1998). 즉 또래가 싫어하고 거절하는 아동들은 처음에는 위축되지 않았을지라도 점차 집단에서 자신을 고립시킨다(Coie, Dodge, & Kupersmidt, 1990; Rubin et al., 1998).

무시된 아동

연구에 의하면 또래들로부터 위축되었지만 상대적으로 사회적으로 유능한 아동들은 단지 **무시되는**(neglected) — 즉 또래들이 좋아하거나 싫어한다고 지명하지 않는 — 경향이 있다(Booth-LaForce & Oxford, 2008). 이 아동들은 평균적인 아동들에 비해 덜 사회적이고 덜 파괴적이며(Rubin et al., 1998) 공격성을 포함하는 또래 상호작용에서 후퇴하는 경향이 있다(Coie & Dodge, 1988). 단순히 사회적이지 않고 혼자서 하는 활동을 선호하는 아동과 청소년은 특별히 또래 거부의 대상이 되지 않는다(J. C. Bowker & Raja, 2011; Coplan & Armer, 2007). 무시된 아동들은 자신들이 또래들로부터 지원을 덜 받는다고 지각하지만(S. Walker, 2009; Wentzel, 2003) 자신들의 사회적 상호작용에 대해 특별히 염려하지 않는다(Hatzichristou & Hopf, 1996; Rubin et al., 1998). 실제로 사회적 상호작용이 적은 것 이외에는 무시된 아동들은 다른 많은 아동들과 크게 다른 행동을 거의 보이지 않는다(Bukowski

처음부터 위축된 아동은 또래들에 의해 거부되고 이는 상호작용에서 더 위축되게 만든다.

Ruth Jenkinson / Getty Images

et al., 1993; S. Walker, 2009). 그들은 처음에는 단순히 또래들 눈에 잘 띄지 않기 때문에 무시되는 것 같다.

논란의 (또래 지위) ■ 사회측정적 지위의 한 범주로 또래의 일부가 좋아하지만 다른 일부는 싫어하는 아동이나 청소년을 말함

논란의 아동

어떤 면에서 가장 흥미로운 아동집단은 **논란의**(controversial) 아동, 즉 많은 또래가 좋아하며 많은 또래가 싫어하는 아동들이다. 논란의 아동들은 인기있는 아동과 거부된 아동들 모두의 특성을 갖는 경향이 있다(Rubin et al., 1998). 예를 들어 그들은 공격적이며, 파괴적이고, 화를 잘 내지만 또한 협조적이고 사교적이며 운동을 잘하고 유머러스하다(Bukowski et al., 1993; Coie & Dodge, 1988). 이에 더해 그들은 사회적으로 매우 활동적이며 집단의 리더가 되는 경향이 있다(Coie et al., 1990). 공격적인 아동들은 때로 공격적인 아동들과 연대를 맺고 또래들에게 수용되며(Xue & Meisels, 2004), 싸움을 시작하고, 문제를 일으키는 초등학생과 청소년 전기 아동들의 일부는 또래집단에서 중심이 되며 '멋있게' 보인다(K. E. Hoff et al., 2009; Rodkin et al., 2000, 2006). 동시에 논란의 아동들은 또래들에게 교만하고 잘난 척하는 것으로 보이는데(Hatzichristou & Hopf, 1996) 이는 그들이 또래집단에서 높은 지위를 가진 것으로 지각되는데도 불구하고 왜 또래들의 일부가 그들을 싫어하는지를 설명해준다(D. L. Robertson et al., 2010).

또래 지위에 관계되는 요인들에서 비교문화적 유사성과 차이점

사회측정적 지위와 관계되는 행동들에 대한 대부분의 연구는 미국에서 실시되었지만 앞서 논의한 것과 유사한 결과들이 다양한 비교문화연구에서도 발견된다. 캐나다, 이탈리아, 호주, 네덜란드, 그리스에서부터 인도네시아, 홍콩, 일본, 중국과 같은 나라들에서 사회적으로 거부된 아동들은 공격적이고 파괴적이다. 그리고 대부분의 나라들에서 인기있는(즉 또래가 좋아하는) 아동들은 친사회적이며 리더십 기술을 가진 것으로 기술된다(Attili, Vermigli, & Schneider, 1997; Chung-Hall & Chen, 2010; D. C. French et al.,1999; Gooren et al., 2011; Hatzichristou & Hopf, 1996; Kawabata et al., 2010; D. Schwartz et al., 2010; Tomada & Schneider, 1997; S. Walker, 2009; Y. Xu et al., 2004).

위축된 아동과 거부된 아동에 대해서도 유사한 비교문화적 공통점이 발견된다. 예를 들어 독일, 이탈리아, 그리고 홍콩에서 실시된 다양한 연구들은 미국에서와 마찬가지로 위축이 학령전 또는 초등학교에서의 또래 거부와 연결된다는 것을 보여주었다(Asendorpf, 1990; Attili et al., 1997; Casiglia, Lo Coco, & Zappulla, 1998; D. A. Nelson et al., 2010; D. Schwartz et al., 2010).

연구들은 또한 아동의 사회측정적 지위와 관계하여 어떤 문화적·역사적 차이가 역시 존재한다는 것을 보여준다. 두 종류의 차이를 모두 포함한 주목할 만한 한 예는 중국 아동들에서 수줍은 아동들의 지위와 관계된다. 1990년대에 실시된 연구들에서 수줍고, 민감하며, 조심스럽거나 행동에서 억제된 중국 아동들은 — 서구의 억제된 또는 수줍은 아동들과 달리 — 교사들에게 사회적으로 유능한 것으로 그리고 리더로 보였으며 또래들이 좋아했다(X. Chen, Rubin, & B. Li, 1995; X. Chen, Rubin, & Z.-y. Li, 1995; X. Chen et al., 1999; X. Chen, Rubin, & Sun, 1992). 이러한 차이에 대한 그럴듯한 설명은 중국 문화가 전통적으로 겸손함, 위축된 행동을 가치 있게 여기고 중국 아동들에게 그렇게 행동하도록 장려한다는 것이다(Ho, 1986).

대조적으로 서구문화는 독립성, 자기주장을 높이 평가하기 때문에 이 문화들에서 위축된 아동들

또래관계를 조성하려는 부모의 전략

또래관계에서 아동의 유능감에 부모들이 다양한 적극적 역할을 할 수 있다. 중요한 역할 중 두 가지는 아동의 사회생활을 모니터하는 것과 사회적 기술에 대한 코칭을 제공하는 것이다.

모니터링

부모들, 특히 어린 아동의 부모들은 자녀와 또래의 상호작용을 총지휘하고 모니터하는 데 상당한 시간을 소비한다. 부모들은 자녀가 누구와 상호작용할지, 얼마나 오랫동안 다양한 활동을 할지를 결정한다. 그러나 어떤 부모들은 다른 사람들에 비해 이 역할에서 더욱 사려 깊고 적극적이다(Mounts, 2002). 부모가 또래와의 상호작용 기회를 마련하고 감독하는 학령전 아동들은 — 그들의 부모가 과도하게 통제적이지만 않다면 — 더욱 긍정적이고 또래와 사교적이며 더 많은 안정적인 놀이 친구를 갖고 다른 아동들에 비해 더 쉽게 사회적 상호작용을 시작한다(Ladd & Golter, 1988; Ladd & Hart, 1992). 유사하게, 부모가 이웃의 많은 사회적 활동과 학교의 과외활동에 참여하도록 허락하는 초등학생들은 더욱 사회적으로 유능하며 또래들의 호감을 산다(McDowell & Parke, 2009).

부모들은 자녀가 또래와 상호작용할 기회를 마련하여 아동의 사회적 유능감 발달에 기여할 수 있다.

은 약하고, 도움이 필요하고, 사회적으로 무능한 것으로 보일 가능성이 높다. 그러나 Chen은 1990년대 초부터 중국 초등학생들의 수줍고 내성적인 행동이 적어도 도시 아동들에게서는 낮은 수준의 또래 수용과 점차적으로 연관되고 있는 것을 발견했다(X. Chen, Chang et al., 2005). Chen에 의하면 지난 10년 동안 중국의 경제적·정치적 변화와 함께 자기주장적이고 덜 억제된 행동들을 높이 평가하게 되었다. 최근 중국에서의 급격한 문화적 변화에 오직 제한적으로만 노출된 시골 아동들에게는 수줍음이 호감과 더 관계되기는 하지만 높은 수준의 또래 호감과 반감 모두와 연관된다. 따라서 문화적 변화에 덜 노출된 집단에게 수줍음은 또래들에게 양면적으로 보인다(X. Chen et al., 2011; X. Chen, Wang, & Wang, 2009). 이에 더하여 북미 아동들 사이에서, 적어도 어린 아동들의 경우는 그렇지 않지만 중국의 시골 아동들에게 사교적이지 않다는 것 — 즉 사회적 상호작용에 무관심하다는 것 — 은 또래 거부와 관계된다(X. Chen et al., 2009). 따라서 문화와 문화의 변화는 바람직한 행동에 대한 아동의 평가에 영향을 미치는 것으로 보인다.

청소년이 되면서 아동들은 집 밖에서 더 많은 시간을 또래들과 보내며 감독이 없는 상황에서 지내게 된다(그림 13.5 참조). 따라서 부모의 모니터링이 특별히 중요해진다. 아동이 어디에서 누구와 함께 있는지를 아는 것은 아동의 안전과 안녕을 위해 중요하며 연구들은 이것이 미래에 청소년들의 위험행동에 대한 개입을 줄일 수 있다는 것을 보여준다. 12~14세 아동 5,000명 이상에 대한 설문에서 아동들의 사회생활 – 즉 가장 친한 친구가 누구인지, 가장 친한 친구의 부모는 누구인지, 집 밖에서는 누구와 함께 있는지, 선생님은 누구인지, 그리고 학교생활은 어떤지 – 을 부모가 얼마나 알고 있는지를 물었다(Abar, Jackson, & Wood, 2014). 부모들의 지식 수준이 높은 아동들은 이후 4년 동안 심한 음주, 마리화나 사용, 비행에 가담할 가능성이 적었다. 게다가 청소년 초기에 이러한 위험행동에 아동이 더 개입할수록 아동들은 자신들의 부모가 더 모니터를 한다고 지각했다(Abar et al., 2014). 청소년들은 따라서 부모의 모니터링에서 영향을 받고 동시에 자신의 행동을 통해 모니터링을 적극적으로 이끌어내기도 한다.

청소년기에 모니터링은 부모의 문화적 지향에서 영향을 받는다. 예를 들어 멕시코계 미국인 가정에서 멕시코 문화와 가족의 친밀함, 가족의 의무, 그리고 의사결정에서 가족을 고려하는 것을 강조하는 전통적인 멕시코 가족주의를 높게 평가하는 부모들은 덜 전통적인 부모들에 비해 청소년의 또래관계를 더 제한한다. 멕시코 문화와 강하게 동일시하는 부모들은 만약 청소년들이 일탈행동을 하는 또래들과 관계되어 있을 경우에 청소년 자녀들 – 특히 딸들 – 의 또래 접촉을 제한할 가능성이 더 높았다(Updegraff et al., 2010).

코칭

학령전 아동들은 친숙하지 않은 또래들과 상호작용하는 법을 부모가 효과적으로 코칭을 한다면 더욱 사회적으로 세련되고 또래들에게 수용된다(Laird et al., 1994; McDowell & Parke, 2009). 또래들이 수용하는 아동들의 엄마들은 또래집단에 진입하기 위해서 자녀들에게 집단 지향적 전략을 가르치는 경향이 있다. 예를 들어 그들은 집단에 들어갈 때 무슨 말을 해야 할지에 대해 제안을 하고 진행되고 있는 집단의 활동을 방해하지 않도록 한다. 대조적으로, 사회측정적 지위에서 낮은 아동의 부모들은 종종 집단 활동을 자신에게로 향하게 하거나 현재 집단에서 하고 있는 활동과 일관되지 않은 활동을 자녀가 시작하도록 강요한다(Finnie & Russell, 1988; A. Russell & Finnie, 1990).

부모들이 정서의 용인 가능성과 이를 어떻게 적절하게 다룰 것인가에 대한 설명을 제공하는 정서코칭(제10장 참조)을 할 때 아동들은 또래와의 관계에서 도움을 받을 수 있다(L. F. Katz, Maliken, & Stettler, 2012). 높은 수준의 정서코칭을 사용하는 부모의 자녀들은 예를 들어 놀림을 피하기 위해 적절한 갈등회피전략(예 : 웃음)을 사용할 가능성이 더 높고 또래의 도발을 다룰 때 사회적으로 부적절한 행동을 보일 가능성이 더 낮다(L. F. Katz, Hunter, & Klowden, 2008). 어떤 증거들은 매우 높은 수준의 부모의 조언 제공이 때로 아동의 낮은 사회적 유능감과 또래 수용과 관계된다는 것을 보여준다. 그러나 이는 부분적으로 아마도 자녀가 높은 수준의 문제를 경험하고 있을 때 부모들이 더 도움을 제공하기 때문일 수 있다(McDowell & Parke, 2009). 코칭이 효과적이기 위해서는 민감하고 세련된 방법으로 제공되어야만 한다. 즉 타인의 감정과 행동, 그리고 이를 다루는 전략들에 대한 분명하고 유용한 정보를 제공해야 하며 아동을 압도하거나 무시하지 않는 방법으로 제시되어야 한다. 이유는 분명하지 않지만 엄마의 코칭은 특히 딸들의 사회적 기술을 향상시키는 데 중요하다(Pettit et al., 1998).

아동의 또래관계에서 부모의 역할

제12장에서 본 것과 같이 부모는 아동의 발달에 여러 방법으로 영향을 미친다는 상당한 증거들이 있다. 부모가 아동의 또래관계에 간접적(자녀와의 상호작용을 통해서) 그리고 직접적(모니터링과 코칭을 통해서; 글상자 13.4 참조)인 방법 모두를 통해 영향을 미친다는 것 역시 사실이다. 사회학습 이론가(제9장)뿐 아니라 애착 이론가(제11장)들은 초기 부모-자녀의 상호작용이 나이 든 아동의 또래 상호작용과 연결되어 있다고 주장한다. 이제부터 이러한 관계의 일부에 대해 알아보고자 한다.

애착과 또래와의 유능감

애착 이론은 부모와 아동의 애착이 안정적인가 혹은 불안정한가가 아동의 미래 사회적 유능감과 또래를 포함한 타인과의 관계의 질에 영향을 준다고 주장한다. 애착 이론가들은 부모와 자녀 사이의 안전 애착이 적어도 세 가지 방법으로 또래와의 유능감을 증진한다고 제시한다(Elicker, Englund, & Sroufe, 1992). 첫째, 안정적으로 애착된 아동들은 긍정적인 사회적 기대를 발달시키키

부모와 안전 애착을 형성한 아동들은 그렇지 않은 아동들에 비해 더 나은 사회적 기술을 발달시키는 경향이 있다.

고 따라서 다른 아동들과의 상호작용이 긍정적이고 가치가 있을 것이라고 기대하며 쉽게 상호작용하는 경향이 있다. 둘째, 민감하고 반응적인 양육자와의 경험으로 인해 그들은 관계에서의 호혜주의에 대한 이해의 기반을 발달시킨다. 결과적으로 그들은 관계에서 주고받는 법을 배우며 타인에게 공감하는 것을 배운다. 마지막으로 안정적으로 애착된 아동들은 자신감이 있고 열정적이며 친화적인데 이러한 특성들은 다른 아동들에게 매력적이며 사회적 상호작용을 촉진한다.

애착 이론가들에 의하면 불안전 애착은 또래와의 유능감을 손상시킬 가능성이 높다. 부모가 거부적이고 적대적이거나 무관심하다면 어린 아동들은 적대적이 될 가능성이 높고 타인으로부터 부정적인 행동을 기대하기 쉽다. 그들은 또래들이 적대적일 것이라고 지각할 가능성이 있고 결과적으로 또래들에게 공격적일 가능성이 높다. 이 아동들은 또한 다른 사람으로부터 거부당할 것을 기대하며 대신 또래관계에서 철회하여 거부당하는 경험을 피하려고 노력할 수 있다(Furman et al., 2002; Renken et al., 1989).

이러한 이론적인 견해를 지지하는 상당한 증거들이 있다. 실제로 안정적으로 애착을 형성하지 못한 아동들은 또래와의 관계에서 어려움을 겪는 경향이 있다. 영아기에 불안전 애착을 형성한 걸음마기 아이들과 학령전 아동들은 공격적이고, 짜증을 내며, 사회적으로 위축되고, 초등학교에서 인기도가 낮다(Bohlin, Hagekull, & Rydell, 2000; Burgess et al., 2003; Erickson, Sroufe, & Egeland, 1985). 아동기 동안 이 아동들은 안정적으로 애착된 아동들과 비교해서 동정심과 친사회적 행동이 적을 뿐 아니라 또래들과의 행복감을 덜 표현하고 갈등을 해결하는 기술이 형편없다(Elicker et al., 1992; Fox & Calkins, 1993; Kestenbaum, Farber, & Sroufe, 1989; Panfile & Laible, 2012; Raikes & Thompson, 2008).

반대로 안정적으로 애착된 아동들은 일반적으로 행복하며 사회적 기술이 좋다. 따라서 당연히 양질의 우정을 형성하며 학령전기(LaFreniere & Sroufe, 1985; McElwain, BoothLaForce, & Wu, 2011)와 초등학교와 청소년기(Granot & Mayseless, 2001; Kerns, Klepac, & Cole, 1996; B. H. Schneider, Atkinson, & Tardif, 2001; 제11장 참조) 모두에서 또래들에게 상대적으로 인기가 높다. 아동 후기와 청소년 전기에서조차 양질의 우정(예 : 더 친밀하며 지지적인)을 가진 아동들은 안전 애착을 형성한 아동인 경향이 있다(Dwyer et al., 2010; Freitag et al., 1996; B. H. Schneider et al., 2001; J. A. Simpson et al., 2007). 최근의 일부 연구들은 아버지와의 안전 애착이 아동과 청소년기 우정의 질에 특별히 중요함을 시사한다(예 : Doyle, Lawford, & Markiewicz, 2009; Veríssimo et al., 2011).

따라서 부모-자녀 관계의 안전감은 또래관계의 질과 관련된다. 이러한 관련은 부모-자녀 애착이 관계에 대한 아동의 작동모델뿐 아니라 사회적 행동의 질에 미치는 초기와 지속적인 영향 모두로부터 발생할 것이다(Shomaker & Furman, 2009). 그러나 사회성과 같은 각 아동의 개별 특성이 애착의 질과 또래관계의 질 모두에 영향을 주는 것 역시 가능하다.

진행 중인 부모-자녀 상호작용의 질과 또래관계

진행 중인 부모-자녀 상호작용은 애착 유형과 같은 방법으로 또래관계와 관계된다. 예를 들어 사회적으로 유능하고 인기있는 아동들의 어머니는 일반적으로 온정적인 경향이 있다. 자녀들과 감정에 대해 이야기하고 양육법에서도 온정적인 통제, 긍정적인 언어, 추론과 설명을 사용한다(C. H. Hart et al., 1992; Kam et al., 2011; McDowell & Parke, 2009; Updegraff et al., 2010). 진행 중인 아버지-자녀 상호작용을 조사한 연구들에 의하면 이들 역시 아동의 또래관계에 역할을 한다. 예를 들어 자녀에 대한 아버지의 온정과 애정은 학령전기에 친한 친구들과 아동의 긍정적 상호작용(Kahen, Katz, & Gottman, 1994; Youngblade & Belsky, 1992)과 초등학교에서 아동의 또래 수용도와 관계된다(McDowell & Parke, 2009).

전반적으로 이 분야의 연구들은 가족이 일반적으로 온정적이고 관여하며 조화로운 유형일 때 어린 아동들이 사교적이고 사회적 기술이 있으며 또래들이 좋아하고 양육시설에서 협동적이라고 보고한다(R. Feldman & Masalha, 2010). 이러한 관계는 온정적인 양육이 아동의 자기조절을 길러주기 때문에 생길 수 있다(Eiden et al., 2009; N. Eisenberg, Zhou et al., 2005; Kam et al., 2011). 대조적으로, 독재적이고 가혹한 훈육과 낮은 수준의 아동 모니터링을 특징으로 하는 양육은 인기가 없고 피해자가 되는 아동과 종종 관계된다(Dishion, 1990; Duong et al., 2009; C. H. Hart, Ladd, & Burleson, 1990; Ladd, 1992).

이와 같은 결과들을 고려할 때 일반적으로 양육의 질은 아동이 사회적으로 유능한 방법으로 행동하는 정도에 영향을 미치고 이는 다시 아동이 또래들에게 수용될지 여부에 영향을 준다. 그러나 애착의 경우와 같이 양육의 질이 실제로 또래와 아동의 사회적 행동에 인과적 영향을 주는지를 증명하는 것은 쉽지 않다. 제12장에서 본 것처럼 체질적인 요인들(예 : 유전, 태내의 영향) 때문에 공격적이고 파괴적인 아동이 부정적인 양육과 부정적인 또래 반응 모두를 유발할 수 있기 때문이다(Rubin et al., 1998). 또는 혹독한 양육과 아동의 부정적인 또래와의 행동이 모두 유전 때문일 수도 있다. 가장 그럴듯한 가능성은 인과적 관계가 양방향적이며 ─ 부모의 행동이 아동의 사회적 유능감에 영향을 미치고 그 반대 역시 사실이며 ─ 환경적이고 생물학적인 요인이 또래와 아동의 사회적 능력 발달에 중요한 역할을 한다는 것이다.

부모는 또한 아동의 또래관계가 잘 진행되지 않을 때 완충제의 역할을 할 수도 있다. 수백 명의 7~9세 아동에 대한 종단연구에 의하면 부모와 긍정적이고 밀접한 관계를 갖고 있다면 또래와 관계가 어려운 아동들이라도 시간이 가면서 우울 증상이 증가하는 경험을 할 가능성은 낮다(그림 13.5; Hazel et al., 2014). 유사하게, 어머니의 지원은 청소년의 낭만적 스트레스와 이후의 우울 증상 간의 연결을 완화한다(Anderson, Salk, & Hyde, 2015). 많은 다른 측면들처럼 아동의 삶에서 한 관계에서의 위험요인이 다른 관계에서의 보호요인으로 인해 상쇄될 수 있다. 아동의 또래관계에서도 부모는 중요하며 그림 13.5에서 보는 바와 같이 부모와의 관계는 또래관계보다 정신건강에 더 강하게 연결될 수 있다.

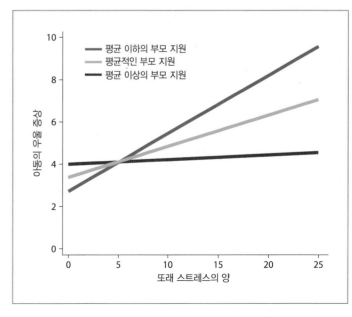

그림 13.5 또래 스트레스, 부모의 지원, 그리고 아동의 우울 증상의 관계 아동의 또래 스트레스가 높고 부모의 지원이 낮을 때 그들은 높은 수준의 우울 증상을 경험한다. 대조적으로, 만약 부모가 지원적이라면 또래로부터 생기는 스트레스의 양과 무관하게 우울 증상의 수준은 동일하다(Hazel et al., 2014).

요약

우정

■ 아동들은 청소년기가 되면서 각 요소들의 중요성이 덜해지기는 하지만 자신과 나이, 성, 인종이 유사하고 공격성, 사회성, 협력과 같은 행동에서 유사한 또래들과 친구가 되는 경향이 있다.

■ 심지어 매우 어린 아동도 다른 아동보다 더 선호하는 친구가 있다. 친구와 더 많은 시간을 보내기 때문에 갈등도 역시 더 많지만 걸음마기 아이와 학령전 아동들은 다른 또래들보다 친구와 더 복잡하고 협동적인 놀이를 즐긴다.

■ 친구에 대한 개념은 나이에 따라 달라진다. 어린 아동은 또래들과의 실제 활동을 근거로 주로 우정을 정의한다. 나이가 들면서 충성, 상호 이해, 신뢰, 협동적 상호관계, 그리고 자기노출과 같은 주제들이 우정의 중요한 요소가 된다.

■ 아동이 나이가 들면서 특별히 청소년기에 들어서면 우정은 더 자기노출과 친밀감의 특성을 갖는다.

■ 전자 통신은 대개 언제든 사용 가능하고 아동에게 통제감을 주며 재미있고 익명성이 유지되므로 우정의 시작과 유지를 촉진한다.

■ 친구를 갖는 것은 사회적 유능감과 적응 같은 긍정적인 발달적 결과와 관계된다. 그러나 폭력이나 약물 남용과 같은 문제행동에 관여하는 친구를 갖는 것은 아동이나 청소년이 그러한 행동에 개입할 위험성을 증가시킨다.

■ 중재 프로그램은 아동들에게 사회적 기술을 가르치는 데 도움이 된다.

■ 부모가 아동이 또래들과 사회적 기술(예 : 협상, 주도권을 잡음, 자신의 권리를 지키기)을 발달시키기를 기대하는 정도만큼 아동이 관계되지 않은 또래와 노는 것을 성인이 장려하는 정도는 문화마다 크게 다르다. 게다가 관계없는 또래들과 보내는 시간은 문화에 따라 상당히 다르다.

또래 상호작용

■ 아동 중기에 패거리가 시작되는 것이 보통인데 대부분의 패거리 구성원들은 동성이고 동일한 공격성 수준과 학교에 대한 비슷한 지향을 갖는다. 이 패거리의 구성원들은 시간이 지나면서 매우 안정적이지 않으며 서로 친구로 여기지 않을 수도 있다.

■ 청소년기에 패거리의 중요성은 줄어드는 경향이 있고 청소년들은 하나 이상의 집단에 속한다. 나이가 들면서 청소년들은 더욱 자율적이 될 뿐 아니라 자신들의 사회적 요구를 충족하기 위해 사회적 집단보다 개별 관계에 더 관심을 기울이는 경향이 있다. 그럼에도 불구하고 청소년들은 종종 동아리의 일원이 된다. 청소년기에 소녀들과 소년들은 나이가 들면서 사회적 집단의 구성원으로서 그리고 양자 관계로 서로 더 관련을 맺는다.

■ 청소년들은 반사회적 행동, 알코올 소비, 그리고 약물 사용에서 비슷한 수준의 또래를 적극적으로 찾기도 하지만 어떤 경우 또래집단은 이러한 행동들에 기여한다.

■ 아동과 청소년들에게 집단 괴롭힘은 상대적으로 흔한 경험이다. 집단 괴롭힘에 가담하는 아동은 힘과 지위를 얻기 위해 그런 일을 한다. 집단 괴롭힘의 피해 아동은 행동문제와 정신건강 문제 모두로 고통을 당하는 경향이 있다.

■ 또래와의 낭만적 관계는 청소년기에 점차 더 흔해지고 청소년의 친밀감 욕구를 충족시킬 수 있다. 청소년기 낭만적 관계의 질은 다른 관계, 특히 부모와의 관계의 질을 반영한다.

또래집단에서의 지위

■ 사회측정적 지위에 근거하여 아동들은 전형적으로 인기있는, 거부된, 무시된, 평균 지위의, 또는 논란의 아동으로 분류되며 이 지위는 시간이 가면서 변화할 수 있다.

■ 더 큰 또래집단에서 아동의 지위는 그들의 신체적 매력뿐 아니라 사회적 행동과 사회적 상호작용에 대한 생각에 따라 변화한다.

■ 또래들이 호감을 갖는 인기있는 아동은 사회적 기술과 자신의 행동과 정서 조절의 수준이 높다. 대조적으로, 높은 지위의 아동들이 또래들에게 호감을 주지 않고 자신의 지위를 관계적 공격성에 사용하기도 한다.

■ 또래에게 거부당하는 아동들은 공격적이거나 사회적으로 위축된 경향이 있다. 공격적인 거부된 아동들은 사회적 기술이 낮고 타인의 의도에 대해 적대적 귀인을 하며 어려운 사회적 상황을 해결하기 위해 건설적인 전략을 생각해내는 데 어려움이 있다. 위축형 거부된 아동은 고립감과 외로움을 느끼고 시간이 갈수록 우울해진다.

■ 무시된 아동 — 또래들이 좋아하지도 싫어하지도 않는 아동들 — 은 평균적인 아동들에 비해 덜 사교적이고, 덜 공격적이며, 덜 파괴적이다. 이들의 행동은 평균적인 아동들과 크게 다르지 않고 다른 아동들의 주목을 끌지 못하는 것 같다.

■ 논란의 아동들은 인기있는 아동과 거부된 아동의 특성들을 모두 갖고 있다. 그들은 도움이 되고, 협동적이며, 사교적이고, 운동을 잘하고, 유머러스할 뿐 아니라 공격적이고, 파괴적이며, 화를 잘 낸다.

■ 인기있는 혹은 거부된 아동들은 다양한 문화에서 유사한 특성을 공유한다. 그러나 과묵한 행동은 일부 동아시아 문화에서 더 평가를 받으며 적어도 최근까지는 중국에서 아동의 사회적 유능감과 관련되었다.

아동의 또래관계에서 부모의 역할

■ 애착 이론가들의 예언과 일치되게 안전 애착을 형성한 아동들은 행동과 감정이 더 긍정적이고 더욱 사회적 기술이 좋고 불안정 애착 된 아동들보다 더 인기가 있다.

■ 사회적으로 유능하고 인기있는 아동들의 부모들은 덜 유능한 아동들의 부모들보다 자녀들과의 상호작용에서 온정적인 통제, 긍정적인 언어, 추론, 그리고 설명을 더 사용할 가능성이 높다. 그들은 또한 자녀들의 능력에 대해서도 더 긍정적인 신념을 갖고 있다. 양육의 질과 아동의 사회적 유능감 간의 인과적 관계는 양방향적이며 환경과 생물학적 요인이 모두 또래와의 사회적 유능감 발달에 역할을 할 가능성이 높다.

■ 부모와의 긍정적인 관계는 또래관계의 잠재적인 부정적 영향에서 아동을 보호할 수 있다.

연습문제

1. 아동이 협동과 통합된 상호작용이 가능해지고 친구라고 생각하는 사람들을 신뢰하는 법을 배우면서 아동 전기에 우정이 발달한다. 다음 중 어떤 진술이 이 아동 전기 우정에 해당하지 않는가?

   a. 학령전기 친구들은 친구가 아닌 또래들보다 갈등 후에 서로 상호작용을 다시 시작할 가능성이 더 높다.

   b. 학령전기 친구들은 친구가 아닌 또래들보다 서로 덜 싸운다.

   c. 학령전기 친구들은 공정한 방법으로 갈등을 해결하는 경향이 있다.

   d. 가장 놀이는 친구가 아닌 또래들보다 친구들 사이에서 더 자주 발생한다.

2. 연구에 의하면 아동이 나이가 들면서 어떤 중요한 측면에서 우정이 변화하는가?

   a. 우정의 평균 지속기간이 길어진다.

   b. 친밀감의 수준과 중요성이 증가한다.

   c. 아동들은 친구들과 더 공격적인 행동을 보인다.

   d. 개인이 친한 친구라고 보고하는 친구의 수가 증가한다.

3. 청소년기의 우정은 더욱 _____.

   a. 안정적이다   b. 상호 의존적이다

   c. 해롭다   d. 배타적이다

4. 타일러는 15세이다. 그는 자신이 사회적으로 능숙하지 못하다고 생각한다. 그는 소수의 친한 친구가 있지만 수줍고 대부분의 또래들과 성인들 사이에서 불안하다. 타일러는 온라인 채팅방과 다른 소셜 미디어의 포럼에서 더 편안하며 이러한 상황에서 더욱 자신의 감정을 또래들에게 공개한다. 타일러의 경험은 발달에 대한 소셜 미디어의 영향 중 어떤 측면을 지지하는가?

   a. 부익부 가설   b. 사회측정적 지위 관점

   c. 사회적 보상 가설   d. Selman의 관점

5. 일탈훈련이라는 용어는 무엇을 말하는가?

   a. 지지적인 또래 상호작용을 장려하여 공격적인 경향성을 낮추는 중재

   b. 아동의 위험하고 공격적인 행동을 증가시키는 의도치 않은 결과를 가져오는 부모의 상호작용

   c. 반사회적 청소년들이 서로의 공격적이고 일탈적인 경향성을 강화하는 과정

   d. 교사와 다른 성인들이 위험군 아동들 사이의 질서를 유지하기 위해 방법을 제공하는 학교기반의 중재

6. 연구에 의하면 동년배 소년들과 비교할 때 아동 중기와 청소년기 소녀들의 관계에 대한 다음의 진술 중 맞는 것은 무엇인가?

   a. 소녀들의 우정은 소년들보다 더 오래 지속된다.

   b. 소녀들은 소년들에 비해 자신들의 문제와 부정적인 생각을 덜 논의하는 경향이 있다.

   c. 소년들에 비해 소녀들은 친밀감을 더 원하며 친구들로부터 버려질 것을 염려한다.

   d. 소년들에 비해 소녀들은 가장 친한 친구들과 더 갈등이 많다.

7. 아동 발달의 맥락에서 유사한 고정관념적인 평판을 가진 사람들의 집단을 _____(이)라고 한다.

   a. 동아리   b. 패거리

c. 갱   d. 네트워크

8. 청소년기 동안 패거리의 구성원은 _____.

   a. 점점 성 특수적이 된다   b. 안정적이 된다

   c. 증가한다   d. 줄어든다

9. 괴롭힘과 피해자 만들기는 양방향적인 관계로 알려졌다. 다음 중 이 관계를 가장 잘 설명한 것은 무엇인가?

   a. 괴롭힘은 피해자의 행동 변화를 일으키고(예 : 위축됨) 이는 다시 가해자로부터 더 많은 집단 괴롭힘을 유발한다.

   b. 가해자와 피해자 모두 부모들과 불안전 애착을 형성한다.

   c. 공격자는 미래에 자신들에게 위협적일 수 있는 사람을 피해자로 선택하는 경향이 있다.

   d. 공격적인 아동과 피해 아동이 모두 자신들과 동일한 지위의 다른 아동들과 친구가 된다.

10. 또래들이 한 아동을 좋아하거나 싫어하는 정도는 아동의 _____에 대한 측정치이다.

    a. 사회측정적 지위   b. 관계적 공격성

    c. 사회적 보상의 수준   d. 사회적 보상

11. 알렉스는 협조적이고 사교적이지만 또한 분노를 터뜨리고 교실에서 파괴적일 수 있다. 일부 급우들은 그를 좋아하지만 다른 친구들은 그를 싫어한다. 다음 중 알렉스의 사회측정적 지위를 잘 기술한 것은 무엇인가?

    a. 혼란된   b. 공격적인 거부된

    c. 논란의   d. 인기-비인기

12. 베스는 마음대로 되지 않을 때 타인의 부정적인 동기 탓으로

돌린다. 결과적으로 베스는 무시당하는 느낌이 들면 복수를 위해 다른 아이를 때릴 것이다. 다른 아동들과 협조하거나 순서를 기다리기보다 그녀는 새치기를 하거나 다른 아동을 밀어 버린다. 다음 중 베스의 사회측정적 지위를 가장 잘 기술한 것은 무엇인가?

    a. 인기있는   b. 거부된

    c. 무시된   d. 논란의

13. 인기있고 호감이 가는 아동들은 또래집단에서 영향력이 있지만 비인기 아동들보다 다음의 가능성도 더 높다.

    a. 사회적으로 지각적   b. 안정적으로 애착 형성

    c. 공격적   d. 지능적

14. 또래들이 좋아하지도 싫어하지도 않는 아동들은 _____ 아동이다.

    a. 논란의   b. 무시된

    c. 위축형 거부된   d. 공격적인 거부된

15. 다음에서 애착 이론가들에 의하면 안정적 부모-자녀의 애착이 또래관계의 유능감을 증진하는 세 가지 방법 중 하나가 아닌 것은 무엇인가?

    a. 안전 애착을 형성한 아동은 긍정적인 사회적 기대를 형성한다.

    b. 안전 애착을 형성한 아동은 관계의 호혜성을 이해한다.

    c. 안전 애착을 형성한 아동은 하나 또는 두 명의 친구와 배타적인 우정을 갖는다.

    d. 안전 애착을 형성한 아동은 자신감과 열정같은 매력적인 특징을 보일 가능성이 더 높다.

비판적 사고 질문

1. 동년배의 또래관계와 나이가 다른 형제자매의 관계가 다른 점은 무엇인가? 어떤 차원에서 두 관계가 유사한가?

2. 놀이집단에서 어떤 2세 아동들이 친한 친구인지를 평정하기 위해서 어떤 절차나 방법을 써야 하는가? 이는 6, 11, 17세의 우정 측정 방법과 어떤 면에서 유사하거나 다른가?

3. 인기있는 아동과 논란의 아동 간의 차이와 유사점은 무엇인가? 공격적 거부된 아동과 위축형 거부된 아동 간의 차이와 유사점은 무엇인가?

4. 이 장에서 집단 괴롭힘에 관한 내용을 읽은 뒤에 괴롭힘 행동을 줄이고 괴롭힘의 피해자를 지지할 수 있는 중재 프로그램을

기획해보라.

5. 가까이에 또래가 거의 없고 홈스쿨링을 하는 고립된 환경에서 자라는 아동을 생각해보자. 이 아동의 일상적 경험은 학교에 다니는 다른 아동들과 어떻게 다를 것인가? 이는 아동의 발달에 어떤 긍정적 또는 부정적 영향을 줄 것인가? 이 영향을 완화하거나 증가시키는 요인들은 무엇인가?

6. 전자 통신은 아동과 청소년이 새로운 친구, 옛 친구들과 소통하는 훌륭한 방법이지만 이는 아동들을 잠재적인 사이버 괴롭힘에 노출시킨다. 이러한 위험 없이 아동들이 전자 통신의 혜택을 즐길 수 있도록 부모와 학교가 할 수 있는 것은 무엇인가?

핵심용어

갱(gang)
거부된(rejected, rejected peer status)
공격적인 거부된(aggressive-rejected peer status)
관계적 공격성(relational aggression)
논란의(controversial peer status)
동아리(crowds)

또래(peer)
무시된(neglected peer status)
사이버 괴롭힘(cyberbullying)
사회적 괴롭힘(social bullying)
사회측정적 지위(sociometric status)
신체적 괴롭힘(physical bullying)

언어적 괴롭힘(verbal bullying)
위축되고 거부된(withdrawn-rejected peer status)
인기있는(popular, popular peer status)
친구(friend)
패거리(cliques)

연습문제 정답

1. b, 2. b, 3. d, 4. c, 5. c, 6. c, 7. a, 8. d, 9. a, 10. a, 11. c, 12. b, 13. c, 14. b, 15. c

VICTOR GILBERT (1847–1933), *Make Believe*

도덕성 발달

도덕적 판단

Piaget의 도덕적 판단 이론
Kohlberg의 도덕적 추론 이론
친사회적 도덕 판단
양심의 발달
사회적 판단 영역들

친사회적 행동

친사회적 행동의 발달
친사회적 행동에서 개인차의 기원

반사회적 행동

공격성과 다른 반사회적 행동의 발달
아동과 청소년의 공격적·반사회적 행동 특징
공격성과 반사회적 행동의 근원
생물학과 사회화 : 아동의 반사회적 행동에 대한 공동 영향

요약

이 장의 주제

■ 천성과 육성
■ 능동적인 아동
■ 연속성/비연속성
■ 변화의 기제
■ 사회문화적 맥락
■ 개인차
■ 연구와 아동복지

20 13년 4월 15일 폭탄 2개가 보스턴 마라톤대회 결승점 근처에서 폭발했다. 8세 남아를 포함해서 3명이 사망했고, 260명 이상이 부상당했다. 폭탄은 26세 Tamerlan Tsarnaev 와 19세 남동생 Dzhokhar Tsarnaev가 만들어서 현장으로 가져왔다는 것이 밝혀졌다. 형제는 매사추세츠공대에서 캠퍼스 경찰을 총으로 살해했다. Tamerlan은 이후 경찰과의 총격전 중에 사망했고, Dzhokhar는 경찰에 체포되어 재판을 받고 대량살상무기 사용을 포함해서 30년 형이 선고되었다.

재판 선고 단계에서, Dzhokhar의 변호사는 그가 미국이 이슬람 국가들 간 전쟁에 참여한 것에 대해 처벌받기를 원했던 형 Tamerlan의 영향을 과도하게 받았다고 주장했다. 또한 변호사들은 교사와 친구들을 소환했고, 그들은 자신들이 알고 있는 Dzhokhar는 사려 깊고, 존경할 만하고, 친절하고, 배려심이 있다고 말했다. 이런 주장에도 불구하고, 배심원은 Dzhokhar가 관여한 범죄들에 대해 책임이 있고, 2015년 5월에 보스턴 마라톤대회 폭발 가담에 대해 사형을 선고했다(Rosen, 2015).

폭발 사건 전해, 파키스탄의 스왓(Swat) 계곡에 사는 어린 여자아이 Malala Yausafzai는 여아들이 학교에 다니는 것을 금지하고 여학교들을 공격했던 지역 탈레반 지도자들에 대항하며 여아들의 교육을 주장했다. 그녀는 연설을 했고, BBC 블로그에 글을 썼으며, 뉴욕 타임스의 다큐멘터리 주제였다. 그녀는 2011년에 파키스탄 국가 평화상을 처음 받았다.

그런데 2012년 10월 Malala가 15세가 되었을 때, 탈레반 무장범이 그녀가 방과 후 집으로 돌아가는 버스에 탄 직후 머리를 겨냥해서 총을 쏘았다. 그녀는 암살 시도에서 살아남았고 영국에서 대대적인 의료적 처치를 받았다. 그녀는 파키스탄으로 돌아올 수 없었는데, 왜냐하면 탈레반이 여전히 그녀를 살해할 계획이 있다고 했기 때문이다. 그녀는 현재 가족과 함께 망명 중이다.

이런 수많은 장애물에도 불구하고, Malala는 여전히 자신의 목표를 단념하지 않았다. 그녀는 계속해서 보편적인 아동 교육 그리고 특별히 여아들의 교육을 옹호하고 있다. 그녀는 유엔(UN)에서 연설을 했고, 가장 잘 팔리는 자서전을 썼으며, 2015년 주요 다큐멘터리의 주제였다. 그녀에 대한 경의로 시작된 교육받을 권리 청원에 200만 명의 사람들이 서명을 했다. 그녀는 이제 Malala 기금을 조성했으며(www.malala.org), 이것은 전 세계 여아들의 교육과 권리(empowerment)를 지원하는 일을 한다.

모든 아동을 위한 교육을 촉진하려는 그녀의 노력을 인정받아, Malala는 인도의 아동 권리 옹호자인 Kailash Satyarthi와 함께 2014년 노벨 평화상을 받았다. 17세의 Malala는 역사상 가장 어린 수상자였다.

왜 어떤 아동과 청소년들은 Malala처럼 도덕적이고 친사회적인 방식으로 행동하는 반면 다른 아동과 청소년들은 Dzhokhar처럼 비도덕적이고 반사회적인 방식으로 행동하는가? 이 질문에 답을 하기 위한 시작점은 도덕성에 기여하는 아동의 생각과 행동의 측면들에 대한 이해이다. 일상적으로 도덕적인 방식으로 행동하려면, 아동들은 옳고 그름과 어떤 행동이 도덕적이거나 비도덕적인 이유를 이해해야 한다. 게다가 그들은 양심이 있어야 한다. 즉 그들은 도덕적으로 행동하는 것에 관심을 갖고 그렇지 않을 때 죄책감을 느껴야 한다.

도덕성 발달을 연구할 때, 연구자들은 이런 요건들과 관련된 질문들에 초점을 맞추었다. 아동들은 도덕적 이슈들에 대해 어떤 생각을 하고, 나이가 들면서 생각은 어떻게 변하는가? 도덕적 이슈들에 대한 아동의 추론은 그들의 행동과 관련이 있는가? 배려와 공유, 혹은 공격성과 잔인함은 언제 처음으로 나타나는가? 도움이나 배려 혹은 **반사회적 행동**, 즉 파괴

Dzhokhar Tsarnaev의 변호사들은 그가 보스턴 마라톤대회 폭탄 공격을 할 때 지나치게 형의 영향을 받았다고 주장했다. 배심원은 그 주장을 거부하고 범죄 가담에 책임이 있다고 판결했다.

적이고 적대적이고 공격적인 행동을 보이는 정도의 차이에 영향을 주는 요인은 무엇인가? 배려하고 도와주는 행동을 발달시키고 비도덕적 혹은 반사회적 행동의 가능성을 줄이도록 돕는 조치를 할 수 있는가?

우리는 아동의 도덕 판단, 즉 도덕적 결정이 포함된 상황에 대해 어떻게 생각하는지를 조사함으로써 도덕성 발달에 대한 논의를 시작한다. 그런 다음 양심의 초기 등장과 친사회적 행동, 즉 타인에게 이득이 되는 도움이나 공유와 같은 행동의 발달에 대해 살펴본다. 다음으로 공격성과 절도 같은 반사회적 행동들로 돌아간다. 보게 되듯이, 아동의 도덕적 발달은 유전적 요인과 가족과 문화를 포함한 환경적 요인 모두의 영향을 받으며, 또한 사회적 및 인지적 능력 발달의 영향을 받는다(제3장 참조). 따라서 개인차, 천성과 육성, 그리고 사회문화적 맥락의 주제들은 도덕적 발달에 대한 논의에서 두드러질 것이다. 도덕적 판단의 이론과 연구는 Piaget의 작업으로부터 발전했고, 그의 인지발달 이론처럼(제4장 참조) 발달 단계가 있고 아동들은 능동적으로 주변 세계를 이해하려고 노력한다고 가정한다. 따라서, 연속성/비연속성, 변화의 기제 및 능동적 아동의 주제는 도덕적 판단 발달에서도 분명하다. 또한 연구와 아동복지의 주제도 역할을 하며, 우리는 친사회적 사고와 행동을 촉진하고 반사회적 행동을 예방하기 위해 고안된 중재 프로그램들을 조사한다.

Richard Stonehouse / Getty Images

15세에 Malala Yousafzai는 여아들의 교육을 옹호한 것에 반대하는 탈레반의 암살 시도에서 살아남았다. 17세에 그녀는 가장 어린 노벨 평화상의 수상자가 되었다.

도덕적 판단

어떤 행동의 도덕성이 항상 분명한 것은 아니다. 굶고 있는 동생을 위해 음식을 훔친 여아를 생각해보라. 훔치는 것은 대개 비도덕적 행동으로 여기지만, 이 행동의 도덕성은 그렇게 분명하지 않다. 나중에 자전거를 빌리고 싶어서 혹은 자전거가 훔칠 가치가 있는지를 알아보려고 자전거를 고치는 친구를 돕는 남자 청소년에 대해 생각해보라. 비록 이 청소년의 행동은 표면적으로 이타적으로 보일지라도, 첫 번째 경우는 도덕적으로 애매하고 두 번째 경우에는 분명하게 비도덕적이다. 이 예들은 행동의 도덕성은 부분적으로 행동의 밑에 깔린 의식적 의도나 목표들과 같은 사고에 기초한다는 것을 보여준다.

실제로 어떤 심리학자들(철학자와 교육자들도)은 어떤 행동 뒤에 있는 추론은 그 행동이 도덕적인지 비도덕적인지를 식별하는 데 결정적이고, 도덕적 추론의 변화가 도덕 발달의 기초라고 주장한다(Turiel, 2014). 그 결과, 아동의 도덕적 발달에 대한 많은 연구는 아동들이 도덕적 갈등을 해결할 때 어떻게 생각하는지 그리고 도덕적 이슈에 대한 추론은 나이가 들면서 어떻게 변하는지에 초점을 맞추었다. 현재 아동의 도덕적 추론 발달에 대한 이해에 가장 중요한 기여를 한 사람은 Jean Piaget와 Lawrence Kohlberg이며, 둘 다 도덕성 발달을 연구하기 위해 인지발달적 접근을 택했다.

Piaget의 도덕적 판단 이론

Piaget의 책 아동의 도덕적 판단(*The Moral Judgment of the Child*, 1932/1965)에서 제시된 아이디어는 도덕성의 기원에 대한 인지 이론의 기초이다. Piaget는 아동의 도덕적 추론이 권위자들의 지시와 규칙들에 대한 엄격한 수용으로부터 도덕적 규칙들이 사회적 상호작용의 결과물이고 수정 가능하다는 인식으로 어떻게 변화하는지를 기술한다. Piaget는 또래들과의 상호작용이 성인의 영향보다 아동의 도덕적 추론의 진전을 더 많이 설명한다고 믿었다.

Piaget는 처음에 구슬놀이와 같은 게임을 하는 아동들을 관찰함으로써 아동의 도덕적 추론을 연구했다. 여기에서 아동들은 규칙과 공정성의 이슈를 다룬다. Piaget는 아동들의 사고를 조사하기 위해 면담을 했으며, 무엇이 규칙의 위반인지, 개인의 의도는 도덕성에서 어떤 역할을 하는지, 어떤 처벌이 정당한지, 어떻게 물건들을 공정하게 분배할 수 있는지를 질문했다. 이런 개방형 면담에서, 그는 전형적으로 다음과 같은 쌍으로 된 짧은 이야기를 제시했다.

> 존이라는 어린 남자아이가 자신의 방에 있다. 저녁을 먹으라고 그를 부른다. 그는 거실로 간다. 그러나 문 뒤에 의자가 있었고, 의자 위에는 15개 컵이 놓인 쟁반이 있었다. 존은 문 뒤의 이 모든 상황을 알 수 없었다. 그는 들어갔고, 문이 쟁반에 부딪쳤고, 15개 컵은 충격을 받아 모두 깨졌다!
>
> 예전에 헨리라는 어린 남자아이가 있었다. 어느 날 어머니가 외출했을 때 그는 찬장에서 잼을 꺼내려고 했다. 그는 의자로 올라가 팔을 뻗었다. 하지만 잼은 너무 높이 있었고 닿지 않아서 꺼낼 수 없었다. 하지만 잼을 꺼내려다가 컵 1개에 부딪쳤다. 컵이 아래로 떨어져 깨졌다.
>
> (Piaget, 1932/1965, p. 122)

아동들은 이런 이야기들을 들은 후, 어느 남아가 더 나쁜지 그리고 왜 그런지에 대한 질문을 받았다. 6세 이하의 아동들은 전형적으로 15개 컵을 깬 아동이 더 나쁘다고 말했다. 이에 비해 나이 든 아동들은 비록 단지 1개의 컵을 깼을지라도 잼을 훔치려고 한 아동이 더 나쁘다고 말했다. 이야기들에 대한 아동의 반응에 기초해서, Piaget는 아동의 도덕적 추론발달에는 2단계가 있으며, 첫 번째 단계에서는 결과가 의도보다 더 중요하고 두 번째 단계에서는 의도가 가장 중요한 것으로 보았다. 그리고 둘 사이에 전환기가 있다.

타율적 도덕성 단계

Piaget가 타율적 도덕성이라고 한 도덕성 발달의 첫 단계는 Piaget의 구체적 조작 단계에 도달하지 못했던 아동들, 즉 전조작기에 있는 7세 이하 아동들에서 가장 특징적이다(제4장 참조). 이 단계의 아동들은 규칙이나 타인들에 대한 의무를 변할 수 없는 '주어진' 것으로 여긴다. 그들의 관점에서 정의는 권위자들(성인, 규칙, 혹은 법)이 말하는 것은 무엇이든 옳다는 것이며, 불복종에 대한 권위자의 처벌은 항상 정당했다. 규칙이나 권위자들의 지시와 일치하지 않는 행위들은 '나쁘다'. 지시에 일치하는 행위들은 '좋다'. 이 단계의 아동들에서 행위가 좋은지 나쁜지를 결정하는 것은 행위의 결과이며 그 뒤에 있는 동기나 의도가 아니다.

Piaget는 규칙들은 변할 수 없다는 어린 아동들의 신념에는 두 가지 요인, 즉 사회적 요인과 인지적 요인이 있다고 제안했다. 첫째, 아동에 대한 부모의 통제는 강압적이고 일방적이며, 이것은 성인들이 세운 규칙들에 대해 의심하지 않고 존중하도록 이끈다. 둘째, 인지적 미성숙으로 인해 아동은 규칙은 사람들 밖에 존재하며 인간 마음의 산물이 아닌 의자나 중력처럼 '실재하는(real)' 것이라고 믿는다.

전환기

Piaget에 따르면, 대략 7, 8세에서 10세까지의 시기는 타율적 강제의 도덕성으로부터 다음 단계로의 전환이 일어난다. 인지발달의 구체적 조작 단계에 도달할 때 일어나는 이 전환기 동안, 아동들은 전형적으로 또래들과 상호작용을 이전보다 더 많이 한다. 성인들과 상호작용할 때보다 더 평등하고 주고받음이 더 많다. 예를 들면 또래들과의 게임에서 아동들은 집단이 규칙을 구성하고 바꿀 수 있다는 것을 배운다. 전조작 단계의 특징은 자신과 다른 조망을 갖지 못하는 것과 자아중심성인데(제4장 참조), 구체적 조작 단계로 가고 있는 전환기의 아동들은 점점 더 타인의 조망을 갖고 협동하는 것을 배운다. 그 결과, 아동들은 공정성과 평등에 가치를 두고, 도덕적 이슈들에 대해 생각할 때 자율적이 되기 시작한다. Piaget는 이 전환기에 아동이 능동적 역할을 하는 것으로 보았는데, 아동은 어떻게 도덕적 결정을 하고 어떻게 규칙들을 구성하는지를 밝히기 위해 사회적 상호작용의 정보를 이용한다.

Piaget는 아동들은 게임을 통해 규칙이 인간의 창조물임을 학습한다고 주장했다. 그것들은 절대적인 것이 아니라 해석된 것이고, 또래집단의 합의에 의해 바꿀 수 있다.

자율적 도덕성 단계

대략 11, 12세가 되면, Piaget의 두 번째 도덕적 추론 단계가 등장한다. 자율적 도덕성 단계에서, 아동들은 더 이상 도덕적 결정의 기초로서 권위자에게 맹목적 복종을 하지 않는다. 그들은 규칙이 사회적 동의의 산물이고 만일 집단의 다수가 동의하면 바뀔 수 있다는 것을 충분히 이해한다. 게다가, 그들은 규칙을 구성할 때 고려해야 할 중요한 요인들로 공정성과 사람들 간 평등을 고려한다. 이 단계의 아동들은 처벌은 '범죄에 적합해야' 하고 성인의 처벌 방식이 항상 공정한 것은 아니라고 믿는다. 또한 그들은 행동을 평가할 때 개인의 동기와 의도를 고려한다. 따라서 잼을 훔치려고 하다가 컵 하나를 깬 것이 사고로 15개 컵을 깬 것보다 더 나쁘다고 본다.

Piaget에 따르면, 아동들은 전형적으로 타율적 강제의 도덕성으로부터 자율적 도덕 추론으로 발전한다. 아동의 개인차는 많은 요인들 때문이며, 인지적 성숙, 또래들과의 상호작용 및 상호적 역할수용의 기회, 그리고 독재적이고 처벌적 부모들의 상호작용 방식이 포함된다.

Piaget 이론에 대한 비판

도덕적 발달에 대한 Piaget의 전반적 통찰은 어느 정도 경험적 연구의 지지를 받았다. 많은 국가와 여러 인종 및 민족집단의 아동에 대한 연구들에서 남아와 여아들은 나이가 들면서 행위의 도덕성을 판단할 때 동기와 의도를 점점 더 많이 고려한다(N. E. Berg & Museen, 1975; Lickona, 1976). 게다가 Piaget가 예측했듯이 부모의 처벌(parental punitiveness)은 덜 성숙한 도덕적 추론이나 도덕적 행동과 연합되었다(Laible, Eye, & Carlo, 2008). 마지막으로, 인지발달이 도덕적 판단의 발달에서 역할을 한다는 Piaget의 신념과 일관되게, 조망 수용 기술, Piaget 계열의 논리적 과제 및 IQ 검사들에서 아동의 수행은 모두 도덕적 판단의 수준과 연합되어 있다(N. E. Berg & Mussen, 1975; Lickona, 1976).

그러나 Piaget의 도덕적 추론 이론은 결점이 있다. 예를 들면 또래 상호작용이 자동적으로 도덕적 발달을 자극한다는 증거가 거의 없다(Lickona, 1976). 오히려 협동적 상호작용의 여부와 같은 또래 상호작용의 질이 양보다 더 중요한 듯하다(Nobes, Panagiotaki, & Pawson, 2009). Piaget 계열의 도덕적 이야기가 개인의 의도를 보다 분명하게 드러내는 이야기로 제시되었을 때, 학령전 아동과 초등학교 저학년 아동들도 나쁜 의도를 가진 개인들을 알아차릴 가능성이 더 높았다(Chandler et al., 1973; Grueneich, 1982; Yuill & Perner, 1988). Piaget의 연구에서는 결과가 매우 두드러지기(예 : 존이 깨뜨린 15개의 컵) 때문에 어린 아동들은 행위의 결과에 주로 초점을 맞추었을 수 있다.

게다가 많은 4세와 5세 아동들은 만일 어떤 사람이 행위의 결과를 예측하지 못했거나 혹은 행위의 결과가 긍정적일 것이라고 믿었다는 말을 분명하게 들었다면, 그 사람이 '고의로' 부정적인 결과를 유발했다고 생각하지 않는다(Pellizzoni, Siegal, & Surian, 2009). 게다가 더 어린 아동들도 타인의 행동을 평가하기 위해 의도성에 대한 지식을 이용하는 듯하다. 한 연구에서, 어떤 성인이 의도적으로 다른 성인을 해치려는(그러나 실패한) 것을 본 3세 아동들은 행동이 중립적일 때(다른 성인을 의도적으로 도우려고도 해치려고도 하지 않는)보다 그 사람을 도울 가능성이 더 적었다. 대조적으로 3세 아동은 사고로 해를 입한 성인을 행동이 중립적이었던 성인을 돕는 것만큼 도왔다(Vaish, Carpenter, & Tomasello, 2010).

마찬가지로 21개월 영아들이 장난감을 되찾으려 할 때 자신을 돕기를 꺼리는 성인보다 도와주려고 시도한(그러나 실패한) 성인을 도울 가능성이 더 높다는 것은 인상적이다(Dunfield & Kuhlmeier, 2013). 마지막으로, 나중에 보게 되겠지만, 어린 아동들은 타인을 해치는 행동들이 옳다고 성인이 말해도 옳다고 믿지 않는다.

단점들에도 불구하고, Piaget 이론은 도덕적 판단 발달에 대한 후속연구가 지지하거나 반박할 흥미로운 논쟁거리를 제공한다. 가장 주목할 만한 예는 Kohlberg의 복잡하게 분화된 도덕적 추론 이론이다.

Kohlberg의 도덕적 추론 이론

Piaget의 생각에 많은 영향을 받은 Lawrence Kohlberg(1976; Colby & Kohlberg, 1987)는 주로 시간에 따라 발달하는 도덕적 추론 순서(sequences)에 관심이 있었다. 3개 남아 출생동시집단(cohorts)(10, 13, 16세에 각각 시작)의 도덕적 추론을 처음으로 평가한 종단연구에 기초해서, Kohlberg는 도덕적 추론의 발달은 비연속적이고 위계적인 특정 단계들을 거쳐 발달한다고 제안했다. 각 새로운 단계는 질적으로 다르며, 이전 것보다 진전된 사고방식이다.

Kohlberg의 도덕적 추론 측정

Kohlberg는 아동들에게 가설적인 도덕 딜레마를 제시하고 질문을 통해 도덕적 추론을 평가했다. 이 중에서 가장 유명한 것은 하인츠 딜레마이다.

유럽에서 한 여성이 특이한 암으로 죽음의 문턱에 있었다. 의사들이 그녀를 살릴 수 있을 것으로 생각하는 약이 있었다. 같은 마을에 살고 있는 약제사가 최근에 발견한 일종의 라듐이었다. 그것을 만드는 비용이 많이 들었고, 약제사는 제조비용의 10배의 값을 매겼다. 그는 라듐을 200달러에 샀고 소량의 약에 2,000달러의 값을 매겼다. 병든 여성의 남편인 하인츠는 돈을 빌리기 위해 자신이 아는 모든 사람들에게 갔지만, 전부 합쳐도 지불할 돈의 절반인 1,000달러밖에 구하지 못했다. 그는 약제사에게 아내가 죽어가고 있다고 말하고, 약을 더 싸게 팔던지 아니면 나중에 갚을 수 있게 해달라고 요청했다. 그러나 약제사는 "안돼요. 난 약을 발견했고 그것으로 돈을 벌 것입니다"라고 했다. 그래서 하인츠는 절망했고 아내의 약을 훔치기 위해 그 남자의 상점을 부수고 들어갈 생각을 한다.

(Colby et al., 1983, p. 77)

처음 표집된 10~16세 남아에게 이 딜레마를 이야기한 후, Kohlberg는 다음과 같은 질문을 했다. 하인츠는 약을 훔쳐야 했을까? 그가 훔쳤다면 그 행동은 잘못인가 혹은 옳은가? 만일 다른 방법으로 약을 얻을 수 없다면, 약을 훔치는 것은 남편의 의무인가? Kohlberg는 아동들이 하인츠가 약을 훔쳐야 한다거나 훔치지 말아야 한다고 말하는지에는 관심이 없었다. 대신에 그는 그런 결정 뒤에 있는 도덕적 추론에 대해 관심이 있었다. 예를 들면 "하인츠는 약을 훔쳐야 하며, 그 이유는 아마도 그는 잡히지 않을 것이고 감옥에도 가지 않을 것이기 때문이다"라는 반응은 "하인츠는 약을 훔쳐야 하며, 그 이유는 인간의 생명은 재산이나 이윤보다 중요하기 때문이다"라는 것보다 덜 발전된 것이다.

Piaget처럼 Kohlberg(사진)는 도덕적 추론 단계들이 추론의 질적 변화를 포함하고 각 단계는 더 낮은 이전 단계들의 생각을 대체하는 새로운 방식의 생각을 나타낸다고 주장했다.

Kohlberg의 도덕적 추론 수준

아동들과의 면담에 기초해서, Koblberg는 세 수준의 도덕적 추론, 즉 전인습적, 인습적, 후인습적(때로 원칙적이라고 불림) 수준이 있음을 제안했다. **전인습적 도덕 추론**은 자기중심적이다. 이것은 보상을 얻고 처벌을 피하는 것에 초점을 둔다. **인습적 도덕 추론**은 사회적 관계에 집중되어 있다. 이것은 사회적 의무와 법에 대한 순종에 초점을 둔다. **후인습적 도덕 추론**은 이상(ideals)에 집중되어 있다. 이것은 도덕적 원칙에 초점을 둔다. 각 수준에는 두 단계가 있으며, 다음과 같다.

전인습적 수준

1단계 : 처벌과 복종 지향. 1단계에서 옳은 것은 권위에 대한 복종이다. 아동의 '양심'(무엇이 옳거나 그른지를 결정하게 만드는 것)은 처벌에 대한 공포이고, 도덕적 행위의 동기는 처벌을 피하려는 것이다. 아동은 타인의 이익을 고려하지 않거나 그들의 이익이 자신의 것과 다를 수 있다는 것을 인식하지 못한다.

2단계 : 도구적 및 교환 지향. 2단계에서 옳은 것은 자신의 최선의 이익이거나 사람들과의 공정한 교환이다(이득을 위한 맞대응 교환).

인습적 수준

3단계 : 상호적 대인 간 기대, 관계 및 대인 간 일치('좋은 소녀, 좋은 소년') 지향. 3단계에서 좋은 행동은 자신과 가까운 사람들이 기대하는 것 혹은 주어진 역할(예 : '아들')을 맡은 사람에게 기대하는 것을 하는 것이다. '착한(good)' 것은 중요하며 선한 동기를 갖고, 타인에게 관심을 보이며, 타인들과 좋은 관계를 유지하는 것이다.

4단계 : 사회적 체계 및 양심('법과 질서') 지향. 4단계에서 도덕적 행동은 자신의 의무를 완수하고, 법을 따르고, 사회와 집단에 기여하는 것이다. 개인은 사회 체계를 유지하고 그것의 기능이 붕괴되는 것을 피하려는 동기가 있다.

후인습적 수준

5단계 : 사회적 계약 혹은 개인적 권리 지향. 5단계에서 도덕적 행동은 집단에게 최선의 이득이 되는 규칙을 따르는 것이며('최대 다수를 위한 최대 선'), 공정하고, 집단이 동의한 것이다. 그러나 생명, 자유, 기본인권과 같은 어떤 가치와 권리들은 보편적으로 옳으며, 다수의 의견과 상관없이 어느 사회에서나 따라야 한다. 법이 이런 원칙들을 어길 때, 개인은 법보다 보편적 원칙에 따라 행동해야 한다.

6단계 : 보편적인 윤리적 원칙. 6단계에서 도덕적 행동은 정의의 보편적인 원칙을 반영하는 것으로 자신이 선택한 윤리적 원칙들에 대한 헌신이다(예 : 인권 평등, 개인의 존엄에 대한 존중). 법이 이런 원칙들을 어길 때, 개인은 법보다 이런 보편적 원칙에 따라 행동해야 한다.

후인습적 수준의 가장 높은 단계에 도달하는 사람은 거의 없으며, Kohlberg(1978)는 결국 그것을 분리된 단계로서 채점하는 것을 중단했고, 많은 이론가들은 가장 높은 단계는 5단계의 정교화라고 생각한다(Lapsley, 2006).

Kohlberg는 전 세계의 사람들이 최종적으로 도달하는 단계는 차이가 있지만 각 단계들을 통과하는 순서는 같다고 주장했다. Piaget 이론에서처럼 인지기술, 특히 조망수용능력의 발달이 높은 수준의 도덕 추론 발달에 내재되어 있다. Kohlberg의 이론과 일관되게, 어떤 사람의 인지 및 조망 수용기술이 높을수록 도덕적 추론 수준도 높다(Colby et al., 1983; Mason & Gibbs, 1993; Rest, 1983).

Kohlberg와 동료들(Colby et al, 1983)은 58명의 남아들을 성인기까지 추적하는 종단연구에서 도덕적 추론은 나이가 들면서 체계적으로 변한다는 것을 발견했다(그림 14.1 참조). 10세였을 때, 남아들은 주로 1단계 추론(권위에 대한 맹목적 복종)과 2단계 추론(자기-이익)을 했다. 그 후, 이 단계들의 추론은 눈에 띄게 감소했다. 14세 이상 청소년들의 경우, 어떤 청소년들은 때로 4단계 추론(의무를 완수하고 사회질서를 유지하기 위해 법을 따르는)을 했지만, 3단계 추론(인정을 받거나 관계를 유지하기 위해 '착한')이 일차적 추론 양식이었다. 36세가 되었을 때에도 소수의 참가자들만이 5단계(생명과 자유를 보편적 가치로 인식하면서 집단의 최선의 이익을 따르는)를 성취

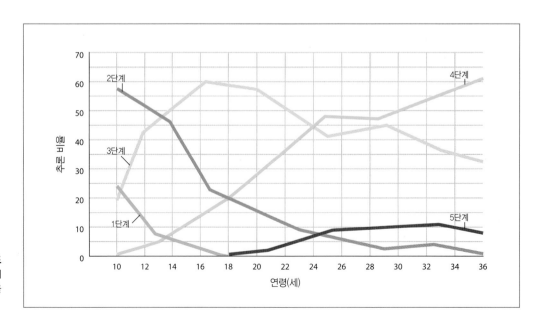

그림 14.1 각 단계에서 각 연령집단의 도덕 추론 평균 비율 이 그래프는 Kohlberg의 종단 표집에서 도덕적 추론의 연령 경향을 보여준다(Colby et al., 1983).

했다.

Kohlberg 이론에 대한 비판

Kohlberg의 작업은 아동의 도덕적 추론이 상대적으로 체계적인 방식으로 변한다는 것을 보여주기 때문에 중요하다. 게다가 개인의 도덕적 추론 수준은 도덕적 행동과 관련 있으며, 특히 더 높은 수준의 추론을 하는 사람들의 경우에서 그렇다(예 : Kutnick, 1986 ; B. Underwood & Moore, 1982). 이런 이유에서 Kohlberg의 작업은 인지 과정이 도덕적 행동에 영향을 미치는 방식을 이해하는 데 유용하다.

그렇지만 Kohlberg 이론과 발견은 몇 가지 측면에서 비판을 받았다. 한 가지 비판은 Kohlberg는 도덕적 문제와 사회적 관습의 문제를 충분히 구분하지 않았다는 것이다(Nucci & Gingo, 2011). 또 다른 비판은 문화차와 관련 있다. 많은 비서양, 비산업화 문화의 아동들이 Kohlberg의 채점 체계에서 볼 때 서양 아동들과 같은 방식으로 추론할지라도, 그들의 추론 단계는 대개 서양 또래만큼 높지 않다(예 : Nisan & Kohlberg, 1982 ; Snarey, 1985). 이것은 많은 비서양 사회들에서 집단 조화를 유지하려는 목표가 매우 중요한 반면, 개인의 권리와 시민적 자유는 관련있다고 보지 않기 때문인 듯하다. 이 발견은 하인츠 딜레마와 같은 딜레마를 이용한 평가는 다른 문화들에서 타당하지 않다는 문제를 제기했다(Snarey, 1985).

이 문제를 언급하면서 75개 이상 연구들은 아동에게 '(자신의 생명을 잃지 않으면서) 친구의 생명을 구하는 것은 그 사람에게 얼마나 중요한가?'와 같은 구체적인 도덕적 질문들을 묻는 도덕적 발달 검사를 했다(Gibbs et al., 2007, p. 465). 바레인, 보스니아, 중국, 독일, 이탈리아, 일본, 케냐, 러시아, 스웨덴, 미국과 같은 여러 나라들에서 실시한 연구들에서 아동들은 기본적인 공동의 가치들을 공유했고 같은 도덕적 발달 단계를 보였는데, 이것은 Kohlberg 이론의 보편성을 지지한다(Gibbs et al., 2007).

또 다른 비판은 도덕적 추론의 변화가 비연속적이라는 Kohlberg의 주장과 관련 있다. Kohlberg는 각 단계는 이전 것보다 더 발전된 것이기 때문에, 일단 새로운 단계에 도달하면 더 낮은 단계의 추론을 거의 하지 않는다고 주장했다. 그러나 연구는 아동과 성인들이 경우에 따라 추론이 다르거나 혹은 같은 경우에도 서로 다른 추론을 한다는 것을 보여주었다(Rest, 1979). 따라서 도덕적 추론의 발달이 질적으로 비연속적인지는 불분명하다. 오히려 아동과 청소년은 더 높은 단계의 도덕적 추론 기술들을 점진적으로 습득할 수 있지만, 특정한 상황에서 목표, 동기, 신념과 일치할 때 더 낮은 단계의 추론을 할 수도 있다. 예를 들면 4단계 추론을 할 수 있는 청소년들도 개인적 이득을 위해 규칙을 어긴 결정을 타당화하기 위해 2단계 추론을 할 수 있다.

수년 동안 논쟁이 되고 있는 Kohlberg 이론 관련 이슈는 도덕적 추론의 성차이다. 앞에서 언급되었듯이, Kohlberg는 남아들과의 면담에 기초해서 도덕적 추론 단계들의 개념을 발전시켰다. Carol Gilligan(1982)은 Kohlberg의 도덕적 추론 분류는 여성에 대해 편파적이라고 주장했다. 왜냐하면 남성과 여성이 도덕적으로 추론하는 방식의 차이를 적절하게 인지하지 못했기 때문이다. Gilligan은 사회화 방식 때문에 남성은 정의와 권리의 원칙에 가치를 두는 반면 여성은 배려, 타인에 대한 책임감 및 타인들을 착취하거나 해치는 것을 피하는 것에 가치를 둔다고 제안했다(Gilligan & Attanucci, 1988). Gilligan에 따르면, 도덕적 지향에서 이런 차이로 인해 남성이 여성보다 Kohlberg의 딜레마에서 더 높은 점수를 받는다.

Gilligan의 이론과 달리, 남아와 여아, 혹은 남성과 여성이 Kohlberg의 도덕적 추론 단계에서 차

친사회적 행동 ■ 타인을 돕거나 공유하거나 위로하는 것처럼 타인을 이롭게 하려는 의도의 자발적 행동

이가 있다는 증거가 매우 드물다(Turiel, 1998). 그러나 Gilligan의 주장과 일관되게, 청소년기와 성인기 동안 여성은 도덕적 판단에서 타인들에 대한 배려에 초점을 더 두는 반면 남성은 정의에 초점을 두는 경향이 있다(Hyde, 2005; Jaffee & Hyde, 2000). 도덕적 추론에서 남성과 여성의 차이는 자신의 삶에서 일어나는 도덕적 딜레마에 대해 보고할 때 가장 분명한 듯하다(Jaffee & Hyde, 2000). 따라서 Gilligan의 작업은 도덕적 추론의 연구 초점을 성차의 잠재력을 고려하도록 확장한 점에서 매우 중요하지만, 성차보다 성 유사성이 더 크다(Hyde, 2005).

친사회적 도덕 판단

아동들이 Kohlberg의 딜레마에 반응할 때, 그들은 옳지 않은 두 가지 행동, 예를 들면 훔치거나 누군가 죽는 것을 허용하는 것 중에서 선택한다. 그러나 Kolhberg가 연구하지 않은 다른 유형의 도덕 딜레마들이 있는데, 자신의 욕구를 만족시키는 것과 다른 누군가를 돕는 것 중에서 선택하는 것이다(Damon, 1977; N. Eisenberg, 1986; Skoe, 1998). 이 딜레마는 친사회적 도덕 딜레마로 부르며 **친사회적 행동**(prosocial behavior), 즉 돕거나 공유하거나 위로하는 것처럼 타인을 도우려는 의도의 자발적 행동이다. 다음 이야기는 친사회적 도덕 판단을 평가하기 위해 아동들에게 사용한 딜레마이다. 방과 후 영화를 보러 걸어가는 동안, 에이드리언은 길 위에 쓰러져 우는 여아를 본다(그림 14.2 참조). 여아는 에이드리언에게 팔이 부러진 것 같다고 말하고 학교로 돌아가서 도움을 청해 달라고 부탁한다. 그러나 만일 그렇게 한다면, 영화의 시작 부분을 놓칠 것이고 팝콘을 먹지 못할 것이다. 에이드리언은 어떻게 해야 하나?

이런 딜레마들에 대해 생각할 때, 학령전 아동들은 주로 자신의 욕구를 중심에 둔 이기적인(self-interested) 추론을 한다. 그들은 전형적으로 에이드리언은 영화 보기를 원하기 때문에 영화를 보러 가야 한다고 말한다. 그러나 학령전 아동들도 자주 타인의 신체적 욕구에 대해 언급하는데, 이것은 어떤 학령전 아동들은 타인의 안녕(welfare)에 관심이 있음을 보여준다. 예를 들면 그들은 에이드리언은 어린 여아가 울고 있고 다쳤기 때문에 도와야 한다고 말한다. 타인의 욕구에 대한 인식은 초등학교 시기에 증가한다. 2~4세 아동들은 교사와 같은 권위자들이 어떤 행동을 보지 못하더라도 그 행동이 잘못임을 이해한다(Smetana et al., 2012). 초등학교 시기에 아동들은 점점 더 사회적 승인에 관심을 보이고 타인이나 사회가 '착한(good)' 것으로 여기는 방식대로 행동한다(예 : 그들은 에이드리언은 '착하려면' 도와야 한다고 지적한다).

아동 후기와 청소년기에 아동들의 판단은 명백한 조망수용(예 : '에이드리언은 그 상황에서 자신이 어떻게 느낄 것인지에 대해 생각해야 한다')과 도덕적 정서들에 기초하기 시작한다. 동정심·죄책감 및 긍정적인 감정들과 같은 도덕적 정서들은 유익한 행동의 진짜이거나 상상한 결과이다(예 : '에이드리언이 돕지 않고 그 여자아이가 고통 속에 있다면 에이드리언은 기분이 나쁠 것이다'). 나이 든 청소년들 대다수의 판단은 내면화된 가치와 그런 가치들에 따라 살지 않는 것의 결과와 관련된 정서들을 반영한다(예 : 자기비평).

친사회적 도덕 추론에서 이런 변화패턴은 브라질, 독일, 이스라엘 및 일본의 아동들에서 발견되었다(Carlo et al., 1996; N. Eisenberg et al., 1985; I. Fuchs et al., 1986; Munekata & Ninomiya, 1985). 그럼에도 불구하고, 서로 다른 문화의 아동들은 친사회적 도덕 추론에서 다소 차이가 있다. 예를 들면 나이 든 브라질 청소년과 성인들의 경우 정형화된 추론과 내면화된 추론은 서로 다른 요인이 아닌 반면, 같은 미국인 집단의 경우 두 종류의 추론

그림 **14.2** 이것은 친사회적 도덕 추론 딜레마인 에이드리언 이야기에 첨부되는 그림들 중 하나이다.

NANCY EISENBERG

은 더 분명하게 구분된다(Carlo et al., 2008). 게다가 파푸아뉴기니의 어떤 전통적 사회에서 나이
든 아동들(그리고 성인들)은 서양 문화의 사람들보다 높은 수준의 추론을 더 적게 보인다. 그러나
그들이 빈번하게 사용하는 추론의 유형, 즉 타인들의 욕구나 사람들 간 관계에 대한 추론은 생존을
위해 면대면 상호작용 방식으로 협동해야 하는 문화의 가치들과 일치한다(Tietjen, 1986). 거의 모
든 문화에서 타인의 욕구와 좋고 나쁜 행동의 일반적 개념들을 반영하는 추론(Kohlberg의 3단계)
은 Kohlberg의 도덕적 딜레마에서보다 친사회적 딜레마에서 다소 이른 연령에 나타난다.

나이가 들면서 Kohlberg의 도덕적 딜레마에 대한 추론처럼 아동의 친사회적 도덕 판단은 더 추
상적이 되고 내면화된 원칙과 가치들에 더 많이 기초한다(N. Eisenberg, 1986; N. Eisenberg et al.,
1995). Kohlberg 도덕적 추론과 유사하게, 많은 문화들에서 친사회적 도덕 추론의 수준이 더 높
은 아동, 청소년 및 젊은 성인들은 동정하고 친사회적인 행동을 더 많이 했다(Carlo, Knight et al.,
2010; N. Eisenberg, 1986; Janssens & Deković, 1997; Kumru et al., 2012).

양심의 발달

아동이 친사회적 도덕 판단을 하게 만드는 요인은 양심이다. 우리 모두는 양심 개념에 익숙하다.
그것은 우리 내면의 목소리로 도덕적 방식으로 행동하도록 밀어붙이고 그렇지 않으면 죄책감을 느
끼게 만든다. 더 형식적으로 말하면, **양심**(conscience)은 문화에서 수용된 품행 기준을 따르는 개
인의 능력을 높이는 내적 조절 기제이다. 아무도 아동의 행동을 모니터하지 않을 때에도, 양심은
반사회적 행동이나 파괴적 충동을 억제하고 성인의 규칙과 기준들에 순종하게 한다(Kochanska,
2002). 양심은 또한 배려 없는 행동을 하거나 타인들을 도와야 한다는 내면화된 가치에 따라 살지
못할 때 죄책감을 느끼게 함으로써 친사회적 행동을 촉진할 수 있다(N. Eisenberg, 2000; M. L.
Hoffman, 1982).

양심은 옳고 그름에 대한 문화적 기준들과 연결되었기 때문에 심리학자들은 오랫동안 도덕성
은 전적으로 학습되며(육성) 선천적인(천성) 것이 아니라고 생각했다. 엄격하게 말하자면 학습 이론
은 아니지만, Piaget와 Kohlberg 이론 둘 다 아동들은 환경으로부터 도덕성을 학습한다고 주장했
다. 아동들이 타인들에 대해 생각하고 문제를 추론하는 능력을 갖게 되면서 더 강한 도덕적 발달
을 보인다는 분명한 증거가 있다(Killen & Smetana, 2015). 그러나 인간은 타인을 방해하는 행위보
다 돕는 행위들을 선호하는 선천적 추동을 갖고 있다고 주장하는 최근의 새로운 증거가 있다. 제
5장에서 언급했듯이, 도와주는 인물이나 방해하는 인물에 대한 시나리오들을 보여주었을 때, 4.5
개월 된 영아들은 도와주는 인물을 선호했다(Hamlin, 2013). 이런 발견들은 영아들이 부모로부터
배우기 오래전에 도덕적 인식의 기초가 있었음을 나타낸다. 이것은 친사회적 행동의 선천적 요인
을 시사한다. 친사회적 행동에 대한 선천적 선호는 가족이나 문화로부터 학습된 도덕성을 형성하
는 기초가 된다.

아동들은 시간이 지나면서 서서히 양심이 발달한다. 2세가 되면, 걸음마기 유아는 도덕적 기준
과 규칙을 인식하기 시작하고 자신이 잘못했을 때 죄책감의 징후를 보인다(Kopp, 2001; R. A.
Thompson & Newton, 2010; Zahn-Waxler & Robinson, 1995). 이 두 가지 양심 요인, 즉 규칙을
따르려는 바람과 그렇게 하지 못할 때 느끼는 죄책감에서 개인차는 22~45개월의 초기 발달 동안
매우 안정적이다(Aksan & Kochanska, 2005; Kochanska et al., 2002). 점점 커지는 타인의 감정과
목표에 대한 아동의 이해와 공감적 관심은 양심 발달에 기여하는 요인일 것이다(R. A. Thompson,

양심 ■ 자신의 문화에서 허용되는 품행 기준
을 따르는 능력을 높이는 내적 조절 기제

2012).

아동들이 성숙하면서, 만일 부모들이 부모의 힘(parental power)은 적게 그리고 부모의 가치를 이해하고 학습하도록 돕는 합리적 설명을 더 많이 하는 훈육 방식을 사용한다면, 아동들은 부모의 도덕적 가치들을 택하고 그런 가치들을 위반하면 죄책감을 보일 가능성이 더 크다(Kochanska & Aksan, 2006; Laible et al., 2008; Volling, Mahoney, & Rauer, 2009). 안전하고 긍정적인 부모-자녀 관계는 아동이 부모의 가치를 받아들이고 부모의 가치에 개방적이고 적극적으로 내면화하게 한다(Bretherton, Golby, & Cho, 1997; Kochanska et al., 2005; Kochanska et al., 2008).

아동의 기질이 다르면 양심이 발달하는 방식도 다르다. 친숙하지 않은 사람이나 상황들에 대해 겁이 많은 걸음마기 유아들은 겁이 없는 유아들보다 어린 연령에 더 많은 죄책감을 보이는 경향이 있다(Kochanska et al., 2002). 게다가 겁이 많은 영아들의 경우 어머니가 아동들과 추론하고 순종에 대해 비물질적 유인가를 제공하는 부드러운(gentle) 훈육을 할 때 양심의 발달이 촉진되는 듯하다(Kochanska & Aksan, 2006). 어머니들이 부드러운 훈육을 할 때, 겁이 많은 아동들은 불안해하지 않게 되면서 바람직한 행동에 대한 어머니의 메시지에 귀를 기울인다. 부드러운 훈육은 어머니의 말에 주의하고 기억하기에 충분할 정도로 겁이 많은 아동들을 각성시킨다(Kochanska, 1993).

대조적으로 부드러운 훈육은 겁이 없는 어린 아동들의 양심 발달과 관련이 없는 듯한데, 아마도 그들의 주의를 각성하기에 충분하지 않기 때문이다(Kochanska, Akan, & Joy, 2007). 겁이 없는 아동들의 양심 발달을 육성하는 것은 안전 애착과 상호 협동이 특징인 부모-자녀 관계이다(Kochanska et al., 2007). 겁이 없는 아동들의 동기는 어머니에 대한 두려움보다 어머니를 기쁘게 하려는 바람인 듯하다(Kochanska, 1997). 이 주제에 관련된 아버지 대상 연구는 거의 수행되지 않았지만, 한 연구는 아동의 두려움과 아버지의 양육 행동 사이에서 유사한 관련성을 발견하지 못했다(Kochanska et al., 2007).

양심의 초기 발달은 의심할 바 없이 아동이 부모나 사회의 도덕적 가치를 수용할지에 기여한다.

어린 아동들은 부모의 금지와 가치들을 아직 내면화하지 못한다. 내면화하는 정도는 부분적으로 그들이 받는 양육의 질, 그리고 일부는 자신의 기질에 달려 있는 듯하다.

실제로 아동이 느끼는 죄책감의 행동적 및 정서적 표현에 대한 종단적 평가에서(아동들이 가치 있는 물건을 깨뜨렸다고 믿게 만듦), 22개월과 45개월에 아동의 죄책감 수준은 54개월의 도덕성(예 : 금지된 장난감을 만지는 것에 대한 규칙을 위반, 과제에서 속임, 도덕적으로 관련된 주제들의 일화들에 대해 논의할 때 이기적이고 반사회적인 주제를 표현)을 예측했다(Kochanska et al., 2002). 이것은 67개월의 해롭거나 문제가 되는 사회적 행동을 예측했다(Kochanska et al., 2008). 관련 연구에서, 2~4세에 부모의 규칙에 대한 아동의 내면화는 67개월의 도덕적 자기지각을 예측했다(Kochanska et al., 2010). 따라서 초기 부모-자녀 간 훈육적 상호작용의 성질은 아동의 이후 도덕적 발달을 위한 토대가 된다.

사회적 판단 영역들

일상에서 아동들은 많은 종류의 행위들에 대한 결정을 하는데, 규칙이나 법을 따를 것인지 말 것인지, 갈등과 싸울 것인지 도망칠 것인지, 정장을 입을 것인지 평상복을 입을 것인지, 방과 후에 공부를 할 것인지 휴식을 취할 것인지 등이다. 이런 결정들 중 어떤 것은 도덕적 판단이다. 다른 결정들은 사회-관습적 판단이고, 또 다른 것은 개인적 판단이다(Nucci, 1981 ; Turiel, 2014).

　도덕적 판단(moral judgments)은 옳고 그름, 공정성과 정의의 문제들과 관련 있다(예 : 다른 아동의 장난감을 빼앗기). **사회-관습적 판단**(social-conventional judgments)은 사회적 조화와 사회적 조직을 지키는 관습이나 규제들과 관련 있으며, 의복의 선택(예 : 학교에 갈 때 파자마 입기), 식탁 예절(예 : 요청을 할 때 "부탁합니다"라고 말하기), 인사법(예 : 이름이 아니라 성으로 어른 부르기)과 같은 것이다. **개인적 판단**(personal judgements)은 개인적 선호가 주요 고려사항인 행위들과 관련 있다(예 : 친구로 사귈 사람). 이런 구분은 중요한데, 아동들이 특정 판단을 도덕적, 사회 관습적, 혹은 개인적으로 지각하는지가 그것들에 대해 아동이 생각하는 중요성에 영향을 미치기 때문이다.

　3세가 되면, 아동들은 대개 도덕적 규칙 위반은 사회적 관습 위반보다 더 잘못이라고 믿는다. 4세가 되면, 그들은 사회-관습적 위반이 아닌 도덕적 위반은 성인들이 모르거나 혹은 성인 권위자가 잘못이라고 말하지 않을 때에도 잘못이라고 믿는다(Smetana & Braeges, 1990). 예를 들면 5세 남아에게 학생들이 서로를 때리는 것이 허용되는 학교에 대한 이야기를 들려주고, 학교가 그렇게 하는 것이 옳은지에 대한 생각을 물었다. 남아가 대답했다.

> 아니요. 그것은 괜찮지 않아요. 그것은 다른 사람들을 불행하게 만드는 것 같아요. 그런 식으로 그들을 해칠 수 있어요. 그것은 다른 사람을 해치고, 해치는 것은 좋지 않아요.
>
> (Turiel, 1987, p. 101)

이 남아는 성인들이 수용 가능하다고 말하더라도 타인을 해치는 것은 잘못이라는 신념이 확고하다. 아동들은 공정성의 위반과 타인의 복지에 미치는 해로움을 언급함으로써 도덕적 위반이 유죄라는 판단을 정당화한다(Turiel, 2008). 더운 날씨에 옷을 벗는 것을 허용하는 학교 정책의 수용 가능성에 대한 질문에서 같은 남아의 반응과 추론을 비교하라.

> 만일 교장선생님(boss)이 원하는 것이 그것이라면, 그는 그것을 할 수 있어요. 그는 학교에 책임이 있어요.
>
> (Turiel, 1987, p. 101)

가족 내의 도덕적 문제와 사회-관습적 문제 둘 다와 관련해서, 아동들과, 더 낮은 정도지만, 청소년들은 부모가 권위를 갖는다고 믿는다(Smetana, 1998 ; Yau, Smetana, & Metzger, 2009). 부모가 도덕적 혹은 관습적 원칙을 위반하라는 명령을 하지 않는 한 그렇다(Yamada, 2009). 그러나 개인적 판단과 관련해서, 학령전 아동들도 가정과 학교에서 개인적 선택의 영역(예 : 외모, 돈을 쓰는 방식, 친구의 선택)에 대한 통제력을 자신이 가져야 한다고 믿는 경향이 있다(Lagattuta et al., 2010 ; Nucci & Gingo, 2011). 동시에, 부모들은 대개 자신들이 아동과 청소년의 개인적 선택들에 어느 정도 권한(authority)을 가져야 한다고 느낀다. 따라서 부모와 10대들은 빈번하게 이 영역에서 싸우며, 부모들이 자주 지는 싸움이다(Lins-Dyer & Nucci, 2007 ; Smetana, 1988 ; Smetana & Asquith, 1994).

문화적 및 사회경제적 차이

도덕적 판단, 사회-관습적 판단 및 개인적 판단 간을 구분하는 아동의 능력은 여러 문화들에서 대

도덕적 판단 ■ 옳고 그름, 공정성 및 정의의 이슈들과 관련된 결정

사회-관습적 판단 ■ 사회적 협동과 사회적 조직을 보호하려는 의도의 관습이나 조절에 관련된 결정

개인적 판단 ■ 개인적 선호가 주요 고려사항인 행동에 관련된 결정

략 같은 연령에 나타난다(Killen & Smetana, 2015). 그러나 도덕적, 사회적 혹은 개인적 문제에 대한 생각은 문화에 따라 다양하다(Shweder et al., 1987). 부모의 욕구에 주목하고 친구나 낯선 사람의 요구를 다루어야 하는 개인의 의무에 대해 생각해보자. 인도의 힌두인들은 자신들이 이런 욕구를 다루어야 하는 분명한 도덕적 의무가 있다고 믿는다(J. G. Miller, Bersoff, & Harwood, 1990). 대조적으로 미국인들은 그것이 개인적 선택의 문제이거나 도덕적 선택과 개인적 선택의 조합이라고 믿는 듯하다. 이런 지각의 차이는 미국은 개인적 권리를 강조하고 인도는 타인에 대한 의무를 강조하기 때문이다(Killen & Turiel, 1998; J. G. Miller & Bersoff, 1995).

한 문화 내에서도 종교적 신념은 도덕적 혹은 사회-관습적 이슈에 대한 생각에 영향을 줄 수 있다(Turiel, 2006; Wainryb & Turiel, 1995). 예를 들면 핀란드의 보수적인 종교적 청소년들은 비종교적 청소년들보다 도덕적 영역과 사회-관습적 영역을 덜 구분한다. 종교적 청소년의 경우, 비도덕적(관습적) 이슈에서 결정적인 요인은 성경에 쓰여 있는 신(God)의 말이다(예 : 성경이 특정 사회적 관습이 잘못이라고 말하는지 아닌지; Vainio, 2011).

사회경제적 계층은 아동이 세 가지 이슈를 구분하는 방식에 영향을 준다. 미국과 브라질에서 연구는 저소득 가족의 아동들은 중류층 아동들보다 도덕적 행위와 사회-관습적 행위를 다소 덜 구분하고, 청소년기 이전에 개인적 이슈를 선택의 문제로 볼 가능성이 더 적다는 것을 보여준다. 사회경제적 지위가 낮은 개인들은 권위에 대한 복종을 더 강조하고 아동들에게 자율성을 더 허용하기 때문이다(Nucci, 1997). 브라질의 저소득 청소년의 어머니들이 중간 소득 청소년들의 어머니보다 여전히 개인적 이슈들에 더 많은 통제를 하지만, 이런 사회계층 차이는 청소년기에 접근하면서 사라질 수 있다.

친사회적 행동

이 장을 시작할 때 나온 Malaha가 살아가는 삶의 추진력은 친사회적으로 행동하려는 소망이었다. 모든 아동(혹은 성인들도)이 그 정도로 이기심이 없는 것은 아니지만, 모든 아동은 친사회적 행동들을 할 수 있다. 그러나 그들이 이런 행동을 얼마나 자주 하고 그렇게 하려는 이유는 다르다.

공유하기, 돕기 및 위로하기와 같은 친사회적 행동을 하는 아동의 준비성에는 발달적 일관성이 있다(N. Eisenberg & Fabes, 1998; Knafo et al.,2008). 자발적으로 또래와 공유하는 아동들은 아동기와 청소년기 동안 그리고 성인 초기에도 타인들의 요구에 더 많은 관심을 갖는 경향이 있다. 또래들과 비교해서 그들은 대가를 치러야 할 때에도 타인들을 도울 가능성이 더 컸다. 젊은 성인일 때, 그들은 타인의 안녕에 대한 책임감을 느끼고 화가 날 때 타인들을 향한 공격성을 억누르려고 노력한다고 보고했다. 그런 아동들의 친구들은 유치원에서 자발적인 친사회적 행동을 덜하는 또

타인을 동정하는 아동의 능력은 아동 초기와 중기 동안 나이가 들면서 증가하는 듯하다. 이 남아들은 소아암 아동을 지원하고 암 연구를 위한 기금 마련을 돕기 위한 머리 밀기 이벤트에 참여했다.

래들보다 그들이 동정심이 더 많다고 평가했다(N. Eisenberg et al., 2002; N. Eisenberg, Guthrie et al., 1999).

물론 모든 친사회적 행동의 의미가 같은 것은 아니다. 때로 아동들은 답례를 받기 위해, 또래로부터 사회적 인정을 받기 위해, 혹은 분노를 피하기 위해 돕거나 공유한다("난 네가 내 친구가 된다면 인형을 같이 갖고 놀거야!"). 그러나 대부분의 부모와 교사들은 아동들이 이타적인 이유에서 친사회적 행동을 하기를 원한다. **이타적 동기**(altruistic motives)는 처음에는 타인에 대한 공감이나 동정심을 포함하고, 더 나이가 들면, 자신의 양심과 도덕적 원칙들과 일관된 방식으로 행동하려는 소망을 포함한다(N. Eisenberg, 1986).

친사회적 행동의 발달

이타적인 친사회적 행동의 기원은 공감과 동정심을 느끼는 능력에 뿌리를 두고 있다. 공감은 타인의 정서 상태나 조건(예 : 슬픔, 빈곤)에 대한 정서적 반응이다(Eisenberg, Spinrad, & Knafo-Noam, 2015). 예를 들면 한 아이가 다른 사람의 슬픔이나 고통을 보고 슬퍼한다면, 그 아이는 공감하고 있는 것이다. 공감을 하기 위해, 아동들은 타인의 감정을 식별하고(적어도 어느 정도) 타인이 정서를 느끼거나 어떤 요구가 있다는 것을 이해할 수 있어야 한다.

동정심은 타인의 감정 상태나 조건에 대한 반응으로 타인들에게 관심을 갖는 것이다. 비록 동점심이 타인의 부정적인 감정이거나 상황에 감정이입하는 것의 결과일지라도, 동정심과 공감을 구분하는 요소는 관심이다. 타인에게 동정심을 느끼는 사람들은 단순히 그 다른 사람과 같은 감정을 느끼는 것이 아니다.

아동들이 공감이나 동정심을 표현하려면 타인들의 조망을 가질 수 있어야 한다. 비록 Piaget와 같은 초기 이론가들이 6세나 7세까지 할 수 없다고 믿었지만(Piaget & Inhelder, 1956/1977), 아동들은 훨씬 더 일찍 타인들의 조망을 이해하는 것처럼 보인다(Vaish, Carpenter, & Tomasello, 2009). 14개월이 되면, 영아들은 기분이 나쁜 타인들을 볼 때 정서적으로 괴로워하며(Knafo et al., 2008; Roth-Hanania et al., 2011), 다친 성인들에게 언어적 및 비언어적 걱정을 표현한다(Hastings et al., 2014). 이 연구들은 생의 두 번째 해가 되면 영아들은 공감이나 동정심을 느낀다고 한다.

18~25개월이 되면, 실험실 연구에서 걸음마기 유아들이 타인에게 해를 입는 성인을 보았을 때, 자신의 물건을 때로 그 성인과 공유한다. 예를 들면 어떤 사람이 그 성인의 개인적 물건을 빼앗고 부순다. 그들은 또한 때로 상처를 입었거나 괴로워하는 성인을 위로하거나 혹은 떨어진 물건을 줍거나 음식을 잡으려는 성인을 돕는다(Dunfield et al., 2011; Vaish et al., 2009). 그런 행동들은 특히 성인이 분명하고 정서적으로 요구할 때 일어날 것이다(C. A. Brownell, Svetlova, & Nichols, 2009). 그러나 때로 성인이 정서적 반응을 보이지 않을 때에도 그런 행동은 일어난다(Vaish et al., 2009).

2~4세에 어떤 유형의 친사회적 행동들은 증가하는 반면 다른 것은 감소한다. 한 실험실 연구에서, 2, 3, 4세 아동들은 손이 닿지 않는 곳에 있는 물건을

이타적 동기 ■ 처음에는 타인에 대한 공감이나 동정심 때문에, 그리고 더 나이가 들어서는 자신의 양심과 도덕 원칙과 일치하는 방식으로 행동하려는 소망 때문에 타인을 돕는 것

다른 아동의 고통을 본 어린 아동들은 때로 걱정하는 표정을 보이고 고통 받는 또래를 위로하거나 도우려고 시도한다. 아동이 공감하고 친사회적으로 행동하기 전에 타인의 감정에 대한 인식은 필수적이다.

그림 14.3 세 가지 유형의 요구를 하는 성인들에 대한 반응으로 각 연령에서 관찰된 친사회적 행동 고통스러워하는 성인에 대한 아동의 위로에서 연령차가 관찰되었다 (Dunfield & Kuhlmeier, 2013, p. 1772).

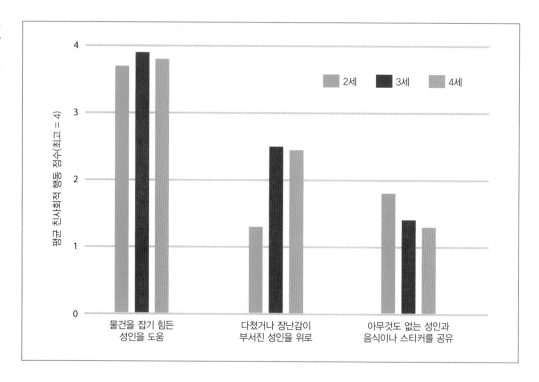

가지려는 성인을 거의 같을 정도로 도왔다(Dunfield & Kuhlmeier, 2013; 그림 14.3 참조). 아무것도 없는 성인과 스티커나 음식을 공유하는 데는 통계적으로 유의미한 성차가 없었다. 그러나 3세와 4세 아동들은 장난감이 부서졌거나 다쳐서 정서적으로 괴로워하는 성인을 지원하거나 말로 안심시킬 가능성이 2세 아동보다 훨씬 더 높았다. 이 발견은 어린 아동들이 3세에 도달한 후에야 타인들이 고통 받을 때 동정심에 근거해서 행동할 수 있음을 시사한다. 이때는 그들이 사회적 규준들을 이해하기 시작하는 연령이기 때문이다(Tomasello & Vaish, 2013).

협력은 또 다른 형태의 친사회적 행동인데, 동정심에서 나온 것이지만 아동의 공정성에 대한 인식에서 나온 것일 수도 있는 행동이다. 14개월 영아들은 모두에게 이익이 되는, 즉 상을 받을 수 있는 목표를 달성하기 위해 다른 아동이나 성인들과 협력할 수 있다(Warneken & Tomasello, 2007). 다른 유형의 협력으로서, 아동들은 처음에 상이 공정하지 않으면 상을 공정하게 나누는 경향이 있다(Tomasello & Vaish, 2013). 대조적으로 같은 과제를 침팬지들과 반복했을 때, 침팬지들의 상호작용은 협력보다 경쟁이 특징이었다. 이 발견은 협력적인 친사회적 행동은 특히 인간들에서 진화되었다는 생각을 지지한다(Tomasello & Vaish, 2013).

아동 중기를 지나 청소년기가 되면서, 도덕적 추론 수준과 조망수용능력이 도움, 공유 및 기부와 같은 친사회적 행동들의 빈도가 증가한다(Knafo et al., 2008; Luengo Kanacri et al., 2003; Nantel-Vivier et al., 2009).

그러나 어린 아동들이 항상 친사회적으로 행동하는 것은 아니다(S. Lamb & Zakhireh, 1997). 2~3세 사이에 아동들은 자주 형제의 고통이나 요구를 무시하거나 중재하지 않고 단순히 쳐다본다. 때로 그들은 놀림이나 공격으로 상황을 더 나쁘게 만든다. 한 연구는 7, 11, 16세 아동에게 그들이 친구를 다치게 하거나 친구를 도울 때 그 이유가 무엇인지를 묘사하게 했다. 각 연령 집단은 다치게 하는 행동들을 설명할 때 자신의 조망이나 외적인 제약들에 초점을 맞추었지만(예 : "그 아이가 자기 썰매를 내게 밀었어요"), 도와주는 행동의 이유를 설명할 때 친구의 조망에 초점을 맞추었다(예 : "그는 재킷이 없어서 추웠어요"; Recchia et al., 2015).

친사회적 행동에서 개인차의 기원

아동의 친사회적 행동은 나이에 따라 변하지만, 개인차 주제와 일관되게 같은 연령의 아동들 간에도 타인을 돕고 공유하고 위로하는 성향에서 큰 차이가 있다. 같은 연령의 아동들이 친사회적 행동에서 그렇게 많은 차이가 나는 이유는 무엇인가? 이런 개인차의 기원을 확인하기 위해, 우리는 천성과 육성 및 사회문화적 맥락의 주제를 살펴보아야 한다.

생물학적 요인들

많은 생물학자들과 심리학자들은 인간은 생물학적으로 친사회적이 되려는 성향이 있다고 제안했다(Hastings, Zahn-Waxler, & McShane, 2005). 그들은 먹을거리를 채집하고 적들을 격퇴할 때 협력은 생존을 보장하기 때문에 인간의 친사회적 행동 능력이 진화했다고 믿는다(Tamasello & Vaish, 2013). 이 관점에 따르면, 타인을 돕는 사람은 자신이 곤경에 처했을 때 도움을 받을 가능성이 더 높고, 따라서 생존하고 번식할 가능성이 더 높다(Trivers, 1983). 게다가 유전자를 공유한 사람들을 돕는 것은 유전자를 다음 세대로 전달할 가능성을 높인다(E. O. Wilson, 1975).

유전적 요인들은 친사회적 특성들의 개인차에 기여한다(예 : Waldman et al., 2011). 성인 대상 연구에서, 쌍생아들이 보고한 공감과 친사회적 행동은 이란성 쌍생아보다 일란성 쌍생아에서 상당히 더 유사했다(Gregory et al., 2009; Knafo & Israel, 2010). 아동의 친사회적 행동에 대한 쌍생아 연구에서, 연구자들은 가정과 실험실에서 고통을 가장한 성인의 행동에 대한 어린 쌍생아의 반응을 관찰했고, 쌍생아의 어머니가 일상에서 아동의 친사회적 행동을 보고했다. 이 연구에서 나온 유전성(heritability) 점수에 근거하면(제3장 참조), 타인에 대한 친사회적 관심과 친사회적 행동에서 유전적 요인들의 역할은 나이와 함께 증가하는 듯하다(Knafo et al., 2008).

최근에 연구자들은 친사회적 경향성의 개인차에 기여하는 특정 유전자들을 확인했다(Knafo & Israel, 2010). 예를 들면 어떤 유전자들은 옥시토신의 차이와 관련 있는데, 옥시토신은 유대와 양육에서 역할을 하고 부모의 애착, 공감 및 친사회적 행동과 연합된 호르몬이다(N. Eisenberg, Spinrad, & Knafo-Noam, 2015; R. Feldman, 2012; K. MacDonald & MacDonald, 2010; Striepens et al., 2011).

유전적 요인들은 공감, 동정심 및 친사회적 행동에 어떤 방식으로 영향을 주는가? 한 가지 가능한 통로는 기질 차이를 통해서이다. 예를 들면 아동의 정서 조절 능력에서 차이는 공감이나 동정심과 관련 있다. 압도되지 않고 정서를 경험하는 아동들은 동정심을 느끼고 친사회적으로 행동하는 경향이 있다(N. Eisenberg, Fabes, & Murphy, 1996; N. Eisenberg et al., 2007; Trommsdorff, Friedlmeier, & Mayer, 2007). 타인들의 정서에 반응하지 않거나 너무 억제되어 타인들을 돕지 않는 아동들은 친사회적 행동을 할 가능성이 상대적으로 낮다(Liew et al., 2011; S. K. Young, Fox, & Zahn-Waxler, 1999). 또한 조절은 아동의 마음 이론과 관련 있다(제7장 참조). 마음 이론은 아동의 친사회적 행동을 예측한다(Caputi et al., 2012). 따라서 동정심과 친사회적 행동에 대한 유전의 역할은 기질뿐 아니라 사회인지의 차이와도 관련 있다.

아동들은 다른 사람이 기부하는 것을 보고 기부가 어떻게 타인들을 돕는지에 대한 성인의 설명을 들으면 자선모금에 기부할 가능성이 더 높다.

친사회적 행동의 사회화

많은 환경적 요인들이 동정심과 친사회적 행동에 기여한다(Knafo & Plomin, 2006a, 2006b; Volbrecht et al., 2007). 아동의 친사회적 행동 발달에 대한 일차적 환경 영향은 가족 내에서 일어나는 사회화이다. 연구자들은 부모가 자녀들에서 친사회적 행동을 사회화하는 세 가지 방식을 확인했다 — (1) 친사회적 행동을 모델링하거나 가르침, (2) 자녀가 친사회적 행동을 할 기회를 배치, (3) 자녀를 훈육하고 그것으로부터 친사회적 행동을 유발. 또한 부모는 친사회적 행동의 가치에 대한 문화적 신념을 이야기하고 강화한다.

모델링과 가치에 대한 의사소통 사회학습 이론의 관찰 및 모방과 일관되게(제9장 참조), 아동들은 다른 아동의 도움과 공유 행동을 모방하는 경향이 있으며, 낯선 사람의 행동도 모방한다(N. Eisenberg & Fabes, 1998). 아동들은 특히 자신과 긍정적 관계가 있는 성인들의 친사회적 행동을 모방할 것이다(D. Hart & Fegley, 1995; Yarrow, Scott, & Zahn-Waxler, 1973). 유전이 동정심과 도움에서 부모와 아동 간 유사성에 영향을 주고 있지만, 모방도 부모와 자녀들이 보이는 친사회적 행동과 동정심의 차원에서 유사한 경향을 설명하는 데 도움이 된다(Clary & Miller, 1986; N. Eisenberg et al., 1991; Stukas et al., 1999).

특히 흥미로운 연구에서, 세계대전 동안 유럽에서 나치로부터 유대인들을 구하기 위해 자신의 목숨이 위험했던 개인들과 구조 활동에 참여하지 않았던 같은 공동체들의 '방관자들'을 수년 후 면담했다(Oliner & Oliner, 1988). 표 14.1에서 보듯이, 자신의 부모와 다른 영향력 있는 성인들로부터 배운 가치를 회상할 때, 구조자의 44%는 관대함과 타인에 대한 배려를 언급한 반면, 방관자의 21%만이 같은 가치를 언급했다. 구조자들은 부모가 배려와 관련된 가치가 모든 사람들에게 적용되어야 한다고 가르쳤음을 방관자들보다 7배 더 많이 보고했다(구조자의 28%, 방관자의 4%).

> 그들은 나에게 모든 인간을 존중하라고 가르쳤다.
> 그는 나에게 내 이웃을 사랑하라고 가르쳤다. 국적이나 종교가 무엇이든 그를 나와 동등하게 생각하라고.
>
> (Oliner & Oliner, 1988, p. 165)

또한 방관자들은 부모가 가족, 공동체, 교회 및 국가에 대한 윤리적 의무를 강조했다고 보고했지만, 부모가 타인들에 대한 의무를 강조했다는 보고는 거의 없었다. 따라서 부모가 자녀들에게 전하는 가치는 아동이 친사회적일지 아닐지뿐 아니라 누구에게 친사회적일 것인지에도 영향을 줄 수 있다.

부모가 친사회적 가치와 행동을 가르치는 가장 효과적인 방식은 자녀들과 동정심에 호소하는 토론을 하는 것이다. 실험실 연구들에서, 성인들이 분명하게 친사회적 행동들이 타인에게 주는 긍정적 결과들을 지적했을 때(예 : "가난한 아

표 14.1

부모의 가치를 배웠다고 보고한 구조자와 방관자 비율

가치의 유형	구조자(%)	방관자(%)
경제 능력	19	34
독립성	6	8
공정/평등(상호성 포함)	44	48
보편적으로 적용된 공정/평등	14	10
배려	44	21
보편적으로 적용된 배려	28	4

출처 : Oliner & Oliner (1988).

이들은 음식과 장난감을 살 수 있다면 행복하고 즐거울 것이다"), 초등학생들은 타인들을 돕기 위해 익명으로 돈을 기부할 가능성이 더 높았다(Eisenberg-Berg & Geisheker, 1979; Perry, Bussey, & Freiberg, 1981). 만일 성인들이 도움은 '착한' 혹은 '좋은' 것이라고 단순히 말하고 도움이나 공유에 대해 동정심을 유발하는 설명을 하지 않으면 아동들이 자발적으로 기부할 가능성이 더 적었다(Bryan & Walbek, 1970; N. Eisenberg & Fabes, 1998).

친사회적 활동을 할 기회 아동에게 도울 기회들을 주는 것은 나중에 친사회적 과제들을 할 의지(willingness)를 높일 수 있다(N. Eisenberg et al., 1987). 비록 집안일이 주로 가족 구성원들에 대한 친사회적 행위들을 육성할지라도(Grusec, Goodnow, & Cohen, 1996), 가정에서 일상적이고 타인들에게 이득이 되는 집안일은 타인들을 돕는 기회이다(Richman et al., 1988; Whiting & Whiting, 1975). 청소년들의 경우, 노숙자 쉼터나 다른 공동체 기관들에서 일하는 것 같은 공동체 자원봉사는 타인을 돕고 친사회적 헌신의 감정을 심화하는 경험이다(M. K. Johnson et al, 1998; Lawford et al., 2005; Pratt et al., 2003; Yates & Youniss, 1996). 학습을 촉진하는 지도와 공동체 봉사를 통합하는 교육 전략인 봉사 학습은 중학교와 고등학교에서 점점 더 일반적이 되고 있다.

훈육과 양육 양식 아동에서 높은 수준의 친사회적 행동과 동정심은 권위적인 훈육을 포함한 건설적이고 지지적인 훈육과 관련있다(Day & Padilla-Walker, 2009; Houltberg et al., 2014; Knafo & Plomin, 2006a; Michalik et al., 2007). 부모들이 자녀들에게 관여하고 가까울 때, 자녀들은 동정심과 조절력이 더 높으며, 이것은 더 높은 수준의 친사회적 행동을 예측한다(Padilla-Walker & Christensen, 2011). 자녀에 대한 부모의 지원과 애착은 특히 겁이 없는 청소년들의 친사회적 행동을 예측했다(Padilla-Walker & Nelson, 2010). 그러나 지지적이고 권위적인 양육이 동정심과 친사회적 행동을 촉진할 뿐 아니라 친사회적이고 동정심 있는 아동들은 부모로부터 더 많은 지원을 유발한다(Miklikowska, Duriez, & Soenens, 2011; Padilla-Walker et al., 2012). 대조적으로, 신체적 처벌, 위협, 독재적 접근을 하는 양육 양식은 아동과 청소년에서 동정심과 친사회적 행동의 결여와 연합되는 경향이 있다(Asbury et al., 2003; Hastings et al., 2000; Houltberg et al., 2014; Krevans & Gibbs, 1996; Laible et al., 2008).

부모들이 직접적으로 자녀의 친사회적 행동을 유발하려고 시도하는 방식도 중요하다. 만일 아동들이 친사회적 행동을 하지 않은 것에 대해 어김없이 처벌을 받는다면, 그들은 타인들을 돕는 이유가 주로 처벌을 피하기 위한 것이라고 믿을 수 있다(Dix & Grusec, 1983; M. L. Hoffman, 1983). 유사하게, 만일 친사회적 행동에 대해 물질적 보상을 한다면, 아동들은 자신이 단지 보상을 위해 도왔다고 믿게 되고, 그래서 아무런 보상도 제공되지 않을 때 도우려는 동기가 더 낮아질 수 있다(Fabes et al., 1989; Warneken & Tomasello, 2008).

아동들의 자발적인 친사회적 행동을 육성하는 것은 추론적 설명(reasoning)을 포함한 훈육이다(Carlo, Mestre et al., 2010). 특히 설명이 타인에게 미치는 행동의 결과를 지적하고(Krevans & Gibbs, 1996), 조망수용을 격려할(B. M. Farrant et al., 2012) 때 진실이다. 추론적 설명은 또한 타인들에 대한 동정심을 격려하고 아동들이 미래 상황에서 참고할 수 있는 지침을 제공한다(C. S. Henry, Sager, & Plunkett, 1996; M. L. Hoffman, 1983). 어머니가 타인에게 맞춘 논리적 설명(예 : "팀이 다친 것이 보이지 않아?")을 감정적인 목소리 톤으로 말하면, 1~2세 영아의 경우에도 친사회적 행동이 증가하는 듯하다(Zahn-Waxler, Radke-Yarrow, & King, 1979). 어머니 목소리에 담긴 감정은 걸음마기 유아의 주의를 끌고 어머니가 말하는 것이 매우 중요하다는 의미를 전달한다.

부모의 온정 그 자체가 아니라 부모의 온정과 양육 실제의 조합이 특히 아동과 청소년의 친사회적 경향성을 육성하는 데 효과적인 듯하다. 따라서 부모가 따뜻하고 지지적일 때뿐 아니라 친사회적 행동을 시범 보이며, 훈육에서 도덕적 가치와 책임감에 대한 추론적 설명을 하고, 아동들에게 친사회적 모델들과 활동들을 노출할 때 아동들은 더 친사회적인 경향이 있다(예 : 권위적 훈육을 사용; Hastings et al., 2007; Janssens & Deković, 1997; Yarrow et al., 1973).

또래 영향 다른 아동들과의 관계는 아동들이 공정성, 정의, 상호성(예 : 공유와 차례 지키기), 갈등 해결 및 타인을 해치거나 이용하지 않기와 같은 도덕적 원칙을 학습하고 연습하는 또 다른 주요 방식이다(Killen & Smetana, 2015; Turiel, 2014). 또래관계 내에서 도덕적 추론 연습은 친사회적 행동으로 전환된다. 청소년과 친한 친구가 쌍을 이룬 연구에서, 가장 높은 수준의 도덕적 추론을 하는 쌍들이 가장 성공적으로 갈등을 해결했다(McDonald et al., 2014). 아동들은 친구에게 좋은 일을 하려는 동기가 있는데, 그들을 배려하기 때문이거나 친구들이 자신을 위해 좋은 일로 되돌려줄 가능성을 높이기 때문이다.

중재 친사회적 반응의 사회화에 대한 연구 대부분은 상관 설계이기 때문에 인과관계에 대한 확고한 결론을 내릴 수 없다. 그러나 어떤 학교 중재들은 아동의 친사회적 행동을 효과적으로 촉진했으며, 따라서 환경적 요인들은 친사회적 행동 발달에 기여한다. 그런 중재의 기초가 되는 연구는 타인들을 돕거나 협력하는 경험, 친사회적 가치와 행동에 대한 노출 및 훈육에서 성인의 추론적 설명은 친사회적 행동의 발달에 기여한다는 것을 보여준다.

반사회적 행동

어떤 신문이든 집어 들어보라. 혹은 어떤 뉴스 사이트든 열어보라. 그러면 여러분은 Dhzokhar Tsarnaev처럼 널리 알려진 사건부터 괴롭힘이나 공격과 같은 일상의 사건들에 이르는 **반사회적 행동**(antisocial behavior)을 어쩔 수 없이 떠올리게 된다. 이 행동은 사회적 규준이나 규칙들을 위반하고 타인들을 해치거나 이용하는 파괴적, 적대적 혹은 공격적 행동들로 정의된다.

물론 청소년 인구 중에서 많은 아동들은 범죄에 가담하기에는 너무 어리다. 그러나 이 장의 도입부에 나왔던 보스턴 마라톤대회 폭발 같은 사건을 포함해서, 청소년 범죄는 너무 많다. 왜 어떤 아동과 청소년들은 공격과 반사회적 행동을 보이는가? 폭력이나 반사회적 행위에 가담하는 청소년들은 아동기에 이미 공격적이었는가? 공격성의 수준은 발달하면서 어떻게 변하는가? 어떤 요인들이 아동의 반사회적 행동의 개인차에 기여하는가? 이런 이슈들에 대해 언급하면서 **개인차, 천성과 육성, 사회문화적 맥락** 및 **연구와 아동복지**의 주제는 특히 두드러질 것이다.

반사회적 행동 ■ 사회적 규준이나 규칙들을 위반하고 타인을 해치거나 이용하려는 파괴적, 적대적, 혹은 공격적인 행동들

공격과 다른 반사회적 행동의 발달

공격(aggression)은 신체적으로나 정서적으로 타인을 해치려고 의도된 행동이다(Eisner & Malti, 2015). 얼마나 일찍 나타나는가? 대상(objects) 소유와 관련된 공격 사례들은 12개월 이전 영아들 사이에서 일어나는데, 특히 상대가 갖고 있는 대상을 잡아당기는 것과 같은 행동들이다(D. F. Hay, Mundy et al., 2011). 그러나 대부분은 때리는 것 같은 신체 접촉을 포함하지 않는다(Coie & Dodge, 1988). 대략 18개월 초에 특히 대상을 소유하기 위해 때리거나 미는 것 같은 신체적 공격은 발달에서 표준이고 대략 2세나 3세까지 빈도가 증가한다(Alink et al., 2006; D. F. Hay, Hurste et al., 2011; D. S. Shaw et al., 2003). 언어 기술이 늘면서, 신체적 공격은 줄어들고 모욕하거나 비웃는 언어적 공격은 증가한다(Bonica et al., 2003; Dionne et al., 2003; Mesman et al., 2009; Miner & Clarke-Stewart, 2008).

학령전기에 가장 빈도가 높은 원인은 소유와 관련된 또래 간 갈등(Fabes & Eisenberg, 1992; Shantz, 1987)과 거의 모든 것에 대한 형제 간의 갈등(Abramovitch, Corter, & Lando, 1979)이다. 소유 갈등은 **도구적 공격**(instrumental aggression)의 예이며, 장난감을 소유하거나 줄에서 더 좋은 자리를 차지하려는 것 같은 구체적 목표를 완수하려는 바람이 동기가 된 공격이다. 학령전 아동들은 때로 관계적 공격을 하는데(Crick, Casas, & Mosher, 1997), 이것은 또래관계를 손상시킴으로써 타인들에게 해를 입히려고 의도한 것이다. 학령전 아동들이 전형적으로 놀이 활동이나 사회적 집단으로부터 또래들을 제외하는 것이다(M. K. Underwood, 2003). 이런 관계적(혹은 간접적) 공격은 마음 이론 기술과 관련되어 있고, 특히 친사회적 기술이 낮은 아동들의 경우에 그렇다(제7장 참조). 예를 들면 캐나다의 어린 아동들에 대한 종단연구에서 5세 때 마음 이론 기술들은 1년 후 관계적 공격 수준을 예측했지만, 친사회적 행동이 평균보다 낮게 평가된 아동들의 경우에만 해당되었다(Renouf et al., 2010).

학령전기 동안 신체적 공격의 감소는 아동들이 언어적 및 관계적 공격을 하는 능력의 발달뿐 아니라 갈등을 해결하고 자신의 정서와 행위를 통제하기 위해 언어를 사용하는 능력의 발달 때문일 수 있다(Coie & Dodge, 1998). 이 연령(Cairns et al., 1989; S. B. Campbell et al., 2010; D. S. Shaw et al., 2003)과 청소년 초기(Xie, Drabick, & Chen, 2011)에 공격이나 반사회적 행동과 함께 심각한 문제들이 발달하는 아동은 상대적으로 소수이며 대부분이 남아다(Moffitt & Caspi, 2001; NICHD Early Child Care Research Network, 2004). 초등학교 동안 대부분 아동들의 외현적(overt) 신체 공격은 계속해서 낮게 유지되거나 빈도가 감소한다. 어린 아동들의 공격성은 대개 도구적(목표지향적)인 반면, 초등학교 아동들의 공격성은 자주 타인을 해치려는 바람에서 비롯된 적대적이거나, 혹은 자존감에 대한 지각된 위협에 대항해 자신을 보호하려는 동기이다(Dodge, 1980; Hartup, 1974).

신체적 공격을 하는 아동들은 관계적 공격도 하는 경향이 있다(Card et al., 2008). 그들이 둘 중 어떤 것을 사용하는 정도는 아동기 동안 일관적이다(Ostrov et al., 2008; Vaillancourt et al., 2003). 전반적으로, 신체적 공격의 빈도는 대부분의 10대들(Di Giunta et al., 2010; Loeber, 1982), 적어도 청소년 중기 이후(Karriker-Jaffe et al., 2008)에 감소한다.

신체적 공격이 줄어드는 이런 전반적인 발달 경향에도 불구하고, 재산 공격 그리고 음주나 무단결석과 같은 지위(status) 공격이 증가하면서, 심각한 폭력 행위도 청소년 중기에 현저하게 증가한다(Lahey et al., 2000). 그림 14.4에서 보듯이, 청소년 폭력 범죄는 17세에 정점에 도달하는데, 남성의 29%와 여성의 12%가 적어도 한 번 심각한 폭력적 공격에 가담했음을 보고한다. 그림에서 보

공격 ■ 타인을 해치거나 상처를 입히려는 의도의 행동

도구적 공격 ■ 구체적 목표를 획득하려는 바람이 동기인 공격

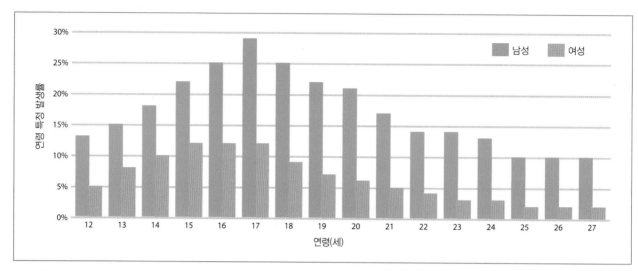

그림 14.4 여러 연령에서 자기보고된 남성과 여성의 폭력 범죄 발생률 모든 연령에서, 남성은 여성보다 폭력 행동에 더 많이 참여한다고 보고한다(Coie & Dodge, 1998).

듯이, 남자 청소년과 성인은 여성보다 훨씬 더 많은 폭력 행동과 범죄를 저지른다(Coie & Dodge, 1998; Elliott, 1994). 그러나 2012년에 체포된 청소년들 중 29%는 여성이었으며(Puzzanchera, 2014), 이들은 폭력 범죄로 체포된 청소년의 19% 그리고 재산 범죄로 체포된 청소년 중 35%였다.

아동기와 청소년기 동안 여아와 남아의 공격성 둘 다에서 상당히 일관적인 개인차가 있다. 아동 중기에 가장 공격적이고 절도와 같은 품행 문제에 취약한 아동들은 더 늦은 나이에 품행 문제가 처음으로 발달한 아동들보다 청소년기에 더 공격적이고 더 많은 비행을 저지르는 경향이 있다(Broidy et al., 2003; Burt et al., 2011; Lahey, Goodman et al., 1999; Schaeffer et al., 2003). 이것은 특히 남아들에서 진실이다(Fontaine et al., 2009). 한 공격 연구에서, 8세 때 또래에 의해 공격적이라고 지명된 아동들은 그렇지 않은 아동들보다 30세에 더 많은 유죄판결을 받았고 더 심각한 범죄를 저질렀다(그림 14.5 참조)(Eron et al., 1987). 여아들에 대한 또 다른 연구에서, 아동기의 관계적 공격은 이후 품행장애들과 관련되었다(Keenan et al., 2010).

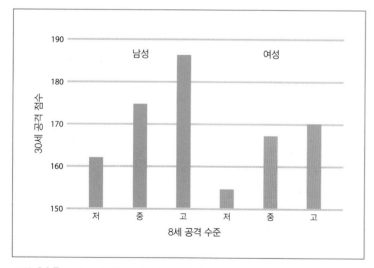

그림 14.5 8세에 또래 지명 공격성과 30세에 자기보고 공격성 간 관계 8세에 공격성이 높은 것으로 지명된 남아와 여아는 공격성이 더 낮은 것으로 지명된 또래보다 30세에 자기보고된 공격성이 더 높다(Eron et al., 1987).

아동과 청소년의 공격적·반사회적 행동 특징

공격적·반사회적 아동과 청소년들은 평균적으로 여러 특성들에서 비공격적인 또래들과 다르다. 특성들은 까다로운 기질과 부정적인 방식으로 사회적 정보를 처리하는 경향성을 포함한다.

기질과 성격

공격성과 반사회적 행동 문제가 있는 아동들은 매우 어린 연령부터 까다로운 기질과 자기조절 기술이 부족하다(Espy et al., 2011; Rothbart, 2012; Yaman et al., 2010). 예를 들면 종단연구들에서 강한 부정적 정서를 보이고 특별히 많은 주의가 필요한 영아와 걸음마기 유아들은 학령전기부터 고등학교를 거치는 동안 공격성과 같은 문제행동의 수준이 더 높은 경향이 있었다(J. E. Bates et al., 1991; Joussemet et al., 2008; Olson et al., 2000). 유사하게, 통제 결여, 충동성, 높은 활동 수준, 성마름(irritability) 및 주의산만을 보인 학령전 아동들은 9~15세에 싸움, 비행 및 다른 반사회적 행동을 더 많이 한다. 또한 그들은 청소년 후기에 공격과 범죄행동을 그리고 남성의 경우에는 성인기에 폭력 범죄로 기우는 경향이 있다(Caspi et al., 1995; Caspi & Silva, 1995; Tremblay et al., 1994). 그러나 도구적 목표를 성취하기 위해 공격을 하는 아동들은 도발에 대해 분노 반응을 보인 아동들보다 조절되지 않은 부정적 정서와 생리적 반응이 더 적었다(Scarpa, Haden, & Tanaka, 2010; Vitaro et al., 2006).

어떤 공격적 아동과 청소년들은 죄책감도, 공감도, 타인에 대한 동정심도 느끼지 않는 경향이 있다(de Wied et al., 2012; Lotze, Ravindran, & Myers, 2010; R. J. McMahon, Witkiewitz, & Kotler, 2010; Pardini & Byrd, 2012; Stuewig et al., 2010). 그들은 자주 매력적이지만 불성실하고 냉담하다. 특히 아동기의 충동성, 주의 문제 및 냉담성의 조합은 청소년기(Christian et al., 1997; Frick & Morris, 2004; Hastings et al., 2000)와 아마도 성인기(Lynam, 1996)의 공격성, 반사회적 행동 및 경찰과의 충돌을 예측한다.

사회 인지

기질의 차이 외에도 공격적 아동들은 사회 인지가 비공격적 아동과 다르다. 공격적 아동들은 세상을 '공격적' 렌즈를 통해 해석하는 경향이 있다. 그들은 타인의 동기와 의도가 불분명한 맥락에서 타인들이 적대적 동기를 갖고 있다고 여길 가능성이 더 높다. 이 과정을 '적대적 귀인편향'이라고 한다(Dodge et al., 2006; Lansford et al., 2010; MacBrayer et al., 2003; D. A. Nelson, Mitchell, & Yang, 2008). 비공격적인 또래들과 비교해서, 그런 사회적 만남들에서 그들의 목표는 적대적이고 상황에 맞지 않을 가능성이 더 높으며, 전형적으로 또래를 협박하거나 앙갚음을 시도한다(Crick & Dodge, 1994; Slaby & Guerra, 1988). 예를 들면 공격적 아동들은 어떤 아동이 식당에서 자신에게 음료수를 쏟는 것처럼 애매한 상황을 우연보다 의도적인 것으로 해석하고, 그 아동에게 '보복할' 필요가 있다고 생각을 할 가능성이 더 높다(Dodge et al., 2006). 부정적인 사회적 상황에 대한 가능한 해결책을 제안하도록 했을 때, 공격적 아동들은 비공격적 아동보다 더 적은 선택지를 만들고, 그 선택지들은 공격적이거나 파괴적인 행동을 포함할 가능성이 더 높다(Deluty, 1985; Slaby & Guerra, 1988).

이런 경향과 일관되게, 공격적 아동과 청소년들은 비공격적인 또래들보다 공격적 반응들을 더 호의적으로, 친사회적 반응들을 덜 호의적으로 평가하는 경향이 있다(Crick & Dodge, 1994; Dodge et al., 1986; Fontaine et al., 2010). 부분적으로, 이것은 신체적 및 언어적 공격을 하는 것에 대해 더 자신감 있고(Barchia & Bussey, 2011; Quiggle et al., 1992), 공격 행동이 타인들의 부정적 대우를 줄일 뿐 아니라 긍정적인 결과(예 : 자기 마음대로 하기)를 기대하기(Dodge et al., 1986; Perry, Perry, & Rasmussen, 1986) 때문이다. 이 모든 것을 가정하면, 공격적 아동들이 쉽게 공격적인 행동을 선택하는 것은 놀랍지 않다(Calvete & Orue, 2012; Dodge et al., 2006). 이런 공격적 행동은 이후 공격적인 대인관계 행동을 긍정적으로 평가하는 경향성을 높이고, 더 나아가 미래 반사회적 품행 수준을 높이는 듯하다(Fontaine et al., 2008).

그러나 이 기능 측면들 모두가 아동의 공격성을 예측하지만, 모든 공격적 아동들이 사회 인지에서 같은 편향을 보이는 것은 아님을 주목하는 것이 중요하다. 정서가 주도하는 적대적 공격, 즉 **반응적 공격**(reactive aggression)을 하는 아동들은 특히 타인의 동기를 적대적으로 인식하고(Crick &

반응적 공격 ■ 타인들의 동기가 적대적이라는 지각에 의해 촉발된 정서에 기반한 적대적 공격

도발적 공격 ■ 욕구나 소망을 충족하려는 목표의 비정서적 공격

Dodge, 1996), 도발에 공격적 반응을 하고, 자신들의 반응이 도덕적으로 수용될 수 있는 것으로 평가할 것이다(Arsenio, Adams, & Gold, 2009; Dodge et al., 1997). 대조적으로 도구적 공격처럼 욕구나 소망 충족을 목적으로 하는 **도발적 공격**(proactive aggression)을 하는 아동들은 공격에 더 긍정적인 사회적 결과들이 있을 것으로 예측하는 경향이 있다(Arsenio, Adams, & Gold, 2009; Crick & Dodge, 1996; Dodge et al., 1997; Sijtsema et al., 2009).

공격성과 반사회적 행동의 근원

아동에서 공격성과 반사회적 행동의 원인은 무엇인가? 핵심 기여 요인들은 유전적 특질, 가족 구성원에 의한 사회화, 또래의 영향 및 문화적 요인이다.

생물학적 요인

생물학적 요인은 의심할 바 없이 공격성의 개인차에 기여하지만, 그것의 정확한 역할은 불분명하다(Eisner & Malti, 2015). 쌍생아 연구들은 반사회적 행동이 가족에게 전해지고 부분적으로 유전적 특질들 때문임을 제안한다(Arsenault et al., 2003; Rhee & Waldman, 2002; Waldman et al., 2011). 게다가 유전은 청소년기보다 아동 초기와 성인기의 공격성에서 더 강한 역할을 하며, 청소년기는 환경적 요인들이 주요한 기여 요인이다(Rende & Plomin, 1995; J. Taylor, Iacono, & McGue, 2000). 유전은 도발적 공격과 반응적 공격 둘 다에 영향을 준다. 그러나 공격성에서 개인차의 안정성 그리고 공격성과 정신병적 특질들(예 : 냉담함, 후회의 결여를 포함한 정서의 결핍, 조작) 간 연합을 가정하면, 유전의 영향은 도발적 공격에서 더 크다(Bezdjian et al., 2011; Tuvblad et al., 2009).

우리는 이미 공격성에 영향을 미치는 유전적 요인, 즉 까다로운 기질을 지적했다. 이 가정에 대한 증거는 혼합적이지만, 호르몬 요인들도 공격성에 중요한 역할을 하는 듯하다. 예를 들면 테스토스테론 수준은 활동 수준과 도발에 대한 반응과 관련되고, 높은 테스토스테론 수준은 때로 공격 행동과 연관되었다(Archer, 1991; Hermans, Ramsey, & van Honk, 2008). 그러나 통계적으로 유의미하지만, 테스토스테론과 공격성 간 관련성은 매우 작다(Book, Starzyk, & Quinsey, 2001).

또 다른 생물학적 기여 요인은 주의와 조절능력에 영향을 미치는 신경학적 결함이다(Moffitt, 1993b). 잘 조절하지 못하는 아동들은 자신의 화(temper)를 통제하고 공격적 충동을 억제하는 데 어려움이 있다(N. Eisenberg, Spinrad, & Eggum, 2010; N. Eisenberg, Valiente et al., 2009; Y. Xu, Farver, & Zhang, 2009).

공격성과 반사회적 행동의 사회화

가혹하고 질 낮은 양육을 받은 아동들은 공격적이거나 반사회적이 될 위험이 더 높다(Dodge et al., 2006; Scaramella et al., 2002). 예를 들면 질서와 구조의 결여, 예측된 일상의 부재 및 소음이 특징인 무질서한 가정의 아동은 파괴적인 행동이 상대적으로 높은 경향이 있고, 이 관계는 유전적 특징들 때문은 아닌 듯하다(Jaffee et al., 2012). 열악한 양육과 무질서한 가정 자체가 어느 정도로 아동의 반사회적 행동을 설명할 수 있는지는 불분명하지만, 그런 행동을 촉진할 수 있는 몇 가지 요인을 구성한다는 것은 분명하다.

부모의 처벌 자주 부모의 가혹하지만 비학대적인 체벌을 받은 많은 아동은 생의 초기에 문제 행동을, 아동기에 공격 행동을, 그리고 청소년기와 성인기에 범죄 행동을 더 쉽게 하는 경향이 있다 (Burnette et al., 2012; Gershoff, 2002; Gershoff et al., 2010; Gershoff et al., 2012; Olson, Lopez-Duran, et al., 2011). 이것은 특히 부모들이 대체로 차갑고 처벌적일 때(Deater-Deckard & Dodge, 1997), 아동이 초기 안전 애착을 형성하지 못할 때(Kochanska et al., 2009; Kochanska & Kim, 2012), 그리고 아동이 까다로운 기질이고 만성적으로 화를 내고 조절하지 못할 때(Kochanska & Kim, 2012; Mulvaney & Mebert, 2007; Y. Xu et al., 2009; Yaman et al., 2010) 진실이다.

어떤 연구자들은 신체적 처벌과 아동의 반사회적 행동 간 관계는 인종적, 민족적 및 문화적 집단에 따라 차이가 있다고 주장했지만(Deater-Deckard & Dodge, 1997), 대규모 표집 종단연구들은 이것이 사실인지 확인하지 못했다. 미국의 13,000가구 이상 가정들을 대상으로 한 연구에서, 아프리카계 미국인 가족이 5세 자녀를 백인계, 라틴계, 아시아계 미국인 가정보다 더 많이 때림에도 불구하고, 시간이 지나면서 때리는 것(spanking)은 4개의 인종 및 민족 집단들 모두에서 아동의 공격성 증가를 예측했다(Gershoff et al., 2012). 국가 간 비교 연구에서, 때리는 것과 고함치는 것은 6개국(중국, 인도, 케냐, 이탈리아, 필리핀 및 태국)의 아동들에서 더 높은 수준의 공격성과 연합되었다. 그러나 이 관계는 아동이 그런 양육을 정상으로 여기면 더 약했다(Gershoff et al., 2010).

가혹하거나 학대적인 처벌은 반사회적 경향성들의 발달과 일관적으로 연합된다(Deater-Deckard et al., 1995; Luntz & Widom, 1994; Weiss et al., 1992). 매우 가혹한 체벌을 하는 훈육은 공격성과 연합된 사회 인지로 이끄는데, 타인들은 적대적 의도를 가진 것으로 가정하고, 대인 간 문제에 대해 공격적인 해결책을 생성하고, 공격적 행동이 긍정적 결과를 얻을 것이라고 기대한다(Alink et al., 2012; Dodge et al., 1995).

게다가 학대적 처벌을 하는 부모들은 자녀들이 모방할 특출한 공격 행동 모델이 된다(Dogan et al., 2007). 역설적으로 그런 처벌을 받은 아동들은 불안하거나 화를 낼 가능성이 높고, 그에 따라 부모의 지시나 요구에 주목하거나 부모의 바람에 따라 행동하려는 동기가 낮다(M. L. Hoffman, 1983).

아마도 아동의 행동과 부모의 처벌적 훈육 간에는 상호적 관계가 있을 것이다(Arim et al., 2011; N. Eisenberg, Fabes et al., 1999). 반사회적 행동이 높거나, 정신병적 특질들(예 : 무감각하고, 감정이 없고, 뜻대로 조종하고, 무자비한)을 보이거나, 혹은 자기조절력이 낮은 아동들은 가혹한 양육을 유발하는 경향이 있다(Lansford et al., 2009; Salihovic et al., 2012). 이런 가혹한 양육은 아동의 문제 행동을 증가시킨다(Sheehan & Watson, 2008). 그러나 최근 연구는 가혹한 신체적 처벌이 아동의 문제 행동들에 미치는 효과가 그 반대의 경우보다 더 강하다고 제안한다(Lansford et al., 2011).

저조한 부모 모니터링 아동의 반사회적 행동을 증가시키는 또 다른 요인은 자녀가 어디에 있고, 누구와 함께 있고, 무엇을 하고 있는지에 대한 부모의 모니터링이다. 부모 모니터링이 중요한 이유는 그것이 나이 든 아동과 청소년들이 일탈한 반사회적 또래들과 어울릴 가능성을 낮추기 때문이다(Dodge et al., 2008; G. R. Patterson, Gapaldi, & Bank, 1991). 또한 부모가 자녀들이 반사회적 행동에 가담하는지를 더 잘 알 수 있게 만든다. 미국 법무부 자료에 따르면, 청소년 범죄는 주중에 오후 3~7시, 방과 후와 부모의 귀가 사이의 감독을 받지 않는 시간에 절정이었다(그림 14.6 참조). 일단 청소년들이 공격적이고 반사회적인 행동들을 하기 시작하면, 그들을 모니터링하기 더 힘들다.

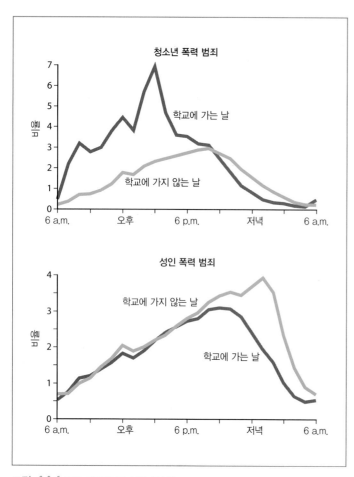

청소년 폭력 범죄

학교에 가는 날

학교에 가지 않는 날

성인 폭력 범죄

학교에 가지 않는 날

학교에 가는 날

그림 14.6 주중 하루의 매 시간 청소년 범죄 거의 청소년 범죄 5개 중 1개는 학교에 가는 날 오후 3~7시 사이에 일어난다. 성인 범죄는 수업이 있는 날이나 없는 날에 극적으로 달라지지 않는다(Sickmund & Puzzanchera, 2014).

반사회적이거나 공격적인 청소년들의 부모는 모니터링이 자녀들과의 갈등을 높여서 강제로 물러서게 만들 수 있음을 알게 된다(Laird et al., 2003).

부모 갈등 부모들 간의 언어적·신체적 폭력에 자주 노출되는 아동들은 더 반사회적이고 더 공격적인 경향이 있다(Cummings & Davies, 2002; R. Feldman, Masalha, & Derdikman-Eiron, 2010; Keller et al., 2008; Van Ryzin & Dishion, 2012). 이 관계는 원인이 되는 유전적 요인들을 고려할 때에도 진실이다(Jaffee et al., 2002). 한 가지 분명한 이유는 싸우는 부모는 자녀들에게 공격 행동의 모델이 된다는 것이다. 또 다른 이유는 신체적 학대를 당하는 어머니의 자녀들은 폭력이 가족 상호작용에서 받아들여지고, 심지어 자연스러운 부분이라고 믿는 경향이 있다는 것이다(Graham-Bermann & Brescoll, 2000). 잘 지내는 배우자들과 비교해서, 싸우는 배우자는 양육에서도 덜 숙련되고 덜 반응적이고, 더 적대적이고 더 통제적인 경향이 있다(Buehler et al., 1997; Davies at al., 2012; Emery, 1989; Gonzales et al., 2000). 이것은 아동의 공격적 경향성을 증가시킬 수 있다(Li, Putallaz, & Su, 2011). 어머니의 적대성이 적대적 양육을 예측하고, 아동의 공격성을 예측하는 이 패턴은 입양된 아동이 있는 가족들에서도 발견되며, 따라서 이런 관계는 부모와 자녀가 공유하는 유전자만의 문제는 아니다(Stover et al., 2012).

사회경제적 지위와 아동의 반사회적 행동 저소득 가정의 아동들은 형편이 더 나은 가정의 아동들보다 더 반사회적이고 공격적인 경향이 있다(Goodnight et al., 2012; Keiley et al., 2000; NICHD Early Child Care Research Network, 2004; Stouthamer-Loeber et al., 2002). 가족들이 빈곤에서 벗어났을 때 4~7세 아동들은 덜 공격적이고 덜 반사회적이 되는 경향이 있는 반면, 가족이 장기간 빈곤 상태에 있거나 빈곤으로 옮겨갈 때 아동의 반사회적 행동이 증가한다는 발견은 이 패턴을 강조한다(Macmillan, McMorris, & Kruttschnitt, 2004). 이 궤도 차이들을 설명하는 이유는 많다.

한 가지 주요 이유는 가난한 가정의 아동들이 경험하는 스트레스 유발인의 양이 더 많다는 것이며, 가족의 스트레스(질병, 가정폭력, 이혼, 법률문제)와 이웃의 폭력과 같은 것이다(Vanfossen et al., 2010). 게다가 낮은 SES는 한부모 가족에서 사는 것 혹은 10대 부모의 계획하지 않은 아이와 연합되는 경향이 있고, 이런 종류의 스트레스 유발인은 공격 행동 및 반사회적 행동의 증가와 관련이 있다(Dodge, Pettit, & Bates, 1994; Linares et al., 2001; Tolan, Gorman-Smith, & Henry, 2003; Trentacosta et al., 2008). 또한 가난한 부모 자신이 직면하는 많은 스트레스 유발요인 때문에, 그들은 다른 부모보다 거부하고 덜 온정적이거나, 변덕스럽고 위협적이고 가혹한 훈육을 하거나, 자녀 감독에 태만할 가능성이 더 높다(Conger et al., 1994; Dodge et al., 1994; Odgers et al., 2012). 저소득 가정의 아동들은 폭력과 범죄가 더 많이 일어나는 저소득 지역에 살고, 자원이 적고 폭력의 비율이 높은 저소득층 학교에 다니는 경향이 있다(Gershoff & Benner, 2014). 그런 지역은 적절한 멘토, 취업 기회, 그리고 아동과 청소년들이 참여할 수 있고 잠재적인 반사회적 행동으로부터 멀어지게 할 수 있는 건설적 활동들(예 : 클럽과 스포츠)이 부족하다.

또래 영향

공격적인 아동들은 다른 공격적인 아동들과 어울리는 경향이 있고, 공격적인 친구들과 가까워지면 시간이 지나면서 비행을 더 많이 저지르게 된다. 게다가 공격성에 대한 유전적 경향성의 표현은 공격적인 친구들이 있는 개인들의 경우에 더 강하다(Brendgen et al., 2008).

더 나이 든 아동이나 청소년들이 어울리는 또래집단은 가까운 친구보다 공격성에 더 많은 영향을 끼칠 수 있다(Coie & Dodge, 1998). 한 연구에서, 폭력이나 무기 사용 같은 분명한 반사회적 행동을 하는 또래들에 노출된 남아들은 스스로 그런 행동을 할 가능성이 다른 남아들보다 3배 더 높았다(Keenan et al., 1995). 비행 또래들과의 연합은 또래집단의 또래가 모델이 되고 반사회적 행동을 강화하기 때문에 비행을 증가시키는 경향이 있다. 동시에 비행 활동들에의 가담은 청소년들이 더 많은 비행 또래들과 접촉하게 한다(Dishion, Véronneau, & Myers, 2010; Dishion, Ha, & Véronneau, 2012; Lacourse et al., 2003; Thornberry et al., 1994).

비록 연구 결과들은 다소 차이가 있지만, 반사회적 행동을 하라는 또래 압력에 대한 민감성(susceptibility)은 초등학교 시기 동안 증가하고, 대략 8학년과 9학년에 절정에 이른 후 감소하는 듯하다(Berndt, 1979; B. B. Brown, Clasen, & Eicher, 1986; Steinberg & Silverberg, 1986). 비록 모든 청소년들이 부정적인 또래 영향에 민감한 것은 아니더라도(Allen, Porter, & McFarland, 2006), 청소년 초기에 인기 있는 청소년들도 또래가 약물사용이나 비행을 인정하면 약한 수준에서 이런 행동을 하는 경향이 있다(Allen et al., 2005).

생물학과 사회화 : 아동의 반사회적 행동에 대한 공동 영향

아동들의 반사회적 행동 발달에 영향을 미치는 특정 생물학적, 문화적, 또래, 및 가족 요인들을 분리하기는 매우 어렵다(Van den Oord, Boomsma, & Verhulst, 2000). 그럼에도 불구하고, 자녀들에 대한 부모의 대우는 분명히 아동의 공격성과 반사회적 행동에 영향을 미친다. 부모 영향의 역할에 대한 분명한 증거는 중재연구들에서 발견된다. 부모들이 효과적인 방식으로 아동들을 대하는 훈련을 받았을 때, 아동의 품행문제들이 개선되었다(A. Connell et al., 2008; Dishion et al., 2008; Hanish & Tolan, 2001). 학교에서 실시된 중재연구들도 유사한 효과가 있었다. 예를 들면 연방정부의 자금 지원을 받은 패스트 트랙(Fast Track) 프로그램은 반사회적 행동의 위험에 처해 있는 아동들을 위한 중재이며, 정서의 이해와 소통, 긍정적 사회행동, 자기통제 및 사회적 문제 해결을 촉진하는 특별 커리큘럼으로 학생들을 훈련했다(Conduct Problems Prevention Research Group, 1999a; 1999b; Greenberg et al., 1995). 가장 심각한 행동문제가 있는 아동들은 집중 중재에 참여했다. 공격 행동이 더 적고 반사회적 행동이 적고 그리고 긍정적인 분위기를 더 많이 보이는 교실 프로그램은 매우 성공적이었다.

괴롭힘(bullying)과 싸우기 위해 많은 다른 프로그램들이 학교에서 실시되었고, 많은 프로그램이 괴롭힘 사건을 상당히 줄였다. 어린 아동들보다 청소년들을 겨냥한 프로그램이 더 효과적이다(Cross et al., 2011; Salmivalli, Kärna, & Poskiparta, 2011; Ttofi & Farrington, 2011). 긍정적 청소년 발달로 부르는 접근을 통해 긍정적 행동을 증가시킴으로써 반사회적 행동을 줄이는 것을 목표로 하는 공동체 기반 프로그램들도 있다.

유전적 정보에 근거한 최근 연구는 아동의 반사회적 및 공격적 행동을 예측하는 것은 유전적 요인과 환경적 요인들의 조합이며, 어떤 아동들은 다른 아동들보다 양육의 질에 더 민감하다는 것을 보여준다. 차별적 감수성(제10장 참조)에 대한 논의에서 언급했듯이, 신경전달에 영향을 미치는 세로토닌이나 도파민과 관련된 어떤 유전자 변이가 있는 아동들은 환경에 더 반응적인 듯하다. 예를 들면 부정적 조건(예 : 만성적 스트레스, 열악한 양육, 사회경제적 박탈)에서, 세로토닌 전달 유전자(SLC6A4), 도파민 수용 유전자(DRD4), 혹은 MAOA 유전자(세로토닌과 도파민을 대사하는 효소를 통제)의 특정 변이가 있는 아동들은 이 유전자들의 다른 변이가 있는 아동들보다 더 공격적인 경향이 있다(Caspi et al., 2002; C. C. Conway et al., 2012). 그러나 그 아동들은 지지적이고 자원이 풍부한 환경에 있을 때 덜 공격적인 경향이 있다(Simons et al., 2011; Simons et al., 2012).

그런 유전자 변이는 학대나 이혼과 같은 부정적 상황에서 공격성이 더 높아질 위험과 관련 있지만 부정적 상황이 없을 때는 공격성과 관련이 없다(Cicchetti, Rogosch, & Thibodeau, 2012; Nederhof et al., 2012). 유전-환경 상호작용의 정확한 성질과 상관없이, 유전과 환경의 조합은 공격성의 정도에 영향을 미친다는 것은 분명하다.

요약

도덕적 판단

■ Piaget는 연령과 관련해서 2개의 도덕 단계와 1개의 전환기를 설명했다. 첫 단계는 타율적인 제약의 도덕성으로, 어린 아동들은 규칙은 변할 수 없다고 믿는 경향이 있고, 행동의 도덕성을 평가할 때 의도보다 결과에 더 비중을 두는 경향이 있다. 자율적 단계에서, 아동들은 규칙은 변할 수 있는 사회적 산물임을 인식하고, 행동을 평가할 때 동기와 의도를 고려한다. Piaget의 몇 가지 측면은 검증되지 못했지만, 그의 이론은 도덕적 추론에 대한 추후 작업들을 위한 기초를 제공했다.

■ Kohlberg는 도덕적 판단의 세 수준, 즉 전인습적, 인습적, 후인습적 수준을 설명했는데, 각 수준은 두 단계로 되어 있다(6단계는 결국 Kohlberg의 채점 절차에서 탈락되었다). Kohlberg는 단계의 순서는 보편적인 도덕 추론에서 연령과 관련된 비연속적(질적) 변화를 반영한다고 가정했다. Kohlberg에 따르면, 이 변화들은 인지적 진보, 특히 조망수용에서 나온 것이다. 높은 수준의 도덕적 추론은 인지적 성장과 관련 있다는 생각은 지지를 받았지만, 아동의 도덕적 추론이 비연속적 발달 단계들을 통과한다거나 혹은 모든 문화에서 그리고 모든 발달적 이슈들(예 :

친사회적 도덕 추론)에서 똑같은 방식으로 발달하는지는 분명치 않다.

■ 양심은 내면화된 도덕 기준들과 잘못된 행동에 대한 죄책감을 포함한다. 그것은 개인의 받아들일 수 없는 행동을 억제한다. 양심은 2세 이전에 시작되어 시간에 따라 서서히 발달한다. 만일 아동들이 안전 애착되거나 부모가 과도한 부모의 힘에 의존하지 않고, 자녀의 기질에 따라 훈육한다면, 아동들은 부모의 기준들을 내면화할 가능성이 더 크다.

■ 도덕적, 사회 관습적 및 개인적 행동과 판단은 중요한 차이가 있다. 나이 든 아동들처럼, 어린 아동들은 사회적 판단의 영역들을 구분한다. 어떤 행동을 도덕적, 사회 인습적, 혹은 개인적 판단의 문제로 여기는지는 문화에 따라 다소 차이가 있다.

친사회적 행동

■ 친사회적 행동은 타인을 이롭게 하려는 의도에 기초한 자발적 행동으로, 돕기, 공유하기 및 위로하기와 같은 것들이다. 친사회적인, 특히 개인적 대가를 치르면서도 자발적으로 타인과 공유하는 어린 아동들은 더 나이가 들었을 때 친사회적인 경향이

있다.

■ 친사회적 행동은 생의 두 번째 해에 등장하고 나이가 들면서 빈도가 증가하는데, 아마도 동정하고 타인의 조망을 취하는 아동의 능력이 연령에 따라 증가하기 때문이다. 이 능력들에서 아동들 간 차이는 친사회적 행동의 개인차에 기여한다.

■ 아동의 기질차에 기여하는 유전은 아동이 얼마나 공감적이고 친사회적일지에 영향을 미칠 것이다.

■ 긍정적인 부모–자녀 관계, 권위적 양육, 부모나 교사가 사용하는 추론적 설명, 친사회적 모델들, 가치 및 활동들에 대한 노출은 동정심과 친사회적 행동의 발달과 연합된다. 문화적 가치와 기대도 아동들이 친사회적 행동을 보이는 정도와 누구에게 보일지에 영향을 미친다.

■ 협동, 조망수용, 도움 및 친사회적 가치를 증진하기 위해 고안된 학교기반 중재 프로그램들은 아동들의 친사회적 경향성을 높인다.

반사회적 행동

■ 공격적 행동은 생의 두 번째 해에 등장하고 걸음마기 동안 빈도가 증가한다. 신체적 공격은 학령전기에 빈도가 감소하기 시작한다. 초등학교 시기에, 아동들은 어릴 때보다 비신체적 공격(예 : 관계적 공격)을 더 많이 하고, 어떤 아동들은 절도와 같은 반사회적 행동들을 한다.

■ 학령전기부터, 남아들은 여아들보다 신체적으로 더 공격적이고 비행 행동을 할 가능성이 더 크다.

■ 공격과 품행문제들에서 초기 개인차는 이후 아동기, 청소년기 및 성인기의 반사회적 행동을 예측한다.

■ 기질과 신경학적 기능에서 아동들 간 차이에 기여하는 생물학적 요인들은 아동이 얼마나 공격적이 될지에 영향을 미칠 것이다. 사회 인지도 공격성에 영향을 미친다 — 공격적 아동들은 적대적 동기를 타인들에게 귀인하고 스스로 적대적 목표를 갖는 경향이 있다.

■ 광범위한 환경적 요인들은 아동의 공격성을 촉진하며, 낮은 부모의 지원, 무질서한 가족, 저조한 모니터링, 학대적이고 강압적이고 비일관적인 훈육 및 가정의 스트레스나 갈등을 포함한다. 게다가 공격적 아동이 반사회적 또래들을 찾지만, 반사회적 또래들과의 관계는 반사회적 행동에 영향을 줄 것이다. 공격성은 문화에 따라 다소 차이가 있으며, 문화적 가치, 규준 및 사회화 실제들은 공격성과 반사회적 행동의 개인차에 영향을 미칠 것이다.

■ 품행장애나 반항성 장애와 같은 반사회적 행동장애로 진단된 아동들은 상대적으로 심각한 형태의 문제행동을 보인다.

■ 고위험 학교들에서, 정서 이해와 소통, 긍정적인 사회행동, 자기통제 및 사회적 문제 해결을 촉진하기 위해 고안된 중재들은 아동들이 공격성을 포함한 행동문제를 발달시킬 가능성을 줄일 수 있다.

연습문제

1. Piaget에 따르면, 다음 중 아동의 도덕 추론 발달에 가장 영향력이 있는 것은 무엇인가?
   a. 또래와의 상호작용   b. 성인의 영향
   c. 사회적 규준   d. 유전

2. 루이스는 자신의 책상에 낙서하지 않는데, 왜냐하면 학급의 규칙이 그것을 금지하기 때문이다. 그는 학급친구들에게 모범이 되기를 원한다. Kohlberg의 위계에 따르면, 루이스는 도덕발달의 어느 단계인가?
   a. 보편적 윤리 원칙   b. 처벌과 복종 지향
   c. 도구적 및 교환 지향   d. 사회적 체계와 양심 지향

3. 새라는 화가 나서 어머니가 아끼는 화병을 깨고 싶다. 그러나 자신의 행동으로 문제를 일으키고 싶지 않고, 그래서 대신에

베개를 주먹으로 친다. Kohlberg의 위계에 따르면, 새라는 도덕발달의 어느 수준에 있는가?
   a. 전인습적   b. 발달적
   c. 인습적   d. 후인습적

4. 도덕발달에 대한 논의에서 정의된 친사회적 행동은 무엇인가?
   a. 개인적 이득에 기초한 행동
   b. 다른 사람을 이롭게 하려는 의도에 기초한 자발적 행동
   c. 전체로서 사회에 기여하는 행위들
   d. 승인을 얻으려는 의도에 기초한 행동

5. 아동은 양심이 발달한다.
   a. 4~6세에 동성 부모와 동일시를 통해
   b. 부모의 훈육행동에 영향을 받아 시간이 지나면서 서서히

c. 불연속적 과정으로

d. 부모의 행동과는 상관없이 표준적인 순서대로

6. 특정 유전자 SLC6A4의 변이가 있는 아동의 경우, 어머니의 낮은 반응성은 아동 초기의 높은 수준 양심과 연합되어 있다. 이런 패턴은 _____의 예이다.

a. Piaget의 도덕발달 단계

b. Kohlberg의 도덕 추론 수준

c. 기질과 환경 간 조화의 적합성

d. 친사회적 행동

7. 다음 중 양심 발달에 영향을 주는 것은 무엇인가?

a. 부모의 훈육 양식　　　b. 유전적 요인들

c. 기질　　　　　　　　d. 위의 것 모두

8. 아동이 사회적 인습보다 도덕적 규칙을 따르는 것이 더 중요하다고 믿기 시작하는 연령은 대략 언제인가?

a. 12개월　　　　　　　b. 6세

c. 12세　　　　　　　　d. 3세

9. 제이든은 장난감 자동차를 갖고 놀고 있다. 샘이 와서 그것을 가져갔고, 이것은 제이든을 슬프게 만든다. 오마르는 이 상황을 보고 마찬가지로 슬퍼한다. 오마르가 보이는 정서반응은 무엇인가?

a. 동정　　　　　　　　b. 친사회적 행동

c. 이타성　　　　　　　d. 공감

10. 협력은 동정과 아동의 _____둘 다에 의해 나올 수 있는 친사회적 행동이다.

a. 수치심　　　　　　　b. 공감

c. 공정성　　　　　　　d. 정의감

11. 다음 중 친사회적 경향성의 발달에 영향을 주는 것은 무엇인가?

a. 부모의 훈육 양식　　　b. 유전적 요인들

c. 기질　　　　　　　　d. 위의 것 모두

12. 신체적 공격은 발달에서 표준이고 대략 _____세(혹은 개월)에 빈도가 증가하기 시작하는가?

a. 5~6세　　　　　　　b. 6개월

c. 18개월　　　　　　　d. 3세

13. 동물에 대한 잔인함과 괴롭힘 패턴과 같은 심각한 반사회적이고 공격적인 행동은 _____의 예이다.

a. 품행장애　　　　　　b. 반응적 공격

c. 반항성 장애　　　　　d. 부정적 청소년 발달

14. 학교 식당에서, 린은 줄에서 앞으로 가기 위해 다른 아동들을 밖으로 민다. 린은 어떤 유형의 공격을 하고 있는가?

a. 반응적　　　　　　　b. 도발적

c. 반사회적　　　　　　d. 관계적

15. 공격성이 유전적 요인보다 환경적 요인의 영향을 더 많이 받는 것은 어느 발달 단계 동안인가?

a. 청소년기　　　　　　b. 아동 초기

c. 영아기　　　　　　　d. 성인기

비판적 사고 질문

1. 여러분의 삶에서 최근 도덕적 딜레마를 떠올려보라. 여러분은 그 딜레마에서 어떤 종류의 추론을 사용했는가? 그것은 Kohlberg의 하인츠 딜레마와 어떤 차이가 있는가? 이 차이들은 여러분의 딜레마 추론에 어떤 영향을 미칠 것인가?

2. 공격적인 아동과 청소년들이 공격적인 친구를 갖는 이유를 알아보려면 여러분은 어떻게 연구를 설계할 것인가? 여러분은 공격적인 청소년이 단순이 공격적인 친구들을 선택하는지 혹은 공격적인 친구들이 청소년들을 더 공격적으로 만드는지를 어떻게 결정할 것인가?

3. 아동의 도움행동이 이타적이며 개인적 이득에 대한 기대나 혹은 타인의 인정에 대한 관심과 같은 요인들 때문이 아니라는 것을 평가하기 원한다고 가정해보라. 여러분은 5세 아동들의 이타적 도움을 평가하는 연구를 어떻게 설계할 것인가? 만일 16세 청소년들의 이타적 도움을 평가하기를 원한다면 절차를 어떻게 수정할 것인가?

4. 사회학습 이론(제9장 참조)의 관점을 이용해서, 부모가 아동의 공격성 발달을 방해하는 방식들을 간략하게 정리하라.

5. 형사 사법제는내에 있는 어떤 변호사들은 지난 20년 동안 범죄에 가담한 청소년을 성인처럼 다루려고 노력하고 있다. 여러분이 도덕발달에 대해 학습한 것을 가정하면, 청소년은 그들의 행위들에 대해 성인들만큼 과실이 있는 것으로 여겨야 하는가?

6. 학교들은 점점 더 아동들에게 도덕적으로 행동하는 방식을 가

르치고자 노력하고 있다. 이 기술들을 가르치기 위한 환경으로서 학교의 장점과 단점은 무엇인가? 이 작업을 전적으로 부모에게 남겨두는 것의 장점과 단점은 무엇인가?

7. 학교에 가는 날 오후 3시와 오후 4시 사이에 절정에 도달하는 청소년 폭력 범죄의 패턴을 가정하면(그림 14.6 참조), 공동체는 이 시간 동안 청소년 폭력 범죄를 줄이기 위해 무엇을 할 수 있는가?

핵심용어

개인적 판단(personal judgments)
공격(aggression)
도구적 공격(instrumental aggression)
도덕적 판단(moral judgments)

도발적 공격(proactive aggression)
반사회적 행동(antisocial behavior)
반응적 공격(reactive aggression)
사회－관습적 판단(social-conventional judgments)

양심(conscience)
이타적 동기(altruistic motives)
친사회적 행동(prosocial behavior)

연습문제 정답

1. a, 2. d, 3. a, 4. b, 5. b, 6. c, 7. d, 8. d, 9. d, 10. c, 11. d, 12. c, 13. a, 14. b, 15. a

LAURIE WIGHAM, *Birch Lake Lagoon* (watercolor, 2015)

성 발달

성 발달에 대한 이론적 접근

생물학적 영향
인지 및 동기적 영향

　글상자 15.1 : 자세히 살펴보기　성 정체성 : 사회화를 넘어?

문화적 영향

성 발달의 이정표

영아기와 걸음마기
학령전기
아동 중기
청소년기

여아와 남아 간 비교

신체 성장 : 태내발달부터 청소년기까지
인지능력과 학문적 성취
대인 간 목표와 소통

　글상자 15.2 : 자세히 살펴보기　성과 아동의 소통 양식

요약

이 장의 주제

- 천성과 육성
- 능동적인 아동
- 사회문화적 맥락
- 개인차

만일 여러분이 성장하는 동안 알았던 아이들에 대해 생각해보면, 아마도 그들은 차이가 많았다는 것을 기억할 것이다. 개인적 흥미, 성격 및 능력이 다르다. 4명의 12세 북미 아동에 대해 생각해보자. 케이시는 학교 축구팀에서 노는 것을 좋아하고 오래 앉아 있으면 지루함을 느낀다. 테일러는 공상과학 프로그램 보기를 좋아하고 학교 컴퓨터 클럽에 소속되어 있다. 킴은 무용 수업을 좋아하고 매일 입을 옷에 대해 생각을 많이 한다. 알렉스는 학교의 치어리더이고 용돈을 벌기 위해 베이비시터를 한다. 여러분은 케이시와 테일러가 남아이고 킴과 알렉스는 여아일 것이라고 기대할 것이다. 이 생각은 북미에서 여아와 남아에 대한 일반적인 기대와 일치한다. 어떤 경우에, 이런 기대들은 많은 남아와 여아들의 일반적 경향을 반영한다. 그러나 이 장에서 우리가 탐색하게 될 것처럼, 경험적 연구는 성에 대한 받아들여지는 많은 기대들에 도전한다. 예를 들면 앞에서 묘사했던 아이들로 돌아가면, 케이시나 테일러는 여아일 수 있다. 실제로 많은 여아들이 공상과학과 컴퓨터뿐 아니라 스포츠와 신체 활동을 좋아한다. 어떤 남아들은 춤과 옷치장을 좋아할 뿐 아니라 치어리딩 팀에 소속되고 베이비시터일 수 있다.

그럼에도 불구하고, 여아와 남아의 성향과 행동이 기본적으로 다르다는 생각은 인기가 있다. '반대 성(the opposite sexes)'이란 말은 대개 여아와 남아(그리고 여성과 남성)를 언급할 때 사용된다. 그러나 과학자들은 여아와 남아들이 반대가 아님을 발견한다. 이 장에서 논의하듯이, 단지 약간의 인지능력과 사회적 행동만이 실제로 일관된 성차를 보이며, 그것들 대부분의 평균 차이도 매우 작다.

연구자들이 행동의 평균 성차를 발견할 때에도, 개인으로서 남성과 여성 간에는 상당한 중복이 있다. 예를 들어 기질적 특질에서 활동 수준을 생각해보라(제10장 참조). 평균적으로, 남아들은 여아들보다 활동 수준이 더 높다. 따라서 성차를 이해하기 위해 두 가지를 기억하는 것이 중요하다. 첫째, 여아와 남아들은 대개 상반되지 않는다. 유사점이 차이점보다 더 일반적이다(Hyde, 2005). 둘째, 모든 여아가 비슷하지 않고, 모든 남아가 비슷하지 않다. 각 성 내에서 능력과 행동은 상당히 다양하다.

이 장에서 우리는 무엇이 여아와 남아 간 성차 혹은 유사성을 설명하는지를 살펴본다. 그들의 선호가 다른 이유는 무엇인가? 발달심리학자들은 대개 생물학적, 심리적 및 문화적 과정들이 조합되어 성 발달에 영향을 미친다는 것을 인정한다(Leaper, 2013, 2015a). 그러나 관찰된 성차를 설명할 때 특정 요인을 얼마나 강조할지에서 차이가 있다. 어떤 연구자들은 남아와 여아의 행동에서 어떤 차이들은 인간 진화 과정에서 등장했던 기본적인 생물학적 차이임을 주장한다(Bjorklund & Pellegrini, 2002; Geary, 2010). 그들의 관점에서, 어떤 행동들의 평균 성차는 뇌 구조와 호르몬 영향에서 유전적 성별 차이가 원인이다. 반대로 다른 심리학자들은 사회적 및 인지적 영향을 더 강조한다(Bussey & Bandura, 1999; C. L. Martin, Ruble, & Szkrybalo, 2002). 그들은 전반적으로 가족, 또래, 교사 및 문화의 사회적 영향뿐 아니라 성과 관련된 신념과 성 정체성 같은 인지적 과정의 영향에 초점을 둔다. 일반적으로, 발달심리학자들은 성 발달이 천성과 육성의 조합이라는 것에 동의한다. 그러나 각각의 상대적 영향력에 대해서는 동의하지 않는다.

우리는 이 장에서 주요한 두 가지 의문을 탐색한다 — (1) 여아와 남아는 심리적 변인들이 얼마나 유사하거나 다른가? (2) 무엇이

많은 여아와 남아들은 흥미와 행동이 유사하다. 예를 들면 대략 여아의 40%와 남아의 50%는 조직적인 스포츠에 참여한다.

Christopher Futcher / Getty Images

차이들을 설명 수 있는가? 우리는 처음에 성 발달에 기여할 가능성이 있는 생물학적, 인지-동기적 및 문화적 영향들을 살펴본다. 다음으로 아동의 성 고정관념과 성 유형화된 행동 발달에서 주요한 이정표를 간단히 정리한다. 그런 다음 신체발달, 인지능력과 성취 및 성격과 사회적 행동 같은 특정 발달 영역들에서 여아와 남아 간 유사점과 차이점에 대해 실제로 알려진 것을 비교한다.

논의를 통해, 우리는 **성별**과 성을 다른 방식으로 사용한다. **성별**(sex)은 성염색체에 기초해서 남성과 여성 간 차이들의 생물학적 기원을 의미한다(제3장 참조). **성**(gender)은 더 중립적인 용어로서 여성이나 남성(혹은 어느 쪽도 아닌)으로 타인들이나 자신을 범주화한다(나중에 설명하듯이, 트랜스젠더 개인들은 선천적으로 배정된 것과는 다른 성 범주로 확인될 수 있다). 우리는 성별이라는 용어를 분명하게 호르몬이나 유전적 성별을 포함하는 생물학적 과정들을 언급할 때만 사용한다. 또한 **성 유형화된**(gender-typed) 그리고 **이성에 유형화된**(cross-gender-typed)이란 용어는 각 개인에게 주어진 성에 유형화된 행동 그리고 다른 성에 유형화된 행동을 말한다. 마지막으로 **성 유형화**(gender typing)는 광범위한 발달 동안 성 사회화 과정을 말한다.

우리의 일곱 가지 주제 중 4개가 이 장에서 특히 두드러진다. **천성과 육성** 주제는 반복적으로 등장하는데, 성 발달에서 생물학적 및 환경적 요인들의 역할을 강조하는 것에서 조망들 간 차이가 있기 때문이다. **능동적 아동** 주제는 남성과 여성이 어떤 의미인지를 발견할 때 그리고 성에 적절한 역할들로 또래를 사회화할 때 아동의 역할을 강조하는 성 발달의 인지 이론에서 분명하다. **사회문화적 맥락**은 부모, 교사, 또래 및 미디어가 아동의 성 발달을 조형할 때 하는 역할을 강조하는 이론들에서 반영된다. 마지막으로, **개인차** 주제는 이 장 전체에 퍼져 있으며, 우리는 남성과 여성의 유사점과 차이점을 설명한다.

성별 ■ 유전적 여성(XX)과 유전적 남성(XY) 간 구분

성 ■ 여성이나 남성(둘 다 아니거나 다른 범주)으로서 사회적 배정이나 사회적 범주화

성 유형화된 ■ 어떤 개인의 성에 정형화되거나 기대되는 행동

이성에 유형화된 ■ 어떤 인물의 성과는 다른 성에 정형화되거나 기대되는 행동들

성 유형화 ■ 성 사회화의 과정

성 발달에 대한 이론적 접근

연구자들은 성 발달에 대한 생물학적, 인지-동기적 및 문화적 요인들의 영향을 다양하게 지적한다. 첫째, 성호르몬과 뇌구조 차이를 포함한 여성과 남성 간 생물학적 차이는 어떤 행동들의 평균 성차를 부분적으로 설명할 수 있다. 둘째, 관찰과 연습을 통해 성 유형화된 역할들을 학습하는 인지와 동기는 아동의 성 발달을 조형할 수 있다. 인지-동기적 설명에서 강조하듯이, 남아와 여아는 부모, 교사, 또래 및 미디어로부터 체계적으로 서로 다른 역할모델, 기회 및 성 유형화된 행동에 대한 유인가들을 제공받는다. 마지막으로, 사회에서 여성과 남성들의 상대적 지위를 포함한 문화적 요인들은 아동의 성 발달을 조형할 수 있다.

이 절에서 보게 되듯이, 각 유형의 영향력이 행동들에서 하는 역할에 대한 경험적 증거가 있다. 실제로, 대부분의 성 발달 측면들은 세 요인 간의 복잡한 상호작용에서 나온 결과이다.

생물학적 영향

생물학적 영향에 관심이 있는 어떤 연구자들은 행동의 성차들이 인간 진화 과정에서 등장한 방식들을 강조한다. 다른 생물학적으로 지향된 연구자들은 행동 발달의 성차에 대한 가능한 영향력으로서 호르몬 요인이나 뇌 기능의 차이에 직접적으로 초점을 맞춘다.

진화적 접근

진화 이론은 생존과 번식(다음 세대로 유전자를 전달)을 촉진하는 특성들이 인간 진화 과정에서 선호되었다고 제안한다. 발달심리학자들은 대체로 진화가 아동 발달의 이해에서 중요하다는 것에 동의한다. 그러나 여성과 남성이 서로 다른 행동 성향(어떤 방식으로 생각하고 행동하는 유전적 경향성)을 진화시켰다는 제안에 대해 서로 다른 관점이 있는데, **진화심리학 이론**과 **생물사회적 이론**이 그것이다.

진화심리학 이론 진화심리학 이론에 따르면, 어떤 행동 경향성들은 진화 과정에서 인간의 생존을 돕기 때문에 나타난다. 어떤 진화심리학 이론가들은 행동의 특정 성차는 진화된 성격 특성을 반영한다고 제안한다. 이 이론가들은 성별과 관련된 성향들은 여성과 남성들이 성공적으로 짝짓기를 하고 후손을 보호할 기회를 높이기 위해 발달했다고 주장한다(Benenson, 2014; Bjorklund & Pellegrini, 2002; D. M. Buss, 2014; Geary, 2010; Kenrick, Trost, & Sundie, 2004).

아동의 놀이행동에 대한 연구들은 진화적 조망과 일치하는 것으로 해석될 수 있는 평균 성차를 보여준다. 예를 들면 여아보다 남아들이 신체적으로 더 활동적이고, 거칠고, 경쟁적인 놀이를 하는 경향이 있다(Benenson, 2014; Maccoby, 1998). 많은 남아들은 집단에서 남성 또래들과 지배권을 다투는 데 상당한 노력을 기울인다. Geary(1999)는 남아의 싸움-놀이는 "인간 진화에서 남성-남성 경쟁과 관련된 능력들을 연습하는 진화된 경향성"(p. 31)을 나타낸다고 제안했다.

반대로, 평균적으로 여아들은 남아들보다 긍정적인 사회적 관계를 형성하고 유지하려고 노력하고, 더 작은 집단의 가까운 여자친구들과 시간을 보내며, 상호작용에서 공개적 갈등을 피하려는 경향이 더 많다(Benenson, 2014; Maccoby, 1998). 또한 여아들은 남아들보다 인형놀이 같은 양육-놀이를 훨씬 더 많이 한다. 진화심리학 조망에서, 모유 수유의 형태로 이루어지는 어머니의 보살핌은 아기의 생존에 필요하기 때문에, 이 행동들은 진화된 성향을 반영한다. 게다가 양육과 다른 친화적 행동들은 자손들이 번식을 할 만큼 충분히 생존할 가능성을 높일 것이다.

진화심리학 이론은 인기있는 접근이지만, 성차와 관련된 제안들 중 어떤 것은 논쟁거리이다. 주목할 만한 두 가지 비판이 있다. 첫째, 어떤 생물학자와 심리학자들은 성격 특성들의 성차와 관련된 많은 진화심리학 이론의 주장은 검증될 수 없다고 주장한다(S. J. Gould, 1997; Lickliter & Honeycutt, 2003; W. Wood & Eagly, 2002, 2012). 이론의 설명이 순환적 추론에 기초하고 있다고 비판한다. 양육 행동에서 성차가 있다면, 그것이 진화 과정에서 생존에 도움이 되었기 때문이라고 한다. 즉 오늘날에도 성차가 있기 때문에 그 행동이 진화하는 동안 적응적이었을 것으로 여긴다. 이것은 단순히 전제를 결론으로 주장하는 것이다. 따라서 검증하기 어려운 주장이다! 아마도 진화적 영향의 증거를 보여주는 가장 분명한 방법은 특정 행동들에서 성별 차이를 성염색체의 유전적 차이와 연결시키는 것이다. 분자유전학의 발전에 힘입어 언젠가 연구자들이 진화심리학 이론에서 이런 가정들을 말할 수 있을 것이다. 두 번째 관심사는 진화심리학 이론이 전통적 성역할에 타당성을 주기 위한 설명이라는 것이다. 어떤 이론들은 성 발달에서 생물학적 제약에 초점을 맞춘다(Angier, 1999; S. J. Gould, 1997 참조).

생물사회적 이론으로 부르는 대안적인 진화적 접근은 변하는 환경적 조건들에 대한 행동적 적응을 위한 인간의 능력을 강조한다(Wood & Eagly, 2002, 2012; Lickliter & Honeycutt, 2003 참조). 우리는 다음으로 이 이론을 살펴볼 것이다.

생물사회적 이론 생물사회적 이론은 관찰할 수 있는 성별 간 **신체적** 차이의 진화에 초점을 맞춘다. 이 차이가 행동적 및 사회적 결과를 만든다고 제안함으로써, 환경적 다양가변성에 대한 적응으로서 행동적 유연성 능력을 강조한다(Wood & Eagly, 2002, 2012). 생물사회적 이론의 옹호자들은 인간 역사에서 가장 중요한 신체적 차이는 (1) 평균적으로 더 큰 남성의 크기, 체력 및 걷는 속도와 (2) 여성의 출산과 육아능력이라고 주장한다. 남성의 신체적 능력은 사냥이나 전투 같은 활동들에서 유리했고, 이것은 사회에서 지위와 사회적 지배력을 주었다. 반대로 아이를 출산하고 양육하는 것은 여성의 이동성과 사냥 같은 많은 경제적 활동을 제한했다.

그러나 생물사회적 이론에 따르면, 생물학이 필연적으로 운명을 결정하는 것은 아니다. 첫째, 현재 테크놀로지 사회에서, 남성의 체력이나 다른 신체적 특성들은 대부분의 생계 수단들과 관련이 없다. 예를 들면 체력은 관리자, 변호사, 의사 혹은 엔지니어로 성공하는 것과 무관하다. 성 평등성이 커지면서, 더 많은 여성들이 이런 높은 지위의 직업들로 들어갔다(그러나 성 평등성은 충분히 현실화되지 못했다). 또한 피임과 탁아소로 인해 여성은 더 많은 유연성을 갖게 되고 노동시장에 계속해서 참여할 수 있다. 따라서 생물사회적 이론에 따르면, 신체적 성차와 사회적 생태학 둘 다 남성과 여성에게 배정된 서로 다른 성역할 그리고 남아와 여아들의 사회화를 조형한다.

앞에서 보았듯이, 진화심리학 이론과 연합된 주장들은 성차에 대한 생물학적 결정요인들을 강조하는 것에 대해 비난을 받는다. 그러나 진화심리학자들은 신체와 마음은 함께 진화했고 생물사회적 이론은 성 발달에 대한 신체의 영향만을 언급한다고 주장한다(Archer & Lloyd, 2002; Luxen, 2007). 요약하면, 진화심리학 이론과 생물사회적 이론 둘 다 진화의 중요성과 여성과 남성 간 신체적 차이를 인정한다. 그러나 진화심리학자들은 여성과 남성에서 행동적 성향의 차이로 이끄는 진화된 유전적 특질의 성별 차이를 상대적으로 더 강조한다.

신경과학적 접근

신경과학적 접근을 하는 연구자들은 유전자, 호르몬 및 뇌 기능이 성 발달의 차이와 관련 있는지 그리고 어떻게 관련 있는지를 검증하는 것에 집중한다(Hines, 2013). 어떤 신경과학 연구자들은 진화심리학적 조망으로 자신의 작업을 구조화한다(Geary, 2004, 2010).

유전자 생물학적 성별은 사람이 XX(유전적으로 여성) 혹은 XY(유전적으로 남성) 염색체 쌍을 가졌는지에 의해 결정된다(성 염색체가 부족하거나 추가로 갖는 희귀한 조건들이 있다). 비록 인간에 대한 어떤 연구도 성 유형화된 행동에 대한 유전적 영향의 직접적인 증거를 제공하지 못하지만, 설치류를 이용한 연구는 몇 가지 관련 효과들을 보여준다(Hines, 2013). 예를 들면 생쥐 연구들은 Y 염색체 유전자와 이후 어떤 공격적 및 양육 행동의 수준 간 관련성을 보여준다(Hines, 2013). 다시 말하지만, 인간의 유전자와 성 유형화된 행동 간 직접적 관련성을 보여주는 연구는 없다. 다만, 호르몬 생성에 의해 중재되는 가능한 유전적 효과에 대한 간접적 증거가 있다.

호르몬과 뇌 기능 성 발달 연구는 테스토스테론을 포함한 스테로이드 호르몬의 일종인 **안드로겐**(androgens)의 가능한 효과에 많은 주목을 하고 있다. 정상 태내발달 동안, 안드로겐의 생성은 유전적 남성들에서 남성 생식기를 형성한다. 안드로겐 수준이 높지 않을 때, 유전적 여성들에서 여성 생식기가 형성된다.

또한 안드로겐은 신경계를 조직하거나 혹은 **활성화**할 수 있다. **조직화 효과**(organizing influences)

안드로겐 ■ 정상적으로 여성보다 남성에서 더 높은 수준으로 발생하는 스테로이드계 호르몬이며 태내기부터 신체 발달과 기능에 영향을 미친다.

조직화 효과 ■ 태내발달 동안 혹은 사춘기에 뇌의 차별화와 조직화에 영향을 미치는 성별 관련 호르몬들의 잠재적 결과는 어떤 성별 관련 호르몬들이 태내발달 동안 혹은 사춘기에 뇌 분화와 조직화에 영향을 줄 때 발생한다. 예를 들면 태내 안드로겐의 성별 차이는 신경계의 조직화와 기능에 영향을 미칠 수 있다. 이것은 이후 어떤 놀이 선호의 평균 성차와 관련될 수 있다(Hines, 2013 참조). 안드로겐 수준은 전형적으로 태내발달 동안 유전적 여성보다 유전적 남성에서 더 높지만, 유전적 여성이 높은 수준의 안드로겐에 노출되는 조건들이 있다. 이 여아들은 아동기에 남성-정형화된 활동들을 더 선호할 가능성이 더 높다(글상자 15.1 참조). **활성화 효과**(activating influence)는 성별 관련 호르몬 수준의 변동이 뇌와 행동적 반응의 동시적 활성화에 영향을 미칠 때 발생한다(Hines, 2013). 예를 들면 신체는 지각된 위협에 대한 반응으로 안드로겐을 생성한다. 이것은 공격성의 성차에 의미가 있을 것이다.

뇌 구조와 기능 성인 남성과 여성의 뇌는 물리적 구조에서 작은 차이가 있다(Hines, 2004, 2013). 그러나 이 차이가 결과적으로 인지적 수행에 분명한 장점이 되지는 않는 듯하다(D. F. Halpern, 2012). 게다가 뇌 구조의 성별 차이에 연구의 중요한 한계는 그것이 대부분 성인 대상 뇌영상 연구들에 기초하고 있다는 것이다. 뇌 발달 동안 유전자와 경험의 연속적인 상호작용을 가정하면, 성인 뇌의 구조와 기능에서 차이들이 어느 정도까지 유전적 혹은 환경적 영향 때문인지는 불분명하다. 또한 뇌구조에서 이런 작은 차이가 능력과 행동의 성차를 어느 정도까지 결정할 수 있는지도 불분명하다(D. F. Halpern, 2012).

인지 및 동기적 영향

성 발달의 인지 이론들은 아동이 관찰, 추론 및 연습을 통해 성 유형화된 태도와 행동을 학습하는 방식을 강조한다. 이 설명들에 따르면, 아동들은 자신의 행동을 안내하는 성에 대한 기대를 형성한다. 인지 이론들은 아동들의 능동적 **자기 사회화**(self-socialization)를 강조한다. 개인들은 자신이 선택하는 세상과 행위들을 어떻게 지각할지를 안내하는 신념, 기대 및 선호를 이용한다. 아동이 여아나 남아로서 성 정체성에 일치하는 행동을 하려고 할 때 성 발달에서 자기 사회화가 일어난다. 그러나 인지 이론들은 환경, 즉 여아와 남아들이 경험하는 서로 다른 역할모델, 기회 및 유인가들의 역할을 강조한다. 다음으로 우리는 네 가지 성 발달 인지 이론, 즉 인지발달 이론, 성 도식 이론, 사회 정체성 이론 및 사회 인지 이론에 대해 논의할 것이다. 다음에서 보게 될 것처럼, 이 이론들은 많은 측면들에서 서로를 보완한다(Leaper, 2011 참조).

인지발달 이론

Lawrence Kohlberg(1966)의 성역할 인지발달 이론은 Piaget의 틀을 반영한다(제4장). 아동의 물리적 지식 구성에 대한 Piaget의 이론에서와 같은 방식으로, Kohlberg는 아동들이 능동적으로 성에 대한 지식을 구성한다고 제안했다. Kohlberg 이론은 두 가지 독특한 기여를 한다. 첫째, 그는 아동들이 성의 의미를 이해하기 위해 자기 주변 세상을 관찰하거나 상호작용을 통해 적극적으로 탐색한다고 가정한다(이 특징은 성도식 이론과 사회 인지 이론을 포함한 다른 인지 이론들도 공유한다). 둘째, Kohlberg는 아동 초기 동안 성에 대한 아동의 이해에서 인지발달적 변화를 제안했다.

Kohlberg는 성에 대한 아동의 이해는 대략 2~6세 사이에 일어나는 3단계 과정이라고 주장했다. 첫째, 대략 30개월이 되면, 어린 아동들은 **성 정체성**(gender identity)을 습득하는데, 자신을 여아나

활성화 효과 ■ 신경계의 동시적 활성화와 그에 상응하는 행동 반응에 영향을 미치는 성별 관련 호르몬 수준들의 변동에 따른 잠재적 결과

자기 사회화 ■ 발달 동안 적극적 과정으로, 아동의 인지가 세상을 지각하고 자신의 기대와 신념들과 일치하게 행동하도록 이끈다.

성 불쾌감증 ■ 출생 시에 그들에게 부여된 성에 동일시하지 못하기 때문에 고통을 겪는 아동들에 대한 DSM-5의 정신질환 진단

트랜스젠더 ■ 출생 시에 부여된 성(혹은 생물학적 성별)에 동일시하지 못하는 개인들

시스젠더 ■ 출생 시에 부여된 성(혹은 생물학적 성별)에 동일시하는 개인들

선천적 부신 과형성 ■ 태내발달 동안 부신이 높은 수준의 안드로겐을 생성하는 상태. 때로 유전적 여성에서 외부 생식기의 남성화와 연합되고 때로 유전적 여성에서 높은 비율의 남성에 정형화된 놀이와 연합된다.

안드로겐 둔감화 증후군 ■ 태내발달 동안 유전적 남성에서 안드로겐 수용체들이 제대로 기능하지 못하는 상태이며 남성 외부 생식기의 형성을 방해한다. 이런 경우에 아동들은 여성 외부 생식기를 갖고 태어날 수 있다.

성 정체성 ■ 남아나 여아로서 자기 동일시

성 정체성 : 사회화를 넘어?

대부분 아동의 성 동일시는 관찰 가능한 생식기 및 성 사회화와 일치한다. 아동의 '여자아이' 혹은 '남자아이'로서 자신을 보는 것은 유전적 성별과 자신들에 대한 타인의 성역할 기대와 일치한다. 그러나 희귀한 경우에, 아동들은 자신의 성이 다른 아동과 다르다고 믿는다. 이 사례들에 대한 연구는 일단 형성되면 아동의 초기(initial) 성 동일시는 아동이 '잘못된' 성으로 지각하는 구성원으로 사회화하려는 부모의 시도에 영향을 받지 않는다고 제안한다.

성 사회화에 대한 아동 선호의 잠재적 힘은 아동이 이성과 동일시할 때 분명하다. 어떤 남아들은 여아로 동일시하기를 좋아하고 어떤 여아들은 남아로 동일시하기를 좋아한다. 이 아동들은 대개 이성에 유형화된 활동이나 옷을 좋아하고 자기 성에 유형화된 활동들을 싫어한다(Zucker & Bradley, 1995). 이런 불일치하는 성 정체성은 대개 발달 초기에 나타나고, 대부분 남아들에서 나타나며, 부모의 사회화 노력에도 수정되기 어려울 수 있다. 이 사례들은 성 동일시에 생물학적 요소가 있음을 보여준다. 생물학적 조망은 발달하는 태아 뇌에 미치는 성 호르몬의 태내 효과를 가리킨다. 생물학적 영향력은 행동적 성차뿐 아니라 성 정체성에 기여하는 듯하다.

불일치하는 성 정체성을 가진 아동들을 정신의학적 장애로 분류할지에 대한 심리학적 논쟁이 있다. 미국정신의학협회(2013) 개요의 최신판인 정신질환의 진단 및 통계 편람, 제5판(DSM-5)에서, 출생 시에 배정된 성에 동일시하지 않는다면 이런 아동들은 **성 불쾌감증**(gender dysphoria)(이전의 '성 정체성 장애'를 대체)으로 진단될 수 있다. 어떤 임상의들은 대안적 성 정체성을 가진 아동들은 고

통을 받고 있으며 보살핌이 필요하다고 주장한다(Zucker, 2006). 다른 심리학자들은 성 정체성과 흥미에 순종하지 않는 아동들에게 정신의학적 명칭을 배정하는 것은 선천적 장애보다 성역할 순종에 대한 사회적 기대를 반영한다고 주장한다(Bartlett, Vasey, & Bukowski, 2000).

같은 생각을 가진 사람들은 '여성'과 '남성'의 두 범주만으로 생각하는 것을 넘어서는 더 광범위한 성 개념을 주장한다. 이것은 **트랜스젠더**(transgender) 청소년과 성인, 즉 출생 시에 배정된 성에 동일시하지 않는 개인들을 인정한다. 트랜스젠더 개인들은 이성 혹은 두 성 모두와 동일시하거나 어느 성과도 동일시하지 않는다. 대조적으로 **시스젠더**(cisgender)라는 용어는 출생 시에 배정된 성과 동일시하는 아동들에게 사용한다.

어떤 아동들이 트랜스젠더와 동일시하는 이유는 불분명하다. 심리학자들은 최근에야 이 주제를 연구하기 시작했다(Boskey, 2014; Dragowski, Scharrón-del Río, Sandigorsky, 2011). 언급했듯이, 많은 정신의학자와 임상심리학자들은 이 아동들을 '성 정체성 장애'로 명명했다. 그러나 많은 문화에서 성역할들이 점점 더 유연해지면서, 부모와 다른 사람들은 트랜스젠더 아동들을 점점 더 포용하고 인정하게 되었다(Riley et al., 2013). 이런 문화적 변화에도 불구하고, 많은 트랜스젠더와 다른 성 불일치(예 : 레즈비언과 게이) 청소년은 가족, 교사, 또래들로부터 괴롭힘을 당하고, 자살의 위험에 놓인다(Haas et al., 2011; 제11장 참조).

성 스펙트럼을 확장하려는 또 다른 집단은 간성(intersex) 상태로 태어난 개인들이다(Preves,

2003). 간성 상태는 어떤 유전적 성의 개인이 다른 성에 전형적인 특징적 생식기가 발달하게 하는 열성 유전자 때문이다. (간성 개인들은 스스로를 트랜스젠더라고 생각할 수 있다.) 두 가지 간성 상태가 있는데, 선천적 부신 과형성과 안드로겐 둔감 증후군이다.

유전적 여성에서 태내발달 동안 생성된 높은 수준의 안드로겐은 **선천적 부신 과형성**(congenital adrenal hyperplasia, CAH), 남성(혹은 부분적 남성화) 생식기를 형성하게 하는 상태로 만들 수 있다. 연구자들은 성 발달에 대한 안드로겐의 영향을 알아보기 위해 CAH가 있는 여아들을 연구하고 있다. 그들은 다른 여아들과 비교해서, CAH가 있는 여아들은 거친 놀이와 같은 신체적으로 활동적인 놀이를 선택하고 인형 놀이와 같은 앉아서 하는 놀이를 피할 가능성이 더 높음을 발견했다(Hines, 2013; Nordenström et al., 2002).

반대로 유전적 남성들의 희귀 증후군인 **안드로겐 둔감 증후군**(androgen insensitivity syndrome, AIS)은 안드로겐 수용기들이 오작동하게 만든다. 이런 경우, 유전적 남성은 여성의 외부 생식기를 갖고 태어날 수 있다. 이런 개인들은 대개 여아(이후 여성으로)로 자기 동일시(self-identify)를 하고, 대체로 여성 정형화된 관심사들을 좋아한다(Hines, 2013).

CAH와 AIS가 있는 아동들은 태내 안드로겐이 부분적으로 남아와 영아의 성 정체성과 성 유형화된 놀이 선호에 영향을 미칠 수 있다는 전제를 지지하는 증거가 된다. 게다가 이 증거는 때로 성 발달의 진화적 설명을 지지한다(G. M. Alexander, 2003).

남아로 범주화한다(Fagot & Leinbach, 1989). 그러나 아직 그들은 성이 영속적이라는 것을 깨닫지 못한다. 예를 들면 어린 아동들은 여아가 아버지가 될 수 있다고 믿는다(Slaby & Frey, 1975). 3세나 4세에 시작되는 두 번째 단계는 **성 안정성**(gender stability)인데, 아동은 성은 시간이 지나도 같은 것으로 남아 있다는 것을 깨닫게 된다("나는 여자아이이고, 나는 항상 여자아이일 거야"). 그러나 아직 성이 표면적인 외양과는 독립적이라는 것이 분명치 않고, 따라서 드레스를 입고 여아처럼 보이는 남아가 정말로 여아가 되었다고 믿는다.

성에 대한 기본적 이해는 세 번째 단계인 대략 6세경에 완성되며, 이때 아동들은 **성 항상성**(gender constancy)을 습득하며, 성은 상황에 따라 변하는 것이 아님을 이해한다("난 여자아이이고, 내가 하는 어떤 것도 그것을 바꾸지 않을 거야"). Kohlberg는 아동이 Piaget의 보존문제를 성공하

성 안정성 ■ 성은 시간이 지나도 동일하게 유지된다는 인식

성 항상성 ■ 사람의 외모나 행동에서 피상적인 변화에도 불구하고 성은 변치 않는다는 인식

인지 이론들에서 예측했듯이, 아동들은 타인들을 관찰함으로써 성역할에 대해 많은 것을 학습한다. 텔레비전, 영화 및 비디오 게임은 여성과 남성 모두에서 많은 성 고정관념을 제공한다.

기 시작하는 때와 같은 나이라고 지적했다(제4장 참조). 그리고 두 가지 성취 모두 같은 사고 과정을 반영한다고 주장했다. Kohlberg는 표면적 변화가 일어나도 성은 일정하게 유지된다는 것에 대한 아동의 이해는 물질의 외양이 변해도 물질의 양은 보존된다는 이해와 유사하다고 주장한다. 예를 들면 진흙 공을 납작하게 눌렀을 때에도 부피는 같다. 유사한 방식으로, 여아가 머리를 짧게 자르고 야구셔츠를 입어도 성은 같다. Kohlberg에 따르면, 일단 성 항상성을 습득하면, 아동은 어떻게 행동할지를 학습하기 위해 동성 모델을 찾고 주목하기 시작한다("나는 여자아이기 때문에, 나는 여자아이 물건을 좋아해야 하고, 그래서 나는 그것들이 무엇인지 찾아내야 해요").

후속연구는 성에 대한 아동의 이해는 Kohlberg가 가정했던 순서로 발달하고 성 항상성의 습득은 보존문제에서 성공과 거의 같은 시기에 일어난다는 생각을 지지했다(예 : D. E. Marcus & Overton, 1978; C. L. Martin et al., 2002; Munroe, Shimmin, & Munroe, 1984). 또한 어떤 연구들은 성 항상성의 습득은 성 유형화된 행동들의 가능성을 높일 수 있음을 보여준다(C. L. Martin et al., 2002). 즉 대부분의 아동들은 성에 대한 이해가 공고해지면, 그들은 세상을 해석할 때 성 개념을 사용하는 경향이 있다. 다음에 살펴볼 성 도식 이론도 성 개념 습득이 아동의 성 발달에 영향을 미치는 방식들을 언급한다.

성 도식 이론

다른 발달심리학자들은 성 발달에 대한 Kohlberg의 설명에 대한 대안으로 성 도식 이론을 제안했다(Liben & Signorella, 1980; Martin & Halverson, 1981). 성 유형화된 흥미는 성 안정성을 성취한 이후 등장한다는 Kohlberg의 관점과 대조적으로, 성 도식 이론은 성 유형화된 행동을 실행하는 동기는 아동들이 타인의 성이나 자신의 성을 명명할 수 있으면 곧 시작된다고 주장한다. 다시 말하면, 대략 3세경으로(C. L. Martin et al., 2002 참조), 성 안정성의 습득보다 더 어리다.

따라서 성에 대한 아동의 이해는 **성 도식**(gender schemas)의 구성을 통해 발달하며, 성 도식은 아동이 성에 대해 알고 있는 모든 것을 통합한 심적 표상이다. 성 도식은 남성이나 여성과 함께 한 경험들에 대한 기억, 성인이나 또래들로부터 직접적으로 전수된 성 고정관념들("남자아이는 울지 않아", "여자아이들은 인형 놀이를 해"), 미디어를 통해 간접적으로 전달된 메시지들을 포함한다. 아동들은 내집단/외집단 성 도식을 이용해서 타인들을 '나와 같은' 혹은 '나와 같지 않은'으로 분류한다. 인지적 일관성을 유지하려는 동기는 그들이 자신의 성을 선호하고 주의하고 더 많은 것을 기억하게 이끈다. 그 결과, 자기-성(own-gender) 도식이 형성되며, 자신의 성과 일치하는 것을 하는 방법에 대한 상세한 지식으로 구성된다. 낯선 대상이 '나의 성에 맞는' 것이라는 단순한 학습은 그 대상을 더 좋아하게 만든다. 그림 15.1은 이 과정을 통해 어떻게 아동들이 성-일치 본질(entities)에 대한 더 많은 지식과 전문성을 습득하게 되는지를 보여준다.

아동의 정보처리에 대한 성 도식의 영향을 검증한 한 실증연구(Bradbard et al., 1986)에서, 연구자들은 4~9세 아동들에게 3개의 상자를 제시했다. 각각에는 친숙하지 않은 성 중립적인 물건들이 들어 있고, 각각에는 '남아', '여아' 혹은 '남아와 여아/여아와 남아'로 명명되었다. 아동들은 다른 성으로 명명된 상자들 속의 물건들보다 자신의 성(혹은 두 성 모두)으로 명명된 상자들에 들어 있

성 도식 ■ 성 고정관념을 포함해서 성에 대한 조직화된 심적 표상들(개념, 신념, 기억)

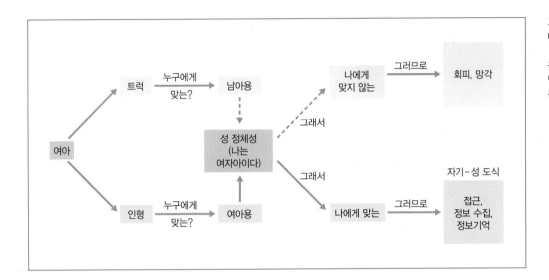

그림 15.1 성 도식 이론 성 도식 이론에 따르면, 아동들은 새로운 대상과 활동들을 '남아용'이나 '여아용'으로 분류한다. 그들은 자신의 성과 관련된 대상이나 활동들을 탐색하고 다른 성과 연합된 것들을 무시하는 경향이 있다.

는 물건들을 탐색하는 데 더 많은 시간을 보냈다. 한 주 후, 놀랄 것 없이, 자신들이 더 오랫동안 탐색했던 물건들을 더 자세하게 기억했다.

아동들은 성에 적합한 행동을 추론하기 위해 규칙적으로 또래를 본다. 유치원 교실에서 수행된 관찰연구에서, 남아들은 여러 장난감을 갖고 놀고 있는 동성 아동의 수와 비율에 영향을 받았다. 그들은 남아들이 주로 갖고 놀았던 장난감들에 접근했고 여아들에게 인기가 있는 것들을 피했다 (Shell & Eisenberg, 1990).

성 도식은 성 관련 정보에 대한 편향적인 처리와 기억에도 책임이 있다. 아동들이 이성 모델보다 동성 역할모델에서 관찰한 것을 더 많이 기억하는 경향이 있다(Blakemore, Berenbaum, & Liben, 2009; C. L. Martin et al., 2002 참조). 또한 그들은 이야기 속 등장인물이 성과 일치하는 방식으로 행동한 정보를 정확하게 부호화하고 기억하는 반면, 성과 일치하지 않는 정보는 잊거나 왜곡할 가능성이 더 높다(Blakmore et al., 2009; Liben & Signorella, 1993; C. L. Martin et al., 2002). 예를 들어 한 연구에서 아동들은 성 유형화된 이미지(예 : 과자를 굽는 여아)와 이성에 유형화된 이미지들(예 : 나무에 톱질을 하는 여아) 그림들을 함께 보여주었다(C. L. Martin & Halverson, 1983). 나중에 그림을 회상하라고 요구했을 때, 아동들은 이성에 유형화된 이미지를 성 유형화된 이미지로 잘못 회상하는(예 : 나무에 톱질하는 여아의 그림을 나무에 톱질하는 남아로 기억) 경향을 그 반대(예 : 과자를 굽는 여아의 그림을 과자를 굽는 남아로 기억)보다 더 많이 보였다. 도식과 일치하는 정보는 유지하고 도식과 불일치하는 정보는 무시하거나 왜곡하는 경향은 현실적으로 기초가 매우 적거나 혹은 기초가 없는 성 고정관념을 영속하는 데 도움이 된다.

Liben과 Bigler(2002)는 아동들이 세상에 대한 정보를 처리할 때 두 종류의 여과기를 사용한다고 제안했다. 하나는 **성 도식 여과기**(gender schema filter)("이 정보는 내 성과 관련 있는가?")이고 다른 것은 **흥미 여과기**(interest filter)("이 정보는 흥미로운가?")이다. 예를 들어 새로운 장난감을 만났을 때, 아동들은 성 도식 여과기를 사용해서 그것이 여아용인지 혹은 남아용인지를 결정하고, 그런 다음 그 장난감을 탐색하거나 무시한다. 그러나 Liben과 Bigler는 아동들은 때로 처음에 자신의 성에 적합한지를 평가하지 않고 새로운 장난감을 매력적으로 여긴다고 말했다. 이 경우에 그들은 흥미 여과기를 사용해서 정보를 평가한다. 게다가 아동들은 때로 흥미 여과기를 사용해서 자신의 성 도식을 수정한다("만일 내가 이 장난감을 좋아한다면, 그것은 분명히 내 성에도 괜찮은 것일 거

성 도식 여과기 ■ 정보가 자신의 성과 관련 있는지에 대한 초기 평가

흥미 여과기 ■ 정보가 개인적으로 흥미로운지에 대한 초기 평가

성에 대한 아동의 정형적인 신념은 인지 중재 프로그램을 통해 변할 수 있다. 어떤 사람이 가질 수 있는 직업의 종류에서 중요한 것은 그 사람의 흥미와 노력임을 학습한 아동들은 성 고정관념이 유의하게 감소했다.

야"). 성 도식 이론에 대한 Liben과 Bigler의 수정은 아동들이 성 유형화된 흥미에서 일관적이지 않은 이유를 설명하는 데 도움이 된다(예 : 그들은 종종 어떤 영역에서 더 전통적이다). 또한 아동들은 단지 재미있기 때문에 이성에 유형화된 활동을 한다는 사실도 설명한다.

비록 성 도식이 잘 변하지 않지만, 그것들은 종종 명백한 지도(instruction)를 통해 수정될 수 있다. Bigler와 Liben은 초등학생들을 위한 인지중재 프로그램을 개발했는데, 여기에서 어떤 사람의 흥미와 능력들(성이 아님)이 그 사람이 갖는 직업의 종류에 중요하다는 것을 학습한다(Bigler & Liben, 1990; Liben & Bigler, 1987). (예를 들면 만일 메리가 강하고 무언가를 만들기를 좋아한다면, 그녀에게 적합한 직업은 목수로 일하는 것이다.) 한 주 동안 지속된 이 프로그램에 참석했던 아동들은 성 유형화가 감소했고 성에 불일치하는 자극(망치를 들고 있는 여아의 그림)을 더 잘 기억했다. 그러나 성 정형화를 감소시키는 중재의 한계는 그 효과가 전형적으로 일단 중재가 종료되면 점차 없어진다는 것이다(Bigler, 1999). 즉 아동들은 점차 자신의 이전 성 고정관념들로 돌아간다. 아동의 일상생활에 성 정형화가 널리 퍼져 있음을 가정하면, 장기적인 효과가 있으려면 인지적 중재가 더 오래 지속되어야 할 필요가 있다.

사회 정체성 이론

Henri Tajfel과 John Turner(1979)의 사회 정체성 이론은 사람들의 자기개념과 타인들과의 행동에 영향을 미치는 집단 멤버십을 언급한다. 발달심리학자들은 아동의 사회화에 기여하는 집단 과정을 이해하기 위해 그리고 아동의 발달에서 사회 정체성으로서 성의 중요성을 강조하기 위해 이 이론을 적용했다(예 : Bigler & Liben, 2007; J. R. Harris, 1995; Leaper, 2000; Nesdale, 2007; Powlishta, 1995). 실제로 성은 아동의 삶에서 가장 중심이 되는 사회 정체성일 수 있다(Bem, 1993). 사회 정체성으로서 성에 대한 아동의 몰두는 동성 또래들과의 일차 제휴에서 분명하다(Leaper, 1994; Maccoby, 1998).

사람이 내집단에 몰두할 때 일어나는 두 과정은 내집단 편향과 외집단 동화이다. **내집단 편향**(ingroup bias)은 내집단의 특성들을 외집단의 특성들보다 더 나은 것으로 평가하는 경향성을 말한다. 예를 들면 Kimberly Powlishta(1995)는 아동들이 호감도(likeability)와 긍정적 특질들에 근거해서 또래들을 평정할 때 동성 편애를 보이는 것을 관찰했다. 내집단 편향은 **내집단 동화**(ingroup assimilation) 과정과 관련 있으며, 이 과정을 통해 개인들은 집단 규준들에 순종하도록 사회화된다. 또래들은 내집단 구성원들이 내집단을 정의하는 특성들을 보일 것이라고 기대한다. 따라서 그들은 내집단인 동성 또래들이나 동성에 유형화된 활동들에 대한 선호뿐 아니라 이성 또래나 이성에 유형화된 활동들을 피하는 것에 대해 내집단의 인정을 받을 것이라고 예측한다(R. Banerjee & Lintern, 2000; C. L. Martin et al., 1999). 그 결과, 아동들은 동성 또래집단들에 동화되면서 선호가 점점 더 성 유형화되는 경향이 있다(C. L. Martin & Fabes, 2001).

사회 정체성 이론의 필연적 결과는 높은 지위 집단들과 연합된 특성들은 전형적으로 낮은 지위 집단의 특성들보다 더 가치가 있다는 것이다. 남성이 지배하는 사회들에서, 주장성이나 경쟁과 같

내집단 편향 ■ 내집단의 사람이나 특징들을 외집단의 것보다 우월한 것으로 평가하는 경향성

내집단 동화 ■ 개인들이 내집단을 정의하는 특징들을 보여주는 집단의 규준에 순응하도록 사회화하는 과정

은 남성-정형화된 특성들은 제휴나 보살핌과 같은 여성-정형화된 특성들보다 더 높은 가치를 갖는 경향이 있다(Hofstede, 2000). 이런 패턴과 관련되어 이성에 유형화된 행동을 하는 경향성은 남아들보다 여아들에서 더 공통적이다. 실제로 여아에서 남성-정형화된 행동은 때로 지위를 향상시킬 수 있는 반면, 남아에서 여성-정형화된 행동은 전형적으로 지위를 손상시킨다(Leaper, 1994 참조).

사회 정체성 이론은 성 유형화 압력이 여아보다 남아에게 더 엄격한 이유를 설명하는 데 도움이 된다(Leaper, 2000). 예를 들면 지위가 높은 집단의 구성원들은 대개 지위가 낮은 집단의 구성원들보다 집단 경계들을 유지하는 데 더 많은 투자를 한다. 대부분의 사회에서, 여성보다 남성에게 더 많은 지위와 힘을 허용한다(Wood & Eagly, 2012). 사회 정체성 이론과 일관되게, 남아들은 여아들보다 역할과 집단 경계들을 주도하고 유지하려고 할 가능성이 더 높다(Fagot, 1977; Sroufe et al., 1993). 남아들은 또한 성 고정관념들을 지지하고(Rowley et al., 2007) 성차별적 태도를 가질(C. S. Brown & Bigler, 2004) 가능성이 더 높을 것이다.

물론 성이 사람들의 삶을 형성하는 유일한 사회 정체성은 아니다. 많은 사람들은 인종/민족성, 종교, 성적 지향, 사회 계급, 클럽 멤버십 등에 기초한 사회집단들과 동일시한다. 게다가 발달심리학자들은 다중(multiple) 정체성들의 교차점이 개인의 경험에 어떤 영향을 미치는지를 이해하려고 노력을 하고 있다. 이 현상을 **교차성**(intersectionality)이라고 한다(Cole, 2009). 예를 들면 교외의 중상층 가족의 여아나 남아에 대한 기대는 대도시에 사는 빈곤층이나 노동계급 가족의 기대와는 다소 다르다. 후자의 경우, 더 부유한 공동체보다 가정에서 여아에게 더 많은 가사일과 아이 돌보는 책임을 지게 할 수 있다(Bornstein et al., 2016; Hilton & Haldeman, 1991). 또한 교외지역에서보다 빈곤한 대도시 환경에서, 신체적 및 정서적 강인함은 남아의 성 정체성에서 더 기본적일 것이다. 따라서 강인함에 대한 관심으로 인해 교외의 고소득층보다 이 공동체들을 종종 남아의 학문적 동기를 더 과소평가할 것이다(Anderson, 1999; Farkas & Leaper, 2016). 교차성에서 강조했듯이, 개인들은 다중 집단 정체성들로 인한 편견을 경험할 수 있다(예 : 성, 민족성/인종, 성적 지향, 계층, 종교 등). 청소년들이 다중 집단 정체성으로 인해 괴롭힘이나 차별을 경험할 때, 그것은 대체로 적응에 부정적이다(Bucchianeri et al., 2014).

사회 인지 이론

Kay Bussey와 Albert Bandura(1999, 2004)는 Bandura(1986, 1997)의 사회 인지 이론에 근거한 성 발달 이론을 제안했다. 이 이론은 개인적 요인, 환경적 요인 및 행동패턴 간의 **삼각 상호 인과 모델**(triadic model of reciprocal causation)을 설명한다. 개인적 요인은 인지적, 동기적 및 생물학적 과정이다. 생물학적 요인들의 잠재적 영향을 인식하고 있지만, 인지와 동기를 주로 언급한다. 그것의 핵심적 특징은 사회 인지적 영향력 양식(mode), 관찰학습 과정 및 자기조절 과정이다.

사회 인지 이론에 따르면, 학습은 지도, 행위적 경험 및 관찰을 통해 일어난다. **지도**(tuition)는 직접적인 교수를 말하며, 성 사회화 동안 일어난다. 아버지가 아들에게 야구공을 던지는 법을 보여주거나 어머니가 딸에게 아기의 기저귀를 가는 법을 가르칠 때이다. **행위적 경험**(enactive experience)은 아동이 자신들의 과거 행동이 타인들에게 유발했던 반응들을 고려함으로써 행동을 안내하는 학습이다. 예를 들면 여아와 남아들은 대개 성 정형화된 행동을 하면 긍정적인 반응을 얻고 이성에 정형화된 행동을 하면 부정적인 반응들을 얻는다(Bussey & Bandura, 1999; Harris, 1995; Witt, 2000). 그들은 관련 상황들에서 자신의 행동들을 조절하기 위해 이런 피드백을 이용한다. 마지막

교차성 ■ 성, 인종, 민족성, 성적 지향 및 계층 같은 사회적 정체성들의 상호연결성. 특히 중복되는 동일시 경험들과 관련 있다.

지도 ■ 직접적인 교수를 통한 학습

행위적 경험 ■ 자신의 과거 행동이 타인들에서 유발한 반응들을 고려하는 학습

으로, 가장 일반적인 형태의 학습인 **관찰학습**(observational learning)은 아동 자신의 행위 결과처럼 타인들이 경험하는 결과들을 보거나 부호화하는 것이다. 따라서 아동들은 단순히 부모, 형제, 교사 및 또래들의 행동을 관찰함으로써 성에 대해 많은 것을 학습한다. 또한 그들은 텔레비전, 영화, 인터넷 및 비디오 게임과 같은 미디어를 통해 성역할에 대해 학습한다.

성역할 정보에 대한 관찰 학습은 네 가지 핵심 과정이 있으며, 주의, 기억, 산출 및 동기이다. 새로운 정보를 학습하기 위해, 물론 정보에 주의하고(알아채고), 그런 다음 기억에 저장해야 한다. 앞에서 언급했듯이, 아동들은 종종 기존의 성 고정관념과 일치하는 정보에 주목한다(성 도식 이론의 주요 전제이다). 다음으로, 아동들은 자신이 관찰한 행동을 연습(산출)해야 한다(행동을 할 수 있다고 가정). 마지막으로, 성 유형화된 행동을 반복하려는 아동의 **동기**는 행동과 관련된 유인가나 방해물에 달려 있을 것이다. 이런 승인(sanction)은 직접적이거나(부모가 저녁 준비를 도운 것에 대해 딸을 칭찬할 때) 혹은 간접적으로(인형을 갖고 노는 남아가 놀림을 받는 것을 다른 남아가 관찰할 때) 경험될 것이다. 시간이 지나면서, 외적 승인은 대개 개인적 기준들로 내면화되고 행동을 동기화하는 자기승인이 된다.

사회 인지 이론에 따르면, 아동들은 자신의 행동을 모니터하고 그것이 개인적 기준들과 얼마나 잘 맞는지를 평가한다. 이런 평가를 한 후, 아동들은 자부심이나 수치심을 느끼며, 이것은 그것들이 기준에 맞는지에 달려 있다. 개인들이 자신의 행동에 대한 긍정적인 자기승인을 경험할 때, 그들은 **자기효능감**이라고 하는 개인 작용감을 얻는다. 자기효능감은 연습을 통해(아들이 아버지와 규칙적으로 잡기 놀이를 할 때), 사회적 모델링을 통해(여아가 수학을 잘하는 여자친구를 보고 자신도 잘 할 수 있을 것이라고 생각할 때), 그리고 사회적 설득을 통해(코치가 야구장에서 남아의 수행을 밀어붙이기 위해 격려의 말을 할 때) 점진적으로 발달한다. 연구자들은 일관되게 자기효능감과 동기 간 강한 관련성을 발견한다. 예를 들어 수학에서 자기효능감은 여아가 고급 수학 과정을 선택할 가능성이 남아만큼 높을 것임을 예측한다(Stevens et al., 2007).

문화적 영향

우리가 지금까지 논의했던 이론적 접근들은 성 발달에 포함된 생물학적 및 인지-동기적 과정을 강조한다. 이런 접근들을 보완하는 것은 성 발달을 조형할 수 있는 더 큰 문화적·사회구조적 요인들을 언급하는 이론들이다. 생물생태학적 이론은 이런 접근을 반영하며, 이것은 문화적 실제들이 어떻게 사회에 널리 퍼진 성 분리(gender division)를 반영하고 영속시키는지를 강조한다.

생물생태학적 모델

Urie Bronfenbrenner의 생물생태학적 인간발달 모델은 아동 내(생물학적 및 인지적 과정) 그리고 아동의 환경 내에서 상호 연결된 체계들을 구분한다. 환경 체계의 범위는 미시체계(직접적 환경)부터 거시체계(문화)와 시간체계(아동발달 과정 동안 환경의 변화)까지이다. 이런 체계들은 시간이 지나면서 상호작용해서 아동발달에 영향을 미친다(그림 9.3 참조)(Bronfenbrenner, 1979; Bronfenbrenner & Morris, 1998).

거시체계의 기본적 특징은 **기회 구조**(opportunity structure)이며, 이것은 거시체계가 제공하는 경제적 및 사회적 자원과 그런 자원에 대한 사람들의 이해를 말한다(Leaper, 2000; Ogbu, 1981). 문화 공동체 구성원들을 위한 기회들은 성, 수입 및 다른 요인들에 따라 다를 수 있고, 그것들은 공동체 내의 지배적인 성인 역할을 반영한다. 생물생태학적 접근에 따르면, 가족, 또래집단, 교실 및 다른 미시체계들에서 실시된 사회화 실제들은 아동들이 성인 역할들을 준비하게 한다. 따라서 전통적인 성 유형화 실제들은 역사적으로 특정 시기에 특정 공동체에서 여성과 남성을 위한 기존의 기회 구조를 반영할 뿐 아니라 영속시킨다(Whiting & Edwards, 1988). 가족과 직업적 역할들이 성에 기초해서 나뉘는 정도로, 여아와 남아뿐 아니라 여성과 남성에게 서로 다른 행동들(역할들)을 기대한다. 많은 나라들에서, 여성들은 전통적으로 정치, 경영, 과학, 첨단기술 및 다양한 분야들에 종사하는 비율이 낮았으며, 오늘날 많은 사회에서 계속되고 있다. 이것은 여아들이 그런 분야들의 전문가가 되게 하는 흥미와 기술들을 발달시킬 것이라는 기대를 하지 못하게 하고, 영속적으로 여아를 배제시킨다.

아동의 발달이 전반적으로 기존 기회에 대한 적응이라면, 아동들의 거시체계와 미시체계에서 변화들은 더 큰 성 평등으로 이끌 수 있다(Leaper, 2000 참조). 예를 들면 미국에서 여아들을 위한 학문적·직업적 기회의 증가는 지난 수십 년 동안 수학과 과학에서 성 격차(gap)를 극적으로 줄었다(D. F. Halpern, 2012; D. F. Halpern et al., 2007). 요약하면, 생물생태학적 모델은 제도화된 역할들이 어떻게 가정, 학교, 노동력 및 정치적 기관들에서 사람들의 행동과 신념에 대한 기회이자 제약이 되는지를 강조한다.

성 발달의 이정표

발달심리학자들은 아동의 성 발달 과정에서 일어나는 일반적인 패턴들을 확인했다. 이 절에서 보듯이, 성 관련 변화는 아동의 신체적, 인지적 및 사회적 발달에서 분명하다. 이런 변화들이 성별 분화가 일어나는 태내발달 동안 시작된다는 것을 상기하라.

영아기와 걸음마기

생의 첫해 동안, 영아는 지각능력 덕분에 세상에는 두 종류의 사람 집단, 즉 여성과 남성이 있다는 것을 알 수 있다. 많은 연구는 영아들이 지각 정보에서 복잡한 규칙성을 탐지할 수 있음을 보여준다. 성에 따라 의복, 머리 모양, 키, 체형, 움직임 패턴, 음색 및 활동이 다르며, 이 차이는 영아에게 성 단서가 된다. 예를 들면 영아 지각과 범주화에 대한 습관화 연구들은 6~9개월이 되면 영아들이 머리 모양에 기초해서 남성과 여성을 구분할 수 있음을 보여준다(Intons-Peterson, 1988). 영아는 또한 남성과 여성의 목소리를 구분할 수 있고 성에 기초해서 감각 간(intermodal) 짝맞춤을 할 수 있다(Blakemore et al., 2009; C. L. Martin et al., 2002). 예를 들면 그들은 여성의 목소리는 여성 얼굴과 함께 나올 것이라고 예측한다. 비록 영아가 여성과 남성의 의미를 이해한다고 결론내릴 수 없더라도, 나이 든 영아는 여러 지각 단서들을 이용해서 여성과 남성 간 신체적 차이를 인식하는 듯하다.

걸음마기에 들어간 직후 아동들은 독특한 성 발달 패턴을 보이기 시작한다. 2세 후반이 되면, 아동들은 남성과 여성에 연합된 전형적인 대상이나 활동들에 대한 성 관련 기대를 형성하기 시작한다. 한 연구에서 18개월 영아는 여성 얼굴들을 본 후 장난감 자동차보다 인형을 더 오래 보았고 남

Michelle D. Bridwell / PhotoEdit

미국에서 아동의 놀이는 학령전기 동안 성에 따라 구분될 수 있다. 대부분의 여아는 부드러운 장난감으로 노는 것을 좋아하고 '소꿉놀이' 영역에서 시간을 보내며, 대부분의 남아는 블록과 액션 장난감으로 노는 것을 좋아한다.

성 얼굴에 습관화된 후 인형보다 장난감 자동차를 더 오래 보았다(Serbin et al., 2001). 24개월 영아들을 대상으로 한 또 다른 연구는 성과 행동 간의 비전형적인 짝맞춤(예 : 립스틱을 바르는 남성)을 더 오래 보는 것을 발견했다. 이것은 아동들이 행위의 성 비일관성(gender inconsistency)에 놀랐음으로 나타낸다(Poulin-Dubois et al., 2002).

아동이 성 개념을 습득했다는 가장 분명한 증거는 2.5세에 나타나며, 타인의 성에 이름을 붙이기 시작하는 때이다. 예를 들면 연구자들은 이 능력을 평가하기 위해 아동들에게 '남자아이'와 '여자아이' 파일에 사진들을 넣으라고 했다. 또한 걸음마기 유아는 '남자아이 장난감'을 가리켜 보라는 요구에 대해 인형 대신 장난감 기차를 선택하는 것처럼 간단한 성 짝맞춤을 할 수 있다(A. Campbell, Shirley, & Caygill, 2002). 아동들은 전형적으로 타인의 성을 명명한 후 몇 개월 내에 자신의 성 정체성을 이해하기 시작한다. 3세가 되면, 대부분의 아동들은 자신이나 다른 아동에 대해 말할 때 '남자아이'나 '여자아이'와 같은 성 용어를 사용한다(Fenson et al., 1994).

자기 성-명명(gender self-labeling)은 대개 출생 시 성 배정과 일치한다(외부 생식기에 기초). 그러나 어떤 아동들은 학령전이나 그 후에 들어서면서 배정된 성과 동일시하지 않는다. 트랜스젠더 아동들은 이성의 범주나 두 성 모두의 범주와 동일시하거나 어떤 성과도 동일시하지 않는다. 이 아동들은 대개 이성에 유형화된 행동을 매우 선호한다.

학령전기

학령전기 동안(대략 3~5세), 아동들은 성 고정관념들(각 성과 연합된 활동, 특질 및 역할)을 빠르게 학습한다. 대략 3세가 되면, 대부분의 아동들은 장난감이나 놀이 활동들을 각 성에 귀속하기 시작한다. 5세가 되면, 그들은 대개 친화적 특징들(예 : 양육, 온정)은 여성에게 그리고 주장적 특징들(예 : 솔직함, 공격성)은 남성에게로 정형화한다(Best & Thomas, 2004; Biernat, 1991; Liben & Bigler, 2002; Serbin, Powlishta, & Gulko, 1993). 이 시기 동안, 아동들은 대개 성 항상성(gender constancy)이 결여되어 있다. 그들은 성이 시간이 지나도 안정적으로 유지되고 상황이 달라져도 일관된다는 것을 이해하지 못한다. 예를 들면 학령전 아동은 여아가 머리카락을 자르면 남아가 되고, 남아가 드레스를 입으면 여아가 될 수도 있다고 생각한다. 실제로, 앞에서 설명했듯이, 대부분의 어린 아동들은 아동 중기동안 인지적 유연성이 더 발달하기 전까지 성 고정관념들을 엄격하게 지지한다.

성 유형화된 행동

많은 아동들은 대략 2세가 되면 성 유형화된 장난감을 선호하기 시작한다. 이 선호는 학령전기 동안 대부분의 아동들에서 더 강해진다(Cherney & London, 2006; Pomerleau et al., 1990). 실제로 아동기 동안 가장 큰 평균 성차 중 하나는 장난감과 놀이 선호이다. 여아들은 인형, 장난감 요리세트 및 치장하기를 더 선호할 것이다. 또한 여아들은 환상 놀이에서 가사(domestic) 주제(예 : 인형집 놀이)를 끌어낼 가능성이 더 높다. 반대로 남아들은 여아보다 자동차, 트럭, 집짓기 장난감 및 운동 기구를 더 선호할 것이다. 또한 남아들은 거친 놀이를 하고 환상 놀이에서 액션과 모험 주제(예 : 슈퍼 영웅 놀이)로 놀이할 가능성이 더 높다.

연구들이 놀이 선호에서 큰 평균 성차를 발견할지라도, 여전히 어느 정도의 개인차가 있다. 첫째, 개별 아동들이 자신의 성에 유형화된 놀이를 얼마나 선호할지에 차이가 있다. 즉 어떤 아동들은 성 유형화된 장난감과 놀이 활동에 대한 선호가 매우 경직된 반면, 다른 아동들은 유연하다(Blakemore et al., 2009). 둘째, 어떤 아동들은 이성의 놀이를 좋아하고 자기 성의 놀이를 싫어한다. 후자 집단은 태내에서 높은 안드로겐 수준에 노출된 선천적 부신기능항진(CAH)이 있는 여아와 출생 시의 성과 다른 성에 동일시한 트랜스젠더 아동들을 포함한다(Boskey, 2014). (CAH 여아들은 대개 자신에게 배정된 성에 동일시한다.)

또한 학령전기는 **성 분리**(gender segregation)가 등장하는 시기이다. 대부분의 아동은 동성 또래들과 노는 것을 선호하고 이성 또래들을 피하기 시작한다(Leaper, 1994; Maccoby, 1998). 성 분리는 3~6세 사이에 꾸준히 증가하고, 그런 다음 아동기 동안 안정된다(그림 15.2). 동성 또래들에 대한 선호는 여러 문화에서 흔하게 보인다(Maccoby, 1998; Whiting & Edwards, 1988).

성 분리된 또래집단들은 아동들이 여아나 남아의 의미를 배우는 실험실이다. 또래들은 역할모델이자 성 유형화된 행동의 집행자(enforcer)이다. Martin과 Fabes(2001)는 아동 초기 동안 동성 또래집단에 소속되는 것에서 '사회적 노출량(dosage) 효과'를 확인했다. 학령전이나 유치원 아동들이 동성 또래들과 소비하는 시간의 양은 이후 6개월 동안 일어나는 성 유형화된 행동의 변화들을 예측했다. 예를 들면 동성 또래들과 노는 데 더 많은 시간을 보낸 남아들은 시간이 지나면서 공격성, 거친 놀이, 활동 수준 및 성 유형화된 놀이가 증가했다. 동성 또래들과 노는 데 더 많은 시간을 보낸 여아들은 성 유형화된 놀이가 증가하고 공격성과 활동 수준이 감소했다.

아동이 동성 또래집단을 선호하는 이유는 기질적, 인지적 및 사회적 힘의 조합인 듯하다(Leaper, 2015a; Maccoby, 1998). 그것들의 상대적 영향력은 시간이 지나면서 변한다. 우선, 아동들은 동성 또래들이 더 적합한 행동 양식과 흥미를 가졌기 때문에 그들을 좋아하는 듯하다. 예를 들면 여아들은 남아들이 거칠고 그들에 대한 자신의 시도에 반응하지 않기 때문에 남아들을 피하는 반면, 남아들은 활동 수준이 비슷하기 때문에 다른 남아들을 좋아할 수 있다. 아동이 동성 또래 선호를 보이기 시작할 즈음 그들은 성 정체성을 형성하고, 따라서 내집단에 소속된 또래들에게 끌린다.

아동들이 더 나이가 들면서, 또래 압력도 동성 또래들을 좋아하는 동기가 될 수 있다. 나이가 들면서 행동적 적합성(compatibility)은 덜 중요한 요소가 된다. 예를 들면 신체적으로 활동적인 여아들은 아동 초기 동안 자주 남아들과 논다. 그러나 나이가 들면서, 비록 그들의 활동 선호가 남아와 더 잘 맞을지라도 여아들과 더 많이 제휴한다(Pellegrini et al., 2007). 따라서 아동의 성 분리 이유는 행동적 적합성에서 내집단 정체성과 순종 압력으로 대체하는 듯하다.

아동 중기

대략 6세가 되면, 아동들은 대개 성 항상성(gender constancy)을 습득했고, 성에 대한 생각은 더 공고해진다. 이 시점에서, 아동들은 성 고정관념과 태도가 어린 시절보다 약간 더 유연해진다(P. A. Katz & Ksansnak, 1994; Liben & Bigler, 2002; Serbin et al., 1993). 예를 들면 그들은 어떤 남아들은 야구를 좋아하지 않고 어떤 여아들은 드레스를 입지 않음을 인식할 수 있다. 그러나 대부분

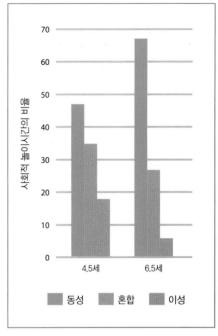

그림 15.2 놀이에서 성 분리 이 그래프는 유치원과 1학년 사이에 동성 놀이친구와 보내는 사회적 놀이시간의 증가와 이성 놀이친구와 놀이하는 시간의 감소를 나타낸다(Maccoby, 1998).

성 분리 ■ 동성 또래들과 연합하고 이성 또래들을 피하는 아동들의 경향성

아동의 관점은 계속 매우 성 정형화되어 있다.

대략 9세나 10세경에, 아동들은 성이 사회적 범주라는 것을 더 분명하게 이해하기 시작한다. 그들은 전형적으로 성역할은 생물학적 결과에 반대되는 것으로 사회적 관습임을 인식한다(D. B. Carter & Patterson, 1982; Conry-Murray, 2015; Killen, 2007; Stoddart & Turriel, 1985). 성역할의 사회적 기초를 인식하게 되면서, 아동들은 여아와 남아들이 성에 전형적인 일을 하기를 원치 않는다는 것을 인식할 수 있다. 이 연령 집단의 어떤 아동들은 그런 경우에 다른 여아와 남아들은 개인적 선호를 따를 수 있다고 주장한다. 예를 들면 Damon(1977)은 아동들이 만약 어떤 남아가 인형 놀이를 좋아하면 그렇게 하는 것이 허락되어야 한다고 말하는 것을 발견했다. 그러나 그 남아는 아마도 놀림을 받을 것이고 자신들은 그 남아와 놀고 싶지 않을 것임을 인식한다. 즉 아동들은 성 유형화에서 개인차를 이해하지만, 또한 성역할 규준을 위반하면 사회적 대가가 있음도 인식한다.

아동 중기 아동들의 사고에서 또 다른 발달은 성차별이 일어나는 때와 그것의 불공정함에 대한 인식이다(C. S. Brown & Bigler, 2005; Killen, 2007). Killen과 Stangor(2001)는 아동들에게 성 때문에 집단에서 배척된 아동의 이야기들을 들려주었을 때 이것을 보여주었다. 이야기는 발레 클럽에서 배척된 남아와 야구 클럽에서 배척된 여아에 대한 것이다. 연구자들은 8세와 10세 아동들은 단지 성 때문에 집단에서 배척되는 것은 불공정하다고 판단하는 것을 발견했다. 그렇지만 이것을 잘못이라고 보는 능력이 있음에도 불구하고, 흔히 아동들은 성에 기초해서 다른 아동들을 활동들로부터 배척한다(Killen, 2007; Maccoby, 1998).

Brown과 Bigler(2005)는 아동의 성차별 인식에 영향을 미치는 다양한 요인을 확인했다. 그것들 중 첫째는 문화적 고정관념에 대한 이해, 사회적 비교를 하는 능력 및 공정과 평등에 대한 도덕적 이해와 같은 인지적 필요조건들이다. 이 능력들은 전형적으로 아동 중기에 시작된다. 성차별주의에 대한 인식은 자기개념이나 신념과 같은 개인적 요인들의 영향을 받을 수 있다. 예를 들면 성-평등적 신념을 가진 여아들은 성차별을 인식할 가능성이 더 높다(C. S. Brown & Bigler, 2004; Leaper & Brown, 2008). 마지막으로, 상황은 아동이 차별을 인식할 가능성에 영향을 미칠 수 있다. 예를 들면 아동들은 자신보다 누군가에게로 향하는 차별을 더 잘 인식할 수 있다. 또한 그들은 편견이 있는 것으로 알려진 사람이 하는 성차별을 더 쉽게 알아챈다(C. S. Brown & Bigler, 2005).

성 유형화된 행동

이미 말했듯이, 대부분의 여아와 남아들은 아동기 동안 주로 동성 또래집단들과 시간을 보낸다. 평균적으로, 남아와 여아의 또래집단들은 다소 다른 행동 규준들을 형성한다(A. J. Rose & Rudolph, 2006). 이런 이유에서, 어떤 연구자들은 대체로 각 성이 아동기 동안 자신의 '문화'를 구성한다고 제안했다(Maccoby, 1998; Maltz & Borker, 1982; Thorne & Luria, 1986). 많은 여아와 남아들의 사회적 상호작용에서 보이는 성역할 규준들은 주장성과 제휴 간 균형에서 차이를 반영한다. **주장**(assertion)은 환경에 영향력을 행사하려는 시도(예 : 지시적인 말)인 반면, **제휴**(affiliation)는 타인들과 연결을 만드는 것(예 : 지원을 표현)이다. 그러나 주장과 제휴의 목표는 상호 배타적이 아니다. 그것들은 **협력**(collaboration) 양식에서 종종 함께 섞인다(Leaper, 1991; Leaper, Tenenbaum, & Shaffer, 1999). 예를 들면 공동 활동에 대한 제안("같이 게임하자") 혹은 타인의 아이디어를 긍정적으로 만드는 말은 제휴적(타인들과의 연결)인 동시에 자기주장적(상황에 영향)이다. 따라서 여아들은 남아보다 자신과 타인 모두를 긍정하는 협력적 의사소통(공동 활동을 제안)을 할 가능성이 더 높은 반면, 남아들은 여아보다 주로 자신을 긍정하는 권력-주장적 의사소통(예 : 명령하기)을 할

주장 ■ 경쟁적, 독립적 혹은 공격적 행동을 통해 자기를 위한 행위를 하는 경향성

제휴 ■ 정서적으로 개방적이고 공감적이며 지지를 통해 타인과 연결을 주장하는 경향성

협력 ■ 공동 활동을 위한 주도권을 갖는 것처럼, 행동에서 주장과 제휴의 조합

가능성이 더 높다.

여아와 남아들의 또래 문화에서 평균 성차는 더 큰 사회에서 성의 조직화를 반영한다(Leaper, 2000). 대부분의 사회에서 전통적인 남성적 역할은 자기주장을 강조하고 대인 간 제휴를 경시한다. 이런 경향과 일관되게, 남아 또래집단은 여아 또래집단보다 지배, 자기의존, 경쟁 및 취약성을 감추는 것을 강조하는 규준들을 유지할 가능성이 더 높다. 반대로 전통적인 여성적 역할은 제휴를 강조한다. 따라서 여아 또래집단은 남아 또래집단보다 대인 간 민감성, 지원 및 애정을 중시하는 규준을 강화할 가능성이 더 높다(Bassen &

초등학교 시기 동안, 남아와 여아들은 거의 섞이지 않는다. 아동들 스스로 성 분리를 강하게 주장한다. 이런 경향성은 성인의 영향 때문은 아닌 듯하다.

Lamb, 2006; Best & Williams, 1993; A. J. Rose & Rudolph, 2006). 그러나 제휴에 가치를 두는 것이 반드시 자기주장과 양립할 수 없는 것은 아니다. 따라서 사회적 상호작용의 협력 양식들은 남성보다 여성들에서 다소 더 공통적이다(Leaper, 1991; Leaper & Smith, 2004; Leaper et al., 1999). 대부분의 평균 성차처럼, 협력이나 다른 사회적 행동 양식 간에는 상당한 중복이 있다.

아동들이 성역할 규준을 위반할 때 또래들은 종종 부정적으로 반응하며(예 : Fagot, 1977; Harris, 1995; Thorne & Luria, 1986), 성 '경계'를 넘는 사람들을 무자비하게 놀리고 괴롭힌다. 미국 초등학교에서 일어난 다음 사건은 아동들이 스스로 성 분리를 하는 정도를 분명하게 보여준다.

식당에 2학년 식탁 2개가 차려졌을 때, 지위가 높은[인기 있는] 남자아이가 안쪽 식탁으로 걸어왔고, 식당에는 남자아이와 여자아이들이 흩어져 있었다. 그는 먼 식탁에 있는 의자로 걸어가면서 "우우, 여자아이가 아주 많네"라고 큰 소리로 말했다. 안쪽 식탁에 앉아 있던 남자아이들은 자신의 쟁반을 들고 움직였고, 어떤 남자아이도 안쪽 식탁에 앉지 않았다. 선언이 효과적으로 금기(taboo)를 만들었다.

(Thorne, 1992, p. 171)

대부분의 아동은 전형적으로 동성 또래들을 더 좋아하더라도, 어떤 맥락들에서 이성과의 우호적인 접촉은 많은 문화들에서 규칙적으로 일어난다(Sroufe et al., 1993; Strough & Covatto, 2002; Thorne, 1993; Thorne & Luria, 1986). 가정이나 이웃에서 놀이친구의 선택은 제한적이다. 그 결과, 여아와 남아들은 종종 서로 협조하며 논다. 보다 공적인 환경들에서, 여아와 남아들은 이성과 접촉하는 이유가 외적인 것이라면 우호적일 수 있다는 암묵적 관습이 있다. 예를 들면 교사가 수업 프로젝트에서 함께 작업하도록 배정할 때 혹은 식당에서 줄을 서서 기다릴 때 일어날 수 있다. 그러나 그런 예외가 아닐 경우, 아동이 이성과의 접촉을 피하라는 관습을 위반할 때 또래로부터 거부될 위험이 높다(Sroufe et al., 1993). 어떤 문화의 경우, 특히 아동들이 청소년기에 들어서면서 이성과의 접촉에 관한 엄격한 규칙들이 있다. 예를 들면 정통파 유대교, 이슬람교 및 암만파(Amish) 사회에서, 여아와 남아들은 분리되고 이성과의 접촉은 가족의 감독을 받아야 한다.

전반적으로, 아동기 동안 성 유형화는 여아보다 남아에서 더 엄격한 경향이 있다(Leaper, 1994; Levant, 2005). 앞에서 언급했듯이, 남아들은 여아들보다 성 고정관념들을 지지할 가능성이 더 높은 반면, 여아들은 남아들보다 성 평등적 태도들을 지지할 가능성이 더 높다(C. S. Brown &

성역할 강화 ■ 청소년기 동안 전통적 성역할들을 고수하는 것에 대한 높은 관심

성역할 유연성 ■ 사회적 관습으로서 성역할에 대한 인식과 유연한 태도와 흥미의 선택

Bigler, 2004). 게다가 여아들의 행동은 덜 성 유형화되어 있다. 예를 들면 여아들은 남아들보다 이성에 유형화된 장난감들을 갖고 놀 가능성이 더 높다. 또한 여아들은 축구나 야구처럼 전통적으로 남아와 연합된 놀이 활동을 자주 한다. 반대로 소꿉놀이처럼 전통적으로 여아와 연합된 활동을 하는 남아는 상대적으로 드물다. 게다가 여아들은 대인 간 목표를 더 유연하게 조정하는 경향이 있다. 일반적으로 여아들은 사회적 상호작용에서 제휴적 목표와 주장적 목표 둘 다를 통합한다(Leaper, 1991; Leaper & Smith, 2004).

청소년기

발달학자들에 따르면, 청소년기는 개인적 및 맥락적 요인들에 따라 성역할들이 더 엄격해지거나(성역할 강화) 더 유연해지는(성역할 유연성) 시기이다. 청소년기는 많은 청소년들이 자신의 개인적 정체성을 탐색하는 시기이며, 성역할에 대한 가치와 신념을 포함한다(예 : Cooper & Grotevant, 1987). 많은 여아와 남아들은 자신들의 개인적 가치에 전통적 성역할을 내면화한다. 그 결과, 성역할 기대와 연관된 관심사들이 증가한다(Galambos, Almeida, & Petersen, 1990; J. P. Hill & Lynch, 1983). 이런 **성역할 강화**(gender-role intensification)는 대체로 청소년들이 전통적인 이성애적 각본을 고수할 때 이성애적 데이트 맥락에서 일어난다. 예를 들면 남아들이 데이트를 주도하고 비용을 지불하는 것에 대한 기대가 남아와 여아 모두에게 공통적으로 남아 있다(Leaper & Robnett, 2016 참조).

청소년기 동안 성역할 강화는 성 변별의 증가와 관련 있다(American Association of University Women, 2011; Leaper & Brown, 2008). 미국 전역에서 수행된 조사에 따르면, 대부분의 여자 청소년과 남자 청소년은 성적 괴롭힘을 경험했고, 나이가 들면서 그 비율이 증가했으며, 특히 여아들에서 그렇다(American Association of University Women, 2011). 또한 성적 괴롭힘과 공격은 성을 따르지 않는 아동들(예 : 운동을 못하는 남아, 예쁘지 않거나 여성적이지 않은 여아)과 레즈비언, 게이, 양성애 및 트랜스젠더 개인들을 향할 가능성이 더 높다(American Association of University Women, 2011; Mitchell, Ybarra, & Korchmaros, 2014).

어떤 청소년들은 사회적 관습으로서 전통적 성역할들을 거부할 수 있다. 이 경향성은 **성역할 유연성**(gender-role flexibility)으로 이끌고, 청소년들은 유연한 태도와 흥미를 추구한다(D. B. Carter & Patterson, 1982; P. A. Katz & Ksansnak, 1994). 아동기 동안처럼, 청소년기 성역할 유연성은 남아들보다 여아들에서 가능성이 더 높다. 예를 들면 미국이나 다른 여러 나라의 많은 여아와 젊은 여성들은 스포츠에 참여하고 경영에서 경력을 쌓는(전통적으로 남성이 지배적인 영역) 반면, 육아와 가사(전통적으로 여성이 지배적인 영역)에 흥미를 보이는 남아와 젊은 남성들은 상대적으로 소수이다. 여아와 남아들의 경우, 성역할 유연성은 그들이 지각하는 사회에서 자신의 성 내집단(gender ingroup)을 위한 기회의 범위에 달려 있을 것이다(Wood & Eagly, 2012). 성역할 유연성에 대한 또래, 가족, 교사 및 타인들의 사회적 지원(그리고 거부의 부

부모, 또래 및 교사는 여성-정형적인 활동을 하는 남아보다 남성-정형적인 활동을 하는 여아들에게 훨씬 더 관대하다.

Jim Cummins / AGE Fotostock

재)도 중요하다(Witt, 2000).

성 유형화된 행동

청소년 초기 동안 접촉하는 또래는 주로 동성의 구성원들이다. 그러나 많은 문화 공동체들에서 이성과의 상호작용과 우정은 청소년기 동안 더 흔하게 된다(그림 15.3 참조)(Poulin & Pedersen, 2007). 이런 상호작용들은 낭만적 관계들로 가는 길을 열어준다. 또한 청소년기는 동성 우정에서 친밀성이 증가하는 시기이다. 비록 우정에서 가까움(closeness)을 경험하고 표현하는 방식이 남아들 내에서 개인차가 더 크지만, 많은 여아와 남아들의 경우 대개 개인적 감정과 생각들을 공유함으로써 정서적으로 더 가까워진다(Camarena, Sarigiani, & Petersen, 1990). 어떤 남아들은 동성친구와 서로 자기노출

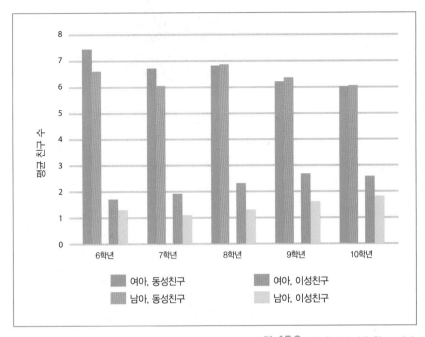

그림 15.3 성과 학년에 따른 친구 이 숫자들은 더 어린 아동들이 같은 성의 아동들과 친구가 되는 경향이 있음을 나타낸다. 아동들이 청소년이 되면서, 이성친구의 수는 남아와 여아 둘 다에서 증가하는 경향이 있다(Poulin & Pedersen, 2007).

(disclosure)을 함으로써 친밀성을 얻는 반면, 다른 남아들은 강하게 보이기를 원하기 때문에 동성친구들에게 자기노출을 피하는 경향이 있다. 대신에 그들은 대체로 스포츠 같은 활동들을 공유함으로써 친구들과 정서적으로 가깝게 느낀다. 동시에, 남자 친구들과 있을 때 감정 표현을 피하는 많은 남아는 여자 친구들이나 사귀는 이성과는 감정 표현을 할 것이다(Youniss & Smollar, 1985).

자기노출과 지지적 경청은 대개 관계 만족 및 정서적 적응과 연합된다(Leaper & Anderson, 1997; Rubin, Bukowski, & Parker, 2006). 그러나 좋은 것도 너무 많으면 안 좋을 수 있다. 친구들이 서로에게 반복적으로 자신에 대해 말함으로써 속상한 사건들에 대해 너무 오래 생각하는 경우이다. 이런 **공동 반추**(co-rumination) 과정은 남아들보다 여아들에서 더 흔하다(A. J. Rose, Carlson, & Waller, 2007). 그것이 친구들 간에 가깝다는 감정을 만들 수 있지만, 공동 반추는 여아들의 우울과 불안을 높이는 경향이 있다(그러나 남아들은 아님). 분명히, 자기노출은 대체로 정서적 적응에 긍정적이지만, 친구들이 고통에 대처하는 적극적인 방식들을 탐색하지 않고 화나는 감정들에 지속적으로 초점을 맞출 때 문제가 된다.

여아와 남아 간 비교

이제까지 논의했던 성 유형화된 행동에 대한 아동의 초기 적응과 기존의 성 고정관념들을 생각하면, 여러분은 여아와 남아들 간에 실질적 차이가 많고 깊다고 가정할 것이다. 이런 가정과 반대로, 단지 소수의 인지적 능력, 성격 특질 및 사회적 행동만이 실제로 일관된 성차를 보인다. 그런 성차도 대부분은 아주 작다.

서로 다른 행동들에 대해 성 집단을 비교하면, 한 성은 다른 성과 단지 약간 다르다. 성 간의 중복은 상당하고, 이것은 많은 여아와 남아가 유사하다는 의미이다(Hyde, 2005 참조). 게다가 실질적 차이는 각 성 내에서 나타난다. 모든 동성 구성원이 유사한 것은 아니다. 이런 패턴들은 연구자

그림 15.4 세 가지 전형적인 점수 분포에서 효과 크기 그래프 (a), (b), (c)에서 보이는 효과 크기는 세 가지 가설 차원에서 남성과 여성 간의 중복을 나타내고 대부분의 성차에 전형적이다. 각 그래프의 노란 곡선으로 나타난 분포는 한 성을 나타내고 붉은 곡선은 다른 성을 나타낸다. 많은 속성들에서, 평균 수행의 차이는 통계적으로 유의하지만 매우 작고, 여아와 남아 간 점수의 중복은 상당하다. 종 모양 그래프로 밝혀지듯이, 각 성 내에서 각 그래프의 상당한 변량을 주목하라.

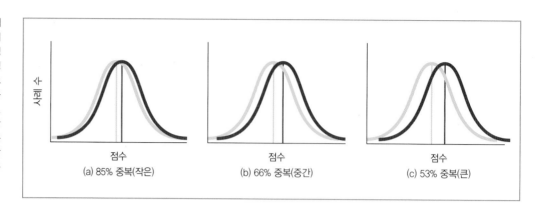

들이 관찰한 많은 성차에서 나타난다. 따라서 어떤 특성의 성차가 통계적으로 유의한지, 즉 우연히 유발된 것이 아님을 아는 것 외에, 두 집단의 평균 간 차이의 크기(magnitude)와 분포에서 중복의 양(amount) 둘 다를 고려하는 것이 중요하다. **효과 크기**(effect size)로 알려진 통계 지표가 그림 15.4에 예시되어 있다.

연구자들은 일반적으로 네 가지 수준의 효과 크기로 구분한다. 두 분포가 85% 이상 중복되면 무시해도 좋은(미미한), 분포들이 67~85%에서 중복되면 작지만 의미 있는(그림 15.4a), 분포가 53~66% 사이에서 중복되면 중간 정도(그림 15.4b), 그리고 중복이 53% 이하이면 큰(그림 15.4c) 효과이다(J. Cohen, 1988). 따라서 때로 작은 집단 차이도 통계적으로 유의미할 수 있다. 즉 통계적으로 유의미한($p < .05$) 성차도 효과 크기는 미미할 수 있다!

인지적 능력과 사회적 행동에서 통계적으로 유의미한 성차는 종종 효과 크기가 작기 때문에, Janet Hyde(2005)는 '성 유사성 가설'을 옹호했다. 그녀는 여아와 남아들을 비교할 때, 대부분의 속성들에서 유사점이 차이점보다 훨씬 많다는 것을 인정하는 것이 중요하다고 주장했다. 어떤 특정한 측정에서 큰 평균 차이가 있을 때에도, 많은 여아와 남아들은 서로 유사하다. 또한 낮은 평균 집단의 어떤 구성원들은 높은 평균 집단의 어떤 구성원을 능가한다(그림 15.4 참조). 예를 들면 성인의 신장은 평균 성차가 매우 크다. 남성은 대개 여성보다 더 크다. 동시에 많은 여성과 남성들은 키가 같고, 어떤 여성은 평균 남성보다 더 크다.

신체 성장 : 태내발달부터 청소년기까지

신체 발달의 성별 차이는 일찍이 태내발달에서 나타난다. 물론 이것들 중 가장 극적인 것은 남성이나 여성 생식기의 등장이다. 남성과 여성들 사이에서 일어나는 차이는 사춘기 시작 전에는 상대적으로 작다. 다음 절에서는 태내 성별 차이를 주도하는 안드로겐의 역할을 살펴본다. 아동기에 크기, 강도, 신체 능력에서 남성과 여성의 평균 차이, 그리고 청소년기에 이차 성징의 발달을 살펴본다.

태내발달, 영아기 및 아동기

앞에서 언급했듯이, 성적(sexual) 발달에서 핵심적 태내 요인은 안드로겐의 존재 여부이다. 안드로겐에 대한 태내 노출은 신경계의 조직에 영향을 미치고, 이 효과는 부분적으로 더 나이가 들면 나타나는 행동의 평균 성차와 관련 있다. 임신 6~8주에 유전적 남성의 Y염색체에서 정상적으로 촉

효과 크기 ■ 두 집단의 평균 간 차이의 정도와 분포에서 중복의 양

발되는 태내 안드로겐의 존재는 남성의 외부 기관과 내부의 생식 구조 형성을 자극한다. 안드로겐이 없으면 결과적으로 여성 생식기 구조가 형성된다. 간성(intersex) 상태로 알려진 특이한 조건에서, 태내발달 동안 안드로겐이 과잉 생산될 수 있다(선천적 부신과잉형성). 이것은 유전적 여성들에서 남성화된 생식기를 형성할 수 있다. 역으로 유전적 남성들에서 희귀한 증상(안드로겐 둔감화 증상)은 안드로겐 수용체들이 기능을 하지 못하게 만든다. 이 경우에 여성의 외부 생식기가 형성될 수 있다.

출생 시에 평균적으로 남성은 여성보다 단지 약 0.5파운드 정도 더 무겁다. 영아기 동안, 남자 아기와 여자 아기들은 비슷하게 보여서, 만일 그들이 성 중립적인 옷을 입고 있다면 사람들은 아기들의 성을 추측할 수 없다. 영아기와 아동기 동안, 여아와 남아들은 대략 같은 비율로 성장하고 키와 몸무게는 기본적으로 같다. 그러나 아동기 동안, 분명히 남아들은 여아들에 비해 평균적으로 더 강해진다.

청소년기

청소년기 동안 일어나는 일련의 극적인 신체적 변화는 **사춘기**(puberty)와 연합되어 있으며, 이 시기는 번식능력, 즉 남아의 경우는 임신시키는 능력, 그리고 여아의 경우는 생리하고 임신하고 수유하는 능력이 특징이다(Gaddis & Brooks-Gunn, 1985; Jorgensen, Keiding, & Skakkebaek, 1991). 여아들의 경우, 사춘기는 전형적으로 가슴의 확대 및 키와 몸무게의 전반적인 성장 급등과 함께 시작되고, 뒤이어 음모가 등장하고 그런 다음 **초경**(menarche)(생리의 시작)을 한다. 초경은 전형적으로 청소년기에 발생하는 신체 지방의 증가에 의해 부분적으로 촉발된다. 남아들의 경우, 사춘기는 대개 고환의 성장으로 시작되고, 그 후 음모의 등장, 전반적 성장 급등, 음경의 성장 및 **사정능력**(spermarche)이 뒤따른다.

두 성별 모두, 유전적 및 환경적 요인들로 인해 신체 성장에서 상당한 개인차가 있다. 유전자는 대체로 호르몬(뇌하수체에서 분비)과 티록신(갑상선에서 분비)의 생산에 영향을 미침으로써 성장과 성적 성숙에 영향을 미친다. 환경요인들의 영향은 특히 세대에 따른 신체 발달에서 분명하다(제3장 참조). 오늘날 미국에서, 여아들은 200년 전의 조상들보다 몇 년 더 일찍 초경을 시작한다. 이 변화는 세대들을 거치는 과정에서 영양이 개선되었음을 반영한다.

청소년 초기에 일어나는 신체 구성의 변화, 특히 남아에서 근육량의 실질적 증가와 함께, 신체적 및 운동적 기술에서 성 격차가 커진다. 사춘기 이후, 평균 성차는 강도, 속도 및 크기에서 매우 크다. 대부분의 남자 청소년만큼 빨리 달리거나 공을 멀리 던질 수 있는 여자 청소년은 매우 소수이다(Malina & Bouchard, 1991; J. R. Thomas & French, 1985). 이것들은 여성과 남성 간 평균 차이가 가장 크게 나타나는 능력이다.

남아와 여아들이 사춘기 동안 경험하는 신체적 변화는 심리적 및 행동적 변화들을 동반한다. 예를 들면 어떤 문화들에서 여자 청소년들이 경험하는 신체 지방의 증가는 **신체 이미지**(body image)의 성차와 관련될 수 있다. 신체 이미지는 개인이 자신의 신체적 외양에 대해 어떻게 지각하고 느끼는지이다. 평균적으로, 미국 여아들은 미국 남아들보다 자신의 신체에 대해 더 부정적인 태도를 갖는 듯하다. 그리고 10대 여아들은 전형적으로 자신의 실제 체중과 상관없이 몇 파운드를 줄이기를 원한다(Tyrka, Graber, & Brooks-Gunn, 2000). 1만 명이 넘는 청소년들에 대한 조사는 대략 절반의 남아와 2/3의 여아들이 자신의 신체에 만족하지 못한다는 것을 발견했다. 여아들은 대체로 체중 감소에 그리고 남아들은 근육을 늘리는 것에 관심이 있다(A. E. Field et al., 2005). 신체 이미

사춘기 ■ 생식능력과 다른 극적인 신체 변화들이 특징인 발달 시기

초경 ■ 생리의 시작

사정능력 ■ 사정하는 능력의 시작

신체 이미지 ■ 자신의 신체에 대한 개인의 지각과 감정들

성증발생 ■ 사춘기의 가시적 징후들이 등장하기 전 시기로, 이 시기 동안 부신이 성숙하는데, 성 스테로이드 호르몬의 주요 원천이며 성적 끌림의 시작과 상관있다.

지에 대한 불만족은 낮은 자존감과 우울증부터 섭식장애에 이르는 많은 문제들과 연합되어 왔다. 이 조사는 목록에 또 다른 항목을 추가했다. 체중을 조절하거나 근육을 만들기 위해 사용하는 증명되지 않은 그리고 잠재적으로 유해한 물질들이다. 조사된 남아들 중 12%와 여아들 중 8%가 실제로 사용했다. 이런 문제들은 미국의 여아나 남아들에만 국한된 것은 아닌 듯하다. 여러 문화들에서 실시한 조사는 유사한 패턴의 신체 이미지와 섭식장애들을 보여준다(Levine & Smolak, 2010).

신체 성숙에 동반되는 또 다른 변화는 성적 끌림(attraction)의 시작인데, 대체로 사춘기의 신체적 과정들이 완성되기 전에 시작된다. 미국에서 성인 참가자들의 회상에 따르면, 성적 끌림을 대략 10세에 경험하며, 이성인지 동성인지는 상관없다(McClintock & Herdt, 1996). 성적 끌림의 시작은 부신의 성숙과 상관있으며, 이것은 고환이나 난소와는 다른 성 스테로이드의 주요 원천이다. 아동의 신체는 아직 성숙의 어떤 외적 징후도 보이지 않지만, 이 단계를 **성증발생**(adrenarche)이라고 한다.

인지능력과 학문적 성취

이 절에서 남아와 여아의 인지능력들과 학문적 성취를 비교하는 증거들을 요약한다. 인지능력이나 수행에서 평균 성차가 관찰되었을 때, 효과 크기는 대체로 작다(D. F. Halpern, 2012; D. F. Halpern et al., 2007). 다소 큰 차이는 특정 주제들에서 나타난다. 이런 비교들을 요약한 후, 우리는 생물학적, 인지-동기적 및 문화적 영향력으로 이 발견들을 설명한다. 아동기와 청소년기 동안 성과 학문적 성취 간 관계는 성인기의 성역할과 평등에 중요한 의미가 있다. 여아와 남아들의 서로 다른 인지능력, 학문적 흥미 및 성취가 발달하는 정도에 따라 미래 직업과 수입의 성차가 다를 수 있다.

일반 지능

널리 퍼져 있는 신념에도 불구하고, 남아와 여아들은 지능과 인지 기능의 영역 대부분에서 같다. 여아와 남아들의 평균 IQ 점수는 실제로 똑같다(D. F. Halpern, 2012). 그러나 비율상으로 가장 낮은 극단과 가장 높은 극단에는 여아보다 남아들이 더 많았다. 즉 여아보다 다소 더 많은 남아들이 지적으로 무능하다고 진단되거나 혹은 지적으로 탁월한 것으로 분류된다(D. F. Halpern, 2012).

전반적인 학문적 성취

여아와 남아들이 일반 지능에서 유사하더라도, 초등학교부터 대학교까지 학문적 성취는 다른 듯하다. 미국의 최근 통계치는 여아가 남아보다 학교 적응과 성취에서 더 높은 경향이 있음을 보여준다(Child Trends Data Bank, 2015; T. D. Snyder & Dillow, 2010; Voyer & Voyer, 2014). 한 상위분석에서, 여아가 남아보다 전반적인 학교 등급이 더 높은 경향이 있음을 나타내는 작은 평균차가 있었다(Voyer & Voyer, 2014). 또한 2014년에 고등학교 중퇴율은 여아들(5.9%)보다 남아들(7.1%)이 더 높았다. 남아가 전체 고등학교 중퇴의 55%를 차지했다. 또한 같은 해에 학사 학위의 57%는 여성이었다. 학문적 성취에서 성차의 규모는 여러 문화 및 민족집단과 사회경제적 수준에 따라 다르다.

언어 기술

남아들에 비해, 여아들은 초기 언어발달에서 약간 앞선 경향이 있는데, 조음(articulation)의 유창함과 명료함 및 어휘발달이 포함된다(Gleason & Ely, 2002). 아동의 전반적 언어능력에 대한 표준 검사에 따르면, 여아들에게 유리한 미미한 평균 성차가 있다(Hyde & Linn, 1988). 특정 언어 기술을 조사하면 성차가 더 컸다. 여아들은 초등학교부터 고등학교까지 읽기와 쓰기에서 평균 수행이 더 높은 경향이 있다. 평균 차이의 효과 크기는 읽기에서는 작고 쓰기에서는 중간 정도이다(Hedges & Nowell, 1995; Nowell & Hedges, 1998; Reilly, 2012; Voyer & Voyer, 2014). 남아들은 부정확한 조음이나 말더듬과 같은 언어 관련 문제들뿐 아니라 난독증 같은 읽기 관련 문제들을 겪을 가능성이 더 높다(D. F. Halpern, 2012).

공간 기술

평균적으로, 남아들은 시공간(visual-spatial) 처리에서 여아보다 다소 더 나은 수행을 하는 경향이 있다. 이 차이는 3~4세에 나타나고 청소년기와 성인기 동안 더 실질적이 된다(D. F. Halpern, 2012). 성차는 복잡한 기하학적 도형이 다른 방향에서 제시된 도형과 일치하는지를 알아보는 심적 회전 과제들에서 가장 뚜렷하다(그림 15.5a). 남아들은 이 영역에서 여아들보다 더 잘하는 경향이 있다. 그러나 큰 이미지 속에 숨겨진 도형을 찾는 것 같은 다른 공간 과제들에서 성차는 더 작다(그림 15.5b). 따라서 여아보다 남아가 공간능력이 더 뛰어나다는 결론은 공간능력의 유형에 달려 있다.

수학 및 관련 기술

미국에서 최근 수십 년 전까지, 남아들은 표준 수학능력 검사에서 여아들보다 다소 더 나은 수행을 하는 경향이 있었다. 그러나 앞에서 언급했듯이, 여아의 성취를 향상시키기 위해 학교나 부모가 노력한 결과, 수학적 성취에서 성 격차는 극적으로 좁혀졌다. 최근 연구들에 따르면, 표준 성취 검사에서 어떤 평균 성차도 초등학교나 중학교 수준에서는 보이지 않았고(Lindberg et al., 2010),

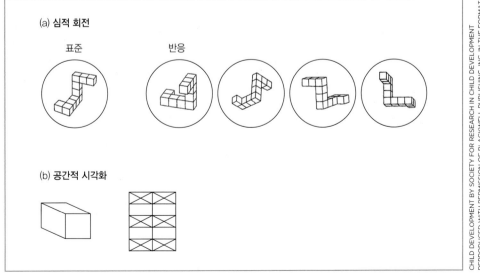

그림 15.5 공간 기술 검사 성차는 과제의 유형에 따라 다르다. 남아들은 심적 회전 과제들에서 여아들보다 더 잘 수행한다. (a)에서, 아동들은 표준과 일치하는 반응을 선택해야 한다. 반대로 (b)와 같은 과제들에서 성차는 작거나 거의 없다. 아동은 서로 연결된 복잡한 도형 속에서 왼쪽의 단순 기하학적 도형을 찾아야 한다.

고등학교 수준에서 단지 작은 평균 차이(남아들이 우세한)가 보였다(D. F. Halpern et al., 2007; Lindberg et al., 2010). 게다가 미국 여아와 여성들이 이전 수십 년에 비해 고등학교 졸업 후에도 수학에 대한 흥미를 유지할 가능성이 더 높다. 미국에서 여성들이 수학에서 받은 학사 학위의 비율은 1970년의 37%에서 2012년에는 43%로 증가했다(National Science Foundation, 2015; T. D. Snyder & Dillow, 2010).

수학은 과학, 테크놀로지 및 엔지니어링에서의 경력을 위한 핵심 관문이다(D. F. Halpern et al., 2007; Watt, 2006). 이 주제 영역들에서 성차의 패턴은 미국에서 혼합적이다. 생명과학(예 : 생물학)에서, 여아와 여성들은 잘하는 듯하다. 고등학교 수준에서, 성취의 평균 성차가 없다. 대학교 수준에서, 여성들은 생물학에서 학사 학위의 59%를 받았다(National Science Foundation, 2015).

반대로, 여아와 여성들은 물리적 과학(예 : 물리학)과 테크놀로지 분야(예 : 엔지니어링)에서 잘 보이지 않는다. 예를 들면 최근에 수여한 학사 학위에서, 여성들은 물리학에서 20%, 컴퓨터 과학에서 18%, 엔지니어링에서 19%를 차지했다(National Science Fondation, 2015). 수십 년 전 수학적 성취에서 성 격차를 주목했던 것처럼, 교육가와 연구자들은 점차 물리적 과학과 테크놀로지에서 성 격차를 언급하고 있다.

다음으로, 우리는 학문 영역과 성취에서의 성차에 대한 가능한 이유들을 탐색할 것이다. 여기에는 개인적 가족, 또래집단 및 사회의 관점에서 문화의 영향이 포함된다.

인지능력과 성취의 성차에 대한 설명

연구자들은 인지능력 및 성취와 관련해서 생물학적, 인지-동기적 및 문화적 요인들을 다양하게 지적했다. 이제 각각의 가능한 영향력을 검토할 것이다.

생물학적 영향 연구자들은 뇌구조와 기능의 성차로 인해 남성과 여성의 뇌가 서로 다른 유형의 정보를 처리하는 방식이 다르다고 주장했다. 그러나 이 해석을 지지하는 연구는 성인들을 대상으로 하고 있기 때문에, 뇌구조와 기능에서 어떤 차이가 유전적 영향 때문인지 환경적 영향 때문인지를 결정하기는 불가능하다. 또한 작은 생물학적 차이가 차별적 경험을 통해 점점 과장될 수 있다(D. F. Halpern, 2012). 예를 들면 남아들은 처음에 어떤 유형의 공간적 처리에서 여아들보다 평균적으로 약간 더 우세할 수 있다. 그렇지만 남아들은 비디오 게임이나 스포츠에 여아들보다 더 많은 시간을 보내면서 공간적 기술들을 더 많이 연습한다(Moreau et al., 2012; I. Spence & Feng, 2010). 그 결과, 공간능력의 성차가 커진다. 그러나 몇몇 연구들은 훈련을 통해 남아들만큼 여아들의 공간 기술들이 실질적으로 향상될 수 있음을 보여준다(Uttal et al., 2013).

가능한 생물학적 영향력에 대한 더 강력한 증거는 뇌구조의 성별 차이가 발달하는 태아의 뇌에 영향을 미치는 성별 관련 호르몬 때문일 수 있음을 보여주는 연구이다(Hines, 2013). 예를 들면 안드로겐은 공간 기술들과 연합된 뇌 부위에 영향을 줄 수 있다(Grön et al., 2000; Hines, 2013). 남성들은 전형적으로 태내발달 동안 여성보다 더 높은 수준의 안드로겐에 노출되기 때문에, 이 차이로 인해 남성 뇌의 반구가 더 전문화되고 이후 공간능력이 더 능숙하게 만들 수 있다. 이 가설에 대한 지지는 태내에서 높은 수준의 안드로겐에 노출된 여아들은 평균 이상의 공간능력을 보인다는 연구들에서 나온다(Grimshaw, Sitarenios, & Finegan, 1995; Hines et al., 2003; Mueller et al., 2008). 반대로, 안드로겐 둔감화 증상이 있는 남성들은 공간능력의 점수가 평균보다 낮은 경향이 있다(Imperato-McGinley et al., 1991/2007).

인지 및 동기적 영향 인지 동기적 이론들에서 강조된 자기 사회화의 과정은 아동의 학문적 성취에서 역할을 한다. Eccles의 기대-가치 성취 모델에 따르면(Eccles & Wigfield, 2002), 아동들은 자신이 능력 있다고 여기고(성공의 기대), 흥미롭고 중요하다고 생각하는(가치) 영역들에서 성취하려는 동기가 크다. 성 고정관념들은 여아와 남아가 중시하는 주제를 만들 수 있다. 예를 들면 많은 아동들이 과학, 테크놀로지 및 수학은 남아들의 것이고 읽기, 쓰기 및 인문학은 여아들의 것이라는 성 고정관념을 내면화한다(Kessels, 2015; Papastergiou, 2008; Plante, Theoret, & Favreau, 2009). 그러나 이런 고정관념들은 인기가 줄어들고 있는 듯하다(Plante et al., 2009). 아마도 수년에 걸친 많은 교육자들, 정책입안자들 및 부모의 노력 덕분이다.

학문적 주제들에 대한 성 고정관념이 지속되는 정도로, 흥미와 능력에 대한 신념에서 평균 성차가 이 학문 영역에 존재하며(Eccles & Wigfield, 2002; Else-Quest, Hyde, & Linn, 2010; Simpkins, Fredricks, & Eccles, 2015; Wilgenbusch & Merrell, 1999), 학문적 자기개념은 학문적 성취와 직업적 열망을 예측한다(Eccles & Wigfield, 2002; D. F. Halpern, 2012; D. F. Halpern et al., 2007)는 것은 놀랍지 않다. 다음에 논의하듯이, 사회적 및 문화적 요인들도 여아와 남아의 학문적 자기개념과 성취의 발달에 영향을 미친다. 즉 아동들은 그들이 환경에서 인식하는 역할모델, 기회 및 유인가의 영향을 받는다.

부모의 영향 부모가 자녀들에게 하는 말은 자녀의 언어 학습에 대한 강력한 예측인이다. 주로 서양의 중류층 가족들에서 수행된 연구들을 상위분석한 결과, 어머니들은 아들보다 딸과 더 높은 비율로 언어적 상호작용을 한다(Leaper, Anderson, & Sanders, 1998). 따라서 한 가지 가능성은 기껏해야 부분적이긴 해도 어머니가 아들보다 딸들과 이야기를 더 많이 하기 때문에 어린 여아들이 남아보다 약간 더 빠른 비율로 언어를 습득한다는 것이다. 반대로, 여아들의 더 빠른 언어 습득은 어머니가 아들보다 딸들과 더 많은 이야기를 하도록 이끈다(Leaper & Smith, 2004). 마지막으로, 두 가지 패턴이 모두 일어난다. 어머니와 딸 둘 다 말하기를 좋아하고 이 행동을 서로 강화하는 양방향적 영향력이다.

부모의 성 정형화도 아동의 학문적 성취와 관련 있다. 많은 부모들은 학문적 주제들에 대한 남아와 여아의 상대적 흥미와 태도에 관한 고정관념들을 받아들이고(Eccles, 2015; Eccles et al., 2000; Leaper, 2013, 2015a), 이런 성 유형화된 기대는 자녀의 성취동기에 영향을 미칠 수 있다(Eccles, 2015; Eccles et al., 2000). 관찰연구는 부모가 차별적 격려를 통해 자신의 성 유형화된 기대를 자녀에게 전달할 수 있음을 제안한다(Bhanot & Jovanovic, 2005; Crowley et al., 2001; Tenenbaum & Leaper, 2003). 여러분은 자녀의 학문적 잠재력에 대한 부모의 신념은 주로 자녀의 자기개념과 성취에 기초할 것이라고 생각할 것이다. 그러나 연구자들이 발견한 것에 따르면, 부모는 종종 학문적 흥미나 성취에서 성차가 나타나기도 전에 성 유형화된 신념을 갖고 있다. 실제로, 종단연구에 따르면, 부모의 기대는 특정 주제 영역에서 자녀의 과거 수행보다 미래 수행에 대한 더 강력한 예측인이다(Bleeker & Jacobs, 2004).

교사의 영향 교사들은 아동의 학문적 동기와 성취의 성차에 영향을 미칠 수 있다. 어떤 교사들은 여아와 남아들의 능력에 대한 성 정형화된 신념을 갖고 있을 수 있다. 이런 경우, 그들은 남아보다 여아들에게 더 높은 학업성취를 기대하거나(S. Jones & Myhill,

어떤 연구들에 따르면 엄마는 아들보다 딸과 더 많은 말을 하고 평균적으로 여아들이 남아들보다 더 빠른 비율로 언어를 습득한다. 엄마가 딸과 더 많은 말을 하는 것은 여아의 더 빠른 언어 습득에 기여하는가? 혹은 여아의 더 빠른 언어 습득이 엄마가 그들과 말하는 것에 영향을 미치는가?

2004), 혹은 수학과 과학에서 남아들이 더 잘한다는 고정관념을 만들 수 있다(Riegle-Crumb & Humphries, 2012; Tiedemann, 2000). 교사들이 성 유형화된 기대를 갖고 있을 때, 그들은 성에 따라 차별적으로 학생들을 평가하고, 격려하고, 주목한다. 이런 방식으로, 교사들은 아동들의 이후 학문적 성취에 영향을 주는 자기충족적 예언의 토대를 세울 수 있다(D. F. Halpern, 2012; D. F. Halpern et al., 2007 참조). 그러나 많은 교육자들은 시간이 지나면서 성 편향을 더 잘 인식하게 되었고, 수학, 과학 및 테크놀로지 프로그램들에 대한 여아들의 참여를 증진하려는 적극적인 노력을 하고 있다(예 : Stake & Mares, 2005).

또래의 영향 아동의 흥미는 대개 급우나 친구들과 연합한 활동이나 가치에 의해 형성된다. 그 결과, 또래들은 아동의 학문적 성취를 조형할 수 있다. 이런 영향은 아동들이 또래들과 함께 하는 놀이 활동의 종류로 시작된다. 앞에서 언급했듯이, 구성 놀이, 스포츠 및 비디오 게임처럼 대개 남아들이 선호하는 많은 활동들은 공간능력뿐 아니라 수학이나 과학과 관련된 기술들을 발달시킬 기회를 제공한다. 반대로 가사 역할 놀이처럼 여아들에서 더 보편적인 놀이 유형들은 대화 지향적이고 언어 기술들을 형성한다(Leaper, 2015a; Leaper & Bigler, 인쇄 중).

여아와 남아들은 특정 학교 주제들이 또래 규준에 적합한 것일 때 그것들을 얻으려고 노력할 가능성이 더 높다. 예를 들면 한 연구에서 자신의 친구들이 과학과 수학을 지지한다고 생각하는 미국 고등학생들은 미래 경력으로 과학 분야에 흥미를 보일 가능성이 더 높았다(Robnett & Leaper, 2013). 친구의 과학 지지와 과학 관련 경력에 대한 흥미 간 연합은 여아와 남아 모두에게 있었지만, 남아들은 여아들보다 과학을 지지하는 친구 집단이 있다고 보고할 가능성이 더 높았다. 또한 영어(읽기와 쓰기)에 대한 친구의 지지는 과학 관련 경력에 대한흥미와 관련이 없다는 것은 주목할 만하다. 따라서 특정 학문적 주제들에 관한 또래 규준은 여아나 남아들이 그 주제들을 얼마나 중요하게 여길지와 관련 있다(Leaper, 2015b).

지배성과 자기신뢰를 강조하는 전통적인 남성성 규준들은 미국과 다른 서양의 산업화된 나라들에서 어떤 남아들의 학문적 성취를 손상할 수 있다(Levant, 2005; Renold, 2001; Steinmayr & Spinath, 2008; Van Houtte, 2004). 어떤 남아들은 특정 주제에서 혹은 아마도 전반적으로 학교에서 잘 하는 것은 남성적지 않다고 여길 수 있다. 예를 들면 학교에서 잘하거나 혹은 읽기와 같은 특정 주제들에 흥미를 보이는 것은 여성적인 것으로 평가절하될 수 있다(Andre et al., 1999; Martinot, Bagès, & Désert, 2012). 실제로, 어떤 연구자는 북미와 유럽에서 전통적 남성성을 지지하는 남아는 읽기와 쓰기 수행이 더 낮고 고등학교 졸업률도 더 낮다고 제안한다(Kessels & Steinmayr, 2013; Levant, 2005; Renold, 2001; Van de Gaer et al., 2006; Van Houtte, 2004). 또한 미국 남자 대학생들에서 성역할 유연성은 비전통적 전공에 대한 더 강한 흥미와 관련 있다(Jome & Tokar, 1998; Leaper & Van, 2008).

문화적 영향 생물생태학적 모델은 사회화 실제들이 사회에서 성인의 역할들을 아동들에게 준비시킨다고 주장한다. 만일 여성과 남성들은 서로 다른 직업을 갖는 경향이 있다면, 그런 경향은 여아와 남아들에게 서로 다른 능력과 선호를 장려한다. 따라서 여아와 남아의 학문적 성취에서 문화적 차이가 있는 곳에는 상응하는 사회화의 차이가 있었을 것

또래 규준은 여아와 남아의 성취동기에 강한 영향을 미칠 수 있다. 예를 들어 친구들이 과학이나 컴퓨터에 대한 성취를 지지할 때 이런 분야들에 대한 흥미가 지속될 가능성이 더 높다.

nandana de silva / Alamy

이다.

Else-Quest, Hyde 및 Linn(2010)이 수행한 상위분석은 수학적 성취에서 성 관련 차이에 미치는 문화적 영향을 지적했다. 표준 수학 검사에서 성차는 나라에 따라 광범위한 차이가 있었다. 어떤 나라에서는 남아들의 점수가 더 높았고, 다른 나라에서는 여아들이 더 높았고, 또 다른 나라에서는 성차가 나타나지 않았다. 가능한 문화적 영향을 평가하기 위해, 연구자들은 그 나라들에서 고등교육을 받는 대표 여성들을 살펴보았다. 그들은 여러 수학 관련 결과들의 평균 성차는 높은 수준의 고등교육을 받는 여성들의 비율이 더 높은 나라들에서 더 적다는 것을 발견했다. 이것은 청소년의 수학과 관련된 시험, 자신감 및 내적 동기에서도 보였다. 이전에 언급했듯이, 과거 수십 년에 걸쳐 미국에서 수학 성취에서 성 격차가 줄어드는 것에 뒤이어 과학과 엔지니어링에 종사하는 여성의 비율이 꾸준히 증가했다(National Science Foundation, 2015).

또 다른 문화적 요인들도 서양의 산업화된 사회들에서 학문적 성취의 성 관련 차이들을 예측했다. 전반적인 학문적 성공과 언어적 성취에서 평균 성차는 고소득 지역의 아동, 교육수준이 높은 부모의 아동 및 평등주의적 이성애 부모들의 아동들에서는 덜 나타난다(Burkam, Lee, & Smerdon, 1997; Croft et al., 2014; Ferry, Fouad, & Smith, 2000; Melby et al., 2008; Updegraff, McHale, & Crouter, 1996). 게다가 아동들이 성장한 지역사회(local community)는 영향을 미칠 수 있다. 한 연구(Riegle-Crumb & Moore, 2014)에서, 미국의 여러 공동체들을 비교했을 때, 물리학 성취에서 성 격차(대개 남아들이 우세)는 과학과 테크놀로지 직업들에 종사하는 여성이 더 많은 공동체의 고등학교들에서 더 작았다.

대인 간 목표와 소통

관계에 관한 가장 인기 있는 자기계발(self help) 책 중 하나는 John Gray(1992)의 화성에서 온 남자 금성에서 온 여자이다. 저자(과학자가 아님)는 대인 간 목표와 소통 양식의 성차가 너무 커서 여성과 남성은 다른 행성에서 온 것 같다고 주장했다. 그러나 과학적 증거에 따르면, 성인 소통에서 평균 성차는 Gray가 묘사했던 것만큼 극적이지 않다. 여성과 남성의 말에서 평균 성차가 있더라도 성차의 규모는 대개 약간에서 중간 정도의 범위였다(Leaper & Ayres, 2007). 아동기와 청소년기 동안 소통과 대인 간 목표에서 평균 성차는 마찬가지로 중간 정도이다.

대인 간 목표들과 관련해서, 연구자들은 전통적인 성역할들과 일치하는 평균 성차를 발견했다(A. J. Rose & Rudolph, 2006). 남아들은 사회적 관계의 목표로서 지배성과 권력을 강조한다. 반대로 여아들은 관계의 목표로서 친밀성과 지원을 선호한다. 그러나 이런 차이의 효과 크기는 약간에서 중간 정도이다.

연구자들은 아동의 또래들 간 소통 양식에서 약간의 평균 성차를 발견했다. 말이 많은 여아와 과묵한 남아라는 고정관념과 달리, 대개 연구들은 아동 초기 이후 말의 양(talkativenss)에서 평균 성차를 발견하지 못한다(Leaper & Smith, 2004). 그러나 개인적 사고와 감정들에 대한 자기노출은 약간에서 중간 정도의 성차가 있는데, 남아들보다 여아들에서 평균 비율이 더 높다(A. J. Rose & Rudolph, 2006). 또한 여아는 남아보다 협력적인 말(statement)을 할 가능성이 다소 더 높으며, 이것은 높은 친화성과 높은 주장성을 반영한다. 반대로 남아는 여아보다 지시적인 말을 할 가능성이 더 높으며, 이것은 높은 주장성과 낮은 친화성을 반영한다.

대부분의 평균 성차처럼, 소통 양식에서 여아들과 남아들 간에는 상당한 중복이 있다. 비록 어떤 아동들은 성 정형적인 방식으로 행동할지라도, 많은 여아는 통제하는 말(speech)을 하고 많은 남아들은 높은 수준의 협력적인 말을 한다. 실제로, 이 장 전체에서 보았듯이, 여아와 남아들은 광범위한 행동들에서 서로 매우 유사하다.

대인 간 목표와 소통의 성차에 대한 설명

다른 유형의 행동들에서 보았듯이, 연구자들은 대인 간 목표와 소통의 평균 성차와 관련된 다양한 요인을 확인했다. 인지-동기적, 사회-상호작용적 및 문화적 영향력에 대한 연구들이 아래에 기술되어 있다.

인지 및 동기적 영향   대인 간 목표와 소통 양식에서 평균 성차는 서로 관련 있다. 여아와 남아가 사회적 관계의 기본 목표에서 차이가 있으며, 그들은 이 목표를 성취하기 위해 서로 다른 언어 양식을 사용한다(Crosby, Fireman, & Clopton, 2011; P. M. Miller, Danaher, & Forbes, 1986; Strough & Berg, 2000). 예를 들면 만일 남아가 특히 지배하는 것에 흥미가 있다면, 지시적인 말은 그 목표를 성취하는 데 도움이 될 수 있다. 그리고 만일 여아가 친밀성을 형성하고 싶다면, 개인적 감정들에 대해 말하거나 타인의 생각을 정교화하는 말은 그 목표를 현실화하는 데 도움이 될 것이다.

부모의 영향   많은 아동들은 성 유형화된 소통패턴을 모델링하는 부모를 관찰한다. 한 상위분석은 어머니와 아버지가 자녀에게 하는 말을 비교한 연구들의 경향성을 요약했다(그것들 대부분은 서양의 중류층 가족들에서 수행되었다)(Leaper et al., 1998). 그 결과, 평균 효과 크기는 작았다. 첫째, 어머니는 아버지보다 친화적인(affiliative) 말을 할 가능성이 더 높았다. 반면에, 아버지는 어머니보다 통제하는(주장은 높고 친화성은 낮은) 말을 할 가능성이 더 높았다.

또래의 영향   전형적으로 성이 분리된 또래집단들 내에서 연습되는 사회적 규준들과 활동들은 여아와 남아들에서 서로 다른 대인 간 목표를 육성한다. 예를 들면 많은 여아는 주로 협력적이고 친화적인 교환들로 구조화된 집안일의 각본들('소꿉놀이')에 따른다. 남아의 놀이는 지배성과 권력들로 구조화된 경쟁적 맥락들('전쟁놀이'나 스포츠)일 가능성이 더 높다. Leaper와 Smith(2004)의 상위분석은 동성 또래 규준의 영향과 관련 있으며, 소통의 성차는 혼성 상호작용에서보다 동성 상호작용의 연구에서 탐지될 가능성이 더 높다는 것을 발견했다.

문화의 영향   비교문화연구는 대체로 사회적 행동에서 유사한 패턴의 평균 성차를 발견한다. 즉 친화적인 사회적 행동은 여아나 성인 여성들에서 더 일반적인 반면에 지시적인 사회적 행동은 남아나 성인 남성들에서 더 일반적인 경향이 있다(Best, 2010). 그러나 이 행동들을 보이는 정도는 문화적 차이가 있다. 예를 들어 일본과 같은 많은 아시아 문화의 경우, 사회적 상호작용에서 높은 수준의 친화성을 보이는 것은 여아뿐 아니라 남아에게도 상당히 중요하다. 그렇지만 이 문화들에서 남아나 성인 남성은 여아나 성인 여성보다 더 지시적으로 말하는 경향이 있다(Smith, 1992). 또한 미국과 같은 다문화 국가 내에도 문화적 차이가 있다. 예를 들면 연구자들은 중류층의 유럽계 미국인 여아들에 비해 노동계층이고 저소득 지역의 아프리카계 미국인 여아에서 사회적 상호작용이 더 지시적임을 관찰했다(Kyratzis, 2004).

성과 아동의 소통 양식

Leaper와 동료들의 연구들은 아동이나 성인의 소통패턴에서 성 관련 차이를 조사했다(예 : Leaper, 1991; Leaper et al., 1999; Leaper et al., 1995; Leaper & Gleason, 1996; Leaper & Holliday, 1995). 5세와 7세 아동을 대상으로 한 연구에서, Leaper(1991)는 아동을 동성과 짝을 짓거나 이성과 짝을 지어 손가락 인형 놀이를 하게 했다. 그는 아동의 대화를 기록했고 아동이 한 말을 친화성과 주장성으로 분류했다. 아래 그림이 보여주듯이, 말은 각 차원에서 높거나 낮을 수 있고, 네 가지 언어 행위(말) 범주로 분류된다.

1. 협력적인 말은 친화성(다른 사람에 관여)과 주장성(행위를 안내) 둘 다 높다. 예로는 활동을 함께 하자는 제안("우리 같이 슈퍼히어로로 놀이하자")이거나 혹은 다른 사람이 이전에 말한 것을 정교화하는 것이다.
2. 통제하는 말은 주장성은 높지만 친화성은 낮다. 예로는 지시("이거 해")나 부정적인 말이다.
3. 친절한 말은 친화성은 높고 주장성은 낮다. 예로는 동의를 표현하거나 타인의 제안에 찬성하는 것("좋아, 그거 괜찮네")이다.
4. 물러서는 행위는 주장성이 낮고 친화성도 낮다. 이것은 다른 사람의 말에 대해 반응하지 않는 것이다.

두 연령 집단의 여아와 남아들에서, 협력적인 대화가 가장 일반적이었다. 더 어린 아동들에서는 어떤 유형의 말에서도 평균 성차는 없으며, 나이 든 아동들에서는 친절한 말이나 물러서는 행위에서 성차가 없었다. 그러나 나이 든 아동들에서 협력적인 말과 통제하는 말의 비율에서는 유의한 성차를 보였다. 7세 아동들에서, 협력적인 말의 평균 비율은 남아-남아 쌍(평균＝39%)이나 성이 혼합된 쌍(평균＝43%)보다 여아-여아 쌍(평균＝56%)에서 유의하게 더 높았다.

다음은 한 여아 쌍에서 볼 수 있는 상호적 협력의 예이다. 말의 유형은 대괄호 속에 표시되어 있다.

제니퍼 : 우리 미끄럼 타자(미끄러지는 소리를 내면서)[협력적인]

샐리 : 좋아. [친절한](미끄러지는 소리를 낸다) 난 너랑 칙칙폭폭 기차놀이를 할 거야.[협력적인]

제니퍼 : 좋아. [친절한]

샐리 : 네가 먼저 가도 돼. [협력적인]

제니퍼 : 치익…(숨을 내쉰다) [협력적인]

샐리 : 치익…(숨을 내쉰다) [협력적인]
(Leaper, 1991, p. 800)

또 다른 평균 성차는 통제하는 말의 비율이었다. 비율은 남아-남아 쌍(평균＝26%)이나 혼성 쌍(평균＝24%)보다 여아-여아 쌍(평균＝13%)에서 유의하게 더 낮았다.

혼성 쌍들의 경우, 협력적인 말이나 통제적인 말에서 어떤 성차도 나타나지 않았다. 따라서 여아들은 남아들과 상호작용할 때, 협력적인 말은 감소하고 통제적인 말은 증가하는 경향이 있었다(여아들과 상호작용할 때와 비교할 때). 반대로, 남아들은 동성이나 혼성 상호작용에서 협력적인 말과 통제적인 말의 양이 비슷하다.

Leaper(1991)에 따르면, 첫째, 협력은 여아와 남아 모두에서 가장 공통적인 말의 유형이었음을 인식하는 것이 중요하다. 이런 유사성에도 불구하고, 협력은 평균적으로 남아보다 여아의 말에서 더 빈번하게 보였다. 반대로, 통제적인 말은 여아들보다 남아들에서 더 일반적이었다. 여아는 비주장적이라는 오래된 고정관념과 반대로, 여아들은 남아들보다 주장성이 낮은 말을 할 가능성이 더 높지는 않다(친절한 말이나 물러서는 말). 대신에 여아들은 소통에서 친화적 목표와 주장적 목표를 통합할 가능성이 더 높을 것이다. 마지막으로, 혼성 상호작용에서, 여아가 남아들의 말하는 방식에 동화된다는 증거가 그 반대보다 더 많다. 즉 여아들은 혼성 상호작용 동안 남아들이 동성 상호작용에서 보이는 방식(통제적인 말을 더 많이 협력적인 말은 더 적게)을 더 많이 보이는 반면, 남아들은 동성 상호작용과 혼성 상호작용에서 유사한 패턴을 보이는 경향이 있었다. 다른 연구들은 민족 및 사회경제적 배경이 다른 아동들의 소통패턴에서 유사한 평균 성차를 발견했다(Filardo, 1996; Leaper et al., 1999; Leman, Ahmed, & Azarow, 2005).

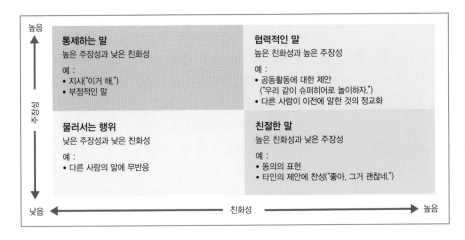

소통 전략 그림은 사회적 상호작용과 소통의 이차원 모델을 보여준다. 주장성은 수직축에 따라 높고 낮고, 친화성은 수평축에 따라 높고 낮다. 협력적 행위는 친화성과 주장성 둘 다 높다. 통제하는 행위는 주장성은 높고 친화성은 낮다. 친절한 행위는 친화성은 높고 주장성은 낮다. 물러서는 행위는 친화성과 주장성 둘 다 낮다.

요약

성 발달에 대한 이론적 접근

■ 성 발달에 대한 한 가지 주요 접근은 생물학적이며, 진화심리학, 생물사회적 이론 및 신경과학 접근들이다.

■ 진화심리학 이론에 따르면, 남성과 여성 간 생물학적 차이는 진화적 과거에 적응적 기능에 기여했고 유전된 생물학적 성향으로서 전달되었다. 예를 들면 남성에서 직접 공격은 짝짓기 경쟁에서 이득이 되는 반면, 여성에서 양육은 자손의 생존을 촉진하는 것으로 보인다.

■ 생물사회적 이론은 사회적 생태학과 관련해서 여성(출산과 수유능력)과 남성(속도 및 크기) 간 진화된 신체적 차이에 초점을 맞춘다. 예를 들면 남성의 힘과 여성의 출산은 수렵-채집 사회의 남성과 여성에게 더 적절한 역할을 만들었을 수 있지만, 테크놀로지 사회에서 역할과 관련된 신체적 차이의 제약은 더 적다.

■ 다른 생물학 연구자들은 출생 이전과 이후 모두에서 뇌 조직화의 성별 차이와 성 호르몬(예 : 안드로겐)의 영향에 집중함으로써 성 발달에 신경과학적 접근을 한다. 호르몬 효과의 놀라운 예는 선천적 부신과형성(CAH)이 있는 여아들의 사례인데, 이들은 CAH가 없는 여아들보다 신체 활동을 강조하는 놀이에 대한 성향이 더 강하고 공간능력이 다소 더 나은 경향이 있다.

■ 성 발달에 대한 인지적 및 동기적 접근은 인지발달 이론, 성 도식 이론, 사회적 정체성 이론 및 사회인지적 이론을 포함한다. 모두 성역할들을 학습하고 자신의 성에 적절하다고 여기는 선호와 행동을 택하는 아동의 적극적인 참여를 강조하며, 성 발달이 대체로 자기 사회화 과정임을 강조한다.

■ 인지발달 이론에 따르면, 일단 아동들이 성은 여러 상황들에서 일관적이라는 것을 인식하면(성 항상성), 그들은 어떻게 행동할지를 학습하기 위해 신중하게 동성 모델들을 주목한다.

■ 성 도식 이론은 아동들이 자신의 경험과 성 관련 생각들에 기초한 심적 성 표상을 구성한다고 주장한다. 아동들은 자신의 성을 식별할 수 있게 되자 곧 동성의 흥미와 가치를 습득하기 시작한다고 제안한다. 이후, 아동들은 자신의 성과 관련된 것들에 더 많은 주의를 기울이고 더 많은 것을 학습한다.

■ 성 정체성 선택의 중요성을 강조하는 사회정체성 이론은 아동들이 자신의 성과 연합된 속성들을 선호하는 내집단 편향을 형성하고 성역할 규준들에 순응하게 하는 경향이 있다.

■ 사회 인지 이론은 성 유형화된 가치와 행동을 학습하는 데 포함된 많은 과정에 대해 말하며, 타인의 행동을 관찰하고 자신이나 타인의 성과 관련된 특정 행동들의 결과들을 결정하는 것을 포함한다. 아동들은 성 유형화된 규준들, 즉 자신의 행동을 모니터할 때 사용하는 기준들을 내면화한다.

■ 세 번째 이론적 접근은 문화적 영향에 집중하고 생물생태학적 모델을 포함한다. 생물생태학적 모델은 아동발달이 미시체계(직접적 환경)부터 거시체계(사회)에 이르는 포함된(nested) 체계들에 둘러싸여 있다고 설명한다. 거시체계의 핵심 특징은 기회 구조이고 여성과 남성이 할 수 있는 역할들이다. 이것은 여아와 남아들이 사회화되는 방식을 형성한다.

성 발달의 이정표

■ 태내발달의 6~8주에 성적 분화가 시작된다. 정상적으로 첫 삼분기의 말이면 외부 및 내부 생식기가 형성된다.

■ 첫해에 영아들은 남성과 여성의 얼굴을 구분한다. 2~3세에 아동들은 자신의 성을 식별하고, 남성과 여성에 대한 고정관념을 습득하기 시작하며, 성 유형화된 장난감과 놀이 활동을 선호하기 시작한다.

■ 학령전기 동안 아동들은 동성 또래들에게 끌리고, 아동이 성에 따라 자기를 분리하는(self-segregated) 강한 경향이 청소년기까지 지속된다. 또한 학령전 아동들은 각 성에 대해 어떤 특질과 활동들을 정형화한다. 성 유형화된 놀이에 대한 선호는 아동 초기부터 중기까지 점점 더 강해진다.

■ 대략 6세경에 아동들은 성 항상성이 발달한다. 아동 중기가 되면 아동들은 성역할이 사회적 관습임을 이해하게 된다. 또한 그들은 성차별은 불공정하고 언제 그것이 일어나는지를 안다. 사회 행동에서 평균 성차가 등장하기 시작하며, 여아보다 남아가 친화성보다 주장성을 더 강조하고, 여아는 친화성 혹은 친화성과 주장성의 조합을 더 강조한다.

■ 청소년기 동안, 성역할은 때로 더 유연하게 되거나(인지적 유연성의 증가 때문에) 더 경직된다(이성애적 역할들에 대한 관심과 성에 대한 관습적 태도를 갖기 때문에). 비록 친구 간(friendship) 친밀성은 여아들에서 더 일반적일지라도, 우정과 낭만적 관계의 친밀성은 여아와 남아 모두에서 증가한다.

■ 아동기와 청소년기 동안, 성역할 유연성은 남아들보다 여아들에서 더 높을 것이다. 또래와 부모는 여아보다 남아가 이성에

유형화된 행동을 하는 것에 더 부정적으로 반응하는 경향이 있다. 이런 불균형은 전통적으로 남아에게 허용되는 더 높은 지위 및 권력과 관련 있을 수 있다.

여아와 남아 간 비교

■ 여아와 남아의 심리적 기능에서 실제 차이는 일반적으로 성 고정관념이 묘사하는 것보다 분명히 더 적다. 평균적으로 한 성이 다른 성보다 더 높은 점수를 받은 측정 방법들에서도 효과 크기는 미미하다. 게다가 성차의 효과 크기에서 성차가 더 클 때조차도, 대개 남성과 여성들의 점수 분포에 상당한 중복이 있다.

■ 남아와 여아들은 사춘기까지 신체 발달에서 매우 유사하며, 사춘기는 남아보다 여아에서 더 일찍 시작된다. 가장 큰 평균 성차는 사춘기 이후 체력, 속도 및 크기이며, 중간 정도 차이는 신체적 활동 수준이다.

■ 여아와 남아는 일반 지능검사에서 점수가 비슷하다. 작은 평균

성차가 특정 인지능력에서 보고되었다. 남아는 어떤 유형의 공간 추론과 수학능력에서 더 잘하고 여아는 언어능력에서 작은 우세함을 보인다. 학문적 성취에서, 여아는 읽기와 쓰기를 남아보다 더 잘하는 반면, 남아는 물리 과학을 여아보다 더 잘한다. 또한 여아는 전반적으로 학교 수행을 더 잘한다.

■ 생물학적, 인지-동기적 및 문화적 요인들은 학문적 성취에서 성 관련 차이에 기여할 수 있다. 태내 호르몬과 같은 생물학적 과정은 여아와 남아의 뇌 발달에 영향을 미칠 수 있다. 그러나 이 요인들이 인지 기능의 성차로 이끄는 정도는 불분명하다. 학문적 성취에서 평균 성차에 대한 인지-동기적 및 문화적 영향의 증거는 더 분명하다. 연구자들은 특정 영역에서 학문적 성취가 부모, 또래 및 교사의 기대와 관련 있음을 발견했다. 미국 수학 성취에서 성 격차는 최근 수십 년 내에 극적으로 좁혀졌고, 이 차이들은 전반적인 성 평등성이 더 큰 사회들에서 더 적을 것이다.

연습문제

1. 성 유형화란 _____이다.
   a. 성별 호르몬에 기초한 개인의 동일시
   b. 남성, 여성으로 혹은 둘 다 아닌 것으로서 개인의 동일시
   c. 발달 동안 일어나는 성 사회화의 과정
   d. 태내발달 동안 개인의 성별을 결정하는 유전적 힘

2. 여아가 인형 놀이하는 경향성은 모성 보살핌이 진화된 결과라는 주장은 어떤 이론에 기초하는가?
   a. 진화심리학 이론
   b. 생물사회적 이론
   c. 사회학습 이론
   d. 성 도식 이론

3. 다음 중 어느 것이 진화심리학 이론과 생물사회학 이론 간 주요 차이를 설명하는가?
   a. 생물사회학은 성차에서 진화적 힘의 영향을 설명하지 않는다.
   b. 진화심리학 이론은 성별 간 신체적 차이를 더 많이 강조한다.
   c. 생물사회학은 사회 및 테크놀로지 요인들의 영향을 받는 생물학적 유연성 능력을 더 많이 강조한다.
   d. 진화심리학 이론은 진화적 관점에서 성별 간에 유의한 차이는 없다고 주장한다.

4. 유전적 여성들에서 높은 수준의 태내 안드로겐에 대한 노출은 이성에 유형화된 행동을 하는 방식으로 신경계 발달에 영향을

미칠 수 있다. 이 예는 어떤 효과를 설명하는가?
   a. 활성화하는 영향
   b. 시스젠더 성향
   c. 조직화하는 영향
   d. 자기 사회화

5. Kohlberg는 아동의 성 이해에는 성 정체성, 성 안정성 및 성 항등성의 3단계가 있다고 제안했다. 다음 중 어느 것이 성 항등성을 가장 잘 설명하는가?
   a. "여자아이들은 아이를 낳을 수 있지만, 남자아이들은 그렇지 못하다."
   b. "나는 오늘 남자아이지만, 내일은 여자아이가 될 수 있다."
   c. "내가 남자아이처럼 머리를 자르고 옷을 입었지만, 나는 여자아이이다."
   d. "나는 항상 여자아이일 것이다."

6. 성, 성적 지향, 인종, 사회계층 및 다른 집단 제휴를 포함하는 복잡한 영향력들의 망은 개인의 사회적 정체성과 경험을 조형한다. 이것은 _____이다.
   a. 성 도식
   b. 내집단 동화
   c. 교차성
   d. 협력

7. 알렉스는 6세 남아이다. 그의 아버지는 알렉스가 여동생의 인형을 갖고 놀 때 못마땅해 하지만, 알렉스가 트럭 놀이를 할 때

기분 좋게 함께 참여한다. 이 시나리오는 알렉스의 성 정체성 영향을 미치는 _____의 예다.

a. 관찰학습
b. 협력
c. 행위적 경험
d. 교차성

8. 성 분리란 _____이다.
   a. 동성 또래와 어울리고 이성 또래를 피하려는 어린 아동의 경향성
   b. 인지 및 행동적 경향에서 성별 간 차이
   c. 개인이 성 유형화된 행동을 하는 경향성
   d. 성 도식과 일치하는 정보를 유지하려는 개인의 경향성

9. 전통적인 성역할 요소들을 개인의 가치로 통합하려는 청소년의 경향으로 성차별을 증가시킬 수도 있는 이것은 무엇인가?
   a. 성역할 유연성
   b. 성역할 강화
   c. 동화
   d. 협력

10. 성 유사성 가설이 인지적 행동과 사회적 능력의 영역들에서 강조하는 것은 _____이다.
    a. 성별 간 모든 측정 가능한 차이는 미미하다
    b. 남아와 여아들은 유사하지만 불평등한 궤도를 따른다
    c. 남아와 여아들 간 유사점이 차이점을 능가한다
    d. 남아와 여아들 간 차이점이 유사점을 능가한다

11. 신체 성숙에 대한 다음 진술 중 어느 것이 사실이 아닌가?
    a. 유전 및 환경적 요인들은 성별에 따른 신체적 성숙의 차이에 영향을 미친다.
    b. 신체 및 운동 기술에서 성 격차는 주로 사춘기의 결과로서 커진다.
    c. 사춘기 동안 일어나는 신체 변화에도 불구하고, 연구자들은 유사한 심리적 혹은 행동적 변화의 증거를 발견하지 못했다.
    d. 연구자들은 사춘기의 신체 이미지와 섭식장애에 대한 비교 문화적 증거를 발견했다.

12. 다음 이론들 중에서 성 고정관념과 아동이 학문적 주제에 대한 지각하는 능력 간의 조합을 설명하는 것은 어느 것인가?
    a. 성 강화 모델
    b. 진화 이론 모델
    c. 기대-가치 성취모델
    d. Piaget의 성 발달 이론

13. 작지만 일관적인 성차가 _____을 제외한 모든 영역에서 발견되었다.
    a. 자기개념
    b. 일반 지능
    c. 소통 기술
    d. 심적 공간회전 과제

14. 다음 소통 양식 중에서 주장성과 친화성 모두 높은 개인이 보일 가능성이 높은 것은 어느 것인가?
    a. 협력하는
    b. 물러서는
    c. 친절한 말
    d. 통제하는 말

15. 로즈는 9세 여아이다. 그녀는 티셔츠와 청바지, 그리고 '여성스러운' 옷을 입기를 매우 좋아한다. 그녀는 스포츠를 좋아하고 인형놀이를 싫어한다. 로즈의 선호는 _____의 예다.
    a. 성역할 강화
    b. 이성에 유형화된 행동
    c. 시스젠더 모델링
    d. 성 분리

비판적 사고 질문

1. 이 장을 시작할 때 묘사했던 4명의 아이들은 성 간에 그리고 성 내에서 성 유형화된 행동과 흥미에서 차이가 있었다. 이 장의 이론들은 이런 차이점과 유사점들을 설명하기 위해 어떤 시도를 했는가? 보다 유연한 성 유형화된 행동과 흥미를 가진 아동들에 대해 이론들은 어떻게 설명하는가?

2. 여러분이 자라면서 본 드라마, 영화, 비디오 게임에서 남성과 여성들은 어떻게 묘사되었는지 생각해보라. 이 묘사들은 여러분의 성 발달에 어떤 영향을 미쳤는가?

3. 여러분의 자녀들이 가능하면 최소한으로 성 유형화되길 원한다고 상상해보라. 이 장의 이론적 조망들 중 어느 것에 가장 의존할 것인가? 여러분의 딸과 아들 중에서 누가 여러분의 목표를 달성할 가능성이 더 높을 것이라고 생각하는가?

4. 생물학이 행동에서 피할 수 없는 성차를 만든다고 여러분에게 말하는 진화심리학 이론가와 이야기하고 있다고 가정해보라. 여러분은 이 관점에 도전하기 위해 어떤 증거를 사용할 수 있는가? 그것을 지지하기 위해 여러분은 어떤 증거를 사용할 수 있는가?

5. 역사적으로 남성은 사회에서 지배적 지위를 갖지만, 지난 세기에 미국이나 다른 많은 나라들에서 여성들의 지위와 힘이 증가했다. 지금 여성들이 많은 직업에서 최고의 자리를 차지하고 남성들은 육아나 가사 일을 더 많이 한다. 여러분은 성인들에서 이런 성 평등으로 가는 경향이 여아와 남아들이 미래에 할 놀이 활동과 행동의 종류에 영향을 줄 것이라고 생각하는가?

핵심용어

관찰학습(observational learning)

교차성(intersectionality)

기회 구조(opportunity structure)

내집단 동화(ingroup assimilation)

내집단 편향(ingroup bias)

이성에 유형화된(cross-gender-typed)

사정능력(spermarche)

사춘기(puberty)

상위분석(meta analysis)

성(gender)

성 도식(gender schemas)

성 도식 여과기(gender schema filter)

성별(sex)

성 분리(gender segregation)

성 불쾌감증(gender dysphoria)

성 안정성(gender stability)

성역할 강화(gender-role intensification)

성역할 유연성(gender-role flexibility)

성 유형화(gender typing)

성 유형화된(gender-typed)

성 정체성(gender identity)

성증발생(adrenache)

성 항상성(gender constancy)

신체 이미지(body image)

안드로겐(androgens)

자기 사회화(self-socialization)

조직화 효과(organizing influences)

주장(assertion)

지도(tuition)

초경(menarche)

제휴성(affiliation)

행위적 경험(enactive experience)

협력(collaboration)

활성화 효과(ctivating influences)

효과 크기(effect size)

흥미 여과기(interest filter)

연습문제 정답

1. c, 2. a, 3. c, 4. c, 5. c, 6. c, 7. c, 8. a, 9. b, 10. c, 11. c, 12. c, 13. b, 14. a, 15. b

LINCOLN SELIGMAN, *Kite Flying* (watercolor on paper, 2000)

결론

주제 1 : 천성과 육성 : 모두가 항상 상호작용한다
천성과 육성은 출생 전부터 상호작용을 시작한다
영아의 천성이 육성을 이끌어낸다
타이밍이 중요하다
천성은 자신을 한꺼번에 드러내지 않는다
모든 것은 모든 것에 영향을 미친다

주제 2 : 아동은 자신의 발달에서 능동적인 역할을 한다
자기주도 활동
경험에 대한 능동적인 해석
자기조절
다른 사람들로부터의 반응 유발

주제 3 : 발달은 연속적이고 또 비연속적이다
개인차의 연속성/비연속성
전반적인 발달의 연속성/비연속성 : 단계에 대한 의문

주제 4 : 발달적 변화의 기제
생물학적 변화기제
행동적 변화기제

인지적 변화기제
변화기제들은 함께 작동한다

주제 5 : 사회문화적 맥락이 발달을 조성한다
다른 실행과 가치를 가진 사회에서의 성장
다른 시간과 장소에서의 성장
사회 내 다른 환경에서의 성장

주제 6 : 개인차
주어진 시기에서의 개인차의 폭
시간에 걸친 안정성
다른 차원의 미래 개인차 예측
개인차의 결정자

주제 7 : 아동발달 연구는 아동의 삶을 향상시킬 수 있다
양육의 의미
교육의 의미
위험에 처한 아동을 돕는 일의 의미
사회정책 개선

이 장의 주제

- 천성과 육성
- 능동적인 아동
- 연속성/비연속성
- 변화의 기제
- 사회문화적 맥락
- 개인차
- 연구와 아동복지

앞서의 15개 장들 모두에서 여러분은 아동이 어떻게 발달하는가에 관한 많은 양의 정보를 살펴보았다. 여러분은 지각, 애착, 개념 이해, 언어, 지능, 정서 조절, 또래관계, 공격행동, 도덕성, 성별, 그리고 또 필수적인 인간 특성들의 발달에 관해서 배웠다. 비록 이 모든 것들이 아동발달의 중요한 부분들이긴 하지만, 그 엄청난 양의 정보는 우리에게 벅차 보인다. 즉 나무에 가려 숲을 못 볼 위험이 있다. 따라서 우리 저자들은 이 마지막 장을 여러분이 배운 많은 세부사항들을 통합된 틀로 조직화함으로써 숲의 개요를 볼 수 있게 하고자 한다. 이 장을 읽음으로써 여러분은 여러분이 생각하는 것보다 아동발달에 관해서 무척 많은 것들을 이해하고 있다는 것을 알게 될 것이다.

이 장을 조직화하는 통합된 틀은 제1장에서 소개했으며 책 전체를 통해 강조했던 7개의 주제로 구성되어 있다. 우리가 보았듯이, 대부분의 아동발달 연구는 궁극적으로 이 7개의 주제와 관련된 근본적인 쟁점들을 이해하는 데 목표를 두고 있다. 이는 연구들이 다루고 있는 발달의 유형에 관계 없이 진실이며, 또한 연구들이 태아, 영아, 걸음마기 아동, 취학전 아동, 학령기 아동, 청소년 누구에게 초점을 두는가에 관계 없이 진실이다. 무수한 세부사항들 속에서, 이 7개의 주제는 계속해서 나타날 것이다.

주제 1 : 천성과 육성 : 모두가 항상 상호작용한다

아동의 천성에 대해 생각할 때, 사람들은 전형적으로 아동이 이 세상에 나올 때 갖고 나온 생물학적인 특성들에 초점을 맞춘다. 아동의 육성에 대해 생각할 때는, 부모나 돌보는 이 또는 다른 성인들의 양육 경험에 초점을 맞춘다. 이런 견해 내에서의 육성은 마치 조각가와 같아, 아동의 천성이 제공한 원재료를 최종 형태에 가깝고도 가깝게 조성한다.

비록 이런 은유가 그럴듯해 보이지만, 실상은 더욱 복잡하다. 조각가의 수동적인 도구인 대리석이나 진흙과는 달리, 아동들은 자신의 발달에 능동적인 참여자이다. 아동들은 자신의 성향과 관심에 근거하여 경험을 추구한다. 그들은 또한 자신을 향한 다른 사람들의 행동에 영향을 준다. 출생 때부터, 그들의 천성은 그들이 받는 육성에 영향을 준다. 더욱이, 천성은 출생 전의 작업을 하고 육성은 출생 후의 작업을 한다기보다는, 육성이 출생 전의 발달에도 영향을 주며 천성이 초기 어릴 때와 마찬가지로 청소년기와 성인기에도 영향을 미친다. 이 절에서는 천성과 육성이 발달을 생성하기 위해서 어떻게 상호작용하는지를 살펴볼 것이다.

천성과 육성은 출생 전에 상호작용을 시작한다

출생 전의 발달이 정상적으로 진행되면, 그것을 단순히 타고난 잠재력의 전개로 보아 환경은 거의 영향이 없다고 생각하기 쉽다. 그러나 일이 잘못되면, 천성과 육성의 상호작용이 너무나 명백해진다. 기형유발요인의 효과를 생각해보라. 이 잠재적으로 해로운 물질들 — 수은, 방사선, 납, 곤충(예 : 지카 바이러스를 옮기는 모기), 대기오염 같은 일반적인 환경 독소뿐만 아니라 부모 행동에 의한 독소(예 : 담배, 술, 불법 마약) 포함 — 에의 출생 전 노출은 광범하고 다양한 신체적, 인지적 장애의 원인이 될 수 있다. 그럼에도 불구하고, 특정한 아기가 영향을 받을 것이냐 여부 및 얼마나 많이 영향을 받을 것이냐 하는 것은 어머니의 유전자, 태아의 유전자 및 다수의 환경요인들(예 : 특정 기형유발요인, 타이밍, 노출량) 사이의 무수한 상호작용에 따라 달라진다.

출생 전 기간 동안 천성과 육성 간의 상호작용은 또한 태아 학습에서 명백하다. 자궁에 있는 동안 어머니의 목소리를 듣는 경험은 신생아로 하여금 다른 여성의 목소리보다 어머니의 목소리를 선호하도록 이끈다. 태아들은 또한 임신 기간 중에 어머니의 식사로부터 선호 맛을 배울 수 있다. 따라서 출생 시에 존재해서 흔히 순전히 천성에 의해 결정된 것으로 생각되는 특성들조차도 태아의 경험을 반영한다.

영아의 천성이 육성을 이끌어낸다

아기들은 천성에 의해 부모와 돌보는 이들로부터 적합한 육성을 이끌어내는 많은 특성들을 갖춘다. 아기들을 선호하게 되는 하나의 큰 요인은 아기들이 귀엽다는 점이다. 대부분의 사람들은 아기를 쳐다보고 아기와 상호작용하기를 즐긴다. 다른 사람들을 향해 쳐다보고 미소짓기를 함으로써, 아기들은 타인들로 하여금 자신들을 향해 따뜻함을 느끼고 돌보도록 동기화한다. 아기들의 정서적 표현(울음, 옹알거림, 미소)은 돌보는 이로 하여금 아기가 행복하고 안락하려면 무엇을 하면 되는지를 알려준다. 이에 더해 아기들이 흥미로워하는 광경이나 소리에 주의를 기울이면, 그것은 다른 사람들로 하여금 아기에게 말을 해주고 학습에 필요한 자극을 제공하게 한다. 이런 상호작용적 관계의 하나의 단순한 예로는 세계의 모든 곳에서 부모는 자기 아기들에게 노래를 불러준다는 사실을 들 수 있다. 세계에 있는 아기들은 노래에서 안정을 찾고, 리듬에 반응하여 몸을 흔들고, 멜로디에 긍정적으로 반응한다.

타이밍이 중요하다

발달에 미치는 경험의 효과는 그 경험을 하는 시간에 유기체의 상태에 따라 달라진다. 이미 언급한 대로, 기형유발요인에의 노출 타이밍은 태내발달에 큰 영향을 미친다. 예를 들어 임산부가 임신 초기(시각과 청각 체계가 특히 민감한 시기)에 풍진에 걸리면, 그 아기는 청각장애나 시각장애로 태어날 수 있다. 그러나 만일 임신 후기에 풍진에 걸리면, 그 아기는 아무런 장애를 갖지 않을 것이다.

타이밍은 또한 출생 후 몇 달 또는 몇 년 후의 수많은 발달 측면들에 영향을 준다. 지각능력의 발달은 적합한 시기에 적합한 경험의 중요성에 대한 수많은 예시를 제시한다. 그런 경우의 일반적 규칙은 '사용하지 않으면 잃는 것'이다. 정상적인 발달이 일어나려면, 아동들은 어떤 특정한 시기 동안에 관련된 경험을 해야만 한다.

청각발달은 하나의 훌륭한 예를 제공한다. 영아는 8개월까지는 자신이 매일 듣던 언어건 아니건 간에 음소들 사이의 차이를 구별할 수 있다. 그러나 12개월이 되면, 영아들은 일상적으로 듣지 못하거나 모국어에서 의미 없는 차이가 나는 유사한 소리들 사이의 차이를 구별하는 능력을 잃게 된다.

비슷한 민감기가 문법발달에서도 나타난다. 미국에 이민 온 동아시아 아동이 7세 전에 영어를 제2외국어로 배우기 시작한다면 결국에는 원래 미국에서 태어난 아동과 같은 문법능력을 습득한다. 7~11세 사이에 이민 온 아동들도 거의 비슷하다. 그러나 이보다 늦게 이민 온 사람들은 영어 문법을 비슷한 수준까지 거의 숙달하지 못하며, 이후 몇 년 동안 미국에서 듣기와 말하기를 해도 숙달하지 못한다. 청각장애아들이 미국 수화를 학습하는 것도 비슷한 양상을 보인다. 조기에 노출되는 것이 더욱 완전한 문법적 숙달로 이어진다.

정상적인 조기경험의 중요성은 또한 사회적, 정서적, 지적 발달에서도 명백하다. 1980년대 루마니아의 악명 높은 고아원이나 제2차 세계대전 동안의 포로 수용소에서 생애의 첫 몇 년을 보낸 영아나 걸음마기 아동들은 안정적인 따뜻한 가정에 입양된 후에도 다른 사람들과 흔히 비정상적으로 상호작용했다. 생후 첫 2년 이상을 루마니아의 고아원에서 보낸 아동들 또한 영국의 안정적인 따뜻한 가정에 입양된 후 몇 년이 지난 후에도 낮은 IQ로 나오는 비율이 높았다. 따라서 다양한 측면에서의 지각, 언어, 지능, 정서, 사회적 행동의 발달에서 경험의 타이밍은 결정적이다. 정상적인 조기경험이 나중의 성공적인 발달을 위해서 필수적이다.

천성은 자신을 한꺼번에 드러내지 않는다

유전적으로 영향을 받은 많은 특성들은 아동 중기나 청소년기 또는 성인기가 될 때까지 명백해지지 않는다. 하나의 명백한 예로는 사춘기에 나타나는 신체 변화이다. 덜 명백한 예로는 근시를 들 수 있다. 많은 아동들이 근시 성향을 갖게 하는 유전자를 가지고 태어나지만, 대부분이 아동 후기나 청소년 초기까지 그렇게 되지 않는다. 아동기 동안에 읽기와 같이 가까이에서 하는 일을 많이 할수록, 유전적 성향이 결국 현실화될 가능성이 높아진다. 세 번째 예로는 특정 유형의 뇌손상을 갖고 태어난 아동을 들 수 있다. 이 아동은 6세까지는 IQ검사에서 다른 아동들과 마찬가지다가 그 이후에는 상당히 뒤떨어진다.

조현병의 발달은 비슷한 경로를 따른다. 조현병은 임신 때 유전된 유전자에 의해 영향을 많이 받지만, 조현병이 되는 대부분의 사람들은 청소년 후기나 성인 초기까지는 그 증상이 나타나지 않는다. 발달의 다른 측면들과 마찬가지로, 조현병의 출현은 천성과 육성 간의 복잡한 상호작용을 반영한다. 조현병인 친부모를 가진 아동이 조현병이 아닌 양부모에게서 자랄 경우, 그 아동은 조현병이 아닌 친부모에게서 자란 아동에 비해 조현병이 될 가능성이 높다. 또한 문제가 많은 가정에서 자란 아동이 다른 아동들에 비해 조현병이 될 가능성이 높다. 그러나 조현병에 걸릴 실질적 가능성이 가장 높은 아동은 문제 많은 가정에서 자라면서 그리고 조현병인 친부모를 가진 경우이다. 다른 맥락에서와 마찬가지로 아동의 천성과 그가 받은 육성 간의 상호작용이 결정적이다.

아마 천성과 육성의 상호작용에 대한 놀랍고도 설득적인 증거는 후성유전학 분야에서 나온다. 사람들은 종종 유전자형은 출생 시에 '고정'되었고, 경험이 유전자 발현을 향상시키거나 억제한다고 생각한다. 가난과 같은 조기의 압박적인 환경은 특히 나중의 유전자 발현에 영향을 주는 것으로 보인다. 그래서 저소득 가족에서 자란 성인은 고소득 가족에서 자란 성인에 비해 몇십 년 후의 유전자 발현 양식이 다르다(이는 현재의 소득에 관계 없다). 더욱 현저한 것은, 유전체에 대한 초기 환경의 영향 일부는 다음 세대로 전해진다. 따라서 천성은 자신을 한꺼번에 드러내지 않을 뿐만 아니라, 천성 자체가 육성의 결과로 변하기도 한다.

달리기 속도에서의 차이는 부분적으로 출생 시에 나타난 유전적 차이에 귀인될 수 있지만, 천성은 자신을 천천히 드러낸다. 이 아동들이 태어났을 때 이들을 보고 누가 가장 잘 달리는 아동일 거라고 예측할 수 있었겠는가?

Polka Dot Images / Getty Images

모든 것은 모든 것에 영향을 미친다

천성과 육성 사이의 복잡한 상호작용에 관해 배울 때, 이에 대한 흔한 반응은 "모든 것은 그 밖의 모든 것에 영향을 준다는 얘기 같네요"이다. 이 반응은 기본적으로 옳다. 아동과 청소년의 자존감에 영향을 주는 요인들에 대해 생각해보자. 유전자는 중요하다. 두 아동 또는 청소년 간에 생물학적 관계가 가까울수록, 자존감의 정도는 더욱더 비슷하다. 자존감에 대한 이 유전적 영향이 큰 이유는 유전자들이 자존감에 영향을 미치는 광범위한 다른 특성들에 영향을 주기 때문이다. 예를 들어 유전자들은 매력, 운동 자질, 학업 성공 등 모두 자존감에 기여하는 특성들에 강한 영향을 준다.

유전자 외의 요인들도 또한 자존감 발달에서 큰 역할을 한다. 가족과 또래의 지지도 긍정적 방식으로 기여한다. 가난과 비인기는 부정적 방식으로 기여한다. 관계 없는 성인들 또한 자존감에 긍정적 또는 부정적 영향을 줄 수 있다. 예를 들어 지지적인 교사를 가지면 아동의 자존감은 촉진될 수 있고, 반대로 적대적이거나 비하하는 교사를 가지면 아동의 자존감은 감소될 수 있다. 더 넓은 사회의 가치 역시 영향력이 있다. 동아시아 사회는 자기비판의 중요성을 강조한다. 그래서 그 사회의 아동과 청소년들은 서구 사회의 또래들에 비해 더 낮은 수준의 자존감을 보고한다.

복잡한 상호작용은 자존감 발달이나 사회성 발달에만 제한된 것이 아니다. 그것은 모든 영역에서의 발달의 특성이다. 예를 들어 지능발달에서, 중층 또는 상층 소득 배경의 아동들에게서는 환경의 영향보다 유전자의 영향이 더 크다고 보이나, 열악한 배경의 아동들에게서는 그 반대(환경의 영향이 유전자의 영향보다 더 크다)가 맞는 것 같다. 이와 비슷하게, 학교에서 부모의 참여는 고소득 가족보다는 저소득 가족에서 학업성취와 더 밀접하게 관련된다. 따라서 아동들의 천성(유전자, 개인 특성, 행동 경향)은 육성(부모, 교사, 또래, 더 넓은 사회, 물리적 환경으로부터 받은)과 상호작용하여 그들의 자존감이나 지능 및 다른 특성들을 형성해낸다.

주제 2 : 아동은 자신의 발달에서 능동적인 역할을 한다

아동은 자궁을 떠나기 전에도 신체적으로 능동적이다. 예비 부모를 스릴 있게 하는 태아의 발차기는 가장 명백한 예이다. 조금 덜 명백한 예로는 태아가 또한 정신적으로도 능동적이라는 점이다. 자궁 안에 있는 동안에 어머니가 큰 소리로 반복해서 읽어주는 이야기 소리를 학습한 신생아는, 어머니가 읽어주지 않은 이야기보다는 읽어주었던 이야기에 더 잘 반응한다. 더욱이, 영아들은 자궁에서 나오자마자부터 수동적으로 눈앞에 나타나는 것을 보는 게 아니라, 자신의 흥미를 끄는 물체나 사건에 선택적으로 초점을 맞춘다.

영아와 나이 든 아동의 행위는 또한 다른 사람들의 반응을 유발하며, 그것은 다시 아동의 발달을 조성한다. 이 절에서 우리는 아동들이 자신의 발달에 기여하는 네 가지 방식 — 환경과의 신체적인 상호작용, 자신의 경험 해석, 자신의 행동 조절, 다른 사람의 반응 유발 등을 통해 — 을 알아볼 것이다.

자기주도 활동

자궁 안에서조차, 태아의 능동성 여부에 따라 정상발달이 달라진다. 태아는 폐를 강하게 하는 호흡운동을 하고, 출생 후 소화 체계가 적절히 기능하도록 준비하는 양수를 삼킨다. 태아는 또한 탯줄

이 영아의 열렬한 응시가 시사하듯이, 어디를 볼 것인가에 대한 아동들의 선택은 아동 자신의 발달을 조성하는 방식의 하나이다.

을 잡아당기고, 엄지를 빨고, 차고, 공중제비를 도는 등 다양한 근육운동을 한다.

태어난 날부터 영아는 응시 선호를 보이는데, 이는 처리능력이 다룰 수 있으면서 또 학습을 향상할 수 있는 주위환경에서 그들의 주의를 가장 정보적인 측면에 두도록 한다. 그들은 빈 공간보다는 물체를 보기 좋아하며, 또한 정지된 것보다는 움직이는 물체를 보기 좋아하고, 물체의 안쪽보다는 모서리를 보기 좋아한다. 그들은 특히 얼굴, 그것도 어머니 얼굴 보기를 좋아한다.

영아가 환경과 상호작용하는 능력은 생후 첫해 동안에 크게 확장된다. 3개월경에는 대부분의 영아들이 움직이는 물체를 아주 부드럽게 눈으로 따라잡을 수 있으며, 그것은 그들 주위에서 발생하는 활동에 대해 학습하는 능력을 향상시킨다. 6~7개월경에는 대부분이 배로 바닥을 기어갈 수 있게 되며, 바로 뒤이어 손과 무릎을 사용할 수 있게 된다. 그 결과, 이제는 더 이상 세상이 그들에게 다가오기를 기다릴 필요가 없어진다. 8~9개월경에는 대부분이 머리를 가눌 수 있게 되어 누구에게 지지받지 않고도 대상에 정확하게 도달할 수 있게 된다. 13~14개월경에는 대부분이 독립적으로 걸을 수 있게 되며 탐색을 위한 새로운 지평이 열린다.

발달이 진행되면서, 아동들의 자기주도 활동은 언어와 같은 추가적인 영역으로 확장된다. 걸음마기 아동들은 부모에게 대상의 이름을 말하는 기쁨을 맛보며, 이는 그렇게 하는 것 자체가 기쁨이다. 그들은 아기 침대에서 주위에 아무도 듣는 이가 없어도 말하기를 연습한다. 영아와 나이 든 아동은, 서로 말은 안 통하고 듣기만 하면서, 사물과 사건을 표상하는 몸짓과 단어를 발명한다. 언어 유창성이 발달하면서, 아동들은 정보를 가져오는 의사소통을 주도하는 기술이 발달하게 되고, 자신의 느낌과 갈망을 표현하게 되며, 자신의 정서를 조절하게 된다.

자기주도 활동의 효과는 또한 나이가 들면 자기 사회화나 반사회적 행동과 같은 다른 영역에서 볼 수 있게 된다. 전 세계에 걸쳐, 특히 6~10세 소년과 소녀들은 뚜렷하게 동성의 친구들과 놀기를 선택한다. 놀이 유형은 아동들 자신의 선택을 반영한다. 성 분리는 성인들에 의해 부과되는 것이 아니고 오히려 소년과 소녀들이 선호하는 놀이 종류의 차이에서 나타난다. 학교생활이 시작되면서, 이런 성별 선호는 한 아동이 '성 경계'를 넘어섰을 때 또래들이 조롱함으로 인해 더 강화되는 경향이 있다.

아동 후기와 청소년기에는, 아동들의 친구와 또래집단 선택은 자신의 행동에 중요한 영향을 주게 되는데, 이는 아동들이 점증적으로 자기 친구들이나 자기 사회집단의 다른 아동들처럼 행동하는(긍정적인 방식이든 부정적인 방식이든) 경향이 있기 때문이다. 따라서 태내에서부터 청소년기까지, 아동들의 자기주도 활동은 그들 스스로의 발달에 기여한다.

경험에 대한 능동적인 해석

아동들은 또한 자기를 둘러싼 세계를 이해하려 함으로써 자신의 발달에 기여한다. 생후 첫해에도 영아는 물리적 세계에서 무엇이 가능한지에 대한 감각을 발달시킨다. 따라서 그들은 물리적으로 가능한 비슷한 사건보다는 '불가능한' 사건 — 하나의 단단한 물체가 다른 물체가 차지하는 공간을 통과하여 움직이는 것처럼 보이거나, 물체가 지지를 받지 않고 공중에 매달려 있는 것처럼 보이는 경우와 같이 — 을 더 오래 바라본다. 걸음마기 아동과 취학 전 아동들의 거듭되는 '왜' 질문들, 학령기 아동들의 마술에 대한 설명 추구 등은 세계를 이해하기 위한 열정의 설득적인 예다.

이 이해하려는 갈망은 또한 나이 어린 아동들을 동기화시켜 무생물, 생물, 사람들에 관련된 비공식적인 이론을 구성하게 한다. 그 이론은 아동으로 하여금 자신의 감각에 의해 제공되는 자료를 넘어 근저에 있는 원인을 추론하게 한다. 예를 들어 취학 전 아동들은 비록 무엇인지는 모르지만, 동물의 내부에는 틀림없이 무언가가 있어서 그것이 동물로 하여금 성장하고, 숨쉬고, 새끼를 낳고, 병들고 등을 하게 하는 원인이라고 추론한다. 그들은 또한 무생물은 살아 있는 것들과는 다른 재료들을 그 내부에 갖고 있다고 추론한다.

아동과 청소년들의 자기 경험에 대한 해석은 외부 세계뿐만 아니라 자기 자신에 대한 추론까지도 확산된다. 예를 들어 어떤 아동은 한 과제에서 실패하면, 슬프게 느끼면서 자신의 능력에 대해 의문을 품는다. 같은 과제에서 실패한 다른 아동은 그 실패를 도전으로 보고 학습할 기회라고 여긴다. 이와 비슷하게 애매모호한 상황에서, 공격적인 아동들은 다른 아동들의 동기가 명백하지 않은데도 적대적인 의도로 귀인하는 경향이 있다. 이런 해석은 때로 그 공격적인 아동으로 하여금 다른 사람이 자신을 해치기 전에 먼저 강타하도록 이끈다. 따라서 객관적 현실뿐만 아니라 경험에 대한 주관적 해석은 발달을 조성한다.

자기조절

아동들이 자신의 발달에 기여하는 또 하나의 방식은 자신의 행동을 조절하는 것이다. 아동들이 어떻게 자신의 정서를 조절하는지 생각해보라. 출생 후 한 달 내에, 영아들은 거의 모든 것을 부모나 돌보는 이에게 의지하여 자신의 놀람과 좌절에 대처한다. 6개월이 되면, 영아들은 어떤 당황스러운 상황에 닥치면 자기 몸을 비벼 자신을 진정시킴으로써 그 상황에 대처한다. 걸음마기와 취학전에 스트레스 유발자나 유혹에 닥치면, 아동들은 점증적으로 신체적 전략(예 : 눈길 돌리기)을 사용하는 데 익숙해진다. 초등학교 기간의 아동들은 점증적으로 인지적 전략(예 : 불쾌한 경험은 곧 끝날 거라는 것을 스스로 상기함)을 사용하여 부정적인 상황에 대처한다. 광범위한 연령대에 걸쳐, 자기 정서를 성공적으로 조절하는 아동들은 그렇지 못한 아동들에 비해 더 인기 있고 사회적으로 더 능력 있는 경향이 있다.

이 조기의 자기조절 기술은 장기적인 발달 결과와 관련이 있다. 예를 들어 유치원이나 초등학교 저학년 시기에 강한 자기조절능력을 보인 아동들은 성인이 되어서 마약이나 다른 약물을 사용할 가능성이 낮다. 아동들의 조기 자기통제 또한 미래 학년 및 성인기의 직업이나 경제적 성공의 강한 예측자임이 발견되었다.

아동기와 청소년기를 거치면서, 아동들은 자신의 행위를 선택함으로써 점증적으로 자신의 발달을 조절한다. 나이 어린 아동들이 운동 경기나 영화관, 도서관, 교회에 가느냐 마느냐는 거의 전적으로 부모가 그들을 어디로 데려가느냐에 달렸다. 청소년들이 위와 같은 활동에 참여하느냐 마느냐는 주로 자신의 선호에 달렸다. 도덕가치의 선택이나 낭만적인 배우자 선택, 직업 추구, 자녀를 갖느냐 마느냐의 결정 등은 청소년이나 젊은 성인들이 직면하게 될 주요 결정들이다. 그들의 선택의 지혜는 이후 그들의 삶에 강력한 영향을 미칠 것이다.

다른 사람들로부터의 반응 유발

모든 연령대의 아동들은 행동이나 외모에서 서로 다르기 때문에, 그들은 다른 사람으로부터 다른 반응을 유발한다. 예를 들어 쉬운 기질을 가진 아기들은 까다로운 기질의 아기들에 비해 부모로부터 더 긍정적인 반응을 유발한다. 이와 유사하게, 매력적인 아기들은 그렇지 않은 아기들에 비해 더 다정하게 놀아주는 보살핌을 유발한다. 힘든 시기에는, 매력적인 아동들은 그렇지 않은 아동들에 비해 부모의 거절이나 벌로 고통스러울 가능성이 더 적다. 다른 성인들 또한 아동들의 행위에 의해 영향을 받는다. 예를 들어 어떤 아동이 특정한 재료에 대한 학습에서 어려움에 닥치면, 교사들은 과거 행실이 안 좋았던 아동에 비해 행실이 좋았던 아동에게 더 격려하는 방식으로 행동한다.

자녀의 초기 성향이 자신에 대한 부모의 행동에 미치는 영향은 시간이 지남에 따라 커진다. 불복종적이고, 화내고, 도전적인 자녀를 가진 대부분의 부모는 지지적이지만 엄격하려고 애쓴다. 그러나 나쁜 행동이나 반항이 지속되면, 많은 부모들이 적대적이고 처벌적이 된다. 다른 부모들도, 폭력과 공격에 직면하게 되면, 대결에서 물러나 점점 더 자녀의 요구에 굴복한다. 그런 부정적인 순환이 한 번 수립되면, 그것은 끝내기 어렵다. 만일 10대가 파괴적으로 행동하고 부모가 이에 대해 적대적으로 반응하면, 문제는 전반적으로 청소년기에 걸쳐 나빠진다.

아동의 특성과 행동은 그의 부모와 교사의 반응에 영향을 줄 뿐 아니라 또래들의 반응에도 영향을 미친다. 모든 연령대에 걸쳐, 협조적이고 우호적이며 사교성 있고 다른 사람들에게 민감한 아동은 자기 또래들에게 인기 있는 경향이 있는데, 이에 비해 공격적이고 파괴적인 아동은 또래들이 싫어하고 거부하는 경향이 있다. 어떤 경우에는, 또래들의 서로의 행동에 대한 반응이 연령에 따라 달라진다. 예를 들어 유치원아들은 위축된 또래를 좋아하지도 싫어하지도 않는 경향인데, 초등학교 고학년이나 중학생들은 그런 또래를 싫어하는 경향이 있다. 아동의 행동에 대한 또래 반응은 흔히 장기적인 결과를 갖는다. 거부된 아동들은 인기 있는 아동들에 비해 나중의 학교생활에서 어려움을 겪고 범죄 활동에 참여할 가능성이 높다. 따라서 여러 가지 방식으로 아동들은 자신의 발달에 영향을 준다. 활동을 주도하고, 자기 경험을 해석하고, 자기 정서를 조절함으로써뿐만 아니라, 자신의 이 다음 행동을 조성하는 다른 사람들의 반응을 이끌어냄으로써 자신의 발달에 영향을 준다.

주제 3 : 발달은 연속적이고 또 비연속적이다

아동발달이라는 과학 분야가 있기 훨씬 전에, 인간 본질에 관심이 있었던 철학자 및 다른 사람들은 발달이 연속적이냐 비연속적이냐에 관해 논쟁했다. 발달이 연속적이라고 믿는 사람들(예 : 사회학습 이론가)과 비연속적이라고 믿는 사람들(예 : 단계 이론가) 간의 현재 논쟁은 따라서 기나긴 역사를 갖고 있다. 왜 두 입장이 그렇게 오랫동안 지속되어 왔는지에 대한 훌륭한 이유가 있다. 각각은 발달에 관한 일부 중요한 진실을 포착하고 있지만, 그러나 둘 다 전체적 진실은 포착하지 못하고 있다. 이 오랜 논쟁에서 특히 중요한 두 가지 쟁점은 개인차의 연속성/비연속성과 연령에 따른 표준 발달 과정의 연속성/비연속성이다.

개인차의 연속성/비연속성

연속성/비연속성의 한 가지 의미는 시간의 흐름에 따른 개인차의 안정성이다. 기본적인 질문은, 초기에 어떤 특성에서 대부분의 또래들에 비해 더 높거나 더 낮은 아동이 계속해서 몇 년이 흐른 후에도 그 특성에서 더 높거나 더 낮으냐 여부이다. 심리적 속성에서의 많은 개인차는 발달 과정을 통해 보통 정도의 안정성을 갖고 있으나, 안정성 100%는 어림도 없다는 것이 밝혀졌다.

지능발달을 생각해보라. 일부 안정성이 영아기부터 존재한다. 예를 들어 어떤 영아가 동일한 장면 제시에 빨리 습관화되면 될수록, 10년 이상 후의 그의 IQ점수는 더 높아진다. 영아의 전기적 뇌 활동 유형 또한 10년 이상 후의 처리 속도나 주의 조절과 관련이 있다. 안정성의 크기는 연령과 더불어 증가한다. IQ점수는 3~13세까지는 약간의 안정성을 보이며, 5~15세까지는 상당한 안정성을 보이고, 8~18세까지는 실질적인 안정성을 보인다.

그러나 나이 든 아동들이라도 IQ점수는 경우에 따라 다르다. 예를 들어 동일 아동이 8세 때와 17세 때 IQ검사를 받는다면, 두 점수 간에는 평균 9점 정도의 차이가 난다. 변이성의 이런 부분은 검사 날에 그 사람이 얼마나 예민한지 및 각 특정 문항에 대한 그 사람의 지식에서 임의 변동성을 반영한다. 변이성의 또 하나의 부분은, 두 아동이 동일한 지능으로 출발한다 해도 둘 중 하나가 시간의 흐름에 따라 더 큰 지적 성장을 할 수 있다는 사실을 반영한다.

사회적 특성과 성격 특성에서의 개인차 역시 어느 정도 시간에 걸친 연속성을 보인다 — 수줍은 걸음마기 아동은 수줍은 아동으로, 겁이 많은 걸음마기 아동은 겁이 많은 아동으로, 공격적인 아동은 공격적인 청소년으로, 너그러운 아동은 너그러운 어른으로 등등. 연속성은 또한 아동이 맨처음에 닥친 상황과 상당히 다른 상황에도 이어진다. 예를 들어 영아기의 안전 애착은 청소년기의 긍정적인 낭만적 관계를 예측한다.

비록 사회적, 정서적, 성격 발달에서의 개인차에서 어느 정도의 연속성이 있긴 하지만, 연속성의 정도는 일반적으로 지능발달에서의 연속성보다는 낮다. 예를 들어 5학년 읽기와 수학에서 높은 아동은 일반적으로 중학교 1학년에서도 마찬가지인데, 5학년에서 인기 있는 아동은 중학교 1학년에서 인기 있을 수도 있고 없을 수도 있다. 이에 더해 두려움이나 수줍음 같은 기질적인 측면들은 흔히 아동 초기와 중기에 상당히 변화한다.

초점이 지적, 사회적, 정서적 발달에 있느냐 없느냐에 관계 없이, 개인차의 안정성은 환경의 안정성에 의해 영향을 받는다. 예를 들어 영아의 어머니에 대한 애착은 영아의 장기적인 안전성과 정적으로 상관이 있다. 그러나 가정환경이 심각한 혼란이 발생하기보다는 일관적이면 상관관계가 더 높다. 이와 비슷하게, IQ점수는 가정환경이 안정적이면 더 안정적이다. 따라서 개인차에서의 연속성은 아동의 유전자에서뿐만 아니라 아동의 환경에서의 연속성을 반영한다.

전반적인 발달의 연속성/비연속성 : 단계에 대한 의문

많은 유명한 발달 이론들은 아동기와 청소년기를 몇 개의 분리된 단계들로 나눈다. Piaget의 인지발달 이론, Freud의 심리성적 발달 이론, Erikson의 심리사회적 발달 이론, Kohlberg의 도덕발달 이론은 모두 발달을 그런 방식으로 서술하고 있다. 이 단계적 접근법의 지속적인 인기는 이해하기 쉽다 — 단계 이론들은 거대하고 복잡한 발달 과정을 몇 개의 뚜렷한 시기로 나눔으로써 단순화한다. 단계 이론들은 각 시기 동안의 중요한 행동특성을 지목한다. 단계 이론들은 발달 과정에 전반적인 일관성을 부여한다.

비록 단계 이론들이 세부에서는 다르지만, 그것들은 4개의 핵심 가정을 공유한다 — (1) 발달은 일련의 질적으로 구분되는 단계를 거쳐 진행한다. (2) 아동이 어떤 단계에 있을 때, 광범위한 그들의 생각과 행동은 그 단계의 특징적인 특성을 보인다. (3) 단계들은 모든 아동에게서 동일한 순서로 나타난다. (4) 단계와 단계 간의 전환은 빠르게 발생한다.

그러나 발달은 단계 접근법들이 시사하는 것보다 훨씬 덜 깔끔한 것으로 나타났다. 예를 들면 어떤 과제에서 전조작기 추론을 보이는 아동이 다른 과제에서는 흔히 구체적 조작기 추론을 보인다. 어떤 도덕적 딜레마에서 전인습적 방식으로 추론을 하는 아동이 다른 과제에서는 흔히 인습적 방식으로 추론한다. 넓은 범위의 과제에 걸쳐 급작스러운 변화가 명백하게 나타난 경우는 거의 드물었다.

이에 더해, 발달 과정은 흔히 많은 연속성을 보여준다. 아동기와 청소년기를 통해, 정서 조절능력이나 친구 사귀기, 타인의 조망 수용하기, 사건 기억하기, 문제 해결 및 많은 다른 활동에 참여하기 등의 능력에서 점진적이고 연속적인 증가가 이루어진다.

이것이 갑작스런 상승이 없다는 말은 아니다. 광범위한 영역이 아닌 특별한 과제나 과정을 생각하면, 우리는 많은 비연속성을 볼 수 있다. 전형적으로, 3개월 된 아기는 양안 깊이 지각이 거의 없다가 1~2주 내에 성인 수준의 깊이 지각을 갖는 것으로 변한다. 7개월이 되기 전의 영아는 낯선 이를 두려워하지 않다가 바로 그때부터 낯선 이에 대한 경계심이 급속히 발달한다. 많은 걸음마기 아동들은 하루 사이에 지지 없이는 걷지 못하던 상태에서 몇 발자국을 지지 없이 걷게 된다. 생후 12~18개월 사이에는 일주일에 한 단어 정도를 습득하던 걸음마기 아동들은 어휘폭발 시기를 거치면서 그들이 알고 사용하는 단어 수가 급속히 확장된다. 따라서 비록 지능이나 성격과 같이 광범한 영역에서는 비연속적 변화를 거의 보여줄 수 없으나, 발달의 특별한 측면에서는 흔히 볼 수 있다.

발달이 연속적으로 보이느냐 비연속적으로 보이느냐는 그 초점이 행동에 있느냐 또는 기저 과정에 있느냐에 따라 다르다. 매우 급격히 나타났다가 사라지는 행동들은 연속적인 기저 과정을 반영하는 것일 수 있다. 영아의 보행반사를 회상해보라. 출생 후 두 달 동안, 영아를 바닥에 발바닥을 붙이고 서 있는 자세로 지지하면, 그들은 마치 걷는 것과 비슷한 양식으로 한 발을 들었다가 다음에는 다른 발을 들 것이다. 첫 2개월경 이 반사는 갑자기 사라진다. 그러나 행동에서의 이 갑작스러운 변화 기저에서는 2개 차원에서의 점진적인 변화가 나타난다 — 즉 몸무게와 다리 힘. 아기들이 자라면서 몸무게 증가가 일시적으로 다리 힘의 증가를 추월하게 되어 아기들은 도움 없이는 다리를 들 수 없게 된다. 보행반사를 보여주다가 그친 아기들을 (부력이 작동하는) 물속에서 몸을 지지해주면, 그들은 다시 보행반사를 보여준다.

발달이 연속적으로 보이느냐 비연속적으로 보이느냐는 또한 기간이 고려될 때 달라진다. 한 아동의 키를 출생 후 매 6개월마다 18세가 될 때까지 측정했던 일을 회상해보면, 키 성장은 연속적으로 보인다(그림 1.3 참조). 그러나 키를 매일 측정하면 발달은 비연속적으로 보이는데, 즉 성장 없는 며칠이 지나가다가 가끔씩 '성장하는 날'이 튀어나오기 때문이다.

발달의 연속성과 비연속성에 관한 하나의 유용한 틀은 발달을 미국 대륙을 횡단하는 도로여행 — 뉴욕시에서 샌프란시스코까지 — 이라고 보는 것이다. 어떤 의미에서, 운전은 80번 고속도로를 따라 서쪽을 향해 가는 연속적인 진행이다. 다른 의미에서는, 운전은 동쪽에서 시작하여 여행의 종점인 캘리포니아주에 이르기까지 중서부와 로키 산맥을 통과해 진행된다(불변의 순서로, 어느 한 지역도 건너뛸 가능성 없이). 여기서 동쪽은 대서양 해안과 애팔래치아 산맥을 포함하며, 도로 사정은 오르막도 있고 구름 낀 날씨도 있으며 녹색의 벌판을 통과하기도 한다. 중서부는 평평하기도

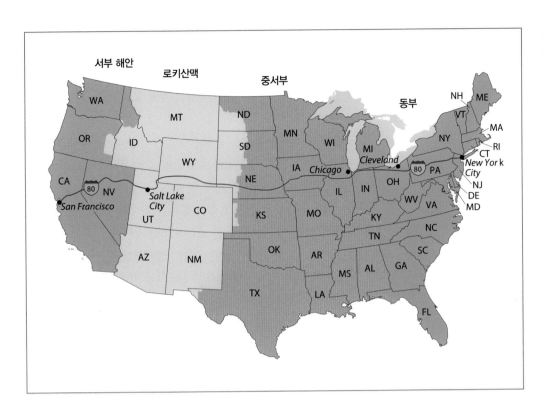

80번 고속도로를 따라 뉴욕에서 샌프란시스코로 도로여행을 가는 운전자는 4개의 시간대를 지나가게 되는데, 지대의 주요 특징들이 극적으로 바뀐다. 그러나 지형에서의 변화는, 발달에서의 변화처럼, 끊어지지 않는다. 접경 지역은 서로 아주 비슷하며, 그 경계 지역을 이 지역과 저 지역으로 분류하는 것은 매우 임의적이다. 이 모든 방식에서, 그 도로여행은 심리학적 발달과 닮았다.

하고 건조하기도 하며 맑은 날씨이다. 산악지대인 주들은 건조하고 계속 맑은 날씨이며 산악 지역이 아주 넓다. 캘리포니아주의 대부분은 건조하고 맑으며 평야 지역과 산악 지역이 넓게 퍼져 있다. 기후, 색깔, 지형에서 연속되는 지역 간의 차이는 크고 실제적이지만, 지역들 사이의 경계는 임의적이다. 오하이오주는 동부 지역 주들의 서쪽 끝일까 또는 중서부 지역 주들의 동쪽 끝일까? 콜로라도주의 동쪽은 중서부 지역에 속할까 또는 로키산맥 지역에 속할까?

발달에서의 연속성과 비연속성은 도로여행과 많이 비슷하다. 아동의 자기개념에 대해 생각해보라. 한 수준의 분석에서, 자기의 발달은 연속적이다. 발달 과정을 통해서 아동(성인도)은 자기 자신에 대해 더욱더 이해하게 된다. 다른 수준의 분석에서는, 이정표가 각 발달시기를 특징화한다. 아동들은 영아기 동안에 자기 자신과 타인을 구별하게는 되지만, 다른 사람의 관점에서 자기 자신을 바라보지는 못한다. 걸음마기 아동들은 점증적으로 자기 자신을 타인들과 마찬가지로 보게 되며, 그렇게 되면 부끄러움과 쑥스러움 등의 정서를 느끼게 된다. 학령전 아동들은 자신의 특정한 개인적 특성(예 : 성별)은 근본적이고 영속적이라는 것을 깨달으며, 이 지식을 사용하여 자기 행동의 지침으로 삼는다. 초등학교 시절의 아동들은 점증적으로 자신을 능력적인 면(지능, 운동 기술, 인기 등)에서 다른 아동들과 견주어본다. 청소년기의 청소년들은 자기 자신이 서로 다른 상황에서 얼마나 다르게 행동하는지를 인식하게 된다.

따라서 주어진 능력이 언제 나타나는가에 대한 진술은 다소 임의적이며, 이는 마치 지형적으로 어느 지역이 어디서 시작되는지를 진술하는 것과 같다. 그럼에도 불구하고, 이정표를 확인하는 것은 우리가 지도상에 대략 어디쯤에 있는지를 아는 데 도움이 된다.

주제 4 : 발달적 변화의 기제

많은 쟁점들과 마찬가지로, 발달적 변화에 관한 현대의 생각은 많은 부분 Jean Piaget의 생각에서 나왔다. Piaget의 이론에서, 변화는 동화와 조절의 상호작용을 통해 발생한다. 동화를 통해 아동들은 새로운 경험을 기존의 정신구조로 해석한다. 조절을 통해 아동들은 기존의 정신구조를 새로운 경험에 맞도록 수정한다. 따라서 우리가 정말로 익숙지 않은 유형의 음악(우리에게 Javanese 12-tone 음악은 여기에 해당할 것이다)을 들을 때, 우리는 우리가 할 수 있는 정도에서 그 소리를 좀 더 친숙한 음악 양식으로 동화한다. 이와 동시에 우리는 그 음악에 대한 이해를 조절하여, 다음에 우리가 익숙하지 않은 음악을 들을 때 좀 더 쉽게 파악하고 덜 낯설게 느낄 것이다.

Piaget가 그의 이론을 공식화한 이후, 발달 기제에 관한 많은 것들이 알려졌다. 진전된 일부는 생물학적 수준에서의 이해에 관한 것들이며, 다른 일부는 행동적 수준에서의 이해에 관한 것들이고, 또 다른 일부는 인지 과정 수준에서의 이해에 관한 것들이다.

생물학적 변화기제

생물학적 변화기제는 정자가 난자와 결합하는 순간부터 작동한다. 정자와 난자는 각각 아기의 일생에 걸친 유전자형을 구성할 DNA의 반씩을 포함하고 있다. 유전자형은 발달의 개관을 구체화하는 지침을 갖고 있지만, 모든 상세한 것들은 유전자형과 환경 사이의 이어지는 상호작용에 의해서 채워진다.

임신 후 뇌가 형성되는 방식은 생물학적 수준에서 변화의 복잡성을 예시해준다. 뇌발달의 첫 번째 핵심 과정은 **신경발생**인데, 임신 후 3~4주가 되면 대략 분당 1만 개의 뇌세포를 생산한다. 약 100일 후 뇌는 자기가 가질 뉴런을 모두 갖게 된다. 뉴런이 형성되면서, 세포 이동 과정은 많은 뉴런들을 원래 생산된 곳에서 장기적으로 정착할 곳으로 보낸다.

뉴런들이 정착지점에 도달하면 **분화** 과정이 진행되는데, 원래의 세포체로부터 수상돌기와 축색돌기가 자라난다. 후기 태아기에는 수초화 과정이 진행되어 축색돌기에 절연체 외막을 씌워 뉴런들을 따라 전기신호의 전달속도가 빨라진다. 수초화는 아동기를 거쳐 청소년기까지 계속된다.

아직 또 하나의 과정인 **시냅스 생성**이 있는데, 축색돌기의 끝부분과 수상돌기의 시작 부분 간의 시냅스를 형성하는 일로, 이를 통해 뉴런과 뉴런 사이에서 신경전달물질이 전기신호를 전달한다.

시냅스의 수는 태내기에서 아동기 초·중기 사이에 급속히 증가한다(특정 뇌 영역에 따라 다르다). 이 폭발적 성장의 끝 시기에는, 주어진 영역의 시냅스 수가 성인 뇌에서의 시냅스 수보다 훨씬 많다. 그렇게 되면 가지치기 과정이 시냅스 수를 줄인다. 큰 규모의 가지치기는 서로 다른 뇌 영역에서 서로 다른 시기에 발생한다. 어떤 영역, 특히 전전두엽 피질에서의 가지치기 과정은 청소년기를 통해 발생한다. 자주 사용되는 시냅스는 유지된다. 자주 사용되지 않는 시냅스는 제거된다(생물학적 수준에서 '사용하거나 버리거나'). 사용하지 않는 시냅스를 가지치기하는 것은 정보처리를 더욱 효율적이게 한다.

실행기능과 공간처리가 모두 필요한 문제 해결 과제에서 점증적으로 어려워지는 3개의 항목(왼쪽부터 오른쪽으로)에 대한 집단 평균 뇌활동 유형. 그림에서 볼 수 있듯이, 뇌 단면에서의 활동량은 전전두엽 피질(뇌의 앞을 향하며 종종 실행기능에 관여)과 상위 두정엽 피질(뇌의 뒤를 향하며 종종 공간처리에 관여)에서 난이도와 함께 증가한다.

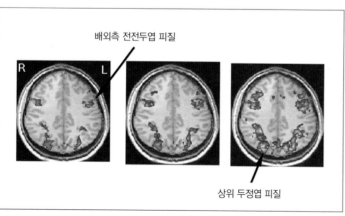

배외측 전전두엽 피질

R   L

상위 두정엽 피질

뇌는 특별한 기능을 위해 특화된 많은 영역들을 포함하고 있다. 이 특화는 그 기능의 급속하고도 보편적인 발달을 가능하게 하며, 관련된 정보 유형의 학습을 향상시킨다. 그 기능의 일부는 감각 및 운동 체계와 밀접하게 연결되어 있다 — 시각 피질은 특별히 광경을 처리하는 데 능동적이다. 청각 피질은 특별히 소리를 처리하는 데 능동적이다. 운동피질은 특별히 움직이는 데 능동적이다 등등.

다른 뇌 영역은 어느 하나의 감각이나 운동 체계에 특화되지 않은 기능들을 위해 특화되었다. 뇌의 낮은 쪽에 있는 변연계는 특히 정서를 산출하는 데 중요하다. 전전두엽 피질은 특히 실행기능에 관여한다. 두정엽의 일부 영역은 특히 공간이나 시간, 숫자를 처리하는 데 능동적이다. 이 영역들 모두는 많은 다른 처리 유형에 관여하며, 모든 처리 유형은 많은 뇌 영역을 포함한다. 그러나 각 영역은 자기와 연합된 정보 유형을 처리하는 데 특히 능동적이다. 따라서 생물학적 기제는 매우 특수한 변화 및 매우 일반적인 변화의 기저에 깔려 있다.

행동적 변화기제

행동적 변화기제는 발달에 기여하는 환경적 우발성에 대한 반응들을 기술한다. 이런 학습기제는 태아기가 시작될 때부터 행동을 조성한다.

습관화, 조건형성, 통계적 학습, 합리적 학습

친숙한 자극에 습관화되는 역량은 태아가 자궁을 떠나기 전에 시작된다. 임신 후 30주(전형적인 출생 8~10주 전)가 되면, 중추신경계는 충분히 습관화가 발생할 정도로 발달한다. 어머니 배 옆의 벨이 울리면 태아의 처음 심박수는 느려지다가(관심의 신호), 벨이 반복적으로 울리면 원래 심박수로 돌아간다. 습관화는 또한 출생 후에도 계속되는데, 심박수 유형뿐만 아니라 보는 유형에서의 변화도 나타난다. 예를 들어 한 얼굴 그림이 반복해서 제시되면, 영아는 그것을 보는 시간을 줄이지만, 다른 얼굴이 나타나면 새로운 관심을 보여준다. 습관화는 아기들이 어떤 경험을 학습했을 때 그들을 동기화시켜 새로운 자극을 찾도록 하며, 그리하여 더 학습하도록 돕는다.

자궁 밖의 세계로 나온 첫날부터, 영아들은 또한 고전적 조건형성을 통해 학습할 수 있다. 초기의 중성 자극이 무조건 자극의 바로 전에 반복적으로 제시되면, 그 중성 자극은 무조건 자극에 의해 유발되던 비슷한 반응을 유발한다. 꼬마 앨버트를 회상해보면, 처음에는 해가 없던 흰 쥐를 볼 때마다 놀랍고 시끄러운 소리를 듣게 되면서 앨버트는 흰 쥐(또한 흰색 옷을 입은 의사나 간호사까지도)를 무서워하게 되었다.

영아가 흰 쥐뿐만 아니라 흰 옷을 입은 사람도 두려워하게 되었다는 사실은 영아기의 또 하나의 핵심 학습능력(일반화)을 예시한다. 비록 영아의 학습이 나이 든 아동의 학습보다 일반적이지는 않지만, 결코 문자 그대로 완전히 이루어지지는 않는다. 영아들은 적어도 과거의 경험과는 약간 다른 새로운 상황에 대해 과거 경험의 교훈을 일반화한다.

나이 든 아동들과 마찬가지로, 영아들 또한 도구적 조건형성을 통해 학습한다. 보상받는 행동들은 더 자주 나타나고, 보상받지 못하는 행동들은 덜 자주 나타난다. 아주 어린 영아조차도 이런 방식으로 아주 높게 동기화된다. 2개월 된 영아는 어느 한 행동이 원하는 결과를 산출한다는 걸 학습하면서 즐거움과 관심을 표현하다가, 학습한 반응이 더 이상 예상했던 결과를 산출하지 않으면 울면서 분노를 표현한다.

영아들로 하여금 빠르게 정보를 획득하게 하는 또 하나의 기제는 통계적 학습이다. 태어날 때부터 영아들은 어떤 하나의 광경이나 소리가 다른 하나를 따라 나오는 가능성을 빠르게 학습한다. 단어들 사이의 소리나 어떤 일상의 활동 같은 많은 사건들이 예측 가능한 순서로 발생하기 때문에, 통계적 학습은 영아들이 다른 사람들의 행위를 예측하고 스스로 비슷한 계열의 행동을 내놓도록 도와준다.

통계적 학습과 밀접하게 관련된 것이 합리적 학습인데, 이것은 학습자의 이전 신념 및 편견과 실제 환경에서 발생하는 것을 통합하는 것이다. 예를 들어 영아가 한 성인이 상자에서 두 가지 서로 다른 색깔의 공을 꺼내는데, 보기에 무작위로, 꺼낸 공 색깔의 비율이 상자에 있는 전체 공의 색깔 비율과 크게 다를 때, 영아가 그걸 보는 시간의 길이는 영아가 놀랐다는 것을 시사한다. 습관화, 고전적 조건형성, 일반화, 도구적 학습, 통계적 학습과 함께, 이와 같은 합리적 학습은 영아로 하여금 태어나는 첫날부터 외부 세계에 대한 지식을 획득하도록 한다.

사회학습

아동들(성인도)은 관찰 및 타인들과의 상호작용을 통해 아주 많은 것들을 학습한다. 이 사회학습은 그것이 특수한 학습능력이라고 생각하기 어려울 정도로 우리의 삶에 퍼져 있다. 그러나 인간과 다른 동물들, 심지어 침팬지나 원숭이 같은 영장류들과 비교해볼 때, 사람들의 삶 어디에든지 사회학습이 있다는 것은 명백하다. 인간은 다른 사람이 우리에게 가르치려는 것을 학습하는 데 어떤 동물보다도 훨씬 더 숙련되어 있다. 또한 우리는 우리가 아는 것을 남에게 가르쳐 주려는 경향이 훨씬 더 강하다. 이 사회학습에 결정적인 기여를 한 것들은 모방, 사회적 참조, 언어, 유도된 참여 등이다.

첫 번째로 바로 알 수 있는 형태의 사회학습은 모방이다. 처음에 모방은 영아가 때로 자발적으로 할 수 있는 행동(예 : 혀 내밀기)에 한정된다. 그러나 6개월 정도가 되면, 영아는 자발적으로는 결코 하지 않던 새로운 행동을 모방하기 시작한다. 15개월이 되면, 걸음마기 아동은 새로운 행동을 학습할 뿐만 아니라, 또한 그것을 기억해 적어도 일주일 동안 계속해서 해낼 수 있다. 이 모방은 '원숭이가 보고 따라 하는 것'과는 다르다. 이 나이의 아동들은 모델이 무언가를 하려 하는 데 비효율적으로 하는 것을 보면, 모델이 하던 것을 모방하는 것이 아니라 모델이 하려고 하던 것을 모방한다.

사회학습은 지식 획득뿐만 아니라 사회정서적 발달에도 영향을 준다. 낯선 이가 방에 들어오면, 12개월 된 영아는 어머니를 보면서 안내를 요청한다. 어머니의 얼굴이나 목소리가 두려움을 보이면, 영아는 어머니 가까이에 머문다. 만일 어머니가 미소를 지으면, 영아는 낯선 이에게 접근하려 한다. 실험실에서도 이와 비슷하게, 이 나이의 아기는 흔히 시각절벽—투명한 평판 유리 바닥을 가파른 절벽처럼 생긴 모형 위에 덮어 놓음—을 건너간다. 단, 어머니가 미소를 지을 때만이다. 만일 어머니가 걱정스러운 모습을 보이면 거의 건너가지 않는다.

모방은 영아기에 시작한다.

Judith Kramer / The Image Works

사회학습은 또한 아동의 기준과 가치를 조성한다. 2세 때부터 걸음마기 아동들은 자기 부모의 가치와 기준을 내면화하고 그것을 사용하여 자기 자신의 행실을 안내하고 평가한다. 발달 후기에는 또래나 교사, 다른 성인들이 또한 사회학습 과정을 통해 아동의 기준과 가치에 영향을 준다. 특히 또래들은 아동기와 청소년기를 통해 꾸준히 그 역할을 증가시킨다.

모방이 사회학습의 유일한 기제는 아니다. 또 하나는 사회적 발판화이다. 이 변화기제에서는, 더 나이 든 또는 더 지식이 많은 사람이 학습자에게 주어진 과제의 개관을 제공하고, 가장 어려운 부분을 어떻게 하는지 보여주고, 필요시 어려운 부분에 도움을 제공하며, 진행방식에 대해 제안한다. 이와 같은 발판화는 초보자가 도움 없이는 할 수 없는 것들을 하게 해준다. 그렇게 되면 학습자가 그 과제의 기본을 숙달하게 되고, 더 숙련된 사람이 학습자에게 더 많은 일과 더 많은 책임을 이관해 주며, 결국 학습자가 전체 과제를 완료할 수 있게 된다. 따라서 아동과 다른 사람들은 사회학습을 산출하기 위해 협동한다.

인지적 변화기제

발달적 변화에 대한 매우 설득력 있는 분석의 많은 것들이 인지 과정 수준에 있다. 일반적이고도 특수한 정보처리기제가 중요한 역할을 한다.

일반적인 정보처리기제

4개 범주의 정보처리기제가 특히 일반적이고 전반적이다 — 기본적 처리, 전략, 상위인지, 내용 지식.

기본적 처리는 가장 단순하고, 매우 넓게 적용 가능하며, 초기에 개발된 일반적인 정보처리기제이다. 그것은 행동적 학습 과정과 상당히 겹치며, 사건들을 서로 연관시키는 것, 대상을 익숙한 것으로 인식하는 것, 사실과 절차를 회상하는 것, 사건의 핵심 특징을 부호화하는 것, 한 사례에서 다른 사례로 일반화하는 것을 포함한다. 연령에 따른 변화는 이 기본적 처리의 속도와 효율성에서 발생하지만, 모든 기본적 처리는 영아기가 시작되면서 나타난다. 이 기본적 처리 과정은 영아들로 하여금 그들 생의 첫날부터 외부 세계에 대한 학습을 허용하는 토대를 제공한다.

전략 또한 많은 유형의 발달에 기여한다. 예를 들어 걸음마기 아동들은 손이 닿지 않거나 가파른 벽면에 내려가 있는 장난감을 얻기 위한 전략을 형성한다. 유치원아는 산수문제를 풀기 위해 셈하기 전략을 형성한다. 학령기 아동들은 다른 사람들과 잘 지내기 위해 게임하는 전략을 형성한다 등. 아동들은 흔히 하나의 문제 해결을 위해 다중전략을 사용한다 — 예를 들어 놀이터에서 낯선 아동에게 접근하는 전략 또는 산수문제를 풀 때 쓰는 전략 등에서. 다중전략을 안다는 것은 아동으로 하여금 다른 문제나 다른 상황에서 요구되는 것에 적용하게 해준다.

상위인지는 세 번째 유형의 인지적 처리 과정으로서 발달에 크게 기여한다. 예를 들어 기억전략 사용이 증가하는 것은 그와 같은 전략을 사용하지 않고는 거대한 양의 재료 그대로를 기억할 수 없다는 것을 아동들이 점증적으로 깨달아 알기 때문이다. 상위인지의 가장 중요한 적용 프로그램 중 하나는 대안전략들 중에서의 적응적 선택이다(예 : 교재를 이해하기 위해 다시 읽는 것이 필요한지 여부, 산수문제를 푸는 데 다시 셈을 할 것인지 또는 회상된 답을 그대로 쓸 것인지 여부, 리포트를 시작하기 전에 전체 개관을 쓸 것인지 여부). 실행기능에 포함된 인지적 통제(예 : 유혹적이지만 비생산적인 행위를 억제하기, 인지적으로 유연함, 다른 사람의 관점 고려하기)는 또 하나의 결정적인 상위인지 유형이다.

TopFoto / The Image Works

이례적인 내용지식은 보통 아동보다 지적인 이점을 가진 모든 성인들을 압도할 수 있다. 이 사진이 찍힌 날에, 이 8세 소년은 체스 챔피언을 꺾은 최연소자가 되었다.

내용 지식은 인지적 변화에의 네 번째 전반적인 기여자이다. 아동들이 어느 주제 — 그것이 체스이든 축구이든, 공룡, 또는 언어이든 — 에 관해 더 많이 알면 알수록, 그들은 그것에 관한 새로운 정보를 더 잘 학습하고 기억할 수 있다. 지식은 또한 아동들로 하여금 새로운 내용과 친숙한 내용 간에 비유를 통해 친숙하지 않은 내용에 대한 학습을 촉진한다.

영역 특정 학습기제

영아들은 일부 복잡한 능력들을 놀랍도록 빠르게 획득하는데, 이에는 물리적 세계에 대한 기본적인 지각 및 이해, 언어 이해와 산출, 정서의 해석, 돌보는 이에 대한 애착 등이 포함된다. 아동들이 특히 빠르게 획득하는 다양한 능력들을 묶는 것처럼 보이는 것은 명백한 진화적 중요성이다. 실제적으로 모든 인간은 생존에 중요한 능력들을 빠르고 쉽게 획득한다.

많은 이론가들은 진화론적으로 중요한 영역에서 거의 보편적이고 빠른 학습이 세계에 대한 정확한 결론을 내리기 위해 일상적인 경험에 작동하는 영역 특정 학습기제에 의해 만들어지고 있음을 가정했다. 예를 들어 생후 1년 이내의 영아들도 움직이는 더 큰 대상이 더 작은 대상에 비해 더 강한 효과를 낸다고 기대하는 것으로 보인다. 이와 유사하게, 걸음마기 아동들의 단어학습은 전체 – 대상 가정(대상에 이름을 붙이기 위해 사용하는 단어는 대상의 어느 한 부분보다는 대상 전체를 가리킨다는 생각) 및 상호 배타성 가정(각 대상은 하나의 이름만 갖는다는 생각)에 의해 지지받고 있는 것 같다. 이 가정들은 보통 어린 아동들이 듣는 단어들에 적용되며, 따라서 아동들로 하여금 그 단어가 의미하는 것을 학습하도록 돕는다.

이 세계에 있는 주요 실체 유형(무생물, 사람, 다른 생물)에 관한 아동들의 비공식적인 이론 또한 그것들에 대한 아동의 학습을 촉진한다. 사람이나 다른 생물, 무생물의 특징을 빠르게 학습하는 것의 가치는 명백하다. 예를 들어 다른 사람에게 "주스 더!"라고 말하는 것은 같은 말을 집의 강아지에게 말하는 것보다 훨씬 더 원하는 것을 얻을 가능성이 높다. 과학자의 공식적 이론처럼 아동들의 비공식적 이론에서 중요한 것은, 관측할 수 없는 기본적 처리 과정의 관점에서 많은 관찰을 설명하는 인과관계이다.

핵심 개념에 대한 기본적인 이해 — 무생물의 관성과 견고성, 목표 지향적인 움직임과 생물의 성장, 의도, 신념, 사람에 대한 갈망 — 는 아동들로 하여금 새로운 상황에서 적절하게 행동하도록 돕는다. 예를 들어 유치원아가 낯선 또래를 만났을 때, 그는 다른 아동이 의도, 신념, 갈망을 가질 거라고 가정 — 그 아이의 행동을 이해하고 거기에 맞춰 적절히 반응하는 것을 돕는 가정 — 한다. 다른 사람의 마음에 관한 이 가정은 모든 사회 아동들의 사회적 이해를 돕는다. 따라서 일반적인 인지학습기제 및 영역 특정적인 인지학습기제는 둘다 아동들로 하여금 자기 주위의 세계를 이해하도록 돕는다.

변화기제들은 함께 작동한다

흔히 서로 다른 변화기제들을 분리해서 논의하는 것이 가장 쉽지만, 생물학적, 인지적, 행동적 기제들 모두는 사람과 환경 간의 상호작용을 반영하며, 모든 유형의 기제들은 변화를 산출하기 위해 함께 작동한다는 것을 기억하는 것이 아주 중요하다. 예를 들어 수고로운 주의집중을 생각해보라.

이 능력의 발달은 생물학적 요인과 환경적 요인의 결합을 반영한다. 생물학적 측면에서, 유전자들은 아동이 집중하면서 동시에 분산자를 무시하는 능력에 영향을 미치는 신경전달물질의 생산에 영향을 준다. 수고로운 주의집중은 또한 뇌의 두 부분 ─ 전측 대상회(목표에의 주의집중 활동)와 변연계(정서적 반응 활동) ─ 사이의 연결 발달에 의존한다. 환경적 측면에서, 수고로운 주의집중의 발달은 아동이 받는 양육의 질 ─ 이것은 일차적으로 특별한 유전자형을 가진 아동에게 해당됨 ─ 에 의해 영향을 받는다. 하나의 관련 유전자 형태를 가진 아동에게는 양육의 질이 수고로운 주의집중 발달에 영향을 미치는데, 다른 유전자 형태를 가진 아동에게는 양육의 질이 수고로운 주의집중 발달에 영향을 거의 미치지 않는다.

특별한 경험 역시 영향을 미칠 수 있다. 예를 들어 특별하게 설계된 컴퓨터 게임은 전측 대상회의 활동성을 증가시킴으로써 실험과제와 지능검사 모두에서 주의집중을 유지하는 능력을 도울 수 있다. 요약하면, 다양한 유형의 기제들은 단지 하나의 능력일지라도 함께 작동하여 발달을 산출한다.

주제 5 : 사회문화적 맥락이 발달을 조성한다

아동들은 다른 사람들의 개인적 맥락(가족, 친구, 이웃, 교사, 급우 등) 내에서 발달한다. 아동들은 또한 사회적 신념이나 태도, 가치뿐만 아니라 역사적, 경제적, 기술적, 정치 권력 등의 비인격적 맥락 내에서 발달한다. 비인격적 맥락은 개인적 맥락이 중요하듯이 발달을 조성하는 데 중요하다. 21세기 발전된 사회의 부모들은 과거의 부모들보다 자기 자녀들을 더 사랑한다고 생각할 만한 아무런 이유도 없다. 그러나 100년 또는 200년 전의 가장 부유한 가족의 아동들보다도 지금의 아동들은 덜 자주 죽으며, 덜 자주 아프고, 영양이 풍부한 식사를 하며, 더 많은 공식적 교육을 받는다. 따라서, 아동들이 언제 그리고 어디서 자라는가는 그들의 삶에 엄청나게 큰 영향을 미친다.

다른 실행과 가치를 가진 사회에서의 성장

한 사회에서 '당연한' 것으로 여겨지는 가치와 실행은 흔히 사회마다 본질적으로 다를 수 있다. 이런 변이는 발달의 속도와 형태에 영향을 미친다. 이 책을 통해 여러분은 발달의 모든 측면에서 그 예들을 보았다(흔히 전적으로 성숙에 의해 지배된다고 여겨졌던 영역을 포함해서). 예를 들어 사람들은 흔히 영아기의 걷기 및 다른 운동 기술의 타이밍은 오로지 생물학적으로 결정된다고 가정한다. 그러나 영아들의 운동발달을 강력하게 격려하는 아프리카 부족에서 자라는 아기들은 미국의 영아들에 비해 더 일찍 걷고 다른 운동 이정표에 더 일찍 도달한다. 이와 비슷하게, 몇 년 동안은 아기들이 어머니와 함께 자는 사회의 영아들은 미국 아기들에 비해 잠잘 시간을 덜 두려워한다(미국의 아기들은 생후 6개월 지나면 어머니와 같은 침대, 심지어는 같은 방에서 자는 일이 드물다).

정서적 반응은 문화적 실행과 가치가 어떻게 행동에 영향을 주는가에 대한 또 하나의 예를 제공하는데, 심지어 그들이 그럴 거라고 기대하지 않았을 때에도 그렇다. 연구된 모든 사회의 영아들은 같은 애착 유형들을 보여주지만, 각 유형별 발생빈도는 그 사회의 가치에 따라 달라진다. 예를 들어 낯선 상황에 놓인 일본 아기들은 미국 아기들에 비해(제11장 참조) 더 자주 당황스러워하면서

멕시코 시골 마을의 문화는 성공적으로 협동을 격려하고, 아동 및 다른 사람들을 돕는 행동을 격려한다.

불안정/저항 애착 유형을 보였다. 애착 유형에서의 이런 차이들은 서로 다른 문화적 가치와 실행 때문인 것으로 보인다. 일본의 어머니들은 전통적으로 자녀의 의존성을 격려하며 아기 자녀를 홀로 두는 일이 거의 없다. 이는 아기들이 낯선 상황에 홀로 남겨지면 특히 더 당황하게 만든다. 이와 반대로 미국 부모는 상당한 정도로 독립성을 강조하며, 흔히 아기들을 방에 홀로 두거나 다른 사람과 있게 한다.

이와 같은 문화적 영향은 영아기를 넘어까지 계속된다. 예를 들어 일본 문화는 미국 문화에 비해 부정적 정서(특히 분노)를 감추는 데 높은 가치를 주며, 일본 어머니는 자기 자녀들이 부정적 정서를 표현하지 못하도록 막는다. 이런 문화적 영향 때문에, 일본의 유치원이나 학령기 아동들은 미국의 또래들에 비해 분노나 다른 부정적 정서를 덜 자주 표현한다. 이와 비슷하게 멕시코 시골 마을의 자녀양육은 협동 및 남을 돌보기를 강조하며, 이 마을에서 자란 아동들은 멕시코의 도시나 미국의 아동들에 비해 자기의 소유물을 더 잘 공유한다.

문화는 부모의 활동뿐만 아니라 그런 활동에 대한 아동의 해석에도 영향을 준다. 예를 들어 중국계 미국 어머니는 자녀를 통제하기 위해서 많은 꾸지람과 죄책감을 사용한다. 미국 전체로 본다면 이런 훈육적 접근은 부정적인 결과와 연계되지만, 중국계 미국 아동들에게는 그렇지 않다. 훈육적 접근의 서로 다른 효과성은 부모의 행동에 대한 자녀의 해석을 반영하는 것 같다. 만일 자녀가 꾸지람 또는 독재적 양육이 자신의 최선의 이익에 부합한다고 믿는다면, 그런 부모의 행동은 효과적일 수 있다. 그러나 만일 자녀가 그런 훈육적 접근이 자신을 향한 부모의 부정적인 감정을 반영하는 것이라고 본다면, 그 훈육은 비효과적이거나 해로울 수 있다.

사회문화적 차이는 위와 유사한 영향을 인지발달에 줄 수 있다. 사회문화적 차이는 아동들이 어떤 기술과 지식 — 예를 들면 아동이 주판을 배울 것인가, 아이패드를 배울 것인가, 또는 둘 다를 배울 것인가 — 을 획득하는지를 결정할 수 있다. 사회문화적 차이는 또한 모두가 어느 정도까지는 획득하는 기술을 아동이 얼마나 잘 배우느냐에도 영향을 준다. 예를 들어 그들의 삶이 사막에서 오아시스를 찾는 능력에 달려 있는 호주 원주민의 아동들은 호주의 도시 아동들보다 월등한 공간 기술을 발달시킨다. 끝으로, 문화적 가치는 교육제도에도 영향을 미치며, 그것은 다시 아동들이 무엇을, 얼마나 깊이 학습하느냐에 영향을 준다. 예를 들어 학습자-공동체 교실의 학생들은 전통적 교실의 학생들에 비해 과학 과목 수를 덜 배우지만, 대신에 매우 깊이 배운다.

다른 시간과 장소에서의 성장

아동이 언제 그리고 어디서 성장하는가는 아동의 발달에 크게 영향을 미친다. 앞에서 보았듯이, 현대 사회에서는 아동들의 삶이 과거에 비해 엄청나게 향상되었다(건강, 영양, 주거 등에서). 그러나 현대 사회에서의 변화 모두가 아동의 복지를 촉진한 것은 아니다. 예를 들어 북미와 유럽에서는 과거에 비해 훨씬 더 많은 아동들이 이혼한 부모에게서 성장하며 그 아동들은 많은 문제를 일으킬 위험에 처해 있다. 평균적으로 그 아동들은 슬픔과 우울에 빠지기 쉽고, 자존감이 낮으며, 학교에서 잘 지내지 못하고, 온전한 가족의 또래보다 사회적으로 덜 유능하다. 비록 이혼한 가족 대부분의 아동들이 심각한 문제를 갖는 것은 아니지만, 소수는 문제를 갖고 있다. 범죄활동에의 참여, 학교 중퇴, 혼외 자녀 등 모두 부모가 이혼한 아동들에게서 흔히 보는 문제들이다.

다른 역사적인 변화들은 아동들의 삶을 다르게 만들었지만, 그것이 반드시 더 좋아지거나 더 나빠지거나 한 것은 아니다. 가정 외의 보육이 크게 팽창된 것이 그런 경우이다. 미국에서는, 영아들의 절반 및 4세 아동들의 3/4이 현재 가정 외에서 보육을 받고 있다 — 1965년 대비 5배. 이런 일이 발생하자, 많은 사람들이 아기-어머니의 애착이 약화될까봐 걱정했다. 다른 사람들은 그와 같은 보육이 인지발달을 크게 자극할 것이라고 보았다(특히 가난한 배경의 아동들에게는 다른 아동이나 성인들과 상호작용하는 큰 기회이기 때문에). 사실 자료를 보면, 걱정도 희망도 정당화되지 않는다. 모든 측면에 걸쳐, 가정 외에서 보육을 받는 아동들은 그렇지 않은 아동들과 정서적으로나 인지적으로나 비슷하게 발달하는 경향이다.

좀 더 일반적으로는, 동일한 문화적 또는 기술적 변화는 그 아동이 누구이고 혁신이 어떻게 사용되느냐에 따라 긍정적인 영향을 줄 수도 있고 부정적인 영향을 줄 수도 있다. 예를 들어 인터넷은 친구와의 의사소통을 위해 쓸 수 있는데, 그렇게 쓰면 우정을 강화하는 경향이 있다. 그러나 그것은 또한 사이버 폭력에도 사용될 수 있다. 어떤 인터넷 게임은 주의집중 발달을 자극할 수 있지만, 과도하게 자주 하는 인터넷 게임은 우정의 질에 해가 될 수 있다. 따라서 건강이나 안락함, 지적 자극, 물질적 복지 등의 측면에서 현대사회를 살고 있는 아동들은 전반적으로는 과거의 아동들보다 형편이 더 낫다. 그러나 다른 면에서는 그림이 더 혼합되어 있다.

사회 내 다른 환경에서의 성장

동일한 사회에서 동일한 시기에 성장하는 아동들 사이에도 경제적 환경, 가족관계, 또래집단 등에서의 차이가 아동들의 삶에서 큰 차이를 가져온다.

경제적 영향

모든 사회에서 아동 가족의 경제적 환경은 그 아동의 삶에 상당한 영향을 미친다. 그러나 각 사회 내에서는 경제적 불평등의 정도가 경제적 환경이 만드는 차이에 크게 영향을 준다. 미국과 같이 소득 불평등이 심한 사회에서는, 가난한 아동의 학업성취는 부유한 가족 아동의 성취에 비해 극히 낮다. 일본이나 스웨덴 같이 소득 불평등이 작은 사회에서는, 부유한 가족의 아동이 가난한 가족의 아동보다 학업성취가 더 좋기는 하지만 그 차이는 작다.

경제적 환경에 의해 영향을 받는 것은 학업성취뿐만이 아니라 발달의 모든 측면에서 그렇다. 가난한 가족의 영아들은 더 흔히 어머니에게 불안정적으로 애착한다. 가난한 가족의 아동 청소년들은 더 흔히 친구로서 거부당하고 외로워한다. 가난한 가족의 청소년들은 또한 부유한 가족의 또래들에 비해 불법 약물 사용, 범죄, 우울증 등이 더 흔하다.

이 부정적인 결과들은 가난한 아동이 직면한 많은 불리함들을 고려하면 놀랄 일이 아니다. 더 풍요로운 환경에서 자란 아동들에 비해, 가난한 아동들은 더 흔히 위험한 지역에서 산다. 친부모가 하나 또는 없는 가정에서 산다. 열악한 주간 보육센터나 학교에 다닌다. 부모가 읽고 말하는 경우가 적다. 집에 책, 잡지, 다른 지적 자극 재료들이 거의 없다. 앞에서 언급한 것의 어느 하나가 아니라 그것들의 누적이 성공적인 발달의 최대 장애물이다.

가족과 또래의 영향

가족집단과 또래집단은 소득과는 매우 다른 방식으로 작동하며, 이 차이의 많은 것들이 또한 발달에 상당한 영향을 미친다. 일부 가족에서는, 소득과 관계 없이, 부모가 아기의 요구에 민감하여 밀접한 애착을 형성한다. 다른 가족에서는 그렇지 않다. 일부 가족에서는, 역시 소득과 관계 없이, 부모가 매일 밤 자녀에게 책을 읽어주며 그렇게 하여 자녀들이 읽기를 배우도록 한다. 다른 가족에서는 그런 일이 발생하지 않는다.

　친구, 다른 또래, 교사, 다른 성인의 영향은 가족에서와 마찬가지로 많은 방식으로 달라진다. 예를 들어 친구는 우정과 피드백을 제공하고, 자존감에 기여하며, 스트레스에 대한 완충제 역할을 한다. 청소년기에는, 친구가 특별히 동조와 지지의 중요한 원천일 수 있다. 다른 한편, 친구는 부정적인 영향을 줄 수도 있는데, 아동 청소년을 무모한 공격행동(예 : 범죄, 음주, 약물 사용)에 끌어들일 수 있다. 따라서 개인 관계는 경제환경이나 문화, 기술처럼 발달에 영향을 주지만, 그 영향의 효과는 상세한 상황에 따라 다르다.

주제 6 : 개인차

아동들은 엄청나게 많은 차원에서 다르다 — 인구통계적 특성(성별, 인종, 민족, 사회경제적 지위), 심리적 특성(지능, 성격, 예술적 능력), 경험(어디서 자랐는가, 부모의 이혼 여부, 연극, 밴드 또는 조직된 스포츠 참여 여부) 등. 어떤 개인차가 아동을 이해하고 그 미래를 예측하는 데 결정적인지 알 수 있을까?

　그림 16.1에서 볼 수 있듯이, 3개 특성(관련 특성들의 폭, 시간에 따른 안정성, 예측적 가치)이 개인차 차원의 중요성을 결정하는 데 중요하다. 첫째, 붉은색 화살표가 보여주듯이, 가장 중요한 차원에서 아동의 지위는 그 당시 다른 중요한 차원들에서의 지위와 연결된다. 따라서 지능이 중심적인 개인차라고 여겨지는 하나의 이유는 한 아동의 IQ가 주어진 연령에서 높으면 높을수록, 그 아동의 등급이나 성취검사 점수 및 일반 지식 모두가 동시에 높은 경향이 있기 때문이다. 둘째, 시간의 흐름에 따른 안정성이다(그림 16.1의 파란색 화살표). 초기 발달에서 더 높은(또는 더 낮은) IQ 점수를 기록한 아동이 나중에도 더 높은(또는 더 낮은) IQ점수를 기록한다면, 개인차의 차원이 더 중요하다. 따라서 IQ에 대한 관심의 또 다른 이유는, 높은(또는 낮은) IQ를 가진 아동이 보통 나중에도 높은(또는 낮은) IQ를 가진 성인이 된다는 점이다. 개인차의 주요 차원들의 세 번째 특성은, 그 차원에서 한 아동의 지위는 미래의 다른 중요 특성들에서의 미래 결과(그림 16.1의 초록색 화살표)를 예측한다. 따라서 IQ점수에 대한 관심의 세 번째 이유는, 한 사람의 아동 중기와 청소년기 IQ점수는 그 사람의 추후의 소득, 직업적 지위, 교육기간 등을 예측한다는 점이다.

　이 3개의 특성은 왜 성별, 인종, 민족, SES 등의 인구통계적 변수들이 그렇게 자주 연구되는지를 명쾌하게 해준다. 예를 들어 성별을 생각해보자. 성차는 다양한 다른 차이들과 관련이 있다. 소년들은 더 크고 힘이 세며 신체적으로 더 능동적이고 더 공격적인 경향이 있다. 또한 더 큰 집단에서

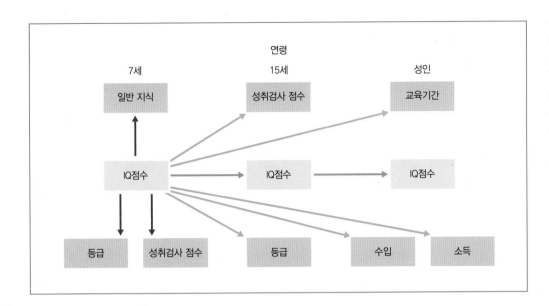

연령

7세   15세   성인

일반 지식   성취검사 점수   교육기간

IQ점수   IQ점수   IQ점수

등급   성취검사 점수   등급   수입   소득

그림 16.1 지능과 개인차 지능은 개인차의 중요한 차원으로 여겨지고 있다. 왜냐하면 IQ점수는 (1) 일반 지식과 주어진 연령에서의 등급(7세의 IQ로부터 다른 결과로 확장되는 붉은색 화살표) 같은 개념적으로 관련된 차원들과 상관되고 (2) 연령에 따른 상당한 연속성을 보여주며(파란색 화살표), (3) 교육기간, 성인기의 소득 같은 미래의 결과를 예측(7세 때의 IQ점수와 추후의 다른 결과들을 이어주는 초록색 화살표)하기 때문이다.

논다. 그들은 공간사고의 형태에서 더 잘하지만, ADHD, 수학, 읽기 등에서 더 많은 장애를 갖는다. 소녀들은 말로 하는 경우가 더 많고, 정서를 더 빨리 지각하며, 쓰기를 더 잘하고, 우울한 사람에게 연민과 공감을 더 잘 표현한다. 남성이 되는 것과 여성이 되는 것은 또한 명백히 시간의 흐름에 따라 안정적이다. 결국, 남성이 되는 것과 여성이 되는 것은 미래의 개인차를 예측한다. 만일 신생아가 여자 아기라면 남자 아기에 비해 미래에 친구들에게 더 자기 공개적이고, 우울증에 더 취약하며, 친사회적 행동 경향이 더 강하고, 관계형 공격을 사용할 가능성이 더 크다.

우리는 다음으로 몇 가지 다른 변수가 주요 개인차의 세 가지 핵심 특성을 나타내는 정도를 고려할 것이다.

주어진 시기에서의 개인차의 폭

개인차는 무선적으로 분포하지 않는다. 한 차원에서 높은 아동은 또한 개념적으로 연관된 다른 차원에서 높은 경향이 있다. 따라서 지적 능력(언어, 기억, 개념 이해, 문제 해결, 읽기, 수학)의 한 측정에서 잘한 아동은 다른 것들에서도 잘하는 경향이 있다. 이와 비슷하게, 사회적 또는 정서적 기능(부모와의 관계, 또래관계, 교사와의 관계, 자존감, 친사회적 행동, 공격성이나 거짓말하지 않음)의 한 측정에서 잘한 아동은 다른 것들에서도 잘하는 경향이 있다. 때로는 지능과 학업성취 간의 관계처럼, 그 관련성이 강하다. 더 흔하게는, 그 관계성이 보통 정도이다. 비록 자기 부모와 잘 지내는 아동이 또한 또래들과 잘 지내는 경향이 있으나, 그렇지 않은 경우도 많다.

지능과 성별 외에도, 개인차의 다른 2개 중요한 차원은 애착과 자존감이다. 불안전 애착한 또래들에 비해, 어머니에게 안전 애착한 걸음마기 아동은 어머니와 함께 하는 문제 해결에 더 열정적이고 긍정적인 경향이며, 어머니의 지시에 더 순응적이고, 어머니가 없더라도 어머니의 요청을 따른다. 그런 걸음마기 아동들은 또한 또래들과 더 잘 지내는 경향이 있으며, 더 사교적이고 사회적으로 더 유능하다. 이와 비슷하게, 자존감이 높은 아동·청소년들은 다른 많은 사회적, 정서적 차원에서 강한 경향이 있다. 이들은 일반적으로 희망적이고 인기 있으며, 많은 친구들을 갖고 있고, 훌륭한 학업 기술과 자기조절 기술을 갖는 경향이 있다. 이와 반대로, 자존감이 낮은 아동·청소년들은 절망감을 느끼며 우울이나 공격성, 사회적 위축 같은 문제점들을 갖기 쉬운 경향이 있다.

시간에 걸친 안정성

많은 개인차들은 시간의 흐름에 따라 보통 정도의 안정성을 보인다. 예를 들어 영아기에 쉬운 기질을 가졌던 아동은 아동 중기와 후기에도 계속해서 쉬운 기질을 갖는 경향이 있다. 이와 비슷하게, ADHD나 읽기장애, 수학장애를 가진 초등학생들은 보통 그 영역에서 일생에 걸친 어려움을 겪는다.

그와 같은 심리적 특성들의 안정성은 유전자와 환경 둘 다에서의 안정성에서 비롯된다. 한 아동의 유전자형은 발달 과정에 걸쳐 동일하게 남는다(비록 특정한 유전자는 서로 다른 시기에 켜졌다 꺼졌다 하지만) — 대부분의 아동의 환경 또한 매우 안정적으로 남는다. 아기가 태어날 때 중류층 가족은 그대로 중류층 가족으로 남는 경향이 있다. 아기가 태어날 때 교육에 가치를 둔 가족은 보통 그대로 교육에 가치를 둔다. 자녀에게 민감하고 지지적인 부모는 일반적으로 그런 방식으로 남는다. 이혼과 실업처럼 주요 변화가 발생하면, 그 변화들이 아동의 행복, 자존감, 다른 특성들에 영향을 미친다. 그럼에도 불구하고 아동 환경의 안정성은, 유전자의 안정성과 마찬가지로, 시간의 흐름에 따라 아동의 심리적 기능의 안정성에 기여한다.

다른 차원의 미래 개인차 예측

어떤 차원에서의 개인차는 그 차원에서의 미래 지위에 연관될 뿐 아니라, 다른 차원에서의 미래 지위와도 관련된다. 예를 들어 영아기에 안전 애착한 아동은 불안전 애착한 또래에 비해 걸음마기와 학령전기에 자기 또래들과 더 많은 사회적 유대를 갖는 경향이 있다. 학령기가 되면, 이 안전 애착된 아동들은 다른 아동의 정서를 상대적으로 잘 이해하고, 갈등해결에서 상대적으로 숙달된 경향이 있다. 이들이 청소년기나 성인기에 이르면, 연애 상대와 밀접한 애착을 형성하는 경향이 있다. 이 모든 결과들은, 초기의 안전 애착은 이후 타인과의 관계에 영향을 주는 작동모델을 제공한다는 견해와 일치한다.

시간의 흐름에 따른 한 차원의 안정성과 같이, 많은 아동들의 환경의 상대적인 안정성은 이 심리적 기능의 장기적인 안정성에 기여한다. 만일 아동의 환경이 중요한 방식으로 변화하면, 전형적인 연속성은 중단될 수 있다. 따라서 이혼과 같이 스트레스를 주는 사건은 영아기에 안전 애착한 아동이 안전 애착과 연결된 또래와의 긍정적인 관계를 계속 보여줄 가능성을 감소시킨다.

개인차의 결정자

개인차는, 발달의 모든 측면처럼, 결국에는 아동의 유전자와 그가 닥치는 환경의 상호작용에 귀인된다.

유전자

많은 중요한 특성들(예 : IQ, 친사회적 행동, 공감)에서 주어진 모집단의 개인들 간 차이의 약 50%는 유전의 차이에 귀인된다. 개인차에 대한 유전적 영향의 정도는 발달 과정을 통해 증가하는 경향이다. 예를 들어 입양아의 IQ와 그 친부모 IQ 간의 상관관계는 심지어 입양아가 자기 친부모를 전혀 만나지 못하거나 어떤 접촉도 없다 해도 아동기와 사춘기를 거치면서 꾸준히 증가한다. 하나의 이유로는, 지적 기능과 관련된 많은 유전자들이 아동 후기나 청소년기까지 자신의 효과를 행사하지 않기 때문이다. 또 하나의 이유로는, 발달 과정을 거치면서 아동은 점증적으로 자신의 유전적 성향과 잘 어울리는 환경을 선택하는 자유를 갖게 되기 때문이다.

경험

개인차는 아동의 유전자뿐만 아니라 아동의 경험도 반영한다. 하나의 주요 환경적인 영향을 생각해보라 — 자녀를 기르는 부모. 부모가 걸음마기 자녀에게 말을 많이 해줄수록, 걸음마기 자녀는 더 빨리 친숙한 단어들을 인식하고 새로운 단어들을 학습한다. 부모가 자녀 능력의 상한선을 넘지 않는 높은 곳까지 발판화의 목표로 삼을수록, 그 자녀의 문제 해결에서의 향상은 더 커진다. 가정의 지적 환경이 더 자극적이고 더 반응적일수록, 자녀의 IQ는 더 높아지는 경향이 있다.

부모는 자녀의 지적 발달에 영향을 미치는 만큼 적어도 자녀의 사회적·정서적 발달에 영향을 미친다. 예를 들어 아동들이 자기 부모의 기준과 가치를 채택할 가능성은 그 부모가 사용한 훈육 유형에 의해 영향 받는 것으로 보인다. 이와 유사하게, 부모는 자녀가 기꺼이 공유하려는 의도에 영향을 미치는데, 특히 부모가 자녀와 함께 공유의 이유를 논의하고 자녀와 좋은 관계를 가질 때 그러하다.

아동들의 다른 경험의 효과와 마찬가지로, 서로 다른 유형의 양육 효과는 아동에 의해 좌우된다. 이에 대한 하나의 예가 양심의 발달이다. 두려움 많은 아동에게는, 그가 부모의 도덕 가치를 내재화할 것인지 여부를 결정하는 핵심 요인은 부드러운 훈육이다. 두려움 많은 아동은 엄격한 훈육에 대해 걱정이 너무 많아져서 부모가 심어주려는 도덕 가치에 초점을 맞추지 못한다. 이와는 달리, 겁 없는 아동에게 핵심 요인은 부모와의 긍정적인 관계이다. 겁 없는 아동은 흔히 부드러운 훈육에는 반응하지 않는다. 그들은 부모에게 가깝다는 느낌을 가질 때에만 부모의 도덕 가치를 내재화하는 경향이 있다. 옛 격언이 말하듯, "자기 자녀를 아는 부모가 바로 현명한 부모이다."

주제 7 : 아동발달 연구는 아동의 삶을 향상시킬 수 있다

모든 사람들이 공유하는 몇 가지 목표 중 하나는 아동들이 가능한 한 행복하고 건강한 것이다. 아동들이 어떻게 발달하는가를 이해하는 것은 이 목표에 기여하는 것이다. 발달의 이론들은 아동들의 행동을 해석하는 원리 및 그들의 문제점들을 분석하는 원리를 제공한다. 경험적 연구들은 아동의 신체적 복지 및 타인과의 긍정적인 관계, 학습 등을 촉진하는 방법에 대해 구체적인 가르침을 갖고 있다. 이 절에서 우리는 아동들을 기르고, 교육하며, 그들이 문제점을 극복하도록 돕는 아동발달 연구의 실제적인 의미를 검토할 것이다.

양육의 의미

훌륭한 양육의 몇 가지 원리는 너무 명백해서 그것에 주목할 필요가 없는 것처럼 보인다. 그러나 매년 빈약한 양육으로 해를 입는 아동의 수를 보면, 이 원리들을 말하지 않을 수 없다.

좋은 배우자를 선택하라

훌륭한 양육의 첫 번째 원리는 부모가 되기도 전에 시작된다. 좋은 배우자를 선택하라. 유전의 중요성을 고려할 때 좋은 신체적, 지적, 정서적 특성을 지닌 배우자를 선택하는 일은 그 배우자가 여러분의 자녀에게 좋은 유전자를 제공한다는 의미를 갖고 있다. 환경의 중요성을 고려할 때, 좋은 부모가 될 배우자를 선택하라. 여러분 자녀의 발달과 관련하여, 좋은 배우자를 선택하는 일보다 중요한 결정은 없다.

건강한 임신을 보장하라

예비 어머니는 성공적인 임신의 가능성을 증대하기 위해 건강한 식사 및 정기적인 진찰, 가능한 한 낮은 스트레스 수준을 유지해야 한다. 이와 마찬가지로 중요한 것은 담배나 술, 해로운 약 같은 기형유발요인을 피해야 한다는 점이다.

어떤 결정이 장기적인 영향을 미칠지 파악하라

자녀가 태어나서 느끼는 기쁨도 있지만, 이에 더해 새 부모는 엄청난 수의 결정을 해야 한다. 다행스럽게도 아기들은 매우 탄력성이 있다. 사랑스럽고 지지적인 가정 맥락에서는, 광범위한 선택들이 다같이 작동한다. 그러나 사소하게 보이는 일부 결정은 중요한 영향을 미칠 수 있다. 그런 결정 중 하나로 아기의 자는 자세를 들 수 있다. 아기를 바닥에 엎드려 재우는 것보다는 바닥에 등을 대고 재우는 것이 영아돌연사증후군(SIDS) 가능성을 줄인다.

다른 사례로는, 아동발달 연구의 교훈은 초기의 문제들은 종종 일시적이라서 너무 걱정하지 않아도 된다는 것이다. 영아 배앓이 — 약 10%의 아기들이 걸린다 — 가 그런 경우에 해당한다. 배앓이를 하는 아기는 자주, 높은 소리로, 신경에 거슬리는 않는 소리를 내어 부모가 참기 어렵지만, 장기적으로 아기의 발달에는 지장이 없다. 단기적으로 최선의 접근법은 아기를 가능한 한 잘 달래는 것이며, 그 노력이 실패해도 죄책감까지 가질 필요는 없다. 장기적으로 볼 때, 부모로서 최선의 길은 긴장을 풀고, 사회적 지지를 받으며, 아기 돌보는 일에서 약간의 시간을 내어 쉬는 일이다 — 또한 영아 배앓이는 보통 아기가 3개월이 되면 끝난다는 것을 기억하는 일이다.

안전 애착을 형성하라

대부분의 부모들은 그들의 아기와 안전 애착을 형성하는 데 어려움이 없으나, 일부 부모와 아기들은 그런 유대를 형성하지 못한다. 이에 대한 하나의 이유로 유전을 들 수 있다. 특정 유전자의 변형된 형태는 최소한 어떤 환경에서는 부모와 아기 사이의 안전 애착 형성 가능성에 영향을 미칠 수 있다. 물론 어느 누구도 아기가 물려받은 유전자를 통제할 수 없지만, 부모 및 다른 돌보는 이는 그들의 돌봄에서 긍정적 접근을 유지하고 아기의 요구에 반응적이 됨으로써 아기의 안전 애착 가능성을 최대화할 수 있다. 이것은 물론 행하기보다 말하기가 쉬우며, 부모의 태도와 반응뿐만 아니라 아기 기질의 다른 차원들이 애착의 질에 영향을 미친다. 그러나 아기들이 초기에 불안정하고 어려울 때라도, 부모들에게 반응적이 되는 방법 및 아기에게 긍정적이 되는 방법을 가르치는 프로그램은 더 안정적인 애착을 끌어낼 것이다.

자극적인 환경을 제공하라

가정환경은 아동의 학습과 아주 관련이 많다. 하나의 좋은 예는 읽기 획득이 있다. 어린 아동에게 읽어주기는 그 아동의 나중 읽기성취에 정적으로 영향을 준다. 이에 대한 하나의 이유는, 그런 활동이 음운인식(단어 내의 구성 음운을 식별하는 능력)을 촉진하기 때문이다. 이런 점에서 보면, 동요가 특히 효과적이라고 보인다. 예를 들어 'Green Eggs and Ham'이라는 동요를 반복적으로 들은 아동은 일반적으로 'Sam', 'ham', 'am' 및 관련 단어들에서의 유사점과 차이점을 이해하게 된다. 음운인식은 아동들로 하여금 단어를 소리내도록 학습하게 하며, 그것은 다시 아동들이 그 단어의 정체를 빨리 그리고 힘들이지 않고 회상하도록 돕는다. 성공적인 조기 읽기는 아동들로 하여금 더 많이 읽도록 이끌며, 그것은 학교 과정 동안에 걸쳐 아동들이 자신의 읽기를 향상하도록 돕는다. 더 일반적으로 말하면, 지적 환경이 더 자극적일수록, 아동들은 더욱 더 열심히 배우려고 한다.

교육의 의미

아동발달에 대한 이론과 연구들은 아동들을 가장 효과적으로 교육하는 방법에 대한 많은 교훈을 가지고 있다. 몇몇 주요 인지발달 이론들의 교육적 의미를 고려해보자.

Piaget의 이론은 학습 과정에서 아동의 능동적인 참여(정신적, 신체적 참여 둘 다)를 강조한다. 이 능동적 참여는 아동이 반직관적 아이디어를 숙달하는 데 특히 중요하다. 예를 들어 긴 금속막대를 잡고 중심축 가까이에서 그 축을 중심으로 걷거나, 중심축에서 멀리 떨어진 지점에서 그 막대를 잡고 걷는 신체적 경험은 아동들로 하여금 이전의 지필 물리수업이 수정하지 못한 오해 — 모든 부분 물체는 동일한 속도로 움직여야 한다 — 를 극복할 수 있게 해주었다.

정보처리 이론은 아동의 일상활동에서 아동에게 가용한 정보유형 분석은 학습을 향상시킬 수 있다고 주장한다. 그런 하나의 분석은 단순 보드게임인 Chutes and Ladders(활강로와 사다리)가 시각적, 청각적, 운동감각적, 시간적 정보를 제공하여 아동들로 하여금 수의 크기를 배우도록 했다는 것을 보여주었다. 이런 분석과 일치하여, 저소득 가족의 아동들에게 Chutes and Ladders에 근거한 게임을 하도록 했더니 수의 크기에 대한 이해가 향상되었다. 뿐만 아니라 그들의 셈하기, 숫자 인식, 산수 학습 등이 향상되었다.

사회문화 이론은 교실을 학습자들의 공동체로 만들어 그 안에서 아동들이 서로를 도와 지식을 추구하는 요구를 강조한다. 교사는 강의하고 아동은 필기하는 전통적인 교습 모델을 따르는 대신, 학습자들의 공동체 교실에서는 교사들이 아동들이 배워야 할 최소한의 지침을 제공하며 점차적으로 아동들의 능력이 증가함에 따라 교사의 지시적인 역할을 줄인다. 그런 프로그램들은 또한 아동들로 하여금 더 넓은 공동체(다른 학교의 아동과 교사, 외부 전문가, 참고 서적, 웹사이트 등)의 자원들을 사용하도록 격려한다. 이 접근법은 지적 기술 구축에서뿐만 아니라 개인적 책임과 상호 존중 같은 바람직한 가치의 촉진에서 효과적일 수 있다.

위험에 처한 아동을 돕는 일의 의미

경험적 연구로부터 나타난 몇 가지 원리들은 심각한 발달문제의 위험에 처해 있는 아동들을 돕는 데 가치 있는 지침을 제공한다.

타이밍의 중요성

최적의 시기에 중재를 제공하는 것은 다양한 발달 맥락에서 매우 중요하다. 하나의 중요한 예로는 학습장애의 위험에 처해 있는 아동을 돕는 노력이다. 인지발달의 모든 이론들은 그와 같은 장애는 조기에 다루어져야 하는데, 아동이 자신의 학습능력에 대해 자신감을 잃기 전에 그리고 학교와 교사들을 향해 분개하기 전에 다루어져야 한다. 이런 인식은, 가난한 배경의 많은 아동들이 학교에서 어려움을 겪는다는 연구보고와 함께, 헤드스타트 프로그램 및 다양한 실험적 유치원 프로그램을 위한 토대를 마련했다. 그 프로그램들의 효과에 대한 평가는, 소규모 실험적 프로그램과 헤드스타트 프로그램 둘 모두는 아동들의 IQ점수와 성취검사 점수를 프로그램이 끝날 때쯤 및 그 이후 짧은 기간 동안 증가시켰다. 이후에는, IQ와 학업성취에 대한 긍정적 효과는 보통 사라졌으나, 다른 긍정적인 효과들은 계속되었다. 이런 프로그램에 참가한 위험군 아동들은 참가하지 않은 위험군 아동들에 비해 학교에서 덜 제지당했고, 특수학급에 덜 배정되었으며, 더 많이 고등학교를 졸업하고 대학에 갔다. 이는 중대한 이득이다.

Abecedarian 프로젝트가 보여준 것처럼, 조기교육 프로그램의 보다 큰 긍정적 효과가 가능하다. 최적의 직원, 많은 기금지원, 영아기에 시작해 5세까지 지속되는 면밀히 설계된 프로그램을 통해 성취될 수 있는 것들을 보여주기 위해 고안된 Abecedarian 프로젝트는 아동기부터 청소년기에 걸쳐 계속되는 이득점들(학업성취 및 사회적 기술에서)을 산출했다. 그 결과, 조기에 시작하는 집중 프로그램들은 가난한 아동들의 학업성취에 견고하고도 지속적인 이득을 줄 수 있다는 것을 보여주었다.

아동학대의 조기탐지 및 그것을 끝내기 위한 빠른 중재 또한 매우 중요하다. 방치, 신체적 학대, 성적 학대는 아동학대의 가장 흔한 세 가지 형태이다. 경제적 스트레스를 받고, 친구가 거의 없으며, 음주 및 불법 약물을 사용하고, 또는 배우자에게 학대받는 부모들은 거의 틀림없이 자기 자녀를 학대한다.

헤드스타트 프로젝트 교실에서 이 사진과 같은 경험을 통해 지속적인 다양한 혜택을 받을 수 있다.

monkeybusinessimages / Getty Images

학대받고 방치된 아동들의 특성을 아는 것은 교사 및 아동들과 접촉하는 사람들로 하여금 잠재적 문제점들을 초기에 인식하고, 사회복지기관에 경고하여 그 문제들을 연구하고 해결하도록 해준다. 학대받는 아동들은 까다로운 기질을 갖고 있고, 친구가 거의 없으며, 신체적으로 또는 정신적으로 빈약한 건강상태이고, 학업을 잘 못하며, 비정상적인 공격이나 수동성을 보이는 경향이 있다. 학대받는 청소년들은 우울하거나 또는 과잉활동적이며, 약물을 사용하거나 또는 음주하고, 혼음 같은 성적인 문제 또는 비정상적인 두려움을 갖는다. 이와 같은 학대 신호를 조기에 인식하는 것은 아동의 삶을 구할 수 있다.

생물학과 환경은 함께 작동한다

실제적으로 중요한 의미를 갖는 또 하나의 원리는 생물학과 환경은 모든 행동을 산출하기 위해서 함께 작동한다는 것이다. 이 원리는 ADHD 치료계획을 설계할 때 중요하다는 것이 증명되었다. 비록 리탈린과 같은 흥분제가 ADHD 치료에 가장 잘 알려져 있지만, 연구에 따르면, 이 약물치료가 단독으로만 진행되면 그 이점은 보통 그 약물 복용을 그치는 순간 사라진다. 장기적인 이점을 얻으려면 약물치료뿐만 아니라 행동치료가 필요하다. 하나의 효과적인 행동치료는 아동에게 주의산만을 선별해내는 인지전략을 가르치는 것이다. 약물치료는 ADHD 아동들을 충분히 진정시켜 그 치료에서 이점을 얻는다. 그 치료는 ADHD 아동들을 도와 그들이 자신들의 문제점을 다루고 타인들과 상호작용하는 효과적인 방식을 배우도록 돕는다.

모든 문제는 많은 원인을 갖는다

발달문제를 가진 아동들을 돕는 데 유용한 것으로 증명된 추가적 원리는, 어떤 특정한 문제의 원인을 하나로 확인하려는 것은 소용없는 일이라는 것이다. 대부분의 문제들은 항상 다수의 원인을 갖는다. 위험의 수가 클수록, 아동은 낮은 IQ, 빈약한 사회정서적 기술, 정신질환을 가질 가능성이 크다. 이에 따라, 효과적인 치료를 제공한다는 것은 흔히 많은 특별한 어려움을 해결해야 함을 요구한다. 이 원리는 다른 아동들에 의해 거부된 아동들에게 개입하는 데 유용한 지침을 제공했다. 이 거부된 아동들이 더 좋은 사회적 기술을 얻도록 돕는 것은 타인들에 대한 이해 증진을 필요로 한다. 또한 그들을 도와 드러나지 않게 현재 진행 중인 집단 상호작용에 들어가는 방법, 공격행동에 기대지 않고 갈등을 해결하는 방법과 같은 새로운 전략을 배우도록 할 필요가 있다. 또한 그들을 도와 그들 자신의 경험 — 예를 들어 그들이 시도하는 다른 전략들의 성공을 모니터하거나, 필요하면, 무엇이 잘못되었는지 분석함으로써 — 으로부터 배우도록 할 필요가 있다. 모두 합하여, 이 접근법들은 거부된 아동들로 하여금 친구를 만들거나 더 잘 수용되도록 도울 수 있다.

사회정책 개선

여러분이 자녀를 갖고 있지 않더라도, 시민으로서 여러분의 활동은 지역사회 아동의 삶에 영향을 미칠 수 있다. 선거 투표와 국민투표, 비공식 논의에서의 의견표명, 지지 조직에의 참가 등 모든 것들이 변화를 가져올 수 있다. 아동발달 연구에 대한 지식은 여러분의 견해를 많은 아동 관련 쟁점들에 소개할 수 있을 것이다. 여러분이 도달할 결론은 증거뿐만 아니라 여러분의 가치를 반영해야 한다. 예를 들어 유치원부터 초등학교 3학년까지의 학급크기 감소는 학생의 성취에 다양한 영향을 주었다. 테네시주에서 대규모로 시행된 연구에서는 학생 성취에 긍정적인 영향을 준 것으로 나타났다(Krueger, 1999). 이에 비해 캘리포니아주에서 대규모로 시행된 연구에서는 학생 성취에 어떤 영향도 주지 않은 것으로 나타났다(Stecher, McCaffrey, & Bugliari, 2003). 부모와 교사들은 앞의 두 사례 모두에서 학급크기 감소를 좋아한 것으로 나타났으며, 더 작은 학급이 자녀들에게 도움이 될 거라고 믿었다.

이 결과들이 그와 같은 개혁을 실행하는 데 필요한 교사의 수를 고용하는 데 드는 비용이 수십억 달러에 달할 만큼 가치가 있을까? 연구가 이 질문에 답할 수는 없다. 왜냐하면 그 답은 연구자료뿐만 아니라 그 가치에 의해 좌우되기 때문이다. 얼마나 비싼 것이 지나치게 비싼 것인가? 그럼에도 불구하고, 예가 보여주는 것처럼, 과학적 증거를 아는 것은 시민으로서 우리가 더 나은 정보에 입각한 결정을 내리게 해준다.

출산휴가

사회는 고용주에게 고용인의 출산 후 유급 출산휴가를 몇 달간 인정하라고 요구해야 하는가? 만일 그렇다면, 몇 달간이나 인정해야 하는가? 영아가 9개월이 되기 전에 긴 시간 동안의 주간보육은 조기 사회적 발달에 부정적인 영향을 준다고 알려져 있기 때문에, 사회가 그 정도 기간의 출산휴가를 주는 것이 바람직하다는 주장이 설득력을 얻고 있다. 그러나 경제적 부담 같은 다른 고려 요인들 또한 중요하다. 앞서 언급한 바와 같이, 과학적 증거 하나만으로는 확정하기 어렵다.

주간보육

위와 비슷한 논쟁이 있었는데, 일반 사회가 어린 자녀의 부모에게 주간보육에 대한 보조금을 주어야 하느냐 여부였다. 그런 정책에 반대하는 하나의 주장은, 주간보육시설에 보내는 것보다 부모 중 하나 또는 친척이 집에서 기르는 것이 아동발달에 더 성공적이라는 것이다. 그러나 그런 주장은 결함이 있는 것으로 밝혀졌다. 질 좋은 주간보육시설에 다니는 아동들은 부모가 집에서 돌보는 아동들과 비슷하게 발달한다.

목격자 증언

아동발달을 이해하는 것은 또한 아동들이 법정에서 증언하는 것을 허용하느냐 여부를 결정하는 데 필수적이며, 아동들로부터 가능한 한 가장 정확한 증언을 얻는 데 필수적이다. 매년 미국에서 10만 명 이상의 아동들이 법정에서 증언하고 있으며, 많은 아동들이 학대 혐의와 관련된 재판에서 증언하고 있다. 종종 아동과 피의자는 두 사람만이 그 사건을 목격한 경우가 있다. 연구 결과에 따르면, 일반적으로 증언의 정확성은 나이에 따라 증가한다. 8세 아동은 6세 아동에 비해 더 많이 회상하며, 6세 아동은 4세 아동보다 더 많이 회상한다. 그러나 아동들이 유도 질문이나 반복 질문으로부터 보호받는다면, 4~5세의 아동들도 보통 법정에서의 중심적 쟁점에 대해 정확한 증언을 제공한다. 중대한 이해관계가 걸린 경우라면, 아동으로부터 가능한 한 가장 정확한 증언을 끌어내기 위한 연구 교훈을 사용하는 것은 평결을 위해 필수적이다.

아동발달 연구는 수많은 다른 사회문제들에도 교훈을 갖고 있다. 공격성의 원인에 대한 연구는 Fast Track 같은 프로그램을 개발했는데, 이것은 공격적인 아동에게 자신의 분노를 다스리고 폭력을 피하도록 가르치기 위해 고안되었다. 도덕성의 뿌리에 대한 연구는 아동발달 프로젝트와 같은 프로그램을 개발하여 학생들로 하여금 어려움에 처한 사람들을 돕도록 격려하기 위해 설계되었다. 가난의 영향에 대한 연구는 Abecedarian 프로젝트 및 다른 조기교육 노력의 근거를 제공했다. 사회문제들은 끝이 없다. 아동발달을 이해하는 것은 아동들의 미래에 영향을 주는 것들을 다루는 데 도움을 줄 수 있다.

연습문제

1. 다음 중 천성과 육성의 상호작용을 정확하게 기술한 것은 무엇인가?
  a. 천성은 출생 전에 작동하고, 육성은 출생 후에만 이어받는다.
  b. 천성의 영향은 영아기까지 이어지다가 이후 육성의 영향에 이어진다.
  c. 천성과 육성은 자궁 안의 태아 때부터 상호작용하며, 둘 다 개인의 일생을 통해 그의 발달을 조성한다.
  d. 발달에서 천성과 육성 둘의 역할은 종종 과장되었다.

2. 다음 중 기형유발요인의 잠재적 영향에서 타이밍이 하는 중요한 역할의 예는 무엇인가?
  a. 임산부의 식사는 태아가 출생 후 보여줄 맛 선호에 영향을 미칠 것이다.
  b. 1세가 되면, 영아는 정기적으로 듣지 못한 비슷한 소리들 간의 차이를 구별할 수 없다.
  c. 임산부가 특정 민감기에 자궁이 수축되면 바이러스가 태아 발달에 손상을 줄 수 있다.
  d. 11~12세 이상 아동이 새 언어능력을 얻는 것은 어린 아동들에 비해 더 어렵다.

3. 후성유전학이라는 새로운 분야는 아동의 환경이 유전자 발현에 영향을 줄 수 있는 방식에 대해 설명하는 것을 도왔다. 다음 중 이 상호작용의 예는 무엇인가?
  a. 특정 유형의 뇌손상을 가진 아동은 IQ검사에서 특정 연령에 이를 때까지 다른 아동들과 동등하다가, 그 시점을 지나면 뒤로 떨어질 것이다.
  b. 11~12세 이상 아동이 새 언어능력을 얻는 것은 어린 아동들에 비해 더 어렵다.
  c. 한 감각(예 : 시각)의 능력을 잃은 아동은 다른 감각의 향상된 능력으로 보상될 것이다.
  d. 자녀의 영아기에 어머니가 경험한 스트레스의 양은 자녀의 나중의 삶에서 스트레스에 대한 반응을 조절하는 능력에 영향을 줄 수 있다.

4. 선호하는 것 보기, 자기주도 활동, 자기사회화, 심지어 영아가 부모에게 반응하는 양식 등은 모두 _____의 예이다.
  a. 스스로의 발달에서 아동들이 하는 능동적인 역할
  b. 아동발달에서 천성 대비 육성의 더 큰 영향력
  c. 발달이 비연속적인 방식
  d. 사회문화적 맥락이 발달을 조성하는 방식

5. 다음 중 어느 것이 능동적인 아동을 주제로 한 예인가?
  a. 평균적으로 IQ점수의 안정성은 나이와 함께 증가하는 경향이다.
  b. 임신 중 어느 시점에서 어머니가 겪은 정기적 식량부족 같은 스트레스 경험은 그 자녀의 향후 신체발달에 영향을 줄 것이다.
  c. 어떤 맥락에서는 전조작기 추론을 보이는 아동이 다른 맥락에서는 또한 구체적 조작기 추론을 보일 수 있다.
  d. 자신의 정서를 더 잘 조절할 수 있는 아동은 그렇지 못한 또래들에 비해서 사회적으로 더 유능하고, 그래서 다른 사람들로부터 더 긍정적인 반응을 유발하는 경향이 있다.

6. Piaget의 인지발달 이론, Freud의 심리성적 발달 이론, Erikson의 심리사회적 발달 이론은 모두 _____의 예들이다.
  a. 사회학습 이론
  b. 발달에 대한 단계 접근법
  c. 발달에 대한 경험론적 관점에 근거한 이론
  d. 아동발달에 대한 생선천론 관점에 근거한 이론

7. 영아의 어머니에 대한 애착은 가정환경에서 심한 혼란이 없다면 장기적인 안정을 신뢰성 있게 예측할 수 있다. 이 예는 _____을(를) 예시하고 있다.
  a. 개인차에 대한 유전적 영향의 정도는 시간이 흐름에 따라 감소하는 경향
  b. 개인차에서의 연속성이 어떻게 환경에서의 연속성에 의해

영향받는지

c. 사회문화적 차이가 인지발달에 영향을 미치는 방식

d. 아동발달에서 영역 특정적 학습기제의 역할

8. 다음 중 발달의 연속성과 비연속성에 대해 핵심적으로 정확히 이해한 표현은 무엇인가?

a. 현재 아동심리학자들은 일반적으로 대부분 특질들의 발달은 비연속적인 양식으로 발생한다고 믿고 있다.

b. 심리적 특성에서의 개인차가 시간의 흐름에 따라 안정성을 보이는 것은 거의 없다.

c. Piaget와 Erikson 같은 초기 행동심리학자들의 이론과 달리, 발달 과정은 상당한 연속성을 거의 보여주지 못한다.

d. 주어진 발달 특성의 명백한 연속성 또는 비연속성은 그것이 고려되는 기간에 달려 있다.

9. 글짓기를 하기 전에, 한 아동은 우선 독자들이 그 주제에 대해 이미 알고 있는 것들을 고려한다. 이 예는 네 가지 일반적 정보 처리 기제 중 어느 것을 말하는 것인가?

a. 전략 형성   b. 기본적 처리

c. 상위인지   d. 내용지식

10. 다음 중 아동의 인지능력 발달에 대해서 틀리게 말한 것은 무엇인가?

a. 주어진 분야에서 아동의 내용지식은 성인의 일반적인 지적 능력보다 우월할 수 있다.

b. 통계학습은 아동기 중기에 나타나는데, 아동이 기본적인 수학 특성을 이해한 다음이다.

c. 기본적 인과관계의 이해는 아동들이 아주 다양한 관찰에 대한 설명을 추론하게 해준다.

d. 목표달성을 위한 다중전략 지식은 향후 아동들이 직면할 다른 문제나 상황에 적응하는 데 도움이 된다.

11. 영아의 운동발달을 강하게 격려하는 아프리카 종족에서 자라는 영아들은 미국의 영아들에 비해 더 일찍 걷고, 다른 운동 이정표에 더 일찍 도달하는 경향이다. 이는 발달에서 _____ 효과의 예이다.

a. 변화기제   b. 역사적 변화

c. 비연속성   d. 사회문화적 맥락

12. 다음 중 인구통계적 변수들(성별, 인종, 민족, SES)이 발달 연구자들에게 특히 유용한 이유가 아닌 것은 무엇인가?

a. 이 변수들 각각은 다른 다양한 개인차와 직접적으로 관련된다.

b. 이 변수들은 시간의 흐름에도 안정적으로 남아 있는 경향이 있다.

c. 이 변수들은 일부 미래의 결과들에 대한 신뢰성 있는 예측자라고 알려졌다.

d. 이 변수들은 환경적 요인들에 의해 영향을 받지 않는 경향이 있다.

13. 다음 진술 중 Piaget 이론이 아동 교육에 중요하게 기여한 것은 무엇인가?

a. Piaget는 아동의 유전자와 환경 간의 상호작용을 기술하는 데 도움을 주었다.

b. Piaget 이론은 학습 과정에서 아동의 능동적인 참여의 중요성을 강조했다.

c. Piaget는 아동의 학습에서 문화적 영향이 하는 역할에 관심을 돌렸다.

d. Piaget는 인지발달이 일련의 단계들보다는 연속적인 과정이라고 설명했다.

14. 습관화는 아동이 반복적인 자극에 친숙해지는 학습 과정이다. 이 과정은 아동으로 하여금 새로운 자극을 찾도록 동기화할 수 있다. 아동발달에서 행동기제의 역할을 예시하는 외에, 이 예는 또한 아동발달의 어떤 다른 주제를 보여주는가?

a. 개인의 발달에 대한 사회문화적 맥락

b. 능동적인 아동의 역할

c. 시간에 따른 변화의 비연속성

d. 육성보다 큰 천성의 영향

15. 다음 진술문이 의미하는 것은 무엇인가? "개인차는 무선적으로 분포되지 않는다."

a. 발달의 한 영역에서 아동의 성취는 또 하나의 관련 영역에서 그의 성취를 예측한다.

b. 한 아동의 유전자형은 항상 환경요인보다 더 강력하게 아동의 결과에 영향을 미친다.

c. 각 개인 아동은 다른 모든 아동들과 다르다.

d. 한 지능 측정에서 한 아동의 성취는 또 하나의 측정에서 그의 성취를 예측하지 못한다.

비판적 사고 질문

1. 아동들의 어떤 자질이 다른 사람들이 그들에게 행동하는 방식에 영향을 미치며, 이 행동이 그들의 발달에 어떻게 영향을 미치는가?

2. 개인차는 시간이 지남에 따라 어느 정도의 안정성을 보여준다. 유전자와 환경은 어떻게 이 안정성에 기여하는가?

3. 다른 사회보다 더 발전된 사회 — 예를 들어 일본보다 미국 — 에서 성장하는 것이 어떻게 아동발달에 영향을 줄 것으로 예상되는가?

4. 지난 세기 동안 미국에서 일어난 변화는 어떻게 아동들의 발달에 영향을 미쳤는가? 아동들에 대한 변화의 전반적인 효과는 주로 유익했는가, 아니면 주로 해로웠는가?

5. 이 책에서 읽은 바 있는 어떤 연구 결과가 여러분을 가장 놀라게 했는가? 여러분이 믿지 않는 결과나 결론이 있었는가?

6. 이 과정에서 여러분이 배운 어떤 실용적인 교훈이 여러분이 자녀를 키우는 방법에 영향을 줄 것이라고 생각하는가?

연습문제 정답

1. c, 2. c, 3. d, 4. a, 5. d, 6. b, 7. b, 8. d, 9. c, 10. b, 11. d, 12. d, 13. b, 14. b, 15. a

용어해설

ㄱ

가상 놀이 아동들이 마치 실제와는 다른 상황에 있는 것처럼 행동하며 새로운 상징적 관계를 창조하는 가장 활동

가설 현상이나 관계의 존재 또는 부재에 대한 검증 가능한 예언

가소성 경험에 의해 영향을 받는 뇌의 역량

가시 뉴런의 수상돌기 위에 형성된다. 수상돌기가 다른 뉴런들과의 연결을 이루는 역량을 증가시킨다.

가족구조 한 가구에서 사는 사람들의 수와 그들 간의 관계

가족역동 가족 구성원들이 다양한 관계 속에서 상호작용하는 방식, 어머니와 각 자녀, 아버지와 각 자녀, 어머니와 아버지, 형제들끼리

각인 어떤 종의 조류나 포유류의 새끼들은 그 종의 성체 구성원(대개 어미)에게 달라붙고 뒤따르는 학습의 형태

간헐적 강화 타인의 행동에 대한 불연속적인 반응. 예를 들면 허용되지 않는 행동을 때로 처벌하고 때로 무시하는 것

감각 감각기관(눈, 귀, 피부 등)의 감각수용기와 뇌에서 외부 세계의 기본 정보를 처리하는 과정

감각운동기 Piaget의 이론에서 지능이 감각과 운동능력으로 표현되는 시기(출생부터 2세)

감수분열 생식세포를 생산하는 세포분열

감싸기 많은 문화에서 사용되는 달래기 기법으로서 아기를 천이나 담요로 단단히 감싼다.

개념들 어떤 점에서 유사한 대상, 사상, 질 또는 추상화들을 함께 집단화하는 데 사용될 수 있는 이해나 생각

개인적 우화 청소년의 자아중심성 형태. 자신의 감정과 생각들의 독특함에 대한 신념

개인적 판단 개인적 선호가 주요 고려사항인 행동에 관련된 결정

갱 느슨하게 조직된 청소년 또는 초기 성인들의 집단으로 종종 불법적인 활동에 개입한다.

거부된 (또래 지위) 소수의 또래들이 좋아하고 많은 또래들이 싫어하는 아동이나 청소년을 지칭하는 사회측정적 지위의 한 범주

거시체계 생물생태학 모델에서 다른 체계들이 포함되어 있는 더 큰 문화적 및 사회적 맥락

거짓믿음 문제들 타인의 믿음이 정확하지 않다는 것을 아동이 알 때도 타인들은 그들 자신들의 믿음에 따라 행동할 것임을 아동이 이해하는지를 검사하는 과제

걷기 반사 신생아들이 마치 걷는 것처럼 처음에는 한 발을 그다음에는 다른 발을 들어 올리는 반사

검사-재검사 신뢰도 한 참가자의 수행이 2번 이상의 경우에서 비슷한 정도

게놈 각 개인의 완전한 유전 정보 세트

결정성 지능 세상에 대한 사실적 지식

경험-예정적 가소성 상당히 정상적인 환경 안에 사는 모든 인간이 갖게 될 경험의 결과로 뇌의 정상적인 배선이 생기는 과정

경험-의존적 가소성 개인의 경험의 함수로 일생을 통해 만들어지고 재조직화되는 신경연결이 이루어지는 과정

계산전략 더 큰 덧셈수에서부터 더 작은 덧셈수가 가리키는 것만큼 더 셈하는 전략

계통발생적 연속성 공통적인 우리의 진화역사 때문에, 인간은 다른 동물들, 특히 포유동물과 많은 특성들, 행동, 발달 과정들을 공유한다는 견해

고전적 조건형성 처음에는 중성적인 자극과 언제나 특정 반사적 반응을 유발하는 자극을 연합하는 것으로 이루어진 학습의 한 형태

공격 타인을 해치거나 상처를 입히려는 의도의 행동

공격적인 거부된 (또래 지위) 사회측정적 지위의 한 범주로 특별히 신체적 공격성, 파괴적 행동, 비행, 그리고 적대감과 타인에 대한 위협 같은 부정적 행동을 저지르기 쉬운 아동들을 말한다.

공동조절 아동이 자신의 고통을 줄이도록 돕기 위해 양육자가 필요한 위안을 주거나 주의를 산만하게 하는 과정

공동주의 사회적 파트너들이 외적 환경 속의 동일한 참조물에 의도적으

로 집중하는 과정

과잉규칙화 아동이 단어의 불규칙 형태를 규칙인 것처럼 취급하는 발화의 오류

과잉확장 적절한 것보다 더 광범위하게 단어를 사용함

과제 분석 어떤 문제에 대해 목표와 환경에서의 유관 정보, 그리고 잠재적 처리전략들을 규명하는 연구 기법

과학적 방법 질문을 선택하고, 가설을 설정하고, 그 가설을 검증하고, 결론을 내는 신념을 시험하는 접근법

관계적 공격성 타인을 사회적 집단에서 제외하거나 타인의 관계에 해를 주는 것을 포함하는 종류의 공격성. 또래에 대한 나쁜 소문을 퍼뜨리거나 해를 주기 위해 우정을 철회하거나 화가 나거나 좌절했을 때 또래를 무시하거나 멋대로 하는 행위들이 속한다.

관찰학습 타인들과 그들의 행동 결과를 관찰함으로써 학습

교세포 뇌에 있는 세포로 다양한 핵심 지원기능을 제공함

교차 DNA의 부분들이 한 염색체에서 다른 염색체로 위치가 바뀌는 과정. 교차는 개인들 간의 변산성을 향상시킨다.

교차성 성, 인종, 민족성, 성적 지향 및 계층 같은 사회적 정체성들의 상호 연결성. 특히 중복되는 동일시 경험들과 관련 있다.

구강기 Freud 이론의 첫 번째 단계로서 첫해에 나타내며, 만족과 쾌락의 일차적 원천은 구강 활동이다.

구성주의 영아들이 초보적인 선천적 지식과 후속의 경험을 결합하여 점점 더 진보된 이해를 구축한다는 이론

구조화된 관찰 각 참가자에게 동일한 상황을 제시하고 그 행동을 녹화하는 방법

구조화된 면접 모든 참가자들이 똑같은 질문을 받고 그에 대답하는 연구절차

구체적 조작기 Piaget의 이론에서 아동이 구체적 사물과 사건에 대해 논리적으로 사고할 수 있게 되는 시기(7~12세)

권위적 양육 매우 요구적이지만 또한 지지적인 양육 유형이다. 권위적인 부모는 자녀에게 명확한 기준과 한계를 설정하고, 강요하는 것에 대해 확고하다. 이와 동시에, 그 한계 내에서는 상당한 자율성을 자녀에게 허용하며 자녀의 관심과 요구에 주의를 기울이고 자녀의 관점을 존중하고 고려해준다.

급속안구운동(REM) 수면 눈꺼풀이 덮인 아래서 빠르고 격한 눈 움직임이 특징인 활동적인 수면상태이며 성인에서는 꿈과 관련된다.

기능주의자 조망 Campos 등이 제안한 정서 이론. 정서의 기본 기능은 목표를 성취하려는 행동을 촉진하는 것이다. 이 관점에서 정서는 서로 구분되지 않으며 사회환경에 기초해서 어느 정도 다르다.

기대의 위배 영아들이 알고 있거나 진실이라고 간주하는 어떤 것을 위배하면 놀라거나 혹은 흥미를 보이는 사상들을 보여주는, 영아 인지 연구에 사용되는 절차

기본 과정들 가장 간단하고 빈번하게 사용되는 정신 활동들

기본 수준 범주 위계 속에서 중간 수준이며 가장 먼저 학습하는 수준. 예를 들어 동물/개/푸들 중에서 '개'의 수준

기질 정서, 활동 수준 및 주의의 개인차로서, 여러 맥락들에서 나타나고 영아기부터 존재하며 따라서 유전적 기초가 있는 것으로 여겨진다.

기형유발요인 태내발달 동안에 손상 또는 죽음의 원인이 될 수 있는 외부요인

기회 구조 생물생태학적 모델에서 거시체계가 제공하는 경제적 및 사회적 자원들과 그런 자원들에 대한 사람들의 이해

ㄴ

난독증 정상지능임에도 불구하고 읽기와 철자 쓰기를 잘하지 못하는 무능력함

남근기 Freud 이론의 세 번째 단계로서 3~6세 동안 지속되며, 성적 쾌락은 생식기에 집중된다.

낯선 상황 일차 양육자에 대한 영아의 애착을 평가하기 위해 Mary Ainsworth가 개발한 절차

내면화 타인의 속성, 신념 및 기준을 자신의 것으로 채택하는 과정

내재화 아동이 바람직한 행동을 학습했고 받아들였기 때문에 아동의 행동 변화를 영속적으로 이끄는 효과적인 훈육

내적 작동모델 양육자들과 경험의 결과로 구성된 자기, 애착 인물들 및 일반적인 관계들에 대한 심적 표상. 작동모델은 영아나 더 나이 든 아동들이 양육자들이나 다른 사람들과 하는 상호작용을 안내함

내적 타당도 실험에서 관찰된 효과가 연구자가 시험하는 요인에 귀인될 수 있는 정도

내적표현형 중간 표현형으로 뇌와 신경계를 포함한다. 외현적 행동은 포함하지 않는다.

내집단 동화 개인들이 내집단을 정의하는 특징들을 보여주는 집단의 규준에 순응하도록 사회화하는 과정

내집단 편향 내집단의 사람이나 특징들을 외집단의 것보다 우월한 것으로 평가하는 경향성

논란의 (또래 지위) 사회측정적 지위의 한 범주로 또래의 일부가 좋아하지만 다른 일부는 싫어하는 아동이나 청소년을 말함

뇌량 두 반구가 소통할 수 있게 해주는 밀도가 높은 신경섬유로 이루어진 경로

누적 위험 발달기간 동안에 걸쳐 불리한 점들을 축적한 것

뉴런 뇌 자체뿐만 아니라 뇌와 몸의 모든 부분 사이의 메시지를 주고받는 일에 전문화되어 있는 세포들

ㄷ

다요인적 유전적 요인과 마찬가지로 많은 환경적 요인들에 의해 영향을 받는 특질을 나타낸다.

다중결과 어떤 위험요인들이 항상 한 가지 정신장애로 이끈 것은 아니라는 개념

다중유전자 유전 특질들이 하나 이상의 유전자에 의해 지배되는 유전

다중지능 이론 사람들은 적어도 8개 유형의 지능을 갖고 있다는 관점에 근거한 Gardner의 지능 이론

단계 이론 발달이 일련의 큰, 비연속적인, 연령 관련 국면을 포함한다고 주장하는 접근법

단안 깊이 단서(또는 회화적 단서) (상대적 크기와 중첩과 같은) 한 눈만으로 지각할 수 있는 깊이에 대한 지각적 단서들

단어 분절 유창한 말소리 속에서 단어들이 어디서 시작하고 어디서 끝나는지를 발견하는 과정

단원성 가설 인간의 뇌가 다른 인지적 기능과는 별개로 타고난 자기충족적인 언어 단원을 가지고 있다는 주장

담화 이야기의 기본 구조를 가진 과거 사건에 대한 기술

대뇌반구 2개의 피질 반구들. 대부분 몸의 한쪽 편에서 들어온 감각입력은 반대편 뇌로 간다.

대뇌 편재화 다른 양식의 처리에 대한 뇌반구들의 전문화

대뇌피질 특히 인간적인 기능(보고 들은 것에서부터 느껴진 감정을 쓰는 것까지)으로 생각되는 것에서 주된 역할을 하는 뇌의 '회백질'

대립형질 한 유전자의 2개 또는 그 이상의 다른 형태

대비 민감도 시각적 패턴에서 명암의 차이를 지각하는 능력

대상 교체 예를 들어 빗자루를 말로 표상하는 것처럼 대상을 그것이 아닌 다른 대상인 것처럼 사용하는 가장의 한 형태

대상 분리 시각 배열에서 분리된 대상의 식별

대상영속성 사물이 시야에서 사라졌을 때에도 여전히 존재한다는 지식

도구적 공격 구체적 목표를 획득하려는 바람이 동기인 공격

도구적 조건형성(조작적 조건화) 자기 자신의 행동과 그것이 일으키는 결과 사이의 관계를 학습

도덕적 판단 옳고 그름, 공정성 및 정의의 이슈들과 관련된 결정

도발적 공격 욕구나 소망을 충족하려는 목표의 비정서적 공격

독립변수 실험집단 참가자들은 경험하지만 통제집단 참가자들은 경험하지 않는 경험

독성 스트레스 스트레스의 효과를 완화하는 데 도움을 주는 성인의 지원이 없는 압도적인 수준의 스트레스 경험

독재적 양육 매우 요구적이며 비반응적인 양육 유형이다. 독재적 부모는 자녀의 요구에 비반응적이며, 권력행사 및 위협과 벌의 사용을 통해 부모의 요구를 강제하는 경향이 있다. 독재적 부모는 복종과 권위를 지향하며, 자녀들이 질문이나 설명 없이 부모의 요구에 순종하기를 기대한다.

돌연변이 DNA의 한 부분에서 일어나는 변화

동아리 유사한 정형화된 명성을 가진 사람들의 집단

동일결과 여러 원인이 동일한 정신장애로 이끌 수 있다는 개념

동형접합적 한 특질에 대해 2개의 동일한 대립유전자를 갖는 것

동화 새로운 정보를 자신들이 이미 알고 있는 개념에 맞는 형태로 바꾸는 과정

두미발달 머리 근처의 영역이 머리에서 더 먼 영역보다 먼저 발달하는 성장 패턴

두정엽 감각입력을 기억에 저장된 정보와 통합하는 것과 마찬가지로 공간적 처리를 통제한다.

또래 서로 관계되지는 않지만 나이와 사회적 위치가 비슷한 사람들

ㅁ

마음 이론 의도, 욕망, 믿음, 지각, 그리고 정서와 같은 정신적 과정이 행동에 영향을 주는 방법에 대한 조직적인 이해

마음 이론 모듈 타인에 대한 이해를 전담하는 가상의 뇌 기제

메틸화 생화학적 과정으로서 유전자의 활동과 발현을 억제해 행동에 영향을 줌

몸짓-말소리 불일치 손 움직임과 언어적 표현이 다른 생각을 전달하는 현상

무선할당 실험 내에서 각 참가자가 각 집단에 할당될 확률이 동등한 절차

무시된 (또래 지위) 사회측정적 지위의 한 범주로 또래들이 좋아하거나 싫어하는 것으로 잘 지명하지 않는 아동이나 청소년을 말함. 이들은 단순히 또래들의 주목을 끌지 않는다.

무조건 반응 고전적 조건형성에서 무조건 자극에 의해 유발되는 반사적 반응

무조건 자극 고전적 조건형성에서 반사적 반응을 유발하는 자극

문제 해결 장애물을 극복하는 전략을 사용하여 목표를 달성하는 과정

문화적 도구 사고를 증진시키는 인간 독창력의 수많은 산물들

미숙아 수정 후 37주나 그 이전에 태어난 아기(38주를 채운 정상아에 대비해서)

미시발생적 설계 동일한 참가자들이 짧은 기간에 걸쳐 반복 연구되는 연구방법

미시체계 생물생태학 모델에서 개별 아동이 개인적으로 경험하고 참여하는 직접적 환경

민감기 발달하는 유기체가 외부 요인의 영향에 매우 민감한 시기. 태내적으로 민감기는 태아가 기형유발요인의 해로움에 대해 최대한으로 민

감할 때이다.

민족 및 인종 정체성 개인이 자신이 속한 민족이나 인종집단에 대해 갖는 신념과 태도

ㅂ

반사 특정 자극에 대한 반응으로 나타나는 선천적이고 고정된 행동의 패턴들

반사회적 행동 사회적 규준이나 규칙들을 위반하고 타인을 해치거나 이용하려는 파괴적, 적대적, 혹은 공격적인 행동들

반응규준 유전자형이 생존하고 발달할 수 있는 모든 환경과의 관계 안에서 주어진 유전자형이 이론적으로 만들어내는 결과가 될 수 있는 모든 표현형

반응적 공격 타인들의 동기가 적대적이라는 지각에 의해 촉발된 정서에 기반한 적대적 공격

발달적 탄력성 중다적이고 보기에 압도적인 발달 위험에도 불구하고 성공적인 발달

방임적 양육 자녀에 대한 요구성과 반응성이 둘 다 낮다. 즉 이 유형의 부모는 일반적으로 풀려 있다.

배아 태내발달에서 3~8주 사이에 발달하는 유기체에 붙인 이름

배아줄기세포 어떤 유형의 체세포로도 발달할 수 있는 배아세포

벌 어떤 행동이 다시 일어날 가능성을 줄이기 위해 그 행동에 뒤따르는 부정적인 자극

범주 위계 동물/개/푸들처럼 집합과 부분 집합의 관계로 구성되는 범주

범주적 지각 말소리들이 별개의 범주들에 속하는 것으로 지각함

변수 연령, 성, 인기 등과 같이 개인과 상황에 따라 달라지는 속성들

별개 정서 이론 Tomkins, Izard 등이 주장한 정서 이론. 정서는 타고난 것이고 생의 초기부터 서로 구분되고, 각 정서는 특정하고 구분되는 신체 및 얼굴 반응들의 세트로 함께 묶여 있다.

보유유전자 검사 예비부모가 특정 병의 보인자인지 결정하기 위해 사용하는 유전 검사

보존 개념 사물의 외관만을 변화시키는 것이 반드시 다른 주요 특성들을 변화시키지는 않는다는 생각

보편 문법 모든 언어에 공통적인 매우 추상적이고 무의식적인 규칙들의 제안된 세트

본질/무기력 지향 성공과 실패를 자신의 영속적인 측면에 귀인하고 실패하면 포기하는 일반적인 경향성

본질 이론 사람의 지능은 고정되고 바뀔 수 없다는 이론

본질주의 생물은 그들을 그들답게 만드는 본질을 내부에 가지고 있다는 견해

부모 민감성 아동들이 지원이 필요하거나 고통스러워할 때, 아동에게 온정을 표현하고 유관적 반응을 하는 양육 행동

부모-자녀 상호작용의 양방향성 부모와 그 자녀는 서로가 서로의 특성과 행동으로 인해 영향 받는다는 생각

부모투자 이론 부모가 자손에 대한 광범위한 투자를 포함하는 부모 행동의 많은 측면들의 진화적 기초를 강조하는 이론

부호화 주의를 끌거나 중요하게 생각되는 정보를 기억에 표상하는 과정

분리불안 아동들, 특히 유아와 걸음마기 아이들이 정서적으로 애착된 개인들과 분리되거나 분리될 것이 예상될 때 경험하는 고통의 감정

분포적 특성들 어떤 언어에서든 어떤 소리들이 다른 소리들에 비해 더 자주 함께 나타나는 현상

분화 지속적으로 변화하는 환경 속의 자극과 사건 속에서 요소들 간의 불변이거나 안정적인, 즉 일정한 관계를 추출하는 것

불안장애 두려움이나 걱정을 조절하지 못하는 것을 포함한 정신장애들의 세트

불안전 애착 영아나 어린 아동들이 안전 애착된 아동들보다 양육자와 덜 긍정적인 애착을 형성하는 애착패턴. 불안전 애착된 아동들은 불안전/저항(양가적), 불안전/회피, 혹은 해체/혼란으로 분류될 수 있다.

불안전/저항(혹은 양가적) 애착 영아나 어린 아동들이 환경을 탐색하기보다 양육자에게 매달리고 가까이 머무는 불안전 애착의 유형. 낯선 상황에서, 불안전/저항 영아들은 자신을 방에 혼자 남겨두고 양육자가 떠날 때 매우 당황한다. 양육자가 돌아오면, 그들은 쉽게 달래지지 않고 위안을 찾는 행동과 달래려는 양육자에게 저항하는 행동 모두를 보인다.

불안전/회피 애착 영아나 어린 아동이 양육자에게 다소 무관심하고 양육자를 피하기도 하는 불안전 애착 유형. 낯선 상황에서, 양육자가 방을 떠나기 전에 양육자에게 무관심한 듯하고, 양육자가 돌아와도 무관심하거나 피한다. 영아가 혼자 남겨져서 혼란스러울 때 부모만큼 쉽게 낯선 사람이 영아를 달랠 수 있다.

비교행동학 진화에 기초한 행동 연구

비연속적 발달 애벌레에서 고치를 거쳐 나비로 변화하듯이 가끔씩 있는 큰 변화가 연령과 함께 나타난다는 아이디어

빠른 대응 단순하게 친숙한 단어와 비친숙한 단어의 대조적인 사용을 들은 뒤에 새로운 단어의 의미를 빠르게 학습하는 과정

뻗기 전 운동 어린 영아들이 눈에 보이는 사물의 주변을 향해 서툴게 손을 휘두르는 움직임

人

사건 관련 전위(ERPs) 특정 자극이 제시된 것에 대한 반응으로 생기는 뇌의 전기적 활동에서의 변화

사이버 괴롭힘 메시지, 이메일, 웹사이트, 비디오, 당혹스러운 사진, 거짓 프로필과 같은 기술을 이용하여 어떤 사람을 화나게 하거나 괴롭힘

사적 언어 Vygotsky의 사고의 내면화 단계 중 두 번째 단계. 아동은 첫 번째 단계에서 부모가 자신에게 했던 것처럼 무엇을 할지 스스로에게 말하면서 자기조절과 문제 해결 능력을 발달시킨다.

사정능력 사정하는 능력의 시작

사춘기 생식능력과 다른 극적인 신체 변화들이 특징인 발달 시기

사회경제적 지위 소득과 교육수준에 근거하여 측정된 사회계층

사회-관습적 판단 사회적 협동과 사회적 조직을 보호하려는 의도의 관습이나 조절에 관련된 결정

사회극 놀이 '아기를 보는 엄마'처럼 아동이 다른 아동이나 성인들과 함께 작은 드라마를 연기하는 활동

사회문화적 맥락 아동의 환경을 구성하는 물리적, 사회적, 문화적, 경제적, 역사적 상황

사회문화적 이론들 아동의 발달에 타인과 주변 문화가 중요하게 공헌한다는 것을 강조하는 접근들

사회적 괴롭힘 의도적으로 어떤 사람을 대화나 활동에서 제외시키거나 나쁜 소문을 퍼뜨리거나 친구로 대하지 않음

사회적 미소 사람들을 향한 미소. 생후 6, 7주에 처음 등장한다.

사회적 비계 아동 혼자서 가능한 것보다 더 높은 수준의 사고를 지원하기 위해 더욱 유능한 사람이 일시적인 틀을 제공하는 과정

사회적 비교 자신을 평가하기 위해 자신의 심리적, 행동적, 신체적 기능을 타인들의 것과 비교하는 과정

사회적 유능성 타인들과 긍정적 관계를 유지하는 동시에 사회적 상호작용에서 개인적 목표들을 성취하는 능력

사회적 참조 낯설거나 애매하거나 위협 가능성이 있는 상황을 어떻게 다룰지를 결정하기 위해 부모 혹은 다른 성인의 얼굴표정이나 목소리 단서를 사용

사회측정적 지위 또래집단이 각 아동을 좋아하거나 싫어하는 정도를 반영하는 측정

사회화 아동이 그가 속한 특정 문화에서 현재와 미래의 역할에 적합하다고 간주되는 가치, 기준, 기술, 지식, 행동을 획득하는 과정

산출 언어에 관해서 타인에게 말하는 것(혹은 글자를 쓰거나 수화를 하는 것)

산통 분명한 이유 없이 과도한, 달래기 어려운 어린 영아의 울음

상관관계 2개 변수들 간의 관련성

상관 설계 2개의 변수들이 어떻게 서로 관련되는지를 알아보기 위한 연구

상상의 청중 청소년의 자아중심성에서 나온 것으로, 모든 사람이 청소년의 외모나 행동을 주목한다는 신념

상식심리학 타인과 자신에 대한 상식 수준의 이해

상위분석 각각의 독립된 연구 결과들을 결합하여 그것들 모두에 근거한 결론에 이르는 방법

상위 수준 범주 위계 속에서 일반적인 수준. 예를 들어 동물/개/푸들 중에서 '동물'의 수준

상징들 우리들의 사고, 감정, 그리고 지식을 표상하고 이를 타인과 소통하기 위해 사용하는 체계

상징적 표상 한 사물을 나타내기 위해 다른 사물을 사용함

상태 깊은 수면에서 강렬한 활동에 이르는 환경에서의 각성과 참여 수준

상호 결정주의 아동-환경 영향이 양방향으로 작용한다는 Bandura의 개념. 환경은 아동에게 영향을 미치고 아동들은 환경에 영향을 미친다.

상호주관성 의사소통 동안 사람들이 공유하는 상호 이해

생산성 인간의 어휘 중 한정된 세트의 단어와 형태소를 사용하여 무한한 수의 문장을 만들고 무한한 수의 아이디어를 표현할 수 있다는 생각

생식기 Freud의 다섯 번째 단계로서 청소년기에 시작되며, 성적 성숙이 완성되고 성관계가 주요 목표이다.

생식세포(성세포) 난자와 정자를 말하며, 이 세포는 다른 세포들에서 발견되는 유전물질의 단지 반만을 포함하고 있다.

선천론 영아들이 진화적으로 중요한 영역의 타고난 지식을 상당히 가지고 있다는 이론

선천적 부신 과형성 태내발달 동안 부신이 높은 수준의 안드로겐을 생성하는 상태. 때로 유전적 여성에서 외부 생식기의 남성화와 연합되고 때로 유전적 여성에서 높은 비율의 남성에 정형화된 놀이와 연합된다.

선택적 주의 현재의 목표와 가장 관계되는 정보에 의도적으로 주의를 집중하는 과정

선호적 보기 기법 영아의 시각적 주의를 연구하는 방법으로 영아가 둘 중 하나를 더 선호하는지를 알기 위해 2개의 패턴이나 2개의 대상을 동시에 보여준다.

설문지 구조화된 면접과 유사한 방법으로서 대상자에게 동일한 질문을 제시해 대규모 참가자들로부터 동시에 정보를 얻는 방법

성 여성이나 남성(둘 다 아니거나 다른 범주)으로서 사회적 배정이나 사회적 범주화

성감대 Freud의 이론에서, 연속적인 발달 단계들에서 성적으로 민감하게 되는 신체 부위

성공지능 이론 지능은 삶에서 성공을 이루는 능력이라는 관점에 근거한 Sternberg의 지능 이론

성 도식 성 고정관념을 포함해서 성에 대한 조직화된 심적 표상들(개념, 신념, 기억)

성 도식 여과기   정보가 자신의 성과 관련 있는지에 대한 초기 평가

성별   유전적 여성(XX)과 유전적 남성(XY) 간 구분

성 분리   동성 또래들과 연합하고 이성 또래들을 피하는 아동들의 경향성

성 불쾌감증   출생 시에 그들에게 부여된 성에 동일시하지 못하기 때문에 고통을 겪는 아동들에 대한 DSM-5의 정신질환 진단

성 안정성   성은 시간이 지나도 동일하게 유지된다는 인식

성역할 강화   청소년기 동안 전통적 성역할들을 고수하는 것에 대한 높은 관심

성역할 유연성   사회적 관습으로서 성역할에 대한 인식과 유연한 태도와 흥미의 선택

성염색체   개인의 성을 결정하는 염색체들(X와 Y)

성 유형화   성 사회화의 과정

성 유형화된   어떤 개인의 성에 정형화되거나 기대되는 행동들

성장실패   영아가 영양결핍이 되고 분명한 의학적 이유 없이 몸무게가 늘지 않는 병

성적 소수 청소년   동성에게 끌리는 젊은 사람들

성적 정체성   성적인 존재로서 자신에 대한 인식

성적 지향   성적 감정의 대상으로서 남성이나 여성에 대한 개인의 선호

성 정체성   남아나 여아로서 자기 동일시

성증발생   사춘기의 가시적 징후들이 등장하기 전 시기로, 이 시기 동안 부신이 성숙하는데, 성 스테로이드 호르몬의 주요 원천이며 성적 끌림의 시작과 상관있다.

성취동기   아동들이 자신의 능력을 향상하고 새로운 자료를 습득하려고 하는 학습 목표들에 의해 동기화되는지 혹은 자신의 능력에 대한 긍정적인 평가를 받거나 부정적인 평가를 피하려는 수행 목표에 의해 동기화되는지를 말함

성 항상성   사람의 외모나 행동에서 피상적인 변화에도 불구하고 성은 변치 않는다는 인식

세포소멸   유전적으로 프로그램된 세포 사망

세포체   뉴런이 기능하게 해주는 기본적 생물학적 물질을 포함하는 뉴런의 요소

수상돌기   다른 세포들로부터 입력을 받아들여서 그것을 전기충격의 형태로 세포체로 전달하는 신경섬유

수적인 동등   N개의 대상을 가진 모든 세트는 어떤 공통점을 가짐을 이해

수정   어머니에게서 온 난자 하나와 아버지에게서 온 정자 하나가 합쳐짐

수초   몸에 있는 특정 축색 주위를 이루는 지질층으로 정보전달 속도와 효율성을 증가시킨다.

수초화   뉴런의 축색을 둘러싸는 수초(지질층)의 형성을 말하며 정보처리 속도를 빠르게 하고 정보처리능력을 증가시킨다.

수 크기 표상   더 적은-더 많은 차원을 따라 순서 지어진 수들의 크기에 대한 정신적 모델

수학적 균형   등호의 양쪽에 있는 가치는 균형을 이루어야 한다는 개념

스크립트   식당에서 식사하기, 의사와의 진료 예약하기, 보고서 쓰기 같은, 반복되는 사건을 조직하고 해석하는 데 사용되는 행동의 전형적인 순서

스트레스   환경의 어떤 변화나 위협에 대한 생리적 반응

습관화   반복되거나 연속된 자극에 대한 반응이 감소되는 형태의 단순 학습

시각기반 인출   시각적 형태에서 직접 단어의미를 처리하기

시각적 확장   대상이 점점 더 배경을 가리는 깊이 단서로 다가오고 있음을 의미한다.

시간체계   생물생태학 모델에서 다른 체계들에 영향을 미치는 역사적 변화들

시냅스   한 뉴런의 축색종말과 다른 뉴런의 수상돌기 사이의 아주 작은 접합점

시냅스 가지치기   거의 활성화되지 않는 시냅스들이 제거되는 정상적 발달 과정

시냅스 생성   뉴런이 다른 뉴런들과 시냅스를 이루는 과정으로 그 결과 수 조 개의 연결이 형성된다.

시력   시각적 변별의 예민함

시스젠더   출생 시에 부여된 성(혹은 생물학적 성별)에 동일시하는 개인들

시연   기억을 돕기 위해 정보를 여러 번 되풀이하는 과정

신경관   배아의 분화된 세포의 최상층에 형성된 홈으로서 후에 뇌와 척수가 된다.

신경생성   세포분열을 통한 뉴런의 증식

신경전달물질   가지 세포들 사이의 소통에 관여하는 화학물질

신뢰도   특정 행동에 대한 독립적인 측정이 일관적인 정도

신생아 스크리닝   유전장애와 비유전장애의 범위에 대해 알아보기 위해 신생 영아에 사용하는 검사들

신체 이미지   자신의 신체에 대한 개인의 지각과 감정들

신체적 괴롭힘   어떤 사람을 신체적으로 해치거나 해치겠다고 위협함

실험 설계   원인과 결과에 관한 추론을 이끌어내도록 허용하는 일련의 접근법

실험집단   실험 설계에서 연구자가 관심을 두는 경험을 제시받는 참가자 집단

실험통제   실험 과정 동안 참가자에게 특정한 경험을 결정하는 연구자의 능력

O

아동용 웩슬러 지능척도(WISC) 6세 이상인 아동의 지능을 측정하도록 설계된 폭넓게 사용되는 검사

아동학대 18세 이하 사람들의 안녕을 위협하는 의도적인 학대나 무시

안내된 참여 지식이 더 많은 개인이 지식이 적은 사람이 학습할 수 있도록 활동을 조직화하는 과정

안드로겐 정상적으로 여성보다 남성에서 더 높은 수준으로 발생하는 스테로이드계 호르몬이며 태내기부터 신체 발달과 기능에 영향을 미친다.

안드로겐 둔감화 증후군 태내발달 동안 유전적 남성에서 안드로겐 수용체들이 제대로 기능하지 못하는 상태이며 남성 외부 생식기의 형성을 방해한다. 이런 경우에 아동들은 여성 외부 생식기를 갖고 태어날 수 있다.

안전기지 신뢰받는 양육자의 존재는 영아나 걸음마기 유아에게 환경을 탐색할 수 있게 만드는 안전감을 줄 수 있다는 생각

안전 애착 영아나 어린 아동들이 애착인물과 긍정적이고 신뢰할 수 있는 관계를 맺는 애착패턴. 낯선 상황에서, 안전 애착된 영아는 양육자가 떠날 때 당황하지만 양육자가 돌아오는 것을 보면 고통으로부터 빠르게 회복되어 기뻐한다. 아동이 안전하게 애착되면, 그들은 양육자들을 탐색의 안전기지로 이용할 수 있다.

애착 시공간을 거쳐 유지되는 특정 사람과의 정서적 유대. 애착은 성인기에도 일어날 수 있지만, 대개 영아와 특정 양육자들 간 관계와 관련해서 논의된다.

애착 이론 John Bowlby의 작업에 기초한 이론. 아동들은 자신들의 생존기회를 높이는 수단으로 양육자에게 애착을 발달시키는 생물학적 경향이 있다고 가정함

양막 투명하고 물같은 액체로 차 있는 막으로서 태아를 둘러싸고 보호한다.

양심 자신의 문화에서 허용되는 품행 기준을 따르는 능력을 높이는 내적 조절 기제

양안 부등 각 눈에 맺히는 동일 대상의 망막 상들의 차이. 이로 인해 조금 다른 신호가 뇌로 보내진다.

양육 유형 부모-자녀 상호작용(예 : 반응성과 강제성)에 대한 정서적 분위기를 설정하는 부모의 행동과 태도

양태 간 지각 2개 혹은 그 이상의 감각 체계로부터의 정보들의 결합

언어의 결정적 시기 언어가 쉽게 발달하는 시기이며 이 시기 이후(5세부터 사춘기 사이)에는 언어 습득이 훨씬 더 힘들고 결과적으로 덜 성공적이다.

언어적 괴롭힘 어떤 사람을 모욕하거나 놀리거나 괴롭히거나 겁을 줌

엘렉트라 콤플렉스 남근기의 여아들이 아버지에 대한 허용되지 않는 낭만적 감정을 발달시키고 어머니를 라이벌로 볼 때 경험하는 갈등을 나타내는 Freud의 용어

역동적-체계 이론들 복잡한 체계 내에서 시간의 흐름에 따라 변화가 어떻게 발생하는가에 초점을 맞추는 이론들의 한 부류

역할수용 타인의 조망을 인식하고, 그럼으로써 그 사람의 행동, 사고 및 감정을 더 잘 이해함

연결주의 수많은 상호 연결된 처리 단위들의 동시적인 활성화를 강조하는 정보처리적 접근의 한 종류

연속적 발달 소나무가 세월과 함께 조금씩 커지듯이 작은 변화들이 점증적으로 나타난다는 아이디어

연합 영역 일차감각영역과 운동영역 사이에 있는 뇌 부분들로 그러한 영역들에서 들어온 정보를 처리하고 통합한다.

열성 대립유전자 만약 우성 대립유전자가 존재하면 발현되지 않는 대립유전자

염색체 유전적 정보를 전달하는 DNA의 분자들. 염색체는 DNA로 구성된다.

엽 일반적인 행동범주와 관련 있는 주된 피질 영역

영아돌연사증후군(SIDS) 확인할 수 없는 원인으로 1세 미만의 영아에게서 일어나는 급작스럽고, 예측하지 못한 죽음

영아사망 출생 후 첫해 동안의 사망

영아 지향어 성인이 아기들과 매우 어린 아동들에게 이야기할 때 사용하는 특징적인 말투

영역 특정적 특정 내용 영역에 대한 정보

오이디푸스 콤플렉스 어머니에 대한 성적 소망과 아버지의 거세 불안으로 인한 남근기의 남아들이 경험하는 갈등을 나타내는 Freud의 용어

옹알이 언어발달의 초기에 나타나는 반복적인 자음-모음의 연속('bababa'…) 또는 손의 움직임(수화 학습자의 경우)

외적 타당도 연구 결과가 그 특정 연구를 넘어 일반화될 수 있는 정도

외체계 생물생태학 모델에서 아동이 직접적으로 경험하지 않지만 아동에게 간접적으로 영향을 미칠 수 있는 환경

용량반응관계 어떤 한 요소에 노출된 영향이 노출 정도에 따라 증가하는 관계(잠재적 기형유발요인에 태아가 많이 노출될수록 그 효과가 더욱 심각해질 가능성이 커진다)

우성 대립유전자 만약 존재한다면 발현되는 대립유전자

우울증 일상의 삶을 방해하는 신체적 및 인지적 변화들과 함께 슬프거나 과민한 기분을 느끼는 정신장애

운율 체계 한 언어가 가진 특징적인 리듬, 박자, 멜로디와 억양의 패턴

원초아 정신분석 이론에서 가장 초기의, 가장 원초적인 성격구조. 무의식적이고 쾌락을 목표로 조작한다.

원추체 중심와(망막의 중심부)에 고도로 집중되어 있는 빛에 민감한 신경세포들

위축되고 거부된 (또래 지위) 사회측정적 지위의 한 범주로 사회적으로 위축되고 경계심이 많으며 종종 소심한 아동을 말함

유동성 지능 새로운 문제를 해결하기 위해 즉각적으로 생각하는 능력

유사분열 2개의 동일 딸세포로 되는 세포분열

유예 개인이 다양한 직업적 및 이데올로기적 선택을 하지만 아직 분명하게 그것들에 헌신하지 않는 시기

유전 가능 유전에 의해 영향을 받는 어떤 특성이나 특질을 나타낸다.

유전 가능성 주어진 전집의 사람들 사이에서 한 특질에 대해 측정되는 변산의 통계적 추정치. 이것은 사람들 사이의 유전적 차이로 귀인할 수 있다.

유전자 모든 생물체의 기본적 유전단위인 염색체의 부문

유전자형 한 개인이 유전받은 유전물질

육성 우리의 발달에 영향을 주는 물리적·사회적인 환경

음성 개시 시간 공기가 입술을 통과할 때부터 성대가 진동하기 시작할 때까지의 시간의 간격

음소 언어를 생산하는 데 사용되는 의미 있는 소리의 기본적인 단위들

음운발달 한 언어의 소리 체계에 대한 지식의 획득

음운인식 단어에 있는 개별 소리 요소를 확인하는 능력

음운 재부호화 기술 철자를 소리로 바꾸고 소리를 혼합해서 단어로 바꾸는 능력. 비공식적으로 소리내기라고 말함

의미발달 단어 학습을 포함하여 한 언어에서 의미를 표현하는 체계를 배우는 것

이란성 쌍생아 2개의 난자가 동시에 나팔관으로 방출되어 2개의 다른 정자에 의해 수정될 때 발생하는 쌍생아. 이란성 쌍생아는 공통 유전자의 절반만 갖고 있다.

이성에 유형화된 어떤 인물의 성과는 다른 성에 정형화되거나 기대되는 행동들

이중언어 두 언어를 사용하는 능력

이중 표상 인공물이 머릿속에서 하나는 실제 사물, 그리고 또 하나는 그 이외의 다른 어떤 것에 대한 표상으로 동시에 두 가지 방법으로 표상되어야 한다는 생각

이타적 동기 처음에는 타인에 대한 공감이나 동정심 때문에, 그리고 더 나이가 들어서는 자신의 양심과 도덕 원칙과 일치하는 방식으로 행동하려는 소망 때문에 타인을 돕는 것

이해 언어에 관해서 타인이 말하는 것(혹은 수화나 글로 쓴 것)을 이해하는 것

이해 모니터링 언어적 묘사나 글을 이해하는 경로를 유지하는 과정

이형접합적 한 특질에 대해 2개의 다른 대립유전자를 갖는 것

인과관계의 방향 문제 두 변수들 간에 상관관계가 있다는 것이 어느 한 변수가 다른 변수의 원인이라는 뜻은 아니라는 개념

인기있는 많은 아동들이 긍정적으로(좋아함)으로 평가하고 소수의 아동들이 부정적으로 평가하는 아동들이나 청소년을 가리키는 사회측정적 지위의 한 범주

인지발달 사고와 추론의 발달

일란성 쌍생아 하나의 접합체가 반으로 나뉘어 생기기 때문에 2개의 접합체가 똑같은 유전자 세트를 갖게 된 쌍생아

일차 정신능력 Thurstone이 지능에 핵심적이라고 제안한 7개 능력

임상면접 피면접자가 제공하는 응답에 따라 그에 맞춘 질문을 하는 절차

임신주수 대비 작은 아기 임신주수에 비해 정상 대비 작게 태어난 아기

입체시 양안 부등으로 인해 생기는 서로 다른 신경 신호를 시각 피질에서 결합하는 과정. 결과적으로 깊이 지각을 느끼게 된다.

ㅈ

자기개념 자기 자신에 대한 개인의 사고와 태도들로 구성된 개념 체계

자기 사회화 발달 동안 적극적 과정으로, 아동의 인지가 세상을 지각하고 자신의 기대와 신념들과 일치하게 행동하도록 이끈다.

자기 사회화 아동들이 활동 선호, 친구 선택 등을 통해 자신의 사회화에 매우 적극적인 역할을 한다는 생각

자기위로 행동 부드럽고 긍정적인 신체 감각을 느낌으로써 각성을 조절하는 반복적 행동들

자기이동 주위를 혼자 힘으로 움직일 수 있는 능력

자기주의 돌리기 자신의 각성 수준을 조절하기 위해 기분 나쁜 자극으로부터 멀리 떨어진 곳을 바라보기

자기훈육 행동을 억제하고, 규칙을 따르고, 충동적 반응을 피하는 능력

자아 정신분석 이론에서 두 번째 성격구조. 성격의 합리적, 논리적 및 문제 해결적 요소이다.

자아중심성 자기 자신의 관점으로만 세상을 지각하는 경향

자아중심적 공간 표상 주변과 관련하지 않고 자신의 신체를 중심으로 공간적 위치를 부호화

자연관찰 연구자에 의해 통제받지 않는 환경에서 진행되는 행동을 연구

자의식적 정서 자기에 대한 인식 및 우리에 대한 타인의 반응에 대한 의식과 관련된 죄책감, 수치심, 당혹감 및 자부심과 같은 정서들

자전적 기억 자신의 생각과 정서를 포함한 자기 자신에 대한 기억

자존감 자신의 가치에 대한 개인의 종합적인 주관적 평가와 그 평가에 대한 감정들

작업기억 적극적으로 정보에 주의하고 정보를 수집하고, 유지하고, 저장하고, 처리하는 기억 체계

잠재기 Freud 이론의 네 번째 단계로서 6~12세 동안 지속되며, 성적 에너지는 사회적으로 허용된 활동들로 통로를 만든다.

장기기억   오랫동안 지속되는 정보

장기추세   세대에 걸쳐 발생한 현저한 신체적 발달에서의 변화

저체중 출산(LBW)   출산 시 2,500g 미만의 몸무게로 태어남

적극적 학습   사물과 사상을 소극적으로 관찰하기보다 세상에 작용하면서 학습

적대적 귀인 편향   Dodge 이론에서, 타인들의 애매한 행동을 적대적 의도가 있는 것으로 가정하는 경향성

전두엽   행동 구조화와 관련됨. 미리 계획을 세우는 인간 능력을 맡고 있다고 생각되는 피질 영역

전략 선택 과정   문제를 해결하기 위한 여러 방법 중에서 선택하는 절차

전보적 언어   일반적으로 두 단어 발화인 아동의 첫 문장을 기술하는 용어

전조작기   Piaget의 이론에서 아동이 언어, 정신적 심상, 그리고 상징적 사고로 자신의 경험을 표상할 수 있는 시기(2~7세)

점증 이론   사람의 지능은 경험의 함수로서 증가할 수 있다는 이론

접합체   수정된 난자세포

정보처리 이론들   인지 체계의 구조와 문제 해결을 위해 주의와 기억의 배분에 사용되는 정신 활동에 집중하는 한 집단의 이론들

정상분포   점수들이 평균값 주변에 대칭적으로 위치하는 데이터 패턴. 대부분의 점수들은 평균 가까이에 있으며, 평균에서 멀어질수록 점점 더 적은 점수들이 있다.

정서   환경에 대한 신경 및 생리적 반응, 주관적 감정, 이런 감정들과 관련된 인지, 그리고 행위하려는 소망

정서 사회화   아동들이 자신들의 특정 문화에서 현재와 미래의 역할에 적절한 것으로 여겨지는 가치, 기준, 기술, 지식 및 행동을 습득하는 과정

정서 조절   정서 경험과 표현을 모니터하고 바꾸는 데 사용하는 의식적 및 무의식적 과정들의 세트

정서지능   정서에 대한 정보를 인지적으로 처리하고 사고와 행동을 안내하기 위해 그 정보를 사용하는 능력

정신건강   정서나 스트레스 수준처럼 내적인 안녕감과 가족 구성원이나 또래와의 관계와 같은 외적인 안녕감

정신 에너지   Freud의 용어. 그가 행동, 사고 및 감정들에 연료를 공급한다고 믿었던 생물학적인 본능적 추동들의 집합

정신장애   일상생활에 영향을 주는 방식으로 환경에 대한 정서적 반응 및 사회적 관계에 문제가 있는 상태

정신적 모형   상황이나 사건의 순서를 표상하는 데 사용되는 인지 과정

정적 강화   언제나 행동 뒤에 따라와서 그 행동이 반복될 가능성을 높이는 보상

정체성   집단의 구성원이 됨으로써 외적으로 주어지는 자기에 대한 묘사

정체성 대 역할 혼란   Erikson이 묘사한 청소년기 동안의 심리사회적 발달 단계. 이 단계 동안, 청소년이나 젊은 성인은 정체성을 발달시키거나 불완전하고 때로 응집되지 않은 자기인식을 경험한다.

정체성 성취   자기의 다양한 측면들을 시간이나 여러 사건들에서 안정적인 응집된 전체로 통합

정체성 폐쇄   개인이 어떤 정체성 실험을 하지 않고 타인의 선택이나 가치들에 기초한 직업적이나 이데올로기적 정체성을 형성한 시기

정체성 혼미   개인이 의문이 되는 이슈들에 관한 확고한 헌신을 하지 않고 그것들을 개발하지 않는 시기

제3의 변수 문제   두 변수들 간의 상관관계가 그 두 변수들이 아닌 제3의 변수에 의해 영향 받을 수 있다는 개념

제휴   정서적으로 개방적이고 공감적이며 지지를 통해 타인과 연결을 주장하는 경향성

조건 반응   고전적 조건형성에서 조건 자극에 의해 유발되는 원래는 반사적인 반응

조건 자극   고전적 조건형성에서 무조건 자극과 반복적으로 짝지어지는 중성적 자극

조절   새로운 경험에 대한 반응으로 현재의 지식구조를 변경하는 과정

조절유전자   다른 유전자의 활동을 통제하는 유전자들

조직화 효과   태내발달 동안 혹은 사춘기에 뇌의 차별화와 조직화에 영향을 미치고 성별 관련 호르몬들의 잠재적 결과

조화의 적합성   개인의 기질이 사회적 환경의 요구나 기대와 양립하는 정도

종단적 설계   동일한 참가자들이 상당한 기간 동안 2번 이상 연구되는 연구방법

종속변수   독립변수에 노출됨으로써 영향을 받는지 여부를 결정하기 위해 측정되는 행동

주의력결핍 과잉행동장애(ADHD)   주의를 지속하는 데 어려움이 있는 증후군

주장   경쟁적, 독립적 혹은 공격적 행동을 통해 자기를 위한 행위를 하는 경향성

중간체계   생물생태학 모델에서 직접적 혹은 미시체계 환경들 간의 상호 연결

중복파장 이론   아동 사고의 변동성(variability)을 강조하는 정보처리적 접근의 하나

중심화   사물이나 사건의 지각적으로 두드러진 한 특성에만 집중하는 경향성

증진/숙달 지향   성공과 실패를 기울인 노력의 양에 귀인하고 실패해도 지속하는 일반적인 경향성

지각   감각 정보를 조직화하고 해석하는 과정

지각적 범주화   유사한 외양을 가진 대상들을 함께 분류함

지각적 항상성   대상의 망막 상이 물리적으로 다른데도 불구하고 대상의 크기, 모양, 색등이 변하지 않는 일정한 것으로 대상 지각

지각적 협소화   경험이 지각체계를 미세 조정하는 발달적 변화

지능의 3계층 이론 Carroll이 제안한 모델로 지능의 위계에서 맨 위에 g를 놓고, 8개의 중간 정도의 일반적 능력을 중간에 놓고, 많은 구체적인 과정들을 맨 밑에 둔다.

지능지수(IQ) 전형적으로 100의 평균과 15의 표준편차를 갖는 양적측정으로 동일 연령의 다른 아동들의 지능과 비교한 한 아동의 지능을 나타내는 데 사용된다.

지도 직접적인 교수를 통한 학습

지연 모방 타인의 행동이 발생하고 상당한 시간이 흐른 뒤에 그 행동을 반복함

집단 내 독백 일련의 무관한 이야기들을 포함하는 아동들 간의 대화로 각 아동들의 순서에서의 내용은 다른 아동이 방금 말한 내용과 거의 상관이 없다.

ㅊ

차별적 감수성 가혹한 가정환경에 어떤 아동들을 부정적 결과의 위험에 놓이게 하는 같은 기질 특징이 가정환경이 긍정적일 때는 성장하게 한다.

참조 언어와 말에서 단어와 의미를 연결하기

척도 오류 어린 아동들이 자신과 사물과의 상대적 크기에서 심한 불일치로 인해 불가능한 행위를 모형 사물에서 하려고 시도하는 것

천성 우리의 생물학적 자질, 부모로부터 물려받는 유전자

청각적 위치파악 공간 속에서 소리의 진원지 지각

체계적 둔감화 고전적 조건형성에 기초한 치료 형태. 처음에 매우 부정적인 반응을 유발했던 자극에 대해 점진적으로 긍정적 반응들이 조건화된다. 이 접근은 두려움과 공포증의 치료에 유용하다.

초경 생리의 시작

초자아 정신분석적 이론에서 세 번째 성격구조로서 내면화된 도덕적 기준들로 구성된다.

축색 전기적 신호를 세포체로부터 다른 뉴런들로 연결하기 위해 전달하는 신경섬유

측두엽 기억, 시각적 재인, 정서와 청각 정보의 처리와 관련된 피질 영역

친구 한 개인이 친밀하고 상호적이며 긍정적인 관계를 맺는 또래

친사회적 행동 타인을 돕거나 공유하거나 위로하는 것처럼 타인을 이롭게 하려는 의도의 자발적 행동

ㅋ

컴퓨터 시뮬레이션 정신적 과정들에 대한 생각을 정확하게 표현하는 수학적 모델의 한 종류

ㅌ

타당도 한 검사가 측정하고자 의도한 것을 측정한 정도

탈습관화 새로운 자극의 도입은 반복된 자극에 대한 습관화 이후 관심을 다시 키운다.

태반 태아 지원기관. 태아와 어머니의 순환계를 분리한다. 그러나 태반막은 반투과성이기 때문에 어떤 요소들은 통과하고 어떤 요소들은 통과할 수 없다(산소, 영양소는 어머니에게서 태아에게, 태아에게서 생긴 이산화탄소나 배설물들은 태아에게서 어머니에게).

태아 태내발달에서 9주~출생까지에 발달하는 유기체에 붙인 이름

태아 산전 검사 태아가 유전장애를 가질 위험을 측정하는 데 사용하는 유전 검사

태아알코올스펙트럼장애(FASD) 태아가 발달하는 동안 어머니의 알코올 사용의 해로운 결과. 태아알코올증후군(FAS)은 얼굴기형, 정신지체, 주의집중문제, 과잉활동, 다른 결함들을 포함하는 다양한 결과를 가져온다. 태아알코올 효과(FAE)는 FAS의 표준적인 결과 모두가 아닌 일부를 보여주는 사람들에게 사용되는 용어다.

탯줄 태아와 태반을 연결하는 혈관이 들어 있는 관

통사론 서로 다른 범주의 단어들이 결합하는 방법을 상술하는 언어의 규칙들

통사발달 한 언어의 통사론을 학습하는 것

통사적 자동처리 전체 문장의 문법적 구조를 사용해서 의미를 이해하는 전략

통제집단 실험 설계에서 연구자가 관심을 두는 경험을 제시받지는 않으나 다른 방식으로 실험집단과 유사하게 처치되는 참가자 집단

트랜스젠더 출생 시에 부여된 성(혹은 생물학적 성별)에 동일시하지 못하는 개인들

ㅍ

패거리 아동이 자발적으로 형성하거나 스스로 가입하는 친구들의 집단

페닐케톤뇨증 12번째 염색체에 있는 결함있는 열성유전자와 관련된 장애로 아미노산인 페닐알라닌 대사를 방해한다.

편도체 정서적 반응에 관여하는 뇌 영역

평정자 간 신뢰도 같은 행동을 목격한 서로 다른 평정자들 간의 관찰에서 일치하는 정도

평형화 안정적인 이해를 생성하기 위해 아동(또는 어른들)이 동화와 조절 사이의 균형을 맞추는 과정

표준편차(SD) 분포에서 점수의 변산성 측정. 정상분포에서 68%의 점수들은 평균의 1SD 내에 있고, 95%의 점수들은 평균의 2SD 내에 있다.

표출규칙 언제, 어디서, 그리고 얼마나 많이 감정을 보일지 그리고 언제,

어디서 감정의 표출을 억제하거나 다른 정서들로 감추어야 할지에 관한 사회집단의 비공식적 규준

표현형 관찰 가능한 유전자형의 발현. 신체 특성과 행동 특성을 포함한다.

플린 효과 많은 나라들에서 과거 80년 동안 일어난 평균 IQ점수의 지속적인 상승

ㅎ

하위 수준 범주 위계 속에서 가장 구체적인 수준. 예를 들어 동물/개/푸들 중에서 '푸들'의 수준

한 단어 시기 자신들의 작은 산출어휘들 중에서 한 번에 한 단어를 사용하는 시기

합리적 학습 미래에 발생할 일을 예측하는 데 과거의 경험을 사용하는 능력

항문기 Freud의 두 번째 단계로서 두 번째 해와 세 번째 해 동안 지속되며, 쾌락의 일차적 원천은 배변에서 온다.

해체/혼란 애착 영아나 어린 아동들은 낯선 상황의 스트레스에 일관적인 대처 방식이 없는 불안전 애착 유형. 그들의 행동은 자주 혼란스럽고 모순적이다. 그들은 자주 멍하거나 갈피를 잡지 못하는 듯하다.

핵심 지식 이론들 진화상 특별히 중요한 영역들에서 아동이 일부 선천적인 지식을 가지고 있으며 이 영역들에서 추가적인 정보를 빠르고 수월하게 습득할 수 있도록 하는 영역 특정적인 학습기제를 가지고 있다고 보는 접근들

행동 수정 조작적 조건형성에 기초한 치료의 형태. 강화 유관성이 보다 적응적인 행동을 격려하도록 변화된다.

행동 유도성 사물과 상황이 제공하거나 가능하게 하는 행동의 가능성

행동유전학 유전적 요인과 환경적 요인의 결합의 결과로 어떻게 행동과 발달에서의 변산이 생기는지에 관심이 있는 과학

행위적 경험 자신의 과거 행동이 타인들에서 유발한 반응들을 고려하는 학습

허용적 양육 반응성은 높으나 요구성은 낮은 양육 유형이다. 허용적 부모는 자녀의 요구에 반응적이나, 자녀에게 자기 자신을 조절하거나 적합한 또는 성숙한 방식으로 행동하도록 요구하지 않는다.

협력 공동 활동을 위한 주도권을 갖는 것처럼, 행동에서 주장과 제휴의 조합

형식적 조작기 Piaget의 이론에서 사람들이 추상적 개념과 가설적 상황에 대해 생각할 수 있게 되는 시기(12세 이상)

형태소 하나 또는 그 이상의 음소로 구성되는 한 언어에서 의미를 가진 최소한의 단위

화용발달 언어가 사용되는 법에 대한 지식 습득

화용적인 단서들 단어 학습에 사용되는 사회적 맥락의 측면들

환경 유전자가 아닌 개인과 그 사람의 주변의 모든 측면

활성화 효과 신경계의 동시적 활성화와 그에 상응하는 행동 반응에 영향을 미치는 성별 관련 호르몬 수준들의 변동에 따른 잠재적 결과

횡단적 설계 서로 다른 연령대의 참가자들을 대상으로 주어진 행동, 특성을 짧은 기간에 걸쳐 비교하는 연구방법

효과 크기 두 집단의 평균 간 차이의 정도와 분포에서 중복의 양

후두엽 주로 시각적 정보처리에 포함된 피질 영역

후성설 발달하는 동안 새로운 구조와 기능이 나타남

후성유전학 환경에 의해 중재되는 유전자 발현에서의 안정적인 변화를 연구하는 학문

훈육 부모가 자녀들에게 적합하게 행동하는 방법을 가르치기 위해 사용하는 일련의 전략과 행동

흥미 여과기 정보가 개인적으로 흥미로운지에 대한 초기 평가

기타

A-not-B 오류 장난감을 최근에 숨긴 장소보다 마지막으로 찾았던 장소에서 찾으려는 경향성

Carolina Abecedarian Project 저소득 가정 출신의 아동들을 위한 포괄적이고 성공적인 강화 프로그램

DNA 유기체의 형성과 기능에 포함된 모든 생화학적 지시를 운반하는 분자들

g(일반 지능) 모든 지적 과제를 생각하고 학습하는 능력에 영향을 주는 인지적 처리

non-REM 수면 운동 활동이나 눈 움직임이 없고 더 규칙적이고 느린 뇌파, 호흡, 심박동이 특징인 조용하고 깊은 수면이다.

Piaget의 이론 스위스의 심리학자 Jean Piaget의 이론으로 인지발달이 동화, 조절, 평형화의 과정을 통해 구성되는 감각운동기, 전조작기, 구체적 조작기, 형식적 조작기의 네 단계를 거친다고 주장한다.

AAP Council on Communications and Media. (2016). Media and young minds. *Pediatrics, 138*(5), e20162591.

AAP Council on Communications and Media. (2016). Media use in school-aged children and adolescents. *Pediatrics,138*(5), e20162592.

AAP Task Force on Sudden Infant Death Syndrome. (2016). SIDS and other sleep-related infant deaths: Updated 2016 recommendations for a safe infant sleeping environment. *Pediatrics, 138*(5), e20162938.

Abela, J. R., Hankin, B. L., Sheshko, D. M., Fishman, M. B., & Stolow, D. (2012). Multi-wave prospective examination of the stress-reactivity extension of response styles theory of depression in high-risk children and early adolescents. *Journal of Abnormal Child Psychology, 40,* 277–287. doi:10.1007/s10802-011-9563-x

Abar, C. C., Jackson, K. M., & Wood, M. (2014). Reciprocal relations between perceived parental knowledge and adolescent substance use and delinquency: The moderating role of parent–teen relationship quality. *Developmental Psychology, 50,* 2176–2187. doi:10.1037/a0037463

Aboud, F. E., & Mendelson, M. J. (1996). Determinants of friendship selection and quality: Developmental perspectives. In W. M. Bukowski, A. F. Newcomb, & W. W. Hartup (Eds.), *The company they keep: Friendship in childhood and adolescence* (pp. 87–112). New York, NY: Cambridge University Press.

Abramovitch, R., Corter, C., & Lando, B. (1979). Sibling interaction in the home. *Child Development, 50,* 997–1003. doi:10.2307/1129325

Acredolo, C., & Schmid, J. (1981). The understanding of relative speeds, distances, and durations of movement. *Developmental Psychology, 17,* 490–493. doi:10.1037/0012-1649.17.4.490

Acredolo, L. P. (1978). Development of spatial orientation in infancy. *Developmental Psychology, 14,* 224–234.

K. A. Renninger (Vol. Eds.), *Handbook of child psychology: Vol. 4. Child psychology in practice* (5th ed., pp. 275–355). Hoboken, NJ: Wiley.

Adams, R. E., Santo, J. B., & Bukowski, W. M. (2011). The presence of a best friend buffers the effects of negative experiences. *Developmental Psychology, 47,* 1786–1791. doi:10.1037/a0025401

Adamson, L. B., Bakeman, R., & Deckner, D. F. (2004). The development of symbol-infused joint engagement. *Child Development, 75,* 1171–1187. doi:10.1111/j.1467-8624.2004.00732.x

Addati, L., Cassirer, N., & Gilchrist, K. (2014). *Maternity and paternity at work: Law and practice across the world.* International Labour Office, Geneva. Retrieved from http://www.ilo.org/wcmsp5/groups/public/—dgreports/—dcomm/—publ/documents/publication/wcms_242615.pdf

Adema, W., Clarke, C., & Frey, V. (2015). *Paid parental leave: Lessons from OECD countries and selected U.S. states* (OECD Social, Employment and Migration Working Papers, No. 172). Paris, France: OECD Publishing. Retrieved from http://dx.doi.org/10.1787/5jrqgvqqb4vb-en

Adesope, O. O., Lavin T., Thompson, T., & Ungerleider C. (2010). A systematic review and meta-analysis of the cognitive correlates of bilingualism. *Review of Educational Research, 80*(2): 207–245. doi:10.3102/0034654310368803

Adler, S. A., Haith, M. M., Arehart, D. M., & Lanthier, E. C. (2008). Infants' visual expectations and the processing of time. *Journal of Cognition and Development, 9,* 1–25.

Adolph, K. E. (2000). Specificity of learning: Why infants fall over a veritable cliff. *Psychological Science, 11,* 290–295. doi:10.1111/1467-9280.00258

Adolph, K. E., & Berger, S. E. (2015). Physical and motor development. In M. H. Bornstein & M. E. Lamb (Eds.), *Developmental Science: An advanced textbook* (7th ed., pp. 261–333).

In M. Diehl, K. Hooker, & M. Sliwinski (Eds.), *Handbook of Intra-Individual Variability Across the Lifespan* (pp. 59–83). New York: Routledge/Taylor & Francis.

Adolph, K. E., Eppler, M. A., & Gibson, E. J. (1993). Crawling versus walking infants' perception of affordances for locomotion over sloping surfaces. *Child Development, 64,* 1158–1174. doi:10.1111/j.1467-8624.1993.tb04193.x

Adolph, K. E., Karasik, L. B., & Tamis-LeMonda, C. S. (2010). Motor skills. In M. H. Bornstein (Ed.), *Handbook of Cultural Developmental Science* (pp. 61–88). New York, NY: Taylor & Francis.

Adolph, K. E., & Robinson, S. R. (2013). The road to walking: What learning to walk tells us about development. In P. D. Zelazo (Ed.), *Oxford handbook of developmental psychology: Vol. 1. Body and mind* (pp. 403–446). New York, NY: Oxford University Press.

Adolph, K. E., & Robinson, S. R. (2015). Motor development. In R. M. Lerner (Series Eds.) & L. Liben & U. Muller (Vol. Eds.), *Handbook of child psychology and developmental science: Vol. 2: Cognitive processes* (7th ed., pp. 114–157). Hoboken, NJ: Wiley. doi:10.1002/9781118963418.childpsy204

Adolph, K. E., Vereijken, B., & Denny, M. A. (1998). Learning to crawl. *Child Development, 69,* 1299–1312.

Adolph, K. E., Vereijken, B., & Shrout, P. E. (2003). What changes in infant walking and why. *Child Development, 74,* 475–497.

Afifi, T. D., Afifi, W. A., & Coho, A. (2009). Adolescents' physiological reactions to their parents' negative disclosures about the other parent in divorced and nondivorced families. *Journal of Divorce and Remarriage, 50,* 517–540. doi:10.1080/10502550902970496

Afifi, T. D., Afifi, W. A., Morse, C. R., & Hamrick, K. (2008). Adolescents' avoidance

찾아보기

ㄱ

가상 놀이 287

가설 24

가소성 118

가시 115

가족구조 465

가족역동 475

가족연구 105

각인 373

간헐적 강화 365

감각 183

감각뉴런 110

감각운동기 142

감수분열 44

감싸기 76

개인적 우화 446

개인적 판단 547

개인차 465

갱 516

거부된 522

거시체계 377

거짓믿음 문제들 283

걷기 반사 203

검사-재검사 신뢰도 25

게놈 11, 92

결정성 지능 315

경험-예정적 118

경험-예정적 가소성 118

경험-의존적 118

경험-의존적 가소성 120

계산전략 34

계통발생적 연속성 56

고전적 조건형성 211

공격 555

공격적인 거부된 522

공동조절 408

공동주의 168

과잉규칙화 259

과잉확장 248

과제 분석 152

과학적 방법 24

관계적 공격성 521

관찰학습 578

교세포 111

교차 95

교차성 577

구강기 360

구성주의 163

구조화된 관찰 28

구조화된 면접 26

구체적 조작기 143

권위적 양육 477

급속안구운동 수면 72

기능주의자 조망 396

기대의 위배 218

기본 과정들 156

기본 수준 279

기질 411

기형유발요인 58

기회 구조 578

ㄴ

난독증 342

남근기 361

낯선 상황 434

내면화 361

내재화 476

내적 작동모델 433

내적 타당도 25

내적표현형 95

내집단 동화 576

내집단 편향 576

논란의 525

뇌량 113

누적 위험 21

뉴런 110

능동적 아동 465

ㄷ

다요인적 104

다중결과 420

다중유전자 유전 99

다중지능 이론 336

단계 이론 15

단안 깊이 단서 192

단어 분절 242

단원성 가설 264

담화 260

대뇌반구 113

대뇌 편재화 113

대뇌피질 112

대립형질 98

대비 민감도 184

대상 교체 287

대상 분리 187

대상영속성 144

더 적은-더 많은 차원 347

도구적 공격 555

도구적 조건형성 212

도덕적 판단 547

도발적 공격 558

독립변수 31

독성 스트레스 421

독재적 양육 478

돌연변이 95

동아리 515

동일결과 420

동형접합적 99

동화 141

두미발달 49

두정엽 113

또래 500

ㅁ

마음 이론 283

마음 이론 모듈 285

메틸화 12

몸짓-말소리 불일치 349

무선할당 31

무시되는 524

무조건 반응 212

무조건 자극 212

문제 해결 153

문화적 도구 166

미숙아 78

미시발생적 설계 34

미시체계 375

민감기 58

민족 및 인종 정체성 454

ㅂ

반사 199

반사회적 행동 554

반응규준 99

반응적 공격 557

발달적 탄력성 82

방임적 양육 479

배아 45

배아줄기세포 47

벌 476

범주 위계 278

범주적 지각 239

변수 29

별개 정서 이론 396

보유유전자 검사 102

보존 개념 147

보편 문법 263

본질/무기력 지향 370

본질 이론 370

본질주의 291

부모 민감성 438

부모-자녀 상호작용의 양방향성 481

부모투자 이론 374

부호화 156

분리불안 399

분석적 능력 337

분포적 특성들 243

분화 210

불안장애 422

불안전 애착 435

불안전/저항 435

불안전/회피 435

비교행동학 372

비연속적 발달 14

비연속적인 13

빠른 대응 251

뻗기 전 운동 204

ㅅ

사건 관련 전위 114

사이버 괴롭힘 517

사적 언어 167

사정능력 587

사춘기 587

사회경제적 지위 20

사회-관습적 판단 547

사회극 놀이 287

사회문화적 맥락 19, 465

사회문화적 이론들 165

사회적 괴롭힘 517

사회적 미소 397

사회적 비계 169

사회적 비교 445

사회적 유능성 410

사회적 참조 403

사회측정적 지위 520

사회화 475

산출 230

산통 77

상관관계 29

상관 설계 29

상상의 청중 446

상식심리학 281

상위분석 4

상위 수준 279

상징들 230

상징적 표상 145

상태 71

상호 결정주의 366

상호주관성 168

생득설 163

생산성 231

생식기 361

생식세포들 43

선택적 주의 157

선호적 보기 기법 184

설문지 26

성 569

성감대 360

성공지능 이론 337

성 도식 574

성 도식 여과기 575

성별 569

성 분리 581

성 안정성 573

성역할 강화 584

성역할 유연성 584

성염색체 93

성 유형화 569

성 유형화된 569

성장실패 124

성적 소수 청소년 456

성적 정체성 456

성적 지향 456

성 정체성 572

성중발생 588

성취동기 370

성 항상성 573

세포분화 47

세포소멸 47

세포체 111

수고로운 주의집중 16

수상돌기 111

수적인 동등 303

수정 44

수초 112

수초화 116

수 크기 표상 347

수학불안 350

수학장애 350

수학적 균형 348

스크립트 345

스트레스 419

습관화 54

시각기반 인출 340

시각적 확장 191

시간체계 377

시냅스 111

시냅스 가지치기 116

시냅스 생성 116

시력 184

시연 157

신경관 48

신경생성 113

신경전달물질 17

신뢰도 25

신생아 스크리닝 102

신체 이미지 587

신체적 괴롭힘 517

실행적 능력 337

실험 설계 31

실험집단 31

실험통제 31

쌍생아-연구 설계 105

ㅇ

아동용 웩슬러 지능척도 318

아동학대 377

안내된 참여 166

안드로겐 571

안전기지 432

안전 애착 434

애착 430

애착 이론 432

양가적 435

양막 48

양심 545

양안 부등 191

양육 유형 477

양태 간 지각 197

언어의 결정적 시기 234

언어적 괴롭힘 517

엘렉트라 콤플렉스 361

역동적-체계 이론들 171

역할수용 368

연결주의 265

연구와 아동복지 465

연속적 발달 14

연속적인 13

연합 영역 113

열성 99

염색체 92, 93

엽 113

영아사망 77

영아 지향어 237

영역 특정적 162

오이디푸스 콤플렉스 361

옹알이 244

외적 타당도 25

외체계 377

용량반응관계 58

우성 99

우성-열성 패턴 99

우울증 422

운율 체계 239

원초아 360

원추체 184

위축되고 거부된 524

유동성 지능 315

유사분열 45

유예 452

유전 가능 104

유전 가능성 107

유전자 93

유전자형 92

육성 11, 42

음성 개시 시간 239

음소들 231

음운발달 231

음운인식 338

음운 재부호화 340

음운 재부호화 기술 338

의미발달 231

이란성 쌍생아 48

이성에 유형화된 569

이중언어 236

이중 표상 267

이타적 동기 549

이해 230

이해 모니터링 342

이형접합적 99

인과관계의 방향 문제 30

인기있는 521

인지발달 15

일란성 쌍생아 48

일차 정신능력 316

임상면접 26

임신주수 대비 작은 아이 78

입체시 191

ㅈ

자기개념 442

자기 사회화 367, 572

자기위로 행동 408

자기이동 207

자기 주의 돌리기 408

자기훈육 323

자아 360

자아중심성 146

자아중심적 공간 표상 298

자연관찰 27

자의식적 정서 401

자전적 기억 170

자존감 448

작업기억 154

잠재기 361

장기기억 154

장기추세 124

저체중 출산 78

적극적 학습 216

적대적 귀인 편향 369

전두엽 113

전략 선택 과정 340

전보적 언어 257

전조작기 143

점증 이론 371

접합체 44

정보처리 이론들 152

정상분포 318

정서 395

정서적 사회화 417

정서 조절 408

정서지능 405

정신건강 419

정신 에너지 360

정신장애 420

정신적 모형 341

정적 강화 212

정체성 452

정체성 대 역할 혼란 452

정체성 성취 452

정체성 폐쇄 453

정체성 혼미 452

제3의 변수 문제 30

제휴 582

조건 반응 212

조건 자극 212

조절 141

조절유전자 98

조직화 효과 571

조화의 적합성 414

종단적 접근 33

종속변수 32

주의력결핍 과잉행동장애 378

주장 582

중간뉴런 110

중간체계 377

중심화 146

증진/숙달 지향 370

지각 183

지각적 범주화 279

지각적 항상성 186

지각적 협소화 196

지능의 3계층 이론 316

지능지수 318

지도 577

지연 모방 145

집단 내 독백 260

ㅊ

차별적 감수성 414

참조 245

창의적 능력 337

척도 오류 208

천성 11, 42

천성과 육성　465

청각적 위치파악　193

체계적 둔감화　365

초경　587

초자아　361

축색　111

측두엽　113

친구　501

친사회적 행동　544

ㅋ

컴퓨터 시뮬레이션　152

ㅌ

타당도　25

탈습관화　54

태반　48

태아　45

태아 산전 검사　102

태아알코올스펙트럼장애　64

탯줄　48

통사론　231

통사발달　232

통사적 자동처리　256

통제집단　31

ㅍ

패거리　514

페닐케톤뇨증　100

편도체　7

평정자 간 신뢰도　25

평형화　141

표준편차　320

표출규칙　407

표현형　92

플린 효과　329

ㅎ

하위 수준　279

한 단어 시기　248

합리적 학습　215

해체/혼란　435

핵심 지식 이론들　161

행동 수정　365

행동 유도성　210

행동유전학　104

행위적 경험　577

허용적 양육　479

헤드스타트 프로그램　334

협력　582

형식적 조작기　143

형태소　231

화용발달　232

화용적인 단서들　253

환경　92

활성화 효과　572

회화적 단서　192

횡단적 접근　33

효과 크기　586

후두엽　113

후성설　43

후성유전학　12

훈육　476

흥미 여과기　575

기타

A-not-B 오류　144

Carolina Abecedarian Project　334

DNA　93

g(일반 지능)　315

HOME　326

non-REM 수면　72

Piaget의 이론　140

저자 소개

Robert Siegler는 카네기멜론대학교의 인지심리학 Teresa Heinz 교수이다. 그는 인지발달 교재인 *Children's Thinking*의 저자이며 아동발달에 관한 여러 권의 책을 저술하거나 편집하였다. 그의 책은 일본어, 중국어, 한국어, 독일어, 스페인어, 프랑스어, 그리스어, 히브리어와 포르투갈어로 번역되었다. 과거 몇 년 동안 그는 인지발달학회, 국제행동발달연구회, 일본심리학회, 동부심리학회, 미국심리학회, 인간발달학회 등에서 기조연설을 하였다. 그는 또한 *Developmental Psychology*의 부편집장이며 2006년 *Handbook of Child Psychology*의 인지발달 편의 공동 편집자였고, 2006년부터 2008년까지 국립수학자문위원단을 역임했다. 2005년에는 미국심리학회에서 최우수 과학 공로상을 받았고 2010년에는 국립학술원에 선임되었으며 2012년에는 베이징사범대학교의 Siegler Center for Innovative Learning의 원장으로 선출되었다.

Jenny R. Saffran은 위스콘신대학교 매디슨캠퍼스의 심리학과 최우수 문리대 교수이며 와이즈만 센터의 연구자이다. 그녀의 연구는 영아와 유아기의 학습, 특히 언어학습에 집중된다. 그녀는 국립 아동건강 및 인간발달연구소에서 Eunice Kennedy Shriver MERIT 상을 받았다. 또한 발달심리학에서의 성취로 미국심리학회의 Boyd McCandless 상과 국립과학재단으로부터 젊은 과학자상을 수상하였으며 미국예술과학원에 선출되었다.

Nancy Eisenberg는 애리조나주립대학교의 Regents 교수이다. 그녀의 연구는 사회성, 정서, 그리고 도덕발달을 포함하여 사회화의 영향, 특히 자기조절과 적응을 다룬다. 그녀는 이 주제들에 대해 수많은 경험적 연구들과 책, 챕터들을 출판하였다. 그녀는 또한 *Psychological Bulletin*과 *Handbook of Child Psychology*의 편집자였으며 *Child Development Perspectives*의 초대 편집자였다. 그녀는 국립보건원(NICHD와 NIMH)으로부터 젊은 연구 과학자상과 연구 과학자상을 받았다. 그녀는 또한 서부심리학회와 미국심리학회 7분과의 회장을 역임하였고 심리과학회의 회장이다. 그녀는 2007년 미국심리학회 1분과 일반심리학회의 Ernest R. Hilgard 공로상을 받았고 2008년에는 국제행동발달연구학회에서 최우수 과학자상, 2009년에는 미국심리학회 7분과 발달심리학회에서 G. Stanley Hall 최우수 공로상, 2011년에는 심리 과학협회로부터 William James 최우수 공로상을 수상하였다.

Judy DeLoache는 버지니아대학교 심리학과의 William R. Kenan Jr. 교수이다. 그녀는 영아와 유아의 인지발달에 대하여 광범위하게 연구하였다. 그녀는 미국심리학회 발달심리학회장, 인지심리학회 회장, 국제영아연구학회의 이사였다. 그녀는 심리과학회, 아동발달학회를 포함하여 다양한 학회의 초대 강연자였다. DeLoache 박사는 국립보건원에서 MERIT 상을 수상했으며 그녀의 연구는 국립과학재단의 지원을 받았다. 그녀는 캘리포니아 팔로알토에 있는 행동과학연구센터, 이탈리아 벨라지오의 록펠러재단연구소의 교환교수였다. 그녀는 국립예술과학원의 회원이다. 2013년에 그녀는 아동발달학회로부터 최우수 공로상을 받았으며 심리과학협회로부터 William James 최우수 공로상을 받았다.

Elizabeth Gershoff는 텍사스대학교 오스틴캠퍼스의 인간발달 및 가족과학과의 부교수이다. 그녀의 연구는 부모와 학교의 훈육이 아동과 청소년의 발달에 미치는 영향, 부모 교육과 헤드스타트 같은 조기교육 프로그램이 위기에 처한 아동들의 삶을 향상시킬 수 있는지에 집중한다. 그녀는 현재 텍사스대학교 오스틴 캠퍼스에서 발달의 맥락에서 학제간 협동 프로그램의 학과장이며 인구 연구소의 교수 역량강화 부소장이다. 그녀는 질병 통제 및 예방센터, 국립 아동건강 및 인간발달연구소, 국립과학재단, 국립정신건강센터를 비롯한 수많은 연방정부의 연구기금을 받았다. 그녀는 *Societal Contexts of Child Development*의 주 저자였으며 이 책은 2014년 청소년연구학회로부터 우수 편집도서를 위한 사회정책상을 수상하였다. 그녀는 *Developmental Psychology*의 부편집자이며 미국심리학회 발달심리 분과의 이사를 역임했고 아동발달학회의 정책과 소통위원회, 심리과학회의 학회 프로그램 위원회를 역임하였다. 그녀는 아동에 대한 체벌의 영향에서 국제적인 전문가로 인정을 받고 있으며 그 주제에 대한 연구로 시카고 로욜라대학교 아동인권센터가 수여하는 평생 공로상을 받았다.

역자 소개

송길연

서울대학교 심리학과 문학 석사
중앙대학교 심리학과 문학 박사
세종대학교 겸임교수, 서울대학교, 중앙대학교,
충북대학교 강사 역임
현재 서강대학교 출강
　　　아이캔! 인지학습발달센터 소장

장유경

서울대학교 심리학과 석사(발달심리 전공)
미국 UCLA 심리학과 박사(발달심리 전공)
한솔교육연구원 원장 역임

이지연

중앙대학교 심리학과 석·박사(발달심리 전공)
현재 서울대학교, 중앙대학교 등 출강

유봉현

서울대학교 심리학과 문학 석사
충북대학교, 한양대학교 강사 역임
현재 아이캔! 인지학습발달센터 공동대표